西洋宮廷と日本輸出磁器

―― 東西貿易の文化創造 ――

櫻庭美咲

藝華書院

第1章　江戸期の東西陶磁貿易

口絵1-1　色絵貝形鉢　高さ11.5cm
ドレスデン国立美術館磁器コレクション館蔵(ドイツ)

口絵1-2　上:色絵婦人鷹獅子文深皿・下:同平皿　口径27.0cm・32.0cm
ウィーンホーフブルク宮殿内銀器室所在　オーストリア連邦文化財管理局蔵

口絵1-3　色絵花鳥文蓋付大壺・大瓶　壺:総高84.2～88.4cm　瓶:高さ62.6cm　アルンシュタット城美術館蔵(ドイツ)

口絵1-4　染付大壺(出土遺物)
長さ26cm　ブトン島ウォリオ城跡遺跡
スラウェシ島南部文化財保護事務所蔵

口絵1-5　染付鳥形合子(出土遺物)
左:幅7.8cm　右:幅7.9cm　長崎栄町遺跡
寛文三年大火の焦土層より出土　長崎県教育委員会蔵

口絵1-6　染付雲龍荒磯文碗(出土遺物)
長崎栄町遺跡　寛文三年大火の焦土層より出土
長崎県教育委員会蔵

口絵1-7　ペトロネラ・オールトマンの人形の家　「豪華な台所」　アムステルダム国立博物館蔵

口絵1-8
ペトロネラ・オールトマンの人形の家　「豪華な台所」内
色絵花鳥文皿
口径4.5cm
アムステルダム国立博物館蔵

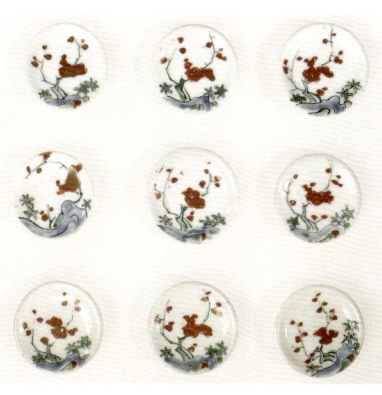

口絵1-9
ペトロネラ・オールトマンの人形の家　「豪華な台所」内
色絵花卉文皿
口径3.1〜3.5cm
アムステルダム国立博物館蔵

口絵1-10　色絵牡丹菊文蓋付八角鉢・受皿　総高10.5cm
碓井コレクション蔵（パリ）

口絵1-11　色絵花鳥文大皿　景徳鎮　口径38.0cm
州立ヨハネウム美術館エッゲンベルク城蔵（オーストリア）

第2章　西洋宮廷美術における受容

口絵2-1　サントス宮殿の天井装飾　磁器：景徳鎮　フランス大使館蔵（リスボン）

口絵2-2　フローレンス大公より1590年にザクセン選帝侯へ贈られた磁器　景徳鎮
ドレスデン国立美術館磁器コレクション館蔵

口絵2-3　磁器と茶の寓意画（円形天井画）　オラニエンブルク城　「磁器の小部屋」内
プロイセン城郭庭園財団蔵（ドイツ）

口絵2-4　染付花鳥文蓋付八角壺
総高59cm　オラニエンブルク城所在
プロイセン城郭庭園財団蔵

口絵2-5　色絵楼閣遊興人物花卉文蓋付大壺
総高88cm　カプット城所在（ドイツ）
プロイセン城郭庭園財団蔵

口絵2-6　色絵橋上婦人花卉文蓋付大壺
総高92cm　カプット城所在
プロイセン城郭庭園財団蔵

口絵2-7a　色絵牡丹文瓶
高さ22.7cm
ドレスデン国立美術館磁器コレクション館蔵

口絵2-8a　色絵鶴松花卉文六角壺
高さ31.3cm
ドレスデン国立美術館磁器コレクション館蔵

口絵2-9a　色絵鳳凰花卉文蓋付六角壺
総高31.6cm
ドレスデン国立美術館磁器コレクション館蔵

口絵2-7b
同底面
ヨハネウム番号
「N=13□」

口絵2-8b
同底面
ヨハネウム番号
「N=1□」

口絵2-9b
同底面
ヨハネウム番号
「N=2□」

口絵2-10a　色絵鶴松花卉文角瓶
高さ28.0cm
ドレスデン国立美術館磁器コレクション館蔵

口絵2-11b　同底面
ヨハネウム番号
「N=111-□」

口絵2-11a　色絵花卉文六角鉢
口径12.8cm
ドレスデン国立美術館磁器コレクション館蔵

口絵2-10b
同底面
ヨハネウム
番号
「N=39-□」

口絵2-12
左　染付漆装飾牡丹唐草文鳥篭瓶
高さ54.1cm
右　色絵花卉文鳥篭瓶
マイセン　高さ53.1cm
ドレスデン国立美術館磁器コレクション館蔵

口絵2-13　日本宮壁面装飾プラン　国立ザクセンドレスデン中央文書館蔵

口絵2-14　日本宮壁面装飾プラン　国立ザクセンドレスデン中央文書館蔵

口絵2-15　ヘーレンハウゼン城ギャラリー館　外観（ドイツ）

口絵2-16　ヘーレンハウゼン城ギャラリー館　「鏡の間」　南面－西面　ヘーレンハウゼン庭園管理局蔵

口絵2-17　ヘーレンハウゼン城ギャラリー館　「鏡の間」　天井　ヘーレンハウゼン庭園管理局蔵

口絵2-18　メルセブルク城
「鏡の間」　側面部分
国立ベルリン工藝美術館蔵

口絵2-19　ヴァイルブルク城　「伯爵夫人の大陳列室」　南－西側面
国立ヘッセン城郭庭園管理局蔵(ドイツ)

口絵2-20　ヴァイルブルク城　「伯爵夫人の大陳列室」　北－東側面
国立ヘッセン城郭庭園管理局蔵

口絵2-21　ヴァイルブルク城　「伯爵夫人の大陳列室」　西側面
国立ヘッセン城郭庭園管理局蔵

口絵2-22
ハイデックスブルク城
「赤い角の陳列室」(ドイツ)

口絵2-23　色絵桜梅花鶉文蓋付大壺　総高72cm
ハイデックスブルク城「赤い角の陳列室」内

口絵2-24　色絵四方割菊梅牡丹鳥文蓋付壺
総高41.5cm　ハイデックスブルク城「赤の広間」内

口絵2-25　色絵四方割菊梅牡丹鳥文蓋付壺
総高41.5cm　ハイデックスブルク城「赤の広間」内

口絵2-26　ハイデックスブルク城　「鏡の間」

口絵2-27
ハイデックスブルク城 「鏡の間」
壁面部分

(口絵2-22〜2-30
テューリンゲン州立美術館
ハイデックスブルグ・ルドルシュタット蔵)

口絵2-28 色絵四方割菊梅牡丹鳥文蓋付壺
総高41.5cm ハイデックスブルク城 「鏡の間」内

口絵2-29 色絵牡丹唐草鳳凰文蓋付壺
総高38.0cm ハイデックスブルク城 「鏡の間」内

口絵2-30 色絵牡丹唐草鳳凰文蓋付壺
総高38.0cm ハイデックスブルク城 「鏡の間」内

口絵2-31　ヴァイセンシュタイン城　「鏡の間」（ドイツ）

口絵2-32　色絵花蝶文婦人像
左:高さ37cm　右:高さ37.5cm
ヴァイセンシュタイン城　「鏡の間」内

口絵2-33　ヴァイセンシュタイン城　肥前磁器の陳列(現在)

口絵2-34　ヴァイセンシュタイン城　「音楽の間」内壁龕

(口絵2-31〜2-34　シェーンボルン伯爵美術コレクション蔵)

口絵2-35　ヴァイカースハイム城　「鏡の間」(ドイツ)

口絵2-36　色絵波扇花卉文婦人像
高さ39.5cm　ヴァイカースハイム城　「鏡の間」内

口絵2-37　色絵熨斗扇花卉文婦人像
高さ39.2cm　ヴァイカースハイム城　「鏡の間」内

口絵2-38a　色絵梅牡丹桜花文球形瓶
高さ14.0cm　ヴァイカースハイム城
「鏡の間」内

口絵2-39a　色絵梅牡丹桜花文球形瓶
高さ14.0cm　ヴァイカースハイム城
「鏡の間」内

口絵2-40a　色絵梅牡丹桜花文球形瓶
高さ11.5cm　ヴァイカースハイム城
「鏡の間」内

口絵2-41a　色絵梅牡丹桜花文球形瓶
高さ11.5cm　ヴァイカースハイム城
「鏡の間」内

口絵2-38b　同裏面　　口絵2-39b　同裏面　　口絵2-40b　同裏面　　口絵2-41b　同裏面

口絵2-42a　色絵牡丹竹梅菊花文瓶
高さ22.8cm　ヴァイカースハイム城
「鏡の間」内

口絵2-42b　同裏面

口絵2-43a　色絵牡丹竹梅菊花文瓶
高さ22.8cm　ヴァイカースハイム城
「鏡の間」内

口絵2-43b　同裏面

（口絵2-35〜2-43　バーデン・ヴュルテンベルク城郭庭園管理局蔵）

口絵2-44　ファヴォリテ城　「鏡の間」　国立バーデン・ヴュルテンベルク城郭庭園管理局蔵（ドイツ）

口絵2-45　ファヴォリテ城　「緑の部屋」　国立バーデン・ヴュルテンベルク城郭庭園管理局蔵

口絵2-46a　染付山水楼閣文蓋物　幅19.8cm　ファヴォリテ城　同局蔵 　　　　口絵2-46b　同側面

口絵2-47　フリーデンシュタイン城　「磁器の間」　フリーデンシュタイン・ゴータ城財団蔵（ドイツ）

口絵2-48　フリーデンシュタイン城
「祝宴の大広間」左側
肥前・中国磁器の陳列（現在）
フリーデンシュタイン・ゴータ城財団蔵

口絵2-49　アルテンブルク城　「プッツキャビネット」　壁龕周辺部分（ドイツ）

口絵2-50　アルテンブルク城　「プッツキャビネット」　パノラマ画像

口絵2-51　アルテンブルク城　「プッツキャビネット」　壁龕から右の壁面上部

口絵2-52　色絵菊花文把手付調味料容れ　高さ各18.0cm
アルテンブルク城　「プッツキャビネット」内

口絵2-53　染付鳥形合子　幅各8.0cm　アルテンブルク城　「プッツキャビネット」内

口絵2-54　色絵花卉文カップ　高さ各8.5cm　アルテンブルク城　「プッツキャビネット」内

（口絵2-49〜2-54　アルテンブルク城・カード美術館蔵）

口絵2-55　アルンシュタット新宮殿　「磁器の間」(ドイツ)

口絵2-56　色絵花鳥麒麟文蓋付大壺・瓶　壺:総高64.5cm　瓶:高さ各42.5cm
アルンシュタット新宮殿　「磁器の間」内

口絵2-57　色絵菊葡萄文蓋付大壺　総高70cm
アルンシュタット新宮殿　「磁器の間」内

口絵2-58　アルンシュタット新宮殿　「磁器の間」　南面左壁面部分

口絵2-59　アルンシュタット新宮殿　「磁器の間」　暖炉上壁面部分

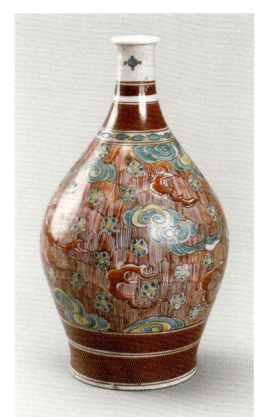

口絵2-60
色絵梅花雲気文瓶
高さ25.0cm
アルンシュタット新宮殿
「磁器の間」内

口絵2-61　色絵花盆花卉文皿
直径11.2cm
アルンシュタット新宮殿
「磁器の間」内

口絵2-62　色絵松竹梅文八角鉢
口径15.2〜16.0cm
アルンシュタット新宮殿
「磁器の間」内

口絵2-63　色絵花鳥文アーン
総高30.0cm
アルンシュタット新宮殿
「磁器の間」内

(口絵2-55〜2-63　アルンシュタット城美術館蔵)

口絵2-64　ミュンヘン・レジデンツ　「鏡の間」（再建）

口絵2-65　色絵象置物　総高44.5cm
ミュンヘン・レジデンツ　「鏡の間」内

口絵2-66　色絵象置物と文机
机:高さ123.5cm　ミュンヘン・レジデンツ　「鏡の間」内

口絵2-67　左:色絵菊花文八角瓶　中央:色絵松竹梅柴垣文瓶
右:色絵梅花卉文角瓶　高さ各21cm　国立バイエルン城郭庭園管理局蔵

口絵2-69　染付漆装飾桜野馬文蓋付大壺
総高100cm　ミュンヘン・レジデンツ
「緑のギャラリー」内

口絵2-68　色絵獅子置物
総高各34.5cm　ミュンヘン・レジデンツ所在

口絵2-70　ミュンヘン・レジデンツ　「緑のギャラリー」から北面のサロンを臨む　撮影戦前

（口絵2-64～2-70　国立バイエルン城郭庭園管理局蔵）

口絵2-71　シャルロッテンブルク城　「磁器の小部屋」（再建）　プロイセン城郭庭園財団蔵（ベルリン）

口絵2-72　シャルロッテンブルク城　「磁器の小部屋」　南側壁面上部
プロイセン城郭庭園財団蔵

口絵2-73a
色絵布袋唐子像付香炉
総高22.5cm
シャルロッテンブルク城旧蔵品
プロイセン城郭庭園財団蔵

口絵2-73b　同底面

口絵2-74　ハーグ市内個人宅旧蔵の磁器陳列をともなう漆パネル　幅463cm　ハーグ市立美術館蔵（オランダ）

口絵2-75　サラ・ローテの人形の家　「磁器の間」　ハーグ市立美術館蔵

口絵2-76 シェーンブルン城 「中国の円形の間」 シェーンブルン城文化経営団体蔵(ウィーン)

口絵2-77　シェーンブルン城「中国の楕円の間」壁面部分　シェーンブルン城文化経営団体蔵

口絵2-78　色絵麒麟鳳凰花卉文蓋付大壺
総高114.0cm
シェーンブルン城「中国の楕円の間」内

口絵2-79　色絵婦人菊文蓋付角瓶
総高22.0cm
シェーンブルン城「中国の楕円の間」内

口絵2-80　色絵梅竹文瓶
高さ23.0cm
シェーンブルン城「中国の楕円の間」内

口絵2-81
色絵花卉文蓋付鉢
総高10.0cm
シェーンブルン城
「中国の楕円の間」内

左から
口絵2-82
蒔絵山水花蝶楼閣文
蓋付角瓶
総高15.7cm
シェーンブルン城
「中国の楕円の間」内

口絵2-83
蒔絵山水花蝶楼閣文
蓋付角瓶　同側面
総高15.7cm
シェーンブルン城
「中国の楕円の間」内

（口絵2-78〜2-83　オーストリア連邦文化財管理局蔵）

口絵2-84　エッゲンベルク城　「磁器の間」　州立ヨハネウム美術館エッゲンベルク城蔵（オーストリア）

口絵2-85　エッゲンベルク城　「磁器の間」　東南面　州立ヨハネウム美術館エッゲンベルク城蔵

口絵2-86　エッゲンベルク城　「磁器の間」　南面
正面奥中央壁面
州立ヨハネウム美術館エッゲンベルク城蔵

口絵2-87　エッゲンベルク城　外観　州立ヨハネウム美術館エッゲンベルク城蔵

口絵2-88　エッゲンベルク城　「中国の間」
州立ヨハネウム美術館エッゲンベルク城蔵

口絵2-89　エッゲンベルク城　「中国の間」内展示台と色絵兎花卉蹴鞠文婦人像
州立ヨハネウム美術館エッゲンベルク城蔵

左から
口絵2-90a　色絵兎花卉蹴鞠文婦人像
高さ52.0cm
州立ヨハネウム美術館エッゲンベルク城蔵

口絵2-90b　同側面

口絵2-91　色絵兎花卉蹴鞠文婦人像
高さ52.8cm　碓井コレクション蔵

口絵2-92　色絵花卉文蓋付鉢・瑠璃釉金彩花鳥文蓋付鉢　総高44.0〜46.0cm
ヘルバーシュタイン城蔵(オーストリア)

口絵2-93　色絵竹梅岩文八角鉢　口径18.7cm
州立ヨハネウム美術館エッゲンベルク城蔵

口絵2-94　色絵花鳥楼閣文蓋付大壺
総高62.0cm
州立ヨハネウム美術館エッゲンベルク城蔵

口絵2-95　色絵藤牡丹薄菊石竹文角瓶
高さ21.5cm
州立ヨハネウム美術館エッゲンベルク城蔵

口絵2-96　色絵菊牡丹蝶文蓋付壺　一対の内
総高45.0cm
州立ヨハネウム美術館エッゲンベルク城蔵

口絵2-97　色絵花卉竹文婦人像　3点　色絵兎花卉蹴鞠文婦人像　1点
高さ各52cm　ヘルバーシュタイン城蔵

口絵2-98　色絵菊牡丹蝶文瓶　一対　高さ各26.5cm
州立ヨハネウム美術館エッゲンベルク城蔵

口絵2-99　ドロットニングホルム城　中国の城　「赤の部屋」　スウェーデン王室蔵

口絵2-100　ドロットニングホルム城　中国の城　外観　スウェーデン王室蔵

口絵2-101　色絵布袋像　高さ24.3cm、24.4cm、
白磁婦人像　徳化　高さ44.0cm　ドロットニングホルム城
中国の城「赤の部屋」内　スウェーデン王室蔵

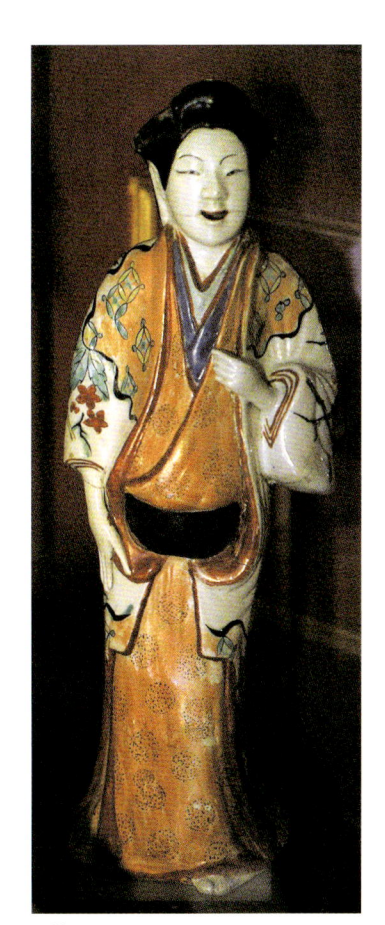

口絵2-102
色絵七宝繋ぎ花卉文婦人像
高さ33.0cm　ドロットニングホルム城
中国の城「赤の部屋」内
スウェーデン王室蔵

口絵2-103
色絵雪輪七宝繋ぎ花卉文婦人坐像　高さ27.5cm
ドロットニングホルム城　中国の城「赤の部屋」内
スウェーデン王室蔵

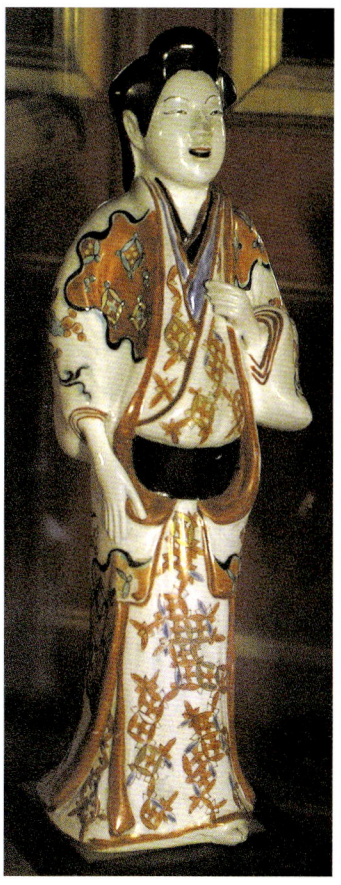

口絵2-104
色絵七宝繋ぎ花卉文婦人像
高さ33.0cm　ドロットニングホルム城
中国の城「赤の部屋」内
スウェーデン王室蔵

口絵2-105　色絵兎花卉蹴鞠文婦人像　高さ45.0〜53.0cm　ドロットニングホルム城
中国の城　「黄色の部屋」内　スウェーデン王室蔵

口絵2-106　ドロットニングホルム城　中国の城　「黄色の部屋」
スウェーデン王室蔵

口絵2-107　色絵鯉滝登り牡丹獅子文蓋付角瓶
総高40.0cm　碓井コレクション蔵

口絵2-108a　色絵鯉滝登り牡丹獅子文角瓶
総高46.8cm　ホーフブルク宮殿内銀器室所在
オーストリア連邦文化財管理局蔵（ウィーン）

口絵2-108b　同側面

口絵2-109　色絵牡丹鷹兎文大壺　高さ40.5cm
佐賀県立九州陶磁文化館蔵

口絵2-110　染付漆装飾花束菊文蓋付大壺　総高91.0cm
碓井コレクション蔵

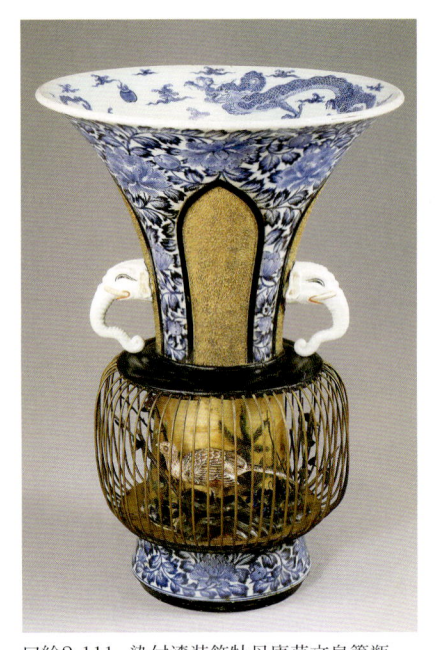

口絵2-111　染付漆装飾牡丹唐草文鳥籠瓶
高さ54.1cm
ドレスデン国立美術館磁器コレクション館蔵

口絵2-112　漆風装飾磁器藤文蓋付大壺・漆風装飾磁器菊桜文蓋付大壺・漆風装飾磁器菊桜文大瓶
磁胎：有田　壺(中央)：総高87.0cm、壺(両脇)：総高67.5cm、69.5cm、瓶：高さ61.5cm、62.5cm
ミュンヘン・レジデンツ所在　国立バイエルン城郭庭園管理局蔵

口絵2-113　色絵草花文蓋付六角壺
総高31.7cm
ドレスデン国立美術館磁器コレクション館蔵

口絵2-114　色絵草花文蓋付六角壺
マイセン　総高30.9cm
大英博物館蔵

口絵2-115　色絵草花文輪花皿
口径24.3cm
佐賀県立九州陶磁文化館蔵

口絵2-116　色絵東洋人物花鳥文瓶　「インドの花」　マイセン
高さ39.7cm　ドレスデン国立美術館磁器コレクション館蔵

口絵2-117　色絵花鳥文壺　「インドの花」　マイセン　高さ37.5cm
ドレスデン国立美術館磁器コレクション館蔵

口絵2-118　色絵紋章花卉文鉢
「戴冠のセルヴィス」の内　マイセン　口径48.0cm
ドレスデン国立美術館磁器コレクション館蔵

口絵2-119a　色絵花卉文蓋付鉢　口径21.8cm
ドレスデン国立美術館磁器コレクション館蔵

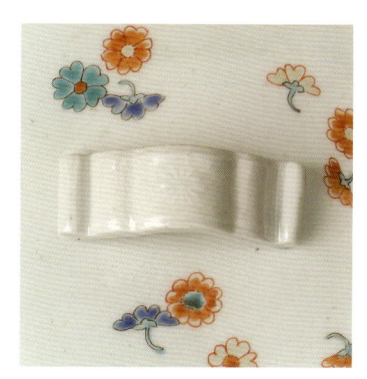

口絵2-119b　同蓋部分

第3章　近代における古美術としての流出

口絵3-1　色絵秋草文八角瓶　高さ各22.5cm　静嘉堂文庫美術館蔵

口絵3-2　色絵秋草文蓋付八角瓶
マイセン　総高25.3cm
ドレスデン国立美術館磁器コレクション館蔵

口絵3-3　色絵鳳凰唐花文十二角鉢　口径24.5cm
静嘉堂文庫美術館蔵

口絵3-4　左:色絵鳳凰唐花文十二角鉢　マイセン　口径24.3cm、
右:色絵鳳凰唐花文十二角鉢　口径23.8cm　ドレスデン国立美術館磁器コレクション館蔵

WESTERN COURTS AND JAPANESE EXPORT PORCELAIN

Cultural Creation through East-West Trade

西洋宮廷と日本輸出磁器
―― 東西貿易の文化創造 ――

Geika Shoin Co., Ltd.

目　次

巻頭口絵
本文

序章　失われた磁器の歴史 ……………………………………………………………… 5
第1節　東西貿易陶磁史の研究史 ………………………………………………… 6
第2節　西洋における輸出磁器に関する研究史 ………………………………… 10
第3節　日本国内における輸出磁器に関する研究史 …………………………… 14
第4節　輸出磁器の受容史 －磁器陳列室に関する研究史－ ………………… 19
第5節　本論文の視点 ……………………………………………………………… 22

第1章　江戸期の東西陶磁貿易 …………………………………………………………… 27
第1節　オランダ東インド会社公式貿易による肥前磁器輸出 ………………… 28
第1項　分析の対象と方法
第2項　初期の輸出磁器と西洋陶磁の影響
第3項　「仕訳帳」「送り状」にみる公式貿易肥前磁器輸出の全体像（1650～1757年）
第4項　オランダ向け肥前磁器の絵付けの記載
第2節　オランダ東インド会社従業員の個人貿易 ……………………………… 70
第1項　個人貿易と西洋へ輸出された金襴手様式磁器
第2項　会社からみた個人貿易
第3項　バタヴィア総督府発行の個人貿易品の記録
第4項　『唐蠻貨物帳』にみる個人貿易品の記録
第5項　個人貿易品として扱われた肥前磁器の器種
第3節　唐船貿易によるバタヴィアへの輸出 …………………………………… 87
第1項　唐船によるバタヴィア＝アジア域内の磁器の流通
第2項　1648年～1682年のバタヴィアにおける磁器取引
第3項　1683年～1769年のバタヴィアにおける磁器取引
第4項　アジアの考古遺物との比較
第4節　イギリス東インド会社による肥前磁器輸出 …………………………… 107
第1項　イギリス東インド会社のアジアにおける貿易拠点
第2項　イギリス東インド会社の「日本磁器」取引に関する研究史
第3項　イギリス東インド会社による「日本磁器」取引
第4項　唐船を経由した「日本磁器」のアジアにおける流通網
第5項　産地判断の信憑性の議論
補論　オランダ東インド会社の医療用製品取引に関する史料研究の再考
　　　　　―フォルカー氏の研究の影響力と訳語の問題― ………………………… 132
結語 ……………………………………………………………………………………… 135

第2章　西洋宮廷美術における受容 ……………………………………………………… 137
第1節　磁器陳列室成立前史とオランダの磁器収集 …………………………… 138
第1項　磁器陳列室をめぐる研究動向
第2項　磁器陳列室の成立背景 ―シノワズリ様式と東洋趣味―
第3項　オラニエ＝ナッサウ家におけるコレクションと磁器陳列室の形成
補論　磁器陳列室の装飾の源泉 ―「鏡の間」・「漆の間」と西洋の装飾デザイン様式―

第2節　ドイツにおける磁器陳列室の流行··156
　　　　第1項　失われた磁器陳列室
　　　　第2項　現存する磁器陳列室
　　　　第3項　再建された磁器陳列室

　　第3節　西洋における磁器陳列室··218
　　　　第1項　イギリスにおける磁器陳列室の事例 ―ケンジントン宮殿―
　　　　第2項　オランダにおけるブルジョワたちの磁器陳列室
　　　　第3項　オーストリアにおける磁器陳列室

　　第4節　東洋趣味とシノワズリ様式··236
　　　　第1項　東洋趣味の室内調度
　　　　第2項　シノワズリ建築の室内調度

　　補論　　輸出磁器の受容と変容··252
　　　　第1項　「ジャパン」漆黒を表象する輸出磁器
　　　　第2項　マイセンの「インドの花」―柿右衛門様式が与えた影響と「奇想様式」の花―

　　結語··272

第3章　近代における古美術としての流出··275
　　第1節　明治期における肥前磁器の取引 ―外国人の収集と美術商の関与―··276
　　　　第1項　江戸期の輸出磁器の輪郭を変える要因となった「古美術の流出」
　　　　第2項　明治期のブリンクリー・コレクション
　　　　第3項　フィリップ・ジッヒェルの手記
　　　　第4項　山中商会による欧米への古美術としての肥前磁器輸出
　　　　第5項　林忠正によるフランスへの古美術としての肥前磁器輸出

　　第2節　売立目録研究と文献史料からみる大正〜昭和初期の肥前磁器流通···295
　　　　第1項　売立目録とその先行研究
　　　　第2項　売立目録掲載肥前磁器の調査
　　　　第3項　ウィリアム・ジョン・ロビンソンのコレクション
　　　　第4項　大正期より戦前までの肥前磁器の流通と言説

　　結語··314

結び　―宮廷美術のエキゾチシズム―··315

資料篇

　　資料篇1　オランダ東インド会社文書　長崎商館の仕訳帳・送り状における磁器··321
　　資料篇2　オランダ東インド会社文書　公式貿易による肥前磁器輸出の記録　比較一覧··511
　　資料篇3　イギリス東インド会社文書　ロンドンで販売された日本磁器の器種別集計··533

文献と略号··536
口絵・挿図一覧··546
あとがき··556
初出一覧··559
索引··560

凡　例

① 本書は、本文と資料篇の二部より構成される。
② 本文中に記載した、(口絵★)という括弧内の数字は巻頭に掲載したカラー図版の番号、(挿図★)という括弧内の数字は本文中に掲載した挿図の番号である。口絵と挿図に掲載した資料の情報(産地、作者、製作時期、所在、所蔵元、写真のクレジット名等)は、巻末の「口絵・挿図一覧」(pp. 546-555)に列記した。(表★)という括弧内の数字は本文中に掲載した表の番号、(図表★)という括弧内の数字は本文中に掲載したグラフなどの図表の番号を示す。
③ 本文中の文字右上に記載した数字は註記番号を示し、註記文は各節ごとにその末尾に付した。その引用文献は、論文や書籍を巻末の「文献と略号」(pp. 536-545)に列記した。古文書などの一次史料の名称については、史料名称と所蔵先機関、および資料の所蔵先が付した管理番号をもって注記文中に表記した。一次史料の翻刻を参照した場合はその掲載資料を注記文中に記した。
④ 引用文献については、巻末の参考文献リストに、和文書名には『　』を、その論文名は「　」をもって表記した。欧文書名はイタリック体とし、その論文名には'　'をもって表記した。
⑤ 年月日の記載は、基本的に西暦年で統一し、必要に応じて括弧内に元号を表記した。
⑥ 西洋人の人名についてはカタカナ表記とし、初出部分の括弧内に原則としてその人物の居住国における言語で氏名および生没年を表記した。
⑦ 西洋の都市、建物、作品等の固有名称はカタカナ表記とし、初出部分にその所在地における原語名称(不明な場合は英語)を表記した。
⑧ 文献から引用した文章は、数行以内の分量の場合「　」の中に表記した。このカッコ内の引用文中の(　)は、(　)のまま表記し、本書の著者の補足は[　]内に区別して記した。文面から引用する文章が数行以上におよぶ場合は、括弧を使用せず2字下げとした。引用文中に引かれた傍線は、筆者が任意に引いたものである。
⑨ 表紙、箱の装丁デザインは宮崎若菜が制作した。

序章　失われた磁器の歴史

江戸期に輸出品として作られ、西洋の古城に伝わる、いわゆる「輸出磁器」と呼ばれる肥前磁器[1]の存在が、我が国で知られるようになってすでに久しい。暗い古城の壁面や重厚な家具を飾る肥前の輸出磁器は、数百年もの長きにわたりその国の宮廷美術の一部となり異国の美術と融合し、今なお受け継がれている。その光景は、当時の西洋宮廷において宮殿を飾る「装飾美術」として日本の文化に格別の価値が認められていたことを物語っている。輸出磁器は、日本人に自国の文化に対する尊厳への再考を促す文化遺産のひとつであり、その受容研究は、江戸期の海外における日本の存在認知という歴史認識の研究にとっても、有用かつ不可欠なものといえるはずである。

　こうした西洋の城館における磁器陳列という肥前磁器の受容の詳細は、本研究で後述するとおり西洋の広い地域で多く認められるにもかかわらず、日本ではドイツとイギリスの事例が幾つか知られているほかは、まだ充分に紹介されているとはいえない。筆者は輸出磁器の受容[2]に関わる調査を行い、日本工藝が西洋宮廷の美術として価値をもつものと認められていたことを示す、多くの事例に接する機会を得た。また、そうした事例の調査を通して、日本の輸出磁器が西洋の宮廷で愛好され受容された地域的な分布には従来の認識を超える広がりが認められ、日本の輸出磁器が宮廷装飾美術のなかで日本の文化を表象する機能[3]をも担う存在として受容されたという認識をもった。西洋宮廷における日本の輸出磁器受容の歴史的変遷を具体的な事例を通して辿ることが求められよう。

　本書は、従来の研究で主流であった輸出磁器の作品研究を試みようとするものでもなければ、世界的規模に広がる輸出磁器の悉皆調査による所在確認に新たな知見を加えようとするものでもない。西洋の宮殿における磁器陳列室をはじめ肥前磁器を用いた室内装飾の事例を広く集め、輸出磁器受容の様相とそれが創り上げた文化を論ずることを中心課題とするものである。加えて、それら肥前磁器による室内装飾は、いわば異文化交渉と貿易が作り上げた美術コレクションともいえ、東西貿易の進展と密接な関係があるため、西洋宮廷の肥前磁器受容の前提となる磁器貿易に関わる歴史的考証にも配慮し、筆者自身による原語資料の検討も含めた輸出磁器受容史の総合的な解釈を示すことを目論むものである。

　とはいえ、本研究も先学諸家の研究の蓄積を前提とするものであり、筆者独自の考察に入る前に貿易陶磁史料、輸出磁器およびその受容史に関する主要な研究史を概観しておく必要があるだろう。まず、東西貿易陶磁史の研究を概観し、次に国内外で行われた輸出磁器の作品研究の経過を追い、さらに17～18世紀の西洋の宮殿の内部装飾において輸出磁器が用いられた受容史に関する研究史を把握したうえで、筆者の研究方針を提示することにしたい。

第1節　東西貿易陶磁史の研究史

　西洋ではじめて磁器が開発されたのは18世紀初頭である。従って、それまでの西洋諸国はひとえに珍しい異国の産物として磁器の存在を認識し、その価値を高く評価した。西洋の言語による「磁器porcelain」を意味する言葉の起源は、13世紀のイタリアの冒険家、マルコ・ポーロ（Marco Polo, 1254-1324）まで遡る。マルコ・ポーロによる東洋冒険旅行の口述筆記である『東方見聞録』（1298年）には、彼が1280年代に訪れたザイトゥン（中国福建省泉州刺桐城）の港町付近にあるチュンジュー市[4]で「磁器[5]製の容器が製造され、（中略）これらの磁器はこの町以外ではどこでも製造

されない。従ってここの製品が全世界に頒布するのである。（中略）その純化された土で造形された器皿は驚嘆すべき光沢をそなえて青色に輝き、何ともいえぬ美観を呈するわけである。」と述べている[6]。磁器はイタリア語で*porcellana*と言うが、それは磁器を思わせるような輝きを発するタカラガイと呼ばれる貝殻の名称である。マルコ・ポーロの記述*porcellana*が「磁器*porcelain*」という言葉の語源となったのだといわれている[7]。

その後、エジプトや西アジアを経由した個人ルートによって少量の磁器が西洋にもたらされていたとされるが、中国の磁器がこうした個人ルートではなく、貿易という形で西洋へもたらされるのは、ポルトガルのバスコ・ダ・ガマ（Vasco da Gama, 1469頃-1524）のインド航路発見以降である。バスコ・ダ・ガマは、1498年に喜望峰経由でインドに到着し、カリカットで購入した磁器を、ポルトガル王マニュエル一世（Manuel I de Portugal, 1469-1521年）に土産として献上した[8]。

16世紀の磁器貿易は、ポルトガルの独占状態にあったが、オランダ人のヤン・ハイヘン・ファン・リンスホーテン（Jan Huyghen van Linschoten, 1563-1611）による『東方案内記[9]』（初版1596年）により、東洋への貿易ルートはオランダの知るところとなり、オランダは間もなく1602年に連合東インド会社（Verenigde Oost-Indische Compagnie、略称VOC）を設立、東洋での貿易活動に乗りだした。この会社はその設立当初から景徳鎮の磁器を扱い、その後間もなく本国へ大量の磁器を運ぶ貿易を展開[10]、アルプス以北に位置する西洋諸国の王侯貴族たちに磁器を紹介することにほどなく成功したのであった。しかし、中国・オランダ間の磁器貿易は、1640年代に勃発した明末清初の内乱により中断を余儀なくされ、オランダは景徳鎮磁器の代わりに肥前磁器を輸入することを決断した。オランダ東インド会社が肥前磁器を公式貿易品として扱い始めるのは1650年である。

西洋から東洋への旅は、往復に最短でも1年以上を要し、その間は出資金を回収することができない。また、船が戻らない場合には多大な損失をこうむることも考慮すると、巨額の資本金を必要とする非常に困難な貿易であった。16世紀末、東洋貿易に意欲をもち、それを実行できるだけの財力を有していたのは、オランダの大都市とイギリスのロンドンを拠点とする東インド会社だけであった[11]。

オランダが、江戸期に長崎港から輸出された肥前磁器を西洋へ運ぶ最初の主要な担い手となったのは上記のような経緯による。さらに17世紀末には、イギリス東インド会社も肥前磁器をロンドンへ運ぶようになった。

ところで現在、公式貿易品として相応な量を超える、ほとんど無尽蔵ともいいたくなるような膨大な数量の江戸期の肥前磁器が、西欧、東欧、北欧、ロシアまでの広い西洋諸国に分布することが、所蔵先の国々における個別の資料紹介によって判明している。これほどまでに多くの肥前磁器は、一体どのようなルートで運ばれたのであろうか。実は、オランダ、イギリスによる公式貿易のほかに、西洋へ肥前磁器が運ばれる過程には、個人貿易や（ジャンク船による）唐船貿易といった方法を経たケースもあった。従って、複雑な貿易ルートを多角的な視野で探っていく研究が求められる。加えて、今日西洋の美術館や王侯貴族のコレクションに見られる肥前磁器には、江戸期に作られた輸出磁器だけでなく、近代以降に製作された輸出磁器や、近代以降に輸出された本来の輸出磁器とは異なる江戸期の日本人の暮らしの道具としての磁器が混入しているケースにも間々遭遇するため、所蔵に至るまでの収集の経緯も視野に入れた慎重な事実確認作業を省くことはできない。本来の（17〜18世紀の）東西貿易による輸出磁器を正確に把握するには、江戸期より近代にまで連続する輸出ルートとその輸出時期について慎重に検討し、輸出磁器の性格をそれぞれ定義していく必要がある。

以上、東西磁器貿易の歴史を概観したが、そこで確認した研究上の注意点を踏まえつつ、次に東西貿易陶磁史の研究史を追っていくことにする。西洋における肥前の輸出磁器の様々なコレクションが、近代的な歴史研究の方法論で研究されるようになったのは、概ね第二次世界大戦以降であった。その突破口を開き、その後の輸出磁器研究の萌芽を促したのは、1950年代に磁器貿易史に関する最初の研究を刊行した、日蘭陶磁史料研究の草分け的存在、オランダの民族学研究者タイス・フォルカーTijs Volker氏である。オランダ東インド会社の陶磁貿易史料に関するフォルカー氏の先駆的著作[12]は数多くの研究者の意識変革を促した。以降、西洋所在の肥前磁器コレクションは、歴史研究の課題として取り組まれることが主流となっている。

近年、我が国および西洋の東西貿易史研究者のあいだで、編年研究に用いられる史料の大半は、オランダ東インド会社の貿易に関する史料である。例えば、工藝品の貿易を対象とした我が国の研究事例として、日蘭貿易における染織史の研究を挙げることができる。この領域では、石田千尋氏の日本、オランダ双方の文書原文を解析する壮大な研究が公刊されている[13]。石田氏の研究は、「東インド会社文書」の史料研究を工藝史研究との相互性のもとで本格的に行った優れた研究である。

しかしながら、陶磁史を専門とする領域では、江戸期における日蘭貿易関連史料の原文そのものを視野に入れる研究がなされてこなかった。例えば、オランダ東インド会社文書の原文が参照されることは陶磁史研究において殆んどなく、陶磁史以外の領域の研究者の研究成果であるいわゆる二次資料を参照してきたのである。そこでまず日蘭貿易史研究の蓄積については、特に重要な3つの事例を以下に挙げる。

1例目は、1954年に著書 *"Porcelain and the Dutch East India Company as recorded in the DAGH-REGISTERS of Batavia castel, those of Hirado and Deshima and other contemporary papers 1602-1682"* を出版したフォルカー氏の研究である[14]。本書は、我が国でも1979年〜1984年にその邦訳が前田正明氏によって紹介[15]されたことから、フォルカー氏の研究は多くの国内研究者に活用されるようになった。

氏の研究対象は17世紀中国・日本双方の磁器貿易で、対象とする地域はオランダ、アジア全域、中近東までカバーされ、広汎にわたる。西欧では頻繁に活用される貿易陶磁史料研究の代表的な資料で、日本でも近年に至るまで学術論文上の引用頻度が高い。ただし、フォルカー氏は本書において情報の典拠を注記していないため、フォルカー氏が参照した原典のすべてを確認することはできない。本書の情報の多くはオランダ東インド会社文書中の『バタヴィア城日誌』に基づいたものと推測されるが、「仕訳帳」や「送り状」などのもっとも基本的な史料を柱にしておらず、それ故一貫性と網羅性という本来取るべき基本的な方針に欠けることは否めない。文献史学的にみれば方法論的な欠陥があるといわざるを得ない。

さらに1959年にフォルカー氏は、前述の著作の後編として1683年以降の肥前磁器輸出について、*"The Japanese porcelain trade of the Dutch East India Company after 1683"* を刊行している[16]。こちらは主としてオランダ東インド会社文書の「仕訳帳」に基づいており、1757年まで続いた肥前磁器輸出の各年別の輸出合計数をはじめて公表している。この書は日蘭間の取引のみを対象としたため、1954年の前掲書の内容と比較すると範囲が狭いが、「仕訳帳」を一貫して参照したことによって、先の著書に見られた欠陥が改善されたといえるだろう[17]。

2つ目の研究事例は、近世貿易史研究の山脇悌二郎氏が、『有田町史　商業編Ⅰ』に発表した1988年の論文[18]である。1650年〜1757年までの各年の輸出数量、器種別数量について、東インド会

社文書を根拠として統計的に示すことによって、長崎港から出荷された公式貿易による磁器輸出のおおまかな全体像がはじめて明らかにされた。氏の研究は、ほぼ通年的に現存する「仕訳帳」全部を中核としながらもその他のオランダ東インド会社文書に関する原文の刊行資料も取り入れ、日蘭陶磁貿易のもっとも基本的なすべての貿易構造を提示して通史を描き出すことに成功した。我が国における肥前の輸出磁器研究の大半は、この山脇氏の研究を前提としている。

とはいえ山脇氏の秀逸な研究においても、着手されていない検討すべき課題はまだ数多く残されている。本書資料篇1の公式貿易による輸出磁器の「仕訳帳」と「送り状」を全文掲載した新史料紹介は、その欠をかなりの部分補うこととなろう。さらに本書は、唐船貿易による輸出に関して、山脇氏が着手しなかった1680年代以降の新史料を紹介した。

1990年頃からは、オランダの漆工貿易史研究の第一人者であるシンシア・フィアレCynthia Viallé氏が、日本・オランダ間の磁器貿易史料の調査に着手している。フィアレ氏は、2000年には論文「オランダ向け日本磁器：オランダ東インド会社の記録」[19]を佐賀県立九州陶磁文化館展覧会図録に発表し、オランダ向け磁器輸出に関する重役会議の決定などを始めとする多くの新情報についてオランダ語の「仕訳帳」、「送り状」の原文の掲載とともに詳細に紹介した。この論文のテーマは、東南アジアや西アジアなどの肥前磁器の貿易全体を対象としたものではなく、オランダ向けの輸出を専門とするものであった。フィアレ氏の史料紹介は、我が国の陶磁史の領域において貿易記録の原文が、原本記載に近い形式で公開された最初の例であり、その意義は甚大である。

翻り、イギリス東インド会社による日本磁器貿易については、イギリス東インド会社文書に基づくとされるジェオフレイ・A・ゴデンGeoffrey A. Godden氏による著書[20]がある。これまで知られていなかったイギリス東インド会社による肥前磁器の貿易ルートをはじめて提示した点において大いに評価できる。ただし、ゴデン氏の研究は史料からの引用記載に出典を明記しない形式で統一されているため、氏の著書から個々の史実の典拠を検証することができない。こうした、学術書として適正さを欠くスタイルにおいて、ゴデン氏とフォルカー氏の研究は似通っているといえるが、フォルカー氏の研究と相反して、西洋の研究者によるゴデン氏の研究の活用事例は少数であるため、日本でもほとんど注目されることがなかった。

さて、近代以降、肥前磁器の国際流通は国を行き交う多様な美術商や収集家の手に委ねられてゆく。近代以降におこった欧米への日本の古美術品流出の時代に、近代工藝品とともに江戸期の肥前磁器が輸出されたことは、近代以前にもたらされていた輸出磁器を特定することを困難にしている。近代以降の流通は、近年まで本格的な研究が発表されていない領域である。本研究では、売立目録というこれまで肥前磁器研究の素材としては活用されたことのない資料を使用して、検討を試みた。売立目録に基づいた肥前磁器の国際流通を探る研究は、先行研究にない新しい試みである。

第2節　西洋における輸出磁器に関する研究史

　西洋における肥前磁器研究は、大きくは2つのタイプに分かれるだろう。すなわち、（1）日本工藝を海外に紹介する日本文化研究という日本学や東洋学の一環と、（2）肥前磁器が果たした文化交流の歴史的意義へのまなざしを有する受容史的美術史研究である。以下に、第2次世界大戦以降に発表された主な研究史を概観しておこう。

　フォルカー氏の著作が発表されるまで、欧米における日本陶磁に関する肥前磁器研究の主流はもっぱら前述の（1）の手法によるもの、例えば西洋における日本陶磁研究の先駆者であるソーム・ジェニンスR. Soame Jenyns氏の研究[21]に代表されるような、肥前磁器を生産地の歴史として捉える窯業史的見方であった[22]。この傾向は、フォルカー氏の著書刊行後の1965年のジェニンス氏の著書[23]においても同様で、受容史的な視点からのドイツやイギリスの王侯のコレクションや磁器陳列室についての記述はわずかであり、永竹威氏をはじめとする生産地の研究成果[24]や『世界陶磁全集[25]』に基づいた肥前磁器の編年や生産技術、様式分類といった日本の窯業史研究に関する情報が大部分を占めている。ジェニンス氏の研究は、西洋に伝来した外来の文化である肥前磁器を欧米の人々に紹介するための教本的な性格があり、ある意味で日本学的な性格を帯びていたともいえるように思う。こうした外国における日本文化紹介の一助として肥前磁器の窯業史に関する書籍を出版する傾向は、今日の欧米における肥前磁器研究者たちにももちろん継承されている。このことは、欧米における日本陶磁研究が、主として日本学や中国学を大学で専攻した学芸員たちの手で進められている現状からすれば自然な流れといえるだろう。海外において、日本学的側面を持つ研究として著わされる輸出磁器関連文献は、海外における日本文化への理解を深化させ、日本に対する興味を喚起するうえで重要な功績を果してきた。

　（2）の立場にたつフォルカー氏の研究成果は、海外で研究を発表した日本の研究者にも直ちに広まったとみえる。1970年代に相次いで著わされたイギリスでの西田宏子氏やドイツでの庄野正子氏の研究は、海外に向けて発信された日本人による輸出磁器の先駆的研究例として評価され、海外研究者による引用頻度も高い。こうした海外から発信された日本人による研究は、前述の西洋人による（1）と（2）の研究とは異なり、西洋人には入手困難な日本の見識を取り入れた、日本独自の新たな見識として海外で注目された。

　西田氏は、イギリスとドイツを中心とする肥前磁器のコレクションに関して、その生産史、貿易史と西洋王侯のコレクション形成史を論じ、国内外の生産年代が明確な資料を博士論文として紹介した[26]。これは、輸出磁器の作品研究に関する精緻かつ詳細な総合研究である。この研究では、伝世品とフォルカー研究に基づく貿易史料のデータとの関係が、家財目録などの所蔵に関する記録や記年名が明らかなコレクションと対照されて考察されている。これにより、柿右衛門様式磁器の製作期間の下限を新たに特定されるなど、輸出磁器の編年に新説を提唱している。

　西田氏の研究論文によると、イギリスのオリヴァー・インピーOliver Impey氏は西田氏の説に基づいて柿右衛門様式磁器の製作期間の下限を1700年頃までとする見解をもったとされる[27]。その編年はインピー氏の代表作として多くの欧米研究者が参照する『宮廷の陶磁器展』図録[28]から氏の遺作となった著書まで一貫して記されており[29]、その後多くの欧米研究者もそれに従った編年をしている。すなわち、西田氏の研究は、長年にわたり欧米の日本陶磁史研究者のなかで主導的な役割を果たし、多大な影響力をもつ肥前磁器研究の第一人者であるインピー氏に影響を及ぼし

たことを起点として、多くの欧米研究者に支持されたといえよう。

この西田氏の博士論文は、出版物として一般公開されることはなかったが、数多くの日本の窯業史や古文書に関する文献を英語で紹介しており、欧米研究者にとって得難い貴重な情報源として広く活用された。このことからも、同氏の研究は、国際的な学界に日本人の視点からの情報を発信することに成功した数少ない事例として高く評価されよう。

1973年には庄野正子氏も博士論文として著書を刊行した[30]。氏の研究は、マイセン磁器に及ぼされた柿右衛門様式磁器の影響を主題としている。庄野氏は、マイセンで製作された柿右衛門様式の写し物およびその影響を受けたシノワズリ様式の作品について、柿右衛門様式磁器の絵付けに関する研究を通して明らかにしており、とりわけ文様の画題について、江戸期の日本絵画の画題に対する見識に基づいて詳細に解説した点を特色とし、欧米の研究者には入手困難な日本の画題に関する重要な情報を提供することに成功している。マイセン磁器に描かれた数多くの日本および中国の文様の意味を解明する本格的な研究は、西洋では庄野氏がはじめてであり、その後も類似の研究はなされなかったため、同氏の研究はマイセンの東洋趣味の作品研究に多大な影響を及ぼした。同時に絵付けモティーフの意味に関する欧文による解説は、肥前磁器を研究する欧米研究者にとっても非常に重要である。欧米における柿右衛門様式磁器の研究には盛んに庄野氏の著書が引用されており、国際的な影響力が極めて大きい。庄野氏の研究は、日本人が日本側の視点の強みを生かして行ったものといえ、その海外発信力は喜ばしい。

その後1980年に刊行されたフリードリッヒ・ライヒェルFriedrich Reichel氏による、アウグスト強王旧蔵のドレスデンのコレクションに関する図録[31]は、欧米研究者による東洋学の立場から工藝史研究に貢献した研究成果として、すなわち前述の（1）のタイプに位置付けられる。この本は、ドレスデンの主要コレクションを総覧できるはじめてのカラー版図録であり、その後の輸出磁器研究のバイブル的資料として多くの欧米の研究者によって編年の根拠としても活用され、後続の研究者に多大な影響を与えた。この書の論文部では、マイセンおよびドレスデンのコレクションの肥前磁器の作品研究に課題の中心が置かれ、有田の技術や生産の歴史、様式発展といった有田の窯業史に基づいてドレスデンの肥前磁器を把握することに加えて、それがマイセン磁器に及ぼした影響についても論じられている。このほかに西洋の宮廷における東洋磁器の流行やアウグスト強王の収集、ドレスデンでの日本宮の磁器陳列についても挙げられているが、それは恐らくそれまでのマイセン研究の成果に基づいているものと推測され、ドレスデンにおける輸出磁器の宮廷美術としての側面を描き出すための受容史に着目したものではなかった。

さらにそれ以降は、（2）のタイプの西洋美術史の受容史研究をバックグラウンドにもつ肥前磁器研究に飛躍的な成果があり、（1）のタイプの研究に影響を与えてゆく。すなわち、1990年には、17～18世紀に西洋の数多くの国々の王侯貴族が収集した肥前磁器のコレクションに関する「宮廷の陶磁器展」（開催：大英博物館）の図録[32]が刊行され、後述する磁器陳列の問題も含む輸出磁器をめぐる総合的な研究が提示された。この図録は、イギリス・ドイツ・オランダを中心にフランス・ベルギーも加え、西洋の王侯貴族が収集した輸出磁器を幅広く総覧的に提示することによって、輸出磁器の国際的な流行の広がりを確認することができる内容となっている。数多くの輸出磁器の資料が様式別に分類され、オリヴァー・インピー氏による編年や産地判定の研究成果が提示されている。また、この図録では写真掲載した輸出磁器に関連して、研究成果に基づく様式論や、収集された時代の文化や磁器の用途、磁器陳列室や西洋で製作された輸出磁器の写し物に関

する論文も収録された。加えて、輸出磁器を当時の宮廷の流行を中心とする文化史的な枠組みのなかで捉え、国際的な東洋趣味の流行との関係のうえで論じている。この書は、単なる工藝史研究としての枠組みを超えて、輸出磁器を宮廷文化のテーマとして取り上げている。輸出磁器を17～18世紀当時の宮廷美術の一ジャンルとして取り上げ、その性格を復元的に提示することにおいて、かつてない壮大な国際的視野をもった研究であるといえよう。

それ以降の輸出磁器研究の推移については、2002年にオリヴァー・インピー氏と2003年にオランダのクリスチャン・ヨルフCristiaan. J. A. Jörg氏が、輸出磁器のコレクションを収集した図録を発表している。両氏の著書によって、イギリスおよびオランダにおける多数の主要なコレクションを総覧できるようになり、輸出磁器の研究環境の整備はまた大きく前進したといえる。

インピー氏の図録"Japanese export porcelain"[33]は、オックスフォード大学付属美術館のコレクション447点を収録したものである。同コレクションの形成には、インピー氏が長年携わっており、日本の輸出磁器として典型的な殆どすべてのタイプが体系的に揃えられている。そのため、このコレクションを紹介すること自体が西洋向けに作られた輸出磁器の性格を明確にする意味をもっているともいえる。この著書は、イギリスに伝わる肥前磁器の伝世品を豊富な写真による紹介を通じて、西洋を対象とする輸出磁器の器種と絵付装飾の全貌に迫ることに成功している。

さらに、ヨルフ氏が出版した図録"Fine & Curious"には、オランダ有数の大規模な肥前磁器コレクションを所蔵するフローニンヘン博物館の所蔵品を中心にオランダの主要な肥前磁器コレクション365点の図版が掲載された[34]。ヨルフ氏が、フローニンヘン博物館のコレクション形成に学芸員として長年貢献してきた経緯から、同美術館の肥前磁器コレクションは学識に基づく体系性を備えており、この書は学術的論述を目的とする出版物ではないものの、西洋向け輸出磁器の全体を捉える内容の肥前磁器365点の写真を説明するセクション解説には、多くの学識が盛り込まれている。この書の掲載資料は、従来の初期伊万里から金襴手様式までの時代別様式区分に加えて、さらに輸出品は器形別の区分でも掲載するという、二重の構造をとることにより、時代別や様式別のみの区分とする場合には避けられない煩雑さを回避し、輸出磁器の独自の発展史を明快に示し得ている。さらにヨルフ氏は、中国磁器の作品研究とその貿易史研究のパイオニアとしての氏の広い見識で、肥前磁器の発展を中国磁器貿易と関連付けて論じるだけでなく、20世紀以前の西洋のコレクションに初期伊万里が存在しないことや、西洋所在の青手の古九谷のすべては19世紀か20世紀の購入品であることも明言している。さらに、レーワルデンのプリンセッセホフ美術館が所蔵する青手の古九谷を例に挙げ、オランダ所在の青手の大半はインドネシア由来としている。これらの指摘は、来歴への知識が十分でないために、本来の（17～18世紀に輸出された）輸出磁器の実像が曖昧になりがちな西洋所在品に関する現状の問題に警鐘を鳴らす。

1997年には、フィリップ・スホメルFilip Suchomelおよびマルセラ・スホメロヴァMarcela Suchomelová両氏の研究書によって、チェコにおける数多くの王侯貴族の城や、プラハ国立美術館、ナープルステク博物館、プラハ工藝美術館をはじめとする美術館・博物館に所蔵される膨大な数の肥前磁器のコレクションの存在が豊富な掲載写真を以って初公表された。同書でスホメロヴァ氏は、チェコ所蔵品目録研究に基づくコレクション形成過程について説明し、現在古城に所蔵される王侯貴族旧蔵コレクションの多くが、シュヴァルツェンベルク家やワーレンシュタイン家に代表されるオーストリアやドイツ出身の王侯貴族の収集品であることなど、チェコ所在の多様なコレクションの収集の歴史的経緯や特色を解明している。またさらに、チェコにおける王侯貴族のコレクションは周辺諸国よりも形成の開始時期が遅く、18世紀前半に遡ることのできる来

歴をもつコレクションは殆どないなど、隣国のドイツやオランダとの収集状況の相違が明確に示された[35]。

また近年では、メノー・フィツキーMenno Fitski氏がその著作において、日本での柿右衛門様式磁器研究の最新の成果に基づいて、イギリスやオランダの王侯貴族のコレクションを中心に柿右衛門様式磁器の優品を数多く紹介している[36]。この書の大部分は柿右衛門様式磁器のデザインや窯業生産史を総論的にあつかう一般向けの読者を対象とした内容であるが、これまで知られていなかったワーセナール家（トゥヴィッケル城）による柿右衛門様式磁器の収集の経緯を紹介することにより来歴の明らかなオランダの優品コレクションを拡充した。また、柿右衛門様式磁器の絵付けの色や風合いの美しさを欧米の読者にわかりやすく提示するため、絵付け部分の高品質な拡大写真を多数掲載してアピールした配慮が、これまでの欧米の柿右衛門関係の書籍としては稀な、独自の手法として評価される。

ところで、近年行われた展覧会のなかで、視野の広い明確なテーマをもった東洋陶磁の展示の代表例として、筆者がまず挙げたいと思うのは、「黒い磁器　漆への熱狂とそのヨーロッパ磁器への影響[37]」（開催：ドイツ・ラシュタットのファヴォリテ城／2003年）である。本展は、17世紀末から18世紀中頃にかけての東洋の漆器愛好の影響を受けて製作された様々な素材による黒塗り装飾を施した陶磁器を紹介し、「黒塗り装飾の陶磁器」という新たなジャンルを定着させた。

さらに、多様なジャンルの東洋美術が西洋王侯のコレクションアイテムとなり、宮廷美術に摂取されたことを示すドレスデン（2008年）とミュンヘン（2009年）における本格的な研究に基づいた展覧会も重要である。

ドレスデンの展覧会は「金の竜・白い鷲―中国皇帝宮廷とザクセン・ポーランド宮廷における権力の使い（1644-1795）[38]」と題され、ドレスデン国立美術館が所蔵するドレスデン宮廷旧蔵の東洋美術コレクションを中心に、王侯による東洋美術の愛好とその歴史的背景をとりあげたものである。一方、ミュンヘンの展覧会は「ヴィッテルスバッハ家と中国　中国とバイエルンの400年[39]」と題され、バイエルンにある複数の国立美術館が所蔵するヴィッテルスバッハ家の東洋美術コレクションを中心とする内容である。そして双方の展示とも、多くの本格的な研究論文を収録した大変充実した図録の出版をともない、両者のコンセプトは内容的に連動しているといえよう。

これらの展覧会の図録では、宮廷における東洋陶磁の受容というテーマが、極東の文化や学問に魅せられ東洋美術を愛好した西洋王侯貴族の東洋趣味に関する総合的研究成果の一部として論じられている。それらは、17〜18世紀の宮廷の東洋趣味の文化における肥前磁器の位置付けを数多くの事例の紹介を通じて具体的に示すものといえる。すなわちこれらの展覧会では、肥前磁器を外来の文化として研究するのではなく、西洋における様々な東洋趣味の宮廷美術・宮廷文化のなかに位置付け、宮廷美術のなかに包摂された存在として示しているのである。

ドレスデンおよびミュンヘンの展覧会のために行われた研究は、日本の輸出磁器への実像把握を、美術史側の視点からの学術的知見に基づいて、宮廷の美術として定着させる取り組みとして極めて重要である。これにより、宮廷美術として王侯貴族によって収集された輸出磁器コレクションの成立背景や宮廷における輸出磁器受容の様相が示された。また、こうした美術史的な分析は、輸出磁器が評価され流行した時代におけるバロック・ロココ時代の宮廷美術とその一部として収集・受容された輸出磁器の関係を明らかにし、歴史を復元的に構築している。

しかしながら、総体的に見れば、最近の西洋における美術館・博物館の取り組みは、前述のような総合的な観点からの分析・理論化の方向というよりも、より細分化し、地域研究的な性質を帯び

序章　失われた磁器の歴史　|　13

る傾向が目立っている。例えば多数の掲載図版をともない各美術館・博物館のコレクションを網羅的に紹介するカタログ・レゾネ的な出版物や、インターネットによって美術館・博物館が所蔵する肥前磁器コレクションの写真付き総目録データベースを公開する取り組みが増加している状況である。こうした取り組みは、もちろん副次的な研究資料提供の域を脱するものではないが、個々の陶磁資料へのアプローチを容易にし、陶磁を扱う美術史研究に新たな研究の可能性を開くための確実な歩みとして期待を寄せたい。

第3節　日本国内における輸出磁器に関する研究史

　1970年代以降には、日本の好景気に乗じ海外所在の肥前磁器を日本へ買い戻す収集家の動きが活発となり、国内に次々と規模の大きい肥前磁器のコレクションが成立し、その公開が相次いで行われるようになった。当時、新たな輸出磁器コレクションを対象とする研究や展覧会が催され、ドレスデン国立美術館、イギリスのバーレイ・ハウスBurghley House、ウィーンのハプスブルク家Haus Habsburgの所蔵品をはじめとする海外所在の肥前磁器の公開が盛んに行われるようになっていた[40]。輸出磁器に対する関心や取り組みが、所蔵家、研究者や愛好家といった様々な異なる関心をもった人々に共有されるムーブメントを生んだともいえよう。

　しかし、こうした1970年代以降の肥前磁器の里帰り展は、その大半が海外の所蔵館の学芸担当者による研究に基づいているため、我が国で萌芽した輸出磁器に関する学術的研究の範疇に含めることはできない。また、国内研究者によって著わされた、総覧的な肥前磁器の展覧会図録に掲載された輸出磁器をテーマの一部に含んだ論文も、輸出磁器の性格を捉えることを意図したものではないケースが多い。そのため本論ではこれらを割愛する。そのように考えると、輸出磁器を中心的課題として扱い、輸出磁器の性格について独自の見解を示すことを目的とした国内発の研究事例はあまり多くはないように思われる。

　一方、日本の美術館が所蔵する「里帰り」の肥前磁器に関する主要なコレクションの内、早い時期の大規模な収集例としては、出光美術館[41]や林原美術館によるものがある。これらのコレクションは、「里帰り」展の開催が流行する直前の1960年代から収集に着手している。それ以外の、栗田美術館[42]、戸栗美術館[43]、田中丸コレクション[44]、松岡美術館[45]、サントリー美術館[46]などの海外で購入された肥前磁器コレクションは、1970年代に収集され始めたケースが多いようである。

　こうした「里帰り」の肥前磁器コレクションを含め、海外の所在品も視野に入れた輸出磁器を対象とする、我が国の研究者により行われた総合的な肥前磁器研究は、輸出磁器を対象としていても生産地の窯跡の発掘や窯業史に基づく手法が主流である。そのため本論では、これらを省略することとし、海外調査や海外の研究成果から得られた見識に基づいて輸出磁器の性格を精査するための独自の理論を打ち立てようとした試みに限定して、主要研究の流れを概観する。

　1916（大正5）年に出版された大河内正敏氏率いる彩壺会の『柿右衛門と色鍋島』[47]では、柿右衛門様式磁器がイギリスやフランスで収集、賞賛され、マイセンやシャンティーなど西洋の諸窯で写し物が製作された経緯が紹介されている。大河内氏の著書は、柿右衛門様式磁器の海外輸出に

言及した情報発信力の強い著作として、恐らく最初の日本語文献ではないかと思われる。情報がまだ乏しい大正時代におけるこうした海外の状況についての情報は、当時としては最新の知見であった。しかしながら、オランダ東インド会社の貿易や西洋王侯の収集といった、輸出磁器としての性格の根幹を捉える認識を示すには至っていなかった。

さらに1959（昭和34）年に出版された『古伊萬里』[48]では、輸出磁器を中心に図版を掲載し多数の肥前磁器の紹介がなされた。さらに、そのなかで、主としてジョン・アレキサンダー・ポウプJohn Alexander Pope氏の論文「西欧人の観た古伊万里」[49]と、手塚文臧氏・永竹威氏の論文「古伊万里の交易」[50]によって、輸出磁器の生産や海外での収集および貿易に関する歴史的背景が明らかにされた。

ポウプ氏は、19世紀末のアルベール・ジャックマールAlbert Jacquemartやアウグストゥス・ウォラストン・フランクスAugustus Wollaston Franksといった仏英の研究者による肥前磁器研究や、イギリスのメアリー二世やドイツのアウグスト強王による17〜18世紀の王侯によるコレクション事例やオランダ東インド会社の貿易による輸出といった史実を挙げ、「欧州人の誰もが初期古伊万里[51]は元禄時代の所産であると考えるのは無理もない」と述べ、当時の西洋において主流となっていた輸出磁器の生産年代観を明らかにしている。

一方手塚氏・永竹氏の論文では、オランダ東インド会社の肥前磁器がアジアと西洋向けに輸出された取引について、前述のフォルカー氏の著書[52]に基づいてオランダ東インド会社の貿易記録や正徳元年の『唐蠻貨物帳』によるオランダ船の個人貿易品の記録を掲載している[53]。フォルカー氏による磁器貿易の最初の研究書が刊行されたのは1954年であるので、恐らくこの書における貿易史の紹介は、フォルカー氏の研究に基づく貿易史解説のなかで、我が国ではもっとも早い事例ではないかと推測される。さらに両氏は、輸出品として製作された磁器の作例を挙げ、その西洋における用途や交易による見本の提示などによっておこった意匠の変化の問題にも言及している。そして、議論を貿易から肥前磁器の様式問題へと発展させながら輸出磁器の性格を明らかにしているため、これは貿易と輸出磁器の相互関係を具体的な史料により明らかにした我が国で最初の研究事例と目される。

また、1976年、1977年には西田宏子氏により『日本陶磁全集 23 古伊万里』、および『日本陶磁全集 24 柿右衛門』が発表された[54]。日欧双方の史料に基づく、西田氏の2点の著書は、我が国における輸出磁器の研究に本格的な文献史学の研究方法を導入した画期的な事例で、オランダ東インド会社文書に関するフォルカー氏による輸出磁器の貿易史研究だけでなく、メアリー二世やアウグスト強王といった主にイギリスやドイツの王侯の収集の歴史的変遷についても論じている。またさらに、日本に伝世する年代の明らかな西本願寺陶板などの柿右衛門様式や金襴手様式の製品を、様々な日本側の文献史料と関連付けて検討することによって、従来の日本および西洋での輸出磁器に関する歴史認識に修正を加えている。

西田氏の前掲論文の日本側の研究者にとって新しい成果は、それまで日本では知られていなかった西洋の史料やコレクションを日本人に向けて紹介した点であろう。ただしそれだけに留まらず氏は、日本所在の文献史料についても、黒川真頼著『工藝志料』などの近代の史料や、西村正邦著『睡余小録』、酒井田家に伝わる古文書である喜三右衛門の「覚」、『隔冥記』など、江戸期の日本側の史料を挙げ、資料批判的検証も含めた注意深い考察をしている。すなわち、両著書に示された西田氏の研究は、日欧の双方の数多くの史料を偏りなく使いこなす国際的な視点に立って、文献史料研究を軸とする日本人による輸出磁器の研究の水準を大幅に向上させたことにより、日本の

みならず欧米でもその価値が認められる研究であるといえよう[55]。

　以上のように、西洋向けに輸出された肥前磁器というテーマについては、海外だけでなく、国内においても豊富な研究事例があり、数多くの展覧会でも紹介されてきた。我が国における西洋向けの輸出磁器の研究は、先述の海外のコレクションや貿易史を中心に実証的な研究を発表された西田宏子氏の研究、西洋の肥前磁器を紹介するための多くの展覧会および、英国東洋陶磁学会の『宮廷の陶磁器』の邦訳化に尽力された西田氏の功績によって本格的な研究としての端緒が開かれ、進展してきたものと思われる。

　一方、考古学研究に基づいて輸出磁器の研究の発展に多大な貢献をされたのは大橋康二氏である。大橋氏は、有田の生産地での出土遺物の研究成果を基礎として、すべてのジャンルの肥前磁器を視野に入れた幅広い研究を行っている。その一環として、西洋所在のコレクション、あるいは西洋で入手されて日本に所蔵されている膨大な数の「里帰り」の肥前磁器を研究し、それら輸出磁器の生産窯を特定して編年を完成された。佐賀県立九州陶磁文化館は、輸出磁器の豊富なコレクションを所蔵しており、館蔵資料を収録した輸出磁器をテーマとする数多くの図録[56]が出版され、輸出磁器研究の中枢的役割を担っているだけでなく、有田町が実施した窯跡の発掘調査にも携わり、その成果を1988年に『有田町史　古窯編』として公表している。同書では、海外輸出用の製品を焼いた窯として、長吉谷窯と柿右衛門窯の出土品に関する大橋氏による解説が膨大な数量の図と写真とともに具体的に提示された[57]。大橋氏は、その後も様々な出版物に西洋向け輸出磁器に関する研究成果を発表している。特に2002年に刊行された『伊万里市史　陶磁器編　古伊万里』の「海外流通編」では、海外流通について、これまで知られていなかった輸出磁器の全体像を描き出している[58]。

　大橋氏の研究は、生産窯の特定や製品の技術的観点など多くの局面から肥前磁器の性格を明らかにしており、考古学者を中心に、国内外の数多くの研究者が氏の指導を受けながら研究を発展させている。そのなかでもっとも注目され、多くの研究者が依拠しているのは、氏によって示された年代観ではないかと思われる。氏の編年は、氏による数多くの著書や図録に掲載されているため、大橋氏が著した数多くの出版物が編年の根拠とされている。筆者も、大橋氏の御教示を仰ぎ氏の年代観に基づいて輸出磁器の研究に取り組んできた1人である。

　一方、氏の編年は、西洋で主導的な立場にあるインピー氏の編年と幾分隔たりがあるため、西洋の研究者の間では両者の年代観について議論も生まれたようである。輸出磁器を研究する西洋の研究者のあいだでは、インピー氏の編年と大橋氏の編年の両方がスタンダードとして浸透している。そのため、結果として西洋においては主に2通りの編年基準が共存する状況となっている。詳細にみれば我が国には、大橋氏の編年とは異なる様々な年代観が存在することも周知のとおりであるが、日本語文献を利用できない場合もある西洋研究者の間では、日本における年代観の多様性についての情報は乏しく、西洋側の議論はインピー氏と大橋氏の年代観の相違への疑問に集中しているようである[59]。

　国内発の総合的研究をともなう西洋向け輸出磁器をテーマとする展覧会として、まず筆頭に挙げるべきは、2000年に佐賀県立九州陶磁文化館で開催された「古伊万里の道」展[60]であろう。この展覧会では、九州陶磁文化館所蔵品を中心に国内外所在の輸出磁器の代表的な器形の資料が集められ総覧できる形となって示された。加えて、その西洋における使用方法や受容側の文化の諸相を明らかにした藤原友子氏やオランダの日本磁器貿易の実態を明らかにしたフィアレ氏による掲載論文によって、西洋向けの輸出磁器の貿易史や器形の多様性の提示のみならず、有田の輸出磁

器の開発を促した西洋の文化への導入をも含む具体的かつ総合的な内容であった。我が国における輸出磁器への理解は、この展覧会により急速に向上し、その後西洋向け輸出磁器を対象とする数多くの研究がこの展覧会の影響から生み出されたといっても過言ではないと思われる。

また、最近では、パリ在住の碓井文夫氏が西洋で収集した大規模な輸出磁器コレクションを公開する展覧会が開かれた。同展の展覧会図録には、大橋康二氏による西洋向け輸出磁器に関する研究論文とともに、碓井氏のコレクションの一部である165点の輸出磁器コレクションが収録されている[61]。碓井コレクションは、宮廷を飾るためのオルモル[62]をともなう器や大型の飾り壺から皿やカップなどの食器など、幅広い器形を取りそろえ、様式的にも、17世紀中頃より18世紀中頃までのほぼすべての時代の輸出磁器のタイプがカバーされているため、西洋宮廷での磁器受容を語る上で重要なコレクションである。

大橋氏は、陶磁史の編年研究を中心とする学術的な研究のみならず、収集家への助言という社会的貢献によっても今後の肥前磁器研究を発展させる基盤整備に尽力してきた。こうした大橋氏の貢献は柴田コレクションや輸出磁器を網羅的に集めた蒲原コレクション、碓井コレクション、松濤園コレクションなどの近年における複数のコレクションに生かされている。専門家の指導により総合性を備えた大規模な輸出磁器コレクションを形成することは、今後さらなる輸出磁器研究の飛躍を促進させるための重要な礎石となるであろう。

さらに、西洋所在の輸出磁器に関する、公的機関の助成金を得て行われる大規模な調査については、代表的な事例として以下のものがある。まず最初に、国際日本文化研究センターが1993年および1994年にロシアとチェコで実施した国際調査である。この調査は陶磁器だけでなく漆工や金工など多様なジャンルの日本の工藝を対象にしたものであったが、これに肥前磁器も含まれ、調査結果も公表されている[63]。これらの報告書における掲載資料は、各調査対象機関が所蔵する調査対象となった日本の工藝すべてをカバーしていた訳ではなかったが、掲載した資料の選択基準についての説明が不足しているため、所蔵先の状況を把握していない読者には悉皆調査の印象を与える報告書であったと思われる。

その後、2006年度～2009年度にかけては、九州産業大学による文部科学省21世紀COEプログラムによる柿右衛門様式磁器調査が西洋において行われた。その報告書には、調査されたイギリスとドイツを中心とする中央ヨーロッパ所在の博物館や古城に所蔵される肥前磁器コレクションの写真や編年などの基本データが多数のカラー写真とともに掲載され、イギリスとドイツのコレクションの特色に関する検討がなされている[64]。この報告書は、我が国で悉皆調査を目的として行われた肥前磁器の海外調査の報告書としては所蔵機関の情報と掲載作品の数量が恐らくもっとも多いことから、海外での輸出磁器の所在把握が飛躍的に進展したと思われる。しかし、各所蔵先別に見ると、悉皆的な調査が行われた所蔵先がある一方で、掲載されていない所蔵コレクションの方が多い調査先機関もあり掲載内容が不統一であったのが惜しまれる。

悉皆調査という名のもとに行われる、こうした日本人による大規模な海外調査については、その意義が疑問視される向きもある。海外調査を行う日本人として、筆者もまた様々な問題を認識し、日本関係資料を所蔵する海外の機関との関係の在り方について、問題意識をもって考える必要があると考える。また、昨今の西洋では、悉皆調査という方法による調査ばかりでなく、研究者への情報公開の意味そのものが問われつつある。前節で述べた海外の美術館・博物館による所蔵品のデータベース公開も、こうした経緯をふまえた結果である場合が多いと見受けられる[65]。

近年の我が国における輸出磁器の研究を概観してみると、西田氏が集中して輸出磁器の研究を

序章　失われた磁器の歴史 | 17

発表しておられた1970年代～1980年代以降は、考古学の研究分野における肥前磁器研究の充実が顕著である。大橋氏や村上伸之氏を中心とする有田町における発掘調査の結果に基づいた輸出磁器の編年研究が、当該分野の研究の中心的な研究であると思われる。

加えて、大橋氏[66]や野上建紀氏[67]、坂井隆氏[68]、菊池誠一氏、阿部百里子氏[69]らをはじめとする考古学者による海外調査によって、アジアや中南米で出土した輸出磁器に関する新たな知見が続々と見出されている。考古学の領域においては、輸出磁器の製作地や編年といった生産に関わる研究のみならず、世界的規模の広がりをもつ広い地域を対象に輸出磁器の消費地の分布を明らかにする地道な研究がなされてきた。肥前磁器がアジア、西洋、中米、アフリカにもおよぶ広範囲に輸出された、いわゆる世界的商品であったという、肥前磁器のグローバル流通ネットワークの存在を発掘遺物の陶片を以って具体的に証明する国際学会が2010年に開催された。この学会の論文集として、日本人が世界で肥前磁器を対象に行った考古学研究の最新成果がまとめられている[70]。

このように、とりわけアジアや中南米など西洋以外の地域に向けて輸出された磁器資料への研究は、考古学の領域において新しい成果を次々と生み出している。こうした考古学の領域における肥前磁器研究の隆盛は、肥前磁器に関わる研究者の大半が考古学を専門とする人々であることにも因るのかもしれない。しかしながら、西洋への輸出磁器については発掘事例が少なく、西洋での研究も盛んではない。西洋に輸出された肥前磁器は、受容者の中心が王侯貴族であったことからも資料の伝存率は高く伝世品コレクションが豊富にある。

こうした点により、西洋へ輸出された磁器については、まさに美術史研究に適した、美術史の視点を生かして取り組むことのできる課題であると思われる。筆者は、西洋の宮廷において輸出磁器が受容された環境と宮廷美術との関わりを把握することは、輸出磁器の流行の契機を理解することだけでなく、輸出磁器独自のデザインが象徴する様々な意味を理解するためにも不可欠であると考え、美術史的な視座に上る輸出磁器の受容史研究に着目している。

第4節　輸出磁器の受容史 —磁器陳列室に関する研究史—

　西洋宮廷の磁器陳列の問題を最初に本格的に扱い、肥前磁器受容の問題を西洋宮廷美術の流れのなかに位置付けることを可能としたのは、ブランデンブルク・プロイセン宮廷による肥前磁器の収集とその磁器陳列室について述べた1930年代のレオポルド・ライデマイスターLeopold Reidemeister氏であろう。氏は、オラニエンブルク城、カプット城、モンビジュー城などプロイセン宮廷が設置した磁器陳列室について、家財目録など古文書に基づき明らかにしたが、今はなき、戦争で破壊される以前の作例に言及しているため極めて重要である[71]。その後は1949年〜1950年に発表されたアーサー・レーンArthur Lane氏の論文[72]が、英国王室の肥前磁器コレクションとイギリスの磁器陳列室に関する問題を扱っている。
　その後1962年には、オランダにおける代表的な東洋陶磁史研究者として評価されるTh.H.ルンシング・スヒュールレールTh. H. Lunsingh Scheurleer氏の研究により、ケンジントン宮殿旧蔵の801点の東洋磁器コレクションから成るメアリー二世の財産目録の全貌が公開され、そのなかに記載された磁器陳列に関する記述が示された。これにより、同宮殿における磁器陳列の様相とそこにかつて置かれた英国王室の東洋磁器コレクションの存在が明らかにされた[73]。そこで紹介されたメアリー二世の財産目録の内容は、フォルカー氏による著書刊行の直後に発表されたためその影響を受けた後続の数多くの西洋研究者たちによって、オランダ東インド会社による磁器貿易と関連付ける方法で紹介されていった[74]。
　本論文がメインの課題として掲げる、西洋宮廷における肥前製輸出磁器に関する美術史的な受容史研究については、恐らく1980年頃を分岐点として本格的な成果を生みはじめたようである。本格的に大規模な図録という形で西洋における肥前磁器受容に関する研究成果が発表されたのは、1980年刊行のD. F. ルンシング・スヒュールレールD. F. Lunsingh Scheurleer氏による『ヨーロッパ製飾り金具をともなう中国と日本の磁器[75]』であろう。この書は、西洋諸国の王侯コレクションにみられる西洋製の豪奢な飾り金具をともなう東洋磁器をテーマに、作行きの良い飾り金具をともなう東洋磁器の作例約600点の図版を掲載し、さらにそのすべての作例について、コレクションの来歴や飾り金具の製作年およびそのデザイン様式から編年したその金具の製作年代を明記し、それらを製作年順に配列した時間軸として提示することによって、西洋における東洋磁器の流行の変化を辿ることができる内容となっている。このD. F. ルンシング・スヒュールレール氏の研究は、西洋王侯の東洋陶磁コレクションの成立過程や、東洋磁器の美的受容の様相およびその豊穣について、受容美学的な立場から捉え、なおかつ歴史研究の方法論にも即しており、輸出磁器を本格的な美術史研究の枠組みのなかで捉えようとするもっとも早い事例であると思われる。
　その後、1986年に発表されたバーレイ・ハウス・コレクションに関する図録で、イギリスにおける王侯貴族の肥前磁器収集とその宮廷における受容の問題をあつかったオリヴァー・インピー氏やゴードン・ラングGordon Lang氏による研究[76]が掲載された。これらは、西洋における美術史研究の手法で肥前磁器を捉えようとする試みであり、両ルンシング・スヒュールレール氏の研究によって始まった肥前磁器の美術史的研究のイギリスにおける萌芽と解釈することもできる。
　1985年には、「鏡の間」を主題とした重要な論文がハンス＝ディーター・ローナイスHans-Dieter Lohneis氏により発表されている[77]。これは、ドイツの「鏡の間」を網羅的に調査し、建築内装に関す

る美術史学の論文としてまとめたものである。のちに述べるように、「鏡の間」には磁器陳列室を兼ねるケースが非常に多い。ローナイス氏の論文においては、それまで陶磁史研究においては紹介されていなかった、ヘーレンハウゼン、ヴァイルブルク城、ガイバッハ城など未紹介の磁器陳列室が「鏡の間」として紹介され、その内部装飾の状況が学術的な典拠に基づき正確に記述されている。ローナイス氏の研究の先進性は評価すべきものである。

　西洋における磁器陳列室にみられるような磁器陳列の本質的かつ重要な課題を、総合的に理解しようと取り組み、肥前磁器受容の体系が本格的な成果としてまとめられたのは1990年である。この年にはイギリス、ドイツの双方でこの課題に対する共同研究が行われ、本格的な研究成果が展覧会図録として発表された。イギリス側が発表したのは、17～18世紀のイギリスとドイツを中心に西洋中の王侯貴族のあいだで流行した肥前磁器に関して画期的な新しいものの見方を示した前述の「宮廷の陶磁器展」(開催：大英博物館)の図録[78]である。一方ドイツ側は、17～18世紀のドイツ諸侯のあいだで流行した磁器陳列室やヘッセン＝カッセル侯のコレクションを中心にドイツ王侯の磁器コレクションを学術的な論文とともに総覧した『中国と日本からの磁器[79]』(開催：国立カッセル美術館)を刊行している。

　1990年という年は、磁器陳列室を中心にみる輸出磁器の受容史研究の領域において、類稀な年であったといえる。その後、このように大規模で総合的な研究は、同種のテーマについては殆どみられなくなり、代わりに、個別資料を博物館別により詳細に把握し、カラー写真を豊富に掲載した図録で公開する、丹念な史料紹介というスタイルが主流となりつつある。

　ところで、これら1990年の独英の展覧会図録掲載の論文において、ローナイス氏の研究を参照した形跡はなく、その影響をみることはできなかった。それは、氏の研究に磁器に関する記述がほとんどないためであったかもしれない。磁器陳列室研究も含む室内装飾や王侯のコレクション史研究において、豊富な業績をもつ美術史家コーデュラ・ビショッフCordula Bischoff氏(ドレスデン国立美術館)の2004年に刊行された論文[80]にローナイス氏の研究はかなりの頻度で活用されている。ローナイス氏の研究は恐らく発表後10年以上あまり引用されることなく埋没していたと推測されるが、ビショッフ氏はその論文においてローナイス氏の研究を積極的に利用しつつ後述の独自の理論を展開している。

　一方、磁器陳列室の現存作例がもっとも豊富に存在するドイツでは状況が異なり、近年は主として前述のビショッフ氏とマイセンなどドイツ製磁器を専門とするザミュエル・ヴィットヴァSamuel Wittwer氏(プロイセン城郭庭園財団)がドイツの磁器陳列室に係わる新説を発表している。

　ビショッフ氏は、本書第2章第1節および第2節で後述するように17世紀中頃磁器陳列室がオラニエ＝ナッサウ家からプロイセンの王室へ伝えられた経緯や、それが女性の王侯固有の宮廷での役割や財産相続システムと密接に関わるなど、女性史研究の視点からも明らかにしている[81]。

　ヴィットヴァ氏は、1743年の所蔵品目録に基づいて、大規模な改装が行われた後もオラニエンブルク城の磁器陳列室には膨大な数の東洋磁器が陳列されていた状況を具体的に説明した[82]。さらにシャルロッテンブルク城が1943年の第二次世界大戦の爆撃のみならず1760年の七年戦争でも被害を受け19世紀にも修復が行われたことや、1943年以降の修復内容についても詳細を明らかにしており、美術の戦後処理の推移を具体的に公表すること自体が斬新であり大いに評価できる[83]。また、ドレスデンで建設された磁器の城「日本宮」の成立以前の経緯を辿り、その想定できるモデルについても検討している[84]。

また、2003年に発表されたオランダのダニエレ・キスルック゠グロスヘイデDaniëlle Kisluk-Grosheide氏のオランダ王室の室内装飾における磁器陳列を中心とする研究[85]においては、17世紀前半におけるオランダの王室が係わった磁器陳列室の成立初期段階、ならびに17世紀における大都市のブルジョワたちによる磁器陳列の事例の詳細が明らかにされ、この分野におけるオランダの状況を伝える数少ない研究として注目される。

　個々の城の磁器陳列室に関する個別研究は、西洋の各地にある城が独自に発行した図録掲載論文という形で主に発表されており、極めて多岐にわたり膨大な本数があるためここでは割愛し、本書第2章の磁器陳列室をあつかう拙稿のなかで城単位に個別に紹介することとする。

　磁器陳列室という主題は、それが西洋のみに存在することを受けて、前述の通り、もっぱら西洋の研究者たちによって取り組まれてきたという経緯がある。我が国においては、様々な写真集[86]や輸出磁器を展示した展示室の写真パネルという形では、幾分磁器陳列室を目にする機会があったものの、国内の人々に向けて本格的に、詳しく紹介され、周知された形跡はほとんどない。特に、本格的な研究というスタイルとなると紹介例は極端に乏しい。

　1974年には、イギリスのケンジントン宮殿の家財目録（1697年作成）に関する考察を中心にメアリー二世の肥前磁器コレクションについて、イギリスやドイツの城郭や美術館における輸出磁器コレクション調査に基づく西田宏子氏の研究が発表された[87]。この論文の内容は、イギリスのアーサー・レーン氏[88]やソーム・ジェニンス氏[89]やジョン・エアースJohn Ayers氏[90]によるメアリー二世のコレクションに関する研究や、ケンジントン宮殿の家財目録の全文の原文翻刻を学会誌上で初公開したTh. H. ルンシング・スヒュールレール氏の著作[91]によって発表された内容を多く含む。従って、この論文はイギリスの専門家の間ではすでに周知された内容ではあったが、西田氏はケンジントン宮殿の家財目録の全文和訳を掲載し、この史料に基づいて同目録に収録された磁器の器形を具体的に分析した考察を述べることによって、日本ではまだ知られていなかった磁器陳列室旧蔵の輸出磁器の実態を考察し、ケンジントン宮殿の磁器陳列室とコレクションの関係について、我が国の陶磁関係者に向けて学術的な方法で提示している。ただし、ケンジントン宮殿の磁器陳列は17世紀末に撤去された事例であるため、西田氏のこの論文における関心は、あくまでもケンジントン宮殿に陳列されていた磁器と現存する英国王室のコレクションの関係に注がれている。

　一方、磁器陳列室に的を絞り、ドイツにおける多数の磁器陳列室の様子を叙述して、磁器陳列室の発展史を捉える磁器陳列室を主題とする考察は、藤原友子氏によって2004年に発表されたドイツの磁器陳列室に関する調査の成果をまとめた研究論文が我が国においては唯一のものであると思われる[92]。藤原氏の論文は、ベルリン、ドレスデン、ミュンヘン、カッセルおよびテューリンゲン州各地の王侯たちが設置した代表的なドイツの磁器陳列室10件に関する基本情報について、日本語で紹介した最初の研究である。この論文では、17～18世紀ドイツにおいて形成された東洋磁器コレクションおよび磁器陳列室の成立と流行の広がりについて詳細な紹介がなされており、その考察は磁器陳列室というよりむしろ、コレクション形成史に重点が置かれているようである。この研究は、藤原氏が所属する佐賀県立九州陶磁文化館が企画する様々な輸出磁器の展示で紹介されるだけでなく、2007年に開始された九州産業大学が行ったドイツの肥前磁器コレクション調査においても基礎資料として用いられるなど、近年我が国で行われたドイツの磁器コレクションの学術調査に多大な影響を及ぼしている。

第5節　本論文の視点

　本論文において筆者が目指すところとその研究の手法について提示したい。本研究では、磁器貿易史と現地での作品調査に基づく美術史的な受容史という2つのアプローチを交差させ、17～18世紀の陶磁の西洋世界における流通と受容を立体化させた結論を導き出すことを目指す。そのための最初の過程として、第1章において、江戸期に行われた肥前磁器輸出の貿易ルートとその規模を把握し、輸出磁器の器種を特定することを試みる。さらに爆発的な輸出と収集の増大を誘発し、流行の核になっていたと思われる磁器陳列室を中心とする東洋趣味の装飾美術のコンセプトに基づく、西洋宮廷における輸出磁器受容の実態を把握することを第2章で試みる。第3章においては、江戸期の輸出を近代以降の輸出と比較することで、輸出磁器をより正確に輪郭付ける。

　筆者が、磁器貿易史と宮廷美術としての磁器の受容史を統合しようと構想したのは、以下の理由からである。西洋向け輸出磁器の美は、個々の磁器そのものにより評価できるものではなく、所有者のもとで彼らの住まう建築内部における調度品や装飾からなる総体との調和的な関係を結ぶことにより、はじめてその真価を発揮し完結するものと考えられる。なぜなら、西洋の室内空間において、空間自体の装飾およびそこに置かれた様々な装飾美術から成る環境と工藝品は相互に影響を及ぼしあっているからである。このような室内環境と美術品の相互関係は、西洋美術史における総合藝術という考え方から説明付けることができる[93]。輸出磁器は、それを受容する側で発生する、環境による根本的な制約を受けながら、環境に適応する条件をもったものに変貌することが求められ、また、そうしたデザインだけが選ばれ大量生産されて西洋へ運ばれていった。そして、こうした需要に応えて、西洋の受容者と有田の生産者のあいだを結ぶ仲介役をつとめ、かつ貿易を発展させたのが、来日したオランダや中国系の商人たちであった。

　東洋磁器の需要が高まったのは、それが西洋にないことにより価値が高まり珍重されたからという経済原理的な価値のためではなかった。磁器の流行は、ハプスブルク家をはじめとする西洋各国の王侯の宮廷のあいだで16世紀に端を発する、次のような宮廷文化の伝統との関係の上に成立してきた。すなわち、東洋の磁器を含む、当時「キュリオシティー（珍品）curiosity」と呼ばれた、様々な異国の産物を収集して所有し、それを王家所蔵の美術品として披露することにより、王侯が自らの権威を高めようとするものである。貿易による肥前磁器の輸出と、その宮廷における流行は、結果的にはこうした「所有」が生みだす「権力」と連動している。磁器の輸出と、磁器の流行がもたらした磁器受容の趣味のあいだには、確固たる因果関係が成立するものと考えられる。本書は、その関係を把握し、具体化するために、輸出と受容の二側面に関わる文献史料の原本と磁器資料の実物の調査結果に依拠した、実証研究を試みるものである。

　本研究は、序章、および本論全3章10節に、結び、さらに資料篇を加えた構成をとり、内容は、第1章、第3章、資料篇で貿易史、そして第2章で西洋宮廷での受容史の問題をあつかう。

　序章においては、近世の輸出磁器および磁器陳列室に関する研究史をまとめ、限られた視野で進められがちであった当該分野の研究の問題点を指摘するとともに、より総合的な視点による研究という本書の位置付けを明らかにした。

　第1章「江戸期の東西陶磁貿易」では、オランダ東インド会社の貿易活動を中心に、唐船を介し中国で肥前磁器を入手したイギリス東インド会社の活動も視野に入れ、中国やインドネシアで複雑に分岐しつつ西洋へつながっていった肥前磁器の流通ネットワークの全体像を、一次資料である

貿易史料の原本に基づいた考察により具体的に提示することを試みる。

　本研究における最大の関心事は、肥前磁器の貿易ルートと量的把握のみならず、貿易品の器種を特定することのできるような、一次資料に基づく具体的な内容を可能な限り多く把握し、その歴史のなかに位置付けることであるが、それに加えて一次資料の原文を公開することで、具体的な根拠を示すことも重視している。そのため本書には、個々の輸出品器種の名称や装飾についての記載が記された英蘭両東インド会社の貿易史料の原文とその翻訳を巻末資料篇に掲載した。

　東西貿易による肥前磁器の取引は、個人裁量の領域で行われる個人貿易が盛んとなり、その実態把握は、記録が作成されないケースが占める割合が増加したことにより困難なものとなった。筆者は、これまで行ってきた貿易関連の一次資料の調査を通じて発見した未紹介の史料を本書に掲載し、その新史料の分析を通じて把握される肥前磁器貿易の新たな実像を提示するものである。

　本論文で筆者が取り組んだ課題は、日本から輸出された肥前磁器に関する貿易史料を研究するにあたって、一次資料を用いるという基本的な方法に徹して、アジアを経て西洋へ至るまでのあいだに多様化した肥前磁器貿易の貿易ルートの図式を把握することである。具体的には、まず第1点として、オランダ東インド会社文書の一次資料に基づき、江戸期に日本から公式貿易により輸出された磁器に関する基本的な全体像を描き出すこと。第2点として、なかでも特に日本から西洋へ磁器が運ばれるメインルートについては、発行元の異なる多様な一次資料を複合的に用いて解明した。筆者が目指すことは、本来輸出磁器研究の土台であるはずの貿易に関する基礎史料に基づいて主要な日蘭貿易やイギリス貿易、唐船貿易のメインルートを描き出すことである。

　磁器貿易の歴史を追ううえで最大の困難は、運ばれた磁器の数量の膨大さであるといえよう。その膨大な数量に比例して、記載資料の数量も肥大化している。世界中に分布する肥前磁器の数がほぼ無尽蔵であるのと同様に、貿易史料研究が基づくべき史料も無数に存在するのである。そのなかで本研究が対象とする一次資料はまず、全体像を一望することを可能とするため、出来るだけ多くの磁器の詳細に関する情報が定期的に記載される基本史料に絞った。すなわち、江戸期に行われた国際貿易に関するオランダ東インド会社の会計文書や、イギリス東インド会社の販売記録、近代以降の国内外の美術商たちの取引を記録した売立目録のような連続性の高い商業文書であるが、この前者を第1章、後者を第3章の主題としてあつかう。

　第2章「西洋宮廷美術における受容」では、西洋の宮廷美術において形成された磁器陳列室をはじめとする室内装飾のなかで受容された肥前磁器を中心にとりあげる。筆者は、これまでドイツおよびドイツと文化的影響関係が深い西洋諸国を中心に磁器陳列室の調査を継続的に行った。そのため、ドイツとその周辺国の事例を取り上げる。その際現存する作例だけでなく、破壊されて失われた作例も含めて検討することによって、17〜18世紀に成立し設置された磁器陳列室は、予想を超えた大規模で広範囲なものであることが判明した。宮廷から伝播した磁器愛好の文化を享受した中流層をも巻き込むことで、磁器のもっとも特殊な形での受容ともいうべき磁器陳列室が、日本磁器の幅広い需要層を出現させ磁器文化の中核となっていった点について考察を試みる。

　輸出磁器が流行したことの要因を理解するためには、輸出磁器の生産が隆盛期を迎え、旺盛な需要があった17〜18世紀に、それが西洋のどの国のどのような人々によって享受され、どのように受容されてきたのか、という西洋における受容側の状況への理解が不可欠であると筆者は考える。しかしながら、輸出磁器が受容された環境についての、いわゆる受容史に関する美術史的な研究は、多くの日本の陶磁史研究者にとって、これまで課題設定の範疇外にあったと思われる。筆者は、ドイツ留学中の大学より大学院での在籍時代に西洋美術史を専攻し、修了後は西洋工藝史の

研究経験を重ねながら、2000年より日本近世の輸出磁器の研究に取り組んできた。西洋美術史学習によって得た受容史の視点は、日本の輸出磁器の文化的意義を問うという筆者の研究のグランドデザインを決定付けたのであり、その可能性を追求していきたい。

西洋向けの輸出磁器の生産がピークを迎えた17～18世紀当時、西洋で熱心に肥前磁器を収集した人々の多くは王侯貴族たちであった。世界の様々な地域へ輸出された肥前磁器のなかでも、西洋へ輸出された磁器は、西洋宮廷の文化や王権の主張といった政治的戦略と結びついた特殊なケースであるといえる。当時西洋へ輸出された肥前磁器は、中国磁器とともに王権の象徴機能とも結びつき、政治的に利用されてきた。こうした、西洋宮廷において日本の文物が果たした表象機能への理解は、輸出磁器が受容された当時の状況を美術史的な方法で復元的に再構築することにより獲得することができるだろう。王侯貴族たちが肥前磁器を受容した環境については、磁器陳列室をはじめとする現存する室内装飾の事例だけでなく、「日本磁器」と記された数多くの財産目録などの古文書の記述からもその様子を把握することができる。西洋へ輸出された肥前磁器については、日本の美術史の流れというよりは、むしろより柔軟な発想をもっていうならば、西洋の宮廷美術コレクションの流れのなかに位置付けるべきであり、西洋宮廷に適応するための条件を備えたタイプが少なからず存在する。よって、西洋宮廷における磁器陳列室をはじめとする肥前の輸出磁器の受容実態をうかがわせる多様な作例を提示しつつ、同時に西洋宮廷における磁器陳列の伝播の国際的範囲および、磁器陳列文化の創造とその後の影響関係についても考察する。

第3章「近代における古美術としての流出」では、西洋所在の肥前磁器コレクションの多くが、江戸期に輸出された輸出品として一括されてあつかわれる傾向があることに抗して、本来の輸出磁器を特定することを試みるものである。そのため本章では、明治以降美術商の手で輸出され、国外に流出していった江戸期に製作された肥前磁器資料について、売立目録を中心とする近代の文献史料研究により明らかにしていく。売立目録とは、国内および欧米で近代以降に活発に開催されたオークションに出品された商品の記録をまとめた冊子を指す通称である。筆者が着手した売立目録に関する大規模な調査結果に基づいて、明治以降より戦前までの期間に、江戸期に製作された数多くの肥前磁器が、近代以降に製作された陶磁器に混じって取引されていた事実を特定した。本研究では、こうした近代の貿易による輸出品の特徴を明らかにしていく。江戸期の肥前磁器は、開国後の日本と欧米の経済格差により、欧米に流出していったとみられる。こうした近代以降の欧米への肥前磁器のモノの移動は、江戸期に行われた貿易とは性質の異なる貿易であり、日本の近代化の過程でおこった文化財流出の問題と表裏一体の関係にある。

戦前までの近代における流通史料の分析を通じて、輸出磁器の輸出ルートを正確に把握するためには、17～18世紀の蘭・英・唐による貿易ネットワークの枠組みだけでなく、近代における流出の問題も把握する必要があることを強く認識した。輸出磁器の性格を正確に定義するためには、近代以前（17～18世紀）に輸出された本来の輸出品に混じって存在する近代の輸出品を区別し、輸出磁器の実態をより正確に把握するための調査をすることが不可欠である。本研究では、江戸期と近代という、異なる時代の貿易の内容を把握することにより、海外に所在する本来の貿易活動が生みだした輸出磁器を近代以降の輸出品と区別し、認識を修正するための根拠を示すことが可能となるはずである。またそうすることによって、輸出磁器の実像の再考を試みたいと考えている。

本書は、これらの考察を通じ日本磁器を受容した西洋の多くの国の貴族のあいだにおこった、磁器陳列室という文化創造が大規模な日本磁器輸出の原動力になった、宮廷美術と貿易のダイナミックな相関関係を提示することを試みようとするものである。

註

1 近世において盛んに磁器が生産された肥前地方(現在の佐賀、長崎両県にまたがる地方)で生産された磁器。佐賀県の有田、大川内、吉田、長崎県の波佐見、三川内、長与、亀山などはやきものの産地である。磁器は有田の西部地区の窯場で1610年代に創始されたとする。陶磁史では、この地方で焼かれた磁器を総称して肥前磁器という。有田で生産された磁器を「有田磁器」と呼ぶこともある。出荷港にちなみ「伊万里焼」「伊万里」や「波佐見焼」などと呼ぶ習慣もあるが、本稿では学術名称である「肥前磁器」を用いる(ただし、江戸期に西洋へ輸出された肥前磁器は、ほとんど全て有田製である)。
肥前磁器の製作時期の把握には多様な方法があるが、本研究は製作年代を時代区分により分類して特定する大橋康二氏の方式に則している。その方式は時代名称の末尾に様式という語を付して称した(例「元禄様式」等)区分を用いる。
西洋向け輸出磁器の場合、目安となる製作年代はその区分により正保様式1650〜1660年代(17世紀中期*)、寛文様式1650〜1680年代(17世紀後半*)、延宝様式1670〜1690年代(17世紀後期*)、元禄様式1690〜1750年代に大別される。本書ではこれに基づき各資料の製作時期を口絵・挿図一覧に記載した(*は本書独自の簡略記載)。
西洋向け輸出磁器は、その絵付意匠の特徴により主に、I)芙蓉手、II)柿右衛門様式、III)金襴手様式(古伊万里様式や染錦とも呼ばれる)というデザイン様式に分類される。
I)芙蓉手は寛文様式(17世紀後半*)の染付磁器の一様式であり、その意匠は中国明後期の万暦年間(1573-1620)に景徳鎮民窯で創始された。中央に円窓を大きく設けその周囲に蓮弁文様をめぐらせており、その構成が大輪の花房を連想させることから日本で「芙蓉手」と呼ばれるようになった。
II)柿右衛門様式は延宝様式(17世紀後期*)の一種で、①柿右衛門窯や南川原窯ノ辻窯から発見され酒井田柿右衛門家が製作に関与したと推測される型打ちや板作り成形した、「乳白手」と呼ばれる極めて質の高い素地に色絵のみで絵付し余白を多く残すタイプ、②主に轆轤で成形した素地に①と類似の文様を色絵と染付で描いたタイプ、③①と同種の質の高い素地に類似の文様を描いた染付磁器、④同時代における色絵の置物などがある。本様式に使用される上絵具の基本原色は赤・青・緑・黄・金であり、稀に紫がこれに加わる。本様式の上絵の表現にみられる共通の美質は、透明感の強い上質な青および緑の上絵具の情緒が醸す美的表現に顕著に表れている。
III)金襴手様式は、文様の一部を染付した素地を用いた色絵で、区画して文様で全体を文様で描き埋めるタイプである。色絵の色数は金・赤2色かそれに加え緑・黄・青・紫などを加えるタイプがある。金襴手様式は元禄様式の編年に基づくが、それを3期に分け①1690〜1730年代を(17世紀末〜18世紀前期*)、②1700〜1730年代(18世紀前期*)、③1700〜1760年代(18世紀前半*)と表記した。
(大橋2002、九州磁器文化館1999、九州陶磁文化館2000、九州陶磁文化館2003、日本経済新聞社2009を主に参照)

2 西洋における輸出磁器の受容史とは、17〜18世紀の西洋諸国において日本工藝がどのような方法で受容され、日本文化の表象機能を担っていたのか、具体的な内容を把握するための研究である。こうした受容史研究のアプローチとしては、例えば、磁器のコレクション形成史や、室内における磁器の陳列方法、磁器の用途、磁器に装着された金属加工装飾、磁器が描かれた静物画、磁器が記述された財産目録や商業文書の研究といったテーマがある。

3 当時の商業文書や宮廷の財産目録を見るかぎり、江戸期の輸出肥前磁器には中国磁器と混同されるケースも多いと推測されるものの、確実に日本製として区別されて記載された事例も多数存在することが明らかになりつつある。日本の輸出磁器は数多くの王国で宮廷美術として受容された経緯は明らかにみてとれる。肥前磁器は西洋の宮廷において少なからぬ驚きと賞賛をもって迎え入れられていたと考えられる。

4 愛宕松男氏は、チウンジュー市(原典記述Tiunju)の場所の特定は困難な問題であるとし、竜泉窯や景徳鎮を例として挙げる一方で、泉州碗窯郷で青瓷窯が発見されていることを示し、泉州Tsuan chouではないかと推測している(ポーロ1981 pp. 119-120参照)。

5 愛宕松男氏の翻訳では瓷器と記されているが、その原文記述はイタリア語でporcellana、フランス語でporcelaineとであると説明しているため、本稿では磁器と言い換えた(ポーロ1981 p. 120参照)。

6 ポーロ1981 pp. 115-116
7 Carswell 2000, p. 18
8 Ibid., p. 128
9 Linschoten 1663
10 Jörg 1982, p. 17
11 羽田2007 p. 78
12 Volker 1954 ; Volker 1959
13 石田2009、石田1994 他
14 Volker 1954
15 フォルカー1979-84
16 Volker 1959
17 フォルカー氏の2冊の著書(Volker 1954, Volker 1959)に記された磁器貿易の詳細は本書掲載巻末資料篇2の一覧表にまとめたが、そこから彼の2冊の書の性格の違いが明瞭に把握できる。前者は叙述形式をとっているのに対し、後者は数量統計を主体としたものとなっており、原典の種類も異なる。
18 山脇1988a/この書の内容は本書掲載の「巻末資料篇2」の一覧表に各年別にまとめた。
19 Viallé 2000 ; Viallé 1992
20 Godden 1979
21 Jenyns 1937-38, etc.
22 日本の文化紹介という姿勢は、19世紀末から20世紀初頭における以下の代表的な肥前磁器研究にも見られる。(Audsley / Bowes 1880 ; Brinkley 1901-02)
23 Jenyns 1965
24 柿右衛門調査委員会1957、鍋島藩窯調査委員会1954 他
25 座右寶刊行會1955-56
26 Nishida 1974
27 Ibid., p.227
28 Ayers / Impey / Mallet 1990 (邦訳版:エアーズ/インピー/マレット1994)
29 Impey 2002
30 Shono 1973
31 Reichel 1980
ドレスデン国立美術館磁器コレクション館が所蔵するアウグスト強王旧蔵の肥前磁器については、その収集の歴史的経緯やマイセン磁器の写し物との関係を中心に、以下の書に論じられている(Pietsch 1996a参照)。
32 Ayers / Impey / Mallet 1990
33 Impey 2002
34 Jörg 2003
35 Suchomel / Suchomelová 1997
36 Fitski 2011
37 Kopplin / Baden-Württemberg 2003 この展覧会に関する詳細は本書第2章補論第1項に掲載している。

38	Bischoff 2008
39	Eikelmann 2009
40	「ドイツ民主共和国ドレスデン国立美術館所蔵　古伊万里名品展」（ドレスデン国立美術館／佐賀県1975）、「バーリーハウス展」（西武百貨店1987）、「ヨーロッパに開花した色絵磁器柿右衛門展」（朝日新聞社1993）、「有田ポーセリンパークオープン記念ドイツ・ドレスデン国立美術館所蔵を中心とした『海を渡った古伊万里』展」（有田ヴィ・オー・シー1993）、「トプカプ宮殿の名品—スルタンの愛した陶磁器展」（九州陶磁文化館1995a）、「マリア・テレジア古伊万里コレクション展」（パンツァー1998）、「日蘭交流400周年記念オランダ王室—知られざるロイヤル・コレクション—展」（毎日新聞社2000）他
41	出光美術館1990、出光美術館2008
42	栗田1997、栗田美術館1991
43	戸栗美術館1997
44	田中丸コレクション1980、朝日新聞社2008
45	櫻庭／菊竹／山本2009　pp.117-124
46	「日本のやきもの千二百年　奈良三彩から伊万里・鍋島、仁清・乾山展」（サントリー美術館2001）、「KAZARI 日本美術の情熱展」（サントリー美術館2008）
47	彩壺会1916　pp.52-61、大河内1933　pp.51-60
48	古伊万里調査委員会1959
49	ポウプ1959　pp.147-160　（ポウプ氏 John Alexander Popeはワシントン・ギャラリー元館長である。この論文は、影響力があると考えられる出版物に日本語で掲載されたため日本側の研究としてここに加えることとした）
50	手塚／永竹　1959　pp.161-232
51	ポウプ氏はこれをドレスデンの美術館とハンプトンコート宮殿の作品と関連付けて述べているため、ここで述べられている初期古伊万里は色絵の輸出磁器を指したものと思われる。
52	Volker 1954
53	手塚／永竹1959　pp.199-207
54	西田1976、西田1977
55	筆者は、西田氏のもっとも代表的かつ総合的な輸出磁器研究は、前述の日本陶磁全集掲載論文であると考える。内容を詳しく述べるのは上記の論文に留めることとするが、西田氏はその後も継続的に輸出磁器に関する論文を発表しておられる。その代表的なものとして、西洋宮廷における輸出磁器収集事例の紹介を中心とした論文「17・18世紀の輸出磁器」（西田1981　p.101-108）、論文「伊万里と柿右衛門—肥前色絵磁器の展開」（西田1983　p.184-201）、柿右衛門様式磁器の絵付けにみられる西洋的な意匠や趣味や西洋磁器からの影響について論じた「柿右衛門様式の展開—輸出磁器の立場から—」（西田1979　pp.25-34）などがある。
56	「柿右衛門—その様式の全容—展」（九州陶磁文化館1999）、「海を渡った肥前のやきもの展」（九州陶磁文化館1990）、「トプカプ宮殿の名品—スルタンの愛した陶磁器展」（九州陶磁文化館1995）、「欧州貴族を魅了した古伊万里　—蒲原コレクション—展」（有田町教育委員会2008）
57	有田町史編纂委員会1988
58	伊万里市史編纂委員会2002
59	日本陶磁を扱う西洋の研究者の間では輸出磁器について2種類（インピー氏と大橋氏）の異なる年代観があることは周知されているが、個人単位で双方いずれかの年代観が選択されており、統一見解はないと見られる。
60	「古伊万里の道展」（九州陶磁文化館2000）
61	「パリに咲いた古伊万里の華展」（日本経済新聞社2009）
62	オルモル（or moulu）とは、圧延された金の小片で、同時にそれを用いためっき、金彩の技法。主として金属にほどこすための水銀とのアマルガムや、磁器にほどこすための媒溶剤とのアマルガムに用いられるものである。
63	国際日本文化研究センター1993、国際日本文化研究センター1994a、国際日本文化研究センター1994b
64	九州産業大学2009
65	所蔵品に関する（図録などによる）情報公開は、諸事情によりそれに着手されないケースがあるものの、本来は所蔵機関が独自に計画し公開する方法を取るのが望ましいだろう。日本人研究者は協力という姿勢で関わることが重要である。ヨーゼフ・クライナー氏は、西洋で日本関係資料を扱う専門家を集めた研究プロジェクトを立ち上げ、西洋の多数の博物館が所蔵する日本関係資料（主に美術、工藝、民俗）のジャンル別資料総数やコレクションの成り立ちなどの基礎データを、各国の日本文化研究の第一人者や各博物館の担当学芸員などが執筆した以下の目録を刊行した。（Kreiner 2005・2011参照）こうした基準となる目録が出版されることは、情報の混乱を回避することにつながり、悉皆的な作品図録の形で公開することは困難であっても情報を公開すること自体を重視する各館の事情を考慮したものと推測される。こうした取り組みは、各館が独自に情報開示することを可能とし、日本関係資料の研究発展に供する動きとして高く評価すべきである。そこには肥前磁器に関する情報も豊富に掲載されている。
66	大橋／坂井1994、大橋1990　他
67	野上2009a　pp. 116-123、野上2009b　pp. 339-354、野上2008 pp.19-23、野上2005　pp. 239-260
68	アジア文化財協力協会2007、坂井 2001、坂井1994　他
69	菊池2010　p.123-132、阿部2007　他
70	九州近世陶磁学会 2010　など
71	Reidemeister 1932 ; Reidemeister 1933 ; Reidemeister 1934
72	Lane 1949-1950, pp. 21-31
73	Lunsingh Scheurleer 1962
74	Lane 1949-1950 ; Ayers 1972, pp. 107-118 など
75	Lunsingh Scheurleer 1980
76	Impey 1986 ; Lang 1986
77	Lohneis 1985
78	Ayers / Impey / Mallet 1990
79	Schmidberger / Achenbach / Klein / Weinberger 1990
80	Bischoff 2004
81	Ibid. ; Bischoff 2002, pp. 15-23
82	Wittwer 2001
83	Wittwer 2005, pp. 83-92
84	Wittwer 2004, pp. 21-24
85	Kisluk-Grosheide 2003, pp. 77-81
86	白谷／上野1986　他
87	西田1974
88	Lane 1949-1950, pp. 21-31
89	Jenyns 1937-1938, pp. 21-32
90	Ayers 1972
91	Lunsingh Scheurleer 1962
92	藤原2004
93	西洋において、総合藝術という観念が工藝品に及ぼす影響と制約については、西洋の美術工藝史学の一般的な基礎概念であり、西洋では周知されているのでここでは説明を割愛するが、工藝美術と総合藝術の関係を理解するための代表的な邦訳文献としては以下の書がある。（グルベール2001第1巻　pp. 9-10を参照）

第1章　江戸期の東西陶磁貿易

有田を中心とする肥前地方の窯業地で生産された肥前磁器は、江戸期に盛んに輸出され、当時のわが国における海外貿易の重要品目となっていた。そして肥前磁器は、主につぎの3つの方法により長崎から出荷された。
（1）　オランダ東インド会社[1]の公式貿易（1650年〜1757年）
（2）　オランダ東インド会社従業員による個人貿易
（3）　長崎に入港した唐船による貿易

　このうち、（1）にあたる課題を第1節「オランダ東インド会社公式貿易による肥前磁器輸出」として、（2）を第2節「オランダ東インド会社従業員の個人貿易」として、（3）を第3節の「唐船貿易によるバタヴィアへの輸出」として考察する。

　さらに、上記（3）の唐船を通じ、アジアで入手した肥前磁器を扱ったイギリス東インド会社による貿易の問題について、第4節の「イギリス東インド会社による肥前磁器輸出」で論じてゆく。

　1節から4節を通して、その個々の貿易が扱った肥前磁器の数量・器種についての情報を可能な限り提示することによって、西洋向け輸出に関わる肥前磁器の輸出ルートの全体像を把握することを試みる。

第1節　オランダ東インド会社公式貿易による肥前磁器輸出

第1項　分析の対象と方法

A.　分析の対象

　オランダ東インド会社の文書を用いて壮大な磁器貿易史を語る後述のタイス・フォルカー氏[2]や山脇悌二郎氏[3]の研究によって、輸出磁器に関する数多くの情報が紹介されてきた。しかしながら、東インド会社の文書を調査してみると、基本的な公式貿易の記録においてすら、まだ知られていない記述が多いことが判明した。肥前磁器の公式貿易に関して、オランダ東インド会社の基本的な史料である「東インド会社文書」[4]と「日本商館文書」[5]を用いた研究は、十分に開拓の余地のある分野である。

　日本の肥前磁器研究では、特に考古学者を中心に、海外の貿易史料に基づく研究が盛んに参照され、その研究成果が活発な議論を生んできた。海外の貿易史料は、陶磁資料の研究において使用される頻度の高い有用な史料であり、特に長期にわたり継続的に記録されたまとまりのある史料については、原文を忠実に再現した翻刻資料が刊行され、多くの研究者が原文を参照し、具体的な内容把握を可能とするための環境を整えることが望ましいと考える。そのため、オランダ東インド会社（VOC= Verenigde Oost-Indische Compagnie）の公式貿易により日本から輸出された「磁器」に関する史料を集成した、本書巻末資料篇1「オランダ東インド会社公式貿易による肥前磁器」に、「仕訳帳 *negotiejournalen*」と「送り状 *facturen*」からの、磁器に関する記載部分の抜粋を掲載した。「仕訳帳」および「送り状」は、長崎商館の公式貿易の基準帳簿で、日本からの輸出磁器の貿易記録としては、もっとも量的にまとまりのある基本資料となる[6]。

　「仕訳帳」と「送り状」では、「磁器」は一貫して*porcelijnen*と記載されている。17〜18世紀までの来歴をもつ海外の所在品や考古学調査の出土品には、肥前磁器以外の日本国産の磁器製品が

みられないため、その時期に海外へ輸出された日本磁器は、肥前国で生産された磁器であると考えられている。したがって、東インド会社の文書に日本からの輸出品に関して記されたこの*porcelijnen*という用語は、肥前磁器として理解することができる。そこで、以下本節では、これらの帳簿に出てくる*porcelijnen*を「磁器」と訳し、肥前磁器として扱うことにする。

　肥前磁器は、有田の西部地区の窯場で1610年代に創始され、初期の肥前磁器は国内向けに生産されていた[7]。しかし、1640年代の中国大陸の動乱により中国磁器の入手が困難になると、これまで国際的な市場で取引されていた中国磁器の代替商品として肥前磁器の需要は急速に高まってゆき、やがて肥前磁器は日本に来航するいわゆる唐船やオランダ船による貿易で、継続的に取引される主要輸出品の1つとなっていった。その輸出先は、唐船の場合、東・東南アジア圏内であるが、オランダ貿易においてはさらに遠く西・南アジア、アフリカ、西洋にまで輸出され、肥前磁器は世界規模の貿易品として広まっていった[8]。1684年の清朝の展海令の頃より中国からの磁器の輸出量が急激に増大したため、肥前磁器の輸出は衰退する。しかし、肥前磁器の輸出は、その後18世紀前半にも唐船およびオランダ東インド会社の船によって継続されたことが、東インド会社文書の様々な記録により明らかとなっている。

B.　公式貿易とその研究史

　今日、日本における肥前磁器の海外輸出に関する歴史的研究は、遺跡からの出土資料の分析による考古学的研究が主流である。バンテンやバタヴィア、ホイアンをはじめ、アジア各国の遺跡からの出土遺物の発見例は多く、数多くの研究成果が発表されてきた。また、出土資料の編年には、その主要な論拠として、前出のフォルカー氏や山脇氏による東インド会社文書の研究が活用されてきた。

　一方、西洋への輸出に関しては、イギリス、ドイツおよびオランダなどの王室コレクションを軸とする伝来の明らかな伝世品から、美術史的な作品研究がなされてきた。しかし、伝来の明らかなコレクションは極めて少数しか存在せず、伝世品から得られる情報を補完し作品の編年を可能にするために、オランダ東インド会社の貿易記録は、西洋でも主要な歴史史料として盛んに活用されてきた。

　17～18世紀の肥前磁器は、主にオランダ東インド会社の本方荷物と呼ばれる公式貿易（1650年～1757年）、オランダ東インド会社従業員による個人貿易、長崎に入港した唐船による貿易の3つの貿易により長崎から出荷された。そのうち、公式貿易は、オランダ東インド会社の会計に属する商品の取引であり、会社にとって直接損益にかかわるものであった。この3つの貿易のうち、もっとも史料研究による詳細な検討が可能な領域である。公式貿易による取引は、例えばオランダ向けの輸出の場合、下記のような流れで、商品の注文内容をオランダで決定してから商品がオランダに届くまで、おおよそ2年もの歳月を要する貿易であった。

　すなわち、会社の経営管理を統括する重役会議である「十七人会*Heren Zeventien*」が注文内容を決定し、「注文書」を9月か10月に作成する。「注文書」は、オランダからバタヴィアへ発送され、8～9カ月でバタヴィアに到着する。バタヴィアでは上記「注文書」に基づいて日本宛ての「注文書」を作成し、翌年5～6月に出る船に乗せ、6～7月の間に「注文書」は長崎に到着する。「注文書」は、7月後半有田に届き、その後、10月前半頃迄生産が行われ、完成した磁器は長崎へ輸送された。これらの磁器は、基本的に「注文書」が到着した同年の10月後半～11月前半に長崎を出発す

地図1　オランダ東インド会社の公式貿易によって各商館へ輸出された肥前磁器の個数

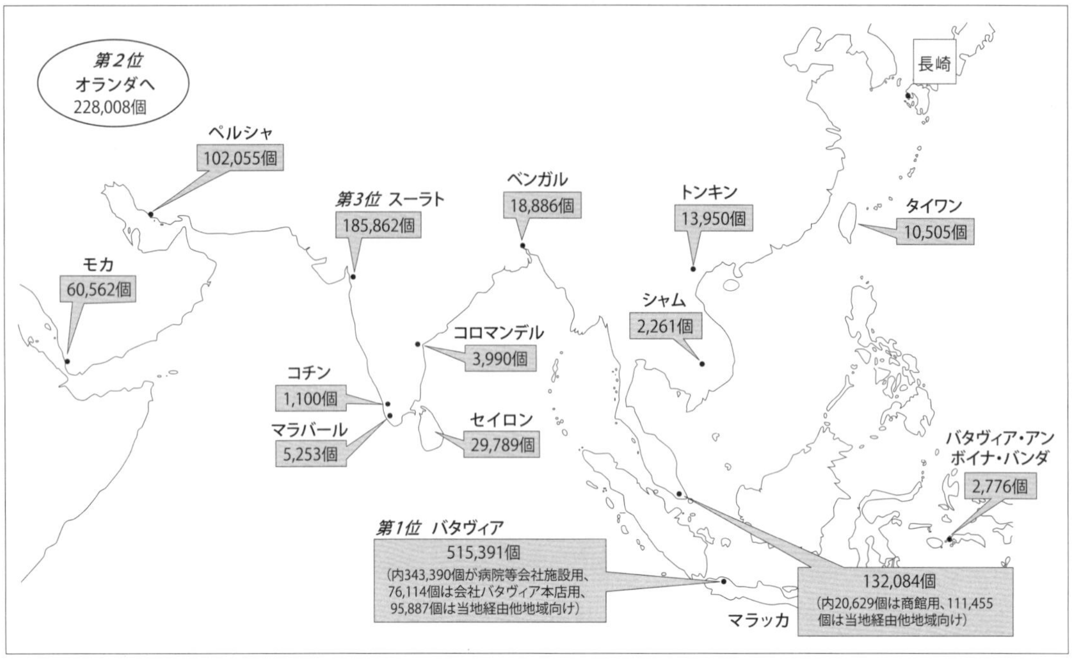

第2位 オランダへ	228,008個
ペルシャ	102,055個
第3位 スーラト	185,862個
ベンガル	18,886個
トンキン	13,950個
タイワン	10,505個
モカ	60,562個
コロマンデル	3,990個
シャム	2,261個
コチン	1,100個
マラバール	5,253個
セイロン	29,789個
バタヴィア・アンボイナ・バンダ	2,776個
第1位 バタヴィア	515,391個（内343,390個が病院等会社施設用、76,114個は会社バタヴィア本店用、95,887個は当地経由他地域向け）
マラッカ	132,084個（内20,629個は商館用、111,455個は当地経由他地域向け）

(注)出典　オランダ向け：Cynthia Viallé, 'JAPANESE PORCELAIN FOR THE NETHERLANDS: THE RECORDS OF THE DUTCH EAST INDIA COMPANY'（フィアレ・シンシア、河島綾乃訳「オランダ向け日本磁器：オランダ東インド会社の記録」）展覧会図録『古伊万里の道』佐賀県立九州陶磁文化館　2000年、それ以外：山脇悌二郎「貿易篇」『有田町史』商業編Ⅰ　有田町　1988年、本書資料篇1掲載「仕訳帳」・「送り状」

る船でバタヴィアへ送られた。

　この際、荷物と共に送られるのが「送り状」であり、会計のための「仕訳帳」にも、品名、数量や送り先が記される。バタヴィア到着後、再び「送り状」等の書類を整え、12月から翌年1月、バタヴィアを出る船に磁器と「送り状」が積み込まれて出航し、9月か10月頃オランダに到着する。

　オランダ東インド会社が、肥前磁器を海外に公式貿易品として輸出したのは、1650年～1757年の間であった。肥前磁器の取引に関する記録は、前述の「東インド会社文書」中の「仕訳帳」や「送り状」、それから「バタヴィア城日誌[9]」、「商館長日記」、「書簡」、「一般政務報告」などの様々な種類の記録のなかに分散して残されている。これらの一部は、主としてフォルカー氏、山脇氏および後述するフィアレ氏らの研究によって紹介されてきた。この3氏の研究の特徴は次の通りである。

　肥前磁器の貿易に関して、長崎から出荷されたケースに的を絞ってもっとも網羅的に磁器の史料を扱っているのは、オランダ東インド会社の「仕訳帳」を主な典拠とする山脇氏の研究である[10]。山脇氏は、アジアと西洋からなる全輸出先を対象に、長崎港から出荷された磁器の年毎の輸出先別数量（全輸出期間）を統計化し、全輸出期間の長崎からの輸出数量を明らかにした。画期的な成果は、陶磁史の研究者の間で高く評価され、これまで活用されてきた。筆者は山脇氏の研究と原本との照合を行った結果、やはりそれは正当な評価であると考えている。山脇氏の統計数量によって明らかとなった、公式磁器貿易の地域的分布を視覚的に示したのが地図1である。

　一方で、氏の研究は数量以外の問題、すなわち商品の種類、個別数量など、個別の記載の詳細に関しては言及されていない年も多い。このことは、巻末の資料篇2「オランダ東インド会社公式貿易による肥前磁器輸出の記録　比較一覧」における「山脇悌二郎『有田町史』」の項の「目的地別内訳概略」という列に、「器種内訳無」と記載して示した。器種や内訳についても記述したのは一部の年代（1659年～1679年）に限られており、1680年以降はほぼ一貫して年別総数量のみの言及に留

められている[11]。「仕訳帳」や「送り状」には、詳細に器種の内訳、価格、見本の有無などが記載されているのだが、山脇氏は同書の編集方針や紙面の都合のために、これらの詳細を省略されたか、あるいは総数量の把握に焦点をしぼる判断であったのかもしれない。

磁器貿易史のパイオニアであるフォルカー氏の研究[12]は、アジア向け、オランダ向け、アジア間貿易までを守備範囲としており、対象とした地域の広さ、情報量の多さは圧倒的である。フォルカー氏の著書は、本書が対象とする肥前磁器の長崎からの出荷だけではなく、中継貿易地を経て西アジア・東南アジア・諸島地域など、広くアジアへの物流や、その地からの注文などの情報にもおよび、またアジア各地に分布する発掘調査の対象となった場所を広域にカバーしているため、山脇氏の研究よりも汎用性が高く、幅広く研究に活用されている。

しかし、フォルカー氏の研究の対象の広さは、その作業の精度に反比例するものとみえ、フォルカー氏の研究の精度への批判、疑念を呈する専門家は多い。とりわけ、山脇氏の批判は決定的であった[13]。フォルカー氏の出した数値は、統計資料としての精度が低いとみられる。

さらに、オランダの漆藝史を専門とする貿易史研究者シンシア・フィアレ氏は、日本・オランダ間の輸出をテーマとする論文「オランダ向け日本磁器：オランダ東インド会社の記録」を、佐賀県立九州陶磁文化館が2000年に主催した展覧会の図録に発表している[14]。そこで、オランダ向け公式貿易による磁器輸出について、「送り状」や「仕訳帳」だけでなく重役会議の決定や書簡などの多様な東インド会社文書の原本に依拠し、時系列順に公式貿易の推移を記述している。さらに同図録中に、「オランダ東インド会社によってオランダへ輸出された日本磁器輸送の年代記」として、「送り状」と「仕訳帳」の関係部分を翻刻掲載したが、それはオランダ語による正確な品名別の数量、総額等を呈示するものであった[15]。「送り状」と「仕訳帳」の翻刻は前例がなかったため、同史料の構成や記述内容を陶磁史の領域に初めて意識させたという意味で、陶磁史研究者に与えた貢献は多大であった。また、フィアレ氏によって呈示されたオランダ向け磁器輸出の合計数量が、山脇氏が『有田町史』で公表した数量を上回ったことも、陶磁史料研究における新しい成果であった[16]。

C. 分析の方法

個人貿易と唐船貿易で運ばれる肥前磁器の規模は、公式貿易のそれをはるかに上回るものと推測される。しかし、その記録に関しては、公式貿易の情報量と具体性には遠く及ばない。近世日蘭貿易において取引された磁器に関する記録は、主にオランダ東インド会社が作成した「東インド会社文書」と「日本商館文書」の文書群に記載されている。

公式貿易については、前述の「仕訳帳*negotiejournalen*」や「送り状*facturen*」という史料が継続的に作成された。これらは、日記や一般政務報告等の他の文書と比較して、器種や品質、サイズ、用途などの記述がはるかに詳細であり、製品の特徴が判断基準となる磁器の編年研究の参考に適しているため、これらの史料の調査を行った。対象にした「仕訳帳」と「送り状」の範囲は、1640年頃より1770年頃までである。詳細は、本節第3項に記すが、概要は以下の通りである。

調査の結果、「仕訳帳」は1650年〜1757年までの期間、「送り状」は1651年〜1666年の期間に、磁器に関する記述があることを確認した[17]。つまり、公式貿易による肥前磁器の輸出が1650年に開始され、1757年に終了したことが確定した。この1650年〜1757年までの期間に、「仕訳帳」と「送り状」から確認できる肥前磁器の輸出数量は、合計933,679個であった[18]。

山脇氏の『有田町史』の研究が発表した肥前磁器の輸出数量は1,233,418個であったが、この数値

の差は、山脇氏が主として「仕訳帳」を用い、なおかつそれがない年の情報を「バタヴィア城日誌」や長崎の「商館長日記」等の史料により補足したことによる。「仕訳帳」のみに限定した山脇氏の研究による輸出数量は930,791個であり、今回の調査結果より2,888個少ないだけで、概ね一致している[19]。また、今回本書で対象としていない、「バタヴィア城日誌」や「商館長日記」等に基づく山脇氏が挙げた輸出数量を、今回の調査結果の合計数量933,679個に加算した総合計数量は1,236,306個となる。本調査結果は山脇氏による「仕訳帳」の調査結果と合計数量の面ではほぼ共通している。

フォルカー氏による研究の結果は、氏の2冊の著書[20]に挙げられた長崎から発送された磁器の個数を合算したところ、わずか796,063個であり、数値の抽出の不徹底がうかがわれる[21]。

以下、この「仕訳帳」および「送り状」に掲載された情報に基づき、1650年～1757年まで続く輸出について第3項で論じる。また、その導入となる初期の時期の輸出に関連して、輸出初期の段階における磁器製作の見本とされた西洋陶磁について、次の第2項で論じる。

第2項　初期の輸出磁器と西洋陶磁の影響

A. 肥前磁器輸出数量に占める医療用製品数の割合（1652年～1679年）

輸出品のなかでも、西欧諸国に伝わるカップやソーサー、皿や壺などといった食器や室内装飾品の存在については、周知のとおりである。しかし実際、輸出品はこうした室内装飾品や食器だけでなく、薬の容器としての壺や瓶のような医療用の実用品も、公式貿易の全期間にわたりアジア各地や中近東向けに輸出されていた。オランダ東インド会社は、長期的な展望をもって需要者側のニーズに合わせて種類の異なる幅広い質、形状の商品を仕入れ、多種多様な商品の輸出を担っていたのである。

とりわけ、輸出開始直後1650年代には、輸出品の磁器の大半が、タイワン、バタヴィア、マラッカにあるオランダ東インド会社の商館付属医療施設のために注文された薬壺や薬瓶などの医療用の製品であった。

医療用製品の輸出先は、17世紀より東インドにある会社の各拠点（タイワン、バタヴィア、マラッカなど）の医療施設である。医療施設は、患者の階級により分かれており、①外科治療所 *chirurgijns winckel*[22]、②市民権を持つ会社の社員のための病院 *Compagnie's Hospital*、③会社の兵士や船員のための病院 *zieken huijs* などがある。同時代の西洋の医療施設では、治療に用いる薬の保管に陶磁器製容器を用いるのが通常であった。そのため、アジアにおける東インド会社の医療施設においても、近隣の国で医療用の容器を調達する必要が生じた。肥前磁器の医療用製品が輸出されたのは、こうした需要に応えるためであった。

1650年代の医療用製品に関する製品研究の成果は、考古学的見地から、窯跡で発掘された資料が中心であり、その詳細については2002年に藤原友子氏により明らかにされた[23]。現在まで、年代決定可能な考古資料は非常に少ない。

文書に基づいて、1650年代の医療用製品の存在を最初に具体的に示したのは、山脇氏であった。『有田町史』には、1652年～1657年までの5ヵ年の輸出に関し、「長崎商館長発行の送り状によれば軟膏壺 *zalfpotiens*、薬用瓶 *medicamenten fleskens* のような薬剤容器であって、すべてタイワン商館とバタヴィアの総督府 *Hoge Regering* 所属の病院 *chirurgijnswinkel op Batavia* に送っている。

タイワン商館に送ったのはタイワンのゼーランディア城、サッカム（のちの台南）のプロビンシア城の病院で使用されたのであろう。この間の輸出は18,111個である[24]」と述べられている。ただし、商品の内訳については、1658年、1659年の記載があるにとどまる。

一方、フォルカー氏は、1653年のヴィッテ・ファルク号、1654年のブレダ号、1655年のアンヘリクス号についてのみ、医療用製品の合計数量を挙げているが、用語の使用法に不適切な点があり、正確な情報を伝え得ていない[25]。西田宏子氏は1654年のブレダ号についてのみ言及している[26]。フィアレ氏も2000年の論文で1650年代の医療用製品の輸出について言及しているが[27]、具体的な数字は挙げられていない[28]。

まず、医療用製品の種別・数量・送り先について正確に把握することが必要である。表1は、1650年～1670年代の初期の公式貿易に占める医療用製品の数と割合、その器種別内訳と送り先を示したものである[29]。「仕訳帳」、「送り状」が欠損している年があるため、その場合は「日本商館文書」中の「注文書」と「商館長日記」、さらに「バタヴィア城日誌」で補った。1650年～1679年における肥前磁器の輸出総数850,254個という数値は、筆者が集めた「仕訳帳」と「送り状」のデータ[30]を基本に、山脇氏による輸出数量データ[31]も補足的に用いて計算したものである。

表1の「輸出数量（山脇）」と、「輸出数量記載資料」は山脇氏が作成した輸出数量表[32]に基づいている。この2つの項目以外は、筆者が調査した日本商館文書中の「送り状」、「仕訳帳」、「注文書」に基づいて算出した。「医療製品全体」は、これらの「医療製品数量記載資料」上の医療用製品の数を集計した1年ごとの数量である。「医療製品割合」は「輸出数量（山脇）」に占める「医療製品全体」の割合。「壺（軟膏／保存／薬）」「壺または瓶」「瓶」「油・香油用小瓶」「鬚皿」「コップ」「医療用鉢」は、「医療製品全体」の内訳となる各器種の名称であり、各個数をまとめた。「医療製品送り先」はこれらの製品が届けられる納品先である。「注文書に記載された注文数」には、「注文書」を参照できた年のみ、商品が納品された年の欄に内容を記載した。なお、個々の取引の詳細や製品記述については、本書資料篇1（「オランダ東インド会社貿易史料にみる日本磁器」）を参照していただきたい。

表1 オランダ連合東インド会社による肥前磁器の輸出数量に占める医療用製品数

(注)割合は小数点以下四捨五入

年	輸出数量(山脇)	輸出数量記載資料	医療製品全体	医療製品割合	壺(軟膏/保存薬)	壺または瓶	瓶	油・香油用小瓶	鬢皿	コップ	医療用鉢	医療製品内容(原典記載内容 翻訳/筆者)	医療製品送り先	医療製品数量記載資料	注文書に記載された注文数(納期年の項目に記載)
1650	145	仕訳帳	0	0%								-		なし	
1651	176	送り状	0	0%								-		なし	
1652	1,265	仕訳帳	1,265	100%	1,265							タイワン		送り状/NFJ 776	
1653	2,200	仕訳帳	2,200	100%	1,000	1,200						バタヴィア		送り状/NFJ 777	
1654	4,258	仕訳帳	4,258	100%	305	1,640	1,800					バタヴィアの外科治療所		送り状/NFJ 778	
1654					513							バタヴィアの外科治療所		送り状/NFJ 778	
1655	3,209	仕訳帳	3,209	100%	1,509		1,700					タイワン		送り状/NFJ 779	
1656	4,139	仕訳帳	4,139	100%		2,003						タイワンの外科治療所		送り状/NFJ 780	
1656					2,136							バタヴィアの外科治療所		送り状/NFJ 780	
1657	3,040	仕訳帳	3,040	100%	3,040							バタヴィアの外科治療所		送り状/NFJ 781	
1658	5,257	仕訳帳	4,800	91%		4,800						バタヴィアの外科治療所		送り状/NFJ 782	
1659	33,910	送り状	3,779	11%	326			182				タイワン		送り状/NFJ 783	
1659					2,121		1,150					バタヴィアの外科治療所		送り状/NFJ 783	
1660	73,284	仕訳帳	3,429	5%	1,608		1,790		31			バタヴィアの外科治療所		送り状/NFJ 784	
1661	52,807	送り状	4,394	8%		4,394						バタヴィアの外科治療所		送り状/NFJ 785	
1662	86,329	送り状	3,617	4%					258			オランダ		送り状/NFJ 786	
1662						3,359						バタヴィア城内の一般製剤薬局		送り状/NFJ 786	
1663	55,874	バ日誌	6,896	12%		6,896						バタヴィア城内の一般製剤薬局		バタヴィア城日誌 1663, p.640	
1664	68,682	船荷証券	0	0%								-		なし	
1665	32,787	仕訳帳	2,821	9%	2,821							バタヴィア城内の一般製剤薬局		送り状/NFJ 787	
1666	13,389	仕訳帳	7,164	54%	4,464			1,128	72	1,500		-		送り状/NFJ 788	
1667	不明			不明										なし	
1668	40,329	仕訳帳	18,280	45%	600		200					マラッカの外科治療所		仕訳帳/NFJ862	
1668					13,780		3,600		100			長崎商館長ランストの個人買易品,バタヴィア城の薬局用に		仕訳帳/NFJ862	
1669	25,542	仕訳帳	600	2%		600						同上		仕訳帳/NFJ863	
1670	48,536	仕訳帳	9,150	19%	7,100		1,800		50	200		バタヴィアの薬局		仕訳帳/NFJ864	バタヴィアの薬局用 9,100(軟膏壺・瓶)、50(鬢皿)
1671	85,493	仕訳帳	18,200	21%	13,700		3,800		600	100		バタヴィア城の薬局		仕訳帳/NFJ865、商館長日記/NFJ 84	バタヴィアの薬局用 18,200(軟膏壺、瓶、コップ)
1672	17,231	仕訳帳	30	0%		30						-		仕訳帳/NFJ866	
1673	11,498	仕訳帳	0	0%								-		なし	
1674	36,375	バ日誌	20,375	56%		20,375						バタヴィアの薬局		バタヴィア城日誌 1674, p.334, 335	
1675	6,007	バ日誌	0	0%								-		なし	
1676	37,527	バ日誌	0	0%								-		なし	
1677	50,404	仕訳帳	2,130	4%	1,600			530				マラッカの外科治療所		仕訳帳/NFJ 868	マラッカの外科治療所用 1,600(軟膏壺)、600(油用小瓶)
1678	不明	不明	31,500	不明	24,800		6,100			600		バタヴィアの会社の薬局		注文書/NFJ 307	バタヴィアの薬局用 24,800(軟膏壺)、6,100(瓶)、600(水薬用コップ)
1679	50,561	仕訳帳	2,242	4%	1,500		50	600	50		42	バタヴィアの薬局		仕訳帳/NFJ 869	バタヴィアの製剤薬局用 2,000(軟膏壺)、300(小瓶)、1,000(コップ)、50(鬢皿)
合計	850,254		157,518	19%	84,188	45,297	21,990	2,440	1,161	2,400	42				

表1のデータに基づいて、医療用製品の輸出については以下のことが言える。
（1） 1650年〜1679年までの医療用製品の総輸出量は157,518個、すなわち総輸出数量の約19パーセントを占める。このデータから、アジア、中近東の会社の医療用実用品という市場ジャンルの確立を読みとることができる。生産器種全体における医療用製品の割合は、1652〜1657年まで100パーセント、1658年に約91パーセント。1659年以降は、食器・飾壺等の他の用途の器種が加わり、磁器全体の輸出量増加により、相対的に医療用製品の割合は減少するが、数の増減の幅は大きいものの医療用製品の供給は続行されている。特に1668、1671、1674年は約2万個、1678年は約3万個を輸出している。

（2） 1650年〜1670年代の数量を把握できる医療用製品のうち、もっとも多いのは軟膏用などの薬壺（挿図1-1）84,188個であった。以下、「壺または瓶」45,297個、瓶（挿図1-2・1-3）21,990個、油用、香油用などの小瓶2,440個、鬚皿[33]（挿図1-4）1,161個、コップ[34] 2,400個である。このうち「壺または瓶」の半数が薬壺と仮定して、これを薬壺の84,188個に加算すると、計106,836個となり、薬壺の医療用製品全体に占める割合は約67.8パーセントと高いことが判明した。さらに、薬壺の次に多いのは合計21,990個の瓶で、医療用製品の約13.9パーセントを占める。

（3） 一部の例外[35]を除き、医療用製品の出荷先はバタヴィアやタイワン、マラッカなどにある東インド会社関係施設の外科治療所や薬局[36]に限られ、医療用製品が西洋の市場に向けられることはなかった。

挿図1-1
染付幾何学文薬壺（出土遺物）
高さ6.8cm
アムステルダム考古局蔵

挿図1-2a
染付欧文字文瓶　高さ23.7cm
佐賀県立九州陶磁文化館蔵

挿図1-2b　同底部

挿図1-3
白磁二重口瓶　高さ18.6cm
佐賀県立九州陶磁文化館蔵

B． 1650年代の史料にみる医療用製品取引と西洋陶磁の影響

つぎに、オランダ貿易による輸出開始直後、1650年代の製品に西洋陶磁がおよぼした影響について検討する。輸出向け肥前磁器製医療用製品の特殊性の1つは、日本陶磁の伝統的器形にはとらわれない斬新なフォルムをもつ器種が豊富にある点である。その理由について、貿易史ならびに西洋陶磁史双方の知見に基づき、史料に記載された肥前磁器とその見本に関する記述を、同時代に西洋で生産されていた陶磁器の器種と関連づけることで考察してみたい。

まず先に挙げた1650年代に製作された医療用製品は、西洋医学のための道具であり、オランダの商館員のために注文製作された品であるということである。そのため、オランダ貿易用の薬壺や薬瓶などの医療用製品は、当然の事ながらオランダ本国から送らせた見本に基づいて製作される必要があった。以下、1652年〜1659年までの医療用製品に関する13通の「送り状」に記載された訳文を挙げ、所見を加える。史料の原文については、本書資料篇1を参照されたい[37]。

① 1652年10月31日　長崎発タイワン行きコーニング・ファン・ポーレン号の送り状
訳文）1265個　大小の薬壺　2箱に梱包　合計金額[38]・・・・・・・・・・・・・・・・・・・・・・・41.-.-テール
出典）Factura van de coopmanschappen gescheept door Adriaan van der Burgh Coopman ende Opperhooft deses Compt. in Den Coningh van Polen naar Taijouan, Nagasackij ult. Oct, 1652, NFJ 776
分析）サンプルや個人荷物としてではなく、商品としての肥前磁器輸出が始まったのは1650年であるが、医療用製品の輸出を伝える記録としてはこの「送り状」が最初である。オランダ東インド会社向け肥前磁器として、初めて千個以上の大量取引がなされた器種は薬壺であったことがわかる。送り先については、この年以外は「外科治療所」などと明記されている。この年の「仕訳帳」にも具体的な送り先は記されていないため、表には単にタイワン向けとして記したが、1656年の「送り

挿図1-4
色絵菊牡丹文鬚皿
口径28.0〜24.8cm
佐賀県立九州陶磁文化館蔵

挿図1-5
色絵幾何学文薬壺　オランダ
錫釉陶器　高さ13.6cm
徳川秀忠墓出土

挿図1-6
鬚徳利　フレッヒェン（ドイツ）
炻器　高さ18.1cm
オランダ東インド会社ヴィッテ・レーウ号（1613年沈没）からの引揚遺物
アムステルダム国立美術館蔵

状」⑧と同じくタイワンの外科治療所用であろうと推察している。この「送り状」以外でタイワンとのみ記載された場合についても同様だろう。一方、フィアレ氏は日本磁器の大小の薬壺1,265個がタイワンへ輸出されたが、到着記録が確認できないと指摘している[39]。

② 1653年7月21日　バタヴィア発日本行きヴィッテ・ファルク号とハーゼ号の送り状
訳文）6個　（バタヴィアの）外科治療所向けの瓶の見本となる様々な原型　無償
出典）Factura van de coopmanschappen gescheept door Heer Gouverneur Generael, ende d'E.E. Heeren Raaden van India in de Witte Valck ende de Hase naar Japan, int casteel Batavia 21. Julij, 1653, NFJ 777
分析）1654年のカルフ号「送り状」④にも同様に、見本としての瓶が日本へ送られたことを伝える記述がある。山脇氏は、「送り状によればバタヴィアの政庁所属の病院に送ったものは、バタヴィアから送り届けられた手本に従って製造している。」としており、この2件に言及したものと考えられるが、その器種が「瓶」であったことは明らかにしていない。原文には、この瓶は小瓶を意味する*flesjens*でなく*flessen*と記載されていることからおよそ0.7リットル以上のサイズの瓶であると想像される[40]。瓶を意味する西洋の言語（複数形で蘭*flessen*、英*bottles*、独*Flasche*）は、一般にコルクなどで栓ができる構造であるため口縁部が非常に狭く、口縁部にコルクを固定するための輪状の突起がついた器種をさす。肥前磁器の薬瓶としてもっとも広く知られており伝世品数も多い挿図1-2や1-3のような器形を想定する場合、それは1650年代のオランダの薬の容器として一般的な錫釉陶器の薬壺（挿図1-5）の形状には該当しない。むしろ、17世紀前半に生産されたドイツ産ライン炻器製品の鬚徳利（挿図1-6）のプロポーションに近く、筆者は、史料に記載された瓶*flessen*の意味を、この鬚徳利のような形状と理解している。一方、瓶と混同しやすい器形として水注があるが、17世紀の送り状に記されるオランダ語では*kannetgens*（注ぎ口がない水注）（挿図1-7）や*kannen*（注ぎ口が独立した水注）などと記載されており、明確に用語が使い分けられている。そのため、「送り状」にある*flessen*は、鬚徳利のような形状をした器種と限定してよいと思われる。

17世紀に製造された鬚徳利は、オランダ東インド会社による肥前磁器貿易の拠点の1つであったインドネシア・バンテンでの近年の発掘においても、40個体の報告例があるが、同遺跡で出土したオランダ製陶器には瓶の形状をした遺物はみられなかった[41]。また、世界各地で沈没した17世紀のオランダ東インド会社船からも大量の引揚例があり、商船にとってライン炻器瓶が航海中の飲み物を詰める常備品であったものと想定されている[42]。わが国においても、鬚徳利をはじめとするライン炻器製瓶の伝世品や出土遺物が長崎や平戸を中心に数多く発見されている[43]。以上のような理由から、筆者は、「送り状」②と④にあるバタヴィアから発送した瓶は、ライン炻器製鬚徳利の形状をモデルに作られたのではなかったかと考えている。

③ 1653年11月11日　長崎発タイワン経由バタヴィア行きヴィッテ・ファルク号の送り状
訳文）2200個　様々な磁器の瓶、小壺、軟膏用および保存用の壺　バタヴィア向け、以下
　　　　送付された見本に基づき当地で製作し54の小包に梱包、値段は以下の通り
　　1200個　小瓶および小壺、13包入り、
　　　　4コンドリン／個　合計　……………… 48.-.-テール
　　1000個　軟膏および保存用の壺　3種類のものが41包入り、
　　　　各5マース／選別した3個　合計　……………… 166.6.6テール
　　　　　　　　　　　　　　　　　　　　　　　　214.6.6テール

出典）Factura van de coopmanschappen gescheept door Frederick Coijett Coopman ende Opperhooft deses Compt. in den Witte Valck naar Taijouan geconsigneert aen de Heer Cornelis Cesar extraordinarij Raet van India ende Gouverneur des eijlants Formosa, Nagasackij 11. Nov, 1653, NFJ 777

分析）フォルカー氏は、バタヴィアの薬局用に2,200個の磁器製ガリポットgallipotを積んでトンキン経由でバタヴィアへ向かったと記述しているが[44]、ガリポットについては、瓶とみる解釈もあり、その場合、原文上の「2,200個の瓶と壺」とは意味が違ってしまう[45]。フィアレ氏は、この「送り状」に基づいてこの磁器2,200個の輸出にふれているが、器種別個数の内訳は明らかにせず[46]、山脇氏も同様である。しかし、同「送り状」は、瓶と壺の双方が「原型に基づいて」製作されたことを示すもっとも古い記録として重要なのである。ここでは薬壺の見本が海外から運ばれたことを示す記述はないが、肥前磁器製薬壺の器形は日本の伝統的器形ではなく、明らかに西洋の用途に根ざしており、同地の薬壺によくみられる形状をとっているため、西洋の薬壺に倣って製作されたものと考えられる。オランダ製の薬壺が大名などへの贈答用にわが国へ舶載されたことを示す記述[47]は珍しくない。17世紀の中頃までに、すでに多数の薬壺がわが国に存在していたものと考えられ、それが肥前地方に送られたのだろう。さらに、江戸時代にわが国に舶載された17世紀のオランダ製薬壺（挿図1-5）も伝世しており、その器形ならびに西洋のほかの地域には珍しいオランダ特有の幾何学文様は、肥前磁器製薬壺のそれとの共通点が多い。バンテンの発掘調査でも、オランダ製とされる様々な大きさの薬壺が合計62個体出土している[48]。以上のことにより、オランダ製薬壺は日本にも舶載され、肥前地方で薬壺を作る際の見本とされていた可能性が高いと言える。

挿図1-7
藍彩人物文把手付瓶（出土遺物）
オランダ　錫釉陶器
高さ25.1㎝
アムステルダム考古局蔵

④　1654年7月13日　バタヴィア発長崎行きカルフ号の送り状
訳文）3個　瓶を製作するための原型
　　　　　当地の外科治療所からの注文によりこの見本と同じ方法で各600個作るように
　　　　ヴィニックス氏の手荷物として　無償

出典）Factura van de coopmanschappen gescheept door Heer Gouverneur Generael: Joan Maetzuijcker, en d'E.E. Heeren Raden van India, in het Kalff naar Japan, int Casteel Batavia, 13. Julij, 1654, NFJ 778

分析）この文書からわかるのは、瓶3個が有田で薬瓶を注文するための見本としてバタヴィアから長崎商館宛てに届き、3種類の原型で各600個ずつ、合計1,800個の注文があったということである。これらは、ブレダ号の「送り状」⑤の1,800個の小瓶を指している。それには、バタヴィアから届いた瓶 fleskenを見本に小瓶 cleijne fleskensを生産したとあるので、届いた瓶は小瓶であったのだろう。前述の鬚徳利のようなフォルムの肥前磁器製の瓶があるので、この見本はライン炻器製の瓶と考えることができる。ライン炻器には同型の小さい瓶もあるので矛盾はない。

⑤　1654年10月25日長崎発タイワン経由バタヴィア行きブレダ号の送り状
訳文）3745個　保存用壺、小瓶およびバタヴィアの外科治療所向け小壺、特に当地から送る35個に
　　　　　全て分けて梱包し、P.P.と記されている、すなわち
　　　305個　軟膏用および保存用の壺、合計11箱、内訳は、125個入り小箱5個、
　　　　　　180個入り小箱6個、各1個8コンドリン ………………… 24.4テール
　　　1640個　様々な種類の小さな瓶や壺。18箱に分けて梱包
　　　　　　各2コンドリン ……………………………………………… 32.8テール
　　　1800個　今年、カルフ号でバタヴィアから

　　　　　　　到着した3種類からなる
　　　　　　　見本に従って作らせた小瓶
　　　　　　　各々300個ずつを納め6包とする、1マース／15個
　　　　　　　上記のように記されている、合計 ……………………… 12.0テール
　　　3745個　壺および瓶、合計 ……………………………………… 69.2テール

出典）Factura van de coopmanschappen gescheept door Gabriel Happart Coopman ende Opperhooft deses Compt. in de Breda naar Taijouan, Nagasackij 25. Oct, 1654, NFJ 778

分析）この取引に関して、フォルカー氏は「3,745個のガリポットと保存用蓋付壺」と記載し[49]、再度、解釈の定まらないガリポットgallipotという訳語を用いている。一方、西田氏は「軟膏入の容器　305個。各種の小瓶と小壺　1,640個。今年カルフ号でバタヴィアから送られてきた見本によって作った3級品の小瓶　1,800個」としている[50]。「3級品の」はdriederhandの誤読か誤訳による解釈と思われるが、「3種類の」が正しく[51]、前出のカルフ号「送り状」④の内容とも符合する。なお、南アフリカ沖で1697年に沈没したオランダ東インド会社船オースターランド号の引揚品には、この記述にみられるような「小瓶」に対照される1670年～1690年代とされる製品が含まれている[52]。

⑥　1654年10月31日　長崎発タイワン経由バタヴィア行きカルフ号の送り状
訳文）513個　軟膏用および保存用の壺、バタヴィアの外科治療所向け
　　　　　　29包に梱包、すべてにS.P.と記されている
　　　　　　値段の合計 …………………………………………………… 43.-.4テール

出典）Factura van de coopmanschappen gescheept door Gabriel Happart Coopman ende Opperhooft deses Compt. in het Calff naar Taijouan geconsigneert aen de E.Heer Cornelis Cesar extraordinarij Raet van India ende Gouverneur des eijlants formosa, Nagasackij 31. Oct, 1654, NFJ 778

⑦　1655年10月21日　長崎発タイワン経由バタヴィア、タイワン行きアンゲリール号の送り状
訳文）3209個　軟膏用および貯蔵用の小壺、ならびに
　　　　　　小さな磁器の瓶　すなわち
　　　502個　同上の壺、第1の種類、21箱入り　⎫
　　　480個　同上の壺、第2の種類、16箱入り　⎬　'P　と記載すること
　　　504個　同上の壺、第3の種類、12箱入り　⎭
　　　1509個　軟膏用および貯蔵用の小壺
　　　　　　8コンドリン／個 ……………………………………………… 120.7.2テール
　　　1700個　小さい磁器の瓶、小箱4個入り、そして［…………］に
　　　　　　2コンドリン／個、と記されている ……………………… 34.0.0テール
　　　3209個　磁器製の壺および瓶、合計 ………………………………… 154.7.2テール

出典）Factura, Angelier naar Tayouan, Nagasacqui Adj 21: October a: 1655, NFJ 779

分析）フォルカー氏は、この船に軟膏入れと小さな保存用の瓶、小さな磁器の薬壺、合計3,209点という内容を「船荷証券 "Bill of Lading"」に基づき記しているが、この資料が何を指すのか不詳である。また、「送り状」を参照することができるため、「船荷証券」にあたる必要はない。また、山脇氏はこの合計数量のみを記載した。なお、この記述にみられる「第1～第3の種類」は、これらの製品が、その番号を記された見本に倣って製作されたことを示したものと思われる。

⑧　1656年10月22日　長崎発タイワン行きコーニンク・ダヴィッド号の送り状
訳文）2003個　磁器製の大小の軟膏用および貯蔵用壺、ならびに小型の瓶
　　　　　　　これらを3箱に梱包し、タイワンの外科治療所向けと印をつけること
　　　　　　　状態と値段は下記のとおりである
　　　　　683個　粗製の上記の壺、各8コンドリン……………　54.6.4テール
　　　　　230個　やや小さめの壺、各5コンドリン………………　11.5.0テール
　　　　　1090個　さらに小さい壺、各2コンドリン………………　21.8.0テール
　　　　　2003個　　　　　　　　　　　　　　　　　　　　　　　87.9.4テール
出典）Factura van de coopmanschappen gescheept door Joan Boucheljon coopman ende Opperhooft deses Comptoirs in de Coninck David, schipper Cornelis Martensz. naar Taijouan, Nagasacqui, 22.oct. 1656, NFJ 780
分析）1656年の取引について、山脇氏は⑧、⑨を合わせて合計4,139個の輸出数について明記しているが、内訳は示されなかった。ここでは、大・中・小、3サイズの壺が輸出されたことがわかる。ただし、この「送り状」は初めに2,003個の壺と瓶として記載しながら、内訳は壺のみとなっている。

⑨　1656年11月2日　長崎発バタヴィア行きアーヴォントスタル号の送り状
訳文）2136個　外科治療所向け磁器の壺、値段合計………………　99.6.2テール
出典）Factura van de coopmanschappen gescheept door Joan Boucheljon coopman ende Opperhooft deses Comptoirs in Avondster, schipper Jacob Hont, naar Batavia, Nagasacqui, 2.nov. 1656, NFJ 780

⑩　1657年10月25日　長崎発タイワン経由バタヴィア行きドムブルフ号送り状
訳文）3040個　薬用および軟膏用壺　61包に入っている
　　　　　　　バタヴィアの外科治療所向け　各々M.P.と記載すること、つまり
　　　　　1720個　普通の壺、　　　43俵、
　　　　　　　　　各8コンドリン…………………………137.6.-テール
　　　　　1320個　小型の同上の品、18俵、各5コンドリン…………　66.-.-テール
　　　　　3040個　総額……………………………………　203.6.-テール
出典）Factura van de coopmanschappen gescheept door Zacharias Wagenaer coopman ende Opperhooft deses Comptoirs in [de] Domburgh, schipper Frans Hendricksz. naar Taijouan, Nagasacqui, 25.october. 1657, NFJ 781
分析）同年、フォルカー氏は薬瓶とガリポットが契約されたと述べている。山脇氏は3,040個という個数を挙げているが、内訳記載がない。

⑪　1658年10月23日　長崎発バタヴィア行きトラウ号送り状
訳文）4800個　薬壺および瓶、様々な器種
　　　　　　　バタヴィアの外科治療所向け、9つは祖国の箱
　　　　　　　2つは砂糖用の箱につめられ、N°1からN°11までの番号を記してある
　　　　　　　値段合計……………………………………　281.2.-テール
出典）Factura van de coopmanschappen gescheept door Joan Boucheljon coopman ende Opperhooft deses Comptoirs in de Trouw, schipper Elbert Hes naar Batavia, Nagasacqui, 23.october. 1658, NFJ 782

分析）山脇氏は「4800個は前記バタヴィアの病院用の壺と瓶」であり、「手本に拠って特製させた」と「仕訳帳」に基づいて述べている[53]。ただし、これが手本に拠るものであったかどうかは、「送り状」にも「仕訳帳」にもそういった記載がないため氏の推論であろう。なお、「N˚ 1からN˚ 11までの番号」とあるのは、箱に表示する番号を意味する。

⑫　1659年10月25日　長崎発タイワン行きブリューケレン号の送り状
訳文）508個　油瓶および軟膏壺　VOCと記した箱1個に入っている、以下内訳

182個	油瓶 1オンス入り	
	値段合計 ……………………………	3．-．- テール
30個	軟膏壺、1 1/2ポンド入り、値段 ……………	2．4．- テール
76個	〔同上〕1ポンド入り、値段 ……………………	5．3．2 テール
76個	〔同上〕1/2ポンド入り、値段 …………………	3．-．4 テール
68個	同上の品、1/4ポンド入り、値段………………	2．7．2 テール
76個	小型の同上の品、2オンス入り、値段 ………	1．5．2 テール
508個	油瓶および軟膏壺、値段……………………………	18．-．- テール

出典）Factura van de coopmanschappen gescheept door Zacharias Wagenaar coopman ende Opperhooft deses Comptoirs in [de] Breukelen, schipper Jan Jansz. naar Taijouan, Nagasacqui, 25.oct. 1659, NFJ 783
分析）山脇氏は、この「送り状」にタイワン商館に輸出されたと記載された医療用製品の数量、器種、容量を示している[54]。この記述は、瓶や軟膏壺に容量が明記されている点が重要である。

⑬　1659年11月4日　長崎発バタヴィア行きヒルフェルズム号の送り状
訳文）3271個　軟膏壺と瓶、バタヴィアの外科治療所向け
　　　　　　90包入り、以下の通りに選別されている

276個	薬壺	N˚ 1、各12個入り小包23個	各8コンドリン
720個	同上、少しより小型	N˚ 2、各20個入り包 36個	
275個	同上、見本に従って	N˚ 3、各25個入り包 11個	
			101．6．8 テール
210個	壺　見本に従って	N˚ 4、各30個入り小包7個、7コンドリン …14．7．- テール	
640個	壺	N˚ 5、各80個入り小包8個、5コンドリン …32．0．0 テール	
1150個	白磁の瓶	N˚ 6、包5個、2コンドリン ……………………23．0．0 テール	
3271個	軟膏壺および瓶、90包、値段 ………………………………	171．3．8 テール	

出典）Factura van de coopmanschappen gescheept door Zacharias Wagenaar coopman ende Opperhooft deses Comptoirs in Hilversum , schipper Jacob Jansz.: naar Batavia, Nagasacqui, 4.nov. 1659, NFJ 783
分析）山脇氏は、「白磁瓶 witte fleskens 1,150個、薬壺 medicament potten 996個、壺 potten 640個、見本薬壺 medicament potten na t' monster 485個の合計3,271個」が「バタヴィアの政庁所属病院」（＝外科治療所）へ輸出されたと述べている[55]。上記の「送り状」に基づいて「薬壺」と「壺」を分類して、それぞれ個数を合計しようとすれば、薬壺が1,271個、壺は850個となる。ここでも、壺が見本に倣って製作されたことが明示されている。末尾に記された「白磁の瓶」は、西洋における陶磁器の絵付けとの関連で特筆すべき記述である。今日オランダに数多く伝わる、オランダの絵師にオランダ風の絵付けをさせた肥前製白磁瓶（挿図1-8）も、この記述と関連のある製品として想起さ

れよう。こうした白磁瓶は、1650年代には元来（挿図1-3）のような無地のまま完成品とされ、バタヴィアの医療機関で用いられる会社の実用品として注文された製品であろうが、一部はバタヴィアよりさらに本国へ運ばれ、あるいは後に西洋向けに輸出されるようになり、絵付が施されたものと思われる。

挿図1-8
色絵西洋風景人物瓶
絵付オランダ　高さ21.8cm
源右衛門窯古伊万里資料館蔵

第1章第1節第2項　結語

　明末清初にあたる1650年頃は、中国磁器の輸出がストップし、肥前地方へ磁器の注文先を切り替える移行期間であった。日本からオランダやモカへの大量輸出が軌道に乗る以前の1652年〜1659年までの公式貿易では、もっぱら在バタヴィアやタイワンのオランダ東インド会社関連機関向けに医療用製品が輸出されていた。このことは社内の実用品が本国向けの商品に先行していたことを意味している。こうした医療用製品の輸出がその後の本格的な輸出磁器の生産や物流体制を整え、1660年代以降の肥前磁器の大量輸出を成功に導いた、と考えられる。

　なかでも薬壺の輸出規模は大きく、実際には1652年〜1679年の史料で確認できた106,836個を上回る数量であると考えられる。その薬壺が医療用製品全体に占める割合は約67パーセントであり、現在までに所在が確認できる伝世品と、発見された出土品の器種の構成をみても、薬壺は他の医療用製品の数量を上回っている。つまり、史料の内容と出土品の状況が矛盾していないことが確認できる。

　1652年〜1659年までの「送り状」により、従来の研究において見落とされていた大量の医療用製品取引の存在、具体的な器種別の数量、器の容量、容量別数量、購入先、価格、梱包などの詳細が明らかとなった。瓶の見本は、バタヴィアの外科治療所用の瓶を日本で製作させるため、1653年と1654年の2度にわたりバタヴィアから長崎へ輸送されたことが、「送り状」②と④より具体的に示された。医療用製品としての壺や瓶をバタヴィアから送られた見本に基づいて製作することは、1653年に始まった。以来、見本についての記載は「送り状」に繰り返しみられ、薬壺や瓶の見本に倣った製作が、継続的に行われていたことが確認できる。

　特に興味深いのは、1650年代前半に大量生産が行われた医療用の壺や瓶が、オランダやドイツなどの西洋陶磁の形態に倣って製作されたものと推測できることである。なかでも瓶の見本はオランダ製とは考えにくく、おそらくドイツのライン炻器の瓶であろう。一方、薬壺については、薬壺が「見本」として長崎へ舶載されたことを直接示す記述は発見できなかったが、出土品等の状況から見本はオランダ製の薬壺であったと推定している。また、本節で掲げた「送り状」には、壺と瓶のみについて、見本に従った製作を具体的に示す記述が見出されたが、ほかの器種についても同様に、形状にあらわれた西洋陶磁との共通点によって手本が存在したであろうと推測できる。

第3項　「仕訳帳」「送り状」にみる公式貿易肥前磁器輸出の全体像（1650年～1757年）

　ここでは、本書巻末の資料篇1「オランダ東インド会社公式貿易による肥前磁器」に掲載した「仕訳帳」と「送り状」に記された磁器の記載について、輸出地別にその内容を分析することを試みる。公式貿易で扱われた肥前磁器は、東インド会社の外部へ販売される商品と、会社内で販売される社内実用品に大別することができる。

　前者は、その大半を食器が占めている。オランダ向けの食器の場合は、大部分が商品と推測されるものであるが、それ以外の土地に送られた食器は、社内実用品か商品かの判断が、「仕訳帳」と「送り状」だけでは困難である。外部に販売するための商品は、輸出先の需要に合わせて注文された製品であるため、地域差が明瞭に反映される。

　それに対して、後者の会社内の販売先は、主として病院や商館、総督邸といった会社関連施設で、その多くは深皿や皿などの食器と、会社の外科治療所や病院などの医療施設で用いる薬壺や薬瓶などの器種で占められている[56]。

　まず、公式貿易における日本からの磁器輸出全体数量の変化を確認しておこう。図表1に示したとおり、これを見ると、磁器輸出の全体数量は、変化が大きいものの、1650年代末～1680年代初頭までに集中し、それ以降は低水準で推移している。

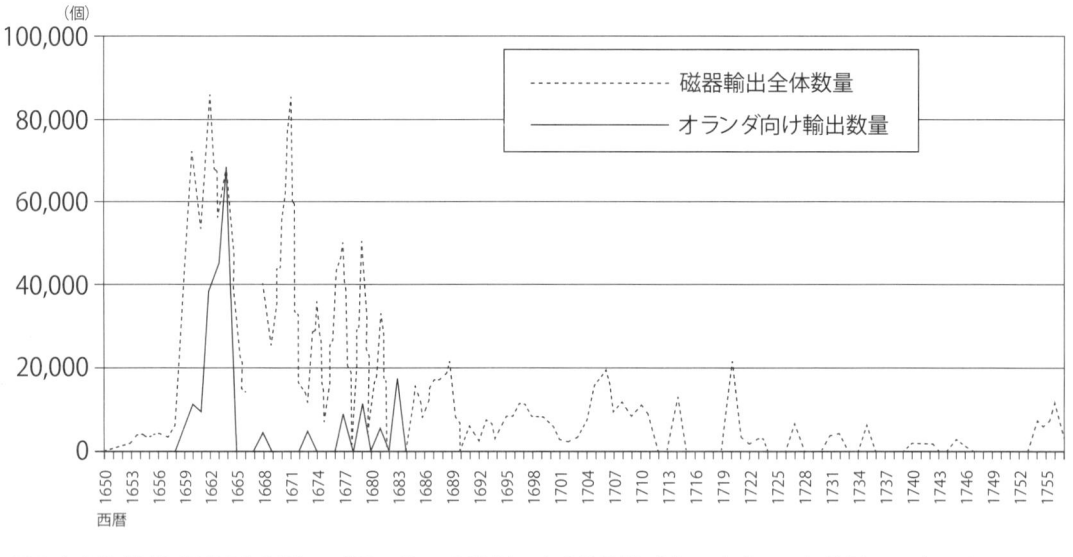

図表1　公式貿易における日本からの肥前磁器輸出数量

（注）本書資料篇1掲載「仕訳帳」、「送り状」、山脇悌二郎「貿易篇」『有田町史』　商業編Ⅰ　有田町1988年より作成

　図表2と図表3には、磁器の輸出期間と数量を輸出先ごとに示したが、これを見ると、多くの商館が18世紀以降公式貿易による取引を行っていないことがわかる。17～18世紀を通じて取引のあったのは雑貨部や医療機関、総督邸などを含むバタヴィア総督府、セイロン商館、ベンガル商館、ペルシャ商館向けのみである。これ以外の商館については、公式貿易を止めて他のルートによる輸入に移行した可能性があるだろう。

図表2　オランダ東インド会社公式貿易で輸出された肥前磁器
輸出先商館別　数量・期間　1650年～1757年　（バタヴィア向け肥前磁器以外）

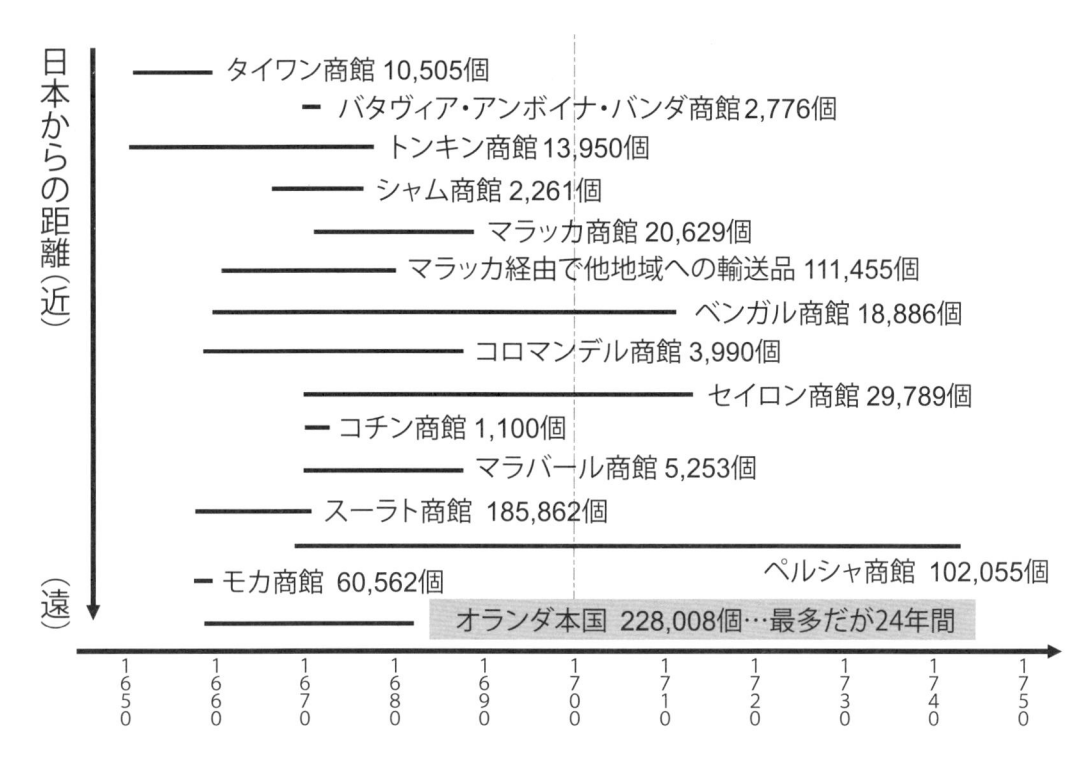

日本からの距離（近→遠）

- タイワン商館 10,505個
- バタヴィア・アンボイナ・バンダ商館 2,776個
- トンキン商館 13,950個
- シャム商館 2,261個
- マラッカ商館 20,629個
- マラッカ経由で他地域への輸送品 111,455個
- ベンガル商館 18,886個
- コロマンデル商館 3,990個
- セイロン商館 29,789個
- コチン商館 1,100個
- マラバール商館 5,253個
- スーラト商館 185,862個
- モカ商館 60,562個
- ペルシャ商館 102,055個
- オランダ本国 228,008個…最多だが24年間

（年）1650　1660　1670　1680　1690　1700　1710　1720　1730　1740　1750

（注）本書第1章第1節p.30　地図1に基づき作成

図表3　オランダ東インド会社公式貿易で輸出された肥前磁器
バタヴィア向け　1650年～1757年（「仕訳帳」、「送り状」記載367,822個の内訳）

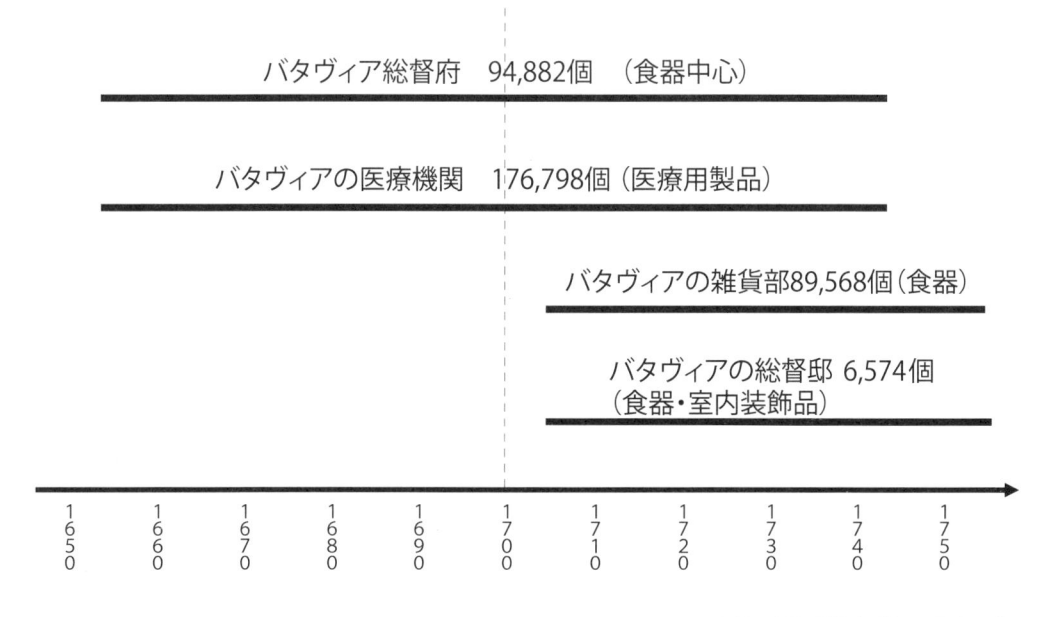

- バタヴィア総督府　94,882個（食器中心）
- バタヴィアの医療機関　176,798個（医療用製品）
- バタヴィアの雑貨部 89,568個（食器）
- バタヴィアの総督邸　6,574個（食器・室内装飾品）

（年）1650　1660　1670　1680　1690　1700　1710　1720　1730　1740　1750

（注）原典:「仕訳帳」、「送り状」

次に、仕訳帳および送り状の原本に記載された内容に基づいて、輸出先ごとに異なる購入品の性格を、日本から近い順に地域別に見ていこう。

A. 中国沿岸とタイワン

タイワンに磁器が送られた期間は、1652年～1660年までである。先述のとおり、1650年代の輸出磁器は、大半が医療用製品であったが、それらはすべてバタヴィアとタイワンに輸出されている。食器もタイワンに2度輸出されたが、それぞれ200個台と少数であるため、これらは会社の実用品と推測される。1回のみであるが、福州へも食器が輸出されている。

表2 長崎からタイワン・福州へ輸出された肥前磁器（原典：「仕訳帳」、「送り状」）

送り先記載名	年	年別総数	送り先別総数	器種の概略（数量の多い順）
タイワン	1652	1,265	5,462	医療品（軟膏壺）
	1655	3,209		医療品（軟膏壺、瓶）
	1659	230		食器（深皿、平皿、小皿）
	1659	508		医療品（軟膏壺、油瓶）
	1660	250		食器（平皿、深皿、ソース容れ）、酒器（プレ〈球形瓶〉又は瓶）
タイワンの外科治療所	1656	2,003	2,003	医療品（軟膏壺）
福州	1665	120	120	食器（平皿）

B. インドネシア

バタヴィアへの輸出の記録によると、その送り先は、この史料上はバタヴィア総督府を意味する*Batavia*、バタヴィアの外科治療所*chirurgijns winckel*、薬局*medicinale winckel*、バタヴィア城の薬局*medicinale winckel des casteels Batavia*、バタヴィア城内の一般製剤薬局*generale apoteecq des casteels Batavia*、雑貨部*kleene winckel*、総督邸*huijs van zijn Edelhijt*というように、社内の組織に細かく区別されていた。バタヴィア向けの輸出数量は、その他すべての輸出先を凌いで最多である。バタヴィア総督府への輸出品は主に会社が外部の購入者に販売する商品であると推測される。それ以外は主にバタヴィアでの社内実用品だが、雑貨部のケースはそこからバタヴィア以外の地域の商館へ移動する職員がバタヴィア以外で使用する実用品が中心である。

バタヴィア総督府向けの商品の特徴は、皿を中心とする食器が大部分を占めていることである。西・南アジアの商館の購入品に多い茶器はみられないが、装飾品と思われる絵付けした瓶が少しある。オランダ向け商品に必ず入っている、典型的な西洋向け商品である装飾用壺や人形などの室内装飾品は基本的にない。

医療用製品（表中は医療品と略）は、1661年以前は外科治療所、1662年～1665年はバタヴィア

表3　長崎からインドネシアへ輸出された肥前磁器（原典：「仕訳帳」、「送り状」）

送り先記載名	年	年別総数	送り先別総数	器種の概略（数量の多い順）
バタヴィア	1653	2,200	94,882	医療品（軟膏壺、瓶）
	1659	200		不明
	1660	902		食器（深皿）、装飾的実用品（洗面用深皿）
	1661	9,218		器種不明、オランダ向け商品の可能性あり
	1668	6,333		食器（深皿、鉢）、船舶用粗製食器（平皿、食事用深皿）
	1672	1,515		食器（上質の平皿、深皿）、医療品（上質の鬚皿）
	1673	5,802		食器（平皿、3個セットの深皿、鉢）
	1677	4,013		食器（食卓用平皿、並の食事用深皿、鉢）
	1679	4,529		食器（食卓用平皿、深皿、鉢）
	1686	4,630		食器（食卓用平皿、食卓用深皿、食卓用鉢、ソーサー、マスタード壺、塩容れ）
	1687	7,030		食器（食卓用平皿、食卓用深皿、食卓用鉢、ソーサー）、瓶
	1688	6,000		食器（食卓用平皿、食卓用深皿、食卓用鉢、ソーサー）、瓶
	1695	3,000		食器（食卓用平皿、食卓用深皿）
	1696	6,120		食器（食卓用深皿、食卓用平皿、大型鉢）、室内装飾品（絵付けした小瓶、瓢箪瓶）
	1697	6,120		食器（食卓用深皿、食卓用平皿、大型鉢、油用角瓶）、室内装飾品（ハーフサイズの白い瓢箪瓶）
	1702	2,500		医療品（軟膏壺、角瓶、小型のプレ）
	1704	6,600		医療品（軟膏壺、小型のプレ、小瓶）
	1708	5,000		医療品（軟膏壺、小型のプレ）
	1727	6,457		医療品（軟膏壺、小型のプレ、瓶）
	1741	1,940		食器（染付平皿、染付深皿、アチャー用蓋付壺、バター用蓋付壺）、酒器（大型の染付ビール用ボトル）
	1742	1,841		食器（染付平皿、染付深皿、染付アチャー用蓋付小壺、染付バター用小壺）
	1744	200		食器（アチャー用小壺、バター用壺）
	1745	2,432		食器（染付平皿、染付深皿、蓋と平皿を伴う鉢）
	1757	300		食器（金彩の皿、金彩の深皿）
バタヴィアの外科治療所	1654	3,745	25,328	医療品（瓶、軟膏壺）
	1654	513		医療品（軟膏壺）
	1656	2,136		医療品（軟膏壺）
	1657	3,040		医療品（軟膏壺）
	1658	4,800		医療品（軟膏壺、瓶）
	1659	3,271		医療品（軟膏壺、瓶）
	1660	3,429		医療品（軟膏壺、瓶）
	1661	4,394		医療品（軟膏壺、瓶、鬚皿）
バタヴィア城内の一般製剤薬局	1662	3,359	6,180	医療品（器種不明）
	1665	2,821		医療品（軟膏壺）
バタヴィア城の薬局	1668	17,480	36,280	医療品（軟膏壺、瓶、浣腸用カップ、鬚皿）
	1669	600		医療品（浣腸用カップ、瓶）
	1671	18,200		医療品（軟膏壺、瓶、コップ、鬚皿）

送り先記載名	年	年別総数	送り先別総数	器種の概略（数量の多い順）
バタヴィアの薬局向け	1670	9,150	109,010	医療品（軟膏壺、瓶、鬚皿）
	1679	2,242		医療品（軟膏壺、油用の瓶、鬚皿）
	1686	3,000		医療品（軟膏壺、プレ）
	1687	5,800		医療品（軟膏壺、角瓶、プレ）
	1688	7,100		医療品（軟膏壺、プレ）
	1689	7,900		医療品（軟膏壺、小型のプレ、角瓶）
	1691	6,000		医療品（軟膏壺、小型のプレ、角瓶）
	1692	2,000		医療品（軟膏壺）
	1693	7,600		医療品（小型のプレ、軟膏壺、角瓶）
	1694	2,800		医療品（軟膏壺、角瓶、小型のプレ）
	1695	4,900		医療品（軟膏壺、小型のプレ、瓶）
	1696	2,600		医療品（瓶、小型のプレ、軟膏壺）
	1697	3,900		医療品（軟膏壺、小型のプレ）
	1703	3,150		医療品（小型のプレ、軟膏壺）
	1705	5,900		医療品（軟膏壺、小型のプレ、絵付けした小瓶）
	1706	14,600		医療品（小型のプレ、軟膏壺、小瓶）
	1707	3,400		医療品（軟膏壺、小型のプレ、小瓶）
	1708	400		医療品（小瓶）
	1710	750		医療品（軟膏壺、瓶）
	1711	2,350		医療品（軟膏壺、瓶）
	1714	4,520		医療品（軟膏壺、小型のプレ）
	1721	2,648		医療品（軟膏壺、プレ、瓶）
	1735	6,300		医療品（軟膏壺、瓶、プレ）
バタヴィアの雑貨部向け	1705	8,652	89,568	食器（平皿、深皿、鉢）
	1706	3,248		食器（平皿、深皿）
	1707	4,260		食器（食卓用平皿、深皿）
	1708	6,620		食器（食卓用平皿、深皿、鉢）
	1709	5,600		食器（食卓用平皿、深皿、最大タイプの鉢）
	1710	7,500		食器（食卓用平皿、深皿、鉢）
	1711	6,650		食器（食卓用平皿、深皿、鉢）
	1714	7,306		食器（平皿、深皿、鉢）
	1723	3,300		食器（平皿、深皿）
	1731	4,174		食器（染付深皿）
	1732	3,871		食器（深皿、平皿、平皿と蓋を伴うバター又は麺用のカップ）
	1735	250		食器（蓋付鉢又はバター用小壺とその皿、アチャー用小壺）、酒器（白磁のボトル）
	1740	1,796		食器（平皿、染付深皿、アチャー用小壺、バター用小壺）、酒器（小型ビール用ボトル）
	1746	1,002		食器（染付平皿、染付深皿）
	1754	7,571		食器（深皿、食卓用皿）
	1755	6,043		食器（平皿、皿、飯用平皿、アチャー用壺、平皿付バター用壺）
	1756	11,725		食器（皿、深皿）

送り先記載名	年	年別総数	送り先別総数	器種の概略（数量の多い順、/は「および」の意）
バタヴィアの総督邸	1691	1,300	6,574	室内装飾品（絵付けした/白磁の瓢箪瓶、絵付けした/白磁のボトル）
	1705	266		食器（食卓用平皿、深皿、油と酢用水注、マスタード小壺）
	1706	100		食器（深皿）
	1707	358		食器（深皿、平皿、アチャー用壺、バター用カップ）
	1709	1,960		食器（深皿、平皿、ジャム用平皿、アチャー用カップ、バター用カップ）
	1710	640		食器（大型平皿）、室内装飾品（瓢箪瓶、ボトル）
	1722	1,850		食器（平皿、深皿、バター用小深皿、ジャム用小深皿）、蓋付鉢
	1737	100		酒器（白磁の小さいビール用ボトル）
バタヴィア・アンボイナ・バンダ	1671	1,776	1,776	食器（平皿、深皿、鉢）

城内の一般製剤薬局、1668年～1671年まではバタヴィア城の薬局、1670年からは薬局向けに購入されている。これらはほぼ重複せず、移行している。こうした機関が各期間医療品の管理をしていたのだろう。各医療機関は、基本的にはほぼ同じ機能を担う組織と思われ、単に改称されたことにより4種類の名称が記載されたのか、または4組織が別に存在したのかは不明である。全期間を通じてもっとも多く輸出された医療用製品の器種は、薬壺であり、次に瓶が多い。

総督邸のためには、室内装飾品とみられる瓢箪形や絵付を施した瓶類、食器は皿のみならずアチャー（漬物）やジャム、マスタードやバター用の器など、多様なものであった。

日用品や文具などを販売する会社の一部局雑貨部も磁器を購入したが、食器を主体とし、その大半が皿類である。「バタヴィア経理局長文書」中の「バタヴィア仕訳帳」[57]には、雑貨部の販売記録が記載されている。この販売記録は毎月かなりの回数があり、磁器の販売数量は各数十個から数千個単位まで様々である。そのため、雑貨部は小売店のように機能したものと推測される。

最後に、バタヴィア以外の場所での出土例を挙げておこう。アジアで珍しいとされる出土品の例を2つ挙げる。1つ目は、ブトン島で出土した色絵や染付の蓋付大壺（口絵1-4）である[58]。この器種は、「仕訳帳」と「送り状」の記載には発見できなかったが、18世紀前半の期間に製作されたタイプの肥前磁器である。2つ目の例は、バンテンやブトン島で出土例のある17世紀後半に生産されたタイプの染付大鉢[59]である。蓋の有無については不明ながら、1709年の「仕訳帳」にある雑貨部向けの「最大タイプの鉢」や、1696年の「仕訳帳」にあるバタヴィア総督府向けの「大型鉢」といった器種名がこれにあたると推測される。

C. ベトナム・タイ・マレーシア

ベトナムのトンキン商館に輸出された肥前磁器12,850個の特色は、食器が主体で、皿だけでなく飯茶碗が多くみられることである。飯茶碗は、唐船による輸出磁器の定番商品[60]であるが、公式貿易の記録ではトンキンとベンガル商館向け以外にはない。

タイのシャム商館に輸出された肥前磁器は食器のみであり、皿類が大半を占めていた。

マレーシアのマラッカは、西・南アジアへ渡る船の経由地であるため、史料には、経由地として頻繁に登場するが、マラッカ商館を最終目的地とする肥前磁器の商品は43,927個である。その中で、茶器600個、医療用製品が10,094個のほかは、すべてが皿類を中心とする食器であった。

表4　長崎からベトナム・タイ・マレーシアへ輸出された肥前磁器（原典：「仕訳帳」、「送り状」）

送り先記載名	年	年別総数	送り先別総数	器種の概略（数量の多い順）
トンキン	1650	145	12,850	不明
	1651	176		食器（深皿、平皿）、酒器カ（瓶）
	1665	8,660		食器（飯茶碗、平皿）
	1668	675		茶器（ティーカップ）、食器（上質の食卓用平皿、上質の食事用深皿、マスタード壺、塩容れ、油か酢用瓶）等
	1669	164		食器（食事用深皿、食卓用平皿、油と酢用水注）
	1670	30		酒器か（注口付の水注）
	1679	3,000		茶器（ティーソーサー）、食器（飯茶碗）
シャム	1666	1,790	2,258	食器（鉢）
	1671	150		食器（平皿、深皿）
	1677	318		食器（食卓用平皿、3個セットの食事用深皿）
マラッカ	1665	420	43,927	食器（美しい絵付けを施した食卓用平皿）
	1665	1,050		食器（食卓用平皿、食事用深皿）
	1666	2,545		食器（深皿）
	1666	7,164		医療品（軟膏壺、コップ、油用瓶、鬚皿）
	1668	15,000		食器（平皿）
	1669	2,100		食器（平皿、深皿、鉢）
	1671	5,090		食器（平皿、鉢）
	1677	3,730		医療品（軟膏壺、油用の瓶）、食器（並の食事用深皿）、茶器（ティーカップ、ティーソーサー）
	1689	4,800		食器（食卓用平皿、食卓用深皿、食卓用鉢、バター用鉢）
	1697	2,028		食器（食卓用平皿、食卓用深皿、大型鉢）
マラッカ外科治療所	1668	800	800	医療品（軟膏壺、瓶）

D．インド

　インド方面への輸出については、ベンガル、コロマンデル、マラバール、コチン、スーラトの商館が送り先となり、その大半が平皿と深皿から成る食器と茶器である。

　ベンガルでは「洗面用深皿 lampet schotel」という装飾性の高い実用品も購入されている。洗面用深皿とは、直径50センチを超える深底の大皿で、装飾的な専用のスタンド等（挿図1-9）の上や、化粧台（挿図1-10）などの小テーブルに載せて手などを洗うための道具の名称である。これは、当時の西洋の有産階級にとって一般的な生活の道具であり、その華やかさから壁面装飾品として壁面に掛けられたり、盛り皿として食品を載せる使用例もあったようである。しかしインドにおける具体的な使用法は不明である。この lampet schotel という語を山脇氏は便器と訳された[61]。だが、lampet schotel は、ベンガル向けの場合のみならず他の輸出先でも約2.5テールと、輸出磁器においてもっとも高価な器種であるから、実用品である便器の価格としては矛盾する。より特別な価値を持つ高級磁器であるはずである。となれば、装飾が豪華で大振りの器の典型例である「洗面用深皿」こそが、この語の解釈として適切であると思われる。

　1659年のコロマンデル、1659年～1662年のスーラト向け商品には、色絵や染付の茶器や食器の記載が見られ、値段もオランダ向けの色絵と同等である。東インド会社の史料において絵付けに関する説明の記載のある磁器は、その記載のない磁器よりもはるかに高価であるので、差別化された高級品であったと推測できる。それ以降のインド各地向けの茶器には、絵付けの記載がみられない。

挿図1-9
スタンドに載せた
色絵花篭蛸唐草文深皿
口径56.4cm
オランダ王室蔵

挿図1-10
「化粧をする婦人」 部分
ヘリット・ダウ画　油彩　1667年
ボイマンス・ファン・ベイニンヘン美術館蔵（ロッテルダム）

表5　長崎からインドへ輸出された肥前磁器（原典：「仕訳帳」、「送り状」）

送り先記載名	年	年別総数	送り先別総数	器種の概略（数量の多い順、/は「および」の意）
ベンガル	1658	457	18,432	不明
	1659	1,048		食器（赤絵/染付/金彩の小皿、青/金彩/銀彩の食卓皿、塩容れ、マスタード壺）、茶器（白磁金彩のティーカップ）、文具（インク壺）
	1662	300		食器（深皿）
	1666	1,890		食器（食卓皿、マスタード壺、塩容れ、小鉢）、茶器（ティーカップ）
	1668	41		医療品（うがい杯、瓶、水差し又は便器）
	1669	1,708		食器（上質の平皿、粗製の深皿、バター皿）、茶器（脚付カップ）、装飾的実用品（洗面用深皿）、医療品（うがい杯、水差し/便器）、瓶
	1670	1,447		食器（食事用深皿、平皿、飯茶碗、油と酢用水注）、茶器（ティーカップ、ティーソーサー）、酒器か（瓶）
	1671	1,418		食器（平皿、深皿、鉢）、茶器（ティーカップ、ティーソーサー）、装飾的実用品（洗面用深皿）
	1672	1,853		食器（上質の平皿、深皿、飯茶碗、油と酢用水注）、茶器（ティーカップ、ティーソーサー）、装飾的実用品（洗面用深皿）
	1673	200		瓶
	1677	761		食器（食卓用平皿、3個セットの食事用深皿、鉢）
	1679	2,111		食器（食卓用平皿、深皿、鉢、油と酢用水注）、茶器（ティーカップ、ティーカップ＆平皿、コーヒーカップ）、酒器カ（水注又はプレ）
	1687	1,226		食器（食卓用深皿、食卓用平皿、食卓用鉢、油と酢用水注）、茶器（コーヒーカップ）、室内装飾品（大型蓋付鉢）等
	1688	771		食器（食卓用深皿、平皿、食卓用鉢、上質な鉢、油と酢用水注）、茶器（コーヒーカップ）
	1689	1,571		食器（食卓用深皿、平皿、食卓用鉢、上質な鉢、油と酢用水注、バター皿）、大型蓋付のムーア人の鉢とそのための深皿、茶器（コーヒーカップ）
	1707	1,230		食器（平皿、深皿）、茶器（コーヒーカップ）、室内装飾品カ（蓋付鉢）
	1714	400		食器（食卓用平皿、深皿）

送り先記載名	年	年別総数	送り先別総数	器種の概略（数量の多い順）
コロマンデル	1659	870	3,990	茶器(染付ティーカップ、金彩で青いティーソーサー)、食器(平皿、赤絵と金彩/染付で花壺を描いた小皿、深皿、染付鉢)
	1669	990		食器(深皿、上質の平皿、鉢)、茶器(カップ、ソーサー)
	1677	600		食器(食卓用平皿)、茶器(ソーサー、ティーカップ)
	1689	1,530		食器(食卓用深皿、食卓用鉢、食卓用平皿、バター用鉢)
マラバール	1670	453	453	食器(食卓用平皿、食事用深皿)
セイロンかマラバール	1670	72	72	大型の鉢
コチン	1671	492	1,100	食器(平皿、鉢、深皿)、茶器(ティーカップ)
	1672	608		食器(平皿、深皿、大中小の鉢)、茶器(ティーソーサー)
スーラト	1659	560	202,763	茶器(金彩のティーカップ、赤絵のティーソーサー)、食器(青い平皿、小皿、赤絵の/青い小深皿、深皿、鉢)
	1660	57,173		茶器(染付カップ、脚付カップ、八角のカップ)、食器(深皿、染付食卓皿、大中小の鉢)
	1662	44,520		茶器(赤絵/白磁/青と赤のティーカップ、脚付のティーカップ)
	1665	18,234		食器(食事用深皿、食卓用平皿)
	1665	1,602		食器(食事用深皿、食卓用平皿)
	1669	19,980		食器(上質の平皿)
	1670	20,010		食器(食卓用平皿)
	1671	40,684		食器(平皿、深皿)、茶器(ティーソーサー、ティーカップ、脚付カップ)

E. スリランカ

スリランカのセイロン商館へは、1670年～1714年の間に磁器が輸出されており、平皿・深皿・鉢といった食器が中心である。インドとは異なり、茶器がほとんどみられない。装飾的な器である蓋付壺や洗面用深皿の輸出例が少量ある点も特筆される。特に洗面用深皿は1個6テールと、同器種として異例に高価であるため、贈答用と推測される。医療用製品は各回数百個単位と少ない。

表6　長崎からスリランカへ輸出された肥前磁器（原典：「仕訳帳」、「送り状」）

送り先記載名	年	年別総数	送り先別総数	器種の概略（数量の多い順）
セイロン	1670	1,377	26,669	食器(食卓用平皿、食事用深皿)
	1671	1,943		食器(平皿、深皿、鉢)
	1672	2,204		食器(上質の平皿、深皿、大中小の鉢)
	1673	606		茶器(ティーソーサー、蓋付カップ)、食器(深皿、果物用深鉢)、酒器(酒次)、装飾的実用品(洗面用深皿)
	1677	2,022		食器(食卓用平皿、3個セットの食事用深皿、鉢)
	1686	300		食器(食卓用鉢)
	1687	2,562		食器(食卓用平皿、大中小の食卓用深皿、食卓用鉢、バター用壺、アチャー用小壺)、室内装飾品(蓋付壺)
	1688	3,549		食器(食卓用平皿、食卓用深皿、食卓用鉢、バター用壺、アチャー用小壺)、大型貯蔵瓶、室内装飾品(蓋付壺)
	1689	5,536		食器(食卓用平皿、食卓用深皿、食卓用鉢)、大型貯蔵瓶
	1705	1,232		食器(食卓用平皿、深皿)、医療品(軟膏壺、小瓶)
	1706	2,268		食器(深皿、鉢)
	1709	300		医療品(軟膏壺、瓶)
	1710	2,050		食器(平皿、深皿、鉢)、医療品(軟膏壺、瓶)
	1714	720		食器(食卓用平皿、深皿、鉢)

F. イラン・イエメン

イランのペルシャ商館へのもっとも多い輸出磁器は、茶器（ティーカップ）である。次いで多いのは皿などの食器であるが、それ以外の器種は全く購入されていない。

イエメンのモカ商館向けには、コーヒーカップとティーカップからなる茶器を主体に、1659年および1661年の2回だけに、合計60,562個の磁器が購入された。次いで多いのは鉢である。瓶は各回100個前後である。この地域向けには染付が多く、色絵は1659年の瓶のみである。

表7　長崎からイラン・イエメンへ輸出された肥前磁器（原典：「仕訳帳」、「送り状」）

送り先記載名	年	年別総数	送り先別総数	器種の概略（数量の多い順、/は「および」の意）
ペルシャ	1670	15,997	102,055	食器（食事用深皿、平皿、鉢）、茶器（ティーカップ、碗）
	1671	14,737		茶器（ティーカップ）、食器（平皿、鉢、深皿）
	1672	11,051		食器（上質の深皿、上質の平皿、大中小の鉢）、茶器（縁が傾いていないティーカップ）
	1677	30,000		茶器（縁の立ち上がったティーカップ）
	1679	30,000		茶器（縁の立ち上がったティーカップ）
	1745	270		食器（食卓用平皿、八角深皿）
モカ	1659	21,567	60,562	茶器（染付/白磁のカップ、脚付/青いコーヒーカップ）、食器（鉢）、染付/赤と緑の瓶
	1661	38,995		茶器（ティーカップ、脚付カップ）、食器（鉢）、瓶

G. オランダ

公式貿易の記録全体によると、オランダへの磁器の輸出量は、バタヴィアに次いで多い。他の地域への輸出と明確に異なるのは、さまざまな種類の壺や瓶、人形、洗面用深皿といった室内装飾品が多い点である。壺の名称には特殊な用語があるため代表的な例を以下に記す。

（ⅰ）「香料壺 wierook pot」はポプリ等の香料を容れる壺、

（ⅱ）「装飾用壺 pronck pot」は調度品やマントルピースの上に置くための飾り壺、

（ⅲ）「火消し壺 doof pot」は、暖炉の周りや内部に置き、燃え残りの炭を中に入れて火を消すための蓋をともなう陶磁製又は金属製の壺を指す。

こうした記載内容は、本書第2章に後述する西洋所在の伝世品の傾向と合致している。

食器については、平皿や深皿といった皿やティーカップを中心に、マスタード壺や塩容れ、バター皿、ワイン用水注（挿図1-11）やビール用水注（挿図1-12）などといった、限定的な用途をもつ器種が多い。

また、17～18世紀に遡る伝来をもつ西洋のコレクションは、色絵磁器の割合が際立って高いという特色があるが、実際、在外肥前磁器の色絵の大半が西洋に伝世しており、オランダ向け輸出品の色絵の記載が他の商館と比較して顕著に多いことと一致している。

色絵として記載された器は、同一器種でその記載がない器よりも価格が高い傾向にある。例え絵付の記載がない器種でも、価格が同器種の色絵と同等以上であれば、それは記載が省略されたのであり、絵付のある作品の可能性が高いと思われる。

挿図1-11
染付花鳥文水注
高さ27.5cm
碓井コレクション蔵（パリ）

挿図1-12
染付風景文水注
高さ24.0cm
碓井コレクション蔵

表8　長崎からオランダへ輸出された肥前磁器（原典：「仕訳帳」、「送り状」）

送り先記載名	年	年別総数	送り先別総数	器種の概略（数量の多い順、/は「および」の意）
オランダ	1659	5,748	80,565	茶器（白磁/赤と緑/赤絵/銀/銀と赤のティーカップ、赤と緑の鉢）、食器（平皿、白磁/赤と緑/青と赤と金のバター皿、青と銀の小皿、青い/水色の深皿、染付葉形皿、塩容れ、マスタード壺等）、室内装飾品（人形、赤と緑の瓶）、文具（インク壺）等
	1659	108		食器（マスタード壺、塩容れ、水注）、酒器（ワイン用水注）、文具（インク壺）等
	1660	11,530		茶器（白磁/染付/赤絵/緑と赤のティーカップ、染付ティーソーサー、鉢）、食器（青と黒と銀/赤と緑/染付/青/赤と青のバター皿、赤と青と金/赤と青/銀の花の葉形皿、染付/赤と金銀の平皿、染付方形皿、赤絵の菱形皿等）、文具（インク壺）、室内装飾品（重箱、香料壺等）
	1662	38,150		食器（平皿、バター皿、マスタード壺、塩容れ）、茶器（ティーソーサー、蓋付カップ、カップ）、酒器（金と銀のビール用水注）、室内装飾品（染付の瓢箪瓶、小さな鳥、蓋付容器、金と銀/青い香料容れ）、文具（染付インク壺）、医療品（鬚皿）等
	1673	4,890		食器（平皿又はソーサー）、酒器（ワイン用水注、ビール用水注）、装飾的実用品（洗面用深皿）
	1677	8,960		食器（3個セットの食事用深皿、食卓用平皿）、室内装飾品（装飾用又は火消し壺）、茶器（ティーカップ）、酒器（ビール用水注、ワイン用水注）、装飾的実用品（洗面用深皿）
	1679	11,379		食器（食卓用平皿、3個セットの深皿、油と酢用水注）、室内装飾品（装飾用壺）、酒器（ビール用水注、ワイン用水注）

第1章第1節第3項　結語

　本項では、肥前磁器の輸出先を、中国沿岸とタイワン、インドネシア、ベトナム・タイ・マレーシア、インド、スリランカ、イラン・イエメン、オランダという国別に分類し、地域別に「仕訳帳」と「送り状」の記載内容を一覧として示した。

　アジア各地の商館を輸出先とする商品は、皿類からなる食器と茶器、医療用製品が主流を占めるという点において共通しており、地域による決定的な特徴の違いがうかがえる訳ではなかった。その理由として、各地の商館向けの商品が、主に商館関係者の間で使用されるものと、現地の特権階級に供給することを目的とした貿易であったことが考えられる。アジア各地の民衆が使用する陶磁器としては、中国磁器や各地の地元の陶器の流通が盛んであり、地域によっては第3節で論じる唐船経由で供給される粗製な肥前磁器があるため、アジアの商館向けに公式貿易で輸出される磁器は、庶民が使用するものとは考えにくいのである。庶民が使用するタイプの器として認識できる例は、トンキン・ベンガル商館へ輸出された飯茶碗である。

　オランダ向け商品は、室内装飾品が多い点に、それ以外の輸出先との決定的な相違を認めることができる。その理由は次のように考えられる。西洋の王侯貴族の間では、17世紀後半より東洋趣味の室内装飾が流行し、磁器は、邸内を飾る主要な装飾品として需要が高まり珍重されたため、高い装飾性が求められた。「送り状」や「仕訳帳」にみられるオランダ向けの磁器の「装飾用壺」や「香料壺」等は、当然室内装飾品である。また、記載例の多い皿類や茶器、酒器も、磁器陳列室をは

じめとする室内装飾に用いられる例を、磁器陳列室が描かれた版画や人形の家にみることができる。史料に記された名称が実用品の器種であっても、実用のみならず室内装飾に用いられた可能性が高く、オランダ向けの磁器の記録に色絵が多いという事実は、磁器で部屋を飾る西洋の受容環境を、そのまま反映したものであろう。この点については第2章に多数の事例を挙げている。

一方、インドの商館向けの輸出品記載に、色絵や室内装飾品の磁器が多い点は、他のアジアの商館とは状況が異なり特異であるが、現在のインドでは、伝世品としても出土品としてもそれらの磁器の所在が確認できない。それらの磁器は、近代に至るまでその土地の有力者の邸宅に所在した後に散逸したのか、あるいは、インドは肥前磁器を西洋やトルコ等他地域へ輸出するための単なる中継貿易地点であったのだろうか。インド向け輸出品の行方は、今後検討しなければいけない重要な課題である。

第4項　オランダ向け肥前磁器の絵付けの記載

オランダ東インド会社によって西洋に輸出された磁器は、オランダに到着後、多くはオランダ国外へ売却され、広く西洋諸国の王侯の富裕層の手に渡っていった。西洋に輸出され、王侯貴族たちを虜にした高級磁器は、柿右衛門様式や金襴手様式といった色絵が中心となり、染付が大半を占めるアジアに所在する陶磁資料群とは傾向を異にする。また、西洋所在の肥前磁器には、数多くの優品の存在が知られており、西洋向けには、それ以外の市場とは異なる差別化された商品が求められたものと推測される。

本項では、こうした西洋向け輸出磁器に認められる質の相違を、文献史料により立証することが可能であるか否かを考察したい。そのため、西洋に輸出された磁器の絵付けの具体的内容や品質の優位性を、西洋市場向けとそれ以外の市場向けの記載を比較することによって証明することを試みる。まず、公式貿易によるオランダ向け輸出の全体を概観したあと、注文・輸出・オランダでの販売結果までを網羅する1677年の輸出に関する一連の原文史料を対象に、オランダ東インド会社が日本への注文品に課した磁器の絵付けや品質について分析してゆく。

A.　オランダ向け日本磁器輸出の盛衰と歴史的背景

前項で取り上げた「送り状」と「仕訳帳」の記載に、その他の史料から得られる数値を補足したオランダ向け磁器輸出の年別取引総額を表9として掲げる。左列より、長崎から出荷された日本磁器の年別の総合計数量、磁器を積載し長崎を出港した船の名称、主として送り状に日本貿易の取引単位である銀テール*thailen*とオランダの通貨グルデン*gulden*で記された総額である。複数の船に積載された年については、船別に数量と総額を記載した。この表から作成したのが図表4である。

フィアレ氏の研究では、1657年～1683年の間オランダ向けに長崎の港より出荷され、記録上把握することのできる肥前磁器の出荷数量の合計は228,008個であり、そのうち227,692個がオランダへ到着したとされる。オランダ向け磁器貿易の推移は、グラフに明確にあらわれたとおり、輸出数量の増減幅の変化が極めて激しい。この変化の原因を理解することは、公式の磁器貿易が衰退に向かい、個人貿易が増加したことの理由を理解するための糸口となると思われる。東インド会社文書の記録に基づいて磁器取引全体の概略を時系列順に列挙し、日蘭貿易全体の状況や、オランダの国内情勢と関連づけることにより、取引の盛衰の原因を分析する。

表9　オランダ東インド会社によるオランダ向け日本磁器輸出

年別総数量		船名	船別内訳	総額(テール)	総額(グルデン)	記載史料
1657年	1箱	Ulysses		29：5：3	84：3：3	NFJ781
1659年	5,856個	Vogelzang	5,748個	494：8：8	1410：8：2	NFJ783
		Hilversum	108個	38：-：-	108：6：-	NFJ783
1660年	11,530個	Venenburg		647：8：0	1846：4：10	NFJ784
1661年	9,218個	Vollenhove		565：2：1	1610：16：15	NFJ785
1662年	38,150個	Buienskerke		3968：-：5	11308：18：14	NFJ786
1663年	44,943個	Venenburg		8178：8：5		VOC1241
1664年	64,981個	Alphen	29,467個	11280：5：-	25024：8：8	VOC1245[62]
		Sparendam	16,285個	10361：5：-		
		Amerongen	19,229個	3058：2：5	8573：10：4	
1668年	4,611個	船名不明			2039：2：-	バタヴィア城日誌 2December,1668[63]
1673年	4,890個	Laren		2103：0：0	7799：14：12	NFJ867
1677年	8,960個	Schieland		4912：1：5	17192：10：8	NFJ868
1679年	11,379個	Het Huis te Merwede		5165：9：3	19762：10：1	NFJ869
1681年	5,813個	Vrije Zee/Java			10887：19：8	VOC1352[64]
1683年	17,677個	船名不明			4689：15：6	VOC1371[65]
合計	228,008個					

図表4 オランダ東インド会社によるオランダ向け日本磁器輸出数量

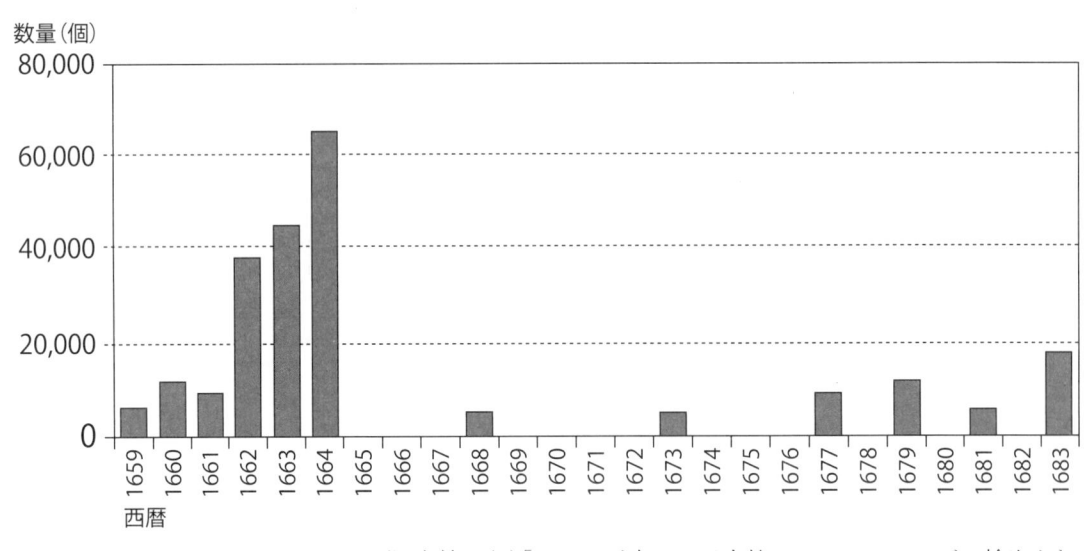

(注)表9・図表4：シンシア・フィアレ(河島綾乃訳)「オランダ東インド会社によってオランダへ輸出された日本磁器輸送の年代記」『古伊万里の道』佐賀県立九州陶磁文化館　2000年　p.184-205より作成

　まず初期の1659年〜1664年までは、オランダ向けの磁器の輸出が6年間継続され、数量の顕著な増加状況が把握される。また、この期間は他の地域向けの輸出も好調であった。ところが1665年に輸出数量はゼロに落ち込み、それが3年続いた。しかし、この3年間にも、オランダ向け商品の注文は途絶えていたわけではなかったことは以下に述べる通りである。

　1664年4月の書簡でオランダ本国の取締役たちは、磁器の仕入れ値の高さが指摘され、そのために量を減らさなければならない、しかし、上質で珍しいやきものにはまだ需要があると説明している[66]。この1664年4月の時点までにオランダに届いていた磁器は1662年にブイエンスケル

ケ号*Buienskerke*で出荷された貨物である。この総数は38,150個であった。まもなく1663年8月には、フェーネンブルフ号*Venenburg*に詰まれた貨物がオランダに到着し、総数44,943個、総額8,178テール8マースであった。こうした実績にもかかわらず1664年10月6日付でオランダから出された注文書において、日本磁器の注文数は大幅に縮小され、6,000グルデン相当しか注文されなかった。この「注文書」は1665年7月にバタヴィアから発送されているため、これに基づいて1665年の商品が購入されるはずであったが、この年より磁器は出荷されていない。この背景に、1665年～1667年には第2次英蘭戦争がおこり、戦乱のためオランダ近海の海路交通はほぼ寸断されるという状況があった。1665年9月～11月、そして1666年6月に、3艘の船によって1664年に購入された磁器が本国に到着しているが、戦争のため大きく迂回してノルウェー経由で航海しなければならず、荷物の多くは損壊し、しかも1664年に購入された総数64,981個の磁器の総額は60,000グルデンにのぼり、購入金額が予算を大幅に上回ったため、関係者の責任が厳しく問われる事態となった。そして1665年11月に作成された注文書の指示内容は、様々な組み合わせの珍しい磁器、購入金額わずか3,000グルデン相当で求めるという小規模なものとなった。ただし、おそらく上記の戦乱のためか、注文書は例年どおりの翌年には届かず、1年遅れて1667年4月にバタヴィアより発送された[67]。つまり1666年には、長崎ではオランダ向けの磁器の注文は受けなかったことになり、指示通りオランダ向け商品は出荷されなかった。さらに1666年～1670年にかけても、日本磁器は発注されていない。このように、1665年～1672年までの間、オランダ向けの磁器は1668年に4,611個[68]出荷されたほかは、記録に残っていないのである。

一方、1672(寛文12)年には長崎奉行による市法商法が初めて施行された。オランダ人が「評価貿易*taxatiehandel*」と呼ぶ市法商法は、海外への金銀の流出を防ぐために長崎奉行が定め、行ったもので、これにより唐人とオランダ人からの輸入品の価格を日本側が決定することとなり、その結果オランダ人が日本で売却する輸入品の価格は引き下げられ、全体の取引額が減少した[69]。オスカー・ナホッドOskar Nachod氏は、「オランダ東インド会社の配当が1651年～1672年の間は20パーセントであったのに、1673年～1686年には平均15パーセントに下がったのは、英仏の対オランダ共同戦線の影響と、評価売買によって受けた日本貿易の利潤減少が原因である」と述べている[70]。市法商法の導入以降、日本貿易によるオランダ商館の利益は大幅に減少したが、これは日本で商品を仕入れるための予算の低下を招いた。

1673年にオランダ市場向けの磁器は、ラーレン号*Laren*によって、かろうじて4,890個が本国へ運ばれたが、その前年にオランダ国内では1672年に第3次英蘭戦争(～1674年)が勃発していた。さらにこの年の5月より1678年まで、オランダはフランス軍にも侵略され、この戦争により深刻な打撃を被った。それまでおよそ80年間の繁栄を謳歌してきたアムステルダムの市場は崩壊し、オランダ経済は完全に麻痺状態に陥り、国内のあらゆる階層の個人が疲弊しきった[71]。こうした国内不況の影響があってか、本国の取締役たちの書簡によれば、ラーレン号が運んだ磁器の売れ行きは不調であった。しかし、取締役たちはそれらの磁器の品質にも問題があることや、個人貿易のほうがはるかに上質な磁器を運んでいると記したうえで、1674年にも水注や皿、大小の壺やカップを注文した[72]。

1675年にも1674年と同じような注文が発せられた[73]。そして1676年にも同様の内容の注文書が長崎へ送られた[74]。しかし、1674年～1676年まで公式貿易品として日本磁器が出荷されたことを示す記録はない。この沈黙が破られたのは、ようやく1677年である。この1677年の取引は、注文書、送り状、仕訳帳のみならずオランダでの販売の記録まであり、通常の年よりはるかに情報量の

多い特殊な年であるため、後ほどそれらの翻刻と翻訳を紹介する。その後1678年の磁器の注文は前2カ年とは異なり、個々の器形と個数を指定する記載法が復活し、この注文品11,379個を乗せた船は翌1679年に長崎より出港し、1680年にオランダに到着した。だが、1679年5月の取締役たちによる磁器を購入すべきでないという指示に基づいて、バタヴィアの総督府は購入を止めるよう長崎に指示を送った[75]。その通り1680年に磁器は出荷されていない。

再び1681年、1682年、1683年には絵付の色や器種が限定された注文が出され、1681年に5,813個、1683年に17,677個が出荷された。しかし、1681年の商品は品質が低く、オランダでは需要がなかった。上質で珍しい商品、とりわけ茶器が高利益をもたらし、そうしたものを取締役は要望していた[76]。1683年の商品については、1683年2月末にバタヴィアからオランダへ転送されたことがわかる[77]のみで、器種や内訳は不明である。これが実際にオランダへ運ばれたことがオランダ東インド会社の文書からわかる最後の記録となる。

1685（貞享2）年、今回は幕府より外国貿易の取引方法が改正された。これは定高制貿易と呼ばれ、これによりオランダとの貿易は、貿易高を全体で銀3,400貫、このうち3,000貫は公式貿易、400貫は個人貿易と規定された[78]。個人貿易はすでに会社によって正式に認められていたが、1685年には幕府がこれに対し購入金額の上限を定めて、公式に認めたのである。この年長崎商館は磁器を購入しようと検討していたが、現金が不足していたため、オランダ向けの磁器購入の契約をすることができなかった[79]。

これ以降にも、1686年、1687年、1688年、1689年にオランダ向け磁器の注文は繰り返されたが、注文書は1696年を最後に途絶え、オランダとの公式貿易品としての磁器取引は終了した[80]。その理由としてフィアレ氏は、オランダ市場が特別上質な、デザイン性にも優れた製品だけを求めていたが、その実現が困難であったこと、そして個人貿易によって磁器が大量にオランダへもたらされたために、公式貿易の磁器貿易の利益が確保できなくなったことを述べている[81]。

B. 1677年の輸出記録が示すオランダ向け商品のデザインの優位性

1674年、1675年、1676年は、オランダ向けに同じ器種の注文が繰り返されたが、この3年間磁器が購入されることはなかった。1676年6月30日に長崎に宛ててバタヴィアで作成された「注文書[82]」のうち、オランダ向けの磁器に関する記載は次のようなものであった。

Voort Patria

porcelijnen, soo kannen, als schotels, groot en kleen poties

en copies, gesorteert van elcx stux

祖国〔オランダ〕向け

磁器　つまり、水注、深皿、大小の壺

とカップ、各々〔の分類〕において選別されたもの[83]

この「注文書」を出島で受け取ったのは、商館長カムファイスJohannes Camphuijsであった。彼は、1676年に任期を終えてバタヴィアへ戻る際に、後任の商館長であるデ・ハースDirck de Haasに、次のような「覚書」を託し、自分の経験から得た判断を伝えた。「水注はもっと薄く精緻に仕上げ、絵付は磁器商人が自分に示した見本とは異なる方法で施されるべきである。カップと壺は様々に大きさを違えて作らせるべきである。もしおおよそ三分の一に珍しい赤い花で装飾することができれば認められるだろう。この類のものがオランダでもっとも需要があるようだ[84]。」これは上記の注文についての所見であろう。この所見から、カムファイスは磁器商人から提示された見本の絵付に難色を示し、器の「三分の一に珍しい赤い花」を描かせるように商人に指示したのだと推測される。カムファイスは、このようなタイプの絵付が、オランダの市場でもっとも人気があると考えたのである。「薄く精緻に仕上げ」、絵付の面積が「三分の一」で、「珍しい赤い花」を描いた磁器という説明が、乳白色の釉肌をたっぷりと残した柿右衛門様式の一般的な絵付の配分と一致するものであることが非常に重要である。

　カムファイスのこの考察は、正確な状況判断と知識に基づいており、信用に足る重要な情報であると推測される。彼は1671年10月22日以降、1673年10月29日以降、さらに1675年11月7日からの1年ずつ、合計3回長崎商館長を経験しており、この「覚書」を記した時期は3回目にあたる。そのため、磁器取引の問題点を熟知していたはずであり、この「覚書」の内容は会社が求める色絵の特色を伝える、重要な情報となる。

　このような過程を経て行われた、1677年のオランダ向け磁器の取引はどのようなものであったのか、以下、詳しく見ていきたい。まず、1677年の「注文書[85]」における磁器の記載は、以下の通りである。ここでは他の輸出先への商品と比較するためにオランダ以外からの注文も掲載した[86]。

　以下資料1に掲載するのは、注文書の原本を、その記載の形式通り転記した翻刻とその翻訳文である。一望すると、オランダ向けの商品だけに品質の高さを規定する指示が出されたことかみてとれる。オランダ向けの注文は、器形は限定しながら、個数までは限定せず最上級のタイプの商品を選別することだけが求められている。これに対して、バタヴィアやセイロン、コロマンデルなどその他の輸出先向けの注文は、もっぱら器種と個数が規定されるばかりで、「上質な」という記載があるのはマラッカ向けの深皿のみである。

第1章　江戸期の東西陶磁貿易　｜　57

資料1　会社から長崎商館への1677年の磁器の注文書（NFJ308,Batavia,14 Juni,1677）

原文	抽訳
T'samentreckinge uijt	本国と〔東〕インドの様々な地区のために
Diversche Eijschen van't goed	1677年に1678年に向けて
voor't vaderlant ende verscheijde	日本から運ばれる
Comptoiren in India uijt Japan	商品の様々な注文の集成
wert gevord^t., in dit Jaar 1677 voor	
A° 1678 .-	
Voor't Patria	祖国〔オランダ〕向け
porceleijnen, soo kannen, als schotels, groot en cleijn	磁器　つまり、水注、深皿、大小の小壺と
potjes en kopiens, gesorteert vand' fijnste slagh	カップ　各々最上級の種類に選別されたもの
[...]	〔中略〕
voor Batavia	バタヴィア向け
[...]	〔中略〕
4000 : stx: diverse soort porceleijnen als	4000個　様々な種類の磁器　以下
1500　:　stx schootels gesorteert	1500個　深皿　選別されたもの
2000　:　" : pieringhs	2000個　皿
500　:　" : commen	500個　鉢
4000　:　stx als vooren	4000個　前記のとおり
[...]	〔中略〕
voor Ceijlon	セイロン向け
[...]	〔中略〕
2000 : P^s. verscheijde porceleijnen, als	2000個　いろいろな磁器　以下
700　:　p^s.: gesorteerd'schootels	700個　選別された深皿
1000　:　" : pieringhs	1000個　皿
300　:　" : commen	300個　鉢
2000　:　p^s te samen	2000個　共に
[...]	〔中略〕
voor Chormandel	コロマンデル向け
[...]	〔中略〕
600 : P^s. diverse porceleijnen als	600個　様々な磁器　以下
300　:　p^s. pierings	300個　皿
100　:　" : souciertjens	100個　受皿
150　:　" : cleene copiens	150個　小さなカップ
600　:　p^s. als vooren	600個　前記のとおり
[...]	〔中略〕
voor Bengale	ベンガル向け
800 : p^s. diverse porceleijnen als.-	800個　様々な磁器　以下
300　:　p^s. gesorteerd' schootels	300個　選別された深皿
450　:　p^s. pieringhs	450個　皿
50　:　p^s. commen	50個　鉢
800　:　p^s. als vooren	800個　前記のとおり
[...]	〔中略〕
voor Malacca	マラッカ向け
2000 : stux diverse porcelijne te weten	2000個　様々な磁器　すなわち
600　:　p^s. gesorteerd schootels	600個　選別された上質な深皿
1000　:　" : pierings	1000個　皿
400　:　" : commen	400個　鉢
2000　:　p^s. te samen	2000個　共に
[...]	〔中略〕
voor Persia	ペルシャ向け
30000 : p^s. thee kopjens met opstaand' randen	30000個　縁が立ち上がったティーカップ
Batavia in't casteel den 14 : Junij. 1677	バタヴィア　城内　1677年6月14日

次にこの注文に基づいて製作され、1677年10月16日に長崎を出港したヴァーペン・ファン・ミッデルブルフ号 *Wapen van Middelburch*（マラッカ行き）とスヒーラント号 *Schielant*（バタヴィア行き）に積載された商品の記述を理解するため、その磁器輸出に関する記載を「仕訳帳」から抽出した。以下資料2はその一部[87]の翻訳である。

資料2　長崎商館作成の仕訳帳（原典：NFJ868 / 6998-1-92-21）

於長崎商館 1677年10月16日

[中略]

ヴァーペン・ファン・ミッデルブルフ号

[中略]

ペルシャ向け

30000個　縁が立ち上がったティーカップ
　　　　2½マース／10個　　　　　　　　　　　　　750：-：-テール
　　　　目印の木札と梱包　　　　　　　　　　　　1：8：-テール
　　　　　　　　　　　　　　　　　　　　　　　　751：8：-テール

セイロン向け

2022個　様々な磁器、すなわち
　　702個　3個1セットの食事用深皿
　　　　　12マース／3個　　　　　　　　　　　　280：8：-テール
　1020個　食卓用皿 8マース／10個　　　　　　　　81：6：-テール
　　300個　鉢、各8コンドリン　　　　　　　　　　24：-：-テール
　　　　　目印の木札等　．．．．　　　　　　　　1：6：-テール
　2022個　磁器、値段　　　　　　　　　　　　　　388：-：-テール

[中略]

スヒーラント号

[中略]

バタヴィア向け

[中略]

4013個　様々な磁器、すなわち
　1503個　並の食事用深皿
　　　　　12マース／3個1組　．．．．．．　　　601：2：-テール
　2010個　食卓用皿、9マース／10個　　　　　　　180：9：-テール
　　500個　鉢、9マース／10個　　　　　　　　　　45：-：-テール
　　　　　目印の木札、藁縄のために　　　　　　　3：8：-テール
　4013個　磁器、値段の合計　．．．．．．　　　830：9：-テール

[中略]

```
                                    祖国〔オランダ〕向け
  [中略]
   8960 個  様々な磁器、すなわち
     3810 個   3個1セットの大型の食事用深皿
              25 マース／3個                                3175：-：-テール
     1904 個   様々な選別された水注、すなわち
        476 個   大型のビール用水注、各6マース    285：6：-テール
        476 個   小型のビール用水注、各4マース    190：4：-テール
        476 個   大型のワイン用水注、各6マース    285：6：-テール
        476 個   小型のワイン用水注、各4マース    190：4：-テール
       1094 個   ビールおよびワイン用の水注、値段．．952：-：-テール
              〈原本の誤記：正しくは合計1904個〉
     1500 個   装飾用又は火消し壺、小壺 すなわち
        500 個   半分は青、そして半分は赤で色絵付けされた
                第1の種類は、2½マース         125：-テール
        500 個   同様の、第2の種類は、
                各1½マース．．．             75：-テール
        500 個   同様の、第3の種類は、
                各1マース                   50：-テール
       1500 個   装飾用又は火消し壺           "250：-：-テール
        36 個   木箱、装飾用壺、すべて青で
                描かれたもの、各7マース         25：2：-テール
      1200 個   選別されたティーカップ
                3マース／10個．．．           36：-：-テール
        10 個   大型の洗面用の深皿、各2.7テール  27：-：-テール
       500 個   食卓用平皿、半分は赤、そして
                半分は青、17 マース／10個       85：-：-テール
                [中略]〈諸経費の記載〉
                                                 361：9：5テール
  8960個 様々な磁器 代金   ．．．．．．．．．．．．．   4912：1：5テール
                                                          [後略]
                                                       （翻訳筆者）
```

前掲資料2 1677年の「仕訳帳」の抜粋は、「注文書」と同様、絵付けの色と装飾に関する説明がされているのはもっぱらオランダ向けの商品のみであることを示している。この点は、例えば柿右衛門様式磁器のように高度な絵付けのほどこされた作品が、もっぱら西洋でのみ確認されているという、在外の肥前磁器の所在状況とも符合している。

C. 競売記録からみる流行のデザイン

1677年の輸出記録に記されたこれらの磁器は、オランダに到着後、エンクハイゼンとアムステルダムにおいて競売にかけられた。その販売結果のリストが長崎へ送られているが、このようなリストが長崎へ送られることは異例であり、おそらく、1677年の輸出品が問題視されたため、以降の磁器貿易の方針を長崎商館に検討させるために送られたのだろう。実際、このリストは、長崎における磁器取引の方針決定に影響を及ぼしたものと考えられる。以下に、資料3としてリストの翻刻と拙訳を掲げる。

資料3　1678年のオランダにおける磁器販売による損益の結果報告（原典：NFJ311, 30 Juni,1680）

原文

Ao 1678.

Amsterdam 1680. P^r.
de Vrije Zee den 15^{en}.
Januarij ontfangen

                Bevindinge van 't Rendement
van de Japance porceleijnen a^o. 1678.
Met 't schip Bloemendaal voor reecq$^-$
van de Camer der Oostindische Comp^{ie}.
tot Enckhuysen uijt India in retour
ontfangen

Incoop

3810 p^s. groote schaf schotels en
 drielingen volgens factura -
 Incoops 't p^s.　f. 2:18:5: -

Vercoop.

600. p^s. in de Camer Enckh^{en}.:op 1:Xb^{er}.
 1678. Vercogt door een gerendeert
 hebben 't P^s.　f.3:-:9 -
600.p^s. in de Camer Amsterdam
 den 10en :april 1679. Vercocht door,
 een gerendeert 't p^s. f.2:5:-

De resterende sijn onvercocht gebleven alsoo noch lager in
prijs soude hebben gelopen verlies gegeven 9 ½ P^r.C^{to}. ruijm

476.p^s. grote Bierkannen volgens
 factura Incoops 't p^s. 42:stvrs.:

144: p^s. in de Camer Enckh: d' 1.Xb^{er}.
 1678. vercocht door een gerend^t
 't p^s. 41 1/6 stuivers:-
119. in de Camer Amsterdam op
 10en april 1679. door een gerend^t
 'p^s. 31 stver^s.:-

De resteerende mede om reden soo boven gesegt op
gehouden verlies 12 7/8　P^r.C^{to}.

476. p^s. kleijne Bierkannen
 volgens factura Incoops
 't p^s. 28:stvrs.

144: p^s.　in de Camer Enckh: den 1.Xb^{er}.
 1678, vercocht door een gerend^t.
 't p^s. 29 1/2 st.ver^s.:-
185. p^s.　in de Camer Amsterdam
 den 10 april 1679. Vercocht
 door een gerendeert 't p^s.
 30 1/5 st.vers:-

De resterende op gehouden : advancerende 6 ¾ : P^r.C^{to}.

476. groote wijn kannen volgens
 factura Incoops 't p^s. 42: stvrs.

144. p^s　in de Camer Enckh: vercocht
 door een à 40 ½ stvrs:-
91. in de Camer Amsterdam
 door een . . . . a 32 ¾　stvrs:

De resterende opgehouden verlies gegeven .. 10: ¾ :-

第1章　江戸期の東西陶磁貿易　｜　61

476. kleene wijn kannen volgens factura Incoop 't p^s. 28 stvrs.:	240. P^s. in de Camer Enckh: vercocht door een 40 7/8 stvrs.:
	182: in de Camer Amsterdam door een 35 1/2 stvrs.: -

De rest opgehouden advance .. 37 7/8 P^r.C^{to}.

1500 : P^s. pronck off doof pottjes divers: soorten volgens factura incoops costende door een 11 2/3 stvrs.: -	1082. P^s. in de Camer Enckh: vercocht door een 111 ½ stvrs.: -
	239. in de Camer Amsterdam door een 76 st.ver^s.-

d' resterende opgehouden advance 801 : P^r.C^{to}.
de roode sorteringe best begeert.

36 : p^s. cas pronck potten volgens factura incoops costende 'tstx: f.2:9:-	36 : P^s. in de Camer Enckh: vercogt door een à f. 14 ½ 't p^s.

advancerende 493 : P^r.C^{to}.

800: p^s. bl. thee copies volgens factura incoops costende 't p^s. : f.2 1/10 stvers-	d'welke in de Camer Enckh: sijn vercocht door een à 9. st.ver^s.:

advancerende 328 ½ P^r.C^{to}.

400: p^s. roode thee copies volgens fact^a. Incoops 't p^s. ... 2 1/10 st.ver^s.-	d' welke in de Camer Enckh: vercogt sijn door een 18 1/10 st.ver^s.

advance 761 7/8 P^r.C^{to}.

10 : p^s. groote lampet schootels Incoops costen volgens fact^a 't p^s. f. 9:9:-	In de Camer Enckh: vercogt door een . . . . f. 18 ¾ 't p^s.

advance 99 P^r.C^{to}.

250 : p^s. bl: pierings volgens factura Incoops costende 't p^s. schaars 12 : st.ver^s.	alle de Camer Enckh: vercocht door een 't p^s. 27: stvrs.

advancerende 124 : 2/3 P^r.C^{to}.

250 : p^s. roode pierings volgens fact^a. 't P^s. schaars 12 st.ver^s.: incoops	Zijn in de Camer Enckh^{en}. Vercogt door een 't p^s. 60 1/5 : st.ver^s.-

advance 401 : P^r.C^{to}.

N^{ta} staet te considereren dat dese porceleijnen noch soude moeten beswaert werden met 7 1/3 P^r.C^{to}. voor oncosten van Cassen packloon etc^a. en daer boven de sware vragten Convoij[?] en andere ongelden.

1678年

アムステルダム　1680年
デ・フライエ・ゼー号で
1月15日に受領

スヒップ船ブルーメンダール号により
東インド会社のエンクハイゼン支社の
勘定のために1678年に〔東〕インドからの
帰荷として受領した日本磁器による
利益の結果の報告

購入　　　　　　　　　　　　　　　　　　　　　　　　　　　販売

3810枚　大型の3枚1組の食卓皿
　　送り状によれば購入〔価格〕は1個
　　2グルデン18ストイフェル5ペニング

600個　エンクハイゼン支社で1678年
　　12月1日に1個3グルデン9ペニングで販売
　　された。
600個　アムステルダム支社で1679年
　　4月10日に1個2グルデン5ストイフェルで
　　販売された。

　　残りは販売しなかった。値段がもっと安く
　　なると予想されたから。損は9 1/2％強になる。

476個　大型のビール用水注、送り状
　　によれば、購入価格は
　　1個42ストイフェル

144個　エンクハイゼン支社で1678年12月1日に
　　1個41 1/6ストイフェルで販売された
119個　アムステルダム支社で1679年
　　4月10日に　1個31ストイフェルで
　　販売された。

　　上記に述べた理由で残りの販売をやめ、
　　　　　　　　　　　損12 7/8％に留まった。

476個　小型のビール用水注
　　送り状によれば、購入価格は
　　1個28ストイフェル

144個　エンクハイゼン支社で1678年12月1日に
　　1個29 1/2ストイフェルで販売された。
185個　アムステルダム支社で1679年
　　4月10日に1個30 1/5ストイフェルで販売された。
　　残りの販売をやめた。　益　6 ¾ ％。

476個　大型のワイン用水注
　　送り状によれば購入価格は
　　1個42ストイフェル

144個　エンクハイゼン支社で
　　1個40 ½ストイフェルで販売された。
91個　アムステルダム支社で
　　1個32 ¾ストイフェルで。

　　残りの販売をやめた。　損10: ¾ ％。

476個　小型のワイン用水注 　　　送り状によれば購入価格は 　　　1個28ストイフェル。	240個　エンクハイゼン支社で 　　　1個40 7/8 ストイフェルで販売された。 182個　アムステルダム支社で 　　　1個35 1/2 ストイフェルで販売された。 　　　　残りの販売をやめた。　益　37 7/8 %。
1500個　様々な種類の飾り用、あるいは 　　　火消し壺　送り状によれば 　　　購入価格は1個11 2/3 ストイフェル。	1082個　エンクハイゼン支社で 　　　1個111 1/2 ストイフェルで販売された。 239個　アムステルダム支社で 　　　1個 76 ストイフェルで販売された。 　　　　残りの販売をやめた。益　801%。 　　　　赤の種類が最も人気となった。
36個　豪華な蓋付壺 　　　送り状によれば購入価格は 　　　1個2グルデン9ストイフェル。	36個　エンクハイゼン支社で 　　　1個 14 1/2 グルデンで販売された。 　　　　益　493%。
800個　青のティーカップ。送り状によれば 　　　購入価格は1個2 1/10 ストイフェル。	これらは エンクハイゼン支社で 　　　1個9ストイフェルで販売された。 　　　　益　328 1/2 %。
400個　赤のティーカップ。送り状によれば 　　　購入価格は1個 2 1/10 ストイフェル。	これらは エンクハイゼン支社で 　　　1個18 1/10ストイフェルで販売された。 　　　　益　761 7/8 %。
10個　大型の洗面用の深皿 　　　送り状によれば購入価格は 　　　1個 9グルデン9ストイフェル。	エンクハイゼン支社で 　　　1〔個〕18 3/4 グルデンで販売された。 　　　　益　99 %。
250個　青の平皿。送り状によれば 　　　購入価格は1個 12 ストイフェル弱。	エンクハイゼン支社で 　　　1個27ストイフェルで販売された。 　　　　益　124 2/3 %。
250個　赤の平皿。送り状によれば 　　　購入価格は1個 12 ストイフェル弱。	エンクハイゼン支社で 　　　1個 60 1/5 ストイフェルで販売された。 　　　　益　401%。

注　さらにこれらの磁器〔の代金〕に、箱代と梱包費用等で7 1/3 %を負担しなければならないこと
を考慮したほうが良いだろう。さらにその上に重い貨物、運送、その他の費用を加算しなければならない。

（翻訳筆者）

この販売価格の記録から理解されることは、この年の磁器の販売における損益に、顕著な差異が表れたことである。もっとも利益率が高かったのは801パーセントを記録した1500個の「飾り用、あるいは火消用の小壺」という器種である。これは「仕訳帳」の下記の商品を指している。
　　1500個　装飾用又は火消し壺、すなわち
　　　500個　半分は青、そして半分は赤で色絵付けされたもの
　　　500個　同様の
　　　500個　同様の

　つまりこの1500個の壺は、3段階の品質に分類され、それらはすべて「半分は青、そして半分は赤」で彩色がほどこされていることを意味している。この商品については「赤の種類がもっとも人気となった」という添え書きがあり、赤絵に人気が集中したことがわかる。
　2番目に利益の高い商品は、400個の「赤のティーカップ」で、約762パーセントとなった。この記述については、「送り状[88]」にも「仕訳帳」にも「1200個　選別されたティーカップ」とのみ記されており、絵付けの特徴までは述べられていない。3番目に利益があった「豪華な蓋付壺」は、利益が493パーセントである。「仕訳帳」によって青で絵付けをほどこしたものであることがわかる。次に利益が高かったのは「赤の平皿」250個の401パーセントである。「仕訳帳」では皿 pierings は、「500個
　食卓用皿　半分は赤　そして／半分は青」と記されていた。ほかに250個の「青の平皿」があるので、火消用壺にも見られた「半分は」という「仕訳帳」の記述は、ここでは「赤」の絵付けの皿が半分、「青」の絵付けの皿が半分という意味であったことが判明する。しかし、「赤」だけを使用した絵付けは一般的ではないので、「赤」は赤を中心とした色絵磁器、そして「青」は染付磁器を意味すると考えられる。
　ここで再び、前述の商館長カムファイスがデ・ハースに宛てた1677年の輸出品に関する「覚書」の内容に話を戻そう。「もしおおよそ三分の一に珍しい赤い花で装飾することができれば認められるだろう。この類のものがオランダでもっとも需要があるようだ。」この記述は、前述の「赤」の絵付けの記載と関連づけて考えることができる。大きく余白を残した器面に「赤」で花を描いた作品が、この時期にもっとも人気のあるタイプであったことが、オランダでの販売の結果からも確認できるのである。
　ほかにも328.5パーセントや約125パーセントという高利益を獲得した「青」の絵付けの商品がある。しかし、損失が10パーセント前後となった商品の記録も3件あり、商品の種類によって極めて大幅な利益差があることが如実にうかがえる。また、末尾にはこれらの金額にさらに約7パーセントが箱代と梱包費用に要することが説明され、これにより損失のある商品の実際の損失率はさらに拡大することがわかる。このように、磁器は商品のタイプによって値段の落差が大きい商品であったと考えられる。
　このリストは、1680年6月30日付のバタヴィア総督府からの書簡に添えられて長崎に届けられた。この書簡の内容の要約は次のとおりである。

　1678年にブルーメンダール号でオランダへ送られた磁器の販売結果はリストのとおりであり、この利益の意味は明白である。オランダの重役たちの2通の書簡のなかで、閣下方は長崎商館に対して日本磁器の購入をやめるよう指示している。もうすでに契約している商品はやむをえないが、わずかな利益しか生まない種類の品は少量にし、欠陥のないよう細心の注意

を払うように。利益の高い種類はより豊富に購入してもよいが、オランダ向けの磁器の新しい契約は、バタヴィア総督府がそれを命じる注文を特別に出さぬ限りはすべきでない[89]。

リストの添付は、販売結果を参考に、利益の高い商品が何かを理解させることを目的としていたことが、この書簡の内容より明白である。従って、このリストはその後の磁器貿易における商品の選択に大きな影響を及ぼしたものと言えるのである。

D. 東インド会社文書における色絵の記載

1677年の輸出に関する一連の記録のほかに、色に関する情報が豊富なのは「送り状」の品名の記載である。これらを一覧にまとめたのが表10である。

表10 送り状に記載された絵付の色記載を伴う商品項目の掲載回数[90]

年	赤・緑	緑	緑・金か銀	赤・金か銀	赤	赤・青	青[91]	青・金か銀	金・銀	金	銀	赤・青・金	他
1659	5	0	0	1	3	0	9	0	0	1	2	1	2
1660	5	1	2	6	1	2	18	3	1	1	4	1	3
1662	1	0	0	0	1	2	10	0	7	0	0	0	0
1663	0	0	0	0	1	0	0	0	5	1	0	0	0
1665	0	0	0	0	1	0	1	0	0	0	0	0	1
1677	0	0	0	0	2	0	3	0	0	0	0	0	0
1678	0	0	0	0	1	0	1	0	0	0	0	0	0

「金・銀」と「青」以外の絵付けの色の記載をみると、1659年、1660年は「赤と緑」という記載が5件ずつある。「赤と緑」の組み合わせは他の色よりも多く、これは初期色絵磁器タイプの絵付けの主要色を意味すると推測される。実際に、17世紀中期の色絵で、赤・青・緑で絵付けした輸出品が伝世している。

その後、1665年、1677年および1678年の「送り状」では、色絵の色の記載は、「赤」と「青」のみであり、色絵の使用色が変化したことがわかる。

1677年以降には「注文書」において、より具体的な色彩への言及も見出される。1680年の「注文書」には「白く、どこも赤、緑、青で絵付けをほどこした大きな美しい貝殻鉢[92]」という記載がある。これについてクリスチャン・ヨルフ氏は、フォルカー氏[93]とフィアレ氏[94]の研究に挙げられたオランダ東インド会社の記録のうち、唯一色絵の様式が柿右衛門様式である可能性が想定される記載であると述べた。また、「貝殻鉢Schelpkommen」という珍しい品名を解釈するにあたり、ヨルフ氏は様々な器形が想定されるとしながらも該当する可能性のある器種として巻貝の形をした器(口絵1-1)を例に挙げている[95]。このほかにも、類似の形状の巻貝の形の器は、ミュンヘン・レジデンツやアムステルダム国立博物館、フランスの個人等にも所蔵されている。

再度絵付けの色への要望は、1685年に更新された。この年磁器の購入は実現されなかったものの、注文されていた様々な器種の磁器に対し、「最もきめが細かく最高の品質で、青で絵付けをほどこすこと。赤ではなく、ましてや緑でもなく。何故なら、現在オランダやバタヴィアではそれらの色は望まれていないので[96]」という記載がある。これは後期の柿右衛門様式磁器の染付にみられるような、質の高い染付の表現をさした可能性があるが、残念ながら具体的な絵付けの様式を特定することはできない。この記載内容からは、1685年にはオランダでは色絵の流行が終焉

し、会社は染付に需要が見込まれると考えていたことがわかる。実際の肥前の製品をみても、柿右衛門様式磁器の絵付けは、1670年～1690年代の隆盛期は色絵が主流であるのに対し、後期には染付が増加しており、上述の史料にみえる記述は柿右衛門様式磁器に使用された絵具の色彩の変化と一致している。

第1章第1節第4項　結語

本項で確認された色絵に関する具体的な記述のうち、もっとも重要な意味をもつのは、(1)商館長カムファイスの1676年の「覚書」にある、「おおよそ三分の一に珍しい赤い花で装飾する」という、「赤」を主体とするいわゆる色絵を確認できる記述と、(2)1680年の「注文書」に記載された「白く、どこも赤、緑、青で絵付けをほどこした大きな美しい貝殻鉢」という、柿右衛門様式の色彩内容、器形を想起させる記載である。また、1678年のエンクハイゼンとアムステルダムにおける販売結果のリストからは、その当時もっとも利益幅の大きい商品は「赤」と表現される装飾を伴う磁器であることが確認された。したがって、1670年代には、赤をメインカラーとする色絵磁器が流行し、取引されていたと推測することができる。この販売結果のリストの「赤」という記述と1670年代という時期、カムファイスの「覚書」の「おおよそ三分の一に珍しい赤の花で装飾する」という点を総合すると、1670年代に会社が要望した磁器は柿右衛門様式であった可能性が高い。

全体を通じてみると、オランダ東インド会社の公式貿易の史料に残された絵付けの色や品質の記載は、(1)輸入数量が着実に増加した1659年～1664年までの第1段階と、(2)輸出の低迷が続く1665年～1683年にかけての第2段階に分類できる。

第1段階の特に1662年からの3年間は、大量の肥前磁器がオランダ向けに輸出された。絵付けの色が厳密に限定されることはなく、挙げられた色の種類に幅がみられた。しかし第2段階は、購入する磁器の絵付けと品質の高さが、オランダ向けに限り詳細に限定された。例えば1677年の「注文書」の「最上級の」や「選別された」等の表現は、オランダ以外の輸出先への磁器に関する記載には少ないため、オランダ向けの磁器にはその他の輸出先の磁器には規定されていない品質に関する高い規定が設けられていたと判断できるのである。「選別」という言葉は、商品を選別することで不良品を外し、上質の商品だけを購入するという意味に解釈できよう。

1668年には、磁器を個人貿易品として輸出することが許可され、1672年からは市法貨物商法が施行されたために日本産物の購入資金が不足した結果、磁器も少量しか購入できなくなった。1678年の販売結果のリストからは、オランダ向けの肥前磁器は、個々の商品のタイプにより、利益（損失）率に大きな差異を生じており、計画的に安定した利益を上げる経営を行うためには不向きな商品であったことが判明した。こうした不確定要素こそが、有産階級の間で肥前磁器が流行した西洋という市場を背景とするため大規模な需要が見込めるはずであるにもかかわらず、オランダ向けの公式貿易から1683年に肥前磁器の輸出を撤退させ、個人貿易に道を明け渡すことになる要因であったと考える。

註

1 オランダ東インド会社全体の組織については主に以下を参照にした（永積2007、Viallé 2009）。

2 Volker 1954. 中国磁器貿易史を主体とするオランダの東インド会社文書研究書で、その一部として、同文書に基づく1602年〜1682年までの期間の肥前磁器貿易の推移が詳述されている。同書には邦訳版があり、日本では前田正明氏による邦訳版が広く使用されている。（前田正明訳『東洋の磁器とオランダ連合東インド会社』『陶説』日本陶磁協会 1979-1984年）1683年以降については、Volker 1959にまとめられている。

3 山脇1988a

4 「東インド会社文書HET ARCHIEF van de VERENIGDE OOSTINDISCHE COMPAGNIE」（ハーグの国立文書館Het Nationaal Archief, Den Haag所蔵）。この史料群は、オランダの東インド会社各カーメルに保存されてきた会社の文書で、「到着文書(Overgekomen Brieven en papieren uit Indië)」、「バタヴィア発信文書集(Bataviaasch Uitgaand Brievenboek)」、「決議録(Resoluties)」などから成る。以下同文書はVOC＊＊＊と注記する。同文書の構成についてはフィレア氏による解説を参照されたい（Viallé 2009, pp.9-10, 14-15）。

5 「日本商館文書(Japan Archief)」（ハーグの国立文書館所蔵、正式名称は、HET ARCHIEF van de NEDERLANDSE FACTORIJ IN JAPAN[NFJ]）は、長崎出島の商館に伝存した文書で、1609年〜1860年までの記録である。同文書には、「決議録」、「商館長日記」、「書簡集」、「仕訳帳」や「送り状」などの貿易に関する記録等が含まれる。本史料は、1852年、1860年、1909年の3回に分けて日本から運び出され、「日本商館文書」という文書群として同国立文書館に所蔵された。その全点を、1954年〜1969年に東京大学史料編纂所がマイクロフィルムに複写し所蔵している（松井2007 pp.7-12）。これらは「東インド会社文書」とは別に、ルーシンク氏の目録で付与されたNFJ番号で管理されている。以下、同文書は、NFJ＊＊＊と注記する（Roessingh, 1964参照）。同文書の構成についても以下の解説に詳しい（Viallé 2009, pp.10-11, 15-16）。

6 長崎の「送り状facturen」、「仕訳帳negotiejournalen」は、「東インド会社文書」の「到着文書」と「日本商館文書」に含まれる記録である。「送り状」は、貨物を船積みして送付する際、貨物の受取人に宛てて作成された積荷明細目録である。「日本商館文書」では輸出品に関する「送り状」の残存率が低く、1651年〜1662年、1665年、1666年、1699年〜1701年のみであった。「仕訳帳」は、各地の商館が複式簿記法で作成した会計帳簿で、年度内に生じた取引が、発生順に、仕訳の法則に基づく勘定科目「借方」「貸方」に分けて記載されている。会計上の情報のみならず、輸出品の商品名や特徴、個数なども記されており、「送り状」とほぼ同様に商品の詳細を確認することができる。筆者は、これらの「送り状」と「仕訳帳」を、東京大学史料編纂所が所蔵する「日本商館文書」のマイクロフィルムにより参照した。

7 本書序章註1を参照。

8 世界各地の肥前磁器の出土資料については、以下の文献がもっとも総合的で参考になる（九州近世陶磁学会 2010）。

9 Colenbrander 1887-1931

10 山脇1988a

11 同書

12 Volker 1954, 1959

13 山脇氏は、「この章で述べる磁器輸出量は、日本磁器の輸出にはじめて目を向けたオランダのフォルカー氏の著書（前出）が掲げる数量とはしばしば大いに相違する」「伊万里焼が西洋から里帰りする端緒を開いたのは氏の著作であるだろうし、また本書は和訳されてもいるようであるから、日本における本書の影響は大きいように思う。それゆえこの点おことわりしておかねばならないのである。」と述べた（山脇1988a p.284）。さらに、同書p. 343、344でも氏は例としてフォルカー氏の著作(Volker 1954)におけるp.140〜160の部分、すなわち1661年〜1672年の間の輸出数量を列挙し、それは磁器貿易の基本史料「仕訳帳」ではなく『バタヴィア城日誌』(Colenbrander 1887-1931)の引用であると指摘し、さらに、「集計の際の手抜かりが多い」と評している。このほかにも、山脇氏は1653年の記述の間違いについても指摘している（山脇1988a p. 345）。

14 Viallé 2000a

15 Viallé 2000b, pp. 184-205

16 フィアレ氏の研究によるオランダ向けに長崎から輸出された日本磁器の総数量は228,008個（1657年〜1683年間）、山脇1988で発表された「仕訳帳」に基づく研究では、190,489個（1659年〜1679年間）であるため、総数量と年代が相違している。

17 この期間内でも史料のない年もあるため、輸出状況の確認ができない年もある。「仕訳帳」および「送り状」に基づく輸出数量の確認状況は、本書巻末資料篇2の「オランダ東インド会社公式貿易による肥前磁器輸出の記録 比較一覧」にも明記したので、参照されたい。

18 筆者は、「日本商館文書」に所収される「仕訳帳」と「送り状」について、東京大学史料編纂所が所蔵するマイクロフィルムを悉皆調査し、該当部分を収集し、翻刻をした。

19 差の主な原因は、山脇氏の数字の読み違いであると思われる。筆者と山脇氏の数字の読みの相違は、本書資料篇2同比較一覧に下線で明記した。

20 Volker 1954, 1959

21 本書資料篇2同比較一覧を参照されたい。

22 chirurgijns winckelの訳語。山脇訳は「バタヴィア政庁所属の病院chirurgijns winckel op Batavia」だが（山脇1988a p.344）、17世紀のバタヴィアにはhospitaalやzieken huisといった病床のある病院もあるのでこれと区別するため、本書では、chirurgijns winckelに治療室としての機能を想定し「外科治療所」とした。17世紀ネーデルラントの"De medische winkel"や"De barbier-chirurgijn"と題する銅版画には患者が治療を受ける室内が表されており、chirurgijnのwinckelは外科の治療所のようなものであると思われる（Maar 1993 pp. 110, 132 参照）。

23 櫻庭／藤原2002 pp. 377, 378（藤原執筆部分）

24 山脇1988a p. 284

25 櫻庭／藤原2002、藤原論 pp. 371-373、本書第1章補論

26 西田1976b p.55

27 Viallé 2000a, pp. 166, 176

28 本節の内容の元になる拙稿（あとがきの初出一覧に記載）が刊行された後、それをふまえた今村氏による論文がある。今村氏は「仕訳帳」に記載された医療用製品の総量把握を目的とした数量分析を行った（今村2006 p. 127）。

29 現在までの調査で追うことのできた史料にはデータの欠落した年がある。前期30年間において、1663年、1664年および1667年以降のすべての年にわたり、長崎から出荷される商品を書き留めた「送り状」が「日本商館文書」に現存しない。この間、同書にある「仕訳帳」の1668年〜1672年、1677年、1679年については、医療用製品の内訳が記載されている。1663年、1674年は「バタヴィア城日誌」により詳細が確認できた。さらに、1678年のように「仕訳帳」、「送り状」、「商館長日記」のいずれもない

場合は、「注文書」の数量により輸出数を予測できるものと考えた。1670、1671、1677、1679年の4カ年において、「注文書」に記載されたとおりの器種の商品がおおよそ同数輸出されたことが確認できたことにより、この予測の成立する可能性が見込まれる。1664、1667、1673、1675、1676年については、上述したいずれのケースにも該当せず、現時点まで史料が未発見である。

30　本書資料篇1「オランダ東インド会社貿易史料にみる日本磁器」
31　山脇1988a pp. 372-374
32　同書 pp. 372-373
33　一角に湾曲した切れ込みのはいった広い縁があり、首が固定される造りとなった皿を鬚皿Scheerbeckenという。男性の鬚剃りだけでなく、医療の治療器具としても一般的に用いられていた。
34　コップdrankcroesiesは水薬を服用する為などに使用された。
35　1662年に輸出された鬚皿はオランダ向けなので例外である。
36　バタヴィアの薬局は、アジア各地に散在する会社の商館・病院・船舶・市中の薬剤師などが使用する医薬品・薬剤容器の配分を総括する部局とされる(山脇1988a pp. 347, 348)。
37　本書資料篇1「オランダ東インド会社貿易史料にみる日本磁器」
38　取引通貨について：オランダ東インド会社の日本貿易における商品価格は、当時のアジアで使用された通貨テールtaijl(T.)とオランダで使用される通貨グルデンgulden（表記:f.）を併記している(1グルデン=20ストイフェルstuijver、1ストイフェル=16ペニング penning)。さらに、テールの以下の通貨単位はマースmaesで、1テール(丁銀10匁)=10マース。マースの下の通貨単位はコンドリンcondrijnで、1マース=10コンドリンである。両通貨の換算は、1636年以降の場合、1テール=2グルデン17ストイフェル(912ペニング)。（行武／加藤 2000 p.403）／両通貨の換算は、1666年以降の場合、1テール=3.5グルデン(70ストイフェル)となる(鈴木2004 p. 373)。
39　Viallé 1992, p. 26
40　近世西洋の薬局や病院では、おおよそ0.7リットル以上3リットル以下程度のサイズの瓶に薬用アルコールや薬用油などを詰めて薬棚に並べ、使用することが一般化していた。バタヴィアやタイワンのオランダ商館でも、祖国に倣った医療行為をほどこすことのできる医療設備があった。
41　大橋／坂井1999 pp. 75-77
42　櫻庭1998 pp. 27-29
43　櫻庭1999 pp. 107-111
44　Volker 1954, p. 125
45　櫻庭／藤原2002、藤原論(2章) pp.371-372
46　Viallé 1992, p. 26
47　17世紀前半にオランダ製薬壺が大名への贈答品として日本に舶載されていたことを示す文書記述は、「日本商館文書」に多数ある。1646年のバタヴィアから長崎の商館長への書簡にも、この件に係わる「薬品を入れるための感じの良い小型の壺と小瓶」を「使節筑後殿」のために「祖国から〔送るようにと〕注文した」ことが記載されている(東京大学2001 p. 282)。
48　大橋／坂井1999 pp. 75-76
49　Volker 1954, p. 125
50　西田1976 p. 55
51　イザベル・ファン・ダーレン氏のご教示による。
52　九州陶磁文化館2000 p. 21
53　山脇1988a p. 285
54　同書 p. 292
55　同書 p. 292

56　医療用の製品が公式貿易で扱われる肥前磁器全体に占める割合は、前述のとおり1650年代においては貿易の大半を占め、1652年〜1657年は100パーセント、1658年は約91パーセントであった。その後1659年以降1679年の期間には平均約12パーセント、1701年〜1757年には平均約23パーセントである。
57　ハーグの国立文書館所蔵「バタヴィア経理局長文書Het Archief van de Boekhouder-Generaal te Batavia 1700-1801」(Access No. 1.04.18.02)に含まれる会計資料である「バタヴィア仕訳帳Bataviaas Negotie journal 1699-1798」(11832-11864)。
58　アジア文化財協力協会2007 pp. 68, 113, 120, 175-177
59　同書 pp. 80, 165等
60　詳細は本書第1章第3節、pp. 92, 99-100を参照。
61　山脇1988a pp. 305-307
62　Viallé 2000b, p. 202
63　Colenbrander 1887-1931 (2 December, 1668 p. 213)
64　Viallé 2000b, pp. 204-205
65　Ibid., p.205
66　Viallé 2000a, p. 169 (VOC318, 29 April, 1664)
67　Ibid., pp. 169-170
68　Colenbrander 1887-1931, p. 213
69　長崎県史編集委員会1985 pp. 297-306、山脇1988a p.332
70　ナホッド1956 p. 260
71　長谷川／大久保／土肥1997 p. 315
72　Viallé 2000a, p.180 (VOC107, 19 October, 1674)
73　Ibid., p.180 (VOC108, 27 November, 1675)
74　NFJ307, Batavia, 30 Juni, 1676
75　NFJ311, Batavia, 30 Juni, 1680、Viallé 2000a, p. 172
76　Viallé 2000a, p.181 (VOC321, 8 Juni, 1682)
77　Ibid., p.181 (VOC1371, Batavia, 19 Maart, 1683)
78　長崎県史編集委員会1985 pp. 312-314
79　NFJ316, Nagasaki, 16 October, 1685
80　Viallé 2000a, pp. 173-174
81　Ibid., pp. 182-183
82　「注文書」は、会社の重役会議「十七人会」で作成され、それがバタヴィアに輸送された後書き写される。長崎商館へは、この複写された「注文書」が送られ、原本はバタヴィア総督府で保管された。
83　NFJ307, Batavia, 30 Juni, 1676
84　Viallé 2000a, p. 180（NFJ32, 27 October, 1676）
85　NFJ308, Batavia, 14 Juni, 1677
86　この「注文書」は、バタヴィア城内で作成され1677年6月14日の日付で記されており、ヴァーペン・ファン・ミッデルブルフ号に積み込まれ1677年8月3日に長崎に到着し、長崎商館に受領されている(NFJ90, 3 Augustus, 1677)。
87　この「仕訳帳」にはほかにもシャム、マラッカ、ベンガル、コロマンデル向けの磁器の記載があるが、仕向地による商品の記載方法の相違を確認するには上記で十分である。
88　Viallé 2000b, p.204 ; NFJ868, 16 October, 1677
89　NFJ 311, 30 Juni, 1680
90　Viallé 2000b, pp. 197-204
91　「白と青」という記載は青として数えた。
92　Viallé 2000a, p. 181 (VOC108, 28 October, 1680)
93　Volker 1954
94　Viallé 2000a
95　Jörg 2003, pp. 68-69
96　Viallé 2000a, p. 182 (NFJ316, Batavia, 1 Juli, 1685)

第2節　オランダ東インド会社従業員の個人貿易

第1項　個人貿易と西洋へ輸出された金襴手様式磁器

　オランダ東インド会社文書に基づき、1657年～1683年までの期間、総数228,008個の肥前磁器が、オランダ東インド会社の公式貿易品としてオランダへ運ばれたことを示す研究が、2000年にシンシア・フィアレ氏により発表された[1]。この肥前磁器輸出の公式貿易期間において、有田で製作された製品のタイプが、その初期である1650年～1660年代には、芙蓉手や明末清初スタイルの人物文様などの染付、古九谷様式の古赤絵、金彩又は銀彩をほどこした瑠璃釉といったタイプ、さらにそれ以降1670年代からは柿右衛門様式を中心とする色絵であったことは、生産地における大橋康二氏の編年研究によってすでに明らかである。しかし、こうした磁器の編年研究をオランダ東インド会社文書の史料記載と照合するための検討はまだ十分なされたとは言い難い。

　肥前磁器の貿易史に関する先学による文献史学の研究成果は、これまで史料上の磁器の名称の具体的な意味が十分に検討されていないために、史料側からの情報に相応な説明が加えられず、陶磁史研究において活用が難しい状況となっている。しかし、有田の生産地における磁器の編年研究の成果と照合することにより、具体的な意味内容が解明されれば、今後の陶磁史研究の進展に大きく貢献するはずである。そこで本節では、とくに個人貿易品に焦点をあて、文献史料に記された肥前磁器に関する記載を検討し、その内容を明確にするための考察を試みたい。

　江戸期に西洋へ輸出された肥前磁器の伝世品の大部分が金襴手様式（古伊万里様式や染錦ともいう）であるということは、これまで日本および西洋で刊行された図録や調査報告書から明瞭に認識される点であり、筆者自身も、継続的に行ってきた現地調査で再確認しつつある。このような西洋伝世の金襴手様式の生産開始時期は、大橋氏をはじめとする有田の生産地の編年研究によって1690年代頃以降と推定されており[2]、この認識は、博物館の展示等にも活用され、現在広く知れ渡っている。しかしそうなると、これら金襴手様式は陶磁器の公式貿易期間以降ということになり、つまり、今日西洋に伝わる江戸期に輸出品として製作された肥前磁器の大半は、オランダ東インド会社の公式貿易以外のルートで運ばれたということになる。換言すれば、金襴手様式の多い状況こそが、公式貿易以外のルートによる輸出の占める割合の大きさを証明するものと言えよう。

　オランダ東インド会社の公式貿易以外の輸出ルートとしては、オランダ人による個人取引のほかにも、唐船貿易、イギリス東インド会社等のオランダ以外の西洋諸国の貿易が存在し、その担い手はじつに多様である。このうち本節では、基本的にオランダ東インド会社が*particuliere handel*と呼んで、会社の公式貿易とは区別した、会社の定めた制限範囲内で行われオランダ東インド会社の従業員をはじめとする会社の関係者が関わった個人取引、「個人貿易」に焦点をあてる。こうした取引は、日蘭間の貿易において幕府により慣例的に認められ、日本側では「脇荷」と呼ばれた[3]。

　個人貿易は、個人の裁量で行う貿易であり、オランダ東インド会社はこれに関する公式の書類を作成する必要はなかった。個人貿易に関する記述は、苦情や規制に関するものが多く、個人貿易品として扱われた物品自体に関する情報は、わずかな例外を除けば残されていない。日本から輸出された個人貿易品は、磁器、漆器、屏風、染織品などの工藝品や醤油や香の物をはじめとする食品などが挙げられるが、それらを記す史料のうち、具体的な器種名称が記載された数少ない事例が確認される2種類の史料、すなわち後述する1674年～1676年に作成されたバタヴィア経由でオ

ランダへ輸出された磁器の個人貿易品の記録[4]、および1709(宝永6)年〜1712(正徳2)年に作成された『唐蠻貨物帳』記載の個人貿易の記録[5]を基に検討を加えたい。

　文献史学の分野において、個人貿易による肥前磁器の輸出に関し、日本およびオランダ側の史料に基づいて初めて明らかにしたのは、『有田町史』に発表された山脇悌二郎氏の研究であった[6]。山脇氏は、幕府とオランダ東インド会社が定めた個人貿易に関する基本的な許可や規制について詳細に説明しており、氏の研究は肥前磁器に関わる個人貿易の構造を理解するための基礎研究として高く評価されている。また、前述の『唐蠻貨物帳』に記されたオランダ船の個人貿易荷物として輸出された磁器に関する1709年〜1712年までの3ヵ年の記録の存在と、そこに記された具体的な器種別数量を初めて紹介したのも、山脇氏であった[7]。一方、フィアレ氏は、会社の「十七人会」が定める個人貿易および日蘭貿易における個人貿易の推移や、個人貿易品としてオランダへ運ばれた東インド総督の肥前磁器コレクションなど、数多くの実例を挙げて肥前磁器の個人貿易品の実態を明らかにしている[8]。さらに作品研究の分野では、クリスチャン・ヨルフ氏により、コルネリス・プロンクCornelis Pronkの下絵に基づく絵付けがほどこされた皿が、1736年以降にオランダ東インド会社の個人貿易品として注文されたことが指摘されている[9]。

　しかし、個人貿易の実態がどのようなものであったのか、史料に記された具体的な器種名称がどのような磁器製品を指すのかは充分に解明されていない。またさらに、本節で対象とする史料には、磁器を個人貿易品として運搬した人間に関する情報も掲載されている。個人貿易にかかわった人々に関する実態は、個人貿易品として肥前磁器の取引が盛んとなった理由を解明する上で重要な情報を含んでいる。そこで本節では、会社の個人貿易記録に記された磁器の器種について、肥前磁器の生産地の編年研究と対照しつつ検討するとともに、個人貿易の担い手についても実像把握を試みたい。

第2項　会社からみた個人貿易

　個人貿易は、早くも会社の設立直後1606年よりオランダ東インド会社において取り締まりの対象となり、その後も1616年、1624年、1625年、1627年、1628年、1631年と、数多くの禁令が発布されている。このように、個人貿易は禁止を受けながら存続していたのであるが、ついに1651年、長崎商館は個人貿易の続行を正式に決議した[10]。

　オランダ東インド会社は、日本との個人貿易をカンバン貿易*cambang*と称していた。この名称は、日本の「看板」という言葉から派生したもので、それは会社の公式貿易の売り立て会が催されることを周知するために出島に立てられた掲示板を意味していた。この*cambang*という語が最初に記載された会社の史料は、1658年の長崎の「商館長日記」である[11]。この段階では、*cambang*は会社の公式貿易を指す言葉だったのである。

　1662(寛文2)年には、「伊万里焼物の商人が出島に店を出して商売することを許された」という史料[12]があり、山脇氏はこれを「脇荷用の商品の販売を目的とする店」と位置づけた[13]。

　1667年3月には、初めて東インド会社総督ヨアン・マーツイケルJoan Maetsuykerの布告により「会社が貿易品として取り扱っていない貨物」の個人貿易を公認し、それに定率の運賃と関税を課することが通知された。すなわち、「会社が貿易品として取り扱っていない貨物からなる個人貿易品は、会社の船の船腹に余裕がある場合には積みいれて送ることを許す。ただしその貨物の嵩

に応じて最低20パーセント最高30パーセントの運賃および関税を支払わなければならない[14]」とある。さらに翌年1668年12月、バタヴィアの司法当局は、これまで会社の商品として扱われてきた様々な商品に加えて「小間物」を挙げ、個人貿易品としてその輸入を許可している。この2件の通知をもって、個人貿易は公認されるようになり[15]、この「小間物」のなかには陶磁器が含まれていた。

日本において個人貿易は、オランダ東インド会社の貿易制限額のほかに、別枠の「脇荷」として1685(貞享2)年以降認められ、オランダ側の制限額は金5万両と定められた(定高貿易法)。この5万両は、一両が銀67匁という当時のオランダ人に対して定められた金銀比率で換算すると、銀3,400貫となり、その中の3,000貫が「こんぱにや商売」(会社の公式貿易)、400貫が「脇荷商売」(個人貿易)と定められた[16]。

オランダ人側からすれば、こうした個人貿易は、従業員の給料の不足を補い、また日本に来航する船の船長の経費を補償するという配慮の上に成り立っていたという。このことは、1826年に出島の商館長を務めたヘルマン・フェリックス・メイランGermain Felix Meylanの次の1829年12月28日付総督宛書簡から理解される。

> 貴下もご承知のとおり、日本の個人貿易は以前から毎年4,000テールまで、日本に滞在するオランダ商館員と、毎年日本に渡航する船の船長たちに対して認められていた。この取引から生じる利益で彼らの生計を改善し、また日本で船長たちの負担となる船の経費を補償するためである[17]。(翻訳永積洋子)

日本との貿易に携わったオランダ人は、日本での滞在中、出島という狭い監獄のような土地に住まわされ不自由を強いられ、幕府が課した厳しい貿易制限のため利益を追求できなかった。そして、採算の合わない対日貿易に従事する従業員に対し、会社が労働に見合うだけの給料を支払えるはずはなかった。

また、第3次英蘭戦争以降のオランダの国内事情も、個人貿易の隆盛と切り離すことのできない問題である。1670年代以降のオランダは、もはやその黄金時代の栄華を取り戻すことはできず、国内の深刻な経済状況の悪化にともない、多くの市民が富を手放した時代であった。こうした、オランダ黄金時代終焉以後の時代背景と重ね合わせれば、帰国後の安定した生活が保証されない従業員が少なからず存在したことは想像に難くない。なかでも下級の従業員にとってはとりわけ、過酷な海外赴任や航海に相応しい報酬を獲得し、健康で安定した生活を維持するために、個人貿易が不可欠であったと考えられる。

とはいえ、個人貿易を行う人物のなかには、大規模なコレクションを形成する成功例もある。こうした大規模な個人貿易を行うために必要とされる輸送手段と個人貿易の相互関係はどのようなものであったのだろうか。

第3項　バタヴィア総督府発行の個人貿易品の記録

ここで、バタヴィア総督府が発行し、東インド会社文書に収められた個人貿易に関するリストについて検討する。このリストは、1674年～1676年にわたりオランダへ向けてバタヴィアを出港する船に乗る会社の従業員を中心とする乗船者の個人貿易品を列挙した明細である[18]。同リストには多くの工藝品が記載されており、なかでも磁器の記載される頻度は高いため、肥前磁器研究にとって重要な史料といえるだろう。

これらは、1674年、1675年、1676年の各史料群の中にそれぞれ収録された3点の史料である。タイトルは統一されていないが[19]、基本的には記載内容は共通しており、オランダへ運ばれた個人貿易品がじつに多様なものであったことを物語っている。帰国船にはアジア全域の貿易従事者が乗り込むため、個人貿易品として記載される品目も、トンキン、ジャワ、中国、ペルシャなど、アジアの国々の産物が連ねられている。日本のものとみられる産物としては、磁器、陶器、漆工品、着物、屏風といった工藝品や茶等が記されている。個人貿易品として運ばれた日本の磁器は、こうした様々な輸出品の一部を成すものであり、肥前磁器だけが単独で動いたわけではなかった。しかし、当時の西洋の人々の間で「キュリオシティーcuriosity」と呼ばれた、多様なアジア産の工藝品から成る「総体」のなかで、肥前磁器は独特な東洋趣味の流行をもたらしていくことになる。

　このリストの形式は、船別に列記され、それを運ぶ人物別に物品の名称が記載されており、かなりの分量となるため、ここに全体を掲載することはできない。そこで、このリストの要点をできるだけ効率的に示すため、内容別に3つのパターンに加工して掲載する（資料1～3）。資料1は、各船の乗船者のうち個人貿易品を船に持ち込んだ全人数と、そのうちの磁器を舶載した乗船者の人数に関する概要を抽出した。そして資料2には、具体的な磁器の器種名を把握できる場合の詳細を抽出してまとめ、資料3は、磁器を舶載した乗船者の職名とそれぞれの乗船者が舶載した磁器の記載を抽出してまとめた[20]。この資料1～3を「オランダ東インド会社商船に舶載することを許可された個人貿易品一覧における磁器の記載」として扱うことにする。

資料1　オランダ東インド会社商船に舶載することを許可された個人貿易品一覧における磁器の記載
（各船の記載乗船員の人数と磁器を舶載した人数）

1674年　VOC1297（1674年11月15日付、発行地バタヴィア城）			
(1)	マカッサル号	アムステルダム支部所有	記載乗組員16名　内10名が磁器を舶載
(2)	スティヒト・ファン・ユトレヒト号	アムステルダム支部所有	記載乗組員18名　内11名が磁器を舶載
(3)	ティドーレ号	ゼーラント支部所有	記載乗組員20名　内11名が磁器を舶載
(4)	フライエ・ゼー号	デルフト支部所有	記載乗組員6名　内6名が磁器を舶載
(5)	エーンドラハト号	ロッテルダム支部所有	記載乗組員27名　内11名が磁器を舶載
(6)	フレイヘイト号	エンクハイゼン支部所有	記載乗組員18名　内10名が磁器を舶載

1675年　VOC1307（1675年11月15日付、発行地バタヴィア城）			
(1)	テルナーテン号	アムステルダム支部所有	記載乗組員7名　内5名が磁器を舶載
(2)	オーステンブルフ号	アムステルダム支部所有	記載乗組員10名　内8名が磁器を舶載
(3)	スマトラ号	アムステルダム支部所有	記載乗組員8名　内6名が磁器を舶載
(4)	ホーフェリング号	アムステルダム支部所有	記載乗組員4名　内4名が磁器を舶載
(5)	ヘンドリック・マウリッツ号	ゼーラント支部所有	記載乗組員5名　内4名が磁器を舶載
(6)	クーヴェルフェ号	ゼーラント支部所有	記載乗組員7名　内5名が磁器を舶載
(7)	エイラント・マウリティウス号	デルフト支部所有	記載乗組員13名　内7名が磁器を舶載
(8)	アフリカ号	ロッテルダム支部所有	記載乗組員6名　内5名が磁器を舶載
(9)	アメリカ号	ホールン支部所有	記載乗組員7名　内4名が磁器を舶載
(10)	ブラウエンフルク号	エンクハイゼン支部所有	記載乗組員4名　内3名が磁器を舶載

1676年　VOC1315（1676年11月28日付、発行地バタヴィア城）			
(1)	ブルフト・ファン・レイデン号	アムステルダム支部所有	記載乗組員18名　内11名が磁器を舶載
(2)	ユーロパ号	アムステルダム支部所有	記載乗組員23名　内2名が磁器を舶載
(3)	ホランセ・テウン号	アムステルダム支部所有	記載乗組員7名　内4名が磁器を舶載
(4)	ティドーレ号	ゼーラント支部所有	記載乗組員4名　内1名が磁器を舶載
(5)	ヘーレフーツライス号	ロッテルダム支部所有	記載乗組員6名　内1名が磁器を舶載
(6)	プリンス・ウィレム・ヘンドリック号	ゼーラント支部所有	記載乗組員2名　内1名が磁器を舶載
(7)	デルフツハーフェン号	デルフト支部所有	記載乗組員3名　内1名が磁器を舶載
(8)	デン・ブリール号	ホールン支部所有	記載乗組員4名　磁器の舶載なし
(9)	ヘクローンデ・フレーデ号	エンクハイゼン支部所有	記載乗組員7名　磁器の舶載なし

挿図1-13
色絵花鳥文カップ&ソーサー
カップ　高さ4.7cm
ソーサー　口径11.0cm
フローニンヘン博物館蔵(オランダ)

挿図1-14
人形の道具
色絵花卉文唾壺　高さ2.6cm
同塩容れ　高さ4.7cm
同マスタードポット　総高6.7cm
同チャンバーポット　高さ3.7cm
フローニンヘン博物館蔵

挿図1-15
染付角瓶入りセラレット
箱　幅26.0cm
瓶　高さ13.4cm
アムステルダム国立博物館蔵

資料2　オランダ東インド会社商船に舶載することを許可された個人貿易品一覧における磁器の記載
（具体的な磁器の器種名）

1674年： 磁器製小壺7個、日本の小さい人形と日本のカップの入った中国の小箱1個、磁器製カップ&ソーサー（挿図1-13）、ティーポット30組、日本の人形の道具[21]（挿図1-14）2小箱、磁器製カップ&ソーサー1桶、カップ&ソーサー2小容器

1675年： ティーカップ220個、ソーサー30個、カップ30個、透かしが入った銀マウント付きティーカップ10個、日本磁器製壺入りセラレット[22]、磁器製壺2個、磁器製カップ&ソーサー220個、磁器製深皿と平皿1桶、磁器製ティーソーサー&カップ1桶、茶器1箱、茶器1小箱、ティーカップ&ソーサー400個、食卓用の小さい深皿と平皿少しと鉢が入った小箱、少量の磁器と茶器が入った空のセラレット、磁器製貯蔵瓶8本入りのセラレット（挿図1-15）、ティーポット2個、金彩をほどこした平皿9小箱、磁器製小水注6個、深皿1桶

1676年： 日本製の人形の道具入り箪笥4個、日本製深皿24枚、ティーカップ600個と1箱、粗製の深皿5枚、磁器製鬚皿8枚、磁器の水注18本入りのセラレット、粗製のティーポット1容器、日本製平皿100枚、日本製壺3個、ティーポット24個、ティーカップ&ソーサー80個

資料3　オランダ東インド会社商船に舶載することを許可された個人貿易品一覧における磁器の記載
（磁器を舶載した乗船者の職名と各舶載磁器）

1674年11月18日バタヴィア発帰国船の個人貿易品のリスト

（出典VOC1297）

(1)　マカッサル号Makassar　1675年6月7日本国着　アムステルダム支部所有
記載乗組員16名、そのうち磁器を持込んだ従業員の人数10名、内訳：

1.	船長：磁器2桶	schipper : 2 baly met porcelijn
2.	簿記役：磁器1桶	boeckhouder : 1 baly met porcelijn
3.	上級操舵手：磁器1小容器、磁器1桶	oppersteurman : 1 vatie met porcelijn, 1 baly met porcelijn
4.	下級操舵手：磁器2桶	ondersteurman : 2 balys met porcelijn
5.	下級操舵手：磁器2桶	ondersteurman : 2 balys met porcelijn
6.	上級大工：磁器1小容器	oppertimmerman : 1 vatie porcelijn
7.	勝手方：磁器製小壺7個	bottelier : 7 p^s postelijne potties
8.	下級外科医：磁器1桶	onderchirurgijn : 1 baly met porcelijn
9.	砲手：磁器1桶	constapelsman : 1 baly porcelijn
10.	[乗船者]：磁器1桶	[passenger] : 1 baly met porcelijn

(2)　スティヒト・ファン・ユトレヒト号Sticht van Utrecht　1675年本国着　アムステルダム支部所有
記載乗組員18名、そのうち磁器を持込んだ従業員の人数11名、内訳：

1.	船長：磁器1桶	schipper : 1 baly porcelijn
2.	副船長：磁器1桶	tweede schipper : 1 baly porcelijn
3.	上級操舵手：磁器1小容器	oppersteurman : 1 vatie porcelijn
4.	下級操舵手：磁器1容器	ondersteurman : 1 vat porcelijn
5.	下級操舵手：磁器1小容器	ondersteurman : 1 vatie porcelijn
6.	下級大工：磁器1小容器	ondertimmerman : 1 cleyn vatie porcelijn
7.	下級大工：磁器1小箱	ondertimmerman : 1 kassie porcelijn
8.	下級大工：磁器1小容器	ondertimmerman : 1 cleyn vatie porcelijn
9.	水夫頭：磁器1容器	bootsman : 1 vath porcelijn
10.	勝手方：磁器1小容器	bottelier : 1 vatie porcelijn
11.	下士官：日本の小さい人形と日本のカップの入った中国の小箱1個、磁器のカップ&ソーサー	sergeant : 1 chineese kissie met Japanse popeties en Japanse koppies wat porcelijne koppies en pierings

(3) ティドーレ号Tidore　1675年本国着　ゼーラント支部所有
　　記載乗組員20名、そのうち磁器を持込んだ従業員の人数11名、内訳：

1.	船長：磁器3桶、ティーポット30組	schipper : 3 balys porcelijn, 30 paar thee pottjes
2.	上級医官：磁器1桶	oppermeester : 1 baly porcelijn
3.	簿記役：少量の磁器	boekhouder : een weijnigh porcelijn
4.	上級操舵手：磁器1桶	opperstuerman : 1 baly porcelijn
5.	上級操舵手：磁器1小容器	opperstuerman : 1 vatie porcelijn
6.	上級操舵手：磁器1桶	opperstuerman : 1 baly porcelijn
7.	上級大工：磁器3小容器	oppertimmerman : 3 vaties porcelijn
8.	砲手：磁器1小容器	constapel : 1 vatie met porcelijn
9.	下級外科医：磁器1小篭	onderchirurgijn : 1 cannassertie porcelijn
10.	下級外科医：磁器1篭	onderchirurgijn : 1 cannasser met porcelijn
11.	勝手方：磁器1桶	bottelier : 1 baly porcelijn

(4) フライエ・ゼー号Vrije Zee　1675年6月7日Goeree着　デルフト支部所有
　　記載乗組員6名、そのうち磁器を持込んだ従業員の人数6名、内訳：

1.	船長：磁器2容器	schipper : 2 vaten met porcelijn
2.	下級商務員：日本の人形の道具2小箱、選別された一般的な磁器2小箱	ondercoopman : 2 dossyn met japanse poppegoet, 2 cleijne cassiens gesort gemeijn porcelijn
3.	上級操舵手：磁器2容器	opperstuerman : 2 vaten porcelijn
4.	下級操舵手：磁器2小容器	onderstuerman : 2 vatjes porcelijn
5.	操舵手助手：磁器1小容器	derde waek : 1 vatie porcelijn
6.	勝手方：陶器2桶	bottelier : 2 balys met aerdewerck

(5) エーンドラハト号Eendracht　1675年6月7日本国着　ロッテルダム支部所有
　　記載乗組員27名、そのうち磁器を持込んだ従業員の人数11名、内訳：

1.	船長：磁器1桶	schipper : 1 baly porcelijn
2.	上級操舵手：磁器1小容器	opperstuerman : 1 vatie porcelijn
3.	下級操舵手：磁器1小容器	onderstuerman : 1 vatie porcelijn
4.	操舵手助手：磁器半アーム	derde waek : 1 halff aemtie porcelijn
5.	下級医官：磁器半アーム	ondermeester : 1 halff aem porcelijn
6.	下級医官：磁器1桶	ondermeester : 1 baly porcelijn
7.	水夫頭：磁器1桶	bootsman : 1 baly porcelijn
8.	勝手方：磁器半アーム	bottelier : 1/2 aem porcelijn
9.	料理人：磁器1桶	cock : 1 baly porcelijn
10.	上級大工：磁器半アーム	oppertimmerman : 1/2 aem porcelijn
11.	帆の製作人：磁器1桶	zeijlmaker : 1 baly porcelijn

(6) フレイヘイト号Vrijheid　1675年本国着　エンクハイゼン支部所有
　　記載乗組員18名、そのうち磁器を持込んだ従業員の人数10名、内訳：

1.	船長：磁器選別した1桶	schipper : 1 baelie met gesorteerde porcelijn
2.	副船長：磁器製カップ＆ソーサー1桶	tweede schipper : 1 baly met porcelijn copies en pierings
3.	簿記役：磁器1小箱	boekhouder : 1 kissie met porcelijn
4.	上級操舵手：磁器1小篭	opperstuerman : 1 cleijn cannassertie porcelijn
5.	下級操舵手：カップ＆ソーサー1小容器	onderstuerman : 1 vatie met coppies en pierings
6.	下級操舵手：カップ＆ソーサー1小容器	onderstuerman : 1 vatie met coppies en pierings
7.	上級水夫頭：磁器1小容器	Hoogbootsman : 1 dº met porcelijn
8.	船舶砲手：磁器1小容器	schip constapel : 1 vaetie porcelijn
9.	紙面損失で不明：磁器1容器	[part lost] : 1 vat porcelijn
10.	上級大工：磁器1小容器	oppertimmerman : 1 vatie porcelijn

1675年11月21日バタヴィア発帰国船の個人貿易品のリスト
（出典VOC1307）

(1) テルナーテン号Ternaten　1676年7月16日Texel着　アムステルダム支部所有
記載乗組員7名、そのうち磁器を持込んだ従業員の人数5名、内訳：

1.	船長：磁器2桶	schipper : 2 balys porcelijn
2.	簿記役：磁器1桶	boekhouder : 1 baly met porcelijn
3.	上級操舵手：磁器1桶	oppersteurman : 1 baly porcelijn
4.	上級操舵手：磁器1桶と1小容器	oppersteurman : 1 baly met 1 cleine vatie porcelijn
5.	商務員：ティーカップ20個、ティーソーサー30個、ティーカップ30個、透かしが入った銀マウント付きティーカップ10個、磁器3桶、日本磁器製壺入りセラレット	coopman / Joan Putmans : 20 thee copies en 30 d[os] : pieringhs, 30 d[os] coppies, 10 P[s] d[o] doorluchtige met silvere beslagen, 3 balys porcelijn, 2 kelders met japanse porcelijne potten

(2) オーステンブルフ号Oostenburg　1676年7月16日Texel着　アムステルダム支部所有
記載乗組員10名、そのうち磁器を持込んだ従業員の人数8名、内訳：

1.	船長：磁器3桶	schipper : 3 balyties met porcelijn
2.	簿記役：磁器1小桶	boekhouder : 1 ballitie porcelijn
3.	上級操舵手：磁器1桶	oppersteurman : 1 baly postelijn
4.	下級操舵手：磁器1小桶	ondersteurman : 1 kleijn baly porcelijn
5.	帆綱手：磁器1桶	schieman : 1 baly porcelijn
6.	上級大工：磁器1小容器	oppertimmerman : 1 vatie porcelijn
7.	船長の前妻：磁器3小桶	gewesene huijsvrouw van Schipper : 3 balytie porcelijne
8.	副船長：磁器1桶	tweede schipper : 1 baly porcelijn

(3) スマトラ号Sumatra　1676年7月16日Texel着　アムステルダム支部所有
記載乗組員8名、そのうち磁器を持込んだ従業員の人数6名、内訳：

1.	船長：磁器2小桶	schipper : 2 balijtie porcelijn
2.	上級操舵手：磁器1桶	oppersteurman : 1 baly porcelijn
3.	下級操舵手：磁器1小容器	ondersteurman : 1 vatie porcelijn
4.	下級操舵手：磁器製壺2個、磁器製カップ&ソーサー80個	ondersteurman : 2 postelijne potten met een com, 80 stx postelijne coppies en pieringhs
5.	下級操舵手：カップ&ソーサー140個、磁器半アーム	ondersteurman : 140 stx postelijne soo coppies als pieringhs noch 1 halff aemtie porcelijn
6.	自由市民：あらゆる種類の磁器1桶	vrij burger : 1 baly met alderhande postelijn

(4) ホーフェリング号Hoveling　1676年7月16日Texel着　アムステルダム支部所有
記載乗組員4名、そのうち磁器を持込んだ従業員の人数4名、内訳：

1.	船長：磁器2桶	schipper : 2 balijs porcelijn
2.	簿記役：磁器1桶	boekhouder : 1 baly porcelijn
3.	上級操舵手：磁器1桶	oppersteurman : 1 baly porcelijn
4.	下級操舵手：磁器1桶	ondersteurman : 1 baly porcelijn

(5) ヘンドリック・マウリッツ号Hendrik Maurits　1676年7月16日本国着　ゼーラント支部所有
記載乗組員5名、そのうち磁器を持込んだ従業員の人数4名、内訳：

1.	下級操舵手：磁器1小容器	ondersteurman : 1 vatie porcelijn
2.	弁護士：磁器製深皿と平皿1桶、磁器製ティーソーサー&カップ1桶	procureur : 1 baly met wat porcelijne schotels en pierings, 1 baly met wat thee pieringties en copies
3.	上級操舵手：磁器1小容器	oppersteurman : 1 vatie porcelijn
4.	上級外科医：磁器1小箱	opperchirurgijn : 1 kissie met porcelijn

(6) クーヴェルフェ号Koewerve　1676年7月16日本国着　ゼーラント支部所有
　　記載乗組員7名、そのうち磁器を持込んだ従業員の人数5名、内訳：

1.	船長：磁器3桶	schipper : 3 baly porcelijn
2.	上級操舵手：磁器1桶	opperstuerman : 1 baly porcelijn
3.	下級操舵手：磁器1桶	onderstuerman : 1 baly porcelijn
4.	下級操舵手：磁器半アーム2個	onderstuerman : 2 haelff aemen porcelijn
5.	上級外科医：磁器1桶	opperchirurgijn : 1 baly met porcelijn

(7) エイラント・マウリティウス号Eiland Mauritius　1676年7月16日本国着　デルフト支部所有
　　記載乗組員13名、そのうち磁器を持込んだ従業員の人数7名、内訳：

1.	副船長：磁器1桶	2^e schipper : 1 baly porcelijn
2.	上級操舵手：磁器1桶	opperstuerman : 1 baly porcelijn
3.	上級操舵手：磁器1桶	opperstuerman : 1 baly porcelijn
4.	下級操舵手：磁器1桶	onderstuerman : 1 baly porcelijn
5.	上級商務員：磁器2桶	opperkoopman : 2 balys porcelijn
6.	勝手方：茶器1箱	bottelier : 1 doos met thee goet
7.	操舵手助手：茶器1小箱	derdewaek : 1 clijne kissie met thee goet

(8) アフリカ号Afrika　1676年7月16日本国着　ロッテルダム支部所有
　　記載乗組員6名、そのうち磁器を持込んだ従業員の人数5名、内訳：

1.	船長：磁器2桶	schipper : 2 balys porcelijnen
2.	副船長：磁器1小箱	tweede schipper : 1 kassie porcelijn
3.	上級操舵手：磁器1桶	opperstuerman : 1 baly porcelijn
4.	下級操舵手：磁器1小箱	onderstuerman : 1 cassie porcelijn
5.	施設付き牧師：磁器2桶	predikant : 2 balys postelijn

(9) アメリカ号Amerika　1676年7月16日本国着　ホールン支部所有
　　記載乗組員7名、そのうち磁器を持込んだ従業員の人数4名、内訳：

1.	船長：磁器1小箱	schipper : 1 kistie met porcelijn
2.	副船長：ティーカップ＆ソーサー400個、旅行中の食卓で用いる少量の小さい深皿と平皿および鉢が入った小箱	2. schipper : 400 p^s soo thee copies als pierings, 1 kisie met eenige schotelties pieringhs als komme, om op de reyse op taefel te gebruijcken
3.	上級医官：磁器1小箱	oppermeester : 1 cassie met porcelijn
4.	自由市民：少量の磁器と茶器が入った空のセラレット、磁器製貯蔵瓶8本入りのセラレット	vrij burger : 1 ledige kelder daerin wat porcelijnen en theegereetschappen, 1 kelder met 8 flessen porcelijne provisie

(10) ブラウエンフルク号Blaeuwenhulq (Blauwe Hulk)　1676年7月16日本国着　エンクハイゼン支部所有
　　記載乗組員4名、そのうち磁器を持込んだ従業員の人数3名、内訳：

1.	船長：磁器2桶	schipper : 2 baly porcelijn
2.	市区の医官：ティーカップ200個	quartiermeester : 200 thee copies
3.	船長：ティーポット2個、金彩をほどこした平皿9小箱、磁器製小水注6個、深皿1桶	schipper : 2 thee potten, 9 kissens met vergulde pierings, 6 porcelijne kannetjes, 1 baly met schotelties

1676年11月25日バタヴィア発帰国船の個人貿易品のリスト

(出典　VOC1315)

(1)　ブルフト・ファン・レイデン号Burcht van Leiden　1677年7月8日Texel着
　　アムステルダム支部所有
　　　　　記載乗組員18名、そのうち磁器を持込んだ従業員の人数11名、内訳：

1.	船隊長：日本製の人形の道具入り箪笥4個、磁器4桶	commandeur van de vloote : vier comptoiren met japanse poppegoet, vier baly porcelijn
2.	船長：日本製深皿12枚	schipper : twaelf japanse schotels
3.	助手：ティーカップ300個	asistent : drie hondert thee copiens
4.	上級操舵手：粗製の深皿5枚	oppersteurman : vijff grove schotels
5.	操舵手：磁器1桶	stuerman : een baly gesorteerde porcelijn
6.	上級外科医：磁器製鬚皿8枚	opperchirurgijn : acht porcelijne scheerbecken
7.	水夫頭：磁器10個入りの藁包	bootsman : een stroo met thien p^s porcelijnen
8.	艀砲手：磁器1桶、磁器の水注18本入りのセラレット	constapel : een baly porcelijn, een kelder met achthien p^s porcelijn kannekens
9.	勝手方：ティーカップ200個	bottelier : twee hondert p^s theecopies
10.	帆綱手：ティーポット200個	schieman : twee hondert p^s thee potiens
11.	上級大工：ティーポット200個	oppertimmerman : twee hondert theepottiens

(2)　ユーロパ号Europa　1677年7月8日Texel着　アムステルダム支部所有
　　　　　記載乗組員23名、そのうち磁器を持込んだ従業員の人数2名、内訳：

1.	下級操舵手：日本磁器1桶	ondersteurman : een baly japanse porcelijn
2.	下士官：ティーカップ1箱	sergiant (sergeant) : een doos met thee copies

(3)　ホランセ・テウン号Hollandse Tuijn　1677年7月8日Texel着　アムステルダム支部所有
　　　　　記載乗組員7名、そのうち陶磁器を持込んだ従業員の人数4名、内訳：

1.	船長：磁器1桶	schipper : een baly porcelijn
2.	副船長：日本の陶器3桶	tweede schipper : drie baly japanse aardewercq
3.	上級操舵手：磁器1桶	oppersteurman : een baly porcelijn
4.	病人を教化する説教師：粗製のティーポット1容器、ティーカップ300個	krankbezoeker : een vatie met slechte theepotiens, drie hondert thee copiens

(4)　ティドーレ号Tidore　1677年本国着　ゼーラント支部所有
　　　　　記載乗組員4名、そのうち磁器を持込んだ従業員の人数1名、内訳：

1.	最後の祈祷をする祈祷師：磁器1桶	ziekentrooster : een baly porcelijn

(5)　ヘーレフーツライス号Hellevoetsluis　1677年本国着　ロッテルダム支部所有
　　　　　記載乗組員6名、そのうち磁器を持込んだ従業員の人数1名、内訳：

1.	下級操舵手：磁器2小容器	ondersteurman : twee vatiens met porcelijn

(6)　プリンス・ウィレム・ヘンドリック号Prins Willem Hendrik
　　1677年本国着　ゼーラント支部所有
　　　　　記載乗組員2名、そのうち磁器を持込んだ従業員の人数1名、内訳：

1.	船長：日本製深皿12枚、同平皿100枚、日本製壺3個	schipper : twalff p^s japanse schotels, een hondert d° pierings, drie japanse potten

(7)　デルフツハーフェン号Delffshaven　1677年本国着　デルフト支部所有
　　　　　記載乗組員3名、そのうち磁器を持込んだ従業員の人数1名、内訳：

1.	船長とその妻：ティーポット24個、ティーカップ＆ソーサー80個	schipper met sijn huisvrouw : vierentwintigh p^s thee potjens, tachentigh p^s thee pierings en coppiens

(8)　デン・ブリール号Den Briel　1677年本国着　ホールン支部所有
　　　　　記載乗組員4名、磁器の舶載なし

(9) ヘクローンデ・フレーデ号Gekroonde Vrede　1677年本国着　エンクハイゼン支部所有
　　記載乗組員7名、磁器の舶載なし

(注)原典：資料1～3：VOC1297(1674年11月15日付、発行バタヴィア城)、VOC1307(1675年11月15日付、発行バタヴィア城)、VOC1315(1676年11月28日付、発行バタヴィア城)

　資料1によれば、1674年のバタヴィア発本国への帰国船は6隻から成り、1674年11月18日にバタヴィアを出港し、1675年6月本国に帰港した。この年に帰国し、許可された個人貿易品を船に持ち込んだ人数は105名、そのうち磁器(陶器を含む)の記載があったのは59名であった。1675年のバタヴィア発本国への帰国船は10隻から成り、1675年11月21日にバタヴィアを出港し、1676年7月に本国に帰港した。この年に帰国し、許可された個人貿易品を船に持ち込んだ人数は71名、そのうち磁器の記載があったのは51名であった。1676年のバタヴィア発本国への帰国船は9隻からなり、1676年11月25日にバタヴィアを出港し、1677年7月に本国に帰港した。この年に帰国し、許可された個人貿易品を船に持ち込んだ人数は74名、そのうち磁器(陶器を含む)の記載があったのは21名であった。また、個人貿易品の磁器は東インド会社のほぼすべての支社の船に舶載されていた。つまり、1674年には56パーセント、1675年には72パーセント、1676年には28パーセントの乗船者が磁器を個人貿易品として持ち運んだことになる。年により状況は異なるものの、バタヴィアから帰国するオランダ東インド会社の従業員にとって、磁器が重要な個人貿易品であったことは明らかである。磁器の器種名に関する記載は、上記の資料2と資料3にみるとおり、産地を明記しない場合が大半を占め、史料上は産地不詳である。

　一方、唐船貿易ルートによって、1664年～1682年までの期間には、推定約308万個もの肥前磁器が長崎からバタヴィアへ運ばれていたことが明らかである[23]。加えて、この期間に長崎から個人貿易品を出荷するための制度上の条件は前述の通りすでに整っていた。したがって、1670年代にバタヴィアを出港する船に載せることのできた個人貿易品の磁器の大半は、長崎からオランダ船に個人貿易品として舶載された肥前磁器か、唐船の貿易品としてバタヴィアに到着した肥前磁器である蓋然性が高い。

　これらの年にオランダに舶載された磁器のうち器種が明確でない商品の個数は、主に桶*baly*、小桶*balitie*、容器*vat*、小容器*vatie*、小箱*kissie*、半アーム*halff aem*(又はaemtie、1アームは約150mlの液体容量を意味する)等の単位で記されている。資料3から抽出したその内訳は以下のとおりである。

・1674年：桶数28、容器数7、小容器数20、小箱数4、半アーム数4、1篭、2小篭
・1675年：桶数40、小桶数7、小容器数5、小箱数5、半アーム数3
・1676年：桶数13[24]、小容器数2

つぎにその規模を把握するため、個数に換算していく。そのために、「仕訳帳」や「送り状」に記載された公式貿易品の記録から、これらの単位の器に収納される個数を確認しておこう。

　公式貿易品の磁器の梱包は、ほとんど藁包*stroo pack*や木箱*cas*である。明確に個数がわかる桶の記載は、1671年のベンガル向け商品として記載された、2桶に入った洗面用深皿20個[25]のみであった。この器種は、通常直径約40～60センチの大物の深皿を指すため、1つの桶に上下に重ねて10枚を収納したと考えられる。「桶」は一般的には円筒形であるので、深皿や平皿のような円形の器を入れるには適したのだろう。小桶は例がないので不明であるが、より半径の狭い器を入れると解釈して、1桶20枚程度ではないかと推測する。木箱については、1668年トンキン向け荷物として2個の木箱についての情報があり、1つ目の木箱には平皿(200個)、ティーソーサー(200個)、ティー

カップ＆ソーサー（各200個）と瓶4個の合計604個という小物の磁器の記載がある。2つ目の木箱には、より大きい商品とみられる深皿（30個）、マスタード壺（4個）、塩容れ（4個）、ティーポット（3個）の合計41個が入っていた[26]。1670年のマラッカ経由ベンガル向け荷物は、瓶と水注類24個が1つの木箱に収められている[27]。さらに、1673年のオランダ向け荷物では、大型および小型のビール用水注が各500個記載され、双方とも4つの木箱に入っていることがわかる[28]。容器や小容器の収納個数がわかる記載は「仕訳帳」にはなかったが、これらの事例に基づいて、「仕訳帳」記載の「木箱」の容量より少なく見積もると、小箱や容器は1つで50個程度、小容器vatieは1つで20個程度、「半アーム」は1つで10個程度入ると仮定する。篭、小篭の個数は不明のため省略する。

以上の想定により、桶や箱、容器などに詰められた磁器の合計個数は、1674年は約1,270個、1675年は約920個、1676年は約120個と推計できる。しかしこれは、大部分が数量不明のためかなり控えめな数字であり、実際の規模を捉える数値にはなりえず最低限の目安にすぎない。

器種が明記された磁器については、前掲資料2のとおり、日本の小さい人形、ティーカップ＆ソーサー、平皿、深皿、人形の道具、水注および瓶が入ったセラレット、ティーポット、壺などがオランダへ個人貿易品として舶載されたことが把握できる。

加えて、これらを運んだ人の職種に幅広い多様性がみられることも注目に値する。資料3によれば、船長、簿記役、操舵手、外科医、医官、勝手方、大工、自由市民（会社の職員ではない個人）が多いが、船長の妻や前妻、一風変わった事例としては「施設付き牧師」、「病人を教化する説教師」、「最後の祈祷をする祈祷師」といった聖職者も磁器を携えていた。このような職業の多様性は、磁器が一般的な個人貿易品として普及していたことを示すものと考えてよいだろう。

また、勝手方、大工、牧師といった、個人取引とは一見無縁にみえる人々については、彼らが個人貿易の担い手であったというよりは、個人貿易を行う資金力のある第三者の求めに応じ、磁器の運搬を請け負っていた可能性もあろう。何故なら、手荷物の持ち込み許可の制度は、渡航する人間の数だけ個人貿易品を有利な条件で運搬するスペースを生みだす内容であったからである。バタヴィア総督を務めたヨアン・ファン・ホールン（Joan van Hoorn[29], 1653-1711）やウィレム・ファン・アウトホールン（Willem van Outhoorn[30], 1635-1720）など、会社の要職にあった人物が所有していた肥前磁器を含む大規模な磁器コレクションの存在は、個人貿易品を扱う資本力のない渡航者の貢献が、個人貿易の歯車となっていたことを示唆する事例と言えるだろう。

なお、山脇氏は前述の1685年に制定された定高貿易法に基づき、会社が輸出を止め、あるいは減らした分の磁器は個人貿易品として受け継がれたとみている[31]。しかし、本リストは1670年代にかなりの数量の肥前磁器が個人貿易品としてバタヴィアからオランダへ運ばれたことを示している。定高貿易法の制定が公式貿易から個人貿易への切り替えを促進し、個人貿易が活性化したとする山脇氏の説だけでは個人貿易の展開は説明できず、さらなる検討が必要である。

第4項 『唐蠻貨物帳』にみる個人貿易品の記録

個人貿易という枠組みのなかで、いかに大量の肥前磁器をオランダ船が日本から運び出したかは、『唐蠻貨物帳』の1709（宝永6）年、1711（正徳元）年、1712（正徳2）年の条に所収された「阿蘭陀船四艘日本ニ而万買物仕積渡寄帳」の記載が物語っている[32]。山脇氏は、この史料に記された

磁器から公式貿易として輸出された磁器を除き、公式貿易のおよそ10倍の数量が個人貿易で輸出されたことを指摘した。さらに、この3ヵ年の個人貿易の輸出金額の合計が、それぞれ1709年は167貫869匁、1711年は394貫287匁7分、1712年は262貫160匁6分であることも指摘している[33]。

『唐蠻貨物帳』に記載された個人貿易品の磁器の詳細は資料4のとおりである。そこに記された器種の名称は、鉢、壺、徳利、茶碗、蓋茶碗（挿図1-16）、女人形といった意味が明瞭な事例から、猪口皿、ひな道具といった意味が不明瞭な事例もある。それでも、「猪口皿」はカップ＆ソーサー（挿図1-13、1-17）、「ひな道具」は人形の家を飾るためのミニチュアの道具の一種としての磁器の器（挿図1-14）と推測できるが、「水入女唐子人形」のように特殊で推定困難な器形もある[34]。

このような個人貿易品を考える上で、前述の「会社が貿易品として取り扱っていない貨物からなる個人貿易品は、会社の船の船腹に余裕がある場合には積みいれて送ることを許す。ただしその貨物の嵩に応じて最低20パーセント最高30パーセントの運賃および関税を支払わなければならない。」とする、1667年3月の東インド会社総督ヨアン・マーツイケルの布告[35]に記された、個人貿易品に適応された関税や重量の抑制は、商品の条件に影響を及ぼすため重要である。この課税の取り決めは、限られた体積の商品からより多くの利益を得る必要が生じた事を意味しており、高い利益を生む個人貿易品の条件は、出来る限り寸法が小さく売却益の高い商品であった考えられる。

公式貿易品として、珍しい上質の磁器が熱心に要望されていた点[36]も参考になる。個人貿易品も小型でデザイン性にすぐれた製品に関心が寄せられ、絵付けや彫塑的な造りの藝術的表現やデザインの斬新さ、希少性が重要視されたことだろう。また、こうしたデザイン面での企画のみならず、カップ＆ソーサーやティーポット、人形の道具のように小さいため税が軽く持ち運び易いものや、食卓皿のように必要度が高く安定した需要が期待できる器種の商品を多くそろえることで、高い収益を得ることを目論んでいたことも、推測される。

挿図1-16
色絵花鳥文蓋付カップ＆ソーサー
カップ　総高8.8cm
ソーサー　口径15.8cm
蓋　口径8.7cm
アルンシュタット城美術館蔵（ドイツ）

挿図1-17
色絵花卉文カップ＆ソーサー
カップ　高さ4.5cm
ソーサー　口径12.2cm
アルンシュタット城美術館蔵

資料4　『唐蠻貨物帳』「阿蘭陀船四艘日本ニ而万買物仕積渡寄帳」記載個人貿易品の磁器の記載

宝永6(1709)年		正徳元(1711)年		正徳2(1712)	
鉢	14,694	鉢	24,548	鉢	8,820
花生	1,286	徳利	2,189	花生	1,490
切溜	2,119	花生	4,076	女人形	13
ひな道具	5,334組	茶碗	5,081	蓋茶碗	500
粉ふり小徳利	2,174	手付瓶	5,984	ちょく皿	158,640
壺	2,256	水入女唐子人形	394	徳利	2,607
蓋茶碗	1,069	ひな道具	5,580	切溜	1,190
唐子女人形	1,285	ちょく皿	85,012	壺	2,180
硯	15	壺	9,619	手付瓶	6,486
徳利	3,606	香炉	81		
蓋茶碗台共	413組	蓋茶碗	6,107		
盆山	1	切溜	550		
筆駕	45	灰吹	362		
猪口皿	44,336				
手付瓶	1,324				
灰吹	151				
香炉	2				
合計	74,363個	合計	149,583個	合計	181,926個
蓋茶碗	413組				
ひな道具	5,334組				

(注)原典：『唐蠻貨物帳』内閣文庫影印本　内閣文庫　1970年　上巻 pp.53-61、601-609、下巻 pp.1100-1107

第5項　個人貿易品として扱われた肥前磁器の器種

　『唐蠻貨物帳』に挙げられた磁器の器種を表す日本の名称は、西洋における王侯貴族の旧蔵コレクションによく見られるタイプであるため、宮廷の所蔵品として一般的な器形を示していると思われる。そこで、『唐蠻貨物帳』の器種の日本名称を基準に、それと同定可能又は類似する器種の名称を、資料2「オランダ東インド会社商船に舶載することを許可された個人貿易品一覧における磁器の記載」のオランダの名称と比較検討する。

表　唐蠻貨物帳、帰国船の個人貿易品、「仕訳帳」・「送り状」の磁器の記載と伝世品の対照

唐蠻貨物帳 1709年～1712年	帰国船の個人貿易品一覧 1674年～1676年	仕訳帳・送り状記載オランダ向け磁器1657年～1683年	想定可能な器種例
鉢	鉢 *com / kom* (1675-3/1675-9)	鉢 *kom, com*	
花生	瓶 *fles* (1675-9)カ	瓶 *fles*カ、丸い小瓶 *ronde flesje*カ	鶴首瓶口絵2-67又は喇叭形瓶　口絵1-3の内2点
切溜	なし	重箱 *sioeback*（1660年「送り状」）、3重の重箱 *backiens synde 3 op maelcander*（1662年「送り状」）	
ひな道具	人形の道具 *poppegoet* (1674-4/1676-1)	なし	挿図1-14
粉ふり小徳利	なし	なし	粉砂糖容れカ
壺	壺 *pot* (1675-1,3/1676-6)	壺 *pot*	口絵1-3の内3点
蓋茶碗	なし	なし	挿図1-16
なし	カップ *coppie* (1675-1)、ティーカップ *thee copie* (1675-1, 10 / 1676-3)	カップ *coppie*、ティーカップ *theecopie*	挿図1-13、1-17
唐子女人形、女人形	小さい人形 *poppetie* (1674-2)	人形 *pop*（1659年「送り状」）	挿図1-20
硯	なし	インク壺 *inktkoker*	挿図1-18
徳利	瓶 *fles* (1675-9)	瓶 *fles*	挿図1-2、1-3
猪口皿、ちょく皿	カップ&ソーサー *coppie en piering* (1674-2,6/1675-1,3,5,9/1676-7)（茶用［例 *theecopie*］を含む）	カップ&ソーサー *coppie en piering*	挿図1-13、1-16
なし	深皿 *schotel* (1675-5,10, 1676-1,6)	深皿 *schotel*	口絵1-2上
なし	平皿 *piering* (1675-5/1676-6)	平皿 *piering*	口絵1-2下
手付瓶	把手付小水注 *kannetje/kanneken* (1675-10/1676-1)	ビール用水注 *bierkan*、ワイン用水注 *wijnkan*、油用又は酢用の小型水注 *olij en asijn kannetje*	挿図1-11、1-12
筆駕	なし	なし	
灰吹	なし	なし	筆記用具の砂容れカ
香炉	なし	香料用壺 *wierrook pot*（1660年「送り状」）カ	
水入女唐子人形	なし	なし	

(注)原典:「唐蠻貨物帳1709～1711」列の記載は、『唐蠻貨物帳』(内閣文庫1970　上巻 pp. 53-61、pp. 601-609、下巻 pp. 1100-1107)に基づく。「帰国船の個人貿易品一覧1674～1676年」列の記載内容は、資料2「オランダ東インド会社商船に舶載することを許可された個人貿易品一覧における磁器の記載」(VOC1297, VOC1307, VOC1315)に基づく。括弧内の年号はバタヴィアを出港した年、ハイフン右の番号は各船の通し番号。原本の記載が複数形の場合も表は単数形で統一した(特殊な単語はそのままとした)。「仕訳帳・送り状記載オランダ向け磁器　1657～1683年」列の記載内容は、本書資料篇1に基づく。原本の器形名称の記載が複数形の場合も単数形で統一した。掲載回数が少ない場合のみ掲載史料と年号を括弧内に記した。

同表では、「仕訳帳」、「送り状」に記された公式貿易品のオランダの名称も参考に挙げ、双方を関連づけて検討してゆく。会社の貿易記録にない場合については伝世品から想定される器種を参考に図示した対照表が、表「唐蠻貨物帳、帰国船の個人貿易品、「仕訳帳」・「送り状」の磁器の記載と伝世品の対照」である。

　まず、『唐蠻貨物帳』に列記された器種のうちでもっとも数量が多いのは、「猪口皿、ちょく皿」と呼ばれる器である。1709年に44,336個、1711年に85,012個、1712年には158,640個という数が記載されている。次に多いのは鉢だが、1709年に14,694個、1711年に24,548個、1712年に8,820個であるので、猪口皿には遠く及ばない。そのため、猪口皿には西洋においてもっとも伝世例の多い輸出磁器の器種を想定する必要があり、猪口皿をカップ&ソーサーとする訳語は、この点において矛盾するところがないだろう。

　『唐蠻貨物帳』記載の「蓋茶碗」は、蓋付きのカップを指すが、蓋をともなうカップに丈の低いタイプはないため、「蓋茶碗」は丈の高い蓋付きのカップ（挿図1-16）を指したものと思われる。このカップには、通常付属のソーサーがあり、チョコレート用に用いられた。

　1709年と1711年の『唐蠻貨物帳』記載の「灰吹」とは、日本では煙草盆に付属した竹筒で、煙草の灰・吸い殻などを落とし込む器を指す名称である[37]。一方、1709年の同史料には「筆駕」と「硯」という、ペン立てとインク壺（挿図1-18）かと推測できる名称も並んで掲載されていることも考え合わせると、これら3つの器種は筆記用具の一群であるとみられる。この推測に基づけば、「灰吹」は西洋の筆記用具の中に組み込まれる「砂容れ」（挿図1-19）であると推測される[38]。

　さらに、『唐蠻貨物帳』記載の花生は、鶴首瓶またはオランダ語でロールワーヘンrolwagenと呼ばれる縦長で喇叭形の瓶が推測できる。この器形は、例えば、1677年のオランダ東インド会社の公式貿易の「仕訳帳」に記された装飾用壺pronck pot[39]の一部を成すものと推測される。こうした室内装飾用に置かれる壺は、通常5個1組で3個が胴の張った形状の壺、2個が開口部の開いた喇叭形の瓶から成るセット（口絵1-3）として配置するのが、17～18世紀の西洋における通常の陳列方法である。

　『唐蠻貨物帳』には、「唐子女人形」として1709年に1,285点、「女人形」として1712年に13点の記載がある。この時代に製作された人形としては挿図1-20のようなタイプが想定できるだろう。こうした婦人像は本書第2章第3節・4節に挙げるドロットニングホルム城、エッゲンベルク城等に古くからの伝世例があることからその流行ぶりが見てとれる。

　最後に、『唐蠻貨物帳』には該当する名称が記されていないが、資料2「オランダ東インド会社商船に舶載することを許可された個人貿易品一覧における磁器の記載」と、「仕訳帳」や「送り状」には、共通して深皿schotelおよび平皿pieringと呼ばれている器種が記載されている。西洋で食事のために使用される食卓皿の器形は、深皿と平皿という2種類があり、寸法は直径約20センチ以上30センチ未満が通常である。18世紀に西洋宮廷向けに製作された西洋陶磁の食器は、深皿と平皿は、食器のセットとして両方揃えるのが通常であり、景徳鎮や肥前の磁器にも口絵1-2のようにこれら双方を取り揃えた宮廷のコレクションがある。そのため、同一史料に双方の記述を確認できることは、所蔵状況に適合する。

　こうした肥前磁器の個人貿易に関連して、「オランダへは個人貿易のほうが公式貿易よりも優れた質の美しい磁器を輸入している[40]」という1674年の記録も知られている。さらに1681年～1683年にも、「個人貿易品には熱心な購入者がみつかっている[41]」という事態が報告されている。これにはもちろん、優れた商品を自らの個人貿易品にし、より劣ったものを会社に割り当てたと

挿図1-18
色絵牡丹文インク壺
総高8.0cm
フローニンヘン博物館蔵

挿図1-19
色絵花車婦人文砂容れ
幅10.0cm
プリンセッセホフ美術館蔵（オランダ・レーワルデン）

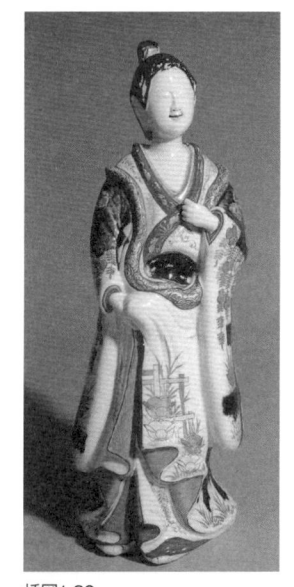

挿図1-20
色絵兎花卉蹴鞠文婦人像
高さ　52.8cm
碓井コレクション蔵

第1章　江戸期の東西陶磁貿易 | 83

いう可能性も考えられる。しかし本来、美術品でもある磁器の取引は、商品の仕入れに際して、高度な美的感覚を持ち、流行を先取りする鋭敏な感受性が問われ、商人の感覚的資質による差異が大きく作用するという側面があるはずである。そのために磁器は、第1節第4項で述べたように器形のタイプ、品質、デザインといった個々の商品のタイプにより利益（損失）率の差異が極端に分かれる商品になったものとみられる[42]。個人貿易品は、独立性の高い個別取引であるため、市場の流行や個別の取引条件の影響を受けやすいと推測される。本項で見てきた個人貿易の磁器輸出の内容は、西洋で需要の高い肥前磁器の器種を特定するための重要な手がかりとなり得ると考えられる。

第1章第2節　結語

　1674年～1676年までのオランダ東インド会社によるバタヴィアからオランダへの帰国船の個人貿易品に関する上掲のリストの分析から、個人貿易には、オランダ東インド会社のすべての支社が関わり、多様な職業に携わる人々が帰国船に個人貿易品として磁器を持ち込んだ状況を把握することができた。磁器は、一部の富裕な商人だけでなく、会社の下級従業員やアジアに滞在した自由市民、聖職者にとっても重要な個人貿易品であった。また、1709年～1712年までの『唐蛮貨物帳』の記述と合わせると、磁器の個人貿易品取引は少なくとも1670年代より1710年代までは盛んに行われていたと考えられる。

　また、1674年～1676年の個人貿易品のリスト「オランダ東インド会社商船に舶載することを許可された個人貿易品一覧における磁器の記載」にみられる磁器は、中国貿易が再開される以前に取引されたものであることから、バタヴィアで船積みされていても肥前磁器であると考えられる。そして、『唐蛮貨物帳』掲載の器種とオランダ東インド会社文書中の個人貿易についての記載を比較し共通項を探ることによって、オランダ東インド会社関係者の個人貿易品として会社の商船で運搬されたことを確認できる肥前磁器のタイプとして、平皿や深皿、カップ＆ソーサー、鉢、人形、壺、ティーポット、人形の道具という、西洋向けの器種が特定された。

　その様式は、1674年～1676年の個人貿易品のリストにみられる磁器は、1670年代という史料が作成された時代から判断すると、柿右衛門様式磁器や染付などであると推測できる。そして『唐蛮貨物帳』記載の磁器については、1710年前後という作成期間から判断して、金襴手様式を中心とするものであると考えられる。よって、西洋に17～18世紀より所蔵される肥前磁器を西洋へもたらした輸出ルートとして、柿右衛門様式の場合、オランダ東インド会社の公式貿易と会社関係者の個人貿易、金襴手様式の場合は会社関係者の個人貿易という貿易形態の存在を認識することができる。

註

1 Viallé 2000a, pp. 166, 173, 176, 181, 184-205
2 九州陶磁文化館2000、九州陶磁文化館2003、有田町教育委員会2008、他
3 本論文では、オランダ東インド会社の従業員が個人的に行う貿易取引について、「個人貿易」という用語を用いる。一方、山脇悌二郎氏のように個人貿易を「脇荷」と称する場合もある（山脇1988b pp. 97-124）。「脇荷」とは、オランダ東インド会社が関わる貿易用語の中で、幕府と会社の許可の範囲内で行われる個人貿易取引に対する幕府側の名称であるため、「脇荷」という用語の意味は日蘭間の貿易に限定される。これに対して、本書では長崎から出帆する船の積荷だけでなく、バタヴィアからオランダ向けに出帆する船の積荷も対象とするため、「個人貿易」という用語を「日本→アジア」、「日本→オランダ」、「アジア→オランダ」間の個人貿易に対して、統一的に用いることとした。
4 1674年の帰国船の個人貿易品に関する史料は、VOC1297、1675年の帰国船の個人貿易品に関する史料は、VOC1307、1676年の帰国船の個人貿易品に関する史料は、VOC1315として、オランダ・ハーグにあるオランダ国立文書館に所蔵されている。管見の限りでは、VOC文書中には同様の個人貿易の記録は、他には含まれていなかった。何故このようなリストが3年間だけ作成されたのか、あるいは他の年にも同種のリストが残っていないのか、というこの史料の成立に関する事実確認は今後の課題である。
5 内閣文庫1970　上巻 pp. 53-61, 601-609、下巻 pp. 1100-1107
6 山脇1988a　pp. 385-402
7 同書　pp. 392-398
8 Viallé 2007
9 Jörg 2003, p.252
10 山脇1988b　pp. 99-101
11 原文：*"Maer zoude bij de camban ofte de vercoopbrieff de cooplujjden bekent gemeaeckt werden..."* ／訳文：「しかしカンバン又は販売契約書により商人は知らせを受けなければならない」長崎商館長日記1658年9月14日。(Viallé / Blussé 2005, p.361)、Viallé 2007, p. 143
12 「寛文二壬寅の年より伊万里瓷器商売の者、出島の内に小屋を立てて店を出す事御免これあり」長崎志 清文堂1967　p. 230
13 山脇1988a　p. 388
14 Chijs 1886, p.421, 4 Maart 1667, *"Bepaling, dat particuliere goederen, bestaande uit goederen, waarin de Compagnie geen handel dreef, tegen betaling van 20 à 30 pct. aan vracht en »tol-»gelt, nae dat deselve volumineus sullen wesen"*, met Compagnie's schepen mogten overgevoerd worden, indien de scheepsruimte zulks toeliet."; 山脇1988a　pp. 321, 389
15 Coolhaas1968, p. 663；山脇1988b　p. 102
16 中田／中村1974　p. 76
17 永積1979　p. 57 (NFJ557, 28 December, 1829)
18 前掲註4 史料
19 これらの史料の冒頭に記された詳細なタイトルは以下の通りである。
・VOC 1297、1674年11月15日付、発行地バタヴィア城：Specificatie van 't gene diverse per[sonen] mette schepen voor de respective Camers Amsterdam, Zeeland, Delft, Rotterdam, Hoorn en Encqhuijsen thuijs varende toegestaan is met schriftelijcke ordonnantie van de Directeur-generael te mogen medenemen（アムステルダム、ゼーラント、デルフト、ロッテルダム、ホールン、エンクハイゼン各支社のための船で帰国する、重役会議による書面による布告により持ち込むことを許可された様々な人々のものの明細）
・VOC 1307、1675年11月15日付、発行地バタヴィア城：Specificatie van 't gene diverse personen met de schepen voor de respective camers Amsterdam, Zeelant, Delft, Rotterdam, Hoorn en Enckhuijsen thuijs vaarende, op versoeck in Raade van India toegestaan is, met schriftelijcke ordonnantie te mogen mede nemen als（アムステルダム、ゼーラント、デルフト、ロッテルダム、ホールン、エンクハイゼン各支社のための船で帰国する、書面による布告により東インド評議会の請願に対して、持ち込むことを許可された様々な人々のものの明細）
・VOC 1315、1676年11月28日付、発行地バタヴィア城：Lijste van 't gene de overgaende personen met de eerste retourvloot toegestaen sij nae 't patria mede te nemen（最初の祖国への帰国の航海で移動する、持ち込むことを許可された人々のもののリスト）
翻刻にあたりシンシア・フィアレ氏の御教示を受けた。
20 この史料は、論文（Viallé 2000a, pp. 171, 180, 註71）に、舶載された磁器の各年合計数量のみが部分的に掲載された。しかし、船舶や舶載者に関する情報を含む史料記載については掲載されることがなく、船舶や舶載者に関する情報の抜粋を掲載するのは本書が初めてである。
21 人形の道具とは、西洋の富裕層の婦人たちの間で流行したミニチュアの室内装飾を作って鑑賞する家の模型「ドールハウス」の室内を飾るための器や家具のことである。したがって、厳密に言えば、この史料の「人形の道具」が磁器製であるか否かの判断はできず、ガラス・木・陶器・金属の場合もある。しかし、特にアジアから運ばれる人形の道具としては、中国や肥前の磁器の可能性があるため、本リストに列した。ただし、オランダに現在伝わっている人形の家に納められた東洋風の器にはガラス製品もあり、すべてが本物の東洋製の磁器でできている訳ではない。フランス・ハルス美術館やユトレヒト中央美術館が所蔵する人形の家に配された東洋磁器風の室内装飾品の中にガラス製の器や日本製の屏風まであることが、その一例である。(Pijzel-Dommisse 1987；Runia, 1998参照)
22 セラレット（cellaret[英語]）は、アルコール用の瓶を複数収納するための木箱を意味する。この翻訳語のオランダ語の原語はkelderであり、本来は、貯蔵庫のような物を保管するために住居に設けられた場所を意味する。
23 本書第1章第3節第2項、櫻庭2007
24 このうち1桶にみられる「日本磁器」という記述は、断片的な情報ではあるが、バタヴィアからオランダへの輸送品であるこれらの磁器が肥前磁器である可能性を示唆している。
25 NFJ865、1671年10月19日付、長崎（オランダ国立文書館所蔵）。翻刻と翻訳は本書資料篇1　pp. 356-357に掲載。
26 NFJ862、1668年10月25日付、発行地長崎（オランダ国立文書館所蔵）。翻刻と翻訳は本書資料篇1　pp. 340-341に掲載。
27 NFJ864、1670年11月2日付、発行地長崎（オランダ国立文書館所蔵）。翻刻と翻訳は本書資料篇1　pp. 350-351に掲載。
28 NFJ867、1673年10月29日付、発行地長崎（オランダ国立文書館所蔵）。翻刻と翻訳は本書資料篇1　pp. 366-367に掲載。
29 ヨアン・ファン・ホールンは1704年より1709年までバタヴィア総督を務め、1710年に帰国した。彼の財産目録には膨大な量の磁器の記述がある。彼のイニシャル（I.V.H）入りの瓶の伝世例があることから、彼のコレクションが肥前磁器を含むことは明らかである。(Vialle 2007, p. 147)

30 ウィレム・ファン・アウトホールンは、ヨアン・ファン・ホールンの前任のバタヴィア総督で、1691年から1704年まで総督を務めた。肥前磁器を含む東洋磁器のコレクションを所有しており、娘に相続された。このコレクションは1921年に散逸したが、アウトホールン家の紋章入りの把手付水注が伝世していることから、彼のコレクションに肥前磁器が含まれることが確認できる（Viallé 2007, p. 147）。
31 山脇1988a　p. 397
32 内閣文庫1970（掲載頁は前掲註5と同）
33 山脇1988a　pp. 395-398。山脇氏は『唐蠻貨物帳』に記載された磁器の積荷から「仕訳帳」に記載された磁器の商品の内容を特定し、その数を差し引いて個人貿易品の内容を確定した。筆者も『唐蠻貨物帳』と仕訳帳の原本を照合し、山脇氏のデータに相違がないことを確認した。
34 『唐蠻貨物帳』記載の磁器の名称の解釈については、大橋康二氏の御教示を得た。
35 前掲註14参照。
36 Viallé 2000a, pp. 172-173
37 三省堂1988　p. 1918
38 砂容れおよびインク壺の例は佐賀県立九州陶磁文化館が紹介している（九州陶磁文化館2000　p. 89　図166～170）。
39 NFJ868、1677年10月16日付、発行地長崎（オランダ国立文書館所蔵）。翻刻と翻訳は本書資料篇1　pp. 372-373に掲載。
40 Viallé 2000a, p. 180 (VOC107, 19 Oktober, 1674)
41 Ibid., p. 181 (VOC108, 28 October, 1680)
42 櫻庭2006　pp. 286-292

第3節　唐船貿易によるバタヴィアへの輸出

第1項　唐船によるバタヴィア＝アジア域内の磁器の流通

　肥前磁器は、本章1節で述べたように主につぎの3つの貿易により長崎から出荷された。
　（1）　オランダ東インド会社の公式貿易（1650年～1757年）
　（2）　オランダ東インド会社従業員による個人貿易
　（3）　長崎に入港した唐船による貿易[1]
　このうち本節は(3)の、長崎に入港した中国系商人が操業するジャンク船による貿易を対象とする。ジャンク船は、アジアの複数の港へ、オランダ東インド会社の貿易をはるかに上回る、膨大な数量の肥前磁器を輸出していた。その一部は、①ジャンク船がバタヴィアに運んだ肥前磁器を、オランダ東インド会社がオランダへ運ぶ、②ジャンク船が広東か厦門か寧波の舟山Chusanの港に運んだ磁器を、イギリス東インド会社がそこからロンドンへ運ぶ、そして最後は仮説ではあるが、③ジャンク船がバタヴィアや広東に運んだ磁器がフランス、オーストリア、デンマーク、スウェーデン等の船で運ばれる[2]、という3通りのルートで西洋まで運ばれていた。
　本節では、上記①につながる唐船（ジャンク船などアジアの船）によるバタヴィア＝アジア域内の肥前製品をふくむ磁器の流通について、「バタヴィア城日誌」に基づいて考察していく。そして、考古学の発掘資料と比較照合も行い、その記述の整合性を確認する。
　さて本題に入る前に、バタヴィアについて触れておきたい。1619年、オランダはバタヴィアをアジアにおける活動中心拠点に定め、他の西洋勢を排斥した。オランダは、インドネシア地域で胡椒貿易を行う貿易船を掌握するために、貿易船をバタヴィアに入港させ、胡椒貿易を行う船の関税を半額にした。その結果、1630年以降様々なアジアの国からの貿易船の寄港が定着するようになり、バタヴィアは島嶼部における有数の中継貿易港となった。こうして、長崎、タイワン、トンキンおよびクイナム（広南）など、アジアの多くの地域に本拠地を置く中国の商人たちによる商業活動が盛んとなった[3]。
　江戸時代、中国商人が操業する船は、日本側からは長崎に来港した船の発港地によって区分され、口船、中奥船、奥船[4]という名称で呼ばれていた。しかし、欧文の研究書では、これらの船をジャンク（例：英語 junk／オランダ語 jonck）という名称で総称するのが通例である。「バタヴィア城日誌」においては、バタヴィアに入港するアジアの貿易船に関して、ジャンクjonck、ワンカンwankan、単に船を意味するファータイグvaertuygなど、多様な名称が用いられているが、こうした名称の区別の根拠は未詳である。そこで本書においては、これらの多様な名称の船を区別せず、バタヴィアへ磁器を搬入したアジアの船を、便宜的に「唐船」として扱う。
　「バタヴィア城日誌」とは、バタヴィアの東インド総督の日誌で、ジャカルタにあるインドネシア国立文書館the Arsip National Republic Indonesiaに所蔵されている。その1624年～1682年までの部分はすでに翻刻され、*Dagh-Register gehouden int Casteel Batavia van 't passerende daer ter plaetse als over geheel Nederlands-India* として出版されており[5]、山脇悌二郎氏やタイス・フォルカー氏、シンシア・フィアレ氏による唐船貿易に関する情報も、この「バタヴィア城日誌」の刊行史料に基づいている。本書も、第2項の1682年までの貿易内容については、この刊行史料を参照したが、1683年以降は、インドネシア国立文書館の原本を複製したオランダ国立文書館のマイクロフィッシュ

を利用した[6]。この日誌は、時系列順かつ日付別にバタヴィアで実施された貿易取引等が記述され、毎月月末にバタヴィアに入港した唐船などのアジアの船の積荷を集計したリスト（本書では以下「月末集計表」と呼ぶ）が掲載されている。そこにはバタヴィアに搬出入されるすべての商品が列挙され、輸入の項目は個数か梱包数、輸出の項目は金額によって表記され、磁器に関する記載もかなりの頻度で含んでいる。これらの情報については、山脇氏によってすでに1682年までの一部が紹介されている[7]。

　加えてこの月末集計表の輸出の部分には、アジア各地からバタヴィアに到着した磁器に関するデータのみならず、さらにそこから派生する、アジア各地へ唐船が輸出した肥前磁器の流通に関する情報も集計されているが、このデータについては、これまで先行研究がない。そこにはバタヴィアから出港する船が舶載した商品名とその金額が、ほぼ毎月羅列されており、バタヴィアに到着した磁器がさらにエンドユーザーであるアジアの個々の輸出先へと分配された状況を把握することができる。

　一方、第4項で後述するように、肥前磁器はインドネシア各地やベトナムおよびタイをはじめアジア各地の遺跡で続々と大量に発見されている。しかし、公式貿易の「仕訳帳」と「送り状」の記録を例にとるならば、ベトナムに位置するトンキン商館へ公式に輸出された磁器は12,850個、タイにあるシャム商館へは2,258個という程度の規模であり、発掘品として膨大な数が地中から発見される現状と一致しない。そこには、東インド会社の公式貿易以外の貿易ルートが存在したにちがいない。唐船が舶載した磁器の情報を収録した「バタヴィア城日誌」は、公式貿易の記録と出土状況にみられる齟齬を検証する手段として重要な意味を持ちうる。

　そこで本節では、肥前磁器の貿易が開始された1648年〜1769年までの期間に作成された「バタヴィア城日誌」の月末集計表に収録された磁器の記載を調査し、そこからバタヴィアにおける、唐船が関わる磁器貿易の取引の数値を抽出した。月末以外の日記の日付の部分に唐船による舶載荷物が記されるケースが稀にあるため、その場合もできる限り追跡し、集計に追加した。これらの結果を分析し、バタヴィアを中継地とする磁器流通の詳細を検討する。

第2項　1648年〜1682年のバタヴィアにおける磁器取引

A．唐船によるバタヴィアへの磁器の輸入

　1648年〜1682年の期間、日本や中国の諸港、その他東南アジアの港を出港した唐船がバタヴィアに運び込んだ多数の積荷のリストの中に含まれる、磁器*porceleyn*という記載および磁器製品の器種名称を確認した。これらの磁器の数量を出港地別に合算してまとめたのが表1である。バタヴィアへ磁器が舶載された事実が確認できたのは、1653年以降1682年までの期間であった。個数以外にも、藁束*stroy*、束*bos*や樽*baly*などで記載された商品も少なくない。同時代の「送り状」や「仕訳帳」の記載を参考にし、参考例として、これらを個数に換算した結果を個数と合算したのが「換算後合計数」である[8]。

　山脇氏の研究によりすでに、この期間に唐船が長崎からバタヴィアへ運んだ磁器の存在は知られているが[9]、本節ではより対象を広げ、長崎以外の港から出荷された場合も含めて、唐船がバタヴィアへ舶載した磁器の輸入数量を、磁器を出荷した港の所在地別に図表1の円グラフにまとめた。

表1　1648年～1682年にバタヴィアに到着した磁器の集計　個数と換算数量

年	出港地	数量（個数）	数量（藁束stroy・束bos）	数量（樽baly）	換算後合計数（個数）
1664-82	日本Japan	453,040	52,376	16	3,080,190
1665-82	マカオMacao	106,350	9,277	2,224	1,682,200
1677-80	泉州Tzinzieuw (Quanzhou)	195,939	24,663	406	1,632,089
1653-78	厦門Amoy	66,817	7,341	9	438,367
1666-78	トンキンTonkin	265,740	0	0	265,740
1670-81	広東Canton	31,310	1,091	152	161,860
1665-78	その他Others	14,150	15	41	35,400
1657-75	中国沿岸部Cust van Sina	22,700	15	23	34,950
1659-66	広南Quinam	28,972	90	0	33,472
1666-81	バンテンBantam	19,900	120	0	25,900
1653	タイワンTayoan	1,110	320	0	17,110
1663-82	カンボジアCambodia	11,200	30	0	12,700
1661	広南Quinam（日本磁器と明記）	7,100	0	0	7,100
1661	ジョホールJohor	8,200	0	0	8,200
1680	泉州Tzinzieuw(Quanzhou)（日本磁器と明記）	0	130	0	6,500
1661-67	パタニPatany	2,500	0	0	2,500
1676	バンテンBantam（日本磁器と明記）	1,500	0	0	1,500
1676	パダンPadangh（日本磁器と明記）	300	8	0	700
1668	パタニPatany（日本磁器と明記）	400	0	0	400

（注）1648年～1682年までの「バタヴィア城日誌」の月末集計表から唐船舶載品の磁器を抽出して集計した。商品の記載および出港地の情報により磁器porceleynだと特定できる場合だけを掲載する。月末集計表の原文において商品の詳細と最後の集計が異なる場合は、詳細の個数記載に合わせることとした。Thee potjensという商品が多数あったが、炻器製もあり、材質が判別できないため不掲載とした。金額数値に付された分数はすべて四捨五入とした。個数以外を単位とする場合は「換算後合計数」欄に個数に換算した数値を記した。計算根拠は註8を参照のこと。

図表1　1648年～1682年にバタヴィアに到着した磁器の出港地・推定産地の割合

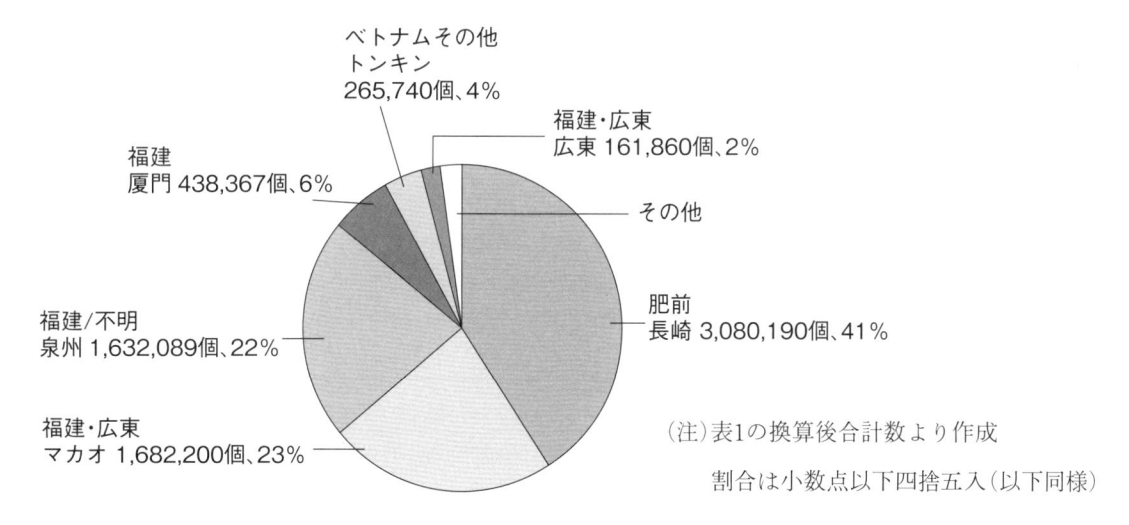

- ベトナムその他　トンキン 265,740個、4％
- 福建・広東　広東 161,860個、2％
- 福建　厦門 438,367個、6％
- 福建/不明　泉州 1,632,089個、22％
- 福建・広東　マカオ 1,682,200個、23％
- 肥前　長崎 3,080,190個、41％
- その他

（注）表1の換算後合計数より作成
割合は小数点以下四捨五入（以下同様）

　月末集計表における「磁器porceleijn」という記載、またはコンテクストから「磁器」と判断される器形名称（例：皿、鉢など）の商品がもっとも多く出荷されたのは長崎港で、全体の約41パーセント（推定産地肥前、推定個数3,080,190個）を占めていた。2位のマカオ出港分は約23パーセント（推定産地福建・広東、推定個数1,682,200個）、3位の泉州出港分は約22パーセント（推定産地福建又は不明、推定個数1,632,089個）であった。

　「バタヴィア城日誌」に記載された長崎から入港した唐船の舶載品の磁器、および日本磁器Jappan porceleyn、あるいは「日本の」という言葉を伴う、すなわち肥前製と推測できる磁器の器種名称をすべて抽出したのが表2である。

表2　1661年～1682年に唐船がバタヴィアへ搬入した日本の磁器
（1648年～1682年の「バタヴィア城日誌」から抽出）

年	月	日	出港地	名称	数量	単位
1661	2	9	広南 Quinam	日本磁器の平皿 porceleyne japanse pierings	400	―（stx）
				日本磁器の深皿 porceleyne japanse schotels	200	―（stx）
				日本磁器の小鉢 japanse porceleyne kommetjes	500	―（stx）
	2	11	Quinam	日本のビール用水注 japanse bier kannetjes	100	―（stx）
				日本の小碗 japanse kopjes	5,900	―（stx）
1664	2	3	日本Japan	様々な磁器 diverse porceleynen	83,890	個 stx
	3	31	Japan	日本の磁器 japanse porceleyn	3,090	藁束 stroo bondels
				日本のティーカップ japanse theecopjes	20	stroo bondels
				日本のティーカップ japanse teecopjes	1	藁包 stroo pakje
1666	2	28	Japan	粗製の磁器平皿 grove porceleyne pierings	1,500	stx
				磁器の小碗 porceleyne koppiens	50	stroo bondels
1667	1	31	Japan	粗製の碗 groove coppen	600	束 bos
				大小の深皿 groote en kleene schotels	900	bos
				小碗 kopjens	850	bos
				平皿 pierings	300	bos
				ティーソーサー thee pierings	100	―（stx）
1668	1	31	パタニ Patany	日本の平皿 japanse pieringhs	400	―（stx）
	2	28	Japan	深皿、平皿、小碗などの磁器 porceleynen soo schotels, pierings, kopjens	78,100	―（stx）
1669	2	28	Japan	一般的な粗製の深皿 gemeene grove schotels	8,000	―（stx）
				粗製の小平皿 grove kleyne pierings	21,000	―（stx）
				小平皿 kleyne pierings	500	―（stx）
				粗製の飯碗 grove rys kopjens	50,000	―（stx）
				蓋付の小碗 copjens met decksels	2,200	―（stx）
				小碗 kleene copjens	5,000	―（stx）
				大きい碗 groote copjens	100	―（stx）
	3	31	Japan	大きな粗製深皿 groote grove schotels	2,000	―（stx）
				大きな絵付けされた深皿 groote, geschilderde schotels	1,500	―（stx）
				平皿 pieringhs	6,000	stx
				蓋のない小碗 cleyne copjens met en sonder decksels	9,000	―（stx）
				大変粗製な小深皿 heel grove kleyne schotels	4,000	―（stx）
				大変大きな深皿 heel groote schotels	1,500	―（stx）
				小さい絵付けされた深皿 cleyne geschilderde schotels	3,750	―（stx）
1670	2	28	Japan	粗製および上質な様々な種類の日本の深皿 japanse schotels van verscheyde soorte, soo grove als fyne	18,000	―（stx）
				日本の選別された平皿 japanse gesorteerde pierings	17,000	―（stx）
				大小様々な種類の日本の小碗 japanse kopjes, groote en kleene van verscheyde soorte	38,000	―（stx）

年	月	日	出港地	名称	数量	単位
1671	1	31	Japan	蓋付碗 coppen met dexel	8,500	—（stx）
				深皿 schottels	4,500	stx
				赤絵の小碗 roode copjens	900	stx
				小さい平皿 cleyne pierings	3,500	stx
				ケンディー gorgelets	700	—（stx）
				アラキ酒の小杯 arax pimpeltjens	40,000	—（stx）
				蓋付の大きな碗 groote coppen met dexels	3,000	—（stx）
				大きな粗製碗 groote grove coppen	100	stx
1672	2	28	Japan	粗製の深皿 groove schootels	4,000	—（stx）
				小さい深皿 cleyne schootels	12,000	—（stx）
				平皿 pierings	3,300	—（stx）
				蓋付の碗 coppen met dexel	500	—（stx）
				ケンディー gorgoleths	600	stx
				小碗 cleyne copjens	7,500	—（stx）
				大き目の小碗 groter copjens	600	—（stx）
				絵付けされた鉢 gechilderde commen	2,500	—（stx）
1673	3	31	Japan	多様な磁器 diverse porceleyn	5,400	bos
	6	30	Japan	様々な磁器 verscheyde porceleynen	1,160	藁束 stroy
1674	1	31	Japan	選別された磁器 gesorteerde porceleynen	2,000	bos
				人形の道具 poppe-goed	3	箱 kist
	2	28	Japan	磁器 porceleynen	2,600	stroy
1675	2	28	Japan	磁器 porceleynen	4,650	stroy
1676	5	31	バンテン Bantam	粗製の日本磁器 grove Japanse porceleyne	1,500	stx
	6	30	パダン Padangh	日本の深皿 japanse schootels	300	stx
				日本の小碗 japanse copjens	8	stroy
1677	5	31	Japan	選別された磁器 gesorteerde porceleynen	2,100	stroy
1678	5	31	Japan	磁器 porcelainen	5,851	stroy
				磁器 porcelainen	12	樽 baly
				大型の鉢 groote commen	400	—
1679	5	31	Japan	選別された磁器 gezorteert porceleyn	1,924	stroy
				洗面用深皿 lampetschotels	3	衣裳箱 kleer kist
				ティーソーサー theepieringhs	1	箱 cas
	7	31	Japan	選別された磁器 gesorteerde porceleyn	4,178	stroy
				磁器 porceleyn	1	baly
1680	6	30	Japan	選別された磁器 gesorteerde porceleynen	5,354	bos
				様々な磁器 verscheyde porcelynen	3	baly
	7	31	泉州 Tzinzieuw	日本の深皿 japanse schootels	130	stroy
1681	2	7	Japan	選別された磁器 gesorteert porceleyn	1,792	stroy
	2	28	Japan	選別された磁器 gesorteert porceleyn	3,000	bos
	6	30	Japan	選別された磁器 gesorteert porceleynen	1,792	stroy
	11	30	Japan	選別された磁器 gesorteert porceleyn	4,626	stroy
1682	5	31	Japan	多様な磁器 diversche porceleijnen	1,366	stroy

　これらのうち、クイナムから出航した船の商品7,100個については山脇氏の研究ですでに紹介されている（内訳：日本磁器の平皿 *porceleyne Japanse pierings* 400個、日本磁器の深皿 *porceleyne Japanse schotels* 200個、日本磁器の小鉢 *Japanse porceleyne kommetjes* 500個、日本のビール用水注 *Japanse bier kannetjes* 100個、日本の小碗 *Japanse kopjes* 5,900個[10]）。それ以外にも、日誌にはパタニ、

バンテンおよびパダンから運ばれた日本の磁器の存在も記されていたため、表2に含めてある。その品名と個数の内訳を以下に示した。これらの港を経由する肥前磁器の流通ルートの存在が注目されるところである。

パタニ	日本の平皿Japanse pieringhs	400個
バンテン	粗製の日本磁器grove Japanse porceleyne	1,500個
パダン	日本の深皿Japanse schootels	300個
	日本の小碗Japanse copjens	8藁束(stroy)

「日本」との記載は伴わないものの、磁器と推測できるアジアの港からバタヴィアへ到達した商品も存在する。例えば、クイナムおよびバンテンは「バタヴィア城日誌」の記載から、タイワンについては「送り状[11]」、「仕訳帳[12]」および「バタヴィア城日誌[13]」中に、公式貿易や唐船によって日本磁器が輸出されたとの記述があることから、日本磁器の輸出実績が確実に確認できる地域である。これらの記載は、確実に日本の磁器であることを証明することはできないが、肥前磁器の可能性を否定できないケースである。

次に、「バタヴィア城日誌」から抽出した表2のデータのうち、長崎からバタヴィアへ到着した肥前磁器について器種別に分類し、その割合を円グラフで示したのが図表2である。

図表2　長崎からバタヴィアに輸送された肥前磁器の器種

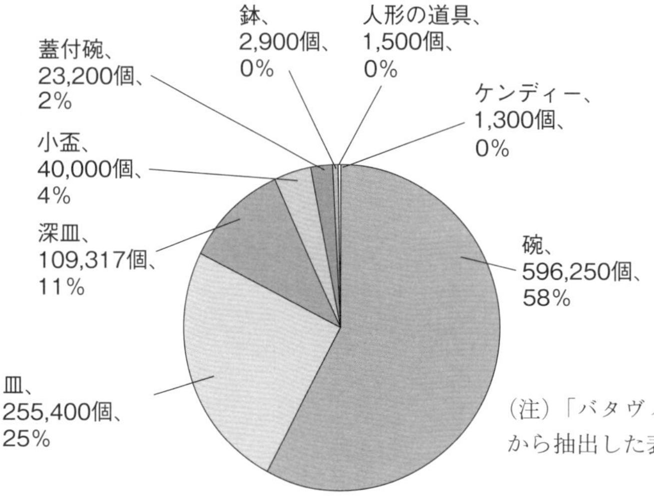

鉢、2,900個、0%
人形の道具、1,500個、0%
蓋付碗、23,200個、2%
ケンディー、1,300個、0%
小盃、40,000個、4%
深皿、109,317個、11%
碗、596,250個、58%
皿、255,400個、25%

（注）「バタヴィア城日誌」1648年〜1682年の中から抽出した表2の換算後の合計数に基づく。

もっとも多いタイプは約58パーセントにあたる碗(grove rys kopjens, coppen, copjens等)が596,250個、2番目は皿類(受皿含む)が約25パーセント(255,400個)、3番目は約11パーセントの深皿(109,317個)と続き、どのタイプの商品がアジアにおいて多く流通していたのか、1682年までの流通品の構成が把握できる。このもっとも多い「碗」の意味については、第4項で具体的に検討していくが、アジア向けの飯碗などの粗製碗であると推測される。

一方、1674年1月にバタヴィアに到着した人形の道具(poope-goed 3箱・口絵1-8・1-9)とは、ミニチュアの人形の家[14](口絵1-7、挿図1-21)を飾る器類である。それは、西洋製のガラス、金属や木などで作られるものもあるが、磁器製もある。この器種の存在は、典型的なオランダ向けとみられる器種の商品が、長崎から唐船によって運ばれることがあったことを示している。

この「バタヴィア城日誌」が示すのは、唐船が運んだ磁器の数量のみであり、その価格に関する情報を知ることができないが、唐船が運んだ日本の磁器の価格については、イギリス東インド会社のバンテンにおける拠点(the Company's agent in Bantam)からロンドンの重役宛てに発信された

挿図1-21
「ペトロネラ・オールトマンの人形の家」
1686年頃～1710年頃
高さ255cm、幅190cm、奥行78cm
アムステルダム国立博物館蔵

1674年10月5日付の書簡に、その様子を垣間見ることができる。

> 日本でのオランダの貿易に関して、彼らは例年他方（中国人）よりも厳しい条件を課された。日本人は、中国人に対して持ち運ぶことを許可した商品をオランダ人に対しては認めず、価格も中国人に対するのとはかけはなれた高値がつけられた。こうしたことは、彼らを徒労に導き、徐々に貿易から遠ざけることで、即刻彼らに（貿易を）禁じないための措置として考えられた[15]。（翻訳筆者）

この所見は、唐船がオランダ船より安く日本製品を入手していたことを示唆する。

B. バタヴィアからの磁器の輸出

次に、バタヴィアへ大量の磁器が運び込まれた要因を明らかにするために、月末集計表に記載された、輸出された磁器に関する記録に基づき、バタヴィアを起点としてアジア域内に輸出される磁器の流通を解明する。1648年～1682年の期間において、月末集計表に記載されたバタヴィアからの磁器の輸出先の地名は約90カ所にのぼる（表3）。

これらの地域に対して輸出された磁器は、月末集計表に金額（*rijksdaalder*: レイクスダールダール）[16]で記されている。そのうち、18番目であるブトン島が1パーセントを占め、19番以降は1パーセント以下となる。そこで、便宜的に上位33地域に絞って金額の多い順に記したのが表3である。主要地域の位置を地図に、割合を表3に示した。

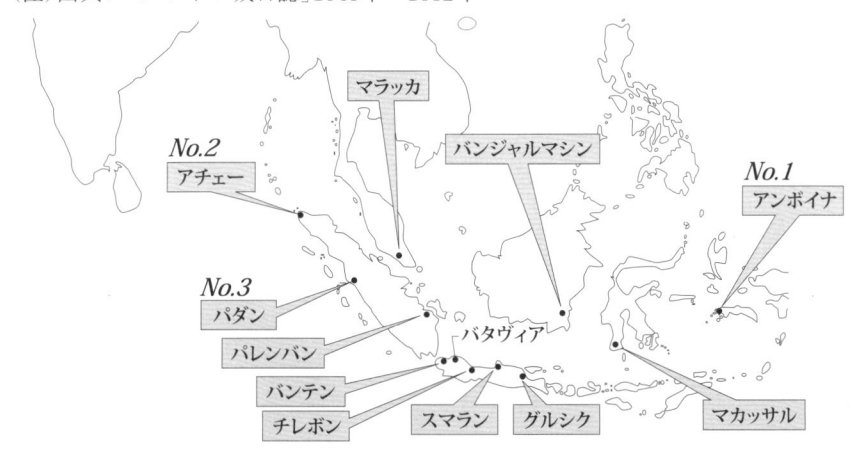

地図　アジアの船によりバタヴィアから輸送された磁器の輸出先　表3記載の主要都市の分布
(注)出典「バタヴィア城日誌」1648年～1682年

表3 バタヴィアから輸出された磁器の輸出地とその金額〔上位33地域〕

(注)出典「バタヴィア城日誌」1648年〜1682年

	史料記載原語	合計金額(rds)	仕向先	所在	割合(%、小数点以下四捨五入)
1	Amboina	18,123	アンボイナ（アンボン）	アンボン島	23
2	Atchin(Atjeh)	8,926	アチェー	スマトラ島	12
3	Padangh	4,139	パダン	スマトラ島	5
4	Macassar	4,127	マカッサル	スラウェシ島	5
5	Malacca	3,732	マラッカ	マレー半島	5
6	Banjarmassing	3,615	バンジャルマシン	ボルネオ島	5
7	Grissick/Grissee	3,412	グルシク	ジャワ島	4
8	Samarangh	3,336	スマラン	ジャワ島	4
9	Palembang	2,890	パレンバン	スマトラ島	4
10	Cherribon	2,803	チレボン	ジャワ島	4
11	Ternaten	2,664	テルナテ	マルク諸島	3
12	Cust/Oostcust van Java	2,659	ジャワ東海岸	ジャワ島	3
13	Japara	2,533	ジュパラ	ジャワ島	3
14	Bantam	2,116	バンテン	ジャワ島	3
15	Baly	2,059	バリ島	バリ島	3
16	Arracan	1,122	アラカン	ビルマ	1
17	Banda	787	バンダ	バンダ諸島	1
18	Bouton	643	ブトン島	スラウェシ島	1
19	Rambang	636	ランバン	ジャワ島東	以下1％未満（19〜90位地域への輸出量の割合は計10％となっている）
20	Packalongen	435	プカロンガン	ジャワ島東	
21	Baros	405	バロス	スマトラ島	
22	Tegal	392	トゥガル	ジャワ島東	
23	Passir	384	パシシール	ジャワ島北	
24	Jamby	380	ジャンビ	スマトラ島	
25	Cambodia	375	カンボジア	カンボジア	
26	Jouana	330	ジョアナ	ジャワ島東	
27	Dermayo	314	ダマル島	モルッカ諸島	
28	Johor	280	ジョホール	マレー半島	
29	Larentoecke	250	ロラントーカ	フロレス	
30	Surrabaya	243	スラバヤ	ジャワ島	
31	Pamanoekan	172	パマノエカン	ジャワ島東	
32	Damack	170	ダマク	ジャワ島東	
33	Westcust	169	西海岸	ジャワ島	

　それぞれの輸出地への輸出金額の全体に占める比率は、バタヴィアからもっとも多く磁器が輸出されたアンボイナでは約23パーセント、2位のアチェーは約12パーセント、3位のパダン以下、マカッサル、マラッカおよびバンジャルマシンまでが約5パーセント等であった。

　なお、これらの輸出を行った船に関しては、月末集計表には種類や船籍が不特定の「船」を表すファータイグ vaertuyg として統一的に記されている。日本やマラッカおよびシャムなどといった遠方から入港する船については、いわゆる唐船であったと推測されるが、インドネシアの諸島地域間の船の場合は、その船籍を特定する情報を月末集計表から得ることはできない。

表4 バタヴィアの中継貿易全体からみた磁器貿易の貢献度

年	年間磁器合計金額(rds)	年間輸出額(rds)	年間輸出額に占める磁器の割合
1659	30	137,827	0.02%
1661	61	39,517	0.15%
1663	654	81,546	0.80%
1666	473	130,894	0.36%
1667	1,387	161,939	0.86%
1668	1,080	267,328	0.40%
1669	938	168,636	0.56%
1670	1,792	180,925	0.99%
1671	2,314	312,500	0.74%
1672	3,025	290,352	1.04%
1673	4,462	184,625	2.42%
1674	10,361	235,131	4.41%
1675	4,731	148,291	3.19%
1676	5,072	134,503	3.77%
1677	15,597	265,631	5.87%
1678	8,682	318,727	2.72%
1679	6,662	142,890	4.66%
1680	3,789	192,002	1.97%
1681	3,200	195,009	1.64%
1682	2,644	214,920	1.23%

(注)出典「バタヴィア城日誌」1659年〜1682年、割合は小数点第2位以下四捨五入

　このような磁器貿易がバタヴィアにおける中継貿易全体のなかでどれほどの貢献を果たしていたのか、1659年〜1682年までの月末集計表における輸出商品全体の金額を集計し、そのなかで磁器の輸出が占める割合を計算したのが表4である。結果は、1674年〜1679年までがピークであった。高い値を示した年を例に挙げれば、1677年に約5.87パーセント、1679年に約4.66パーセント、1674年に約4.41パーセントであるが、決して多いとは言えない。

　輸出全体の中で圧倒的多数を誇るのは、布kleedenである[17]。月末集計表の1670年と1677年の例を表5に挙げた。1670年の年間輸出額180,925rdsに対し、布の輸出額は135,763rdsと約75.04パーセントを占め、磁器は1,792rdsと約0.99パーセントに留まった。これは輸出品の構成がごく一般的な年の事例である。それに対し、1677年は年間の輸出額265,631rdsに対し、布の輸出額が69,394 rds（約26.12パーセント）と、例年より低い値を示し、磁器が15,597rds、約5.87パーセントであった。これは磁器の割合がもっとも高い年のデータである。

表5　バタヴィアの中継貿易における磁器貿易の貢献度　輸出額最大の商品布との比較

年	年間輸出額(rds)	磁器の年間輸出額(rds)	磁器の割合	布の年間輸出額(rds)	布の割合
1670	180,925	1,792	0.99%	135,763	75.04%
1677	265,631	15,597	5.87%	69,394	26.12%

(注)出典「バタヴィア城日誌」1659年〜1682年、割合は小数点第2位以下四捨五入

　表4の集計から算出できる唐船が運ぶ磁器の輸出額の割合の平均は約2.06パーセントと、決して高い数値とはいえない。ただし、このように布が継続的に圧倒的多数を占めるという状況においては、磁器だけでなく、香辛料、砂糖、日本銅といったその他の商品の割合はその分圧縮されているのである。したがって、絶対的主力輸出品であった布を除外するならば、磁器は貿易額の大きい主要商品の1つとして位置づけるべき重要性をもつものであったとも考えられる。

第3項　1683年～1769年のバタヴィアにおける磁器取引

　前述のとおり、「バタヴィア城日誌」の原本がインドネシア国立文書館にあり、1683年～1769年の期間については活字化されていないため、ハーグの国立文書館が所蔵するマイクロフィッシュを用いた[18]。1683年～1769年の期間も、第2項が対象とした期間と同様に、日本、マカオや泉州など様々な中国の港、その他の東南アジアの港を出港した唐船がバタヴィアに運び込んだ多数の積荷のリストの中に、磁器porceleynという記載および磁器製品の器種名称の存在すること、中国の沿岸部の港から到着する唐船の舶載品の割合が増加することが確認できる。

　原本の調査は将来の課題としつつ、本書では、まず表6として、対象を肥前磁器であると考えられる記載、すなわち、長崎から到着する唐船が舶載した磁器、および、その他の港から到着した唐船の場合は、日本磁器Japanse porceleyn等、日本という言葉が併記された磁器の記載を抽出し、そこから大まかな傾向をつかむことにしたい[19]。

表6　1684年～1736年に唐船がバタヴィアへ搬入した日本の磁器

（注）出典「バタヴィア城日誌」1683年～1769年

年	月	日	出港地	名　　称	数量	単位
1684	5	31	Japan	磁器 porcelijn	2	樽 baly
				磁器のケンディー porceleijne gurgelets	260	個 stx
				鉢 kommen	7	baly
	6	30	Japan	選別された磁器 gesorteert porceleijn	2,500	藁 stroo
1685	3	31	Japan	選別された磁器 gesorteert porceleijn	515	藁束 stroy
	5	31	Japan	選別された磁器 gesorteert porceleijn	1,249	stroye balys
1686	4	30	Japan	多様な磁器 diverse porceleijnen	1,534	stroy
				ティーカップ thee copjes	4	baly
	5	30	Japan	磁器 porcelijn	1,229	stroy
1687	3	31	Japan	平皿 pierings	406	stroy
1691	8	30	Japan	粗製磁器の碗 groove porcelijne coppen	1	baly
				中サイズの上質の深皿 middelb: fijne schootels	50	stroo
				中サイズの粗製の深皿 middelb: grove schotels	200	stroo
				粗製磁器のケンディー grove porceleijne gurgelets	150	stroo
				粗製の？ grove tsjoepas	50	stroo
				粗製の灰色の平皿 grove graeuwe pieringen	50	stroo
1692	6	30	厦門 Amoy	中サイズの日本の深皿 middelb: japanse schotels	144	束 bossen
				中サイズの日本の深皿 middelb: japanse schotels	10,700	stx
				日本の平皿 japanse pierings	30	bossen
1694	5	31	Japan	上質の食卓用皿 fijne tafel borden	7	baly
				磁器の瓶と装飾品 porceljne flesjes en cabinet goet	3	baly
1698	4	30	Amoy	一般的な日本の深皿と平皿 gemene japance schotels en pieringen	70	stroo
				一般的な粗製の日本のケンディー gemene grove japanse gindiens	1,950	stx
1699	4	30	Amoy	日本磁器のケンディー japanse porcelyne gindiens	950	stx
1703	4	30	Japan	一般的な食卓用平皿 gemene tafel pieringen	3,900	stx
				粗製の飯碗 grove rijs coppen	3,200	stx
				磁器のケンディー porcelijne gindiens	660	stx
1706	4	30	Japan	磁器のケンディー porcelijnen gorgolets	2,600	stx
				大型の深皿 grote schotels	200	―（stx）
1713	5	31	Japan	磁器 porcelijnen	20,780	stx
1714	5	31	Japan	大型の蓋付壺 groote kaspotten	12	セット stellen
				中サイズの壺 middelbare potten	15	stellen
				粗製および上質の磁器 grove en fijn porcelijn	13,960	―（stx）
				日本の瓶 japanse bottels	150	―（stx）

年	月	日	出港地	名　　称	数　量	単　位
1716	5	31	寧波 Nimpho	日本の深皿 japanse schotels	100	巣 nesten
				日本の平皿 japanse pierings	240	nesten
				日本のティーカップとソーサー japanse theecopjes en pieringtjes	1,200	stux
1719	6	30	Japan	日本の陶器の深皿 japanse aarde schotels	735	nesjes
				日本磁器の白い瓶 japanse porcelijne witte bottels	1,100	stx
				日本磁器のケンディー japanse porcelijne gorgelets	90	stx
				日本の金彩の蓋付壺と喇叭型瓶 japanse vergulde caspotten en bekers	5	stellen
				日本の一般的で上質な平皿 japanse gem. fijne pieringen	250	nesten
				日本の一般的で上質なティーカップ japanse gem. fijne thee copjes	3,800	stx
				日本の一般的で上質な洗い鉢(茶こぼし) japanse gem. fijne spoelkommen	120	stx
				日本の大型の上質な深皿 japanse grote fijne schotels	200	stx
				日本磁器の鬚皿 japanse porcelijne scheerbeckens	160	stx
1720	5	31	ジョホール Johor	日本の粗製の平皿 japanse grove pieringen	550	stx
				日本の蓋付壺 japanse kaspotten	16	一 (stx)
				日本の深皿 japanse schotels	34	一 (stx)
				日本の深皿 japanse schotels	56	nesten
				日本のチョコレートカップとソーサー japanse chocolade coppies en pierintjes	1,050	一 (stx)
1721	5	31	Johor	日本の金彩のチョコレートカップ japanse vergulde chocolade kopjes	1,830	stux
				日本の金彩の磁器小壺 japanse vergulde porcelijn potjes	12	stux
				日本の金彩の深皿 japanse vergulde schotels	150	stux
				日本の金彩の平皿 japanse vergulde pierings	1,440	stux
				日本の金彩のティーカップとソーサー japanse vergulde thee kopjes en pierings	8,850	stux
1724	6	30	上海 Xanhaij	日本のティーカップとソーサー japanse thee kopjes en pieringtjes	650	stux
			Nimpho	日本のチョコレートカップ、ティーカップとソーサー japanse chocolade thee coppies en pieringtjes	350	stux
				同上の日本の深皿 do groote japanse schotels	5	stux
			不明 Tsamtia	日本の磁器一式 japanse porcelijne in soort	3	箱 kassen
1725	6	30	Nimpho	日本の洗面用深皿 japanse lampet schootels	80	stx
				日本の大型の蓋付壺と喇叭形瓶 japanse groote kaspotten en beekers	9	stellen
				日本のティーカップとソーサー japanse thee kopjes en pieringties	1,700	stx
				日本磁器の注口付のケンディー japanse gorgelets porcelijne met tuiten	100	stx
1728	6	30	Nimpho	大型の日本の蓋付壺 grote japanse cas potten	3	stellen
				一般的な日本の蓋付壺 gem: japanse cas potten	10	stellen
				大型の日本の深皿 groote japanse schotels	9	stux
				一般的な日本の深皿 gemeene japanse schotels	15	stux
1735	6	30	Nimpho	大型の日本の深皿 groote japanse schotels	19,000	stx
1736	6	30	Nimpho	日本のティーカップとソーサー japanse thee copjes en pierings	300	stx
				日本のチョコレートカップとソーサー japanse chocolaat copje en pierings	1,350	stx
				日本の食卓用平皿 japanse tafel pierings	110	nesten

挿図1-22
染付楼閣山水文水注
(ケンディー)
胴径10.2cm
佐賀県立九州陶磁文化館蔵

挿図1-23
色絵岩牡丹鳳凰文蓋付壺
総高54.8cm
佐賀県立九州陶磁文化館蔵

1683年以降については、バタヴィアへの舶載肥前磁器としてそれ以前主流を占めていた飯碗 *rijs coppen* などの粗製碗が減少し、粗製碗の記録はほぼ絶えている。粗製碗とみられる記載は、1691年、1703年にしか見られない。展海令以前まで、バタヴィアへ渡る肥前磁器はアジア向けの粗製品が主流であったが、展海令以降には中国磁器の輸出再開の結果、粗製磁器の供給元としてのかつての中国の生産地の役割が復活し、その影響により肥前磁器のインドネシアでの需要が減り、西洋向け輸出磁器の中継貿易に切り替えたと推測する。1684年以降の記載内容は、3段階に分類することができるだろう。

第1の期間は、1684年〜1686年である。この期間は、ただ単に「磁器」という記載が大半を占めている。しかし、その後の1687年以降には、こうした単なる「磁器」という記載はほぼ消滅し、具体的な器種名称が用いられている。

第2の期間である1687年〜1713年には、平皿 *pieringen* や深皿 *schotels*（本書第1章第2節口絵1-2）、ケンディー[20] *gindiens, gurgelets*（挿図1-22）という記載が主流を占めている。そのほかに、西洋で流行した室内装飾用の壺を意味する *porcelijne flesjes en cabinet goet* や人形の家の道具といった記載がみられ、従来のアジア向けの器種を中心とする組成ではない、西洋市場向けの器種が増加の過程をたどる過渡期として位置づけられる。一方、主に東南アジア向けに輸出されたと考えられるケンディーの伝世品の多くは現在西洋にあるが、近代以降におけるアジアからの再輸出品か、江戸期に西洋向けに輸出される事例があったのかが不明であるため、ここにみられる記載のケンディーの需要先としては、アジア、西洋の双方とも考えられる。

第3の期間である1714年〜1736年には、西洋市場向けの器種が圧倒的多数を占める状況を確認することができる。平皿 *pieringen*、深皿 *schotels*、ティーカップ *thee kopjes*、チョコレートカップ *chocolade kopjes*、壺 *potten*、蓋付壺 *kaspotten*（挿図1-23）、瓶 *bottels*、喇叭形瓶 *bekers*、洗面用深皿 *lampet schotels* といった、西洋のライフスタイル用の器種が多くみられる。

1737年以降も同様に、1769年の記録まで悉皆的に調査をしたが、バタヴィアへの輸入の項目に「磁器」という記載はみられなかった。したがって、「バタヴィア城日誌」から確認できる日本の磁器がバタヴィアへ到着した期間は、1684年〜1736年までとする。

これらの器種別の数量は、単位が一定ではなく総量を把握するのは容易でない。仮に、表1で取ったのと同様の方法で樽や藁、束などの単位を個数に換算する[21]と、1683年〜1769年の「バタヴィア城日誌」から抽出した、バタヴィアに到着した肥前磁器の合計数は、1,116,291個となる。

肥前磁器のバタヴィアへの輸出は、1719年までは主として長崎からの直行の船で運ばれていた。この期間、長崎からの直行でない場合、「日本の」という説明が添えられた磁器の記載が確認できるのは厦門（1692、1698、1699年）か寧波（1716年）を経由した船の舶載品のみである。その後、1720年以降には、長崎から直接入港する唐船はなくなり、主として最初はジョホール、1724年以降1736年までは、寧波を経由した船で肥前磁器が運ばれていたことがわかる。この間、それ以外の経由地は、上海（1721年）とTsamtia（未詳・1724年）のみである。

寧波の舟山におけるイギリス東インド会社の商人の委員会とその代表者であるアレン・キャッチポール（Allen Catchpoole, President of the Council of Chusan）がロンドンの代表者宛てに発信した1700年12月21日付書簡には、「中国と日本の製品は、その生産地におけるよりも、バタヴィアで安い値段で扱われている[22]」と述べられている。この記述から、長崎からジャンク船がバタヴィアへ運ぶ品は、長崎での価格よりも安くバタヴィアで入手できる風潮であったものと理解される。中国人たちが、オランダ人よりも有利な条件で、より幅広い種類の商品を、しかも安く手に入れ、唐船で出荷することができた状況は、18世紀前半にも続いていたと考えられる。

第4項　アジアの考古遺物との比較

　本項では、「バタヴィア城日誌」の月末集計表からまとめた第2項のデータの内容を、アジア各地の遺跡で出土した肥前磁器の特色と比較することによって検証する。本項の考察対象のうちその前半にあたる17世紀後半を中心に肥前磁器の流通に関連のある遺跡から出土した肥前磁器の代表的な事例をとりあげ、その特色を考察する[23]。

A.　長崎

　まず、すべての肥前磁器を出荷した港である、長崎に位置する栄町遺跡（袋町）の出土資料の肥前磁器を取り上げる。この遺跡からは、肥前磁器が大量に発見された。これらの出土資料は、1663（寛文3）年の大火の焼土層の下層から発見されたため、年代の特定が可能である。この遺跡の発掘調査担当者である川口洋平氏は、栄町遺跡の出土資料は輸出品の割合が特に高いため、海外貿易のための倉庫跡地であると推測している[24]。これらのことから、栄町遺跡の出土資料は、本節第2項のデータの内容を検証する上で極めて重要な傍証を与えてくれる。

　同遺跡から出土した磁器の種別、および器種別の割合をグラフ化したのが図表3である[25]。図表から、出土した肥前磁器7,910点において染付の割合が約84.6パーセントと、大半を占めていたこと、そして染付製品を器形に分類した割合では約55.7パーセントが粗製の碗であったことがわかる。

図表3　栄町遺跡出土の肥前磁器の種別器種別割合

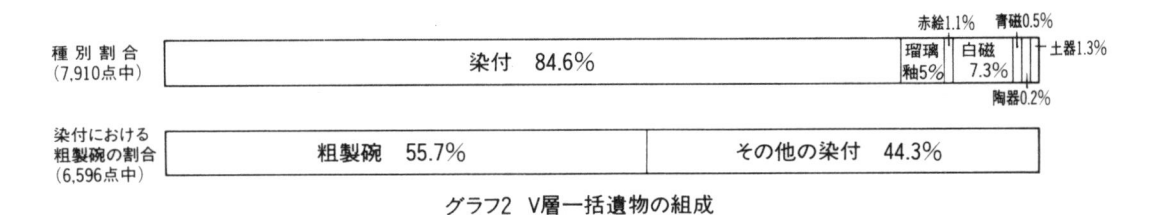

種別割合 (7,910点中)	染付 84.6%	瑠璃釉5%	白磁7.3%	土器1.3%

赤絵1.1%　青磁0.5%　陶器0.2%

染付における 粗製碗の割合 (6,596点中)	粗製碗 55.7%	その他の染付 44.3%

グラフ2　V層一括遺物の組成

（注）出典　『栄町遺跡（旧袋町・市立長崎高等学校跡地）』（長崎県文化財調査報告書162集）
　　　長崎県教育委員会　2001年　p.49

　この割合は、本節の第2項で挙げた「バタヴィア城日誌」の月末集計表に記載された器種に基づく集計結果（図表2）における碗の割合約58パーセントと極めて近接した値であり、バタヴィアへの輸入品の割合との共通性が顕著にうかがえる。栄町遺跡からは、燭台や鳥形の合子（口絵1-5）などの西洋向けと推察される器種も出土している。しかし、図表3から理解される碗の割合の多さや「バタヴィア城日誌」記載の器種の組成のデータ（図表2）との類似を考慮するならば、この倉庫は主として唐船貿易用の商品を保管する場所であったと考えることができるだろう。

　また、この遺跡において典型的な器種であると考えられるのが、染付雲龍荒磯文碗（口絵1-6、出土破片個体総数約35点　H.5〜6センチ）であった。荒磯文とは、外側に飛雲と宝珠を廻らせた双龍か龍と鳳凰文を描き、内面の三方に魚文を配した絵付意匠である。この荒磯文の碗は、東南アジア輸出向けに作られた作品の典型的な絵付文様で、西洋では全くみられないものである。この文様の碗は、インドネシアのバンテン、パサール・イカンそしてスマトラのギエンの各遺跡、さらにアユタヤやホイアンでも、多くの出土例が確認されている[26]。

そのため、「バタヴィア城日誌」の記載から確認できる、バタヴィアへ輸出された磁器のタイプは、荒磯文のような簡素な染付の絵付がほどこされた粗製磁器であったと推測できる。

B. 大量に肥前磁器が出土したインドネシア　主要遺跡の例

インドネシアにおいては、坂井隆氏や大橋康二氏を中心に日本の考古学者による発掘調査が行われ、発掘された肥前磁器に関する研究が盛んに発表されている。大橋氏は『伊万里市史　陶磁器編　古伊万里』のなかで東南アジアのなかでもっとも多く肥前磁器がみられるのはインドネシアだと述べている[27]。そこでつぎに、インドネシアを対象とする考古学の研究論文に基づいて、本研究の考察にもっとも適した3つの都市(バタヴィア、バンテンおよびアチェー)において発掘された肥前磁器について検討する。

B-1　バタヴィア

まず、バタヴィアの代表的な遺跡として、オランダ東インド会社バタヴィア本店倉庫跡として知られるパサール・イカン遺跡をとりあげる[28]。17世紀前半〜18世紀末まで存続した施設の跡地で、磁器の輸入が絶頂を迎えた時期は、出土品から判断して18世紀前半であると言われている。同遺跡で出土した輸入陶磁は総計2,880点で、このうち17世紀後半から18世紀初期の出土品の主な内訳は、坂井氏の集計によれば、中国陶磁(38.0パーセント)、日本陶磁(23.1パーセント)、西洋陶磁(17.8パーセント)およびタイ陶磁(15.9パーセント)であった[29]。このことから同遺跡出土の陶磁は多様な国際性を有していたと言うことができる。この「日本陶磁」は唐津も含むものの、圧倒的多数は肥前磁器が占めている。器種別には小型の碗、大型の鉢と皿が特に多く、そのほかに瓶や合子、東インド会社の医療施設で用いられる鬢皿や薬瓶もある[30]。これらの磁器の絵付けは大半が染付で、少量の白磁と色絵も発見されている。

ここではもっとも多いタイプである碗、鉢と皿に的を絞り、その特色を挙げていく。まず、碗と鉢については、アジアで17世紀後半に流通し、栄町遺跡でも発見された肥前磁器の染付碗・鉢の代表的な絵付文様、荒磯文の碗が同遺跡では大量に出土した。

荒磯文の碗・鉢は、肥前で生産される以前より明時代末の中国磁器で生産され、アユタヤ遺跡で発見されていることから、アジア域内への輸出品であったと考えられており[31]、肥前磁器の荒磯文碗はそれらを手本に製作されたとされる。「東南アジアに輸出された肥前陶磁」(展覧会図録『海を渡った肥前のやきもの展』〈九州陶磁文化館　1990年〉)において、大橋氏は肥前地方における荒磯文碗・鉢の製作期間を長吉谷窯の出土例から1650年〜1680年代頃までと推定しているが[32]、この期間はまさに第2項でみた「バタヴィア城日誌」の月末集計表の対象期間(1648年〜1682年)とほぼ一致する。以上の状況から、「バタヴィア城日誌」に記載されたバタヴィア輸入肥前磁器の器種(図表2)のうち、約58パーセントを占める碗や鉢の多くは、荒磯文の染付をほどこしたものであったと推測される。

しかし、碗か鉢かを東インド会社の職員が正確に判別して記載したかについては、疑問が残る。通常「碗」は「鉢」より小ぶりの器で*coppen*、「鉢」は*commen*[33]と呼ばれるが、唐船が運ぶ商品の種類を逐一正確に記録する必要は、会社側にはないと推測されるため、オランダ東インド会社の史料においては碗と鉢の境界が曖昧であったと推測される。荒磯文碗は直径約14センチから約18センチのものまであり、大きさは不定である。大きめの荒磯文碗は碗とも鉢とも記述される可能性

があり、文書の器種名称から厳密に製品を特定することはできないことを補足したい。なお、パサール・イカン遺跡出土肥前磁器の碗・鉢の絵付けには、ほかにも「寿」字を重ねたタイプや鳳凰文のタイプなど諸例ある。

次に、「バタヴィア城日誌」に記載されたバタヴィア輸入肥前磁器の器種(図表2)の約25パーセントを占める皿については、同遺跡では他のアジアの遺跡と比べて文様が左右対称に配置される西洋向けの芙蓉手の比率が高く、東インド会社の拠点の特色が再確認されている。西洋向けの皿として一般的でない東洋的な構図により東洋的なモティーフが描かれた染付皿は、この遺跡においては典型的なものとは考えられない。すなわち、碗と鉢にはアジアの遺跡で多く発見され、西洋にはない東洋向け製品の代表である荒磯文の出土が突出しているのに対し、皿は西洋で数多く見られる西洋向け製品の代表的なデザインである芙蓉手がとりわけ多い。『海を渡った肥前のやきもの展』図録に掲載されたパサール・イカン遺跡出土磁器の挿図にみられる碗や鉢は、非常に大雑把に絵付けをほどこし胎土の灰色味が強く高台の造りも分厚い、いわゆる粗製のタイプが多く、それらはアユタヤ遺跡やベトナム各地の遺跡の出土品と同じような粗製品である。これに対して、芙蓉手の器はもっと丁寧に絵付をほどこし、高台もより細く精緻に作られた、より上質な胎土からなる製品である。こうした質の差が何を意味するのかについては、①粗製碗・鉢がアジア出身の使用人たちのための、皿はより身分の高い東インド会社の職員のための生活用品といった階層差を示すのか、②粗製の碗と鉢は生活用品で、皿は輸出のための商品といった用途の違いを示すのか、③粗製の碗と鉢は唐船の輸入品で、皿は東インド会社の輸入品なのか、など様々な解釈が考えられる。これらの点についての検証は今後の課題としたい。

B-2　バンテン

バンテンについては、大橋氏および坂井氏がギラン遺跡、ラーマ遺跡やティルタヤサ遺跡といったバンテン遺跡群について発掘成果を発表されている[34]。これらのバンテンの遺跡群において、とりわけ出土点数が多く、出土陶磁のデータ分析が深められた遺跡はラーマ遺跡である。

ラーマ遺跡は、かつてジャカルタ湾に面した貿易港をもつ王都であった。1602年にオランダ東インド会社の商館もこの地に設置されている。この遺跡については、坂井氏によって出土磁器を詳細に分類分析したデータが発表され[35]、出土した陶磁(陶磁片約30万片)の産地別内訳まで明らかにされた。坂井氏の分類によれば、この遺跡の地層は17世紀後半〜18世紀初めのⅣ期の時代区分となっている。この地層から出土した陶磁器の産地の主な内訳は、景徳鎮が約49.6パーセント、福建・広東が約24.6パーセント、肥前が約14.6パーセント、ベトナムが約1.1パーセントであった[36]。この遺跡からは、柿右衛門窯の製品と考えられるタイプの染付鳥文皿(1660年〜1680年代)も出土しており[37]、柿右衛門窯の製品がアジアで使用されるケースも稀にあったことがわかる。

つぎに、同じバンテンのイスラーム王国離宮の跡地であるティルタヤサ遺跡の事例をみていきたい。ティルタヤサ遺跡は、バンテン・イスラーム王国離宮跡と周辺の水利施設であった。広域の水利事業が1663年に開始され、その拠点施設が1678年のティルタヤサ大王のバンテンからの移転に伴い離宮となり、1682年のオランダ軍の攻撃で廃絶した。ゆえに、本遺跡の存続期間は1663年〜1682年である。また、坂井氏はこの遺跡の磁器輸入の絶頂期は1679年〜1682年であると分析しており、その存続期間が本節第2項が比較分析を行う史料の年代区分に合致している。

出土した肥前磁器には、トプカプ宮殿の所蔵品と類似するタイプの製品、墨弾き、五弁花文皿などが多くみられ、出土磁器全体の比率は、肥前磁器と景徳鎮磁器がほぼ同一であったという[38]。

この遺跡の存続期間がほぼ遷界令の期間に重なるにもかかわらず、景徳鎮磁器が多く発見された事は重要な意味をもつものと考えられる。坂井氏は遷界令期間中のジャンク船の貿易について、「バタヴィアとの関係は、何回かの清朝の海禁を経験するが、17世紀の鄭氏政権の役割も含めて完全な中断はなく、ジャンク貿易はブルッセ[Blussé]のいうように中継港としてのバタヴィアにとって不可欠なものであった。我々はそれを、パサール・イカンから出土した中国陶磁の割合の大きさに、具体的に見ることができる」と述べている[39]。この見解は、1684年の前後両方が1つの地層区分となったパサール・イカン遺跡よりはむしろ、この存続期間が1663年〜1682年のティルタヤサ遺跡の出土資料を対象とする所見として相応しい。すでに本章第3節第2項で見た「バタヴィア城日誌」の月末集計表の集計結果（表1）から明らかであるように、厦門、泉州、広東などの複数の中国沿岸の港からバタヴィアへ、大規模な磁器の輸出が行われていたことが確認された。ティルタヤサ遺跡で確認された景徳鎮磁器の存在は、こうした唐船貿易の記録と関連づけて検討する必要があると思われる。したがって、この期間には福建省の陶磁器だけではなく、景徳鎮の製品も唐船が運んでいたと考えられる。

B-3　アチェー

最後にアチェー地方では、17〜18世紀初頭の肥前磁器青磁大皿の出土が確認されたランブロ遺跡と、これと同じ時期に生産された景徳鎮青花の大皿が発見されたカジュー遺跡という2カ所の大アチェーの遺跡、そしてピディーのギエン遺跡において肥前磁器が発見された[40]。ギエン遺跡では、1650年〜1680年代までに肥前で製作された染付の碗と鉢が数多く発見されたと、同遺跡で採集された陶片を実見した大橋氏が述べている[41]。アチェーの出土遺物に関する情報が乏しいため、インドネシアの遺跡の出土肥前磁器を相対的に比較することは困難であるが、坂井氏は1994年の時点までにインドネシアで発見された考古学資料における、17世紀後半の肥前陶磁の分布は、バンテンとアチェーの勢力圏内の地域に集中していると述べている[42]。

アチェーへの肥前磁器の流通ルートについては、日本との唐船の往来のあるバタヴィアやバンテンとは異なり、具体的な長崎へつながる唐船の航路がないため、これまで史料に基づいて実証されたことはないように思われる。しかし、本節第2項のBで述べたように、1648年〜1682年までの「バタヴィア城日誌」の集計結果（表3）から、アチェーはアンボイナに次いでバタヴィアからの磁器の輸出規模の大きい（約12パーセント）港湾都市であることがわかった。そのすべてが肥前磁器ではないとしても、前述の如く、この期間に肥前磁器の流通量が多いことは明らかであり、バタヴィアからアチェーへ肥前磁器が輸出されたことはほぼ確実と言うことができる。上記の発掘結果によって把握できるアチェーの肥前磁器の出土規模の大きさは、「バタヴィア城日誌」から得られた流通の実態をさらに裏付けるものであり、また、アチェーに肥前磁器を大量に持ち込む流通ルートがバタヴィア以外にもあったとは考えにくい。

C.　17世紀ベトナムの主要遺跡例

本節第2項に挙げた「バタヴィア城日誌」から抽出した磁器の集計（表1・2）によって、1661年にクイナム（Quinam広南）よりバタヴィアへ運ばれた「日本磁器」（肥前磁器）が7,100個あり、この記録から、クイナムに存在した磁器の器種を知ることができる。その内訳は、平皿400個、深皿200個、小鉢500個、小碗5,900個およびビール用水注100個であり、碗と鉢類が大半を占めている[43]。

17世紀におけるベトナム各地の遺跡で発掘される陶磁器は、主に景徳鎮、肥前の磁器、漳州やベトナム産青花陶磁器であり、産地には多様性がある。そのうち肥前磁器の出土例を以下に挙げる。

17世紀のクイナムは、現在のベトナムのおよそ南半分の海岸に沿った地域を指し、阮氏の支配下にあった。そこには、ベトナムのフエ、ツーラン（ダナン）、フェイフォ（ホイアン）という代表的な国際港があり、各港にはそれぞれ日本人町が存在し、日本との交易における販売や購入には現地の日本人が関わっていた[44]。

こうした国際港の1つであるホイアンでは、旧市街地（クアンナムダナン省）の遺跡で菊地誠一氏を中心とする昭和女子大学の調査隊により、2006年に行われた発掘調査において、雲龍荒磯文など17世紀後半の肥前磁器染付が大量に出土した[45]。また、1997年、2003年の報告書には、ホイアン旧市街地の発掘調査においても、多数の肥前磁器が出土しているとの報告がなされている。もっとも多い器種は大振りの碗と皿であり、絵付は染付と青磁のみで、瑠璃釉や鉄絵はみられないという。また、碗のうちもっとも多いのは、1660年〜1670年代の荒磯文碗、そして皿は1650年〜1660年代の日字鳳凰文皿であった[46]。

つぎに、同じくクイナムにおける17世紀以降の国際港の1つ、フエのタインハー遺跡（トゥアティエンフエ省）においても肥前磁器が多数発見された。器種は荒磯文碗、鉢および日字鳳凰文皿などが中心であった[47]。

さらに、ホイアン近郊のディエンバン県タインチェム遺跡（クアンナムダナン省）でも、肥前磁器が出土している。当地は、ホイアンから川を8キロ程遡った場所に位置し、対外貿易業務などを監督する広南鎮営があったとされる地点であり、多数の肥前磁器が出土している。器種はここでも碗は跳魚（荒磯）文碗が、そして皿は日字鳳凰文皿が主流であった[48]。

上記のように、ベトナムでは主にクイナム関連の遺跡において肥前磁器の染付碗・皿が多数発見されたのに対し、オランダ東インド会社の公式貿易で肥前磁器が輸出されたトンキン商館へは、1650年〜1679年の間に肥前磁器12,850個が輸出されているが、唐船が日本からトンキンへ磁器を輸出したという記録は知られていない。この状況は、鄭氏の支配下にあった北部ベトナムでは、肥前磁器の出土例が少ない[49]という、考古学研究の成果とも一致している。

D. 17世紀後半の肥前磁器が出土したその他の東南アジアの遺跡

D-1 タイ

タイでは、アユタヤ遺跡に肥前磁器の出土例が多い[50]。アユタヤ南東部に位置するパナチュン寺の前のチャオプラヤ川から引き揚げられた陶片資料のなかには、77点の肥前の染付磁器があった。器種は大振りの碗（1660年〜1670年代）が大半であった。他には鉢、小碗、蓋物がある。絵付けはすべて染付である。碗のうち主体を占めるのは見込みに染付で荒磯文を描いた碗で、その外面には雲龍文や宝珠などが描かれている。この川からの引揚げ品は器全体が残っている例も多く、状態が良いため、花鳥文や草花文、芙蓉手など文様に多様性がうかがえる。一方、アユタヤ王宮周辺においても肥前磁器が発見され、17世紀後半に製作された染付の合子・鉢・角瓶などが出土した。とりわけ注目されるのは、VOCマークがほどこされた染付角瓶（1670年〜1680年代）である[51]。王宮以外の遺跡の、粗製の食器である染付荒磯文碗が圧倒的に多い状況とは対照的に、王宮の遺跡からは装飾的な器が出土したが、いずれも染付であり、色絵はなかった。

D-2　カンボディア

　カンボディアにおいては、トンレサップ川下流のウドンUdong地域のチェイチェッタ王城跡や貿易港ポニェ・ルー跡で、染付荒磯文碗（1660年〜1680年代）や、染付蓋物（1650年〜1660年代）および染付鉢（1655年〜1670年代）の肥前磁器が表面採集された[52]。また、メコン川沿岸のバサン（Basan）においては、肥前磁器の染付荒磯文碗片（1660年〜1680年代）が表面採集されている[53]。

D-3　フィリピン

　マニラにあるアユン・タミエントを中心とするイントラムロス地区の遺跡でも、肥前磁器の陶片約60点が出土した。1650年〜1680年代の染付皿が中心であり、染付の荒磯文碗の類は非常に少ないという[54]。

第1章第3節　結語

　本節では、1648年〜1682年までのオランダ東インド会社文書「バタヴィア城日誌」から、具体的な磁器の取引に関するデータを抽出し、分析することによって、長崎を筆頭に、多くのアジアの港から肥前、福建、広東、ベトナム産など産地の異なる陶磁器がバタヴィアに到着したことを把握した。バタヴィアは、アジア域内で生産された多様な磁器が集積し、磁器の国際的な取引が行われる中継貿易地であったと考えられる。

　1683年以降の「バタヴィア城日誌」の内容も、唐船が肥前磁器をバタヴィアへもたらしたことを示しているが、1683年以降はその絶対量は減少した。オランダ東インド会社は、1683年に長崎で公式貿易によるオランダ向け肥前磁器の買い付けを止めた。しかしその後にも、長崎からオランダ船が搬出した個人貿易品だけでなく、長崎で磁器をオランダ東インド会社より安価に入手することができた唐船がバタヴィアに搬入した肥前磁器を有利に仕入れることによって、肥前磁器を西洋へ輸出する確実なルートをもっていたことになる。

　バタヴィアへ輸入された肥前磁器は、1682年以前は粗製碗の占める割合の高さが顕著であり、中国系や東南アジア系の人々を対象とした市場向けの商品が主流を占めていたものと推測される。しかし、1683年以降には、主流商品は西洋的な用途をもつものに変わっていった。特に1714年〜1736年の期間はその傾向が顕著となり、平皿、深皿、ティーカップ、チョコレートカップ、壺、室内装飾の壺、瓶、洗面用深皿といった、西洋市場向けの器種が圧倒的多数を占めた。

　「バタヴィア城日誌」の1737年以降には、肥前磁器とみられる記載内容は一切確認することができなかった。その理由は、まず第1に、長崎から直接来航する唐船が絶えたという点が大きい。しかしそれだけでなく、西洋における磁器そのものの歴史を、合わせて総合的に検討する必要もある。ドイツでは、1710年にマイセンの町に磁器製作所が設立され、西洋でも磁器の製造が可能となった。さらに1730年代には、フランス発祥のロココ様式が飛躍的な流行を遂げており、新しい趣味としてロココ意匠の磁器が大量に生産され、東洋趣味の意匠が重視されてきたそれ以前までの流行がロココに塗り替えられた。それ以降に製作された肥前磁器が西洋のコレクションには少数派であるという点からも、バタヴィアを経由する肥前磁器の輸出記録が1737年以降途絶えたことは、大いに首肯できる。

　1682年までの月末集計表において記載比率の高かった磁器の出荷港は長崎、マカオ、泉州、厦門

およびトンキンであった（表1・図表1）。これらの港から、肥前、中国の磁器およびベトナムの陶器がバタヴィアへ輸入されたことが確認された。このことは、例えば、バンテンのティルタヤサ遺跡（存続期間1663年～1682年）で出土した磁器全体の比率が、肥前磁器と景徳鎮磁器がほぼ同一であり、中国貿易が中断されたこの時代においても景徳鎮の磁器が輸出されていたと考えられることからも肯首できる。一方、バタヴィアのパサール・イカン遺跡の出土陶磁は、中国陶磁（38.0パーセント）、日本陶磁（23.1パーセント）、西洋陶磁（17.8パーセント）などで、磁器は景徳鎮、肥前のみである。バンテンのラーマ遺跡の17世紀後半～18世紀初めの遺跡から出土した磁器の産地は、景徳鎮49.6パーセント、福建・広東24.6パーセント、肥前14.6パーセントおよびベトナム1.1パーセントであった。また、ベトナム各地の17世紀の遺跡では、景徳鎮、肥前、漳州およびベトナム産青花陶磁器が発見されている。こうした発掘資料から得られるデータは、月末集計表に挙げられた出荷港から推測される産地とも整合的であると言える。

バタヴィアから出荷される輸出については、約90カ所もの輸出先が確認されるが、輸出額がもっとも大きい地域は、アンボイナ、アチェーおよびパダンであった。発掘調査が行われていないこれらの地域でも、肥前磁器を含む磁器が大量に発見されるものと推測される。このうちアチェーでは表面採集で肥前磁器が発見されており、磁器がバタヴィアから大量に輸出されたことが集計結果よりわかる。ブトン島のウォリオ城の発掘調査でも、主として17世紀後半と18世紀の肥前磁器が大量に出土したことが報告されている[55]。これらのことから、インドネシアにはほかにも肥前磁器を埋蔵するブトン島のような場所が点在している可能性があると言えよう。インドネシアの諸島部において、さらに多くの地域で発掘調査が行われ、今回の集計結果が考古学研究の側から検証されることが期待される。

註

1 17世紀に行われた唐船による貿易については、多くの先行研究によって唐人貿易全体の基本的な枠組み、機能や取扱い貿易品が解明されている（例：山脇1972、永積1987、および、荒野1988ほか）。しかしそこでは、「磁器」であることが特定できる商品について、器種名などの具体的な情報を得ることはできない。また、唐人による磁器貿易を解明する主に日本および中国文献に基づくアプローチには、論文（若松2006、廖1999年）などがある。これらを見る限り、中国側の文献においては、日本磁器貿易に関する具体的な記載がほとんど残されておらず、日本の史料には、磁器貿易の記録は散見されるものの、『唐蠻貨物帳』と並ぶほどの器種名や数量の記載をともなう具体的な記載は現時点では発見されていないようである。そのため、本書ではオランダ東インド会社文書に基づいて唐船の磁器貿易を解明する方法をとる。
2 フランス、オーストリア、デンマーク、スウェーデンも東インド会社を設立し、アジアでの貿易活動に従事していた。特に1715年以降は、中国が広東を国際貿易港に指定し、これらの国の東インド会社を受け入れたため、フランス、オーストリア、デンマーク、スウェーデンの東インド会社も、肥前磁器を自国へ持ち運んだ可能性が考えられ、今後の検証が必要な項目である。
3 弘末2004　p. 54
4 奥船は東南アジア発港の船を含む。荒野1988　p. 41
5 Colenbrander etc.1887-1931
6 オランダのハーグ所在の国立文書館に所蔵されるマイクロフィッシュによる。同館において、1683年以降のバタヴィア城日誌は、同館の通常の所蔵原本としてではなく、ジャカルタのインドネシア国立文書館所蔵史料の控えとして管理されている。そのためこの資料は、バタヴィア城日誌のマイクロフィッシュのみを対象とする独自の数字だけの管理番号で保管されている。本史料におけるこの期間の磁器の流通に関する情報は未紹介である。1683年以降の日誌を翻刻した刊行史料はない。1683年以降の原本の調査は今後の課題としたい。
7 山脇1988a　pp. 403-410
8 複数の「送り状」や「仕訳帳」の内容を比較検討し、そこにみられる標準的な値（藁束stroy・束bos・箱kist / kasは各50個、樽baly等は各500個）に基づき計算し個数換算した。"stroy"の意味は、俵かもしれないが、具体的な意味を特定する根拠を欠くため、ここでは暫定的にその後の直訳である「藁束」と訳した。（本書資料篇1の該当部分を参照）
9 山脇1988a　pp. 403-408
10 同書
11 本書資料篇1「オランダ東インド会社貿易史料にみる日本磁器」（タイワン向け磁器輸出に関しては、1652年～1656年、1657年、1658年、1659年、1660年）
12 1671年：NFJ865、1677年：NFJ868
13 Colenbrander etc, 1887-1931, Anno 1664, pp. 523-528（1664年11月30日）
14 「人形の家」とは、主にオランダのブルジョワ階級の婦人の間で趣味として流行した、ミニチュアの家を模った箪笥のような形の大きな木製調度品。そのなかにしつらえられた、小さな室内を飾るための道具である。
15 原文："… *Concerning the Dutch trade at Japan they are every year*

16 レイクスダールダール (*rijksdaalder*) はオランダの通貨であり、グルデン (*gulden*) に対応する。換算レートは、1レイクスダールダール=48ストイフェル (*stuijver* 1665年以前) / =60ストイフェル (1666年以後)。さらに、1グルデン=20ストイフェル、1ストイフェル=16ペニング (*penning*) である (八百1998 p.318)。

17 参考までに、このほかに輸出額が顕著に多い品目として、香辛料 (胡椒など)、砂糖および日本銅がある。

18 このマイクロフィッシュの画像から、すでに史料原本のほうにも、紙の損傷やにじみにより解読が不可能な部分が多く含まれていることが推測される。現時点では、ジャカルタにある原本の悉皆調査を行うには至っておらず、ハーグの国立文書館のマイクロフィッシュのみでは、全体を網羅することは難しい。1683年以降の同史料原本の調査は今後の課題としたい。

19 1683年以降の月末集計表からも、それ以前までのケースと同様に、バタヴィアから東南アジアの様々な多数の地点へ磁器を輸出する取引に関する記録が豊富に存在することを確認したが、現段階では、この輸出についてはこれらの史料を収集するだけにとどめ、集計は今後の課題として残すこととした。

20 ケンディーは、元々仏具の一種の水瓶であった。サンスクリット語のクンディカ (kundika) に由来し、漢字では「軍持」「君持」「捃稚迦」と表記する。中国では唐時代に始まり、13世紀頃の元時代になると、丸く膨らんだ胴から長い頸部が直立し、口部は盤口ないし鍔縁状に開き、細長い管状の注口がつく形状へと変化し、量産されるようになった。明・清時代になると、注口のついた乳房状の膨らみのある形状となった。有田、中国では景徳鎮、徳化窯などで多く作られ、東南アジア諸国向けに輸出された (角川書店2002 p.475 項目「ケンディー」[今井敦執筆] 参照)。

21 換算根拠は、註8と同様。

22 原文：" *China and Japan goods wee are Informed have been cheaper at Batavia than where they were made*" (IOR/E/3/59 Original Correspondence Number 7287, Letter from the President & Council of Chusan to the Court of Directors of the English East India Company, 21st December 1700.) この史料についてはリチャード・モレル氏 Mr. Richard Morel より御教示いただいた。アレン・キャッチポール Allen Catchpoole は、イギリス東インド会社の舟山における委員会の代表者 (President of the Council of Chusan) とされる人物である。Hosea Ballou Morse による "Table of English Ships which traded to China for the East India Companies, From 1635 to 1753" (Morse 1940) を参照。

23 本項のねらいは、「バタヴィア城日誌」から得られた情報を、考古学の発掘資料と比較・照合することであるため、肥前磁器が出土した遺跡をすべて網羅的に紹介するのではなく、この比較対象として適していると思われる遺跡の事例や肥前磁器の輸出の拡張を理解することに適した事例に絞って紹介する。最近までのこうしたアジアでの発掘の事例については、大橋康二氏が次の論文において総括的な紹介を行っている (大橋2002)。

24 川口2007 p.45
25 長崎県教育委員会2001
26 大橋/坂井1994 p.211
27 大橋2002 p.667
28 パサール・イカン遺跡については以下の文献に基づく。坂井2001 p.90、大橋2002年 pp.667-692、大橋1990 pp.90-92、三上1982 pp.112-113, 116-117
29 坂井2001 p.91
30 パサール・イカン遺跡出土の薬瓶は、大橋氏が論文中でガリポットとして写真付きで紹介された薬用の瓶である (図48、51)。大橋2002 pp.684, 685
31 大橋1990 p.100
32 同書
33 「バタヴィア城日誌」に記載された用語*coppen*は現代語の*kop* (碗、カップ) と同義語で、その複数形。読み方は「コッペン」である。同様の史料の用語*commen*は現代語の*kom* (鉢、碗) と同義語で、その複数形である。読み方は「コメン」。
34 バンテンの遺跡については以下の文献に基づく。坂井2006、坂井2007、大橋2002、坂井2001、大橋/坂井1999
35 坂井2001 p.83
36 同書 p.83
37 大橋1990 pp.129, 132、挿図289
38 坂井2006 p.43。ティルタヤサ遺跡については坂井隆氏より御教示いただいた。
39 坂井2001 p.94
40 坂井1994 p.181
41 大橋2002 p.668 アチェーには発掘の事例はなく、坂井隆氏の発見した陶磁片は表面採集によって入手したものであると坂井氏より御教示いただいた。
42 坂井1994 p.183
43 Colenbrander etc, 1887-1931, Anno1661, p.32 (1661年2月9日、2月11日)
44 石井/桜井1999 pp.197-199
45 阿部2007, p.78
46 ホイアンの遺跡については、以下の文献に基づく。大橋2002 pp.627-642、菊地/阿部1997、菊地/阿部2003, pp.24-50
47 阿部2007, p.78
48 同書 p.78、菊地/阿部2001
49 阿部2007 pp.76-77
50 アユタヤの遺跡については以下の文献に基づく。大橋2002 pp.731-744、大橋1990 pp.149-173
51 大橋2002 p.740
52 上智大学アジア文化研究所1999
53 坂井2001 p.88
54 野上/Orogo/Cuevas/田中/洪2010 pp.105-108
55 アジア文化財協力協会2007 pp.65-86, 113-120, 163-165, 174-177

第4節　イギリス東インド会社による肥前磁器輸出

本節ではイギリス東インド会社の貿易で扱われた日本磁器の輸出の問題をとりあげる。

イギリス東インド会社は、17世紀末より日本の磁器をロンドンで開かれる販売会で扱っていた。日本に拠点のないイギリスの会社による日本の磁器の取引は、出島に商館を構えたオランダとは異なり、中国沿岸の港を経てイギリスまで運ばれていたが、それは長崎と中国を往来する唐船が仲介役を務めることによって成立する間接貿易であった。

本節ではまず、イギリス東インド会社が行った磁器貿易を理解する前提となるイギリス東インド会社の組織、および中国沿岸部の港における会社と唐船の活動に関する基本的事項を把握した上で、イギリス東インド会社の販売会の記録から日本磁器取引の事態を分析する。

第1項　イギリス東インド会社のアジアにおける貿易拠点

通常我々が用いるイギリス東インド会社British East India Companyとは、次に述べる2つの会社を示す名称である。その最初の会社は、1600年12月31日[1]に、東インドとの貿易を独占することを認める国王エリザベス一世の特許状を得たことを受けて正式に設立され、東インドとの貿易を独占することに成功した組織[2]で、「東インドとの貿易を行うロンドンの商人たちの代表と会社The Governor and Company of Merchants of London trading into the East Indies」(以下、旧会社)と称する。この会社は、最初から公的な性格の強い会社組織として運営されたオランダ東インド会社とは異なり、むしろロンドンの商人たちの団体が「東インド会社」という名の下に運営されていたというのが実態に近い。もう一方の会社は、前述の会社に対抗して「東インドとの貿易を行うイギリスの商人たちの合同会社The United Company of Merchants of England Trading in the East Indies」と称される新会社であり、1698年に設立され、1709年からは旧会社と合同で活動を行い1873年まで存続した[3]。

イギリス東インド会社の当初の目的は、主にインドネシアを中心とする東南アジアの香辛料の取引であった。しかしこれはオランダ東インド会社に押されて軌道に乗せることができず、イギリスは綿織物を産するインドとの貿易を進展させていく。1611年にインド亜大陸のマスリパトナム、1639年にはマドラスに拠点を置く。同時に、1622年にはペルシャのバンダレ・アッバースに拠点を置き、絹の取引を中心とするペルシャ貿易にも乗り出している。日本の平戸にも1613年に商館を設置したが、わずか10年で閉鎖され、日本との直接貿易路は途絶える。17世紀前半のイギリス東インド会社では、胡椒貿易のためにジャワ島のバンテンに置かれた商館と、綿織物貿易のための西北インドのスーラトの商館が重要な位置を占めていたが、双方とも現地での貿易を独占するには至らず、収益は極めて小規模であった。会社の体制は、17世紀中頃にクロムウェルの特許状(1657年)とそれを承認するチャールズ二世の特許状(1661年)によりようやく整い、会社は永続的な資本を保有することを許可され、会社組織の基盤が整備されていった[4]。磁器貿易において、イギリスがオランダより遅いスタートを切った背景にはこのような事情があった。

会社は、17世紀初めより中国の絹を入手する目的で中国との直接貿易を求めていたが、中国の拒絶にあい、拠点を形成できず、絹を主にトンキンで調達しながら、タイワンを通じて中国との中継貿易を細々と維持していた。極東での貿易についても、日本に商館を構え海禁令の間も中国

の貿易品をバタヴィアで有利に入手できるオランダに対し、イギリスは劣勢に立たされていた。1670年に会社は、バンテン商館に対し日本との貿易にも着手するよう命じている。1672年には、トンキンとタイワンに商館を設置した。1680年には、バンテンの胡椒貿易がようやく軌道に乗り、オランダ東インド会社の輸入量の半分程度に達したが、1682年にバンテン商館は撤退を余儀なくされ、拠点はスマトラ島のアチェーAceh（前掲蘭語史料のAtchin[Atjeh]と同）とベンクーレンBenkulenに移され、1681年にはタイワン商館も閉鎖された。

　バンテンとタイワンから会社が撤退した直後の1684年に、展海令が発布されると、会社は中国本土との直接貿易に本格的に乗り出そうと、トンキン商館を拠点に寧波（舟山Chusan）、厦門Amoy、広東Cantonとの貿易を展開した。そして、会社はこの時代、日本の銅や陶磁器、漆などを上記の中国の港に入港する唐船から調達していたとみられる。イギリス東インド会社が日本の磁器を会社の商品として本国へ輸入した記録がみられるのは、17世紀末からである。まだ会社は中国本土に商館を構えることはなかったが、その頃になると会社は中国に送り込んだ人員を通じて中国との取引で順調な収益を上げるようになったことから、それまで対中国貿易の拠点として機能していたトンキン商館は、その役割を終えて1697年に閉鎖されている[5]。

　1699年にイギリス東インド会社は、舟山にアレン・キャッチポールAllen Catchpooleという人物を代表として任命し、中国における業務を行うための4人の商人から成る評議会を置いた[6]。舟山は寧波近郊にある港で、長崎からの唐船が来航していた。

　その後1715年に中国が広東を国際貿易港とし、ヨーロッパ船を受け入れ始めると、中国貿易は急激に進展をとげていく。広東の港（ワンポアWhampoa）にはイギリス、オランダ、フランス、オーストリア、デンマーク、スウェーデンの東インド会社が一堂に集結することとなった。広東でイギリス東インド会社が扱った主要な取引商品は、中国の茶、絹および磁器である[7]。

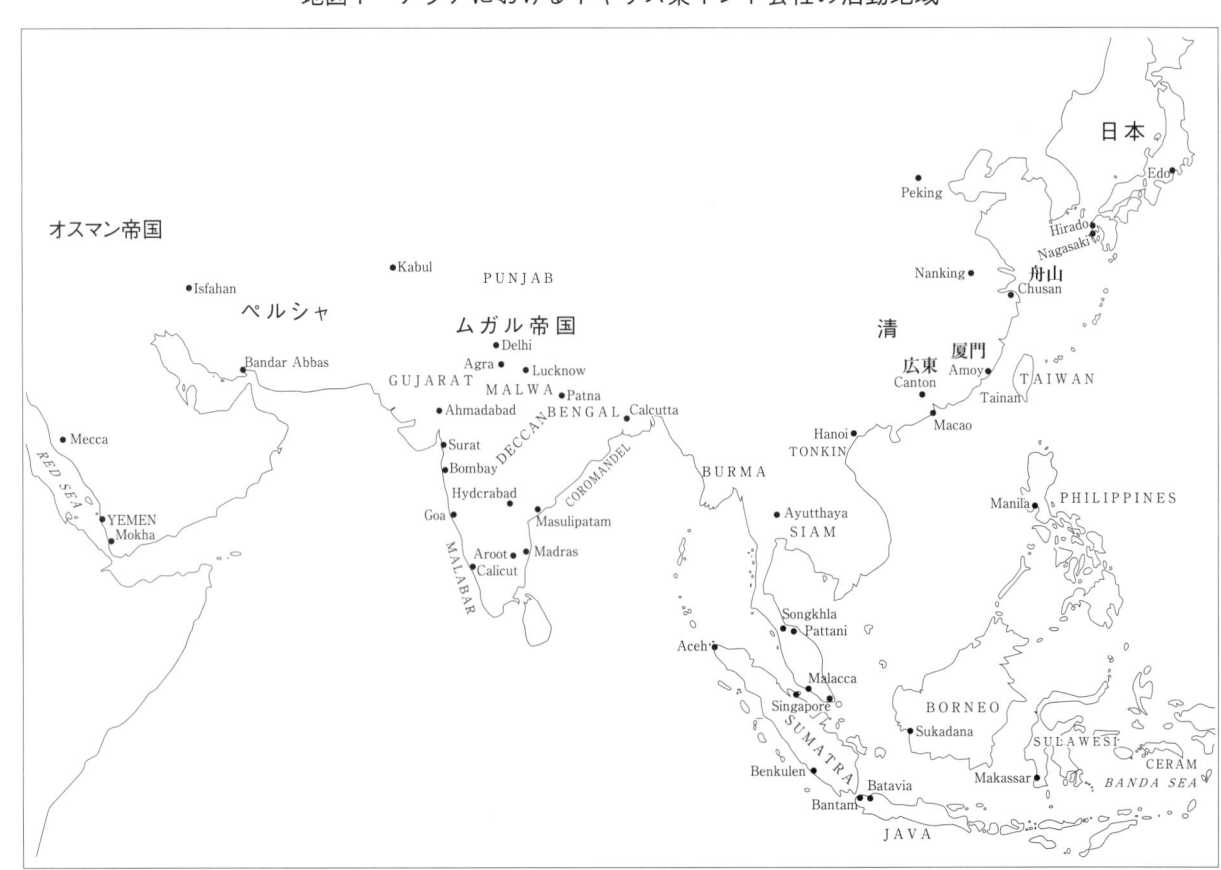

地図1　アジアにおけるイギリス東インド会社の活動地域

地図2　広東と珠江河口周辺におけるイギリス東インド会社の活動地域

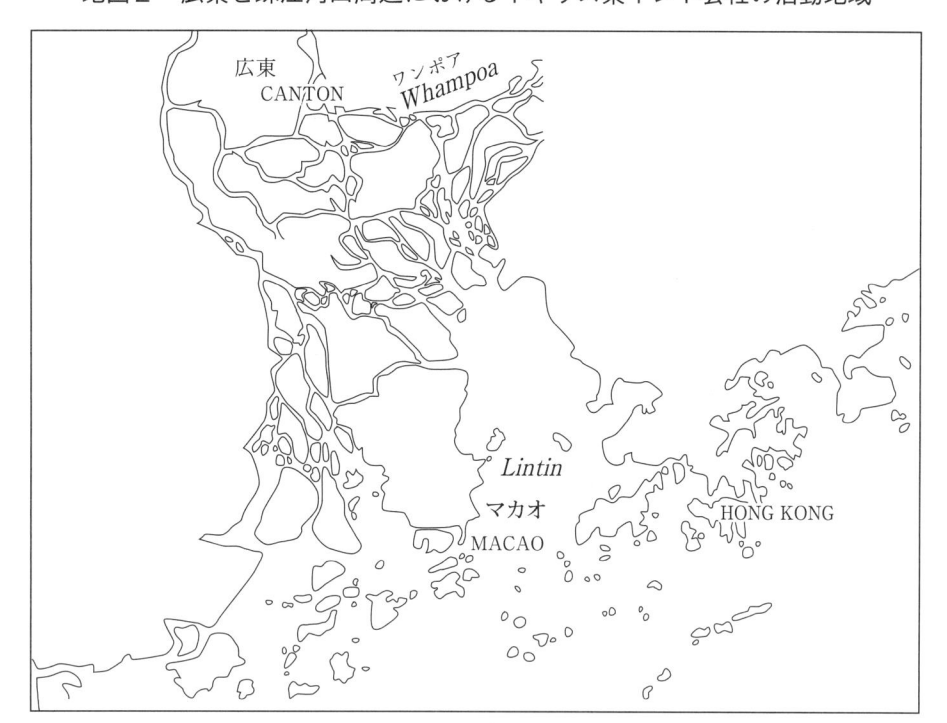

第2項　イギリス東インド会社の「日本磁器」取引に関する研究史

　イギリス東インド会社が主に日本の磁器を入手した中国との貿易については、ホセア・バロウ・モースHosea Ballou Morseによる『英国と中国貿易Britain and the China Trade 1635-1842』がもっとも具体的である[8]。この書は、会社の一次資料に基づく研究で、貿易史にかかわる詳細なデータとともに会社の中国貿易の全体を通史的に概観するものである。

　貿易品として扱った日本の陶磁器に関する記録が同社の貿易資料に残されており[9]、その実態を把握することができる。前述の通り、イギリス東インド会社は、17世紀末より日本の陶磁器をロンドンで開かれる販売会で販売していた。イギリス東インド会社の史料の中には、その販売会で競られた商品と参考価格および落札価格や落札者に関する記録があり、日本の磁器に係わる記載もみられる。

　オランダ東インド会社と比べると、より不安定な状況にあったイギリス東インド会社は、アジアにおける複数の商館が火災などの被害に見舞われたことなどにより、文書史料の残存率が低い。オランダ東インド会社の仕訳帳や送り状に対応するような、アジアでの物流に関する基本的な会計資料が、イギリスにはほとんど残っていない。イギリス東インド会社の日本磁器の貿易については、前述の販売会に関する史料が最も継続的に記録され残存する文書なのである。

　この記録の存在を初めて公表したのは、イギリス人のジェオフレイ・ゴデン氏であった。ゴデン氏の研究[10]は、イギリス東インド会社が日本磁器の取引を行っていたことを示す具体的なデータを掲載した先駆的な研究であり、イギリスではおそらくこのテーマに関する唯一の包括的な研究であると思われる。ゴデン氏の研究は、イギリス東インド会社が1699年～1709年の期間に催した販売会の記録に記された「日本の」という記載のある様々な器種の陶磁器のリストを中心に、会社が関わって輸出した日本磁器の品目、数量および価格をはじめとする取引の推移を描き出した。

さらに、公式貿易のみならず個人貿易で持ち運ばれた状況についても、イギリス東インド会社文書に基づいて明らかにしている[11]。

しかしながら氏の研究は、その後の研究において、フォルカー氏の研究のように頻繁に使用された形跡がない。また、会社の日本磁器取引に関する本格的な研究は、ゴデン氏の研究以外には知られていないようである。西洋の陶磁史研究者によるイギリス東インド会社の日本磁器貿易に関する言及は、管見の限りでは以下に述べるオリヴァー・インピー氏の論文だけである。

インピー氏は、18世紀初頭のイギリスにおける中国磁器の価格は日本磁器の価格のおよそ四分の一であること、日本磁器には個人貿易で輸入される商品もあることなどについて、ゴデン氏の研究に基づいて述べている[12]。このインピー氏の言及について、筆者が最も注目するのは、ゴデン氏が挙げたロンドンの東インド会社の販売会で売却された「日本磁器」を引用し、それを「本物の日本産の磁器」として断定的に論理展開した点である。日本と直接貿易をする手段をもたないイギリスの東インド会社が、18世紀前半にどのようなルートで、そしてどの港で日本の磁器を入手するのかを説明することを経て初めて、ロンドンの販売会記録の「日本の磁器」という記載は、肥前磁器として正当に認めることができるはずである。しかし、インピー氏、ゴデン氏の研究はともに、この問題について説明が完全に尽くされているとは言いがたく、よって、ロンドンで取引された「日本の磁器」は、肥前磁器の写し物である、いわゆる「チャイニーズ・イマリ」と通称されている景徳鎮製色絵磁器ではないのかという疑念を拭い去ることができない。

ロンドンへ到着する磁器に、本物の肥前磁器が含まれている可能性を補強するためには、イギリス東インド会社が寄港したアジアの港へ、唐船が長崎から肥前磁器を舶載していたことを示す必要があろう。イギリス東インド会社の取引の記録にみられる日本の磁器については、唐船の貿易状況と連動して検討しなければならないのである。しかしながら、ゴデン氏の研究は、唐船の肥前磁器輸出に関する言及が不十分で、それが唐船によって長崎からもたらされたとする確証が欠落している。また、唐船の磁器輸出に関するフォルカー氏の著作の情報[13]も1682年以前の輸出に限定されているため、イギリス貿易の参考となる情報を与えてはくれないのである。

すでに、山脇悌二郎氏以降のオランダ東インド会社の貿易史料研究は、オランダ東インド会社や唐船貿易が扱った日本磁器を統計化することで、各年の貿易総量を把握する方法を採用している。統計化という方法は、異なる貿易ルートで行われた様々な取引を横断的に比較することを可能とする実際的尺度であり、有効な分析ツールである。これに対し、ゴデン氏の研究は、その分析方法自体がフォルカー氏の研究と同様の叙述的なスタイルであり、統計化はしていない。

ゴデン氏の著書により、イギリス東インド会社が関わった個人貿易も含めた日本磁器の輸出が検討対象とされたことは大きく評価される。しかし、ゴデン氏の研究は販売会で取引された日本磁器の品目や数量などを販売会が行われた時系列順で列記するに留まり、学術的な実態分析には至っていないのである。

第3項　イギリス東インド会社による「日本磁器」取引

ところで、イギリス東インド会社が作成した日本磁器の取引の記録を理解するための前提となる、会社が記した東洋の陶磁器に関する記述に特有の用語は、以下の通りである。中国から舶載された陶磁器は*China Ware*と記されるか、*China Ware*というタイトルの下に国名の記載がな

く、器の名称を記すという方法で統一されている。この時代にイギリスへ舶載された陶器はほとんどないため、China Wareが磁器を意味することは明らかである[14]。一方、日本の磁器であると考えられる記述は、China Wareのリストの中に混在し、日本製品 Japan Ware、あるいは Japanという語の後に器の名称を併記する方法、または日本の陶器を意味する Japan Earthenwareと記載されている。江戸時代に日本から輸出され西洋諸国に所在する日本のやきものに陶器はないため、本節では、この史料における China Ware は中国磁器、Japan Wareとそれに類する名称、および Japan Earthenwareは統一して「日本磁器」と訳すこととした。

1680年8月に、ロンドンより厦門に向けて出発したバーナーディストン号Barnardistonは、日本の銅、砂糖などをスーラト向けに、そしてイギリス向けには、絹や生糸、ムスクおよび日本の屏風と「日本と中国の珍品Japan & China rarities」を、厦門で入手するよう指示されていた[15]。先行するオランダ貿易において、磁器は、漆と並び日本の「珍品」と呼ばれるものの代表的な商品として、公式貿易による取引が途絶えた後も個人貿易によりかなりの量が取引されていたため、ここでいう「珍品」とは日本の磁器も含まれると解釈できる。その後も断続的に日本の銅の注文や調達に関するイギリス東インド会社の記述がみられ、銅に関する記述は磁器や漆よりもはるかに多い[16]。イギリスが最も必要とした日本からの調達品は銅と荒銅であった。さらに1681年8月には、ロンドンの重役たちがバンテン商館に対し、厦門で日本からのジャンク船を待ち、日本から新しく到着したあらゆる種類の商品を調達し、船に積むようにとの指示を出している[17]。

その後、ロンドンではイギリス東インド会社の新旧両会社がアジアの港からイギリスへ運んだ様々な商品を、ロンドンで開かれた販売会やセールの下見会であろうと推測される商品展示会（以下、セールの下見会と仮称する）で展示販売し、こうした販売会関連史料のなかに日本の磁器の記載がみられるのである。販売会の記録については、前述の通り、1699年～1709年までの記録がゴデン氏の研究により明らかとされているが、氏の著書には原典資料番号が明記されていないため、データの根拠となる史料の原本を著書からたどっていくことができない[18]。

そこで、大英図書館に所蔵されるOriental and India Office Collection（イギリス東インド会社関係資料）における、1670年代から18世紀中頃までのロンドン本社におけるCourt Minutes（議事録）とHome Miscellaneous Series（雑録集）をすべて通覧し、それぞれ舶載した船の名前ごとに分類された、中国磁器を含む磁器の販売記録から日本磁器に係わる記載だけを抽出した[19]。その結果、販売会またはセールの下見会の記録に日本の磁器に関する情報がみられるのは、1699年～1721年までのうち10ヵ年分であり、日本の磁器を舶載した船が27隻あることを確認した。

販売会の記録には、品名・数量だけでなく、販売会の参考価格、購入者、落札価格、荷物のロット番号なども記されている。これまで入手することができた日本磁器の記録についてはすべて、できる限り原本の記載通り翻刻し、その器種別の合計数を表にまとめ資料篇3「イギリス東インド会社の日本磁器貿易関係史料の集計」として本書に収載した。本項では、これらの記録から、品名、数量、購入者などを抽出し、器種については比率も把握することにより、船がイギリスの港に入港した年別に取引の内容を検討する[20]。

日本の磁器を舶載した船の出港地は、主として厦門や舟山、広東などの中国沿岸部かバタヴィアで、その港では中国磁器が大量に流通しているため、販売記録に記される磁器の大半は中国製である。日本の磁器は、そのうちのごく少数を構成するものとして、中国磁器に混じって販売されていた。販売会の記録には両者が入り混じった形式で記載されている。「日本の」と明記されていない磁器は、商人たちが中国製品と判断したものと考えられる。

史料に記された商品の記載には、価格も併記されている[21]。当時の商人たちが認識した「日本の」磁器と中国磁器は、総体的にみて価格の差が大きく、「日本磁器」は中国磁器よりも高値で取引されていたことがわかる。同じ販売会で取引された同一名称の器種の事例を挙げるならば、1707年3月16日に行われたフリート・フリゲート号Fleet Frigatの販売会では、中国のティーカップ7,600点が2ペンスで提示され2・1/4ペンスで購入されたのに対し、日本のティーカップ508点とソーサー657点のセットが8ペンスで提示され9・1/2ペンスで販売された。植木用鉢*Garden Pot*は、中国製が5点で3シリングで提示されたのに対し、日本製は10点で1ポンド12シリングで提示され、実際1ポンド12シリング6ペンスで販売されている[22]。記録全体の傾向として、中国磁器と日本磁器の値段の差は歴然としている。ただし、このような磁器の記録にみられる個別の価格の検討は、対象となった商品との照合や品質の比較ができない状態では具体的な意味をもたないため、本稿では必要に応じて傾向に言及するにとどめた。

A. 1699年の帰国船

　この年にイギリスに運ばれた日本磁器の大半は茶器であった。寧波（舟山）ではカップ＆ソーサー、厦門では鉢や皿が入手された。

〈トルンバル・ガレー号　Trumball Gally〉

　トルンバル・ガレー号は、1697年11月22日にイギリスを出発した、旧会社所有の船である。この船は、インドネシアのバンジャルマシン、バタヴィア、ボルネオを経て寧波の港、舟山に滞在し、1699年6月14日にイギリスに帰国している。

　この船には、イートン号Eatonがヨーロッパへ持ち帰るはずだった荷として銅や金などとともに10万個の磁器のカップが舶載されていた[23]。そのうち795個が、以下の内訳の日本製のカップとソーサーであったことを、1699年7月13日に開催された販売記録から知ることができる[24]。

カップ（*Cup*）	395個
ソーサー（*Saucer*）	400個
合計	795個

〈ナッソウ号　Nassaw〉

　ナッソウ号は、1697年10月12日にイギリスを出発した旧会社の船である。この船は厦門に滞在し、1699年9月1日にイギリスへ帰国した。この船の主な目的は、厦門で茶、生糸、絹織物およびヴェルヴェットを調達することであったが、磁器も入手していた。

　以下の日本磁器175点が、1699年11月8日に開かれたナッソウ号舶載品の販売会で販売された[25]。これらを購入したのは、GomleyとFergusonといった、商人とみられる人物である。

鉢（*Bowle*）	14個
輪花鉢（*scol*[scalloped]. *Bowle*）	150個
平皿（*Plate*）	6個
深皿（*Dish*）	4個
洗面用深皿（*Bason*[Basin]）	1個
合計	175個

B. 1701年の帰国船

〈ドリル号　Dorrill〉

　ドリル号は、1699年11月23日にロンドンからバタヴィアと厦門に向けられた旧会社の船である。船は1701年9月6日にイギリスへ帰国した。

　この船が運んだ日本磁器は9,246点であったが、その内訳は、カップが約71パーセント、ソーサーが約28パーセント、鉢が約1パーセントであり、この船の日本磁器もほぼすべて茶器であった。この船の積荷の磁器は1701年12月3日および1702年4月2日、同年10月20日、1703年9月28日の4度の販売会で販売された[26]。購入者として、South、Bagshaw、Jonathan Clarke、Finchなどの名前が並ぶ。彼らの名は販売会の記録に頻繁に購入者として記されているため商人と推測される。

カップ	6,594個
ソーサー	2,570個
鉢	82個
合計	9,246個

　これらの日本磁器の値段は、購入者によって大きな差がある。

C. 1702年の帰国船

〈ノーサンバーランド号　Northumberland〉

　ノーサンバーランド号は、1700年11月13日にイギリスを発った旧会社の船で、1701年に広東に到着した[27]。船は1702年9月17日にイギリスへ帰国した。

　この船により運ばれた日本の磁器1,030点の器種別内訳は以下の通りである。その割合は下記の円グラフに示した（表示したグラフの割合は、四捨五入の関係で計算上合算が100パーセントにならない場合がある。小数点第1位で四捨五入のため、輸入していても割合が0パーセントとなるものもある。以下同様）。大半（約78パーセント）を占めるのは、カップ＆ソーサーやティーポットなどの茶器である。これらは、1703年3月24日と同年9月28日の2回の販売会で販売され[28]、購入したのはSouth、Wilmer、Actonといった人物であったが、彼らもおそらく商人である。

カップ	417個
ソーサー	381個
ティーポット（Tea Pot）	6個
深皿	74個
輪花深皿（scol. Dish）	36個
パンチボール（Punch Bowl）	6個
芥子容れ（Mustard Pot）	110個
合計	1,030個

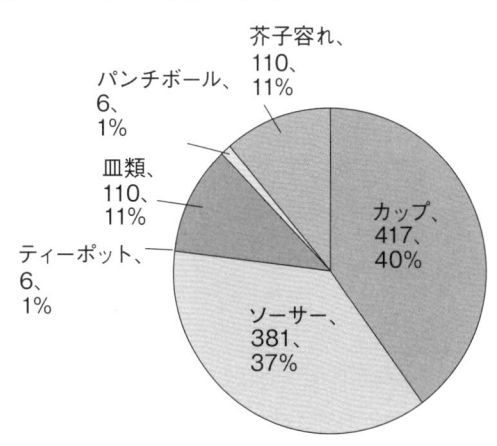

円グラフ：カップ、417、40%／ソーサー、381、37%／ティーポット、6、1%／皿類、110、11%／パンチボール、6、1%／芥子容れ、110、11%

（注）割合は小数点以下四捨五入、以下同様

〈ダッシュウッド号　Dashwood〉

　ダッシュウッド号は1700年12月4日にイギリスを出発し、厦門に向けられた旧会社の船で、1702年9月17日に帰国している。この船がロンドンに運んだ日本の磁器は総計23,097点で、初めて1万個を超える大量輸出となった。カップとソーサーが全体の約69パーセントを占め、さらに砂糖容

れ類やティーポットを加えると茶器が全体の約76パーセントを占める。約8パーセントを占める鉢類についても茶こぼしとして使用された可能性が高く、茶器のうちに含めるべきで、茶器の割合の高さは際立っている。

この船が舶載した日本磁器を含む磁器は、1703年3月24日、同年3月25日、同年4月2日、同年9月28日、1706年9月5日、1707年3月17日の6度の販売会で売られた[29]。価格が、1699年のトロンバル・ガレー号やナッソウ号、1701年のドリル号と比べると、参考価格に対してかなり下がっている。その後1707年5月8日に、大量に売れ残ったと推測される在庫品8,179点のリストが作成されており、膨大な輸出量が価格の低下と売れ行きの不調を招くことになったものとみられる。その後再度1708年2月25日および同年5月6日に開かれた販売会で、この在庫のうち3,669点が販売された。

購入者の覧に名前のあるCaptain Marmaduke Rawdonは、この船の船長である。彼は日本の洗面用深皿と中国のパンチボールを、参考価格をかなり上回る金額で購入している。ほかに購入者としてGordin、Ongley Senr、Henderson、South、Gumley、Tombes、Matteux、Jonathan Clarke、Margosという商人と思われる名前が並んでいる。当時のロンドンでは、「チャイナメンChinamen」と呼ばれる商人たちが中国製品を扱っていた。なかでもTombesは、ロンドンで主導的な「チャイナメン」として名の知られたヘンリー・トムブスHenry Tombesで、1709年にベッドフォード公爵に壺や深皿、平皿、瓶、洗面用深皿（挿図1-24）などの日本磁器30点を納品していることからも、王侯貴族を顧客にもつ有力商人として知られた人物である[30]。

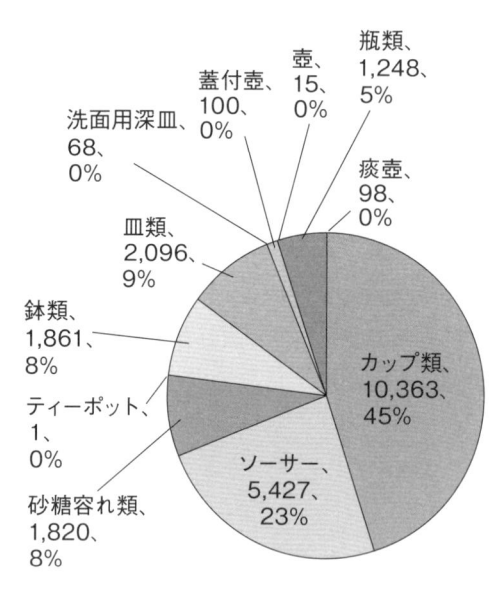

挿図1-24
スタンドに載せた色絵花篭文深皿
口径上：57cm、下：32cm
メシュエン・コレクション蔵（イギリス）

カップ	8,255個
蓋付カップ（*Cups with cov.*）	601個
チョコレートカップ（*Chocolat Cup*）	834個
蓋付チョコレートカップ（*Choc. Cup with cov.*）	428個
カスタードカップ（*custard cup*）	245個
ソーサー	5,427個
蓋受皿付砂糖容れ（*Sugar dish with cov. and saucer*）	873個
砂糖容れ（*Sugar Dish*）	947個
ティーポット	1個
鉢	1,857個
輪花鉢	4個
平皿	1,321個
深皿	760個
輪花深皿	3個
果物用深皿（*Fruit dish*）	12個
洗面用深皿	68個
蓋付壺（*Jarr with cover*）	100個
壺（*Jarr*）	15個
瓶（*Flask*）	1,210個
瓶（ボトル形）（*Bottle*）	34個

花瓶(*Flower Pot*)	4個
痰壺(*Spitting Pot*)	98個
合計	23,097個

〈ネプチューン号　Neptune〉

　ネプチューン号は、1700年12月26日にイギリスを出発した新会社の船である。この船は1702年7月23日に厦門に到着し、その後バタヴィアに寄港して1702年9月16日にイギリスに帰国した。具体的な数量が不明ながらも、ネプチューン号にも13テール分1箱の日本の磁器(*a Parcell of Japan Earthen Ware 13 Tale*)が舶載されていたことが、ネプチューン号の船上で記されたGeorge FurneseとJohn Lesleyからロンドンの会社の代表宛ての1702年3月23日付書簡から確認できる[31]。

D.　1703年の帰国船

〈フリート・フリゲート号　Fleet Frigat〉

　フリート・フリゲート号は、1702年3月8日にイギリスを出発した旧会社の船で、バタヴィア、広東、マカオ(1702年8月26日着)に到着している。この船は、1703年11月19日に帰国した。

　この船が舶載した日本磁器の各品目は以下である。この船の輸出数量は、37,906点と突出している。これらの内訳は、約65パーセントをカップ＆ソーサーが占め、砂糖容れ類約12パーセント、鉢類約12パーセントと、茶器として考えられる器種の合計が全体の9割を占めていた。

　1704年3月28日、同年9月19日の商品展示会[32]、同年4月6〜7日[33]および同年9月26日[34]の販売会でこれらは販売されたが、ダッシュウッド号と同様に大量輸出のため売れ残りが生じ、1707年5月6日に在庫品8,711点のリストが作成されている[35]。在庫品はカップ＆ソーサーを含む様々な茶器、鉢が多いが、壺や喇叭形瓶、深皿など多様である。この船の日本磁器を扱った商人としては、Bagshawが特に多くの磁器を購入したほか、Van Dacheler、Edmond Lewin、Showers、Southなど、ほかの船の販売会でも頻繁に日本磁器を購入した商人が購入者として名を連ねている。

カップ	13,695個
チョコレートカップ	949個
蓋付チョコレートカップ	926個
ソーサー	9,041個
砂糖容れ	2,087個
蓋付砂糖容れ	1,042個
蓋受皿付砂糖容れ	1,344個
ティーポット	82個
鉢	3,657個
輪花鉢	918個
平皿	101個
輪花平皿(scalloped plate)	106個
深皿	284個
輪花深皿	290個

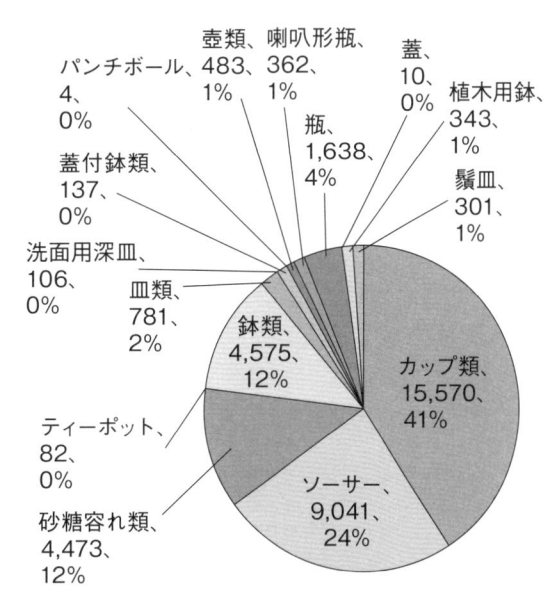

洗面用深皿	106個
蓋付鉢	38個
蓋受皿付鉢	99個
パンチボール	2個
蓋付パンチボール	2個
壺	303個
蓋付壺	171個
壺と喇叭形瓶（*Beaker*）	18個
喇叭形瓶	353個
瓶	1638個
蓋	10個
植木用鉢（*Garden Pot*）	343個
鬚皿（*Barbers Bason*）	301個
合計	37,906個

E. 1704年の帰国船

〈ユニオン号　Union〉

　ユニオン号は、1702年3月9日にイギリスを出発した旧会社の船である。この船は、厦門、バタヴィア、インドネシア・スマトラ島のベンクーレンに寄港し、1704年10月6日に帰国している。

　この船が積んだ日本磁器は、合計844点で内訳は以下の通りである。カップ＆ソーサーが含まれていないのは大変稀である。これらは、1705年3月6日[36]、同年3月27～28日の販売会[37]および、同年9月18日の商品展示会[38]で販売された。

コーヒーポット（*Cafe bottles*）	96個
蓋受皿付砂糖容れ	37個
蓋受皿付粥鉢	208個
（*Caudle Cups Covers & Plates*）	
壺	102個
喇叭形瓶	6個
瓶	384個
携帯瓶（*Case Bottle*）	11個
合計	844個

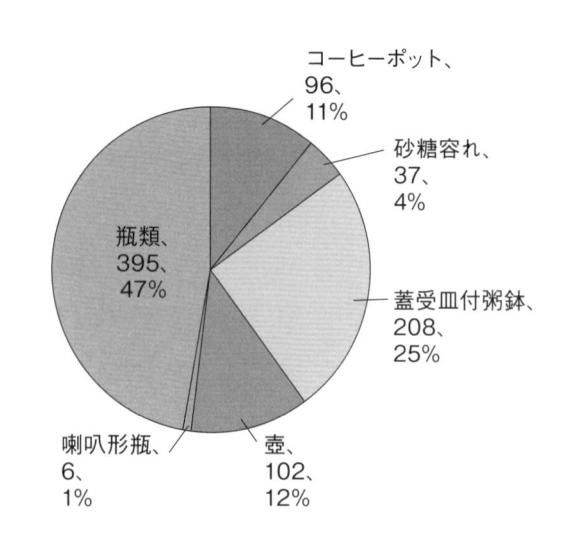

〈アウレングゼッブ号　Aurengzeb〉

　アウレングゼッブ号は、1701年10月1日にイギリスを出発した旧会社の船である。厦門に1702年に滞在し、1704年10月6日に帰国した。

　この船が舶載した日本の磁器は合計4,254点であり、大半が茶器であった。これらの日本磁器は、1705年3月6日と同年9月18日の商品展示会[39]、同年3月28日と9月26日および1706年9月5日の販売会[40]で販売された。この船の船長であるCaptain Granvilleのほか、Captain Gradell、Jonathn.

Clarke、Maidston、Bagshawなどが購入している。船長の購入品はおそらく個人貿易品であろう。この船の船荷監督Supercargoも個人貿易を行っていた[41]。

カップ	1,404個
蓋付カップ	976個
ソーサー	428個
ティーポット	12個
鉢	12個
深皿	30個
蓋受皿付鉢	224個
壺	922個
喇叭形瓶	246個
合計	4,254個

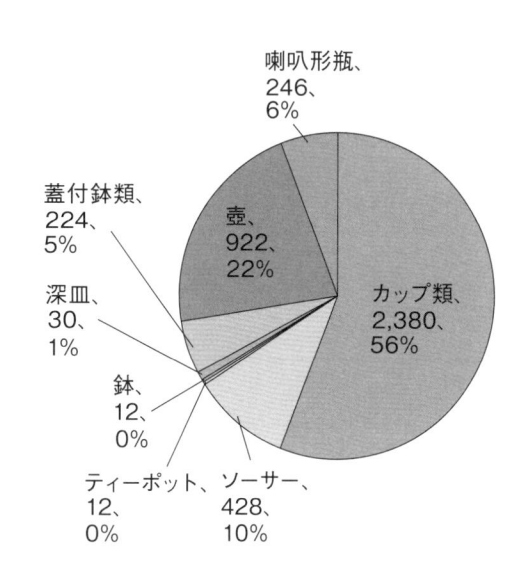

〈リアムポ号　Liampo、サラ・ガレー号　Sarah Galley〉

さらに、新会社の船リアムポ号とサラ・ガレー号も日本の磁器をロンドンに運んでいる。これらの船は、1702年8月6日に舟山の港に到着し、1703年2月に舟山を出帆した。サラ・ガレー号には会社の商品としての日本と中国の磁器が舟山で積み込まれた[42]。その後、リアムポ号が帰国したのは1704年11月17日であるが、サラ・ガレー号の帰国日は不明である。

リアムポ号には、モンク船長Captain Monckの個人貿易品の日本磁器Japan earthenware磁器収納箱1個分が積まれており、これらの日本磁器はロンドン到着後にモンク船長に引き渡された[43]。

F. 1705年の帰国船

〈チャンバー・フリゲート号　Chamber Frigat〉

チャンバー・フリゲート号は、1701年10月1日にイギリスを出発した旧会社の船である。この船は厦門に到着し、1705年6月13日に帰国している。

この船が舶載した日本磁器は、総数13,058点であった。そのうち約70パーセントがカップ＆ソーサー、約9パーセントが鉢類である。よって、ここでもまた大半が茶器で占められていたことがわかる。これらは1706年9月4日の販売会[44]で大半が販売され、その後1707年3月17日[45]、1708年2月25日[46]にも少量販売されたが売れ残りがあり、1707年5月8日に682点の在庫品のリストが作成されている[47]。これらを購入したのは、日本磁器購入の常連であるMatteux、Watkinson、Hambley、Wilkinson、Colomy、Tombesたちであった。

カップ	1,115個
蓋付カップ	4,444個
チョコレートカップ	30個
ソーサー	3,549個
砂糖容れ	43個
鉢	972個

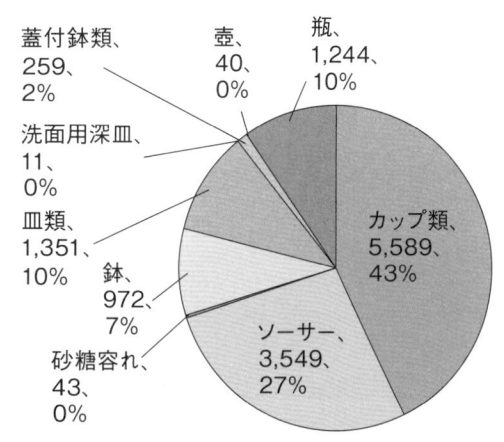

深皿	651個
輪花深皿	700個
洗面用深皿	11個
蓋付鉢	123個
蓋受皿付鉢	136個
壺	40個
瓶	1,244個
合計	13,058個

〈ケント号　Kent〉

　ケント号は、1704年2月12日にイギリスを出発した新会社の船で、広東に到着し、1705年1月27日に広東を発った。この船がイギリスへ帰国したのは1705年11月18日である。

　この船が舶載した日本の磁器は総数3,120点で、カップ＆ソーサー約55パーセント、砂糖容れ類約15パーセント、鉢類約23パーセントと、大半が茶器で占められている。これらの磁器の入手先が広東であることは、広東で積み込まれた商品のリストの中に3,500テール分の磁器が含まれていることにより説明される[48]。これらの日本磁器は、1706年4月16日、同年11月7日に開かれた販売会で販売された[49]。

カップ	823個
ソーサー	906個
蓋付砂糖容れ	76個
蓋受皿付砂糖容れ	387個
鉢	654個
輪花鉢	48個
平皿	20個
深皿	88個
蓋付鉢	88個
蓋受皿付鉢	13個
蓋付筒型容器（*Canisters wth Cov.*）	17個
合計	3,120個

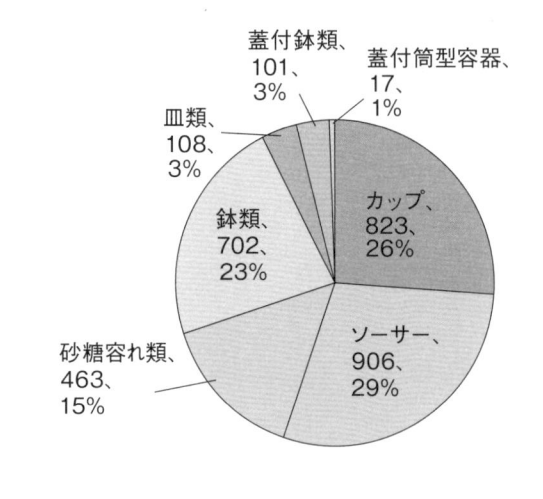

挿図1-25
色絵松竹梅文鉢　高さ27.0cm
トゥヴィッケル城蔵（オランダ）

〈シドニー号　Sidney〉

　シドニー号は、1703年4月16日にイギリスを出発した旧会社の船である。バタヴィア、マカオ、広東に滞在し、1705年11月20日に帰国している。

　この船が積んだ日本磁器は4,818点であり、約半数をカップとソーサー、残りの半分を皿と瓶が占めている。これらは、1706年4月16日[50]、同年9月4日および5日[51]、1707年3月17日[52]、同年9月25日[53]の販売会で販売されたが、1707年5月8日のリストから売れ残りとなり、皿（118点）や瓶（381点）、植木用鉢（13点・挿図1-25）からなる512点が在庫となっている[54]。

カップ	1,252個
蓋付カップ	81個
ソーサー	1,150個
鉢	59個
輪花鉢	100個
平皿	738個
深皿	145個
植木用鉢	39個
壺	1個
瓶	1,229個
髭皿	24個
合計	4,818個

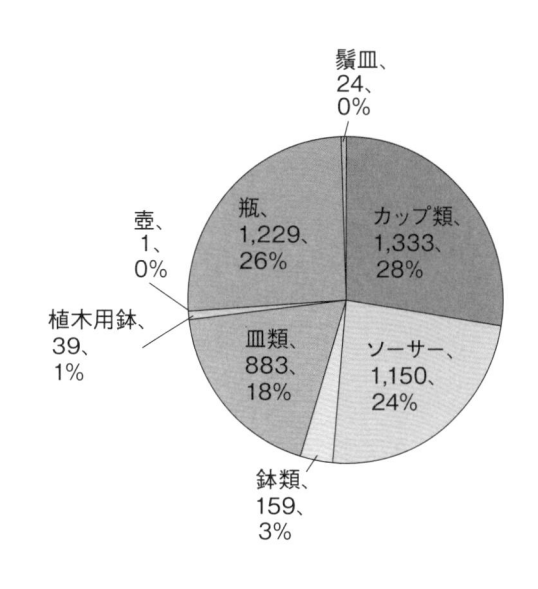

〈アンナ号　Anna〉

　アンナ号は、1703年4月16日にイギリスを出発した。この船は、ベンクーレン、舟山に到着し、1705年11月20日に帰国している。この船が舶載した日本磁器43点は、1706年4月16日の販売会で販売された[55]。

蓋受皿付砂糖容れ	25個
壺	9個
ロールワゴン（*Roll Wagon*）	9個
合計	43個

G.　1706年の帰国船

〈タヴィストック号　Tavistock〉

　タヴィストック号は1703年4月16日にイギリスを出発した新会社の船である。インドのマドラス、ベンガル、アチェーに寄港し、1706年1月2日に帰国している。

　この船が舶載した日本の磁器は総数945点で、ほぼすべてがカップ＆ソーサーであった。これらすべてが、1706年4月16日の販売会で販売された[56]。

カップ	440個
蓋付カップ	1個
ソーサー	501個
深皿	1個
鉢	2個
合計	945個

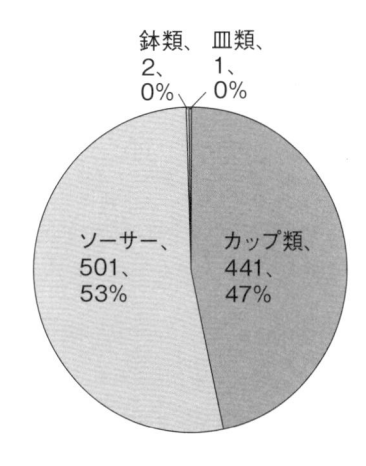

〈シーフォード号　Seaford〉

　シーフォード号は、1703年4月16日に出発し、ボルネオに滞在して1706年8月21日に帰国した新会社の船である。

　この船が運んだ日本磁器は67点とわずかであるが、ここでも大半を占めるのは茶器である。これらの日本磁器は、1707年6月26日[57]と同年9月25日[58]の販売会で販売されている。

カップ	20個
蓋付チョコレートカップ	3個
ソーサー	25個
蓋受皿付砂糖容れ	3個
深皿	1個
鉢	1個
壺	14個
合計	67個

〈モンテギュー号　Montague〉

　モンテギュー号は、1703年4月5日にイギリスを出発した新会社の船である。この船は、バタヴィア、厦門(1704年8月)、マラッカに寄港し、1706年8月21日に帰国した。

　この船が運んだ日本磁器ティーポット2点は、1707年6月26日の販売会で販売された[59]。

H. 1707年の帰国船

〈ソマース号　Somers〉

　ソマース号は、1705年1月5日にイギリスを出発した旧会社の船である。この船は、ベンガル、バラソール、マドラスに寄港し、1707年2月11日に帰国した。

　この船の積荷の日本磁器は、1707年3月16日と同年6月26日の販売会で販売された。この記録は、日本の磁器がインドで入手された特殊な事例として重要である。

蓋受皿付砂糖容れ	5個
蓋受皿付鉢	3個
壺	5個
合計	13個

〈トディントン号　Toddington〉

　トディントン号は、1704年12月12日にイギリスを出発した新会社の船である。バタヴィアに到着し、1707年3月4日にイギリス帰国した。

　総数47点の器種の内訳は以下に挙げた通り多様で、茶器が含まれないという珍しいケースである。これらは、この船が中国に上陸していないため、到着地であるバタヴィアで入手されたものと考えられる。第1章第3節で述べた通り、バタヴィアでは日本磁器がすでに華僑やオランダ人向けに流通していたと考えられる。そのため、バタヴィアで入手できる日本磁器は、おそらく一般の流通品で、特にイギリス人向けに限った商品ではないために、茶器が含まれていないと推測する。これらの日本磁器は、1707年6月26日の販売会で販売された[60]。

深皿	12個
鉢	20個
輪花鉢	6個
蓋付粥入れ	2個
蓋受皿付粥入れ	4個
壺	1個
蓋付壺	2個
合計	47個

〈ロイヤル・コーク号　Loyal Cooke〉

　ロイヤル・コーク号は、1704年2月4日にイギリスを出発した新会社の船で、バタヴィアを経て1704年8月に厦門へ到着したが、厦門での商売は不調に終わり、5ヵ月後に厦門を去った[61]。その後はインドの複数の港をめぐり、1707年10月12日に帰国している。

　この船が積んだ日本の磁器267点も大半が茶器で占められていた。これらは1707年3月24日の販売会で売却され、JamblinとBurrowsという2人に購入された[62]。Burrowsの名はこれらの史料に記載例が多いため商人と推測するが、Jamblinはシーフォード号の販売会で日本磁器を購入した以外は不明である。

カップ	100個
チョコレートカップ	5個
ソーサー	114個
砂糖容れ	9個
ティーポット	4個
鉢	23個
平皿	2個
輪花深皿	6個
壺	2個
喇叭形瓶	2個
合計	267個

I.　1708年の帰国船

〈ロイヤル・マーチャント号　Loyal Merchant〉

　ロイヤル・マーチャント号は、1704年2月12日にイギリスを出発した旧会社の船である。この船は、ベンクーレンに到着し、1708年3月10日に帰国している。

　この船の積荷は1708年5月6日の販売会で販売されたが、以下のようにほぼすべてを茶器が占めていた[63]。

　本書第1章第3節において、18世紀初頭にも唐船が日本の磁器をバタヴィアへ輸出したことを述べたが、バタヴィアからベンクーレンへの物流は盛んで、磁器も舶載されている。この日本磁器は、ベンクーレンがバタヴィアで仕入れたものと推測される。

カップ	118個
ソーサー	106個
壺	2個
合計	226個

〈ハリファックス号　Hallifax〉

　ハリファックス号は、1706年3月23日にイギリスを出発した新会社の船である。マドラスに到着し、1708年3月10日に帰国している。

　この船が舶載した日本磁器は、1708年6月10日の販売会で販売された[64]。89点の商品の内訳は以下の通りであるが、ここでもほぼすべてが茶器により構成されている。

カップ	56個
ソーサー	30個
蓋受皿付鉢	3個
合計	89個

〈タンカーヴィル号　Tankerville〉

　タンカーヴィル号は1706年3月25日にイギリスを出発した新会社の船である。インドのマドラス、ベンガルに滞在し、1708年3月10日に帰国した。

　総数65点の日本の磁器はすべてが茶器である。これらは1708年6月10日の販売会で販売された[65]。

カップ	38個
ソーサー	27個
合計	65個

〈ロイヤル・ブリス号　Loyal Bliss〉

　ロイヤル・ブリス号は1705年1月6日にイギリスを出発した新会社の船である。ベンクーレン、バタヴィアと中国に寄港して、1708年3月10日に帰国した。

　これら総数712点の日本磁器は、すべて1708年6月10日の販売会で販売されたものである[66]。

ソーサー	49個
砂糖容れ	32個
平皿	132個
深皿	422個
鉢	64個
蓋付鉢	7個
壺	6個
合計	712個

J. 1721年の帰国船

〈カナーヴォン号　Caernarvon〉

カナーヴォン号は、1720年2月29日にイギリスから出発した。この船は広東とバタヴィアに寄港し、1721年8月28日に帰国した。

総数450点の日本の磁器の大半はカップおよびソーサーである。1721年3月6日にロンドンのMajor Long's Warehouseという倉庫で開かれたセールの下見会で販売された[67]。そのうち、壺と喇叭形瓶を除く445点の日本磁器は、すべてLaneという人物が破格の値段で購入している[68]。これは一般に販売される前に買い戻された個人貿易品の可能性が高い。

カップ	220個
ソーサー	175個
平皿	50個
壺	3個
喇叭形瓶	2個
合計	450個

〈ブリッジウォーター号　Bridgewater〉

ブリッジウォーター号は、1719年12月27日にイギリスから出発した。この船は、バタヴィア、広東、マラッカに寄港し、1721年8月29日に帰国している。

この船が舶載した日本の磁器も、大半がカップおよびソーサーを中心とする茶器であった。これも唐船がイギリス向けに運んだ商品であろう。この船の日本磁器も1721年3月6日にロンドンの*Major Long's Warehouse*という倉庫で開かれたセールの下見会でカナーヴォン号の磁器とともに販売された[69]。この展示会の購入者は、Reeds、Furguson、Kingなどであったが、Laneという人物が購入した日本磁器は、価格の安さとカナーヴォン号の買い上げ品との関連を考えると個人貿易品であると推測される。

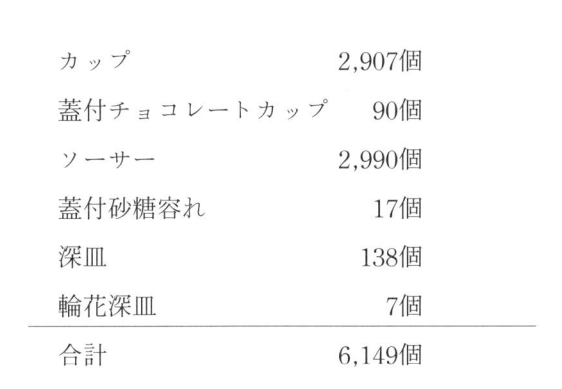

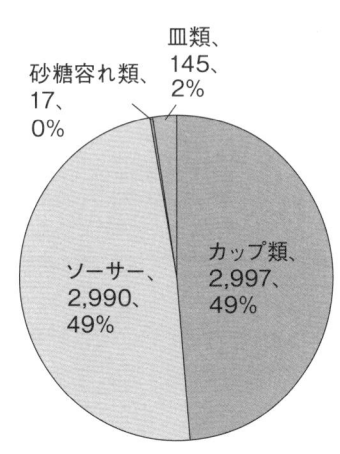

カップ	2,907個
蓋付チョコレートカップ	90個
ソーサー	2,990個
蓋付砂糖容れ	17個
深皿	138個
輪花深皿	7個
合計	6,149個

以上、販売会の記録を見てきたが、記された磁器の名称の意味がやや曖昧である場合は、具体的な磁器の器形を考える必要があるだろう。この史料の意味内容を明確に把握しやすいよう、名称と実際の器形の照合が困難と思われる事例をいくつか挙げてみる[70]。例えば、蓋と受皿のついた砂糖容れ*Sugar Dish*は（口絵1-10）のような器種が想定される。壺*Jarr*、蓋付壺*Jarr with Cover*と喇叭形瓶*Beaker*は、蓋付壺とその対になる喇叭型の瓶（口絵1-3）を指したものであろう。喇叭形瓶は、英語でロールワゴン*Roll Wagon*（オランダ語のロールワーヘンrolwagen）と呼ばれる器を指したものと思われる。また、洗面用深皿*Bason*は、挿図1-24のような手洗いや盛り皿などの室内装飾

用に用いることのできる大型で見込みの深い皿、植木用鉢 Garden potは植木鉢を入れるための口縁部が分厚くなった大きな鉢（挿図1-25）を指したものと推測される。本節第5項で後述する、当時イギリスへ輸入された日本の磁器に関するロックヤーの説明は、金襴手様式磁器の装飾と一致するが、現在所在を把握することのできる古い来歴をもつイギリスの伝世品にみられる18世紀初頭製の肥前磁器は大半が金襴手様式であるため、伝世品の状況とも矛盾していない。

第4項　唐船を経由した「日本磁器」のアジアにおける流通網

　前項で述べた情報により、ロンドンの市場には、イギリス人が日本製だと認識する磁器がかなりの規模で流通していた状況を把握することができる。しかし、それが本当に日本の製品であるか否かを判断するためには、日本の磁器がイギリス人の手に渡るまでの流通ルートを解明することが前提となる。

　以下、イギリス東インド会社が滞在した中国沿岸部の港、厦門、寧波、広東の取引を中心に会社の史料だけでなく、「唐蠻貨物帳」と同時代のイギリス人による一次文献も援用して検討し、会社が販売会で扱った磁器が果たして会社の見立て通り「日本製」でありうるのか検証する。

A.　厦門

　厦門へは、1658年11月5～8日までに長崎を出港した7隻の船が、様々な種類の粗製の肥前磁器を大量に舶載していた[71]。それは、海禁令が公布された結果、東南アジアや中国沿岸部に中国磁器が入らなくなり、その代替品として日本の磁器が輸出されたためであった[72]。その後もバタヴィアへは、本章第3節で示したように大量の日本磁器が供給されたが、これも清朝により展海令が公布される1684年以前までは、遷界令によりバタヴィアへの供給が止まっていた中国磁器を補うための輸出であった。したがって、バタヴィアやマニラ向けの日本の輸出磁器は主に、華僑の生活需要を満たすための粗製の磁器碗であった。

　ところが、第3項に挙げた1699年のロンドンの販売会で販売された「日本の」と記載された磁器が厦門で調達されたのであれば、展海令の発令後には、上記のような華僑向けの粗製磁器ではなく、イギリス人に供給するために厦門へ日本磁器を輸出する方針に転換したことになるだろう。

　日本磁器を扱った会社の販売会の史料のうち、厦門へ寄港した船は、ナッソウ号（1699年帰国）に始まり、以来、ドリル号（1701年帰国）、ダッシュウッド号（1702年帰国）、ユニオン号およびアウレングゼッブ号（1704年帰国）、チャンバー・フリゲート号（1705年帰国）、モンテギュー号（1706年帰国）を経て、ロイヤル・コーク号（1707年帰国）まで続き、厦門での日本磁器の貿易は、広東に次ぎ活発な動きをみせている。

　「唐蠻貨物帳」には、1711年～1713年までに長崎から厦門に渡った唐船に舶載された肥前磁器の記録が存在する。

　　1711（正徳元）年11月朔日／七番／伊万里焼茶碗　千九百五拾／但一ツニ付弐分充[73]
　　1713（正徳三）年11月28日／六番／伊万里焼物色々　七俵[74]

　これらの品が、イギリスまで運ばれたかは不明であるが、近接する年に厦門に寄港した船の例を挙げるなら、個人貿易船のアンヌ号Anneが1714年に厦門に到着しているため、これらの磁器を

買い付けた可能性があるだろう。しかしアンヌ号は、厦門で海賊の被害にあい破壊された。その後この船はマドラスに到着し、舶載していた商品は競売で売却されたという[75]。この事件の影響により、イギリス東インド会社は厦門への渡航を2年間中止し、その後会社は中国貿易を広東との貿易によって維持してゆくこととなる。

B. 寧波

会社の販売会の史料から、日本の磁器を寧波からロンドンへ輸送したことが確認できる船は、1699年に帰国したトルンバル・ガレー号と1705年に帰国したアンヌ号である。

イギリス東インド会社と寧波の交易は、1682年のバンテン撤退以降、中国へ直接上陸することを志向したことから始まった。

舟山貿易の代表をつとめていたアレン・キャッチポールは、1701年1月14日付の議事録において「（日々待ち望んでいる）日本船が、（いつもの通り）中国の生糸、銅、その他の日本製品を多数運ぶであろう。それらは、今舟山にある同じ類の品よりもより良質で安いであろう」と述べている[76]。キャッチポールは、1701年11月19日付ロンドンの重役宛て書簡[77]において「中国人商人は日本の商品をイギリス人に売り大きな利益を得ている」と述べており、すでに唐船が日本の産物を寧波にも運んでいたこともうかがえる。

これらの事例を、寧波から帰国した船の積荷の販売会に日本の磁器が含まれている事実と重ね合わせると、イギリス東インド会社が1700年前後に扱った日本の磁器は、唐船が長崎から舟山港に運んだものであり、寧波や舟山で流通していた中国製品よりも安値で売られていたということになる。

さらに、1703年11月22日付のロンドンの重役宛ての書簡において、ふたたびキャッチポールは、過去に送った大量の磁器がイギリスで在庫になっていると推測している。そのため、次に会社からの注文を受けるまで磁器は購入しないが、中国のジャンク船が約束した通りに舟山に来たら、彼らは我々に茶や反物、日本の磁器を購入するよう働きかけてくるであろうと述べている[78]。この書簡からも、舟山に寄港する唐船からイギリス人たちが日本の磁器を入手したことは明らかである。また、イギリスに送った磁器が売れ残っていたために、舟山では中国人から磁器を購入することができなかったこともわかる。この前年1702年は、9月に帰国したダッシュウッド号が厦門で仕入れた膨大な数量の磁器をロンドンにもたらした年であり、ダッシュウッド号の在庫が舟山における買い控えの原因になったものと推測される。

「唐蠻貨物帳」には、1709年〜1713年までの期間に長崎から寧波に渡った唐船に舶載された肥前磁器の記録が存在するが、寧波向けの磁器の記載は小間物の範疇に含まれており、厦門や広東のように別記され数量を記載する形式ではないため、寧波への日本磁器の舶載は厦門や広東よりも少規模であったとみえる。

C. 広東

会社の販売会の史料で、日本磁器を取り扱ったとされる、広東に寄港した船は、1702年に帰国したノーサンバーランド号に始まり、フリート・フリゲート号（1703年帰国）、ケント号とシドニー号（1705年帰国）、カナーヴォン号およびブリッジウォーター号（1721年帰国）の6隻である。

販売会の記録にみるかぎり、広東貿易による日本磁器のイギリスへの輸出は、最も長期にわたり、数量規模も3港のなかで最大である。

「唐蠻貨物帳」にも、1711年および1713年に長崎から広東に渡った唐船に舶載された肥前磁器の記録が存在する。

　1711（正徳元）年12月29日／四拾四番／伊万里焼物　百五拾八俵／大壺、ちょく、ふた茶わん[79]

　1713（正徳三）年11月27日／四番／伊万里焼物　百八拾九俵[80]

　1713（正徳三）年11月29日／拾弐番／伊万里焼物　百四拾六俵[81]

「唐蠻貨物帳」の情報によって、特に厦門と広東では日本から直接来航する唐船から、肥前磁器を購入できる状況であったことが確認される。そこから、この時期に唐船が肥前磁器を厦門と広東に大量に運搬した理由は、そこにいた西洋人たちに販売するためであったと推測でき、また、1711年の輸出のみではあるが、長崎から広東に運ばれた磁器が大壺、猪口（挿図1-17のようなティーカップカ）、蓋茶碗（挿図1-16のような蓋付カップ）であることが記載されている。これはまさしくイギリス東インド会社の販売会の記録に頻繁に掲載された器種であり、そこからも、唐船が広東へ運んだ肥前磁器は西洋人向けであった可能性が高いと言える。

前述のように、厦門向けには7俵と1,950個、広東向けには合計493俵の磁器が長崎から輸出されたことがわかるが、1俵には一体何個入っているのだろうか。オランダ東インド会社の輸出記録にみられる1俵には、カップは200個、ソーサーは100～150個、鉢は20個とおよそ決まっている。そのため、もし大部分がイギリス向けのカップかソーサーと仮定して1俵100個と計算すれば、1711年と1713年に唐船が厦門へ運んだ肥前磁器の個数は2,650個、1711年と1713年に唐船が広東へ運んだ肥前磁器の個数は49,300個となる。

第5項　産地判断の信憑性の議論

こうした史料解釈にあたり、日本製か中国製かの真贋への信頼性が問われるのは言うまでもないだろう。現在のヨーロッパでは、古陶磁の東洋磁器のオリジナルを日本製か中国製か判断できる人材が少なく、陶磁史の専門家であっても専門が東洋磁器でなければ判断できない場合が多い。そのためか、17～18世紀の西洋の人々は日本製か中国製かを区別していなかったと考える専門家が少なくない。しかし、当時の人々にとりそれらは同時代の製品である。特に、東アジアに滞在し現地の商人と出会う機会をもつイギリスやオランダの東インド会社関係者は、アジアからの情報収集ルートをもたない西洋人とは全く異なる方法で磁器に関する現地情報をリアルタイムで入手でき、また磁器についての具体的で正確な知識をもつことができたであろう。この点は再検討する必要があると思われる。

1720年に広東の中国商人の間では、外国との取引に対するギルドが設立された。ギルドは、運営方法や規則、支払うべき手数料など様々な事柄を13ヵ条の条項にまとめている。そのうち第8条は、磁器の取引について以下のように述べている。「8. 専門知識が要求される磁器については、全員自由に取引してよろしい。ただし、これを扱う者は、損益とは関係なく、30パーセントの手数料をギルドに支払わなければならない[82]。」この条項からは、1720年頃の広東商人の間で、磁器の取引に関して専門的な知識を持つ専門家の存在が認識されていたことがうかがえる。

さらに、1711年に出版されたアジアとの貿易に関する手引書『インドにおける貿易の報告』におけるアジアの磁器に関する項目で、著者チャールズ・ロックヤーCharles Lockyerが当時輸入された肥前磁器について述べた説明を以下に掲載するが、それはこれまで知られていなかった新知見を含んでいる[83]。

　ロックヤーは、1703年にロンドンを出発してマカオや広東、マラッカ、インドのガムロンやマドラスを巡り、1707年3月にイギリスに帰国したストリートハム号*Streetham*の乗組員であり、さらにアジアでの貿易経験をもつ元イギリス東インド会社従業員である。彼の経歴はあまり知られていないが、おそらくこの船の船荷監督*Supercargo*の助手のような立場で働いた経験により専門知識を習得したものと、ロバート・C・アレン氏は推測している[84]。

　　磁器は、大変繊細な日用品であるので、注文の際にはその梱包について適切に指示をする必要がある。最も優れたものは、この場合も日本から来るものであり、繊細な南京磁器をよく再現しえている。これは、判断力と経験をもった人物によって種類を区別される必要がある。日本製品は最も重く、粒子が粗い。底には、ほかのものには決してみられない、偶然できた小さい粒又は突起物がある。大型の品の場合には、それは5つか6つの規則的な丸い塊となっている。そして、金彩と色絵は豊かにほどこされているが、素地が上質な中国磁器と同じ位白いものは稀である。しかしそれは、少ししか店にはだされない。したがって、その荷ほどきが行われる際に、この取引に携わる商人は、即金で購入できる人に可能な限りの安値を告げるのであるが、それでも我々の市場ではその値はかなり高額である。我々が「南京ジャパン」と呼ぶ以下の種類のものは評価に値する。すべての器形やサイズのカップやソーサー、輪花形の縁のあるものや、白または紫色の素地に金彩や赤、緑や青で花の絵付けをほどこしたもの、金の縁のあるもの。1本か2本の把手のついたチョコレートカップ、セットの砂糖容れ、蓋のある把手付スープ鉢、蓋付又は蓋無の大きいクリーム用のカップ、様々なサイズの把手のあるジョッキ、2本の把手が付き長い注口と蓋をともなう大型の粥鉢、あらゆる器形とサイズの洗面用深皿、パンチボールのセット、大型および中型のモンティース(縁が波状となったパンチボール)、イギリス趣味の角型および丸型の平皿、あらゆるサイズの盆、フルーツ用の大きい深皿、まっすぐな注口と把手の付いたティーポット、便器、耳の付いた植木用鉢、木を入れるためのその大きいもの、コーヒーの瓶、冷たいお茶を入れる角瓶などである。こういったものの価値は、その繊細さと日本製品との近似性によって評価されるのであった。わたしは、金彩と赤のみで花文様を描き、その他の部分に金彩と赤の線で格子を描いた小さい鉢と平皿が入った包を見かけたが、それはガムロンで上質な日本製品よりも高い値段で売れた[85]。
　　　　　　　　　　　　　　　　　　　　　　　　　　　　　　　　　　（翻訳筆者）

　ロックヤーは、上記の文章において2種類の異なる磁器を指摘している。筆者が二重線を引いた前者の説明は日本磁器を指しており、つまり、日本の磁器は、「南京磁器*Nankeen-Ware*」の写し物であり、日本の磁器はこの「南京磁器」より重く、底に目跡があり、金彩と色絵が豊かにほどこされていること、素地は中国磁器の方がより白いと規定し、中国磁器よりも高い値で取引されていると指摘した。この「南京磁器」は景徳鎮の磁器を指したものと推測される[86]。さらに、日本の磁器の装飾に関する説明は、明らかに柿右衛門様式ではなく金襴手様式を対象としている。ここから、1711年時点ですでに、唐船が仲介する東西貿易の肥前磁器が、柿右衛門様式ではなく、金襴手様式に移

第1章　江戸期の東西陶磁貿易　｜　127

行していたことがわかる。さらに目跡の件については、ヨーロッパでは現在でも東洋磁器の産地判定の根拠として筆頭に挙げる専門家が多い。1711年に言及された、この目跡に関わる記述は、この判定方法に関する情報の初出であろう。目跡の有無は、陶磁の目利きの間ですでに日本製品の判断基準として認識されていたことが判明する。

また、一重線を引いた、色絵であると明記された後者はいわゆる「チャイニーズ・イマリ[87]」と呼ばれるタイプ（口絵1-11）の、肥前磁器写しの装飾を伴った景徳鎮産色絵磁器を指したものと推測される。イギリス東インド会社の関係者たちは、それを「南京ジャパン*Nankeen Jappan*」と呼んでいたようなのである。その意味は、直訳すれば「南京磁器の日本製品」であるので、「景徳鎮製の日本製品写し」と解釈できる。この種の中国磁器は、「その繊細さと日本製品との近似性によって評価される'their Fineness and near Resemblance to Jappan'」のであり、肥前のオリジナルである金襴手様式の写し物を見本とした磁器生産が景徳鎮で行われていたことがみてとれる。

この種の中国磁器に関連する記述は、イギリス東インド会社が開催した1705年3月6日の商品展示会で販売されたユニオン号舶載品の中国磁器のリスト[88]にもみられる。その記載には、「244個の日本趣味の絵付け鉢 *244 Paint Bowles Japan Fashion*」とあり、ロンドンの商人が日本の絵付けを模倣した中国磁器を日本製の磁器と区別して扱っていたことを示している[89]。

第1章第4節　結語

イギリス東インド会社の史料のなかで取引の様子を継続的に把握できる最大の史料であるロンドンの販売会および商品展示会の記録を中心に、イギリス東インド会社が関わった日本磁器について考察を試みた。日本磁器を扱ったのは、新旧両会社であり、彼らは日本の磁器を主に広東、厦門、寧波で入手し、ロンドンへ運んでいたことが判明した。ロンドンの販売会および商品展示会の記録から数量を把握することができた日本の磁器の合計数は、少なくとも107,418点にのぼる。またさらに、それを船別にみた内訳は下記の一覧表の通りである。

記録から読み取ることのできるイギリス東インド会社の日本磁器貿易最大の特徴は、その大半がカップ＆ソーサーやティーポット、砂糖容れをはじめとする茶器であったことである。茶器の輸入は、会社が中国から輸入した最大の商品である茶の貿易をさらに拡大させるため、喫茶を文化の域に高めて流行させる戦略に貢献したにちがいない。さらに壺や広口瓶、洗面用深皿、植木用鉢などの装飾品や、皿・深皿といった様々な食器も輸入されたが、これらはイギリスだけでなくヨーロッパ全体の古い来歴をもつコレクションに共通してみられる器種である。このように、扱われた日本磁器の商品は多様なものであったが、日本磁器の取引の中心があくまでも茶器であったことは、数字が示す通りである。加えて、本節に挙げた会社史料に記された日本磁器すべてを器種別に集計した表を資料篇3として本書に掲載したため、参照されたい。

貿易史料に記された中国製品と日本製品の分類の正当性については、史料記載に対応する現物と対照することができない現在では、実証するすべはないかもしれない。しかし当時、中国の港には長崎から直接唐船が来航し、その船に乗る長崎で磁器を仕入れた商人から直接磁器を購入するという前提の上に立つなら、中国の港で磁器の買い付けを行う経験豊かなイギリス東インド会社の商人であれば、自分が購入する磁器の産地を見誤る可能性は低いと考えられる。数世紀も昔の由来を知ることもできない古物として17〜18世紀の肥前磁器に接する現代のわたしたちより

も、当時のイギリス東インド会社の商人たちは、はるかに具体的な仕入れ先に関する情報をもっていた可能性があり、また、ロックヤーの文献や広東商人のギルド関連史料などの18世紀の文献史料により示されたように、産地判定をするための専門知識をもった、東洋磁器を扱うプロの美術商が存在した可能性は十分ある。そして、彼らの情報は、東洋磁器を収集する王侯貴族へも伝承されたことであろう。

本節で検討した、これらの記録は売却品と在庫品のリストであり、おそらくは、ロンドンに到着した日本磁器の一部を反映しているにすぎない。オランダ東インド会社のように、物流状況を証明する文書が発見されていないため、イギリス東インド会社が関わった日本磁器の輸出量を把握することは現状では難しいが、実際はこの数をはるかに上回るだろう。

史料上、ロンドンにおける会社の日本磁器の取引は、公式貿易と個人貿易が明確に区別されていなかった。今回とりあげた日本磁器の取引のなかに個人貿易が含まれていることは、ゴデン氏の研究によっても言及されており、本節で言及したいくつかの事例からもそれを確認することができたが、個々の船に積載された日本磁器を、商品単位で会社の貿易品と個人貿易品に分類することはできなかった。ここで明らかにしたイギリス東インド会社の日本磁器貿易への関与が、実際にどのような方法で行われたのか、その仕組みの解明を今後の課題としたい。

表　イギリス東インド会がロンドンで販売した「日本磁器」船別の数量

帰国年	船　　名	数　量
1699	トルンバル・ガレー号	795
	ナッソウ号	175
1701	ドリル号	9,246
1702	ノーサンバーランド号	1,030
	ダッシュウッド号	23,097
1703	フリート・フリゲート号	37,906
1704	ユニオン号	844
	アウレングゼッブ号	4,254
1705	チャンバー・フリゲート号	13,058
	ケント号	3,120
	シドニー号	4,818
	アンナ号	43
1706	タヴィストック号	945
	シーフォード号	67
	モンテギュー号	2
1707	ソマース号	13
	トディントン号	47
	ロイヤル・コーク号	267
1708	ロイヤル・マーチャント号	226
	ハリファックス号	89
	タンカーヴィル号	65
	ロイヤル・ブリス号	712
1721	カナーヴォン号	450
	ブリッジウォーター号	6,149
合計		107,418

註

1　当時のイギリスではユリウス暦が用いられていた。現在私たちが使用するグレゴリウス暦にすると1601年1月10日にあたる。
2　「独占」といわれるのは、国王が特許状を以てほかのイギリス人が会社を作り東洋との貿易を行うことを禁止したことに基づく。
3　イギリス東インド会社は、これらふたつの組織を意味し、しばしばその頭文字をとってEICとも称される。
4　イギリス東インド会社に関する概略については、主に以下の文献を参考にした。羽田2007　pp.78-82, 95-98
5　Morse 1940, pp. 44-47
6　Ibid., p. 109
7　Farrington 2002, pp. 80-85
8　Morse 1940
9　日本磁器の販売に関する主要な情報は、ロンドンの大英図書館British Libraryが所蔵するOriental and India Office Collection (BL, OIOC)という文書群に所収される次の文書原本に記載されている。
　（1）Court Minutes［IOR/B43-IOR/B49］
　（2）Home Miscellaneous Series［IOR/H/10- IOR/H/14］
　Court Minutes は、イギリス東インド会社文書において最も主要な史料であるロンドン本社HQの議事録の通称である。正式には、The Minutes of the Court of Directors and the Court of Proprietors と称される。
　Home Miscellaneous Series は、1600年～1900年の期間に作成された文書を集成した史料群である。19世紀末に東インド会社に所在した史料のうち、規定の文書群に所収されていない雑多な記録群がこれに収録されている。
　会社の一次資料とその先行研究については、水井万里子氏のご教示を得、複写資料を参照させていただいた。
10　Godden 1979
11　Ibid., pp. 55-78
12　Impey 2002, pp. 14, 33；インピー1994　pp. 20-21
13　Volker 1954
14　17～18世紀におけるヨーロッパの言語で磁器は、オランダで*porceleijn*、ドイツで*Porzellan*、フランス語では*porcelaine*と記される。英語には*porcelain*という用語があるが、同時代のイギリスでは磁器を*China*や*China Ware*と呼ぶのが通常である。磁器という材料を特別に明記せず、例えばマイセン磁器は*Dresden Ware*や*Sachsen Ware*と呼ぶなど、産地名に*Ware*という語を併記する習慣がある。
15　Morse 1940, p. 47
16　Ibid. 日本の銅を運ぶのが主目的の貿易船に積まれるその他の日本産物のなかに磁器や漆などの日本工藝が含まれるという基本的な商品構成は、オランダ船、唐船、イギリス船が運んだ日本商品に共通してみられる特徴である。
17　Godden 1979, p. 307
18　筆者は、ゴデン氏のデータと史料原本とを照合し、彼のデータが、在ロンドンのHQの議事録Court Minutesに基づくものであることを確認した。しかしその一方で、原本の内容との不一致が散見され原本と厳密に同一と認めることができない部分があること、ゴデン氏の著作には収録されていない日本磁器の販売記録が少なからず存在することも判明した。さらに、筆者の調査では、Home Miscellaneous Seriesにも磁器の閲覧会の記録があることを確認したが、ゴデン氏の研究にはこれが収録されていない。
19　調査の方法は、原則的に大英図書館の原書原本を閲覧する方法で行い、マイクロフィルムがある史料は、マイクロフィルムからの複写を参照して翻刻した。マイクロフィルムがない史料は、現地で翻刻した。
20　各船の寄港地や帰国日などの基礎情報は以下の文献に基づく。Farrington 1999；Morse1940 (Table of English Ships which traded to China for the East India Companies, From 1635 to 1753)
21　1ポンド＝20シリング、1シリング＝12ペンス。本研究に用いたイギリス東インド会社の記録では、これらの単位が以下の記号で表されている。ポンド＝£、シリング＝s、ペンス＝d。
22　IOR/B46, p. 172, 16th March 1707
23　IOR/E/3/60 Original Correspondence Number 7408, Letter from the President & Council of Chusan to the Court of Directors, 31th January 1701
24　IOR/B43, p. 44
25　IOR/B43, p. 172
26　IOR/B43, pp. 651-652, 773-775
27　Morse 1940, p. 125
28　IOR/B44, p. 93, 161
29　IOR/B44, p.162 / IOR/B46, pp.102-104, 177-179, 194-196, 227-229
30　Godden 1979, p.308；Impey 1986, p. 42
31　IOR/E/3/62 Original Correspondence Number 7743, Letter from George Furnese and John Lesley in Amoy to the Court of Directors, 23th March 1701/2, from on board ye Neptune in ye of 9 25
32　IOR/H/10, 28th of March, 1704 / IOR/H/11, 19th of September, 1704
33　IOR/B44, pp. 213-218
34　IOR/B46, p. 33
35　IOR/H/12, 6th of May, 1705
36　IOR/H/12, 6th of May, 1705
37　IOR/B44, pp. 327, 329
38　IOR/H/13, 18th of September, 1705
39　IOR/H/12, 6th of March, 1705 / IOR/H/13, 18th of September, 1705
40　IOR/B44, p.329, IOR/B46, pp. 31-33, 102-104
41　Morse 1940, p. 74
42　IOR/E/3/64 Original Correspondence Number 7992, President Allen Catchpoole and Council to Harry Gough and Captain John Roberts, 8 August 1702
43　IOR/B46, 18 May 1705
44　IOR/B46, pp. 96-98
45　IOR/B46, p. 175
46　IOR/B46, pp. 227-229
47　IOR/H/13, 8th of May, 1707 (33)-(34)
48　Morse 1940, p. 144
49　IOR/B48, pp. 220, 377-379
50　IOR/B48, pp. 222-224
51　IOR/B46, pp. 99-100
52　IOR/B46, p. 175
53　IOR/B48, p. 713
54　IOR/H/13, 8th of May, 1707, (35)-(36)
55　IOR/B48, pp. 222-224
56　IOR/B48, p. 222
57　IOR/B48, pp. 625-631
58　IOR/B48, p. 712

59　IOR/B48, p. 631
60　IOR/B48, p. 628
61　Morse 1940, pp. 134, 147
62　IOR/B48, pp. 890-892
63　IOR/B46, pp. 194, 195
64　IOR/B49, pp. 91-94
65　IOR/B49, pp. 96-99
66　IOR/B49, pp. 96-99
67　IOR/H/14, 6th of March, 1721, (15)-(38)
68　IOR/H/14, 6th of March, 1721, (15)-(38)
69　IOR/H/14, 6th of March, 1721, (39)-(55)
70　貿易史料に記載された名称と実際の磁器の器形の対照は、東洋陶磁よりも具体的な名称と器形の関係が明確に知られているヨーロッパ製の銀食器や陶磁器の器形に用いられる名称、およびオランダ東インド会社の貿易史料の記載を参考にして検討した。
71　長崎商館長日記　1658年11月5〜8日、同年11月18日、同年11月20〜28日（山脇1988a　p. 276、281参照）
72　山脇1988a　p. 276
73　内閣文庫1970　下巻　p. 1496
74　内閣文庫1970　上巻　p. 1254
75　Morse 1940, pp. 147-151
76　IOR/E/3/59 Original Correspondence Number 7176, Council Minutes of the President & Council at Chusan, 14th January 1700/1　"Or that the Japan Ships (which are daily expected) may bring in (as they usually do) Considerable Quantities of returned China-Raw-Silk, and Copper and other Japan-Goods, which may prove better and cheeper than the same Sorts of Goods are now at Chusan." この文章のJapan Shipsという言葉は、日本の船なのか日本から到着した唐船なのか、意味を具体的に把握するための判断材料がないが、筆者はこれを日本から来港した唐船だと推測し、角カッコ内に言葉を補足した。
77　Godden 1979, p. 307
78　IOR/E/3/64 Original Correspondence Number 8208, Letter from President Catchpoole in Chusan to the Court of Directors, 22nd November, 1703
79　内閣文庫1970　上巻　p. 790
80　同書　上巻　p. 1218
81　同書　上巻　p. 1286
82　Morse 1940, pp. 163-164
83　Lockyer 1711, pp. 126-128（この書は、アジア各地の多種多様な産物の特徴や品質の良い商品の紹介、様々な商品の値段のリスト、労働者の問題など、様々なテーマを対象としている）
84　Allen 2004, p. 1
85　原文:*Purselane, or China-ware is so tender a Commodity, that good Instructions are as necessary for Package as Purchase. The best of this too comes from Jappan, which the fine Nankeen-ware so well imitates, that it must be a Man of Judgment and Experience to distinguish one sort from the other. The Jappan is the heaviest, of the coursest Grain, and freest from accidental Specks or Risings in the Bottom ; has five or six regular Nobs, in large Pieces, which I never saw in the other ; and the Gold and Coulours are well laid on: But the Ground is seldom so white as the fine China. There is but little of it* to be found in the Shops; therefore if you resolve on a Parcel, inquire of the Merchants concern'd in that Trade, who, for ready Money, will afford it as cheap as they can: Yet too dear for our Market.
The following sorts, in what we can call Nankeen Jappan will sell to Account. Cups and Saucers of all Shapes and Sizes, as rib'd, scollop'd, and flower'd with Gold: Red, green, and blew, on white or purple Grounds with guilt Edges. Chocalate Cups, some with one, and some two Ears, Sugar-boxes in Nests, Cover'd Porringers with Handles, large Cream Cups with and without Covers, Mugs of several sizes with Handles, large Caudle Cups with two Ears, long Spouts and Covers, Basons of all Shapes and Sizes, Punch Bowls in Nests, Monteths large and middle sized, Plates in squares or round after the English Fashion, Salvers of all Sizes, large Dishes for Fruit, Tea Pots with streight Spouts; and over Handles, Chamber-Pots, Garden-Pots with Ears, some very large for Trees, Cafe bottles for cold Tea in squares, etc. which are in value according to their Fineness, and near Resemblance to Jappan. I met with a Parcel of small Bowls and Plates flower'd only with Gold, and others checquer'd with Gold and red Lines, which fetch'd a better Price than the finest Jappan in Gombroon, and I believe would here turn to the same Account.
（Lockyer 1711, pp. 126-127／下線筆者）
86　日本でも江戸時代には磁器を意味する用語として「南京焼」という名称が用いられていた（角川書店2002　p. 1049）。
87　チャイニーズ・イマリとは、景徳鎮で製作された有田の金襴手様式磁器写しの色絵磁器を指す通称である。
88　IOR/H/12, 6th of March, 1705
89　ただし、この「日本趣味の」という用語は、筆者が閲覧したイギリス東インド会社文書における販売会に関する全史料を通じて、この一度のみであった。

挿図1-26
白磁薬瓶　高さ16.5cm
ライデン国立民族学博物館蔵
（Volker 1954より転載）

補論　オランダ東インド会社の医療用製品取引に関する史料研究の再考
―フォルカー氏の研究の影響力と訳語の問題―

　第1章第1節第2項において前述した通り、会社の肥前磁器貿易において全期間を通じ、医療用製品の輸出は行われており、その輸出磁器全体において占める役割は重要である。本書では、会社の記録に基づいて、この医療用製品のうち、最も多く輸出された器種は薬壺salf potten（又はzalfpotten）であり、次に瓶が多いという結果を明らかにした。

　ところがこの最も主要な商品について、これまで大きな混乱が生じていた。フォルカー氏は、この薬壺を意味するオランダ語の用語を英訳する際に、「ガリポットgallipot」というイギリスで一般的に使用される瓶の名称である言葉を用い、この用語を説明する文章に添えた挿図も、薬壺ではなく、口径の狭い瓶の写真を掲載したのである[1]（挿図1-26）。そのため、氏の研究に基づいて解釈すると、史料中に極めて多く記載された薬壺は瓶と誤解せざるをえないという、混乱を招く事態となる。

　藤原友子氏は、その論考の中で、フォルカー氏が1954年に発表した著書で紹介され、以後陶磁史の研究分野で一般的な陶磁用語となった「ガリポット」の使用をめぐる混乱の推移について明らかにした[2]。その使用例は以下の通りである。まず、イギリスを代表する日本陶磁史の大家ソーム・ジェニンス氏が、その著書[3]においてフォルカー氏が著書のなかで挙げた「ガリポット」は「薬局用の瓶 Apothecary's bottle」を指すとし、図版で一般的な「瓶」の器形を挙げて説明した。一般的に言えば「瓶」とは、英語でbottle、オランダ語でflesといい、胴が球形に膨らみ口縁部が狭く、栓をして用いるための液体用容器の名称である。そして、さらに後続のヨーロッパと日本の研究者らがこの説を踏襲したため、フォルカー氏が述べた「ガリポット」は「薬瓶」であるという認識が、日本においても度々紹介され、定説化していった。一方で、今日も広く使用されるイギリスの陶磁辞典"An Illustrated Dictionary of Ceramics[4]"のガリポットの項には「円筒形で軟膏やジャムや保存食、砂糖漬けのようなもののための独自の小さな容器」と記され、瓶の器形は挙げられていない。2000年にはヘレン・エスパーHelen Espir氏がイギリス東洋陶磁学会の会報紙において"What is Gallipot?"と題した論考[5]を発表し、1653年に輸出された「ガリポット」はアルバレロ形のようなものだったろうとの推測を示したが、原典の記述内容を挙げる具体的な論証には至らなかった。以上のように、この曖昧な翻訳語が発端となり、フォルカー氏の研究を参照するかぎり、最も生産量の多い医療用製品の器種を把握することの難しい状況が生じたことを藤原氏は指摘したのである。

　上記の問題提起に促され、本書では、フォルカー氏が著書で挙げた史料の原典を日本商館文書[6]や「バタヴィア城日誌[7]」を用いて検討した。そして、フォルカー氏の著書の本文と東インド会社の原文を対照するために、表「フォルカー氏による訳語ガリポットと原文上の記述対照表（1650年～1670年代）」にまとめた。その結果、フォルカー氏の著書（初版は英語版。オランダ語版はない。）上の"gallipots"の元の原文箇所の大半が"salf potten（又はzalfpotten）"などの壺であることは、この表に掲載した11件の事例から一目瞭然となる。"salf potten"は、"salfpot（又はzalfpot）"の複数形で、膏薬などを入れる薬壺（挿図1-1）を意味する用語である。同時にフォルカー氏による翻訳や転記の精度の不備も見いだされた。この表から、フォルカー氏の著書によって過大に計上された「ガリポット」の記録は、薬壺に置き換えて考える必要があることが明らかとなる。

表　フォルカー氏による訳語ガリポットと原文上の記述対照表（1650年～1670年代）

No.	フォルカー著作上の使用史料の名称・日付	フォルカーによる用語ガリポット gallipot の用例（括弧内は用例に関連する記述）	用例に対応する原文上の記述（括弧内は用語のみの翻訳）	原文記述記載資料
1	"letter" 1653.11.12	"2200 porcelain gallipots", ('Witte Valck' sails for Batavia via Tonking) p.125	fluit schip die Witte Valck in welcken geladen hebbe/[…]/2200:stx apotheeckers potten voor Bata.（薬局用壺）	書翰 1653.11.12 NFJ 286
2	"Deshima register" 1654.10.03	"3745 gallipots and pots for preserves.", (shipped by the 'Breda' […] and the 'Kalff'), p.125	3747 stux: conserfpotten, cleijne fleskens ende potjens（保存用壺、小瓶、小壺）	ブレダ号の送状 1654.10.25 NFJ 818
3	名称なし 1661.12.	"4394 gallipots", ('Vollenhove' arrives from Japan at Batavia), p.142	4394 stucx zalfpotten（軟膏壺）	バタヴィア城日誌 1661.12.19, p.475
4	"general missive" 1662.12.26	"3359 gallipots, flagons, etc", ('Buyenskercke', 'Claverskerke' and 'Vollenhove' arrived at Batavia from Japan), p.146	3359.P.s Porcelejnen voor de generale Apothecq des castels Batavia（磁器）	フォレンホーフェ号の送状 1662.11.04 NFJ786
5	"appendix" 1668.06.06	"600 gallipots", (order) p.155	600 stucx zalf potjens（軟膏壺）	書簡 1668.06.06 NFJ293-302
6	"Deshima writes to Batavia" 1669.10.05	"…gallipots have not been contracted for this year, as last year 700 taels worth of them were supplied", p.156	17,480.Ps. Salffpotten / vleskens / cleene pothens / scheerbeckens […] T.700.-（軟膏壺、瓶、小壺、ひげ皿）	仕訳帳 1668.10.05 NFJ862
7	"Deshima register" 1669.11.07	"9100 various gallipots and flagons" (contracted), p.156	9100 stx diversche salffpotten en flessen（様々な軟膏壺と瓶）	長崎オランダ商館長日記 1669.11.07 NFJ 83
8	"Deshima register" 1670.12.21	"for 18,200 gallipots and phials and mugs, etc." (agreement with the porcelain makers) p.157	18200 stx salfpotten, flessies en croesen etc（軟膏壺、小瓶、コップ）	長崎オランダ商館長日記 1670.12.21 NFJ 84
9	"Batavia orders" 1676.06.08	"50 large gallipots, 50 painted large gallipots […], 200 gallipots of six, 600 of four, 600 of three, 800 of two, 1500 of one, 2000 of one half and 2000 of one quarter of a Dutch pound contents, and 3000 of three, 4000 of two, 6000 of one and 4000 of one half Dutch ounce contents.", (order, [個数合計24800]), p.164	No.1. groote salfpotten … Ps 50./ 2. d.os geschildert in de winckel te stellen … "[Ps] 50./ 3. d.os potten van 6: pondt … "[Ps] 200./ 4. d.os van … 9: pond. … "[Ps] 600./ 5. d.os van … 3: pond. … "[Ps] 600./ 6. d.os van … 2: pond. … "[Ps] 800./ 7. d.os van … 1: pond … "[Ps] 1500./ 8. d.os van … 1/2: pond … "[Ps] 2000./ 9. d.os van … 1/4: pond … "[Ps] 2000./ 10. d.os van … 3: oncen. … "[Ps] 3000./ 11. d.os van … 2: oncen … "[Ps] 4000./ 12. d.os van … 1: once … "[Ps] 6000./ 13. d.os van … 1/2: once … "[Ps] 4000.（全て軟膏壺［個数合計24800］）	注文書 1676.06.08 NFJ 307
10	"order" 1677	"400 large gallipots, 400 middle-sized, 400 small and 400 one size smaller yet", (order, [個数合計1600]) p.164	1600: stx Salff potten te weten/ 400: stx groote. -/ 400: D.o gemeene. -/ 400: D.o cleene. -/ 400: D.o noch cleener（軟膏壺）	注文書 1677.06.12 NFJ 308
11	"Batavia orders" 1678.06.29	"400 gallipots of two, 400 of one half, 300 of one quarter of a Dutch pound contents", (order, [原本と内容が相違。フォルカーの誤写？]) p.165-6	600. salffpotten van 2 pond jeder/ 400. d.os … van 1 " - [pond jeder] / 400. d.os … van 1/2 " - [pond jeder] / 300. d.os … van 1/4 " - [pond jeder]（軟膏壺）	注文書 1678.06.25 NFJ 309

しかし、藤原氏の上記の論考と同じく2002年に刊行された、オリヴァー・インピー氏の著書 "*Japanese export Porcelain*" でも、この「ガリポット」という語が挿図1-26のような医療用製品の瓶の器形の名称として使用された。インピー氏は、この著書に掲載された医療用製品の瓶（図版116）の説明として、*gallipot*という語が1954年のフォルカー氏の著書のなかで、*fleskens, potjens, zalffpotten, conserfpotten, cleijne fleskens*（瓶、壺、軟膏壺、保存用壺、小瓶）といった、形の異なる様々なオランダ語の翻訳語として使用されたと説明し、その上でこうした環状の突起付口縁部と球形の胴部をもつ特別な瓶の形をさす（英語の）用語として、*gallipot*なる語を使用すると述べている[8]。

　この瓶の形は、常に*gallipot*としか呼ばれないわけではなく、西洋の研究書では*bottle*（瓶）と称される場合も多い[9]。筆者も、挿図1-26の器形には*bottle*が適切な英語の名称であると考えている。しかし、この用語は近年に至っても、フォルカー氏が翻訳した東インド会社の原文の記述との不一致が意識されながらも、おおらかに薬瓶を指して使用される傾向にあるようである。

　フォルカー氏の研究に薬壺と瓶との誤認を招く翻訳語が使用されたケースがあったことが明らかとなった。この曖昧な翻訳語が発端となり、フォルカー氏の研究を参照するかぎり、最も生産量の多い医療用製品の器種を把握することの難しい状況が生じていたことも藤原氏の指摘により把握された。それに対し、本書では東インド会社文書に基づいて、同氏が「ガリポット*gallipots*」と翻訳した部分の多くは膏薬などを入れる「薬壺*salfpotten*」であることを確認した。

　フォルカー氏の陶磁史料の研究は、幅広い研究のニーズに応える大規模な内容が評価され、約半世紀を経た現在もなお国内外で盛んに参照されている。しかしその一方で彼の研究が、その引用の頻度にもかかわらず改善すべき点が少なくないことは、もはや定説となっている。

　この「ガリポット」の一件は、史料研究を翻訳文で行い、原文を掲載しなかったことにより引き起こされた史料を扱う方法と精度の問題が陶磁史研究の現場を実際に混乱させた具体例であり、陶磁史研究において史料の原典を参照することの重要性を再確認させる象徴的な事例として重要な意味をもっていると言えるだろう。

註

1　Volker 1954, p. 175. 挿図1-26は、同書のIllustration 39aであり、キャプション名 *medicine flask* として掲載された。
2　櫻庭・藤原2002　pp. 99, 371-373
3　Jenyns 1965, pp. 24-25
4　Savage / Newman 1992
5　Espir 2000
6　本書第1章第1節前掲註5を参照
7　Colenbrander etc 1887-1931
8　Impey 2002, p. 104
9　Jörg 2003, pp. 218-223

第1章　結語

　第1章では、肥前磁器貿易を構成した主なる4つのルートの輸出製品の状況に関して、オランダ東インド会社及びイギリス東インド会社の貿易史料の基礎的データを提示するとともに、肥前磁器輸出の全体像の解明を試みた。以下、各節の要点を概観することにより全体を俯瞰し、個々の貿易間の相互関係を読み取ってゆきたい。

　第1節「オランダ東インド会社公式貿易による肥前磁器輸出」では、輸出総量約123万個にも達したオランダ東インド会社の公式貿易（1650年～1757年）について、広く台湾、インドネシア、ベトナム、タイ、マレーシア、インド、スリランカ、イラン、イエメン、オランダへと及んだ貿易の状況を、「送り状」および「仕訳帳」という一次資料に基づいて分析し、数量と商品記載とが示す器種を確定するとともに、国別の輸出品の特色や貿易の推移の相違を比較検討した。

　アジアの商館向けの輸出は、1650年代の西洋陶磁の器形に倣って作られた医療用製品から始まったが、なかでも薬壺は特に多く、1652年～1679年に輸出された医療用製品全体の7割近くを占めた。アジアの商館を輸出先とする商品は、基本的には、皿類からなる食器と茶器、医療用製品が主流を占めるという点において共通しており、地域による決定的な特徴の違いがうかがえる訳ではなかった。その理由として、各地の商館向けの商品が、主に商館関係者の間で使用に供するものと、現地の特権階級に供給することを目的としたものであったことが考えられる。唯一の例外はインドの商館向けの輸出品記載で、色絵や室内装飾品の磁器が多い点において他のアジアの商館と状況が異なる。

　オランダ向け商品は、色絵の室内装飾品が多い点に、それ以外の輸出先との相違が認められる。その理由は次のように考えられる。西洋の王侯貴族の間では、17世紀後半より東洋趣味の室内装飾が流行し、磁器は、邸内を飾る主要な装飾品として需要が高まり珍重されたため、磁器には高い装飾性が求められた。それらは他の商館向け商品とは異なり高級品の割合が高く、商品のタイプや流通状況の変化による利益率の差が大きい、不安定な商品であると判明した。こうした不確定要素が、オランダ東インド会社が1683年にオランダ向けの公式貿易から撤退した要因となったと考えられる。

　第2節の「オランダ東インド会社従業員の個人貿易」では、会社従業員による個人貿易について論じた。1674年～1676年までの個人貿易品のリストから、全支社が個人貿易に関わり、会社関係者の多くが、バタヴィアからオランダへ帰国する船に肥前磁器を個人貿易品として輸送していた。さらに、同リストを『唐蠻貨物帳』記載の器種と比較し、双方の史料に共通する肥前磁器として、平皿や深皿、カップ＆ソーサー、鉢、人形、壺、ティーポット、人形の道具という、西洋向けの器種を特定した。その様式は、前者の史料については、1670年代という史料が作成された時代から柿右衛門様式磁器と染付であると推測できる。そして後者の史料については、1710年前後という作成期間から判断して、金襴手様式磁器を中心とするものであったと考えられる。

　第3節の「唐船貿易によるバタヴィアへの輸出」では、長崎・台湾・福建・広東・厦門・バタヴィア等のアジアの地域に本拠地を置く中国系商人たちが所有する貿易船による商業活動を、「バタヴィア城日誌」から探った。日誌の記載から推計すると、1664年～1682年の期間、唐船貿易により長崎からバタヴィアへ到着した肥前磁器の総数は推計約308万個にのぼり、その多くは粗製な碗を中心とするアジア向けの生活雑器であることが判明した。さらに1683年～1769年についても「バタ

ヴィア城日誌」を悉皆調査し、そのうち、1684〜1736年までの期間に約112万個が輸出された事を推計した。肥前磁器のバタヴィアへの輸出は数量は減少したものの確かに展海令以降も継続されていたのである。特に1714年〜1736年の期間にバタヴィアへもたらされた肥前磁器は、それ以前とは異なり、室内装飾用の壺や瓶、平皿等の食器および喫茶の道具などの典型的な西洋向け器種であったことが確認された点は注目に価する。この結果は、バタヴィアを経由して西洋へ肥前磁器を供給する輸出ルートが存在したという事実を立証するものである。

第4節の「イギリス東インド会社における肥前磁器輸出」では、イギリス東インド会社の文書を用い、同社が広東や厦門、寧波などのアジアの港で、唐船の仲介貿易により肥前磁器を入手したこと、1699年〜1721年までの期間に総数約10万7千個の肥前磁器をロンドンで販売したことを明らかにした。その器種の大半は茶器であった。従って、イギリスにおける肥前磁器の輸入が喫茶の流行と密接な関係にあることを確認するに至った。

これらの分析を通じ、オランダとイギリスへ至る英蘭両東インド会社の公式貿易、個人貿易、そして唐船貿易という、各ルートの輸出規模とその比率の概略を示すとともに、アジアで複雑に交差する肥前磁器の多角的な貿易ネットワークの存在を具体的に提示した。そこでは、輸出規模の比率についても、現時点でアクセス可能な史料に基づいて可能な限り提示した。アジアの海を舞台に西洋の商人へ肥前磁器を供給し、オランダ・イギリスと日本を結びつける三国間貿易を行った唐船の貿易が多角的にその役割を果たしていたことも見えてきた。さらに、18世紀に唐船貿易を介してバタヴィアにもたらされた肥前磁器とイギリス東インド会社が扱った肥前磁器には、共通の器種（茶器、食事のための皿、室内装飾用の壺類）が多く認められること、18世紀には双方とも金彩が施された色絵磁器、つまり金襴手様式磁器を含むことも把握した。

本章の分析では、作成期間の長い大規模な史料群だけに限定したため、もっぱら数量と輸出先、器種を把握することが中心となった。貿易史料においては、器種と数量に関する情報が具体的であるのに対して、絵付けで描かれたモティーフやデザインに関する詳細な記載は、第1節第4項で挙げたごくわずかな例外を除いて見いだされなかった。この点は、オランダ、イギリス双方の史料に共通している。それでも、美術史上重要な絵付け意匠に係わる文書記載と西洋における肥前磁器の伝世状況と関わって、以下の点を指摘できる。すなわち、第1に、柿右衛門様式磁器の西洋向け輸出は、1683年まで継続されたオランダ東インド会社による公式貿易と、それ以降も継続された唐船経由と長崎からの搬出の二つのルートに分かれる個人貿易でも運ばれていたと考えられる点である。第2に、金襴手様式磁器は、18世紀に入りオランダ東インド会社だけではなく、イギリス東インド会社も、中国沿岸部で肥前磁器を入手することが可能であったため、上記と同様に2つのルートを経由するオランダ東インド会社の個人貿易とイギリス東インド会社の双方が担い手となって、喜望峰を通る海路で西洋まで輸出されていたという点である。

最後に英・蘭以外の西洋諸国の貿易ネットワークの問題も重要である。英蘭両東インド会社がアジアで肥前磁器を入手できる状況が、このように整っていたのであれば、18世紀前半にアジアでの貿易活動に従事していたフランス、オーストリア、デンマーク、スウェーデンの東インド会社が肥前磁器を自国へ運んだ可能性はほぼ確実なものとみられる。唐船貿易による仲介は、無限の可能性を開き、アジアの海域における「磁器の道」の分岐を活発化させた。この貿易史料研究を取り入れつつ、上記の各国に伝わるコレクションにも立脚したより広い複合的な視点をもって、国際的な貿易ネットワークの解明に取り組むことを今後の課題としたい。

第2章　西洋宮廷美術における受容

略地図
18世紀の西洋諸国

　前章では、極東の果て日本から西洋へと拡張した肥前磁器の輸出の歴史を辿ってきた。一体何故、当時の西洋の人々は、地球を半周もめぐるルートによる、しかもあのように大規模な磁器貿易を決行したのだろうか。磁器の取引は果てしない距離を経た貿易の代償が付加され、高騰したが、それはどのような受容者層を形成したのだろうか。ここでは、その答えを、東洋の供給力や西洋商人の流通網といった、生産技術的かつ経済的な物質的要因に求めるのではなく、磁器の流行に係わる西洋文化の源流を辿ることにより解明していきたい。

　膨大な数の肥前磁器を輸出させた遠隔貿易の原動力は、王侯貴族たちによる際限なき美の要求が創造した西洋宮廷の華麗、異国趣味に由来すると筆者は考える。

　本章では、ドイツと神聖ローマ帝国内の国々を中心に、宮廷における磁器陳列の事例を眺望し、それらの室内装飾について受容美学の視点から分析を加えるとともに、これら磁器陳列室が果たした政治的機能、すなわち権威表象としての役割を考察していく。ドイツおよびドイツと密接な関係にある国々に的を絞り、これらの地域における磁器陳列伝播の固有性に留意することで、東西貿易を経て陳列、鑑賞、所有の政治性へと至る肥前磁器の受容はより具体的に輪郭づけられるだろう。

第1節　磁器陳列室成立前史とオランダの磁器収集

　17世紀初頭より徐々に活況を呈した西洋宮廷における東洋磁器の愛好は、やがて高じて大規模なコレクションへと発展し、磁器を効果的に陳列し鑑賞するための室内装飾が各国の宮廷で生みだされるようになった。当時、西洋では磁器のみならず絹、漆、絵画、家具、着物や彫刻など、じつに様々な極東の工藝が将来され、それを受容し楽しむための新たな文化が形成されつつあった。王侯貴族たちのあいだで、大量の磁器を城内の壁に取りつけた数多くの小棚の上に配するといった、磁器鑑賞のためのユニークな室内装飾が考案されたのは、こうした極東の工藝を愛好し、受容

しようとする東洋趣味の流れのなかでおこった動きである。こうした磁器陳列を目的とした部屋は、磁器陳列室や「磁器の間」と称される[1]。

後述の通り磁器陳列室が流行したのは、西洋のなかでもとりわけドイツを中心とする地域であった。17〜18世紀中葉までにいたるバロック[2]と称された時代は、宮廷儀礼を学問的に探究しようとする風潮が高まり、小冊子や書籍を介して洗練された宮廷儀礼や宮殿の装飾に関する知識が急速に伝達され、格別に尊重された時代であった[3]。この時代における宮廷は、実践的な政治的権力を行使する機関であっただけでなく、財力と権威を象徴するための場としての機能を併せもつことが求められていた[4]。それゆえ磁器陳列のための室内装飾は、後述のように権威表象の機能を担いながら開花してゆくのであるが、本節では、こうしたドイツで展開された磁器陳列室隆盛期の基礎となる前史を確認したい。

そこで、まず第1項では磁器陳列室の研究史を概観し、第2項にて磁器陳列の成立を促す直接要因であった東洋趣味とシノワズリ*Chinoiserie*という16世紀以降の宮廷の趣味と磁器コレクションの関係を解説する。そして第3項においては、西洋でもっとも早期の本格的な磁器陳列室であるオランダのオラニエ＝ナッサウ家Huis Oranje-Nassauが所有した磁器陳列室の実例を挙げつつ、それらがドイツへ伝播した経緯について述べる。

第1項　磁器陳列室をめぐる研究動向

ドイツの美術史家ヴォルフガング・ストプフェルWolfgang Stopfel氏は、西洋美術における東洋美術の影響に関する1995年の論文において、東洋磁器の生産、輸入、使用、影響についてはほとんど完全に研究しつくされ、漆器や絹織物に関する専門的な研究も豊富に存在するにもかかわらず、西洋の宮殿に飾られた東アジアの藝術品とその模倣品についての体系的な考察は、完全に成し遂げられたとは言いがたい状況にあると述べている[5]。こうした評価は、1995年以前に刊行された磁器陳列に関する論考がごくわずかしか知られていないことからみても妥当であると思われる。

そして、本稿が掲げる、西洋宮廷における磁器陳列を中心課題とする西洋宮廷美術における肥前磁器受容というテーマは、まさに上記のようにストプフェル氏が1995年の時点で体系的な考察が成し遂げられていないと評した領域に属している。また、筆者が西洋の研究者とのあいだで重ねてきた情報交換からも、磁器陳列室などの東洋磁器の受容に関する美術史研究に顕著な成熟が認められない傾向が現在も続いていることは否定しがたい。特に西洋全体を視野に入れ、17〜18世紀の宮殿の磁器陳列の事例を多数挙げ、総合的に比較・検討するといった視野の広い研究は未だ試みられていない。

磁器陳列室は、いうまでもなく西洋固有の室内装飾であり、その作例は西洋にしかないため、磁器陳列室に関する研究はもっぱら西洋の研究者の手にゆだねられてきた。我が国において磁器陳列室の様子が一般に知られ始めたのは、ドイツやウィーンの磁器陳列室を収録した写真集が出版され[6]、バーレイ・ハウスの展覧会[7]が催された1980年代後半であると推測される。その後の1990年代には、ドレスデン国立美術館やウィーンの王室コレクションといった磁器陳列室にかかわる肥前磁器コレクションを日本で公開する「里帰り古伊万里展」が日本で盛んに開催され、西洋の古伊万里コレクションがブームとなるが、こうした流れに決定的な影響をおよぼしたのは、イギリス、ドイツの双方で共同研究として取り組まれた西洋の肥前製を含む東洋陶磁コレクションと磁器

陳列室を対象とした大規模で総合的な研究である。それらの研究成果は、以下の如く展覧会図録として公刊されている。

イギリス側が発表したのは、17～18世紀のイギリスとドイツを中心とする貴族社会の肥前磁器の流行を捉えた、英国東洋陶磁学会の「宮廷の陶磁器展」（開催：ロンドン大英博物館、1990年）の図録[8]である。そこでは、イングランド女王メアリー二世（Mary Ⅱ, 1662-1694）によるケンジントン宮殿Kensington Palaceの磁器陳列室やバーレイ・ハウスの家財目録の事例を中心に、イギリスにおける磁器陳列の歴史的推移が伝えられ、ドイツについてもオラニエンブルク城Schloss Oranienburgやシャルロッテンブルク城Schloss Charlottenburg、ヴァイセンシュタイン城Schloss Weissenstein、ドレスデンの日本宮Japanisches Palaisが概説された。さらに、この英国東洋陶磁学会主催の図録の邦訳が1994年に出版されたことによって、これらの情報は日本でも知られるようになった[9]。一方ドイツ側は、17～18世紀のドイツ諸侯のあいだで流行した磁器陳列室やヘッセン、ザクセン、テューリンゲンの王侯の事例を中心に、ドイツ王侯の磁器コレクションを学術的な論文と共に総覧した『中国と日本からの磁器』[10]（開催：国立カッセル美術館）を同じく1990年に刊行している。ここでは、ドイツの磁器陳列の事例が「宮廷の陶磁器展」よりも本格的に紹介されたが、特にヘッセン、テューリンゲンに重点が置かれたため、ドイツ全体の磁器陳列室の全体像を把握する内容ではなかった。

磁器陳列室に関するこのほかの研究史は、すでに序章第4節に記した通りであるが、なかでも筆者が注目し、本研究にも取り入れたのは以下の研究である。まずはじめに、ハンス＝ディーター・ローナイス氏により1985年に発表された、「鏡の間」を主題とした論文である[11]。この著作は、ドイツの「鏡の間」を網羅的に調査し、建築内装に関する美術史学の論文としてまとめられたものである。それまで取り上げられていなかった、ミュンヘン・レジデンツの「オランダの間」'Holländische Kabinett', München Residenzを筆頭に、ヘーレンハウゼン城Schloss Herrenhausen、ヴァイルブルク城Schloß Weilburg、その他の未紹介の磁器陳列室を含む多数の「鏡の間」が紹介され、その内部装飾の状況が学術的な典拠に基づき正確に記述されている。のちに述べるように「鏡の間」には磁器陳列室の機能を兼ねる場合が多い。ローナイス氏の著作には上述の2つの展覧会が取り上げていない磁器陳列室が多数紹介され、しかも学術的な方法で個々の「鏡の間」の成立に関する歴史的経緯や内部装飾の様子が詳細に記述されている。残念なことに、ローナイス氏の論文の主題は建築内装であるため、陳列された磁器の種類に関する記述が皆無で、陶磁史研究とは異なる系譜の成果であるが、基礎資料として極めて重要である。

2001年には、ザミュエル・ヴィットヴァ氏がオラニエンブルク城の1743年の家財目録を基礎とするブランデンブルク・プロイセンの磁器陳列室に関する研究を発表している。1933年に同城の磁器陳列室に関する先駆的研究をまとめたレオポルド・ライデマイスター氏は、1699年の目録に基づいており、1743年の目録は取り上げなかったが[12]、1743年にも1699年とは異なる方法で東洋磁器が陳列されていることをヴィットヴァ氏は明らかにし、さらにオラニエンブルク城からシャルロッテンブルク城へ運ばれた磁器についても初めて具体的な詳細を明らかにした[13]。さらに2005年にヴィットヴァ氏は、シャルロッテンブルク城の戦争による被害状況やその後の所蔵品の磁器の行方、戦後に行われた修復に関する具体的な情報を公表した。こうした戦後の賠償にも係わる情報が、肥前磁器の関連分野において公的機関の研究誌上で公表されることは稀であるように思われる。文化財の戦後処理に関する情報共有は、文化財保護者にとって極めて重要であり、このヴィットヴァ氏の論考は、戦後半世紀以上経過した現代の研究者が指針とすべき道筋を示して

いると思われる[14]。

　2002年には、コーデュラ・ビショッフ氏がオランダ王室のオラニエ＝ナッサウ家とプロイセン王室ホーエンツォレルン家Haus Hohenzollernの磁器陳列室の関連をテーマとした論文を発表している。ビショッフ氏の論文は、王家であるオラニエ＝ナッサウ家と当初ブランデンブルク選帝侯国選帝侯でしかなかったホーエンツォレルン家との政略結婚による姻戚関係成立の経緯に触れつつ、ホーエンツォレルン家がプロイセン王国の支配者へ昇格するために行った様々な権威表象の問題を論述している。つまり、ホーエンツォレルン家がオランダ趣味のイメージを借用してオラニエ＝ナッサウ家の威光を示し権威表象を推し進める過程で、同家発祥の磁器陳列室がプロイセンへ伝承されたという、じつに大局的な視点に立って磁器陳列室伝承の経緯を藝術の政治利用の問題として捉えたのである[15]。さらに2004年にビショッフ氏が発表した論文では、東洋趣味の室内装飾として生み出された「磁器の間」と「漆の間」が、同時期に流行した「鏡の間」とともに発展する過程で――磁器の間に大型の鏡を張られるなど――それらの異なる要素が相互に連関し、結合しながら独自の装飾世界が生みだされていく様子を見事に描き出している[16]。そこでは、ローナイス氏の研究が頻繁に参照され、ある意味ではローナイス氏の研究を応用させた研究といえる部分があるものの、氏の論証は研究の切り口の点で先進的なものであった。

　ヴィットヴァ氏およびビショッフ氏の研究は、前述の展覧会図録『宮廷の陶磁器』に掲載されたインピー氏の宮廷の磁器陳列に関する論文[17]のような陶磁史を中心課題とする磁器陳列室に関する論文とは性格を異にする、コレクション形成史や室内装飾史を主題とした方法論により磁器陳列を扱う研究水準を大きく向上させた近年の研究として特に高く評価すべきものといえよう。

　我が国における磁器陳列室についての関心のあり方は、磁器陳列室におかれた肥前磁器自体の研究と、肥前磁器がもつ東西文化交流の象徴性に終始する傾向があったように思われる。我が国では、磁器陳列室に置かれた肥前磁器が盛んに紹介される一方で、室内装飾の問題が取り上げられることはなく、等閑視されてきた感が否めない。しかし、磁器陳列室は明らかに西洋における肥前磁器流行の原動力となっていたとみられ、輸出磁器の意匠に多大な影響をおよぼしたことは明らかであり、その重要性は計り知れない。そのため本章では、17世紀後半～18世紀前半の西洋宮廷にみられる磁器陳列の発展史にかかわる個別事例を比較検討し、磁器陳列の発注者のコレクションとの関連も視野に入れた考察を試みてゆく。

第2項　磁器陳列室の成立背景 ―シノワズリ様式と東洋趣味―

　こうした磁器陳列室が成立するには、東洋から西洋へもたらされた磁器が大規模なコレクションとして集積されることが前提条件となる。さらにこの前提条件は、17～18世紀にかけて支配的であった、3つの要素と強く関わっている。その要素とは、第1に前述のバロック時代における美術品の権威表象化、第2に王侯貴族による磁器収集と陳列室の伝統、第3に西洋美術における「東洋趣味」や「シノワズリ」と称される極東の文物や意匠の影響および流行の問題である。

　第1のバロック時代における美術品の権威表象化については、現実的な見方をするなら、この問題は国際的な経済活動と権力が結託することによって起こった価値の変化として見ることもできるだろう。つまり、大海を隔て生命をかけた遠隔貿易による取引の価値は、単なるアジアの物産

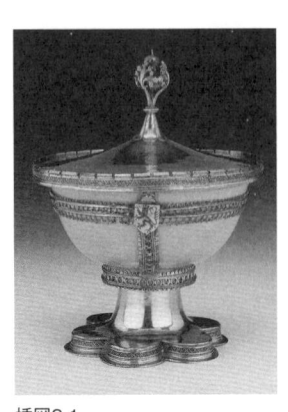

挿図2-1
金箔銀金具付き青磁碗
中国　10〜14世紀
総高20.6cm
国立カッセル美術館
(ヘッセン州立美術館)蔵

に美術品としての価値を付け加える要因となった。とりわけ貿易量が少ない肥前磁器の場合は、それにさらに希少価値というもう1つの付加価値も加わり、東洋磁器は「白い金」と称されるほどの価値を有した。見方を変えると、王侯貴族たちが東洋の磁器を所有することは、彼らの権力の増強につながる。だからこそ王侯貴族は、その「白い金」を競って買い求め、そのコレクションで宮殿を飾ることを正当化し、示威したのである。

　極東の文物を所有し宮殿に飾ることは、権威の増強に結びつくだけでなく、平和な楽園イメージの創出にも関わっていた。西洋人が18世紀の半ばまで思い描いていた中国の普遍的なイメージについて、フランスの美術史家アラン・グルベールAlain Gruber氏は次のように述べている。「果実と花に溢れ、珍しい生き物と美しい羽根の鳥が住まい、とりわけ住民は礼節にすぐれ、陽気で些事にはこだわらず、洗練された作法をもち、賢い行政官によって統治されている。これこそが、何世紀もの間、西洋人が称賛し、信じて疑わなかった空想の桃源郷であった[18]」と。17〜18世紀における宮廷の東洋磁器の陳列は、漆器や絹織物、様々な極東の意匠とともに表されることが多く、こうした多様な異国的文物とともに、多かれ少なかれ極東の楽園のイメージを形成するものとなった。磁器陳列室のような本格的な室内装飾が、都市の中心の居城ではなく、主として夏の離宮のような中心から離れた城にしつらえられることが多いのはこのためである。従って、そこで表象される権威は、帝国や教会といった伝統的な権威に結びつく王権の正統性に関わるイメージというよりは、むしろ博識を誇り因習に囚われず自由な思想で世界の富を手中におさめ、楽園のように平和な王国を創造する新しい支配者として解されるのである。

　第2の要素である、王侯貴族による磁器収集と陳列室の伝統については、極東の磁器が、どのような経緯で西洋の王侯たちにより収集され、宮廷の財産として認知されるようになったのか、という問題に関わっている。次に、初期の磁器収集の推移を概観しておきたい。

　中国磁器が西洋にもたらされ、西洋の王侯貴族たちの手に渡るようになったのは、およそ14世紀後期のことであったといわれている。きわめて少数の中国磁器がエジプトから高級な贈答品として西洋に持ち込まれたほか、中東から将来されることもあったようである。西洋においてもっとも古い伝来をもつ中国陶磁は、ヘッセン＝カッセル方伯家旧蔵の豪華なマウント装飾を施した青磁碗(挿図2-1)である。その来歴は、この杯について記すハインリッヒ三世(Landgraf Heinrichs III, 1440-1483)の遺産目録(1483年作成)に認められる。ハインリッヒ三世は、舅にあたるカッツェンエルンボーゲンの伯爵フィリップ一世(Philipp I von Katzenelnbogen, 在位1444-1479)からこの杯を相続した。さらに遡って、フィリップがこの杯を入手したのはおそらく中東であった。1477年に作られた彼の栄光を讃える碑には、彼が1433年より翌年にかけてパレスチナなどの中東の聖地を訪ねる巡礼の旅に出かけ、様々な国の産物を購入できるというアッコの町で土産を購入したことが刻まれており、これを青磁の杯を入手した経緯とみる向きがある[19]。アッコとは、中国から中東への貿易ルートの最終地点に位置する商業都市であった。

　一方、16世紀の初頭にイタリアへ将来された青花磁器の存在を証明する、興味深い油彩画も知られている。ジョヴァンニ・ベリーニ(Giovanni Bellini, 1430-1516)の原画をティツィアーノTiziano Vecellioが完成させた「神々の午餐」(挿図2-2)である。そこに描かれているのは、中国景徳鎮の花や唐草の文様を密に描きこむタイプの青花磁器の大ぶりの深鉢2点とそれより一回り小さい鉢1点である。これらに非常に近い装飾形式に則った1500年頃の景徳鎮青花磁器が、シリアに数多く伝わっていることから、ジョン・カースウェルJohn Carswell氏はベリーニ画の青花磁器を

挿図2-2 「神々の午餐」部分
ジョヴァンニ・ベリーニ原画
ティツィアーノ作　油彩　1514年
スミソニアン国立美術館蔵

イスラム教国市場向け商品であるとする見方を示している。またこのことは、1479～1480年の1年間トルコのイスタンブールに滞在したジョヴァンニ・ベリーニの長兄ジョンティーユ・ベリーニと関連づけることによっても推測されるという[20]。ただし、例えばリスボンのサントス宮殿De Santos Palaceの天井を飾る染付の装飾様式を観察しても、260点ほどある製品の様式は統一的なものではなく、ベリーニ画の鉢に近いタイプも少なからずみえるため、ベリーニが描いた磁器がイタリアへ運ばれた経緯については、多様な可能性のなかで検討してゆく必要があるだろう[21]。

このほか15世紀のイタリアでは、フィレンツェにおけるメディチ家のロレンツォ一世(Lorenzo di Piero de' Medici, 1449 -1492)やヴェネチア総督などが、エジプト君主からの贈物として磁器を譲り受けたといわれる。また、16世紀後半のトスカーナ大公国時代、メディチ家のコジモ一世(Cosimo I de' Medici, 1519-1574)は大規模な磁器コレクションを形成していた[22]。

ただし、中国磁器がこうした個人ルートではなく、貿易という形で西洋へもたらされるのは、ポルトガルのバスコ・ダ・ガマ(Vasco da Gama, 1469頃-1524)のインド航路発見以降である。ガマは、1498年に喜望峰経由でインドに到着し、カリカットで購入した磁器を、ポルトガル王マニュエル一世(Manuel I de Portugal, 1469-1521)に土産として献上している。同様に、彼の友人で探検家のペドロ・アルヴァレス・カブラル(Pedro Alvarez Cabral, 1467頃-1520頃)も王に磁器を贈っており、ポルトガルでは1500年頃より磁器についての記録が続々と登場する[23]。

例えば、1511年～1514年のあいだにリスボンの王立宝物庫が受領した磁器は692点を数え、1512年にはマニュエル一世がリスボンのジェロニモス修道院に磁器12点を授けている。さらに、1580年にポルトガルを併合したスペイン王フェリペ二世(Felipe II, 1527-1598)も多数の磁器を所有しており、彼の遺産を記したマドリッドの遺産目録(1598年～1607年)には3千点を超える磁器が記載されている[24]。

一方、当時のポルトガル王家のコレクションや王家が外国の宮廷への贈物とした磁器は、芙蓉手を中心とした青花であった。こうしたポルトガル王家独自の趣味がきっかけとなって、青花中心という傾向が促されたようである[25]。ポルトガルが輸入した景徳鎮の青花磁器の存在をもっと

も象徴的に表す好例は、かつてサントス宮殿を飾っていた景徳鎮磁器による天井装飾（口絵2-1）であろう。それは1500年頃〜17世紀中頃までに製作された260点の青花磁器を、ピラミッド形の奥行をもつ正方形の天井にびっしりと貼り付け、木枠で囲んだものである[26]。

このように西洋が磁器の輸入を開始した時代には、西洋よりもさらに古い時代から景徳鎮の磁器が輸入されていたエジプトやシリアやその他の西アジア諸国においてはすでに、大規模な磁器コレクションが形成されていた。その代表的な例として、イスタンブールのトプカプ宮殿Topkapı Sarayıが所蔵する大規模な東洋磁器コレクションを挙げることができる。そのうち約1万700点は元・明・清時代の中国磁器で、17〜19世紀の肥前磁器も約800点蔵している[27]。

さらに、アルデビル廟Ardebil Shrineの事例は、本稿が追究する磁器陳列というテーマにおいてはさらに重要である。イランのサファヴィー朝の最初の首都タブリーズの東のアルデビルの町にある廟には、「アルデビル・コレクション」と称される中国磁器のコレクションが伝わっている。この廟に磁器が伝えられたのは、1611年にアッバース一世（Shāh 'Abbās Ⅰ,1571-1629）がこの廟にこれらの陶磁を奉納したためである。1637年にアルデビルを訪れた商人アダム・オレアリウスは、「廟のなかの丸天井の壁龕のなかには、300または400以上の磁器があった」という記録を残している。つまり、アルデビル廟の磁器は、壁にしつらえられた丸い形の壁龕に開けられた沢山の窪みのなかに収められていたというのである[28]。イランにいつ頃からこのような磁器を壁龕におさめる壁面装飾が開始されたのか、そして、ポルトガルにこれを遡る磁器陳列の事例が存在するのか、という点について筆者はまだ把握していないが、おそらく、壁面に磁器を陳列した最初の例は西アジア地域であると推測している。しかしながら、こうした西アジアにおける磁器装飾が西洋に影響を与えたことを示す具体的な証拠は知られておらず、両者間の影響関係は依然あいまいである。

なお、16世紀末までに西洋に舶載された中国磁器のほとんどは、海上貿易で輸入した商品であり、ポルトガルのみが極東地域の磁器貿易に通じていた。ポルトガル向けの磁器は、景徳鎮がほかの市場に向けて生産した従来の製品とはいくつかの点で異なり、大皿や壺、水注などといった、西洋人の生活様式のなかで使用できる器形が大半を占めていた。そして、西洋の王侯貴族たちが所有した中国磁器は、徐々にこの時代特有のコレクションルームのなかに置かれ、当時「珍品 *curiosité*」と呼ばれた特別な文物とともに鑑賞されるようになった。

例えば、珍しい異国の品を陳列し披露するための陳列室である「驚異の部屋」（独語 *Wunderkammer*）や「キャビネ・ド・キュリオシテ」（仏語 *cabinet de curiosité*）と呼ばれた部屋がこの例にあたる。こうした陳列室は、極東のみならず、西アジア、東南アジアやアメリカ、アフリカ、といった「新世界」を開拓した西洋において、遠い異国から舶載された珍しい産物や宝石などを収集・展示するためにしつらえられた。その代表例は、貝殻、ダチョウの卵、骸骨、椰子の実、象牙、珊瑚、オウム貝、サイの角、動物の剥製、貴石、半貴石などであった[29]。

また、これに類する内容に加え、より美術的傾向を帯びた工藝などの品々を対象とした収集・展示のための部屋と考えられる、美術品収集室（独語 *Kunstkammer*, 仏語 *cabinet*）と呼ばれる部屋もある。そして磁器も、こうした珍品や宝石類とともに、美術品収集室に収められてゆく。その開始時期は意外にも早く、16世紀後半には後述のインスブルック郊外のアンブラス城Schloss Ambrasにある美術品収集室*Kunstkammer*があることが指摘されている。

アンブラス城の美術品収集室とは、オーストリア大公フェルディナント二世（Erzherzog Ferdinand II, 1529-1595）が、1573年に建設を開始した異国の珍しい品々のコレクションを陳列す

るためのコレクション・ルームである。この部屋には皿や鉢を中心とする磁器236点が含まれていた[30]。また、ドレスデンの宮廷の美術品収集室 *Kunstkammer* の1619年の目録には、「フローレンス大公Herzog von Florenz」（メディチ家）が1590年にザクセン選帝侯へ贈った様々な珍しい形の酒杯や鉢をはじめとする16点の磁器についての記述がある[31]。これらのコレクションは、現在ドレスデン国立美術館の所蔵となっている（口絵2-2）。

次項で述べるように、17世紀初頭に開始されたオランダ貿易によって磁器の輸入量が急増した結果、オランダでは大規模な磁器のコレクションが形成され、磁器の陳列を目的とする専門的な陳列室が生みだされた。上述の「驚異の部屋」や美術品収集室は、磁器陳列室の前身と捉えることができる。つまり、様々な陳列室に収められた、磁器、漆、鏡、琥珀、ガラス、貴石、半貴石、自然物などの多様な素材から特定のテーマが選ばれ、やがてそれが発展・拡張した結果、質量ともにまとまりを成すコレクションになったときに、個別の素材のための専用の陳列室が成立したのではないかと考えられる。磁器陳列室は、こうして発生した様々な種類の陳列室[32]のなかの一部として認識される。

第3の要素、すなわち、西洋美術における「東洋趣味」や「シノワズリ」と称される極東の文物や意匠の影響および流行の問題も、大規模な磁器陳列の成立およびその装飾の方法に直接関わることから重要である。

西洋美術に極東からの影響が顕著に表れたのは、17世紀後半～18世紀前半までの期間であるが、なかでも18世紀における発展は著しく、西洋美術の歴史のなかで、これほど多くの品々が特定の地域の文化からもたらされ、強い影響力を行使した時代はほかにない。18世紀の西洋美術における東アジアの影響のあり方について、ヴォルフガング・ストプフェル氏は次の4つの観点に大別することができるとしている。

1. 中国と日本からの工藝品の輸入、そのヨーロッパでの使用。
2. ヨーロッパからの注文に従って、あるいはヨーロッパ人の嗜好に合わせて東アジアの材料と技術により製作された作品。
3. 正当な資料に基づく、あるいは全くの空想の産物としての、東アジアの風景、植物、動物、建物、人々の書物のなかでの描写。
4. 中国あるいは日本のモデルに基づく様式や、技術の正確な模倣、あるいは真面目な意図にせよ、風刺が目的にせよ、変更をともなった模倣、すなわち、普通言われるところの「シノワズリ」[33]。

「シノワズリ」の用語の定義には、今日、西洋でも日本でも統一的な見解はなく、シノワズリが指し示す範囲についても揺らぎがある。その見解は、主として、西洋美術史研究者および西洋の東洋美術史研究者のあいだで対立する場合が多いようであり、従来における日本でのシノワズリの意味の解釈を改める必要が生じている。

シノワズリをとりあげた多くの研究書を概観すると、シノワズリにはおおまかに分ければ2種類の傾向、ここでは仮に①「狭義」と②「広義」のシノワズリと換言しうるような2つの方向性があるため、本稿で用いるシノワズリという用語の範囲を明確にするために、この用語の定義に関する筆者の考えを以下にまとめる[34]。

①狭義のシノワズリとは、主として西洋の美術を専門とする西洋の研究者たちのあいだですでに一般的となった概念である。すなわちそれは、西洋で製作され西洋の伝統的な表現形式を基本

としながらも、旅行記などに基づいた主に中国の王室や風俗に関する幻想的な記述からインスピレーションを得て創造された、西洋の作家たちによる幻想的な異国趣味のイメージの反映であって、東洋からの輸入品からは二義的にしか想を得ていない。この意味でのシノワズリは、17〜18世紀に「インドの」とか「インド」と呼ばれていたものにおおむね対応するものである[35]。

本書では、こうした東洋の美術や文化から着想を得た西洋の美術家が創造した、西洋独自の東洋的なデザインの作品に対し、シノワズリという用語を使用してゆく。

②広義のシノワズリは、主として日本美術や東洋美術を専門とする西洋の研究者たちのあいだで広く支持されている見方で、対象範囲がより広く設定されている。広義のシノワズリは、おおよそドイツ語の*Chinamode*[36]やフランス語の*Le goût chinois*に相当し、東洋の文物の愛好・収集や直接模倣も含む「中国趣味」と狭義のシノワズリの両方を包括する。よって広義のシノワズリの方は、中国や日本伝来の器物を忠実に模倣した西洋製の模造品やオリジナルの東洋美術をも含むことになる。我が国で使用されるシノワズリという用語は後者の広義のシノワズリの意味で用いられる傾向がある[37]。

現実的に、シノワズリに該当する作品の大半は西洋にあり、シノワズリ作品を職務管轄内で扱う専門家の大半が西洋の美術を専門とする西洋の学芸員である。西洋では限られた少数派に属する東アジア美術の専門家が、オリジナルの東アジアの美術のみを職務として扱う場合が多く、その際、西洋製のシノワズリ作品はたいてい担当の範疇外に置かれることになる。従って、おのずと西洋美術の専門家によるシノワズリ作品を扱った出版物の量的割合は、東アジア美術の専門家のそれを上回り、公的な性格も帯びてくる。このような背景により、西洋でのシノワズリに対する認識は、さきに述べた狭義のシノワズリが主流となっていったようである。

一方で、シノワズリには次のような批判もある。それは「シノワズリ」という言葉は、バルザック（Honoré de Balzac, 1799-1850）の時代に登場したものであり、急激に裕福になった成り上がり階級のインテリアのなかで広がった、安物のエキゾチシズムに結びつけられていた。従って、シノワズリという言葉には侮蔑的なニュアンスが含まれていた。こうした響きは、美術通とされている人々のあいだでも、いまだにシノワズリの概念につきまとっている[38]、というものである。こうした侮蔑的な見方は、おそらくフランス革命勃発以降の、バルザックの時代の歴史主義の時代において流行となった復古趣味に対する批判と見るべきであろう。また、それ以前の新古典主義が支配的となった時代においても、ロココ[39]が古い時代の藝術として侮蔑の対象となったため、シノワズリはロココと重なるイメージとして倦厭されたものと考えられる。しかし、こうした批判は、本格的なシノワズリの時代である17世紀後半〜18世紀前半までの時代からみれば、当時の王侯の感覚とは無縁の後世の感覚だといえよう。

ドイツの美術史家ヘルマン・バウアーHermann Bauer氏は、この「シノワズリ」および極東の文物や意匠の影響の流行の問題を、西洋における厳格な儀式や礼儀作法への批判、あるいは、形式を重視する宮廷社会における様々な制約からの「逃避」という、絶対王政下の宮廷に特有の時代精神の表れであると指摘した。さらに、贅沢な東洋の文物が担う機能は、もっぱらバロックの絶対的な権威表象であるが、それは「祝祭」の場においてのみ発揮されるとした[40]。この「祝祭」という言葉は極東に関する事柄がもつ、伝統的儀礼とは無縁な自由な側面に「遊興」の要素を読み取ったことによる表現である。つまりバウアー氏は、東洋文物および「シノワズリ」の流行現象を、特に18世紀の西洋宮廷に蔓延した厭世観の表れと見たわけである。

このように、本稿が主題とする磁器陳列室の成立には、バロック時代における美術品の権威表

象化、王侯貴族の磁器収集と陳列室の伝統、西洋での極東の文物や意匠の影響および流行の問題、という3つの要素が強く関わっていたと考えられる。東インド会社の成功によって、多数の磁器をふくむ東洋文物のコレクションを形成したオランダでは、この第2、第3の要素が殊に顕著となり、それが東洋美術受容の多様化を促し、磁器陳列の文化をも成立せしめていったのである。

第3項　オラニエ＝ナッサウ家におけるコレクションと磁器陳列室の形成

　以上の経緯をふまえるならば、初めての本格的な磁器陳列室が誕生し、磁器陳列室の発祥の地と考えられる国が、東インド会社を通じて中国や日本と直接取引し、膨大な数の磁器を輸入したオランダであることはきわめて自然である。もっとも古い本格的な磁器陳列室に陳列された磁器は、オランダのオラニエ＝ナッサウ家のコレクションであった。

　1625年にオランダ総督となったオラニエ公フレデリック・ヘンドリック(Frederik Hendrik van Oranje, 1584-1647)の妃であるアマリア・ファン・ソルムス＝ブラウンフェルス(Amalia van Solms-Braunfels, 1602-1675・挿図2-3)が、東インド会社を擁するオランダの統治者の特権により、膨大な数の磁器を入手していた。アマリアの磁器コレクションの充実は、1654年～1668年の彼女の財産目録に約1,500点の磁器の記載があることからも明らかである[41]。

　多数の磁器を室内装飾にほどこしたもっとも初期の例は、1632年、総督妃アマリア・ファン・ソルムス＝ブラウンフェルスのためにハーグのアウデ・ホーフ宮殿Oude Hof(ノルドアインデ宮殿Paleis Noordeinde)に設置された284個の磁器を配した小部屋であると思われる。この部屋には、それ以外にもフランスのファイアンスや漆、黒檀の調度など様々な東洋趣味の工藝品が置かれ、一種の美術品陳列室の様相を呈していた[42]。1634年にアマリアは、ハーグ市内の総督宮(ビンネンホフBinnenhof)に赤と金色の塗りをほどこした磁器の壺を置くための棚や台を設置させている[43]。

　さらにアマリアは1648年～1649年にかけて、アウデ・ホーフに初めて磁器陳列室を設置した[44]。これは西洋における最古の磁器陳列室であると考えられるものであるが、そこには519個の磁器が陳列されていた。そして1654年には、アマリアはハイス・テン・ボス宮殿Huis ten Bosch(ハーグ)に「漆と鏡の間」という漆と鏡で壁面を装飾した部屋を完成させている。この部屋の壁は、広い面を漆装飾で覆っていたが、それは1647年に他界した夫君への服喪の表明であったという[45]。漆と鏡を張った部屋に磁器を置く例はその後の時代には珍しくないため、この部屋にも磁器が置かれた可能性があるが、それを証明する史料は発見されていない[46]。その後アマリアは1675年に世を去っている。アマリア亡き後には、アマリアの娘たちによりオランダの磁器陳列が引き継がれていった。

　オラニエ＝ナッサウ家が所有するホンセラールスダイク城 Huis Honselaarsdijk(ハーグ近郊ウェストランドWestland)にも、1686年頃「漆と鏡の間Lack- und Spiegelkabinett」が設置された[47]。まだメアリー二世がイングランド女王として即位する前であるため、メアリー二世のために作らせたものであろう。1687年にオランダを旅し、この部屋を見物したニコデムス・テッシンは、この部屋の当時の様子を次のように描写している。「この小部屋Cabinetは中国風の細工とパネルにより大変高価なものである。天井には鏡が張られ、この部屋にいつも新たな眺めをもたらしている(中略)マントルピースの上には多数の高価な磁器が置かれている[48]」。この記述から、この部屋のマントルピースの上には多数の磁器が陳列されていたことがわかる。また、Th. H. ルンシング・ス

挿図2-3
「アマリア・ファン・ソルムス＝ブラウンフェルスの肖像」
ヘラルド・ファン・ホントホルスト工房画　油彩　1650年
アムステルダム国立博物館
(フイヘンス美術館)蔵

ヒュールレール氏は、ホンセラールスダイク城における、この部屋の鏡を張った天井の装飾はダニエル・マロ（Daniel Marot, 1663頃-1752）の考案によるものに違いないと強く推定している。さらに彼はこうした鏡張りの装飾はフランスのヴェルサイユ宮殿における「王太子の小部屋*Cabinet du Dauphin*」を以って1685年に始まったもので、ホンセラールスダイク城の天井の鏡装飾は、フランスの影響を受けて成立したと説明している[49]。

オランダにおける最初期の磁器陳列室であるこの部屋の暖炉周りに磁器を置く陳列方法は、磁器陳列の基本として18世紀中頃の磁器陳列室の最終期に至るまで継承されたが、それは磁器が暖炉から出される煤汚れや熱、湿気による変化を受けない丈夫な材料であるという、実用的な理由に因る。この実用性と色絵による彩色豊かな絵画的装飾美によって、磁器は宮殿を飾る必需品として重宝され、なくてはならない存在となっていったのである。

視覚資料として磁器陳列の様子を表したもっとも古い例は、先述のダニエル・マロが1703年より出版した、宮殿の室内や廊下など様々な場面を描いた版画集である[50]。マロは、ユグノーに対する宗教弾圧によりオランダへ移住したフランス人の装飾デザイナーだが、その父はヴェルサイユ宮殿の装飾に携わっており、よってヴェルサイユを知る装飾家一家出身の装飾家といえる。オランダ移住後はオランダ総督家に仕え、マロは、オランダのホンセラールスダイクの館で1686年に、ヘット・ロー宮殿Paleis Het Looでも1692年に内部装飾を手がけ、その双方に磁器室を設計した（双方ともに非現存）[51]。そのため、マロが描いた豊富な磁器装飾を伴う室内画は、オランダ王室が所有する宮殿内の場面の再現である可能性がある。

ダニエル・マロ作の室内画*Nouveaux Livre de Cheminées à la Hollandoise*（1703）には、多数の磁器が壁面全体を覆うように陳列され、一部の壁面にシノワズリとみられる図案が表されている（挿図2-4）。この壁面の図案では、長方形の枠内に中国の楼閣らしき建物、細長いシルエットの女性像と日傘、その手前に配された竜やヤシの木といった、シノワズリの典型的なモティーフを認識することができる。上下に西洋風の表現の人物像が混在しているものの、全体としてみればこれがシノワズリ意匠であることは明らかである。この長方形のフォーマットが漆パネルであるのかそれとも壁に掛けるつづれ織りなどの織物なのか、版画から判断し特定するのは難しいが、筆者は、細長いフォーマットの比率から漆パネルであると推測する。また、暖炉の枠石すなわちマントルピース上の中央には鏡の枠のような縁に囲まれた面があり、鏡の使用が想定される。留意すべきは、マロの描いた磁器陳列室の室内画は、すべてがシノワズリの意匠で統一されている訳ではなく、椅子や壁面のレリーフ装飾などからバロックの意匠も認められることである。多数の磁器を配した別の部屋を描いた版画[52]では、西洋の伝統に基づくモティーフが描かれた絵画が多数かけられ、ボリューム感のある調度品の様式からも、この磁器陳列室にはシノワズリだけでなくバロックの装飾意匠も表されていたと考えるべきだろう。マロが描いた磁器室は、シノワズリとバロックの2様式が融合したものであった[53]。

一方、この版画に描かれた多くの陶磁器は、マロに複数の宮殿の内装を製作させたイングランド女王メアリー二世が、中国と日本の磁器の壮大なコレクションを所有していたため、女王の所有する東洋磁器を表したものと推測されるが、実際にこれらの図中の磁器と同定できる陶磁作品は、東洋磁器にも西洋陶磁にもないと思われる。よって、多くの磁器を描いたマロの室内画は、架空の器のフォルムを描き、バランスの良い磁器の配置方法を提案するためのモデルとして理解されよう。

さらに、北オランダのレーワルデンの総督宮殿にも、1695年に「鏡の棚のある漆の間」が完成し

ている。この部屋はレーワルデンの宮廷に嫁いだアマリア総督妃の娘であるアルベルティーネ・アグネス・ファン・オラニエ＝ナッサウ（Albertine Agnes van Oranje-Nassau, 1634 -1696）のために設置された。この部屋にも漆のパネルと鏡が張られており、磁器を陳列するための棚がこの部屋の3カ所の角に配されていた[54]。なおこの室内装飾は解体され、現在アムステルダム国立美術館に所蔵されている。このように、最初期のオランダにおける磁器陳列は、鏡と漆の壁面装飾を伴うものであった。

アマリアの死後、彼女が所有した磁器と多数の磁器を配する室内装飾は、彼女の4人の娘たちと孫の妃、義理の姪からなる6人のオラニエ＝ナッサウ家の女性達によって継承されていった。当時のオランダでは磁器は女性が相続する財産に区分されていたので、磁器陳列の文化も磁器の相続とともに基本的には女性達に受け継がれていった。娘たちとは、ルイーゼ・ヘンリエッテ・ファン・オラニエ＝ナッサウ（Louise Henriette van Oranje-Nassau, 1627-1667）、アルベルティーネ・アグネス・ファン・オラニエ＝ナッサウ、ヘンリエッテ・カタリーナ・ファン・オラニエ＝ナッサウ（Henriette Catharina van Oranje-Nassau, 1637-1708）、マリア・ファン・オラニエ＝ナッサウ（Maria van Oranje-Nassau, 1642-1688）の4人を指しているが、この4人のうち3人までもがドイツの王侯に嫁ぎ、ドイツに移り住んだことは興味深い。孫のウィレム三世(Willem Ⅲ van Oranje, 1650-1702)

挿図2-4
「オランダ風暖炉の新書」
ダニエル・マロ画　版画　1703年

の妃とは、婚姻後にイングランド女王に即位してイギリスへ渡りケンジントン宮殿などの複数の城に磁器陳列室を設置したメアリー二世を指す。さらに義理の姪とはアマリエ・エリザベス・フォン・ハナウ＝ミュンツェンベルク（Amalie Elisabeth von Hanau-Münzenberg, 1602-1651）で、彼女もドイツのヘッセン＝カッセル方伯家へ嫁いでいる（挿図2-5）。

　このように、もっとも早い時期に東洋磁器コレクションを形成したアマリアの次世代以降の近親者であるオラニエ＝ナッサウ家の女性6人のうち、じつに4人が婚姻により移り住んだ先がドイツであったのである[55]。

　磁器収集の文化とそのための磁器陳列室の設置は、オラニエ＝ナッサウ家出身の王女たちの移動にともなって他国へ伝えられると、さらに彼女達の影響を受けて磁器陳列室の文化を身につけた女性の親族たちが婚姻のためにほかの地域へ移住することによって、その拡張を繰り返していったとみられる。この時代、オランダを通して様々な東洋の文化や文物がドイツにもたらされた。それは、例えば中国やインドの政治や哲学、宗教、産業に関する知識や、東洋の漆や着物、絵画、工藝品などといった、思想や美術など多様な内容から成る総合的な文化であり、磁器の受容はこうした博物学的な知と物の集積の一部として位置づけることができる。オランダから伝えられた東洋の文化は、その後、性別、宗教（旧教・新教の別）、地域を問わず、広くドイツの宮廷に伝えられ浸透していったのである。

挿図2-5　磁器収集の文化を継承したオラニエ＝ナッサウ家出身王妃達　家系略図

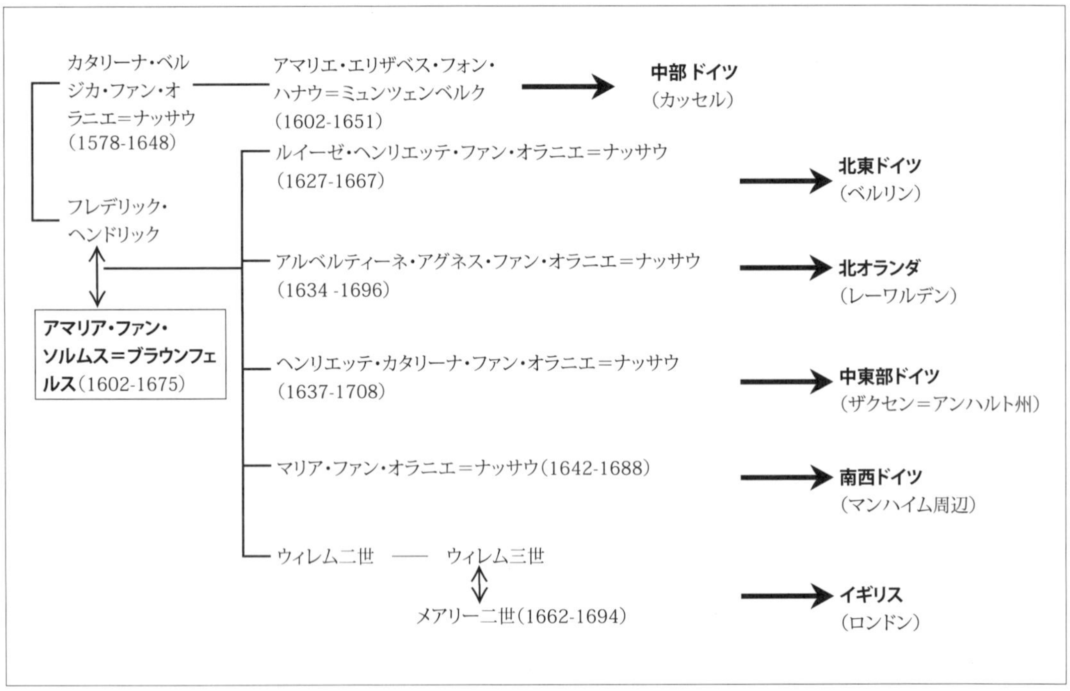

第2章第1節補論　磁器陳列室の装飾の源泉
—「鏡の間」・「漆の間」と西洋の装飾デザイン様式—

　本章第2節に、ドイツにおける多様な磁器陳列室の作例を挙げてゆくが、用語の混乱を避けるために、本題の作例の説明を始める前に磁器陳列室のデザインに大きな影響を及ぼした「鏡の間*Spiegelkabinett*」や「漆の間*Lackkabinett*」、および西洋の内部装飾におけるデザイン様式区分の基本についても、要点を整理しておきたい。

　西洋において磁器陳列室をはじめとする東洋磁器の陳列が流行した時代は、壁面に多数の鏡を張った「鏡の間」[56]と呼ばれる室内装飾や、壁面に漆のパネルを張った「漆の間」[57]と呼ばれる特殊な美術品陳列室が流行した時代とも時を同じくしている。そのため、磁器陳列室は、この両者からの影響を受けることになる。オランダにおける成立初期段階において、磁器陳列室は漆と鏡の装飾を摂取したのであった。鏡と漆パネルの両方を部屋の壁に張り、多数の磁器を陳列した複合的な磁器陳列室も製作された。後節に掲げる具体例が示す通り、これまで筆者が実見あるいは家財目録などの史料で所在を確認することのできた1720年代後半以降の磁器陳列室は、壁面に鏡が張られた作例が大半を占めている。すなわち、磁器陳列室は、沢山の大型の鏡を張り壁面に対して鏡が大きな割合を成す「鏡の間」と称された特殊な陳列室に変貌をとげたのである。

　西洋におけるすべての室内装飾には、その時代の装飾美術のデザイン様式の法則に則った装飾がほどこされている。特に、東洋磁器の室内陳列が始まった17世紀中頃〜18世紀初頭までの初期の磁器陳列室では、狭義のシノワズリに該当する西洋製の中国趣味のデザインによる壁面装飾がほどこされるケースが多くみられる。ただし、こうした室内装飾の装飾モティーフや素材は、常に東洋趣味やシノワズリといった東洋的な装飾で統一されるわけでなく、東洋的なデザインと西洋独自のデザインを組み合わせ、東西の感覚を融合させた装飾の方がむしろ通例である。磁器陳列室は、室内の壁面や調度のうえに東洋の磁器を配したものが大半であるので、東洋磁器の存在だけですでに東洋的なデザイン様式の要素をもっているが、それだけではなく、バロック、ロココ、そしてさらにグロテスク[58]といったほかの様式の要素が常に同居しているのである。この時代の西洋における室内装飾の様式は複合的に組み合わされる傾向にあり、1つの装飾様式しか採用されない磁器陳列室は稀である。よって磁器陳列室の装飾を理解するには複数の様式を横断的に特定することが必要となる。例えば、バロックとシノワズリ、ロココとシノワズリ、フランスのジャン・ベランJean Bérain[59]の版画（挿図2-6）に由来するベラン式[60]の文様のようなフランス起源のグロテスクとロココというように、複数の様式が混合する磁器陳列室がある一方、後述するドイツのミュンヘン・レジデンツ[61]やファルケンルスト城Schloss Falkenlust[62]の「鏡の間」のように純粋なロココ様式の磁器陳列室もあるという訳である。

　陳列される磁器の製作地については、中国や日本製だけでなく、西洋磁器が陳列された陳列室もあるため、一括りに磁器陳列室といっても、その構成物は多様である。しかしながら、創成期の17世紀後半における磁器陳列室に陳列された磁器は東洋磁器のみで、西洋製の磁器を主体とした磁器陳列室の製作が始まったのはおそらく1730年代[63]であると推測され、かなり後発である。また、西洋磁器の彫刻の陳列を主体としたロココ様式の磁器陳列室は、東洋磁器を陳列した磁器陳列室と比べて少ない。これらの点から、磁器陳列室の中心的機能は、肥前磁器を含む東洋磁器の陳列であったといえる。

挿図2-6
グロテスクの図案
ジャン・ベラン画　版画
1690〜1710年頃
パリ国立図書館蔵

第2章第1節　結語

　もっとも古い磁器陳列室の作例は、オランダ総督オラニエ公フレデリック・ヘンドリックの妃アマリア・ファン・ソルムス＝ブラウンフェルスにより、1632年にハーグのアウデ・ホーフ宮殿に設置された、284個の磁器を配した小部屋であったと考えられるが、このように数多くの磁器を1つの空間に陳列し鑑賞するという発想自体が当時まで前例がなく独創的である。こうした陳列の文化は、16世紀ポルトガルのハプスブルク家の磁器収集まで遡る、権威ある王室コレクションの伝統を基礎とする、西洋王侯たちによる異国の珍品の収集の伝統の流れのなかで育まれた、磁器を美術や宝物として評価する価値観の上に成り立っている。

　オランダにみられる、初期の磁器陳列室の発展史からは、磁器陳列室と鏡と漆装飾の関連が密接であった。オランダには、完全な部屋の形で伝存する磁器陳列室は現存しないが、古文献や版画から確認することのできたオランダの事例においては、最初期の17世紀後半における磁器陳列室が、鏡、漆塗りパネルや東洋趣味の装飾をともなうものであることをここでは確認した。

　オランダでは、東インド会社の貿易の成功により東洋の文物が豊富に流通し、オラニエ＝ナッサウ家がその壮大なコレクションをほかの西洋諸国の王家に先駆けて形成したため、東洋趣味を室内装飾に取り入れた様々なデザインが考案された。磁器の陳列は、東洋趣味の室内装飾を構成するために欠かすことのできない要素であったのである。東洋磁器を飾るために作られた部屋は、室内の装飾様式がバロックやグロテスクというように東洋趣味以外の場合においても、そこに置かれた磁器が東洋製であるならば、東洋磁器を鑑賞するための、つまり東洋のイメージを創出するための、いわゆる東洋趣味の部屋として位置づけることができるのである。

註

1 この種の部屋は、英語でPorcelain Cabinet、独語ではPorzellankabinettと呼ばれている。これは日本語では「磁器室」や「磁器の間」と称されてきたが、小部屋という意味とともに、絵画や工藝などの美術品や古銭や珍しい自然物などの博物学的収集品を収めて披露するための特別なコレクションルームも意味するCabinetという言葉が使われていることを考慮すると、「磁器陳列室」や「磁器収集室」とするのが相応しいとも言え、訳語を定めがたい。そのため本稿ではPorcelain Cabinet / Porzellankabinettを仮に「磁器の間」と称してあつかってゆく。ただし、磁器陳列を目的とした部屋には「磁器の間」と呼ばれる部屋だけでなく、「鏡の間」と呼ばれる、沢山の鏡を壁に張った部屋もある。また、部屋の呼び方の問題で、Kabinettと呼ばず比較的小さい部屋を指すKammerという言葉を用いて「磁器の小部屋Porzellankammer」と呼ぶ例など、磁器の陳列を目的とした部屋の名称には多様性があり、単に「磁器の間」など、統一的な1つの名称だけをあてはめることができない。よって、本書においては、個々の部屋の実際の正式名称とは関係なく、様々なタイプの磁器陳列を目的とした部屋を意味する総称として磁器陳列室という言葉を用いることとする。本書が対象とする磁器陳列室は、壁面にコンソールKonsoleと呼ばれる小さな棚を多数取りつけ、その上に磁器を配したものである。置かれる磁器は、中国、日本製のものが主流であるが、1730年頃から徐々に西洋製の磁器を飾る磁器陳列室も製作された。

2 Baroque(英、仏)、Barock(独)、Barocco(伊)、Barroco(西、蘭)ポルトガル語もしくはスペイン語で「不整形な真珠」を意味する宝石の用語バローコに由来するというのが通説である。今日では、16世紀末～18世紀初頭にかけて行われた時代様式とする歴史的な解釈(例：ヴァイスバッハ〔Werner Weisbach, 1873-1953〕、クローチェ〔Benedetto Croce, 1866-1952〕)と、いつの時代にも現われる人間精神の表現様式の1つとする様式的な解釈(例：ヴェルフリン、フォション、ドールス)とが行われている。美術史では第一義的には前者を指していう。

時代様式としてのバロックは、16世紀第4四半期のローマに発し、主としてカトリック諸国、オーストリア(プラハを含む)、ドイツ南部、フランス、ベルギー、ポルトガル、スペイン、中南米のスペイン、ポルトガル植民地などで行われた。地域によってその特色と盛期を異にし、18世紀末まで行われた国もあるが、下限は、ロココが擡頭する直前の18世紀第1四半期に置くのがふつうであり、ドイツでも18世紀中頃まで続いた(ただし、バロックとロココの境界は、必ずしも明確でない場合が多い)。バロック美術は、動勢、曲線、装飾性、強烈なコントラスト、律動感、感動表現などを一般的な特徴とし、強く感覚に訴えようとする"絵画的"な美術であるとともに、かつてない総合化を達成した美術でもある。

バロック建築は、ルネサンス建築の静的な秩序と均衡に対して、極めて動的な、あるいは感覚的な効果を与えようとする。建物全体としては、ルネサンスの厳格な幾何学形を排し、曲面を中心とした空間の連続感を強調し、建物の骨組も、光を浴びて明暗のコントラストをみせながら連続する過多な装飾要素のなかに吸収され、流動感を増強する。装飾面ではルネサンス以来のモティーフを発展させる一方、色大理石、ストゥッコ、鍍金(ときん)を多用し、彫刻と天井画に大きな場所を与えてめくるめくばかりの視覚的効果をあげた。(新潮社1985年　pp. 1178-1179　項目「バロック」参照)

装飾美術に表わされたバロックの特徴は、演劇的なもの、気まぐれなもの、創意工夫に富んだもの、贅沢なものに代表される。すなわち、充実した形態や動き、アーチを描いたり、波打ったり、折れ曲がったりする線、多色使い、豊かで変化に富んだ材質、凝った技巧、そして豪華絢爛であることを好む。ドイツやフランスおよびその周辺の国々の装飾美術において、バロックは、おおむね1630年頃～1760年頃にかけて十分な広がりをみせ、高価な装飾藝術を生んだイタリア風の宮廷趣味に匹敵するものとみなされた(グルベール2001第2巻　p. 11を参照)。

3 Vec 1998
4 Bauer 1993, p. 9
5 ストプフェル1995　p. 81
6 白谷／上野1986
7 西武百貨店1987
8 Ayers / Impey / Mallet 1990
9 エアーズ／インピー／マレット1994
10 Schmidberger / Achenbach / Klein / Weinberger 1990
11 Lohneis 1985
12 Reidemeister 1933
13 Wittwer 2001, pp. 34-52
14 Wittwer 2005, pp. 83-92
15 Bischoff 2002, pp. 15-22
16 Bischoff 2004, pp. 15-20
17 Impey 1990, pp. 56-69
18 グルベール2001第2巻　p. 230
19 Schmidberger 1990, p. 11
20 Carswell 2000, p.132
21 これらの所見は筆者が2010年5月に行ったサントス宮殿における現地調査の記録に基づく。
22 Morena 2005, pp. 41-42
23 Carswell 2000, p. 128
24 Seipel 2000, p. 28
25 Rinaldi 1989, pp. 60-63
26 Lion-Goldschmidt 1984, p. 5
27 九州陶磁文化館1995a　pp. 113-114
28 岡野2010　pp. 7-9
29 Schlosser 1908 ; Impey / Madgregor 2001
30 *Jahrbuch der Kunsthistorischen Sammlungen des allerhöchsten Kaiserhauses*, VII. Band, Druck und Verlag von Adolf Holzhausen, Wien, 1888, no. 428-429 ; Impey / Madgregor 2001, pp. 37-38
31 *Die kurfürstlich-sächsische Kunstkammer in Dresden – Das Inventar von 1619*, herausgegeben von Dirk Syndram und Martina Minning, Sandstein Verlag, Dresden, 2010, fol. 13v - 14r
32 西洋には、「鏡の間」、「漆の間」、「琥珀の間」、「ガラスの間」をはじめ、様々な素材別の陳列室がある。
33 ストプフェル1995　pp. 81-82
34 ①狭義のシノワズリおよび②広義のシノワズリという用語は、筆者がこの説明を明瞭にするために、ここで便宜的に用いる仮の呼称であり、定着した学術用語ではない。
35 狭義のシノワズリに相当する研究の代表的な事例としては以下の著作がある。Honour 1961 ; グルベール2001第2巻　pp. 227-323
36 Chinamode(中国風や中国趣味という意味に対応する)とは、1935年における山田智三郎のドイツ語版の著作『後期バロックにおける中国風』(Yamada 1935)によって初めて使用された用語である。
37 広義のシノワズリに相当する研究の代表的な事例としては以

下の研究がある。Impey 1976
38　グルベール2001第2巻　p. 227
39　*Rococo*(仏, 英), *Rokoko*(独)　ロカイユからきた語で、18世紀にヨーロッパで流行した装飾様式。バロック様式に続き、新古典主義に先立つ様式で、広く当時の建築、彫刻、絵画、工藝など美術全体にわたる様式をも指す。ロココとバロックとは、直線を嫌い、ゆがんだ、凝った装飾を愛好する点では共通しているが、後者の力強さに対して、前者はむしろ、優美軽快であり、S字形の曲線、非相称の装飾、異国趣味、なかでも中国趣味(シノワズリ)が目立つ。これには、バロック時代の壮麗な宮殿に対する、新時代の社交場である優雅なサロンの勃興、有力な宮廷の婦人たちの趣味の影響もあった。暗く重いビロードに代って明るい色の絹織物や錦(にしき)が流行したのも、婦人たちの好みによる。

　ロココの発祥地であり、中心であったフランスでは、「ロココ」の語を、左右均斉を破った装飾モティーフの配置や曲線の使用などを強調するドイツ・バロックから生れた様式に対して主として適用し(バロックとロココの境界は分明でない場合が多い)、自国のルイ十五世(Louis XV, 在位1715-1774)時代の様式は、そのはじめ軽蔑的な呼称であったこの語を好まないゆえか、フランスではロカイユ式(*style rocaille*)とよぶ場合が多い。この国の広い意味でのロココ様式にはレジャンス式(1715-1730)、ロカイユ式すなわち狭義のロココ式(1730-1745)、ポンパドゥール式(1745-1764)が含まれる。ベランのグロテスク文に始まり、オプノール、ジュスト＝オレール・メッソニエなどによって展開されたこの国の特徴ある装飾意匠は他国でも模倣された。

　建築では、イタリアのユヴァーラやその先輩の建築家たちの彫塑的なバロック様式が、それぞれの国の伝統をとおして解釈され、同時にフランスの新しい装飾法をとり入れて生かされた。ガブリエルの装飾したヴェルサイユ宮の新しい諸室、ボフランの建てたオテル・ド・スービーズは、バロックの厳しさから優美安楽へと移る新しい時代の理想を示している。部屋割りも従来の宮殿のように大きな部屋を廊下に面して一列に配する方法(アンフィラード)から、ときとして円形あるいは多角形のうちとけた気分の小室を、使用の便利を考えて配置するようになった。ドイツやオーストリアではキュヴィリエがロココ様式をバイエルンの宮廷にもたらして以来、この様式がポツダム、ドレスデン、プラハ、ヴュルツブルク、ミュンヘン、ザルツブルク、ウィーンなどの都市とその文化圏に伝播することとなった。宮殿建築として、ポツダムのサン・スーシ宮(クノーベルスドルフ設計)、ドレスデンのツヴィンガー(ペッペルマン設計)、ミュンヘン付近のアマーリエンブルク(キュヴィリエ設計)などのすぐれた例がある(以上、新潮社1985　pp. 1622-1623　項目「ロココ」を参照)。

40　Bauer 1991, p. 8
41　Drossaers / Lunsingh Scheurleer 1974, pp. 307-311
42　Ibid., pp. 203-206
43　Ibid., p. 233
44　Fock 1998, p. 81
45　Lohneis 1985, p. 3 ; Lunsingh Scheurleer 1969, p. 55
46　Kisluk-Grosheide 2003, p. 80
47　Lohneis 1985, pp. 4-6
48　Upmark 1900, p. 146
49　Lunsingh Scheurleer 1969, pp. 165-166 (しかし、この両者はほぼ同じ年に設置されたため、影響関係は曖昧である)。
50　この版画集はDaniel Marotにより1703年に発行された、宮殿内の様々な場面を描いた版画集成である。集められた版画は、一葉ずつ独立した状態で製本されてはいないため、書籍ではなく、従って書名というものがない。そして、各々の版画には、その用紙の端にタイトルが記されている。そのため、本書では、挿図のキャプションにその各々の版画の用紙上に書かれたタイトルを掲載した。また、この版画に描かれた宮殿が具体的にどの宮殿であるのかは、特定されていない。この版画集には数多くの複製本があるが、筆者が参照したのは以下の複写本である(Marot 1892)。
51　Ottenheym / Terlouw / Zoest 1988
52　本書第2章第3節第1項、p. 222　挿図2-92
53　西洋における室内装飾の様式は、複合的に組み合わされるケースが多く、1つの装飾様式しか採用されない陳列室は稀である。例えば、バロックとシノワズリ、ロココとシノワズリ、フランスの影響が濃厚なグロテスクとロココ、純粋なロココ様式など、多数の磁器を陳列する室内の壁面装飾には多様性があり、初期はシノワズリの要素が強く、時代が進むにつれシノワズリは衰退し、ロココ様式に移行してゆく。そして新古典主義が時代の様式となる1760年以降は、シノワズリのデザインが減少した。
54　Lohneis 1985, pp. 4-7 ; Lunsingh Scheurleer 1970, p.169
55　Erkelens 2000, pp. 109-113 ; Bischoff 2002, pp. 15-16 ; Bischoff 2004, p. 18
56　「鏡の間」については、ローナイス氏の研究において本格的に紹介されている。(Lohneis 1985)
57　「漆の間」は、17世紀末～18世紀の期間に西洋王侯の城館で流行した、中国の漆パネルや西洋製の模造漆の大きなパネルを壁面に張った東洋趣味の室内装飾である。日本では、「漆の間」の紹介例が少ないが、我が国で刊行され、総合的に「漆の間」を取り上げた例としては日高薫氏による以下の論文がある。(日高2012)
58　*Grotesque*(英、仏)　西洋の装飾模様の一種。グロットに由来する言葉で、動物、植物、人間、仮面、建築の一部などの様々なモティーフを曲線模様でつなげて複雑に構成したもの。ローマ時代の壁画(例えばネローのドムス・アウレア)に用いられたのに始まるが、ルネサンス期にとくに好んで取上げられ、ラファエロのヴァティカーノ宮殿ロッジアの装飾のような傑作を生んだ。その後、装飾パターンを離れて、奇怪な幻想的表現を一般にグロテスクの名で呼ぶようになった(新潮社1985　p. 454　項目「グロテスク」参照)。
59　Jean Bérain(1637-1711)　フランスの装飾家。ロレーヌ地方に生れ、パリで殁。若くしてパリに出、1659年に自分の考案したデザインを集めた装飾図案集を刊行した。1674年ルイ十四世の宮廷付装飾家となり、舞台装飾や庭園の設計も手がけ、ル・ブランの死後は、宮廷装飾、家具、工藝、野外祝典、オペラ舞台装飾などの分野で指導的役割を果す。装飾に東方モティーフを加え、ロココ様式の先駆をなす(新潮社1985　p. 1324　項目「ベラン, ジャン」参照)。
60　ベラン式の文様とは、ジャン・ベランによる挿図2-6(p. 152)の版画の影響を受けて表されたグロテスク趣味の文様である。挿図2-6の図案は、イタリアのマニエリスムのグロテスクから影響を受けて構成されている。重要なのは、オードランに影響を及ぼし、その後フランスのグロテスク創造の礎となった点である。格子文様の装飾のもとに、陽気な酒盛りとメダイヨンのなかのバッコス的な人物の2つの付属的主題からなる中心場面が置かれている。両脇には音楽と演劇の世界を暗示的に示し、アラベスク的なテーマを中心とした表現がなされている。ここには、グロテスク趣味の室内の壁面装飾において多用される、胸

像柱の文様もみられる。(グルベール2001第2巻　pp. 186-193を参照)ベラン式の装飾は、本章第2節で後述するヴァイカースハイム城やヴァイセンシュタイン城の「鏡の間」の壁面にも表されていることから、ベラン式の影響は磁器陳列室にもおよぼされたことが認められる。

61　本書第2章第2節第3項B、pp. 205-209

62　本書第2章第2節第2項K、pp. 201-202

63　西洋で初めて磁器が開発されたのは1709年におけるマイセンであるため、磁器陳列室における西洋磁器の陳列はこの年以降に限定される。西洋磁器を中心とした内容であることが確認できる磁器陳列室の作例は、カッセル近郊のファザナリ城とミュンヘンのレジデンツにあり、双方とも1730年代に設置された。

第2節　ドイツにおける磁器陳列室の流行

　本節では、磁器陳列室がオランダからドイツ[1]へ伝えられ、発祥の地オランダをはるかに凌ぐ勢いで流行したドイツの状況に着目してゆきたい。その分布状況をまとめた地図からも、この流行が広域に及んでいた状況がうかがえる。以下に述べる通り、ドイツには少なくとも22ヵ所の城において磁器陳列室の設置が認められ、これほどまでに多くある国はほかにない[2]。

　現在、ドイツで見ることのできる磁器陳列室には、18世紀の創建当時の内装が現存するものと、戦争などによる破壊を経て再建し復元されたものの2種がある。両者には、オリジナルか復元かという相違があるため、研究対象としては明確に区別される。前者は主に建築内部装飾の研究の対象となり、後者は主に修復技術や磁器陳列室の復元に必要な家財目録などの歴史史料を検討する手法によって研究されてきた。

地図　ドイツ　磁器陳列室が設置された城の分布

①オラニエンブルク城、②カプット城、③リーツェンブルク城、モンビジュー城、シャルロッテンブルク城　④ザルツダールム城　⑤ガイバッハ城　⑥日本宮（オランダ宮）、ドレスデン・レジデンツ　⑦ベルヴュー城　⑧ヘーレンハウゼン城　⑨メルセブルク城　⑩ヴァイルブルク城　⑪ハイデックスブルク城　⑫ヴァイセンシュタイン城　⑬ヴァイカースハイム城　⑭ファヴォリテ城　⑮フリーデンシュタイン城　⑯アルテンブルク城　⑰アルンシュタット新宮殿　⑱ファルケンルスト城　⑲ミュンヘン・レジデンツ

他方で、磁器陳列室には、史料によって存在が知られるが戦争などによる破壊や家財の撤去のため現存しない場合もある[3]。本節第1項「失われた磁器陳列室」は、それらを家財目録などの一次資料から検討するものである。現存するオリジナルの部屋については第2項「現存する磁器陳列室」、復元された事例については第3項「再建された磁器陳列室」で、現地調査[4]に基づき検討を加える。オリジナルも復元も、またさらに、すでに喪失した磁器陳列室も視野に入れ、17世紀後半〜18世紀前半にかけドイツに存在した磁器陳列室の全体像を把握することを通じて、その流行の範囲を捉え、磁器陳列室が担った文化的役割を考察したい。

　ところで本稿では、「磁器の間*Porzellankabinett*」という名称の部屋だけでなく、「鏡の間*Spiegelkabinett*」とよばれる磁器陳列室も数多く取り上げているが、それは、「鏡の間」のなかに、多数の磁器陳列のためのコンソールが壁面に取り付けられて東洋磁器を配した、磁器陳列室の機能を兼ねる例があるからである。

　すべての「鏡の間」がこの例に該当する訳ではなく、その室内装飾には、貴金属や宝石、貴石を中心とする宝物の陳列室として用いられ、壁面に設置されたコンソール[5]に磁器以外の宝物を展示することを目的とした例も多い。それらは「鏡の間」として極めて優れた例であるが、ここでは、磁器以外の宝物のための「鏡の間」はとりあげない。同様に、西洋磁器の展示に特化した「鏡の間」も除外することとし、肥前磁器を含む東洋磁器の陳列を目的とした磁器陳列室にテーマを集約する[6]。

第1項　失われた磁器陳列室

A.　ブランデンブルク・プロイセンの磁器陳列室
　　A-1　オラニエンブルク城「古い磁器の小部屋」
　　A-2　オラニエンブルク城「磁器の小部屋」
　　A-3　オラニエンブルク城「磁器ギャラリー」
　　A-4　カプット城「磁器の小部屋」
　　A-5　リーツェンブルク城「小さい鏡と磁器の間」
　　A-6　モンビジュー城「第一のギャラリー（磁器ギャラリー）」と「磁器の小部屋」

B.　ザルツダールム城「磁器の間」

C.　ガイバッハ城「グロテスクの部屋」

D.　ドレスデンの磁器陳列室
　　「オランダ宮」、「日本宮」、ドレスデン・レジデンツの「塔の間」

E.　ベルヴュー城「磁器ギャラリー」

A.　ブランデンブルク・プロイセンの磁器陳列室

A-1　オラニエンブルク城「古い磁器の小部屋 *Alte Porcelain Cammer*」

　ドイツの磁器陳列室としてのもっとも早い例と推測されるのは、ベルリン近郊のオラニエンブルク城Schloss Oranienburg[7]に1663年に造られた磁器陳列室である。この城は1200年頃よりホーエンツォレルン家Haus Hohenzollernの所有であった。その後、ブランデンブルク選帝侯Kurfürstであるフリードリッヒ・ヴィルヘルム（Friedrich Wilhelm, 1620-1688）とその妃ルイーゼ・ヘンリエッ

テ・ファン・オラニエ=ナッサウ(Louise Henriette van Oranje-Nassau, 1627-1667)の代に改装が行われ、彼らの居城とされた。同城には後述の通り1695年に新たな磁器陳列室が設けられた。そのため、この部屋はそれ以降「古い磁器の小部屋」とよばれることになった。本稿では、両者を区別するためにこの前者の部屋を「古い磁器の小部屋」と称する。

ルイーゼ・ヘンリエッテは、オランダ総督オラニエ公フレデリック・ヘンドリックとその妃アマリア・ファン・ソルムス=ブラウンフェルス[8]のあいだに生まれた王女であり、1646年にオランダの王家である富裕なオラニエ=ナッサウ家からブランデンブルク選帝侯国へ嫁いだ。

オラニエンブルク城は、この2人の新居として造られたものであり、その建設は1651年に着工された。設計は宮廷建築家ヨハン・グレゴール・メムハルド(Johann Gregor Memhardt, 1607-1678)が手がけている[9]。ブランデンブルク選帝侯国を治めたホーエンツォレルン家[10]は、1701年からプロイセン王を兼ねる地位を得て列強への道を上りつめるが、フリードリッヒ・ヴィルヘルムの代はまだ三十年戦争の荒廃からの復興途上であり、財産面でも家の格の面でも王家であるオラニエ=ナッサウ家には遠く及ばない状態であった。そのためブランデンブルク選帝侯国にとって、経済的にも文化的にも主導的な地位にある国家を統治するオラニエ=ナッサウ家の王女を迎えたことは、正に劇的な家格の向上を意味すると云わねばならない。そのような訳で、この城が1653年に同家の名前に因んでオラニエンブルクと名付けられたのは、まだ選帝侯家にすぎなかったブランデンブルクとオランダの王家であるオラニエ=ナッサウ家との結合をアピールするための政治的プロパガンダとしてとらえることができるのである[11]。

フリードリッヒ・ヴィルヘルムは、1634年～1638年までオランダへ留学したオランダ通でもあり、東洋の文物を自ら収集するほど東洋の文化に高い関心を持っていた。そのため、オラニエンブルク城の建築にはオランダ風の東洋趣味が顕著に表されていく。1663年4月中頃にルイーゼ・ヘンリエッテはオットー・シュヴェーリン宛てに差し出した書簡のなかで磁器陳列室にほどこす金の塗装について言及しており、その内容から、1663年にはすでにこの城に磁器陳列室が存在したと考えられている[12]。彼女は、オランダから婚礼道具として様々な品を持参したが、そのなかには多数の東洋磁器とオランダ産のファイアンス陶器が含まれていた。また、母親のアマリア・ファン・ソルムス=ブラウンフェルスがオランダの宮廷にしつらえた磁器陳列室にも慣れ親しんでいたはずである。この1663年に設置された部屋の磁器陳列や壁面装飾の様子は、1699年に作成されたオラニエンブルク城の家財目録に「古い磁器の小部屋は青字に金の皮で覆われていた」と記されている[13]。そのことからルイーゼ・ヘンリエッテが設置した磁器の間が「古い磁器の小部屋」と称され、青と金を基調とする室内装飾であったことが確認できるのである。

A-2　オラニエンブルク城「磁器の小部屋 Porzellankammer」

ルイーゼ・ヘンリエッテ没後1689年～1692年にかけ、その息子であるプロイセン王フリードリッヒ一世(Friedrich I. in Preußen, 1657-1713 / ブランデンブルク選帝侯としてFriedrich III：在位1688-1701 / プロイセン王としてFriedrich I：在位1701-1713)は、この城を改築し、西翼2階部分の北端の*Risalit*とよばれる建物全面の突出部に「磁器の小部屋」と呼ばれる磁器陳列室を設置させた。この部屋には、母を偲び、オラニエ=ナッサウ家とのつながりを象徴する記念碑としての意味が込められていた。それは、玄関に通じるメインの大階段から2つの寝室を通り、漆の間の隣というもっとも北端の奥の私的な領域に属している。部屋の寸法は9.12メートル四方で、三方に窓があった。改築工事の設計はヨハン・アーノルト・ネーリング(Johann Arnold Nering, 1659-1695)が

挿図2-7
オラニエンブルク城「磁器の小部屋」
撮影1933年

行い、1695年に完成している[14]。

　この時期のフリードリッヒ一世は、1701年にフリードリッヒ一世としてプロイセン王の地位を獲得する以前であるため、まだブランデンブルク選帝侯としてフリードリッヒ三世と称していた。彼は、この頃同城にルイーゼ・ヘンリエッテを記念するための「オレンジの大広間Orangesaal」という豪華な大食堂をはじめ権威表象機能の強い部屋を複数設置しており、後述する「磁器ギャラリーPorzellangallerie」も1700年頃に設営した。また、カプット城の「磁器の小部屋Porcelain Kammer」を1696年、さらにリーツェンブルク城の磁器陳列室を1699年[15]にしつらえた。こうした一連の豪華な部屋の建設は、ホーエンツォレルン家の家格を選帝侯からプロイセン国王へと昇格させ正当化するための戦略の1つであったとみられる。

　第二次世界大戦以前の写真（挿図2-7）から、その頃すでに壁面の磁器が撤去された状態でこの部屋の壁面装飾が残されていたことがわかる。しかしその壁面装飾は、第二次世界大戦の間に破壊されて現存せず、現在もこの部屋に残っているのは1697年にアウグスティン・テルヴェステン（Augustin Terwesten[16], 1649-1711）によって製作された天井画（口絵2-3）のみである。

　この天井画の中央に描かれた女性像は、白い上着と赤いスカートをまとい、右手に小さな染付の水注、左手にも染付の角瓶を携え地球儀に腰かけている。その左側には裏面が染付の大皿をもつ少年、さらにその左に大きな染付の鉢を抱え込んだ青年が表され、女性の足元には4人のプットー[17]が器を支えながらポーズをとり、そこには染付で花鳥文が描かれた大型の蓋付壺や、鉢、把手付の水注など様々な染付磁器が表されている。右手には、雲の上にプットーが3人描かれ、一番右のプットーが隣のプットーの染付の茶碗に染付のティーポットで茶を注いでいる。その頭上、雲がたちこめるなか、光輪を戴きながら4頭の馬に引かせた凱旋車を駆るのは太陽神アポロンである。こうした空、雲、光の存在は、その下に展開する磁器や子供たちの天の恵みとしての性格を際立たせる[18]。一方、画中に描かれた磁器は、その形状や絵付けの写実的表現から、ホーエンツォレルン家が所有した実在の器だと考えられる。そのうち、中央の女性像が右手に持った染付の水注と足元の染付の大型蓋付壺は、この城を管理するプロイセン城郭庭園財団ベルリン＝ブランデン

挿図2-8
オラニエンブルク城「磁器の小部屋」
ジャン・バプティスト・ブレーベ画
版画　1733年

ブルク（Stiftung Preußische Schlösser und Gärten Berlin-Brandenburg 以下、プロイセン城郭庭園財団）が所蔵する。後者は有田製で17世紀後半に作られた大型の染付花鳥文蓋付八角壺（口絵2-4）であることが判明した。従ってこの壺は、この部屋を彼女の記念碑とするために描かれた天井画の製作意図を考慮するならば、ルイーゼがオランダからもたらした持参品である可能性が高い。

　この部屋の当時の様子は、ジャン・バプティスト・ブレーベ（Jean Baptiste Bröbe, 1660-1720以降）により製作され、1733年に出版された版画（挿図2-8）からうかがい知ることができる。同室は、9.12メートル四方の正方形であるが、壁面に膨大な数の大小様々な大きさの皿が左右対称に配置されている。各壁面には、4本ずつピラスターが張り出しており、そのあいだに鏡が張られている。版画に描かれた描写から、部屋の中央には、磁器の壺を載せた陳列棚が3台置かれていたことがわかる。これらの棚は6台現存するが[19]、金鍍金をほどこした木製で、ピラミッド型のプロポーションをしており上下に8段の棚を重ね各棚に多数の壺を置く構造となっている（挿図2-9）。この陳列棚は、1743年にフリードリッヒ大王（Friedrich II / Friedrich der Große, 1712-1786）がオラニエンブルク城を弟のアウグスト・ヴィルヘルム（August Wilhelm, 1722-1758）に譲渡する際、シャルロッテンブルク城へ移され[20]、戦後も同城に展示されていた[21]。そのうち5台が、現在はオラニエンブルク城の「磁器の小部屋」があった部屋に展示されている。

　フリードリッヒ一世が逝去した1713年からフリードリッヒ大王がアウグスト・ヴィルヘルムにオラニエンブルク城を譲渡するまでの期間には、多くの磁器がこの部屋からシャルロッテンブルク城などのベルリンの城に移された。しかしそれにもかかわらず、その後も多くの磁器がこの部屋に存在したことは、1743年の家財目録の記載が示している。目録によれば、扉の上に18個の磁器、暖炉のマントルピースの上に139個の磁器の器と人形が置かれ、それ以外にも135個の磁器の小品、柱の縦溝Kannelurenには1192個の磁器のカップ、およびそれとセットの800枚の受皿がピラスターの側面に貼り付けられていた、というのである[22]。さらにライデマイスター氏は、縦溝のある各柱のなかに設けられた小さいコンソールの上に小さなカップが160個置かれていたと述べている[23]。

　さらに、この1743年の目録には、後述する「磁器ギャラリー」や、「書斎の間」、ファイアンス陶

挿図2-9
ピラミッド状陳列棚　1690年頃
5台の内1台と肥前・景徳鎮の磁器
オラニエンブルク城
プロイセン城郭庭園財団蔵

器と思われる実用食器約1500点を備えた宮廷の厨房、染付のタイルを張り巡らせた「オランダの厨房」など、陶磁器を陳列した多くの部屋が記載されている。これらの目録には、この城にかつてあったとされるホーエンツォレルン家所有の大型の壺や大皿が記載されていないため、1743年以前にフリードリッヒ大王がベルリンの城に運び去ったのだと考えられている[24]。

唯一具体的に磁器の存在を特定できるのは「書斎の間」の天井画（挿図2-10）の事例である[25]。この天井画には、柿右衛門様式の蓋付壺を抱えたプットーが描かれ、それと同じ絵付けがほどこされた「色絵唐人物文蓋付大壺」（挿図2-11）が、現在もプロイセン王室旧蔵品として伝わっている[26]。1743年の家財目録の「オレンジの大広間」の項には、この「色絵唐人物文蓋付大壺」だと考えられる壺について次の記述がある。「4点の大きな蓋付壺で、縁で囲まれた3つの面のそれぞれに花鳥が描かれている。頸と裾にも同じような縁のなかに赤い花が描かれている。」さらに欄外のメモには、これらがシャルロッテンブルク城へ運ばれたと記されており、しかも1742年11月にシャルロッテンブルク城へ運ばれた輸送品の記録にも4つの壺の記述[27]がみられることから、これらが同城に運ばれたことは明白である。さらにこれらの壺4点はすべて戦前もシャルロッテンブルク城を飾っていたことが、ライデマイスター氏によって1933年に確認されている[28]。

「色絵唐人物文蓋付大壺」の類品は、古い来歴をもつ西洋の他のコレクションにも認められ、ドイツではドレスデン国立美術館（アウグスト強王旧蔵、挿図2-12～2-14）、国立カッセル美術館（ヘッセン＝カッセル方伯家旧蔵）、イギリスではブレニム宮殿、ウーバーン・アビー、ヴィクトリア＆アルバート美術館、オランダではアムステルダム国立博物館に所蔵されている。さらに日本でも、出光美術館、柿右衛門、蒲原コレクション、東京国立博物館、林原美術館、マスプロ美術館、松岡美術館が所蔵するが、これらは西洋からの里帰り品[29]とされる。寸法は、出光美術館所蔵品が蓋無で高さ30.1センチ、およびドレスデン国立美術館所蔵品の1点が総高63センチである以外は、すべて総高55～58センチ（高さ45～48センチ）の範囲内[30]であるため、この大壺の寸法はおよそ3種類あることになる。このうち、ドレスデン国立美術館の作例は、同器形・同文様の壺が合計4点あり、すべて1779年の日本宮の所蔵品目録[31]に記載されていることから、ザクセン宮廷の旧蔵品であったことがわかる。所蔵先の目録番号別にそれらの寸法を挙げると、P.O.947が蓋無で高さ39.5センチ、P.O.948（挿図2-12）が総高55.0センチ、P.O.4756（挿図2-13）が総高63.0センチ、P.O.5676（挿図2-14）が総高58.0センチである。総高63.0センチは例外的に大きい。蓋付壺は通常喇叭形の瓶2個と合わせて5個1対とし、3個の蓋付壺は同寸（第1章第2節口絵1-3）が多いが、たとえば第2章補論口絵2-112のように、中央の壺をもっとも高くする組合せの組物であった可能性がある。

同様の文様をともなう喇叭形の瓶も、ドイツの国立カッセル美術館[32]（挿図2-15、ヘッセン＝カッセル方伯家旧蔵）やイギリスのウーバーン・アビー[33]（2点、高さ46センチ）に所蔵されている。これらは前述の蓋付壺3点と瓶2点から成る一対の組物として製作されたものと考えられる。

挿図2-11
色絵唐人物文蓋付大壺　総高60cm
プロイセン城郭庭園財団
（オラニエンブルク城）蔵

挿図2-12
色絵唐人物文蓋付壺
総高55.0cm
ドレスデン国立美術館磁器
コレクション館蔵

挿図2-13
色絵唐人物文蓋付大壺
総高63.0cm
ドレスデン国立美術館磁器
コレクション館蔵

挿図2-14
色絵唐人物文蓋付壺
総高58.0cm
ドレスデン国立美術館磁器
コレクション館蔵

挿図2-10
柿右衛門様式の壺を持つ
プットーの楕円形天井画
アウグスティン・テルヴェスティン画
油彩　1695年
撮影1935年頃
オラニエンブルク城
「書斎の間」内（非現存）
プロイセン城郭庭園財団蔵

挿図2-15　色絵唐人物文瓶
高さ左:46.8cm、中:46.6cm、右:47.5cm
国立カッセル美術館（ヴィルヘルムシュタール城）蔵

A-3　オラニエンブルク城「磁器ギャラリー Porzellangallerie」

　さらにその後1700年頃、フリードリッヒ一世の命によりオラニエンブルク城の西翼北側の階段付近に、「磁器ギャラリー」という廊下のように通り抜けできる細長い部屋が設置され、その壁面に多数の東洋磁器が陳列された。

　この部屋は、鏡と金塗りを施した葡萄の樹をかたどった木製の細工で壁面が覆われ、葡萄の一枚一枚の葉の上に磁器の小皿が載せられており、それ以外にも壁面に取り付けられた多数のコンソールの上に磁器が置かれ、壁面は下から天井付近まで磁器で埋め尽くされていた。天井には天井画が描かれ、なおかつ多数の磁器のカップで取り囲まれていたという[34]。

　1743年の家財目録には、このギャラリーには何百点もの茶器が石膏で固定されていたと記されており[35]、この部屋も磁器を載せるためのコンソールが壁面に取り付けられた本格的な磁器陳列室であったことがわかる。

A-4　カプット城「磁器の小部屋 Porcelain Kammer」

　ポツダム近郊南西に位置する、テンプリン湖に面したシュヴィローウゼーSchwielowseeという町に位置するカプット城Schloss Caputhは、フリードリッヒ・ヴィルヘルム選帝侯が建築家フィリップ・ド・ラ・シーズ（Philipp de la Chieze, 1629-1679）に造らせ、1662年に妃のルイーゼ・ヘンリエッテに贈った夏の離宮である。ルイーゼ亡き後は、選帝侯の2番目の妃として迎えられたドロテア・フォン・ホルシュタイン＝グリュックスブルク（Dorothea von Holstein-Glücksburg, 1636-1689）に贈られた。そのためこの内装は2人の選帝侯妃によって整えられたという[36]。その後、後述のゾフィー・シャルロッテもこれを贈られ1690年より所有したが、ベルリンの居城からの移動の不便からこれを好まず、1694年には選帝侯に返却している[37]。

　この城にもかつて、「磁器の小部屋」とよばれた磁器陳列室が存在した。この部屋について詳細な記録は残されていないが、その最初の正式な記録は、1698年の家財目録に記された「磁器の小部屋*Porcelain Kammer*」と称された控えの間の記述である[38]。しかしそれを遡る1696年に、シエナ出身の貴族アレッサンドロ・ビキ（Alessandro Bichi, 1664-1725）により「素晴らしい作品に満ちた磁器ギャラリー*una galleria di porcellana splendida e copiosa*」という記述があるため、遅くとも1696年には、この磁器陳列室は存在していたと考えられている[39]。

　この部屋が磁器陳列室であった時代から伝来するのは、1690年代かそれ以前に製作されたとされる天井画のみである[40]。それは磁器と茶を主題とする寓意画であり、学問と藝術の象徴であるボルシアBorussiaが磁器と茶器を携え立ち、そのかたわらで褐色の肌のプットーが隣のプットーの茶碗に茶を注ぐ。その周囲を青い空と雲に抱かれたプットーたちがとり囲むのである（挿図2-16）。

　この城の建物は現存し、内部装飾が修復され公開されているが、前述のように磁器陳列の内容に関する記録がないため、内装の再現展示は行われていない。筆者が2012年にこの城を訪れた際には、プロイセン城郭庭園財団の所蔵品である金襴手様式の大型蓋付壺（口絵2-5、同2-6）などの肥前磁器や中国の磁器が、床や机の上に展示されていた。

A-5　リーツェンブルク城「小さい鏡と磁器の間 Kleines Spiegel porcelain Cabinet」

　「磁器の間*Porzellankabinett*」の存在で知られるベルリン市内のシャルロッテンブルク城は、ベルリン西部のかつてレッツォウLützowとよばれた村にあったリーツェンブルクLietzenburgという東屋を前身とする。プロイセン王フリードリッヒ一世の2番目の妃ゾフィー・シャルロッテ・フォ

挿図2-16
「磁器の小部屋」の天井画　部分
ジャック・ヴァイラント又はその周辺画家画
1680〜1690年代　カプット城
プロイセン城郭庭園財団蔵

ン・ハノーファー(Sophie Charlotte von Hannover, 1668-1705)[41]は、前述の通りカプット城を得たが1694年に夫に返し、その代わりにベルリンにより近いリーツェンブルクを贈られている。彼女は、これを夏の離宮にするために増改築することとし、その改築工事をヨハン・アーノルド・ネーリングの設計にもとづき、1695年に着工した。それはまもなく1699年に完成し、リーツェンブルク城と称されたのである[42]。

当時、フリードリッヒ一世はオラニエンブルク城[43]を自らの居城として改装し、1695年に「磁器の小部屋」を完成したばかりであったが、王妃はリーツェンブルク城にも磁器陳列室を造らせた。1705年のリーツェンブルク城の家財目録[44]には、「小さい鏡と磁器の間Kleines Spiegel porcelain Cabinet」という記載がある。その設置は、オラニエンブルク城、さらにカプット城に磁器陳列室が造られた直後であり、その後も続々とプロイセン王室が磁器陳列室の建設を断続的に繰り返し、伝統化していった過程のなかの初期の段階として注目される。

1705年の家財目録によると、「小さい鏡と磁器の間」は1階の東翼の角に設けられた3メートル四方の部屋で、内部が「赤く塗られた板張りで、金色に塗られた木彫の装飾が施され」ていたという。扉の上や暖炉の背後の壁のコンソールなど、壁面に飾られていたはずの磁器については記されていないため不詳である。しかし、この部屋には少なくとも400点以上の東洋の磁器と80点ほどのデルフト・ファイアンス、数点の漆塗りの道具、七年戦争のあいだ失われたと推測される金鍍金をほどこした銀のマウント付きの磁器や水鳥の彫刻、今もシャルロッテンブルク城にある白い鶏の彫刻などが置かれていたのである。しかし、この部屋のそれらの装飾品は1810年の改装がおこなわれた際に撤去されたため、現在のシャルロッテンブルク城の所蔵品にこれら記述と一致するものはごくわずかであると、ライデマイスター氏は述べている[45]。

これらの描写から、その内装にはおそらく朱漆を模した板張りの壁面をともない、若干の漆塗りの調度と磁器を調和させるシノワズリ様式の装飾が施されていたと推測されるが、その部屋は現存しない。

この1705年の目録にはさらに、英国国王がゾフィー・シャルロッテに贈ったとされる12個の青い「磁器のカップ」や、アムステルダム市から記念のために贈られた「インドの人物」が描かれた青

と白の壺[46]など、来歴がわかる若干の磁器の情報が含まれている。こうした情報は、ブランデンブルク・プロイセンの王室に伝わる磁器の来歴が多岐にわたっていることを物語る。

A-6 モンビジュー城「第一のギャラリー Erste Gallerie（磁器ギャラリー Porzellangalerie）」と「磁器の小部屋 Porzellankammer」

かつてモンビジュー城Schloss Monbijouは、ベルリン中心部の北側、今日のハーケッシャーマルクトHackescher Marktの付近にあった。しかしこの城も1943年にベルリン市内が受けた爆撃の際に被災し、1958年〜1959年に建物は完全に撤去され現在は跡形もない。この城ではかつて、1877年より破壊以前までホーエンツォレルン家所有の美術品と宮廷文化を紹介するための美術館として市民に公開され、「ホーエンツォレルン美術館Hohenzollern-Museum」と称されていた[47]。

モンビジュー城は、1703年にプロイセン王フリードリッヒ一世の寵愛を受けたヴァルテンベルク伯爵ヨハン・カシミール・コルベ（Johann Kasimir Kolbe von Wartenberg, 1643-1712）により建設された。設計は建築家ヨハン・フリードリッヒ・フォン・エオザンダー（Johann Friedrich von Eosander、通称Eosander von Göthe, 1670頃-1729）が行っている。

しかし、伯爵は王の不興を買ったことから1710年に失脚し、城は不当に安く王に買い上げられてしまう[48]。城はその翌年1711年にフリードリッヒ一世から皇太子妃ゾフィー・ドロテア[49]（Sophie Dorothea von Hannover, 1687-1757）に贈られたが、そこにはヴァルテンベルク伯爵が収集した150点ほどの中国と日本の磁器が残されていた。それが記録された1711年に作成された家財目録からは、それらの磁器は複数の部屋にあり、室内において暖炉を中心にその周囲の壁面に左右対称に配された状況を把握することができる。だが、そこには特別な磁器陳列のための陳列室は記載されていないとライデマイスター氏は述べている[50]。

ゾフィー・ドロテアは、フリードリッヒ一世の跡を追うようにして熱狂的な磁器愛好家となり、収集に没頭した。日本と中国の磁器を主にベルリンの商人から購入し、アムステルダムのペーター・モイという商人からは日本磁器を購入したことも明らかとなっている[51]。彼女の磁器コレクションは、1725年に磁器ギャラリーを描いたハインリッヒ・シュリヒティング（Heinrich Schlichting）の版画からも2,200点をはるかに超えると推測され[52]、1738年には約4,500点[53]、1758年に作成された彼女の遺産目録には少なくとも6,700点東洋の磁器の記載がある[54]。これらは主にモンビジュー城に陳列されたため、以下に述べるように磁器陳列のための数多くの部屋が設置された。この城は、彼女の没年以前に4回改装されて増築され、1754年には43部屋となった。その大部分の部屋に何等かの形で磁器が陳列されていたため、この城は「磁器の城」と称することができるであろう。

この城でもっとも多く東洋の磁器が陳列された「第一のギャラリー（磁器ギャラリー）」と「磁器の小部屋」は、1725年以前から存在していた。次に古い磁器陳列の記録であるシュリヒティングが1725年に製作した連作版画（挿図2-17・18）には、複数の部屋に磁器陳列の様子が描かれており、描かれた磁器の数は「第一のギャラリー」[第22室[55]]だけでも約2,200点にのぼる[56]。その陳列は、1940年の写真（挿図2-19）から具体的に把握することができる。しかし、1753年〜1754年に行われたプロイセンの建築家カール・ルードヴィッヒ・ヒルデブラント（Carl Ludwig Hildebrandt, 1720-1770）による改築時に内装が変えられたため、磁器を載せるコンソールの配置は前掲の版画と異なっている。

これらの磁器を載せるコンソールは、沢山の突き出した柱の面と、柱と柱のあいだに設けられた窪

挿図2-17　モンビジュー城　「第一のギャラリー(磁器ギャラリー)」
ハインリッヒ・シュリヒティング画　版画　1725年　プロイセン城郭庭園財団蔵

挿図2-18　モンビジュー城　「赤の間」
ハインリッヒ・シュリヒティング画　版画　1725年　同財団蔵

んだ壁面である壁龕[57]にリズミカルに配置され、金の塗りがほどこされている。柱の面の壁面には上から下へ6段に小さいコンソール、最も低い位置にはコンソール・テーブルが取りつけられている。窪んだ壁面の上中下3ヵ所には、皿や壺、茶器が載せられた複数のコンソールがひとまとまりの装飾群としてとりつけられ、その下の床には大壺が1個ずつ置かれている。これらの大半は中国と肥前の磁器であるが、ベルリン磁器も含まれている[58]。1753年～1754年の改築の際には、この「第一のギャラリー」の隣にあった「オランダの厨房」とよばれていた部屋[第21室]の壁面装飾が改装されて「第一のギャラリー」と類似の装飾で改装され、それは「磁器の小部屋」(挿図2-20)とよばれた。この部屋には1940年撮影の写真から、プロイセン城郭庭園財団所蔵の「色絵楼閣遊興人物花卉文蓋付大壺」(口絵2-5)が置かれていたことを確認することができる。

「(鏡の)大広間Saal[59]」[第30室]を映した1940年の写真(挿図2-21)からは、多くの鏡と肖像画により壁面が覆われた部屋にある左右の暖炉のなかに、2個の18世紀前期の製作になる肥前磁器の蓋付大壺の存在が確認できる。これらは現在プロイセン城郭庭園財団が所蔵する「色絵橋上婦人花卉文蓋付大壺」(口絵2-6)である。この部屋は、1725年のシュリヒティングの版画(挿図2-22)にも描かれているため、それ以前に設置されたことが明らかなもっとも早い時期に造られたことがわかる。版画にも同じ場所に各1個の壺が描かれているが、これらは前述の壺とは異なり磁器の壺としては珍しい形状であるため、装飾品の配置を示すための架空の壺であると推測される。

これらの蓋付大壺(口絵2-5・6)は現在(2012年の時点では)、双方ともにカプット城内におけるかつて「磁器の小部屋」があった部屋に展示されている。このように、プロイセン城郭庭園財団の所蔵品には、写真から戦前までの配置場所を確認することのできる例があるが、そのすべてが把握されている訳ではなく調査中との事である[60]。今後の課題として、この事例のような歴史的陳列の記録に関連する磁器の情報を蓄積し、現在の同管理局の所蔵品からブランデンブルク・プロイセンの城におけるかつての肥前磁器の所蔵状況を可能な限り把握することが重要である。

この城にはほかにもエオザンダーの設計による「黄色い中国の小部屋」[第29室]という壁面にシノワズリ装飾や東洋製の壁紙がほどこされたシノワズリの部屋があり、そこにも1945年まで数多くの景徳鎮の壺や徳化窯の彫像が壁面に設置されたコンソールの上などに陳列されていた(挿図2-23)。この部屋は、1725年の前述の版画には描かれていないが、1738年の家財目録には記載されているため、1725年～1730年頃に設置されたと考えられている[61]。

1940年の写真からは、第3のギャラリーと呼ばれる部屋にも多数の西洋の磁器が展示されてい

挿図2-19
モンビジュー城
「第一のギャラリー（磁器ギャラリー）」
東向き　撮影1940年
プロイセン城郭庭園財団蔵

挿図2-20
モンビジュー城　「磁器の小部屋」
東側壁面　撮影1940年
プロイセン城郭庭園財団蔵

挿図2-22　モンビジュー城　「(鏡の)大広間」
ハインリッヒ・シュリヒティング画　版画　1725年
プロイセン城郭庭園財団蔵

挿図2-21
モンビジュー城　「(鏡の)大広間」　撮影1940年
プロイセン城郭庭園財団蔵

挿図2-23
モンビジュー城　「黄色い中国の小部屋」　東向き
撮影1940年　プロイセン城郭庭園財団蔵

たことが確認できる。しかしこれは1899年の改装後の新しい陳列で、ゾフィー・ドロテアの時代とは異なる。1738年の家財目録には、この部屋に「ドレスデン磁器」(マイセン磁器を意味する)やアンスバッハのファイアンスの彫像とともに青と白の「インドの磁器Indianische Porcellain」とよばれた磁器が壁面を飾っていたと記されている[62]。

このように、モンビジュー城ではプロイセン王妃ゾフィー・ドロテアの時代に大規模な磁器陳列

第2章　西洋宮廷美術における受容　167

が複数の部屋で試みられ、一種の東洋趣味の「磁器の城」と称すべき面があるが、単にそう称することはできない。何故なら、この建物はじつに多様性に富み、東洋趣味、東洋風のヨーロッパ製工藝から成るシノワズリ装飾だけでなく、バロックやロココなど西洋の美術の伝統様式に基づいた装飾を施した部屋や絵画の陳列を目的とした部屋もあるからである。従ってこの城は、「磁器の城」の域を超えた総合的な美術陳列を意図した陳列館の様相を呈していたといえよう。

同城は戦災により建物諸共完全に失われたため、シャルロッテンブルク城のように再建され、広く周知されることはなかった。ただし陳列された磁器の数から言えば、この城の磁器陳列は、シャルロッテンブルク城の「磁器の小部屋」をはるかに凌ぐ規模であったことは間違いない。

B. ザルツダールム城「磁器の間 *Porzellankabinett*」

かつて、ブラウンシュヴァイク近郊のヴォルフェンビュッテルWolfenbüttelには、ルイ十四世の館であるマルリー城Château de Marlyを模して造られたザルツダールム城Schloss Salzdahlum（挿図2-24）というフランス様式の壮麗な建築があった[63]。それは、ヴェルフェン家Haus Welfen出身のブラウンシュヴァイク＝リューネブルク公爵兼ブラウンシュヴァイク＝ヴォルフェンビュッテル侯爵のアントン・ウルリッヒ（Anton Ulrich / Herzog zu Braunschweig und Lüneburg und Fürst von Braunschweig-Wolfenbüttel, 1633-1714）の居城であった。この城の主要部分の建設工事が1688年〜1694年に行われ、両翼部分の工事が1697年に完成している。

アントン・ウルリッヒは、ブラウンシュヴァイク＝ヴォルフェンビュッテル侯爵アウグスト二世（August II, 1579-1666）とその2番目の妃ドロテア・フォン・アンハルト＝ツェルブストの二男として生まれた。彼は大学で神学を専攻し、東洋の学問や文化にも関心を寄せる学者肌であるとともに政治にも手腕を発揮する実務派であったため、王位を継承した兄ルドルフ・アウグスト（Rudolf August, 1627-1704）の統治下、国政に重要な役割を果たしていた。また、彼はフランスのルイ十四世を崇拝し、その絶対主義王政下の政治や文化から多大な影響を受けて、宮廷における学問および文化の質の向上に力を注ぎ、思想家ライプニッツ（Gottfried Wilhelm Leibniz, 1646-1716）を図書室の司書として雇用するなど、啓蒙主義に関心を寄せる教養人でもあった[64]。彼はヴェルサイユの例にならって美術品の収集に情熱を注ぎ、オランダのバロック絵画や彫刻、イタリアや東洋の工藝品などからなる壮大な美術コレクションを築いた（現在、ブラウンシュヴァイクのアントン・ウルリッヒ公爵美術館がその一部を所蔵）。その東洋美術コレクションには、質の高い漆や肥前磁器をはじめとする様々な日本の工藝品が含まれている[65]。

ザルツダールム城には、彼が収集した膨大な数の美術品コレクションを陳列するために数多くの陳列室が設けられた。そのなかに「磁器の間」があったことも、様々な古文書によって明らかとなっている。この磁器陳列室がいつ設置され完成したのか、厳密な成立年は不明であるが、1694年に開かれたアントン・ウルリッヒの妃エリーザベト・ユリアーネ（Elisabeth Juliane, 1634-1704）の60歳の誕生会に関するフリードリッヒ・クリスチャン・ブレサンドFriedrich Christian Bressandの記録（1694年発行）に、「公爵妃の磁器の間*Herzogin Porcellan=Cabinet*」が公開されたことに関する記述がみられる[66]。よって、この「磁器の間」は1694年には存在したと考えられるのである。

この「磁器の間」について、1697年にカッセルのフレマーFlemmerは次のように記す。

周囲の壁は下から30センチ程までは板材が、その上には自然な模様のある壁紙が張られている。そして、だいたい人の背の高さの場所には茶器があり、それ以外の壁と上部にはストゥッ

挿図2-24
「ザルツダールム城庭園からの眺め」
ペーター・シェンク作
ヨハン・ヤコブ・ミュラー原画
版画　1710年頃
ヴォルフェンビュッテル城美術館蔵
（ドイツ）

コの装飾がほどこされ、磁器をここかしこに置くことができるように、すべて美しくしつらえられている。白い壁とストゥッコ装飾のあるところには青い磁器が美しく栄える。ただ単にテーブルや鏡の周りに磁器を置いたようなものではなく、壁布の上に茶器をのせる棚板を設けて飾る。このようにしてこそ、この部屋は、本当の「磁器の間Porcellin Cabinet」と称することができるのである[67]。

1709年にザルツダールムを旅したフランクフルト市長コンラード・フォン・ウッフェンバッハZacharias Conrad von Uffenbachもザルツダールム城を訪れ、この城には美術品を陳列する6つの陳列室があり、その5番目の部屋に、偶像を象った凍石の彫刻や、非常に大きな器や美しい磁器など様々な食器からなる「インドのもの」(「東洋のもの」の意)があると述べている[68]。さらに、1710年刊行のザルツダールム城に関する著作にトビアス・クヴェアフルトTobias Querfurthは、次のように記している。

　左側の小さいギャラリーを見てみよう。ラファエロの部屋のすぐ隣にはまず、大きな「磁器の間」がある。大きな壺、鉢、センターピース、茶やチョコレート、コーヒー用のセルヴィス（組食器）やその種のものが8千点以上もあり、珍しい方法で並べられている[69]。

つまり、クヴェアフルトは、ザルツダールム城の「磁器の間」に8千点の磁器があったと、1710年に述べているのである。西洋で初めて磁器が開発されたのは、1709年のマイセンにおいてであるため、1710年以前に「磁器」と称するものは当然東洋磁器であるはずである。8千点の磁器というなら、シャルロッテンブルク城の「磁器の間」よりも多いことになるが、それは事実だろうか。

これを記したクヴェアフルトは画家であったが、アントン・ウルリッヒに雇用されザルツダールム城を見物に来る人々の案内役も務めていたという。彼がこの城の美術品を熟知し、著作のなかで多数の美術品に言及しているのはそのためである。ただし、公爵お抱えの画家であった彼の身分を考慮すると、彼の発言に誇張がある可能性は極めて高いといえよう[70]。

加えて、1692年にヴェルフェン家一族の傍系であったカレンベルク侯エルンスト・アウグストが選帝侯に指名され、ハノーファー選帝侯[71]を名乗るようになった。このことにアントン・ウルリッヒは激怒し、爾来ブラウンシュヴァイク＝ヴォルフェンビュッテル侯爵家の権威を主張する

挿図2-25
染付鹿花唐草文大皿
口径39.0cm
アントン・ウルリッヒ公爵美術館蔵

挿図2-26
色絵花鳥獅子文大皿
口径55.6cm
アントン・ウルリッヒ公爵美術館蔵

第2章　西洋宮廷美術における受容 | 169

挿図2-27
色絵菊牡丹花籠柘榴文鬚皿
口径29.3cm
アントン・ウルリッヒ公爵美術館蔵

挿図2-28
色絵菊牡丹文鬚皿
口径26.6cm
アントン・ウルリッヒ公爵美術館蔵

挿図2-29
色絵鳳凰唐草文皿
口径14.0cm
アントン・ウルリッヒ公爵美術館蔵

ためにあらゆる手段を講じたのであった。かつて、ヴェルサイユの宮廷でおこなわれていた財務総監コルベールによる美術政策に倣い、壮麗な宮殿を築き美術コレクションを陳列したのは、同侯爵家の権威を主張するためであった。

こうした経緯を考えると、アントン・ウルリッヒに仕えるクヴェアフルトが、侯爵家の権威を高めるためにコレクションの規模を誇張し宣伝した可能性は高いといえよう。何故ならば、現存最古の磁器陳列室の例として本節第2項Aとして後述するヘーレンハウゼン城が、まさしくアントン・ウルリッヒを立腹させたハノーファー選帝侯の城だからである。本家である自分たち一族こそ選帝侯家に相応しいという思いから、アントン・ウルリッヒには、ヘーレンハウゼン城を越える優れた美術コレクションを形成し、それを陳列することによって一族の財産を誇示し、その家格を向上させようという政治的思惑があったのである。

以上の理由により、この「磁器の間」の磁器は、8千点という磁器の数には誇張があったとしても、少なくとも数千点規模ではあっただろうと推測したい。それだけの大規模なコレクションであれば、肥前磁器が含まれている可能性は高いはずである。

しかし、残念ながらアントン・ウルリッヒが集めた磁器は、ほとんどすべて売却されており、その売却先も不明であるため、謎に包まれている。わずかに一部だけ残された東洋磁器のコレクションがアントン・ウルリッヒ公爵美術館に所蔵されているにすぎないが、そのなかには江戸期の肥前の輸出磁器が5点含まれている（挿図2-25～2-29）。これらの肥前磁器は、かつてザルツダールム城にあった「磁器の間」の陳列に用いられた肥前磁器を検討する手がかりとなろう。

C. ガイバッハ城「グロテスクの部屋Grottesco-Zimmer」

ガイバッハ城Schloss Gaibachは、バイエルン州北部のウンターフランケンのフォルカッハVolkachという町に位置し、1492年に創建された山城である。その後所有者が幾度か代わったのち、1650年頃ローター・フランツ・フォン・シェーンボルン(Lother Franz von Schönborn,1655-1729)[72]がこの城を手に入れる。彼は、大司教の公的な拠点として複数のレジデンツを支配するかたわら、この城を私有財産として所有していたのであった。

その後内装工事が1690年代から行われ、鏡を張りグロテスク[73]の壁画を描いた壁面に数多くの磁器を載せるためのコンソールを取り付けた磁器陳列のための部屋「グロテスクの部屋」が設置された。1694年～1711年にストゥッコ装飾、1709年までに天井に金の塗装と床の装飾がほどこされた。さらにフェルディナント・プリッツナー(Ferdinand Plitzner, 1678-1724)が1713年までに鏡の付柱と鏡を貼り付ける家具の設置を完成させ、1714年に内装が完成した[74]。プリッツナーは、木工と家具製作を専門とする藝術家で、この部屋の壁面装飾、床、家具のすべてのデザインを考案し製作した。その完成直後、ヴァイセンシュタイン城の「鏡の間」に着手している。

ところがこの部屋の内部装飾は、19世紀に行われた改装で取り壊され、現在のガイバッハ城には何も残っていない。グロテスク画が描かれた木のパネルやドアについてはヴァイセンシュタイン城に、家具など搬出が可能である残りのものについてはヴィーゼントハイド城SchlossWiesentheidに移され分散して現存する。ただしこのように多くの部材や調度が残され、1732年の所蔵品に関する目録[75]はあるものの、この部屋が再建される計画はないという[76]。

この部屋には、壁面と天井に金鍍金がほどこされており[77]、ヴァイセンシュタイン城と同様にローター・フランツが収集した極東の磁器が陳列されていた[78]。1732年の家財目録によると、「瑪

瑙でできた赤い暖炉」の上方の壁に取りつけられたコンソールの上に「鏡で装飾された置物」があり、そのまた上に鏡が掛けられていた。置物と鏡のコンソールの上、天井の飾り縁の上、および暖炉の枠石の上にいたっては隅々まで、磁器でできた器と彫刻が載せられていた。壁には12本の付柱、その前面にも磁器を載せるためのコンソールがあり、その上にも磁器が置かれていたと記されている[79]。

ガイバッハ城には、これ以外にも「円形の磁器又はアルコーブの寝室 Das ronde Porzellan- oder Alkovenzimmer[80]」という豪華な陳列室が造られ、そこにも多くの磁器が陳列されていた。

1710年～1711年までのガイバッハの公務領収書 Amtsrechnung からは、これらの「グロテスクの部屋」と「円形の磁器又はアルコーブの部屋」用に東洋の磁器とデルフト陶器が注文されたことが判明している[81]。また、ここではローター・フランツが自ら考案した磁器の陳列法も試みられていたという。それは、壁面にロール産の鏡を張り、その前に設置した陳列棚の木工細工でできた幅の狭い縁の上に陶磁器を置くという独創的な方法であった[82]。

このようにガイバッハ城の内装に多くの磁器が用いられたことが明らかである反面、この城にあった肥前磁器については不明なことが多い。しかし、ヴァイセンシュタイン城が所蔵する肥前磁器の一部はガイバッハ城由来のものであることが判明している[83]。従って、ガイバッハ城の「グロテスクの部屋」の装飾が肥前磁器を含んでいた可能性は極めて高い。

D. ドレスデンの磁器陳列室

次は、ドレスデンにおける、通称アウグスト強王ことザクセン選帝侯国選帝侯フリードリッヒ・アウグスト一世（Friedrich August I. von Sachsen, 1670-1733、[通称アウグスト強王August der Starke、August Iとしてザクセン選帝侯、1697年にポーランド王に即位以降はAugust II]）が収集した肥前磁器コレクションおよび、ドレスデンの「日本宮Japanisches Palais」（挿図2-30）の建築計画について述べる。アウグスト強王は、「汝は知らぬのか？ オレンジや磁器というやつは。ひとたびその病にかかった途端、もはや飽くことなく、際限なく欲するものだ[84]」（翻訳筆者）と語ったほど磁器収集に傾倒した。

彼はドイツにすでに先例のある磁器陳列室には飽き足らず、城の全室を東洋とマイセンの磁器で装飾するために、「オランダ宮Holländisches Palais」とよばれた城を1717年に購入した。「オランダ宮」は、ドレスデンのエルベ川沿いにあり、かつてフレミング伯爵が1715年に築いた城で、その名称はダニエル・マロ風の内装とエキゾチックな調度品に由来する[85]。強王は、これを改築して磁器の城を造る壮大な構想を抱いていた。「日本宮」への改築工事には、建築界の名匠マテウス・ダニエル・ペッペルマン（Matthäus Daniel Pöppelmann, 1662-1736）が携わり、ザカリウス・ロンゲルーネ（Zacharias Longuelune, 1669-1748）等の計画を採用して宮殿を四翅の建物に拡張する工事を、遅くとも1726年には開始している。当時の人々に日本の建物をイメージさせるような、東洋風なデザインの屋根が宮殿に設置されたことが「日本宮」と称される所以となった。

アウグスト強王が、「世界中ほかに例のない、名声と威厳をたたえた宮殿を、ほんのわずかな費用でこの手に入れることができるのだ[86]」と記した当時の日本宮関係者からの報告がある。このことからも、強王にとって磁器の城「日本宮」は、膨大な量の磁器コレクションを披露する空間という機能を超えて、自分の権威を比類ない偉大なものとして世界に発信するための政治的文化装置としてこそ存在意義があったのだと考えられる。

挿図2-30
日本宮　正面ファサード
撮影1945年以前

しかし強王は、1733年2月にポーランド王国の都ワルシャワで糖尿病のために急死してしまう。その上、世継ぎのザクセン選帝侯兼ポーランド王アウグスト三世（Friedrich August III, 1696-1763）は磁器に興味を示さなかった。そのため、東洋磁器が追加購入されることはなく、この日本宮も未完のまま残され、その計画は中途で打ち切りとなったのであるが、このことが強王のコレクションをタイムカプセルのように大きな変化なく良好に保つ結果をもたらしたのである。

強王の東洋磁器コレクションは、この「日本宮」を建設するために集められたものであり、そのために、中国と日本の製品からなる東洋磁器約24,000点が購入された。現在も1万点の東洋の磁器がドレスデン国立美術館に所蔵されている[87]。そのうち約1,500点が金襴手様式、漆塗りがほどこされた肥前磁器も60点あり、とりわけ90点ほどの柿右衛門様式磁器[88]は、世界屈指と謳われている（口絵2-7～2-11）。これらの磁器は、強王亡き後の1733年以降、未完成の日本宮内の倉庫に収納され、その後1876年以降は、かつての王立ギャラリーであるヨハネウムに収蔵されるに至る。第二次世界大戦中には、磁器コレクションの大半が戦争による破壊を免れたものの占領軍により運び出され、その一部が1958年に返還されている。それらの磁器が、現在ドレスデン国立美術館磁器コレクション館と称されるツヴィンガー宮殿で再び展示され始めたのは1962年のことである[89]。

強王と磁器との出逢いはおそらく、ザクセン王室ヴェッティン家Haus Wettinに伝来する、1590年にフローレンス大公から贈られた中国磁器[90]であったと考えられる。また、強王は青年時代の所謂「グランドツアー」でパリを旅し、ヴェルサイユ宮殿や磁器のトリアノンも見学している。さらに、1709年6月2日には、対スウェーデン同盟を結ぶために、プロイセンのフリードリッヒ一世、デンマークのフレデリック四世（Frederick IV, 1671-1730）、アウグスト強王がベルリンのシャルロッテンブルク城に集まり、同盟締結の儀をおこなっている。そこで強王は磁器陳列室を目にし、衝撃に打たれたことであろう[91]。

その翌年の1710年に、強王はマイセンに王立磁器製作所を設立する。強王が本格的に東洋磁器の収集を開始したのは1715年からである。その際肥前製も含む東洋磁器が購入されたが、その購入先は、オランダの貴族やドレスデンを訪れるフランスやオランダの商人か、ライプチヒのメッセを訪れるオランダの商人からであったという[92]。時として、彼の磁器への執着は常軌を逸するものとなり、1717年には、プロイセン王が所有する17世紀末の清朝磁器151個を中心とする中国磁器の大壺と交換にザクセンの竜騎兵など600人の兵を差しだすという、強引な方法でコレクションの拡充を図っている[93]。これらの大壺はのちに「竜騎兵の壺」と呼ばれる。

強王旧蔵の肥前磁器コレクションは強王の存命中と製作時期が重なる金襴手様式の磁器のみならず、柿右衛門様式磁器も含まれる。ただし、柿右衛門様式磁器は、17世紀後期に製作されたと考えられるタイプであるため、強王が東洋磁器を購入したとされる1717年～1733年からみれば、半世紀ほど前に作られた古美術品である。それに対し、中国磁器の収集品については、ファミーユ・ローズなどの清朝の粉彩、徳化窯の貼花装飾白磁、宜興窯の炻器の急須など、同時代の雍正帝期の作品を主体とする[94]。

強王は、これらの磁器の目録を2度作成させており、1721年の目録には13,288点、1727年の目録には21,099点の東洋磁器が記録されている。1721年と1727年に作成された強王のコレクションおよび日本宮用磁器の目録は、家財目録とは性格が異なる。これらの磁器目録は、作品番号から作品を特定できる記録性の高い目録である。アウグスト強王は、これらの目録を作成させただけでなく、自らが所有する磁器に、目録に記されたのと同じ番号を黒いエナメル絵具で書かせた。これは、通称「ヨハネウム番号[95]」とよばれる記号を冠した番号で、後述のように磁器の種類の分類に

よって先頭の記号を違えている。従って、アウグスト強王の旧蔵品は目録の記載と実際の作品をこの番号により照合でき、この番号がかつて強王に帰属したコレクションの一部であることの証となるのである。

　アウグスト強王の磁器コレクションは、重複している作品を中心に交換や売却が続けられて1930年代まで減少した。その後第二次世界大戦中には一部が失われ肥前磁器の大部分は被災を免れたものの、その一部が戦後旧ソ連軍の戦利品として没収された。その後、1958年にそれらも返還され、1962年以降ツヴィンガー宮殿に設置されたドレスデン国立美術館の磁器コレクション館に展示されてきた。このようにして同館に現存する肥前磁器の数量は、前述のとおり柿右衛門様式磁器が約90点、金襴手様式が約1,500点、漆塗りの肥前磁器が約60点である[96]。しかしドレスデンに返還されないケースや、前述のように戦前に失われた例もあるため、それらは世界各地の美術館や個人コレクションに収められているほか、美術品市場で流通する肥前磁器にもヨハネウム番号入りの作品があるのである。

　強王旧蔵品の肥前磁器に記されたこれらの番号の分類方法は、現在の陶磁史の専門家たちの共通認識とは一致しない。すなわち、柿右衛門様式磁器は、「カラック磁器Krack-Porcelain」の項目に分類され、「N＝［数字］」という番号の次に四角の記号（□）を配した印が書かれている（口絵2-7b・8b・9b・10b・11b）。その一方で金襴手様式は、「日本磁器Japanische Porcelain」の項目に分類される。先述の番号およびプラスの記号（＋）が付される類似の絵付けが施された景徳鎮色絵磁器（チャイニーズ・イマリのタイプ）の中国磁器もこれと同じ項目に入っている。さらに、染付の肥前磁器は、中国か日本かの区別はせずに「東インドOst Indisch」という項目に分類され、「ｖｖｖ」という記号が付される[97]。

　次に、ドレスデンの宮廷で試みられた日本宮以外の大規模な東洋磁器の陳列にもふれておこう。それはまず、1719年に催された強王の息子であるザクセン皇太子アウグスト二世（即位後はポーランド王アウグスト三世）とハプスブルク家の王女マリア・ヨゼファ（Maria Josefa Benedikta Antonia Theresia Xaveria Philippine, 1699-1757）との婚姻の宴のために、前述の「オランダ宮」の内部装飾において実現された。このとき、オランダ宮の全室が、東洋磁器とマイセン磁器で飾られたのである（挿図2-31）。これは常設的な陳列ではなかったが、ドレスデンにおける最初の大規模な磁器陳列室とみなされる事例である。

　さらに、強王は1727年からドレスデンのレジデンツ内の「塔の間Turmzimmer」（挿図2-32）とよばれる部屋を磁器陳列室にし、愛蔵品の磁器を展示していた。「塔の間」はすでに戦時中に焼失したが、戦前の写真から当時の様子を知るのみである。そこには、壁面にところ狭しと並べられた、様々なマイセン磁器の色絵の壺や瓶、様々な東洋磁器の壺や皿、そしてそれらの手前の床上には、一際大きい景徳鎮製の「竜騎兵の壺」も7点映っている。「塔の間」の陳列内容は、写真から判断する限り、マイセン磁器が大半を占め、景徳鎮磁器の所在は確認できるが、肥前磁器が含まれるのかは不明である。

　次に、この「日本宮」のために計画された改築の内容について、設計図面（挿図2-33）から検討してゆこう。日本宮では、2階の19部屋が、日本と中国の磁器を様式・色別に配列するために確保された。加えて、マイセン磁器も同様に色別に分類されて展示される計画であったため、強王は1730年にティーカップとソーサー1,350組、日本磁器風の皿200枚、鳥籠瓶50個、1731年に910個の大型の動物や鳥の磁器彫刻、センターピース、深皿を、自らの描いたスケッチによる見本を添えて注文し

挿図2-31
「オランダ宮におけるザクセン
皇太子アウグスト二世の結婚式」
版画　1719年

挿図2-32
ドレスデン・レジデンツ　「塔の間」
撮影戦前

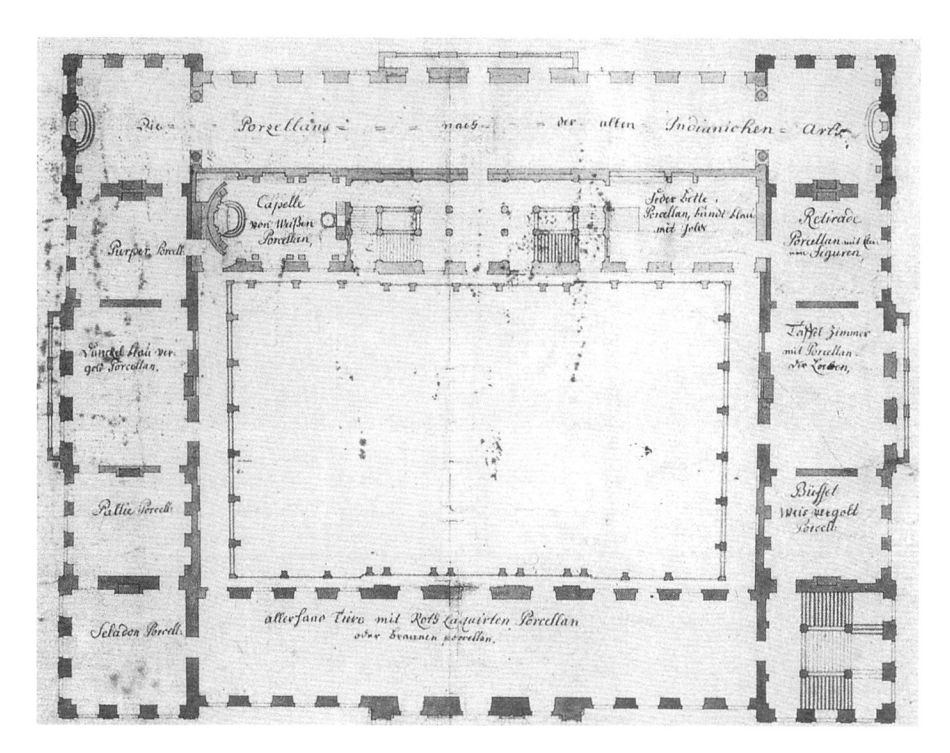

挿図2-33
日本宮建築床面プラン　2階部分
1730年

挿図2-34
日本宮壁面装飾プラン
マテウス・ダニエル・ペッペルマン設計
ザカリアス・ロンゲルーネ画
版画　1735年頃
国立ザクセンドレスデン中央文書館蔵

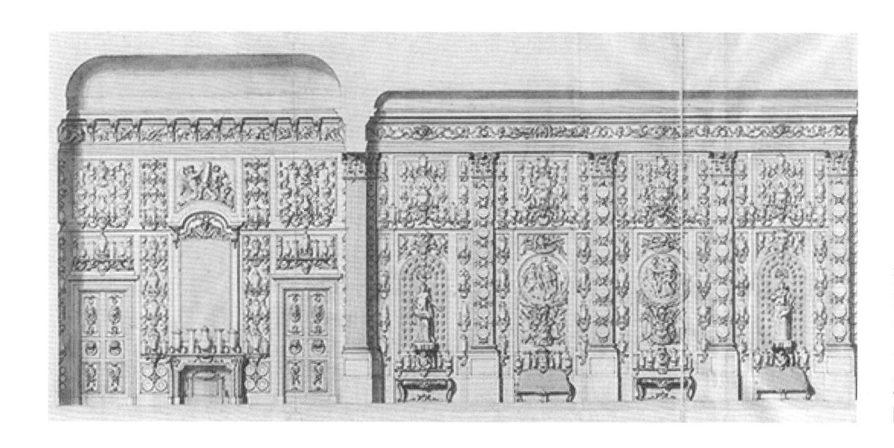

挿図2-35
日本宮壁面装飾プラン
マテウス・ダニエル・ペッペルマン設計
ザカリアス・ロンゲルーネ画
版画　1735年頃
国立ザクセンドレスデン中央文書館蔵

ている。最終的に強王は、日本宮の内部装飾を完成させるために、総数35,798個の磁器をマイセンの王立磁器製作所に製作させた[98]。

　日本宮の壁面装飾の様子は、建築プラン（銅版画）から知ることができる。筆者は、その所蔵元のドレスデン国立文書館でこの銅版画を記録したマイクロフィッシュを50枚ほど調査したが、プランに描かれた大部分の器は形状の描写が具体性に乏しく、それらは配置を指示するために描かれ

た架空の器であると思われた。プランに描かれた器の形から実物のコレクションを具体的に特定することは基本的に不可能であると考えざるを得ない。壁面装飾プラン(挿図2-34)に描かれた器と同じ形状の器は、漆塗りの肥前製染付とその複製であるマイセン製の鳥籠瓶(口絵2-12)の両方が該当するが[99]、このように器形の特徴が明確で実物を特定できる例は、これ以外の建築プランに認めることはできなかった。

さらに日本宮が、沢山の鏡を張った磁器陳列館であったことは、建築図面だけでなく、日本宮の所蔵品目録の記述からも解明することができる。同目録の記述から、たとえば7番目の部屋は「鏡の間」と称されており、様々な装飾をほどこした縁取りをともなう大小の鏡が張られていた状況が鮮明となる[100]。

建築プランから確実に読み取ることができるのは、日本宮の壁面装飾には西洋の伝統的な意匠であるバロック(挿図2-34・35)、グロテスクとシノワズリ(口絵2-13)という3つの様式が混在しており、さらに漆のパネル装飾(口絵2-14)という東洋趣味の装飾も加えられ装飾様式が極めて多岐に亘ることである。3つの様式の混在は、この日本宮が、日本という名を冠しながらも、ドレスデン近郊にあるシノワズリの館であるピルニッツ城Schloss Pilnitzや日本宮の前身であるオランダ宮の壁画に共通するような東洋人物を表したシノワズリ様式で統一した東洋趣味の宮殿ではなかったことを明瞭に示している。

E. ベルヴュー城「磁器ギャラリー*Porzellangalerie*」

ベルヴュー城Schloss Bellevueとは、ヘッセン州カッセルKasselの町中にあったヘッセン＝カッセル方伯Landgraf von Hessen=kasselの居城*Residenz*付近に建てられた城である。この城には、後述する通り1750年代に「磁器ギャラリー」という磁器陳列室が設置された。その成立過程と位置付けを明らかにするため、はじめにヘッセン＝カッセル方伯家の磁器収集の歴史的経緯および旧蔵品の現状を概観しておきたい。

ヘッセン＝カッセル方伯家旧蔵の中国および肥前磁器のコレクションは、現在国立カッセル美術館で管理されており、ヘッセン州立美術館、ヴィルヘルムシュタール城Schloss Wilhelmsthal、ヴィルヘルムスヘーエ城Schloss Wilhelmshöhe、ファザナリ城Schloss Fasanerie、ヴァイルブルク城Schloss Weilburgに分蔵されている。1990年にカッセルで行われた「中国と日本の磁器」展覧会によりそのコレクションの大部分が展示され、その図録にも収録されており、その壮大な規模と質の高さは広く周知された[101]。また、1993年には、同コレクションの柿右衛門様式磁器を集めた展覧会が日本でも開催され、「色絵楼閣山水文蓋付壺」(挿図2-36)をはじめとする優品の数々が注目を集めている[102]。方伯家旧蔵の東洋磁器コレクションには、前述のとおり15世紀に遡る伝世品の青磁1点が同家に伝わることからも古い伝統があるが[103]、その収集は主として17～18世紀におこなわれ、後述する同家の2人の方伯妃(アマリエ・エリザベス、マリア・アマリア)と2人のヘッセン＝カッセル方伯(ヴィルヘルム八世、フリードリッヒ二世)が関わっている。

その最初の人物は、本書第2章第1節にオラニエ＝ナッサウ家血縁者として名を挙げた同方伯ヴィルヘルム五世の妃アマリエ・エリザベス・フォン・ハナウ＝ミュンツェンベルクである。彼女の遺産目録には磁器1,065点が記載されている。それは、オランダ総督フレデリック・ヘンドリックの姉にあたりオラニエ＝ナッサウ家王女として生まれた母親カタリーナ・ベルジカ・ファン・オラニエ＝ナッサウから継承した可能性を指摘できるが詳細は不明である。2人目は、マリア・アマリ

挿図2-36
色絵楼閣山水文蓋付壺
総高46.0cm
国立カッセル美術館
(ヴィルヘルムシュタール城)蔵

ア・フォン・クールランド(Maria Amalia von Kurland, 1653-1711)[104]である。マリア・アマリアが没した1711年に作成された彼女の遺産目録には、約2,600点の磁器が記載されている[105]。

マリア・アマリアが遺した2,600点の磁器は、ヘッセン＝カッセル方伯ヴィルヘルム八世(Wilhelm VIII von Hessen-Kassel, 1682-1760)、後にスウェーデン王となるフリードリッヒ一世(Friedrich I von Hessen-Kassel, 1676-1751)やメクレンブルク公爵に嫁いだゾフィー・シャルロッテ(Sophie Charlotte, 1678-1749)など、その時点で存命した彼女の7名の王子・王女に等分に相続された。だが、ヴィルヘルム八世以外の6名はカッセルを離れ別の土地へ移ったため、彼女の遺産の磁器は分散し、ヴィルヘルム八世が相続した370個だけがカッセルに受け継がれることとなった[106]。ただし彼は、母が没した直後1712年にブレダ総督、その11年後にはマストリヒト総督を任じられたため遺品の磁器を一端は任地へ運ばせている。その間彼はオランダ宮廷と親密に関係したためこの期間にも肥前磁器を入手した可能性が高い。1727年、彼はカッセルに戻り、1730年〜1751年までスウェーデン王に即位した兄のフリードリッヒ一世に代わってヘッセン＝カッセルの領地を統治し、その後、1751年〜1760年まで方伯の地位にあった[107]。

ヴィルヘルム八世が東洋磁器の収集に本格的に着手したのはその晩年であった。1747年以降に購入に関する記録が残されている。1747年に彼は染付の磁器皿12点、1752年にも磁器1箱、1759年には磁器の彫像22点など、様々な磁器を購入している。また、ヴィルヘルム八世が美術商に宛てた手紙から、中国磁器よりも日本磁器を優先的に購入しようと考えていたこともうかがえる[108]。本題の磁器陳列室であるベルヴュー城の「磁器ギャラリー」が造られたのもその頃であった。

ベルヴュー城は、1714年にヘッセン＝カッセル方伯カール(Karl von Hessen-Kassel, 1654-1730)の命により建築家ポール・ドゥ・リイ(Paul du Ry, 1640-1714)により建設された後、1749年以前にヘッセン方伯ヴィルヘルム八世がこれを所有した。その後彼は1750年代に、同城内に「絵画ギャラリー」、「ガラスの間」という一連の陳列室設置の一環で「磁器ギャラリー」を設置した[109]。

この「磁器ギャラリー」に陳列されていた磁器は、1760年〜1763年に作成された家財目録[110]の記載内容により約3,060点であったとされる。そのうち産地の記載があるものとして、ドレスデン、すなわちマイセン磁器が248点、ヘキスト磁器4点、テラシギラタとよばれる陶器38点、ハナウ製ファイアンス陶器数点といった西洋陶磁と、東洋磁器と推測される177点の「カラック製品 *Krackgut*」が列記されている。「カラック製品」は、彼の母親であるマリア・アマリア方伯夫人から相続した東洋磁器の一部であると推測されるもので、彼女の遺産目録にも同じ記載があるという[111]。

「磁器ギャラリー」の目録には、さらに「1点の中国人が載った亀」(挿図2-37)、「2点の黄色と青の服を着たインドの子供に支えられた2つの壺」、「2点の上質な磁器でつくられた緑と金色の獅子が載った蓋付きの大壺、地色は黒く、白地に緑の葉、色鮮やかな花文様を描いている」「4点の白い地色に日本人が描かれた六角形で蓋のある花瓶」(挿図2-38)など肥前磁器とみられる記述がある[112]。挿図2-37や2-38で図示したように、同家所蔵の柿右衛門様式磁器にこれらの記述と一致する作例が見受けられ、六角壺は、この目録上では4点だが、現在カッセルには2点の人物文の六角壺(挿図2-38)が所蔵されている。「磁器ギャラリー」には、このように今日国立カッセル美術館に所蔵される柿右衛門様式磁器の一部が陳列されていたと考えられるのである。だが、その磁器陳列方法は残念ながら目録に示されていない。また、同時代の版画も残されていないため、「磁器ギャラリー」がコンソールを多数壁面に設置した形式のものであったかを知る手がかりはない。

ヴィルヘルム八世の没後、「磁器ギャラリー」はその後継者であるフリードリッヒ二世(Friedrich II von Hessen-Kassel, 1720-1785)に継承され、磁器陳列はさらに数を増し発展してい

挿図2-37
色絵亀乗人物像 (最大)幅19.5cm
国立カッセル美術館(ヘッセン州立美術館)蔵

挿図2-38
色絵三方割松鶴竹雀梅人物文蓋付六角壺
総高左：30.0cm、右：31.5cm
国立カッセル美術館(ヘッセン州立美術館)蔵

く。フリードリッヒ二世は熱心な美術コレクターであり、マイセン、ベルリン、ヘキストやウエッジウッドなど西洋陶磁の優れたコレクションを形成しつつ、肥前磁器や中国磁器も多数購入し、1763年〜1767年に同ギャラリーを「絵画ギャラリー」の建物に移築している[113]。移築後のギャラリーの様子は、1767年に刊行されたフリードリッヒ・クリストフ・シュミンケFriedrich Christoph Schminckeの解説により、多くの壁面にピラミッド型の棚が固定され、そのなかに中国磁器、肥前磁器のみならずドレスデンなどの西洋製の磁器の壺、瓶、茶器と食器のセルヴィスや様々な彫像が陳列されていたことがわかるが壁面装飾の記述がない[114]。よって、1767年以降におけるギャラリーの壁面にはコンソールが設置されていなかった可能性がある。ピラミッド型の棚の使用は、プロイセンの磁器陳列の影響を受けたものであろう。

　さらに、1771年には、それまでクンストハウスKunsthausに陳列されていた中国磁器の彫像100点が「磁器ギャラリー」に運び込まれた。だが、1780年に作成されたこの部屋の家財目録は磁器のリスト部分が欠損しているため、具体的な器種は不明である[115]。また、フリードリッヒ二世が逝去した直後、宮廷の菓子工房に所蔵されていた——主に肥前磁器の平皿や深皿から成る——磁器324点が、同ギャラリーに移管された。しかしその後、このギャラリーに関する情報は途絶えている。

　1806年、カッセルはナポレオンの軍隊に占領され、絵画や美術品のコレクションは略奪された。「磁器ギャラリー」にあった磁器は、その略奪を免れるも、1811年にカッセルは大規模な火災に見舞われたため、ギャラリー内の磁器の多くは破壊された[116]。また、建物がフランス軍に占拠された時代は、磁器が撤去され倉庫に納められた[117]。

　以上のように、「磁器ギャラリー」はヴィルヘルム八世およびフリードリッヒ二世の統治時代、1750年代より1780年代の陳列であり、その設置および維持は2人の男性の王侯の指揮下で行われていた。しかし、カッセルの磁器収集は、それ以前に2人の王妃により創始されている。ドイツでは、王妃らの間で磁器陳列室が流行していたことは、本節に多数の事例を挙げていることからも明らかであるが、彼女らのケースは磁器陳列室の設置に至らなかったのであろうか。

　かつて方伯家が所有し、その内装が現存するヴィルヘルムシュタール城、ヴィルヘルムスヘーエ城には、磁器を置くためのコンソールが設置された壁面をもつ部屋がないため、同家が磁器陳列室を設置した痕跡を認めることはできない。カッセルの磁器コレクションの受容史について論じたガブリエル・リーマン=ヴェウルブラントGabriele Riemann-Wöhlbrandtは、2,600点以上とされるマリア・アマリア旧蔵の磁器のうち約2,300点はカッセルとその周辺の城にあったが、1700年前後に同地域の城に「漆の間」、「磁器の間」、「鏡の間」といった東洋趣味の陳列室の存在は確認できないと述べている[118]。

　アマリエ・エリザベスが収集した磁器1,065点が磁器陳列室設置に結実しなかったことは、まだ磁器陳列室の流行が本格化する前の1651年という没年を考えれば納得できる。だが、マリア・アマリアの場合は、彼女が大量の磁器を収集しながら磁器陳列室を造らなかったことは、1711年という没年、大規模な磁器コレクション＝磁器陳列室という構図が定着したホーエンツォレルン家出身という彼女の出自、1700年にオラニエンブルク城やザルツダールム城を訪れ磁器陳列室の存在を知ったはずの彼女が置かれた環境を考慮すると違和感を禁じえない[119]。彼女の磁器収集は、方伯家のための権威表象を目的とした社会性を伴う行為ではなく、個人的な趣味の領域に留まったと思われる。2,600点もの磁器コレクションを家督相続させるのではなく、7人の子供たちに等分に相続させるという決断も、そうした彼女の個人的意識を象徴するものといえるのかもしれない。こうした発想の根拠は、彼女の宗教観や方伯家の方針に係わる可能性もあり、マリア・アマリアの磁器の受容方法と財産分与に至った経緯については、今後の検討を要するといえよう。

第2項　現存する磁器陳列室

A. ヘーレンハウゼン城ギャラリー館「鏡の間」
B. メルセブルク城「鏡の間」
C. ヴァイルブルク城「伯爵夫人の大陳列室」
D. ハイデックスブルク城「鏡の間」
E. ヴァイセンシュタイン城「鏡の間」
F. ヴァイカースハイム城「鏡の間」
G. ファヴォリテ城「鏡の間」
H. フリーデンシュタイン城「磁器の間（ブッツ＝キャビネット）」
I. アルテンブルク城「プッツキャビネット」
J. アルンシュタット新宮殿「磁器の間」
K. ファルケンルスト城「鏡の間」

A.　ヘーレンハウゼン城ギャラリー館「鏡の間 Spiegelkabinett」

　ハノーファーには、かつてハノーファー選帝侯国を統治したヴェルフェン家 Haus Welfen が1666年より夏の居城 Sommerresidenz としたヘーレンハウゼン城 Schloss Herrenhausen という壮大な宮殿があった。それは戦災で喪失し、庭園内に1696年に併設されていたギャラリー館（口絵2-15）という宮殿建築だけが今日も残されている。

　このギャラリー館には、創建当時のオリジナルの形をとどめる磁器陳列室のなかでは、管見の限りドイツ最古のものが現存する。それは磁器を載せるために多数のコンソールが壁面にしつらえられた部屋で、「鏡の間 Spiegelkabinett」と称されている[120]。この部屋は、ヴェルフェン家のハノーファー選帝侯妃ゾフィー（Sophie von der Pfalz〈通称 Kurfürstin Sophie von Hannover〉, 1630-1714）のために、1698年に彼女の居室部分に造られた。

　この部屋に陳列されていた磁器は戦時中に撤去され、城の旧所有者であるヴェルフェン家が所有する別の城に移された。以来、この「鏡の間」に代替の磁器が置かれることはなく、そのためこの部屋が陶磁史の分野で注目される機会はなかった。しかし、創建当時から戦前までこの部屋に多数の磁器が陳列されていたことは文献史料や戦前の写真（挿図2-39〜2-41）から明らかである。しかもその壁面装飾の現在の状態（口絵2-16）は、戦前からほとんど変化していない。

　選帝侯妃ゾフィーは、プファルツ選帝侯兼ボヘミア王フリードリッヒ五世（Friedrich V, von der Pfalz, 1596-1632）とイングランド王室出身のエリザベス・スチュワート（Elisabeth Stuart, 1596-1662）の五女として、両親の亡命先[121]のオランダのハーグで生まれた。つまり、ゾフィーは、イングランド国王ジェームズ一世の孫にあたり、王位継承権を有する極めて高い身分を受け継いでいたのであり、それゆえゾフィーは、20歳までの少女時代をオランダの宮廷で過ごすこととなった。その後1658年に、ゾフィーは当時まだ公爵 Herzog の身分だったエルンスト・アウグスト（Ernst August, 1629-1698）に嫁ぐが、エルンストは1692年に選帝侯に任命され、エルンスト・アウグスト・フォン・ブランシュヴァイク＝リューネブルク選帝侯 Kurfürst Ernst August von Braunschweig-Lüneburg となった。それにともない、ゾフィーは選帝侯妃となる。

　ヴェルフェン家に嫁いでからのゾフィーは、思想家ライプニッツ（Gottfried Wilhelm Leibniz, 1646-1716）を宮廷に招き学問に傾倒していく。彼女はその師弟関係を通じて中国思想や啓蒙思想に開眼し、東洋の文化に深い関心を抱いていった。彼女の娘であるゾフィー・シャルロッテ・フォ

ン・ハノーファー（Sophie Charlotte von Hannover, 1668-1705）も、母の影響によりライプニッツを師とした。彼女は、1684年にブランデンブルク選帝侯フリードリッヒ一世に嫁ぐが、彼女とライプニッツの師弟関係は婚姻後も変わることなく、ライプニッツの思想はやがて夫君フリードリッヒ一世をも感化し、ブランデンブルク・プロイセンの宮廷文化に多大な影響をおよぼしたのである。

　この部屋は新築当時寝室として造られたものであり[122]、この部屋の内装は、ギャラリー館の内装を設計したヴェネチア人建築家、ドッソ・グラーナDosso Granaとトマッソ・ギウスティTomasso Giustiらによって1698年に完成された。1698年に夫選帝侯は他界するが、その後もこの部屋はひき続きゾフィーの所有とされ、「磁器の間」にするための磁器を置くコンソールを設置する工事が1705年〜1706年にかけての冬に行われた。以後、この部屋はしばらく「磁器の間Porzellankabinett」と称されるようになる。この部屋が現在の名称「鏡の間」に改称されたのは、1727年〜1760年まで続いたゲオルグ二世の治世下、壁に鏡を張る改装が行われたためである[123]。

　以上、この部屋は幾度も改装されたが、ゾフィー存命中の1706年頃磁器を載せるコンソールの設置を以って「磁器の間」とよばれた磁器陳列室となり、その後「鏡の間」に改装されたため1727年以降は磁器陳列室の機能を兼ね備えた「鏡の間」となった。

　この部屋の装飾の中心をなすのは、北側の壁に面して設けられた暖炉の上の装飾である（挿図2-39）。この装飾は、鏡の前面に金鍍金で彩られた豊かに生い茂るアカンサスの葉の巻蔓装飾の彫刻で、そこには磁器を置くための多数のコンソールが取りつけられている。その左右には、ドーリア式の柱頭をもちアカンサス装飾をほどこしたピラスター[124]がそびえたち、さらにその左右の側壁にも磁器を置くための棚が設置されている。この空間に陳列できる磁器の数や寸法については、1917年に撮影された写真（挿図2-40）から推測することができる[125]。

　暖炉装飾の対向面南側の壁には大きな窓が2ヵ所開かれ、その間に鏡がかけられ、この部屋の角の壁面には幅の狭い等辺三角形状をした磁器を置くための5段の小棚が設けられている（口絵2-16、挿図2-41）。アカンサスの巻蔓装飾は、この部屋の天井の周囲にめぐらされた白いストゥッコ装飾[126]にも連なっている。天井の中心には、金鍍金をほどこした唐草状の枠に囲まれた、不定形に切断された複数の鏡片が円形の装飾体にまとめられ（口絵2-17）、中央に垂れるシャンデリアの灯火を反射する巨大なメダイヨン[127]の機能を果たす。これらすべての装飾は、そのボリューム感や古代ギリシャ風の装飾意匠によりバロック様式の特徴が際だっており、ダニエル・マロの版画にみられるシノワズリとは無縁の、西洋の伝統に基づく格調の高い古典意匠で覆い尽くされている。

　この部屋の一番の特徴である、暖炉上部の金鍍金による巻蔓装飾やドーリア式の柱頭をもつピラスター、鏡といった要素は、この装飾を担当したイタリア人装飾家によって導入されたイタリア風の装飾である。加えて、選帝侯妃ゾフィーの出自を考慮すれば、彼女が少女時代にすごしたハーグにおいて、1632年に完成したアウデ・ホーフ（ノルドアインデ宮殿）に設置された284個の磁器を配した小部屋や、1648から49年に設置されたアウデ・ホーフの磁器陳列室をゾフィーが目にした可能性は極めて高い。ギャラリー館の「鏡の間」には、後述するオラニエンブルク城だけでなく、オランダのアウデ・ホーフの影響もうかがえるのである。

　1684年に彼女の娘であるゾフィー・シャルロッテがプロイセン王室へ嫁いだことから、同家と密接な関係にあった選帝侯妃ゾフィーは、プロイセンにあるオラニエンブルク城とシャルロッテンブルク城の「磁器の小部屋Porzellankammer」に多大な関心を寄せた。1706年5月29日付のプロイセン王フリードリッヒ一世へ宛てた彼女の手紙には、次のように記されている。「もしわたくしが陛下の（シャルロッテンブルク城の）『磁器の小部屋』を拝見する恩寵に恵まれましたら、オラニエンブルク城で拝

左
挿図2-39
ヘーレンハウゼン城ギャラリー館
「鏡の間」
撮影1930年頃以前

右
挿図2-41
ヘーレンハウゼン城ギャラリー館
「鏡の間」
撮影1930～1936年頃

見したときと同じように、わたくしは大層心を打たれることでありましょう。わたくしはヘーレンハウゼン城の『インドの破片 Indianischer Scheiben』でそっくり真似をしましたから、陛下がご覧になられたら、さぞお笑いになることでしょう[128]」（翻訳筆者）。つまり、ゾフィーはオラニエンブルク城の「古い磁器の小部屋[129]」に触発されてヘーレンハウゼン城に磁器陳列室を造ったというのである。口絵2-17の天井に貼り付けられた鏡は破片状に切断されているため、ゾフィーが前述のフリードリッヒ一世への手紙で「インドの破片」とよんだものは、この鏡装飾であったと推測される。このように、ヘーレンハウゼン城の磁器陳列室はプロイセン宮廷の影響によって設立されたのであった。

1706年6月8日付のフリードリッヒ一世からゾフィー宛ての手紙には、間もなくヘーレンハウゼンの「磁器の間」を見に行く予定であり、シャルロッテンブルクの「磁器の小部屋」をゾフィーに見せたいと記されている[130]。フリードリッヒ一世は、アムステルダムで「インドの贈物 Indianische Geschenke」（おそらく東洋磁器）を彼女のために購入し、ベルリンへ帰る途中でハノーファーのゾフィーのもとへ立ち寄った。その後、1706年9月4日付の手紙で、ゾフィーはフリードリッヒ一世からの贈物で自分の小部屋を飾ったと述べている[131]。このように、彼女の東洋磁器にはフリードリッヒ一世から譲りうけたものも含まれているのである。さらにゾフィーは、オランダ、イギリス双方の王室と血縁関係があることから、オランダ、イギリスの両方の東インド会社から東洋磁器を有利な条件で入手できたはずである。

ゾフィーの息子ゲオルグ・ルードヴィッヒ（Georg Ludwig, 1660-1727）は、ジョージ一世George Iとして、その後その世継ぎであるゲオルグ二世アウグスト（Georg II August, 1683-1760）もジョージ二世George IIとして英国王に即位しており、以降、ヴェルフェン家はイギリス東インド会社からさらに容易に東洋磁器を入手できる状況にあった。こうした背景をみれば、当時中国磁器よりも高い評価を受けていた日本の磁器がヴェルフェン家に所有されるのはほぼ確実な状況であり、「磁器の間」にそのようにして入手された肥前磁器が陳列された可能性は極めて高いと推測されるのである[132]。

挿図2-42
染付鳳凰文蓋付八角大壺
総高51cm　ヴェルフェン家旧蔵

挿図2-43
色絵牡丹菊文鉢
口径37cm　ヴェルフェン家旧蔵

挿図2-40　ヘーレンハウゼン城ギャラリー館「鏡の間」撮影1917年

　そのうち一部の磁器については、2005年10月にオークションでの売却にともないヴェルフェン家が所有するマリエンブルク城で公開された。その売立目録には、17世紀後期に製作されたタイプの「染付鳳凰文蓋付八角大壺」(挿図2-42)、17世紀末～18世紀前期に製作されたタイプの「色絵牡丹菊文鉢」(挿図2-43)、18世紀前期に製作されたタイプの「色絵花盆獅子牡丹文蓋付大壺」(挿図2-44)、「色絵楼閣人物文蓋付八角大壺」2点(挿図2-45)、「色絵楼閣花卉文蓋付壺」、「色絵花卉文アーン」2点[133]といった有田の製品9点の写真が掲載されており、ヴェルフェン家のコレクションに、江戸期の肥前磁器が含まれていたことを知る手がかりとなる。

B.　メルセブルク城「鏡の間 Spiegelkabinett」

　ライプチヒの西側に位置する町メルセブルクのメルセブルク城Schloss Merseburg[134]は、1245年～1265年にティロ・フォン・トロタ司教により建てられ、その後1604年～1605年にザクセン選帝侯ヨハン・ゲオルク一世(Johann Georg I. von Sachsen, 1585-1656)の命で改築され現在の形式となった。ヨハン・ゲオルク一世とプロイセンから嫁いだマグダレーナ・ジビル(Magdalena Sibylle von Preußen, 1586-1659)のあいだに生まれた三男クリスチャン一世・フォン・ザクセン＝メルセブルク(Christian I. von Sachsen-Merseburg 1615-1691)は、ヴェッティン家の分家の伯爵としてザクセン＝メルセブルクの領地を与えられ、1653年にこの城を相続した。その後継者であるクリスチャン二世は1691年に伯爵に即位したが1694年に逝去し、その長男も即位後間もなく急逝した。それゆえに次男のモーリッツ・ヴィルヘルム・フォン・ザクセン＝メルセブルク(Moritz Wilhelm von Sachsen-Merseburg, 1688-1731)は、わずか6歳で伯爵となり、城を相続することとなった。

　こうしたなか、モーリッツ・ヴィルヘルムが成人後の1712年まで、彼のはとこにあたるザクセン

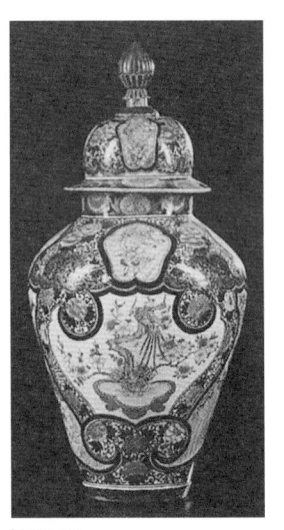

挿図2-44
色絵花盆獅子牡丹文蓋付大壺
総高88cm　ヴェルフェン家旧蔵

挿図2-45
色絵楼閣人物文蓋付八角大壺
総高各61cm　ヴェルフェン家旧蔵

選帝侯アウグスト一世、つまりアウグスト強王[135]が、モーリッツ・ヴィルヘルムの公式の後見人となった。一方その間、実際の領内の運営はその母エルドムーテ・ドロテア・フォン・ザクセン＝ザイツ(Erdmuthe Dorothea von Sachsen-Zeitz, 1661-1720)が担い、モーリッツ・ヴィルヘルムはドレスデンの宮廷で養育されることとなったのである。アウグスト強王は彼が成人を迎えた後もザクセン＝メルセブルク伯爵領を継続して彼の帰属下に置こうとしたが、その内実は国境を巡っての争いであったため両者の溝は決定的なものとなった[136]。

1711年に、モーリッツ・ヴィルヘルムはヘンリエッテ・シャルロッテ・フォン・ナッサウ＝イードスタイン(Henriette Charlotte von Nassau-Idstein, 1693-1734)と結婚し、この婚姻を機にようやく1712年に領地を相続することを許されドレスデンから故郷へ戻る。その後1712年～1715年までの期間、メルセブルク出身の建築家ヨハン・ミヒャエル・ホッペンハウプト(Johann Michael Hoppenhaupt, 1685-1751)にメルセブルク城を改築させ、3階の妃の居室部分のもっとも奥の部屋に「鏡の間」が設置された[137]。「鏡の間」は、東洋の磁器および、象牙細工、貴石、水晶、銀器、珊瑚といった宝物の陳列を目的とした部屋であったとされ[138]、磁器陳列だけを目的としたものではなかったが、磁器を含む美術品を置くための多数の優美なコンソールが設置され、壁面の多くに鏡を張った部屋の現存例としてはもっとも古い例となる。

さて、この「鏡の間」の壁面は、1925年にすべて取り外されベルリンに運ばれ、プロイセン州の所蔵となり、1930年より博物館島のドイツ博物館Deutsches Museumに展示されていた。1930年代に撮影された写真(挿図2-46)により、第二次世界大戦中の被災により失われた寄木細工の床を見ることができる。しかし戦時中に解体され、以来長らく箱に収められ保管されてきた。この部屋の内装は、1994年よりその修復が行われ、金塗りを施した多数のコンソールと鏡を備えた内装が、2005年より国立ベルリン工藝美術館に展示されていた(口絵2-18、挿図2-47)。修復作業はその後も続行し、2013年にベルリンのボーデ美術館へ移築され、修復後の状態が公開されている[139](挿図2-48)。

モーリッツ・ヴィルヘルムは、ヴィオラ・ダ・ガンバの演奏に際立った才能を発揮し、美術にも精通した人物であったと評されている[140]。この「鏡の間」が完成した時点では、彼は驚くべきことにまだ24歳であった。彼の妃は、オラニエ＝ナッサウ家につながるナッサウ＝イードスタイン家Haus Nassau-Idsteinの出身であるが、その生家にこうした磁器陳列室はなく、磁器コレクションを所蔵していたという話は伝わっていない。妃の血筋を考えると、磁器については妃の相続品であった可能性も否定はできないが、来歴を示す情報はないゆえ不明である。加えてドレスデンの宮廷には、まだ「日本宮」、「オランダ宮」も、「塔の間」も、「緑の丸天井 Grünes Gewölbe」もない時代であるため、ドレスデンからの影響は完全に否定できる。また、ホッペンハウプトは地元メルセブルクの建築家である。しかしながら、どのような契機によりこのような「鏡の間」を考案するに至ったのか、その源泉を辿ることはできない。ザクセンに先駆けて「鏡の間」が設置されたメルセブルク城の先進性は際立っている。ザクセンにはない流行の最先端の内装を製作させたことを知ったアウグスト強王が快くは思わなかったと推測されるが、はっきりしたことはわからない。

この部屋の壁面装飾は、フランス様式の帯状装飾Bandelwerkが密に施され[141]、ほぼ総鏡張りで、その表面をほぼ覆い尽くすように、フランス起源の古典的な意匠であるレジェンス様式の巻蔓装飾がグロテスクの人柱や人面装飾を交えながら連なるという、全体的にフランスの影響が濃厚な装飾様式である。これに先行するドイツの「鏡の間」の作例(前述のヘーレンハウゼン城ギャラリー館や、シャルロッテンブルク城やオラニエンブルク城における東洋趣味の「磁器の小部屋」)の装飾とは異なっている。ほかに考えられるのは、フランス式に造られたことが確実で、1694

挿図2-48
メルセブルク城 「鏡の間」
国立ベルリン工藝美術館蔵
ボーデ美術館寄託展示状況(現在)

第2章　西洋宮廷美術における受容 | 183

左
挿図2-46
メルセブルク城 「鏡の間」
撮影1930年代於ドイツ博物館
（現国立ベルリン工藝美術館蔵）

右
挿図2-47
メルセブルク城 「鏡の間」
撮影2009年
国立ベルリン工藝美術館蔵

にはすでに存在していたと考えられるザルツダールム城の「磁器の間」であるが、すでに失われており版画も写真もないため比較する術がない。一方筆者は、この「鏡の間」とドレスデンの「緑の丸天井」を双方とも実見したが、壁面のほぼ全面を鏡張りにした構造とコンソールの配置や配分、形状、グロテスク装飾のモティーフなど、共通点は多いと思われた。よって、1723年〜1730年にかけて製作されたドレスデンの「緑の丸天井」の装飾は、メルセブルク城の「鏡の間」の影響を受けた可能性があるのではないかと推測するのである。

　モーリッツ・ヴィルヘルムは43歳の若さで1731年に逝去する。だが、妃とのあいだに後継者を残さず、伯父のハインリッヒが伯爵に即位したが1738年に他界したため、ザクセン＝メルセブルク伯爵家の血筋は完全に絶えた。その後、この「鏡の間」にあった磁器や宝物はドレスデンの宮廷に送られ、「緑の丸天井」に納められている[142]。このように、メルセブルク城の「鏡の間」は「緑の丸天井」と密接な関係にあり、前述の設計図の描写と比較する限りはおそらくドレスデンの「日本宮」にも影響を与えたものと推測できる点において、この部屋が果たした役割の重要性は際立っている。

C. ヴァイルブルク城「伯爵夫人の大陳列室 Grosses Kabinett der Gräfin」

　ヴァイルブルク城Schloss Weilburgは、中世よりヘッセン州の西に位置するヴァイルブルクという町を支配したナッサウ＝ヴァイルブルク家Haus Nassau-Weilburg所有の山城Burgであり、その基礎は1530年代に建造され、その後増改築を重ねている。それまで伯爵Grafであったナッサウ＝ヴァイルブルク家が、1688年にヨハン・エルンスト（Johann Ernst von Nassau-Weilburg, 1664-1719）の代で侯爵Fürstに任ぜられると、ヨハンはこの城を侯爵の身分に相応しい格式をそなえたバロック様式の居城とするため、1693年よりその改装工事に着手した[143]。

　改修の際、2階のマリア・ポリクセニア（Maria Polyxenia von Leiningen-Hartenburg, 1662-1725）の居室部分に陳列室が設けられた。この部屋は、3階へ通じる階段と寝室の間という私的な領域に

挿図2-49
ヴァイルブルク城
「伯爵夫人の大陳列室」
南側面

位置し、規模は小さいものの「大陳列室」という名称をもつ。この城の室内は、ヨハン・エルンストによる改装後も何度も改装が施されたため、ルネサンスから新古典主義まで多様な様式が混在するが、そのなかでこの陳列室は、伝存する唯一のバロック様式の内装の部屋である[144]。この改装後、最初に作成された家財目録は1764年の目録で、そこにはこの部屋が「伯爵夫人の大陳列室」(口絵2-19〜2-21)として記載され、壁面、天井、床面の状態がこの目録と一致する[145]。

　この部屋は、城の改築を担当した建築家ユリウス・ルードヴィッヒ・ロートヴァイル(Julius Ludwig Rothweil, 1676-1750)によって設置された[146]。壁面や天井にほどこされた量塊感あふれるストゥッコ装飾は、1693年にイタリア人のヒエロニムス・パエルナ(Hieronyms Paerna)によって製作され、クルミ材の床は1694年〜1695年にかけて張られた[147]。パエルナが製作した金塗のストゥッコ装飾は、人物や植物のレリーフから成り、壁面の大部分を埋め尽くしている。

　マントルピースの上にはヨハン・エルンストの肖像画(挿図2-49)、ドアの上にはマリア・ポリクセニアの肖像画、窓の壁龕の左右の壁(口絵2-20)には息子たちの肖像画入りのストゥッコ装飾が取りつけられるが、それらはすべてパエルナの製作による。同室の地となる壁面は、現在すべて赤いビロードで覆われている。しかしこのビロードは1764年以降に張られたもの[148]であり、それ以前には赤いダマスク織が張られていたという[149]。

　磁器を置くための多数のコンソールは、壁面パネルに取りつけられたアカンサスの葉や人物、鳥などを象った彫刻を連ねた金塗りをほどこした装飾帯に連なるように取りつけられている。これらの壁面のコンソール付きの装飾帯(以下〈装飾帯〉と称す)は、この部屋の南側に位置する、マントルピース脇の左右にある縦長の壁面に、それぞれ一面ずつ設置され(挿図2-49)、マントルピースの上には細長い鏡が張られている。さらに西側の壁面には、中央に扉があり、扉の左には磁器を置くための金鍍金をほどこした幅の広い〈装飾帯〉、扉の右側にも細長い〈装飾帯〉が取りつけられている[150](口絵2-21)。北側の壁には窓があり、その左側には細長い鏡がある(挿図2-50)。〈装飾帯〉は、1764年以降に行われたこの部屋を「中国の磁器の間Chinesische Porzellankabinett」とした改装時以降のものであるとされる[151]。

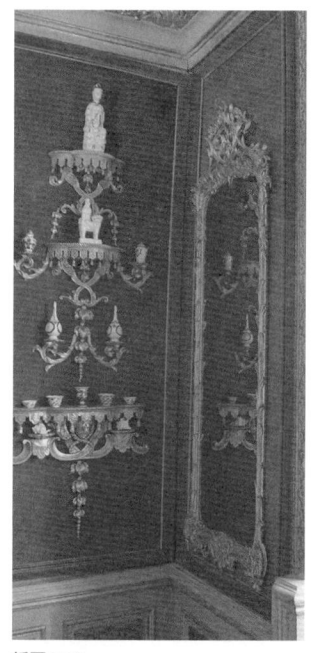

挿図2-50
ヴァイルブルク城
「伯爵夫人の大陳列室」西−北側面

第2章　西洋宮廷美術における受容 | 185

〈装飾帯〉は、フランスの装飾家ジャン・ベラン[152]による装飾様式と類似し、フランスのレジェンス様式とグロテスク様式を兼ね備えた意匠となっている。この部屋の磁器を置く台は、ほかの磁器陳列室の実例と比較すればきわめて簡素なものであるが、赤いビロードを背景に張った壁面に磁器を置くための〈装飾帯〉や台を設置した点は、1718年に完成したとされる後述のヴァイカースハイム城Schloss Weikersheimの「鏡の間」と共通している。

この部屋の装飾は、より豊かな装飾がほどこされたヴァイカースハイム城における壁面の赤い色彩と金色のグロテスク風アカンサス装飾と類似するが、装飾棚は他の多くの磁器陳列室の作例とは異なり自由に取り外しができる構造となっている。こうした、移動可能な構造をもつ磁器陳列のための部材で、装飾のタイプも共通する要素をもつ作例としては、18世紀初頭にオランダで製作されたハーグ市内個人宅旧蔵の磁器陳列をともなうハーグ市立美術館の漆パネルの例が参考となる(第2章第3節第2項口絵2-74)。〈装飾帯〉は、ハーグ市立美術館の漆パネルに近い製作期、すなわちこの部屋が「伯爵夫人の大陳列室」に改装された17世紀末より少し後の1700年頃～1720年代頃の製作と考えられよう。筆者は、〈装飾帯〉が1764年以前にこの部屋にはなかったのだとすれば、それ以前この城内の別の部屋又は他の城に設置されていたものがここに移設されたのではないかと推測する。

この「伯爵夫人の大陳列室」には現在、4点の肥前磁器が配され、この城にはその他の部屋にも金襴手様式の大皿や蓋付壺(2点)、壺(2点)を配している。しかしながらこれらは、国立ヘッセン城郭庭園管理局が管理するヘッセン＝カッセル方伯家の旧蔵品である[153]。かつてこの城に伝来した磁器コレクションは、ナッサウ＝ヴァイルブルク家が1890年にルクセンブルク大公の地位を得てその居城に移り住むこととなった際、それにともない移動された[154]。「伯爵夫人の大陳列室」に陳列された磁器の詳細は知られていないが、1764年以降改装の際に「中国の磁器の間」と称された事から、中国か肥前製であったと推測される。現在のルクセンブルク侯爵家のコレクションにも多数の肥前磁器があるが、それらとこの部屋の関連は不明である。

D. ハイデックスブルク城「鏡の間Spiegelkabinett」

次の事例は、テューリンゲン州ThüringenルドルシュタットRudolstadtにおけるハイデックスブルク城Schloss Heidecksburgの「鏡の間」(口絵2-26)である。この城の2階部分に設置された「鏡の間」は、多数の磁器を陳列することのできる小部屋となっており、壁面に模造漆のパネルと鏡が張られ装飾されている。この部屋は、シュヴァルツブルク＝ルドルシュタットを支配する侯爵ルードヴィッヒ・フリードリッヒ一世(Ludwig Friedrich I von Schwarzburg-Rudolstadt, 1667-1718)の命をうけて設置されたもので、1718年以前に完成した。その製作者は、ハインリッヒ・クリストフ・マイル(Heinrich Christoph Meil, 1701-1738)である。この部屋は、侯爵の妃アンナ・ゾフィー(Anna Sophie von Sachsen-Gotha-Altenburg, 1670-1728)のために設置されたもので、アンナが購入した肥前磁器を含む東洋の磁器が多数陳列されていた[155]。

アンナ・ゾフィーは、この城からほど近いザクセン＝ゴータ＝アルテンブルク公爵フリードリッヒ一世(Friedrich I. von Sachsen-Gotha-Altenburg, 1646-1691)とマグダレーナ・ジビレ(Magdalena Sibylle, 1648-1681)のあいだに生を享けた。ザクセン＝ゴータ＝アルテンブルク公爵家は、ザクセン選帝侯家であるヴェッティン家の分家であるが、ヴェッティン家では同時代にザクセン選帝侯国アウグスト強王が、前述のように大規模な磁器コレクションを形成している。

彼女の兄であるザクセン＝ゴータ＝アルテンブルク公爵フリードリッヒ二世（Friedrich II von Sachsen-Gotha-Altenburg, 1676-1732）も、オランダ東インド会社から東洋の磁器を購入したことが知られており、彼女が多数の磁器を所有した背景には兄の影響があったものと推測される[156]。

この部屋は、戦災をのがれて現存し、陳列されている磁器は戦時中別の場所に保管されていたが戦後は返還され、元の場所に戻された。従って、この城が所蔵する東洋磁器は、城が創建された当時からの来歴をもつ[157]。城内には、「鏡の間」以外の複数の部屋にも東洋磁器が陳列されているが、その大半は18世紀の景徳鎮製色絵磁器の蓋付壺や喇叭形瓶であり、その一部をしめる肥前磁器はすべてが金襴手様式である。

現在この「鏡の間」にある肥前磁器は、「色絵四方割菊梅牡丹鳥文蓋付壺」1点（口絵2-28）と「色絵牡丹唐草鳳凰文蓋付壺」3点（口絵2-29・30、挿図2-51）のみであるが、この部屋の壁にしつらえられたコンソールは、空の状態の箇所も多く、戦前にあったすべての磁器がこの部屋に戻されたわけではない。それらは、マントルピース左右のコンソール・テーブル[158]の上や、鏡張りの壁龕のなかに配置されている。

この部屋は、8×5メートルの長方形の空間で、部屋の壁面には多数の鏡とジャパニング、すなわち模造漆のパネルが張られている。パネルに描かれた図案（口絵2-27）は、東洋風の人物や建築物が幻想的でエキゾチックに表された、典型的なシノワズリ意匠である一方で、それ以外の白いコンソールなどの壁面装飾やコンソール・テーブルはバロックの装飾様式に基づいている。

模造漆のパネルの長細いフォーマットとマントルピースすなわち暖炉を囲む枠の周囲の磁器の配置や鏡の使用（口絵2-26）は、ダニエル・マロの版画（挿図2-52）に極めて近似している。ハイデックスブルク城の「鏡の間」のモデルは、マロの版画か、あるいはそれに倣ったオランダの磁器陳列室である可能性が高い。この城の磁器陳列は、オランダの磁器陳列室の系譜をくむものとして、言い換えればオランダ様式の磁器陳列室として位置付けることができる。

口絵2-23の「色絵桜梅花鶉文蓋付大壺」は「鏡の間」に陳列された3点の壺よりも大型の製品である。この壺は、保管の都合により筆者が訪れた2010年には「鏡の間」のテーブルの上に置かれていた。しかし、この壺はかつて「赤い角の陳列室Rotes Eckkabinett」（口絵2-22）という部屋に配置されていたもので、本来「鏡の間」の所在品ではない[159]。このように、この城の磁器は、古い目録や戦前からの伝承や古写真に基づいて戦前の場所に戻されたものと、保管の都合により移動されたものが混在することに注意を要する。

城内には、多くの部屋に磁器が陳列されているが、それらは景徳鎮製が大半を占め、肥前磁器は「鏡の間」以外には「赤の広間Roter Saal」にしかない。「赤の広間」には、「鏡の間」に置かれた口絵2-28の蓋付壺と同様の絵付が施された肥前製の「色絵四方割菊梅牡丹鳥文蓋付壺」（口絵2-24・25、挿図2-53〜2-55）1対（2点）と、所謂チャイニーズ・イマリ・タイプの絵付が施された大振りの景徳鎮製色絵の壺数点がみられる。これらの壺が陳列された部屋はどれも、壁が深紅色などの濃厚な色彩に彩られ、バロック様式ならではのボリューム感ある壁面装飾や絵画、調度品に満たされた重厚な空間である。ほの暗い室内には、窓から光が差し込むが、光は、室内のいたるところに配された鏡の縁、工藝品の数々や調度にほどこされた金鍍金の装飾に反射して黄金の輝きを放っている。肥前磁器の金襴手様式の絵付けの主要色である金、赤、青といった色彩は、こうした重厚なバロック様式の装飾で満たされた環境と見事に調和し一体化するのである。

以上のとおり、ハイデックスブルク城に現在陳列されている肥前磁器はすべて蓋付壺であることがわかるが、そのうち2種類は前述の通り各3個の揃いである。すでに貿易史の第1章で述べたよ

挿図2-51
色絵牡丹唐草鳳凰文蓋付壺
総高38.0cm
ハイデックスブルク城「鏡の間」内
テューリンゲン州立美術館
ハイデックスブルク・ルドルシュタット蔵

挿図2-53
色絵四方割菊梅牡丹鳥文蓋付壺
総高41.5cm
ハイデックスブルク城「赤の広間」内
テューリンゲン州立美術館
ハイデックスブルク・ルドルシュタット蔵

挿図2-54
色絵四方割菊梅牡丹鳥文蓋付壺
総高41.5cm
ハイデックスブルク城「赤の広間」内（2-53の右側面）
テューリンゲン州立美術館
ハイデックスブルク・ルドルシュタット蔵

挿図2-52
「オランダ風暖炉の新書」
ダニエル・マロ画
版画　1703年

挿図2-55
色絵四方割菊梅牡丹鳥文蓋付壺
総高41.5cm
ハイデックスブルク城「赤の広間」内（2-53の左側面）
テューリンゲン州立美術館
ハイデックスブルク・ルドルシュタット蔵

うに、蓋付壺は通常は対になる喇叭形瓶をともない、蓋付壺3つ、瓶2つで一組である。つまり、この組み合わせによると、この城の肥前磁器の所蔵状況は4個の瓶が不足していることになる。

　城の所蔵品目録によると、この城にはかつて2点の喇叭形瓶（目録番号K326とK327）があったが、1950年に失われた記されている。K326 の所蔵品目録の作品記述欄には「下の縁に4本の青い線があり、その上には花と葉が描かれた垂直の波打った帯があり、その隣には花、葉をつけた枝と一羽の鳥が表されている。さらにその上には青い線からなる幅広い帯が、花が配され弧を描く青い道のようなもので取り囲まれており、その両脇に鳥が表されている。」と記されており、K327の所蔵品目録の作品記述欄には「下の縁には赤線の文様、その上の青い帯には半分の花が描かれている。瓶の前面にはU字型の波を描く青い縁のなかには雲と雲のあいだに花と一羽の鳥が表されて、その隣の青い絡みあった帯の上に花と葉がある。」と記され、この意味内容は、口絵2-24・25・28、挿図2-53～2-55の「色絵四方割菊梅牡丹鳥文蓋付壺」の絵付意匠と近似している。これらには、器の胴を4面に区画し、その2面に菊花を描き、それら2面の間に設けた青い枠の窓絵の内に梅枝、3羽の鳥および雲を表している。肩および獅子のつまみを伴う蓋には、中央に牡丹と鳳凰を表した窓絵を囲む菊花を配した青い幕が描かれている。従って、所蔵品目録上の瓶2点は、前述の蓋付壺とセットであったと推測されるのである。

　この城の肥前磁器について重要なのは、すべての壺が「鏡の間」の成立年代である1718年より以前に製作されたと考え得るタイプであり、明確に1718年よりも後に製作されたと区別できる作例が混入していない点である。ハイデックスブルク城所在の肥前磁器は、創建当初からこの城に伝来するものと考える来歴に矛盾する点はなく、18世紀初期に製作された磁器陳列室と関連する磁器がともに伝世する例として、希少な基準資料であるといえよう。貿易やこの城へ到着するまでに要する時間を考えれば、ハイデックスブルク城所在の肥前磁器は、すべて1715年以前に製作されたものであると考えられる。

E. ヴァイセンシュタイン城「鏡の間 Spiegelkabinett」

　ヴァイセンシュタイン城Schloss Weissensteinは、ドイツ・バイエルン州バンベルク近郊のポメルスフェルデンPommersfeldenという田園地帯に聳える名城として名高い。それは、選帝侯およびバンベルク教区とマインツ教区の大司教を兼ねたローター・フランツ・フォン・シェーンボルン（Lother Franz von Schönborn, 1655-1729, バンベルク大司教として在位1693-1729, マインツ大司教兼選帝侯として在位1695-1729 / Fürstbischof des Bistums Bamberg, 1693-1729 / Erzbischof des Bistums Mainz, 1695-1729）の命で築かれた夏の離宮である。

　ローター・フランツは殊のほか城の建設に情熱を傾け、マインツのレジデンツを公式の居城とし、ヴュルツブルクのレジデンツに大司教としての拠点を置くだけでなくバンベルクにもレジデンツを建てた。しかしローター・フランツは実際これらの居城に住むことはなく、バンベルク近郊にあるバンベルク司教の夏の離宮であるゼーホフ城Schloss Seehofに居住しながら、ヴァイセンシュタイン城や前述のガイバッハ城[160]など複数の城を私有していた[161]。

　ヴァイセンシュタイン城は、1711年〜1718年までの期間に建設され[162]、大司教兼選帝侯としての絶大な権力と富を象徴するための名画や豪華な調度で満たされた壮麗なバロック建築である。しかも、侯の時代からほとんど変わらぬ状態で内装と調度が維持されており、ドイツ有数の歴史的な内部装飾の文化財と見なされるものである。

　この城の2階部分には、「鏡の間」（口絵2-31）と「アルコーフ（寝室）の間」という繊細な寄木細工や金鍍金のレリーフ装飾をほどこした豪奢な陳列室が設けられ、その双方に肥前磁器が配されている。そのうち主題としての磁器が圧倒的な存在感を輝かせるのは「鏡の間」とよばれる鏡張り[163]の磁器陳列室である。「鏡の間」の内装は1714年〜1719年にかけて、家具や内装の木工を専門とする藝術家フェルディナント・プリッツナー（Ferdinand Plitzner, 1678-1724）によって製作された[164]。彼は、ローター・フランツの注文でガイバッハ城に「鏡の間[165]」を製作した直後にこの城の内装に着手している。また、この「鏡の間」は、1728年にザロモン・クライナー（Salomon Kleiner, 1703-1761）が製作した版画（挿図2-56・57）に描かれており、部屋の構造や壁面装飾が現在とほとんど同一であることが見てとれる。

　この部屋は、四隅に斜めの壁を設置した向かい合う二辺がより長い変形した八角形の造りとなっており、その壁面にはクルミ材が張られ、そのすべての面に大小様々な形状の鏡がパズルのように張りつめられている。扉や窓がない箇所の壁面は、大型の鏡に覆われ、その前に磁器を載せたコンソール・テーブルが取りつけられている。壁面には、大型の鏡が張られ、その左右に張られた縦長の鏡の前面に多数の金鍍金をほどこした磁器を載せるための多数の小さなコンソールが取りつけられており、その上に磁器を基本的に3つずつ（中央に大きい器、両側に小さい器の組み合わせ）規則的に配置している。これらの磁器の主体は、景徳鎮製の色絵と瑠璃釉であるが、肥前磁器の瑠璃釉金彩の蓋付壺3点および、篭をもつ婦人と扇をもつ婦人という2種類の婦人像（口絵2-32）5点を含んでいる。

　その周囲の壁面には、ジャン・ベランやジャック・カロの版画の奇想モティーフを想わせるフランス風のグロテスクな人柱や人物像、小人、奇妙な動物から成る珍奇な彫刻群や、アカンサスなどの蔓草文様、格子文様や帯状装飾Bandelwerkなどから成る金鍍金をほどこした緻密なレリーフが随所に鏤められ、グロテスクと古典の記号に満ちた冷厳なレジェンス様式[166]、すなわちフランス起源の古典的な意匠世界が展開する。さらにこれらの鏡すべてが、その対向面の鏡と向き合って配置されているため、光りを放つ金塗りの装飾と色絵磁器が織りなす映像が永遠に反射を繰り返し、眩惑的な視覚効果がもたらされるのである。

挿図2-58
色絵花鳥文大皿
口径46.0cm
ヴァイセンシュタイン城
シューンボルン伯爵美術コレクション蔵

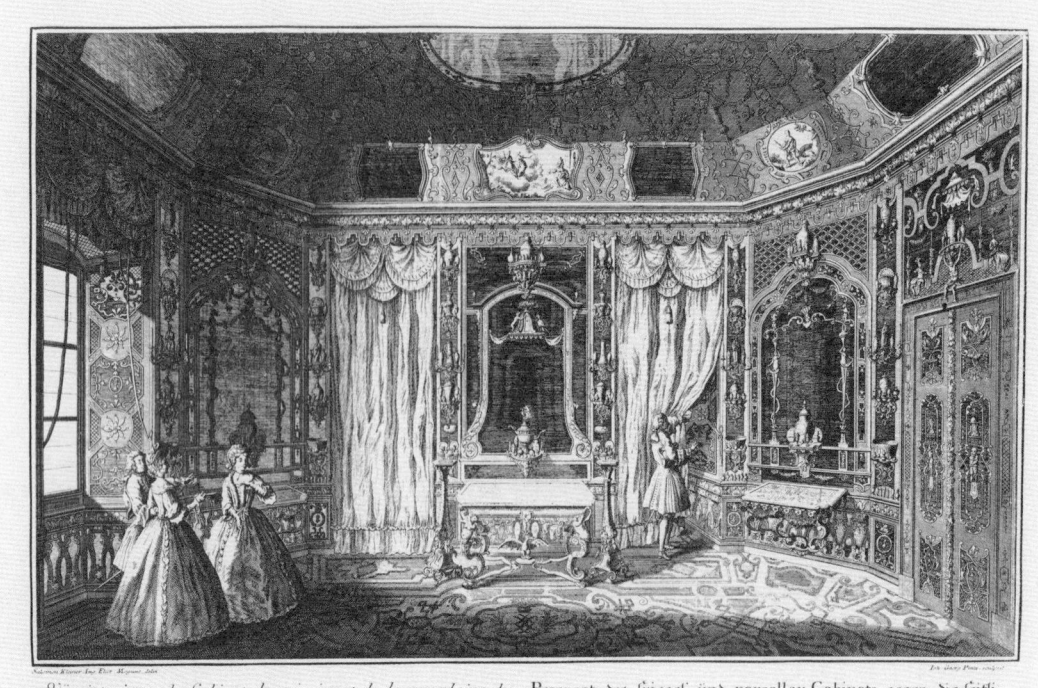

挿図2-56
ヴァイセンシュタイン城 「鏡の間」
庭園側
ザロモン・クライナー画
版画　1728年

挿図2-57
ヴァイセンシュタイン城 「鏡の間」
入り口側
ザロモン・クライナー画
版画　1728年

さらにこの床面は、様々な色と形状の異なる木材を張りあわせた寄木細工により緻密な帯状装飾を形成し、それがさらに群青色の地色の天井や、中央および周囲に規則的に貼られた多数の鏡に映りこみ、緻密な文様をさらに増幅させている。ラピスラズリのような深い藍色を呈する天井の色あいは、この部屋全体を宇宙に見立て空を象徴し、さらに鏡の前に置かれた数多くの瑠璃釉金彩磁器の彩色と共鳴する。これらの色彩は、鏡の映像によって交差し重なり合うのである。群青色は、この部屋にある多数の金襴手様式の肥前磁器と清朝磁器の呉須の色とも共通する。磁器と天井に施された群青の色の連環が、木材の茶色に反射するレリーフ装飾の金鍍金の黄金の輝きとともにこの部屋を支配する。抑制された冷たい調和をもたらしながら響きあう群青と金は、あたかも夜空と星を表した教会の天井装飾のような厳かさを奏するのである。

　場を支配する神秘的な空気を醸すこの肥前磁器の受容例は、室内の磁器と部屋が共に現存する数少ないドイツの磁器陳列室のなかでも、もっとも傑出した例である。この部屋の内装の基調色である群青と金は、別室の「青のサロンBlaue Salon」に陳列された数多くの青い磁器の色とも呼応する。そこには、景徳鎮瑠璃釉金彩の受皿6点を景徳鎮の瑠璃釉金彩や青を基調とした粉彩の壺類とともに配して、青をテーマとする磁器陳列がなされているのである。こうした配色の傾向は、ローター・フランツの嗜好をうかがわせるものであろう。

　「鏡の間」は、寝室の隣にあり、寝室を通らないと入ることができないもっとも私的な場所に位置する。この部屋は、ローター・フランツが物思いに耽るための空間であるという見方[167]もあり、磁器陳列という意図を共有しながら、オランダやプロイセンにみられるエキゾチシズムとしての東洋の表現や、オラニエ＝ナッサウ家との結びつきを表す政治的プロパガンダとは真逆の性質を帯びていると思われる。それは、より純粋に美へ対峙する孤高な密室、瞑想に耽り忘我の境地にいざなう深淵な夢想空間なのである。

　城内には、ほかにも肥前磁器を用いた様々な陳列が行われており、「音楽の間」の壁龕のなかには、多数の景徳鎮磁器とともに柿右衛門様式磁器の婦人像2点および調味料入れの水注1点を配している。その他にも、1715〜1720年に設置されたとされるストーブの背景の壁龕に設けた小さいコンソールに多数の徳化窯の婦人像を載せ、その上方の棚と床には蓋付壺3点と瓶2点から成る傘をさす婦人たちが描かれた金襴手様式の5点セット（口絵2-34）を配する。ただし、これらは1752年の家財目録におけるこの壁面装飾のリストには記載されていないため、この陳列の歴史的位置付けはまだ明確ではない。

　さらに現在、「第一の皇帝の部屋」にも高さが100センチ程度の大型の金襴手様式の大皿（挿図2-58）2点、蓋付大壺（挿図2-59）3点、大瓶（挿図2-60）2点のセットが段の上にまとめて陳列されているが（口絵2-33）、それらがこの場所に陳列されたのは1960年代であるという[168]。「第二の皇帝の部屋」には漆風の黒塗りをほどこした肥前磁器の蓋付大壺と大瓶（挿図2-61）の揃いが5点およびその他の瓶が2点配置されるほか、「執務室」や「皇帝の第二寝室」にも合計12点の肥前磁器の壺や茶器などが調度や床の上に陳列されている。これらの多くは、恐らくかつてガイバッハ城など他の城にあったもので、ローター・フランツの時代に遡るヴァイセンシュタイン城の所蔵品ではないだろう[169]。

挿図2-59
色絵楼閣人物文蓋付大壺
総高81.5〜83.0cm　3点の内
ヴァイセンシュタイン城
シェーンボルン伯爵美術コレクション蔵

挿図2-60
色絵楼閣人物文大瓶
高さ56.5〜57.5cm　2点の内
ヴァイセンシュタイン城
シェーンボルン伯爵美術コレクション蔵

挿図2-61
漆風装飾磁器菊花文大瓶
磁胎：有田　高さ50.0cm
ヴァイセンシュタイン城
シェーンボルン伯爵美術コレクション蔵

F. ヴァイカースハイム城「鏡の間*Spiegelkabinett*」

　バーデン・ヴュルテンベルク州の北部に位置するヴァイカースハイムには、この町を支配した伯爵家であるホーヘンローエ家Haus Hohenloheの居城ヴァイカースハイム城Schloss Weikersheimがある。この城の2階部分には、「鏡の間*Spiegelkabinett*」(口絵2-35)と称する磁器陳列室がある。この部屋は、ホーヘンローエ=ヴァイカースハイム伯爵カール・ルードヴィッヒ(Karl Ludwig von Hohenlohe-Weikersheim, 1674-1756)の妃エリザベス・フリーデリケ・ゾフィー(Elisabeth Friederike Sophie, 1691-1758)の居室部分に設置された。壁全体にワインレッド色のリオン製絹のダマスク織が張られたこの部屋は、磁器と鏡の陳列を目的とし、1718年に完成して以来、基本的に創建当時の姿をとどめている[170]。

　ワインレッド色の布を張った壁面には、多数の小棚が張り出して付けられ、その上に中国磁器の彫像や壺を中心とした約400点の磁器が置かれている[171]。磁器の小棚の周囲は、周囲にアカンサス装飾、グロテスク[172]仮面で装飾されたコンソールなど、ベラン文様風のグロテスク文様の金鍍金をほどこした金属レリーフが綿密に連なりあい、全体を埋めつくしている。

　壁面に陳列された磁器は小ぶりの壺や人物彫刻の中国磁器が多い。そのうち金襴手様式の肥前磁器は6点で、4点は胴が楕円形のフォルムをした小瓶(口絵2-38〜2-41)、2点は鶴首瓶(口絵2-42・43)である。またこの部屋の床には、作行きの良い柿右衛門様式の婦人像(口絵2-36・37)が2点置かれている。

　しかしながら、これらの肥前磁器は18世紀からの伝世であるのか、あるいは後世の購入品か来歴不明となっている[173]。何故なら、この城の「鏡の間」に関する家財目録に個々の磁器の特定に結びつく情報が一切記されていないからである。例えば、この部屋に関するもっとも古い記録である1725年の家財目録の記載は以下の通りであり、さらに、1755年に作成された家財目録にも磁器に関する具体的詳細は記されていない[174]。

　　1725年1月25日ヴァイカースハイム城における伯爵家宮廷の家財である藝術品の一覧[中略]
　　扉を開くと「陳列室〈鏡の間〉」には、赤いダマスク織が張られた壁面に、豪華な藝術品や磁器が陳列されている[175]。(翻訳筆者、〈　〉内は筆者の補足)

　この部屋の装飾がほかの磁器陳列室と異なる顕著な特色は、壁に張られた鏡が非常に小さいことだろう。侯爵以上のクラスの王侯の「鏡の間」に張られる鏡は大型であることが多い。当時、鏡は大変高価であったので、大型の鏡を所有することは王侯にとってステータスシンボルであったからである。従って、この部屋の小さい鏡は、この城の所有者であるホーヘンローエ=ヴァイカースハイム伯爵家の限定的な経済力を浮彫にし、大型の鏡をもつ王侯との対比を印象付ける。

　だが、この部屋については、これまで本格的な学術調査が行われていないため、それ以上の具体的な情報を収集することができなかった[176]。また、この部屋は床面が不安定で非常に壊れやすいため調査には物理的な限界があり、筆者が参加した共同調査[177]においても個々の磁器や壁面の装飾について詳細な調査をすることはできなかった。この部屋に関する研究は今後本格的に取り組まれるべきである。

G. ファヴォリテ城 「鏡の間 *Spiegelkabinett*」

　バーデン・ヴュルテンベルク州ラシュタットRastatt近郊のフェルヒの町（Rastatt-Förch）にある、ファヴォリテ城Schloss Favoriteは、創建当時からの大規模な東洋磁器[178]のコレクションが現存することから以前より注目されてきた。この城は、バーデン＝バーデン辺境伯ルードヴィッヒ・ヴィルヘルム（Ludwig Wilhelm von Baden-Baden, 1655-1707, Markgraf）の妃であるフランチスカ・ジビラ・アウグスタ辺境伯夫人（Franziska Sibylla Augusta von Sachsen-Lauenburg, 1675-1733）の命により、1710年～1711年にかけて夏の離宮として建設されたシノワズリ建築の傑作である[179]。

　この城は、王妃が所有する東洋磁器および西洋陶磁の豊富なコレクションを城内の至るところに陳列することを目的としたもので、所謂「磁器の城」と称されている。「磁器の城」といえば、ドレスデンの「日本宮」の例が有名だが、前述の通り未完に終わっている[180]。それよりも早期に着工されて完成し、しかも現存する唯一の「磁器の城」がこのファヴォリテ城なのである。

　フランチスカ・ジビラ・アウグスタの没年1733年に作成された夫人の遺産目録[181]によれば、この城は磁器や炻器などの陶磁器や漆器、中国の彫刻、凍石などの異国的なコレクションを飾るための空間として考案されたものであったが[182]、後述のように彼女は、ボヘミアとイタリアの美術にも傾倒したため、城の装飾はボヘミアとイタリアの重厚な色彩と交差した独自の東洋趣味による。そのなかで、注目すべきなのは、壁面に313枚の鏡を張り東洋磁器を配するための多数のコンソールが設置された「鏡の間 *Spiegelkabinett*」（口絵2-44）とよばれる磁器陳列室を兼ねた陳列室である。

　フランチスカ・ジビラ・アウグスタ辺境伯夫人は、ボヘミアに領地をもつザクセン＝ラウエンブルク公爵ユリウス・フランツ（Julius Franz von Sachsen-Lauenburg,1641-1689）を父に持ちザクセン＝ラウエンブルク家からバーデン＝バーデン辺境伯家へ嫁ぐ。彼女は、ボヘミアのシュラッケンヴェルト城で幼少期を過ごし、婚姻後もボヘミアとバーデン＝バーデンを行き来している。また、彼女は姉がフィレンツェのメディチ家に嫁いだことからフィレンツェを訪れ、多数のイタリアの美術品をバーデン＝バーデンに持ち帰っている[183]。さらに、彼女の息子であるルードヴィッヒ・ゲオルグ辺境伯（Ludwig Georg von Baden-Baden, 1701-1761）は、ボヘミア地方の領主シュヴァルツェンベルク家Haus Schwarzenbergから妃マリア・アンナ（Maria Anna von Schwarzenberg, 1706-1755）を迎えた。息子たちの結婚式のため1721年にシュヴァルツェンベルク家の居城クルムロフ城Český Krumlovに赴いた辺境伯夫人は、プラハで購入したと推測される多数の美術品およびシュラッケンヴェルト城にあった調度品をラシュタットへ運ばせ[184]、さらにこの装飾もボヘミアとイタリアのフレスコ画家や漆喰装飾家に任せている[185]。

　このように、辺境伯夫人の趣味にボヘミアとイタリアの文化的影響が色濃く反映されたのは、以上のような彼女の血縁関係に由来する。彼女のコレクションは、自らの出自を表す履歴書ともいえよう。この城の装飾と調度を支配するボヘミアとイタリアの色彩は、城の多くの部屋を飾る東洋磁器や漆器を中心とする東洋の工藝とあいまって、きわめてユニークな美意識に彩られたシノワズリ装飾を形成する。こうした装飾は、同時代のドイツの東洋風のデザインとは異質で、当時のドイツで主流であったフランスやオランダの装飾からの影響が希薄である点からも独創的である。

　ファヴォリテ城は、いたるところに景徳鎮磁器や肥前磁器、およびマイセン磁器を見ることができ、しかも城内には、1,500点以上の磁器が現在も伝存している[186]。城の内部装飾と磁器はフランス革命期や1848年～1849年のプロイセン軍による戦乱・占領、第二次世界大戦においてもほと

んど被災することなく大部分が維持されている[187]。それだけでなく、城内にはニュルンベルク製の シノワズリ装飾の染付タイルが全壁面を覆った「地上の部屋 Sala Terrena」という大広間や、日本製 の押絵を壁面に貼った「緑の部屋[188]」（口絵2-45）や肥前磁器の大壺が置かれた皇太子のための「豪 華な寝室 Paradeschlafzimmer」をはじめとする多数の部屋に磁器が置かれている。まさに様々な種 類の磁器の陳列を目的とした「磁器の城」なのである。

「鏡の間」は、城の2階[189]北西の角にある寝室の隣という私的な領域に位置する。この部屋の内装 は、ヤコブ・カイザー Jacob Khaiser という家具職人により1725年に完成された[190]。部屋の壁面には、 淡い薔薇色の彩色が施され、天井に接する高い位置に薔薇色を基調とする花文様が描かれ、その 上に313枚の鏡、多数の磁器、および絵画で壁面を覆うように装飾がほどこされている。花文様を 描いた多数の破片状の鏡のモザイクを伴う天井や、花文様の個性的な象嵌を施した豪華な床面も 現存している。現在この部屋に陳列された磁器の大半は中国の青花で、色絵の中国磁器やベット ガー炻器も一部含んでいるが、それらがフランチスカ・ジビラ・アウグスタの時代と同一であるの かは不詳である。ただ、この城が所蔵する磁器の大半は景徳鎮の青花であるため、青花を中心とす る陳列であったに違いない。これらの磁器は、壁面に取り付けられた多数のコンソールや金鍍金 をほどこした彫刻で豪華に装飾された台座の上に置かれ、壁面に張られた鏡に映しだされる視覚 効果により増幅を繰り返しながら輝きを放つ。

辺境伯夫人の時代からこの城に伝わる1,500点以上の磁器のうち、東洋磁器合計368点がこの 城を管理するバーデン・ヴュルテンベルク国立城郭庭園管理局が発行した『ラシュタットのファ ヴォリテ城所蔵アジアの青花（染付）磁器 Die blau-weißen asiatischen Porzellane in Schloß Favorite bei Rastatt』という図録に掲載されている。それらは、染付の蓋物（口絵2-46）と皿の2点が肥前製である ほかはすべて明・清時代の景徳鎮の青花である[191]。

これらの磁器の由来は、一部は、ザクセン＝ラウエンブルク公爵家からの持参品であったとさ れるが、夫人がドレスデンの仲介人を通じて磁器を購入したことも確認されている[192]。しかし、 1685年および1691年の彼女の財産目録に、来歴の記載はないため、個々の来歴を辿ることはでき ない[193]。また、彼女の夫君ルードヴィッヒ・ヴィルヘルム辺境伯は、トルコとの戦争を勝利に導いた 功績で知られる軍人であるため、彼が戦利品として獲得した磁器が混在している可能性がある。 しかしながら、この城の財産に関わる古文書の大部分は失われているため、実態を把握すること はできない。

現在、これらのコレクションの大半は、城内の展示ケース内に展示されており、1733年の遺産目 録に具体的な磁器陳列の状態を伝える記述がないため、これらの大量の磁器がかつてフランチス カ・ジビラ・アウグスタの存命中城内のどこに、どのような方法で飾られていたのかについては未 詳である[194]。1762年の遺産目録の記載からは、磁器コレクションについて主として壁面に設置し た陳列棚のなかに収められていたことが確認できるという[195]。コレクションには、マイセンのシ ノワズリ装飾の茶器や食器、また、黒や赤褐色のマイセン炻器に加え、わずかながら中国製の色絵 も混在している。もっとも東洋磁器は前述のとおり大半が青花であるため、それらはこの城の複 数の部屋の壁面を覆うニュルンベルク製の染付タイルの色彩と連なり、装飾の基調をなす色彩と して認識されたであろう。景徳鎮の青花が多数を占めるファヴォリテ城の磁器陳列は、重厚なル ビー色や鮮やかな淡い薔薇色の壁面、金鍍金の壁面装飾を背景に、青花磁器の青と白が共鳴しあ い、それがさらに鏡に映りこみ増殖を重ねることにより、きらびやかな幻想と深淵な眩惑で空間 を満たしていたのである。

H. フリーデンシュタイン城 「磁器の間*Porzellankabinett*（ブッツ＝キャビネット*Butz-Cabinet*）」

フリーデンシュタイン城Schloss Friedensteinは、ザクセン＝ゴータ公爵家Herzogtum Sachsen-Gothaの居城であり、テューリンゲン州のゴータGotha市に位置する。ザクセン＝ゴータ公爵家（1672年にアルテンブルクの領地を相続し以降はザクセン＝ゴータ＝アルテンブルク公爵家）は、ザクセン＝ワイマール公爵家の四男エルンスト一世（Ernst I, Herzog von Sachsen-Gotha, 1601-1675）のために1640年に興された分家である。この領地を得たエルンスト一世は、そこに1643年から1656年にかけて大規模なバロック宮殿を建てており、それがこのフリーデンシュタイン城なのである。

この城では、その息子フリードリッヒ一世（Friedrich I von Sachsen-Gotha-Altenburg, 1646-1691）を経て、三代目のザクセン＝ゴータ＝アルテンブルク公爵フリードリッヒ二世（Friedrich II von Sachsen-Gotha-Altenburg, 1676-1732）の代に、その妃アンハルト＝ツェルブストの宮廷出身のマグダレーナ・アウグステ公爵妃（Magdalena Auguste von Anhalt-Zerbst, 1679-1740）のための「磁器の間」（口絵2-47）が設置された。この部屋は、1723年5月31日より1726年3月28日にかけて、建築家フリードリッヒ・ヨアヒム・ステンゲル（Friedrich Joachim Stengel, 1694-1787）によって製作されたが[196]、その成立に係わる詳細にはまだ不明な点が多い[197]。

この磁器陳列室は、「祝宴の大広間*Festsaal*」（口絵2-47の右壁面中央の開口部奥の広間）と公爵夫人の居室部分の境に位置する幅3メートル、奥行き6メートルの長方形のスペースである。それは、設立当初「ブッツ＝キャビネット*Butz-Cabinet*」という名称でよばれていた[198]。しかし、1891年に発行されたレーフェルトP. Lehfeldt氏による『テューリンゲンの建築・藝術の文化財*Bau- und Kunst-Denkmäler Thüringens*』という報告書[199]には「磁器の間*Porzellankabinett*」と記されており、名称が変化したことがわかる。そして現在、この城を管理するテューリンゲン城郭庭園財団もこの部屋を「磁器の間*Porzellankabinett*」と称している。

1988年より、この部屋では修復工事が行われており、それはまだ進行中である。筆者が訪れた2010年9月も多くの部分が未修復の状態であった。以降修復は進行し、現在、部屋の中心となる暖炉がある壁面とその左右の壁面の修復は、細部の仕上げを除き大方完了している[200]。

部屋の中心には暖炉があり、その上方に多数のコンソールをともなう鏡が張られている（挿図2-62・63）。この部分の意匠の源泉がダニエル・マロの版画（挿図2-64）であるのは、両者を比較することにより一目瞭然である。暖炉左右の壁面の中央には、通路として通り抜けられる開口部があり、開口部左右の壁面には大きな鏡が張られ、その手前に陳列棚（口絵2-47）が1つずつ置かれている。さらに、この部屋の左右の側壁面には、磁器を載せるための、金塗りを施したコンソールが多数設置されており（挿図2-65）、それらのあいだ、暖炉の対向面にあたる部分に窓が位置する。

現在、フリーデンシュタイン城には18世紀の金襴手様式磁器を中心に、管見の限りすくなくとも34点の肥前磁器が所蔵されていることを2010年9月の調査時に確認した[201]。それらは壺や瓶などの大振りの器が中心で、この小さな磁器陳列室の壁面を飾る非常に小さなコンソールには大きすぎる。マグダレーナ・アウグステがこの部屋に陳列した磁器はここからアルテンブルク城の磁器陳列室に持ち運ばれたと推測される。何故なら彼女は、本項Iに後述するとおり1732年に夫君のフリードリッヒ二世の他界にともなってアルテンブルク城Schloss Altenburgに居を移し、1735年に同城に磁器陳列室を完成させたからである。それは1726年の「ブッツ＝キャビネット」完成直後であり、寡婦としてこの城をひきはらう彼女の境遇を考えれば、この陳列室に置かれた愛蔵品の磁器を持って新居へ移動したと考えるのは自然であろう。従って、後述するアルテンブルク城の磁器陳列室に含まれる肥前磁器は、この陳列室と関連付けて把握する必要があるものである。

挿図2-63
フリーデンシュタイン城 「磁器の間」
暖炉の上の鏡装飾上部左側
フリーデンシュタイン・ゴータ城財団蔵

挿図2-65
フリーデンシュタイン城 「磁器の間」
窓側の壁面
フリーデンシュタイン・ゴータ城財団蔵

左
挿図2-62
フリーデンシュタイン城 「磁器の間」
暖炉の上の鏡装飾部分
フリーデンシュタイン・ゴータ城財団蔵

右
挿図2-64
「オランダ風暖炉の新書」 部分
ダニエル・マロ画　版画　1703年

挿図2-66
フリーデンシュタイン城
「祝宴の大広間」
左側部分の肥前磁器の陳列(現在)
フリーデンシュタイン・
ゴータ城財団蔵

　この城に現存する東洋磁器の大半は、マグダレーナ・アウグステの息子フリードリッヒ三世の妃であったルイーゼ・ドロテー公爵妃(Luise Dorothée von Sachsen-Meiningen, 1710-1767)のコレクションであるが、フリードリッヒ二世が収集したものも多少混在していると推測される[202]。ルイーゼ・ドロテーは、熱心な磁器愛好家であった。担当学芸員のウテ・デーベリッツUte Däberitz氏によれば、1767年に作成されたルイーゼ・ドロテーの遺産目録[203]には、中国、日本、西洋製から成る磁器1,300点の記載があるという[204]。その内訳は、約800点をマイセン製品が占め、さらに400点以上は「日本の磁器Porcellain Japans」として記された壺や水注、人物の彫像、組食器や茶器などである[205]。しかし、前述のように筆者が確認したこの城が所蔵する肥前磁器は34点であり、400点という点数からは程遠い。また、この城にはそれをはるかに上回る数の景徳鎮や徳化窯の磁器が所蔵されている。よって、それらの日本、中国の磁器すべてが「日本の磁器」として記載されたのではないかと推測される[206]。

　一方、所蔵品の肥前磁器のうち、現在半数程度を占めている蓋付壺、喇叭形瓶、および水注は、「祝宴の大広間」内に設置された2つの壁龕のうち左側の壁龕内のコンソールの上に陳列されている[207](口絵2-48、挿図2-66)。その右側の壁龕には、現在銀器が展示されているが(挿図2-67)、これらの壁龕は実は双方ともこの写真のように銀器の陳列を目的としているのである[208]。

　しかし、国立カッセル美術館が1990年に主催した大規模な展覧会「中国と日本の磁器Porzellan aus China und Japan」展図録の、ヘルベルト・ブレウティガムHerbert Bräutigam氏の論文に挿図2-68に掲げた写真——銀器ではなく磁器を置いた状態で撮影した壁龕の写真——が掲載されたため[209]、それがこの城の磁器陳列室として誤解を与えてきた[210]。しかし挿図2-67に見るような現在の展示にも示される通りこの場所は銀器陳列の場であり、フリーデンシュタイン城に設置された磁器陳列室は前述の一部屋だけである。

左
挿図2-67
フリーデンシュタイン城
「祝宴の大広間」右側部分の銀器の陳列（現在）
フリーデンシュタイン・ゴータ城財団蔵

右
挿図2-68
フリーデンシュタイン城
「祝宴の大広間」
（Bräutigam 1990より転載）

I. アルテンブルク城「プッツキャビネットPutzkabinett」

　アルテンブルク城Schloss Altenburgは、前述のゴータ近隣のアルテンブルクに位置する。この城は1672年以来ザクセン＝ゴータ＝アルテンブルク公爵家の領地であり、同家のマグダレーナ・アウグステ公爵夫人が、フリーデンシュタイン城に暮らしていたのは前述した通りである。公爵夫人は、夫ザクセン＝ゴータ＝アルテンブルク公爵フリードリッヒ二世が世を去ると、フリーデンシュタイン城を後継者のフリードリッヒ三世（Friedrich III von Sachsen-Gotha-Altenburg, 1699-1772）に明け渡すために、このアルテンブルク城（挿図2-69）へ居を移すことになったのである[211]。

　アルテンブルク城に移り住むにあたって、公爵夫人は城の内装を改修することとし1733年に改修は着工された。工事は、城のほぼ全体におよぶものであったが、そのうち2階部分に、「プッツキャビネットPutzkabinett[212]」とよばれる磁器陳列室[213]（口絵2-49）が設置された[214]。「プッツキャビネット」は工事中の1734年～1735年に、アルテンブルクの宮廷彫刻家ヨハン・クリストフ・マイル（Johann Christoph Meil, 1698-1734）とその工房によって造られ、1735年頃完成した[215]。

　プッツキャビネットは4.45×3.20メートルからなる長方形の小規模な部屋である。四方の白い壁面には約420個のコンソールが取りつけられ、その大半に磁器が置かれており、フリーデンシュタイン城の「磁器の間」を上まわる数の器を配置できる構造となっている[216]。四面の壁の内、一面には窓の開口により外界の光が射しこんでいる。自然の光はこの小さい部屋全体を照らし、壁面やコンソール・テーブル上の飾り棚背面に張られた鏡や金鍍金が反射を繰り返し、光の充満する空間を現出させている（口絵2-50）。

　コンソールが取りつけられた壁には、金鍍金がほどこされたアカンサスの唐草と巻蔓装飾が繁茂するように連なり、それはコンソールと一体となり、四面の壁の余白部分すべてを覆い尽くしている（口絵2-51）。この部屋全体は、白い壁と金鍍金装飾によってロココの色遣いの特徴を表した明るく軽快な色調となり、重厚なバロックの色彩感覚とは対極的な趣を呈している。しかし、この軽妙で明るい壁面をともなう室内全体は、この部屋の中心にイルカ、ムーア人の彫刻、貝殻や鏡の破片などを配した不気味なグロッタ風の壁龕[217]（口絵2-49）が据えられたことによって、混沌とし

挿図2-69
アルテンブルク城　外観

挿図2-71
染付人物文把手付瓶
高さ左：20.8cm、右：21.2cm
アルテンブルク城
「プッツキャビネット」内
アルテンブルク城・カード美術館蔵

挿図2-70
アルテンブルク城
「プッツキャビネット」
撮影1905年以前
アルテンブルク城・カード美術館蔵

挿図2-72
染付花卉文把手付瓶
高さ22.3cm
アルテンブルク城
「プッツキャビネット」内
アルテンブルク城・カード美術館蔵

挿図2-73
色絵花卉文ティーポット
総高11.8cm
アルテンブルク城
「プッツキャビネット」内
アルテンブルク城・カード美術館蔵

たグロテスク趣味に支配されているのである。

　グロッタは、ロココの時代の宮廷建築で大流行し、西洋中の宮廷建築において、特に夏の離宮の地上階にグロッタを設置することは一般的であった。しかし、磁器陳列室にグロッタ風壁龕を設置した例は、管見のかぎりこの城のみである。この壁龕の両側に配された、鏡を張ったガラスケースを置くためのコンソール・テーブルも、脚部として付された人体彫刻が、マニエリスムの立体彫刻にみられるような十頭身に近いプロポーションの裸体に象られ、ロココ装飾の室内にあって異彩を放っている（口絵2-49）。

　第二次世界大戦中、この部屋は移動可能な調度と磁器をすべて運び出し、扉が閉ざされた。以降、この部屋は封印され長いあいだ放置されることになる。運び出された調度と磁器は、市役所に保管されており、戦後4個のコンソール・テーブルのうち2個が劇場に貸与されたままとなっていた。このことは、修復準備の段階で判明し、これらのコンソール・テーブルは現在の場所に戻された。従って、この部屋の壁面やコンソール・テーブルは基本的にすべて創建以来のオリジナルで、調度品や磁器も被災をまぬがれ、修復後無事に城に戻されたのである。修復はドレスデン造形藝術学校の参画により実現し、1995年に着手され2003年に完成した。修復は、カビや破損が生じた元々の部屋の箇所を修繕し、しみや変色などを残したままオリジナルな状態を尊重する方針で行われた（欠損したコンソールや装飾部材は新調され、真新しい外観のまま設置されている）。これらの作業は、戦前の写真（挿図2-70）に基づいて、戦前の状態を復元することが重視されたのである[218]。

　プッツキャビネットのコンソールに置かれた磁器は、景徳鎮製の色絵磁器（金襴手様式風のチャイニーズ・イマリと呼ばれるタイプ）がもっとも多く、肥前製は15点あるが、マイセンを中心とした西洋磁器も混在している。

　次にこの部屋に陳列された肥前磁器の概要を見てゆこう。日蘭間の磁器輸出が始まった直後17世紀

中頃有田の長吉谷で作られた染付の把手付瓶（挿図2-71・72）や染付の鳥形合子[219]（口絵2-53）、17世紀後期の柿右衛門様式磁器のカップ（口絵2-54）やティーポット（挿図2-73）といった、この磁器室の成立年代よりも半世紀以上遡る古い肥前磁器が伝わっており、このことがマグダレーナ・アウグステ公爵夫人が、フリーデンシュタイン城に住んでいた当時すでにこれらの肥前磁器を所持していた可能性を示している。一方で、18世紀前期の作である調味料容れ（口絵2-52）のような、それらよりも後の時代の作例も含まれている。その他、17世紀末から18世紀前期にかけ有田で作られたタイプの皿も2点（挿図2-74・75）ある。

以上、アルテンブルク城が所蔵する肥前磁器は、すべてこの部屋の内装が施された1735年以前に製作された、磁器陳列室設置当時からこの部屋に存在したと想定しうるタイプであり、ドイツの磁器陳列室を検討するうえで貴重な基準資料となりうる。

しかし、この城はこれらの磁器が現在の場所に配置され始めた正確な時期を特定するための同時代の文献史料を欠いている[220]。この部屋についてのもっとも古い記録は1758年のものであるが、カーテン、グロッタや暖炉、コンソール・テーブルに載せられたガラスケースについての記載があるのみで、磁器についての記述は残されていない[221]。とはいえ、この城の伝来品の肥前磁器は、基本的にすべてこの部屋に収められているのであり、肥前磁器の製作年代からも矛盾しないため、これらの肥前磁器が部屋の創建当時からこの部屋に所在した可能性は極めて高いのである。

この部屋の磁器が記述された最古の目録は、1911年に公爵エルンスト二世（Ernst II von Sachsen-Altenburg, 1871-1955）の命によりエルンスト・ツィンマーマンErnst Zimmermann[222]によって作成されたコレクション目録である[223]。修復の際には、この目録の詳細な記述にもとづいて、およそ8割の磁器の位置が特定され元の位置に配置することが実現された。それが可能となったのは、この目録の個々の作品記述に番号が付され、各番号の器が置かれる配置場所を特定する資料もあり、さらに磁器の底にもその目録番号であるSCを冠する番号[224]が記されているからである。この部屋の修復は、壁面だけでなく、失われてしまった器以外、伝存するものはすべて戦前までの元の場所に陳列するという抜本的なものとなった。

ドイツに現存する磁器陳列室は、コンソールの上に磁器が固定されていないため、戦時中に磁器を別の場所に移動して保管することができたが、戦後に修復する際に、磁器の配置場所まで戦前までの状態に遡って復元された例はアルテンブルク城以外にはないと目される。この磁器陳列室で行われた修復による壁面や調度の原状回復と、史料研究に基づいた磁器陳列の再現を果たした復元内容の総合性は、極めて高く評価すべき模範的事例である[225]。

挿図2-74
色絵人物鳥松竹文皿
口径11.7cm
アルテンブルク城
「プッツキャビネット」内
アルテンブルク城・カード美術館蔵

挿図2-75
色絵人物松竹文皿
口径11.5cm
アルテンブルク城
「プッツキャビネット」内
アルテンブルク城・カード美術館蔵

J. アルンシュタット新宮殿「磁器の間Porzellankabinett」

テューリンゲン州に位置するアルンシュタットArnstadtの町には、シュヴァルツブルク＝ゾンダースハウゼンSchwarzburg-Sondershausen侯爵家が居城とした新宮殿Das Neue Palaisがある。この宮殿の2階部分には1735年頃、シュヴァルツブルク＝ゾンダースハウゼン侯爵ギュンター一世（Günther I von Schwarzburg-Sondershausen, 1678-1740）の命により「磁器の間Porzellankabinett」（口絵2-55）という磁器陳列を目的とした床面4.8×8.1メートルの長方形の部屋が設置された。その設計はハインリッヒ・クリストフ・マイル[226]（Heinrich Christoph Meil, 1701-1738）が担っている[227]。

この「磁器の間」は、戦争による損傷を受けることなく今日まで残る貴重な事例であり、戦時中

挿図2-76
色絵桜花文鉢
口径16.0cm
アルンシュタット新宮殿「磁器の間」内
アルンシュタット城美術館蔵

挿図2-77
色絵人物鳥貼付梅牡丹文瓶
高さ22.0cm
アルンシュタット新宮殿「磁器の間」内
アルンシュタット城美術館蔵

挿図2-78
色絵松竹桜文瓶
一対　高さ各23.2cm
アルンシュタット新宮殿「磁器の間」内
アルンシュタット城美術館蔵

に持ち去られた創建当時からの磁器コレクションも返還され、オリジナルの状態に修復された[228]。そのため、この磁器陳列室は、アルテンブルク城の事例と同様に、部屋と磁器がほぼそのまま保たれた、磁器陳列室の基準資料と見なしうる稀有な伝世事例である。

同室の壁には多くの鏡が張られ、その鏡を背にして取りつけられたコンソール763点と複数の台の上、マントルピースのなかなどに約千点の東洋磁器[229]が、それぞれの場所で同系統の色ごとにまとめられ、左右対称に規則的に配置されている（口絵2-58・59）。その大半は景徳鎮の色絵磁器（チャイニーズ・イマリタイプ）や、ファミーユ・ローズなどの清朝磁器、マイセンなどの西洋磁器であり、肥前磁器が占める割合はわずかである。

壁面および調度には、ロカイユ[230]が反復され、白と緑を基調とする軽快な色調からも、ロココ様式の特徴を読み取ることができる。また、アルンシュタット新宮殿の「磁器の間」の鏡も、シャルロッテンブルク城やヴァイセンシュタイン城、ミュンヘンのレジデンツと同様に、鏡の対向面に鏡を配置する構造をとっていることから、鏡の映像が永遠に反復し、そこに映りこんだ磁器を増幅するイリュージョン的視覚効果が発揮されている。

そこに配された磁器のうち、筆者は以下に掲げる器種の肥前磁器23点の所在を確認した。
・正保様式の赤絵……瓶1点（口絵2-60）
・柿右衛門様式……カップ1点、皿1点（口絵2-61）、八角鉢1点（口絵2-62）
・金襴手様式……蓋付大壺2点（口絵2-56・57）、瓶2点（口絵2-56）、カップ＆ソーサー1客、
　　　　　　　　蓋付壺（中サイズ）1点、アーン1点（口絵2-63）、
　　　　　　　　鉢1点（挿図2-76）、鶴首瓶3点（挿図2-77・78）、ティーポット3点、
　　　　　　　　調味料入れ2点
・金彩の製品……鉢1点、蓋付鉢1点（幕末）

この城内には、「磁器の間」以外の部屋にも金襴手様式の大皿や大型の蓋付壺のセットが展示されている。さらに、収蔵庫にもギュンター一世が収集した東洋磁器製のディナー用食器セット（食卓皿中心）だけをまとめた食器の一群があり、そのうち一部は肥前磁器製であるという[231]。このように、アルンシュタット新宮殿には、ギュンター一世によって収集された多様な肥前磁器のコレクションが今日まで豊富に継承されているのである。それらの磁器の器形は、「磁器の間」には水注や鉢、茶器と壺類、これとは別の部屋には大皿や室内装飾の壺が室内装飾品として陳列され、さらに、皿類が食器として別室に、というように、それぞれ機能別に分類して保管されていたことが、現在の所蔵状況から確認できる[232]。

上記のように、総合的に多様な器形の肥前磁器が継承され、それらが陳列とは別に保管されるという、本来の所蔵方法を現在も実際の保管状況から確認することのできるケースは極めて稀である。アルンシュタット新宮殿のコレクションは、肥前磁器が豊富にあり、かつ磁器陳列室を設置した城における、所蔵方法のモデルケースとしても重要な例である。

K. ファルケンルスト城「鏡の間 *Spiegelkabinett*」

ケルン近郊のブリュールBrühlにあるファルケンルスト城Schloss Falkenlust[233]は、東洋の漆のパネル装飾や磁器のコレクションを用いて装飾をほどこした、洗練された東洋趣味の陳列室が複数あり、小規模ながらも質の高い東洋趣味の内部装飾を見ることのできる狩猟の館(挿図2-79)である。この城の2階部分には、多数の大きな鏡を張った「鏡の間」(挿図2-80・81)があり、鏡を背景に設置された多数のコンソールの上に東洋の磁器が陳列されていた。

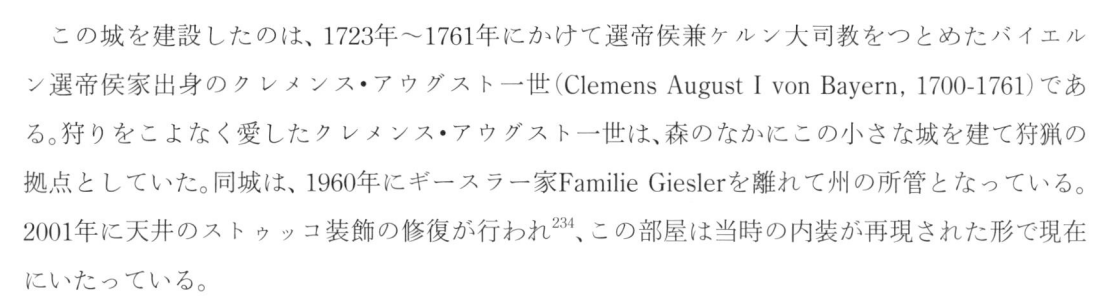

挿図2-79
ファルケンルスト城 外観 (ドイツ)

この城を建設したのは、1723年〜1761年にかけて選帝侯兼ケルン大司教をつとめたバイエルン選帝侯家出身のクレメンス・アウグスト一世(Clemens August I von Bayern, 1700-1761)である。狩りをこよなく愛したクレメンス・アウグスト一世は、森のなかにこの小さな城を建て狩猟の拠点としていた。同城は、1960年にギースラー家Familie Giesler を離れて州の所管となっている。2001年に天井のストゥッコ装飾の修復が行われ[234]、この部屋は当時の内装が再現された形で現在にいたっている。

クレメンス・アウグスト一世は、バイエルン選帝侯マキシミリアン二世エマニュエル(Maximilian II Emanuel von Bayern, 1662-1726)と2番目の妻テレーゼ・クネグンデ(Therese Kunigunde, 1676-1730)のあいだに4番目の男子として誕生したヴィッテルスバッハ家Haus Wittelsbachの王子であり、大司教という職にありながら世俗的宮廷人としての性格をもっていた。彼は、強大な権力と富をほしいままにしつつ、当時西洋の宮廷で流行していた音楽、演劇、美術品収集、そして多数の贅沢な城館の建設に没頭し、狩猟を特に好んだ。そのため、狩猟の拠点として計画したファルケンルスト城の建設にはとりわけ執心したという[235]。

クレメンス・アウグスト一世は、ヴェルサイユ宮殿とフランス文化に多大な関心を寄せ、様々な形でフランスの趣味を取り入れた。このファルケンルスト城は、当時バイエルンの宮廷建築家をつとめていたフランス人建築家フランソワ・キュヴィリエ(François Cuvilliés, 1695-1768)に設計が依頼されたことから、この城全体の意匠はフランス・ロココ様式を色濃く表したものとなっている。この城の「鏡の間」も、キュヴィリエの作である[236]。

「鏡の間」には、形も寸法も異なる大小様々な鏡が多数張られ、その周囲に金鍍金をほどこした彫刻を連ねた装飾帯がほどこされ、その土台の木材は青く塗られている。これらの金色の装飾帯の彫刻は、鳥や獅子といった動物やグロテスクな人物の半身や頭部を象った彫刻を中心に、アカンサスなどの植物やロカイユを象った彫刻を連続させて部屋全体を覆い尽くしている(挿図2-81)。この部屋に先行するキュヴィリエの磁器陳列室の作例である後述のミュンヘン・レジデンツの「鏡の間」の装飾帯は、明るく軽快なアカンサス・ロカイユを中心とするものであり、1730年代のフランスのルイ十五世様式[237]盛期に位置づけられるタイプであるが、ファルケンルスト城の「鏡の間」の装飾は、それよりもやや陰鬱な趣のグロテスクと古典主義のモティーフを加えたルイ十五世様式末期の特徴をそなえている。さらに、この金鍍金彫刻の上に配された多数のコンソールは、選帝侯が収集した東洋磁器を置くために設置されたものである。

この部屋の製作年について、ファルケンルスト城の本格的な調査を行ったウィルフリード・ハンスマンWilfried Hansmann氏は次のように分析している。キュヴィリエはこれに先行して、クレメンス・アウグスト一世の兄のためにミュンヘン・レジデンツの「鏡の間」の改築を1737年に完成しているため[238]、この部屋の装飾製作の上限を1737年以降とした。さらにこの部屋の漆喰装飾の様式にみられるルイ十五世様式末期の特徴により、その完成を18世紀中頃と推測している[239]。

クレメンス・アウグスト一世は熱狂的な磁器コレクターであった。彼の磁器への情熱は、彼が発

第2章 西洋宮廷美術における受容 | 201

左
挿図2-80
ファルケンルスト城　「鏡の間」　暖炉周辺部分
18世紀中頃完成

上
挿図2-81
ファルケンルスト城　「鏡の間」　壁面装飾

注した有名なマイセン磁器の優品セルヴィス（組食器）の数々によりすでに知られているが、東洋磁器も多数所有していた。彼の東洋磁器の収集が、陶磁史の研究対象としてこれまで扱われなかったのは、コレクションがその死の直後に財政破綻のため売却され、実態を把握することができないためである[240]。そのため、現在「鏡の間」のコンソールには、クレメンス・アウグスト一世とはまったく無縁の、中国で購入された磁器が置かれている[241]。

　クレメンス・アウグスト一世が他界した1761年に作成された遺産目録には、この部屋にあった磁器に関する記述があり、「大理石のマントルピースの上」に「中国の磁器でできた中国人物の彫刻、同様（中国磁器）の2つの小さな蓋付壺、真鍮の台に載った白い獅子の像1対」が置かれていた。北側に面した2面の窓のあいだの壁面には、「中国磁器の人物彫刻3個をともなうラピスラズリの置物」、「古い中国磁器の青花の鉢」や、その他様々なマイセン磁器などが置かれていた、とある。さらに、鏡を背景に設置された多数のコンソールの上には「インドの白磁の偶像」や「小さなインドの磁器の壺」、「15個の様々な形のインドの磁器」など、様々な器形の多数の磁器が置かれていた[242]。「インドのindianisch」という形容詞は、この時代のドイツ語では東洋を意味するが、ザクセン選帝侯フリードリッヒ・アウグスト一世（通称アウグスト強王[243]）の所有品である肥前磁器やマイセン磁器に関する18世紀前半の古文書には、柿右衛門様式の肥前磁器や柿右衛門風のマイセン磁器の絵付けに対して「インドの」という記述が頻繁にみられる。これらの点により、以上の遺産目録の「インドの」という記述から、これらの磁器が肥前磁器であった可能性も十分に考えられるのである。

第3項　再建された磁器陳列室

  A．シャルロッテンブルク城「磁器の小部屋」
  B．ミュンヘン・レジデンツ「鏡の間」

A．シャルロッテンブルク城「磁器の小部屋*Porzellankammer*」

　折しもリーツェンブルク城[244]が完成した直後、1701年にフリードリッヒ一世はプロイセン王への即位を果たした。その結果彼は、これまで居城としたブランデンブルク選帝侯国内のオラニエンブルク城とは別に、新たな領地であるプロイセン国内に居城を建設する必要に迫られ、リーツェンブルク城を大規模に改築することを決断した。そこで、フランスで建築を学んだ建築家ヨハン・フリードリッヒ・フォン・エオザンダー（Johann Friedrich von Eosander、通称Eosander von Göthe, 1670頃-1728）に改築工事を命じ、設計プランが1701年に完成した。その構造は、絶対主義王政時代特有の堂々たる風格をそなえ、礼拝堂と「磁器の小部屋*Porzellankammer*」をとりわけ大きく強調した形式を備えていた。

　この「磁器の小部屋」の内装は、まだ改装が完了する以前の1703年～1704年に製作された版画[245]（挿図2-82）に描かれていることから、その頃には大方仕上がっていたと推測されている。しかし、その後間もない1705年に王妃ゾフィー・シャルロッテは病没してしまい、王は早逝の王妃を哀悼するため、リーツェンブルク城をその名にちなんでシャルロッテンブルク城Schloss Charlottenburgと改称した。そのため「磁器の小部屋」は、改築を引き継いだ夫君のフリードリッヒ一世によって1706年に完成される運びとなった[246]。

挿図2-82
シャルロッテンブルク城
「磁器の小部屋」の設計図
版画　1703～1704年
（M.メイリアーン*Theatrum Europaeum* XVI and XVII
フランクフルト　1717～1718年）

現在、シャルロッテンブルク城の「磁器の小部屋」の壁面には、多くの鏡が向い合わせに張られ、その前面には、膨大な数の金鍍金をほどこした彫刻で装飾された棚、コンソールが設置され、多数の東洋磁器(大半が中国製で肥前製を一部含む)が陳列されている(口絵2-71)。かつてこの部屋に陳列されていた磁器は、主にフリードリッヒ一世の母ルイーゼ・ヘンリエッテ[247] (Luise Henriette van Oranje-Nassau, 1627-1667)を通じてオラニエ=ナッサウ家からの相続などで所持していたものと、フリードリッヒ一世による収集品であった。しかしながら、この城は、第二次世界大戦中1943年の爆撃により破壊され、「磁器の小部屋」も甚大に被災し、室内の磁器は1945年に旧ソ連の赤軍[248]によって持ち去られ、今日もロシアのサンクト・ペテルブルクに所蔵されているというのである[249]。

　従って、現在の部屋は、戦後の再建による再現である。その作業は1953年より着手され、1967年に終了した。再建計画には、主として前述の*Teatrum Europaeum*所収の版画が参照され、フリードリッヒ一世の存命中の状態の再現が重視されたという。戦前の写真も多く残されていたが、これらは七年戦争中の1760年10月に受けた略奪を経て、1822年にこの部屋を再建する際ベルリン磁器製作所に作らせた800点の壺や皿が含まれているなど、陳列方法もフリードリッヒ一世の時代から度々変更されて全く異なるため参考にはされなかった[250]。

　再建後の現在における磁器の数はおおよそ2,700点以上にものぼり、その大多数を占めるのが景徳鎮製の芙蓉手の皿である。芙蓉手のうち292点は、1984年にクリスティーズ・アムステルダムのオークションで落札されたハッチャー・カーゴHatcher cargoの引き上げ品である[251]。芙蓉手が採用されたのは、前述の版画に芙蓉手の皿が描かれているためであるという。大鉢や大型の蓋付壺、大皿や角瓶などを中心に約15点の金襴手様式の肥前磁器もみられる[252]。しかし現在陳列されている中国および日本製の磁器は戦後に購入されたものが大半を占める[253]。さらに王立ベルリン磁器製作所(KPM)に注文製作させた様々な壺やミニアチュール壺などの中国磁器の複製もある[254]。

　再現されたこの部屋の内部装飾(口絵2-72)には、東洋風の人物や竜や鷲などの奇妙な動物の彫刻が数多く配され、壁面装飾にはシノワズリの特徴が顕著にうかがえる。部屋は1階にあり、そのまま庭へと通り抜けることができる背の高い大きな窓が設けられているため、窓を通じ外界の庭園の景色や光が視界に入る。外界の景色は、室内にある鏡に映り込むことによって次々と増幅してゆく。同様に、室内の磁器と内部装飾もまた、実物と鏡の映像で増幅を繰り返す。鏡に映し出されたイメージは、いわばイリュージョンのように観者の眼に映るのである。

　フリードリッヒ一世時代の東洋趣味の内装は、ルイーゼ・ヘンリエッテを通じたオラニエ=ナッサウ家との血筋の証明を超えて、先述のハノーファー選帝侯妃ゾフィーとライプニッツの親交から得た中国に関する知見と関連している。ハノーファーとプロイセンにおける東洋趣味の美術は、単なる表層的な美術の流行を超える意味を担っていた。それは、東洋の学問や文化にも通じたフリードリッヒ一世の幅広い見識や中国の学問思想に裏付けられた政治的見識の優位性を主張するため、東洋の英知を可視化するための表現として位置づけられる[255]。プロイセン宮廷における東洋美術の表現は、王権表象の一端を担うものとして解される。

　シャルロッテンブルク城の「磁器の小部屋」から肥前磁器との関連で明確となった点は、部屋の装飾や素材、庭に面した位置に設置され、鏡を多く用いた部屋が発揮する視覚的効果を理解することができる点、ならびに、戦前の写真(挿図2-83)からも肥前磁器と推測される器の存在が確認できる点である。また、本書第2章第2節第1項Aに前述した通り、ホーエンツォレルン家のコレクションとして伝わる磁器コレクションのなかにはかなりの割合で肥前磁器が含まれている。そして、シャルロッテンブルク城の旧蔵

挿図2-83
シャルロッテンブルク城
「磁器の小部屋」
撮影1890〜1943年
プロイセン城郭庭園財団蔵

品の肥前磁器には、柿右衛門様式磁器の「色絵唐人物文蓋付大壺」のようにオラニエンブルク城から移されて戦前までシャルロッテンブルク城に所在し、現在オラニエンブルク城に展示されている作例をはじめとし、シャルロッテンブルク城以外の場所に保管されているケースがある。

筆者は、かつてシャルロッテンブルク城に所蔵されていたことを示すシールが底面に貼られた柿右衛門様式磁器の色絵布袋唐子像付香炉[256]（口絵2-73）を実見させていただいたが、このようにかつての収蔵場所を確認できるプロイセン王国の旧蔵品は極めて少ない。シャルロッテンブルク城には数多くの肥前磁器が置かれていたと推測されるものの、その全貌は不明となっている。

ホーエンツォレルン家旧蔵の肥前磁器は、現在、シャルロッテンブルク城やポツダムのサン・スーシー城Schloss Sanssouci、オラニエンブルク城やカプット城などのホーエンツォレルン家が建造した城に分散して展示されており、その他に収蔵庫で保管されている磁器もあるが、現在プロイセン城郭庭園財団はこれらの磁器の調査を実施中であるという[257]。筆者は、同局のご厚意により、そのうちその一部を複数の保管先で調査させていただく機会を得たが、ホーエンツォレルン家旧蔵品の肥前磁器の数量は膨大で所蔵場所も多岐にわたるため、その全体を把握することはできなかった。ホーエンツォレルン家旧蔵品の検討は今後の課題である。

B. ミュンヘン・レジデンツ「鏡の間Spiegelkabinett」

次に、ミュンヘン・レジデンツにおける「鏡の間」（口絵2-64）とよばれるロココ様式の磁器陳列室をとりあげる。「鏡の間」は、先述したバイエルン選帝侯マキシミリアン二世エマニュエルの命により1731年〜1737年にかけて製作されたもので、巨大なレジデンツの2階中央に設けられた、この城でもっとも表象性の高い豪華な11室続きの一連の陳列室群「華麗の間」の西側に位置する。その設計者はフランス・ロココ様式の建築界の巨匠フランソワ・キュヴィリエである[258]。

多数の巨大な鏡を張った室内には、その壁面、鏡や調度の縁が、ロカイユ装飾や曲線的なアカン

挿図2-85
色絵梅花卉文角瓶　高さ22cm
ミュンヘン・レジデンツ所在
国立バイエルン城郭庭園管理局蔵

挿図2-87
色絵桜竹文瓶　高さ27cm
ミュンヘン・レジデンツ所在
国立バイエルン城郭庭園管理局蔵

挿図2-88
青磁色絵貝形鉢　高さ各12.0cm
マウント装飾：南ドイツ、18世紀初
ミュンヘン・レジデンツ所在
国立バイエルン城郭庭園管理局蔵

サスなどの植物文様のレリーフで覆い尽くされ、いたるところにフランス・ロココ様式の特徴を顕著にみることができる。これらの曲線的なレリーフ装飾には、腰壁の高さ以上のあらゆる部分に、多数の磁器を載せるためのコンソールが取りつけられ、中国と日本の磁器が陳列されている。

ところがこれらの装飾は、第二次世界大戦時における爆撃により破壊され、ほぼ完全に失われた。現在公開されている「鏡の間」は修復により壁面の装飾を再建した復元展示である[259]。壁面に現在置かれている多数の東洋磁器も、戦前までこの部屋にあった磁器とは全く異なるもので、歴史的な復元を意図した磁器の展示はおこなわれていない。

この「鏡の間」における磁器の陳列状況を歴史的にさかのぼって検討するためには、戦前に撮影された写真や城の家財目録を参照する方法がある。

まず、戦前の写真に写し出された「鏡の間」(挿図2-84・86)からは、壁面に取りつけられた多数のコンソールの上に、現在この部屋には存在しない柿右衛門様式の角瓶をはじめとする数多くの肥前磁器が陳列されている状況を確認することができる。たとえば、現在はミュンヘン・レジデンツの東洋磁器の展示室に展示されている柿右衛門様式の角瓶(口絵2-67右、挿図2-85)の類品は、挿図2-84の戦前の「鏡の間」の写真の壁面に7個確認することができる[260]。同様の展示室の色絵桜竹文瓶(挿図2-87)は、極めて似た形状の瓶が戦前の「鏡の間」の写真(挿図2-84)に3個、別の壁面(挿図2-86)にも2個映っており、同様の形状の鶴首の瓶がそれ以外のコンソールの上にも多数みられる。この部屋の磁器陳列は、鶴首の形状の瓶を多用して統一をとることにより規則的なリズムと調和をもたらしている。

しかしこれら(口絵2-67、挿図2-85・87)は、後述するレジデンス内の東洋陶磁の常設展示室の展示品であり、現在「鏡の間」に陳列されてはいない。この「鏡の間」の戦前の写真によって初めて、戦前までのレジデンツの「鏡の間」に陳列されていたことが判明した。写真からは、これらの肥前磁器が「鏡の間」のために選ばれ、少なくとも20世紀初頭の時点でこのフランス宮廷美術の意匠に基づく室内装飾に適応する美術として位置づけられ、鑑賞されていたことを示す例である点が重要である。

このレジデンツの東洋磁器の展示室には、レジデンツ旧蔵の膨大な数の東洋磁器が展示されており、その大半は景徳鎮製であるが、肥前磁器も含まれている[261]。その肥前磁器は、大半が金襴手様式で194点であり[262]、それらの器形はカップ＆ソーサーやティーポットなどの茶器、食卓皿などの食器が大半を占め、大皿も5点が展示されている[263]。室内装飾用の特殊な例としては、柿右衛門様式の獅子の置物(口絵2-68)や、ポプリ容れとして用いるためのマウント装飾を伴う青磁の貝形鉢(挿図2-88)などがある。これらの肥前磁器は、主に選帝侯マキシミリアン二世エマニュエルの収集品であると考えられており、一部の製作時期の早いタイプの筆記用具容れとされる染付草花文蓋物2点(Inv.no.ResMü. K.V.b. 383-384)や柿右衛門様式の六角壺4点(Inv.no.ResMü. K.V.b.48-51)などの限られた一部がその父、選帝侯フェルディナンド・マリア(Ferdinand Maria von Bayern, 1636-1679)の収集品であるとされる[264]。

次に、1769年に作成されたミュンヘン・レジデンツの家財目録における「鏡の間」の項[265]の事例から確認できる肥前磁器に関する情報について考察してゆく。「鏡の間」の項には、壁面や調度の上に置かれた「磁器」の装飾品の名称が数多く記されている。その大半は、産地記載が全くないため、中国、日本、西洋いずれの製品か判断できないが、そのうち約16点には「中国の*Chinesische*」と補足されている。一方、目録の記述から肥前磁器であることがわかるのは、以下の1点のみであった。

「1点の白い磁器の象。金鍍金をほどこしたブロンズの台の上に載せられている。象の背中には、2匹

挿図2-84
ミュンヘン・レジデンツ
「鏡の間」 東面
撮影戦前
国立バイエルン城郭庭園管理局蔵

の猿に支えられた時計が載っているが、これはパリのエティエンヌ・ルノワールの作である[266]。」この象は、「鏡の間」の現在の展示品にふくまれる、時計をともなう柿右衛門様式の色絵象置物（口絵2-65）であると考えられる。それは、口絵2-66のようなロココ様式の豪華な小机風コンソール・テーブルの上に置かれている。

　この象は、頭を左に反らし、高く持ち上げた鼻の先端をくるりと巻きこみ、半開きに開けた口から舌を出している。つぶらな瞳は黒々と長い線で表わす。しなやかな丸みを帯びたこの象の体全体は、濁手の釉で覆われ、皺が柔らかな起伏となっている。斜めに曲げた尾の先端は筆のように丸い。背中の鞍布には、青の上絵で唐草文様を描き、布裏、紐、舌や口を赤で表わす。長い牙には黄色の上絵具が施されている。この象は金メッキを施したオルモル装飾の台をともない、小鳥が上に乗ったパリのエティエンヌ・ルノワール（Etienne Lenoir, 1717-1778）が製作した時計を背に載せている。時計は、金鍍金をほどこし

第2章　西洋宮廷美術における受容　｜　207

挿図2-86
ミュンヘン・レジデンツ
「鏡の間」 西面
撮影戦前
国立バイエルン城郭庭園管理局蔵

た2匹の猿に両側から支えられている。

　以上のように、「鏡の間」に展示された象の彫刻の特徴は、目録に記された象の記述と一致するため、目録中の柿右衛門様式の象として特定できる。しかしこのように、具体的な作例を特定できるほど記述が詳細な例は、この1769年の家財目録において他に例はなく、実物を特定することは基本的に不可能である。一方、この目録においてこの象は、日本とも中国とも記されず、ただ単に「白い磁器」と記されている。このことから、その他の「磁器」という記述についても、東洋製だと書かれていないことを理由に西洋製と断定することはできず、肥前磁器も含めた多様な可能性が考えられる。さらに、「磁器」と書かれた記述は、たとえば「磁器の中国人の像」や「磁器の器」、「磁器の彫像」というタイプの名称が大半を占め、具体的な形状や絵付けモティーフは記されていない。そのため、家財目録に基づいて磁器の

かつての陳列状況を完全に把握することはできない。

　このほかにも、現在レジデンツ内では数多くの大型の壺類が、王族の居室部分の複数の部屋に陳列されているが、それらの陳列についても戦前の写真があり、戦前まで数多くの肥前磁器がレジデンツの王家の居室部分を飾っていた状況を知ることができる。たとえば「緑のギャラリー」には戦前は、「色絵染付山水楼閣花卉文蓋付壺・瓶」1対が置かれていたことを戦前の写真（口絵2-70）からうかがい知ることができる。この一対の壺は同レジデンツ内に現存し、濃厚に染付を塗りこめ黒に近い藍を地色とし、山水や風景から成る極めて繊細な絵付がほどこされた優品で、その類品がゴータのフリーデンシュタイン城やヘッセンのヴィルヘルムシュタール城（第2章補論第1項、p. 259 挿図2-114）など複数の宮廷に伝わっている。なお現在、この「緑のギャラリー」には口絵2-69の漆装飾を施した肥前磁器の染付壺が置かれているが、それは1769年の家財目録の記述に基づいて決定された陳列であるという[267]。

　18世紀から19世紀にかけて、この宮殿の調度を記した家財目録は多数作成された。これらの複数の家財目録の記述を比較すると、この宮殿内の各部屋における磁器は、流動的に自由に配置換えされていたことがわかる。従って、この城の家財目録に記された個々の磁器の配置場所は永続的な意味があるわけではなく、磁器の陳列を把握するために目録に基づく必要は基本的にないと考えられているようである。そのためミュンヘン・レジデンツの修復に際しても、18世紀の家財目録に基づいて磁器の配置場所を特定して復元する再現陳列は行われていない[268]。

　バイエルン王国内の複数の城に所蔵されていたヴィッテルスバッハ家所蔵の磁器を含む調度品は、第2次世界大戦中に戦災による被害を免れるために元の場所から撤去されて避難場所に保管されていた。戦後それらの磁器は、バイエルン城郭庭園管理局の管理下に置かれ、バイエルン州内に分布するニュンフェンブルク城Schloss Nymphenburg、アンスバッハ・レジデンツResidenz Ansbach、シュライスハイム城Schloss Schleißheimをはじめとする多数の城の展示に用いられている。現在これらの城で行われている磁器の陳列は、戦前までの資料や目録に厳密に基づいた再現を意図したものではなく、基本的には、当時の室内装飾の一般的な慣例に則した方法で配置され、一般の鑑賞に供することを目的とした展示がなされている。

第2章第2節　結語

　西洋のなかでも、殊にドイツに数多くの「磁器の間」が設置されることになった最初の契機は、ドイツの王侯たちがオランダからオラニエ＝ナッサウ家出身の王女を妃として迎え入れたことから始まっていた。しかし、磁器陳列の文化は、発祥の地オランダではなく、ドイツで開花したと断言せざるをえないほど、ドイツには磁器陳列室や肥前磁器が豊富に存在し、オランダの状況をはるかに凌駕している。

　ドイツの磁器陳列室を理解するためには、磁器陳列と鏡との関連をふまえて理解することが不可欠である。前述の通り、「鏡の間」として設置された磁器陳列室は極めて多い。ドイツでおこなった磁器陳列室の現地調査や文献調査によって、鏡を使用しない磁器陳列室の事例はドイツでは存在しないことも確認することができた。
　また、ドイツにおける初期（1730年以前）の磁器陳列室には、東洋趣味とジャン・ベランの影響によるグロテスク意匠を共通要素として確認することができ、その意匠はシノワズリ。すなわち、磁器陳列室に漆パネルなどの漆装飾を組み合わせるタイプは、ダニエル・マロの銅版画からの影響が優勢であり、漆パネルなど東洋趣味を取り入れたオランダ風のシノワズリ様式の装飾を反映したものであった（例：オランダ宮、日本宮、ハイデックスブルク城、フリーデンシュタイン城）。一方、グロテスク意匠が組み合わされた磁器陳列室のタイプは、フランス趣味が優勢を占めていた（例：メルセブルク城、ガイバッハ城、ヴァイセンシュタイン城、ヴァイカースハイム城、ヴァイルブルク城）。その後、1730年代になるとこれらの要素は後退し、かわりにフランス風のロココ装飾が支配的となるが、それにはローカルなドイツ・ロココ様式と本格的なフランス・ロココ様式という2つのタイプがある。前者は、アルテンブルク城やアルンシュタット城に設置された磁器陳列室にみられるテューリンゲン地方の内部装飾デザイナーによるローカル色の強いドイツ・ロココ的装飾であり、後者は、ミュンヘン・レジデンツおよびファルケンルスト城で実現されたような、フランス人建築家キュヴィリエによるヴェルサイユを起源とするフランス・ロココ様式の装飾である。以上のように、ドイツにおける磁器陳列室の装飾意匠は、オランダとフランスの影響に加えて各時代を支配する美術様式とも連動しており、発展段階によりおおまかな様式移行の図式を認めることができる。

　ドイツの磁器陳列室の調査過程は、第二次世界大戦においてドイツの文化財が被った被害の詳細に対峙することの連続であった。失われた磁器陳列室は、いうまでもなく戦時中に多くの大都市が受けた爆撃によって失われてしまった膨大な数量の貴重な建造物の一部である。かつてミュンヘンやベルリン、ドレスデンなどの大都市に存在した大規模で優れた磁器陳列室の内装は、戦争が消滅させてしまった。しかし、こうした被害は歴史を遡れば何度も繰り返されたことであった。ドイツでは絶え間なく大規模な戦争が起こり、城の調度である装飾美術はその度ごとに危機に直面し、とりわけ甚大な被害が第二次世界大戦によってもたらされたのはいうまでもないが、それ以前の18世紀後半にも、七年戦争とナポレオン戦争が起こった。とりわけナポレオン戦争による被害は南欧から東欧までの広い地域に波及し、膨大な数の貴重な建造物が破壊され地域経済が停滞、多くの文化財が失われている。
　いつの世も戦争が起こるたびに、城内の貴重な家財は財産保護のための移動を強いられる。あ

るいは、建物自体が破壊されすべてを喪失するケースも、ドイツでは様々な事由で発生している。権力と富が集中する城は、常に歴史の荒波にさらされながら今日に至ってきたのである。従って、今日まだ伝存する磁器陳列室は希有な好運の結果にほかならない。

　自然劣化以外の損傷を受けることなく残されてきた磁器陳列室の多くはテューリンゲン州に集中している。テューリンゲンの王侯の多くはザクセンのヴェッティン家と同系であるため、テューリンゲンはザクセンの影響を強く受けていたことに加え、プロテスタント地域であるため、ブランデンブルク・プロイセンをはじめとする磁器陳列の文化を継承した王室から妃を迎える事例が多く見受けられた。アルテンブルク城やアルンシュタット新宮殿のように、妃が設置した小規模な磁器陳列室が多いのはそのためである。テューリンゲン州は、ロシアに占領されたのち間もなく共産主義体制に入ったため、戦後にロシアから美術品の返還をスムーズに受けることができた。こうした経緯から、数多くの来歴の古い東洋磁器がテューリンゲン州に伝存している。しかしながら、ロシアとの文化財の返還交渉にまだ問題を抱えている旧東ドイツの地域もあり状況は一律ではない。ドイツの歴史的文化財の研究は、東西の別によっても戦後の文化財保護の歩みが異なるのである。

　現存する磁器陳列室についても、ほぼすべての磁器陳列室に修復の手が加えられていた。修復は、膨大な時間と十分な資金確保を必要とする課題であるため、行政の熱意が欠かせない。また、適切な修復を行うために様々な財産の目録を紐解き歴史考証を行う献身的な努力があってこそはじめて実を結ぶものであることも、アルテンブルク城のような磁器陳列室再建の数少ない成功例を見聞するにあたり認識を新たにした。

　ドイツの磁器陳列室の歴史を概観することを通じ、ドイツにおける戦争の爪痕を実感する。磁器陳列室から分散してしまった旧蔵品の問題も強く認識させられた。こうした事例に関わる肥前磁器については、家財目録や分散した伝世品を把握することがまず求められよう。その取り組みは、磁器陳列室を抱える城においても着手されていない場合があり、積み残された課題は多い。さらなる調査を積み重ね、今後の課題として取り組むことができれば幸いである。

註

1 現在ドイツとよばれる地域は、1871年にドイツ帝国が成立する以前まで、1つの統一された国家ではなかった。本書が対象とする17世紀から18世紀までの時代にはドイツという国家はないため、本書ではドイツという言葉を今日のドイツ連邦共和国内に位置する地域を総称する名称として用いる。今日のドイツは、統一以前は数多くの単位に分かれていた。そのもっとも主要な単位である選帝侯領は、17～18世紀のあいだ、1356年の金印勅書で規定された6名の選帝侯Kurfürst（マインツ、トリーア、ケルンの大司教が治める聖界諸侯、ブランデンブルク公〈1701年よりプロイセン王〉、ザクセン公、バイエルン公の世俗の諸侯）、および、それ以降に17世紀に選帝権を得た2名の選帝侯（ライン・プファルツ伯とブラウンシュヴァイク＝カレンベルク公〈ハノーファー選帝侯〉）という合計8名の選帝侯に統治されていた。その他に、聖界諸侯94（領主司教など高位聖職者であると同時に領土を相続する領主）、諸伯103（伯爵Graf、公爵Herzog、侯爵Fürst、方伯Landgrafなどの領主）、高位聖職者40（カトリックの司教、司祭など）、帝国自由都市（Freie und Reichsstädteとよばれるリューベック、ハンブルク、ニュルンベルクなどの自治都市）があり、およそ300の単位に分かれていた。

2 本書にとりあげた22ヵ所以外にも情報不足により紹介することができなかった磁器陳列室がまだ若干ある。本調査はまだ継続中であり、今後も情報は増加すると予想するため、22ヵ所という数字は暫定的なものであることをつけ加えておく。

3 第二次世界大戦以前よりドイツに所在する美術品は、被災していない一部の例を除けば、基本的に戦時中の被災や戦後の戦利品としての国外流出の問題に関係する。筆者は、磁器陳列室や肥前磁器を現地で調査し、所蔵先の博物館において戦中戦後の所蔵品の状況について情報を得た。しかし、本書では口頭で聞いた情報は記載しない方針をとり、磁器の流出に係わる事実関係について本書で言及するのは、活字で公刊された学術論文に基づく場合のみとする。

4 これらの調査は、主に科学研究費による共同調査（平成21～24年度文部科学省（基盤研究B）「シノワズリの中の日本　17～19世紀の西洋における日本文化受容と中国」〔研究代表者　日高薫〕：以下シノワズリ科研と略称）および私費による個人調査という方法で行った。科学研究費による調査は、常に日高薫氏・荒川正明氏・坂本満氏・山崎剛氏・澤田和人氏を中心とする7名程度で行い、下記の一覧に＊を付けた陶磁器の調査は共同調査メンバーである荒川正明氏と合同で行った。一方、個人調査は全く単独で実施した調査をさす。ドイツでの磁器陳列室調査の実施状況は以下である。
・ヘーレンハウゼン城、メルセブルク城、カプット城：2012年8月（個人調査）
・ヴァイルブルク城、ファルケンルスト城、オラニエンブルク城：2010年5月（個人調査）
・ゴータ・フリーデンシュタイン城：2010年9月（個人調査）
・ヴァイセンシュタイン城、ヴァイカースハイム城、ファヴォリテ城：2010年3月（シノワズリ科研＊）
・アルテンブルク城、シャルロッテンブルク城：2010年5月（個人調査）、2012年8月（個人調査）
・アルンシュタット新宮殿、ミュンヘン・レジデンツ、ハイデックスブルク城：2010年3月（シノワズリ科研＊）、2010年5月（個人調査）

5 Konsole（独）。磁器を置くために、磁器陳列室の壁面に設置した小棚をコンソールと称ぶ。

6 ドイツには、西洋陶磁だけを陳列した磁器陳列室もあり、その成立は1730年代以降である。西洋磁器のみを陳列した磁器陳列室としては、アンスバッハ・レジデンツの「鏡の間」（1739年完成）やヘーレンキムゼー城の「磁器の間」（1886年完成）が代表例として知られる。

7 オラニエンブルク城は、ベルリン近郊の町ベッツォウBötzowにある。元は1200年頃に建てられた山城であったが、1550年頃選帝侯ヨアヒム二世が狩猟の館として改装した。

8 本書第2章第1節第3項、p. 147

9 Reidemeister 1933, p. 263

10 ホーエンツォレルン家Haus Hohenzollernは、元はシュヴァーベン地方の伯爵の家系であったが、13世紀に婚姻によりニュルンブルク城伯Bruggrafの身分を得て、1415年からブランデンブルク選帝侯となった。しかし、三十年戦争（1618年～1648年）の被害により領地は荒廃し、戦争の敗北により17世紀後半のベルリンは崩壊寸前となった。

11 Bischoff 2002, pp. 16-19

12 原文 "Je vous prie d'avoir soin qu'un bon doreur dore mon Cabinet de porcelain, car l'autre ne vaut rien, il a bien mérité votre colère."（わたしの磁器の間に金塗をほどこしたいのでもっと良い金塗装師を探してください。あのもう一人の人は困り者で、貴方を怒らせたのももっともです。〔翻訳筆者〕）　Reidemeister 1933, p. 264

13 "Die alte Porcelain Cammer ist beschlagen mit vergülten Lehder, davon grundt blau."（Reidemeister 1933, p. 264）

14 Wittwer 2001, p.36

15 本書第2章第2節第1項A-5、pp. 162-164

16 ハーグから1692年にブランデンブルクに招聘され宮廷画家に任命されたオランダ人画家。

17 Putto（独）。プットーは、バロック絵画にはよくみられる有翼の童子で、小天使もしくは世俗の愛の先ぶれの役を果たし、その起源は古代ギリシア・ローマに遡る。（ホール1988　p. 281 項目「プットー」参照）

18 これらの図像の解釈は、この絵に関する以下の論文の記述を参考にした。Bischoff 2002, pp. 20-21

19 Lademacher 1999, p. 302

20 この陳列棚は、フリードリッヒ大王により1742～1743年冬にオラニエンブルク城からベルリンのシャルロッテンブルク城に移動された。その際に作成された1742年12月11日と1743年5月13日の移動品リストによって、オラニエンブルク城磁器陳列室にあった金鍍金を施した木製のピラミッド棚7台、磁器1303個、および大小様々な鏡がシャルロッテンブルク城へ運ばれたことが判明している。Wittwer 2001, p. 37（記載史料　BLHA, *Inventarium von dem Königl. Schloße zu Oranienburg de 1709 und 1743*, Rep, 2D, 14937, fol. 275a / 287b）

21 この台は、戦前にシャルロッテンブルク城に6台あったことが確認されている。（Reidemeister 1933, p. 265）

22 Wittwer 2001, pp. 41, 150（R.Nr; 93, p. 205f.）

23 Reidemeister 1933, p. 265

24 Wittwer 2001, p. 41

25 この天井画は第二次世界大戦中に失われた。

26 国有化されたプロイセン王室のコレクションは、現在プロイセン城郭庭園財団によって管理・所蔵されている。

27 Wittwer 2001, p. 43（記載史料　BLHA, *Inventarium von dem Königl. Schloße zu Oranienburg de 1709 und 1743*, Rep, 2D, 14937, fol.276a-279a "[…] *die durch Knobelsdorff ausgewählten*

und nach Charlottenburg gebrachten Objekte [...] betreffend, Oranienburg, den 5. November 1742".)

28　Reidemeister 1933, p. 270
29　櫻庭／菊竹／山本2009　pp. 11, 52, 91, 113, 122　日本には「色絵唐人物文蓋付大壺」がこれらをはじめ少なくとも9点ある。これらは、後述の古い来歴をもつ組物が個々に分かれて散逸したものの一部であると考えられる。
30　松岡美術館所蔵品の色絵唐人物文大壺の寸法を例として挙げると、高さ(蓋無)48.5センチ、総高58センチ、蓋の高さ9.5センチであった。そのため、蓋の高さは9～10センチ程度となるため、蓋を伴わない高さ45～48センチの大壺の総高は55～58センチ程度となる。(櫻庭／菊竹／山本2009　p. 122)
31　*Japanische Palais, Inventar 1779*, Bd. V., Blatt 158
32　朝日新聞社1993　p. 87　図版39を参照
33　2009年におこなった個人調査で実見した。写真は以下の書に掲載されている。(九州産業大学2009　p. 131　図版30、31)
34　Wittwer 2001, pp. 40, 52
35　Wittwer 2001, p. 41 (R. Nr; 93, p. 205f.)
36　Riedemeister 1934, p. 42
37　Potsdam 2002b, p. 7
38　Riedemeister 1934, p. 42　(記載史料　*Inventarium über die Meublen, welche in das Schloß zu Kaputh Befunde worden;* Verw. D. Staatl. Schösser u. Gärten)
39　Reidemeister 1934, p. 42　イタリア語記載事項の翻訳は篠塚千恵子氏の御教示を得た。
40　ライデマイスター氏はこの絵を1690年代の作と推定した(Reidemeister 1934, p. 42)が、ザミュエル・ヴィットヴァDr.Samuel Wittwer氏は、この中央のBorussiaが1689年以前の特徴を示す王冠を載せていることを指摘し、その前に製作された可能性を示唆している(Wittwer 2001, p. 47)。
41　本書第2章第2節第2項A、p. 179で取り上げるハノーファー選帝侯妃ゾフィーの王女にあたる。
42　Potsdam 2002b, pp. 7-8
43　本書第2章第2節第1項A-2、pp. 158-159
44　*Inventarium Arcis Scharlotenburg, conscriptum mense April 1705;* Verw. d. Staatl. Schlösser u. Gärten.
45　Reidemeister 1934, p. 44
46　Ibid., p. 44
47　Kemper 2005, p. 11
48　フリードリッヒ一世はこの城と土地と引き換えにヴァルテンベルクに2台の公式馬車と馬を与え退去させた。Kemper 2005, pp. 15-19 / Hildebrandt 1928, p. 303,
49　英国王兼ハノーファー選帝侯家の王女で、フリードリッヒ・ヴィルヘルム(Friedrich Wilhelm I, 1688-1740)の妃。後にフリードリッヒ大王Friedrichs II. von Preußenの母となる。
50　Reidemeister 1934, p. 52　(記載史料　*Inventarium von denen Meublen in Monbijou eingerichtet von denen verordneten Comissarien und inventiret den 2. Januarij Ao. 1711*, Pr. Geh. Staatsarchiv, Rep, 21, 192)
51　Reidemeister 1934, p. 53
52　Ibid., p. 53
53　Ibid., pp. 53-54(記載史料:*Inventarium von denen Meubles in dem Schlosse zu Monbijou v. 25. Juni Ao. 1738*, Br. Pr. Hausarchiv, Rep, 46, R. 9)
54　*Inventarium der Verlassenschaft der d. 28. Juni 1757 höchstseelig verstorbenen Königin Sophie Dorothee etc., beendet den 3. April 1758*, Bibl. d. Hohenzollernmuseums／ライデマイスター氏によると、これらの磁器は購入品だけでなく、王国内の複数の城からこの城へ運び込まれたものも多いのだという。Reidemeister 1934, p. 54
55　[　]内はこの城の部屋番号である。以下同様。
56　Reidemeister 1934, p. 53
57　niche(英、仏)、Nische(独)。ニッチともいう。壁龕(へきがん)は、壁、柱などの垂直面に設けられた凹面を意味する。彫像や装飾品を置く場合も多いが、座席となる場合や、何も置かずに装飾や建築のモティーフとする場合もある(新潮社 1985　p. 1312 項目「壁龕」を参照)。
58　Reidemeister 1934, p. 54
59　この大広間は、かつて版画集*Teatrum Europaeum*(Frankfurt, 1717 und 1718, 16. Theil, 1703)において「ギリシャ風の小部屋*Salet à la Grec*」と記され、Schlichtingの版画では「鏡の大広間*Spiegel Saal*」とよばれた。
60　プロイセン城郭庭園財団ミヒャエラ・ヴォルケル氏 Dr. Michaela Völkelの御教示による。
61　Kemper 2005, pp. 33-34
62　Ibid., p. 43　「インドの磁器*Indianische Porcellain*」は、当時東洋や西アジア全体がインドとよばれたことに因む呼称で、中国又は日本の磁器を指した17～18世紀においては一般的な名称である。そのため、この部屋には景徳鎮や肥前の染付が置かれていたものと推測される。
63　この城は1813年まで存続したが、建物の状態の悪化により取り壊された。
64　Marth 2004, pp. 46-51
65　アントン・ウルリッヒ侯のコレクションやこの公爵家代々のコレクションについては、次の展覧会図録に詳しく紹介されている。(Luckhardt 2004参照)。また、中国と日本の陶磁器や絵画、彫刻などの工藝品については、アントン・ウルリッヒ公爵美術館が主催した研究プロジェクトによるエヴァ・シュトレーバー氏の研究成果が以下の図録掲載の論文にまとめられ(Ströber 2002, pp. 9-24)、同館が所蔵する上記のジャンルの東洋製工藝品資料(肥前磁器を含む)も同図録にすべて掲載されている。
66　Bressand 1694(1994), p. L iii / Marth 2004, p. 53
67　Flemmer 1697, fol. 6 v／翻刻はGerkens 1974, p. 166に所収。
68　Uffenbach 1753, pp. 334-336, 338
69　Querfurth 1710/11, fol. B2r.
70　ヴォルフェンビュッテル城博物館Schloss Wolfenbüttel Museum館長ハンス=ヘニング・グローテ氏 Dr. Hans-Henning Groteの御教示による。(2012年8月)
71　本書第2章第2節第2項A、p. 179
72　本書第2章第2節第2項E、p. 189
73　本書第2章第1節註58「グロテスク」を参照。
74　Chroust / Hantsch / Scherf 1931, Quellen, Nr. 207, 209, 289, 343, 406
75　この目録について以下の論文に詳しい。目録に関する記述はすべて以下の論文に基づく。Döry-Jobaháza 1964, pp. 195-224
76　ガイバッハ城内では、この部屋の位置が特定されていないためにそれを取り付けることができない状況である。Lohneis 1985, pp. 58-59
77　Lohneis 1985, p.62
78　Sangl 1989, p. 62
79　*Inventarium über Die hochfürstliche Schönbornsche Mobilien Zue Gaibach 1732*, In: Döry-Jobaháza 1964, p. 224; Lohneis 1985, p. 60
80　Loibl 1989, p. 83

81	Chroust / Hantsch / Scherf 1931, Quellen (Anm. 4), Nr. 209
82	Döry-Jobaháza 1964, pp. 195-224
83	Lohneis 1985, pp. 58-60
84	アウグスト強王が、1726年にフレミング伯爵への手紙に記した言葉。"Ne savez vous pas qu'il est des oranges commes des porcelains, que cen qui ont une fois la maladie des uns ou des autres ne trouvent jamais qu'ils en ayent assez et que plus ils en veulent avoir" (Pietsch 1996a, p.18)
85	Cassidy-Geiger 2003, p.143
86	1933年4月における日本宮管理役人のマルティン・トイフェルト Martin Teuffertによる報告。"ein Ruhm und sehr würdiges Palais, so in der Welt nicht zu finden, mit wenigen Kosten erlangen Können." BA: IAa19, pp. 160-161 (Menzhauzen 1990, p. 25)
87	Ströber 2003, p. 28
88	Ströber 2011, p. 596
89	Ibid., pp. 595-596
90	本書第2章第1節第2項、p. 145　口絵2-2
91	Reichel 1980, p.123
92	Pietsch 1996a, pp. 18-19
93	Ibid., p. 16
94	Reichel 1993
95	ヨハネウム番号という通称は、ドイツでも広く用いられている。しかし、ドレスデン国立美術館磁器コレクション館館長のウリッヒ・ピーチュ氏Ulrich Pietschの御教示によれば、この呼称は、かつて強王旧蔵の磁器がヨハネウムに所蔵されていたことから、磁器がヨハネウムのための収集品であるとされた誤解に基づく名称であるため、適切でないということである。従って、ピーチュ氏は、ヨハネウム番号ではなく「Palais Nummer（宮殿番号）」とよぶべきだと述べている。ただし本稿では、ヨハネウム番号という言葉がすでに日本でも周知されているため、便宜上ヨハネウム番号という名称を用いた。
96	Ströber 2011, pp. 595-596
97	Reichel 1980, p. 122；Ströber 2011, p. 597
98	Menzhausen 1990, p. 7
99	日本宮の建築プラン（挿図2-34）に、ドレスデン国立美術館が所蔵する漆塗りの肥前製染付磁器の鳥篭瓶と同じ形状の壺が描かれていることは重要な指摘である。この図面は、ライヒェル氏による1980年の著作に掲載されている（Reichel 1980, pp. 120-121）が、氏はそこで図面に描かれた鳥篭瓶に言及していない。この図面に肥前製染付磁器の鳥篭瓶の存在について最初に指摘されたのは、オリヴァー・インピー氏による以下の論文ではないかと推測する（Impey 1990, pp. 65-66；邦訳版インピー 1994a　p. 66）。しかし、この図面上の壺には絵付けモティーフが明瞭に描かれていないため、これは肥前製かその写しであるマイセン製であるかを特定することはできない。より厳密には、肥前製およびマイセン製両方と称する必要があろう。
100	Reichel 1980, p. 123
101	Schmidberger / Achenbach / Klein / Weinberger 1990
102	朝日新聞社1993
103	本書第2章第1節第2項、p.142を参照。
104	1673年にヘッセン＝カッセル方伯カールに嫁ぐ。クーラント公爵ヤコブ（Jakob Herzog von Kurland, 1610-1681）とルイーゼ・シャルロッテ（Luise Charlotte Prinzessin von Brandenburg, 1617-1676）の間に生まれた。ブランデンブルク選帝侯フリードリッヒ・ヴィルヘルム（本書第2章第2節第1項A-1、p. 157を参照）はルイーゼ・シャルロッテの弟にあたる。
105	Schmidberger 1990, p. 18を参照。その内容は、デルフトやハナウなどのファイアンス（錫釉陶器）が含まれる可能性もあるもののブランデンブルク選帝侯国王女を母に持ちプロイセン王家と親戚関係にある彼女の出自やヘッセン＝カッセル方伯家に伝わる磁器コレクションを考慮すれば中国・肥前の磁器が中心であったはずである。
106	Schmidberger 1990, pp. 19-20
107	Ibid., p. 20
108	Ibid., p. 20
109	Ibid., p. 22
110	Inventar der Porzellangalerie, 1760-63; Vormundschaftsregierung Landgräfin Marie, Bd. III, Hessische Hausstiftung, Archiv Schloß Fasanerie
111	Schmidberger 1990, p. 24
112	Ibid., p. 25
113	Ibid., p. 25
114	Schmincke 1767, pp. 307-308；Schmidberger 1990, pp. 25-26
115	Schmidberger 1990, p. 26
116	Riemann-Wöhlbrandt 1990, p. 51
117	Schmidberger 1990, p. 28
118	Riemann-Wöhlbrandt 1990, p. 51
119	Schmidberger 1990, pp. 17-18
120	今日、ギャラリー館はハノーファー市により管理されており、市の様々な催しの際に一般開放されるが、この部屋は通常公開されていない。
121	ハーグを亡命先に選んだのは、フリードリッヒ五世の母ルイーゼ・ユリアーナ・ファン・オラニエ＝ナッサウ（Louise Juliana van Oraje-Nassau, 1576～1644）がオランダの宮廷出身である事に因る。そのためゾフィーもオランダの宮廷に暮らした。
122	Alvensleben 1929, pp. 27, 30
123	Ibid., p. 31; Alvensleben / Reuthe 1966, p. 41
124	pilaster（英）、Pilaster（独）。壁体に付着した薄い柱の形をしたものをピラスターといい、日本語では片蓋柱とも称される。普通薄い角柱状で、柱頭と礎盤をそなえ、厚さは幅の三分の一ないし四分の一で、実際の工作では壁体と一体に作られる（新潮社1985　p. 288　項目「片蓋柱」参照）。
125	これは20世紀の状態であるので、写真には多数の、1730年以降に製作されたロココ時代の西洋磁器と推測される器や人物彫刻があり、ゾフィーの時代の陳列が維持されているわけではないことがわかる。
126	stucco（伊、英）。建築の天井、壁面、柱などを覆う化粧漆喰。消石灰（または石膏）を主材料とし、大理石粉、粘土粉などを混ぜてつくられる。古代から建築の仕上げ材料として広く用いられたが、バロック建築で重要な構成要素とされた（新潮社 1985　p. 772　項目「ストッコ」参照）。
127	medaillon（仏）、medallion（英）。円形またはそれに近い形の枠でふちどられた装飾。建築壁面や天井などにみられる。素材には、石、漆喰、木などが用いられた（新潮社1985　p. 1467　項目「メダイヨン」参照）。
128	Alvensleben 1929, pp. 30-31
129	本書第2章第2節第1項A-1. オラニエンブルク城「古い磁器の小部屋」を参照。この部屋は現存せず、この鏡の破片の天井装飾もすでに失われている。
130	Alvensleben 1929, p. 31
131	Ibid., p. 31
132	ヴェルフェン家の美術コレクションは私有財産である。その肥前磁器について把握することはできなかった。

133　Sotheby's 2005, Lot No. 3002, 3003, 3004, 3005, 3009, 3031, 3032／これらのうち挿図2-42の蓋付壺はシャーボーン城、ウーバーン・アビー、ドレスデン国立美術館、蒲原コレクション（佐賀県立九州陶磁文化館）が類品を所蔵する。
134　1815年以来この城はザール県の行政機関により使用されており、内部に博物館がある。
135　本書第2章第2節第1項Dにて前述した。
136　Vötsch / Wilhelm 2009
137　Heitmann 2009, pp. 90-91
138　Kappel 2009, p. 107
139　Kowa 2013を参照。ベルリン工藝美術館副館長ローター・ラムバッハー氏Dr. Lothar Lambacherの御教示によると、現在もこの部屋の所蔵先はベルリン工藝美術館であり、ボーデ美術館に寄託しているとのことである。
140　Kappel 2009, p. 107
141　Heitmann 2009, p. 91　挿図2-46、2-47を参照。
142　Kappel 2009, p. 107
143　Bad Homburg 2001, p. 6
144　Einsingbach 1979, p. 58
145　*Inventare Schloss Weilburg von 1764*（Einsingbach 1979, p. 58を参照）／現在は「中国の間Chinakabinett」とも称されている。
146　Bad Homburg 2001, p. 16
147　Einsingbach 1979, pp. 58-60
148　現在の布は、その後1963年に貼り替えたものである。Ibid., p. 60を参照。
149　Ibid., p. 60
150　これらの磁器を置く装飾棚については、ヴァイルブルク城の1764年と1890年の家財目録に記されていないという（Bad Homburg 2001, p. 27を参照）。しかし、これらが別の城から移入されたことを示す記録がある訳でもなく、バロック様式のストゥッコ装飾とも融合した全体の調和からみても、改築時に設置されたものと推測される。
151　Einsingbach 1979, p. 58
152　本書第2章第1節、p. 154　註59、60を参照。
153　Mathieu 1992, p. 31
154　Ibid., p. 20
155　Scheid 2002, p. 17
156　ハイデックスブルク城学芸員のラウターバッハ氏Frau Jeanette Lauterbachの御教示による（2010年8月）。
157　ラウターバッハ氏の御教示による（2010年8月）。
158　コンソール・テーブルKonsole Tischとは、壁に沿って置かれる装飾を置く台で、豊かな彫刻的なフォルムの装飾を施した脚部（2足）をともなうもの。
159　ラウターバッハ氏の御教示による（2010年8月）。
160　本書第2章第2節第1項C、pp. 170-171
161　Sangl 1989, p. 61
162　Brandt 1989, p. 154
163　ローター・フランツは1700年頃ロール・アム・マインLohr am Mainに鏡工場を設立した。工場が成功したため、高価な大型の鏡を自由に入手することができた。ローター・フランツが、ヴュルツブルクのレジデンツ、ヴァイセンシュタイン城、ガイバッハに「鏡の間」を設置した事実は、この鏡工場と密接に関わっている。
164　Loibl 1989, p. 84
165　本書第2章第2節、第1項C　pp. 170-171
166　Loibl 1989, p. 84
167　Ibid., p. 85
168　Brandt 1989, p. 156
169　ガイバッハ城は、ローター・フランツの没後に売却されたため、ガイバッハ城の家財はヴァイセンシュタイン城に移された（Maué 1989参照）。
170　Lang 2006, p. 44
171　バーデン・ヴュルテンベルク国立城郭庭園管理局（Staatliche Schlösser und Gärten Baden-Württemberg）ディナ・ロートシェーファー氏Frau Dinah Rottschäferより、磁器の総数や後述の家財目録について御教示を得た。
172　本書第2章第1節、p. 154　註58「グロテスク」を参照。
173　バーデン・ヴュルテンベルク国立城郭庭園管理局（Staatliche Schlösser und Gärten Baden-Württemberg）ヴォルフガング・ヴィーゼ氏Dr. Wolfgang Wieseの御教示によれば、同局が管理する記録上ではこれらの磁器は城の家財として伝えられており、局の管理下での資料の納入記録はないという。
174　Lang 2006, pp. 44, 45
175　*Inventar von 1725*, Hohenlohe-Zentralarchiv Neuenstein, Signatur ; A. Weikersheim V/1/3（原文）"*Mobilien Sturtz Bey der Hochgräflichen Hofhaltung allhier zu Weickersheim vorgenommen, den 2. Jan. 1725 […] Im Cabinet, welches völlig aufgemacht, mit rothem Damast beschlagen, Cabinet Stücken und Porcellain bestellt.*"
176　ヴォルフガング・ヴィーゼ氏の御教示による。
177　前掲註4参照。
178　Grosse 1998
179　Lohneis 1985, p. 63
　　　1733年のジビラ・アウグスタ辺境伯夫人の没後、この城は息子のルードヴィッヒ・ゲオルグが相続し、夏の離宮として使用した。この一族の直系の子孫が1771年に絶えた後は、近隣のバーデン＝ドゥルラッハ辺境伯家がこの城を相続し、この一族も引き続きこの城を夏の離宮として使用したことから、この城は大きな損傷を被ることなく現在まで良好な保存状態が保たれている。当時バーデン・ヴュルテンベルク国立城郭庭園管理局（Staatliche Schlösser und Gärten Baden-Württemberg）の学芸担当者であったウルリケ・グリム氏Dr. Ulrike Grimmの御教示による。
180　本書第2章第2節第1項D、pp. 171-176
181　この城の財産に関する最も古い目録である。
182　Grimm 2010, p. 53
183　Ibid., p. 14
184　Ibid., p. 10
185　Ibid., p. 14
186　1500点以上という数字は、バーデン・ヴュルテンベルク国立城郭庭園管理局が発行したファヴォリテ城の公式リーフレットに記されたウルリケ・グリム氏の解説に基づく。リーフレットの名称は、"A tour of Favorite, the pleasure palace of Margravine Sibylla Augusta of Baden-Baden (1675-1733)"（Text : Ulrike Grimm）である。
187　Grosse 1998, p. 39
188　この「緑の部屋」の壁面の京都製の押絵の婦人像は、日本文化受容の好例としてつとに有名であるが、肥前磁器は後述のとおり2点のみであり、この城にはほかに日本製品を見ることはなかった。
189　本書で用いる、建物の各階に対する1階、2階という名称は日本式の数え方に基づく。本書では、1階を地上階とよぶ西洋式の名称は用いない。
190　Grimm 2010, p. 10
191　Grosse 1998, p. 66

192 Grimm 1996, p. 1860
193 Grimm 2010, p. 53
194 Ibid., p. 27
195 Ibid., p. 28
196 1726年に作成されたこの城の建設に関する以下の領収書に基づく。*Rechnung über der Durchl. Frau Herzogin Butz-Cabinet vom 31. May 1723 bis den 28. März 1726.* Thüringisches Staatarchiv Gotha, Geheimes Archiv Nr. 3368, 1726. (Däberitz 2000, p. 179を参照)
197 この城を管理するフリーデンシュタイン・ゴータ城財団Stiftung Schloss Friedenstein Gotha学芸員ウテ・デーベリッツ氏Frau Ute Däberitzの御教示による。
198 ウテ・デーベリッツ氏の御教示による。
199 Lehfeldt 1891, pp. 71-72
200 現段階での修復状況について、同財団のトーマス・フックス氏Herr Thomas Fuchsの御教示を得た(2013年11月)。
201 この城が所蔵する肥前磁器は、丁寧な作りの作行きの良好な作例が多く、数量も多いため注目されるが、それらの歴史的な陳列場所が未詳であることから本書の目的からそれるため、各作品の詳細は割愛する。34点のうち29点は金襴手様式を中心とする江戸期の製品で、他5点は幕末から明治時代初頭の製品であった。
202 Däberitz 2000, pp. 180-182
203 *Inventarium der Nachlaßenschaft der Durchlauchtigsten Herzogin Frau Luisen Dorotheen zu Sachsen Gotha* (Thüringisches Staatarchiv Gotha, Geheimes Archiv EXIIIa) 37) 目録が作成されたのは1767年10月22日の彼女が没した直後であると推測されている(Däberitz 2000, p. 179を参照)。
204 Däberitz 2000, p. 179
205 Ibid., p. 182
206 Ibid., p. 184
207 この壁龕(ニッチ)の歴史的な機能とは関係なく、この壁龕内には肥前磁器が置かれているが、それはこの城を管理する美術館の方針によっておこなわれた、この壁龕とコンソールの部分を美しく際立たせる鑑賞効果を最優先した展示であり、この部屋の歴史的受容の実態とは異なる。
208 ウテ・デーベリッツ氏の御教示による。
209 Bräutigam 1990, pp. 84-85, Abb. 33
210 ウテ・デーベリッツ氏によると、ブレウティガム氏は同展覧会の図録の刊行前にフリーデンシュタイン城で調査をおこなった(その時担当学芸員は不在であった)。前掲註207に上述のとおり、当時本来銀器を飾るための壁龕(ニッチ)内に磁器を置く展示内容であったため、ブレウティガム氏はその展示が18世紀の史実に基づく歴史的展示と事実誤認したのではないかと推測されている。この壁龕は多くのコンソールを伴うが、それは銀器の陳列用であり、磁器陳列室とは関係がないとデーベリッツ氏から御教示いただいた。
211 Künzl 1993, pp. 9-38
212 "*Putz*"は宝飾品や装飾を意味する古語で、使用例は18世紀に多い。
213 この城の磁器陳列室の18世紀における名称は、おおむね「装飾した小部屋」を意味する「プッツキャビネット」であった。この名称は現在も正式名称として使用されている。しかし19世紀にはこの部屋は「ジビルの小部屋*Sibyllenkabinett*」と称されていた。この名称は、ザクセン＝ヴァイセンフェルスSachsen-Weißenfelsからアルテンブルクへ嫁いだマグダレーナ・ジビラ公爵夫人(Magdalene Sibylla, 1648-1681)に由来するが、彼女はこの磁器室を設置したマグダレーナ・アウグステ公爵夫人の姑、すなわちフリードリッヒ二世の母である。この城の美術品にはマグダレーナ・ジビラ公爵夫人がもたらしたものが多く、「プッツキャビネット」におさめられた美術品の基礎も彼女のコレクションであるといわれてきたためである(Künzl 1993, p. 38参照)。
214 プッツキャビネットは、その後合計2回移動された。一度目は、1905年に火災があったため、この際居室部分の北隣にある別棟の建物に移築された。この火災では、部屋の周りだけが損傷し、室内は被害がなかった。現在の場所(3階の公爵の居室部分)に移されたのは1920年で、その際は部屋ごと移されている。(2012年8月、アルテンブルク城城郭トランプ博物館館長Schloß- und Spielkartenmuseum, Altenburgウタ・クュンツル氏Uta Künzlの御教示による。氏は建築史の専門家であり、学芸員として約30年にわたりこの城の研究に携わり、この城の古文書に詳しい)。
215 Künzl 2011, p. 162
216 Ibid., p. 160
217 壁龕は、前掲註57に記した壁面の一部に設けられた窪みである。この部屋の例のように上部が半ドーム形の形状をとるものもあるが、それはアプスを小さくしたような古典的建築意匠の一種である。
218 2012年8月のウタ・クュンツル氏の御教示による。1991年に開始された「磁器の間」の修復も館長が統括された。この部屋が所蔵品目録などの複数の古い史料に記された「プッツキャビネット」として特定されたのはクュンツル氏の研究功績である。
219 鳥形の合子は、オランダ東インド会社の貿易記録(本書巻末資料篇1　pp. 496-497)および栄町遺跡の出土品(本書第1章第3節p. 99)に記載があり、オランダ船だけでなく唐船によっても運ばれ、西洋へ輸出されたものと考えられるが、西洋での伝世品が少なく、18世紀まで遡る古い来歴をもつ鳥の合子はこのアルテンブルク城所蔵品のみである。
220 同上、ウタ・クュンツル氏の御教示による。
221 ThStA Altenburg, Haus- und Privatarchiv, Nr. 1671 (Künzl 2011, p.163を参照)
222 エルンスト・ツィンマーマンは当時ドレスデンの王立ザクセン磁器コレクション館館長の役職にあった。
223 Zimmermann 1911, pp. 107-118
224 SCとは"*Sibyllen Cabinett*"の略である。この部屋がかつて*Sybillenkabinett*と称されたことに因る。
225 クュンツル氏の御教示による。目録と磁器の対照は氏により成された。
226 ハインリッヒ・クリストフ・マイルはアルンシュタットの宮廷彫刻家で、アルテンブルク城の「鏡の間」の作者と同じ家系の出身である。
227 Scheidt 2002, pp. 23-25
228 アルンシュタット城美術館学芸員ヘルガ・シャイト氏Frau Helga Scheidtの御教示による。
229 Scheidt 2002, p. 30
230 ロカイユとは、ルイ十五世(Louis XV, 在位1715-74)様式時代の家具などに施された洞窟、岩、貝殻などの装飾をいう(新潮社 1985 p. 1621 項目「ロカイユ」参照)。
231 ヘルガ・シャイト氏の御教示による。
232 この時代の貴族の館においては、通常、陶磁器の皿は家政婦が管理する食器の部屋に保管された。こうした分類による保管は、17～18世紀における城郭の家財目録においては通常で、多数の類例がある。

233 ファルケンルスト城Schloss Falkenlustは、Falkenが鷹、Lustが楽しみを意味するドイツ語であるため、直訳すると「鷹の楽しみの城」となる。鷹狩などの狩猟の拠点として建設された。

234 baufachinformation.de, Fraunhofer-Informationszentrum Raum und Bau IRB in StuttgartのHP (http://baufachinformation.de/denkmalpflege/Restaurierung-der-Stuckdecke-im-Spiegelkabinett-von-Schloß-Falkenlust-in-Brühl/2002077108345)

235 Hansmann 2002, p. 9

236 Ibid., p. 118

237 Style Louis XV(仏語)。ルイ十五世様式とは、ルイ十五世の治世に流行したフランスの装飾様式であるが、実際には、1730年頃から1760年頃に行われた装飾様式を指す。初期にはまだレジャンス式の重厚豊富な味わいを残しており、末期には洗練され軽快化するが、総じて自由きまぐれともいえる曲線の使用が目立つ。帯と簇葉(そうよう)との組み合わせなどに、左右相称を破ったロカイユが取り入れられ、その印象は動的である。異国趣味、とくに東洋趣味の意匠もしばしば用いられた(新潮社1985 p.1590 項目「ルイ十五世様式」参照)。

238 本書第2章第2節第3項B, pp. 205-209

239 Hansmann 2002, p. 118

240 ドイツ・ヘッチェンス陶磁美術館元副館長エッカルト・クリンゲ氏Dr. Ekkart Klinge(故)の御教示による。

241 Hansmann 2002, p. 118

242 Dohms 1978

243 本書第2章第2節第1項D, p. 171

244 本章第2章第2節第1項A-5, pp. 162-164

245 この版画は1717年に以下の版画集に所収されて刊行された。Teatrum Europaeum, Frankfurt, 1717 und 1718, 16. Theil, 1703, S. 251 f., 17. Theil, 1704, p. 108

246 彼がハノーファー選帝侯妃ゾフィー(ゾフィー・シャルロッテの母)に宛てた1706年6月25日付の次の手紙から、この部屋の完成時期を知ることができる。「余は昨日、余の磁器の間のなかで、母上がそばにおいでであったらと幾度も願いました。この部屋は間もなく完成するので、ぜひ貴女様にもそれを承認していただきたいと思うからです(翻訳筆者)。」*"Gestern wahr Ich in meinem porceleyn cabinet und habe meine Gnädigste Mama unterschiedens bey mihr gewünschet, dieweil nuhn mehro baldt alles fertig ist und ich dero aprobation auch gerne darüber haben wolte"* (Reidemeister 1934, p. 45を参照)

247 本書第2章第1節第3項, p. 149

248 赤軍(ロシア語：Красная Армия クラースナヤ アールミヤ)は、1918年1月の結成以来第2次世界大戦までのソ連軍の呼称。1946年にソ連軍と改称された。1945年5月のベルリンの戦いでの勝利によりドイツ降伏を果たした。

249 Wittwer 2005, p. 87

250 Ibid., pp. 85-86

251 Ibid., pp. 84, 90。シャルロッテンブルク城の「磁器の小部屋」が経験した複数の戦争による被害とその再建については、この城を管理するプロイセン城郭庭園財団のザミュエル・ヴィットヴァ氏の論文(Wittwer 2005)に詳細に記録されている。

252 この部屋の壁面の陳列は、かなり高い所に配置された磁器も多く、とりわけ小さい器については視覚的に判断不可能なため未詳である。また、これらの展示品は、17～18世紀からの伝来をもつ肥前磁器の受容を把握する本稿の目的には適しないため、これらの作例の紹介は省略する。

253 プロイセン城郭庭園財団ミヒャエラ・ヴォルケル氏の御教示によれば、ホーエンツォレルン家Haus Hohenzollern旧蔵の磁器もその中に若干含まれるという。

254 Wittwer 2005, p. 89

255 Bischoff 2008, pp. 56-57

256 この彫像は、2012年の調査時点ではプロイセン城郭庭園財団が管理するサン・スーシー宮殿新宮殿の収蔵庫に保管されていたが、ヴォルケル氏のご教示によれば、底面に貼られているシールにシャルロッテンブルク城の所蔵品番号が記載されていることから、シャルロッテンブルク城の旧蔵品であることが確認できるという。

257 ヴォルケル氏の御教示による(2012年8月)。

258 Graf 2002, pp. 160-161

259 時計や磁器などの装飾品を載せるためのコンソール・テーブルや机などの調度品は、戦中に撤去され別の場所に保管されていた。そのため、戦前からこの部屋にあったものである。

260 この器形で同じ絵付けの角瓶は、マイセンの王立磁器製作所による写し物があるため、すべてが肥前磁器であるか注意を要する。だが、現在のミュンヘン・レジデンツの東洋磁器の展示室では、肥前磁器の柿右衛門様式の角瓶が2点展示され、マイセン磁器の角瓶は未確認であることから、おそらく肥前製ではないかと推測する。

261 コレクションの由来については、国立バイエルン城郭庭園管理局Bayerische Verwaltung der staatlichen Schlösser, Gärten und Seenのフリーデリケ・ウルリッヒス氏Dr. Friederike Ulrichsの御教示を受けた(2013年9月)。

262 個々の磁器に関する筆者の所見はミュンヘン・レジデンツ調査時におこなった実見による観察に基づくが、レジデンツが所蔵する日本磁器の概要(資料名、資料番号、数量および日本磁器の全体総数)は、以下の文献でウルリッヒス氏が報告している。194点という総数は氏の報告に基づく(Ulrichs 2011, pp. 724-725を参照)。

263 レジデンツが所蔵する肥前、中国製の磁器について、悉皆的に写真を掲載した図録は現在まだない。レジデンツが刊行した以下の小冊子に、所蔵品の一部が掲載されている(Ulrichs 2005)。

264 Ulrichs 2011, pp. 719-720

265 *Inventar der Residenz München von 1769* (In : Langer 1995, p. 305)

266 *"1 Elephant von weissem Porcelain auf einem fues gestell von Pronze d'orée. Eine Uhr von Etienne Le Noir zu Paris verfertigt, auf seinem Rucken tragent, welche durch zween Affen gehalten wird."* 記載史料：*Inventar der Residenx München von 1769* (In : Langer 1995, p. 305)

267 フリーデリケ・ウルリッヒス氏の御教示による(2013年9月)。

268 国立バイエルン城郭庭園管理局トーマス・ライナー氏Dr. Thomas Rainerの御教示による(2012年6月)。

第3節　西洋における磁器陳列室

　本節では、ドイツ以外の西洋諸国にみられる磁器陳列室の諸例、イギリスとオーストリアの王侯貴族の宮殿、およびオランダの都市のブルジョワたちのあいだで流行した磁器陳列室の代表的事例を提示し考察する。

第1項　イギリスにおける磁器陳列室の事例 —ケンジントン宮殿—

　イギリスに膨大な数量の肥前磁器コレクションがあることはつとに知られてきた。なかでもかつて王侯貴族の城の所蔵品であったという歴史的伝来をもつ優品が多いことは、すでに述べてきたように西田宏子氏やオリヴァー・インピー氏らの研究によって周知であろう。その好例である英国王室やバーレイ・ハウスのコレクションをみても、それらの質の高さと豊富さはゆるぎないものであることがわかる。ただし、不思議なことにイギリスでは、ドイツに多くみられるような壁面に多数のコンソールを取りつけた、いわゆる正統的な磁器陳列室の作例を確認することができない。例えば、豊富な柿右衛門様式磁器のコレクションで知られるバーレイ・ハウスでは、チムニーツリーと呼ばれるイギリス特有の暖炉上の棚や調度品の上に磁器が配列されているものの、コンソールを取りつけた壁面はみられないのである。

　このほかにも、イギリスにはハンプトン・コート宮殿Hampton Court Palace、シャーボーン城、ウーバーン・アビー、ドレイトン・ハウス、ニュービー・ホールなど様々な王侯の館に肥前磁器のコレクションが所蔵されているが、ドイツに見られるような壁面にコンソールを取りつけた磁器陳列室の例が知られていないことは、イギリスにおいて、東洋磁器コレクション受容がドイツとは異なった形で発展したことを示している。

挿図2-89
色絵花鳥文蓋付六角壺
総高31.0cm　英国王室蔵

A．ケンジントン宮殿における室内装飾の磁器陳列

　現在、ケンジントン宮殿には磁器陳列室があり、公開されているが、これは現代の再現展示である。この宮殿には、かつてイングランド女王メアリー二世（Mary II, 1662-1694）の時代に設置された磁器陳列室があった。しかしながらその磁器は17世紀末に撤去されており、もはや現存しない。

　メアリー二世および夫君ウィレム三世[1]の部屋の調度品は、1697年にまとめられた「ケンジントン宮殿家財目録Kensington Palace Inventory」に記録されている。そのメアリー二世の居室部分に所蔵されていた磁器801点がその室内装飾に至るまで詳細に記載されていることから、すでに失われた磁器の室内装飾の様子をうかがい知ることができるのである[2]。

　目録には、女王の死後801点の磁器はすべてアルブマール伯アーノルド・ヨースト・ファン・ケッペル[3]（Arnold Joost van Keppel, 1670-1718）に相続されたことが併記されている[4]。つまり、ケッペルへの譲渡が、現在この宮殿にメアリー二世の磁器が存在しない理由なのである。

　一方、現在英国王室はハンプトン・コート宮殿やウィンザー城等に、柿右衛門様式の秀逸な蓋付六角壺（挿図2-89）や瓶（挿図2-90）を含む肥前磁器を蔵する。1949年にアーサー・レーン氏は、上述のケンジントン宮殿の家財目録に記載された多数の磁器の記述について具体例を挙げて説明し、

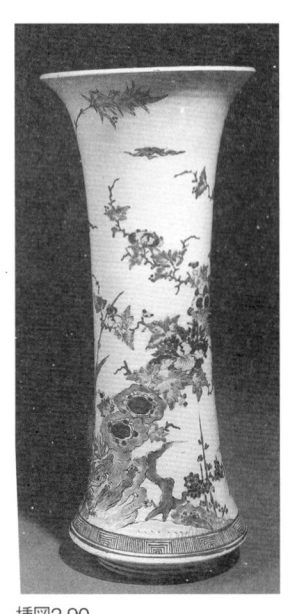

挿図2-90
色絵花卉文瓶
高さ47.0cm　英国王室蔵

ハンプトン・コート宮殿所在の壺は、このケンジントン宮殿の目録に記載された磁器であると推測している[5]。たしかに、これらハンプトン・コート宮殿の柿右衛門様式磁器はメアリー二世と同時代の製品ではある。しかし、これらをメアリー二世のコレクションと結びつけるに足る記述はケンジントン宮殿の目録にはみられず、ハンプトン・コート宮殿での18世紀以前の磁器の所蔵状況を記載した目録の存在も確認されていないのである。西田氏は、ハンプトン・コート宮殿には18点の肥前磁器が所蔵され、このうち染付磁器は5点であとの13点は色絵磁器であること、しかも優れた作品であると評し、その代表例として「色絵秋草文八角瓶」や「色絵花鳥文蓋付六角壺」を挙げた[6]。

さらに、アーサー・レーン氏はメアリー二世とウィレム三世のコレクションの磁器の底には赤い蝋の印章があると述べている[7]。だが、そのような印章はハンプトン・コート宮殿所蔵の肥前磁器には認められないことを西田氏は指摘された[8]。ハンプトン・コート宮殿の所蔵品は、具体的な収集の経緯を確認することができず、その状況がケンジントン宮殿の目録の研究資料的価値をさらに高めているのだといえる。

「ケンジントン宮殿家財目録」は、その全文が1962年のTh. H. ルンシング・スヒュールレール氏の論文「ケンジントン・ハウスの内装に関する記録（邦題筆者）」に掲載され、これによりメアリー二世の居室部分における大量の磁器の存在が明らかとなった[9]。さらに1974年、西田氏が同目録のメアリー二世の居室に関わる記載部分の全文邦訳を『東洋陶磁第一号』に掲載され、我が国においてもその様子が詳細に周知された[10]。その後、英国東洋陶磁協会主催の展覧会図録『宮廷の陶磁器[11]』でもこの目録の内容の抜粋が掲載されたことから、大規模で本格的なイギリスにおける磁器室の様子を伝えるものとして、この目録は代名詞的存在となった。また、内部装飾デザイナーであるダニエル・マロによる磁器陳列の設計図と目録を関連づけて紹介することにより、磁器陳列室の装飾方法も判明してきた。本稿では、この目録を上記のTh. H. ルンシング・スヒュールレール氏による目録の原文翻刻に基づいて考察していく。

A-1 「ケンジントン宮殿家財目録」メアリー二世の部屋の磁器の記載
　本目録のメアリー二世の部分として家財が記載された部屋の合計数は11部屋である。
　　◆磁器China[12]がある部屋：
　　　1. 裏階段の部屋（30個）、3. 女王の新しい寝室（71個）、4. 古い寝室（193個）、5. 女王の謁見の間（59個）、6. 午餐室（37個）、7. 控えの間（38個）、<u>8. 化粧室（48個）、9. 陳列室[13]（154個）</u>、10. 陳列室はずれの収納室（28個）、11. 庭園室（143個）　合計801個
　　◆陶磁器がない部屋：　2. 寝室脇の化粧室のみ　（注　冒頭の数字は目録上の掲載順を示す）
　磁器が多い部屋のうち、内部装飾（壁面、カーテン）、調度の内容が詳述され、内部装飾と磁器の関連性を知ることのできる部屋は、8.化粧室および、9.陳列室だけである。そのため以下にこの2室を取り上げ、陶磁器の陳列方法を検討していく。

「ケンジントン宮殿家財目録」の磁器と内部装飾の記載
（1）陳列室（全長25.6メートル、女王の居室部分中最大）
内部装飾：壁面に絹で縁取りされた深紅色のヴェルヴェットが掛けられ、クッションカバーや長

椅子のカバーにも深紅色の絹織物の使用が多い。家具は、「インドの*india*」屏風、や「インドの」漆塗り家具（キャビネット、飾り台、テーブル、鏡、時計）が多い。要するに、色彩的には、深紅と漆黒が基調である。すべての家具が漆であるため、家具の様式はシノワズリに統一されたものと推測される。

磁器：室内の磁器154個の配置と特色は、次のように要約できる。（[　　　]内は筆者）

① 扉が4枚あり、各扉の上に［各7個又は9個］
- ・3枚の扉上：大鉢1個［中央］、大型喇叭形瓶［ロールワゴン[14]］、瓶、蓋付壺各2個ずつ
- ・1枚の扉上：大型喇叭形瓶1個［中央］、大型喇叭形瓶、角瓶、蓋付壺、瓶が各2個

② 暖炉が2つあり、各暖炉の上に
- ・蓋付壺1個［中央］、注口付水差し、瓶、茶葉容れ、小瓶、大・小の蓋付壺、鉢、蓋付壺、喇叭形瓶各2個　合計19個
- ・大型喇叭形瓶1個［中央］、辛子容れ又は低い蓋付水差し、蓋付の平形瓶、注口付水差し、丈高の瓶2種、大・小の蓋付壺、小型喇叭形瓶各2個　合計19個

③ ［台座形］飾り台が2個あり、各台の上に
- ・大型喇叭形瓶1個［中央］、大瓶、蓋付小壺又は蓋付八角壺、小瓶又は注口付水差し各2個　合計7個

④ 漆塗り机が1つあり、その下に洗面器と注口付水注各1個

⑤ テーブルが3つあり、その下に大きな洗面器又は大壺各1個

⑥ 漆塗りのキャビネットが3つある。その各段に配置された陶磁器は以下の通り。
- ・最上段：蓋付大壺［中央］、喇叭形瓶、蓋付壺など各2個
  合計5個［キャビネット3つの内2つ］、7個［同3つの内1つ］
- ・1段目：蓋付箱、蓋付壺　合計6個
- ・1段目と2段目のあいだ：蓋付壺
- ・2段目：茶葉容れ4個と蓋付小壺2個又は瓶と小瓶各2個
- ・キャビネットの下：蓋付大壺1個と大きな洗面器2個
  ［キャビネットに収められた磁器のうち5つは、銀製の金属飾りをともなう。］

（2）化粧室 *dressing roome*

内部装飾：壁面が緑色のヴェルヴェット7枚で覆われている。さらにこれと同じ布で作られた、扉および窓のカーテン各2枚、安楽椅子とクッション、スツール椅子、机の覆いがあるため、部屋全体の色調が緑で統一されている。家具は、漆塗りのチェスト1個、漆塗り棚1個、陶磁器を飾るための黒色丸形棚といった黒い家具のほか、白色象嵌を施したくるみ材の文机、食器棚各1個、「インドの」暖炉用衝立などがあるため、家具の様式はシノワズリに統一されていたと推測される。

磁器：室内の磁器48個の配置と特色を以下に要約する。

① 色象嵌を施したくるみ材の食器棚
- ・上部に　蓋付鉢1個［中央］、小壺4個、マグ、喇叭形瓶各2個、合計9個
- ・内部に　長方形の染付箱1個［中央］、丸形の色絵箱2個

② 磁器を飾るための黒色丸形棚2個、各々に
- ・最上段　瓶、喇叭形瓶など合計3個

- 2段目　瓶2個や四方箱1個、カップ＆ソーサー 1組
- 3段目　小鉢又は茶葉容れ2個、四方箱1個、蓋付碗1個
- 最下段　バター皿1個、蓋付粥碗1個、カップ＆ソーサー 2組

［同棚に収められた磁器のうち5つは、金鍍金したマウント（縁、耳か柄）をともなう］

(1)陳列室および(2)化粧室の室内装飾の目録内容を総括する。

　まず、器はほとんどすべての磁器が中央の器に対し、左右対称に対になるように配置されていることがわかる。そして、中央に大型喇叭形瓶などの大型の器が置かれている記述が多いことから、中央を高く、その両側は徐々に低くなるように配置されたことがわかる。バロック以降の西洋の室内装飾においては、ピラミッド型を基本とする中央を高くその周囲を段階的に低くなるよう装飾品を配置する原則が徹底されたため、東洋磁器の陳列も西洋の装飾原則を踏襲しているのである。中央を高くする磁器装飾の配置法は、ダニエル・マロによる銅版画[15]（挿図2-91・92）にもみることができ、当時の配置を具体的に把握するための参考になる。この版画とケンジントン宮殿の磁器陳列の関係は直接的とはいえないが（後述）、オランダ宮廷の磁器陳列室の設計者であるマロのデザインとメアリー二世の磁器陳列との類似は十分ありうることである。

　次に色彩の構成については、内部装飾の織物と金属製マウントの色彩によって、陳列室は「深紅＋銀」、化粧室は「緑＋金」という色調により安定的な色彩の調和を意図したものと推測できる。壺や瓶のような装飾用器だけでなく、カップ＆ソーサー、粥碗、バター皿、注口付水注などの実用性の高い食器も陳列されている。ただし、染付、色絵、モティーフ名などの記載は非常に少なく、施された絵付のタイプを特定することはできない。

挿図2-91
「オランダ風暖炉の新書」
ダニエル・マロ画
版画　1703年

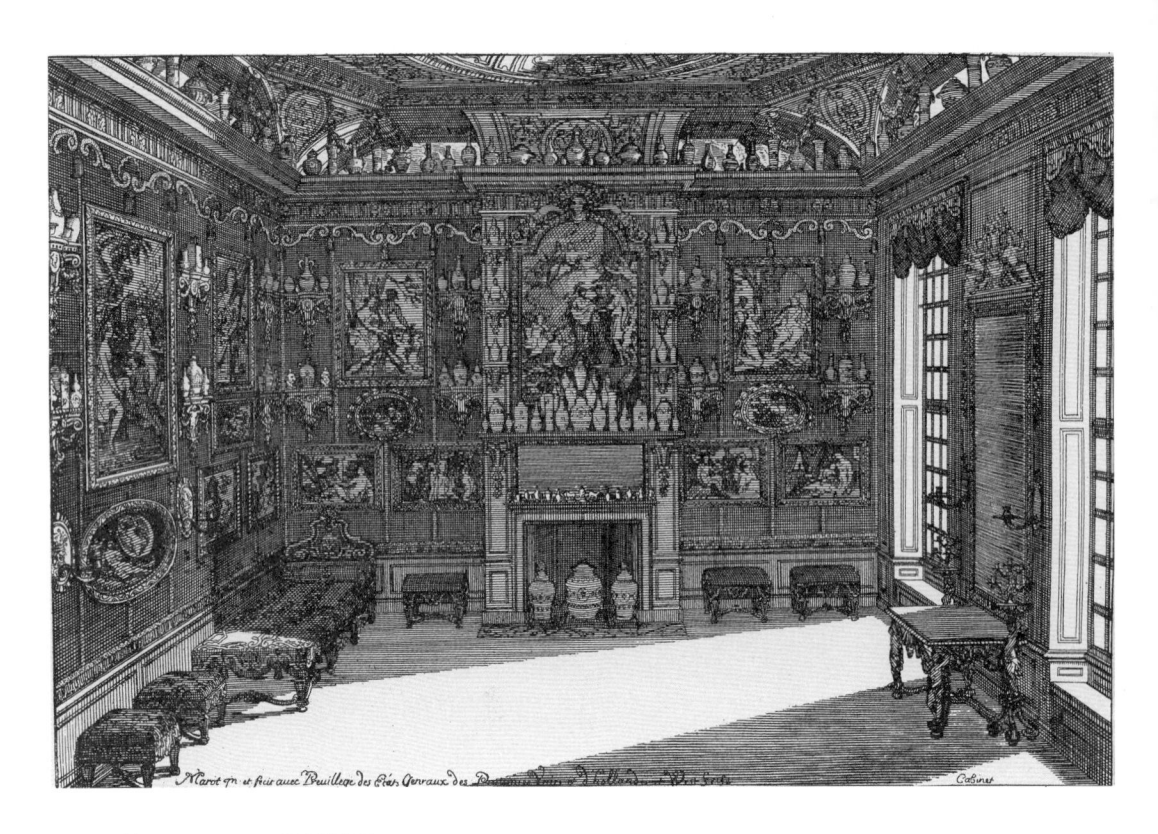

挿図2-92
「広間の新書」
ダニエル・マロ画
版画　1703年

A-2　ダニエル・マロの銅版画

　ダニエル・マロによる銅版画は、ケンジントン宮殿やオランダのヘット・ロー宮殿にしつらえられた磁器陳列室のイメージを伝える資料として様々な出版物に掲載されてきた。それらは、あたかも両者に直接的関係があるかのような印象を与えることが多く、マロの磁器室の版画がどの城の磁器室のイメージであるのかが曖昧に扱われる事例が多い。

　ダニエル・マロは、17世紀末にオランダのヘット・ロー宮殿（1692年）並びにホンセラールスダイク城（1686年）などの内部装飾を担当し、磁器陳列室を設計した。マロが、1694年〜1697年にイングランドの宮廷に滞在したことは分かっているが、ハンプトン・コート宮殿やケンジントン宮殿の内装にマロが果たした役割は不明である[16]。ケンジントン宮殿については、その改装は1690年〜1691年に行われた。内部装飾を施工した関係者のうち名前が確認されているのは、Alexander Fort（大工）、Thomas Hill（石造彫刻家）、Nicholas Alcock、William Emmett、Grinling Gibbons（彫物師）といった職人たちであり[17]、マロの関わりは不明である。この城の磁器陳列室の成立背景を考慮すれば、マロのデザインの影響を受けた可能性は高いだろう。しかし、筆者は彼の版画集の内部装飾における磁器の配置図とケンジントン宮殿の目録に記載されているメアリー二世の居室部分の記述の対照を試みたが、両者のあいだに完全に一致する部分を見出すことはできなかった。従ってマロの版画の磁器陳列が、ケンジントン宮殿の磁器陳列室の描写である可能性は極めて低いと考えている。

　一方、1695年頃に建築家ヤコブス・ローマン（Jacobus Roman, 1640-1716）がケッペルのために建てたハイス・ド・フォルスト宮殿Huis De Voorstの内部装飾（非現存）と庭園のデザインは、マロが1697年〜1700年に考案したことがわかっている[18]。マロが内部装飾のこの銅版画を出版したのは1703年（製本出版は1713年）であり、しかもケッペルは先述の通りメアリー二世の801点の磁器を相続した人物である。以上のことから、版画に描かれた磁器陳列室は、オランダ[19]やイギリスにメアリー二世のために作られた磁器陳列室の様子である可能性ばかりでなく、マロの磁器陳列を描いた版画は、マロがケッペルのためにデザインしたハイス・ド・フォルスト宮殿の磁器室である可能性も検討されるべきであるが、この件について検討した先行研究はないようである。

第2項　オランダにおけるブルジョワたちの磁器陳列室

　東洋貿易が盛んなオランダにおいては、かつて「キュリオシティー curiosity」(珍品)と呼ばれた様々な漆や磁器、絵画をはじめとする東洋の珍しいものを愛で、収集したのは王侯貴族だけではなかった。キュリオシティーの愛好は、オランダの大都市に住むブルジョワたちにも享受されていたのである。

　ドイツやイギリスで流行した磁器陳列室の文化の源流を、オランダのオラニエ＝ナッサウ家の宮廷に求めることができることは前述の通りである(本書第2章第1節)。しかし、オラニエ＝ナッサウ家の宮廷において東洋磁器を受容するための特別な文化が成熟したことの背景に、オランダの貿易商人などの大都市のブルジョワたちの文化の影響があったことも明らかで、このような宮廷文化とブルジョワの文化との相互的な関係、すなわちオランダの諸都市における、ブルジョワたちのあいだに起こり成熟した藝術文化が宮廷文化に及ぼした影響についても概観しておく必要がある。

　オランダのブルジョワたちのあいだでは、磁器の収集がすでに17世紀初頭から始まっており、磁器を鑑賞するために*glas kas*や*Glaskasten*とよばれたガラスケースに入れて保管することが流行したという[20]。また、17世紀全体を通じて磁器はオランダのブルジョワたちの収集アイテムとして、飾り棚や床の上、あるいはドアの上の梁にも陳列され、鑑賞された。寡婦アードリアナ・ブロイ・ファン・トレスロング(Adriana Bloys van Treslong)が逝去の際に作成された1674年の財産目録には、壁にコンソールが設置され、磁器と漆が陳列されていたとの記述がある[21]。

　そしてさらに、デルフト市長だったエーフェラルド・ディルクス・ファン・ブライスヴェイク(Everard Dircxz van Bleijswijk)は1662年に、そして同じくデルフトのニコラース・フェルブルフ(Nicolaas Verburch, 1620-1677)は1677年に、磁器陳列室を完成させた。とくにフェルブルフ家の磁器陳列には、中国だけでなく日本の磁器もともなう多数の磁器が陳列されていたという[22]。さらに、イギリス人旅行者であるウィリアム・フィッツウィリアム卿(William Lord Fitzwilliam, 1643-1719)は、1663年ハーレム近郊のElswoutを旅行中に領主の館で磁器陳列室を目にし、「小さな部屋に値段がつけられないほど高価な中国の器が沢山ある」と述べている[23]。

　また、ハーグ市立美術館には、18世紀初頭に製作されたハーグ市内(NoordeindeとHogewal周辺)の個人宅の磁器陳列をともなう漆パネル(口絵2-74)の貴重な伝世品が所蔵されている[24]。この装飾例は、漆パネルの上に、磁器設置用の金鍍金をほどこした多数のコンソールを取りつけ、青花磁器を配したものである。オランダ所在の磁器装飾をともなうパネル装飾の伝世例は稀で、筆者は当パネル以外の作例を確認していない。このパネルにほどこされた朱漆風の塗りと金鍍金、青花磁器の組み合わせは、前節でふれたドイツのヴァイルブルク城やヴァイカースハイム城の磁器陳列室と共通する要素でもある。また、細長い壁に取りつけることができるように、細長く左右対称にまとめられた、コンソールをともなう枠組みのこの装飾の形態は、ヴァイルブルク城の磁器用のコンソールをともなう金鍍金をほどこした壁面彫刻に非常に近い(口絵2-19〜2-21、p. 185 挿図2-49)。ハーグ市立美術館が所蔵する磁器陳列をともなう漆パネルは、そこにほどこされた金塗の枠組み装飾の形態の意匠の類似性によって、前節のドイツのヴァイルブルク城の装飾の前身として位置づけることができる。オランダにおける磁器の漆パネルの装飾は、ドイツの初期の磁器陳列室の装飾と比較することにより、オランダとドイツの磁器陳列に存する直接的な因果関係を証明する要素として極めて重要である。

さらに、ライデンのアラルド・ド・ラ・クール（Allard de la Court, 1688-1755）という裕福な商人（毛織物業者）が1749年に作成した財産目録にも、邸内にしつらえられた多数の陳列室に分類して記した大量の磁器のリストがみられる。そこには数百個にのぼる数の磁器が記載されており、大規模な磁器陳列の様子がうかがえるのである[25]。

18世紀前半には、オランダやイギリス、ドイツの富裕層の婦人たちのあいだで「人形の家」というミニチュアの室内装飾を製作し、巨大な箪笥のなかに複数の部屋を集めて収納して鑑賞することが流行した。この時代の人形の家約10点が伝世している。そのうちの1つ、ハーグ市立美術館が所蔵するサラ・ローテ（Sara Rothé, 1699-1751）の「人形の家[26]」には、その中央部分に「磁器の間」（口絵2-75）がある。この「人形の家」の内装は1743年〜1751年に製作[27]されており、「磁器の間」壁面のストゥッコ装飾はロカイユを描いたロココ様式である。そして、大半は景徳鎮青花と思われる多数のミニチュアの瓶が、中央に設けられたニッチ内にしつらえられた多数のコンソールの上にところ狭しと並べられている。このニッチ部分は、1680年頃に製作された別の「人形の家」の部分であるという[28]。その前面の左右壁面には、赤い上絵具で絵付をほどこした磁器が、壁面に配置したコンソールの上に置かれている。このことから、この部屋の壁面の磁器の配置は色別に分類されていることがわかる。さらにその手前両側には、ティー・テーブルと呼ばれる小さな東洋風のテーブルの上にミニチュアの磁器の茶器のセルヴィスが置かれ、これらは左右のテーブルがほぼ対称となるように配置されており、あたかも常設の飾りであるかのようである。

この「人形の家」の注文主であるサラ・ローテは、アムステルダムの富裕な商人ヤコブ・プロース・ファン・アムステル（Jacob Ploos van Amstel）の妻であった。オランダでは特に、「人形の家」が大商人などのブルジョワの女性たちのあいだで流行していた。こうしたミニチュアの「磁器の間」は、ブルジョワの家の「磁器の間」のイメージとして解釈することができる。すなわちそれらは、設置不可能な夢の室内装飾として王侯の「磁器の間」を再現したという訳ではなく、実際に自らの館に「磁器の間」を設置し、磁器陳列の文化を享受する習慣があったことを表すものなのである。

第3項　オーストリアにおける磁器陳列室

A.　シェーンブルン城の「中国の間Chinesische Kabinett」

ウィーンのシェーンブルン城Schloss Schönbrunnは、神聖ローマ帝国皇后マリア・テレジア（Maria Theresia, 1717-1780）の時代における皇帝の居城である。この城には、マリア・テレジアによって1760年に設置[29]された「中国の円形の間Chinesische Rundkabinett」（口絵2-76）および「中国の楕円の間Chinesische Ovalkabinett」（挿図2-93）という2つの東洋趣味の「中国の間」がある[30]。これらの部屋は社交的な目的に供されており、「中国の円形の間」では主に会議を開き「中国の楕円の間」ではサロンが催された。サロンは時には「中国の円形の間」でも開かれていたという[31]。

両室ともに、壁面に多数の漆塗りパネルと大型の鏡を張り付け、金鍍金をほどこしたロカイユ装飾の彫刻が壁面の余白を縫うように様々に湾曲して這わせてある。さらにこのロカイユ装飾の間には沢山の磁器を置くためのコンソールがあり、数多くの東洋製を中心とする様々な磁器が陳列されている。この壁面装飾は、宮廷内装職人のアンドレ・ヴハテルブレンナーによって製作された[32]。その床は、国内外の高価な木材を用いた豪華な木象嵌がほどこされている。

挿図2-93
シェーンブルン城
「中国の楕円の間」
1760年完成
シェーンブルン城文化
経営団体蔵

　これらの部屋は、戦争などの外因による損傷を受けることなく今日まで伝えられてきた。この2つの部屋の壁面には、303個のコンソールがあり、そこに陳列された磁器は252点である。これらの磁器は、これまで移動されることなく、創建当時から同一の状態が維持されていると考えられているが、磁器を伴わない空のコンソールが51カ所あり、そこにあった磁器51点の所在は不明となっている[33]。

　2つの小部屋のうち、「中国の楕円の間」の方は数多くの景徳鎮磁器やウィーン磁器とともに、26点の肥前磁器が配置されている。しかしそれだけでなく、壁面装飾として多くの西洋、中国、日本製の漆塗りパネルや日本製の蒔絵の角瓶10点（後述）があり、肥前磁器のみならずこれらの漆器の作例も含め、この「中国の間」は日本工藝史研究にとって極めて重要な事例である。

　「中国の楕円の間」には、柿右衛門様式の婦人が描かれた「色絵婦人菊文蓋付角瓶」が9点ある（口絵2-77・79）。それらは、その他の金襴手様式の肥前磁器からは隔てられた特別目立つ壁面中央の上部の位置に規則的に配置されている。この角瓶は、9点すべてに揃いの絵付が施されており、9点という数と注口に金属の蓋が鎖で取りつけられた角瓶の形状から考えて、セラレットと呼ばれる箱に3個ずつ3列に9本をまとめて収納した、アルコールを容れるための瓶のセット（本書p.74　挿図1-15）であろう。この瓶は、9個すべて婦人を描いた面を正面とする向きに配置されている。濁手の釉薬がほどこされたきめ細かな素地の右側の面には、後ろ髪を垂らした髪形で、赤い襦袢をのぞかせ袖に赤い波が表された青い着物をまとった婦人が表される。さらにその左側の面には、周囲に無造作に伸びる小竹のあいだに数枝の赤い花びらの小菊が描かれ、さらにその空中には蝶が

挿図2-94a
染付花卉文角瓶　高さ13cm
シェーンブルン城
「中国の円形の間」内
オーストリア連邦文化財管理局蔵

挿図2-94b
同　コンソール上の陳列状況

青と赤の羽をひるがえさせている。

　壁面装飾には、その他にも色絵梅竹文瓶（口絵2-80）や、金襴手様式の絵付をほどこした脚付きの蓋付鉢（口絵2-81）をはじめとする肥前磁器が用いられている。この室内でもっとも大型の磁器は、床に置かれた豪華な置き台をともなう2点の肥前磁器の「色絵麒麟鳳凰花卉文蓋付大壺」（口絵2-78）である。それらは、獅子を象ったつまみを戴いた蓋をともない、中央の窓絵に麒麟を描き、その周囲に菊文、さらにその外側に牡丹文で余白を埋めた意匠であり、肩の窓絵には鳳凰文が配されている。なお同壺は、筆者が訪れた2012年には「中国の楕円の間」に置かれていたが、以前は「中国の円形の間」にあったらしい（口絵2-76）。

　前述の柿右衛門様式の角瓶に近い位置には10点の日本製の山水と花鳥を表した蒔絵の角瓶（口絵2-82・83）が規則正しく、柿右衛門様式磁器と関係を保ちながら配置されており、ほぼ同形の日本製の漆と磁器を組み合わせるという、極めて繊細な工夫を凝らした配置となっている。こうした独創的な発想は、漆と磁器を見事に一体化させた室内装飾としてじつに興味深いものであり、1781年にフランス王妃マリー・アントワネットがマリア・テレジアから相続した漆器コレクションからも知られるように、有数の日本製蒔絵を収集した漆器愛好家[34]であった彼女ならではの趣味を如実に反映したものといえよう。こうした発想こそが、後述（本書第2章補論節1項）の金襴手様式や染付の肥前磁器に漆や黒い釉薬をほどこし、あたかも漆と磁器を合体したような装飾が誕生するに至った発想の原点となったのではないかと推測される。

　さらにこの室内には2点の漆塗りの小机があり、その上にも肥前磁器の「色絵染付菊花文蓋付鉢」が1点ずつ置かれている。これらは大小様々な菊文を描いた金襴手様式の絵付がほどこされており、獅子のつまみをともなっている。

　さらに興味深いことに、この部屋では漆装飾パネル脇の中心部分や暖炉上の壁面部分など、もっとも中心的な場所にウィーン磁器がみられるのである。これについては、ウィーン磁器製作所の経営者として製作所の経営にも携わっていたマリア・テレジアがこうした序列を主張することによって、ウィーン磁器の権威を高めるための、言い換えれば自国産業を保護するための方針を象徴的に表した、戦略的なメッセージをもった装飾であるという点も見逃すことはできない。

　一方、「中国の円形の間」の方は、肥前磁器は「染付花卉文角瓶」（挿図2-94）4点と「染付花鳥文角瓶」1点があるのみで、その他の磁器はすべて中国製である。

B.　エッゲンベルク城の「磁器の間Porzellain Kabinett」

　エッゲンベルク城Schloss Eggenberg（口絵2-87）は、オーストリア南東に位置するシュタイアーマルク州の州都グラーツGrazにある。この城の歴史は、平民出身でありながら皇帝の貨幣マイスターとして頭角を現し貴族の称号を勝ち得てエッゲンベルク家Haus Eggenbergを興した、バルターザー・エッゲンベルガー（Barthasar Eggenberger, 生年不明-1493）が、城の敷地を手に入れた1460年に端を発する[35]。広大な領地を獲得しこの一族に最大の栄華をもたらした三代目のハンス・ウルリッヒ・フォン・エッゲンベルク侯爵[36]（Hans Ulrich von Eggenberg, 1568-1634）は、そこに自らの栄光に相応しい豪華な居城を建てるべく、1625年より築城に着手したが、そのなかばで他界してしまった。工事は四代目ヨハン・アントン一世（Johann Anton I. von Eggenberg, 1610-1649）の手に託され、ようやく床面幅80メートル奥行65メートル、3階建ての大規模なバロック宮殿が完成したのは1641年のことであった（挿図2-95）。

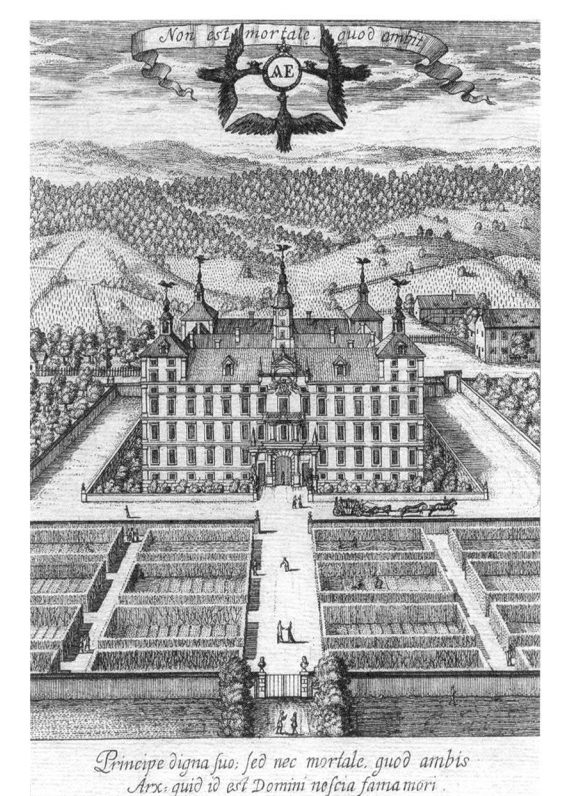

左
挿図2-95
「理想的な遠近法による
エッゲンベルク城の風景」
P.ヨハネス・マッハース・グラエキウム編
アンドレアス・トローフト画
版画　1700年以前
州立ヨハネウム美術館エッゲンベルク城蔵

右
挿図2-96
エッゲンベルク城　「日本の間」
内装製作1755〜1762年
州立ヨハネウム美術館エッゲンベルク城蔵

　この城は、各階が同じ部屋割りで31室あり、その外周は東西南北の四面をめぐって24室の部屋が配されたが、これは24時間という一日の長さに由来するという。さらにこれらの部屋にもうけられた合計60面の窓の数は、1時間又は1分の長さ[37]を表すというように、この城は時間に係わる数が随所に仕掛けられた神秘的なものであった。その後この城は、家系の消滅という最大の不幸に見舞われるが、にもかかわらず盛衰を繰り返して城が現存し続けているのは、この数の魔法の仕業かもしれない。

　エッゲンベルク家は、ハンス・ウルリッヒがその軍功によりフェルディナント二世から複数の広大な土地を拝領したことから、ボヘミアのクルマウKrumauからアドリア海にまでおよぶ広大な領地を所有し繁栄を極める[38]。一族の資産は、五代目ヨハン・クリスチャン一世（Johann Christian I. von Eggenberg, 1641-1710）の代までは順調に維持され、この城を埋めつくす大規模な美術コレクションを築き上げた。

　しかし、1710年にヨハン・クリスチャン一世が他界すると、その跡を継いで六代目の侯爵となった弟ヨハン・ゼイフリード（Johann Seyfried von Eggenberg, 1644-1713）には才覚がなく、またたく間に巨大な借金を作った。皇帝が個人的な調停で破産を食い止めるという事態となり、エッゲンベルク家は衰退し、クロアチアのアーデルクベルク伯爵領やグラーツ近郊のゲスティングの領地を失ってしまう。その後もこの家の不遇はとまることなく続き、その歴史は予期せぬ事態により急に幕を閉じることとなる。ヨハン・ゼイフリードは即位後3年目の1713年に、そしてその息子のヨハン・アントン二世（Johann Anton II, 1669-1716）は1716年にと次々と死去し、しかも1717年2月にはその後を継いで即位したエッゲンベルク家最後の侯爵ヨハン・クリスチャン二世（Johann Christian II, 1704-1717）がわずか13歳で夭逝してしまい、エッゲンベルク家の男系の血統は絶えてしまうのである。エッゲンベルク城には、寡婦となったマリア・カルロッタMariaCarlotta[39]侯爵夫人と2人の娘たち、すなわち、長女のマリア・エレオノーラ（Maria Eleonora, 1694-1774）と次女マ

第2章　西洋宮廷美術における受容　｜　227

リア・テレジアMaria Theresiaが残された。彼女たちは2人とも1719年にリズリエ伯爵家に嫁いだ。その後長女は2度夫に先立たれ、1740年の3度目の婚姻によりヘルバーシュタイン家のヨハン・レオポルド伯爵(Johann Leopold von Herberstein, 1712-1789)を夫としたが、後継者を残さなかった[40]。

1754年、マリア・カルロッタが他界すると、侯爵夫人の爵位、エッゲンベルク城、グラーツ市街地の宮殿はマリア・エレオノーラに相続された。しかしエッゲンベルク家は、身内のあいだで生じた領地争いの結果、1726年にはエッゲンベルク城のほとんどの家財を失い[41]、城内は荒れ放題であったため、マリア・エレオノーラ侯爵夫人は1755年〜1762年にかけて2階部分の24室を中心とする大規模な改装を行う。その結果、この城は再び豪奢な貴族の城としての姿を取り戻した[42]。

改築工事は、グラーツの宮廷建築家ヨーゼフ・ヘーベル(Joseph Hueber, 1715-1787)によって行われ、ロココ様式の内装がほどこされた。そのうち3部屋については、その当時「インドのIndianische」と形容されたシノワズリ装飾に改装される。その工事は1755年より開始され壁面のみが対象となり、天井画は創建当時のまま残された。それらの部屋は、1789年の時点で「磁器の間Porzellain Kabinet」(口絵2-84〜86[第3室[43]])、「中国の間Chinäsischen Kabinet[44]」(口絵2-88[第7室])、「日本の間Japonischen Kabinet[45]」(挿図2-96[第18室])と称されていた[46]。現在、この2階部分にあるロココ様式の部屋の多くには、18世紀前半の肥前磁器と清朝磁器が陳列されている[47]。

やがて1774年にマリア・エレオノーラは世を去り、その2ヵ月後に妹のマリア・テレジアも他界すると、エッゲンベルク家の血筋は女系も含めてもはや完全に絶えてしまった。その後この城はヘルバーシュタイン家の傍系に相続され[48]、現在に至るまで継承されている。そのため現在、前述のこの城に由来する肥前と中国の磁器は基本的にすべてヘルバーシュタイン家の所蔵に帰されているのである[49]。それらの大部分は、グラーツ近郊のヘルバーシュタイン城内の博物館に展示され、その他に居室部分の陳列により公開されたものをはじめエッゲンベルク城が管理する作例も一部ある。それらは18世紀前半の景徳鎮磁器を中心とする大規模な輸出磁器コレクションであり、管見の限り少なくとも59点の肥前磁器を含んでいる[50]。

前述の「磁器の間」の歴史に話を戻そう。この部屋の家財は、1789年、1808年、1847年と1860年の遺産目録に記載されている。この部屋の最大の特徴である壁に取りつけられた磁器の皿については、1789年に作成されたヨハン・レオポルドの遺産目録[51]にすでに記載があり、「3枚の大きい丸い深皿、18枚のより小さいもの、108枚の平皿」という内容である。1808年、1847年、1860年の記述もほぼ同一であるため、戦前まで壁面には同じ皿が取りつけられていたと推測される。この部屋のそれ以外の家財は、目録ごとに少しずつ変化しているが、以下にその例として、この部屋に関するもっとも古い記述である1789年の目録の記載を挙げる。

1789年	1789
「磁器の間　23番[52]」	*In Porzellain Kabinet No 23.*
描かれたSpalier 1個。	*Ein gemahlene Spalier*
4灯のシャンデリア1個。	*Ein Luster auf 4. Lichter*
ガラスの下げ物付き2灯のブラケット6個。	*6. Arm Leichter mit gläsernen Tropfen je=der auf 2. Lichter*
壁面にはザクセン磁器のセルヴィス、すなわち	*In der Wand ein Servies von sächsischen Porzellain als:*
大きい丸い深皿3枚、より小さいもの18枚、	*3. grosse runde Schüssel, 18. detto kleinere, und 108. Stück Teller*
平皿108枚。	

金塗りの白い机2個の上に漆塗カップ2個。	2. weiß vergoldete Tischel, und hierauf 2. lakirte Tazen
金塗りの大きい白い机、その上には以下の磁器、漆塗り杯1個、および白磁のコーヒー用カップ12個と金縁の受皿、同様（磁器）の人物像、チョコレートカップ6個、粥用カップ、すすぎ鉢1個。	*Ein größerer weiß, und vergoldetes Tischel mit einer lakirten Tazen, und nachfolgenden Por=zellain als: 12. weisse Koffeeschalen, samt Untersazeln mit vergoldeten Raifeln, und deto Figuren, 6. Chocolade Becherl, ohne Untersäzeln, ein oleo Becherl, und ein Schwemm Schalen*
机の下に	*Unter dem Tischel*
大きな壺1個。	*Ein großer Topf*
白い金塗りを施したピラミッド台、そこには以下の磁器が置かれている、すなわち丸い深鉢4枚、壺6個、受皿6枚、共のティーカップ6個、および茶葉容れ。	*Ein weiß und vergoldete Piramiden mit folgenden Porzellain besezt, als: 4. runde Schüssel, 6. Töpf, 6. Untersäz, dazu 6. The=Schalen, und ein Thekandl*
金の縁飾りのある豪華な布張りで、金塗りを施した白い脚が付いた肘掛け椅子12個。	*12. mit reichen Zeug und goldenen Borten eingefaste Stock=Sessel mit weiß und ver=goldten Füssen*

　現在この「磁器の間」を飾っている磁器は、これらの目録記述と同一ではない。なぜならば目録上の磁器は、戦時中1944年の爆撃とその後の占領軍の占領時に大方失われてしまったからである。この部屋を含め城内にあった多くの磁器やシャンデリア、絵画は破壊され、戦時中にこの家にあった家財の大部分が失われた。壁面にあった磁器の皿は、爆撃により被災したという。すでにその時点でこの城は、ヘルバーシュタイン家により1939年にシュタイアーマルク州に売却されたばかりで、州の管理下にあった。そのため、1947年にこの城が占領軍によって占拠される前、まだそこに残されていた磁器を含むわずかな家財については運び出されて難をのがれた。幸運なことに、ヘルバーシュタイン家が1939年に売却したのは、城と固定された家財だけであったため、家具や美術品は基本的に運び出されてヘルバーシュタイン家の別の城で保管され、戦災の難を免れていたのである[53]。そして今日ヘルバーシュタイン家は、かつてエッゲンベルク城にあった家財の一部を同城に貸与し、城内の陳列に提供している。そのため、この城では18世紀後半のマリア・エレオノーラの時代より伝わる多くの家財を備えた形で内装を鑑賞できるようになっている。

　この「磁器の間」には、口絵2-86のように7枚の大皿を配する幅の広い壁面が奥と左右に3面、それ以外に6枚の中皿を縦に一列に並べる幅の狭い磁器陳列の装飾帯が18カ所設けられている。さらに幅の広い壁面の上部には、白地に青のシノワズリ人物画が描かれていることからも、この部屋の装飾がシノワズリ様式に位置づけられることは明らかである。破壊以前この部屋の壁面がすべて揃いの文様の皿のセットで埋め尽くされていたことは、戦前の写真（挿図2-97）からも明瞭に理解されるのである。これらの皿のうち5枚は、戦争による破壊を免れており、現在の「磁器の間」の奥中央の壁面を飾る7枚のうち、上下の2枚を除き中央の5枚がこれに該当する（口絵2-86）。それ以外の壁面の皿は、これらの皿を基準にそれと類似の文様のものが選ばれているという[54]。さらに、戦前のピラミッド状の台に置かれた磁器（挿図2-98）は、1789年の目録の記述と同一ではないものの類似した内容となっており、戦前までの陳列が18世紀後半の状況を推測する手がかりとなる。

挿図2-98
エッゲンベルク城　「磁器の間」内
磁器陳列台
撮影1945年以前
州立ヨハネウム美術館エッゲンベルク城蔵

挿図2-97
エッゲンベルク城 「磁器の間」
内装製作1755〜1762年
撮影1945年以前
州立ヨハネウム美術館
エッゲンベルク城蔵

　これらの壁面の皿は、1789年と1847年の目録には「ザクセン磁器」として、さらに1860年の目録には「中国の磁器」として記載されているが、実際は景徳鎮で18世紀前半に生産された、いわゆるチャイニーズイマリと呼ばれるタイプの、肥前の金襴手様式風の文様の磁器（口絵1-11）である（後述）。「ザクセン磁器」とは、マイセンの磁器を意味する用語であるため、1847年以前の目録の作成者がこの磁器をマイセン製だと考えていたことが判明するが、この用語をこうした東洋趣味の皿に用いた理由は、それらを東洋の磁器の写し物[55]として認識したか、あるいは目録の作成者の認識不足から磁器＝マイセンと認識したからなのか、いずれとも判断しがたい。

　しかしながら、マリア・エレオノーラやヨハン・レオポルドは、無類の磁器愛好家で大規模な肥前磁器のコレクションを所有するだけでなく、所持品の磁器の産地についての知識もあった皇后マリア・テレジアとも親交があり、宮廷人の一員として彼らが何の知識もなくこれだけの大規模な数量の揃いの絵付文様を描いた磁器のセットを購入したということは想定しにくい。彼らが、当時流行していた粉彩の中国風の絵付ではなく、金襴手様式風の日本的な絵付の磁器を購入し、この部屋の装飾に用いた点からは、彼らがこの「磁器の間」に日本磁器のイメージを表象することを着想した可能性が考えられるが、まだ推測の域を出ず、この点は今後の検討を要する。

　金襴手様式風の絵付をほどこした中国磁器については、本書第1章第4節で述べたように、中国で肥前の金襴手様式の写し物が製作されており、イギリス商人のあいだではその価値は真正の肥前の金襴手様式との近似性で決まると評されていた。それほど肥前磁器の価値が評価され、景徳鎮によるその写し物が大量に流通した時代[56]であったのである。従って、筆者はこの「磁器の間」には、中国磁器を通じて日本磁器のイメージを表象する意図があったのではと推測する。この推測は、このほかの部屋の装飾に込められた日本のイメージによっても補強される。例えば、前述の日本の屏風が貼られた部屋（挿図2-96・99）は、1789年の目録に「日本の間Japonischen Kabinet」と称されている。このことは、マリア・エレオノーラたちが「日本の間」の壁面の屏風を日本製だと意識したことを如実に示しており、この認識を日本への関心の高さとして積極的に評価できる。

　さらに、「中国の間Chinäsische Kabinet」（口絵2-88）には、「磁器の間」と同様のピラミッド台（口

挿図2-99
エッゲンベルク城 「日本の間」
内装製作1755〜1762年
撮影1945年以前
州立ヨハネウム美術館
エッゲンベルク城蔵

挿図2-100　エッゲンベルク城　「寝室」　撮影1945年以前　州立ヨハネウム美術館エッゲンベルク城蔵

挿図2-101
エッゲンベルク城 「寝室」の磁器陳列台
撮影1945年以前
州立ヨハネウム美術館エッゲンベルク城蔵

第2章　西洋宮廷美術における受容 | 231

絵2-89)があり、その上に肥前磁器の婦人像が7個置かれていたことが、前掲の1789年の遺産目録にも記載されている。現在この台に置かれているのは、金彩と上絵、染付で兎や蹴鞠文様などが描かれた着物をまとう6個の肥前磁器の「色絵兎花卉蹴鞠文婦人像」(口絵2-90・97)である。これらの婦人像の毛髪と帯の胴前部分は、6個とも全て色彩がない点が異色である。一方、同一意匠類品の「色絵兎花卉蹴鞠文婦人像」(碓井コレクション・口絵2-91)の髪と帯部分は、一部剥落しているものの大部分はオリジナルの黒の上絵の彩色が保たれている。また、後述のドロットニングホルム城の類品(口絵2-105)の場合も黒の上絵は保たれている。よって、このエッゲンベルク城の婦人像6個は何らかの事情によりオリジナルの上絵が剥落したものであろう。かつてこの台の頂上にもう1つ、桜花と小竹などが描かれ毛髪部分が黒く塗られた婦人像が置かれていたということであるが[57]、その像は現在ヘルバーシュタイン家が所蔵している(口絵2-97)。さらに寝室(挿図2-100[第5室])にも戦前まではピラミッド台があり、そこには徳化窯の婦人像や動物像から成る16点の中国磁器の彫刻が置かれていた(挿図2-101)。それはかつて1765年に皇帝フランツ・シュテファンFranz Stephanと皇后マリア・テレジアがこの城を訪れた際に使用され[58]、賓客をもてなすため示威的な性格が殊に強い部屋であった。前述の1789年の目録においても、この部屋には、戦前の写真と同じ寝台の記載がある。さらに、"Ein Kastl mit Aufsazl, worauf 16. porzellainene Figuren stehen"という記載があり[59]、それはAufsazlと呼ばれた中央飾り(センターピース)をともなう棚の上に、16点の磁器の人物彫像が置かれていたことを意味している。その16点という彫像の数と「中央飾りをともなう棚」という説明が、まさに挿図2-101の大型の上置きを載せた小棚を意味すると考えられる。現在エッゲンベルク城とヘルバーシュタイン家にある2種類の肥前磁器の婦人像と戦前の写真の徳化窯の彫像から成る彫像群は、重要な部屋の豪華なニッチ内に配され、エキゾティックな存在を際立たせていたのである。

　一方、ヘルバーシュタイン家は現在3点の大型の肥前磁器製蓋付鉢(口絵2-92)とその受皿を所蔵しているが、これらは1789年に作成された同家の遺産目録に記された「受皿と蓋を伴うスープ鉢 Suppen Schälerl mit Untersäzl und Deckel」という記載[60]に該当すると考えられる。この記述から、エッゲンベルク城ではこの蓋付鉢を、スープを容れとして用いていたことが把握される。18世紀前半における西洋宮廷の食卓では、このような形の大型の器をテーブルの中央に置いてスープ用に用いるのが通常であったため、西洋陶磁としてこれに近い形状の大型のスープ鉢は基本的な器種であり、一般的にスープ鉢と称されている。しかし、東インド会社の輸出記録にはスープ鉢という名称がなく、また、所蔵先の宮廷の財産目録に記されたスープ鉢という名称と実際のコレクションを照合できるケースが稀であるため、西洋陶磁のように器種や用途が明確に認識されにくいといえよう。さらに現在のヘルバーシュタイン家が所蔵する中国磁器のなかに同様の器形の鉢が伝わっていないことからも、「受皿と蓋を伴うスープ鉢」という目録の記載は、この蓋付鉢以外に該当しうるものはない。そのため、この蓋付鉢および上記目録の記載は、肥前磁器製のこの器形の用途を特定するための傍証としても有効性をもつ。

　ヘルバーシュタイン家が所蔵する前述の59点の肥前磁器は、柿右衛門様式の八角鉢(口絵2-93)の1点以外は、基本的にすべて金襴手様式である。これらの肥前磁器のうち、現在の城内の部屋の装飾に用いられているものはわずかである。口絵2-94や口絵2-95のように非常に丁寧な絵付がほどこされた精巧な作例もあるが、より簡素で一般的な金襴手様式の絵付の壺や皿類が大半を占めている。また、現在この「磁器の間」に歴史的な陳列とは関係なく展示されていると考えられる2個の蓋付壺(口絵2-96)は、それと対になるべき瓶一対(口絵2-98)も現存し、エッゲンベルク城におけ

る別室に所蔵されているのである。

第2章第3節結語

　本節では、神聖ローマ帝国における皇后マリア・テレジアおよびイングランド女王メアリー二世という、西洋においてもっとも国力を誇る国に君臨した女性たちが、大規模な磁器陳列室を設置し、磁器を室内装飾に用いる磁器の文化を享受していた状況が確認された。

　なかでも、磁器陳列室が現存するマリア・テレジアのシェーンブルン城の「中国の楕円の間」に見られる壁面装飾は、柿右衛門様式の色絵婦人菊文角瓶9点、その上部に蒔絵の山水花鳥文角瓶10点という、類似する器形の瓶が上下並行して連続的に配されており、それらが部屋の奥に位置する壁面上部中心の位置を占めていることによっても、これらの日本の磁器と漆器の角瓶が受けていた格別の評価を認識することができる。壁面の装飾とコンソール上の磁器に変更が加えられることなく今日まで保たれているという、歴史的価値の高さにおいても、シェーンブルン城の「中国の円形の間」は比類のない優れた磁器陳列の事例なのである。

　目録によって知られるケンジントン宮殿の磁器陳列は、飾られていた磁器がすでに失われ、その実際の陳列を知ることはできないが、今日の英国王室のコレクションに立脚するならば、この陳列は質の高い柿右衛門様式磁器をふくむものであったと推測される。また、目録に記載された膨大な磁器から想定される、磁器陳列室の壮大な規模は高く評価されるものである。

　ケンジントン宮殿も、シェーンブルン城も、都市における大規模な宮殿であり、特にシェーンブルン城においては、磁器陳列室が会議やサロンを催す場所として用いられたことから、2人の女帝たちの磁器陳列室は高い公開性を有するといえよう。ドイツの例と比較するならば、ドイツの女性王侯の磁器陳列室にうかがえる密室的な性格とは異質であり、むしろ、ドイツの選帝侯たちが創造した、宮殿におけるもっとも権威表象性の高い部屋の1つとして設置された大規模な磁器陳列室の例に相当するといえよう。メアリー二世やマリア・テレジアという女帝たちが、単なる女性王侯としての慣習を超えて、国王としての権威表象を目指した結果であると解釈できる。

　また、こうした王宮の文化は国王以下の王侯貴族たちやオランダのブルジョワたちに影響を及ぼしていた。オランダのブルジョワたちにみられる特殊な磁器陳列の事例からは、磁器陳列の文化が、王侯の宮殿から都市に住む裕福なブルジョワたちのサークルへ伝播し、東洋磁器収集の輪が宮廷を起点として周辺へ拡張した状況が把握される。

　神聖ローマ帝国の一員の侯爵家であるエッゲンベルク家もその居城に磁器陳列室を設置したが、その壁面装飾は皿のみから成っており、この点同じ帝国内のドイツや同時代のシェーンブルン城で設置されたコンソールの上に壺やカップなどを置いた多くの磁器陳列室とは形式が異なる。このように、皿を壁面に貼った装飾は、オラニエンブルクの「磁器の小部屋」などプロイセンに先行例があるが、それらの具体的な因果関係は不明である。

　さらにオーストリアにおける磁器陳列室の製作時期については、シェーンブルン城は1760年、エッゲンベルク城は1762年に完成しているため、1730年代までにほとんどすべての磁器陳列室が完成されたドイツとは時間的な隔たりがある。この遅れの原因は、オーストリアとドイツの経済差、オラニエ＝ナッサウ家との関係の希薄さ、あるいは、オーストリアにもあった東インド会社 *Ostender Kompanie* が行った中国貿易との関係によるのか、その検討は今後の課題とする。

註

1 ウィレム三世の部屋には磁器の記載がないため、陶磁史では扱われない。多数の磁器を所有したのはメアリー二世であった。このことは、磁器は女性が相続するものとするオランダにおける財産相続の原則に関係する。
2 Lunsingh Scheurleer 1962, pp. 33-50；西田1974 pp. 64-81
3 磁器を受取ったケッペルは1670年生まれのオランダ人で、ウィレム三世の給仕として国王夫妻と共に1688年にイギリスへわたった。彼はその後26歳でアルブマール伯となり、28歳で陸軍少将に任命され、1700年にはガーター勲章を叙勲されるほどウィレム三世の信任を得、ウィレム三世と極めて親密な関係にあった。彼が磁器を相続することは、ウィレム三世の命で決められ、実際受取ったのは1699年だった。だが、この目録記載の磁器は、今日のアルブマール伯家には存在しない。散逸したと考えられているがその経緯は不明である。
4 Lunsingh Scheurleer 1962, pp. 33-35, 39-41, 43, 46-47, 50
5 Lane 1949-1950, pp. 28-29
6 西田1977 p. 60
7 Lane 1949-1950, p. 29
8 Nishida 1974, p. 127
9 Lunsingh Scheurleer 1962, pp. 33-50
10 西田1974 pp. 64-81
11 Impey 1990, pp. 63-64；インピー 1994 pp. 63-65
12 イギリスでは、産地の別を問わず（中国製でも日本製でも）磁器をChinaと称している。従って、この目録でもすべての器の記載はChinaというタイトルの下に記述されている。本稿ではChinaを磁器と訳した。
13 陳列室Galleryとは、メアリー二世の在位時代において基本的に藝術品を展示するホールとしての機能を果たす部屋だった。その点で、フランスやドイツの美術品収集室Cabinetと同様であると理解できるものである。
14 この用語の原文記載はRollwagonである。ロールワゴンは、広口で幅が狭く背の高い円錐形の瓶の総称である。この用語は、イギリス、ドイツ、オランダなどで使用されている。本書では、この語を喇叭形瓶と翻訳した。
15 Marot 1892 を参照した。
16 Ottenheym / Terlouw / Zoest 1988, p. 13
17 Impey 2003, p. 36
18 Ottenheym / Terlouw / Zoest 1988, p. 13
19 例えばアーサー・レーン氏はマロの磁器室の版画はオランダのホンセラールルスダイク城の部屋を描いたものと推測している。（Lane 1949-1950, p. 26）
20 Jörg 1982, p. 359, Anm. 1
21 Lunsingh Scheurleer / Fock / Dissel 1992, Bd. 6b, Het Rijck van Pallas, p. 867
22 GAD, ONA2159, 13, Februar 1777, Bl. 207-277；Kisluk-Grosheide 2003, p. 79
23 Strien 1998, p. 183
24 Kisluk-Grosheide 2003, pp. 78-79
25 Lunsingh Scheurleer / Fock / Dissel 1986-92, vol. 2, pp. 468-476
26 *Puppenhuis van Sarah Rothé*, Gemeentemuseum Den Haag
27 Runia 1998, pp. 11-12
28 Kisluk-Grosheide 2003, p. 81
29 イビー / コラー 2007 p. 107
30 2012年6月にシェーンブルン城の学芸員であるエルフリーデ・イビー氏Dr. Elfriede Ibyの御厚意を得てシェーンブルン城「中国の円形の間」および「中国の円形の間」を調査させていただいた。
31 イビー / コラー 2007 p. 107
32 同書、p. 107
33 この部屋に陳列された磁器や漆器の詳細については、ウィーン大学のヨリンデ・エーベルト氏Dr. Jorinde Ebertより御教示を得た。調査を行った当時、これら「中国の小部屋」を修復するため、エルフリーデ・イビー氏とエーベルト氏が、漆と磁器の調査・研究に着手している最中であり、これまでこの部屋所在の磁器に関する詳細な調査は行われていないとの事で、参照できる記録がなかった。さらに2013年より、漆や木象嵌、壁面などの材料の分析や計測、磁器を壁面から取り外して行う詳細な観察をふくむ調査が行われているとのことである。修復工事は、応用藝術大学保存修復研究所Institute für Konservierung und Restaurierung der Universität für Angewandte Kunstによりすでに着手されており、2016年に完成予定だという。同大学のビルジット・ミュラウアー氏Frau Birgit Müllauerが、修復後取り外した磁器の写真を提供くださった。こうした事情により、筆者がすでに調査した資料や壁面装飾も含めて、この部屋について本格的に論じるのは、この調査研究および修復の成果報告書が出版され、最終的な調査結果を確認した後としたい。
34 読売新聞2008 pp. 149-153, 265-266
35 バルターザー・エッゲンベルガーは、この地に1470年頃ゴシック様式の礼拝堂を建てたが、それは現在もエッゲンベルク城の中央に残されている。
36 ハンス・ウルリッヒは神聖ローマ帝国皇帝フェルディナンド二世の宮内大臣にあたる役職(Hofkammerと呼ばれる宮廷の部局長)を務めた、当時オーストリアでもっとも影響力のあった貴族である。
37 Kaiser 2006, p. 116
38 フェルディナント二世は、ハンス・ウルリッヒの軍事的功績を高く評価し、1622年にボヘミアのクルマウKrumauの領地およびクルムロフ城Český Krumlovを彼に与えた。ヨハン・クリスチャン一世の遺志によりクルマウの領地は1719年に彼の妃の家系であるシュヴァルツェンベルク家Haus Schwarzenbergに継承された。
39 ヨハン・アントン二世の妃でヨハン・クリスチャン二世の母親。
40 Kaiser 2006, p. 201
41 Ibid., p. 211（エッゲンベルク家はヨハン・クリスチャン一世の遺言によってシュヴァルツェンベルク家に相続されたボヘミアの領地を巡って訴訟を起こしたが、1727年に敗訴し、巨額の訴訟費用を支払わされた。この頃家財が失われたものと推測される。）
42 Kaiser / Naschenweng 2010, p. 167
43 この城が用いている各部屋の番号である。以下同様。
44 様々な人物を描いた中国製絵画（絹本）が張られている。
45 江戸初期の日本製の大坂図屏風が壁面に張られているため、関西大学を含めた国際共同研究が行われ、様々な報告書が出されている。エッゲンベルク城側の公式の報告としては以下の書籍がある。Graz 2010, pp. 220-223
46 これらの名称は、1789年に作成されたヨハン・レオポルドの遺産目録に基づく。各部屋の古い名称は、1754年、1789年、1808年、1847年、1860年、1907年、1939年に作成された以下の遺産目録に記されている。Nachlass Maria Carlotta Eggenberg/ Sternberg 1754 Stmk.LA, FA Hbst/ Urkunden Eggenberg Sch.220, Inventar nach Maria Carlotta Fstn Eggenberg, 1754 IX 7 Graz / Nachlassinventar Johann Leopold Graf

Herberstein, 1789 / Konrath, 1808 / Bailiff, 1847 / Chicheret, 1860 / Kaiserfeld/Liehr, 1907 / Ankaufsinventar Land Stmk.1939(全てヘルバーシュタイン家FA Hbst所蔵、シュタイアーマルク州立文書館Stmk.LA寄託)ただし、家財等の固有名詞の名称は目録の作成者が異なるため一定ではない。筆者はエッゲンベルク城州立博物館ヨハネウムLandesmuseum Johaneumで作成されたこれらの目録の翻刻を参照させていただいた。閲覧にあたっては、同館学芸員ポール・シュスター氏Herr Paul Schusterに大変御世話になった。

47 エッゲンベルク城州立博物館ヨハネウム館長のバーバラ・カイザー氏Dr. Barbara Kaiserの御教示によれば、現在の展示は主に、1789年の遺産目録を中心に、前掲註46記載の古い目録の記述に基づいて、戦前の陳列を再現する事が試みられているとのことである。

48 Kaiser 2006, pp. 204-205

49 ヘルバーシュタイン家所蔵の磁器については、1986年にエッゲンベルク城で開催された展覧会「東と西から来たエッゲンベルク旧蔵コレクションの貴重な品々(邦題筆者)」で紹介された。その図録に主要な肥前磁器の写真が掲載されている。Kryza-Gersch / Ruck 1986, pp. 52-53

50 エッゲンベルク城所在品およびヘルバーシュタイン城付属博物館の展示品は、2012年6月にバーバラ・カイザー氏およびヘルバーシュタイン家の御厚意を賜り調査させていただき、そのうち肥前磁器についてはおおまかな全貌を把握することができた。調査時に、エッゲンベルク城に所在(収蔵庫も含む)する肥前磁器は37点、ヘルバーシュタイン城の展示室に所在する肥前磁器は22点を確認した。ただし、それらの大半は、本論文の主題であるこの城の「磁器の間」に陳列されたものではなく、その他の部屋の陳列に用いられていたと考えられるもので、過去における陳列の状況が未詳である。従って、本節では戦前の写真などから陳列環境が明らかな少数の作例だけを取りあげるにとどめる。この城の肥前磁器の全体像の紹介は今後の課題としたい。

51 Nachlassinventar Johann Leopold Graf Herberstein, 1789

52 この部屋の部屋番号は現在3番であるが、1789年には同じ部屋に23の番号が付されていた。この部屋の番号は、1808年の目録では3番、1847年は番号がなく、1860年の目録では24番となり変化がみられる。

53 Kryza-Gersch / Ruck 1986, pp. 6-7

54 バーバラ・カイザー氏の御教示による。すべて同じ文様の皿を揃えることはできなかったため、現在の壁面にはオリジナルのセットの皿と類似の文様の景徳鎮磁器が揃えられているが、中に1枚だけ肥前磁器の皿が混入している。

55 本書第2章補論第2項で後述するように、マイセンでは、柿右衛門様式や金襴手様式の肥前磁器の写し物が多数製作されていた。しかし、それを知った上でこのような認識を得たのかは不明である。

56 本書第1章第4節、pp. 127-128

57 バーバラ・カイザー氏の御教示による。

58 Kaiser 2006, pp. 205, 211

59 Nachlassinventar Johann Leopold Graf Herberstein, 1789

60 Ibid.

第4節　東洋趣味とシノワズリ様式

　壁面に多数の磁器用コンソールを備えた磁器陳列室は、西洋全域で一様に流行したわけではない。その受容状況には地域差があった。17〜18世紀西洋の宮殿における磁器の受容は、バロック様式やロココ様式といった西洋のデザイン様式で統一された室内に配置したコンソールや、暖炉のマントルピースの周辺に陳列する方法が、その主なものであった[1]。よって、肥前磁器のコレクションが豊富にあっても、磁器陳列室が造られた形跡をうかがうことのできない地域もある。

　その代表的な例は、フィリップ・スホメル氏の研究により膨大な数量の肥前磁器コレクションの所在が知られるようになったチェコの状況であろう[2]。さらに、本書第2章第1〜3節でとりあげた国々のほか、ポーランド、スウェーデンおよびスイスでも筆者は短期の現地調査を行い磁器陳列室の所在を探すための情報収集をしたが、これらの国々でも磁器陳列室の作例を確認することはできなかった[3]。

　そこで本節では、17〜18世紀に磁器陳列室とは別の形で流行した磁器の受容環境である、東洋趣味 *Chinamode*[4] やシノワズリ様式[5]の磁器陳列の室内装飾の事例から、磁器受容の広がりを再確認し、より広い視野から磁器陳列に光をあててゆきたい。しかし本論は、西洋で行われた磁器陳列を網羅的に列挙し全体像を描くものではない。室内装飾の詳細とその所有者に関する情報を確認できる事例のなかから代表的な事例を提示し、陳列内容を検討する手法をとる。ここでは18世紀におけるイギリス、オランダの家財目録とスウェーデン、ロシアの建築に設置された東洋趣味やシノワズリ様式の室内装飾に関する少数の例を中心に論じる（こうした事例は19世紀まで含めると相当な数となるが、17〜18世紀に対象を限定した本書においては対象の範囲外であり、中心的な課題ではないためとりあげない）。

　東洋趣味の室内装飾において肥前磁器は、多くの場合漆器や凍石の彫刻、絵画、染織などの様々な極東の工藝品とともに陳列される。また、西洋の藝術家が、旅行記などの東洋の図像や文物から着想を得て製作したシノワズリ様式[6]の室内装飾においても肥前磁器の存在は際立っている。様々な東洋の要素が、渾然一体となって東洋世界のイメージを創出していたが、肥前磁器はそのなかでも主要な構成要素であり、逆に、こうした環境が磁器コレクションの形成を促す要因ともなっていた。

　それらの室内装飾における肥前磁器受容に関しては、本節第1項で18世紀に作成されたイギリスにおける貴族の館およびオランダの都市における富裕市民の屋敷の家財を記録した家財目録に基づいて検討し、さらに第2項で、18世紀にスウェーデンとロシアの王室が設置した現存する宮殿建築の室内に陳列された肥前磁器の作例を通じて考察してゆく。

第1項　東洋趣味の室内調度

　最初にとりあげるのは、家財目録からみた東洋趣味の室内における肥前磁器の受容状況である。多くの場合、目録に記された磁器は現存しない。よってここでは、現存する大規模な磁器コレクションの研究では注目されにくい、貴族の家財目録からみた、より一般的な受容の事例について考察する。

A. イギリス

イギリスの状況は、ドレイトン・ハウスおよびモンタギュー・ハウス、ホワイトホールの目録を、2006年に出版された『貴族の財産18世紀イギリスにおける名家の家財目録Noble Households, Eighteenth-Century Inventories of Great English Houses[7]』に掲載された目録の翻刻に基づいて検討する。

A-1　ドレイトン・ハウスDrayton House（ノーサンプトンシャー州）

（1）概要

1710年と1724年にエリザベス・ジャーメイン（通称ベティー夫人、Elizabeth〔Betty〕Germain, 1680-1769）の命により家財目録が作成された。本目録は現在もドレイトン・ハウスに所蔵されている。ベティー夫人は、夫であるジョン・ジャーメイン准男爵（John Germain, 1650-1718）の死去により、1718年にドレイトン・ハウスを相続した。同家は、前妻にあたるメリー・モーダウント・ノーフォーク公爵夫人（Mary Howard, 1659-1705）から、ジャーメインが相続したものである。ジャーメインは、ウィレム三世と親交をもつオランダ人で、オラニエ＝ナッサウ家のウィレム三世の兄弟（私生児）とも噂された人物である[8]。

目録には大量の磁器の記載がある。これらの磁器は、ジャーメインとノーフォーク公爵夫人が所有していたものであり、建築家ウィリアム・タルマン（William Talman, 1650-1719）を起用して城を改装した際に室内の装飾として陳列された。さらに1724年の目録により、ベティー夫人が磁器を購入し、相続したコレクションに加えたことも確認できる[9]。1710年の目録には、邸内全80室のうち17室に[10]、1724年の目録には全82室のうち19室に磁器の記載があり[11]、室内装飾や調度品についても詳細に記述されている。以下、この1724年の目録の磁器について述べてゆく。

（2）ドレイトン・ハウスの目録（1724年）の磁器の記載とその特徴

本目録では、磁器と思われる用語はすべてChinaと記されている。そのうち、数量が記された磁器の合計数は356個であり、主として公爵夫人など婦人用の寝室Bed Chamberと化粧室Dressing Room、陳列室Gallery、応接室Drawing Room、食堂Dining Room、居間Parlour、収蔵庫Closetに置かれている。暖炉の周辺、扉の上、キャビネットの上に磁器を置いた部屋が多いのは、ケンジントン宮殿[12]と共通している。磁器の種類として壺や喇叭形瓶（ロールワゴンRollwagon[13]と記載された）が多いのも同様である。

一方、邸内には漆塗り（イギリスでは通常Japanと記される）の調度や「インドのindian」と称された東洋風の調度が多い。主だった部屋の事例を挙げると、陳列室（No. 4）[14]には「インドの」キャビネットが4台あり[15]、応接室（No. 24）にも「インドの」キャビネットが1台あるほか「インドの」暖炉の覆い、「インドの」洋櫃Trunk、漆塗りの薪載せ台がある[16]。

ティー・テーブルTea Table[17]の上に磁器を配置する例は6例認められた。ティー・テーブルに置かれる磁器は茶器で、茶用又はコーヒー用カップ＆ソーサー、赤か茶のティーポット、茶こぼし、砂糖容れのいずれかの茶器のセットが多い。ティーポットは、「赤と茶」と記されているため炻器製であろう。その他は「青と白の[18]」と記されている器が多く、染付（又は青花）磁器が総体的に多いと考えられる。ティー・テーブルは2台のみが漆塗りであった[19]。ケンジントン宮殿の目録には数多くみられた彫刻（人物や動物）の記載は全くない[20]。

なお、ドレイトン・ハウスには、現在、香炉1点、獅子の置物2点、鉢1点、瓶2点、蓋付鉢1点、皿1点か

ら成る江戸期の肥前磁器合計8点が伝わっている[21]。

A-2　モンタギュー・ハウス、ホワイトホールMontagu House, Whitehall（ロンドン）

(1)概要

　ホワイトホールの家財目録は1746年に作成され、ノーサンプトンシャー州立文書館に所蔵されている。ホワイトホールは、ジョン・モンタギュー二世公爵（John Montagu, 2nd Duke of Montagu, 1690-1749）が建築家ヘンリー・フリットクロフトに依頼し1731年～1733年にかけて改装した、新古典主義様式の一種であるネオ・パラディアン様式の邸宅である[22]。

　邸内は、公爵夫人の寝室Bed Chamber Room（No. 30）や化粧室だけがシノワズリ様式で装飾されていた[23]。この目録には、全部で54室の家財が記されている。磁器が室内を飾るために陳列された例は、大食堂Great Dining Room（No. 25）と公爵夫人の寝室のみである。ネオ・パラディアン様式の部屋には、磁器は一切置かれていない。実用品と考えられる器については、金属器（銀器、ピューター、錫など）は台所に、磁器は主に家政婦室The housekeeper Room（No. 47）に保管された。家政婦室には食卓を覆うリネン類も保管されている[24]。

(2)1746年、ホワイトホールの家財目録の磁器の記載とその特徴

　家政婦室の磁器は大量にあり、東洋磁器と推測される*China*という名称のものや、西洋製の陶磁器であるとわかる名称のものもある。磁器は、それを収納した家具を併記していないが、食器専用の棚に収納されていたと推測される。それらは多数に上るため要約のみを以下に示す[25]。

White China　白磁	：茶器中心26個
Brown China　茶色い磁器（又は炻器）	：カスタードカップ17個、ティーポット2個
Coloured China　色絵磁器	：皿大小7枚、蓋付カップ1個
Blue and white China　染付磁器	：食器（平皿が大半、深皿、スープ鉢、盥）83個、茶器（チョコレートカップ＆ソーサー）9ダース
Landskips Dresden China[26]　風景画のドレスデン磁器	：赤い革で覆われた箱に入った茶器のセット（茶用・コーヒー用ポット、ティーカップ＆ソーサー12客、コーヒーカップ＆ソーサー6客、茶こぼし、茶葉容れ、砂糖容れなど）25点
Broken China　壊れた磁器	：いくつかの皿と洗面器
（その他の磁器）	：皿や茶器など21個
Coloured Staffordshire Ware[27]　色絵スタッフォードシャー陶器	：茶器（ティーポット、茶用・コーヒー用カップ＆ソーサー、茶こぼし、茶葉容れ、ミルク容れ、スプーン置き皿など）19点
Sundry Delft and Earthen Ware Things　様々なデルフト陶器と陶器類	：デルフト陶器の皿10枚、陶器皿3枚（壊れたもの含む）

　家政婦室に保管されたこれらの陶磁器は、西洋陶磁を多く含んでいる。1730年頃よりマイセン磁器の流通量が増え、スタッフォードシャー地方のクリームウエア（陶器）の品質が向上し、貴族の家財として普及したことを示す具体例として注目される。壊れた陶磁器も保管されている[28]。このリストは、冒頭は東洋製と推測される磁器から始まり、第2にドレスデン磁器、第3に壊れた磁

器、第4にスタッフォードシャーの陶器、第5にデルフト陶器という順番で記述されている。この掲載順は、当時の陶磁器の格付けにおおむね対応した序列であると推測し得る。

大食堂に飾られていた磁器は、丸い「インドの」ティー・テーブルの上に置かれていた。そのすべては白磁で、ティーカップ＆ソーサー6客、ティーポットとその受皿、砂糖容れ、茶こぼし各1個である。この室内には、白い大理石の暖炉やテーブルのほか、赤いダマスク織のカーテンや、赤い革張りのクルミ材製の椅子が14脚あるため、大理石の白と赤の色彩を基調とした古典趣味の部屋であったと考えられる。

公爵夫人の寝室は、「インドの」という記載や漆塗りが施されたチェストやキャビネットが多いことから、東洋趣味の部屋であったとみえる。その「インドの」コーナー・カップボードの上には、染付（又は青花〈以下同様〉）磁器の皿1枚、大小の洗面器各2個が置かれている[29]。

つまり、ホワイトホールでは、古典的な装飾の大食堂には白磁、東洋趣味の寝室には染付が陳列されているのである。家政婦室の棚の陶磁器に関しては、マイセン磁器やクリームウエアとわかる西洋陶磁が記載されており、磁器*China*しか記載されていない1710年と1724年作成のドレイトン・ハウスの目録とはこの点が異なっている。これらは、18世紀中頃、イギリス貴族の邸宅における磁器の所蔵状況が西洋陶磁を多分に含む内容へ変化したことの一端を示している。

B. オランダの富裕市民の家財目録 —ライデンの事例

本書第2章第3節第2項でも述べたように、東洋との交易の拠点があったオランダでは、王侯貴族ではなく都市の富裕な市民が東洋磁器収集の主体であった。ここでは、家財として数多くの磁器が記載された18世紀ライデン市民の家財目録の観察を通じ、都市の富裕層による磁器の受容状況を検討したい。

ライデンは、古くから大学を中心とする比較的規模の大きな町であり、とりわけその中心部の住人には富裕層が多い。ただしその一方、東インド会社の拠点がないため東洋の貿易品が集まる貿易港ではなく、王宮があるハーグのように王侯貴族の城が多い都市には該当しない。そのため、ライデンの富裕層が所有した磁器の所有状況を把握することは、一般的なオランダの都市の富裕市民による磁器受容の状況を推測することにつながるであろう。

B-1　ラーペンブルフの住居群所在の家財目録研究について

ライデンのラーペンブルフHet Rapenburgという運河[30]沿いの地区に居住した富裕市民達の家屋に関わる家財目録に記載された磁器について検討してゆく。

オランダでは、この地区を対象とした家財目録の大規模な共同研究が行われた。この大規模な家財目録の研究プロジェクトは、1969年より着手され、その研究成果は『ライデンの運河ラーペンブルフの歴史*Het Rapenburg Geshiedenis van een Leidse Gracht*』という全6巻10冊の書籍（オランダ語）として出版されている[31]。同書には、近代のみならず、17〜18世紀中頃までに作成された数多くの家財目録が掲載されており、当時の都市の家屋における工藝・調度の受容を理解するためには極めて有用性の高い史料である。

そこでは、ラーペンブルフ地区内の土地が71の区画に区分され、それらの区画の所有者および屋敷の建築や内部装飾などについて詳細な調査が行われた。同書には、この調査の成果に基づいてまとめられた所有者の略歴を時系列順に掲載したリストや、建築物を対象とした調査の記録、

さらに家財目録がある場合には、その目録の翻刻も添付されてまとめられている。そのため、全体としては10冊にもおよぶ大規模な史料集成となったのである。

　個々の家財目録には、調度、衣装、貴金属、絵画などの家財が記録され、なかには数多くの陶磁器の記載が含まれている。家財目録を時代ごとに比較すると、その内容から東洋磁器の受容に係わる次のような変遷を読みとることができる。すなわち、i) 17世紀初頭においては、「磁器porcelijn」の記載はほとんどない。ii) 器類は金属器が多い。その後、iii) 17世紀中頃からは、「磁器」という記載が出現し始める。さらにiv) 18世紀前半～中頃になると、家財記載の多い目録の大半に「磁器」が記載されている。陶磁器の記載が多い目録においては、「日本の」と記された「磁器」の記載も散見される、という変遷である。

B-2　ラーペンブルフ19番地について

　次に、具体的な磁器陳列の記載例として、18世紀前半にラーペンブルフ19番地の屋敷[32]の所有者ウィレム・ヤコブス・ペーツ（Willem Jacobsz. Paets, 1668-1750）の家財目録を紹介する。ウィレム・ヤコブスは、ライデンの町の「四十評議会」の評議員という地位にあった町の有力者であり、1709年～1751年にわたってラーペンブルフ19番地の屋敷に居住していた[33]。この屋敷は、1634年にウィレム・ヤコブスの祖父にあたるライデン市長ウィレム・ペーツ（Willem Paets, 1596-1669）が購入して以来、ペーツ家の所有となった[34]。ウィレム・ヤコブスは、彼と同様「四十評議会」の評議員であった父親のヤコブ・ペーツ（Jacobsz. Paets, 1639-1709）から1709年にこの屋敷を相続している[35]。

　1750年にウィレム・ヤコブスが他界すると、彼の財産はその妻マリア・コンスタンス・ル・リュー・ド・ウィルヘム（Maria Constance le Leu de Wilhelm, 1684-1751）に相続された。しかし、早くも彼女はその翌年に他界した。マリアの死後、彼等には後継者がなかったために、その家屋と財産は当局によって売却され、ヨハネス・ファン・ベルヘン・ファン・デル・フライプ（Johannes van Bergen van der Grijp, 1713-1784）が1752年に購入している[36]。

　ウィレム・ヤコブスの死後、彼の遺産を記録した1751年8月27日付の家財目録が作成されている。マリア・コンスタンス・ル・リューの他界後には、さらに1751年11月3日付の家財目録が作成された。夫妻の家財目録の翻刻は1つにまとめられて前述の文書集に収録されている[37]。同目録には、磁器と称された器が多数記されているため、目録から磁器の記載の多い部屋の記述を抜粋し、以下に掲載する。

B-3 ラーペンブルフ19番地　ウィレム・ヤコブス・ペーツとその妻の家財目録[38]（作成1751年）より、磁器の記載部分抜粋

〈保管室又は食堂〉
前略
マントルピースに
　　　2　［個、以下同］　流行遅れの染付［又は青花（以下同様）］磁器瓶　マントルピース用
　　　2　貯蔵用の角瓶
　　　2　染付の粥鉢
　　　2　同様の喇叭形瓶［ロールワゴン］　マウント装飾付
　　　3　同様の火消し壺
　　　3　同様の壺、8　同様の瓶　つまみをともなうもの

4　同様のチョコレートカップ
　　2　八角鉢の茶こぼし
　　1　同様の砂糖容れ
　　2　同様の蓋付箱
　　12　同様の皿、12　同様のカップ、コーヒーの道具
　　3　漆喰製の小像
　　後略

〈控室〉
前略
1　東インドの漆塗りキャビネット　銅製金具付　台座［切断した脚］に載せてある
3　大きな染付磁器の瓶
1　同様の水注　漆塗り台座に載せてある
2　同様のシュネレ[39]
2　細長い粥鉢
2　同様の小さい水注
4　同様の瓶
1　暖炉の中の大きな染付磁器の火消し壺
中略
1　漆塗りのティー・テーブル、その上に
　　　3　磁器の小さな茶こぼし
　　　2　同様の蓋付のもの
　　　18　彩色を施したカップ、18　同様のソーサー、お茶の道具
　　　24　カップ、24　ソーサー、染付のコーヒーの道具
　　　6　磁器のカップ、6　同様のソーサー、染付のコーヒーの道具
　　　6　同様の稜のあるカップ、6　同様のソーサー、染付の同様のもの
　　　8　同様のカップ、8　ソーサー、染付のお茶の道具
　　　5　同様のカップ、5　同様のソーサー、染付でマウント装飾付のお茶の道具
　　　3　同様のカップ、3　同様のソーサー、染付のお茶の道具
　　　1　同様のティーポット

〈大広間〉
前略
マントルピースに
　　　2　大きな染付の喇叭形瓶
　　　4　同様の瓶
　　　2　同様のシュネレ
　　　2　同様のケンディー
　　　2　同様の小型水注
　　　2　同様の小さい壺
　　　2　同様の小型コップ
後略

〈絵画室〉
30点の大小の絵画、13点の家族の肖像画
1　黒い額縁付大鏡
1　クルミ材でできたテーブル　5つの小さい引出しをともなう

1　大きな漆塗りの茶器用トレー
　　1　黒い漆塗りのコーヒーポット
　　3　染付磁器の茶こぼし
　　6　稜のある大きなコーヒーカップ
　　3　同様の小さいソーサー
　　6　染付の磁器製ティーカップ
　　6　同様の小さいソーサー
　　1　ティーポット
　　2　くぼんだ八角形の小さいソーサー
　　1　同様の大きな砂糖容れ
　　2　小さい同様のもの
　　6　同様の小さいティーソーサー
　　2　粗製のティーポット
マントルピースに
　　　　4　粗製の瓶
　　　　2　粥碗
　　　　2　同様の背の高い壺
　　　　2　瓶
　　　　4　白い［陶磁器か］、3　赤い漆喰製の小像
12　クルミ材で編んだ縁付きのイギリス製スツール椅子
大型の飾り棚の中に
　　　　1　磁器製のデザート皿9枚からなるセルヴィス［組食器］
　　　11　磁器製の小鉢
　　　36　同様の皿
　　　　4　同様の1点ずつの深皿
　　　　6　同様の小さいソーサー　花瓶1個をともなう
　　　11　縁飾りのある小さいソーサー
　　　　7　様々な1点ずつのソーサー
　　　　4　ソース容れ、骨董品
　　　20　縁飾りのある皿
　　　　9　小鉢
　　　　9　孔雀が描かれた皿又はソーサー
　　　　1　小さい茶こぼし
　　　　6　ソーサー　油容れ1つをともなう
　　　　1　茶色いザクセンの磁器製コーヒーポット　金の鎖とベルト付き
　　　　1　ザクセン磁器のチョコレートポットと小さいソーサー
　　　12　磁器製のカップ、11　同様のソーサー、流行遅れのお茶の道具
　　　17　同様の花柄のカップ
　　　22　同様のソーサー
　　　　6　同様のカップ、6　同様の小さいソーサー、外面に彩色を施したもの
　　　　6　同様のカップ、6　同様の小さいソーサー、外面が黄色いコーヒーの道具
　　　　3　ソース容れ　小鳥などのついたもの
　　　　9　染付磁器のチョコレートカップ
　　　　1　同様の縁のある深皿
　　　　2　磁器製の箱
　　　　2　粗製のティーポット
　　　　1　大型で粗製の同様のもの

242

- 1　赤い把手のついたポット
- 1　エナメル装飾を施したチョコレートカップ
- 1　同様の深皿
- 6　古い染付のティーソーサー
- 2　把手付きのカップ
- 4　　大型の茶色いカップ
- 2　同様の小型のもの
- 5　同様のソーサー
- 1　小さい白磁の油又は酢を容れる小水注　小さいソーサー付き

数点の小さな球形の水注と瓶
数点のデザート用のガラス
後略

〈大きな玄関の間〉
前略
　マントルピースに
- 2　ルーアン磁器[40]の火消し壺
- 2　同様の小さいもの
- 2　同様の瓶
- 2　同様の鶴首瓶
- 1　同様の水注
- 2　四角い粗製の磁器の瓶
- 1　白い漆喰製の小像

後略

〈控室又は寝室〉
前略
- 1　クルミ材でできたキャビネット、その上に
  - 1　大型の磁器製茶こぼし
  - 4　同様の小型のもの
  - 2　同様の小さい壺
  - 6　小型カップ
  - 7　小さいソーサー

中略
　マントルピースに
- 6　染付磁器の茶こぼし
- 2　流行遅れの壺
- 10　金彩を施した黒ガラス製小瓶又は小コップ
- 2　白い漆喰製の小像

後略

〈大きな奥の間〉
前略
- 1　クルミ材でできたキャビネット、その上に
  - 2　染付磁器の茶こぼし
  - 5　同様の壺　マウント付き
  - 3　同様の花文様のあるもの

第2章　西洋宮廷美術における受容　｜　243

2	同様の円錐形の瓶
1	同様の大型コップ
1	大型の粗製のティーポット
4	コードル用の小さいカップ[41]
1	流行遅れの球形の磁器製水注で、金彩を施したもの

マントルピースに

1	火消し壺、 2　コップ　珍しい磁器でできている
4	金の塗装を施したコンソール
8	<u>日本</u>のコーヒーカップ
10	同様のソーサー
2	同様の茶こぼし
4	粗製のティーポット
1	赤い漆喰でできた2人の子供の小像

後略　　　　　　　　　　　　　　　　　　　　　　　　（翻訳、下線および［　］内記載筆者）

　ペーツ夫妻の目録が作成された1751年頃のオランダでは、17世紀初頭以来オランダへ輸入され蓄積されてきた中国と日本の磁器が膨大な量となり、その所有が都市民にも浸透していた。さらに、1710年以降1740年代にかけて西洋の上流階級においては、磁器の流行の中心がマイセンに移行していたため、この目録にもマイセン磁器を意味する「ザクセン磁器」の記述があり、この頃の陶磁コレクションは多様性を増していた。一方、デルフトをはじめオランダの多くの地域で作られた錫釉陶器による東洋磁器の写しは、17世紀中頃から盛んに生産され、18世紀前半まで大量に流通している[42]。よって、ペーツ夫妻の目録にみえる「磁器」という記載が、すべて本物の東洋磁器であったとするには疑問が残る。

　本節第1項A-2のイギリスのホワイトホールの家財目録にも、「デルフト陶器」という記載があったように、この時代は西洋の広い地域にデルフト陶器が輸出されていた。にもかかわらず、ライデンのペーツ夫妻の目録にデルフト陶器が記されていないのは奇異ともいえる。よって、これらのやきものの記載は陶器と磁器の区別が厳密ではないと思われ、目録記載の「磁器」の一部は陶器と推測される。

　次に、目録から「磁器」と呼ばれたやきものの陳列状況を検討してゆこう。磁器の記載内容から、染付磁器と推測できる器形は、コーヒーやティー用の喫茶道具が大半を占め、なかでもカップとソーサーが圧倒的多数であるほか、喫茶用のポットと茶こぼしの記載も目立つ。つまり、喫茶の道具が圧倒的多数を占めている。こうした喫茶の道具は、主に「絵画室」の「飾り棚」の中、「寝室」や「奥の間」に陳列されている。

　「大きな奥の間」には、この邸内において唯一の「日本の」磁器に関する記述である「日本のコーヒーカップ8点、同様のソーサー10点、同様の茶こぼし2点」という記載がある。その前に4点のコンソール、すなわち壁に設置した小さい棚を意味する用語があることから、これらの日本の磁器は、コンソール上に置かれていたのかもしれない。一方この目録に「中国の」や「オランダの」と記された磁器が一切ないのは、所持品の磁器の大半が中国かオランダの製品であったためであろう。日本の磁器は、稀少性が高いため、中国磁器やオランダの錫釉陶器とは区別され格別に認識されたに違いない。「日本の」と記された磁器の記載が稀である状況は、ラーペンブルフ地区の屋敷に係わる多数の家財目録においても共通している[43]。

第2項　シノワズリ建築の室内調度

本項では、シノワズリ様式の建築や内部装飾のなかに配置され、受容された肥前磁器の例を挙げ、考察してゆく。

A.　ドロットニングホルム城「中国の城Kina slott」　—スウェーデン王室の事例

スウェーデンのストックホルム近郊のローベン島には、かつてスウェーデン王室が夏の離宮としたドロットニングホルム城Drottningholms slottがある[44]。この城は広大な庭園に囲まれており、その庭の一角にシノワズリ建築の傑作の1つと謳われる「中国の城Kina slott」(口絵2-100)がひっそり佇んでいる。

「中国の城」は、1753年、ストックホルム郊外のドロットニングホルム城の庭園内にスウェーデン王アドルフ・フレドリック(Adolf Fredrik, 1710-1771)の命により設置されたシノワズリ様式の建築物である。アドルフ・フレドリックは、王妃ロヴィサ・ウルリーカ(Luise Ulrike von Preußen, 1720-1782)への誕生日プレゼントとしてこの東洋趣味の城を彼女に贈った。

この城の中央の主要部分の1階には、北西面に「赤の部屋The Red Room」(口絵2-99)と「黄色の部屋The Yellow Room」(口絵2-106)を左右とする八角形の「大理石の大広間Marble Hall」が配され、南東側には、同様に楕円形の「鏡の部屋Mirror Room」を中央に、その左右に「寝室Bedchamber」、「刺繍の部屋Embroidered Room」を配する6室があり、さらにその両翼に各2室、2階には、「楕円の部屋Oval Room」「黄色い小部屋Yellow Cabinet」、「図書室Library」など5室がある[45]。そしてこれらすべての部屋には、フランスのフランソワ・ブーシェ(François Boucher, 1703-1770)の図案に基づいて西洋で製作されたシノワズリ様式の壁画、シノワズリ様式の東洋風の様々な調度、壁紙や絵画が配置され、室内装飾はシノワズリ様式で統一されている。そしてこれらの部屋に、家具や陶磁器など様々な中国と日本産の工藝品がちりばめられるように陳列されているのである。

なかでも「赤の部屋」には、日本の磁器と漆塗りの棚が陳列されており、この城内で日本の工藝がいかにシノワズリ様式の室内装飾と調和し、効果的に鑑賞されてきたのかを如実に物語っている。この部屋の南西の角に置かれたコンソール・テーブルには、有田の柿右衛門様式の婦人像が3点陳列されている(口絵2-102〜2-104)。これらの婦人像は、絵付けも極めて丁寧で、上質な絵の具の清涼な色彩美もさることながら乳白色の釉葉のなめらかな質感が醸す優美な趣により柿右衛門様式の優品として認めうるものである。

この部屋の中央には、極めて上質な日本の蒔絵の棚が見られる。その上には柿右衛門様式磁器の色絵布袋像2点、および徳化窯の婦人像が置かれている(口絵2-101)。また、さらにこの棚のなかには数多くの小さな中国人物の彫刻が収められており、この蒔絵の棚はさながら人形の城のようである。

さらに、「黄色の部屋」のマントルピースの上にも、揃いの文様が描かれた肥前の金襴手様式の婦人像(口絵2-105)の5点からなる一対が置かれている。この婦人像とほぼ同じ装飾をともなう同形の婦人像は、エッゲンベルク城にも6点伝来する(口絵2-89・90)。それらがエッゲンベルク城「中国の間」に陳列されていたことは、1789年に作成された同城の家財目録からも確認できる[46]。

こうした細長いシルエットをもつ金襴手様式の婦人像が、18世紀における西洋宮廷の装飾品として用いられたことを示す事例は多い。この種の婦人像が製作された背景には、先行して宮廷で受容されていた前述の徳化窯の婦人像がある[47]。それも長細い柱のようなプロポーションや、少な

くとも6個以上から成るセットとして所有されるという点でも、肥前の婦人像と徳化窯のそれは共通性があり、前者は後者の影響により生みだされたデザインであると考えられる。

現在この城内にある主要な調度品はすべて、1777年に作成された家財目録[48]に記録されている。この目録には、当時この城内にあった家具、陶磁器、彫刻や壁紙、絵画、染織をはじめとする調度品が記載されている[49]。そのためこの目録によって、この城に現在陳列されている調度品の1777年まで遡る来歴は証明されるのである。

ただし、同城に陳列された肥前磁器について、この目録に記される以前に遡る来歴は明らかではない。この城には、前述の作例以外にも肥前磁器がある。すなわち、図書室の書架の上に柿右衛門様式の黄色い色絵の虎の彫像2点（HGK790, 791）が陳列され、それ以外の柿右衛門様式の色絵花卉文八角鉢2点（HGK744, 745）、蝋燭立てとして加工された17世紀後期の色絵花卉文輪花皿2点（HGK648, 649）、17世紀後期の色絵花鳥文ティーポット1点（HGK749）が、「黄色いギャラリー Yellow Gallery」という部屋のガラス製展示ケースに収められている[50]。このように、この城が所蔵する肥前磁器は、「黄色い部屋」の婦人像以外は17世紀後期の作例なのである。

この城を贈られた王妃ロヴィサ・ウルリーカは、プロイセン王フリードリッヒ・ヴィルヘルム一世（Friedrich Wilhelm I, 1688-1740）とハノーファー家出身のプロイセン王妃ゾフィー・ドロテアのあいだに生まれた王女であり、その後の代のプロイセン王であるフリードリッヒ大王の妹にあたる。彼女の故郷プロイセンのサン・スーシー宮殿（ポツダム）にも中国茶屋というシノワズリ様式の小離宮があることから、広大な庭園の一角に中国風の東屋を建てるという発想自体、プロイセンの宮殿建築から影響を受けている。彼女の母ゾフィー・ドロテアは熱心な磁器愛好家であり、本書第2章第2節第1項A-6で取り上げたモンビジュー城を所有し、そこに数多くの磁器陳列室を設置している。さらに、シャルロッテンブルク城の「磁器の小部屋」を設置させたゾフィー・シャルロッテは、ゾフィー・ドロテアの叔母にあたるというように、彼女の近親者には熱狂的な磁器愛好家がすこぶる多い。本書第2章第2節第1項に前述のとおり、磁器愛好はプロイセン王室のお家芸的ともいうべき際立った伝統なのである。

従って、このドロットニングホルム城「中国の城」の例からうかがうことのできるスウェーデン王室における肥前磁器の特殊な受容は、ロヴィサ・ウルリーカがプロイセン王室からもたらした磁器陳列の文化といえよう。すなわち、スウェーデン王室にとって肥前磁器の収集および陳列は、プロイセン王室との血縁関係によって伝えられたドイツ伝承の文化として位置づけることができるのである。

しかし、同城の肥前磁器については、ロヴィサ・ウルリーカがプロイセン王室から持参した財産として断定することはできない。何故ならそれ以前に、アドルフ・フレドリックの前代のスウェーデン王フリードリッヒ一世が、ヘッセン＝カッセル方伯家のマリア・アマリアから遺産の肥前磁器約370個を相続しているからである[51]。マリア・アマリアの没年は1711年であるため、17世紀後期に製作された肥前磁器は、マリアのコレクションであった可能性を秘めているのである。財産目録の調査による具体的な来歴の確認が、今後とり組まれるべき課題であることは言うまでもなかろう。

B. ペーターホフ宮殿　大宮殿の「中国の間」　―ロシア王室の事例

　ロシアのサンクト・ペテルブルクのペーターホフ宮殿[52]における複数の宮殿群（大宮殿The Great PalaceやモンプレジールThe Monplaisir Palaceなど）には、ピョートル大帝（ピョートル一世Пётр I Алексеевич, 1672-1725、ピョートル大帝は通称）がオランダ東インド会社より購入した中国磁器[53]約500点の一部が今日も所蔵されている[54]。また、大帝の寵臣であったアレクサンダー・メンシコフ公（Алексáндр Даниúлович Мéншиков, 1673-1729）が、サンクト・ペテルブルクにおける彼の宮殿に陳列するために多数の中国と日本の磁器を収集したことが彼の財産目録により確認されている。彼の旧蔵品は、その失脚後没収され現在は国家が所有する[55]。さらに、エカテリーナ二世[56]（Екатерина II, 1729-1796）も、1780年代に冬宮殿Winter palaceにしつらえた、多数の磁器彫像や漆など中国の品を陳列するための部屋（非現存）[57]を造らせている。サンクト・ペテルブルクには、このように複数の城に東洋磁器の陳列例があり、東洋趣味の流行は顕著であった。一方、エルミタージュ美術館が18世紀に製作された西洋向け輸出磁器を主とする肥前磁器約200点を所蔵することが知られているが、それらは主に19世紀の収集品から成るため[58]、17〜18世紀における特定の磁器陳列に関するものではない。

　ペーターホフ宮殿とは、ピョートル大帝の命により1715年〜1724年にかけて建設され、1725年に完成した、多数の建物から成る宮殿建築群である。なかでも最大のものは、広大な庭園のなかに建てられた大宮殿[59]と称される建物である。そのほか、モンプレジール宮殿には、壁面に漆風に装飾したジャパニングのパネルと中国磁器を載せた多数のコンソールが設置された「漆の間」と呼ばれる磁器陳列室があり、ピョートル大帝が収集した中国磁器が陳列されていた[60]。ペーターホフ宮殿は、全体が第二次世界大戦中に甚大な被害をこうむり、室内も被災したためこれらの内部装飾は戦後の修復により再現されている[61]。次に大宮殿の磁器陳列の装飾事例を見てゆこう。

　大宮殿には、漆パネルを張り東洋のイメージを再現した「東の中国の間 *Восточный китайский кабинет*」（挿図2-102）と「西の中国の間 *Западный китайский кабинет*」（挿図2-103）という、シノワズリ様式の装飾を施した2つの部屋が造られた。これらは古い部屋を改装して壁面装飾が設置され、その工事は1766年〜1769年の期間に、ロシアのアーティスト、フィドール・ブラゾフ（Fidor Vlasov）とアントニーオ・バティスタ・ペレシノッティ（Antonio Batista Peresinotti）らによって手がけられている[62]。その製作発注者は、エカテリーナ二世であった。

　これらの部屋は東西に配置されており、赤い壁面の部屋が東側に位置する「東の中国の間」、黄色い壁面の部屋は西側に位置する「西の中国の間」と称される。アブラハム・ラスキンAbraham Raskin氏によれば、これらの赤と黄色の壁面は、ダマスク織の壁布の上からそれぞれ赤、黄色の漆塗りを施したもので、この色自体が中国のイメージを表象する意味があり、漆塗りのパネルの一部は中国製、それ以外のパネルは上述のロシア人作家が製作した漆風装飾パネルであるとされる[63]。

　これらの部屋には、互いに異なる東洋のイメージが天井装飾と床の木象嵌に表されており、「東の中国の間」にはオランダ風のシノワズリ装飾、「西の中国の間」には、中国風の意匠の装飾が施され、日本や中国の調度品、東洋製の磁器といった、東洋の工藝や調度が数多く配されている。ラスキン氏によれば、それらはオランダ東インド会社を通じて王室が18世紀に購入したコレクションであるという[64]。

　そのなかには肥前製とみられるものもある。例えば、「西の中国の間」の奥の壁龕のなかにある幅の狭い漆塗りの箪笥の上には、18世紀中期に製作された金襴手様式の肥前磁器製婦人像2点を見ることができる[65]。「西の中国の間」における肥前磁器の装飾例は、本格的なシノワズリ様式の

第2章　西洋宮廷美術における受容　｜　247

挿図2-102
ペーターホフ宮殿
大宮殿「東の中国の間」
1725年完成
（ロシア）

挿図2-103
ペーターホフ宮殿
大宮殿「西の中国の間」
1725年完成

建築内部装飾において、肥前磁器がその際立った個性から室内装飾品として選られて陳列され、受容されたことを示す例として重要な意味があるといえよう。

そもそもドイツのアンハルト=ツェルブスト公女として生まれたエカテリーナ二世が、後にピョートル三世となるロシア女帝エリザヴェータの甥ピョートルと1745年に結婚したのは、プロイセンのフリードリッヒ大王の仲介による血縁者同士の縁組みであった。彼女は、婚姻のため母とともに1744年に故郷からロシアへ向かう途中、ベルリンでフリードリヒ大王に謁見し、その後スウェーデン宮廷を訪れている[66]。当時ベルリンには、プロイセン国王の居城である王宮（Berliner Stadtschloss）やモンビジュー城に、多数の大型の漆塗りパネルを張った東洋趣味（あるいはシノワズリ様式）の壁面装飾の部屋が設置されており、本書第2章第2節第1項にて前述したとおり複数の城に磁器陳列室があった[67]。エカテリーナ二世がそれらを目にした可能性は極めて高いであろう。また、彼女はフリードリッヒ大王と文通し、ベルリンの美術商から美術品を購入していることからも、様々な手段でベルリンに関する情報を得ていたに違いない。また、エカテリーナ二世は、1767年にプロイセンと同盟条約を結び、プロイセンとの関係を強化していた。このような背景からも、上述の2つの「中国の間」は、プロイセンの建築の影響を受けて設置されたものと考えられるのである。

さらに、これら「中国の間」の内部装飾には、シノワズリ様式の内部装飾における肥前磁器の受容状況として先述したドロットニングホルム城「中国の城」（1753年完成）の「赤の間」・「黄色の間」と共通して、赤や黄色の壁面の室内に、蒔絵風の漆パネルを張ることにより中国のイメージを醸し出している。また、蒔絵の棚を置き、そこに肥前や中国磁器の人物彫刻を陳列した点においても共通している。エカテリーナ二世とドロットニングホルム城の「中国の城」を造らせたスウェーデン王アドルフ・フレドリックは、叔父と姪という近しい間柄にあることから、その影響がおよんだのかもしれない。

以上、ロシアの状況については、ロシア語を解しない筆者には已然入手できる情報に限界があり、調査も着手できないため問題提起するに留まったが、ペーターホフ宮殿の両「中国の間」は、プロイセンからの影響関係を検証する上で極めて重要な課題と位置付けている。調査の実現と具体的な検討を今後の課題としたい。

第2章第4節　結語

イギリスの貴族の邸宅であるドレイトン・ハウスおよびモンタギュー・ハウス、ホワイトホールの目録からは、17〜18世紀におけるイギリス貴族の邸宅における東洋磁器の受容状況の一端を把握することができる。これらの目録からは、第1に、東洋磁器が、漆の家具などを配した東洋趣味の室内環境のなかに置かれていること。第2に、その享受者がイギリスにおいても多くの場合女性であり、女性のための寝室や化粧室を飾る装飾品として東洋磁器が使用される傾向が認められること。第3に、磁器が主に調度品の上や暖炉の周辺に陳列されていたこと、といった諸点が明らかとなった。

東洋磁器の流行は、美術様式におけるシノワズリ様式の到来とともに始まり、新古典主義の到来を以ってその終焉を迎える。所有者が代替わりし、時代の流行や趣味が変化し、室内装飾の様式がロココやシノワズリから新古典主義に移行すると、東洋磁器は室内からほぼ姿を消している。

このことは、東洋磁器の記載がないためにここでは省略した前述の文献『貴族の財産18世紀イギリスにおける名家の家財目録』に掲載された18世紀後半以降の新古典主義の邸宅に共通して見られる特徴である。ホワイトホールのネオ・パラディアン様式の室内に関する家財目録に一切「磁器 *China*」という記載がないことがその典型といえる[68]。

　ライデンの富裕な市民であるペーツ夫妻の家財目録は、オランダの大都市に住む富裕層の邸宅にも数多くの磁器を陳列する習慣があったことを示す例である。目録の内容は、多くの部屋において、暖炉周辺に蓋付壺や様々な形の瓶、水注、および茶器を中心とした磁器が室内装飾品として陳列されていたことを示している。壺や水注類を暖炉の周囲に配する陳列は、西洋王侯の城内における法則に共通している。喫茶の道具は、日常的に調度品の上に陳列され、室内装飾の機能を担っていた。茶器は、日常生活においても使用されると考えられるため、この陳列は実用を兼ね備えていたのであろう。ライデンのラーペンブルフ運河沿いの住宅群の家財目録をまとめた前掲の史料集は、磁器陳列に関する数多くの情報を含んでおり、この地域の数多くの邸宅で大規模な磁器陳列が行われていたことを把握した。東西貿易の拠点を抱えるオランダでは、都市の富裕層のあいだでも、王侯貴族の磁器陳列の影響を受け、邸内に磁器を陳列する趣味が流行していたのである[69]。

　ドロットニングホルム城「中国の城」のシノワズリ様式装飾および東洋趣味は、プロイセン王室出身のスウェーデン王妃ロヴィサ・ウルリーカが故郷からもたらしたプロイセン王室の文化であった。ペーターホフ宮殿の両「中国の間」についても、プロイセンとスウェーデンからの影響が論じられた。つまり、スウェーデンとロシアへ伝わった東洋趣味は、どちらもプロイセンの文化に源流を求めることができるのである。そしてこれらの事例は、ドイツで流行した肥前磁器を用いた東洋趣味の室内装飾がその他の国へ伝達される際にも、婚姻のために移住する女性王侯が文化伝達のメッセンジャーとしての役割を果たしていたことを如実に物語るものといえよう。

註

1　こうした受容は、室内における肥前磁器受容の大半を占めると推測されるが、それは単なる配置の域を超えるものではなく、美術史的な視点から受容史の文化的意義を探る本研究の目的から逸れるため、本研究の対象とはしない。

2　Suchomel / Suchomelová 1997

3　ポーランド、スウェーデンおよびスイスに関する情報収集は、肥前磁器を所蔵する美術館など複数の所蔵先で現地調査を行ったため、その学芸員等の専門家や日本美術の研究者に会い直接質問する方法、メールで質問する方法、および現地で出版された文献を調査する方法で行った。磁器陳列室の作例が確認できる国の場合も同様の方法で情報収集し、確認に結びついており、現地に赴くことなく文献調査だけで所在確認できた磁器陳列室も多い。上記の３国については、現地に赴いて情報収集したにもかかわらず所在が確認できないことから、磁器陳列室がある可能性は低いだろう。

4　本書第2章第1節、pp. 145-146

5　本書第2章第1節、pp. 145-147

6　本書第2章第1節、p. 145を参照されたい。

7　Murdoch 2006

8　Ibid., p. 119

9　Ibid., pp. 119-120

10　Ibid., pp. 121-130

11　Ibid., pp. 131-140

12　本書第2章第3節第1項A、pp. 218-222

13　本書第2章第3節、p. 234　註14参照

14　各部屋の名称右に記した(No. XX)という番号の記載は、ドレイトン・ハウスの家財目録において各部屋の名称に対し付された番号である(以下同様)。

15　Murdoch 2006, p. 131

16　Ibid., p. 134

17　ティー・テーブルに茶器を配する陳列方法は、本書第2章第3節第2項口絵2-75の「サラ・ローテの人形の家」(1743年製作　ハーグ市立美術館蔵)を参照されたい。

18　Murdoch 2006, p. 131 (No. 4 Gallery)

19　Ibid., p. 133 (No. 18 Dressing room), p. 134 (No. 25 Lady's Bed Chamber)

20　Murdoch 2006, pp. 131-140

21　九州産業大学2009　pp. 146-147

22　Murdoch 2006, p. 85

23　Ibid., p. 85

24　Ibid., p. 85

25　磁器アイテムの配列は、史料上の項目の掲載順とした。なお、イギリスでの*China*という用語については本書第1章第1節、pp. 111-112および同註14を参照されたい。

26　18世紀イギリスにおけるマイセン磁器の一般的な名称である。
27　イギリススタッフォードシャー地方のクリームウエア（クリーム色陶器）を意味する。
28　Murdoch 2006, pp. 112-113
29　Ibid., p. 103
30　ラーペンブルフという運河は、運河の多いライデンのなかでも町の中心部に位置し、特に重要な運河の1つである。その運河沿いには、17～18世紀に建てられ、当時の繁栄をしのばせる数多くの大邸宅が現在も立ち並んでいる。
31　Lunsingh Scheurleer / Fock / Dissel 1986-92
32　この家には外科医としてオランダ東インド会社に同行して来日したフランツ・フォン・シーボルトが晩年に住み、日本で収集した民族学的な内容のコレクションを展示していた。この家は現在シーボルト・ハウス（SieboldHuis）として公開されているが、シーボルト以前の居住者の財産はこの家には一切保管されていない。
33　Lunsingh Scheurleer / Fock / Dissel 1986-92, Vol. I, p. 270
34　Ibid., Vol. I, pp. 269, 283
35　Ibid., Vol. I, pp. 269-270
36　ヨハネスは、東インド会社の上級商務員次席で、マラッカにあったオランダ商館時代に総責任者を務めて帰国した。そしてライデンに戻った彼は、38歳の折にこの屋敷を購入し、その後1784年の没年まで居住したという。（Lunsingh Scheurleer/ Fock/ Dissel 1986-92, Vol. I, pp. 270, 289-297を参照）
37　Lunsingh Scheurleer / Fock / Dissel 1986-92, Vol. I, pp. 285, 324-331, 352（footnote 32）
38　Ibid., Vol. I, pp. 324-331
39　長細い注口を持つ水注を意味する。
40　フランスの町ルーアンRouenで製作されたファイアンス陶器を意味する。
41　(蘭)Kandeel kopjes　コードル・カップ。ワインやビールに、牛乳、砂糖、卵黄、香料などを加えた温かい滋養飲料をコードルという。
42　デルフトの錫釉陶器に染付の絵付けを施した東洋磁器の模倣は非常に精巧である。デルフトの商人たちはこうした東洋磁器の写しを「オランダ磁器」と呼んで扱っていた。
43　Lunsingh Scheurleer / Fock / Dissel 1986-92, Vol. I - X
44　ドロットニングホルム城の調査は、2011年8月に、平成21～24年度文部科学省（基盤研究B）「シノワズリの中の日本　17～19世紀の西洋における日本文化受容と中国」（研究代表者　日高薫）の合同調査メンバーとしておこなった。
45　Alm 2002, p. 8
46　Nachlassinventar Johann Leopold Graf Herberstein, 1789（ヘルバーシュタイン家蔵）
47　本書第2章第2節第1項A-6、p. 167、挿図2-23および同第3節第3項B、p. 231、挿図2-101を参照。
48　目録の翻刻が以下の書に掲載されている。
　　Setterwall / Fogelmarck / Gyllensvärd 1972, p. 261-264
49　ドロットニングホルム城「中国の城」に現在所蔵されるスウェーデン王室伝来の所蔵品の目録は以下の文献に掲載されている。Setterwall / Fogelmarck / Gyllensvärd, 1972, pp. 265-324
50　筆者は、これらの磁器の調査を行ったためこれらの情報は自らの調書に拠るが、本稿に挙げた肥前磁器のデータは、すべて以下の図録に掲載されている（Setterwall / Fogelmarck / Gyllensvärd 1972, pp. 298, 300)。資料名右に記したHGKで始まる番号は王室の所蔵品管理番号である。
51　本書第2章第2節第1項E、p. 177を参照。
52　ロシア語でПетергоф、英語でPeterhofという。
53　アラポヴァ氏は、ピョートル大帝が購入した磁器について中国磁器であると記しているが（Arapova 2000, p. 12)、その一方で、その息子のアレクサンダー・メンシコフ王子Prince Alexander Menshikovの収集品の磁器については「中国磁器と日本磁器（ほとんど双方は区別されなかった）」と記している（Ibid., p. 13を参照）。そのため、ピョートル大帝の収集品の磁器も中国製と日本製が混じっている可能性があるだろう。
54　Ibid., pp. 12-13
55　しかし、彼の旧蔵品であることが確認できる伝世品のなかに中国又は日本の磁器はないという（Ibid., p. 13）。
56　ロシア女帝。ドイツ（プロシア）のシュチェチンで、プロイセン軍の陸軍元帥であったアンハルト＝ツェルブスト家のクリスチャン・アウグストゥス（Christian August von Anhalt-Zerbst, 1690-1747）とその妻ヨハンナ・エリーザベト（Johanna Elisabeth von Schleswig-Holstein-Gottorf, 1712-1760）を父母として生まれ、ゾフィー・アウグスタ・フレデリケSofie Augusta Frederikeと名付けられた。彼女はプロイセン王フリードリッヒ大王の仲介で、ロシア女帝エリザヴェータの甥ピョートル（のちのピョートル三世）と1745年に結婚し、ロシア正教に改宗してカテリーナとロシア名に改めた。彼女は、即位した夫を近衛の支持で廃し、1762年に帝位につき、廃帝を殺害させたため女帝となった（岩波書店2008, p. 246）。また、母親ヨハンナ・エリーザベトの兄アドルフ・フレドリックは、1751年にスウェーデン王に即位したため、エカテリーナ二世はスウェーデン王室と親類関係にあった。
57　この部屋は「中国の中二階Chinese mezzanine」と呼ばれた。1837年の火災で焼失し現存しない（Arapova 2000, p. 14）。
58　エルミタージュ美術館が所蔵する肥前磁器約200点のうち150点の作例が国際日本文化研究センターの調査報告書に写真掲載されている（国際日本文化研究センター1993　pp. ix, 173-198）。これらの磁器の大部分は、1878年にサンクト・ペテルブルクに設立されたスティーグリッツStieglitz男爵美術館からの購入品で、西洋のオークションや東洋諸国で収集されたものである（アラボヴァ2004　p. 53）。
59　ロシア語でБольшой дворец、英語でGrand Palaceと称する。
60　Arapova 2000, pp. 11-12
61　Raskin 1978, p. 21
62　Ibid., p. 92 / ペーターホフ宮殿の大宮殿に関する情報は基本的にドイツ語のラスキン文献に基づく。
63　Ibid., p. 92
64　Ibid., p. 92
65　この部屋を実見していないため、磁器の製作年代は写真による判断に基づいている。
66　Bilbassoff 1891, pp. 56-60
67　本書第2章第2節第1項A-6、 pp. 164-168
68　本書第1章第4節、 p. 130、註14
69　西洋のその他の国における都市の富裕層の状況については、十分な史料を収集することができず未詳である。オランダの都市部における磁器受容の状況は、東西貿易が盛んなオランダ特有の現象である可能性が高いだろう。

補論　輸出磁器の受容と変容

　第2章を通じ、西洋宮廷での陳列という切り口から肥前磁器の受容の問題に迫ってきた。この補論では、2章として取りあげることができなかった、西洋での肥前磁器の受容の末に創造された磁器の意匠2例をとり上げる。

　第1項では、黒い装飾の肥前磁器の諸例を挙げ、黒い装飾は肥前磁器が創出した漆黒美の表現であると捉え、磁器と日本製漆器の相互往還について論じる。第2項では、柿右衛門様式磁器とそれを模倣したマイセン磁器の植物描写にみられる東西の美意識の相違から、柿右衛門様式磁器に描かれた和様の花が「インドの花」と呼ばれる欧風の奇想表現へ発展した意匠の変容の問題を捉えていく。

第1項　「ジャパン」漆黒を表象する輸出磁器

A. 黒い磁器　漆への熱狂とその西洋磁器への影響

　元禄以降の有田では、地の一部を面的に黒く塗る特異な意匠の磁器が製作されている。大橋康二氏はこのタイプの作例（口絵2-107）を紹介し、「漆塗り磁器壺などに代って漆風の地色を求められた結果のように思われる。」と述べている[1]。このタイプの黒塗りを施した磁器は、ほかにもウィーン・ハプスブルク家旧蔵品（口絵2-108）、英国王室蔵品（挿図2-104）、アルテンブルク城所蔵の「色絵牡丹鷹兎文蓋付大壺・大瓶[2]」および国立カッセル美術館（ヘッセン州立美術館）、アルテンブルク城、ヴィラノフ宮殿Pałac w Wilanowieと佐賀県立九州陶磁文化館が所蔵する「色絵牡丹鷹兎文蓋付大壺」（口絵2-109、挿図2-105）、など壺や瓶形の大型の作例が多く認められ、いずれも王侯貴族の室内装飾用の器であったと考えられる。その一方で、黒い釉ではなく黒い漆塗りを施した肥前磁器も存在する。それらは大半が西洋所在で我が国では紹介される機会に乏しく、黒塗り磁器生成の前提となったこれら漆塗装飾磁器の素材や技法、漆装飾の製作地など、今なお不明な点が多く残されている。

　こうした漆装飾を施した大型作品の所在が、とりわけ多く確認できるのはドイツである。ドイツでは、このような黒い陶磁作品を対象とする共同研究が、日本、中国、ドイツの陶磁および漆、室内装飾を専門とする歴史家により取り組まれ、その成果が2003年に展覧会と図録『黒い磁器　漆への熱狂とそのヨーロッパ磁器への影響』で公開された[3]。その対象となったのは、日本、中国、ドイツで製作された黒塗りの陶磁と、日本、中国の漆、そして西洋製の模造漆を施した作品である。黒

挿図2-104
色絵鯉滝登り牡丹唐獅子文角瓶
総高29.5cm　英国王室蔵

挿図2-105
色絵牡丹鷹兎文蓋付大壺
総高各64.0cm、高さ39.5cm
国立カッセル美術館（ヘッセン州立美術館）蔵

く塗られた陶磁作品を製作したのは有田だけではない。マイセンの黒塗ベットガー炻器や黒釉デルフト陶器に代表される西洋陶磁があり、そして中国でも、Mirror Blackと西洋で称されている黒釉の磁器が製作された。この展覧会は、窯業史の枠を越える広い視野をもって〈黒い磁器〉と漆器を俯瞰的に捉えることによって、これまで漠然と漆塗りや黒い釉の作品として捉えられてきたそれらを、漆と陶磁の相互往還としてはじめて体系的に位置づけた新しい研究として評価される。

そのため本論では、同研究をふまえながらも、また別の観点から漆装飾や漆風の黒い釉薬を施した肥前磁器とそれらと同形の漆器およびその来歴について具体例を紹介し、黒塗り装飾の肥前磁器へおよぼされた西洋宮廷文化における漆器愛好の影響について考察していく。

B. 「ジャパン」と呼ばれた漆器の流行

17世紀に入り、オランダ東インド会社のアジア貿易により多くのアジアの産物が西洋へもたらされるようになると、富裕層のあいだでは日本製漆器の評価が高まっていった。当時西洋では、漆や磁器、染織、絵画など様々なアジアの工藝品を収集し、それらを配するための東洋風の装飾の部屋が盛んに設けられた。こうした流行は、今日「東洋趣味China Mode」という用語で総称され、西洋で製作された東洋のイメージを表す工藝品、いわゆる「シノワズリ」と区別されている。17・18世紀のオランダやドイツ、イギリスなどアルプス以北の国々では、王侯貴族のみならず商人や議員などの富裕層の家財目録にも漆塗りの家具や磁器製品とわかる記載が頻繁にみられ、漆器と磁器の流行の浸透ぶりがうかがえる[4]。

アジア風にしつらえた部屋に置かれる磁器は、中国および日本の製品とは限らない。それを模した西洋の製品が東洋磁器の存在を補う事例も多く、本物の東洋磁器と西洋の写し物の比率は、多くの場合、所有者の経済力、オランダとの関係や愛好の程度を反映したものとなる。日本製のほか、中国製、トンキン（ベトナム）製などアジアの様々な地域からもたらされた漆器のみならず、西洋で製作された模造漆器もあわせ、多様な漆器とその写し物が渾然一体となって受容されていたことは、漆器やその模造品の多様なあり方からも推測できる。

西洋では、漆器全体を「ジャパンjapan」と呼んだ。実際には中国製漆器の輸出は、その量において日本製と拮抗していた可能性があり、ベトナム製漆器や西洋製の模造品もあるにもかかわらず、西洋の人々にとっては、依然、漆器といえば日本製が一番であり、日本といえば漆の国だというイメージが定着していたのである[5]。

日本製漆器は、主として17世紀後半期にオランダ東インド会社によって本国向けに輸出されていた。それらは黒漆地に高蒔絵を主体とした装飾が施されたタイプである。なかでも城内で特に重厚で独特な存在感を放つものとして、櫃や、キャビネットと呼ばれる大型の箪笥、屏風といった大型の家具がある。17世紀より、漆製のキャビネットの上に染付磁器を飾ることが王侯貴族のあいだで流行し（挿図2-106）、漆製家具と磁器を組み合わせて配する東洋趣味の室内装飾が定着した。一方、西洋向け輸出漆器の皿（挿図2-107）や壺、カップ類、盆、小箱、香合といった器物の形状をした小型の漆器は、大半が17世紀終りから18世紀に作られたと考えられるタイプであり、キャビネットの大量輸出の定着以降にその輸出が開始されたとみられる。ところが、日本漆器はオランダ東インド会社による本国向け公式輸出では1684年以降輸出されていない。その後1693年に、同社の重役会議は日本漆器の公式注文の廃絶を決定し、以来日本漆器は私貿易によってのみ輸出されたとされる[6]。さらに、筆者は唐船貿易が長崎からバタヴィアへ漆器を運んだことを示すオラン

挿図2-107
蒔絵牡丹文大皿
日本　木胎漆器　1680〜1710年頃
口径51.0cm　国立歴史民俗博物館蔵

挿図2-106
「クラニー城におけるモンテスパン夫人」部分
アンリ・ガスパール画　油彩
1670〜1680年頃　ピッティー宮殿蔵

ダ東インド会社文書の記述があることも確認している。よって、漆器は個人貿易および唐船貿易により長崎から搬出され、西洋へもたらされたと考えられる。しかしながら、その相対量について日高氏は、西洋における伝世品の所在状況に基づき、18世紀の輸出量は17世紀に比べて著しく衰退したと述べている[7]。前述の17世紀末以降に製作されたとされる器物形の漆器が、西洋における古い来歴をもつ日本製漆器のなかで少数派である状況も、日高氏の説と一致している。

これら器物形の漆器のなかには、明らかに肥前磁器の形状を写したと考えられるタイプが認められる。これらは、西洋への輸出用に大量生産された金襴手様式の絵付が施された肥前磁器の一般的なタイプと基本的な器形の特徴が一致する。来歴の明らかな器物形漆器の代表的な例として、神聖ローマ帝国皇后マリア・テレジアの旧蔵品やザクセン選帝侯国選帝侯アウグスト強王旧蔵品が知られる。その前者は、シェーンブルン城「中国の楕円の間」の漆塗りパネルを張り巡らせた壁面に陳列された蒔絵の角瓶10点（本書第2章第3節・口絵2-82・83）である[8]。しかしこれらは、壁面において大多数を占める磁器製器物により周囲をぐるりと囲まれ異色の存在となっている。

フランス王妃マリー・アントワネット（Marie Antoinette Josepha Jeanne de Lorraine d'Autriche, 1755-1793）がその母マリア・テレジアから相続した漆器からも、多数の器物形漆器の小品を収集したことが知られるマリア・テレジアの漆器愛好、さらに彼女の時代の収集品である「色絵鯉滝登り牡丹獅子文角瓶」（口絵2-108）の存在を重ねあわせると、熱心な漆器愛好家であったマリア・テレジアが自らその装飾に関わった「中国の楕円の間」の壁を飾るため、漆器の組物を欲求したであろうことが想像される。

先に述べたように、18世紀に入り日本漆器の輸出が衰退した状況は、まさに器物形の小品漆器の入手を直撃していた。そこで、西洋において高まった器物形日本製漆器に対する要求の高まりが、〈黒い磁器〉の成立を促したという仮説を立て、その可能性を検証する。以下にそれらの成立背景および関連を具体視するため、〈黒い磁器〉の起源となると考えられる西洋への輸出向けに磁器の壺や瓶の器形に倣って作られた木胎漆器の例を挙げ、〈黒い磁器〉と漆器の相互連関を検討してみることとしよう。

C. 日本製漆器の器とドレスデンの所蔵品目録

つぎに、ドレスデン国立美術館所蔵品[9]（挿図2-108）の「蒔絵山水楼閣文六角大瓶」1対を挙げる。これは、1721年のドレスデンの「日本宮」の所蔵品目録に記された内容と作品番号が、この瓶の底面の印「N1」と「N2」（ヨハネウム番号）に一致することから、「日本宮」伝来品としての来歴をもつことが明らかな作品である。

本作品は、平成10年度に文化庁と東京国立文化財研究所が実施した在外日本古美術品修復協力事業により修復が行われ、木地は桧製で口縁部、中央部、高台の3部分を別材で作り接合されたものであることが確認された。中央部は、8枚の板を寄せて筒を作り鉋で削り出されており、高台はほとんど無垢の木材を轆轤挽きしたもので、器の内側は底まで円形である[10]。

つまり、内側面を鉋がけして角をなくし円形に整えたのである。わざわざ8枚の材を接合する最も上質な柿右衛門様式磁器にみられる板作り成形のような複雑な加工をほどこしたにもかかわらず、技術的難易度の高い成形の痕跡を打ち消すような加工をほどこしたのは、特定のモデルの形状を再現する意図があったからであると考える。文様は、口縁部と高台に唐草、高台上部に龍文様、それらの上下に花先形の枠、側面に四弁花文を入れた格子状のボーダーが描かれている。正背面の枠のなかに楼閣山水、秋草、耳長兎、内面の口縁付近に流水を配している。唐草、枠、流水は平蒔絵、楼閣山水、秋草、耳長兎を錆上高蒔絵で表し、さらに遠山の表現には銀の蒔暈しが行われている[11]。

この瓶の器形に近い喇叭形の有田産の大瓶の例は輸出磁器に豊富にみられるが、面取りのない円形のタイプが多く、高さは40～60センチほどである。八角瓶としては例えば、ドレスデン国立美術館所蔵「染付岩鳳凰草花文八角大瓶」1対（1680～1700年代、高さ60.5センチ）や碓井コレクションの「染付岩牡丹鳳凰柘榴文蓋付八角大壺・大瓶」1対（挿図2-109）などがある。共通して轆轤成形で丸く挽いたのちに外面だけを面取りし八角に仕上げており、口縁部や高台だけでなく器の内側面は底まで連続して円筒形となっている。内面が円筒形である点は、ドレスデンの漆器瓶と同様であり、両者が本歌と写しの関係にあることは明らかである。前述の通り、ドレスデンの漆器瓶は極めて特殊な造りで、漆器本来の形状から逸脱しているため、この器形に限って言えば、漆器が磁器瓶の形状を模倣したのだとする解釈が妥当であると考えられる。

一方、こうした形状の喇叭形の大瓶は、前述の碓井コレクションの染付八角大瓶のように通常1対に蓋付壺3点を組み合わせた、5点1セットの組物の一部である。とするならば、ドレスデンの瓶にも本来対となる蓋付壺が3点あったのではないだろうか。ドレスデンの「日本宮」の1721年と

挿図2-108
蒔絵山水楼閣文六角大瓶
日本　木胎漆器
17世紀末～18世紀初
高さ65.5cm
ドレスデン国立美術館
（ピルニッツ城）蔵

挿図2-109
染付岩牡丹鳳凰柘榴文蓋付八角大壺・大瓶
壺：総高各50.9cm、瓶：高さ各47.2cm
碓井コレクション蔵

挿図2-110
蒔絵花鳥山水文蓋付八角大壺
日本　木胎漆器
17世紀末〜18世紀前半
総高各64.6cm
キンズバルト城蔵（チェコ）

1727年の目録には、「漆の品 Laquirte Sachen」項目の1番（Nr.1）の欄に、まず「インドの飾り壺Indian. Auffsatz」「うち3点は頸部が短く、丸く平たい摘みが付いた丸い蓋のある壺、丸く反り返った縁をもつ八角瓶2点がそれに付随する［中略］そのうち1点は破損している[12]」という記載がある。つまり、1720年代の時点では、5点1セットで、蓋付壺3点が付随していたのだが、現在、蓋付壺は失なわれドレスデンには現存していないということになろう。

　この記載は、瓶については八角瓶と明記するものの、壺にはその区別がなく、蓋が丸いという記述のみであるので、対の壺は単純な球形のタイプである可能性がある。また、通常2点の瓶をともなう蓋付壺は高さが瓶より少し高いのが通常であるから、付属の壺の高さは70センチ以上であると推測される。

　一方、チェコのキンズバルト城Český Kynžvart所蔵の蒔絵で花鳥や山水が表された「蒔絵花鳥山水文蓋付八角大壺」1対（挿図2-110）や、類似の意匠が施されたアシュモレアン美術館の八角大壺も、ドレスデンの作例と類似するタイプである。これらの製作時期はいずれも17世紀末〜18世紀前半と推測される。

　キンズバルト城の蓋付八角大壺の形状は、ハンプトンコート壺と呼ばれるタイプの柿右衛門様式磁器の板作り成形ではなく、下部が筒型で、底が円形な有田の壺の形状と類似している。また、ドレスデンの瓶の場合も同様で、胴部が八角に面取りされているものの、口縁部と下部、底面が円形である。しかしながら、輸出漆器には前述のように大型の家具や皿、カップなどの小品が多く、磁器の壺や瓶に似せた形状の大型の漆器はほとんど例がない。山下好彦氏も、ドレスデンの「蒔絵山水楼閣文六角大瓶」と同様の形状をもつ漆工品は、国内外を問わず作例がほとんどないと述べているのである[13]。

　ところが肥前磁器には、以下に挙げる様々な黒い加飾が施されたものがある。こうした、いわゆるここでいう〈黒い磁器〉は、大きく分けて3つの異なる素材 ─つまり①漆、②黒い釉薬、③ラッカー塗料─ で装飾されているが、それらはどれも漆器からの影響で成立した意匠であると筆者は推測する。また、それらの成立は、先に述べた日本製蒔絵器物の稀少性により促がされたとも推測できる。3種類の〈黒い磁器〉と漆器の関連を具体視するため、次に〈黒い磁器〉の諸例を挙げ検討していく。

D. 漆装飾の肥前磁器

　元禄以降の西洋向けの有田の輸出磁器には、漆装飾をほどこすために無釉のままの素地を部分的に残し、それ以外の全体に釉がけして染付の絵付を施した大型の壺や瓶などの作品群がみられる。大橋氏は、碓井コレクション（USUI COLLECTION・パリ）の漆装飾の大型蓋付壺「染付漆装飾花束菊文蓋付大壺」（口絵2-110）を挙げ、ドイツの王侯のコレクションとは意匠が異なり、染付と漆装飾の技術レベルがより優れていると指摘している[14]。

　碓井コレクションの大壺は、窓絵に描かれた花束や布のひるがえる様を表す流麗な筆さばきがとりわけ印象的な作例である。染付の濃淡の微妙なニュアンスは巧みで、細部の仕上がりも繊細であり、熟練した絵付師の手になるものと考えられる。しかし、より広い面を彩り装飾の主体をなす漆装飾部分は、技術的には必ずしも高品質とはいえないというのが漆工史の専門家たちのおおかたの見方であった[15]。

　この「染付漆装飾花束菊文蓋付大壺」の所蔵者である碓井文夫氏によると、本作は氏が入手した

時点では漆部分の傷みが深刻で、入手後に漆装飾の多くの部分を修復したという。本作を実見すると、確かに黒漆や金箔の地には、黒や金のオリジナルとは異なる素材で補填された箇所が随所に見られ、また彩色についても変色している部分が少なくない。本作の漆装飾の部分は保存状態が万全でないため、傷みが生じる以前の漆装飾を確認することはできないが、オリジナルの漆の質は現状を超えるものであったと推測される。

　この類例として唯一挙げることができるのは、オランダ王家の城であるヘット・ロー宮殿に所蔵される本作に類似の大壺1点・大瓶2点の組物である「染付漆装飾菊牡丹文蓋付大壺・大瓶」である[16]。両者は、窓絵の形や漆装飾の文様、染付の文様と摘みの形は異なるものの、縁取りがない窓絵、染付で描かれた花束のゆるやかに弧を描く茎の形態、その先端部の縁飾り、漆装飾の基本的な技法が平蒔絵風である点、壺の器形といった諸点において共通している。これらの類例はほかに確認されていないため、その生産数は極めて少量であっただろう。これらは同じ工房作である可能性が高いだろうが、西洋向け肥前磁器に漆装飾を施した漆の生産地についてはいまなお不明な点が多い[17]。

　この「染付漆装飾花束菊文蓋付大壺」とは異なる意匠の、ドイツ王侯のコレクションとして、より伝世例が多く一般的な漆装飾の作例も提示していく。ドイツに所在する漆装飾肥前磁器の作例は豊富であるが、なかでも作例が多いのはドレスデン国立美術館磁器コレクション館が所蔵するザクセン選帝侯国選帝侯アウグスト強王旧蔵品および現在ファザナリ城が所蔵するヘッセン＝カッセル方伯家旧蔵品のタイプである。ドレスデンの作例は、浮彫で亀甲繋を表し金箔を張った地紋を背景に高蒔絵で花鳥を表した染付磁器の大型の壺と瓶（挿図2-111）、ファザナリ城の作例は、窓絵のなかの一部を金箔を施し浮彫で紗綾形を表した地紋とし、より広い面に牡丹と菊流水文を高蒔絵風の技法で表した染付磁器の大瓶である[18]。これらの漆装飾は窓絵の内部、染付装飾は窓絵の周囲に施されているのに対し、碓井コレクションの蓋付瓶では、漆装飾が窓絵の周囲に施されるため、漆装飾と窓絵の関係が逆転している。また、前者の漆装飾が高蒔絵風、後者の漆装飾は平蒔絵風という点でも、両者の技法は異なる。

　次に、前述のドレスデンの作例の来歴を確認しておこう。これらの漆装飾を施した肥前磁器製大型壺・瓶は、60点あり、そのすべてはドレスデン国立美術館磁器コレクション館に所蔵されている。これらは、アウグスト強王が構想した「日本宮[19]」を飾るために収集された東洋磁器の一部なのである。その大部分を占めるのは、大型の蓋付壺と喇叭形の瓶であるが、高蒔絵風の装飾のスタイルは基本的に共通しているため、これらは組物であろう。

　ほかに「鳥篭瓶Vögelbauervase」（口絵2-111）と呼ばれる雉がなかに入った鳥篭のような形の漆塗り肥前磁器がある。ドレスデンにおける同作例の現存点数は12点であるが、1721年のドレスデンの日本宮の所蔵品目録には20個記載されている[20]。

　ドレスデンの漆装飾大型壺・瓶群の装飾の多くに共通する特徴は、漆装飾の背景など広い面に金箔が貼られ、亀甲文や紗綾文などの繋ぎ文様が地紋として立体で表される点、主となる花鳥のモティーフ部分が高蒔絵としては異例に高く盛り上げられ、黒、赤などの粗製の漆や白や緑の色彩が施される点である。染付技法による絵付は、いずれも花唐草などの背景を埋めるための反復的な文様であり、碓井コレクションの大型壺の窓絵にみられる絵画的で繊細な諸調表現ではない。また、ドレスデンの作例は、粗製な金襴手様式の肥前磁器によくみられるような質の低い呉須が使用されたため、染付の表現が単調で滲みが多く全体に不明瞭である。

　残念なことに、ドレスデンの大壺や大瓶の大半は漆部分に著しい傷みが生じている。大部分は

挿図2-111
染付漆装飾蓋付大壺・大瓶
ドレスデン国立美術館磁器コレクション館蔵

挿図2-112
染付漆装飾桜野馬文蓋付大壺
総高100cm
ミュンヘン・レジデンツ
「緑のギャラリー」内
国立バイエルン城郭庭園管理局蔵

漆装飾が剥落し、その下の無釉の磁器の素地が露わとなり、漆が残っている場合も変色している。それは、漆装飾の染付群が恒常的に湿度が高い状態にあった「日本宮」の地下倉庫に保管されていたためである[21]。これらは今なお修復されていないため、損傷の状況をつぶさに見ることができ、漆装飾の磁器の状態を保つことの困難さを如実にうかがわせる。漆装飾の磁器が西洋向けの定番商品にならなかったのは、漆を施していない磁器には生じえない、こうした磁胎漆の状態の不安定さに一因があると考えられる。

このほかの漆装飾磁器として、ミュンヘンのレジデンツResidenz Münchenにも、バイエルン選帝侯家旧蔵品の高蒔絵で桜や野馬などを表した染付磁器の「染付漆装飾桜野馬文蓋付大壺」(挿図2-112、口絵2-69)をはじめとする3点の漆装飾の壺が所蔵される[22]。その漆装飾の材料は、黒や朱漆のほか、おそらく金箔と胡粉が用いられたと思われ、蒔絵装飾の部分の各所が浮彫り風に隆起し、漆塗りをほどこす背景の地を非漆藝用の未詳の材料で塗り盛り上げたとみられるもので、ドレスデンやファザナリ城の所蔵品の漆装飾とは技法が異なる。これは、先述のようなドイツ所在品に多くみられる文様的な意匠とは異なり、桜や馬などのモティーフが大きく絵画的に表された、極めて珍しい漆装飾である[23]。このようにドイツの王侯の宮殿に伝わる様々な漆塗り磁器の漆装飾は、所蔵先ごとに素材や色彩の特徴が異なる。漆塗りの製作工房も不明であるため未知の部分が多く、今後の研究が俟たれるところである。

E. 黒塗り装飾の肥前磁器

黒い釉薬を面的に施した黒塗り装飾の重要な作例である、本稿冒頭に挙げた碓井コレクションの「色絵染付鯉滝登り牡丹獅子文蓋付角瓶」(口絵2-107・以下碓井コレクションの角瓶と称す)という、大振りの肥前磁器製角瓶を見ていく。本作には複数の類品があり、ウィーン・ハプスブルク家(口絵2-108)と英国王室(挿図2-104)にも所蔵されている。双方とも豪華な金鍍金を施したオルモル装飾(金属のマウント)が装着され、切断されて元の形をとどめていないものの、寸法もほぼ同じで絵付の図様も碓井コレクションの角瓶と同一である。碓井コレクションの角瓶も、西洋で購入されたものであるということから、西洋への輸出品であることが確実な作例である。本作は、極めて地位の高い王侯の所蔵となったことから、特別な評価を受けたものであろう。

これらの角瓶を考える上で参考になる作品として、豊かに唐草を描いた染付の素地に漆装飾を施したダルムシュタット個人蔵品の「色絵牡丹南天鷲文蓋付大壺[24]」(挿図2-113)がある。同作例は、漆装飾部分の地を黒漆で塗り、レリーフ状に盛り上げた素材の上に明瞭な朱、緑、黄、白、茶、桃色の彩色を施し、その周囲に描いた金彩の雲には赤や水色の小花を散らしている。雲を表した部分については、西洋で流行した散らし小花文様が描かれている。蓋や頸にも朱色の漆装飾が施され、極めて彩色豊かに仕上げられている。さらに前述の角瓶の一群もすべて、牡丹唐草を表した染付が胴の下部を巡っている。胴中央は色絵の黒を用いた黒塗りの地に朱、緑、黄、白、茶、桃色、金彩で2面に唐獅子牡丹、ほか2面に鯉の滝登りを表している。肩、頸、蓋の一部を朱色で面的に塗り込めた地色は、ダルムシュタット個人蔵品の胴部分の朱漆の装飾を思わせる。以上の点により、ダルムシュタット個人蔵品のようなタイプの漆装飾磁器が「色絵鯉滝登り牡丹獅子文蓋付角瓶」の装飾のモデルとなったと考えられる。

また、国立カッセル美術館、ヴィラノフ宮殿、アルテンブルク城と佐賀県立九州陶磁文化館にも「色絵牡丹鷹兎文蓋付大壺」(口絵2-109、挿図2-105[25])という、ダルムシュタット個人蔵品と極めて近い装飾パターンの、黒い地塗りに赤・金・緑などの彩色を浮彫り状のモティーフ面に施した、染

挿図2-113
色絵牡丹南天鷲文蓋付大壺
(台座含む)総高129.0cm

付をともなう大壺がある。本作も同じくその黒塗りの部分は漆ではなく、前述の角瓶（口絵2-107・108、挿図2-104）と同様に黒い地塗りの釉薬が施されている[26]。

さらに、黒塗りに近い地色をともなうが、上記の黒塗りとは異なる2つのタイプの装飾についても、多様化する黒系統の色の装飾と区別するための参考として示しておきたい。第1のタイプは、ミュンヘン・レジデンツと国立カッセル美術館（ヴィルヘルムシュタール城）が所蔵する「色絵山水楼閣花卉文大瓶」（挿図2-114）である。これらには前述の漆装飾磁器では基本である植物文様の染付面がなく、黒に近い地色は、染付を濃く塗り重ねる事により得られた彩色で、色絵の色彩や図様については漆装飾との共通性が希薄である。第2のタイプは、窓絵の枠や頸や胴下部のみに幅の狭い帯状の黒塗りを施したタイプである。これは、黒塗り部分に漆を暗示する要素があるものの、漆装飾磁器や漆器そのものを再現したのではなく、前述の角瓶の黒い釉薬とは異なる。

以上の点より、前掲の碓井コレクションの角瓶のグループ（口絵2-107・108、挿図2-104）と国立カッセル美術館、ヴィラノフ宮殿、アルテンブルク城と佐賀県立九州陶磁文化館が所蔵する黒塗りの大壺（口絵2-109、挿図2-105）のグループは、多様な黒塗り磁器のなかでも、ダルムシュタット蔵品の大壺のタイプの漆装飾磁器との影響関係が顕著であると考えられる。

挿図2-114
色絵山水楼閣花卉文大瓶
高さ59.2cm
国立カッセル美術館
（ヴィルヘルムシュタール城）蔵

F. 西洋製の漆風装飾が施された肥前磁器

さらに、西洋向けの肥前磁器には、輸出されたあと西洋で、漆のような外観の西洋のラッカーなどの黒い塗料が施された西洋製漆風装飾の作例もある。この例としては、ミュンヘン・レジデンツの大壺・大瓶やヴァイセンシュタイン城の大瓶・蓋付大壺を次に挙げる。

ミュンヘン・レジデンツに現在常設展示されている蒔絵風の塗料をほどこした大壺・大瓶（口絵2-112）は、バイエルン選帝侯家であるヴィッテルスバッハ家旧蔵の来歴をもつ[27]。蓋付大壺3点（大1点・小2点）と大瓶2点から成り、蓋付大壺（大1点）を中心に、その両側に大瓶2点、さらにその両側に蓋付大壺（小2点）が配され、中央から徐々に低くなる構成をとっている。蓋付大壺（大）は窓絵に藤を、蓋付大壺（小）は正背面の大きな窓絵に桜と菊を金および朱色で表し、双方とも肩と蓋に小さい窓絵を設け花卉文をめぐらせ、蓋のつまみ・壺の頸部・胴の下部に金で彩色を施している。大瓶も基本的には同様で、正背面の大きな窓絵に菊と桜を金と朱色で表し、胴の窓絵の上下に小さい窓絵を設け花卉文をめぐらせ、さらに下部は金の彩色が帯状に施されている[28]。

これらに類似の作例としてヴァイセンシュタイン城にも、蒔絵風の塗料を施した大瓶1点と蓋付大壺6点がある[29]。それはマインツ選帝侯とバンベルク領主司教を兼任したローター・フランツの旧蔵品である。このうち前者は、中央の大きな窓絵の内外に金および白と朱漆で菊文様を表した「漆風装飾磁器菊花文大瓶」（本書p. 191　挿図2-61）である[30]。本作品の黒い漆風装飾の材料について、クラウス・J・ブラントKlaus J. Brandt氏は、肥前磁器の素地に、赤と金と白の油彩絵具により黒漆の地の上に彩色したものだと分析した上で、この装飾はオランダで施されたものと推測している[31]。

この城の1752年の目録には、「絵画室Mahlerei: Cabinet」の「大理石のアゲート石の暖炉のなかに、黒い漆塗りを施した上質の磁器製の円形の蓋付壺3点と長い円形の器2点がある」と記されている[32]。このことから、これらの漆風装飾の壺・瓶のセットは、1752年の時点ではヴァイセンシュタイン城の絵画室に置かれていたことが明らかである。調査時に確認した1点の大瓶以外にも、かつては対となる大瓶1点があったと推測でき、さらに現在ヴァイセンシュタイン城に6点所蔵されている蓋付壺のなかの3点が対となり、これらは合計5点の大壺・大瓶の組物となる。

第2章　西洋宮廷美術における受容 | 259

第2章補論第1項　結語

　西洋の古城に伝わる来歴の明らかな漆装飾や黒塗りの肥前磁器および漆器の器群を概観していくと、それらがヨーロッパにおいてとりわけ伝統ある名家に所蔵されていたという状況が浮かび上がってきた。このことはそれらに格別な評価が与えられていたことの裏付けとなろう。調査を通して、磁器に施された漆装飾は、磁器のみの場合に比較して状態が不安定で、維持が困難であること、また、西洋で模造漆の塗料を施した磁器の伝世例は希少であることが分かった。蒔絵の大壺や大瓶は、磁器と較べて複雑な製作工程をとることから量産には不向きである。

　漆装飾を模倣した上質な黒塗り磁器のデザインが考案されたのは、従来の典型的な磁器のデザインでは飽きたらず、より豪奢な存在感を放つ特別な工藝品を所有したいという欲求、そして自らの磁器コレクションの格の向上を目論んだ王侯の要望に応えるためであろう。ただし、黒塗り磁器の現存作例数の希少性を考慮すると、その生産が軌道に乗ることはなかったと推測でき、こうした数の欠乏がさらなる価値の高まりにつながったと考えられる。

　また、漆風の装飾を施した肥前磁器の壺や瓶が厳格に本物の漆器と区別されることなく、古い時代の城の目録には「漆」と記され、漆器として分類されたことがわかる事例もみうけられた。こうした漆風の器を所有する王侯貴族が蒔絵の大型キャビネットや漆の屏風を所有することは決して希ではない。さらに、同時代の王侯たちのあいだでは漆パネルで壁面を覆う「漆の間」を所有することも通例であった。漆装飾や黒塗りを施した肥前磁器の器は、広い城内で漆の家具や黒塗りの西洋陶磁、中国磁器などと、互いに共鳴し合い、これら総体が渾然一体となって「ジャパン」と呼ばれた漆黒の美を創出していたのである。

第2項 マイセンの「インドの花」―柿右衛門様式が与えた影響と「奇想様式(ビザール)」の花―

A. マイセンの「インドの花」

　西洋磁器のパイオニアであるザクセン選帝侯国マイセンの王立磁器製作所(以下マイセン[33]と称す)では、柿右衛門様式磁器に描かれた人物、動物や花などの絵付意匠の模倣が試みられた。なかでも花の意匠は、多くの東洋的な花文様のヴァリエーションを派生させ、やがて西洋における多くの工房で模倣され描かれた代表的な花の意匠「インドの花」を生み出していった。

　マイセンにおける東洋的な花の絵付のうち、我が国でもっとも頻繁に紹介されてきたのは、器形と絵付意匠、双方を正確に再現することを目的とするいわゆる「写し物」である。だが、こうした模写的な模倣は、東洋的花文様の発展史の起点にすぎず、藝術的創造を目指すマイセンにとって到達点ではなかった。「インドの花」こそが、東洋の花文様に則しながらもマイセン独自の表現としての創意の確立が認められるものであると筆者は考える。アウグスト強王やその周辺の閣僚たちが1730年代にマイセンに注文製作させた大規模なセルヴィス(組食器)に「インドの花」が描かれることが多いのは、マイセンに及ぼした我が国工藝の影響の実態を探る上で極めて重要である。

　「インドの花」の意匠の源泉は、主として柿右衛門様式磁器に描かれた花に求めることができる。ただし「インドの花」は、時代様式であるシノワズリや西洋の伝統的な植物画の構図に慣れ親しんだマイセンの絵師により、最終的には幻想的でエキゾチックな「奇想様式」の花とも呼ぶべき

全く異なるイメージとして表されるに至った。

　花に対峙する感性には、日本と西洋のあいだで根本的な隔たりがある。マイセンにおいて柿右衛門様式の花文様は、西洋的な描法や感覚によって変換され、基本的な形や色だけが模倣された。「インドの花」の表現においては、日本的な情緒が感受、賞賛され再現されるということはなかった。磁器に描かれた日本の花文様が、彼らにとってあくまでも異質なものであったという、東西の美意識の相違の問題が、「インドの花」からは顕著にうかがえる。「インドの花」を本歌である柿右衛門様式磁器の花の絵付と比較し、東西の構図や秩序の感覚の相違を論ずることで、「インドの花」が、東洋的な花を一種の「奇想様式」、いわば幻想的なイメージとして表した花の表現形式であることを明らかにしたい。

B. 植物画の表現にみる東西の美意識
B-1　日本陶磁に描かれた花と草花図屏風

　我が国において、中世末より近世初頭における絵画表現にみられる草花図とは、どのような自然観に基づいたものなのだろうか。まずここでは16世紀の製作と考えられる「四季草花小禽図屏風」（文化庁）を例に、その特色を観察してゆく。画面の至る所に多様な四季の花鳥が中央の池水をめぐって点在し、珍鳥奇木や孔雀や雉、鷺、鶴といった大鳥は表さず、小禽、草花、蝶虫といった身近で小さなモティーフが、微細かつ写実的に描きこまれている。ベッティーナ・クライン氏は、本図の図像解釈として浄土の庭の思想を指摘した。極楽浄土のイメージは、四季を兼ね備える庭園として中世の物語や絵巻に表象されており、こうした四季の庭と浄土の庭の近縁性が文化庁本「四季草花小禽図屏風」の基層をなすとされたのである[34]。

　さらに、佐野みどり氏は、この文化庁本の庭園描写の「優美さへの執着、図様の関心以上に小画面ゆえの、すなわち小さく精妙であることゆえの優美さ、可憐さ」に着目し、「これを漢画系花鳥画にあっての形而上的な『やまと絵への回帰』と呼んでもよい。楽園の夢想と四季の抒情そして象徴と風流のトリック、ここ巨大樹のない花の庭は超自然の人工庭園でありながら、あくまでも親和的である。」と評す[35]。佐野氏がいう「優美さ」、「可憐さ」、「四季の抒情」、「親和」という評語は、文化庁本のみならず、この時代の草花図の特徴を見事に捉えている。そして、この特徴が、狩野派や琳派といった、その後の工藝意匠に多大な影響を及ぼす主流の画派による草花や花卉の表現にも継承されていったとみられることは重要である。例えばバーク・コレクション所蔵の「四季草花図屏風」（挿図2-115）にはこの種の表現のさらに顕著な様相がみられる。ここではこの表現が一層深みを増し、一種の「しなやかさ」を伴って、出現しているのである。

　さて、同時代の陶磁器の器面に表された花のイメージは、どのようなものであったのだろう。桃山時代の絵画的な陶器の意匠を代表するのは、志野、織部、唐津であろう。これらに鉄絵で描かれた草花、花卉の意匠には、まさに同時代の草花図の「優美さ」、「可憐さ」、「四季の抒情」、「親和」といった柔和な情緒をもって、身近な小さき植物のたおやかなる姿を自由闊達で即興的に捉えようとする意識がうかがえる。江戸時代の陶磁器においては、色絵が可能となったため、肥前磁器と京焼の絵付が、桃山陶藝の絵画意匠とは異なる形式を生みだしていく。やまと絵や琳派と結合した京焼に対し、肥前磁器の図様は主に中国陶磁や漢画、狩野派の影響のもとに発展したのである。

　ところでマイセンで、色絵の技術が導入された直後1722年頃から1730年代まで描かれた「イン

挿図2-115
「四季草花図屏風」
左隻部分　紙本　桃山時代
バーク・コレクション蔵
（アメリカ合衆国）

ドの花」と呼ばれた東洋的な花文様の多くは、柿右衛門様式に描かれた小花散らし文、牡丹文や菊花文の写しである。そのためここで改めて柿右衛門様式に注目したい。柿右衛門様式作品に描かれた花文様は、花やその草木だけを描くというより、そこに蝶や虫、鳥を小さく付属的に表した構図が多く、その製作期とされる初期の1660年代より様々なタイプの花文様が描かれた。

　大橋康二氏の編年により完成期を1670年代〜1690年代とされる、もっとも藝術性に優れた肥前磁器の柿右衛門様式においては、草花の構図は大まかに分類すれば次の代表的な2つのタイプに大別できる。(1)草花や花樹が斜めの主軸に沿い、曲線的に枝葉や花弁を広げ、風にそよぎしなやかにしなだれる様として描かれているタイプ（口絵2-113、挿図2-116）と、(2)左右対称かあるいはそれに近い構図をとるタイプの典型例である（口絵2-115）。(1)は伝統的な日本の絵画や工藝意匠に根ざすもので、(2)はオランダ向け商品としてオランダ東インド会社が持ち運んだ見本や指示に基づいて表されたと考えられる欧風の構図である。これらの意匠を絵画との関連において考えるならば、その源泉に特定の流派の特色を見出すことは難しく、同時代に存在する例えば狩野派や琳派、土佐派ややまと絵、漢画や中国伝来の版本などの絵画に共通する、同時代の絵画における一般的な表現形式によるものと思われる。この前者の構図をもつタイプは、前述の佐野氏が16世紀の草花図について言明した「優美さ」、「可憐さ」、「四季の抒情」、「親和」といった日本的な美意識を備えたグループである。

　だが、これを受容して模倣する側のマイセン（口絵2-114）には、これとは全く異質な美意識と描法の原則があり、写し物の筆さばきにもその影響が濃厚にうかがえる。そこで次に、西洋の絵画や陶磁器に描かれた西洋における植物画の発展史を概観しておきたい。

B-2　西洋の花の描写

　西洋の文明世界において現存するもっとも古い植物画は、古代エジプトのカルナックまで遡るが、その後の時代の代表的な植物画としては、紀元1世紀ギリシャのディオスコリデスによる『薬物集』や同5世紀のアプレイウス・プラトニクスによる『植物標本集』があり、これらは中世を通じ

挿図2-116
色絵草花鶴文輪花皿　口径26cm
ドレスデン国立美術館
磁器コレクション館蔵

て盛んに写され、多くの写本が残っている。どれも薬草としての植物を識別するために描かれた。14世紀末以降にはルネサンスの自然主義の影響を受け、植物画は写実的に描かれるようになったが、植物のもつ基本的な意味が薬草であることに変わりはなかった。ボッティチェッリやレオナルド・ダ・ヴィンチ、デューラーに代表されるルネサンスの画家たちは、画中に象徴的な意味をこめて野の花を描きこんだが、花自体が主題になることはなかったのである。

ところが、大航海時代にはいり、西欧へアジアやアメリカ大陸から様々な植物が持ち込まれるようになると、人々は新奇な植物への興味をつのらせ、次第に薬草という用途を離れて植物を観賞するようになる。16世紀には植物学が発展し、ドイツ植物学の祖とされるブルンフェルスやボック、フックスが相次いで植物図集を出版した。この頃、神聖ローマ帝国皇帝ルドルフ二世も、緻密な描写による植物画を注文している。植物画や植物学は、王侯貴族の支援を背景に飛躍的な隆盛を遂げ、17世紀には王侯貴族や大商人のあいだで園藝が趣味として流行した。チューリップやヒヤシンス、水仙、百合、カーネーションなどの国内外の花が園藝用に栽培されるようになり、貴族の宮殿や有産階級の邸宅の庭園を彩っていった。するとこうした花々を観賞の対象として、主題として表現する油彩画、例えば、ヤン・ブリューゲル作品に代表される花の静物画が、独立した絵画ジャンルとして成熟をとげた。そこでは花に、オランダ絵画の伝統に根ざす寓意がこめられ、多くの場合、左右対称の構図をもつ花束として表される。こうした花への愛好は、やがてヴェルサイユにおいて庭園藝術の域にまで高められてゆく。ルイ十四世の時代、ヴェルサイユには王のために世界中の植物を集めたバロック庭園「王の庭」が完成し、その後ヴェルサイユの庭園藝術は西洋のほかの宮廷にも伝播した[36]。

これら植物愛好は、博物学的な知識に基づいた植物学を発達させ、18世紀には多くの優れた植物画集が出版された。なかでもマイセンに直接的な影響を与えたのは、メリアン（Maria Sibylla Merian, 1647-1717）やリンネ（Carl Linné, 1707-1778）、ヴァインマン（Johann Wilhelm Weinmann, 1683-1741）の彩色銅版画だった[37]。この種の植物画は、立体感を示す陰影を線で表現する線的描写に基づき、そこに平面的で単一な彩色を施したものであり、植物学の研究対象として植物の種類を正確に識別するという目的のために描かれた絵画であったが、版画であることから工藝の手本としての活用も盛んとなっていく。

銅版の植物画を見本として描かれたマイセン磁器の絵付は、銅版画との近似性が顕著で、細い線で影を表し立体感を出す線的な描写と平面的で単一な彩色法に基づくもので、「木版植物画の花」（挿図2-117）や「乾いた花」と称されている[38]。その後、西洋の植物画を祖とする花の絵付は、「ドイツの花」と呼ばれる色彩のグラデーションとハイライトにより立体的なボリューム感を表す描法に変化した。

西洋陶磁に描かれる花の描写は、花の種の特徴の克明な再現であり、先に見てきた日本絵画での草花や花卉の姿を詩情をこめて描く精神的な表現とは根本的に異なっている。マイセン磁器製作所は創業以来300年余の長い歴史のなかで、多くの花文様の様式を発展させていったが、その発展史は、後述する「インドの花」や肥前磁器の写し物が製作された初期の一時期を除けば、常に西洋絵画史との影響関係にある[39]。

しかしながらマイセンで、こうした本流の西洋の伝統に根ざした花の絵付がマイセンに誕生する以前、最初に描かれ始めたのは、西洋の様式史とは無縁の肥前磁器の花文様に倣ったものであった。最初期のマイセンの色絵による花文様は、柿右衛門様式の影響から生まれている。ただし、上記のような西洋の伝統に立脚するマイセンの絵師たちにとって、柿右衛門様式の花文様の模倣はまさに異文化の

挿図2-117
色絵昆虫花卉文プット像四脚蓋付スープ鉢「木版植物画の花」 部分
マイセン　磁器　1745～1750年頃
総高34.3cm
栃木県立美術館蔵

挿図2-118
色絵草花鶴文輪花皿
マイセン　磁器
1728〜1730年頃　口径22cm
ドレスデン国立美術館
磁器コレクション館蔵

挿図2-119
左：色絵花卉鳳凰文蓋付六角壺
総高32cm
ヨハネウム番号「N=2-□」
右：色絵花卉鳳凰文蓋付六角壺
マイセン　磁器　1728〜1730年頃
総高31.2cm
ヨハネウム番号「N=138-W」
ドレスデン国立美術館
磁器コレクション館蔵

挿図2-120
左：色絵司馬温公文八角皿
口径25.9cm
ヨハネウム番号「N=124-□」
右：色絵司馬温公文八角皿
マイセン　磁器
1728〜1730年頃　口径19.6cm
ヨハネウム番号「N=35-W」
ドレスデン国立美術館
磁器コレクション館蔵

受容にほかならない。その結果、この模倣においては、絵付モティーフや様式の取捨選択、構図の変更が生じたのである。以下にマイセンにおける、初期の東洋的な花の意匠の発展史を述べる。

C. 柿右衛門様式に関連するマイセンの色絵と花文様

　マイセンにおける東洋磁器の模倣は、1715年〜没年の1733年に至るまでにアウグスト強王が「日本宮」のために収集した約2万5千点の東洋磁器の作品に基づいている。強王は、本物の東洋磁器とマイセンの作品を取り混ぜた展示を行うことを計画したため、日本や中国の磁器のみならずマイセンの作品も「日本宮」のために購入された。マイセンから強王が購入した作品については、その多くが注文品であり、彫刻以外の器物は、精密に東洋磁器を模倣した写し物か、東洋風の人物や花を中心とする絵付を施したシノワズリ様式の作品であった。—以下、マイセンにおける磁器製作所の古記録を追ってみよう。

　マイセンの製作所が保管する古文書には、1720年に早くもザクセン宮廷の委員会が「インド[40]のものがますます多く模倣されることが望まれているので、ヘロルトは常にできる限り沢山の〔インドの〕作品の絵付を模倣するように[41]」と促したことを示す記録がある。ヘロルトとは1720年に同製作所へ入所した天才絵師ヨハン・グレゴリウス・ヘロルト（Johann Gregorius Höroldt, 1696-1775）のことである。

　また、1721年に作成されたアウグスト強王が所有する磁器のコレクション目録「ヨハネウム目録」には、作品に四角の記号が記されて識別される「カラック磁器」の項目の欄外に、王がこれを常に「古いインドのもの Alt Indianisch」と呼んでいたことを示す記載がある[42]。ただし、この「カラック磁器 Krack Porcelain」と分類された作品の大半は柿右衛門様式の磁器である。よって、強王が製作所に求めた色絵の絵付は「インドのもの」と呼ばれた柿右衛門様式磁器であったと解釈できる。事実、柿右衛門様式に関連するマイセンの色絵としては、植物、動物、人物図などがあるが、そのうち花文様に限定すれば、1720年代に描かれた色絵のなかでもっとも作例が多いのは現在「インドの花」と呼ばれている花文様のタイプであり、呼称の由来をこのあたりに求めることができよう。

　この件に係わる次に古い古文書の記録として、1727年の宮廷官房が製作所に下した、「いくつかの東洋のモティーフを宮廷の使用のためにのみ製作すること」という命令がある[43]。その後は1729年11〜12月に「日本宮にある東洋磁器（暖炉用装飾）が、「日本宮」を新装するための作品の手本としてマイセンの製作所に送られた[44]」との記事がみられる。当時、「暖炉用装飾」と通常呼ばれたものは瓶や壺の組物である。

　1729年にはさらに、製作所はパリの商人ルドルフ・ル・メーア Rudolphe Le Maire と、年間千ターラーの供託金でフランスとオランダでの代理商人とする契約を結んでいる[45]。1730年にはアウグスト強王が1,350個の磁器を「日本宮」の装飾のために注文した。このうち50個は、漆装飾を施した鳥籠を取りつけた有田の染付の器形を正確に再現し柿右衛門様式風の花文様を描いた、色絵花卉文鳥籠瓶（口絵2-12）であることがわかっている[46]。また、1729年に前述のように多くの東洋磁器が「日本宮」から手本として運ばれていることから、これらの多くは東洋磁器写しの作品であったことが推測されている。さらに1732年2月25日、アウグスト強王は「日本宮」などの装飾のために、30個からなる装飾用花瓶6組、266個の個別の花瓶、170個の深鉢、大型の動物と鳥の彫刻各198個からなる大量の注文を発している[47]。

　柿右衛門様式磁器を含む多様な東洋磁器を精密に模倣した写し物が大規模にマイセンで製作されたのは、主として前述の「日本宮」を装飾するためにアウグスト強王が注文した品、ならびに、

1729年〜1731年までに前述の商人ル・メーアが不正に販売するためにマイセンに製作させた大量の注文品のみであり、その大半は柿右衛門様式磁器の写し物であった。この不正取引は、事件が発覚する1731年春まで続いたが、発覚後ル・メーアは国外追放され、彼のもとに残っていた模造品は強王が没収して「日本宮」を飾るために所蔵したという[48]。ル・メーア関係の写し物のモデルとなった磁器は、数百点はあると推測されるが、実際の点数はまだ確定していない。この事件に関連する写し物としては以下のような代表例がある（挿図2-118〜2-123）。前述の1727年の宮廷官房の指令にみられる通り、元来東洋磁器を製作するのは、宮廷の使用のためのみに限定されていたので、強王とル・メーアの注文以外に精密な写し物の生産は行われなかった。

　こうした写し物を製作する際、マイセンでは絵師が製作所へ運び込まれたアウグスト強王の収集品である東洋磁器を手元に置いて描くことができた。加えて絵師の画力も高いため、実物の器形や絵付をかなり精確に再現できている。この模倣の精確さは、シャンティーやボウ、チェルシーなどの磁器製作所の水準をはるかに凌駕している。

　肥前磁器の柿右衛門様式や金襴手様式、西洋でファミーユ・ローズと呼ばれる景徳鎮磁器の粉彩といった、東洋的なタイプの絵付の模倣は1740年頃までは盛んに行われていた。それらは西洋の伝統的な器形に描かれる場合もあり、1730年にモデラー（磁器彫刻家）のケンドラーがマイセンに入所したのちは、あらゆる食器や壺の器形が西洋の伝統に基づく豊かな彫刻的表現をめざしたものとなり、東洋的な絵付はレリーフの施された西洋的な器にほどこされることとなった。

　ただし、東洋的なモティーフの絵付の流行は1740年頃から衰えをみせ、ロココ様式のモティーフが主流となったため、玉葱文様や小花散らしといったごく一部の例外を除いて描かれなくなった。そのため、柿右衛門様式に関連する花文様が描かれたのは1720年代と1730年代のみとなり、1740年頃からは前述のような西洋的な画法の花の絵付が主流となった。

　以上、柿右衛門様式の花文様に関連するマイセン作品は、次の4つのタイプに分類することができるのである。

（1）モティーフは借用するが花の形や色、組み合わせを変化させ、東洋的な形の器に施した「インドの花」と呼ばれるタイプ

（2）西洋の意匠に基づく紋章やレリーフなどとの組み合わせとして描かれる「インドの花」の小花をちりばめた「花散らし」というタイプ

（3）器形も絵付も精密に再現した「写し物」と呼ばれるタイプ

（4）個々のモティーフの絵付は柿右衛門様式を様式化したもので、構図を左右対称に置き換え、西洋風の形の器に描いたタイプ

挿図2-121
左：色絵松竹梅鳳凰文瓶
高さ44.3cm
右：色絵松竹梅鳳凰文瓶
マイセン　磁器
1728〜1730年頃　高さ42.2cm
ドレスデン国立美術館
磁器コレクション館蔵

挿図2-122
左：色絵鳳凰龍文皿
口径25.4cm
右：色絵鳳凰龍文皿
マイセン　磁器
1728〜1730年頃　口径22.5cm
ヨハネウム番号「N=138-W」
ドレスデン国立美術館
磁器コレクション館蔵

挿図2-123
左：色絵牡丹文鉢
口径21.5cm
ヨハネウム番号「N=59-□」
右：色絵牡丹文鉢
マイセン　磁器
1728〜1730年頃　口径22cm
ヨハネウム番号「N=153-W」
ドレスデン国立美術館
磁器コレクション館蔵

D. 「インドの花」の成立と多様化

さて、マイセンにおいて色絵で表された柿右衛門様式に基づく花文様のうち、もっとも古いタイプは、モティーフは借用するものの花の形や色、組み合わせを変化させて構成した意匠を、東洋的な形の器に施した「インドの花」と呼ばれる、前述の(1)と(2)のタイプである。この花の意匠は、明らかに18世紀前半に流行したシノワズリの流行との関連において採用された意匠であった。以下に「インドの花」の4つの代表的なタイプを挙げる。

D-1 初期の「インドの花」

KPM銘から1723年〜1724年頃の作例と推測されるワルシャワ国立美術館やドレスデン国立美術館磁器コレクション館が所蔵するティーポット(挿図2-124)は、花だけが器に描かれたもっとも初期のタイプであると思われる[49]。柿右衛門様式の花文様に類似した菊や牡丹、撫子が主要な花のモティーフである。白い余白を広めに残した、斜めの構図、陰影を施さない平面的な花弁の描写法からも、柿右衛門様式の影響を読み取ることができる。しかし、胴部のもっとも右上の赤い花や左側の黄と青で彩色された種類を特定できない花や、1つの幹から多種多様な花が咲く珍しい植物であるかのように複数の種類の花をひとまとまりに配して描く幻想性は、肥前磁器とは明らかに性格が異なる。

一方、1723年頃からヘロルトによって色絵で描かれ始めたシノワズリ人物図の器物の作例においても、カールトゥーシュの外側に「インドの花」を描くタイプは多い。この場合、限られた余白にコンパクトに花を配する必要があるため、余白の形に合わせて枝を広げる構図となるが、ここでもまた種類の異なる様々な花が同一の枝にまとまって咲き乱れる様として表されている[50]。このように「インドの花」は、植物の自然の姿の再現を試みたものではなく、実際の草花とは異質の植物のイメージであるといえよう。それは、空想に基づいた「幻想的な花」であり、いわゆる「奇想様式(ビザール)」の花ともいうべき風変わりな花のイメージである。こうした文様は、17世紀〜18世紀前半頃流行し、異国的なモティーフをエキゾチックに表した工藝の代表的な様式である、シノワズリの表現である。

マイセンでは、絵師が作品に銘を記す習慣がなく、絵付部門の主任であったヘロルトですら、銘を記した作品は2点しか知られていない。リュッケルトRainer Rückert氏は「インドの花」の絵付は「おそらく1720年〜1725年頃のあいだに、ヘロルトが17世紀後半の有田の柿右衛門様式の花に基づき、さらに変化を加えて開発した」と述べている[51]。一方、ウルリッヒ・ピーチュUlrich Pietsch氏は、前掲のティーポット(挿図2-124)に絵付をほどこしたのは、花の絵付の専門絵師であったことが記録上確認できるシュタットラー[52](Johann Ehrenfried Stadler, 1701-1741)であると推定した[53]。

D-2 シノワズリ人物図の裏文様としての「インドの花」

ヘロルトの署名と判読可能な「1726」の年号が記された釉上彩の記載によって作者と製作時期が確認できるドレスデン国立博物館所蔵のドイツでは「フルート形の花瓶 *Flötenvase*」と呼ばれる形の瓶(口絵2-116)には、さらに完成度の高い「インドの花」が藍色の地色に設けられた余白のなかに窓絵として描かれている[54]。本作は、「日本宮」が完成する以前の1727年から、ドレスデンの宮殿内の「塔の間[55]」という磁器で飾った一室に置かれていたことが明らかで、強王の愛蔵品と強王からの贈答品にだけ記すことが許可されていたAR銘(使用期間:1723年〜1736年)のある作品である。

有田の柿右衛門様式風の菊と牡丹、撫子、梅のように見える様々な花や未詳の小花文様が画面いっぱいに描きこまれている。赤を主体に黄・緑を対比的に配するコントラストの強い花の色彩

挿図2-124
色絵花卉文ティーポット「インドの花」
マイセン 磁器
1723〜1724年 総高13.0cm
ドレスデン国立美術館
磁器コレクション館蔵

表現とあいまって、バロック的な量感を呈している。さらに中央に、これら多くの花のあいだをくねくねと縫うように樹の幹が見え、そこから複数の枝が伸びている。これらの複数の種類の花は、あたかもすべてこの一本の幹から生えた枝に咲いたもので、総体としては、まるで何度も接木した枝をもつ樹木のようである。よく見れば葉も長細いもの、丸いもの、ギザギザしたものと3種もあり、黒い輪郭線内に主として緑や赤で彩色が施されている。周囲には色とりどりの鳥と清朝磁器の蝶に似た奇妙な色彩の蝶が飛び交い、いとも幻想的な光景である。なお本図は、作品正面になる人物文様の裏文様として描かれている。

「塔の間」の壁面には、このほかにもこれと同形の瓶が複数置かれている。「塔の間」由来の伝世品は、どれも本作と同タイプの「インドの花」が描かれ、ARの銘が記載されている。AR銘をともなう本作品と同タイプの窓絵の作品として、エルミタージュ宮殿旧蔵品（現在アムステルダム国立美術館）やモーリッツブルク城旧蔵品（ドレスデン国立美術館磁器コレクション館）なども知られている[56]。いずれも本作と同様にびっしりと窓絵の空間を覆うように文様的に表した花が配され、完成期に製作された有田の柿右衛門様式のような、余白を偏在させる構図法はとっていない。ピーチュ氏はこれらの花文様もシュタットラーによる描写形式であると指摘している[57]。

D-3 「花散らし」としての「インドの花」

「インドの花」の主要なヴァリエーションとして次に挙げるのは、「花散らし Streublumen」と呼ばれる小さな花を描いたタイプの「インドの花」である。柿右衛門様式磁器に描かれた一重の花びらをもつ小花を、器面に点々と配し、白い余白を広く残した可憐な装飾で、西洋の意匠に基づく紋章や、動物などの主文様と組み合わせて描かれることが多い。

そのもっとも初期の作例は、1728年頃にザクセン宮廷用に製作された「黄色い獅子のセルヴィス[58]」と呼ばれるセルヴィスにすでにみられる。ワルシャワの宮廷菓子工房で保管されていたセルヴィスで、中央に主文様である黄色い虎や梅、竹を配した乳白色の素地に、柿右衛門様式の一輪または数輪の束にされた小さな花が点々とちりばめられている。その後は、強王の世継ぎアウグスト三世の戴冠式の正餐会のために、1734年頃に製作された「戴冠のセルヴィス Krönungsservice」の器（口絵2-118）にも「花散らし」の「インドの花」が描かれた。見込み中央に描かれたザクセン・ポーランドの同盟を表す紋章の周囲に点々と描かれたのも、柿右衛門様式の小花に基づく「花散らし」であった。

こうした「花散らし」の「インドの花」は、宮廷やザクセン選帝侯国の大臣たちのための代表的なセルヴィスに描かれた例がすこぶる多い。例えば、ザクセン選帝侯国の2人の有力閣僚、アレクサンダー・ヨーゼフ・ズルコウスキー伯爵（Alexander Joseph Graf von Sulkowski, 1695-1762）とハインリッヒ・ブリュール伯爵（Heinrich Graf von Brühl, 1700-1763）らがマイセンに注文製作させた大規模なセルヴィスがその代表的な例である。ズルコウスキー伯爵が注文した「ズルコウスキー・セルヴィス」は、1735年〜1737年に製作された。これに対してブリュール伯爵が注文した「スワン・セルヴィス」は、1737年〜1743年に前者をはるかに超える規模で製作され、その総数は約2,200個と推定されている。そしてこれら双方の歴史的な大セルヴィスにもまた、「花散らし」の「インドの花」が描かれているのである。

この意匠の源泉であると推測される、同じ形態の小花が描かれた柿右衛門様式による蓋付鉢（口絵2-119）が、ドレスデン国立美術館に所蔵されている。しかも本作は、1721年のヨハネウム目録に記載され、「N：4／□」のヨハネウム番号をともなう作品であるため、上記のすべての作品が

製作される以前から強王が所有していたことが確実であり、マイセンの絵師がこの作品から花の形態や大きさ、構図を模倣することによって、「花散らし」の「インドの花」を開発した可能性が高い。

有田の柿右衛門様式の小花の意匠と、マイセンによる「花散らし」の「インドの花」を比較して言えることは、花の形態、色、大きさ、空間構成に至るまでデザインがほぼ同一であるため、あまり変更が加えられることなく模倣されている、ということである。この文様は日本の伝統的な意匠とは考えにくく、東インド会社の商人がオランダ向けとして見本を示して作らせた注文品として西洋風にアレンジされたと考えられる形式である。つまり根本的に西洋的なのであり、そのためドレスデンの宮廷人に受け入れられやすい意匠であったのだと考えられる。

D-4 主題としての「インドの花」

一方、窓絵ではなく、壺や花瓶の前面に全体に描かれた「インドの花」の作例も少なからず存在する。ここでは「インドの花」の絵付そのものが主題となる。その代表例として、群を抜く絵付の作行きにより、1730年頃ヘロルトが自ら描いたと推測される花鳥文の壺（口絵2-117）をはじめ、AR銘をもつ6個1セットの飾り壺（バイエルン国立美術館分館ルストハイム城所蔵）や同様にAR銘をもつバーナード・エクスタイン卿（Sir Bernard Eckstein, 1894-1930）旧蔵品（現在は大英博物館所蔵）、そのほかにも個人蔵のAR銘をもつ同形の花瓶3個[59]などがある。これらはいずれも強王とのゆかりをもち、当時強王が藝術品として認め、関わったことが明らかな作例である。このタイプの絵付の製作時期は、いずれも1730年〜1735年頃であると考えられている。

これらの花鳥文の壺の優れた特質は、なによりも透明感と輝きのある絵の具の色彩にある。殊にそれぞれ2種類ある青と緑のみずみずしい美しさとバランスのとれた色彩の配置は格別である。花枝の葉の彩色に透明感ある青と水色を多用することは、完成期の柿右衛門様式に通じる。柿右衛門様式磁器と類似する菊と牡丹、撫子を中心に、清朝磁器の粉彩にみられるピンク系統のグラデーションで表した鶏頭や牡丹のような花の描写もあり、庄野正子氏が早くから指摘しているように清朝磁器を源泉とする花が混在している[60]。また、清朝磁器においてはしばしば植物の根元に描かれる太湖石が、本作ではおそらく写し崩れなのであろう蓮のような円形の葉と果実として表されている。そしてまた、本作品の花も前述の「塔の間」の作品のタイプと同様に、多くの異なる花をつけた枝を広げる非現実的で、独創的な花のイメージ、一種の奇想イメージとして表されている。

完成期1670年〜1690年頃の有田の柿右衛門様式の花文様には、斜めやジグザクの導線に則って幾何学的にモティーフを配置し、局部的に余白を設ける典型的な構図が多いのに対し、口絵2-117のタイプの「インドの花」の絵付モティーフは、この法則に囚われず、左右対称に近い構図で左右の絵付面の量感のバランスがほぼ保たれ均一に分散し、繁茂するかのように空間を埋め尽くす。版画のように硬く静止した線的な表現が全体を支配するのである。この両者の空間構成の原則や美意識には明瞭な相違があり、花を同じように描き写しながらも、描線の筆致はぎこちなく流麗さを欠いている。柿右衛門様式の作品にみられる即興的で自然な筆遣いが学習され、再現されることはなかったとみられるのである。

このタイプの絵付の作者については、ヘロルトかシュタットラーのいずれかだとする説があるが、銘の入った作品がないため判断の根拠がない。その高度な作行き、斬新さからヘロルトの作だとインゲローレ・メンツハウゼンIngelore Menzhausen氏は推測しているが[61]、これも推測の域を出るものではないと思われ、作者は依然不明である。

このように、空間に均一に配置するタイプの構図は、柿右衛門様式作品の花鳥文の一部のタイプ（挿図2-125）や粉彩の花鳥文にも類似している。しかしながら、現在ドレスデン国立美術館陶磁コレクション館が所蔵する、花鳥文が描かれた初期の柿右衛門様式磁器には、1721年の目録記載に対応するヨハネウム番号が記された作品がない。該当する作品はすでに失われてしまったのかという疑問が残るが、こうした構図をもつ粉彩の花鳥文が描かれ、ヨハネウム番号より1727年に購入されたと推測される壺[62]が、ドレスデン国立美術館に所蔵されていることから、粉彩の影響を受けた可能性も考えられる。

　代表的な4つのタイプの「インドの花」に関する重要な作品、文様の特色は上記の通りである。これらの花文様の基本タイプからは、その後様々に簡略化された「インドの花」の意匠が開発され、流行を博した。

挿図2-125
色絵花鳥文蓋付鉢
総高35.7cm　出光美術館蔵

第2章補論第2項　結語

　マイセンで製作された精密な写し物は、主として1729年～1732年までの注文品であり、ごく短期間の製品にすぎない。上述のように、1720年代～1735年頃までのマイセンでもっとも早期の色絵に表された、柿右衛門様式の影響を受けた花文様の大半は「インドの花」であった。

　「インドの花」は、AR銘が記された強王の所蔵品や外国の王家への贈答品、ザクセン選帝侯国の重要な儀式である戴冠式に用いる道具や、国の実権者たちの注文品にも描かれていることから、明らかにザクセン宮廷好みの意匠であったものと認識できる。それに較べれば、柿右衛門様式の絵付の正確な再現を目指した写し物にはAR銘をともなう作品がみられないため、ザクセン宮廷やその関係者による積極的な愛好を証明する要素は皆無である。

　マイセンの独創性がとりわけ主張された「インドの花」は、窓絵のなかに描かれたタイプ（口絵2-116）と、主題として表されたタイプ（口絵2-117）であった。それは、純粋な柿右衛門様式の写し物とは性格が異なるものである。風にたなびき斜めに伸長する花や非総称の構図といった風流の表現は、「インドの花」には継承されず、花は自在に組み換えられ左右対称に変更され、ボリューム感が加えられた。一方で、西洋的な構図に基づいた「花散らし」タイプの柿右衛門様式の絵付は、ほぼそのまま模倣された。

　アウグスト強王は有田の完成期の柿右衛門様式磁器を数多く所有し、そこには、日本の伝統的な情趣を表した描写が豊富に存在するにもかかわらず、こうした日本的な美質が、マイセンの絵付意匠として受け継がれることはなかった。マイセンが再現した柿右衛門様式磁器の花文様は、日本的な情緒表現の再現までを指向するものではなかった。「インドの花」の絵付によって達成された表現の中心は、むしろ非現実的な事物からなる幻想的なエキゾチスムのイメージの創造にある。そうした意味においてマイセンの「インドの花」は、和様の花のモティーフを借用しながらも、それを西洋的な趣味による異国的で独創的な、「奇想様式（ビザール）」の花のイメージに置き換えて表した独自の表現形式であったのである。

註

1. 大橋2009　pp. 152, 167
2. アルテンブルク城所蔵「色絵牡丹鷹兎文蓋付大壺」「色絵牡丹鷹兎文大瓶」は以下の図録に掲載されている。同大壺は、九州陶磁文化館所蔵の同大壺の類品である。Altenburg 1998, p. 175, Plate 242
3. Kopplin / Baden-Württemberg 2003
4. 本書第2章第4節1項、pp. 237, 241-242参照。
5. 日高2008　p. 77
6. Viallé 2005, p. 151
7. 日高2008　p. 351
8. 本書第2章第3節第3項A、p. 226参照
9. ピルニッツ城Schloß Pilnitz内のドレスデン工藝美術館Kunstgewerbe Museumに展示されている。
10. 加藤2002　p. 52、山下1999
11. 同上
12. （1721年と1727年の日本宮の目録）"Laquirte Sachen", "Indian. Auffsatz", "3 Töpffgen mit kurzen Hälßen und runden Deckeln, worauff runde gedruckte Knöpffe.", "2 dazugehörigen 8eckigten Bechern mit runden überschlagenen Randen, [...] 1 Stück davon ist schädhafft."（Kopplin / Baden-Württemberg 2003, p.55参照）この目録に記載された1720年代時点での破損品は1点のみであるが、在外日本古美術品修復協力事業による調査（山下1999参照）では2点とも口縁部が大きく破損していた。報告書から漆瓶2点の保存状態は使用された修理の材料などから異なることがわかるが、その違いはドレスデンの目録の記載にあるように破損した時期にずれがあることによる修復時期の違いに起因するのかもしれない。
13. 山下1999　p. 85
14. 大橋2009　p. 100、図版86
15. 日高薫氏の御教示による。
16. これらの写真は以下の文献に掲載されている。九州産業大学2009　p. 345、図版804
17. 岡泰正氏、日高薫氏、山崎剛氏から御教示賜った。
18. この作例の写真は以下の文献に掲載されている。Kopplin / Baden-Württemberg 2003, p. 41, PL. 8 a, b
19. 本書第2章2節1項D、pp. 171-176
20. Ströber 2003, p. 32
21. Graesse 1873, pp. 72-73
22. 本書第2章第2節第3項B、p. 209
23. 筆者はこの作品を基盤研究(B)一般（研究課題：シノワズリの中の日本　17～18世紀の西洋における日本文化受容と中国、研究代表者　日高薫／以下「シノワズリ科研」と称す）により2010年3月に実施した調査で実見した。漆装飾については、日高薫氏の御教示を賜った。
24. Kopplin / Baden-Württemberg 2003, p. 40, PL. 7a,b.
25. 九州陶磁文化館2003　p. 395、図版3104
26. 佐賀県立九州陶磁文化館の御厚意により、本作品を実見させていただいた。黒塗りの磁器の技法について大橋康二氏の御教示を賜った。
27. 本書第2章第2節3項B、p. 206
28. この作品は「シノワズリ科研」により2010年3月に実施した調査で実見した。但しこの調査は悉皆的なもので、本作品を仔細に観察し正確な材料を特定することはできなかった。本格的な確認は今後の課題にしたい。
29. 本書第2章第2節第2項E、p. 191　挿図2-61
30. この作品も同様に「シノワズリ科研」で2010年3月に実施した調査で実見した。この城には、漆風装飾の肥前磁器製蓋付大壺と大瓶合計6点が「第二の皇帝の間2te Kaiserszimmer」に展示されていた。
31. Brandt 1989, p.303, 304, Kat.Nr. 190.
32. "Ein von Marmor Agat: Stein camin, worinnen 3 schwarz laqirte fein porcellaine rund Töpf mit Deckel u. 2 läng. rund Geschirr stehen"（Inventar, 1752, p. 51）（Maué 1989, p. 158）
33. マイセンの磁器製作所は、アウグスト強王によりザクセン選帝侯国の王立磁器製作所königliche Porzellanmanufakturとして、1710年に設立された。製作所は、ザクセン選定侯国内の古都マイセンに中世からある山城アルブレヒツブルク城に設置され、1918年以来国有化されマイセン国立磁器製作所として存続している。従って、マイセンという名称は町の名前であり、この製作所の正式名称ではない。しかし、マイセンという名称は日本で定着しているため、本稿では便宜的にこの呼称を製作所の名称として用いる。
34. クライン1981 / 1982参照。一方本図の筆者について、宮島新一氏は岩の皴法や草花の描法から、狩野派の範疇に入れるべきだとの見解を呈し、本図の筆者を16世紀の狩野松栄周辺と推定した。（宮島1989　p. 246）
35. 佐野1997　p. 239
36. Lack 1979, p. 11
37. Sonntag 1995, pp. 14-15
38. Ibid., pp. 14-15
39. 18世紀中頃までにマイセンにおいて成立した「木版植物画の花」、「ドイツの花」、18世紀末には新古典主義的な「マルコリーニの花」やビーダーマイヤー様式時代に描かれたストライプと「様式化した花」による小花散らしを組み合わせる花文様、19世紀中頃に生み出された「自然主義の花の絵付」、その後は印象主義的な「ブラウンスドルフの花の絵付」へと、同時代の絵画の美術様式との相互的影響関係のなかで、新しい花の絵付の様式を発展させていった。（Bastian 1983；櫻庭2001　p. 74を参照）
40. 当時西洋の言語で「インド」は、一般的にイギリスやオランダなどが植民地化あるいは交易していたアジアの諸地域を指すもので、磁器の産出国である日本や中国も含まれる。つまり、色絵の絵付モティーフとして製作所が要求したことが明確に把握できるのは、一般的な言葉の解釈で言えば「インドの」と呼ばれた東洋磁器であった。同時期にほかの絵付モティーフを要求する記録はないため、「インドの」と称される磁器の製作が1720年代の中心的な課題であった。
41. "bey den Mahler H. [errn] Herolden Zu erinnern, daß er in der Mahlerey diese Stücke [=die ostasiatischen Porzellane, die Geithner als Modelle aus Dresden geholt hatte] so viel immer möglich imitieren möchte, weil man gerne das Indianische immer mehr nachgemacht sehen wolte"; BA:IAa 3, fol.415 (Rückert 1990, p. 159を参照)
42. Reichel 1980, p. 63
43. Rückert 1966, p. 16
44. Ibid.
45. Ibid.
46. Pietsch 1996a, pp. 29, 30
47. Rückert 1966, p. 17
48. Boltz 1980, pp. 3-101
49. Pietsch 1996b, pp. 106, 107
50. Shono 1973, p. 56, Abb.117

51　Rückert 1966, p. 85
52　彼が製作所に在籍していたと確認できる製作所のもっとも古い記録は1725年からであるが(Rückert 1966, p. 194参照)、1723年頃からマイセンで花文様を担当していたと推測されている。(Pietsch 1996b, p. 12)
53　Ibid., p. 106
54　Ibid., p. 192
55　本書第2章第2節第1項D、 p. 174　挿図2-32
56　Pietsch 1996b, pp. 198, 199, 210, 211, 図版147、155
57　Ibid., p. 194
58　西洋における、会食に必要な種類の食器を揃えた総合的なセットで、統一された装飾文様や紋章などを表した組食器をセルヴィス*Service*という。
59　Pietsch 1997, pp. 180-181
60　Shono 1973, p. 36
61　Menzhausen 1990, p. 199, Abb.51
62　Reichel 1993, p. 26, PL1.

第2章　結語

　ここでは、オランダ、ドイツ、イギリス、オーストリア、スウェーデン、ロシアの磁器陳列の諸相を横断的に観察することを通じ、それらのあいだに存する共通点と相互関係を比較論的に集約することを試みる。

　本章第1節に述べたように最も古い磁器陳列室の作例は、オランダ総督オラニエ公フレデリック・ヘンドリックの妃アマリア・ファン・ソルムス＝ブラウンフェルスにより、1632年にハーグのアウデ・ホーフ宮殿に設置された、284個の磁器を配した小部屋であった。この磁器陳列室という独特な室内装飾の習慣は、まずアマリア妃の娘であるルイーゼ・ヘンリエッテ・ファン・オラニエ＝ナッサウがプロイセン王国へ嫁いだことからオランダの文化としてプロイセンへ伝えられ、その後はプロイセン経由でドイツ各地の宮廷に伝播していったのである。

　オラニエンブルク城の磁器陳列室が示すブランデンブルク・プロイセンの事例のように、こうしたオランダの東洋趣味は、国中を荒廃させた三十年戦争が1648年のヴェストファーレン条約により終結したばかりの17世紀後半のドイツ諸侯にとっては殊に、より経済的に発展したオランダの輝かしい富と繁栄を表す象徴性が重要であったのであり、だからこそ賞賛された。こうした背景によって、オランダ趣味＝東洋趣味の室内装飾において欠かせない構成要素となった磁器陳列室の流行には拍車がかかり、そのために必要となった中国と日本の磁器が熱狂的に求められるに至ったのである。

　本章第2節に掲げたドイツ各地の城郭に設置された22件の磁器陳列室の作例を見ても明らかであるように、磁器陳列室はドイツで際立った隆盛が認められるが、その一方でオランダには現存する磁器陳列室の作例が皆無であり、ドイツのように数多くの磁器陳列室が設置された形跡はない。その理由は、通常磁器が女性の相続財産に位置づけられていたために王女の移動に磁器が付随し、オラニエ家出身の王女たちと血縁関係をむすんだ有力な王侯の領地が現在のドイツ国内に偏在したからであろう。磁器陳列室の文化は、オランダを起源としながらオランダではなくドイツで開花したことになる。オランダでは、オラニエ＝ナッサウ家の王女たちの多くが外国に嫁いだため、数多くの東洋の磁器が国外へ流出し、皮肉にもオランダにおける磁器陳列室の発展は停滞したのであった。

　一方、ドイツと同様にオラニエ家から直接、メリー二世によって磁器陳列室が伝えられたイギリスについては、3節で述べたようにケンジントン宮殿に801点もの東洋磁器が陳列され、壁面にコンソールを取り付けた本格的な東洋趣味の磁器陳列室の設置の事実も認められ、バーレイ・ハウスやウーバーン・アビーのコレクションのような大規模な東洋磁器のコレクションもイギリスには複数知られているが、壁面のコンソールを伴う本格的な磁器陳列室がイギリスには現存しない。本書第2章第4節に挙げたスウェーデンについても、スウェーデン王国へプロイセン王国から嫁いだ王妃ロヴィサ・ウルリーカのために建てられた夏の離宮であるドロットニングホルム宮殿という東洋趣味の城の内装に多くの肥前磁器が用いられたが、スウェーデン国内に設置された本格的な磁器陳列室の作例は未詳である。

　一方、オーストリアにはシェーンブルン城に2室、エッゲンベルク城に1室、ロココ様式の磁器陳列室が存在することが確認された。オーストリア国内に設置された2件の磁器陳列室は1750年以降のものであるため、ドイツの磁器陳列室の影響下で形成されたフランス・ロココ様式のロカイ

ュ装飾を多用した作例であった。これらはそれが作られた当時において、現在のオーストリアとドイツは神聖ローマ帝国という同じ帝国内であることはいうまでもなく、磁器陳列室の文化は、とりわけドイツ国内に作例が多いものの、広く見れば神聖ローマ帝国内での流行現象であったと結論付けることができる。

本章で紹介した磁器陳列室に配された肥前磁器に共通する特徴としては、以下の点を指摘できる。

(1) 総体的にみて、肥前磁器のみではなく、中国磁器や西洋磁器と組み合わせて陳列されるのが通常であること。

(2) 壁面のコンソールに置く磁器の器形は、高さ30センチ以下の鶴首瓶や喇叭形の瓶や小型の蓋付壺、カップ＆ソーサーやティーポットなどの小型の器物が大多数を占めている。これらは、茶器など本来は明らかに実用品として製作され輸出されたものであったものが、所有者の判断により室内を装飾する美術品として受容されたことを通じ付加価値が成立する例である。ミュンヘン・レジデンツ「鏡の間」の戦前写真の壁面にみられる柿右衛門様式の鶴首瓶や、シェーンブルン城「中国の楕円の間」壁面にみられるアルコール容器として作られたと考えられるタイプの柿右衛門様式の角瓶を多用する配置には、細くすんなりと伸びた際立ったフォルムの器を反復的に配することにより規則性とリズム感を表現する効果があり、同種の器形の瓶をとり揃えることによって実現される効果的な配置が創出するデザインなのである。

(3) 蓋付壺などの大型の器物は、壁面ではなく床面に設置した台座の上かマントルピースの中に納められる。人物像や動物像のような置物は、壁面ではなくコンソール・テーブルやマントルピースの上などの台の上に置かれる傾向がある。

(4) 磁器の色彩については、管見の限り戦前までの古い陳列内容を確認できるすべての磁器陳列室に色絵と染付の双方が認められた。

(5) 壁面自体にほどこされる装飾の様式や、漆パネルや鏡の使用状況は時代の変遷とともに変化したが、そこに陳列された肥前磁器の意匠に直接的な影響を及ぼしたことを示す決定的な要素を示す事例は認めることはできなかった。壁面に置かれる磁器の選択については、基本的に小型の器物が選ぶという点以外、磁器の産地や絵付け様式の選択には厳格な制約はなかったようであり、多様な様式を組み合わせる自由なものであった。

さらに、磁器陳列室に係わる性差の問題についても、これらの国々には共通点があることを指摘する。西洋宮廷において磁器は、女性貴族が相続する財産としての認識が定着し、磁器陳列室は妃の居室部分に妃のコレクションを陳列する空間として設置されるのが一般的であった。そのため、磁器陳列室のような部屋の装飾は「女性の事柄 *Frauensache*」と称されていたという[1]。女性王侯の文化として磁器陳列室が設置される習慣は、最初の磁器陳列室を作ったオランダ総督妃アマリア・ファン・ソルムス＝ブラウンフェルスのケースにも該当する。女性の領域に属する財産である磁器を飾る文化が、母から娘へと、女性達のあいだで継承される伝統の基礎もオランダで構築されたのだと考えられる。この女性王侯の習わしとしての磁器陳列室の設置例であることが認められるのは、オランダのアウデ・ホーフ宮殿、ハイス・テン・ボス宮殿、ドイツのオラニエンブルク城、カプト城、リーツェンブルク城、モンビジュー城、ヘーレンハウゼン城ギャラリー館、ヴァイル

ブルク城、ハイデックスブルク城、ファヴォリテ城、フリーデンシュタイン城、アルテンブルク城、シャルロッテンブルク城、イギリスのケンジントン宮殿、オーストリアのシェーンブルン城、エッゲンベルク城に設置された磁器陳列室である。そこに込められた特有の象徴的な意味あいについては、本書「結び」で全体のまとめとして後述したい。

　このように、磁器陳列室の設置は王妃達のあいだで盛んな発展をみせてゆく一方、これとは全く異なる意図をもった磁器陳列室の系譜が構築されたのがドイツの男性王侯の事例である。男性王侯が設置した磁器陳列室の作例としては、ドイツのオラニエンブルク城、ザルツダールム城、ガイバッハ城、ドレスデンの「日本宮」や居城、メルセブルク城、ヴァイセンシュタイン城、アルンシュタット新宮殿、ファルケンルスト城、ミュンヘン・レジデンツがあるが、本論文が取り上げたドイツ以外の国々、すなわちオーストリア、オランダ、イギリス、スウェーデンの地域においては、男性王侯が設置した磁器陳列室の作例の存在を確認することはできなかった。

　ドイツの男性王侯達による磁器陳列室設置の問題は、威信財としての美術の政治利用の問題と大きく関わっている。この問題についても、本書「結び」で改めて論じる。

註

1　Bischoff 2004, p. 18

第3章 近代における古美術としての流出

第3章では、江戸期に製作されそのまま国内に伝世した肥前磁器を古美術としてあつかった、近代以降における輸出に目を向けてゆく。そのうち、第1節では明治時代、第2節では大正から昭和初期までを対象とする。

第1節　明治期における肥前磁器の取引
　　　　　—外国人の収集と美術商の関与—

第1項　江戸期の輸出磁器の輪郭を変える要因となった「古美術の流出」

A．近代における流通の特徴

　我が国では明治以降、江戸期に作られ伝存されてきた肥前磁器を古美術として取引するという、新しいタイプの美術品流通が成立した。そのすべてが日本人により購入され日本に残ったわけではなく、美術商や外国人収集家の活動によって欧米へ売却されるケースもあった。こうした事例は、近代国家成立直後の混乱期にあった日本と海外との経済格差によって起こり始めたものであり、筆者は、こうした近代における輸出を、第1章で展開した商業活動としての輸出とは性格の異なるモノの移動—すなわち文化財流出の問題の1つとして捉えている。

　近代以降の経済格差の状況下では、周知の通り数多くの文化財が国外へ移動した。仏像や浮世絵の海外流出はあまねく知られた社会問題であったが、これと並行して肥前磁器も少なからず海外へ輸出された形跡がある。また、我が国では、古美術品の流出を防ぐために、「重要美術品等ノ保存ニ関スル法律」が1933(昭和8)年に制定されていることからも、こうした古美術品の移動は、同時代の生産物を対象とした輸出とは異なる性格を帯びる場合があることが認識されよう。第3章第1節、第2節では、こうした肥前磁器の流出の問題を課題とし、国内外で発行された売立目録[1]や明治期の来歴が明らかな日本所在のコレクションなど、さまざまな資料の調査結果に基づき、肥前磁器の流出に関わる事例を挙げて検討してゆく。

　本課題にかかわる研究の動機は、西洋の美術館の調査において、西洋の需要者の用途に即さない、江戸期の日本の富裕層向けの道具として作られた形状の肥前磁器が美術館の所蔵品に数多く混入している状況を知ったことに端を発する。国内でも欧米でも、近代以降に古美術として輸出された西洋所在の肥前磁器を特定することが研究課題として取り上げられ、取り組まれる事例はなかったと思われる。現在欧米にある肥前磁器コレクションのなかから近代以降に古美術品として流出した肥前磁器を分別することは、江戸期に西洋に渡った輸出向け磁器をこれまで以上に明確に規定するための重要な作業である。ところが、現在の博物館の所蔵品において由来の明らかな伝世品は非常に希少であり、実際には、入手時期や入手経路を特定するのは多くの場合不可能である。入手経路が不明な西洋所在の肥前磁器については、江戸期の東西貿易の個人貿易や密貿易などと関連付けて推測されているケースもあるが、該当しない場合もあるため、その妥当性は慎重に検証されるべきである。

近代以降、江戸期の古美術を扱うすべての取引は、

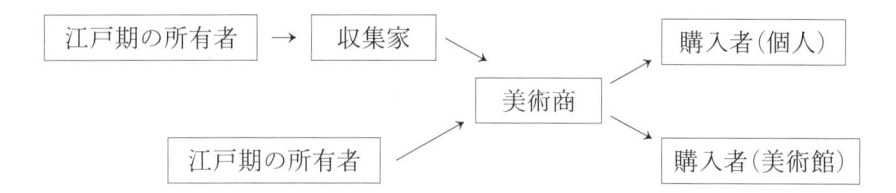

```
江戸期の所有者 → 収集家 ┐           ┌ 購入者（個人）
                       ├ 美術商 ┤
江戸期の所有者 ─────────┘           └ 購入者（美術館）
```

という基本的秩序のなかで行われてきた。従来こうした古美術の流通状況に関する個別情報は、美術館や個人が所蔵する「コレクション」や「出土資料」としての陶磁器には、必須の付帯情報とはみなされてこなかった。しかし、流通に関する情報は、磁器が製作された動機や現在の所蔵元におけるコレクション形成の推移、来歴を解明する上では見過ごすことのできない情報である。

　本稿では、フランシス・ブリンクリー（Captain Francis Brinkley, 1841-1912）により明治期に収集された国内伝世品および彼の著作を紹介するとともに、西欧におけるジャポニスムの流行に乗じて、山中商会や林忠正（1853-1906）、フランスのジッヘル（Philippe Sichel, 1839/40-99）など美術商が行った肥前磁器の海外輸出に関する資料を用い、明治期に日本に在住した欧米人や欧米に進出した美術商と肥前磁器の関係を捉えてゆく。

B.　未確認の東西貿易がもつ可能性と限界 ―個人貿易と唐船貿易―

　肥前磁器が作られた江戸期の貿易に関するオランダ東インド会社文書のうち、公式貿易に関する史料は、山脇悌二郎氏やタイス・フォルカー氏、シンシア・フィアレ氏などの歴史研究者による史料研究の成果として公開され、陶磁史研究の領域でも取り入れられてきた。しかし前章までに述べてきた通り、オランダ東インド会社文書からわかる公式の商品情報は氷山の一角にすぎない。公式貿易とは別に、本来文書に記載されることのなかった個人荷物としての個人貿易、あるいは唐船貿易によって海外に運び出された肥前磁器は少なくなかったはずである。

　個人貿易という枠組みのなかで、いかに大量の肥前磁器が個人貿易品としてオランダ船によって運ばれたかについては、第1章第2節に述べた如く、日本側の史料である『唐蠻貨物帳』[2]に基づく山脇氏の研究がある[3]。『唐蠻貨物帳』には、個人貿易の輸出数量の日本側の記録がわかる1709（宝永6）年、1711（正徳元）年、1712（正徳2）年の3年間に、合計約41万個の肥前磁器が輸出されたことが記されている。しかしこの輸出（個人貿易）は、「阿蘭陀船」により「積渡」った商品であることはわかるものの、輸出先が書かれていないなど不明な点が多い。来日したオランダ船は、長崎港を出てバタヴィアに寄港するのが一般的なルートであり、東インド会社はバタヴィアを通じてオランダのみならずインドやペルシャなどアジアの広い地域とつながる貿易ネットワークをもっていた。そのため、肥前磁器が世界のどの地域に持ち運ばれたかを知る手がかりはなく、個人貿易品の最終到着地をつきとめることは難しい。そのうえ、『唐蠻貨物帳』によって個人貿易の内容を確認できるのは、わずか3年分でしかない。よって、近代以降に海外に出た肥前磁器を確定することで、演繹的に江戸期の磁器輸出の外郭は、より鮮明になるだろう。

　公式貿易としてのオランダ本国向け肥前磁器輸出が終焉する1683（天和3）年と、幕府が個人貿易を公認した1685（貞享2）年の貞享令の頃を境に肥前磁器の個人貿易量が増加した可能性は極めて高い。そうであれば、理論的には、個人貿易で西洋へ輸出された肥前磁器は金襴手様式が中心と

なり、1690年代に製作が終焉したと考えられている柿右衛門様式の割合は低いはずである。

　この点を検証するために、筆者はオランダ東インド会社文書に記載された帳簿、注文書、日記、書簡、個人貿易に関する記録など、多くの貿易記録を調査し、肥前磁器の流通の把握を試みた。だが、貿易記録には磁器の装飾についての記述は総じて少なく、オランダ東インド会社文書に基づいて輸出された磁器の装飾のタイプを特定することは不可能であることを確認するに至った。オランダ東インド会社文書は、日本から輸出された磁器の数量や時期、販売先や器種を把握するためには他に類のない情報量を蔵する史料であるが、絵付け様式などのデザインや資料個体を特定する研究には適していないのである。

　オランダよりも有利な条件で商売をすることができた唐船貿易は、第1章第3節で論じたことからも明らかなように、アジアを起点にじつに多様な販路を開き、アジアにおける磁器の物流に多岐にわたる可能性を与えるものであったことにも留意すべきである。

　江戸期に西洋に輸出されたものであると判断するためには、財産目録によって来歴が証明できるコレクションや、ドレスデンのコレクションのようにマイセンなどの西洋陶磁で作られた精密な写し物との対照ができるコレクション、そして取り外しできないタイプの17～18世紀のオルモル装飾のついた作例であることなどの根拠が必要である。しかし、上記のような、江戸期に輸出された事実を確実に証明する来歴をもった肥前磁器は、現在における西洋所在品のごく一部を占めるにすぎず、大多数の来歴は依然として不明である。

　次節で紹介する売立目録掲載の国内伝世肥前磁器には、ボストン美術館やフリーア美術館、大英博物館などをはじめとする近代以降の収集品を核とする欧米の美術館の所蔵品と一致する作例が多い。これは、明治以降に日本から欧米へ数多くの国内伝世の肥前磁器が輸出されたことを示すデータである[4]。つまり、江戸期に輸出された肥前磁器とは別に、江戸期を通じて我が国に伝世した肥前磁器があり、その一部が欧米へ輸出されたのである。

　柿右衛門様式磁器の場合は、日本へ里帰りした作例も含め、江戸期に西洋へ渡った柿右衛門様式磁器には優品が多いという見方が通説であるが、それは近代以降の輸出品を除外して対象を正確に捉えることなくして与えられた安易な評価であったという観が否めない。「西洋向けに輸出された肥前磁器」の実像を捉えるためには、近代以降に古美術として西洋に輸出され混入した国内需要のために作られた資料を外し、江戸期に輸出品として作られ運び出された柿右衛門様式磁器を正確に特定すべきであろう。まずは明治期のコレクションと流通に関する資料を示し、国内伝世品の近代以降の海外流出について検討したい。

第2項　明治期のブリンクリー・コレクション

A．フランシス・ブリンクリー

　明治期には、多くの富裕な外国人が来日し古美術のコレクションを形成したが、肥前磁器の収集において傑出した功績を遺したのはフランシス・ブリンクリーである。ブリンクリーは、現在静嘉堂文庫美術館が所蔵する陶磁器コレクションの基礎になるコレクションを形成した。

　静嘉堂文庫美術館の陶磁器コレクションのうち、ブリンクリー旧蔵品を含む江戸期製作の肥前磁器79点が、1997年に同館にて開催された「伊万里展―肥前色絵磁器の世界―」で本格的に紹介さ

れた。さらに2008年10月には、84点が公開されている。ブリンクリー旧蔵の肥前磁器や彼の経歴が最初に世に知られたのは、長谷川祥子氏による論文「静嘉堂所蔵の伊万里―ブリンクリー旧蔵品とのかかわりについて―」(『陶説』528号 1997年3月)によってである。さらに、同館が所蔵する江戸期の肥前磁器は、2008年の展覧会に際して刊行された図録『静嘉堂蔵 古伊万里』(静嘉堂文庫美術館 2008年)に詳しい解説とともに収録された。同図録に掲載された長谷川氏の論文「静嘉堂の肥前磁器コレクション」によると、同館所蔵の肥前磁器には底面などに特徴のある番号シールが貼られた作例があるという。この例に該当するブリンクリー・コレクションの作例は、同図録掲載品だけをとってみても25点もみとめられる(作品解説にブリンクリー旧蔵品と明記された作品合計数)。また、そのジャンル内訳は柿右衛門様式が3点、古九谷様式と鍋島が各1点、それ以外はすべて金襴手様式と呼ばれるタイプであった。次にブリンクリーの経歴、ならびにそのコレクションが岩崎彌之助の購入により岩崎家に伝わった背景について記していく。

　フランシス・ブリンクリーは、アイルランドの名門の出身で、英国軍人を経て来日後にジャーナリスト、作家となった人物である。ブリンクリーはトリニティー・カレッジを卒業後、ウールヴィッチにある王立軍事アカデミーに入学し、砲術将校となる。1867(慶応3)年に来日、将校の地位のまま在日英国公使館で大使館員の助手の職を得る。1871(明治4)年に海軍省に雇用され、海軍砲術学校の主任教師を務めた。1878(明治11)年には帝国工部大学校の数学の教師となり、この年水戸藩士の娘田中ヤスコと婚姻している。1881(明治14)年からはジャパン・メイル紙の経営者兼主筆をつとめ、のちにロンドン・タイムズ紙の日本通信員としても活躍した。陶磁器は、好古家・蜷川式胤に学んでいる。ブリンクリーは1867年の来日以降生涯を日本で過ごし、1912(明治45／大正元)年に70歳で他界した[5]。また、文部省により1948(昭和23)年度小学校第1学年前期用に発行された『こくご　一』には、明治の初期にブリンクリーが「有田」の「みごとな」「赤絵のはち」を店先で目にし、それが「あまりに安いのにおどろいた」ことや、当時は「わずかに外国人がこれを目にとめて買うことがある」ため「今右衛門」が作品を「東京や箱根で売りだすことにした」ことを知ったブリンクリーが、それをほかの外国人にも買うよう薦めたなどのエピソードが紹介されている[6]。

B. 岩崎彌之助によるブリンクリー・コレクションの購入

　静嘉堂の創設者である岩崎彌之助(三菱第二代社長、1851-1908)は、明治維新後、国内の美術品が旧来の所持者の手を離れて海外へ流出してゆくことを懸念し、明治20～30年代にかけて熱心に収集活動を行った。静嘉堂に一部が残る道具買入帳には、この頃、書画、刀装具、蒔絵道具などとともに、伊万里焼の鉢類が、「黒川新三郎」や「福井(七兵衛)」、「大坂屋」、「尾張屋」といった道具商から多く購入されたことが記されている[7]。

　ブリンクリーのコレクションの大半は、岩崎家別邸の1つである、東京深川の清澄園に納められた。清澄園は、三菱社員の親睦会を催し、あるいは賓客を接待する場所として造営され、日本風、西洋風、両方の建築様式による複数の建物からなる。ジョサイア・コンドル(Josiah Conder, 1852-1920)の設計になる西洋館には1889(明治22)年、その別棟として翌年に陳列室を含む「八角堂」が完成した。ブリンクリーの旧蔵品は、この陳列室を装飾するために明治22～23年頃に一括購入されたものとされる。また、この洋館の設計者であるコンドルとブリンクリーは、共に工部大学校の教授として同僚であったことからも親交があり、ブリンクリー・コレクションの購入は、コンドルの仲介を通じたものとする可能性も指摘されている[8]。またブリンクリーは、今日でこそその存在

がほとんど語られることなく忘れ去られているが、明治時代には日本政府と在日外国人社会の中で相応の評価を受けており、ブリタニカ百科事典第11版の日本の項をはじめとする日本に関する複数の出版物を執筆するほど日本文化通として信用を得た文筆家でもあった[9]。ブリンクリー・コレクションの陶磁器は、岩崎家にとって、信頼のおける人物の収集品という判断のうえで購入されたことであろう。

ブリンクリー・コレクションの概要は、奥田誠一によってまとめられた『清澄園蒐蔵陶磁器目録』（大正12年8月）に見ることができ、中国陶磁172件と日本陶磁289件、総数461件の作品が収録されたスケールの大きいコレクションであった。その後清澄園の日本館ならびに西洋館は関東大震災による火災で焼失したが、陳列室を含む「八角堂」は被災を免れ、ブリンクリー・コレクションは、のちに一部が静嘉堂に移された[10]。

C．静嘉堂文庫美術館所蔵ブリンクリー・コレクションの柿右衛門様式磁器について

筆者は、2006（平成18）年にこの静嘉堂文庫美術館が蔵する柿右衛門様式磁器の調査をさせていただく貴重な機会をいただいた[11]。その調査記録に基づき、ブリンクリー・コレクションの柿右衛門様式磁器を例に静嘉堂のコレクションの特徴を以下に述べる。

C-1　色絵秋草文八角瓶　1対（口絵3-1・挿図3-1）

八角形のフォルムを板作りで成形した技術的難易度の高い器である。完璧な「濁手」を発色する釉薬の上に、赤や金、透明感ある青と緑の上質な上絵具を用いて面の彩色をほどこし、輪郭線は黒で描く。メインのモティーフは女郎花と菊である。製作期としては17世紀後半と推定される。

この八角瓶は、柿右衛門様式のなかでも南川原山で製作された柿右衛門様式としてのいわゆる典型的といわれる条件を備えたタイプである。この類品がハンプトン・コート宮殿（英国王室所蔵）、アムステルダム国立博物館にあることから、本八角瓶は、江戸期の輸出品と位置付けられるべき条件を備えている。しかし、ハンプトン・コート宮殿の八角瓶は、英国女王メアリー二世の旧蔵品であると伝承されるものの、17世紀まで遡る来歴を特定する史料の存在が知られていない。アムステルダム国立博物館所蔵の八角瓶は、来日歴のあるヴェステンドルフ（Herman Karel Westendorf, 1868-1941)氏が1968年に同館に寄贈した作例[12]であるため、近代以降に西洋へ輸出された可能性が高い。

一方、ドレスデン国立美術館磁器コレクションには、これらの八角瓶と同一の器形・絵付けのマイセン磁器の八角瓶（口絵3-2）が所蔵されている。同館にはこの本歌である肥前磁器の柿右衛門様式磁器の八角瓶は所蔵されていない。しかし、マイセンで製作された柿右衛門様式磁器の写し物は、本書第2章補論第2項で前述した通り1730年頃に、オリジナルの肥前磁器の精密な写しとして製作されたため[13]、この写し物は、1730年頃ドレスデンにこのモデルとなった柿右衛門様式磁器が存在したことを示す歴史資料としての意味をもち、この瓶が西洋へ輸出されたことを証明する。

したがって、この色絵秋草文八角瓶の存在は、江戸期に西洋へ渡ったことが明らかな柿右衛門様式磁器と同一デザインの作品が明治期の日本に伝世していたことを示す事例であるといえよう。これと同様のケースは、静嘉堂が所蔵するほかの肥前磁器にも認めることができる。大部分が明治20～30年代に日本で購入されている[14]静嘉堂蔵品の日本陶磁の一部である「色絵鳳凰唐花文十二角鉢」（口絵3-3）と同一器形・同一意匠の作品は、『ダブルユー、ジェー、ロビンソン所蔵品入

挿図3-1
色絵秋草文八角瓶（口絵3-1の裏面）
高さ各22.5cm
静嘉堂文庫美術館蔵

札』(1924年10月21日開催)に図版掲載(図版1724)されている[15]。さらに加えて、これらと同一器形でほぼ同一図様の鉢が、ドレスデン国立美術館磁器コレクション館に2点所蔵されている。1つは、肥前磁器のアウグスト強王旧蔵品で、他方はマイセンで製作されたその写し物(口絵3-4)である[16]。この写し物も、前述の「色絵秋草文八角瓶」と同様の経緯で1730年頃製作されたことの明らかなタイプであるため、オリジナルである肥前磁器の鉢が1730年以前にドレスデンに渡っていた証となる。静嘉堂蔵品の口径は24.5センチ、ドレスデン蔵品の口径は23.8センチであるから、同じ土型を使った可能性がある。

つまりこの事例は、ほぼ同じ作品が、江戸期に西洋へ輸出されたものと国内で販売されたものとの二手に分かれて存在したことを示唆しており、同じデザインの肥前磁器が海外と国内、両方に販売されたと解釈せざるをえない。これについて、筆者はかねてから疑問に思ってきたことがある。すなわち、オランダ商館の注文品は、製作されても買い上げられなかった年があることである[17]。その一方で、出島には肥前磁器を販売できる店があったので、注文製作された作品やそれと同じ製品も自由に市場に出回った可能性がある。また、オランダ商館は、同じ種類の作品を大量に注文しているが、「送り状」や「仕訳帳」といった輸出記録は注文書の数と全く同一であるため、端数を買い上げる慣例はなかったと思われる。それに加えて、海外向けの製品を国内で販売することを制限する条項も未見だからである。やはり輸出品は100パーセント輸出された訳ではなく、国内に残されるケースもあったと考えられるべきであろう。

C-2　色絵団龍文蓋物　1点(挿図3-2)

型打ち成形の技法で製作した小型の蓋物である。身と蓋は、濁手の釉薬のうえに団龍と桜・梅・柘榴の折れ枝を3カ所ずつ交互に配す。輪郭線は黒で描き、面的部分には赤や金、透明感ある青と緑の上質な上絵具を用い、上絵だけで彩色をほどこしている。本作の製作期は17世紀後半と推測される。またこのような器形は、西洋の王侯貴族たちの生活の道具類や室内装飾品にはみられないフォルムといえる。江戸期に西洋に輸出されたことが明らかな伝来をもつ柿右衛門様式磁器の基本的な器形は、皿や壺、瓶、球形のフォルムの蓋物、口径25センチ程度の鉢のような室内装飾用の器(多くは大型)、口径20〜25センチの皿、アルコールを容れるための水注、ティーポットやカップ＆ソーサーや茶こぼしに使う鉢からなる茶器、そして日本では「置物」と呼ばれる人物や動物の像であり、西洋の伝世品の大半は上記に分類できる。本作のフォルムは、西洋伝世品には珍しいフォルムであることから、日本における用途に即するものと推測される。

1925(大正14)年4月7日に開催された売立の目録『ダブルユー、ジェー、ロビンソン所蔵品入札』にも、本作の類品(挿図3-3〈図版300〉)がみられることから[18]、大正期までの日本に本作と同器形・同意匠の蓋物が少なくとも2点は存在したことになる。

C-3　色絵孔雀牡丹文輪違透小鉢　1点(挿図3-4)

この作品は、前出の2作と同様に、濁手の釉上に上絵のみで彩を施したタイプで、見込みに孔雀、牡丹、柴垣が描かれている。器は型打ちで成形し、口縁の内側に輪違い繋ぎという文様を透かし彫りにした精緻な細工物である。酒井田柿右衛門家の窯の発掘調査で、この種の透かし文様の入った鉢の土型が出土したことから、酒井田柿右衛門家が製作した可能性がある。本作の製作期については17世紀後半と推測する。これと同器形・同意匠の作例は、東京国立博物館に7点、田中丸コレクションに3点所蔵される。

挿図3-2
色絵団龍文蓋物
口径12.3cm
静嘉堂文庫美術館蔵

挿図3-3
大正14(1925)年4月7日開催『ダブルユー、ジェー、ロビンソン氏所蔵品入札』
色絵団龍文蓋物〈図版300〉

挿図3-4
色絵孔雀牡丹文輪違透小鉢
口径11.9cm
静嘉堂文庫美術館蔵

挿図3-5
昭和17(1942)年12月14日開催『安岡百活園蔵品展観』
色絵孔雀牡丹文輪違透小鉢〈図版198〉

東京国立博物館蔵品の7点は、大小2種に分かれ、高：（大）4.8センチ（小）4.0センチ、口径：（大）13.9センチ、（小）12.5センチである。なお、本作は1878（明治11）年開催のパリの万国博覧会関連の作品として東京国立博物館に受け入れられたもので、同館の記録には「皿　数量7枚　明治11年仏国博覧会掛　引継　（後略）」と記されている[19]。1878年のパリ万国博覧会では、トロカデロ宮のパッシー翼において若井兼三郎が古美術品（茶道具の陶器）を展示し、その傍にジークフリート・ビング（本名Siegfried Bing, 通称Samuel Bing, 1838-1905）やエミール・ギメ（Emile Guimet, 1838-1918）をはじめとする西洋の収集家の収集品が並べられていたというが[20]、1867（慶応3）年のパリ万国博覧会でも集められた展示品のなかには古陶磁が含まれていた。1867年のパリ万国博覧会では、佐賀藩と薩摩藩が参加したのだが、佐賀藩第十代藩主鍋島直正は、自ら有田皿山代官石橋三右衛門に宛て通告を出し、有田の磁器の収集を命じた。皿山代官はこれを有田皿山の窯焼師や陶商に伝えて見本市を開き、博覧会出品に適当な品物を選び、藩がそれを一万両で買い取ったという。この際幕府は「新規の物に限らず古き物にても不苦」としているので、新しい有田産磁器とともに古い肥前磁器も集められパリに送られていたのである。出品された有田焼は大変好評を博したという[21]。西洋開催の万国博覧会へは、本作のような柿右衛門様式磁器も日本から運ばれていたのである。

1942（昭和17）年12月14日に大分市菊水で開催された安岡家の売立の目録『安岡百活園蔵品展観』には、本作品の類品（挿図3-5〈図版198〉）が大・中・小3点揃いの入子鉢として掲載されている。田中丸コレクションの本作類品も同様の3点揃い入子鉢であるため、安岡家の旧蔵品を田中丸善八氏が購入した可能性も考えられる。

ブリンクリーの手を経て清澄園に渡ったとみられる肥前磁器のうち、上記以外の大半は金襴手様式であった。そのなかには上層社会向けに作られた上品な型打ち成形の献上手が多くある一方、とりわけ明治以降欧米の愛好家の間で頻発されるようになった呼称である「オールド・ジャパン*Old Japan*」に総称される江戸期における西洋輸出向けの金襴手様式磁器も3点含まれている。

なお静嘉堂文庫美術館は、ブリンクリー旧蔵品以外にも岩崎彌之助の時代に国内で購入された江戸期製作の柿右衛門様式磁器を所蔵している[22]。その多くは大正期の売立目録に掲載されているものであるため、前記売立目録研究の報告書の図版番号を〈　〉に併記し、以下に掲げる。

①色絵団龍文陶板〈図版323〉　　　　　⑤色絵松竹梅文八角小鉢
②色絵糸桜文陶板　　　　　　　　　　⑥染付八橋文稜花皿〈図版350〉
③色絵梅鴬文八角鉢〈図版182〉　　　　⑦色絵鳳凰花卉文稜花小皿〈図版41〉
④色絵花卉文八角鉢〈図版134〜139〉　　⑧色絵菊花冊子文輪花小鉢[23]

前述のように静嘉堂文庫美術館所蔵の肥前磁器は、明治時代後半期まで日本に伝世していたと考えられる作例が主であり、そのため1935（昭和10）年までの売立目録掲載品とも一致するタイプが多い。陶板は西本願寺の経蔵の例にみるような壁面の装飾、八角鉢は料理や菓子を盛り取り分けるための器、八角小鉢と小皿は向付としての用途が想定できるものである。静嘉堂文庫美術館所蔵の柿右衛門様式磁器は、いずれも江戸期の日本の富裕層のための道具としての用途が見込まれるタイプであった。

D.　蜷川式胤の関与

ブリンクリーは、岩崎家の外にも自身の陶磁器コレクションを1885年にニューヨークのエド

ワード・グレーのギャラリーで催した売立で売却している。この売立のための目録『古美術の日本・中国および朝鮮の磁器、陶器、軟質施釉陶器から成る「ブリンクリー・コレクション」の記述 *DESCRIPTION OF "THE BRINKLEY COLLECTION" of Antique Japanese, Chinese and Korean Porcelain, Pottery and Faience*』[24]の序文には、陶磁器コレクションを形成した経緯が記されており、この大規模なコレクション形成に関する大方の推移をうかがい知ることができる。この序文の執筆者は、この売立を開いたギャラリーの社長であるエドワード・グレーEdward Greeyである。グレー自身は東洋陶磁の専門家であった訳ではなかったらしく、ブリンクリーに自らのコレクションの鑑定を依頼し、ブリンクリーの解説をそのままこの売立目録の各掲載品の説明として印刷している。よって、序文はブリンクリーの説明に基づくものと推測される。その要点を以下に記す。

1. 大政奉還直後の日本では、かつての大名たちが職を解かれて市井の人となり、それ以前に収集した壮麗な道具を「市場に放出」した。西洋人たちは、要望に従って日本人ががらくただけを手放すのではと想像したのだが、幕府の消滅に際して江戸の封建領主制度が崩壊すると、大名たちは家宝である美術品を無惨にも四散させてしまった。

2. ブリンクリーは、このような事変を最初に理解した人々の1人である。彼は西洋の陶磁コレクションにも精通した人物で、大日本帝国の官職についたことにより日本の藝術作品の最も優れた作例を収集することができ、現地の目利きのもとで日本の藝術を学んだ。そしてすぐに、外国人が「ありふれたもの」と思うほど日本では頻繁に出くわす磁器や陶器、軟質施釉陶器が、中国や朝鮮の陶磁器を重視する確かな趣味と見識をもったかつての持ち主達によって相当な金額で収集された品々であることを認識するに至る。しかしブリンクリーはこのような状況を一過性の「黄金の雨」のようなものと考えた。そして集めた陶磁器に関する著書"History of Japanese Keramics"を出版するという[25]。

3. ブリンクリーは、蜷川式胤の著書を通じて情報収集を行っていた。そして蜷川と長年にわたり親交関係を結び、多数の陶器および磁器の優品を蜷川から購入した。ブリンクリーのコレクションの大部分は幕府崩壊直後の5年間に購入したものである。その後、収集品のなかから質の低いやきものをより優れたやきものと交換したり、大金を投じて彼が望む洗練された作例を購入するなどしてコレクションの充実を図った。ブリンクリーのコレクションは江戸時代の大名道具の様子を伝える唯一の例である。これらはもはや、現在の日本では少量ですら入手することが不可能な品々である。

要約は以上である。最後の一文だけはこの序文を書いたエドワード・グレーの商売上の主張かもしれないものの、その他はブリンクリー自身の説明に基づくものと推測しうる具体性がある。

ブリンクリーが来日した1867（慶応3）年は大政奉還の年にあたる。恐らくブリンクリーのいう「幕府崩壊直後の5年間」とは、序文の言葉通りに解釈すれば、彼が来日した1867年頃から1872年頃までを言うのであろう。前掲の序文の要点第1件目は、当時日本に滞在した外国人の収集家の視点から把握された、明治期の日本の古美術市場の状況を把握する鍵となる重要な情報である。この5年間は、ブリンクリーが26歳で来日しているため、彼が26歳から31歳の間にあたる。

また、ブリンクリーが陶磁コレクションの多くを蜷川式胤から購入したという点については、ブリンクリーのコレクションの質の高さは、ブリンクリー自身の鑑識眼ではなく蜷川の見識に負うものである可能性があると同時に、明治期に入り蜷川が外国人に対し、没落した前代の富裕層の道具を販売していたことを示している。

第3項　フィリップ・ジッヒェルの手記

　ブリンクリーが見た日本と重なる光景は、1874年3月から9月末にかけて日本美術の仕入れのために日本を訪れたパリの美術商フィリップ・ジッヒェル (Philippe Sichel, 1839/40-1899) の覚書『日本での装飾品収集の覚書Notes d'un bibeloteur au Japon』にも見ることができる。この覚書には、彼が日本での美術品仕入れの旅を続けるあいだに古美術を多数購入した経緯が記され、「古い肥前のやきものold Hizen ware」と彼が呼ぶ古い肥前磁器を購入したことも言及されている。日本を離れ帰国の途に就いたジッヒェルは1874年10月、荷物とともにパリへ到着した。彼はジャンルを問わず日本の工藝品を中心に購入しており、日本から運送した購入品は5千点に及んだという[26]。このジッヒェルの覚書には、古い肥前磁器に関する記述も確認できた。以下にその例を挙げる。

　(1) 鹿児島で大型で魅力的な「伊万里の皿」を4ドルで買い、「古い肥前のやきもの」の壺一対をフランス語の手書き文字と交換した[27]。(2) 大阪では立派な倉庫や骨董屋を探し見つけたものとして、「古い肥前のやきもの」が数点ある。(3) 東京では「漆塗りの箱に納められた大変洗練された肥前のやきものの角瓶3点が、市場で25フランの値下げ価格で売られていた[28]。」

　これらは覚え書きのように雑駁であり、購入品すべてを記した網羅的な記録ではないため、購入した5千点のなかに肥前磁器がどれほど混じっていたかは不明である。この記録の末尾でジッヒェルは、ルイ14世 (1638-1715) の時代に日本の漆や磁器が輸出されたことに言及し、自分が本当に美しいと感じ、その優雅さを認める作品はすべて17世紀の作品だと思うと述べていることから、彼の旅の主目的は17世紀に製作された工藝品の買付けであったと推測される。

　また、ジッヒェルは「日本人は自国の美術品の値段を低く見積もるので、非常に安く購入できる。」と述べ、それとは逆に中国美術はブロンズ、玉 (翡翠)、磁器、絵画を問わずどれも高額であると述べている[29]。このように、同じ頃日本を訪れたジッヒェルの記述は、ブリンクリーが語らなかった価格についての情報を明らかにしていることが注目される。

　さらに、京都では、建仁寺、知恩院、本願寺、そして御所といった場所で、定期的に外国人を対象とした展示会が行われており、ジッヒェルが訪れていたことが記されていることも見逃せない[30]。この記述から、外国人を対象にした美術品を販売する機会は、遅くとも1870年代には整っていたことがみてとれる。

　売立目録の調査で実見した目録は、表紙の裏面などページ全面を使って英文で売立のタイトルや開催時期・場所などを掲載する目録が多く見受けられた。これは、売立の主催者にとって外国人が重要な顧客であったことの証といえるが、その兆候はすでに1870年代には表われ始めていたということになる。

第4項　山中商会による欧米への古美術としての肥前磁器輸出

A.　山中商会という美術専門商社

　山中商会とは、山中定次郎(1866-1936)が、代表を務めた美術商社である。山中商会は、1895年にニューヨークに店舗を設立、その後、ボストン、シカゴ、アトランティック・シティー(ニュージャージー州)、ニューポート(ロード・アイランド州)等の北米各地および1900年にはロンドンにも支店を構えてフランス、オランダ、スイスなどのコレクター、スウェーデン王室など欧米中に顧客をもち「世界の山中」と言われるほどの名声を博した[31]。山中定次郎は、英国王室御用達*Royal warrant*を贈られ、死後フランス政府からレジオン・ドヌール勲章を追贈されるほど、フランスでも高い評価を受けた大美術商であった。にもかかわらず[32]、山中商会は欧米での取引に重点を置いていたため第二次世界大戦で大打撃を被ることとなり、大戦を機に衰退し、歴史の大舞台から去ることとなった[33]。

　山中商会の前身は、定次郎の義理の叔父にあたる山中吉郎兵衛が文久年間(1861-1864)に大阪で創業した茶道具を商う山中吉郎兵衛商店である[34]。山中吉郎兵衛商店が肥前磁器の取引をリードする存在であったことは、後述の売立目録の調査結果において肥前磁器の掲載数が最多であったロビンソンの売立目録など、肥前磁器を専門的に扱った売立の記録からも明白であり[35]、海外輸出に力を注いだ山中商会の輸出品に肥前磁器が含まれていたことは、必然的ともいえよう。桑原住雄氏によると、山中商会の全財産の8割は海外にあったという。山中家では、定次郎が海外支店に拠点を置き海外貿易を担当し、吉郎兵衛は大阪で国内取引を行っていた。吉郎兵衛の店は外国人の間でも有名で、例えばフェノロサ(Ernest Francisco Fenollosa, 1853-1908)も山中吉郎兵衛の所で頻繁に古美術品を購入していた。さらに京都では、同じ一族の山中合名会社が外国人を相手に商売を行っている[36]。山中一族は、これらのネットワークを通じて、肥前磁器などの陶磁もふくめ、彼等が国内で取引した古美術を海外に輸出したのである。しかし、山中家の商法は大雑把な大口取引であったため取引の記録が乏しいといわれており[37]、肥前磁器の仕入先や販売先を確認するには至らなかった[38]。

B.　売立目録掲載のニューヨークとボストンでの山中商会の取引　―江戸期製作の肥前磁器―

　明治に輸出された江戸期の肥前磁器に関する史料は、後述の山中商会がニューヨークとボストンで開催した売立に関する目録3冊にも見ることができる。これらは、山中商会が開催した売立で扱った絵画、彫刻、漆、金工、六古窯の炻器や茶陶、京焼、薩摩焼など多様な陶磁器、中国の美術や工藝品からなる日本美術を主体とするコレクションが収録された英語版の目録である。

　ここではそこから、「古い」という記載があり、17～19世紀中頃までの年代が併記され、(古伊万里と訳した)*Old Imari*や*Old Nabeshima*と記された商品の記載を抽出し、和訳した内容を以下のような表形式にまとめて掲載する。なお、同目録には古九谷と明記された商品も豊富に掲載されていたが、紙面の都合上省略し、鍋島だけを比較のため共に収録した。それゆえ本リストは柿右衛門様式、金襴手様式の可能性がある*Old Imari*と呼ばれる肥前磁器と鍋島の項目を収録したリストとなる。

　なお、リスト中特に柿右衛門様式である可能性が高いと思われる所見は傍線で明記した。

『山中氏とその商会が所有する珍しい漆・絵画・版画・磁器の目録』

於アメリカン・アート・ギャラリー、売立主催トーマス E. キルビー、ニューヨーク、1896(明治29)年3月12、13日

"CATALOGUE OF RARE LACQUERS, PAINTINGS, PRINTS, PORCELAINS.....belong to MESSERS. YAMANAKA & CO.", at the American Art Galleries, Thomas E.Kirby, Auctioneer, New York, March 12,13, 1896

番号	器種(数量)	様式	意匠／寸法	年記(？)
232	花瓶	古伊万里 Old Imari	瓶形、染付による竜／高17 1/2 inch	文化、1804年
240	花瓶	古伊万里 Old Imari	卵形、赤・青・緑による風景と家／高11 inch	文政、1818年古伊万里 Old Imari
241	壺	古伊万里 Old Imari	元禄美人の像、優れた成形で、赤・青・金で彩色されている／高15 inch	宝永、1704年
254	鉢(一対)	古伊万里 Old Imari	珊瑚赤色の釉薬がかけられ、鯉が色絵で描かれている。染付の銘があり、彫刻された台を伴う。珍しい作例／高5 1/2 inch、口径5 inch	―
514	皿(20枚)	古い鍋島 Old Nabeshima	色絵で本の意匠／口径5 inch	―
516	飾り皿	古い鍋島 Old Nabeshima	上質な染付／菊／口径13 1/4 inch	1790年
517	飾り皿	古い鍋島 Old Nabeshima	濃い染付／牡丹／縁に透彫り／高6 inch、口径16 inch	―

(翻訳筆者)

『ニューヨーク・ボストン・大阪の山中商会により選定された磁器・ブロンズ・象牙・屏風・刺繍・七宝、篭その他の骨董の珍品を含む日本美術の貴重なコレクション』

於ディヴィス＆ハーベイ・ギャラリー、1899(明治32)年3月22日

"CATALOGUE OF AN IMPORTANT COLLECTION OF JAPANESE FINE ART OBJECTS.......selected by YAMANAKA & CO. of New York, Boston and Osaka, Japan", at Davis and Harvey's Galleries, March 22, 1899

番号	器種(数量)	様式	意匠／寸法	製作年代
158	大皿(6枚1組)	古伊万里 Old Imari	染付	―
159	皿	古伊万里 Old Imari	濃い赤絵の上に白と緑による果物／金彩の花柄／口径10 inch	―
255	飾り皿	古伊万里 Old Imari	染付による風景／口径17 inch	17世紀
308	皿(10枚1組)	古伊万里 Old Imari	金彩による鳥と雲の意匠／古い粉の青い地(old powder blue ground)に／口径8 1/4 inch	―
309	長皿	古伊万里 Old Imari	金彩と緑による鳳凰と丸紋／濃い赤の地に／口径10 1/4×13 1/4 inch	―
310	皿(10枚1組)	古伊万里 Old Imari	八角形、染付／サンザシ／口径9 inch	―
316	鉢	古伊万里 Old Imari	菊花形、一部に、深く豊かな絵具により形式化された美しい絵付けが施された優品／口径9 1/2、高4 1/2 inch	17世紀後半
321	大皿(10枚1組)	古伊万里 Old Imari	白磁に緑、赤と金による竹と菊／口径7 1/4 inch	18世紀
324	大皿(5枚1組)	古伊万里 Old Imari	白磁に赤による牡丹／口径7 1/4 inch	18世紀

(翻訳筆者)

『ボストン・ニューヨークの山中商会が運営し、公共の売立会で販売される近代美術および古美術の壮麗なるコレクション』

レオナール社、ボストン、1900（明治33）年11月22-24・26・28・30日、12月1日

"A MAGNIFICIENT COLLECTION OF MODERN AND ANTIQUE ART OBJECTS WILL BE SOLD AT PUBLIC AUCTION Under the Management of YAMANAKA & CO., Boston and New York", Leonard & Co., Boston, November 22 - December 1, 1900

番号	器種(数量)	様式	意匠／寸法	製作年代
30	瓶	古伊万里 Old Imari	栓を伴い瓜形、蔓が付き、肩に絵付けが施されている／高8 1/2 inch	1850年頃
82	大皿	古伊万里 Old Imari	見込みに藤と桜／扇の形／形式化した小枝の意匠の上に／口径13、高4 1/2 inch	1800年頃
83	大皿	古伊万里 Old Imari	美しい豊かな染付による形式化した花文様／縁には幾何学的な地文様／口径16 1/2、高4 inch	1750年頃
85	飾り皿	古伊万里 Old Imari	淡い染付による菊と鳥／幾何学的な縁文様／口径11 1/2 inch	—
233	沈香壺	古伊万里 Old Imari	八角形、豊かな色絵による鳥と花／縁には染付による唐草／肩と壺の腰に描かれた形式化した花の丸紋／壺の頸部は各面がそれぞれ異なる花の絵付けが施されている／古伊万里としては例のない優品／高19 inch	1700年頃
234	菊花形鉢	古伊万里 Old Imari	錦手による複雑な文様／底には菊の文様を金彩と白の上絵で盛り上げて施している／口径14、高5 inch	1750年頃
290	飾り皿	古伊万里 Old Imari	美しく金彩で描かれた鶴*[39]／丸紋のなかに／豊かな染付で描かれた渦巻／口径19 inch	—
291	鉢	古伊万里 Old Imari	緑で描かれた想像上の昔の賢人／魅力的な青磁釉の上に／口径11 1/2、高3 inch	—
293	大皿	古伊万里 Old Imari	染付の濃淡で描かれた鳳凰と桐／素晴らしく装飾的／口径13 1/2、高4 inch	—
365	壺	古伊万里 Old Imari	見込みに鶴*と松／豊かな染付による形式化した花文様／縁には赤絵による花文様／高12 1/2 inch	1750年頃
367	蓋付大皿	古伊万里 Old Imari	見込みに中国人物と菊／扇の形／裏面には染付による形式化した花文様／高8 inch	1760年頃
390	飾り皿	古伊万里 Old Imari	青の濃淡で描いた松の樹下で、少女と少年がワインの壺の傍で遊んでいる／縁には幾何学文様／口径18 inch	1750年頃
535	ティーポット	古伊万里 Old Imari	魅力的な染付による唐草文様／高5 inch	1800年頃
536	瓶(一対)	古伊万里 Old Imari	美しい色絵による鳥と花／染付で肩に形式化した文様／高8 inch	1800年頃
613	花瓶	古伊万里 Old Imari	瓢箪型、染付による美しい花の文様と中国人物／高10 1/2 inch	1700年頃
788	鉢	古伊万里 Old Imari	染付で丸紋中に描かれた動物／白磁に描かれた形式化した花／鉢の外面には古風な装飾／高3 1/2 inch	1700年頃
806	飾り皿	古伊万里 Old Imari	丁寧に描かれた竹林中の虎／外面には竹の装飾／口径18 inch	1720年頃
808	飾り皿	古伊万里 Old Imari	印象的な染付による葉文様／大変粋である／外面の絵付は古風な文様／口径18 inch	1700年頃
809	飾り皿	古伊万里 Old Imari	魅力的な意匠／上質な色絵／伊万里の飾り皿の逸品の1つ／底に"Gorodayu"という銘／口径18 inch	1670年頃
810	飾り皿	古伊万里 Old Imari	染付で敬意をこめて描かれた富と福の神である大黒と恵比寿／口径25 inch／本コレクション中最大の大皿	1650年頃
881	瓶	古伊万里 Old Imari	淡い染付による竹林の中の虎／部分的に彩色の欠損がある／高14 1/2 inch	—
882	瓶	古伊万里 Old Imari	赤で彩色された梅樹／肩に青い釉薬／高4 1/2 inch	1800年頃

（翻訳筆者）

1934（昭和9）年に、山中商会は『九谷　鍋島　柿右衛門　名品集』という木箱入りの豪華な大型図録を刊行し、全百点の「古九谷」・「鍋島」・「柿右衛門」の磁器をカラー版大型図版で掲載した[40]。この図録では、肥前磁器を「伊萬里」、「鍋島」、「九谷」の3種に分類しているが、ここでいう「伊萬里」は主に柿右衛門様式磁器が掲載されていることから、山中商会は、柿右衛門様式磁器を「伊萬里」に分類していたと考えられる[41]。

　したがって、ニューヨークとボストンの売立の目録に記された「古い」肥前磁器のなかには江戸期の柿右衛門様式磁器が含まれている可能性が高く、柿右衛門様式磁器を含む江戸期の肥前磁器は、明治時代に山中商会を通じてアメリカで不特定多数の顧客に売られていたと考えられるのである。また、目録に記されるような売立に供される作品よりも、後述のルーシー・T・オルドリッチ(Lucy T. Aldrich, 1869-1955)やチャールズ・ラング・フリーア(Charles Lang Freer, 1856-1919)をはじめとする特定の顧客に直接販売する取引の割合のほうが勝っていた可能性もある。残念ながら前掲の3冊の目録には肥前磁器の写真が掲載されていないため、輸出された柿右衛門様式の作品を具体的に特定することはできなかったが、この記録の存在により山中商会が明治期に江戸期製作の肥前磁器を多数輸出していたことは明らかである。

第5項　林忠正によるフランスへの古美術としての肥前磁器輸出

A．浮世絵の海外流出の副産物

　具体的に明記された「柿右衛門」という名称は、明治期に海外へ進出した美術商の第一人者として、山中定次郎と双璧をなし、同様に江戸期の肥前磁器を扱った実績をもつ林忠正[42]の所蔵品の売立の目録[43]にも発見することができた。林は、西洋での浮世絵の取引をリードした美術商であり、浮世絵の研究分野ではつとに知られた人物である。彼の取引は、浮世絵の海外への大量流出の因をなした。林が日本から輸出した江戸期の肥前磁器の総体量がどれほどのものか、把握することは出来ないものの、その取引の形跡は明瞭であり、あたかも浮世絵流出の副産物のように、古美術としての肥前磁器も移動していたのである。

　林忠正は、明治期に日本の古美術を安く大量に仕入れることで多額の利益を得て成功をおさめたが、パリから帰国する直前の明治末期には、すでに日本で古美術の価格が上がり、入手困難になったことから経営困難に陥り、借金をするほど窮地に立たされていたという[44]。そのような訳で、林はすでに採算が取れなくなったパリでの商売を畳んで日本へ帰国する決意を固め、パリの店を閉店するにあたり、在庫処分のための競売を行なった。

　この売立は1902年1月27日〜2月1日まで、印象派の画商デュラン・リュエルの画廊で行われた。競売吏はポール・ショヴァリエ、鑑定人はジークフリート・ビングである[45]。目録の序文はビングが記しているが、林が、売立直前に開催された1900年のパリ万国博覧会の準備に使命感をもって真剣に取り組んだことに触れている。

　林はパリ万国博覧会において日本側事務官長として古美術の展示を担当したが、列品リストには日本の華族や財界人が所有する数多くの江戸期の古美術が記され、陶磁器の欄に茶陶や京焼に交じり、肥前磁器も多く含まれていた[46]。

B．パリで行われた林忠正の競売の目録より、江戸期の肥前磁器の項目の抜粋

　以下は、この林忠正が日本に帰国する直前にパリで開いた競売の目録からの肥前磁器の解説の抜粋である。目録2冊は、いずれも林が所有した絵画、彫刻、漆、金工、根付、六古窯の炻器や茶陶・京焼・薩摩焼など多様な陶磁器、中国や朝鮮の美術や工藝品からなる日本美術を主体とする東洋美術の売立の記録である。ここではこれらの目録から、「古い」という記載があり、17世紀より19世紀中頃まで、つまり江戸期の年代が併記され、「有田磁器 *Porcelaines d'Arita*」または「鍋島磁器 *Porcelaines de Nabéshima*」と題された商品の記載のみを抽出し、リスト形式にまとめて掲載する。なお、同目録には古九谷とおぼしき商品も豊富に掲載されていたが省略し、鍋島は比較対照として収録した。従って、本リストは柿右衛門様式と金襴手様式から成ると推測される *Porcelaines d'Arita* と記された「有田磁器」と *Porcelaines de Nabéshima* と記された「鍋島磁器」を収録したリストである。

(1)『COLLECTION HAYASHI』 パリ 1902(明治35)年

「1900年のパリ万国博覧会事務官長を務めた林忠正が集成した日本、中国の美術品および絵画、書籍」1902年1月27日～2月1日開催、於パリのデュラン・リュエル氏のギャラリー、競売吏：ポール・ショヴァリエ、鑑定人：ジークフリート・ビング

COLLECTION HAYASHI, Paris, 1902

'*OBJETS D'ART du Japon et de la Chine PEINTURES, LIVRES RÉUNIS PAR T. HAYASHI ANCIEN COMMISSAIRE GÉNÉRAL DU JAPON A L'EXPOSITION UNIVERSELLE DE 1900*', Du lundi 27 janvier au samedi 1er fèvrier 1902 inclus DANS LES GALLERIES DE MM. DURAND-RUEL, Paris, Commissaire-Priseur : Me P. Chevallier, Expert: M.S. Bing

〈有田磁器の項 *Porcelaines d'Arita*〉

番号	器種(数量)	意匠／寸法	製作年代
474	鉢(2点)	小川の縁に菊の図様が青、緑、赤で彩色された丸型の鉢／口径16(cm)／**柿右衛門作 *Par Kakiyémon***	17世紀
475	香炉	黄みがかった緑色の釉薬をかけ、上下の縁に沿って突き出した小さな釘の縁取りのある太鼓形の香炉。雲中に1羽の鶴の飛翔する姿が透かし彫りで表されたブロンズ製の蓋で覆われている／高10(cm)	17世紀
476-1	鉢	牡丹と梅の文様を多彩色で表した不規則な形の鉢／口径0.27(cm)	17世紀
476-2	鉢	中央には内部に竜を描いた丸紋、その周りに内部に組合せ文様と牡丹の中央に人物を描いた多彩色の文様3つを表わした丸型の鉢／口径25(cm)	18世紀
477	瓶	赤で彩色をした裾部分に沿って小花を散らし、円く翼を広げた鶴の紋章を2つ描いた洋梨形の瓶／高34(cm)	18世紀
478	小皿	上絵の青・緑および赤彩と金彩を加えた絵付けにより、見込みに表した童子の図様を取り囲み、内部の縁に沿って花の縁文様を表した皿。**柿右衛門様式 *Genre Kakiyémon***／口径13(cm)	18世紀
479	皿	内側の縁の傾斜面に、赤絵と染付で帯状の飾りと菊を交互に描いた皿。もう一方の縁飾りはより幅が狭く、完全に赤色で、皿の縁の輪郭に沿って施されている／口径23(cm)	18世紀
480	香炉	薄い緑の青磁釉をかけ、小さな穴を透かし彫りにした金鍍金ブロンズの蓋を伴う球形の香炉／高6(cm)	18世紀
481	香炉	赤・青・金彩で描かれた花をつけた唐草文様を周囲を埋めるように表した三足で円筒状の香炉。銀細工による菊の形を象ったドーム型の蓋を伴う／高7(cm)	18世紀

〈鍋島磁器の項 *Porcelaines de Nabéshima*〉

番号	器種(数量)	意匠／寸法	製作年代
483	鉢(3点)	豊かに花・葉をつけた菊を象った楕円形の鉢。口縁に沿って緑・黄・赤で彩色した浮彫が施されている。見込み中央は染付で幾何学文様が描かれている／長16(cm)	18世紀
484	鉢	高い山々のある冬景を主に染付で表し、赤と緑の上絵をアクセントに加えた丸型の鉢／口径15(cm)	18世紀
485	瓶	波形の浮彫を施し青く彩色した器面に、水面に浮かぶ姿と飛翔する姿の鶴を、貼付けた白い浮彫で表した卵形の瓶／高16(cm)	18世紀

(翻訳筆者)

(2)『COLLECTION HAYASHI』 パリ 1903(明治36)年

「1900年のパリ万国博覧会事務官長を務めた林忠正が集成した日本、中国の美術品および絵画、書籍 第2回目」1903年2月16日〜2月21日開催、於オテル・ドゥルオ(パリ)、競売吏：ポール・ショヴァリエ、鑑定人：ジークフリート・ビング

COLLECTION HAYASHI, Paris, 1903
OBJETS D'ART du Japon et de la Chine PEINTURES, LIVRES RÉUNIS PAR T. HAYASHI ANCIEN COMMISSAIRE GÉNÉRAL DU JAPON A L'EXPOSITION UNIVERSELLE DE 1900, DEUXIÈME PARTIE, 16 fèvrier au samedi 21 fèvrier 1903 inclus A l' HOTEL DROUOT, Commissaire-Priseur : Me P. Chevallier, Expert: M.S. Bing

〈有田磁器の項 *Porcelaines d'Arita*〉

番号	器種(数量)	意匠／寸法	製作年代
522	六角瓶	鶴首の六角瓶。絵付は**柿右衛門様式** *style Kakiyémon*で、染付と赤、緑、金の上絵により、花をつけた梅樹の間に鶴＊を表している／高27(cm)	17世紀
523	角瓶	細い頭をもち肩の部分が膨らんだ角瓶。各面に竹の下に佇む人物を染付と赤と金の色絵で表した角瓶／高21(cm)	17世紀
524	八角瓶	筒状の長い頸をともない、金彩および多彩色で花文様を表した八角瓶／高22(cm)	17世紀
525	角錐形の角瓶	多彩色の上絵で描き金彩を施した花文様を各面に描いた角錐形の角瓶／高19(cm)	17世紀
526	水注	鳥文様を内部に描いた3つの窓絵、その上部には牡丹と怪獣を染付、赤と金彩で表した渦巻形の形状をした大ぶりの水注／高31(cm)	17世紀
527	小皿	器側面の内外に繊細で多彩な色合いで青、赤、金の色絵による花文様で装飾した円形の小皿／口縁22.5(cm)	17世紀
528	小箱	赤絵と金彩で描いた2本の薊の花と花樹を配した縁飾りを交互に配した八角形の小箱	17世紀
529	花入れ	殺戮者の鍾馗をモデルにした人物像の浮彫を貼付けた花入れ。文様は銹絵がかった染付で表している／高17(cm)	17世紀
530	水注	豊かに膨らんだ大ぶりの水注。白磁に染付で松、竹、桜の花文様(松竹梅か)で装飾している／高71(cm)	18世紀
531	鉢	牡丹の中央に鳥と怪獣の文様を、多彩色の色絵と金彩で表した輪花形の鉢。底面には、染付で「富貴長春」と記されている	18世紀
532	ティーポット	ゆるやかに円錐形を象ったティーポットで、鶴の飛翔と花文様を上絵により表している／高15(cm)	18世紀
533	ティーポット	小花散らしの文様を赤絵と金彩で表した、小ぶりで巾着型のティーポット／高9(cm)	18世紀

(翻訳筆者)

　表に示したように、林忠正の店のコレクションにも多数の江戸期の肥前磁器が含まれていた。明治期に日本で流通した作品をパリまで運んでいるらしく、「有田磁器」と鍋島が豊富にあり、日本の実用に根ざした皿・鉢・瓶といった食器が目立つ。

　林の売立の記録にある「柿右衛門作」や「柿右衛門様式」と明記された作品3点は、筆者が見た売立目録のなかでは、「柿右衛門」と明記のある最初期の例で、しかも「柿右衛門様式」という用語については、管見の限り文献上初出である。

　これらは、林忠正が扱っていたほかの多数の美術品や陶磁器とともに日本で仕入れたと考えるのが妥当であろう。これらの柿右衛門様式関連作品の説明文にある「小川の縁に菊の図様が青、緑、赤で彩色された丸型の鉢」、「上絵の青・緑および赤彩と金彩を加えた絵付けにより、見込みに表した童子の図様を取り囲み、内部の縁に沿って花の縁文様を表した皿」、「鶴首の六角瓶。染付と赤、緑、金の上絵により、花をつけた梅樹の間に鶴を表している」という特徴は、どれも日本の実用に根ざした形の道具と位置づけられる形状を指しており、大正以降の国内所在品である売立目録掲載の図版とも共通性がある。

挿図3-6
大正7(1918)年4月22日開催
『故林忠正氏遺愛品某家所蔵品入札』
柿右衛門菊形鉢〈図版95〉

挿図3-7
大正7(1918)年4月22日開催
『故林忠正氏遺愛品某家所蔵品入札』
柿右衛門花卉鉢〈図版201〉

C. 大正期の売立で売却された林忠正の遺品の肥前磁器

　以下に、林忠正の所蔵品売立に関する大正期の売立目録2冊を取りあげる。これらは、売立会の名称に売主が2件並列されていることから売主を断定することができないながらも、林がかつて所有した柿右衛門様式磁器コレクションを予測するための手がかりとなる。

　林忠正は、1905（明治38）年にパリの店を畳んで帰国した翌年の1906年4月に、早くも病のため世を去った。彼は帰国後も商売を続ける計画であったため、日本にも商売のために膨大な数のコレクションを残しており、それらは彼の死後、遺族の所有となった。しかし、遺族はコレクションの売却を繰り返し、売立入札会でも競られたという[47]。以下に林家の売立に関する記録より柿右衛門様式磁器の項目を抜粋する。

- 『故林忠正氏遺愛品某家所蔵品入札』　1918年4月22日開催
　　柿右衛門菊形鉢〈挿図3-6〈図版95〉〉
　　柿右衛門花卉鉢〈挿図3-7〈図版201〉〉
- 『故清野長太郎氏遺愛品林忠雄氏所蔵品入札』　1927年3月7日開催
　　柿右衛門輪花形平鉢〈図版118〉

　上記の2回の売立は、前述の通り個々の売主の品を区別することができない。だが、目録に写真が掲載された3点（内2点は挿図3-6、3-7）はいずれも希少価値の高い型打ち成形の優品の鉢であることが写真からわかる。挿図3-6は輪花鉢であり、また挿図3-7は柿右衛門家の土型の存在が確認されている鉢である[48]。これらが林忠正のコレクションであるとすれば、林のパリの店では濁手素地で型打ち成形により作られた質の高い柿右衛門様式磁器を扱っていた可能性が高いと考えられる。

第3章第1節　結語

　ブリンクリー・コレクションの事例およびアメリカにおけるブリンクリー・コレクションの売立の記録にあるように、明治初期において、すでにブリンクリーは、「乳白色の釉 *milk-white glaze*」という釉の名称をはじめとする柿右衛門様式磁器の美的特質をとらえる重要な柿右衛門観を唱えていた。にもかかわらず、その後我が国において柿右衛門様式磁器の表現の特質が認識され、その美意識が発見され価値が高められてゆく大正以降まで、長年にわたりその特質は注目されることなく今に至ってきたことを、様々な売立目録の記録や文献資料から認識するに至った。

　ブリンクリー・コレクションのうち、岩崎彌之助によって購入されたもの以外は、ほかの古美術と共に我が国を離れてアメリカへ渡り競売に付され分散してしまう。しかしながら、日本に残されたブリンクリー・コレクションは、三菱の岩崎家により継承されたことによって、明治期より今日までの長きにわたり我が国に守り伝えられてきた。すなわち、本コレクションは、ブリンクリーという明治初期の所有者まで伝来を遡ることができ、加えてブリンクリーが著した文章によって、それが主として大名たちの道具であったという背景まで知ることができるという明確な来歴を持つ歴史的コレクションだと言うことができる。静嘉堂文庫美術館が今日所蔵するブリンクリー旧蔵品の柿右衛門様式磁器は、大名道具として用いられた国内伝世品としての柿右衛門様式磁器の存

在を明示し、そのタイプを特定するための一種の規範として重要なコレクションである。

　本章第2節において後述するように、彩壺会の出版物や売立目録といった文献資料から、具体的に柿右衛門様式磁器に対する評価やまとまった量の取引が確認できるのは大正期以降のことである。だが、ブリンクリー・コレクションおよびその他の美術商の活動に関する明治期の史料を辿ると、大正期に至る以前に、ブリンクリーや、ジッヒェル、林忠正や山中商会という、開国されたばかりの日本の新しい幕開けの時代に活動した国際人たちが、江戸期を通じて武家社会に伝えられた肥前磁器を積極的に購入し、輸出していたという史実が理解された。こうした購買者たちの動向が、明治期における柿右衛門様式磁器をはじめとする肥前磁器の大規模な所有移転の大きな原動力になっていたのではないだろうか。そして彼らの購入の主要な期間は、ブリンクリーの記録および林忠正の活動の繁栄期に立脚すれば、恐らく江戸幕府崩壊以降明治中頃までのあいだであり、またその当時かなり安価に取引きされていたものと推測される。

註

1　筆者は、九州産業大学柿右衛門様式陶藝研究センター21世紀COEプロジェクトの担当者として国内発行の売立目録に掲載された肥前磁器に関する調査に携わった。調査で得られた売立目録掲載肥前磁器の画像とその資料データは、すべて以下の報告書『柿右衛門様式研究―肥前磁器売立目録と出土資料―』(売立目録研究委員会2008)に掲載されているため参照されたい。このテーマは本書第3章第2節でも扱う。
2　内閣文庫1970　上巻 pp. 53-61、601-609、下巻 pp. 1100-1107
3　山脇1988a　p. 398
4　櫻庭2008b　p. 468、本書第3章第2節第4項　p. 310
5　長谷川1997　pp. 11-17
6　昭和23年度の小学生用　国語の教科書『こくご 一』(文部省1947参照)。十四代今泉今右衛門氏より本資料を御教示いただき、実物も拝見させていただいた。
7　長谷川2008　pp. 18-19
8　長谷川2006　p. 128
9　コナント1995　p. 127
10　長谷川2006　p. 129
11　平成18(2006)年度に、九州産業大学柿右衛門様式陶藝研究センター21世紀COEプロジェクトの課題として静嘉堂が所蔵する肥前磁器を調査させていただいた。静嘉堂文庫美術館長谷川祥子氏のご協力を得た。
12　メノー・フィッキー氏の御教示を受けた。
13　Boltz 1980, pp. 3-101　(邦書では以下の書に関連情報が掲載されている。前田／櫻庭2006　pp. 124-126。
14　長谷川2008　p. 18
15　本稿の「図版」の番号はすべて前述の『柿右衛門様式研究―肥前磁器売立目録と出土資料―』(売立目録研究委員会2008)の図版番号とする。
16　Pietsch 1996a, p. 84
17　櫻庭2007　p. 278-279、本書第1章1節第4項　p. 55
18　本図版番号「図版300」を含め、本稿の以降にも連続して記載している「図版」は、前掲註1書『柿右衛門様式研究―肥前磁器売立目録と出土資料―』に掲載された売立目録所収の写真をまとめた23～253ページに掲載した図版の番号である。
19　三笠景子氏の御教示を受けた。
20　国立西洋美術館1988　p. 62
21　西田1977　p. 46
22　静嘉堂文庫美術館2008　p. 40-48
23　作品①～⑥は、図録(静嘉堂文庫美術館 2008)に写真掲載されている。作品⑦および⑧は、同図録には掲載されていないが、2006年度の調査時に内容を把握することのできた作品である。このほか、調査では実見していないが、静嘉堂文庫美術館は「色絵桐鳳凰文大徳利」という重要文化財も所有している。
24　Brinkley 1885
25　ブリンクリーによる"History of Japanese Keramics"という文献の所在について情報を収集したが、確認することができなかった。発行されなかったのではないかと推測している。
26　フィリップ・ジッヒェルはフランクフルトに生まれパリで活躍した美術商である。ジッヒェル家は16世紀から続くフランクフルト在住のユダヤ系美術商一族で、ロスチャイルド家にも繋がる家系である。一家がパリに移った年代は不明であるが、店の記録から1872年以降と推測される。フィリップの父親の姪アウグスタはジークフリート・ビングの甥アルフレッドと婚姻しているため、ジッヒェル家はビング家と遠戚関係にある。ジッヒェル家の商売の詳細については記録が乏しいが、ジッヒェル家は日本美術だけでなく中国美術も扱い、中国美術により力を入れていた。ジッヒェル家は、1880年代初頭までパリの東洋美術の専門商のうち最も有力な美術商の1つであったと推測される。しかしジッヒェル一族は、1880年代後半以降林忠正(1853-1906)とジークフリート・ビングがパリの日本美術界における主要勢力になった頃衰退した(Put 2000, pp. 33-36参照)。
27　Put 2000, p. 48
28　Ibid., p. 68
29　Ibid., p. 55
30　Ibid., p. 57；Black 1968, pp. 354-56, 406
31　桑原1967　p. 153；朽木2011　pp. 28-31　山中商会の活動全体については、朽木氏の近著(朽木2011)に詳しく述べられている。
32　山中定次郎翁伝編纂会1939
33　朽木2011　p. 32
34　東京美術倶楽部2006　p. 224、朽木2011　p. 42
35　櫻庭2008b　p. 466-467
36　朽木2011　p. 39
37　桑原1967　p. 159
38　山中商会に関する研究を発表された朽木氏が、アメリカ国立公文書館カレッジパーク新館に保管される山中商会の関連資料をはじめ、筆者が着手していない史料を調査され、詳細で具体

的なデータに基づく研究をまとめられていることを、本稿を脱稿した後に知った（朽木2011）。彼女が挙げた在外史料のなかに肥前磁器の取引に関する情報が含まれている可能性は期待できるだろう。その確認は、今後の課題としたい。

39　この「鶴」という語の原語は「コウノトリ（英：*stork*、仏：*cigogne*）」であり、その意訳である。当時欧米の人々は日本の美術品に描かれた鶴を「コウノトリ」と呼んでいた。オールコックが、その著書『大君の都 The Capital of the Tycoon』（Alcock 1863, pp. 271-273）の中で2種類の日本の鶴の版画を挿図として掲載し、それらを*stork*と称し説明していることからも、コウノトリが鶴を意味していることがわかる。また、日本の伝統工藝意匠にコウノトリは一般的ではないためこの語を「鶴」と訳し、「＊」を併記した。

40　山中定次郎1934

41　本書第3章第2節第4項D, pp. 310-311を参照。

42　林忠正（1853-1906）は、海外で活躍した著名な日本人の画商である。1878年パリ万国博覧会に通訳として渡仏し、以後画商若井兼三郎の下で共同経営者となり、その後は独立して店を構え1905年までパリに滞在した。1884年頃以降は、パリのみならず西洋各地の愛好家たちに広く日本美術品を商い、ジャポニスムの伝播にとって欠くことのできぬ人物となった。今日林は浮世絵の画商として殊に有名であるが、林の店の主要な商品は、陶器、漆器、銅製品、根付などの工藝品であったという（木々2003　pp. 1-14　参照）

43　Bing 1902

44　Ibid.

45　林忠正の遺品売立の内容は、以下の目録に記されている（Bing 1902）。関連する以下の論文も参照した（木々2000　pp. 103-105）。

46　農商務省1902

47　木々1987　pp. 265-266, 286-287

48　九州陶磁文化館1999　p. 126

第2節　売立目録研究と文献史料からみる　大正〜昭和初期の肥前磁器流通

第1項　売立目録とその先行研究

　本節では、売立目録の調査結果に基づいて大正以降に取り引きされた江戸期製作の肥前磁器の流通史を課題とする。柿右衛門様式磁器研究を中心に論じてゆくが、古九谷様式や鍋島、金襴手様式など、ほかの様式の肥前磁器との関連性もふまえ、江戸遺跡の出土資料研究の成果や美術商の活動に関する文献を援用して考察する方法をとった。

A.　売立目録とは

　売立目録という文献史料は、日本絵画史研究において、すでに定着した史料のジャンルであり、先行研究が豊富に存在する。しかし、陶磁史の分野では、一部の機関が所蔵する売立目録に関する小規模な調査に基づく研究はあるが、悉皆的な調査が行われた例はない。そのため、ここではまず初めに売立目録の簡単な概略を述べ、次に美術市場史と、書誌、絵画史の分野における売立目録の研究史について述べることにしたい。

　売立目録とは、古美術を商う美術商が競売、すなわち売立のための「入札会」という販売会で販売される商品を掲載した冊子である。これは、入札に先立ち、商品を購入希望者に見せる「展観」という催しを開く際に作成し配布される。売立目録には図版が掲載されたものが多いが、文字による商品明細だけを掲載した目録もある。このほか図版掲載のページと文字のみの目録のページに分けて、図版のない作品リストを併載する目録もあり、記載方法は様々である。掲載される作品としては、絵画、書、漆、陶磁、金工、武具、装束、能面など、古美術として取引される商品すべてが対象となる。取引は、展観の後日入札によって行われる。すなわち、商号又は家名、品番と金額を記した入札紙を「投入箱」に入れ、その後落札者を決定するという方法である[1]。

　すでに発表された売立目録を総覧的に調査した大規模な研究は、以下に述べる3通りの方法に大別することができる。売立と取引に関する研究、売立目録の書誌の研究、日本絵画史に関する研究、である。その代表的な研究事例を以下に挙げる。

B.　売立と取引に関する研究

　売立そのものとその取引を対象とした研究のうち、とりわけ規模の大きな研究は以下の2冊の文献に収録されている。そのうち先行研究としては、瀬木慎一編『東京美術市場史』（株式会社東京美術倶楽部発行　1979年）が挙げられる。さらにそれをふまえた上で資料性を高め、売立や美術市場に関する研究論文を共に掲載した文献が『美術商の百年─東京美術倶楽部百年史』[2]である。両者ともに売立の入札会を開催した東京美術倶楽部による発行物であり、東京美術倶楽部の社史的性格をもつ。『東京美術市場史』は東京美術倶楽部の創立70周年を記念して、一方『美術商の百年─東京美術倶楽部百年史』は創業100年の記念行事の一環として刊行されたものであり、後者は、近代以降の古美術市場史の研究資料がより充実している。これらには肥前磁器そのものを対象と

する近代以降の史料研究は掲載されていないが、それを知る手がかりを得ることができる。本研究では、『美術商の百年―東京美術倶楽部百年史』を頻繁に引用しており、とりわけ本書掲載の「売立目録掲載の肥前磁器　一覧」中の売立参考価格や売主の項目に際して同書を引用した。同書は①歴史編・②記録編・③便覧編の3部から成る。以下にその内容を概略する。

①歴史編：学術的な論文を中心とするもので、美術市場の動向や代表的な売立、取引に関わった収集家や美術商たちに関する本格的な歴史研究論文が掲載されている（岡佳子「寛永文化のなかの唐物屋―美術商の起源をめぐって」、佐藤道信「『日本美術』の市場形成」、小田部雄次「東京美術倶楽部結成と美術市場」「大売立の時代」、北村由雄「戦後の東京美術倶楽部」）。

②記録編：主要部分は、東京、大坂、京都、名古屋、金澤の美術倶楽部で行われた「入札売立史」で、つまり、入札売立の詳細を時系列順にまとめた記録集である。この記録集は、個々の入札会の年月日、売立名称、売立の主催者名（これには札元、会主、紹介、市元、元方など複数の名称がある）、取引商品名称とその落札価格などが記載された544ページにおよぶ膨大で充実したリストで、東京美術倶楽部は明治36(1903)年〜昭和20(1945)年、大坂美術倶楽部は明治36年〜昭和18(1943)年、京都美術倶楽部は明治42(1909)年〜昭和18年、名古屋美術倶楽部は明治36年〜昭和18年、金澤美術倶楽部は明治44(1911)年〜昭和16(1941)年までの記録を収録している。

③便覧編：主として、17世紀の唐物屋に始まり、近年までの東京美術倶楽部や日本美術史全般を対象とする153ページにおよぶ「東京美術倶楽部百年史年表」と題した歴史年表と、現在店を構える美術商の略歴集からなる。

C.　売立目録の書誌の研究

売立目録の書誌に関する代表的な研究は、全国にある売立目録を調査してデータベース化し、売立目録の詳細を記録した都守淳夫氏による『売立目録の書誌と全国所在一覧』（勉誠出版　2001年）である。都守氏の本業は霊長類行動学研究者および動物心理学者であり、氏は売立目録に掲載されたすべての「猿猴捉月図」を悉皆的に調査している。都守氏は、この調査のために閲覧可能な国内すべての研究機関や図書館所蔵の目録を調査し、売立目録が多くの機関に分散して保管されている状況を把握した。都守氏が所在確認した目録の所蔵先は全国86カ所にのぼり、調査目録総数は延べ22,490冊である。さらにそこから重複する同一の冊数を除くと、全国に所在が確認された売立目録の総数が4,335冊であることが判明した。

都守氏は、未発見の売立目録もあると考え、実際には5千冊以上あるだろうと推定しているが、現在まで都守氏が確認した目録数を越える内容のリストはなく、この『売立目録の書誌と全国所在一覧』は、売立目録を参照する多くの研究者にとって基本台帳のような機能を担っている。そのため、本研究でも、調査にあたって都守氏のリストの管理番号を活用した。

今回調査した売立目録合計2,469冊には出光美術館所蔵の目録488冊が含まれるが、出光美術館の売立目録は都守氏は未調査であるため、氏による所蔵機関リストには記載されていない。

D.　日本絵画史に関する研究

日本絵画史の研究において、売立目録の活用は極めて盛んである。掲載された作品の画像を手がかりにして過去の所有者を特定するために、売立目録を典拠とする作品研究を目的とした論文

や解説は近年極めて多く、学術誌における掲載も極めて盛んである。所有者を確認するために売立目録を引用することは、絵画史においてすでに定着している。

こうした絵画史における売立目録研究定着の背景には、代表的な売立目録研究の2例がある。その最初の例は、『日本屏風絵集成／別巻　屏風絵大鑑』(武田恒夫・瀧尾貴美子・南谷敬著　講談社　1981年)である。同書は、明治43(1910)年より昭和18(1943)年までの諸家『古美術入札売立目録』の中にみる屏風絵の作品を単色図版で資料掲載した大型図録一冊からなる。公益財団法人阪急文化財団池田文庫に所蔵された目録だけを対象にしており、目録に掲載された作品の情報を年次順にすべて掲載し、重要な作品は図版を掲載している。特定の画派に限定せず、広く屏風絵を対象としている。

その後2000年には、『古画総覧　円山四条派系』(佐々木丞平・佐々木正子編著　国書刊行会)が発行された。分厚い大型図録本で全6巻におよび、30年間かけて行った国内外の現存作品の調査と、20年間をかけて行った売立目録の調査の成果をまとめた大規模な資料集成である。その掲載作品は明治42(1909)年から昭和18(1943)年までに発行された売立目録に掲載された図版であり、円山応挙をはじめとする円山四条派の多数の絵師たちの作品を分類して総覧できる構成となっている。この続編も、2006年に『古画総覧　文人画系』(1巻　佐々木丞平・佐々木正子編著　国書刊行会)として発行された。

近世日本絵画史における売立目録研究は、上述のような売立目録の大規模な調査に基づく先行研究によりすでに開拓され学術書として普及し、盛んに活用されている。

第2項　売立目録掲載肥前磁器の調査

本論に入る前に、本考察の土台を成す売立目録の調査[3]について概略をまとめ、本稿に関わる調査の要点を簡単に概観しておきたい。

調査対象は、明治末期より昭和30年代までに発行された売立目録約4千冊とした。前述の都守氏の研究によって全国に所在が確認された売立目録の総数は4,335冊であるため、昭和30年代までの目録4千冊は現存目録の9割を占めることになる。このなかで、調査が完了したのは、独立行政法人国立文化財機構東京文化財研究所、出光美術館、西尾市岩瀬文庫が所蔵する売立目録合計2,469冊である。

本研究が調査対象とした目録の内、その作成された時期が、大正年間(1912〜1926年)のものが2007件で全体の64パーセント(パーセント表示は小数点以下四捨五入。以下同様)、第二次世界大戦の勃発以前(1912〜1939年)までが2,959件で95パーセントを占めている。そのため、本書掲載の売立目録の内容は、ほぼ第二次世界大戦以前の状況を反映したものと言える。

資料を検討精査した結果、大正元(1912)年より昭和38(1963)年までの売立目録674冊中に3,120件[4]の肥前磁器の画像の所在を確認し、記録化した[5]。

画像を適正に記録し、研究資料として使用可能な精度を確立するためには、画像作品の分類・判定・編年に関し、正確な判断が不可欠である。そのため大橋康二氏に協力いただき氏の方針に基づいて各作品の様式、製作年代などの情報の記録を行った。

つぎに、本研究の調査研究結果をすでにまとめて刊行した報告書に掲載した肥前磁器全体の概要を述べる[6]。資料数が多いため、はじめに資料全件を以下のA、B、Cの3種類の方法で統計化し、

その内訳に基づいて全体像を把握していく。

今回収集した資料のなかには、国内の美術館が所蔵する肥前磁器の代表的な作例と一致する写真が、数多く発見された。ただしその一方で、本研究が基づく売立目録の資料には、写真判定で贋作と判断できる資料があり、それらを除外した上で抽出・集計を行った。しかし、写真が古く小さいため、精巧な贋作の判定には限界があり、調査結果として刊行した報告書に収録された作品は、近代の写しものを含む可能性を排除することができない。資料の性格上、本研究の目的は、江戸期の製品の厳密な抽出ではないことを前提としてご理解いただきたい。本来、現実に流通する肥前磁器は、常に真贋問題と表裏一体にあり、古美術を扱う以上は、真贋判断は恒久的な懸案課題である。したがって、多くの流通史料を概観し、実作品と比較することは、現実に流通する古美術品の実態を正確に理解するためには欠かせない、重要なステップになるはずである。そのために、この史料の限界は重々知りながら、売立目録を使用することとし、活用できる文献史料をふやすことにより将来の研究に資することができればと考える。

さて以下に、全体の特徴を把握するために作成した表を列する。しかし、上述のような複雑な問題を内包した資料であることに留意し、1つの目安として考えていただきたい。

A. 様式別件数構成

表1は、調査資料全体3,120件を様式ごとに分類した資料件数とその割合を示したものである。

表1 売立目録掲載 肥前磁器全体の様式別件数と割合

様式名称	件数	割合
元禄様式	1,060	34%
正保様式（古九谷様式）	528	17%
鍋島	386	12%
延宝様式（柿右衛門様式）	329	11%
其の他	280	9%
宝暦様式	175	6%
其の他（柿右衛門関連）	85	3%
寛文様式	84	3%
其の他（鍋島関連）	54	2%
延宝様式（柿右衛門関連）	40	1%
其の他（古九谷関連）	35	1%
天明様式	21	1%
延宝様式	17	1%
正保様式	11	0%
寛永様式（初期伊万里）	7	0%
文政様式	7	0%
元禄様式（柿右衛門関連）	1	0%
合計	3,120	

（注）割合は小数点以下四捨五入

資料全体のなかで、大きな割合を占める主要な様式は、①「元禄様式（金襴手様式が主）」が1,060件―34パーセントともっとも多く、次いで②「正保様式（古九谷様式）」528件―17パーセント、③「鍋島」386件―12パーセント、④「延宝様式（柿右衛門様式）」329件―11パーセント、⑤近代以降の作品を意味する「其の他」280件―9パーセントである。

ここで注目したい点は、従来は海外輸出向けだと説明されてきた柿右衛門様式磁器が、鍋島と全く同率の12パーセントであることが確認できた点である。報告書では、17世紀後半に製作された柿右衛門磁器は、色絵と染付に分けることとし、色絵は「延宝様式（柿右衛門様式）」、染付は「延宝様式（柿右衛門関連）」と分類してある。前者が11パーセントに対し後者は1パーセントであるので、両者を合算すれば369件つまり12パーセントにもなる。

B. 肥前磁器の売立件数の多い売主

　表2は、肥前磁器の売立件数が多い売主のリストである。これらは、1つの家や個人の所有物のみで構成される売主の場合に限定し、肥前磁器の件数が多い順に配列した。

表2　売立目録掲載　肥前磁器の売立件数の多い売主

順位	売立目録 No.	売主	入札年	件数
1	1657, 1730, 1788, 1861	ウィリアム・ジョン・ロビンソン（計4回）	1924-1926（大正13-15）年	627
2	0447, 2034, 2050	子爵　高橋家[7]（計3回）	1917（大正6）年、1928（昭和3）年	87
3	0198, 0393, 1592, 1602	男爵　横山家[8]（計4回）	1923、1924、1925（大正12、13、14）年	37
4	1551	早川家	1923（大正12）年	32
4	2055	中田家	1928（昭和3）年	32
6	1648	和田豊治[9]	1924（大正13）年	31
7	1190	高橋捨六	1919（大正8）年	29
7	1881	倉知家[10]	1926（大正15）年	29
9	0608	和田維四郎[11]	1922（大正11）年	28
10	3250	山中定次郎[12]	1937（昭和12）年	23
11	0933	東京市木下家[13]	1917（大正6）年	20
11	2046, 2051	元公爵　松方家[14]（計2回）	1928（昭和3）年	20
13	2385	高岡市大坪家	1926（大正15）年	16
13	2118, 3114	男爵　川崎家[15]（計2回）	1928、1936（昭和3、11）年	16
15	0004	松風閣（原富太郎氏）	1940（昭和15）年[16]	15

　調査の結果、英国人の収集家であるウィリアム・ジョン・ロビンソンの所蔵品売立が4回催され、4冊の目録に掲載された資料件数は627件もあり、ロビンソンのコレクション量が突出していることがわかった。627件という数字は、目録全体3,120件の20パーセントを1人の所有者の所蔵品が占めることを意味する。ロビンソンのコレクション内容の重要性は極めて高い。

　次に肥前磁器の売立件数の多い売主は子爵高橋家であるが、資料件数は87件であるので、ロビンソンとの隔たりはかなり大きい。これらは高橋是清の代、すなわち近代に収集された資料であると考えられる。表2に挙げた売主は、相対的に言って近代の収集家が多く、江戸期からの世襲の財産であることが推測できるのは、加賀金澤藩元家老の横山家のみである。これに対して、売立時の売主の家の当主である、高橋是清、和田豊治、倉知誠夫、和田維四郎、山中定次郎、木下新三郎、松

方正義らは、いずれも大政奉還による社会構造の転換以降に台頭した資産家たちである。

　この結果は、調査前の筆者の予測に反するものであった。調査前に筆者は、江戸期に大名や公家たちが世襲財産として所持していた肥前磁器が売立によって流出したことを売立目録で確認できると期待していた。しかし結局、売立目録の調査結果は大名の財産流出を直接証明する内容にはなっていない。その理由には多くの要因が考えられるが、(1)目録の題名が「某家」や「某子爵」として実名を公表しない場合や、単独の売主の売立よりも複数の所有者の所蔵品を合わせた売立の方が多いため、大名や公家の売立の状況を把握することができなかったこと、(2)肥前磁器の場合は明治期の売立の記録がないため明治期の状況が不詳であるが、大正以降の売立目録掲載品は、明治期に所有が移転した後の状況を示している可能性があること、(3)売立以外の方法で販売された可能性、売立目録が存在しない明治期に多くが海外流出したか、永続的所蔵が可能な所蔵家の手に入り所蔵が安定したため売立目録に登場しなくなったという、多様な可能性が推測される。

表3　売立目録掲載
柿右衛門様式色絵磁器
主要器種別内訳　件数と割合

器種	件数	割合
多角鉢	65	20%
輪花鉢	44	14%
輪花皿	41	12%
鉢	34	10%
皿	31	9%
変形皿	14	4%
香炉	14	4%
多角小鉢	9	3%
置物	8	2%
多角皿	7	2%
透鉢	7	2%
小鉢	7	2%
長皿	7	2%
其の他	7	2%
角小鉢	6	2%
大皿	4	1%
瓶	4	1%
蓋物	4	1%
壺	2	1%
小皿	1	0%
碗	1	0%
銚子	1	0%
水注	1	0%

（注）割合は小数点以下四捨五入

C. 売立目録掲載の柿右衛門様式磁器

　売立目録に掲載された柿右衛門様式磁器は総数369件である。そして彩壺会が『柿右衛門と色鍋島』を出版する1916(大正5)年の前年までに掲載された柿右衛門様式磁器は、1913年：1件、1914年：3件とわずかであったのに対し、1916年以降は1916年：11件、1917年：22件、1918年：13件、1919年：16件……と柿右衛門様式磁器の掲載数が劇的に増加している。掲載数がピークとなる1924年の43件、1925年の79件という値はロビンソンの売立の影響である。さらに、約92パーセントを占める338件が第二次世界大戦以前、約60パーセントを占める223件が1916年から1926(大正15)年までの10年間、つまり大正年間の目録に掲載されていたことがわかった(図表)。

図表　売立目録掲載　柿右衛門様式器掲載件数の推移

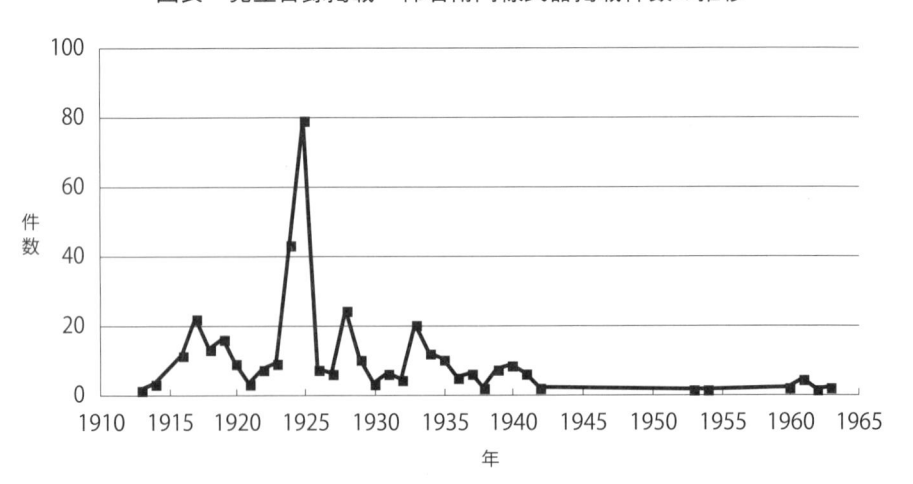

次に、伝世品の器種別構成を見てゆこう。上記の表3は、売立目録に掲載された「延宝様式(柿右衛門様式)」の色絵磁器のみを器種別に分類し、まとめたものである。皿と鉢の類だけで約86パーセントにもなる。

鉢の内訳は、八角鉢を中心とする多角の鉢がもっとも多く柿右衛門様式色絵全体の約20パーセント、2番目に多いのは輪花鉢で約14パーセント、最後に丸形の鉢が約10パーセントなどである。最大の特徴は、型打ち成形品が多く、染付を併用しない上絵のみの作例が多くみられることで、組物はほとんどみられない。

皿の内訳は、輪花皿がもっとも多く柿右衛門様式色絵全体の約12パーセント、円形の皿が約9パーセント、多角皿が約2パーセントである。ここでも型打ち成形品が多いことが鉢と共通し、10枚か20枚1組の組物が大半を占めているため、中皿と小皿が基本的に10枚か20枚単位だったことがわかる。

変形皿や長皿、小鉢といった懐石の向付にされる器や、香炉は、鉢と皿に次いで多く、江戸期に西洋へ輸出されたことが明らかな代表的な器種のなかにはあまり見られないフォルムの小品である。小鉢(角・輪花・丸)と変形皿、長皿は、20点か10点か5点1組の組物が多い。このような器はどれも古九谷様式にも多くみられるフォルムで、江戸期の支配者層の食生活のなかで一般的に用いられる器であり、江戸期の武家や公家をはじめとする有産階級が所有する道具の基本アイテムである。

置物は、色絵婦人坐像(挿図3-8〈図版[17] 317〉)や色絵壺持婦人像〈図版318〉のように江戸期から伝世している西洋のコレクションにも例がある作品と、色絵碁盤童子(〈図版315〉大正8年の売立)や色絵獅子置物(〈図版320〉大正14年の売立)のように西洋に渡った江戸期まで遡る来歴をもつ作品か否か判断が難しい製品もあった。

このほかには、西本願寺の陶板と同じ陶板2点〈図版323・324〉や、崇福寺(福岡市博多区)の境内にあった福岡藩第4代藩主黒田綱政(1659-1711)の墓の副葬品であると伝えられる燭台(挿図3-9)と同種の燭台3点〈図版325〜327〉があった。これらは国内に伝世していたことが確実な作例が売立目録にも登場するほど国内に流通していたことを示す事例として重要である。

最後に大皿である。大正5、6(1916、1917)年発行の売立目録に掲載された「色絵柿右衛門周茂叔絵鉢」(挿図3-10〈図版1・2〉)は、出光美術館蔵品(挿図3-11)に類似している。両者が初回で売れずに2度売立に出された同一品と推測することもでき、出光美術館の蔵品はこれらの図版の作品と同一である可能性が高い。

次に大正12(1923)年発行の売立目録『益田家御所蔵品入札』に「柿右衛門見込尾長鳥平鉢」(挿図3-12〈図版3〉)と題して写真掲載された大皿は、東京国立博物館蔵品(挿図3-13)に近いが、本作と同じタイプの大皿はメトロポリタン美術館にもある。この大皿の売立は、益田孝(鈍翁)の弟である故益田英作(1921年没・紅艶)の旧蔵品300点の売立で、大正12年に東京美術倶楽部で行われた。この売立の札元は12名で、筆頭に山澄商店、末尾に山中吉郎兵衛の名前があるため、山中商会のニューヨーク支店に作品が運ばれた末にメトロポリタン美術館に収まった可能性も想起される。ちなみに東京国立博物館の記録によると、この大皿を同館が購入したのは1948(昭和23)年7月である[18]。なお、本作は東京国立博物館の蔵品となった翌年、『國華』に大型図版として掲載され、田中作太郎が解説を執筆している[19]。

なお、売立目録の報告書に掲載した図版の元禄様式の分類中には、売立目録の記録に「柿右衛

挿図3-8
「今宮来山旧蔵　古今利美人人形」
大正2(1913)年11月24日開催『河内八尾西尾氏所蔵品入札』〈図版317〉

挿図3-9
色絵藤花文燭台
高さ33.1cm
田中丸コレクション蔵

挿図3-10
「色絵柿右衛門周茂淑絵鉢」
大正5(1916)年12月12日開催『某家所蔵品入札』〈図版1〉

挿図3-11
色絵周茂叔愛蓮文大皿
口径31.1cm
出光美術館蔵

第3章　近代における古美術としての流出

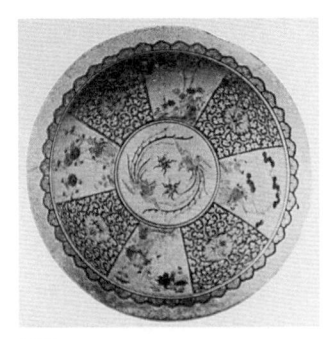

挿図3-12
「柿右衛門見込尾長鳥平鉢」
大正12(1923)年1月22日開催『益田家御所蔵品入札』〈図版3〉

挿図3-13
色絵松竹梅牡丹双鳳文大皿
口径35.2cm
東京国立博物館蔵

挿図3-14
色絵菊蝶文輪花鉢(出土遺物)
東京大学本郷構内の遺跡出土
東京大学埋蔵文化財調査室蔵

挿図3-15
色絵牡丹梅柘榴椿文五輪花鉢
口径13.0cm
国立カッセル美術館(ヘッセン州立美術館)蔵

門」と明記され、大河内正敏著『柿右衛門と色鍋島』(改訂第4版　彩壺会　1929〈昭和4〉年)にも柿右衛門の作として掲載された大皿がある。「色絵桐文輪花大皿」〈図版1404〜1408〉と「色絵草花文輪花大皿」〈図版1411〉である。前者は同一デザインの大皿が5回掲載されているが、比較すると少しずつ違いがあり同じものがない。そのうち1点は有賀家旧蔵の重要美術品「柿右衛門草花文様大皿」である。後者も重要美術品で、目録には「柿右衛門草花文様大皿」と題されており、双方とも1935(昭和10)年開催の売立目録『有賀家所蔵品展観入札』に掲載されている。大河内の『柿右衛門と色鍋島』はこれら双方を「有賀長文君所蔵」としているので、有賀家の売立出品と同一品であることがわかる。『柿右衛門と色鍋島』では、この「色絵桐文輪花大皿」を「柿右衛門として傑作の一つ」と評し、しかもこれら双方が海外流出の防止を目的とした美術品指定である重要美術品に指定されているのであるから、この2点は彩壺会が柿右衛門の代表作の1つとして評価した作品にちがいない。しかしながら現在では、このタイプは金襴手様式に近い文様構成であることから柿右衛門様式磁器の範疇に入れないのが通例である。ただし、彩壺会のいう柿右衛門の代表作は、当時の数少ない国内伝世品のなかから選ばれたものであるから、日本が発展し海外伝世品も広く対象にすることができる現時点の柿右衛門様式研究の成果の上に立って選ぶ代表作と大幅に異なるのは当然ともいえる。

　売立目録掲載の図版には大名などの支配者層関連の跡地から発見された出土品に類似する作例が非常に多い。例えば色絵五弁花鉢がこの例にあたる。目録掲載の鉢は〈図版235〜237〉と〈図版243〉である。これに対応する出土品は、東京大学本郷構内の遺跡で発見された五弁花鉢(挿図3-14)である。出土品を実見したが、型打ち成形された非常に薄い素地で、精巧に作られ、釉薬も濁手と呼べるきめの細やかな上質な作行きであった。これと似た器形の五弁花鉢(挿図3-15)は国立カッセル美術館ヘッセン州立美術館の所蔵品にあるが、こちらは売立目録や出土品とは全く異なる構図で絵付けしており、中央の文様を中心とするピラミッド型に文様を配置する安定した構図をとっている。これに対して、前者の構図は主文様を器の片側に寄せ、文様をわずかに傾斜させており、文様の占める面積が狭い。ゆえに控えめで侘びた静けさがあり、寂寞とした印象の絵付は、乳白色の素地の清らかさを一層引き立てる趣があると思われる。

　このように、控えめな絵付けの作例が多く混ざる傾向は、売立目録の柿右衛門様式磁器にも本書掲載の江戸における大名屋敷遺跡の出土資料の柿右衛門様式磁器にも共通する。この特徴は、上記の例のほかにも、例えば〈図版53、54、72、77〜82、241、242、252、265〜270〉などの組物の皿や小皿に顕著にみることができるが、鉢にはあまり多いとはいえない。大皿や鉢は、宴会時に複数の人間が共有する食器であるためメインの食器としての華やかさが求められ、中皿や小皿、小鉢のように人々が個々に占有する食器にはむしろ大人しく主張のないデザインが好まれたのだろうか。出土遺物と売立目録の共通性は、こうした文様の趣きのみならず、モティーフの選択にもみられる。共通して数が多く目立つのは、松竹梅と菊、団龍と鳳凰である。西洋宮廷が所蔵する肥前磁器には牡丹や鶴を描いた壺や瓶が相対的に多いように思うが、売立目録と江戸の大名屋敷の出土品の花は、松竹梅と菊、鳥は鳳凰が中心である。器形の構成をみても、出土遺物は売立目録と同様に鉢・皿・小鉢が大半を占めており、西洋所在品とは異なる[20]。

　江戸期の我が国に存在した肥前磁器の特色については、本章第1節にて前述したフランシス・ブリンクリーによる文章からもヒントを得ることができる。ブリンクリーは大政奉還の年にあたる1867(慶応3)年に来日し、現在静嘉堂文庫美術館が所有する肥前磁器コレクションの基礎をなす

肥前磁器コレクションを収集した人物である。ブリンクリーは自身の著書のなかで、「日本向けに作られた伊万里の磁器は、海外向けのそれとは質も器形もかなり異なる。その大半は、大皿、鉢、蓋のない碗、中皿、広口の水注、瓶などで、花瓶や装飾用の品は例外的である。そうした実用品は、たいていは比較的粗製な品であり絵付は大まかである。しかしその多くは誠意がこもっていて手際良く、釉の輝きや色合いが安定している。また、上絵が生彩かつ清純で、創意に富み、装飾意匠が繊細に仕上げられている。(翻訳筆者)」さらに、「有田の磁器は、文様の主題の種類が豊富であり、中国磁器よりもこの点は勝っている。(中略)古い伊万里の作例は、通常5点か10点、20点の組物であるが細部は異なり、1つとして正確に同じものはない。(後略・翻訳筆者)」と述べている[21]。彼がコレクションを形成したおもな期間は、本人の文章により1867年頃より1872年頃までの5年間であったことが特定できる[22]。そのため彼の目が捉えた肥前磁器の特徴は、江戸期の終焉直後に国内に存在した肥前磁器の様相を反映しているはずである。現在静嘉堂が所蔵する肥前磁器のなかで、ブリンクリーの旧蔵品は少なくとも25点[23]が確認されているのであるが、それらは江戸期まで伝来を遡ることのできる西洋王侯のコレクションとは器種構成が異なる。ブリンクリーの説明および収集品には、西洋に多く伝世する瓶や装飾用の壺がほとんど見られない。皿と鉢の類だけで約86パーセントもの割合になる本書の売立目録掲載の柿右衛門様式磁器の器種構成に極めて近く、一考に価する。

第3項　ウィリアム・ジョン・ロビンソンのコレクション

　ここでは、売立目録の全記録においてもっとも多くの肥前磁器を売却したダブルユー・ジェー・ロビンソン(William John Robinson, 1852-没年不詳[24])なる英国人の売立を探ってゆく。ロビンソンの売立には96件の柿右衛門様式磁器が含まれているが、これは他の売主の追随を許さぬ量といってもよいだろう。売立目録掲載の柿右衛門様式磁器の調査結果では、ロビンソンがもっとも重要な収集家であることは歴然としている。そのため以下にロビンソンの売立の内容と、ロビンソン自身の経歴について列記してゆく。

A. 売立の内容
　ロビンソンの売立の内容を掲載図版により確認できる売立目録は以下の全4冊である[25](表4)。

表4　ウィリアム・ジョン・ロビンソンの売立目録の概略

順番	売立目録 No.	入札会名	入札年月日	札元[26]	掲載作品件数
1	1657	ダブルユー・ジェー・ロビンソン氏所蔵品入札	1924年10月21日	山中・林・倉澤	131
2	1730	ダブルユー・ジェー・ロビンソン氏所蔵品入札	1925年4月7日	山中・林・倉澤	325
3	1788	ダブルユー・ジェー・ロビンソン氏所蔵品入札	1925年10月27日	山中・林・倉澤	157
4	1861	ダブルユー・ジェー・ロビンソン氏所蔵品目録	1926年4月13日	倉澤・山中・林	14
				合計件数	627

表5 ロビンソンの売立目録
掲載肥前磁器様式別内訳

様式名称	件数	割合
元禄様式 （金襴手様式）	303	48%
延宝様式 （柿右衛門様式）	73	12%
鍋島	73	12%
其の他	52	8%
延宝様式 （柿右衛門関連）	23	4%
宝暦様式	21	3%
其の他 （柿右衛門関連）	21	3%
天明様式	17	3%
正保様式 （古九谷様式）	12	2%
寛文様式	11	2%
其の他 （鍋島関連）	9	1%
延宝様式	6	1%
文政様式	4	1%
其の他 （古九谷関連）	2	0%
合計	627	

（注）割合は小数点以下
四捨五入

挿図3-16
色絵花鳥流水文蓋物
蓋口径21.7cm
東京国立博物館

挿図3-17
「柿右衛門菊波浮模様蓋物」
大正13（1924）年10月21日開催『ダブ
ルユー、ジェー、ロビンソン氏所蔵品入
札』〈図版297〉

目録4冊に掲載された肥前磁器図版の合計件数は627件である。本書に掲載した売立目録に写真掲載された肥前磁器の全記録件数は3,120件であるから、ロビンソン一人の売立の合計件数だけで、全記録件数の約20パーセントを占めることになる。これは個人単位の売立の記録として突出している。水町和三郎氏は、日本には肥前磁器を収集する欧米人が多くあることに言及し、「その蒐集の極めて大袈裟で日本でも有名なのはなんと言つてもロビンソンの蒐集であつたと思う。」と述べた。つまり、水町氏が1944（昭和19）年までに知り得たなかで、最大の外国人収集家はロビンソンだというのである[27]。

さて、ロビンソンの4冊の目録に掲載された作品の写真を照合していったところ、同じ作品とみられる写真が別の入札会に重複して掲載されるケースがあることが確認できた[28]。この重複する数を差し引くと、掲載作品の種類の合計数は589種類になる。さらに、589種類の重複を避けて個数を加算し、なおかつ「一対」や「10人前」「20」などの数量記載のある場合はその数量とみなし加算した結果、4回の売立で競売に付された肥前磁器全体の数量の合計は727個となることを確認した。

表5は、ロビンソンの売立目録掲載肥前磁器の様式別内訳である。金襴手様式を主体とする「元禄様式」が約48パーセントと半数近くを占め、次に多いのは「延宝様式（柿右衛門様式）」で約12パーセント、鍋島も約12パーセントであるが、染付の柿右衛門様式である「延宝様式（柿右衛門関連）」の約4パーセントもあるため、色絵と染付を合算したところ、17世紀後半の柿右衛門様式は合計96個であり、全体の約16パーセントにあたる。柿右衛門様式の数は古伊万里様式に次いで多いことがわかる。さらにこの96個という柿右衛門様式の数も、売主別の柿右衛門様式の数量比較において他の追随を許さぬ突出した量である。本書掲載の柿右衛門様式の合計数が369件であるので、その約26パーセントをロビンソン1人で占めることになる。

ロビンソン旧蔵の柿右衛門様式磁器のなかには、出光美術館と東京国立博物館[29]が所蔵する「色絵花鳥流水文蓋物」（挿図3-16）のような優品もみられた（挿図3-17〈図版297〉）。流水文を浮彫で表した極上の素地になめらかで穏和な色調の濁手の釉をほどこし、上絵で菊の折枝と千鳥を描いた極めて質の高い作例である。このようなフォルムの蓋物は、ヨハネウム番号からアウグスト強王旧蔵品だと確認できるドレスデン国立美術館磁器コレクション館の所蔵品（挿図3-18）にもある。後者は浮き彫りがなく花の意匠も異なっているが、出光美術館蔵品の口径が21.2センチであるのに対しドレスデン蔵品の口径は21.8センチであるので、基本となる土型は同じであったかもしれない。類似の土型を用いながら浮彫の有無に差が生じるのは興味深いことである。ドレスデン蔵品と出光・東博蔵品間にみられる相違点は、まさにオランダ東インド会社の要望に応じたデザインと日本の支配者階級の和様な好みに応じたデザインの相違を意味づけるものといえ、日本の顧客用の蓋物の方により入念で繊細な細工がほどこされていたことを浮彫りにする。

また、ロビンソン旧蔵品の柿右衛門様式作品を概観すると、置物や香炉が一点もなく、皿と鉢が大半を占めており、文様は、菊や梅、団龍、鳳凰の丸紋といった和様のモティーフが多く、この売立目録掲載の作品は、簡素で控えめな西洋向け輸出品とは異なる日本的な構成をとっている。

その一方で異彩を放っているのは、司馬温公甕割童子文の八角皿〈図版46・47〉と色絵梅花卉文角瓶〈図版293〉の掲載例である。前者はドレスデン国立美術館磁器コレクション館（挿図2-120）、国立カッセル美術館、アシュモレアン美術館、バーレイ・ハウス、アムステルダム国立博物館、フローニンヘン博物館、出光美術館、九州陶磁文化館、松濤園、戸栗美術館の所蔵品にみられ、後者はドレスデン国立美術館磁器コレクション館、ミュンヘン・レジデンツ（挿図2-85）、国立カッセル美術館、大英博物館、アシュモレアン美術館、アムステルダム国立博物館の所蔵品にみられる。このうち国

内美術館所蔵品は海外コレクションの里帰りが多いため、西洋に多い作例の典型である。なぜこのような作品をロビンソンが入手したのか疑問であるが、さらに意外なのはロビンソンの2回目の売立時の「甕割童子文八角鉢」〈図版47〉の出品点数が3点と記載された点である。大正までの日本では知られていそうにないこのような器の贋作が出回ったのか、それとも3枚とも江戸期に日本にあったか、あるいは西洋から輸入されたのか。様々な可能性がありながらも判断材料がない。高橋是清の代に収集された高橋家の蔵品「色絵粟鶉文八角皿」〈図版49〉や、本書第3章第1節第2項Cで触れたブリンクリーの旧蔵品にみられる「色絵秋草文八角瓶」(口絵3-1、挿図3-1)も本件と同様に江戸期の流通に疑問が残るケースである。

挿図3-18
色絵花散文蓋物
蓋口径21.8cm
ドレスデン国立美術館磁器コレクション館蔵

B. 大正期最大の肥前磁器コレクターとしてのロビンソン

ウィリアム・ジョン・ロビンソンは1873(明治6)年に中国に渡る途中に初めて一時来日し、その後再び1898年に来日し、神戸に到着した。その後も神戸に留まり、少なくとも1929年(78歳)までは神戸に日本人の妻およびその妻との間に生まれた娘、緑と共に暮らしていた[30]。ロビンソンがコレクションを形成した時代、彼は1840年に設立され現在も続くThe Peninsular and Oriental Steam Navigation Companyという英国の汽船会社の極東地区支社長として神戸に居を構えていたと伝えられている[31]。彼が事務所兼住居として使用していた建物は、1989(平成元)年に国の重要文化財に指定された十五番館と呼ばれる洋館である。その建物(挿図3-19)は現在も神戸市立博物館の隣にあるが、神戸の震災後に元の建築資材を使用して復元されたもので、英国風コロニアル様式の当時の美しい内装の様子を今でも偲ぶことができる[32]。ロビンソンは肥前磁器のコレクションをこうした洋館に飾りつけて楽しんだのではないだろうか。ロビンソンが西洋式の家具を揃えた室内に暮らし、売立ののちも手元に残した磁器を壁やサイドボードに飾って鑑賞していたことは、1929年2月13日に、78歳のロビンソンを神戸のロビンソン邸に訪問したゴルフ史家の西村貫一による『日本のゴルフ史』の記述からもうかがえる。ロビンソン邸には食堂のような部屋があり、サイドボードに「支那陶器が対に並んで」おり、「壁には伊萬里の大皿」が飾られていたという[33]。

挿図3-19
十五番館
竣工1880年頃(神戸市中央区浪花町15番地)

1924(大正13)年10月21日に開催された第一回目のロビンソン氏所蔵品売立の目録[34](売立目録No.1657)の冒頭には、ロビンソン本人による次のような言葉が記されている。

> 私が過去自分の半生間を東洋に在住して其間に蒐集した美術品を此の度割愛せんとするに方つて其理由を此の目録の巻頭に記する様に友人から注意されたので簡単に述べます。私は過去長年の間東洋美術の愛好者として是等の美術品を愛蔵して居ると云ふ意識は常に愉快に感じて居りました。其故此の愛蔵品を手放すに至たる事を決心したに就ては世の人々は不思議に思はるゝでしょう。勿論自分も愛蔵品を手放すと云ふ事は耐へ難い悲哀を感じます。而私には此の美術品を鑑賞して呉れる近親の者は一人もありません。且つ又私も次第に頽齢に赴くので寧ろ此の際に同好者の愛玩を乞ふと云う事が幾分か私の意義をなすものと存じますので茲に其理由を記します。
>
> 　　　　　　大正十三年十月神戸にて　　ダブルユー・ジェー・ロビンソン

上記の記述によると、ロビンソンはコレクションを東洋[35]で買い集めたことになる。これに関する傍証は、大阪の古美術商店主粂川常川の証言にもみえる。粂川は日清戦争以前よりロビンソン

の依頼を受けて日本各地に赴き「伊万里の皿」を買い集め、ロビンソンに売ったという。初期の頃は、九州で主に買い付け、有田の香蘭社にも頻繁に出向く。九州以外では、加賀、福井、紀州、讃州に大皿は多くみられたとのことである。また、ロビンソンは、金儲けのために磁器を集めていたのではなく、鑑賞し楽しむために収集していたのであり、上等の古伊万里は皆手元に置き、整頓して箱に詰めて倉庫に積み、時折新しく買ったものがあると居間に持ち込み楽しんでいた。母国に送ったものもあるものの、それは染付などの安価な製品だけであったと粂川は証言している[36]。

1925（大正14）年10月27日に行われた3回目の入札の目録（売立目録No.1788）にもロビンソンは冒頭に挨拶の言葉を残し、そこで「去る秋および春期に開催した二度の売立に際し、収集家の方々によって私の趣味が評価されたことを嬉しく思いました。（中略）この売立を大阪における最後の会とします。（翻訳筆者）」と記している。その後1926（大正15）年4月13日に開かれた4回目の入札の目録（売立目録No.1861）には、またロビンソンの冒頭の挨拶文に、最後の入札のために残しておいた1200余点の作品を売るという内容が述べられている。ロビンソンの売立は、売立目録No.1861の目録を以って終了した。

第4項　大正期より戦前までの肥前磁器の流通と言説

次に、大正時代に古美術として取引された肥前磁器の流通に関する言説のなかで、外国人による収集に関わる事項を以下に列挙してゆく。

1916（大正5）年2月、上野で国民美術協会が展覧会を主催し、特別観覧の参考品として「柿右衛門、伊万里、鍋島焼」を展示し、彩壺会は同じ月の17日に『柿右衛門と色鍋島』[37]を発行している。その年の9月には子爵大河内正敏[38]率いる彩壺会の主催により、駿河町の三越で「柿右衛門」の250年記念の展覧会が開かれた。大正以降の鑑賞陶器研究においてこの彩壺会の影響力は支配的ともいうべきほどであり、極めて重要である。彩壺会の『柿右衛門と色鍋島』が、柿右衛門様式磁器や鍋島の価値を世に問いかけた先駆的研究書であった点については、先行研究において十分議論されている[39]。そのため本稿では、同時代に発行されたその他の出版物に掲載された流通に関連する言説を紹介してゆきたい。

A.　國華の言説

まず、上野の国民美術協会主催の展覧会は、柿右衛門様式磁器と鍋島を紹介するまとまった規模の展示としては恐らく最初のものであったと見える。翌月の1916（大正5）年3月に発行された学術美術雑誌『國華』第310号の「雑録」[40]が、その模様を詳しく報じている。

> 我國近世色畫陶磁器のうちもっとも著しき物の大部分を集めたと云ふ意味に於て頗る面白い企である。殊に近来陶磁器に対する研究的熱心の勃興せる際に於て誰にでも其趣味の解し易き美しい肥前物を撰んだ事は、誠に時機に適した方法と云ふべく、社會の美的教化の方面より見るも頗る意味ある事と云はばならぬ。

と、『國華』の反応は好意的である。よく知られているように、彩壺会は、大正5年に結成された、

東京帝国大学の心理学研究室内で開かれた陶磁器研究会で、中心メンバーは東京帝国大学の教員たちであった。彩壺会の会員のなかには東京帝国大学美術史教授の藤懸静也がいるが、藤懸は1911(明治44)年より『國華』の編集にも携わっている[41]。そのため、上記の「雑録」は無記名で掲載されているが、藤懸の言説である可能性があると思われる。当時國華社が主催していた催しに、茶話会という有爵者や財界人が所蔵する美術品を鑑賞する集会があるが、大河内は大正5年3月に開催された第十回茶話会に「古九谷水指」と「和蘭レーゲンスブルグ作染付皿」という所蔵品を出品しており、國華社が大河内と交流があったこともうかがえる。「雑録」はさらに続き、柿右衛門家の作品について比較的詳しく解説し、それがオランダの商人の注文によって製作され、輸出されたことにも言及している。また、マイセンで作られた「柿右衛門写し」が出品されたことにも触れ、「デルフト製の古染付写しの花瓶、壺など此間の消息を語る頗る面白い物である。」と述べた。さらに同「雑録」の内容は鍋島についてもおよぶ。

> 鍋島窯の其眞價を認められたのは、寧ろ外國人に依つてゞ、其彎曲面の快美なると、模様の意匠の卓抜優秀なると、彩釉の艶麗爽快なる點は、外人の眼を驚かし、其美を喧傳するに至つて、初めて我國人は覺醒されたかの感がある。てふど歌麿や廣重等の版畫の價値が、外國人に依つて教へられたのと同じ経路を採て居る。然も其趣味に於ても亦同じ様な趣はありはすまいか。即ち陶磁器としてのより多くの情趣風韻は、柿右衛門伊萬里鍋島以外に寧ろ多く認められるのは、丁度日本畫としての品格の高逸の獨特の情趣は、歌麿廣重以外のものに存するのと同じ様な有様である。其趣味が、比較的早く分かる點より、吾人は此陶磁器賞玩の一大流行を見んとする現代に於て、柿右衛門伊萬里鍋島の優品が多く世人の前に致されたのは、頗る時好に投じたる企と考へざるを得ぬ。之に依つて従来我邦人より閑却されたる我國陶磁器が多少なりとも世人の注意を受くるに至る事は、我國工藝の爲に慶賀せざるを得ぬと思ふのである。

と記されている。ちなみに、彩壺会による『柿右衛門と色鍋島』でも、

> (前略)今迄に尠からざる點数が、國外に持ち行かれた爲めに、色鍋嶋の如きは、今日容易に見られなくなつた。丁度浮世繪が、其の國の人々に見返りもされない裡に、盛んに國外に持ち出され、優秀のものが無くなつた時分になつて、初めて其國で認められて來たと全じ様である[42]。

と述べられている。因みに発行日は『柿右衛門と色鍋島』が1916年2月17日、『國華』310号は翌月の3月である。そのため雑録は、『柿右衛門と色鍋島』を参照して書かれた可能性があるものの、『國華』「雑録」の方が、一層この問題についての説明が具体的である。柿右衛門と鍋島の価値がこの頃より急速に評価された背景には、陶磁器関係者に限らずより広く美術関係者や収集家に読まれる総合美術雑誌である『國華』の影響もあったと考えられる。

B. 水町和三郎の言説

　昭和初期以降にも古美術として取引された外国人による肥前磁器収集は続いていたようである。関連する言説を追ってゆきたい。

　水町和三郎は、1944（昭和19）年に発表した著書において次のように述べている。

> 古伊萬里大皿や、鍋島皿の蒐集は、今に始まつた事ではないが、當時庶民大衆の生活用品として大量に製産された伊萬里の染付大皿は此處数年前迄外人以外には用のない代物として道具屋の店ざらし品であつた。（中略）日本人の大皿蒐集は今述べたやうに極めて浅いのであるが外人の之に目をつけたのはもつともつと古いのである。それは異國趣味品として、食卓用品として、又室内装飾用額皿として好適であるばかりでなく廉價に然かも容易に求められたからであらう。爲めに明治初年以來彼等の手に依つて海外の搬出された優秀大皿は其の数莫大に昇つている。此の外人蒐集家には英國人、獨逸人、亜米利加人、伊太利人、佛蘭西人等である（後略）[43]。

　水町は、昭和初期までの状況をふまえて以下の重要な点を指摘している。
1. 日本で古伊万里の大皿や鍋島の皿といった江戸期の肥前磁器収集が流行し始めたのは、水町の著書が発表された1944年より少し以前のことである。
2. 1940（昭和15）年頃まで江戸期に製作された染付大皿の購入者は外人だけで、日本人は収集しなかった。
3. 日本人が興味を持ち始める以前から、外国人は大皿を収集しており、明治初年以降、外国人の収集家により海外に膨大な数の優れた大皿が輸出された。
4. 外国人収集家とは、イギリス、ドイツ、アメリカ、イタリア、フランスの出身者である。

　水町は、古伊万里は明治期以降に欧米人によって収集され、大量に輸出されたと認識していた。さらにこの批評の主意は、前述の『國華』第310号の「雑録」や彩壺会の『柿右衛門と色鍋島』による、江戸期製作の「柿右衛門」や「鍋島」が明治以降に欧米人によって収集され輸出されたことや、日本人が興味を持っていなかったとする見解とも一致している。こうした見方は、大正・昭和初期の陶磁史や美術史の専門家たちの大方の見解であったのではないかと思われる。

C. 山中商会の活動

　ここで再び売立目録の内容に戻り、今度は主要な取引をした美術商について述べてゆく。調査した全売立目録に記された札元欄の筆頭に記された美術商のなかで主要な美術商の取引概要を表6[44]にまとめたところ、目立った特徴が浮かび上がった。それは山中定次郎[45]が社長を務める山中商会と山中吉郎兵衛[46]による取引に突出して多くの肥前磁器および柿右衛門様式磁器の存在が認められることである。

表6　売立目録掲載　肥前磁器の取引の多い札元

地域	開催都市	特定目録表題	筆頭札元	会場	件数	開催年	グループ	総件数	肥前磁器	柿右衛門	柿関連	備考
東京	東京		川部商会等	東京美術倶楽部	150	1920-39	川部商会	198		11	0	
	東京		川部利吉等	東京美術倶楽部	48	1917-22				4	0	川部利吉は川部商会社長で東京美術倶楽部2代社長
	東京		伊藤平山堂	東京美術倶楽部	31	1920-23	伊藤平山堂	258		5	0	
	東京		伊藤平山堂等	東京美術倶楽部	206	1919-34				23	2	
	東京		伊藤平蔵等	東京美術倶楽部	16	1918				1	0	平蔵は平山堂創業者、社長で、東京美術倶楽部3代社長。現在の高橋平山堂と平山堂の前身らしい
	東京		伊藤平蔵	東京美術倶楽部	5	1916				1	1	
	東京		平山堂等	東京美術倶楽部	38	1939-41	平山堂等	38				
	東京		中村考古堂	東京美術倶楽部	52	1919-23	中村考古堂	97		2	0	現在も渋谷区にある。山中吉郎兵衛と林忠正の影響を受け、海外に日本美術を広める志を持った。1900年のパリ万博に欧米美術調査のため派遣される
	東京		中村考古堂等	東京美術倶楽部	45	1919-28				2	1	
	東京		山澄商店等	東京美術倶楽部	96	1920-34	山澄商店	121		11	0	
	東京		山澄力蔵等	東京美術倶楽部	25	1916-19				2	0	
関西	大坂		山中商会	大阪美術倶楽部	109	1933-34	山中グループ全体	766		15	1	
	大坂	ロビンソン売立1657,1730,1788など	山中吉郎兵衛等	大阪美術倶楽部、神戸市神港倶楽部	634	1919-36				73	23	
	大坂	故山中定次郎氏蒐集品入札（外題：古美術品展観図録）	児島嘉助等	大阪美術倶楽部	23	1937				4	0	
	神戸	ロビンソン売立1861	倉澤高次郎・山中吉郎兵衛・林新助	神戸市神港倶楽部	14	1926	山中吉郎兵衛が二番手	14		1	0	
	京都		林新助	京都美術倶楽部	4	1924	林新助	87		0	0	
	京都		林新助等	京都美術倶楽部	83	1914-24				8	0	
	大坂		春海商店等	日本橋区東美倶楽部、大阪美術倶楽部、東京美術倶楽部	49	1921-35	春海商店	49		1	0	
	京都		今井貞次郎等	京都美術倶楽部	50	1922-29	今井貞次郎等	50		2	0	
	大坂		戸田弥七等	大阪美術倶楽部、東京銀座谷松屋出張所/谷松屋戸田彌七主催	23	1932-34	戸田弥七等	23		0	0	元禄時代からの老舗で、現在の戸田商店
金澤	金澤		内山乙次郎	金澤美術倶楽部	6	1925	内山乙次郎	58		1	0	
	金澤		内山乙次郎等	金澤美術倶楽部	52	1922-26				2	0	
							合計数	1759		169	28	

(注)本表見出しの「柿右衛門」は柿右衛門様式の色絵、「柿関連」は同染付を指す。

　表6は、肥前磁器の取引の中心は大阪で、そのうち山中商会やその同族の山中吉郎兵衛たちによる山中グループの取引件数が肥前磁器全体の766件を占めることを示している。ただし、この取引内容は大半がロビンソンの売立である。これに対し東京では、もっとも取引量が多い美術商は、伊藤平山堂、川部商会、山澄商店、中村好古堂の順に並ぶ。これらは、陶磁器の専門業者ではなく、総合的な美術商であり、絵画の取引を主として行っていた店である。川部商会だけは肥前磁器の取引をとりわけ得意としていたらしい[47]。

　さらに今度は、表6で算出した柿右衛門様式の件数を比較すると、山中グループ全体の柿右衛門様式の色絵と染付を合計した件数が116件になる。この数字は、次に柿右衛門様式の件数が多いのは伊藤平山堂グループの33件であるため山中グループは圧倒的首位である。山中グループが柿右衛門様式の取引において主導的な役割を果たしていた可能性は高いといえるのではないか。そし

てこのことはまた、欧米に肥前磁器の大皿が輸出されたとする水町の指摘とも関係してくる。それは山中商会が欧米の支店を中心とする会社であったからである。ロビンソン・コレクションの売立を行った商人の筆頭が山中吉郎兵衛であることからも、国内で行われた柿右衛門様式磁器の取引の多くに山中家が関わったことは明らかである。

ここで山中家の活動の中心が日本ではなく欧米にあったことに注意を喚起しておきたい。すでに前節で述べた通り、山中グループのネットワークを通じて、彼等が国内で取引した肥前磁器は広く欧米に輸出されていた[48]。充実した肥前磁器コレクションを形成したチャールズ・ラング・フリーアや[49]、ボストン美術館に多数の肥前磁器のコレクションを寄贈したルーシー・T・オルドリッチ[50]も山中商会ニューヨーク支店の重要な顧客であった。周知の通り、フリーア美術館やボストン美術館、ギメ美術館、フローニンヘン博物館、アシュモレアン美術館、大英博物館、ヴィクトリア＆アルバート美術館などの肥前磁器は、近代以降の収集品を核としている。

売立目録調査報告書掲載の「類品所蔵先　一覧」[51]には、売立目録掲載作品の類品を所蔵する機関名を記しているが、柿右衛門様式の項目でも上記に挙げた美術館の割合が高く、ドレスデン国立美術館蔵品をはじめとする17～18世紀の来歴を持つコレクションを凌いでいる。前者の美術館が、近代以降の美術商を通じて購入した肥前磁器の輸出の全体像を証明できれば、現在までに確認されている西洋所在肥前磁器のうち江戸期の輸出品の数は相対的に減るはずである。

D. 山中商会『九谷　鍋島　柿右衛門　名品集』

1933（昭和8）年9月には、上野にあった日本美術協会において、山中商会主催の売立「日本支那古陶美術展覧会」が開催された。その目録（売立目録No.2717）には、江戸期の肥前磁器とその関連品56点が掲載され、東京国立博物館蔵「色絵梅に雷雨文大鉢」[52]をはじめとする柿右衛門様式磁器の代表的な作例が含まれており（挿図3-20～3-24）、この売立は、個別の入札会単位で肥前磁器の件数を比較すると、ロビンソンの売立に次ぐ大規模なものである。

山中商会はその翌年、『九谷　鍋島　柿右衛門　名品集』という木箱入りの豪華な大型図録を刊行し、全百点の古九谷・鍋島・柿右衛門の作品をカラー版大型図版で掲載した[53]。この大型図録には、2本の序文があるが、冒頭に奥田誠一、次に山中定次郎が述べている。そこで山中が重要な指摘をしているので、ここに序文の一部を抜粋する。

挿図3-20
「柿右衛門色絵碁盤唐子置物」
昭和8（1933）年9月23日開催『日本支那古陶美術展覧会』
〈図版316〉

挿図3-21
「徳右衛門作梅鳳凰雷雨大鉢」
昭和8（1933）年9月23日開催『日本支那古陶美術展覧会』〈図版224〉
東京国立博物館蔵品カ

國燒陶瓷中伊萬里、鍋島は我國に於ては他窯に卒先して創作されたる金銀五彩描畫の精美を極めし色繪物陶瓷にして又九谷は加賀藩の後藤才次郎により伊萬里より此陶法を傳へられたる謂はゞ伊萬里同系のものにて、いづれも我國燒陶瓷史上に燦然たる光輝を放射するものなり、その傳統はいふまでもなく支那明の永樂、宣德、成化に渾然大成せる金襴手並に五彩物等の陶法に倣ひ更に我國民性によりてこれを全く日本獨特のものとして完成したるものにて、彼の京燒の祖と稱せられる名工野々村仁清の如きすら、此伊萬里の刺激によりて彼の華麗眼を眩ずる色繪を工風製出するに至りしものなりといふ。

されば歐米先進國の愛陶家は夙に此點に着目これが蒐集に努めると倶に日本陶瓷の代表作として彼の國の美術館、博物館等の陳列に異彩を添へ居るは外遊せる人々の皆知る處なり、宜なる哉、俗にいふ獻上物と稱する名傑作に富むは、多くの國燒陶瓷中何人も先づその指を此伊萬里、鍋島、九谷等に屈するに於てをや。

予多年蒐むる處の上記各窯中一度散佚しては再びこれを手に入れ難き貴重なる珍品佳器の多きを幸ひ、茲に一百餘點の最優良なる代表作を選び悉く原色版印刷に附し以て研究家諸賢への参考に資せんとす。幸ひにも清鑑を得ば予の本懐これに過ぎず[54]。

　この序文は、古九谷様式・鍋島・柿右衛門様式の肥前磁器の図版を主体とした図録に附されたものである。したがって山中氏がこの序文で挙げた「伊萬里」、「鍋島」、「九谷」の三種のうち「伊萬里」は柿右衛門様式磁器を指しているはずである。そのように解釈して序文の内容の要約を現代の陶磁用語を用いまとめると以下のようになる。

1. 古九谷・鍋島・柿右衛門の三様式の肥前磁器が、「日本独自」の文化に根ざしていること。
2. 欧米の愛陶家はこの点を理解し、これらを収集し、日本陶磁の代表作として美術館等に陳列した。当時外遊した日本人の間でこのことが周知されている。
3. 山中定次郎は古九谷・鍋島・柿右衛門の三様式の作品が散逸することを危惧し、記録としてカラー写真を掲載した図録を編纂したこと。

　とりわけ上記第2は、日本美術の大美術商として海外で活躍した山中定次郎ならば、自らの経験から身をもって知るところであろう。また、外遊した有産階級の人々が、収集された肥前磁器の古陶磁が陳列されていることを認識しているという指摘も、海外からの影響によって日本人が柿右衛門や鍋島、古九谷を収集しはじめた可能性があることを示唆するものと言えよう。

挿図3-22
「柿右衛門秋草馬見込鳳凰鉢」
昭和8(1933)年9月23日開催『日本支那古陶美術展覧会』〈図版146〉

挿図3-23
「柿右衛門紅葉梅形鉢」
昭和8(1933)年9月23日開催『日本支那古陶美術展覧会』〈図版120〉

挿図3-24
「柿右衛門椿絵木瓜形皿」
昭和8(1933)年9月23日開催『日本支那古陶美術展覧会』〈図版276〉

第3章第2節　結語

　調査で確認した売立目録掲載の柿右衛門様式磁器作品は総数369件で、1913(大正2)年より1963年までの目録に掲載されていた。そのうち彩壺会が『柿右衛門と色鍋島』を出版した1916(大正5)年以降1926年までの10年間の大正年間の目録に掲載された柿右衛門様式磁器の件数は223件であった。それは売立目録に掲載された柿右衛門様式磁器全体の約60パーセントを占めることになる。西田宏子氏は、その著書で「柿右衛門」の研究は明治時代までほぼ空白期だったと述べておられる[55]。日本国内の売立目録にも明治期に重なる取引の記録は確認されなかった。柿右衛門様式が認識され、日本国内向けの文献に記録され始めた時期としては、彩壺会が展覧会で柿右衛門様式磁器を紹介し『柿右衛門と色鍋島』を出版した大正5年以降である可能性を追認する結果となった。

　大正以降の売立目録から確認できた肥前磁器を多数所有した売主の多くは、近代以降に台頭した資産家であった。そのため、江戸期における肥前磁器の所有者を売立目録により具体的に特定することは残念ながら不可能であった。また、今回は確認できなかったが、公家や豪商といった大名関連以外の有産階級が肥前磁器の所有者となった可能性もあり、今後検討する必要があると思われた。

　売立目録にみられる柿右衛門様式磁器の大部分は、江戸期の有産階級の道具になりうる形の食器であった。香炉や燭台といった食器以外の器種も、江戸期の有産階級の生活における典型的な道具である。それらはいずれも、彼等の宴会や日常生活で食器としての用途をもつ基準的な形態の器か、あるいは、彼等の暮らしの場である屋敷や寺の飾りとして用いることのできる道具であった。

註

1 東京美術倶楽部2006　pp. 1294-1295
2 同書
3 本調査は、売立目録研究委員会の企画に基づく。売立目録研究委員会は、2006(平成18)年末～2007(平成19)年度に、九州産業大学柿右衛門様式陶藝研究センターが21世紀COE柿右衛門様式陶藝研究プログラムの取り組みとして設置した研究者組織で、柿右衛門様式磁器の国内流通を解明するために売立目録の研究を行うことを目的とする。委員会のメンバーは、荒川正明氏、堀内秀樹氏、筆者、山本盤男氏、内山敏典氏である。目録掲載の肥前磁器の鑑定にあたっては、大橋康二氏に御指導いただいた。筆者は売立目録研究の計画者、担当者として売立目録の調査、研究に携わった。調査結果は報告書『柿右衛門様式研究─肥前磁器売立目録と出土資料─』(売立目録研究委員会2008)に収録されている。
4 本稿で使用する「件数」という用語は、作品の個数ではなく、データ件数である(例:5枚1組の皿は1件となる)。データ毎の作品の個数は不定であるため、個数が目録から確認できる場合は上記報告書の「売立目録掲載の肥前磁器 一覧」の「個数」という項目に記載した。従って、件数と作品の個数は一致しない。
5 売立目録研究委員会2008　p. 18「凡例」
6 同書
7 高橋是清(1854-1936)の代の収集品。高橋是清は、幕府御用絵師の家に生まれ、生後間もなく仙台藩足軽の高橋覚治是忠方にひきとられ、その実子として江戸の仙台屋敷内で育った。14歳で藩費留学生として渡米、帰国後英語教師などを経て、1881(明治14)年に農商務省に入省。1892年より日本銀行に在職し、副総裁を経て1911(同44)年には日銀総裁。この間日露戦争の戦費調達のため欧米に出張し外債募集をおこない成功を収めて信望を集め、1907年に男爵を授与される。1913(大正2)年より内閣大蔵大臣、1921(同10)年より首相となったが翌年総辞職。その後も農商務大臣を経て、1927(昭和2)年以降にも度々蔵相に復任。7代もの内閣で大蔵大臣をつとめた財政を専門とする政治家である。2・26事件により殺害されて最期をとげた(吉川弘文館1991)。
8 横山家は元加賀金澤藩家老(売立目録研究委員会2008　pp. 391-392)。
9 和田豊治(1861-1924)は大分県出身の実業家である。慶応義塾大学を卒業後、多くの職に就き、晩年は要職も務め瑞宝章を受けた人物。青年期にサンフランシスコに渡り森村組とも取引し、その後三井銀行に入行、1900(明治33)年に退行して以来、多くの会社の評議員や創立委員長を歴任。1912(大正元)年には西洋を視察し、その後1917(大正6)～1921(大正10)年に和田は理化学研究所設置のため尽力した(喜多1925書を参照)。
理化学研究所において大河内正敏が所長に就任したのは1921(大正10)年であるので、和田の肥前磁器収集には大河内の影響があったのかもしれない。
10 倉知誠夫の収集品。倉知誠夫は金澤藩士の家に生まれ、三越呉服店の専務を務めた実業家である。彼は九谷焼の収集家として知られ、1919(大正8)年に彩壺会にて九谷焼に関する講演もおこなっている。
11 和田維四郎(1856-1920)は福井県小浜出身。鉱物学者で書誌学者。1885(明治18)年から1891(明治24)年まで、東京大学の鉱物学の教授を務めている。和田は彩壺会とも関係があったと考えられ、1916(大正5)年2月より国民美術協会で行われた、特別観覧の参考品「柿右衛門、伊万里、鍋島焼」の古陶磁中には、大河内正敏など彩壺会関係者の作品に交じって和田維四郎の所蔵品「青海波に鶺鴒の皿」が出品されている。『國華』311号(國華社1916b　p. 344)参照。
12 山中定次郎(1866〈慶応2〉-1936〈昭和11〉年)。第二次世界大戦以前まで最大の美術商一家であった山中家の当主。山中商会社長。詳細は報告書:売立目録研究委員会2008を参照のこと。
13 憲政会前代議士、木下新三郎のコレクション(東京美術倶楽部2006を参照)。
14 松方正義の代のコレクション。1927(昭和2)年に爵位を返上したため元公爵と記載した。松方家は元薩摩大隅鹿児島藩所属(売立目録研究委員会2008　p. 392)。
15 川崎芳太郎の代のコレクション。川崎家は元薩摩大隅鹿児島藩所属(売立目録研究委員会2008　pp. 392-393を参照)。
16 『松風閣蔵品展観図録』は、原富太郎(号:三溪)の所蔵品の売立のために作成された目録である。しかし、この目録には入札会の日時記載がない。目録の札元欄の筆頭に記載された中村好古堂社長中村純氏のご教示によれば、目録作成後に財産税法が発布されたことにより入札会が中止されたとのこと。そのため、本来発行日を記さず入札年月日を記載するのが慣わしである売立目録の性格上、目録には日付が記されなかった。中村好古堂に残された記録から確認できる本目録の作成時期は1940(昭和15)年である。
17 本稿に挙げた図版番号は、前掲報告書『柿右衛門様式研究─肥前磁器売立目録と出土資料─』(売立目録研究委員会2008)に掲載された売立目録掲載肥前磁器の写真の図版番号(〈　〉内に記載)である。
18 東京国立博物館三笠景子氏から御教示を得た。
19 『國華』第689号(國華社1949　pp. 216, 223)
20 典型例が以下の報告書に掲載されている。売立目録研究委員会2008, pp. 588-590, 597-598, 604-605
21 Brinkley 1901-02,　p. 122
22 Brinkley 1885　本文献については長谷川祥子氏より御教示を得た。
23 静嘉堂文庫美術館所蔵の肥前磁器には、作品の底面などに特徴のある番号シールが貼られた作品がある。ブリンクリー氏の旧蔵品はこのシールを手がかりにして確認されている(長谷川2008　p. 19)。
24 「ダブルユー・ジェー・ロビンソン」は、「W.J.ロビンソン」のカタカナ表記であるが、実名はWilliam John Robinson(1852-没年不詳)であることが特定できた。ロビンソンについては以下の文献にわずかながら記されている。
(1)西村1995、(2)水町1944、(3)中島1998
25 水町1944　p. 96
26 ロビンソンの4回の売立は、共通して山中吉郎兵衛・林新助・倉澤高次郎の3人の美術商が札元になっている。
27 水町1944　p. 96
28 重複して売立目録に掲載された画像の売立目録No.は以下の通りである(番号は、売立目録研究委員会2008書の図版管理番号)。
1)1657-114/1730-309, 2)1657-087/1730-276, 3)1657-029/1730-237, 4)1657-030/1730-245, 5)1657-024/1657-027, 6)1657-026/1730-246, 7)1657-028/1730-248, 8)1657-088/1788-141, 9)1657-009/1730-300, 10)1730-022/1861-12, 11)1730-014/1788-121/1861-11, 12)1657-131/1730-207, 13)1657-096/1788-113, 14)1657-062/1730-143, 15)1730-060/1788-041, 16)1730-110/1788-015, 17)1657-075/1730-105, 18)1788-039/1861-01, 19)1657-018/1788-031, 20)1730-113/1788-040,

21) 1730-053/1788-035, 22) 1730-103/1788-037, 23) 1730-049/1788-014, 24) 1730-044/1788-001, 25) 1730-112/1788-036, 26) 1730-167/1788-081, 27) 1730-160/1788-105, 28) 1657-098/1730-190, 29) 1657-124/1730-191/1788-075, 30) 1657-130/1730-195, 31) 1730-152/1788-069, 32) 1657-126/1730-193, 33) 1657-004/1730-214, 34) 1730-175/1788-098, 35) 1730-242/1788-148, 36) 1730-023/1861-08　以上36組。

29　本作が東京国立博物館に収められたのは1951(昭和26)年で、同博物館による購入品である。三笠景子氏より御教示を得た。

30　ロビンソンは、西村が聞いた本人の話によれば1873年に初来日し、次に来日したのは1898年だという(西村1995　p. 363)。ロビンソンは神戸では知られたゴルフ愛好家であるため、ゴルフ関連の文献から手がかりが得られた。ゴルフ史家西村貫一が1929年2月13日にロビンソン本人を訪問した際の記録によると、当時ロビンソンはすでに78歳の高齢であり、神戸市東塩屋1070番地に居を構えていた。西村は神戸のゴルフクラブの創設の経緯を聞くためにロビンソンを訪問したが、高齢のため記憶が定かでなく、具体的な回答は得られていない(西村1995　p. 357)。最初の1924(大正13)年(ロビンソン72歳)の売立目録の序文では、ロビンソンは家族がいないと述べているが、これは妻が他界したためであり、その後若い日本人女性を二度目の妻に迎えている(水町1944　p. 99)。

31　中島誠之助氏の随筆(中島1998　p. 57)には、ロビンソンがP・O汽船会社極東地区支社長(P・O汽船会社は、The Peninsular and Oriental Steam Navigation Companyの略称)と記されている。一方、水町和三郎が接見した大坂八幡筋のエジプト屋粂川常川翁(当時95歳)は、ロビンソンを「神戸の百三番屋敷の船会社の社長」と称し(水町1944　p. 97)、西村氏の著作(西村1995　pp. 357-363)では、彼の職業は未詳となっている。

32　十五番館の建物は、1880(明治13)年頃完成し、1995年の阪神・淡路大震災で全壊した後、1998年に復元された。現在は、レストラン、カフェ・ド・神戸居留地十五番館として使用されている。この建物を管理する株式会社ノザワの資料には、この建物にロビンソンが居住していたことが記されている。

33　西村1995　p. 359

34　『ダブルユー、ジェー、ロビンソン氏所蔵品入札』開催場所:大阪美術倶楽部　1924(大正13)年10月21日入札

35　本書には掲載していないが、ロビンソンのコレクションには中国磁器も多い。中国で購入したものもあるため日本と限定せず「東洋」と記したものと推測される。

36　水町1944　pp. 97-98

37　彩壺会1916(大河内1933)

38　子爵大河内正敏は、のちに理研コンツェルンの統括者となる科学者である。1878(明治11)年、旧上総国大喜多藩主大河内正質の長男として生まれ、1903(明治36)年東京帝国大学造兵学科卒業後にドイツ・オーストリアに留学。1911(明治44)年から東京帝国大学工科大学教授を務め、1914(大正3)年には東京帝国大学より工学博士の学位を受ける。大正10年に理化学研究所所長に就任。1929(昭和4)年に国宝保存会委員、1933年に重要美術品等調査委員会委員にも任命されている(大河内記念会1954参照)。

39　荒川2008　pp. 415-421

40　國華社1916a　pp. 308-310

41　水尾2003　p. 39

42　彩壺会1916　p. 10

43　水町1944　p. 96

44　肥前磁器が4件以上掲載されたすべての売立目録調査報告書(前掲註3参照)掲載の売立目録の項目に筆頭札元の美術商の名称を入力し、肥前磁器の取引件数の多い美術商を特定し、表6のリストを作成した。

45　本書第3章第1節第4項A　pp. 284-285

46　山中吉郎兵衛は文久年間(1861-1864)に茶道具を商う山中吉郎兵衛商店を大坂で創業。山中商会の前身である。山中定次郎は吉郎兵衛の長兄吉兵衛の長女貞の夫(婿養子)である(朽木2011　pp. 44, 47を参照)。

47　Put 2000, p. 107 ; 瀬木1979年　p. 105

48　本書第3章第1節第4項A　pp. 284-288

49　Put 2000, p. 107 ; 瀬木1979　p. 105

50　柴柳2008　p. 142-144

51　売立目録研究委員会2008　p. 394-398

52　三笠景子氏の御教示によれば、東京国立博物館にこの「色絵梅に雷雨文大鉢」が収蔵されたのは1934(昭和9)年であるため、この山中商会の売立で購入したものと推測する。

53　山中1934

54　同書　山中定次郎「序」

55　西田1977　p. 46

第3章　結語

　明治期より太平洋戦争以前までの美術商による取引の記録に基づいて、近代以降古美術として市場取引された江戸期製作の肥前磁器の特質について考察を試みた。

　江戸期に、日本の支配者階級のために作られた道具は、武家社会の崩壊後、鹿鳴館に代表されるような西欧文化を優位なものとして貪欲に取り入れる富裕層には受け入れられなくなった。日本の伝統文化に敬意が払われなくなった明治より戦前までの時代において、江戸期に作られた肥前磁器は、その美を新奇なものと感じ愛好する在日外国人や、経済格差による利益を求めて海外進出を計った美術商たちの手を経て急速に海外へ流出し、国内での所有も移転したものと考えられる。

　ブリンクリーやロビンソンの収集例からも推測されるように、明治・大正期の外国人収集家の影響により、肥前磁器が洋館の内部装飾に用いられた可能性があることは、近代以降における肥前磁器のコレクション形成史を解明するうえで今後検討すべき課題である。

　浮世絵や根付の海外への大量流出がかなり深刻な状況に陥っていたことはあまねく知られているが、屏風絵や漆工は浮世絵や根付のように日本国内から払底することはなかった。明治以降の日本の美術品の輸出実態には、作品のジャンルによって程度の差があり、肥前磁器輸出の実態は屏風絵や漆工のケースに近いのではないかと思われる。本考察を通じ、売立目録の調査結果および山中商会の関連資料に基く事により、肥前磁器の流通も、広く近代以降の美術品流出の危機の問題と連動させて考えるべきテーマであるという認識に至った。

挿図　近代の肥前磁器流通の流れ

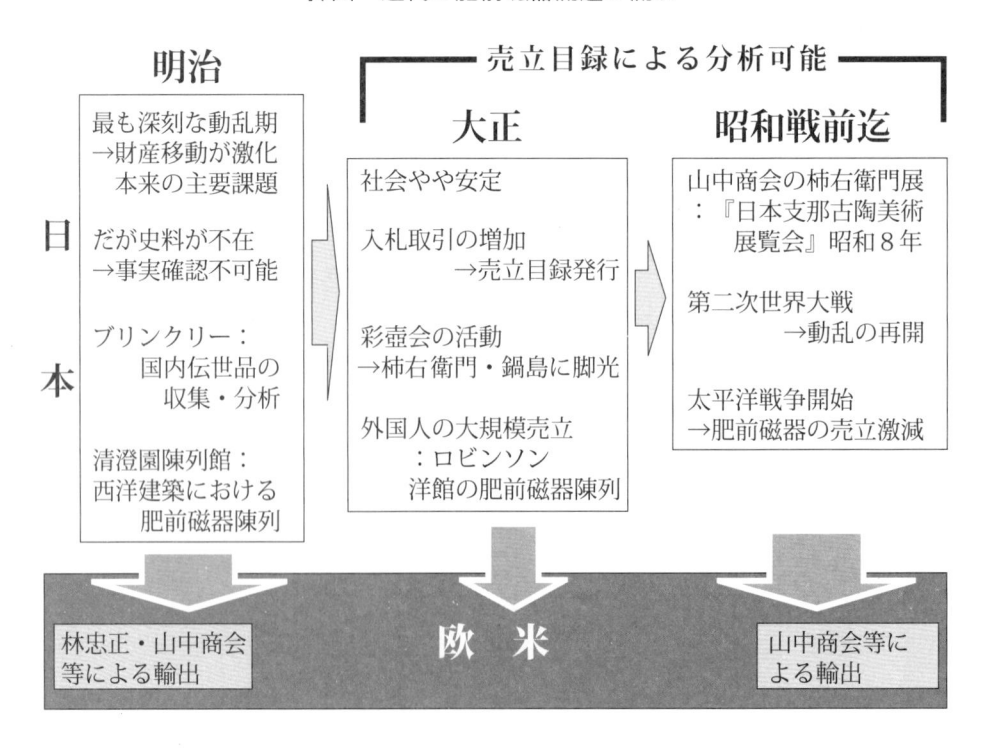

明治	大正	昭和戦前迄
最も深刻な動乱期 →財産移動が激化 本来の主要課題 だが史料が不在 →事実確認不可能 ブリンクリー： 　国内伝世品の 　収集・分析 清澄園陳列館： 　西洋建築における 　肥前磁器陳列	社会やや安定 入札取引の増加 →売立目録発行 彩壺会の活動 →柿右衛門・鍋島に脚光 外国人の大規模売立 ：ロビンソン 洋館の肥前磁器陳列	山中商会の柿右衛門展 ：『日本支那古陶美術展覧会』昭和8年 第二次世界大戦 →動乱の再開 太平洋戦争開始 →肥前磁器の売立激減

（大正〜昭和戦前迄：売立目録による分析可能）

日本 → 欧米

- 林忠正・山中商会等による輸出
- （大正期）
- 山中商会等による輸出

結び ──宮廷美術のエキゾチシズム──

朽木ゆり子氏は、明治以降の山中商会による美術品の輸出を主題とする近著に「異文化間の交流に、美術の移動はつきものだ。美術品の場合は、人に先がけてその価値を発見した人々によって、新たな文化が創られることもある。」と記している[1]。この言葉は、あらゆる時代、国の美術品に通用するものといえよう。例えば、ジャポニスムがよく知られる例であろう。だが全体として見れば、それは東洋美術の愛好家という限定的な影響であり、スパンも短く範囲も限定されがちであった。

　一方、17～18世紀の貿易によって西洋にもたらされた肥前磁器は西洋世界（列国）中枢部に浸透し影響をおよぼし、政治権力の表象機能を担ったのであり、その文化的意義を見過ごすことはできない。

　西洋では近代以降の民主主義の台頭と大衆文化の波が、それ以前の王侯貴族社会文化を否定する傾向を育んできたために、宮廷の装飾美術の研究は等閑視された感が否めない。肥前磁器の西洋宮廷での受容研究は、西洋においてもその分厚いベールを払拭することが難しい領域となっていたと思われる。一方日本でも、我が国の陶磁史研究の主流である鑑賞陶器研究の評価は茶の湯の価値観を主軸とするため、それと尺度を共有しない輸出磁器を対象とする美術史的研究は積極的に選択されるテーマにはなり難く、西洋宮廷において肥前の輸出磁器が担ったその高度な文化的役割の側面は、これまで見過ごされてきたといわねばならない。

　西洋人にとって異文化にほかならない日本の工藝は、中国、中近東、インドなど様々な異国の産物と共に西洋宮廷に安住の地を得たが、その結果、西洋宮廷の室内装飾をつかさどる総合藝術の原理の束縛を受けると同時に、美の原理を最も効果的に発揮しうる室内装飾の方法が考案されることになった。すなわち、装飾藝術の完成がその総体のなかに存し、分断すれば進化を発揮しえない[2]という点においてである。磁器陳列室は、まさにこの西洋宮廷美術最大の特徴である総合藝術の原理の長所を最大限に応用し、東洋磁器の魅力を効果的に発揮させる受容方法であった。

　肥前磁器は、家格の向上を目的とした権威表象という、西洋の宮廷において不可欠な機能を構成する要素として宮廷文化に適合したからこそ、室内を飾る世俗的美術として西洋で積極的に受容され、その流行が長期にわたって維持されたのである。

　磁器陳列室は、ヴェストファーレン条約締結後17世紀後半から18世紀の神聖ローマ帝国解体期以前までにみられ、ドイツ、オランダ、オーストリア、イギリス、スウェーデン、ロシアといった広い地域に作例が認められる。肥前磁器がこれら大国の王侯貴族たちの宮殿を飾り、その陳列が大規模な地域的拡がりをもって展開した事実は、当時の西洋宮廷が肥前磁器に「宮廷の美術」としての価値を認めたことの証しであろう。

　西洋では、宮殿の建設とその内部装飾に贅をこらし、大胆で奇想に満ちた方法を実践しようとする意欲的な王侯貴族が数多く出現し、宮殿装飾の美を競い合った。磁器陳列室が与える強烈なインパクトには、鏡が果たす役割が極めて大きい。筆者が内容を確認することのできたドイツの磁器陳列室すべてに鏡の設置が認められる。鏡の使用により、磁器は光に包まれその姿を増幅させる。その映像は万華鏡のような幻想的視覚世界と化し輝きを放った。こうした室内装飾は、美術品を誇示することによって達成されると信じられた権威表象機能に起因するもので、肥前磁器の陳列もこの問題に深く関わっている。肥前磁器は、宮殿内の室内装飾の一部となり、宮廷が発信する政治的メッセージの一翼を様々な西洋の美術品と共鳴しあいながら担っていたのである。

さて、ドイツにおける肥前磁器の受容には、注文主の性差により異なるふたつの傾向を見ることができた。

男性の王侯による磁器陳列室の事例は、(1)オラニエンブルク城に「磁器の小部屋」(完成1695年)を設置したプロイセン王(1701年まではブランデンブルク選帝侯)フリードリッヒ一世、(2)磁器の城「日本宮」(未完1733頃迄)建設に取り組んだザクセン選帝侯でポーランド王のアウグスト強王、(3)ヴァイセンシュタイン城に「鏡の間」(完成1719年)、ガイバッハ城に「グロテスクの部屋」(完成1714年)を設置したバンベルク・マインツ教区の大司教兼選帝侯のローター・フランツ・フォン・シェーンボルン、(4)ミュンヘンのレジデンツに「鏡の間」を設置したバイエルン選帝侯のマキシミリアン二世エマニュエル、(5)ファルケンルスト城に「鏡の間」(完成18世紀中頃)を設置したケルン大司教兼選帝侯クレメンス・アウグスト一世、(6)ザルツダールム城に「磁器の間」(完成1694年頃)を設置したブラウンシュヴァイク＝ヴォルフェンビュッテル侯爵アントン・ウルリッヒ(選帝侯になることを目論むが挫折した)、(7)アルンシュット新宮殿に「磁器の間」(完成1735年)を設置したシュヴァルツブルク＝ゾンダースハウゼン侯爵ギュンター一世、(8)モンビジュー城に磁器陳列室(完成1701年以前)を建てるも失脚し城を王に譲ったプロイセン王フリードリッヒ一世の寵臣であったヴァルテンベルク伯爵ヨハン・カシミール・コルベ、(9)メルセブルク城に「鏡の間」(完成1715年)を設置したザクセン＝メルセブルク伯爵モーリッツ・ヴィルヘルム、(10)ベルヴュー城に「磁器ギャラリー」(完成1750年代)を設置したヘッセン＝カッセル方伯ヴィルヘルム八世の10名が知られる。そしてこのうち5名が選帝侯以上の身分を有するのである[3]。選帝侯たちはその身分に相応しい絶大な権威と財力を証明する必要に迫られていた。それが彼らに、膨大な磁器コレクションを築き上げさせることにもなったのである。こうした収集行為は、磁器陳列室が高度な権威表象機能を担うものであったことを物語る。

すなわち磁器陳列室は、絶対主義王政下の宮殿建築においては、威信財として必須とされた「謁見の間」や「会議の間」、謁見のための「寝室」、絵画をはじめさまざまな美術品を陳列するための「陳列室」や「ギャラリー」などと同様に、権威表象機能を持つものであった。だからこそ、西洋の主要な国王や選帝侯たちのあいだで磁器陳列室の設置が通例化したのであり、その美が競われたのである。このような磁器陳列室の所有は、時として激しい羨望と憎悪を育むこととなったであろう。王の寵愛を失墜してプロイセン王にモンビジュー城の磁器陳列室を召し上げられたヴァルテンベルク伯爵ヨハン・カシミール・コルベや、ザクセンとの領土争いの末に世継ぎを絶やし、ザクセン＝メルセブルク伯爵領からザクセン選帝侯国の手に落ちたメルセブルク城の「鏡の間」の事例は、磁器陳列室の持ち主が辿った負の末路にほかならない。磁器陳列室は、究極の威信財であると同時にネガティブな力を帯びた魔物でもあった。

選帝侯たちは、絵画や彫刻、様々な異国のキュリオシティーを含めた総合的な美術コレクションを築き上げる過程において、その一環として磁器陳列室をしつらえることを試みたのであり、彼らが造らせた宮殿建築は、あらゆる種類の美術品を豊富に陳列した美術品の宝庫の様相を呈していった。選帝侯の磁器陳列は、都市の宮殿にほどこされた例が多く、大規模な磁器陳列室をしつらえ、磁器陳列室以外の部屋にも壺と瓶からなる組物を中心とする大振りの東洋磁器を配す。このように東洋を表象する記号を反復的に多用することにより、城内全体の統一を図っていた。そして、彼らの磁器コレクションは、やがて19世紀初頭に流行の兆しを見せる王侯の博物館計画の一部に組み込まれ、形を変えて存続したのである。こうした美術品公開のあり方は、王権を維持するためのプロパガンダといえよう。

一方、女性王侯のケースにおいては、オランダのアウデ・ホーフ宮殿、ハイス・テン・ボス宮殿、ドイツのオラニエンブルク城、カプット城、リーツェンブルク城、モンビジュー城、ヘーレンハウゼン城ギャラリー館、ヴァイルブルク城、ハイデックスブルク城、ファヴォリテ城、フリーデンシュタイン城、アルテンブルク城、シャルロッテンブルク城、イギリスのケンジントン宮殿、オーストリアのシェーンブルン城、エッゲンベルク城に設置された磁器陳列室の作例を見ることができる。そして、ドイツにおける初期の磁器陳列室の大半はネーデルラントのオラニエ＝ナッサウ家に関係する血筋の王妃たちによって設置されていた。王妃たちの磁器コレクションは、選帝侯のコレクションと比較して小形の器物の多い控えめなもので、限られた人間しか立ち入ることのない私的な空間に設けられる例が多い。アルテンブルク城やファヴォリテ城に設置された磁器陳列室はその典型例である。そして女性の磁器陳列室は「婦人室（ブドワール[4]）」のような存在となった。女性王侯においては多くの場合、磁器は異国からもたらされた特別な財産を生家から継承できる自己の特権的身分の正統性を証明するものとして、男性の王侯とは本質的に異質の権威表象を読み取ることができるのである。

　ヨーロッパの宮廷美術における磁器陳列室やシノワズリ建築の内部装飾において、中国磁器よりも重要な場所に柿右衛門様式磁器などが配置されるといった、肥前磁器の優位性を認めることができる。ウィーンのシェーンブルン城の「中国の間」の壁面の磁器装飾のようにコンソールに磁器が固定されているため当時の配置場所を把握できる、あるいは調度品の散逸がなく18世紀の所蔵品目録に忠実な陳列が維持されたスウェーデンのドロットニングホルム城、18世紀の伝世状態が確認できるエッゲンベルク城などでは、中国磁器よりも肥前磁器の優位が歴然としている。

　先述のチャールズ・ロックヤーの説による、肥前磁器は中国磁器と比較して流通量に乏しく、品質も優れているため価格が高騰したとされる点[5]や、今日西洋に所在する王侯貴族による旧蔵品の肥前磁器に多く認められる丁寧な仕上げや上質な色絵具から醸し出される静寂な趣から見ても、宮廷で肥前磁器が好まれ、中国磁器に対してその優位性が認められる傾向にあったとする解釈を主張することは可能だといえよう。

　17〜18世紀の西洋宮廷においては、特定のジャンルの日本工藝に評価が集中する傾向が認められる。その代表的な例が漆器と柿右衛門様式の磁器であった。とくにウィーン、ミュンヘン、ドレスデンをはじめとする複数の宮廷が所蔵する漆風黒塗り装飾の肥前磁器と柿右衛門様式磁器の写し物の作例は、柿右衛門様式磁器と蒔絵が格別な評価を受けたことを明白に物語っている。

　このように、磁器陳列室を中心とする西洋宮廷における磁器陳列の成立およびその後の発展史を捉えることにより、磁器陳列室を中心とする磁器陳列の文化が、王侯貴族たちの磁器への執着の基軸となり、まるで旋風のように周辺を巻き込んでいった状況が浮き彫りとなろう。多くの王侯貴族を磁器の虜にし、熱狂的なコレクターにせしめる誘惑の泉となったのは、まさに磁器陳列室であったといえよう。

　権威表象という、宮廷において必要不可欠な機能を有する素材として宮廷文化に適合したからこそ、肥前磁器は中国磁器とともに室内装飾として受容されたのである。筆者は、この適応性がもたらした新たな宮廷文化の創出こそが、肥前磁器流行の主因であったと捉える。磁器陳列室は、王侯貴族を筆頭とする、様々な階層の、磁器を収集する人々の心の奥底に残像のように記憶される「エキゾチシズム」あるいは「伝説」となり、そのイメージを再現するために様々な階層での磁器の

流行を生みだしていたように思われる。磁器陳列室には、王侯貴族のみならずあらゆる当時の西洋人を魅了し、磁器への好奇心と憧れを芽生えさせ、磁器を所有することへの欲望を駆り立てる、魔法のような求心力が宿っていたのである。

オランダ東インド会社の公式貿易は、輸出総量約123万個の肥前磁器を扱った。だが海外へもたらされた肥前磁器は、こうした東インド会社の公式貿易以外に個人貿易や唐船貿易によるものも少なくなかった。例えば、「バタヴィア城日誌」からは、1664年～1736年にかけて推計約420万個もの肥前磁器が長崎からバタヴィアに運ばれたことがわかる。また、近代以降に古美術として流出した肥前磁器の流通を把握する事も試み、17～18世紀に行われた本来の輸出磁器の器種や意匠を具体的に検証し、外郭を具体化する手法を以って輸出磁器の範囲を限定する根拠を示したつもりである。海外へ輸出された肥前磁器の内容は、磁器陳列室に飾られるような高級な装飾品から日用雑器まで幅広い。それらがどのように西洋各国の生活スタイルに関わる新しい文化を創り出していったのかということについては、更なる探求が必要であろう。例えば、18世紀のロンドンで販売された肥前磁器は、大半が茶器であった。このことは、イギリスにおける喫茶（ティー）の流行に肥前磁器が深く関わりつつ、受容消費されたことを物語っているのである。

磁器陳列室の歴史を通覧することによって、我々が生きる現代日本と欧州（特にドイツ）の美術行政の問題も浮き彫りになってきた。ドイツの戦後復興は、伝統的な美の再現を含めた高度なものであった。この点は、多くの大都市が戦争で破壊された点においてドイツと共通する日本の、特に東京の状況とは根本的に異なっているといわねばならない。戦後のドイツでは、建築とその内装を修復する高い技術があるだけでなく、文化財を戦前までの状態に再現させる取り組みが、公共機関の管理とリーダーシップのもとで、長期にわたり数多くの城で継続的に行われてきた。本書に挙げたような再現された2件を含めて13件の磁器陳列室の作例が現存するのは、まさにその文化財修復の取り組みおよびその高度な技術力があったからこそであり、そうして残された作例が豊富にあってこそ、はじめて現代人は磁器陳列室の存在をリアルに心に刻むことができる。それなくして美術史家に過去における日本工藝受容の実態を検討する門戸が開かれる機会などないのである。筆者は、長期にわたって根気強く継続的に取り組まれた欧州における文化財修復の計画性と実行力に深い敬意の念を表したい。戦後の復興がそれとは異なる方向に進んだ日本の国民として、その英断を心に刻むことにより学ぶべき点は多い。

なお、本書では神聖ローマ帝国およびそれに係わる範囲での把握を優先する方針を採ったため、イタリア、フランス、イギリス、チェコ、ポーランドについては、肥前磁器および磁器陳列室を対象とする視察的な調査をすでに行ったにもかかわらず、考察に盛り込むことができなかった。これらの地域については情報収集を継続し、とりまとめることを目指している。より広い視野を以って輸出磁器を論じることを今後の課題としたい。

註

1　朽木2011　p. 401
2　アラン・グルベール2001　第1巻　pp. 8-9
3　18世紀前半の時代に任命されていた選帝侯は9名であった。選帝侯について詳細は第2章第2節註1を参照のこと。彼らは、カトリック教区の領主が比較的多いが、プロテスタント教区の領主も含まれる。磁器陳列室の起源はプロテスタント教区のオランダであるが、その後の流行の過程においてキリスト教の宗派の区別が作用した形跡はないことを補足する。
4　婦人室（ブドワールBoudoir）とは、普通、洗練された装飾をほどこされた婦人の小広間をさす。もっとも親密な人々だけが通される。（アラン・グルベール2001　第2巻　p. 474）
5　本書第1章第4節第5項　pp. 127-128

資料篇1
オランダ東インド会社文書
Archival Sources : Part 1 -The VOC Records-

"Porceleijnen" in de negotiejournalen van het comptoir Nagasaki

(Porcelain in the Trade Journals of the Nagasaki Office)

1650

J1650-1/1　　NFJ 850　　6998-1-92-2
Nagasaki 15 October 1650
Gescheept door Opperhoofd[Anthonio van Brouckhorst] in *den Witten Valck* over Taijouan naar Tonckijn

　145 p^s diverse groove porceleijnen costen ································T.　　8.2.-

1651

The journal for 1651 is missing.

1652

J1652-1/1　　NFJ 851　　6998-1-92-3
Nagasaki, 4 November 1652
Gescheept door Opperhoofd [Adriaan van der Burgh] in *den Coninck van Poolen* naar Taijouan

　1265 stx diversche sorteringe porceleijnen medicament potten ende kleene d°
　　　fleskens costen te samen ··T.　41.-.-

1653

J1653-1/1　　NFJ 852　　6998-1-92-4
Nagasaki, 10 November 1653
Gescheept door Opperhoofd Frederick Coijet in *den Witten Valck* naar Taijouan

　1200 p^s cleijne porceleijne fleskens en potjens a 4 cond^r yd^r ··················T.　　48.-.-
　1000 p^s salff en conserf potten a 5 maes de 3 p^s ································T.　166.6.6

長崎商館の仕訳帳における「磁器」

1650

J1650-1/1　　　NFJ 850　　　　6998-1-92-2
長崎、1650年10月15日
商館長［アントニオ・ファン・ブルックホルスト］によって台湾経由、トンキン行きのヴィッテ・ファルク号で運ばれた

　145個　様々な粗製の磁器、値段・・・・・・・・・・・・・・・・・・・・・・・・・・・・・・・・8.2.- テール(註1)

1651

1651年の仕訳帳は不明である。

1652

J1652-1/1　　　NFJ 851　　　　6998-1-92-3
長崎、1652年11月4日
商館長［アドリアーン・ファン・デル・ブルフ］によって台湾行きのコーニング・ファン・ポーレン号で運ばれた

　1265個　様々な種類の磁器、薬壺と小型の同上の瓶
　　　　　値段合計・・・・・・・・・・・・・・・・・・・・・・・・・・・・・・・・・・・・・・41.-.- テール

1653

J1653-1/1　　　NFJ 852　　　　6998-1-92-4
長崎、1653年11月10日
商館長フレデリック・コイエットによって台湾行きのヴィッテ・ファルク号で運ばれた

　1200個　小型の磁器製瓶と小壺、各4コンドリン／個・・・・・・・・・・・・・・・・・・48.-.- テール
　1000個　軟膏および保存用の壺、各5マース／3個・・・・・・・・・・・・・・・・・・166.6.6 テール

"Porceleijnen" in de negotiejournalen van het comptoir Nagasaki

1654

J1654-1/2   NFJ 853   6998-1-92-5
Nagasaki, 25 October 1654
Gescheept door Opperhoofd Gabriel Happart in [de] *Breda* naar Taijouan

3745 stux conserf potten, cleijne fleskens ende pottiens van diverse sorteringe
   costen tsamen·· T.   69.2.-

- ɸ -

J1654-2/2   NFJ 853   6998-1-92-5
Nagasaki, 31 October 1654
Gescheept door Opperhoofd Gabriel Happart in *het Kalf* naar Taijouan

513 p^s zoo salf en conserf potten costen met malkanderen······················· T.   43.-.4

1655

J1655-1/1   NFJ 854   6998-1-92-6
Nagasaki, 20 October 1655
Gescheept door Opperhoofd Leonard Winninx in *den Angelier* naar Taijouan

3209 stucqs soo conserf als zalf pottjens midtsgaders partije cleijne
   fleskens van diverse soorteringhe, costen 'tzamen································· T.   154.7.2

1656

J1656-1/2   NFJ 855   6998-1-92-7
Nagasaki 22 October 1656
Gescheept door Opperhoofd Joan Boucheljon in *den Coningh Davidt* naar Taijouan

2003 groote en cleijne Zalfpotten costen t'zamen·· T.   87.9.4

- ɸ -

J1656-2/2   NFJ 855   6998-1-92-7
Nagasaki 29 October 1656
Gescheept door Opperhoofd Joan Boucheljon in *d'Avondtstar* naar Batavia

2136 Porceleijne pottiens en fleskens, van diverze soorteringe
   voor de Chirurgijns Wijnckel op Bat^a costen t'zamen···························· T.   99.6.2

1654

J1654-1/2　　　NFJ 853　　　　6998-1-92-5
長崎、1654年10月25日
商館長ガブリエル・ハッパルトによって台湾行きのブレダ号で運ばれた

　3745 個　様々な種類の保存用の壺、小型の瓶および小壺
　　　　　値段合計・・・ 69.2.- テール

- φ -

J1654-2/2　　　NFJ 853　　　　6998-1-92-5
長崎、1654年10月31日
商館長ガブリエル・ハッパルトによって台湾行きのカルフ号で運ばれた

　513 個　軟膏および保存用の壺の合計の値段・・・・・・・・・・・・・・・・・・・・・・・・ 43.-.4 テール

1655

J1655-1/1　　　NFJ 854　　　　6998-1-92-6
長崎、1655年10月20日
商館長レオナルト・ヴィニンクスによって台湾行きのアンゲリール号で運ばれた

　3209 個　様々な種類の貯蔵用および軟膏用の小壺ならびに一組の小型の瓶
　　　　　値段の合計・・・・・・・・・・・・・・・・・・・・・・・・・・・・・・・・・・・・・・・ 154.7.2 テール

1656

J1656-1/2　　　NFJ 855　　　　6998-1-92-7
長崎、1656年10月22日
商館長ヨアン・ブーヘリオンによって台湾行きのコーニンク・ダヴィッド号で運ばれた

　2003　　大小の薬壺　値段の合計・・・・・・・・・・・・・・・・・・・・・・・・・・・・・・ 87.9.4 テール

- φ -

J1656-2/2　　　NFJ 855　　　　6998-1-92-7
長崎、1656年10月29日
商館長ヨアン・ブーヘリオンによってバタヴィア行きのアーヴォントスタル号で運ばれた

　2136　　様々な種類の磁器製小壺および瓶
　　　　　バタヴィアの外科治療所向け、値段合計・・・・・・・・・・・・・・・・・・・・・ 99.6.2 テール

"Porceleijnen" in de negotiejournalen van het comptoir Nagasaki

1657

J1657-1/1   NFJ 856   6998-1-92-8
Nagasaki, 26 October 1657
Gescheept door Opperhoofd Zacharias Wagenaer in [de] *Domburgh* naar Taijouan

   3040 stx medicament en zalf potten, costen t'zamen·· T. 203.6.-

1658

J1658-1/2   NFJ 857   6998-1-92-9
Nagasaki, 16 October 1658
Gescheept door Opperhoofd Joan Boucheljon in *de Zeeridder* naar Taijouan

                            T' volgende voor Bengale
   457 stux Japans porceleijn costende met de
      ongelden daar op gevallen······································· T.   27.4.5

- φ -

J1658-2/2   NFJ 857   6998-1-92-9
Nagasaki, 22 October 1658
Gescheept door Opperhoofd Joan Boucheljon in *de Trouw* naar Batavia

   4800 stx medicament potten en fleskens van diversse soort voor de
      Chirurgijns winkel op Batavia expres doen maken costen tzamen················ T. 281.2.-

1659

J1659-1/6   NFJ 857   6998-1-92-10
Nagasaki, 17 October 1659
Gescheept door Opperhoofd Zacharias Wagenaer in *de Vogelensank* naar Batavia

   5748 stux diversse soort van Jappans porceleijn voor Battavia ende
      't vaderlant cost tesamen met d'ongelden······································· T. 494.8.8

- φ -

J1659-2/6   NFJ 857   6998-1-92-10
Nagasaki, 25 October 1659
Gescheept door Opperhoofd Zacharias Wagenaer in [de] *Brouwershaven*, naar Taijouan

   230 stux Porceleijnen van diversse soorte in drij jac-
      quans kisten costen met deselve tsamen························ T.   45.-.-

- φ -

1657

J1657-1/1　　　NFJ 856　　　　6998-1-92-8
長崎、1657年10月26日
商館長ザハリアス・ワーヘナールによって台湾行きのドムブルフ号で運ばれた

　3040個　薬用および軟膏壺、値段合計・・・203.6.- テール

1658

J1659-1/2　　　NFJ 857　　　　6998-1-92-9
長崎、1658年10月16日
商館長ヨアン・ブーヘリオンによって台湾行きのゼーリッデル号で運ばれた

　　　　　　　　　　　　　　　以下はベンガル向け

　457個　日本の磁器
　　　　　経費込みの合計金額・・・・・・・・・・・・・・・・・・・・・・・・・・・・・・・・・27.4.5 テール

　　　　　　　　　　　　　　　　　- φ -

J1659-2/2　　　NFJ 857　　　　6998-1-92-9
長崎、1658年10月22日
商館長ヨアン・ブーヘリオンによってバタヴィア行きのトラウ号で運ばれた

　4800個　バタヴィアの外科治療所向けに特別に作らせた様々な種類の薬壺と瓶
　　　　　値段合計・・281.2.- テール

1659

J1659-1/6　　　NFJ 857　　　　6998-1-92-10
長崎、1659年10月17日
商館長ザハリアス・ワーヘナールによってバタヴィア行きのフォーヘルザンク号で運ばれた

　5748個　バタヴィアおよび祖国向けの様々な種類の日本の磁器
　　　　　経費込みの値段合計・・・・・・・・・・・・・・・・・・・・・・・・・・・・・・・・・・・・・494.8.8 テール

　　　　　　　　　　　　　　　　　- φ -

J1659-2/6　　　NFJ 857　　　　6998-1-92-10
長崎、1659年10月25日
商館長ザハリアス・ワーヘナールによって台湾行きのブロウワースハーフェン号で運ばれた

　230個　様々な種類の磁器、薬灌の箱3つに入っている
　　　　　上記の品込みの値段合計・・・・・・・・・・・・・・・・・・・・・・・・・・・・・45.-.- テール

　　　　　　　　　　　　　　　　　- φ -

"Porceleijnen" in de negotiejournalen van het comptoir Nagasaki

J1659-3/6   NFJ 857   6998-1-92-10
Nagasaki, 25 October 1659
Gescheept door Opperhoofd Zacharias Wagenaer in [de] *Breukelen* naar Tayouan

  508 stux porceleijne olij vleskens en salffpotten voor de
      winkel costen tzamen·· T.   18.-.-

- ɸ -

J1659-4/6   NFJ 857   6998-1-92-10
Nagasaki, 30 October 1659
Gescheept door Opperhoofd Zacharias Wagenaer in [de] *Nieupoort* naar Taijouan

22127 stux diversse soort van Japansche porceleijnen
      voor Mocha en Souratta costen te samen······················· T.   804.4.7

- ɸ -

J1659-5/6   NFJ 857   6998-1-92-10
Nagasaki, 30 October 1659
Gescheept door Opperhoofd Zacharias Wagenaer in *d' Ulisses* naar Taijouan

 1918 stux diversse soort van Jappanse porceleijnen voor de
      Cust en Bengala costen te samen···································· T.   133.-.7

- ɸ -

J1659-6/6   NFJ 857   6998-1-92-10
Nagasaki, 30 October 1659
Gescheept door Opperhoofd Zacharias Wagenaer in [de] *Hilversum* naar Batavia

 3271 stux diversse soort van medicamenten ende Salffpotten
      voor de Chirurgijns winkel op Battavia························· T.   171.3.8
  108 diversse soort van Jappanse porceleijnen tot monsters
      costen te samen·· T.   38.5.-

1660

J1660-1/3   NFJ 858   6998-1-92-11
Nagasaki, 14 October 1660
Gescheept door Opperhoofd Joan Boucheljon in [de] *Venenb[urch]* naar Batavia

11530 stx verscheijde soort porceleijne schotels, etc voor Nederlant in 12 cassen comt······ T.   647.8.-
  902 stx diversche porceleijne schotels tot een monster voor Batavia cost············ T.   457.6.-
 3429 stx potten, fleskens en beckens voor de Chirurgijns op Battav[a] costen ········ T.   189.5.4

- ɸ -

328

J1659-3/6NFJ 8576998-1-92-10
長崎、1659年10月25日
商館長ザハリアス・ワーヘナールによって台湾行きのブリューケレン号で運ばれた

508 個　店用の磁器製の油用瓶と軟膏壺
　　　　値段合計・・18.-.- テール

- φ -

J1659-4/6　　NFJ 857　　　6998-1-92-10
長崎、1659年10月30日
商館長ザハリアス・ワーヘナールによって台湾行きのニューポールト号で運ばれた

22127 個　モカおよびスーラト向けの様々な種類の日本の磁器
　　　　値段合計・・・・・・・・・・・・・・・・・・・・・・・・・・・・・・・・・・・・・804.4.7 テール

- φ -

J1659-5/6　　NFJ 857　　　6998-1-92-10
長崎、1659年10月30日
商館長ザハリアス・ワーヘナールによって台湾行きのユリセス号で運ばれた

1918 個　様々な種類の日本の磁器
　　　　沿岸とベンガル向け、値段合計・・・・・・・・・・・・・・・・・・・・・ 133.-.7 テール

- φ -

J1659-6/6　　NFJ 857　　　6998-1-92-10
長崎、1659年10月30日
商館長ザハリアス・ワーヘナールによってバタヴィア行きのヒルフェルズム号で運ばれた

3271 個　様々な種類の薬用および軟膏壺
　　　　バタヴィアの外科治療所向け・・・・・・・・・・・・・・・・・・・・・・・171.3.8 テール
108　　　様々な種類の日本の磁器、見本のとおりに
　　　　値段合計・・・・・・・・・・・・・・・・・・・・・・・・・・・・・・・・・・・・・38.5.- テール

1660

J1660-1/3　　NFJ 858　　　6998-1-92-11
長崎、1660年10月14日
商館長ヨアン・ブーヘリオンによってバタヴィア行きのフェーネンブルフ号で運ばれた

11530 個　様々な種類の磁器製深皿等、祖国向けに、12箱入り、合計・・・・・・・・・・・ 647.8.-
902 個　見本に基づく様々な磁器製深皿、バタヴィア向け、値段・・・・・・・・・・・ 457.6.-
3429 個　壺、瓶および〔ひげ〕皿、バタヴィアの外科治療所向け、値段・・・・・・・・ 189.5.4

- φ -

"Porceleijnen" in de negotiejournalen van het comptoir Nagasaki

J1660-2/3   NFJ 858   6998-1-92-11
Nagasaki, 15 October 1660
Gescheept door Opperhoofd Joan Boucheljon in [de] *Immenhorn* naar Taijouan

  80 gesorteerde porcleijne schotels·································· T.   38.6.-
 100 stx pierings·· T.   8.-.-
  50 stx sousiertges··· T.   2.5.-
  20 pullen off flessen··· T.   5.8.-

- φ -

J1660-3/3   NFJ 858   6998-1-92-11
Nagasaki, 24 October 1660
Gescheept door Opperhoofd Joan Boucheljon in *d'Oijevaar* naar Malacca

57173 stx diversche porceleijne voor idem [= Suratte] costen························T. 1978.4.-

1661 - 1664

The records of shipments from Japan from 1661 until 1664 are missing.

1665

J1665-1/7   NFJ 859   6998-1-92-12
Nagasaki, 18 October 1665
Gescheept door Opperhoofd Jacob Gruijs in *de Hasenbergh* naar Malacca

1602 gesorteerde porceleijnen daervan
    1002 p^s diversche d^{os} schotels in 167 stroo
        packen a 6 p^s ijder en costen d'6 p^s
        T 3.-.4 compt····································· T. 507.6.8
     600 p^s d^{os} pieringx in 20 pacqen van
        30 p^s ijder a T 3.6.- 'tpack···················· T. 72.-.-
1602 diversz porceleijnen bedraagt······························· T. 579.6.8

- φ -

J1660-2/3　　　NFJ 858　　　　6998-1-92-11
長崎、1660年10月15日
商館長ヨアン・ブーヘリオンによって台湾行きのインメンホールン号で運ばれた

　　80　　　選別された磁器製の深皿・・・・・・・・・・・・・・・・・・・・・・・・・・・・・38.6.- テール
　100 個　平皿・・・8.-.- テール
　　50 個　ソース容れ・・・・・・・・・・・・・・・・・・・・・・・・・・・・・・・・・・・・・・2.5.- テール
　　20　　　プレ（註2）又は瓶・・・・・・・・・・・・・・・・・・・・・・・・・・・・・・・・5.8.- テール

- ф -

J1660-3/3　　　NFJ 858　　　　6998-1-92-11
長崎、1660年10月29日
商館長ヨアン・ブーヘリオンによってマラッカ行きのオーイエファール号で運ばれた

57173 個　様々な磁器、同上の地向け[=スーラト]、値段・・・・・・・・・・・・・・・・・・・・・ 1978.4.- テール

1661 - 1664

1661〜1664年の仕訳帳は不明である。

1665

J1665-1/7　　　NFJ 859　　　　6998-1-92-12
長崎、1665年10月18日
商館長ヤーコブ・フライスによってマラッカ行きのハーゼンベルフ号で運ばれた

　1602　　　選別された磁器、下記の品からなる
　　1002個　様々な同上の深皿、各6個入り藁包167個からなる
　　　　　　そして値段は6個につき
　　　　　　3.-.4 テール・・・・・・・・・・・・・・・・・・・507.6.8 テール
　　　600個　同上、　平皿、各30個入りの包が20個
　　　　　　3.6.-テール／包・・・・・・・・・・・・・・・・・72.-.- テール
　1602　　　様々な磁器、総額・・・・・・・・・・・・・・・・・・・・・・・・579.6.8 テール

- ф -

"Porceleijnen" in de negotiejournalen van het comptoir Nagasaki

J1665-2/7　　　NFJ 859　　　　6998-1-92-12
Nagasaki 28 October 1665
Gescheept door Opperhoofd Jacob Gruijs in [de] *Claverskercke* naar Malacca

1050 p^s diversche porceleijnen in 47 balen als
　　　90 p^s schotels in 15 balen costende de
　　　　6 p^s T 3.-.4 · T.　45.6.-
　　　960 p^s Taffelpierings in 32 balen
　　　　a 30 p^s ider en costen de 30 p^s
　　　　T 3.6.- compt · T. 115.2.-
　　1050 p^s divers porceleijnen bedragen · T. 160.8.-

- ɸ -

J1665-3/7　　　NFJ 859　　　　6998-1-92-12
Nagasaki 28 October 1665
Gescheept door Opperhoofd Jacob Gruijs in [de] *Sparendam* naar Malacca

18234 p^s diversche porcelijnen daervan
　　6234 p^s d^{os} schotels in 1039 stroo –
　　　packens id. inhoudende 6 p^s · T. 3158.5.6.
　　12000 p^s d^{os} taffelpieringx in 400 bossen
　　　van 30 p^s yder a T.3.6.- 't bos compt · · · · · · · · · · · T. 1440.-.-
　　　voor de planckjes die aen de porceleijnen
　　　gebonden zijn · T.　　5.5.-
　18234 p^s diversz porceleijnen bedraagt · T. 4604.-.6

- ɸ -

J1665-4/7　　　NFJ 859　　　　6998-1-92-12
Nagasaki 28 October 1665
Gescheept door Opperhoofd Jacob Gruijs in [de] *Alphen* naar Malacca

420 p^s porceleijnen taffelpieringx in 14 stroo
　　balen yder inhoudende 30 p^s a T 3.6. 't stroo comt · · · · · · · · · · · · · · · · · T.　50.4.-

- ɸ -

J1665-2/7　　　NFJ 859　　　　6998-1-92-12
長崎、1665年10月28日
商館長ヤーコブ・フライスによってマラッカ行きのクラーフェルスケルケ号で運ばれた

　1050個　様々な磁器、47俵入り、すなわち
　　　90個　深皿、15俵入り、値段
　　　　　　6個、3.-.4テール・・・・・・・・・・・・・・・・・・・・・・・・45.6.-テール
　　　960個　食卓用平皿、各30個入り32俵
　　　　　　値段は3.6.-テール／30個
　　　　　　合計・・・・・・・・・・・・・・・・・・・・・・・・115.2.-テール
　1050個　様々な磁器、総額・・・・・・・・・・・・・・・・・・・・・・・・・・・160.8.-テール

— φ —

J1665-3/7　　　NFJ 859　　　　6998-1-92-12
長崎、1665年10月28日
商館長ヤーコブ・フライスによってマラッカ行きのスパレンダム号で運ばれた

　18234個　様々な磁器、下記の品からなる
　　6234個　同上の深皿、
　　　　　　各包6個入り藁包1039個に入っている・・・・・・・・・3158.5.6テール
　　12000個　同上、食卓用平皿、
　　　　　　各30個入の束400個、3.6.-テール／束、合計・・・・1440.-.-テール
　　　　　　磁器に結んでつける
　　　　　　木札用に・・・・・・・・・・・・・・・・・・・5.5.-テール
　18234個　様々な磁器、総額・・・・・・・・・・・・・・・・・・・・・・・4604.-.6テール

— φ —

J1665-4/7　　　NFJ 859　　　　6998-1-92-12
長崎、1665年10月28日
商館長ヤーコブ・フライスによってマラッカ行きのアルフェン号で運ばれた

　420個　磁器、食卓用平皿
　　　　各30個入り藁俵14個に入っている、3.6テール／藁束、合計・・・・・・・・・50.4.-テール

— φ —

J1665-5/7   NFJ 859   6998-1-92-12
Nagasaki 28 October 1665
Gescheept door Opperhoofd Jacob Gruijs in *de Spreeuw* naar Tonkin aan coopman Constantijn Ranst, opperhoofd aldaar

De monsters van 't volgende porceleijnen
   ongetaxeert
 8660 p^s diverse porceleijnen daer van
     2200 p^s d° coppen in 55 packen a 65 condreijn
       de 10 p^s Compt·······································T. 143.-.-
     1750 ,, d^{os} in 25 packen a 45. d^{os} als vooren··········T. 78.7.5
     1050 ,, d^{os} in 15 d^{os} ... a 4 m^s de 10 compt············T. 42.-.-
     3660 p^s fijne porceleijnen pierings d^{os} in 6 pacq.
       Als
        60 p^s in 1 p^{ak} â 13 m^s de 10 compt··········T. 7.8.-
       1080 ,, d^{os} in 18   â 8 m^s als vooren·············T. 86.4.-
        280 ,, d^{os} in 4   â 7 m^s als vooren·············T. 19.6.-
        540 ,, d° in 9   â 9···························T. 48.6.-
        120 ,, d° in 3 d° â 12···························T. 14.4.-
        320 ,, d° in 5 d° â 8····························T. 25.6.-
        300 ,, d° in 5 d^{os} ad idem·······················T. 24.-.-
        960 ,, d° in 16 d° â 8 m^s als vooren·············T. 76.8.-
8660 8660 3660 p^s diversz porceleijnen costen······························T. 566.9.5

- ɸ -

J1665-6/7   NFJ 859   6998-1-92-12
Nagasaki 28 October 1665
Overgescheept uit het jacht *de Meerman* leggende voort eiland Aijmuij [Amoy] in *de Mars* voor Hocksieuw [Fuzhou] omme aldaar omgezet te worden

  120 p^s porceleijnen pieringx in 4 pacqjens a T 3.6. de 30 comt·····················T. 14.4.-

- ɸ -

J1665-7/7   NFJ 859   6998-1-92-12
Nagasaki 28 October 1665
Gescheept door Opperhoofd Jacob Gruijs in *de Meerman* over Hocksieuw [Fuzhou] naar Batavia
Uit *de Meerman* voor Aijmuij [Amoy] overgescheept in *de Mars* voor Hocksieuw [Fuzhou]

 2821 p^s in 117 stroo balien diverz porceleijnen potten voor de Gener[ale]
    apoteecq der Casteels Batavia sijnde aen yder pacqje gem^t
    VOC en costen gesamentlijck···T. 368.1.6

J1665-5/7　　　NFJ 859　　　　6998-1-92-12
長崎、1665年10月28日
商館長ヤーコブ・フライスによって、同地の商館長であるコンスタンティン・ランスト商務員宛てにトンキン行きのスプレーウ号で運ばれた

以下の磁器の見本
　　　評価外
　8660個　様々な磁器、下記の品からなる
　　　2200個　同上の碗、55包入り
　　　　　　　65コンドリン／10個、合計・・・・・・・・・・・・・ 143.-.- テール
　　　1750〃　同上、25包、45コンドリン／10個・・・・・・・ 78.7.5 テール
　　　1050〃　同上、15包、4マース／10個、合計・・・・・・・ 42.-.- テール
　　　3660個　上質の磁器の平皿、同上、6包入り
　　　　　　　すなわち
　　　　　　60個　113マース／10個、合計・・・・・・・・・・・ 7.8.- テール
　　　　　1080〃　同上、18包　8マース／10個・・・・・・・・ 86.4.- テール
　　　　　 280〃　同上、 4包　7マース／10個・・・・・・・・ 19.6.- テール
　　　　　 540〃　同上、 9包　9マース・・・・・・・・・・・・・ 48.6.- テール
　　　　　 120〃　同上、 3包 12マース・・・・・・・・・・・・・ 14.4.- テール
　　　　　 320〃　同上、 5包　8マース／10個・・・・・・・・ 25.6.- テール
　　　　　 300〃　同上、 5包 同上・・・・・・・・・・・・・・・・ 24.-.- テール
　　　　　 960〃　同上、16包　8マース／10個・・・・・・・・ 76.8.- テール
　8660 8660 3660個　様々な磁器、値段・・・・・・・・・・・・・・・・・ 566.9.5 テール

- ɸ -

J1665-6/7　　　NFJ 859　　　　6998-1-92-12
長崎、1665年10月28日
アモイ島の前面に停泊中のヤハト船メールマン号からマース号に積み替えられ福州へ向かった、同地［福州］で販売されるために

　120個　磁器製平皿、4包入り、3.6テール／30個、合計・・・・・・・・・・・・・・・・・・・・ 14.4.- テール

- ɸ -

J1665-7/7　　　NFJ 859　　　　6998-1-92-12
長崎、1665年10月28日
商館長ヤーコブ・フライスによって福州経由、バタヴィア行きのメールマン号で運ばれた
アモイ島向けのメールマン号からマース号に積み替えられ福州へ向かった

　2821個　様々な磁器の壺、117俵入り
　　　　　バタヴィア城の一般製剤薬局向け、各包はVOCと記されている
　　　　　値段は合計で・・ 368.1.6 テール

"Porceleijnen" in de negotiejournalen van het comptoir Nagasaki

1666

J1666-1/3　　　NFJ 860　　　6998-1-92-13
Nagasaki 18 October 1666
Gescheept door Opperhoofd Willem Volger in *de Spreeuw* naar Malacca

                                    Voor Malacca 't volgende
197 bossen gesorteerde schotels bestaende in
    2545 p^s te weten
      91 bossen········ â 10 p^s in yder groote d^{to}
      97 d^{os}············ â 15 p^s in yder een weijnigh cleijnder
       9 d^{os}············ â 20 p^s in yder noch cleender
    197 bossen 't zamen 2545 p^s gesorteerde schotels
        costen··· T.　788.-.-

[...]

                                T Volgende voor Bingala
1 Cas gemerckt N: 6. daer in 't volgende
    300 p^s theecopjens a 3 m^s d'10 p^s················ T.　　9.-.-
    300 p^s fijne theepierings a 5½ m^s d'10 p^s········· T.　 16.5.-
    180 p^s taeffelborden a 14 m^s d'10 p^s·············· T.　 25.2.-
                                                           T.　 50.7.-

1 Cas gemerckt No: 7. daerinne afgepackt te weten
    270 p^s fijne taeffelborden deur den anderen
        d'10 p^s een maes 4 condrijn················ T.　 37.8.-
    100 p^s cleijne comme a 8 m^s d'10 p^s················ T.　　8.-.-
                                                            T.　 45.8.-

1 Cas gemerckt No: 8. daer inne affgepackt te weten
    20 bossen taeffelborden â 14 m^s d'10 p^s off
        't bos compt···························· T.　 28.-.-
    20 mostertpotten â 25 condrijn yd^r················ T.　　5.-.-
    20 zoutvaten··································· T.　　5.-.-
                                                          T.　 38.-.-

500 stx schotels vande 3 soort â 3 m^s 't p^s·················· T.　150.-.-

                                          - ф -

1666

J1666-1/3　　NFJ 860　　　6998-1-92-13
長崎、1666年10月18日
商館長ウィルヘム・フォルヘルによってマラッカ行きのスプレーウ号で運ばれた

以下はマラッカ向け

　197 束　　選別された深皿、下記の品からなる
　　　2545 個、すなわち
　　　　91 束‥‥‥‥　各10個入り、大型の同上の品
　　　　97 同上‥‥‥‥　各15個入り、少し小型の品
　　　　 9 同上‥‥‥‥　各20個入り、さらに小型の品
　　　197 束　　合計　　　　　　　　　2545個の選別された深皿
　　　　　　　値段‥‥‥‥‥‥‥‥‥‥‥‥‥‥‥‥‥‥　788.-.-　テール

[...]

以下はベンガル向け

　1 木箱　　No 6 と記され、以下の品が入っている
　　　300個　ティーカップ、3マース／10個‥‥‥‥‥‥‥　9.-.-　テール
　　　300個　上質のティーソーサー、5½マース／10個‥‥‥　16.5.-　テール
　　　180個　食卓用皿、14マース／10個‥‥‥‥‥‥‥‥　25.2.-　テール
　　　　　　　　　　　　　　　　　　　　　　　　　50.7.-　テール

　1 木箱　　No 7 と記され、以下の品が入っている、すなわち
　　　270個　上質の食卓用皿、平均で
　　　　　　　1マース4コンドリン／10個‥‥‥‥‥‥‥‥　37.8.-　テール
　　　100個　小型の鉢、8マース／10個‥‥‥‥‥‥‥‥　8.-.-　テール
　　　　　　　　　　　　　　　　　　　　　　　　　45.8.-　テール

　1 木箱　　No 8 と記され、以下の品が入っている、すなわち
　　　20束　食卓用皿、
　　　　　　14マース／10個または／束、合計‥‥‥‥‥‥　28.-.-　テール
　　　20　マスタード壺、25コンドリン‥‥‥‥‥‥‥‥　5.-.-　テール
　　　20　塩容れ、‥‥‥‥‥‥‥‥‥‥‥‥‥‥‥‥　5.-.-　テール
　　　　　　　　　　　　　　　　　　　　　　　　　38.-.-　テール

　500個　3種類の深皿、3マース／個‥‥‥‥‥‥‥‥‥‥　150.-.-　テール

- φ -

J1666-2/3   NFJ 860   6998-1-92-13
Nagasaki 18 October 1666
Gescheept door Opperhoofd Willem Volger in [de] *Claverskerke* naar Malacca

                            d' volgende porceleijnen voor Malacca

7164 p^s verscheijden sorteringe van porceleijnen te weten

    414 p^s groote salfpotten in 46 packen inhoudende
        yder pack 9 p^s â 25 condreijn 't p^s·················· T. 103.5.-
    576 p^s weijnigh cleender d^{os} in 48 packen a 12 p^s
        in een pack costende p^s 17 condrijn·················· T.   97.9.2
  1200 p^s noch weijnigh cleender d^{os} in 60 packen yder 20 p^s
        costen 12 condreijn······························· T. 144.-.-
    624 p^s noch al cleender d^{os} in 13 packen yder 48 p^s
        costende 7 condrijn······························· T.   43.6.8
    450 p^s noch weijnigh cleender d^{os} in 5 packen yder
        90 p^s â 4 condrijn yder························· T.   18.-.-
  1200 p^s heel cleene d^{os} in 6 packen in yder pack 200 p^s
        â 2 condrijn yder································· T.   24.-.-
  1500 p^s croesen in 25 packen â 60 p^s in yder costen
        4 condrijn yder··································· T.   60.-.-
    600 p^s oliteijtsvlesschen in 3 packen â 200 p^s in
        yder costende 2 condrijn 't p^s··················· T.   12.-.-
     72 p^s scheerbeckens in 3 packen â 8 p^s in ider costen
        7 maes 't p^s····································· T.   50.4.-
    528 p^s vlessen in 44 packen ijder inhoudende 12 p^s â
        3 m^s 't p^s····································· T. 158.4.-

  7164 p^s stux verscheijde soort van porceleijn bedragen············· T. 711.9.-

                            - φ -

J1666-3/3   NFJ 860   6998-1-92-13
Nagasaki 18 October 1666
Gescheept door Opperhoofd Willem Volger in [de] *Hilversum* naar Siam

1790 stx witte schotels in 179 stro balen van 10 p^s in ider compt
    â T 1.4. 't p^s stro bael··································· T. 250.6.-

1667

NFJ 861(6998-1-92-14): This record is not complete. It ends on 7 September 1667. The shipments from Japan are missing.

J1666-2/3　　　NFJ 860　　　6998-1-92-13
長崎、1666年10月18日
商館長ウィルヘム・フォルヘルによってマラッカ行きのクラーフェルスケルケ号で運ばれた

以下の磁器はマラッカ向け

```
7164個　様々な種類の磁器、すなわち
    414個　大型の軟膏壺、各9個入り包46個
           25コンドリン／個・・・・・・・・・・・・・・・・・・・103.5.- テール
    576個　少し小型の同上、各12個入り包48個
           値段は17コンドリン／個・・・・・・・・・・・・・・・ 97.9.2 テール
   1200個　さらに少し小型の同上の品、各20個入り包60個
           値段は12コンドリン・・・・・・・・・・・・・・・・・・144.-.- テール
    624個　さらに小型の同上の品、各48個入り包13個
           値段は7コンドリン・・・・・・・・・・・・・・・・・・ 43.6.8 テール
    450個　さらに少し小型の同上の品、各90個入り包5個
           値段は各4コンドリン・・・・・・・・・・・・・・・・・ 18.-.- テール
   1200個　かなり小型の同上の品、各包200個入り包6個
           値段は各2コンドリン・・・・・・・・・・・・・・・・・ 24.-.- テール
   1500個　コップ、各60個入り包25個
           値段は各4コンドリン・・・・・・・・・・・・・・・・・ 60.-.- テール
    600個　油用瓶、200個入り3包3個
           値段は各2コンドリン／個・・・・・・・・・・・・・・・ 12.-.- テール
     72個　ひげ皿、8個入り包3個
           値段は各7マース／個・・・・・・・・・・・・・・・・・ 50.4.- テール
    528個　瓶、各12個入り包44個
           3マース／個・・・・・・・・・・・・・・・・・・・・・158.4.- テール
   ─────────────────────────────────────────
   7164個　様々な種類の磁器、総額・・・・・・・・・・・・・・・・・・・711.9.- テール
```

- ф -

J1666-3/3　　　NFJ 860　　　6998-1-92-13
長崎、1666年10月18日
商館長ウィルヘム・フォルヘルによってシャム行きのヒルフェルズム号で運ばれた

```
  1790個　白磁の深皿、各10個入り179俵、合計
          1.4テール／俵・・・・・・・・・・・・・・・・・・・・・・・・・・・250.6.- テール
```

1667

NFJ 861（6998-1-92-14）：この記録は不完全で、現存するのは1667年9月7日迄である。日本発の送り荷の仕訳帳は不明である。

"Porceleijnen" in de negotiejournalen van het comptoir Nagasaki

1668

J1668-1/4   NFJ 862   6998-1-92-15
Nagasaki 25 October 1668
Gescheept door Opperhoofd Constantijn Ranst in *de Overveen* naar Tonkin

   30 p^s groote fijne schaffschootels a 8 m^s id^r inde cas N° 58 afgepact············· T.   24.-.-
                      In een cas N° 59 is affgepackt
  200 p^s fijne tafelpierings a 11 m^s d'10 p^s comt······················ T.   22.-.-
  200 p^s gesorteerde theepierings a 45 condrijn d'10 p^s·············· T.   9.-.-
  200 p^s d^{os} copiens a 32½ condrijn d'10 p^s comt ························ T.   6.5.-
    4 p^s oly en asijn flessiens·· T.   -.6.-
                                                                       T.   38.1.-

                      In een cas N° 60 is gepact
   30 p^s fijne cleene schootels a 3 m^s id^r comt···························T.   9.-.-
    4 p^s mostertpotten costen·· T.   -.6.6
    4 p^s soutvaten·· T.   -.6.6
[...]
    3 p^s theepottiens costen·· T.   4.-.-

                            - ϕ -

J1668-2/4   NFJ 862   6998-1-92-15
Nagasaki 25 October 1668
Gescheept door Opperhoofd Constantijn Ranst in [de] *Rammekens* naar Malacca

               In een cas gemerct Bangale is gepact
   20 p^s gorgelets monteren·································· T.   5.-
   15 p^s vlessen met lange halsen························· T.   4.5
    6 p^s waterpotten··· T.   1.5
[...]

           'T volgende voor de Malacxe Chirurgijns Winckel
  800 p^s diverse porceleijne salffdoosen en flessiens daarvan
    400 p^s salffpotten in 6 packen a 25 condrijn d'10 p^s en gemerct
     VOC comt·· T.   10.-.-
    200 p^s d^{os} in 6 packen a 15 Condrijn d'10 p^s en VOC gemerckt······ T.   3.-.-
    100 p^s flessiens a 2 m^s d'10 p^s in 2 stroo packen··················· T.   2.-.-
    100 p^s d^{os} a 1 m^s d'10 p^s in 2 stroo d^{os}································· T.   1.-.-
    800 p^s porceleijnen voor Malacca bedragen····························· T.   16.-.-

                            - ϕ -

1668

J1668-1/4　　　NFJ 862　　　6998-1-92-15
長崎、1668年10月25日
商館長コンスタンティン・ランストによってトンキン行きのオーフェルフェーン号で運ばれた

　　30個　上質の大型食事用深皿、各8マース、N° 58の木箱に梱包されている・・・・・・・・・・24.-.- テール
　　　　　　　　　　　　N° 59の木箱に梱包された品
　200個　上質の食卓用平皿、11マース／10個、合計・・・・・・・・・・・・・・・・・・22.-.- テール
　200個　選別されたティーソーサー、45コンドリン／10個・・・・・・・・・・・・・　9.-.- テール
　200個　同上、カップ、32½ コンドリン／10個、合計・・・・・・・・・・・・・・　6.3.- テール
　　4個　油および酢用の瓶・・・・・・・・・・・・・・・・・・・・・・・・・・　-.6.- テール
　　　　　　　　　　　　　　　　　　　　　　　　　　　　　　　　　　　　　　　38.1.- テール

　　　　　　　　　　　　N° 60の木箱に梱包された品
　　30個　上質の小型の深皿、各3マース、合計・・・・・・・・・・・・・・・・・・　9.-.- テール
　　4個　マスタード壺、その値段・・・・・・・・・・・・・・・・・・・・・・・　-.6.6 テール
　　4個　塩容れ・・・・・・・・・・・・・・・・・・・・・・・・・・・・・・・　-.6.6 テール
[...]
　　3個　ティーポット、値段・・・・・・・・・・・・・・・・・・・・・・・・・　4.-.- テール

　　　　　　　　　　　　　　　　　　　－ ф －

J1668-2/4　　　NFJ 862　　　6998-1-92-15
長崎、1668年10月25日
商館長コンスタンティン・ランストによってマラッカ行きラメケンス号で運ばれた

　　　　　　　　　　　ベンガルと記された木箱1つに梱包された
　　20個　うがい杯、合計金額・・・・・・・・・・・・・・・・・・・　5.- テール
　　15個　長い頸をもつ瓶・・・・・・・・・・・・・・・・・・・・・　4.5 テール
　　6個　水差し[又は便器]・・・・・・・・・・・・・・・・・・・・　1.5 テール
[...]

　　　　　　　　　　　下記はマラッカの外科治療所向け
　800個　様々な磁器製軟膏壺と瓶、下記の品から成る
　　400個　軟膏壺、6包、25コンドリン／10個
　　　　　　VOCと記されている、合計・・・・・・・・・・・・・・・・・・・・・10.-.- テール
　　200個　同上、6包、15コンドリン／10個、VOCと記されている・・・・・・・・・・3.-.- テール
　　100個　瓶、藁包2個、2マース／10個・・・・・・・・・・・・・・・・・・・・2.-.- テール
　　100個　同上、藁包2個、1マース／10個・・・・・・・・・・・・・・・・・・・1.-.- テール
　　800個　マラッカ向けの磁器、総額・・・・・・・・・・・・・・・・・・・・・16.-.- テール

　　　　　　　　　　　　　　　　　　　－ ф －

"Porceleijnen" in de negotiejournalen van het comptoir Nagasaki

J1668-3/4   NFJ 862   6998-1-92-15
Nagasaki 25 October 1668
Gescheept door Opperhoofd Constantijn Ranst in *de Victoria* naar Malacca

15000 stx porceleijne pierings bestaende in 500 stroo balen
    a 30 p^s en 10 m^s d'10 p^s comt···T. 1500.-.-

- ϕ -

J1668-4/4   NFJ 862   6998-1-92-15
Nagasaki 25 October 1668
Gescheept door Opperhoofd Constantijn Ranst in [de] *Buijenskerke* naar Batavia

 6333 p^s diverse porceleijnen daarvan
    1113 p^s gesorteerde schootels a 12 m^s d'3 stx in 185½ p^k··········T. 445.2.-
     220 p^s commen in 11 packen a 11 condrijn ijd^r···················T. 24.2.-
              Groff porceleijn voor de schepen
    1000 p^s schaffschotels in 100 packen a 55 condrijn d'10 p^s·········T. 55.-.-
    4000 p^s pierings in 133⅓ packen a 19 condrijn d'10 p^s·············T. 75.8.2
    6333 p^s diverse porceleijnen bedragen··T. 600.2.2

         'T naervolgende voor de Medicinale Winckel
               des Casteels Batavia
17480 p^s soo salffpotten als vlesschen in 475 ½ stroo packen als
    200 p^s N° 1 in 50 stroo packen 6 ponts potten
    600 p^s ,, 2 ,, 67 stroo packen vier ponts potten
    600 p^s ,, 3 ,, 50 d^{os} drie ponts potten
    800 p^s ,, 4 ,, 54 d^{os} twee ponts potten
  1000 p^s ,, 5 ,, 56 d^{os} een ponts potten
  1000 p^s ,, 6 ,, 42 d^{os} half ponts potten
  1500 p^s ,, 7 ,, 25 d^{os} quart ponts potten
  2040 p^s ,, 8 ,, 17 d^{os} van 2 oncen
  3040 p^s ,, 9 ,, 192 d^{os} van 1 once
    600 p^s ,,10 ,, 51 d^{os} vlesschen waer onder 50 p^s groote
  1000 p^s ,,11 ,, 17 d^{os} vleskens van een mutsken
  2000 p^s ,,12 ,, 1 d^{os} d^{os} cleender d^{os}
  3000 p^s ,,13 ,, 10 packen cleene potkens van ½ once
    100 p^s ,,14 ,, 10 packen scheerbeckens

      Nota sijnde dit bovenstaande porceleijn als de prijsen naar de
      porceleijn vercopers eijsch en bodt jegens den anderen ge-
      sien vrij verschelende in praesentie der beijde
      opperhoofden aenbesteedt tot······················T. 700.-.-

      En sullen aenstaende jaar ongewaerdeert volgen
    200 p^s groote flessen en
    400 p^s purgatie croeskens die nu niet vaerdig
      sijn geweest
 17480 p^s soo salffpotten als vlesschen costen·······························T. 700.-.-

J1668-3/4　　　NFJ 862　　　6998-1-92-15
長崎、1668年10月25日
商館長コンスタンティン・ランストによってマラッカ行きのヴィクトリア号で運ばれた

15000個　磁器製平皿、30個入り500俵からなる
　　　　　10マース／10個、合計・・・・・・・・・・・・・・・・・・・・・・・・・・・・・・・・・・・・1500.-.- テール

— ɸ —

J1668-4/4　　　NFJ 862　　　6998-1-92-15
長崎、1668年10月25日
商館長コンスタンティン・ランストによってバタヴィア行きのバイエンスケルケ号で運ばれた

6333個　様々な磁器、下記の品からなる
　　1113個　選別された深皿、12マース／3個、185½包・・・・・・・・・・・445.2.- テール
　　 220個　鉢、11包、各11コンドリン・・・・・・・・・・・・・・・・・・・・・24.2.- テール
　　　　　　　　　　　　船舶用の粗製の磁器
　　1000個　食事用深皿、100包、55コンドリン／10個・・・・・・・・・・・55.-.- テール
　　4000個　平皿、133⅓包、19コンドリン／10個・・・・・・・・・・・・・75.8.2 テール
　　6333個　様々な磁器、総額・・・・・・・・・・・・・・・・・・・・・・・・・・・600.2.2 テール

　　　　　　　　　　以下はバタヴィア城
　　　　　　　　　　　の薬局向け
17480個　軟膏壺ならびに小瓶、藁包475½個入り、すなわち
　　 200個　N°　1　藁包、 50個、6ポンド入りの壺
　　 600個　〃　 2　藁包、 67個、4ポンド入りの壺
　　 600個　〃　 3　藁包、 50個、3ポンド入りの壺
　　 800個　〃　 4　藁包、 54個、2ポンド入りの壺
　　1000個　〃　 5　藁包、 56個、1ポンド入りの壺
　　1000個　〃　 6　藁包、 42個、半ポンド入りの壺
　　1500個　〃　 7　藁包、 25個、¼ポンド入りの壺
　　2040個　〃　 8　藁包、 17個、2オンス入り
　　3040個　〃　 9　藁包、192個、1オンス入り
　　 600個　〃　10　藁包、 51個の小瓶、そのうち50個は大型の品
　　1000個　〃　11　藁包、 17個、1ムーチェ（註3）入りの瓶
　　2000個　〃　12　藁包、 1個の瓶、より小さい同上の品
　　3000個　〃　13　　　 10包、小型の壺、½オンス入り
　　 100個　〃　14　　　 10包、ひげ皿

　　　　　　　　磁器の販売者の希望価格と
　　　　　　入札価格を互いに比べると大きく違ったが、
　　　　　　　上記の磁器を両方の商館長の立会で
　　　　　　　　右記の値段で購入した・・・・・・・・700.-.- テール

　　　　　　そして翌年判断されるべきものとして、以下の品
　　　 200個　大型の瓶、および
　　　 400個　浣腸用のカップ
　　　　　　これは今まだ十分な出来栄えでなかった
　　17480個　軟膏壺と小瓶、値段・・・・・・・・・・・・・・・・・・・・・・・・・700.-.- テール

"Porceleijnen" in de negotiejournalen van het comptoir Nagasaki

1669

J1669-1/5   NFJ 863   6998-1-92-16
Nagasaki 5 October 1669
Gescheept door Opperhoofd Daniel Six in *den Eendracht* naar Batavia

        'T volgende voor de Medicinale Winckel des Casteels Batavia

[...]
  600 p^s diverse porceleijne bestaende in 28
     packen alle gemerckt VOC a° passatdo
     door den E.Heer Constantin Ranst
     besteet en voldaen als
      200 p^s groote vlessen
      400 p^s puragatie croeskens   } [Total] 600 p^s porcel.

[...]
        'T volgende voor't comptoir Toncquin

[...]
  164 p^s diverse porcelijnen in een balij en een cas
     afgepact en gem^{ct} VOC daervan
      20 p^s groote
      20 p^s middelbare
      <u>20 p^s cleijne</u>
      60 p^s schafschotels costen dooreen
        13 m^s d' 3 p^s ·· T. 26.-.-
     100 p^s fijne tafelpierings a 9 m^s d'10 p^s ············· T.   9.-.-
       <u>4 p^s olij en azijn kanetjes a 2 m^s id^r ············· T. -.8.-</u>
     164 p^s gesorteerde porcelijnen costen ························ T. 35.8.-

               - ɸ -

J1669-2/5   NFJ 863   6998-1-92-16
Nagasaki 14 October 1669
Gescheept door Opperhoofd Daniel Six in *de Goude Leeuw* naar Malacca

        'T volgende voor Chormandel
  990 p^s diverse porceleynen gepackt in 3 cassen
     en gemerckt VOC van N° 1 tot 3 als
     360 p^s schotels daarvan
      120 p^s groote
      120 p^s middelbare
      <u>120 p^s cleyne</u>
     360 p^s schotels costen dooreen
        13 maes d'drij stx comt ································· T. 156.-.-
     300 p^s fijne pierings a 9 m^s d'10 p^s ······················ T. 27.-.-
      20 p^s d° commen a 25 condrijn ······························· T.   5.-.-
     150 p^s sousiertjes a 4½ m^s de 10 stx ······················ T.   6.7.5
     160 p^s copjes a 32 cond: de 10 stx ·························· T.   5.1.2
     <u>voor de ongelden en hermaken van de cassen ················ T. 12.5.8</u>
                                                                      T. 212.4.5

               - ɸ -

1669

J1669-1/5　　NFJ 863　　6998-1-92-16

長崎、1669年10月5日
商館長ダニエル・シックスによってバタヴィア行きのウンドラハト号で運ばれた

　　　　　　　　　　以下はバタヴィア城の薬局向け
[...]
　600個　様々な磁器製、28包からなる
　　　　すべてVOCと記されている、昨年
　　　　コンスタンティン・ランスト閣下によって
　　　　支払い済みの、すなわち
　　　　200個　大型の　瓶
　　　　400個　浣腸用のカップ（註4）　｝　[合計] 600個の磁器
[...]
　　　　　　　　　　以下はトンキン商館向け
[...]
　164個　様々な磁器、1桶および1木箱に梱包され
　　　　VOCと記され、下記の品からなる
　　　　20個　大型の
　　　　20個　中位の
　　　　20個　小型の
　　　　　60個　食事用深皿、値段は取り合わせで
　　　　　　　13マース／3個・・・・・・・・・・・・・・・・・・・・・26.-.- テール
　　　　100個　上質の食卓用平皿、9マース／10個・・・・・・・・・9.-.- テール
　　　　　4個　油用および酢用の水注、各2マース・・・・・・・・-.8.- テール
　　　164個　選別された磁器、値段・・・・・・・・・・・・・・・・・・・・・・・・35.8.- テール

　　　　　　　　　　　　　　　- φ -

J1669-2/5　　NFJ 863　　6998-1-92-16

長崎、1669年10月14日
商館長ダニエル・シックスによってマラッカ行きのハウデ・レーウ号で運ばれた

　　　　　　　　　　以下はコロマンデル向け
　990個　様々な磁器、3木箱に梱包されている
　　　　そしてVOC N° 1 ～ 3と記されている、すなわち
　　　　360個　深皿、下記の品からなる
　　　　　120個　大型の
　　　　　120個　中位の
　　　　　120個　小型の
　　　　　360個　深皿、値段は取り合わせで
　　　　　　　13マース／3個、合計・・・・・・・・・・・・・・・・156.-.- テール
　　　　300個　上質の平皿、9マース／10個・・・・・・・・・・・・27.-.- テール
　　　　　20個　同上、鉢、25コンドリン・・・・・・・・・・・・・・・5.-.- テール
　　　　150個　ソーサー、4½マース／10個・・・・・・・・・・・・・6.7.5 テール
　　　　160個　カップ、32コンドリン／10個・・・・・・・・・・・・5.1.2 テール
　　　　　　経費および木箱の再梱包のために・・・・・・・・・・12.5.8 テール
　　　　　　　　　　　　　　　　　　　　　　　　　　　　212.4.5 テール

　　　　　　　　　　　　　　　- φ -

"Porceleijnen" in de negotiejournalen van het comptoir Nagasaki

J1669-3/5   NFJ 863   6998-1-92-16
Nagasaki 14 October 1669
Gescheept door Opperhoofd Daniel Six in [de] *Hilversum* naar Malacca

                      'T volgende voor Malacca gescheept
2100 stx gesorteerde porceleijnen bestaende in 130 p^s
    stroyen aende eijnde gemerckt VOC als -
        600 p^s grove schotels â 55 condrijn d'10 p^s comt ················· T.   33.-.-
        600 p^s grove pierings â 57 cond^r d'30 p^s ························· T.   11.4.-
        300 p^s grove comme â 45 c^n d'10 p^s ······························· T.   13.5.-
        600 ps fijne pierings â 90 c^n d'10 p^s ······························ T.   54.-.-
    2100 stx porcelijnen costen ··· T. 111.9.-

                                - ϕ -

J1669-4/5   NFJ 863   6998-1-92-16
Nagasaki 14 October 1669
Gescheept door Opperhoofd Daniel Six in [de] *Goijlant* naar Malacca

                      'T volgende voor Suratte gescheept
19980 stx fijne gesorteerde pierings bestaende in 666
    stroijen en gemerckt VOC costen 9 m^s d'10 p^s ······················ T. 1798.2.-
    Voor ongelden van merckplanckjes
    aen d° stroijen gehangen ··· T.   6.6.6
                                                                                         T. 1804.8.6

                                - ϕ -

J1669-5/5   NFJ 863   6998-1-92-16
Nagasaki 14 October 1669
Gescheept door Opperhoofd Daniel Six in [de] *Overveen* naar Malacca

                      'T volgende voor Bangale gescheept
[...]
1708 stx gesorteerde porceleynen als
        800 p^s fijne pierings â 9 maes d'10 p^s ····························· T.   72.-.-
        200 p^s copjes met voetjes â 2 m^s d'10 p^s ························· T.   4.-.-
         20 p^s gurgelets â 25 condreyn ·· T.   5.-.-
          6 p^s waterpotten â 25 condreyn ······································· T.   1.5.-
         20 p^s ronde boterdoosen â 2 m^s ······································ T.   4.-.-
        200 p^s grove schotels
        200 p^s middelbare d^{os}
        200 p^s cleene d^{os} costen door den anderen
            13 m^s d'3 stx zijnde gepackt in 100
            stroijen en in 3 cassen gemerckt VOC ······················· T. 260.-.-
         12 p^s groote flessen in 6 stroijen gemerckt
            als vooren â 9 maes ider ··································· T.   10.8.-
         50 p^s lampetschotels in 13 stroijen â 25
            maes yder ··· T. 125.-.-
    1708 stx porceleynen costen ·· T. 482.3.-

J1669-3/5　　　NFJ 863　　　　6998-1-92-16
長崎、1669年10月14日
商館長ダニエル・シックスによってマラッカ行きのヒルフェルズム号で運ばれた

以下はマラッカ向け

2100個　選別された磁器、端にVOCと記された
　　　　藁包130個からなる、すなわち
　　600個　粗製の深皿55コンドリン／10個、合計・・・・・・・・・・・・・・・・・・33.-.-テール
　　600個　粗製の平皿57コンドリン／30個・・・・・・・・・・・・・・・・・・・・11.4.-テール
　　300個　粗製の鉢、45コンドリン／10個・・・・・・・・・・・・・・・・・・・・13.5.-テール
　　600個　上質の平皿、90コンドリン／10個・・・・・・・・・・・・・・・・・・・54.-.-テール
　2100個　磁器、値段・・・・・・・・・・・・・・・・・・・・・・・・・・・・・111.9.-テール

- φ -

J1669-4/5　　　NFJ 863　　　　6998-1-92-16
長崎、1669年10月14日
商館長ダニエル・シックスによってマラッカ行きのホイラント号で運ばれた

以下はスーラト向けの船積み

19980個　上質の選別された平皿、VOCと記された藁包666個からなる
　　　　値段は、9マース／10個・・・・・・・・・・・・・・・・・・・・・・・1798.2.-テール
　　　　同上の藁包につける
　　　　目印の木札の経費のために・・・・・・・・・・・・・・・・・・・・・・6.6.6テール
　　　　　　　　　　　　　　　　　　　　　　　　　　　　　　　　　　1804.8.6テール

- φ -

J1669-5/5　　　NFJ 863　　　　6998-1-92-16
長崎、1669年10月14日
商館長ダニエル・シックスによってマラッカ行きの一フェルフェーン号で運ばれた

以下はベンガル向けの船積み
[...]
1708個　選別された磁器、すなわち
　　800個　上質の平皿、9マース／10個・・・・・・・・・・・・・・・・・・・・・72.-.-テール
　　200個　脚付のカップ、2マース／10個・・・・・・・・・・・・・・・・・・・・・4.-.-テール
　　 20個　うがい杯、25コンドリン・・・・・・・・・・・・・・・・・・・・・・・5.-.-テール
　　 6個　水差し[又は便器]、25コンドリン・・・・・・・・・・・・・・・・・・・1.5.-テール
　　 20個　丸型のバター容れ、2マース・・・・・・・・・・・・・・・・・・・・・・4.-.-テール
　　200個　粗製の深皿、
　　200個　中位の同上の品、
　　200個　小型の同上の品、値段は平均で、13マース／3個
　　　　　 藁包100個に梱包され、VOCと記された
　　　　　 木箱3個に入れられている・・・・・・・・・・・・・・・・・・・・・・260.-.-テール
　　 12個　大型の瓶、藁包6個に梱包され
　　　　　 前記のように記されている、各9マース・・・・・・・・・・・・・・・・10.8.-テール
　　 50個　洗面用の深皿、藁包13個
　　　　　 各25マース・・・・・・・・・・・・・・・・・・・・・・・・・・・・125.-.-テール
　1708個　磁器、値段・・・・・・・・・・・・・・・・・・・・・・・・・・・・482.3.-テール

"Porceleijnen" in de negotiejournalen van het comptoir Nagasaki

1670

J1670-1/4   NFJ 864   6998-1-92-17
Nagasaki 19 October 1670
Gescheept door Opperhoofd Francois De Hase in *de Schermer* naar Batavia

30 porceleijne flessen naer het becomen monster voor de Conincq
van Toncquijn in een cas gemerct VOC en opgeschreven 30 p^s
porceleijne kannetiens voor Toncquin costen·························· T.   35.-.-
voor de cas &^{a} daar de flessen in gepackt sijn···················· T.   2.-.-
                                                                        T.   37.-.-

                'T volgende voor de Medicinale Winckel op Batavia
9150 p^s diverse porceleijne salffpotten en flessen &^{a} als
    100 p^s 6 lb salffpotten in 25 stroijen van   4 p^s yd^r N° 1
    300 p^s 4 lb d°··········· ,, 25 ·············· 12 p^s ···· ,, 2
    300 p^s 3 lb d°··········· ,, 20 ·············· 15 ······· ,, 3
    400 p^s 2 lb d°··········· ,, 17 ·············· 24 ······· ,, 4 in een stroo sijn 8 stx minder
    500 p^s 1 lb d°··········· ,, 17 ·············· 30 ······· ,, 5 in een stroo sijn 10 stx minder
    500 p^s ½ lb d°··········· ,, 10 ·············· 50 ······· ,, 6
   1000 p^s ¼ lb d°··········· ,, 10 ·············· 100 ······ ,, 7
   1000 p^s van 20 oncen groot,, 10 ·············· 100 ······ ,, 8
   1500 p^s van 1 once in········ 6 stroijen van 250 p^s yd^r N° 9
    300 p^s flessen············ 30 d°············ 10 ······ ,,10
    500 p^s van 1 mutsie········ 10 ·············· 50 ······ ,,11
   1000 p^s d° wat kleender····· 3 ·············· 335 ····· ,,12
   1500 p^s cleene salfpottie··· 5 ·············· 300 ····· ,,13
    200 p^s purgatie croessien·· 2 ·············· 100 ····· ,,14
     50 p^s scheerbeckens······· 5 ·············· 10 ······ ,,15
9150 p^s diverse porceleijne 195 stroijen costen···················· T. 370.-.-

                                  - ϕ -

J1670-2/4   NFJ 864   6998-1-92-17
Nagasaki 2 November 1670
Gescheept door Opperhoofd Francois De Hase in *de Pouloron* naar Malacca

20010 stx porceleijne tafelpierings in 667 stroo packen yd^r 30 p^s
    inhoudende, alle gemerct op de borreties daeraen hangende VOC
    voor Souratta, costen a 9 m^s d'10 p^s······························· T. 1800.9.-

[Ongelden]
        Voor 't aenboort brengen van de porceleijne en
        Planckies, die aende stroopacken gebonden sijn
        'tzamen··· T.   20.-.-

                                  - ϕ -

1670

J1670-1/4　　　NFJ 864　　　6998-1-92-17
長崎、1670年10月19日
商館長フランソワ・ド・ハーゼによってバタヴィア行きのスヘルメル号で運ばれた

```
  30   磁器製瓶、受け取ったトンキン王のための見本に従って
       VOCと記され30個と明記された木箱に入っている
       トンキン用の磁器製で注口付の水注、値段・・・・・・・・・・・・35.-.- テール
       瓶を梱包する木箱のために・・・・・・・・・・・・・・・・・・・2.-.- テール
                                                              37.-.- テール
```

以下はバタヴィアの薬局向け

```
9150個  様々な磁器製 軟膏壺と瓶等、すなわち
   100個   6ポンド用の軟膏壺、    各    4 個入り藁包 25 個、N°  1
   300個   4ポンド用の  ・・・    同上  12 個入り  〃 25 個、〃  2
   300個   3ポンド用の  ・・・    同上  15 個入り  〃 20 個、〃  3
   400個   2ポンド用の  ・・・    同上  24 個入り  〃 17 個、〃  4   藁包1個は 8個少なく
   500個   1ポンド用の  ・・・    同上  30 個入り  〃 17 個、〃  5   藁包1個は10個少なく
   500個   ½ ポンド用の ・・・    同上  50 個入り  〃 10 個、〃  6
  1000個   ¼ ポンド用の ・・・    同上 100 個入り  〃 10 個、〃  7
  1000個  20オンス用サイズ、 ・・・     100 個入り  〃 10 個、〃  8
  1500個   1オンス用、 ・・・・・ 各   250 個入り藁包 6 個、N°  9
   300個  瓶、 ・・・・・・・・・ 10 個入り同上 30 個、〃 10
   500個  小さい鍔付き[瓶]、・・・・ 50 個入り ・・10 個、〃 11
  1000個  同上、少し小型の、・・・・ 335 個入り ・・・3 個、〃 12
  1500個  小型の小型軟膏壺、・・・・ 300 個入り ・・5 個、〃 13
   200個  水薬用のコップ、・・・・・ 100 個入り ・・2 個、〃 14
    50個  ひげ皿、・・・・・・・・・ 10 個入り ・・5 個、〃 15
9150個   様々な磁器の、       藁包195個、値段・・・・・・・・・・・・370.-.- テール
```

- φ -

J1670-2/4　　　NFJ 864　　　6998-1-92-17
長崎、1670年11月2日
商館長フランソワ・ド・ハーゼによってマラッカ行きのプーロロン号で運ばれた

```
20010個  磁器製食卓用平皿、30個入り藁包667個
         そこにつけられた札に、すべて
         VOCスーラト向けと書かれている、値段は、9マース／10個・・・・・・・・ 1800.9.- テール

[経費]
         磁器を供給させるためおよび
         藁包に結びつけられた木札のために
         合計・・・・・・・・・・・・・・・・・・・・・・・・・・・・20.-.- テール
```

- φ -

"Porceleijnen" in de negotiejournalen van het comptoir Nagasaki

J1670-3/4   NFJ 864   6998-1-92-17
Nagasaki 2 November 1670
Gescheept door Opperhoofd Francois De Hase in [de] *Buijenskercke* naar Malacca

1447 p^s diverse porceleijnen jn 79 stroo packen en een cas
geteeckent oostindisse Comp^e Bengale
  513 stx schaffschotels in 57 stroo packen idr 4 p^s
     inhoudende
    171 stx groote
    171 stx middelbare
    <u>171 stx cleene</u>
  513 stx schotels a 128 condreijn
    de 3 stx·· T. 218.8.8
  510 p^s tafelpierings in 17 strooijen a 9 m^s d'10 stx. T. 45.9.-
  150 stx theekopp^s in 1 pack a 20 c^n yder············· T. 3.-.-
  100 stx thee pierings 1 pack a 4 c^n·················· T. 4.-.-
  150 stx rijskoppen in 3 stroo packen a 6 c^n········· T. 9.-.-
   24 stx porceleijnen in 1 cas als
     12 stx groote flessen met lange halsen
      a 6 maes yder···················· T.7.2.-
     <u>12 oly en asijn cannet^s a 5 c^n······ T.1.8.-</u>
                                                T. 9.-.-
1447 stx porceleijnen bedragen································ T. 289.7.8

- ɸ -

J1670-3/4　　NFJ 864　　　6998-1-92-17
長崎、1670年11月2日
商館長フランソワ・ド・ハーゼによってマラッカ行きのバイエンスケルケ号で運ばれた

```
1447個  様々な磁器、藁包79個と木箱1個に入れられ
        東インド会社ベンガルと印された
    513個  食事用深皿
                各4個入り藁包57個
       171個  大型の
       171個  中位の
       171個  小型の
        513個  深皿
                128コンドリン／3個・・・・・・・・・・・・・・・ 218.8.8 テール
    510個  食卓用平皿、藁包17個入り、9マース／10個・・・・・・  45.9.- テール
    150個  ティーカップ個、1包入り、各20コンドリン・・・・・・・・  3.-.- テール
    100個  ティーソーサー、1包入り、4コンドリン・・・・・・・・・・  4.-.- テール
    150個  飯碗、藁包3個入り、6コンドリン・・・・・・・・・・・・・・  9.-.- テール
     24個  磁器、1木箱入り、すなわち
         12個  大型の長い頸部をもつ瓶
                各6マース・・・・・・・・・・・・・ 7.2.- テール
         12    油と酢用の水注、5コンドリン・・ 1.8.- テール
                                                              9.-.- テール
   1447個  磁器、総額・・・・・・・・・・・・・・・・・・・・・・・・・・・・・・・・・・・ 289.7.8 テール
```

- φ -

"Porceleijnen" in de negotiejournalen van het comptoir Nagasaki

J1670-4/4   NFJ 864   6998-1-92-17
Nagasaki 2 November 1670
Gescheept door Opperhoofd Francois De Hase in *de Noortwijck* naar Malacca

                        't volgende voor Parsia [Persia] afgescheept

15997 p^s diverse porceleijnen afgepackt in 561 stroo packen en op de bordeties daeraen hangende geteeckent VOC Persia te weten

2997 p^s porceleijne schotels in 333 ps strooijen ieder 9 stx:
    inhoudende als
      999 p^s groote
      999 p^s middelbare
      999 p^s cleene
    2997 p^s porceleijne schafschotels a 128 cond^n de 3 p^s ············ T. 1278.7.2
3000 p^s pierings in 100 strooijen van 30 p^s a 9 m^s d'10 stx········ T. 270.-.-
2000 p^s commen zijnde
    500 p^s groote in 25 stroijen id^r van 20 p^s
      a 1 m^s t p^s ······································ T. 50.-.-
    1500 p^s cleender in 38 strooijen van 40 p^s
      daaronder een van 20 p^s a 8 c^n yder ·········· T. 120.-.-
                                                                  T. 170.-.-
2000 p^s coppen in 25 stroo packen yder van 86 stx a
    28 condreijn d'10 stx ····································· T. 56.-.-
6000 p^s theecopiens met rechtopgaende randen in
    40 stroopacken ider 150 inhoudende a 16 cond^r
    d'10 stucx ·· T. 96.-.-
    Voorsz: porceleijn voor Parsia bed^t ·· T. 1870.7.2

                    voor Cheijlon en Mallebhaer 't volgende
[...]

1902 p^s diverse porceleijnen in 110 stroopacken te weten
    72 p^s groote kommen in 7 packen a 2 m^s ············· T. 14.4.-
    540 p^s schaffschotels in 60 stroo packen
      yder 9 p^s inhoudende
      180 p^s groote
      180 p^s middelbare
      180 p^s cleene
    540 p^s schaffschotels daarvan
        387 p^s voor Cheijlon
        153 p^s voor Mallebhaer
      540 p^s schotels tot 128 c^n d' 3 stx ··········· T. 230.4.-
1290 p^s taafelpierings in 43 stroo p^n
    yder van 30 p^s sijnde
    990 p^s voor Cheijlon
    300 p^s voor Mallebhaer
    1290 p^s pierings a 9 m^s d'10 stx ·················· T. 116.1.-
1902 p^s diverse porceleijne costen ································ T. 360.9.-

J1670-4/4　　NFJ 864　　6998-1-92-17
長崎、1670年11月2日
商館長フランソワ・ド・ハーゼによってマラッカ行きのノルトヴァイク号で運ばれた

以下はペルシャ向け

15997個　様々な磁器、藁包561個に梱包され、
　　　　　そこにつけられた札にVOCペルシャと記されている、すなわち
　　2997個　磁器製深皿、各9個藁包333個
　　　　　　以下の品を含む、すなわち
　　　　999個　大型の品
　　　　999個　中位の品
　　　　999個　小型の品
　　　　2997個　磁器製食事用深皿、128コンドリン／3個・・・・・・・・・・・・・　1278.7.2　テール
　　3000個　平皿、30個入り藁包100個、9マース／10個・・・・・・・・・・・・　270.-.-　テール
　　2000個　鉢
　　　　500個　大型の品、20個入り藁包25個
　　　　　　　1マース／個・・・・・・・・・・・・・・・・・・　50.-.-　テール
　　　　1500個　より小型の品、40個入り藁包38個
　　　　　　　そのうち1個は20個入り、各8コンドリン・・・・　120.-.-　テール
　　　　　　　　　　　　　　　　　　　　　　　　　　　　　　170.-.-　テール
　　2000個　碗、各86個入り藁包25個
　　　　　　　28コンドリン／10個・・・・・・・・・・・・・・　56.-.-　テール
　　6000個　真直ぐ立ち上がった縁のついたティーカップ
　　　　　　各150個入り藁包40個
　　　　　　　16コンドリン／10個・・・・・・・・・・・・・・　96.-.-　テール
　　　　　　前述のペルシャ向け磁器、総額・・・・・・・・・・・・・・・・・　1870.7.2　テール

以下はセイロンおよびマラバール向け

[…]

　1902個　様々な磁器、藁包110個入り、すなわち
　　　72個　大型の鉢、7包、2マース・・・・・・・・・・・・　14.4.-　テール
　　540個　食事用深皿
　　　　　各9個入り藁包60個、以下の品を含む
　　　　180個　大型の
　　　　180個　中位の
　　　　180個　小型の
　　　　540個　食事用深皿、下記の品からなる
　　　　　　387個　セイロン向け
　　　　　　153個　マラバール向け
　　　　　　540個　深皿、128コンドリン／3個・・・・・・・・　230.4.-　テール
　　1290個　食卓用平皿
　　　　　各30個入り藁包43個入り
　　　　　990個　セイロン向け
　　　　　300個　マラバール向け
　　　　　1290個　平皿、9マース／10個・・・・・・・・・・・　116.1.-　テール
　　1902個　様々な磁器、値段・・・・・・・・・・・・・・・・・・・・　360.9.-　テール

"Porceleijnen" in de negotiejournalen van het comptoir Nagasaki

1671

J1671-1/4   NFJ 865   6998-1-92-18
Nagasaki 18 October 1671
Gescheept door Opperhoofd Martinus Caesar in *den Hasenberg* naar Malacca

voor Souratta 't volgende

40684 p^s diverse porcelijnen te weten
    5634 p^s gesorteerde schotels bestaende in
        626 stroijen a 128 cond^r d'3 stx·································· T. 2403.8.4
   20010 p^s pierings a 9 m^s d'10 p^s in 667 stroon··············· T. 1800.9.-
    5000 p^s thecopjes a 22 cond^{rn} d'10 p^s in 25 d^{os}··············· T. 110.-.-
    5040 p^s thepirings a 4 m^s d'10 p^s in 63 d^{os}················ T. 201.6.-
    5000 p^s copjes met voeten a 25 cond^{rn} de 10 p^s
        in 34 stroijen··· T. 125.-.-
    voor 't verpacken en merckplankjes aen
        d^o stroijen gehangen 'tsamen······························ T. 12.-.6
  voor verlacte doosies en porceleijnen voor Souratte······························ T. 4779.2.-

'T volgende voor Parsia

14737 p^s diverse porceleijnen als
    3000 p^s pierings â 9 m^s d'10 p^s in 100 stroijen··················· T. 250.-.-
    1737 p^s gesorteerde schotels â 128 cond^{rn} de 3 p^s
        in 193 stroijen·· T. 741.1.2
    6000 p^s thecopjes â 22 cond^{rn} d'10 p^s in 30 d^{os}··············· T. 132.-.-
    1000 p^s commen a 1 m^s id^r in 50 stroijen······················ T. 100.-.-
    1000 p^s d^{os} a 9 cond^{rn} yder in 50 d^{os}······························ T. 90.-.-
    2000 p^s d^{os} a 6 cond^r id^r in 50 d^{os}······························· T. 120.-.-
    voor 't verpacken en markplankjes························ T. 7.3.3
  d'porceleijnen voor Persia belopen··· T. 1460.4.5

'T volgende voor Cheijlon

1943 p^s diverse porceleijnen te weten
    1500 p^s pierings a 9 m^s d'10 p^s in 50 stroijen···················· T. 135.-.-
    243 p^s gesorteerde schotels a 128 cond^{rn} d'3 p^s
        in 27 stroijen··· T. 103.6.8
    200 p^s commen a 1 m^s id^r in 10 d^{os}································ T. 20.-.-
    voor merkplanken en pakloon····························· T. 2.4.2
                                                                                                          T. 261.1.-

'T volgende voor Coutchin

492 p^s diverse porceleijnen namentlijk
    240 p^s pirings a 9 m^s d'10 p^s in 8 stroijen······················ T. 21.6.-
    72 p^s schotels a 128 cond^{rn} d'3 p^s in 8 d^{os}·················· T. 30.7.2
    100 p^s thecopies a 22 cond^{rn} d'10 p^s in 1 stroo················ T. 2.2.-
    40 p^s commen a 1 m^s yder in 2 stroijen·························· T. 4.-.-
    40 p^s d^{os} a 9 condrijn id^r in 2 d^{os}································· T. 3.6.-
    ongelden voor 'tpacken als andersints··················· T. -.5.8
                                                                                                             T. 62.7.-

- ɸ -

1671

J1671-1/4　　　NFJ 865　　　6998-1-92-18

長崎、1671年10月18日
商館長マルチヌス・カエサルによってマラッカのハーゼンベルフ号で運ばれた

以下はスーラト向け

40684個　様々な磁器、すなわち
　　5634個　選別された深皿、藁包626個からなる
　　　　　　128コンドリン／3個・・・・・・・・・・・・・・・2403.8.4　テール
　20010個　平皿、9マース／10個、藁包667個入り・・・・・・・1800.9.-　テール
　　5000個　ティーカップ、22コンドリン／10個、藁包25個入り・・・110.-.-　テール
　　5040個　ティーソーサー、4マース／10個、藁包63個入り・・・201.6.-　テール
　　5000個　脚付のカップ、25コンドリン／10個
　　　　　　藁包34個入り・・・・・・・・・・・・・・・・・・125.-.-　テール
　　　　　　梱包および同上の藁包につける
　　　　　　目印の木札のために、合計・・・・・・・・・・・・12.-.6　テール
　　スーラト向けの漆塗りの木箱および磁器のために・・・・・・・・・・・・4779.2.-　テール

以下はペルシャ向け

14737個　様々な磁器、なわち
　　3000個　平皿、9マース／10個、藁包100個入り・・・・・・・250.-.-　テール
　　1737個　選別された深皿、128コンドリン／3個
　　　　　　藁包193個入り・・・・・・・・・・・・・・・・・741.1.2　テール
　　6000個　ティーカップ、22コンドリン／10個、藁包30個入り・・・132.-.-　テール
　　1000個　鉢、各1マース、藁包50個入り・・・・・・・・・・100.-.-　テール
　　1000個　同上の品、各9コンドリン、藁包50個入り・・・・・90.-.-　テール
　　2000個　同上の品、各6コンドリン、藁包50個入り・・・・・120.-.-　テール
　　　　　　梱包と目印の木札のために・・・・・・・・・・・・7.3.3　テール
　　ペルシャ向けの磁器、合計金額・・・・・・・・・・・・・・・・1460.4.5　テール

以下はセイロン向け

1943個　様々な磁器、すなわち
　　1500個　平皿、9マース／10個、藁包50個入り・・・・・・・135.-.-　テール
　　243個　選別された深皿、128コンドリン／3個
　　　　　藁包27個入り・・・・・・・・・・・・・・・・・・103.6.8　テール
　　200個　鉢、各1マース、藁包10個入り・・・・・・・・・・20.-.-　テール
　　　　　目印の木札と梱包賃のために・・・・・・・・・・・・2.4.2　テール
　　　　　　　　　　　　　　　　　　　　　　　　　　　　　261.1.-　テール

以下はコチン向け

492個　様々な磁器、すなわち
　　240個　平皿、9マース／10個、藁包8個入り・・・・・・・・21.6.-　テール
　　72個　深皿、128コンドリン／3個、藁包8個入り・・・・・・30.7.2　テール
　　100個　ティーカップ、22コンドリン／10個、藁包1個入り・・・2.2.-　テール
　　40個　鉢、各1マース、藁包2個入り・・・・・・・・・・・4.-.-　テール
　　40個　同上、各9コンドリン、藁包2個入り・・・・・・・・3.6.-　テール
　　　　　別の方法の梱包のための経費・・・・・・・・・・・・-.5.8　テール
　　　　　　　　　　　　　　　　　　　　　　　　　　　　　62.7.-　テール

- φ -

J1671-2/4   NFJ 865   6998-1-92-18
Nagasaki 19 October 1671
Gescheept door Opperhoofd Martinus Caesar in *de Goude Leeuw* **naar Malacca**

        't volgende voor Bengale
1418 p^s gesorteerde porceleijnen te weten
 510 p^{s}pierings a 9 m^s d'10 p^s
  in 17 stroijen comt·······························T. 45.9.-
 288 p^{s}schotels a 128 cond^{rn} d'3 p^s
  in 32 stroijen······································T. 122.8.8
  20 p^s lampetschotels in 2 balys
  gem^{rt} VOC No 1 en 2 a 25 m^s yder···················T. 50.-.-
 200 p^{s}thecopies a 22 cond^{rn}
  d'10 p^s in 1 stro································T. 4.4.-
 200 p^{s}thepierings a 4 m^s
  d'10 p^s in 2 d^{os}······································T. 8.-.-
 200 p^{s}commen a 9 cond^{rn} id^r
  in 10 d^{os}···T. 18.-.-
  Voor 't verlacken, balijs en
  merckplankjes van d° porcel: ·····················T. 3.5.7
                    T. 252.7.5

        - ɸ -

J1671-3/4   NFJ 865   6998-1-92-18
Nagasaki 19 October 1671
Gescheept door Opperhoofd Martinus Caesar in [de] *Papenburgh* **naar Malacca**

        'T volgende voor Malacca
5090 p^s diverse porceleijnen namentlijk
 2490 p^{s}pierings a 9 m^s d'10 p^s in 83 stroijen······················T. 224.1.-
 2000 p^{s}commen a 26 cond^{rn} id^r d'10 p^s in 10 d^{os}······················T. 52.-.-
  300 p^{s}d^{os} a 6 cond^{rn} 't p^s in 8 d^{os}································T. 18.-.-
  200 p^{s}d^{os} a 9 cond^{rn} id^r in 10 d^{os}·································T. 18.-.-
  100 p^{s}d^{os} a 1 m^s id^r in 5 d^{os}·······································T. 10.-.-
  voor 't verpacken en merckplankjes
  van d° porcelijn···T. 4.5.-
                     T. 326.6.-

        - ɸ -

J1671-2/4　　　NFJ 865　　　6998-1-92-18
長崎、1671年10月19日
商館長マルチヌス・カエサルによってマラッカのハウデ・レーウ号で運ばれた

　　　　　　　　　　　　　　　以下はベンガル向け
　1418個　選別された磁器、すなわち
　　　510個　平皿、9マース／10個
　　　　　　　藁包17個入り 合計・・・・・・・・・・・・・・・・・45.9.- テール
　　　288個　深皿、128コンドリン／3個
　　　　　　　藁包32個入り・・・・・・・・・・・・・・・・・・・122.8.8 テール
　　　　20個　洗面用の深皿、2桶入り
　　　　　　　VOC、No 1および2と記され、各25マース・・・・・・・50.-.- テール
　　　200個　ティーカップ
　　　　　　　22コンドリン／10個、藁包1個入り・・・・・・・・・・4.4.- テール
　　　200個　ティーソーサー
　　　　　　　4マース／10個、藁包2個入り・・・・・・・・・・・・8.-.- テール
　　　200個　鉢、各9コンドリン
　　　　　　　藁包10個入り・・・・・・・・・・・・・・・・・・・18.-.- テール
　　　　　　　上記の磁器の、漆塗り、桶および
　　　　　　　目印の木札のために・・・・・・・・・・・・・・・・・3.5.7 テール
　　　　　　　　　　　　　　　　　　　　　　　　　　　　　　252.7.5 テール

　　　　　　　　　　　　　　　　　- φ -

J1671-3/4　　　NFJ 865　　　6998-1-92-18
長崎、1671年10月19日
商館長マルチヌス・カエサルによってマラッカのパーペンブルフ号で運ばれた

　　　　　　　　　　　　　　　以下はマラッカ向け
　5090個　様々な磁器、すなわち
　　2490個　平皿、9マース／10個、藁包83個入り・・・・・・・・・224.1.- テール
　　2000個　鉢、26コンドリン／10個、藁包10個入り・・・・・・・・52.-.- テール
　　　300個　同上、6コンドリン／個、藁包8個入り・・・・・・・・・18.-.- テール
　　　200個　同上、各9コンドリン、藁包10個入り・・・・・・・・・18.-.- テール
　　　100個　同上、各1マース、藁包5個入り・・・・・・・・・・・・10.-.- テール
　　　　　　　同上の磁器の
　　　　　　　梱包および目印の木札のために・・・・・・・・・・・・4.5.- テール
　　　　　　　　　　　　　　　　　　　　　　　　　　　　　　326.6.- テール

　　　　　　　　　　　　　　　　　- φ -

"Porceleijnen" in de negotiejournalen van het comptoir Nagasaki

J1671-4/4   NFJ 865   6998-1-92-18
Nagasaki 21 October 1671
Gescheept door Opperhoofd Martinus Caesar in *de Pauw* naar Batavia

voor Bat^a, Amboina, Banda &^{a}
2776 [sic] p^s diverse porceleijnen in 92 stroijen gepackt en
  gem^{rt} VOC, namentlijck
  396 p^s drijlings schotels a 128 cond^{rn} d'3 p^s d^{os}
    in 44 stroijen·· T. 168.9.6
  1260 p^s pieringhs a 9 m^s d'10 p^s in
    42 p^s d^{os}······································· T. 113.4.-
  60 p^s commen a 9 cond^{rn} id^r in 3 stroijen········· T.   5.4.-
  60 p^s d^{os} a 1 m^s yd^r in 3 d^{os}············· T.   6.-.-
  voor d'ongelden van voorstaande porceleijn·················· T.   2.3.4
                                                                              T. 296.1.-

't volgende voor Siam in een cas gem^{rt} VOC
  100 p^s pierings a 9 m^s d'10 p^s····················· T.   9.-.-
  50 p^s schotels a 128 cond^{rn} d'3 p^s d^{os}······ T.   21.3.3

[....]

't volgende voor de medicinale winckel des
Casteels Batavia
18200 p^s zalfpotten, flessen, purgatiecroesen, scheerbeckens
  &^{a} gepackt in 453 stroijen alle met houtjes gem^{rt}
  VOC als
  200 p^s N°   1 in 17 stroijen 6 lb potten
  600 p^s ,, ··· 2 ,, 50 d^{os}······· 4 lb
  600 p^s ,, ··· 3 ,, 40 d^{os}······· 3 lb
  800 p^s ,, ··· 4 ,, 40 d^{os}······· 2 lb
  1000 p^s ,, ··· 5 ,, 40 d^{os}······· 1 lb
  500 p^s ,, ··· 6 ,, 14 d^{os}······· ¾ lb
  500 p^s ,, ··· 7 ,, 12 d^{os}······· ½ lb
  1500 p^s ,, ··· 8 ,, 25 d^{os}······· ¼ lb
  2000 p^s ,, ··· 9 ,, 17 d^{os}······· ⅛ lb
  3000 p^s ,, ·· 10 ,, 20 d^{os}······· 1/16 lb
  3000 p^s ,, ·· 11 ,, 10 d^{os}······· 1/32 lb
  1000 p^s flesjes 12 ,, 25 d^{os}········1½ mutsjen
  1500 p^s ,, ···· 13 ,, 30 d^{os}······· 1 d°
  500 p^s ,, ···· 14 ,, 2 d^{os}······· ½ d°
  200 p^s purgatie croesen   N°····15 in 3 stroon
  200 p^s d^{os} ·············   ,, ····16 in 3 d^{os}
  200 p^s purgatie croesen   ,, ····17 in 2 stroijen
  100 p^s scheerbeckens···   ,, ····18 in 10 d^{os}
  200 p^s flessen van 2 can   ,, ····19 in 33 d^{os}
  600 p^s d^{os} van 1 can····· ,, ····20 in 60 d^{os}
18200 p^s porceleijnen costen met malkanderen
  volgens het gemaekte contract met de
    porceleijn backers···T. 710.-.-

J1671-4/4　　NFJ 865　　　6998-1-92-18
長崎、1671年10月21日
商館長マルチヌス・カエサルによってバタヴィア行きのパウ号で運ばれた

バタヴィア、アンボイナ、バンダ等向け

2776　［ママ：1776］個、様々な磁器、藁包92個に梱包され、そして
　　　　VOCと記されている、すなわち
　　396個　3個1セットの深皿、128コンドリン／3個、同上
　　　　　藁包44個入り・・・・・・・・・・・・・・・・・・・・・168.9.6 テール
　　1260個　平皿、9マース／10個
　　　　　藁包42個入り・・・・・・・・・・・・・・・・・・・・・113.4.- テール
　　60個　鉢、各9コンドリン、藁包3個入り・・・・・・・・・・・・・5.4.- テール
　　60個　同上、各1マース、藁包3個入り・・・・・・・・・・・・・・6.-.- テール
　　　　　前記の磁器の経費のために・・・・・・・・・・・・・・・・2.3.4 テール
　　　　　　　　　　　　　　　　　　　　　　　　　　　　　296.1.- テール

以下はシャム向け、VOCと記された木箱に入っている

　　100個　平皿、9マース／10個・・・・・・・・・・・・・・・・・9.-.- テール
　　50個　深皿、128コンドリン／3個、同上・・・・・・・・・・・21.3.3 テール

［．．．．］

以下は
バタヴィア城の薬局向け

18200個　軟膏壺、瓶、水薬用コップ、ひげ皿等
　　　　藁包453個に梱包され、すべて木札にVOCと記されている
　　　　すなわち
　　200個　N°　　1、藁包 17 個入り、・・ 6 ポンド壺
　　600個　〃　　2、藁包 50 個入り、・・ 4 ポンド
　　600個　〃　　3、藁包 40 個入り、・・ 3 ポンド
　　800個　〃　　4、藁包 40 個入り、・・ 2 ポンド
　　1000個　〃　　5、藁包 40 個入り、・・ 1 ポンド
　　500個　〃　　6、藁包 14 個入り、・・ 3/4 ポンド
　　500個　〃　　7、藁包 12 個入り、・・ 1/2 ポンド
　　1500個　〃　　8、藁包 25 個入り、・・ 1/4 ポンド
　　2000個　〃　　9、藁包 17 個入り、・・ 1/8 ポンド
　　3000個　〃　　10、藁包 20 個入り、・・ 1/16 ポンド
　　3000個　〃　　11、藁包 10 個入り、・・ 1/32 ポンド
　　1000個　小瓶、12、藁包 25 個入り、・・ 1½ ムーチェ
　　1500個　〃　　13、藁包 30 個入り、・・ 1 同上
　　500個　〃　　14、藁包 2 個入り、・・ ½ 同上
　　200個　水薬用コップ、・・・・・・N°・・ 15、藁包 3個入り
　　200個　同上の品、　　　　〃　・・ 16、藁包 3個入り
　　200個　水薬用コップ、　　〃　・・ 17、藁包 2個入り
　　100個　ひげ皿、　　　　　〃　・・ 18、藁包10個入り
　　200個　瓶、2リットル入り、　〃　・・ 19、藁包33個入り
　　600個　同上、1リットル入り、・〃　・・ 20、藁包60個入り
　18200個　磁器
　　　　磁器製造者と交わした契約に従って
　　　　合算した値段・・・・・・・・・・・・・・・・・・・・・710.-.- テール

"Porceleijnen" in de negotiejournalen van het comptoir Nagasaki

1672

J1672-1/3   NFJ 866   6998-1-92-19
Nagasaki 23 October 1672
Gescheept door Opperhoofd Johannes Camphuijs in *d' Starmeer* naar Batavia

1515 p^s diverse gesorteerde porceleijnen als
    495 p^s gesorteerde schotels in 55 stroopacken
        houdende ider 9 stx a 128 conderijns
        de 3 p^s·· T. 211.2.-
    990 p^s fijne pierings in 33 stroo packen
        houden ijder 30 stx a 9 m^s d'10 p^s·············· T. 89.1.-
     30 ,, fijne scheerbeckens voor de chirur-
        gijns winckel in 3 stroo packen
        van 10 p^s yder a 3 T^l 't pack················· T.   9.-.-
        voor 't packen en merck planck^s
        aen d' packen gehangen ······················ T.   1.2.-
  1515 p^s diverse porceleijnen costen ···························· T. 310.5.-

- ϕ -

J1672-2/3   NFJ 866   6998-1-92-19
Nagasaki 12 November 1672
Gescheept door Johannes Camphuijs in *d' Beemster* naar Malacca

                          voor Cheijlon
2204 p^s diverse gesorteerde porceleijnen in 114 stroo packen
    alle gemerckt VOC namentlijck -
    504 stx gesorteerde schootels in 56 stroo packen ijder
        inhoudende 9 stx a 128 cond^r d'3 p^s·············· T. 215.-.4
  1500 ,, fijne pierings in 50 stroopacken ijder
        van 30 p^s a 9 maes d'10 p^s·························T. 135.-.-
    60 ,, groote commen in 3 stroo packen
        inhoudende 20 p^s ijd^r a 10 m^s d'10 p^s············T.   6.-.-
    60 ,, middelbaere d^{os} in 3 stroo d^{os} houdende
        ijder 20 p^s a 9 maes de 10 stx····················T.   5.4.-
    80 ,, cleijne commen in 2 stroo packen ijder
        van 40 p^s a 6 maes d'10 p^s·······················T.   4.8.-
    voor 't packen &^{a} en merckplankies
    aen de packen gehangen························T.   1.2.6
  2204 p^s diverse porcelijnen costen t'samen··········· T. 367.5.-

1672

J1672-1/3　　　NFJ 866　　　　6998-1-92-19
長崎、1672年10月23日
商館長ヨハネス・カムファイスによってバタヴィア行きのスタルメール号で運ばれた

　1515個　様々な選別された磁器、すなわち
　　　　495個　選別された深皿
　　　　　　　各9個入り藁包55個
　　　　　　　128コンドリン／3個・・・・・・・・・・・・・・・・・211.2.-　テール
　　　　990個　上質の平皿、
　　　　　　　各30個入り藁包33個、9マース／10個・・・・・・・・・・89.1.-　テール
　　　　 30〃　上質のひげ皿、外科治療所用の
　　　　　　　各10個入り藁包3個
　　　　　　　3テール／包・・・・・・・・・・・・・・・・・・・・・・9.-.-　テール
　　　　　　　梱包および梱包につける
　　　　　　　目印の木札のために・・・・・・・・・・・・・・・・・・1.2.-　テール
　　　　―――――――――――――――――――――――――――――――――――
　　　1515個　様々な磁器、値段・・・・・・・・・・・・・・・・・・・・310.5.-　テール

　　　　　　　　　　　　　　　　－ φ －

J1672-2/3　　　NFJ 866　　　　6998-1-92-19
長崎、1672年11月12日
商館長ヨハネス・カムファイスによってマラッカ行きのビームステル号で運ばれた

　　　　　　　　　　　　　　　セイロン向け

　2204個　様々な選別された磁器、藁包114個入り
　　　　すべてVOCと記されている、つまり
　　　　504個　選別された深皿、藁包56個
　　　　　　　各9個入り、128コンドリン／3個・・・・・・・・・215.-.4　テール
　　　　1500〃　上質の平皿、藁包50個
　　　　　　　各30個入り、9マース／10個・・・・・・・・・・・135.-.-　テール
　　　　 60〃　大型の鉢、藁包3個
　　　　　　　各20個入り、10マース／10個・・・・・・・・・・・・6.-.-　テール
　　　　 60〃　中位の同上の品、藁包3個
　　　　　　　各20個入り、9マース／10個・・・・・・・・・・・・・5.4.-　テール
　　　　 80〃　小型の鉢、藁包2個
　　　　　　　各40個入り、6マース／10個・・・・・・・・・・・・・4.8.-　テール
　　　　　　　梱包とそれにつける
　　　　　　　目印の木のために・・・・・・・・・・・・・・・・・・1.2.6　テール
　　　―――――――――――――――――――――――――――――――――――
　　　2204個　様々な磁器、値段合計・・・・・・・・・・・・・・・367.5.-　テール

"Porceleijnen" in de negotiejournalen van het comptoir Nagasaki

<pre>
                                  voor Coutchin
   608 stx diverse gesorteerde porcelijnen, alle de packen
       gemerckt VOC voor Coutchin, namentlijck
         158 stx gesorteerde schotels in 17 stroo packen
             inhoudende ijder 9 stx a 128 condrijn de
             3 p^s comt··· T.   67.4.1
         270 ,, pierings in 9 stroo packen ijder van
             30 stx a 9 maes d'10 p^s························· T.   24.3.-
         100 ,, theepieringhties in een stroo pack
             a 8 maes d'10 p^s································· T.   8.-.-
          80 ,, commen in 3 stroo packen als
             14 groote a 10 m^s d'10 p^s············ T.1.4.-
             13 gemene a 9 m^s d'10 p^s············· T.1.1.7
             53 cleene d° a 6 m^s d'10 p^s·········· T.3.1.8
             80 p^s diverse commen, costen···················· T.   5.7.5
             voor 't herpacken, ende merckplankjes
             aen de bovenstaende packen gehangen·············· T.   -.7.4
         608 p^s diverse porcelijnen, costen tesamen·······················T. 106.2.-   106.2.-

                                   voor Persia
 11051 p^s diverse porceleijnen in 588 packen alle
       gemerct VOC voor Persia te weten
       3501 p^s fijne schotels in 389 stroo packen houdende
             ijder 9 p^s a 128 cond^r d'3 p^s compt··················· T. 1493.7.6
       3000 ,, fijne pierings in 100 stroo packen inhoudende
             ijder 30 p^s a 9 maes d'10 p^s··························· T. 270.-.-
        660 ,, groote commen in 33 stroo packen
             houdende ijder 20 p^s a 10 m^s d'10 p^s·················· T.   66.-.-
        660 ,, middelbaere commen in 33 stroo packen
             houdende ijder 20 p^s a 9 m^s d'10 p^s··················· T.   59.4.-
        680 ,, cleene commen in 17 stroo packen inhoudende
             ijd^r 40 stx a 6 maes de 10 p^s·························· T.   40.8.-
       2350 ,, theecopies sonder overhangende randen
             in 15 stroo packen inhoudende ijder 150 P^s
             ende een pack van 100 P^s a 3 maes de 10 stucx··········· T.   70.5.-
        200 ,, d° grooter slagh, mede sonder overhan-
             gende randen in een stroo pack a 4 m^s
             de 10 P^s·· T.   8.-.-
             voor 't herpacken van't bovenstaende ende
             merckplanckies aende zelve gehangen····················· T.   3.1.4
      11051 p^s diverse porcelijnen voor Persia costen································T. 2011.6.-

                                      - φ -
</pre>

コチン向け

608個　様々な選別された磁器、すべての包には
　　　　VOC コチン向けと記されている、つまり
　158個　選別された深皿、各9個入り藁包17個
　　　　　128コンドリン／3個
　　　　　合計・・・・・・・・・・・・・・・・・・・・・・・・・・・・・・67.4.1 テール
　270〃　平皿、各30個入り藁包9個
　　　　　9マース／10個・・・・・・・・・・・・・・・・・・・24.3.- テール
　100〃　ティーソーサー、藁包1個入り
　　　　　8マース／10個・・・・・・・・・・・・・・・・・・・・8.-.- テール
　 80〃　鉢、藁包3個入り、すなわち
　　　　　14　大型の品、10マース／10個・・・　1.4.- テール
　　　　　13　中型の品、 9マース／10個・・・　1.1.7 テール
　　　　　53　小型の品、 6マース／10個・・・　3.1.8 テール
　　　　　80個　様々な鉢、値段・・・・・・・・・・・・・5.7.5 テール
　　　　　梱包および上記の包につける
　　　　　目印の木札のために・・・・・・・・・・・・・・・-.7.4 テール
　608個　様々な磁器、値段の合計・・・・・・・・・・・・・・・・・・106.2.- テール　106.2.-

ペルシャ向け

11051個　様々な磁器、588 包入り
　　　　すべて VOC ペルシャ向けと記されている、すなわち
 3501個　上質の深皿、各9個入り藁包389個
　　　　　128コンドリン／3個、合計・・・・・・・・・・・・・・・1493.7.6 テール
 3000〃　上質の平皿、各30入り藁包100個
　　　　　9マース／10 個・・・・・・・・・・・・・・・・・・・270.-.- テール
　660〃　大型の鉢、各20個入り藁包33個
　　　　　10マース／10個・・・・・・・・・・・・・・・・・・・66.-.- テール
　660〃　中位の鉢、各20個入り藁包33個
　　　　　9マース／10個・・・・・・・・・・・・・・・・・・・59.4.- テール
　680〃　小型の鉢、各40個入り藁包17個
　　　　　6マース／10個・・・・・・・・・・・・・・・・・・・40.8.- テール
 2350〃　縁が傾いていないティーカップ
　　　　　150個入り藁包15個
　　　　　ならびに100個入り1包、3マース／10個・・・・・・・70.5.- テール
　200〃　大型の種類の同上の品、縁が傾いていないもの
　　　　　藁包1個入り、
　　　　　4マース／10個・・・・・・・・・・・・・・・・・・・・8.-.- テール
　　　　　上記の品の梱包および
　　　　　それにつける目印の木札のために・・・・・・・・・・・3.1.4 テール
11051個　ペルシャ向けの様々な磁器の値段・・・・・・・・・・・・・・・・2011.6.- テール

－ φ －

"Porceleijnen" in de negotiejournalen van het comptoir Nagasaki

J1672-3/3   NFJ 866   6998-1-92-19
Nagasaki 12 November 1672
Gescheept door Opperhoofd Johannes Camphuijs in [de] *Buijren* naar Malacca

voor Bengale Porceleijnen

1850 [sic] stucx diverse d^{os} te weten
 30 p^s lampetschotels in 10 stroo packen â
  T.2.5.- yd^r gem^{ct} VOC van N° 1 tot 10·····················T. 75.-.-
 603 ,, gesorteerde schotels in 67 stroo packen
  houdende yder 9 p^s a 128 condr
  d'3 p^s··T. 257.2.8
 600 ,, fijne pierings in 20 stroo packen
  yder van 30 p^s a 9 m^s d'10 p^s··············T. 54.-.-
 200 ,, rijscoppen a 6 maes d'10 p^s················T. 12.-.-
 200 ,, thecopies a 3 maes d'10 p^s················T. 6.-.-
 200 ,, theepierings a 8 maes d'10 p^s···········T. 16.-.-
 20 ,, olije en asijn cannetjes a 1 m^s 5 cond^r 't p^s·······T. 3.-.-
 voor 't herpacken vande porceleijnen merck-
 planckjes ende d'balij &^{a}·····························T. 4.8.-
1853 p^s porceleijnen costen te samen···T. 428.-.8

1673

J1673-1/2   NFJ 867   6998-1-92-20   [is badly damaged.]
Nagasaki 29 October 1673
Gescheept door Opperhoofd Martinus Caesar in [de] *Laren* naar Batavia aan GG Maetsuyker

Diverse porceleynen voor Batavia

5802 stx diverse porceleynen te weten
 2502 stx drylings schotels in 278 stroyen
  gem^t VOC schotels voor Batavia
  van N° 1 tot 278 toe a 123 cond^r d' 3 p^s·············T. 1025.8.2
 3000 stx pierings a 9 m^s d' 10 p^s in
  100 stroo···T. 270.-.-
 300 stx kommen a 9 m^s de 10 p^s
  in 15 stroo·······································T. 27.-.-
 5802 stx diverse porceleynen monteert···································T. 1322.8.2
[....]

Diversz porceleynen voort Patria

4890 p^s diversz aenbestede porceleynen in 55 houte
 kassen staende op id^{er} gem^t VOC en opgesz:
 staet wat en hoeveel van id^{er} sortering
 daer in is te weten
[beschadigd, gat] [lampet?]schotels in 17 houte
[beschadigd, gat] de 3 p^s 25 m^s·························T. 625.-.-
[beschadigd] ?p^s 25 m^s······································T. 250.-.-

J1672-3/3　　NFJ 866　　　6998-1-92-19
長崎、1672年11月12日
商館長ヨハネス・カムファイスによってマラッカ行きのバイレン号で運ばれた

ベンガル向けの磁器

1850　[ママ:1853]個、様々な同上の品、すなわち
　　　30個　洗面用の深皿、10藁包入り
　　　　　　2.5.-テール、各包VOC、N° 1〜10と記されている・・・・・・・・・・・・　75.-.-　テール
　　　603〃　選別された深皿、各9個入り藁包67個
　　　　　　128コンドリン
　　　　　　／3個・・・・・・・・・・・・・・・・・・・・・・・・・・・・・・・・・・・・・・　257.2.8　テール
　　　600〃　上質の平皿、各30個入り藁包20個
　　　　　　9マース／10個・・・・・・・・・・・・・・・・・・・・・・・・・・・・・・・・　54.-.-　テール
　　　200〃　飯茶碗、6マース／10個・・・・・・・・・・・・・・・・・・・・・・・・・・・　12.-.-　テール
　　　200〃　ティーカップ、3マース／10個・・・・・・・・・・・・・・・・・・・・・・　6.-.-　テール
　　　200〃　ティーソーサー、8マース／10個・・・・・・・・・・・・・・・・・・・・　16.-.-　テール
　　　20〃　油用および酢用の注口付水注、1マース5コンドリン／個・・・・・・　3.-.-　テール
　　　　　　磁器の梱包、目印の木札
　　　　　　および桶等のために・・・・・・・・・・・・・・・・・・・・・・・・・・・・・　4.8.-　テール
　　　1853個　磁器、値段合計・・・・・・・・・・・・・・・・・・・・・・・・・・・・・・・・　428.-.8　テール

1673

J1673-1/2　　NFJ 867　　　6998-1-92-20　　（状態が悪い）
長崎、1673年10月29日
商館長マルチヌス・カエサルによって、マートサイケル総督宛てにバタヴィア行きのラーレン号で運ばれた

バタヴィア向けの様々な磁器

5802個　様々な磁器、すなわち
　　　2502個　3個1セットの深皿、藁包278個入り
　　　　　　　VOC、深皿、バタヴィア向け、N° 1 〜 278
　　　　　　　と記されている、123コンドリン／3個・・・・・・・・・・1025.8.2　テール
　　　3000個　平皿、9マース／10個
　　　　　　　藁包100個入り・・・・・・・・・・・・・・・・・・・・・・・・・・　270.-.-　テール
　　　300個　鉢、9マース／10個
　　　　　　　藁包15個入り・・・・・・・・・・・・・・・・・・・・・・・・・・・　27.-.-　テール
　　　5802個　様々な磁器の合計金額・・・・・・・・・・・・・・・・・・・・・1322.8.2　テール
[．．．．]

祖国向けの様々な磁器

4890個　購入品の様々な磁器、木箱55個
　　　　に入っている、各木箱はVOCと記され、そして
　　　　中に入っている各々の種類の品名と数量が
　　　　記されている、すなわち
[損傷、穴]　[洗面用の?]深皿、木箱[?]17個入り
[損傷、穴]25マース／3個・・・・・・・・・・・・・・・・・・・・・・・・・・・・・　625.-.-　テール
[損傷]25マース／?個・・・・・・・・・・・・・・・・・・・・・・・・・・・・・・・　250.-.-　テール

"Porceleijnen" in de negotiejournalen van het comptoir Nagasaki

```
   940w[beschadigd]der pierings off sousiertjes
        in 3 cassen de 10 stx 20 mˢ·································· T.  188.-.-
   200 p[?] met witte randen
        a [?] 10 pˢ 20 mˢ················································ T.   40.-.-
   500 grote bierkannen in 4 kassen a
        6 mˢ 't pˢ························································ T.  300.-.-
   500 kleyne bierkannen in 4 kassen
        a 4 mˢ 't pˢ······················································ T.  200.-.-
   500 grote wijnkannen in 10 kassen
        a 6 mˢ idᵉʳ······················································ T.  300.-.-
   500 kleyne dos in 4 kassen a 4 mˢ idᵉʳ ························ T.  200.-.-
        Voor 55 houte kassen daert voor-
        staende porceleyn in afgepackt
        is, spijkers, strootouwen, merck-
        plancken &: samen············································· T.  135.3.5
  4890 pˢ diverse porceleynen monteren················································ T. 2238.3.5
```

- φ -

J1673-2/2   NFJ 867   6998-1-92-20
Nagasaki 29 October 1673
Gescheept door Opperhoofd Martinus Caesar in *de Bemster[Beemster]* **naar Batavia**

Voor Ceylon

```
 606 pˢ geschildert en vergult porce
     leijn voor de Vorst van Madure
     in 2 kassen gemᵗ VOC N° 1 en 2
     voor Ceylon
        6 lampetschotels a 6 T idᵉʳ······················· T.  36.-.-
       10 fruijtschalen a 3
          in N° 2·············································· T.  30.-.-
       50 klene schotels a 7 mˢ···························· T.  35.-.-
       10 sacky ketels······································· T.   7.-.-
       30 koppen met decksels a 4 mˢ···················· T.  12.-.-
      500 theepierings a 12 mˢ de 10··················· T.  60.-.-
          voor de cassen &································ T.   6.5.-
                                                              T. 186.5.-
```

Voor Bengalen

```
 200 stx porcelynen flessen in 20 stroon zijnd
   2 op den anderen gebonden van N° 1
        tot 20 a 85 condrijn idᵉʳ comt················· T. 170.-.-
        voor packen en merckplankjes··················· T.   2.-.-
                                                              T. 172.-.-
```

1674-1676

The journals for 1674-1676 are missing.

940	[損傷] 平皿又はソーサー		
	木箱3個入り、20マース／10個・・・・・・・・・・・・・・・・	188.-.-	テール
200個	白磁の縁のある[？]		
	[？]20マース／10個・・・・・・・・・・・・・・・・・・・・・	40.-.-	テール
500	大型のビール用水注、木箱 4個入り		
	6マース／個・・・・・・・・・・・・・・・・・・・・・・・・・	300.-.-	テール
500	小型のビール用水注、木箱 4個入り		
	4マース／個・・・・・・・・・・・・・・・・・・・・・・・・・	200.-.-	テール
500	大型のワイン用水注、木箱10個入り		
	各6マース・・・・・・・・・・・・・・・・・・・・・・・・・・	300.-.-	テール
500	小型の同上の品、木箱4個入り、各4マース・・・・・・・	200.-.-	テール
	前記の磁器が梱包された		
	木箱55個および		
	釘、藁縄、目印の木札		
	等のために、合計・・・・・・・・・・・・・・・・・・・・・・・	135.3.5	テール
4890個	様々な磁器、合計金額・・・・・・・・・・・・・・・・・・・・・・・・・・・	2238.3.5	テール

― φ ―

J1673-2/2　　NFJ 867　　6998-1-92-20
長崎、1673年10月29日
商館長マルチヌス・カエサルによってバタヴィア行きのビームステル号で運ばれた

セイロン向け

606個	絵付けおよび金彩がほどこされた磁器		
	マズラ（註5）の君主のために		
	2木箱入り、VOC N° 1と2と記されている		
	セイロン向け		
	6　洗面用の深皿、各6テール・・・・・・・・・・・・・	36.-.-	テール
	10　果物用深鉢、3[テール]、		
	N° 2[の木箱]入り・・・・・・・・・・・・・・・・	30.-.-	テール
	50　小型の深皿、7マース・・・・・・・・・・・・・・・	35.-.-	テール
	10　酒次・・・・・・・・・・・・・・・・・・・・・・・	7.-.-	テール
	30　蓋付のカップ、4マース・・・・・・・・・・・・・・	12.-.-	テール
	500　ティーソーサー、12マース／10[個]・・・・・・・・	60.-.-	テール
	木箱等のために・・・・・・・・・・・・・・・・・・	6.5.-	テール
		186.5.-	テール

ベンガル向け

200個	磁器製の瓶、藁包20個に入っている		
2個	ずつ縛りつけられている		
	N° 1～20、各85コンドリン、合計・・・・・・・・・	170.-.-	テール
	梱包と目印の木札のために・・・・・・・・・・・・・・	2.-.-	テール
		172.-.-	テール

1674-1676

1674～1676年の仕訳帳は不明である。

"Porceleijnen" in de negotiejournalen van het comptoir Nagasaki

1677

J1677-1/3   NFJ 868   6998-1-92-21
Nagasaki 16 October 1677
Gescheept door Opperhoofd Dirck de Haas in *Het Huijs te Spijck* naar Malacca

voor Malacca

3730 stx diverse porcelijnen als
    1000 stx ordinaris schafschotels a T 2.5.-
        de 10 p^s·· T. 250.-.-
    300 thee coppiens in 2 d^{os} a 25 conderijn
        de 10 p^s·· T. 7.5.-
    300 theepirings a 6 masen de 10 stx······················· T. 18.-.-
    1600 stx porcelijnen Transportere······························· T. 275.5.-

    1600 — diverse salfpotten te weten
        400 stx van 2 lb groote a 6 masen
            de 10 p^s··· T. 24.-.-
        400 — van 1 pont a 4 d^{os}······················· T. 16.-.-
        400 — van ½ d° a 3 d^{os}······················· T. 12.-.-
        400 — van 2 oncen a 2 d^{os}······················· T. 8.-.-
    1600 — p^s diverse salfpotten·· T. 60.-.-

    530 — p^s oliteijt vlessies van ½ ons a 1 conde
        rijn t p^s comt··· T. 5.3.-
        voor merckplankies &^{a}··· T. 1.8.-
    3730 stx diverse porcelijnen costen··· T. 342.6.-

[....]

voor Chormandel

600 stx diverse porcelijnen te weten
    300 stx tafelpirings a 8 masen d'10 p^s······················· T. 24.-.-
    150 — saucierties a 6 d^{os} de 10 d^{os}······················· T. 9.-.-
    150 — theecoppies a 2½ d° de 10 d^{os}······················· T. 3.7.5
        mercqplankies &^{a}·· T. -.3.-
    600 stx diverse porcelijnen costen·· T. 37.-.5

[....]

voor Bengala

761 stx diverse porcelijnen te weten
    306 stx schafschotels 3lingen a 12 masen
        a 3 stx··· T. 122.4.-
    405 — tafelpirings a 9 masen de 10 p^s······················· T. 36.4.5
    50 — kommen a 8 conderijn ider··· T. 4.-.-
    merckplankies &^{a}··· T. -.6.-
    761 stx diverse porcelijnen costen··· T. 163.4.5

- φ -

1677

J1677-1/3　　NFJ 868　　　6998-1-92-21
長崎、1677年10月16日
商館長ディルク・デ・ハースによってマラッカ行きのハイス・テ・スペイク号で運ばれた

マラッカ向け

3730個　様々な磁器、すなわち
 1000個　並の食事用深皿
    2.5.-テール／10個・・・・・・・・・・・・・・・・250.-.- テール
  300　　ティーカップ
    2テール25コンドリン／10個・・・・・・・・・・7.5.- テール
  300　　ティーソーサー、マース／10個・・・・・・・18.-.- テール
 1600個　磁器、運搬・・・・・・・・・・・・・・・・・・・・・・275.5.- テール

 1600　——　様々な軟膏壺、すなわち
  400個　2 ポンド用の
    6 マース／10個・・・・・・・・・・・・・・・・・24.-.- テール
  400 -　1 ポンド用、4マース・・・・・・・・・・・・・16.-.- テール
  400 -　½ ポンド用、3マース・・・・・・・・・・・・12.-.- テール
  400 -　2 オンス用、2マース・・・・・・・・・・・・・8.-.- テール
 1600個　様々な軟膏壺・・・・・・・・・・・・・・・・・・・60.-.- テール

 530個　½ オンス用の油用の瓶、1コンドリン／個
   合計・・・・・・・・・・・・・・・・・・・・・・・・・・・5.3.- テール
   目印の木札等のために・・・・・・・・・・・・・・1.8.- テール
 3730個　様々な磁器、値段・・・・・・・・・・・・・・・・・・・・342.6.- テール

[....]

コロマンデル向け

600個　様々な磁器、すなわち
 300個　食卓用平皿、8マース／10個・・・・・・・・・24.-.- テール
 150 -　ソーサー、6マース／10個・・・・・・・・・・・・9.-.- テール
 150 -　ティーカップ、2½ マース／10個・・・・・・・3.7.5 テール
   目印の木札等・・・・・・・・・・・・・・・・・・・-.3.- テール
 600個　様々な磁器、値段・・・・・・・・・・・・・・・・・・・37.-.5 テール

[....]

ベンガル向け

761個　様々な磁器、すなわち
 306個　3個1セットの食事用深皿
   12マース／3個・・・・・・・・・・・・・・・・・122.4.- テール
 405 -　食卓用平皿、9マース／10個・・・・・・・・・36.4.5 テール
 50 -　鉢、各8コンドリン・・・・・・・・・・・・・・・・4.-.- テール
   目印の木札等・・・・・・・・・・・・・・・・・・・-.6.- テール
 761個　様々な磁器、値段・・・・・・・・・・・・・・・・・・163.4.5 テール

- φ -

"Porceleijnen" in de negotiejournalen van het comptoir Nagasaki

J1677-2/3   NFJ 868   6998-1-92-21
Nagasaki 16 October 1677
Gescheept door Opperhoofd Dirck De Haas in *Het Wapen van Middelburch* **naar Malacca**

voor Persia

30000 stx theecoppiens met opstaande randen a 2½ masen
    d'10 stx·· T.   750.-.-
    merckplankies en herpacken··· T.   1.8.-
                                                                                                                        T.   751.8.-

voor Cheijlon

2022 stx diverse porcelijnen te weten
    702 stx schafschotels drielingen a 12 masen
        d'3 stx··· T.   280.8.-
    1020 —— tafelpirings a 8 masen de 10 p^s··· T.   81.6.-
    300 —— kommen a 8 conderijn ider·· T.   24.-.-
    merckplanckies &^{a}·· T.   1.6.-
2022 stcx porcelijnen costen··· T.   388.-.-

- φ -

J1677-3/3   NFJ 868   6998-1-92-21
Nagasaki 16 October 1677
Gescheept door Opperhoofd Dirck de Haas in [de] *Schielant* **naar Batavia**

voor Batavia

4013 stx diverse porcelijnen als
    1503 stx ordinarij schaffschotels a 12 masen
        't stel van 3··· T.   601.2.-
    2010 tafelpirings a 9 masen d'10 stx·· T.   180.9.-
    500 stx commen a 9 masen d'10 d^{os}·· T.   45.-.-
    voor merckplanckies strootouw &^{a}.··· T.   3.8.-
4013 stcx : porcelijnen comen te costen·· T.   830.9.-

voort Patria

8960 stx diverse porcelijnen te weten
    3810 stx groote schafschotels drijlingen
        a 25 masen de 3 stx··· T.   3175.-.-
    1904 stx verscheijde gesorteerde cannen als
        476 stx groote bierkannen a 6 masen ider·········· T. 285.6.-
        476 kleene d^{os} a 4 d^{os}································· T. 190.4.-
        476 groote wijn d^{os} a 6 d^{os}······························ T. 285.6.-
        476 kleene d^{os} a 4 d^{os}································· T. 190.4.-
        1094 [sic] stx bier en wijn kannen costen···················· T.   952.-.-

```
J1677-2/3      NFJ 868      6998-1-92-21
```
長崎、1677年10月16日
商館長ディルク・デ・ハースによってマラッカ行きのヴァーペン・ファン・ミッデルブルフ号で運ばれた

ペルシャ向け

30000個	縁が立ち上がったティーカップ			
	2½マース／10個・・・・・・・・・・・・・・・・・	750.-.-	テール	
	目印の木札と梱包・・・・・・・・・・・・・・・・・	1.8.-	テール	
			751.8.-	テール

セイロン向け

2022個	様々な磁器、すなわち			
	702個　3個1セットの食事用深皿			
	12マース／3個・・・・・・・・・・・・・・	280.8.-	テール	
	1020 -　食卓用平皿、8マース／10個・・・・・・・・	81.6.-	テール	
	300 -　鉢、各8コンドリン・・・・・・・・・・・・・	24.-.-	テール	
	目印の木札等・・・・・・・・・・・・・・・	1.6.-	テール	
2022個	磁器、値段・・・・・・・・・・・・・・・・・・・・・・・・		388.-.-	テール

- ф -

```
J1677-3/3      NFJ 868      6998-1-92-21
```
長崎、1677年10月16日
商館長ディルク・デ・ハースによってバタヴィア行きのスヒーラント号で運ばれた

バタヴィア向け

4013個	様々な磁器、すなわち			
	1503個　並の食事用深皿			
	12マース／3個1組・・・・・・・・・・・・・	601.2.-	テール	
	2010　　食卓用平皿、9マース／10個・・・・・・・・	180.9.-	テール	
	500個　鉢、9マース／10個・・・・・・・・・・・・	45.-.-	テール	
	目印の木札、藁縄等のために・・・・・・・・・	3.8.-	テール	
4013個	磁器、値段の合計・・・・・・・・・・・・・・・・・・・・		830.9.-	テール

祖国向け

8960個	様々な磁器、すなわち			
	3810個　3個1セットの大型の食事用深皿			
	25マース／3個・・・・・・・・・・・・・・・・・・・	3175.-.-	テール	
	1904個　様々な選別された水注、すなわち			
	476個　大型のビール用水注、各6マース・・・・・・・	285.6.-	テール	
	476 　小型の同上の品、各4マース・・・・・・・	190.4.-	テール	
	476 　大型のワイン用同上の品、各6マース・・・・・・	285.6.-	テール	
	476 　小型の同上の品、各4マース・・・・・・・・	190.4.-	テール	
	1094　[ママ：1904]個、ビールおよびワイン用の水注、値段・・・・・・	952.-.-	テール	

"Porceleijnen" in de negotiejournalen van het comptoir Nagasaki

```
  1500 stx pronck off doofpotties te weten
      500 stx d'helft blauw en de helft
          root en gecolleurde schilderagie
          1ᵉ soort a 2½ masen idᵉʳ·················· T.  125.-.-
      500 stx ad idem 2ᵉ soort
          a 1½ maas ider························· T.   75.-.-
      500 dᵒˢ 3ᵉ dᵒ ad idem
          a 1 maas ider·························· T.   50.-.-
     1500 stx pronck off dooff potties ················ T.  250.-.-
       36 stx cas pronckpotten alle blaeuwe
          schilderagie a 7 masen ider················ T.   25.2.-
     1200 stx gesorteerde theecoppies a 3 masen
          de 10 stx····························· T.   36.-.-
       10 stx groote lampet schotels a T 2.7 ide········ T.   27.-.-
      500 — tafelpirings de helft root ende
          helft blauw a 17 masen de 10 stx············ T.   85.-.-
          voor de 127 kassen a 20 masen ider
          comt································· T.  254.-.-
          voor strotouw chiappapier
          Coeli en timmerl: dagloonen
          a 85 conderijn d'kist···················· T.  107.9.5
                                                T.  361.9.5
 8960 pˢ diverse porcelijnen costen······················· T. 4912.1.5

                        voor Siam
  318 stx porcelijnen te weten
      108 stx schafschotels 3lingen a 12 masen
          de 3 stx······························ T.   43.2.-
      210 stx tafelpirings a 8 masen de 10 stx·········· T.   16.8.-
          merckplankies &ᵃ······················· T.    -.3.-
  318 stx porcelijnen comen te costen···················· T.   60.3.-
```

1678

The journal for 1678 is missing.

1500個	装飾用又は火消し壺、すなわち	
500個	半分は青、そして半分は赤で色絵付けされた第1の種類は、各2½ マース・・・・・・	125.-.- テール
500個	同様の、第2の種類は各1½ マース・・・・・・	75.-.- テール
500個	同様の、第3の種類は各1マース・・・・・・	50.-.- テール
1500個	装飾用又は火消し壺・・・・・・	250.-.- テール
36個	木箱、装飾用壺、すべて青で描かれたもの、各7マース・・・・・・	25.2.- テール
1200個	選別されたティーカップ 3マース／10個・・・・・・	36.-.- テール
10個	大型の洗面用の深皿、各2.7テール・・・・・・	27.-.- テール
500 -	食卓用平皿、半分は赤、そして半分は青、17マース／10個・・・・・・	85.-.- テール
	各20マース、127個の木箱のために合計・・・・・・	254.-.- テール
	藁縄、印章用紙 運搬および木工の日当のために 85コンドリン／木箱・・・・・・	107.9.5 テール
		361.9.5 テール
8960個	様々な磁器の値段・・・・・・	4912.1.5 テール

シャム向け

318個	磁器、すなわち	
108個	3個1セットの食事用深皿 12マース／3個・・・・・・	43.2.- テール
210個	食卓用平皿、8マース／10個・・・・・・	16.8.- テール
	目印の木札等・・・・・・	-.3.- テール
318個	磁器、値段の合計・・・・・・	60.3.- テール

1678

1678年の仕訳帳は不明である。

"Porceleijnen" in de negotiejournalen van het comptoir Nagasaki

1679

J1679-1/3   NFJ 869   6998-1-92-22
Nagasaki 24 October 1679
Gescheept door Opperhoofd Dirck De Haas in *Het Huijs te Spijck* naar Malacca

                              Voor Bengale

2111 p^s diverse gesorteerde porcelijnen als
    603 stx gesorteerde schotels a 118
        condrijn d'drij in malcanderen·························· T. 237.1.8
    840 tafelpierings te weten
        420 p^s â T -.9.- d' 10 stx····················· T.   37.8.-
        420 p^s â T -.8.- d' 10 ,, ···················· T.   33.6.-
        840 p^s tafel pierings belopen···························· T.   71.4.-
    150 — theecopjes â 25 cond de 10 p^s················ T.   3.7.5
    150 — d° pierings â 55 d^{os} d' 10 p^s················ T.   8.2.5
    150 — cauwacopjes â 3 maas d' 10 p^s················ T.   4.5.-
    150 — commen   â 75 cond^r de 10 p^s················ T.   11.2.5
     48 — cannen of pullen met lange halsen
        â 2 maas yder································ T.   9.6.-
     20 — olij en asijn kannetjes â 9 m^s d'10 p^s·········T.   1.8.-
        voor merckplanckies &^{a}························ T.   1.3.8
2111 stx diverse porcelijnen costen····························· T. 1349.1.1

                              - ɸ -

J1679-2/3   NFJ 869   6998-1-92-22
Nagasaki 24 October 1679
Gescheept door Opperhoofd Dirck De Haas in *Het Huijs te Merwe* naar Batavia

4529 p^s diverse porcelijnen als
    999 p^s schotels a 118 cond d'3 p^s················ T. 392.9.4
   3030 p^s tafelpierings te weten
    1020 p^s â 9 m^s d' 10···················· T. 91.8.-
    2010 p^s â 8 d^{os} ..,, ···················· T. 160.8.-
   3030 p^s tafelpierings costen···················· T. 252.6.-
  500 stx commen d'10 p^s 85 condrijns················ T. 42.5.-
    merckplankjes &^{a}···························· T.   4.2.-
4529 p^s diverse porcelijnen costen························ T. 692.2.4

[....]

1679

J1679-1/3　　　NFJ 869　　　6998-1-92-22
長崎、1679年10月24日
商館長ディルク・デ・ハースによってマラッカ行きのハイス・テ・スペイク号で運ばれた

　　　　　　　　　　　　　　ベンガル向け
　2111個　様々な選別された磁器、すなわち
　　　603個　選別された深皿、
　　　　　　118コンドリン／3個1組で・・・・・・・・・・・・・・・・237.1.8 テール
　　　840　　食卓用平皿、すなわち
　　　　　　420個　-.9.-テール／10個・・・・・・・・・・・37.8.- テール
　　　　　　420個　-.8.-テール／10〃・・・・・・・・・・・33.6.- テール
　　　　　　840個　食卓用平皿、合計金額・・・・・・・・・・・・71.4.- テール
　　150――　ティーカップ、25コンドリン／10個・・・・・・・・・・3.7.5 テール
　　150――　同上、平皿、55コンドリン／10個・・・・・・・・・・8.2.5 テール
　　150――　コーヒーカップ、3マース／10個・・・・・・・・・・・4.5.- テール
　　150――　鉢、75コンドリン／10個・・・・・・・・・・・・・・11.2.5 テール
　　48――　頭の長い水注又はプレ
　　　　　　各2マース・・・・・・・・・・・・・・・・・・・・・9.6.- テール
　　20――　油用又は酢用の小型水注、9マース／10個・・・・・・・1.8.- テール
　　　　　　目印の木札等のために・・・・・・・・・・・・・・・・1.3.8 テール
　2111個　様々な磁器、値段・・・・・・・・・・・・・・・・・・・・・・・1349.1.1 テール

　　　　　　　　　　　　　－ φ －

J1679-2/3　　　NFJ 869　　　6998-1-92-22
長崎、1679年10月24日
商館長ディルク・デ・ハースによってバタヴィア行きのハイス・テ・メルヴェ号で運ばれた

　4529個　様々な磁器、すなわち
　　　999個　深皿、118コンドリン／3個・・・・・・・・・・・392.9.4 テール
　　3030個　食卓用平皿、すなわち
　　　　　　1020個　9マース／10・・・・・・91.8.- テール
　　　　　　2010個　8マース　〃・・・・・・160.8.- テール
　　　　　　3030個　食卓用平皿、値段・・・・・・・252.6.- テール
　　　500個　鉢、85コンドリン／10個・・・・・・・・・42.5.- テール
　　　　　　目印の木札等・・・・・・・・・・・・・・・・4.2.- テール
　4529個　様々な磁器、値段・・・・・・・・・・・・・・・・・・・・・・・692.2.4 テール

[....]

voor de Medicinale Winckel

2242 stx gesorteerde porceleijnen te weten

    1500 p^s zalfpotten als

        400 p^s van 2 lb â 7 cond t p^s · T. 28.-.-

        400 — van 1 — â 5 ——·· ,, · T. 20.-.-

        400 — van ½ — â 3½ ——·· ,, · T. 14.-.-

        300 — van ¼ — â 2 ——·· ,, · T.   6.-.-

        1500 p^s salfpotten costen · T. 68.-.-

    600 p^s olijteijt flesjens te weten

        100 p^s van 8 oncen â 3 cond t p^s · · · · T.   3.-.-

        100 — van 6 ———— â 2 ————· · · · T.   2.-.-

        100 — van 4 ———— â 1½————· · · · T.   1.5.-

        150 — van 3 ———— â 1 ————· · · · T.   1.5.-

        150 — van 2 ———— â 1 ————· · · · T.   1.5.-

        600 p^s olijteijt flesjens bedragen · · · · · · · · · · · · · · T.   9.5.-

    50 flessen van 2 lb â 18 condrijn ider · · · · · · · · · · · · T.   9.-.-

    12 commen van 3 gantings off 4⅔

        kannen â 5 maas ider · T.   6.-.-

    30 d^{os} van 1 gantingh off 1⅓ kan

        â 17 condrijn ider · T.   5.1.-

    50 scheerbeckens â 3 masen ider · · · · · · · · · · · · · · · · · T. 15.-.-

    merckplanckjes · T.   3.1.-

2242 p^s porceleijnen voor d' medicinale winckel · T. 115.7.-

Voor 't Patria

11379 stx diverse porceleijnen als

3827 p^s schotels te weten

    975 p^s driesoort met opstaande

        loffwercq costende

        d' 3 p^s of tsel T. 2.5 · · · · · · · · · · · T. 812.5.-

    2032 — met blompotten ad idem · · · · · · · · T. 1693.3.3

    780 met hartebeesten als voren · · · · · · T. 650.-.-

    40 — lampetschotels â 27 m^s tp^s · · · · T. 108.-.-

    3827 p^s diverse schotels costen · · · · · · · · · · · · · · · · · · · T. 3263.8.3

3720 p^s tafelpierings te weten

    2520 p^s vlacke â 17 cond ider · · · · · · · · · · T. 428.4.-

    1200 — holle ad idem · · · · · · · · · · · · · · · · · · T. 204.-.-

    3720 p^s tafelpierings bedragen · T. 632.4.-

    630 p^s pronckpotjens als

        210 p^s 1^e soort â 5 m^s t p^s · · · · · · · · · · · T. 105.-.-

        210 — 2^e ———— â 3½ ·———·,, · · · · · · · · · · · T. 73.5.-

        210 — 3^e ———— â 2 ·———·,, · · · · · · · · · · · T. 42.-.-

    630 p^s pronckpotjens costen · T. 220.5.-

990 diverse geschilderde pronkpotjens als

    490 p^s rootgeschild^t a 12 m^s

        d' 10 p^s · T. 58.8.-

    500 — blauw geschildert

        ad idem · T. 60.-.-

    990 p^s diverse geschilderde pronkpotjens costen   T. 118.8.-

薬局向け

```
2242個　選別された磁器、すなわち
   1500個　軟膏壺、すなわち
       400個　2ポンド入り、    7 コンドリン／個・・・・・・28.-.- テール
       400 -  1 ―――――   5    〃     ・・・20.-.- テール
       400 -  ½ ―――――  3½   〃     ・・・14.-.- テール
       300 -  ¼ ―――――   2    〃     ・・・ 6.-.- テール
       1500個　軟膏壺、値段・・・・・・・・・・・・・68.-.- テール
   600個　油用の小瓶、すなわち
       100個　8オンス入り、  3 コンドリン／個  3.-.- テール
       100 -  6 ―――――  2 ―――――  〃  2.-.- テール
       100 -  4 ―――――  1½ ―――――  〃  1.5.- テール
       150 -  3 ―――――  1 ―――――  〃  1.5.- テール
       150 -  2 ―――――  1 ―――――  〃  1.5.- テール
       600個　油用の小瓶、総額・・・・・・・・・・ 9.5.- テール
    50瓶　2ポンド入り、各18コンドリン・・・・・・・ 9.-.- テール
    12鉢　3ハンティング（註6）又は、4²⁄₃ リットル用
           各5マース・・・・・・・・・・・・・・・ 6.-.- テール
    30皿　1ハンティング、又は、1¹⁄₃ リットル用
           各17コンドリン・・・・・・・・・・・・・ 5.1.- テール
    50    ひげ皿、各3マース・・・・・・・・・・・ 15.-.- テール
          目印の木札・・・・・・・・・・・・・・・・ 3.1.- テール
2242個　磁器、薬局向け・・・・・・・・・・・・・・・・・115.7.- テール
```

祖国向け

```
11379個　様々な磁器、すなわち
   3827個　深皿、すなわち
       975個　3個1組、立ち上がった
             葉文様がほどこされた、値段は
             2.5テール／3個・・・・・・・・ 812.5.- テール
       2032 -  瓶付き、同じ価格で・・・・・・1693.3.3 テール
        780 -  鹿文様がほどこされた前記に同じ・ 650.-.- テール
         40 -  洗面用の深皿、27マース／個・ 108.-.- テール
       3827個　様々な深皿、値段・・・・・・・・・・3263.8.3 テール
   3720個　食卓用平皿、すなわち
       2520個　平らな品、各17コンドリン・・ 428.4.- テール
       1200 -  深い品、同じ価格で・・・・・・ 204.-.- テール
       3720個　食卓用平皿、総額・・・・・・・・・・ 632.4.- テール
   630個　小型装飾用壺、すなわち
       210個　第1の種類、   5 マース／個・ 105.-.- テール
       210 -  第2の ――  3½ ――  〃・・ 73.5.- テール
       210 -  第3の ――   2 ――  〃・・ 42.-.- テール
       630個　小型装飾用壺、値段・・・・・・・・・・220.5.- テール
   990    様々な絵付けをほどこした小型装飾用壺、すなわち
       490個　赤絵をほどこした
             12マース／10個・・・・・・・・ 58.8.- テール
       500 -  染付をほどこした
             同じ価格で・・・・・・・・・・ 60.-.- テール
       990個　様々な絵付けをほどこした小型装飾用壺、値段   118.8.- テール
```

420 p^s waterpotten â 18 condrijn ider··················	T.	75.6.-
270 p^s groote wijnkannen â 6 m^s t p^s·················	T.	162.-.-
252 p^s cleijne d^{os} â 4 maas ider·······················	T.	100.8.-
400 p^s groote bierkannen â 6 maas t p^s················	T.	240.-.-
240 — cleijne d^{os} â 4 maas t p^s······················	T.	96.-.-
350 — agtkantige olij en asijn kannet jens a 4 maas t p^s·································	T.	140.-.-
280 — ovale d^{os} ad idem······························	T.	112.-.-
voor 170 houtekassen strootouw spijckers timmermans en coelijs dagloonen &^{a}····························	T.	484.5.-
11379 p^s diverse porceleijnen costen····························	T.	5646.4.3

voor Tonckin

300 [sic] p^s porcelijnen als		
1000 stx middelbare rijstcoppen â 3 maas d'10 p^s··················	T.	30.-.-
2000 — theepierings â 34 condrijn d'10 p^s·················	T.	68.-.-
Merckplanckjes &^{a}······································	T.	-.6.-
3000 p^s porceleijnen costen···	T.	98.6.-

- ϕ -

J1679-3/3   NFJ 869   6998-1-92-22
Nagasaki 24 October 1679
Gescheept door Opperhoofd Dirck De Haas in *T Huijs te Cronenb[urg]* naar Malacca

voor Persia

30000 stx theecopjens met opstaande randen â 25 condrijn de 10 p^s···································	T.	750.-.-
voor merckplankjes &^{a}··	T.	1.8.-
	T.	751.8.-

1680-1685

The journals for 1680-1685 are missing.

420個	水差し[又は便器]、各18コンドリン・・・・・・・・・	75.6.-	テール
270個	大型のワイン用水注、6マース／個・・・・・・・・・	162.-.-	テール
252個	小型の同上、各4マース・・・・・・・・・・・・・・	100.8.-	テール
400個	大型のビール用水注、6マース／個・・・・・・・・・	240.-.-	テール
240 —	小型の同上、4マース／個・・・・・・・・・・・・・・	96.-.-	テール
350 —	油用又は酢用の八角形の水注		
	4マース／個・・・・・・・・・・・・・・・・・・	140.-.-	テール
280 —	楕円形の同上、同じ価格で・・・・・・・・・・・・・	112.-.-	テール
	170個の木箱、藁縄、		
	釘、大工および		
	運搬の日当等のために・・・・・・・・・・・・・・	484.5.-	テール
11379個	様々な磁器、値段・・・・・・・・・・・・・・・・・・・・	5646.4.3	テール

トンキン向け

300 [ママ:3000]個、磁器、すなわち			
1000個	中位の飯茶碗、3マース／10個・・・・・・・・・・・	30.-.-	テール
2000 —	ティーソーサー、34コンドリン／10個・・・・・・・・	68.-.-	テール
	目印の木札等・・・・・・・・・・・・・・・・・・・・	-.6.-	テール
3000個	磁器、値段・・・・・・・・・・・・・・・・・・・・・・・・	98.6.-	テール

— φ —

J1679-3/3　　NFJ 869　　　6998-1-92-22
長崎、1679年10月24日
商館長ディルク・デ・ハースによってマラッカ行きのハイス・テ・クローネンブ[ルフ]号で運ばれた

ペルシャ向け

30000個	縁が立ち上がったティーカップ		
	25コンドリン／10個・・・・・・・・・・・・・・・	750.-.-	テール
	目印の木札等のために・・・・・・・・・・・・・・	1.8.-	テール
		751.8.-	テール

1680-1685

1680〜1685年の仕訳帳は不明である。

1686

J1686-1/2   NFJ 870   6998-1-92-23
Nagasaki 2 November 1686
Gescheept door Opperhoofd Andreas Cleijer in [de] *Pijlswaart* naar Batavia

                            voor Batavia

7630 stx diverse porcelijnen bestaande in 397 stroo balen
different van soort en prijsen als

400 p^s holle tafel schotels	â t p^s 55 cond		T.	220.-.-
2500 ,, d° pierings	,, 16	,,	T.	400.-.-
510 ,, gemene d^{os}	,, 95	,,	T.	48.4.5
200 ,, tafelschotels. 1^e s^t	,, 38	,,	T.	76.-.-
200 ,, d^{os} 2^e s^t	,, 27	,,	T.	54.-.-
210 ,, d^{os} 3^e s^t	,, 20	,,	T.	42.-.-
200 ,, gemene tafelkommen	,, 10	,,	T.	20.-.-
210 ,, sauciertjens	,, 6	,,	T.	12.6.-
100 ,, mostard pottjens	,, 13	,,	T.	13.-.-
100 ,, zoutvatjens	,, 13	,,	T.	13.-.-

                    voor d'medicinale winckel

200 salfpotten van	8 lb â	4 maas		
ider komt			T.	80.-.-
200 ,, d^{os}	6	4	T.	80.-.-
1000 ,, ,,	½	5 cond	T.	50.-.-
600 ,, ,,	4 oncen	3½ d°	T.	21.-.-
1000 ,, ,, pulletjens· 1	2		T.	20.-.—

                                                          T. 251.-.-

voor de merckplankjens etc^a .... T. 4.8.-

7630 p^s diverse porcelijnen belopen .... T. 1154.8.5

                              - φ -

J1686-2/2   NFJ 870   6998-1-92-23
Nagasaki, 4 November 1686
Gescheept door Opperhoofd Andreas Cleijer in *de Waalstroom* naar Malacca

                            Voor Cheijlon

300 p^s gemene porcelijne tafelcommen in 17 stroo balen van 18 p^s ijd^r
daar ander 1 stroo van 12 stx genomb^t van 398 tot 414 in-
cluijs â d' 10 stx 1 T komt .... T. 30.-.-

1686

J1686-1/2　　　NFJ 870　　　6998-1-92-23
長崎、1686年11月2日
商館長アンドリース・クレイエルによってバタヴィア行きのパイルスワールト号で運ばれた

バタヴィア向け

7630個　様々な磁器、397俵からなる
　　　それぞれの種類および価格は、すなわち
　　400個　深い食卓用深皿、・・・・・55コンドリン／個・・・・・・・220.-.- テール
　　2500〃　同上平皿、・・・・・・・16コンドリン／個・・・・・・400.-.- テール
　　510〃　並の同上、・・・・・・・95コンドリン／個・・・・・48.4.5 テール
　　200〃　食卓用深皿、　第1の種類、38コンドリン／個・・・・・76.-.- テール
　　200〃　同上、　　　第2の種類、27コンドリン／個・・・・・54.-.- テール
　　210〃　同上、　　　第3の種類、20コンドリン／個・・・・・42.-.- テール
　　200〃　並の食卓用鉢、・・・・・・10コンドリン／個・・・・・20.-.- テール
　　210〃　ソーサー、・・・・・・・・6コンドリン／個・・・・・12.6.- テール
　　100〃　マスタード用小壺、・・・・13コンドリン／個・・・・・13.-.- テール
　　100〃　塩容れ、・・・・・・・・・13コンドリン／個・・・・・13.-.- テール

薬局向け

　　200　　軟膏壺、　　　8ポンド入り、各4マース
　　　　　　合計・・・・・・・・・・・・・・・・・・・・・・・80.-.- テール
　　200　　同上の品、　　6ポンド用、各4マース・・・・・80.-.- テール
　　1000　　〃　　　　　½ポンド用、各5コンドリン・・・・50.-.- テール
　　600　　〃　　　　　4オンス用、各3½コンドリン・・・21.-.- テール
　　1000　　〃　　小型のプレ、1オンス用、各2コンドリン・・・・・20.-.- テール
　　　　　　　　　　　　　　　　　　　　　　　　　　　　　251.-.- テール
　　　　　目印の小木札等のために・・・・・・・・・・・・・・・・・4.8.- テール

7630個　様々な磁器、合計金額・・・・・・・・・・・・・・・・・・・・・1154.8.5 テール

- φ -

J1686-2/2　　　NFJ 870　　　6998-1-92-23
長崎、1686年11月4日
商館長アンドリース・クレイエルによってマラッカ行きのヴァールストローム号で運ばれた

セイロン向け

　300個　並の磁器製の食卓用鉢、各18個入り17俵
　　　　そのうち1藁包は12個入りとし、398～414の番号をつける
　　　　1テール／10個、合計・・・・・・・・・・・・・・・・・30.-.- テール

"Porceleijnen" in de negotiejournalen van het comptoir Nagasaki

1687

J1687-1/3   NFJ 871   6998-1-92-24
Nagasaki 21 October 1687
Gescheept door Opperhoofd Constantin Ranst de Jonge in *Het Huijs te Spijk* naar Malacca

voor Ceijlon

2562 p^s diverse porcelijnen gepakt in 168 strobalen van differenten
inhoude zoort en prijsen namentlijk

500 p^s groote tafelschotels 1 s^t in 62 stro â 1 p^s c 37 ············ T. 185.-.-.-.-
300 ,, gemene ditos········· 2 s^t··· 30··············· 26 ··········· T. 78.-.-.-.-
200 ,, kleijne ditos········ 3 s^t··· 13··············· 20 ··········· T. 40.-.-.-.-
1200 ,, tafelpierings·············· 40··············· 9 ··········· T. 108.-.-.-.-
200 ,, gemene tafelkommen·········· 11··············· 10 ··········· T. 20.-.-.-.-
50 ,, grote fijne ditos··········· 5··············· 35 ··········· T. 17.5.-.-.-
50 ,, boterpotjes················ 2··············· 15 ··········· T. 7.5.-.-.-
50 ,, atchiaer potjes············· 1··············· 12½ ·········· T. 6.2.5.-.-
3 ,, groote potten met dexel····· 1··············· 50 ··········· T. 1.5.-.-.-
3 ,, gemene ditos··················· 1··············· 45 ··········· T. 1.3.5.-.-
3 ,, wat kleender ditos··········· 1··············· 40 ··········· T. 1.2.-.-.-
3 ,, nog kleender ditos··········· 1··············· 20 ··········· T. -.6.-.-.-
voor merkplankjes etc. ··· T. 2.8.1.9.8

2562 p^s diverse porcel: in   168 strobalen costen ························ T.469.7.1.9.8

- ϕ -

J1687-2/3   NFJ 871   6998-1-92-24
Nagasaki 22 October 1687
Gescheept door Opperhoofd Constantin Ranst de Jonge in *'t Mastenbosch* naar Malacca

voor Bengale

1226 p^s diverse porcelijnen gepakt in 84 stro balen different van inhout
en prijsen prijsen [sic] namentlyk

200 p^s tafelschotels 1^e s^t in 25 stro â t p^s c^n 37 ············ T. 74.-.-
200 ,, ditos·········· 2^e s^t········ 23 ··············· 26 ··········· T. 52.-.-
100 ,, ditos·········· 3^e s^t········· 3 ··············· 20 ··········· T. 20.-.-
500 ,, tafelpierings·············· 17 ··············· 9 ··········· T. 45.-.-
54 ,, gemene tafelkommen ········ 3 ·······â 1 p^s c^n 10 ··········· T. 5.4.-
100 ,, cauwacopjens················ 1 ··············· 3 ··········· T. 3.-.-
20 ,, olij en asijn kannetjens·· 1 ··············· 20 ··········· T. 4.-.-
51 ,, groote kommen met dexels·· 9 ·····â de 3 p^s 160 ··········· T. 27.2.-
1 ,, grote schotel met sijn dexel
tot een monster   1 ongetaxeert
voor merckplankjes··· T. 1.2.-

1226 p^s diverse porcelijnen   in   80 stro balen belopen······················ T. 231.8.-

- ϕ -

1687

J1687-1/3　　　NFJ 871　　　6998-1-92-24

長崎、1687年10月21日

商館長コンスタンティン・ランスト二世によってマラッカ行きのハイス・テ・スペイク号で運ばれた

セイロン向け

2562個　様々な磁器、168 俵に梱包され、それぞれの内容物の
　　　　種類および価格は、すなわち

500個	大型の食卓用深皿、	第1の種類、藁包62 個、	37 コンドリン／個	･････ 185.-.-.-.-	テール
300〃	並の同上の品、	第2の種類、 30 個、	26	･････ 78.-.-.-.-	テール
200〃	小型の同上の品、	第3の種類、 13 個、	20	･････ 40.-.-.-.-	テール
1200〃	食卓用平皿、	･･･････ 40 ･･	9	･････ 108.-.-.-.-	テール
200〃	並の食卓用鉢、	･･･････ 11	10	･････ 20.-.-.-	テール
50〃	大型の上質の同上、	････････ 5	35	･････ 17.5.-.-.-	テール
50〃	バター用壺、	････････ 2	15	･････ 7.5.-.-.-	テール
50〃	アチャー用小壺、	････････ 1	12½	･････ 6.2.5.-.-	テール
3〃	大型の蓋付壺、	････････ 1	50	･････ 1.5.-.-.-	テール
3〃	並の同上の品、	････････ 1	45	･････ 1.3.5.-.-	テール
3〃	少し小型の同上の品、	････････ 1	40	･････ 1.2.-.-.-	テール
3〃	さらに小型の同上の品、	････････ 1	20	･････ -.6.-.-.-	テール
	目印の木札等のために	･･････････････････		2.8.1.9.8	テール

2562個　様々な磁器、･････････ 168 俵入り、値段 ･･････････････ 469.7.1.9.8
　　　　　　　　　　　　　　　　　　　　　　　　　　　　　　　　　　テール

− ɸ −

J1687-2/3　　　NFJ 871　　　6998-1-92-24

長崎、1687年10月22日

商館長コンスタンティン・ランスト二世によってマラッカ行きのマステンボッシュ号で運ばれた

ベンガル向け

1226個　様々な磁器、84俵に梱包され、内容および
　　　　価格価格[重複誤記]異なる、すなわち

200個	食卓用深皿、	第1の種類、 藁包 25 個入り、	37 コンドリン／個	･･･ 74.-.-	テール
200〃	同上、	第2の種類、････ 23 個･･･、	26	････ 52.-.-	テール
100〃	同上、	第3の種類、････ 3 個･･･、	20	････ 20.-.-	テール
500〃	食卓用平皿、	･･･････ 17	9	････ 45.-.-	テール
54〃	並の食卓用鉢、	･･･････ 3	10 コンドリン／個	･･ 5.4.-	テール
100〃	コーヒーカップ、	･･･････ 1	3	･･ 3.-.-	テール
20〃	油用および酢用の小水注、	･･･ 1	20	･･ 4.-.-	テール
51〃	大型の蓋付鉢、	･･･････ 9	160 コンドリン／3個	･･ 27.2.-	テール
1〃	大型の蓋付深皿、				
	見本に従った、	1 評価外			
	目印の木札のために、	････････････････････････		1.2.-	テール

1226個　様々な磁器、　　　　　　80 俵、合計金額･････････････････231.8.- テール

− ɸ −

"Porceleijnen" in de negotiejournalen van het comptoir Nagasaki

J1687-3/3　　NFJ 871　　6998-1-92-24
Nagasaki 25 October 1687
Gescheept door Opperhoofd Constantin Ranst de Jonge in *de Moercapel* naar Batavia

voor Batavia

12830 p^s diverse porceleijnen bestaande en gepakt in 584 stroo balen van
differente zoort en prijsen te weten

400 p^s	holle tafelschotels	in	50 stro a 1 ps c^n	55	...... T.	220.-.-
2000 ,,	vlacke tafelpierings		80	10	...... T.	200.-.-
600 ,,	tafelschotels 1^e s^t		75	37	...... T.	222.-.-
500 ,,	ditos	2^e s^t	50	26	...... T.	130.-.-
500 ,,	ditos	3^e s^t	33	20	...... T.	100.-.-
2300 ,,	ordinarie tafelpierings		77	9	...... T.	207.-.-
200 ,,	sausiertjes		2	5½	...... T.	11.-.-
400 ,,	gemene tafelkommen		22	10	...... T.	40.-.-
30 ,,	groote geschilderde flessen		8	150	...... T.	45.-.-
100 ,,	klene flesjes behorende tot de zandelhoute keldertjes		4	50	...... T.	50.-.-

voor de medicinale winkel

200 ,,	vierkante vlessen	van 4 lb 33	35	...... T.	70.-.-
400 ,,	ditos	van 2 lb 40	33	...... T.	92.-.-
400 ,,	ditos	van 1 lb 20	20	...... T.	80.-.-
1000 ,,	salfpotten van 8 oncen	33	5	...... T.	50.-.-
1000 ,,	ditos	van 4	17	3	...... T.	30.-.-
500 ,,	pulletjes	,, 8	13	4½	...... T.	22.5.-
500 ,,	ditos	,, 4	10	3½	...... T.	17.5.-
800 ,,	ditos	,, 2	12	2½	...... T.	20.-.-
1000 ,,	ditos	,, 1	5	2	...... T.	20.-.-
	voor de merckplankjes				...... T.	7.2.-

12830 p^s diverse porcelijnen in　　584 strobalen costen .... T. 1634.2.-

1688

J1688-1/3　　NFJ 872　　6998-1-92-25
Nagasaki 9 October 1688
Gescheept door Opperhoofd Hendrick van Buijtenhem in *d' Leck* naar Malacca

voor Ceijlon

3549 p^s diverse porcelijnen gepakt in 210 stroo balen
alle gem^t VOC voorts different alsmede de
inhout te weten

400 p^s	tafelschotels 1 s^t	in 58 st a	36½ c^n	...... T.	146.-.-
400 ,,	d^{os} ....,, ... 2 s^t	,, 40 .,,.,,	25 ,,	...... T.	100.-.-
400 ,,	d^{os} ....,, ...3 s^t	,, 27 .,,.,,	19 ,,	...... T.	76.-.-
2000 ,,	tafelpirings	,, 67 .,,.,,	8½ ,,	...... T.	170.-.-
150 ,,	gemene tafelcommen	,, 9 .,,.,,	10 ,,	...... T.	15.-.-
50 ,,	groter d^{os}	,, 4 .,,.,,	11 ,,	...... T.	5.5.-
36 ,,	grote kelder flessen	,, 9 .,,.,,	150 ,,	...... T.	54.-.-

J1687-3/3　　NFJ 871　　　6998-1-92-24
長崎、1687年10月25日
商館長コンスタンティン・ランスト2世によってバタヴィア行きのモールカペル号で運ばれた

バタヴィア向け

12830個　様々な磁器、584俵に梱包され、
　　　　それぞれの種類および価格からなる、すなわち
　　400個　深い食卓用深皿、・・・・・藁包 50個入り、　55 コンドリン／個・・・　220.-.- テール
　　2000〃　平らな食卓用平皿、・・・・・・・・80　　　　10　・・・・・・・・・・・・・　200.-.- テール
　　600〃　食卓用深皿、　　第1の種類、・・・・75　　　37　・・・・・・・・・・　222.-.- テール
　　500〃　同上、　　　　　第2の種類、・・・・50　　　26　・・・・・・・・・・　130.-.- テール
　　500〃　同上、　　　　　第3の種類、・・・・33　　　20　・・・・・・・・・・　100.-.- テール
　　2300〃　通常の食卓用平皿、・・・・・・・・77　　　　9　・・・・・・・・・・　207.-.- テール
　　200〃　ソーサー、・・・・・・・・・・・・ 2　　　 5½　・・・・・・・・・・　 11.-.- テール
　　400〃　並の食卓用鉢、・・・・・・・・・・22　　　10　・・・・・・・・・・・　 40.-.- テール
　　30〃　大型の絵付けをほどこした瓶、・・ 8・・・150　・・・・・・・・・・　 45.-.- テール
　　100〃　小型の瓶、
　　　　　白檀の貯蔵室への所蔵用の、・・・ 4・・・ 50　・・・・・・・・・・・　 50.-.- テール

薬局向け

　　200〃　角瓶、・・・・ 4 ポンド用、　　33　　　35　・・・・・・・・・・・　 70.-.- テール
　　400〃　同上、・・・・ 2 ポンド用、　　40　　　33　・・・・・・・・・・・　 92.-.- テール
　　400〃　同上、・・・・ 1 ポンド用、　　20　　　20　・・・・・・・・・・・　 80.-.- テール
　　1000〃　軟膏壺、・・・ 8 オンス用、　　33　　　 5　・・・・・・・・・・・　 50.-.- テール
　　1000〃　同上、・・・・ 4　　　　　　　17　　　 3　・・・・・・・・・・・　 30.-.- テール
　　500〃　小型のプレ、 8　　　　　　　　13　　　 4½　・・・・・・・・・・　 22.5.- テール
　　500〃　同上、・・・・ 4　　　　　　　10　　　 3½　・・・・・・・・・・　 17.5.- テール
　　800〃　同上、・・・・ 2　　　　　　　12　　　 2½　・・・・・・・・・・　 20.-.- テール
　　1000〃　同上、・・・・ 1　　　　　　　 5　　　 2　・・・・・・・・・・・　 20.-.- テール
　　　　　目印の木札のために・・・・・・・・・・・・・・・・・・・・・・・・　 7.2.- テール

　12830個　様々な磁器、　　　　584 俵、値段・・・・・・・・・・・・・・・・1634.2.- テール

1688

J1688-1/3　　NFJ 872　　　6998-1-92-25
長崎、1688年10月9日
商館長ヘンドリック・ファン・バイテンヘムによってマラッカ行きのレック号で運ばれた

セイロン向け

3549個　様々な磁器、210俵に梱包され、
　　　　すべてVOCと記され、さらに個々の内容物も同様に
　　　　記されている、すなわち
　　400個　食卓用深皿、　第1の種類、　藁包 58 個入り、・・36½ コンドリン　・・・146.-.- テール
　　400〃　同上、　　　　第2の種類、　　〃　40　〃　・・・25　　〃　　・・・100.-.- テール
　　400〃　同上、　　　　第3の種類、　　〃　27　〃　・・・19　　〃　　・・・ 76.-.- テール
　　2000〃　食卓用平皿、・・・・・・・・・　〃　67　〃　・・・ 8½ 　〃　　・・・170.-.- テール
　　150〃　並の食卓用鉢、・・・・・・・・　〃　 9　〃　・・・10　　〃　　・・・ 15.-.- テール
　　50〃　大型の同上、・・・・・・・・・　〃　 4　〃　・・・11　　〃　　・・・ 5.5.- テール
　　36〃　大型の貯蔵用瓶、・・・・・・・　〃　 9　〃　・・・150　〃　　・・・ 54.-.- テール

"Porceleijnen" in de negotiejournalen van het comptoir Nagasaki

```
      6 ,, potten met dexels····  ,,   1·,,··,,  20   ,, ··············· T.    1.2.-
      6 ,, dᵒˢ wat kleender·····  ,,   1·,,··,,  15   ,, ··············· T.    -.9.-
     51 ,, boter potjes of 17 stel
           van 3 in malkander,         1 stel    35   ,, ··············· T.    5.9.5
     50 ,, aatchiaar potjes       ,,   1 t pˢ    12   ,, ··············· T.    6.-.-
          voor merckplankjes tot deselve·································· T.    2.6.4
```

3549 pˢ diverse porcelijnen bedragen·· T.   583.1.9

- ɸ -

J1688-2/3   NFJ 872   6998-1-92-25
Nagasaki 10 October 1688
Gescheept door Opperhoofd Hendrick van Buijtenhem in [de] *Boswijck* naar Malacca

                                voor Bengalen
```
771 pˢ diverse porcelijnen  afgepakt in 53 stroo balen
    alle gemerkt VOC voorts different als ook
    den inhout te weten
    100 pˢ tafelschotels   1 sᵗ in 13 st a t pˢ 36½  cⁿ··············· T.    36.5.-
    100 ,, dᵒˢ···········  2 ,,  ,, 10 ,,  ,, ,, 25   ,, ············· T.    25.-.-
    100 ,, dᵒˢ···········  3 ,,  ,,  7 ,,  ,, ,, 19   ,, ············· T.    19.-.-
     51 ,, grote fijne commen ,,  9 ,,
           of 17 stel a 3 pˢ yder a 't stel    155   ,, ··············· T.    26.3.5
    250 ,, pierings··············,,  9 ,, a t pˢ  8½  ,, ············· T.    21.2.5
    100 ,, caauwa copjes·······,,   1 ,,  ,, ,,  3    ,, ············· T.     3.-.-
     50 ,, gemene tafelcommen   3 ,,  ,, ,, 10    ,, ················· T.     5.-.-
     20 ,, olij en asijn cannetjes 3 ,, ,, ,, 19½    ,, ············· T.     3.9.-
          voor merkplankjes tot deselve································ T.     -.7.2
```
771 pˢ diverse porcelijnen monteren··· T.   140.7.2

- ɸ -

J1688-3/3   NFJ 872   6998-1-92-25
Nagasaki 13 October 1688
Gescheept door Opperhoofd Hendrick van Buijtenhem in [de] *Oost Souburgh* naar Batavia

                                voor Batavia
```
13100 pˢ diverse porcelijnen bestaande en gepakt in
      619 stroo balen van differente inhouden
      soort en prijsen, gemᵗ VOC als
      500 pˢ tafelschotels  1 sᵗ in 63 st a    36½ cⁿ·············· T.   182.5.-
      600 ,, dᵒˢ···,,·····  2 sᵗ ,, 60 ,, ,, 25    ,, ················ T.   150.-.-
      500 ,, dᵒˢ···,,·····  3 sᵗ ,, 33 ,, ,, 19    ,, ················ T.    95.-.-
     3000 ,, tafelpierings····· ,, 100 ,, ,,  8½  ,, ················ T.   255.-.-
      400 ,, sousiertjes······  ,,   5 ,, ,,  5   ,, ················ T.    20.-.-
     1000 ,, tafelcommen······  ,,  83 ,, ,, 12   ,, ················ T.   120.-.-
```
6000 pˢ porcelijnen transportere··· T.   822.5.-

6〃	蓋付壺、・・・・・・・・	〃	1 〃 ・・・・ 20	〃	・・・・1.2.-	テール
6〃	同上、少し小型の、・・・・・	〃	1 〃 ・・・・ 15	〃	・・・・-.9.-	テール
51〃	バター用壺又は、3点17組					
	合算、		1 組につき、35		・・・・5.9.5	テール
50〃	アチャー用の小壺、		1 個につき、12		・・・・6.-.-	テール
	同上の品の目印の木札のために・・・・・・・・・・・・・・・・・・・・・				2.6.4	テール
3549個	様々な磁器、総額・・・・・・・・・・・・・・・・・・・・・・・・・・・・・・・・・583.1.9テール					

― φ ―

J1688-2/3　　NFJ 872　　　6998-1-92-25
長崎、1688年10月10日
商館長ヘンドリック・ファン・バイテンヘムによってマラッカ行きのボスヴェイク号で運ばれた

ベンガル向け

771個	様々な磁器、53俵に梱包され					
	すべてVOCと記され、さらに個々の内容物も同様に					
	記されている、すなわち					
100個	食卓用深皿、	第1の種類、	藁束 13個入り、36½	コンドリン／個	・・・・36.5.-	テール
100〃	同上、	第2の種類、	〃 10 〃 25	〃	・・・・25.-.-	テール
100〃	同上、	第3の種類、	〃 7 〃 19	〃	・・・・19.-.-	テール
51〃	大型の上質の鉢、		〃 9 〃			
	又は3個17組、各組につき、		155	〃	・・・・26.3.5	テール
250〃	平皿、・・・・・・・・・		〃 9 〃 8½	〃	・・・・21.2.5	テール
100〃	コーヒーカップ、・・・・・・		〃 1 〃 3	〃	・・・・3.-.-	テール
50〃	並の食卓用鉢、・・・・・・・		〃 3 〃 10		・・・・5.-.-	テール
20〃	油用および酢用の注口付水注、	・・・3 〃	19½		・・・・3.9.-	テール
	同上の品の目印の木札のために・・・・・・・・・・・・・・・・・・・				-.7.2	テール
771個	様々な磁器、合計金額・・・・・・・・・・・・・・・・・・・・・・・・・140.7.2 テール					

― φ ―

J1688-3/3　　NFJ 872　　　6998-1-92-25
長崎、1688年10月13日
商館長ヘンドリック・ファン・バイテンヘムによってバタヴィア行きのオースト・ソウブルフ号で運ばれた

バタヴィア向け

13100個	様々な磁器、619俵に梱包され、					
	VOCと記されている、					
	それぞれの種類および価格は、すなわち					
500個	食卓用深皿、	第1の種類、	藁束 63個入り、36½	コンドリン	・・・・182.5.-	テール
600〃	同上、	第2の種類、	〃 60 〃 25	〃	・・・・150.-.-	テール
500〃	同上、	第3の種類、	〃 33 〃 19	〃	・・・・95.-.-	テール
3000〃	食卓用平皿、		〃 100 〃 8½	〃	・・・・255.-.-	テール
400〃	ソーサー、		〃 5 〃 5	〃	・・・・20.-.-	テール
1000〃	食卓用鉢、		〃 83 〃 12	〃	・・・・120.-.-	テール
6000個	磁器、繰越・・・・・・・・・・・・・・・・・・・・・・・・・・・・・・・・・・・822.5.- テール					

"Porceleijnen" in de negotiejournalen van het comptoir Nagasaki

	voor de medicinale winkel	
300 p^s salfpotten van 6 lb in 75 st a 40 c^n	T.	120.-.-
500 ,, d^{os}............,, 4 ,, ,, 84 ,, ,, 38 ,,	T.	190.-.-
1000 ,, d^{os}............,, 8 onc ,, 34 ,, ,, 5 ,,	T.	50.-.-
1000 ,, d^{os}............,, 4 ,, ,, 20 ,, ,, 3 ,,	T.	30.-.-
1000 ,, d^{os}............,, 2 ,, ,, 10 ,, ,, 2½ ,,	T.	25.-.-
500 ,, pulletjes..,, 8 ,, ,, 13 ,, ,, 4½ ,,	T.	22.5.-
800 ,, d^{os}............,, 4 ,, ,, 16 ,, ,, 3½ ,,	T.	28.-.-
1000 ,, d^{os}............,, 2 ,, ,, 15 ,, ,, 2½ ,,	T.	25.-.-
1000 ,, d^{os}............,, 1 ,, ,, 8 ,, ,, 2 ,,	T.	20.-.-
voor merkplankjes tot deselve	T.	84.-.-
13100 p^s porcelijnen costen		T. 1341.4.-

1689

J1689-1/4   NFJ 873   6998-1-93-1
Nagasaki 28 October 1689
Gescheept door Opperhoofd Cornelis van Outhoorn in [de] *Wijck op Zee* naar Malacca

voor Bengalen
1571 diverse porceleijnen gepakt sijnde in 169 stroon en
alle gem^t VOC sijnde van inhoud en prijsen te weten

100 stx tafelschotels 1^e soort in 13 stroon		
â 38 condrijn ider	T.	38.-.-
100 ,, d^{os} 2^e soort in 10 stroon â 27 condrijn	T.	27.-.-
100 ,, d^{os} 3^e soort in 7 stroo â 20 condrijn	T.	20.-.-
250 ,, tafelpierings 1^e soort in 9 stroon â		
9½ condrijn ider	T.	23.7.5
100 ,, holle tafelschotels 1^e soort in 13 stroon		
â 58 condrijn ider	T.	58.-.-
100 ,, d^{os} 2^e soort in 10 stroon â 52 condrijn	T.	52.-.-
51 ,, grote fijne commen in 9 stroon off		
17 stel a 3 p^s ider â stel 155 condrijn	T.	26.3.5
20 ,, olij en asijn kannetjes in 1 stroo â		
't p^s 19½ condrijn	T.	3.9.-
150 ,, tafelkommen 1^e soort in 13 stroon		
â 't p^s 12 condrijn	T.	18.-.-
200 ,, d^{os} 3^e soort in 11 stroon â 't p^s 10		
condrijn ider	T.	20.-.-
100 ,, holle boterschotels in 2 stroon kost		
't p^s 6 condrijn	T.	6.-.-
100 ,, cauwakopjes in 1 stroo kost 't p^s 3 condrijn	T.	3.-.-
100 ,, grote Moorse kommen met de dexels in		
50 stroon â 't p^s 240 condrijn	T.	240.-.-
100 ,, grote schotels tot boven gen: kommen		
in 30 stroon kost 't p^s 120 condrijn	T.	120.-.-
merkplankjes tot voorn: porcelijnen	T.	4.5.6
1571 stx diverse porceleijnen bedragen		T. 660.5.6

- φ -

薬局向け

300個	軟膏壺、		6	ポンド用、	藁束 75個入り、	40	コンドリン	・・・・・120.-.-	テール
500〃	同上、	・・・・	4	〃	84 〃	38	〃	・・・・・190.-.-	テール
1000〃	同上、	・・・・	8	オンス用、	34 〃	5	〃	・・・・・ 50.-.-	テール
1000〃	同上、	・・・・	4	〃	20 〃	3	〃	・・・・・ 30.-.-	テール
1000〃	同上、	・・・・	2	〃	10 〃	2½	〃	・・・・・ 25.-.-	テール
500〃	小型のプレ、		8	〃	13 〃	4½	〃	・・・・・ 22.5.-	テール
800〃	同上、	・・・・	4	〃	16 〃	3½	〃	・・・・・ 28.-.-	テール
1000〃	同上、	・・・・	2	〃	15 〃	2½	〃	・・・・・ 25.-.-	テール
1000〃	同上、	・・・・	1	〃	8 〃	2	〃	・・・・・ 20.-.-	テール
	上記のための目印の木札のために・・・・・・・・・・・・・・・・・・ 84.-.-								テール
13100個	磁器、値段・・・・・・・・・・・・・・・・・・・・・・・・・・・・・・・・・・・・・1341.4.-								テール

1689

J1689-1/4　　NFJ 873　　　6998-1-93-1
長崎、1689年10月28日
商館長コルネリス・ファン・アウトホールンによってマラッカ行きのヴェイク・オプ・ゼー号で運ばれた

ベンガル向け

1571　　様々な磁器、藁包169個に梱包され、
　　　　すべてVOCと記されている、その内容および価格は、すなわち
　　100個　食卓用深皿、第1の種類、藁包13個入り
　　　　　　各38コンドリン 各・・・・・・・・・・・・・・・・・・・・・・・・ 38.-.- テール
　　100〃　同上、第2の種類、藁包10個入り、27コンドリン・・・・・・・ 27.-.- テール
　　100〃　同上、第3の種類、藁包7個入り、20コンドリン・・・・・・・・ 20.-.- テール
　　250〃　食卓用平皿、第1の種類、藁包9個入り、
　　　　　　各9½ コンドリン・・・・・・・・・・・・・・・・・・・・・・・・・・・ 23.7.5 テール
　　100〃　深い食卓用深皿、第1の種類、藁包13個入り、
　　　　　　各58コンドリン・・・・・・・・・・・・・・・・・・・・・・・・・・・ 58.-.- テール
　　100〃　同上、第2の種類、藁包10個入り、52コンドリン・・・・・・・ 52.-.- テール
　　 51〃　大型の上質の鉢、藁包9個入り、又は
　　　　　　各3個17組、155コンドリン／組・・・・・・・・・・・・・・・ 26.3.5 テール
　　 20〃　油用および酢用の水注、藁包1個入り
　　　　　　19½ コンドリン／個・・・・・・・・・・・・・・・・・・・・・・・ 3.9.- テール
　　150〃　食卓用鉢、第1の種類、藁包13個入り
　　　　　　12 コンドリン／個・・・・・・・・・・・・・・・・・・・・・・・・・ 18.-.- テール
　　200〃　同上、第3の種類、藁包11個入り
　　　　　　10コンドリン／個・・・・・・・・・・・・・・・・・・・・・・・・・ 20.-.- テール
　　100〃　深いバター用鉢、藁包2個入り、費用は
　　　　　　6コンドリン／個・・・・・・・・・・・・・・・・・・・・・・・・・・ 6.-.- テール
　　100〃　コーヒーカップ、藁包1個入り、費用は3コンドリン／個・・・ 3.-.- テール
　　100〃　大型で蓋付のムーア人の鉢、
　　　　　　藁包50個入り、240コンドリン／個・・・・・・・・・・・・・・240.-.- テール
　　100〃　上述の鉢のための大型の深皿
　　　　　　藁包30個入り、費用、120コンドリン／個・・・・・・・・・・120.-.- テール
　　　　　前記の磁器の目印の木札のために・・・・・・・・・・・・・・・・ 4.5.6 テール
　1571個　様々な磁器、総額・・・・・・・・・・・・・・・・・・・・・・・・・・・・660.5.6 テール

- φ -

"Porceleijnen" in de negotiejournalen van het comptoir Nagasaki

J1689-21/4   NFJ 873   6998-1-93-1
Nagasaki 29 October 1689
Gescheept door Opperhoofd Cornelis van Outhoorn in [de] *Montfoort* naar Malacca

           voor Cormandel
1530 stx diverse porceleijnen affgepakt in 110 stroon alle
  gemerkt VOC voorts different van inhoud te weten
  100 stx holle tafelschotels 1^e soort in 13 stroon
    â 't p^s 58 condrijn·· T. 58.-.-
  100 ,, d^{os} 2^e soort in 10 stroon â 52 condrijn····················· T. 52.-.-
  100 ,, holle boterschotels in 2 stroon â 't p^s 6 condrijn·········· T.   6.-.-
  150 ,, tafelkommen 1^e soort in 13 stroon
    â 't p^s 12 condrijn·· T. 18.-.-
  200 ,, tafelkommen 3^e soort in 11 stroon â 't p^s 10 condrijn······ T. 20.-.-
  160 ,, tafelschotels 1^e soort in 20 stroon
    â 't p^s 38 condrijn·· T. 60.8.-
  160 ,, tafelschotels 2^e soort in 16 stroon
    â 't p^s 27 condrijn·· T. 43.2.-
  160 ,, d^{os} 3^e soort in 11 stroon â 20 condrijn······················ T. 32.-.-
  400 ,, tafelpierings 1^e soort in 14 stroon â 't p^s 9½ condrijn··· T. 38.-.-
    voor merkplankjes tot et bovenstaend·························· T.   1.5.6
 1530 stx diverse porcelijnen komen te kosten·· T. 329.5.6

            - ɸ -

J1689-3/4   NFJ 873   6998-1-93-1
Nagasaki 30 October 1689
Gescheept door Opperhoofd Cornelis van Outhoorn in [de] *Castricum* naar Malacca

           voor Ceijlon
5536 p^s diverse porceleijnen bestaende en gepakt in
  350 stroo alle gem^t VOC van differenten in-
  hout en prijsen te weten
  600 p^s grote holle tafelschotels 1^e soort in
    75 stroon â 't p^s 60 condrijn··································· T. 360.-.-
  600 ,, vlacke tafelpierings in 75 stroon â 't p^s 37 condrijn······ T. 222.-.-
 2000 ,, vlake tafelpierings 1^e soort in
    67 stroon â 't p^s 9 condrijn···································· T. 180.-.-
  200 ,, tafelschotels 1^e soort in 25 stroon
    â 't p^s 36½ condrijn··· T. 73.-.-
  200 ,, tafelschotels 2^e soort in 20 stroon
    â 't p^s 25 condrijn·· T. 50.-.-
  800 ,, tafelpierings 1^e soort in 27 stroon â 't p^s 9 condrijn······ T. 72.-.-
  700 ,, tafelpierings ordinaire soort in 24
    stroon â 't p^s 8½ condrijn······································ T. 59.5.-
  150 ,, tafelcommen 1^e soort in 13 stroon â 't p^s 12 condrijn······· T. 18.-.-
   50 ,, d^{os} 2^e soort in 4 stroon â 't p^s 11 condrijn················· T. 5.5.-
  200 ,, d^{os} 3^e soort in 11 stroon â 't p^s 10 condrijn··············· T. 20.-.-
   36 ,, grote kelder vlessen in 9 stroon â 't p^s 150 condrijn····· T. 54.-.-
    merkplankjes tot deselve··· T. 4.8.-
 5536 p^s porceleijnen kosten··· T. 1118.8.-

J1689-2/4　　　NFJ 873　　　6998-1-93-1
長崎、1689年10月29日
商館長コルネリス・ファン・アウトホールンによってマラッカ行きのモントフォールト号で運ばれた

コロマンデル向け

1530個	様々な磁器、110藁包に梱包され、すべてVOCと記されている、加えてそれぞれの内容物は、すなわち	
100個	深い食卓用深皿、第1の種類、藁包13個入り 58コンドリン／個	58.-.- テール
100〃	同上の品、第2の種類、藁包10個入り、52コンドリン	52.-.- テール
100〃	深いバター用鉢、藁包2個入り、6コンドリン／個	6.-.- テール
150〃	食卓用鉢、第1の種類、藁包13個入り 12コンドリン／個	18.-.- テール
200〃	食卓用鉢、第3の種類、藁包11個入り、10コンドリン／個	20.-.- テール
160〃	食卓用深皿、第1の種類、藁包20個入り 38コンドリン／個	60.8.- テール
160〃	食卓用深皿、第2の種類、藁包16個入り 27コンドリン／個	43.2.- テール
160〃	同上の品、第3の種類、藁包11個入り、20コンドリン	32.-.- テール
400〃	食卓用平皿、第1の種類、藁包14個入り、9½コンドリン／個	38.-.- テール
	上記の品の目印の木札のために	1.5.6 テール
1530個	様々な磁器、総額は	329.5.6 テール

- φ -

J1689-3/4　　　NFJ 873　　　6998-1-93-1
長崎、1689年10月30日
商館長コルネリス・ファン・アウトホールンによってマラッカ行きのカストリクム号で運ばれた

セイロン向け

5536個	様々な磁器、藁包350個に梱包され、すべてVOCと記されている、それぞれの内容物および価格は、すなわち	
600個	大型の深い食卓用深皿、第1の種類 藁包75個入り、60コンドリン／個	360.-.- テール
600〃	平らな食卓用平皿、藁包75個入り、37コンドリン／個	222.-.- テール
2000〃	平らな食卓用平皿、第1の種類 藁包67個入り、9コンドリン／個	180.-.- テール
200〃	食卓用深皿、第1の種類、藁包25個入り 36½ コンドリン／個	73.-.- テール
200〃	食卓用深皿、第2の種類、藁包20個入り 25コンドリン／個	50.-.- テール
800〃	食卓用平皿、第1の種類、藁包27個入り、9コンドリン／個	72.-.- テール
700〃	食卓用平皿、並の種類 藁包24個入り、8½ コンドリン／個	59.5.- テール
150〃	食卓用鉢、第1の種類、藁包13個入り、12コンドリン／個	18.-.- テール
50〃	同上の品、第2の種類、藁包4個入り、11コンドリン／個	5.5.- テール
200〃	同上の品、第3の種類、藁包11個入り、10コンドリン／個	20.-.- テール
36〃	大型の貯蔵用瓶、藁包9個入り、150コンドリン／個	54.-.- テール
	上記のための目印の木札	4.8.- テール
5536個	磁器、値段	1118.8.- テール

"Porceleijnen" in de negotiejournalen van het comptoir Nagasaki

voor Malacca
4800 p⁵ diverse porceleijnen bestaende in 288 stroon en
gemᵗ VOC van verscheijden inhoud en prijsen
namentlijk
  200 pˢ tafelschotels 1ᵉ soort in 25 stroon
      â 't pˢ 38 condrijn·· T.   76.-.-
  300 ,, dᵒˢ 2ᵉ sᵗ in 30 stroon â 27 condrijn······················· T.   81.-.-
  200 ,, dᵒˢ 3ᵉ sᵗ in 14 stroon â 20 condrijn······················· T.   40.-.-
1000 ,, tafelpierings 1ᵉ soort in 34 stroon
      â 't pˢ 9½ condrijn·· T.   95.-.-
  100 ,, tafelkommen 1ᵉ soort in 9 stroon
      â 't pˢ 12 condrijn·· T.   12.-.-
  200 ,, dᵒˢ 2ᵉ soort in 14 stroon â 11
      condrijn··· T.   22.-.-
  300 ,, dᵒˢ 3ᵉ soort in 17 stroon â 10 dᵒˢ························ T.   30.-.-
  200 ,, holle tafelschotels 1ᵉ soort in 25
      stroon â 't pˢ 58 condrijn······································· T. 116.-.-
  200 ,, dᵒˢ 2ᵉ soort in 20 stroon â 52 condrijn···················· T. 104.-.-
  200 ,, vlacke tafelschotels 1ᵉ soort in
      25 stroon â 't pˢ 36½ condrijn·································· T.   73.-.-
  200 ,, dᵒˢ 2ᵉ soort in 20 stroon a 't pˢ 25
      condrijn··· T.   50.-.-
  700 ,, tafelpierings 1ᵉ soort in 24 stroon 9 condr··············· T.   63.-.-
  800 ,, dᵒˢ ordinaire soort in 27 stroon
      â 't pˢ 8½ condrijn·· T.   68.-.-
  200 ,, holle boterschotels in 4 stroon â
      't pˢ 6 condrijn·· T.   12.-.-
      voor merkplankjes··· T.   1.2.-
4800 pˢ diverse porceleijnen beloopen··· T. 843.2.-

- φ -

	マラッカ向け	

4800個　様々な磁器、藁包288個に入れられ
　　　VOCと記されている、様々な内容物および価格は
　　　すなわち
　　200個　食卓用深皿、第1の種類、藁包25個入り
　　　　　　38コンドリン／個・・・・・・・・・・・・・・・・・・・・・・・・　76.-.-　テール
　　300〃　同上、第2の種類、藁包30個入り、27コンドリン・・・・・・・・・　81.-.-　テール
　　200〃　同上、第3の種類、藁包14個入り、20コンドリン・・・・・・・・・　40.-.-　テール
　1000〃　食卓用平皿、　第1の種類、藁包34個入り
　　　　　　9½ コンドリン／個・・・・・・・・・・・・・・・・・・・・・・　95.-.-　テール
　　100〃　食卓用鉢、第1の種類、藁包9個入り
　　　　　　12コンドリン／個・・・・・・・・・・・・・・・・・・・・・・・　12.-.-　テール
　　200〃　同上、第2の種類、藁包14個入り
　　　　　　11コンドリン／個・・・・・・・・・・・・・・・・・・・・・・・　22.-.-　テール
　　300〃　同上、第3の種類、藁包17個入り、10コンドリン／個・・・・・・・　30.-.-　テール
　　200〃　深い食卓用深皿、第1の種類
　　　　　　藁包25個入り、58コンドリン／個・・・・・・・・・・・・・・・・　116.-.-　テール
　　200〃　同上の品、第2の種類、藁包20個入り、52コンドリン／個・・・・・・・　104.-.-　テール
　　200〃　平らな食卓用深皿、第1の種類
　　　　　　藁包25個入り、36½ コンドリン／個・・・・・・・・・・・・・・・　73.-.-　テール
　　200〃　同上、第2の種類、藁包20個入り
　　　　　　25コンドリン／個・・・・・・・・・・・・・・・・・・・・・・・　50.-.-　テール
　　700〃　食卓用平皿、第1の種類、藁包24個入り、9コンドリン・・・・・・・　63.-.-　テール
　　800〃　同上の品、並の種類、藁包27個入り
　　　　　　8½ コンドリン／個・・・・・・・・・・・・・・・・・・・・・・・　68.-.-　テール
　　200〃　深いバター用鉢、藁包4個入り
　　　　　　6コンドリン／個・・・・・・・・・・・・・・・・・・・・・・・・　12.-.-　テール
　　　　　　目印の木札のために・・・・・・・・・・・・・・・・・・・・・・・　1.2.-　テール
4800個　様々な磁器、総額・・・・・・・・・・・・・・・・・・・・・・・・・・・・・・・843.2.-　テール

　　　　　　　　　　　　　　　　－ φ －

"Porceleijnen" in de negotiejournalen van het comptoir Nagasaki

J1689-4/4   NFJ 873   6998-1-93-1
Nagasaki 1 November 1689
Gescheept door Opperhoofd Cornelis van Outhoorn in [de] *Princeland* naar Batavia

                                        voor Batavia

7900 p^s diverse porceleijnen voor de medicinale winkel
sijnde gepakt in 380 stroon, en gemerkt VOC van
soorten en prijsen te weten

  100 p^s salffpotten van 10 lb in 25 stroon
    â 't p^s 45 condrijn··· T.   45.-.-
  100 ,, d^{os} van 8 lb in 25 stroon â 42 cond: ···················· T.   42.-.-
  300 ,, d^{os} van 6 lb in 75 stroon â 't p^s
    40 condrijn·· T. 120.-.-
  500 ,, d^{os} van 4 lb in 84 stroon a 't p^s
    38 condrijn·· T. 190.-.-
1000 ,, d^{os} van 8 oncen in 34 stroon â
    't p^s 5 condrijn·· T.   50.-.-
1000 ,, salffpotten van 4 oncen in 20 stroon
    â 't p^s 3 condrijn·· T.   30.-.-
1000 ,, d^{os} van 2 oncen in 10 stroon â
    't p^s 2½ condrijn··· T.   25.-.-
  100 ,, vierkante vlessen van 4 lb in 17
    stroon a 't p^s 35 condrijn······································ T.   35.-.-
  300 ,, d^{os} van 2 lb in 30 stroon kosten
    't p^s 23 condrijn··· T.   69.-.-
  200 ,, d^{os} van 1 lb in 11 stroon â 't p^s
    20 condrijn·· T.   40.-.-
  500 ,, pulletjes van ½ lb in 13 stroon
    â 't p^s 4½ condrijn·· T.   22.5.-
  800 ,, d^{os} van 4 oncen in 16 stroon â
    't p^s 3½ condrijn··· T.   28.-.-
1000 ,, d^{os} van 2 oncen in 15 stroon â
    't p^s 2½ condrijn··· T.   25.-.-
1000 ,, d^{os} van 1 once in 5 stroon â
    't p^s 2 condrijn·· T.   20.-.-
    voor merkplankjes kosten·· T.   4.8.-

7900 p^s diverse porceleijnen kosten·· T. 746.3.-

1690

NFJ 874 [1690](6998-1-93-6): No porcelain shipped.

J1689-4/4　　NFJ 873　　　6998-1-93-1
長崎、1689年11月1日
商館長コルネリス・ファン・アウトホールンによってバタヴィア行きのプリンスランド号で運ばれた

バタヴィア向け

```
7900個　様々な磁器、薬局向け
      380 藁包380個に梱包され、VOCと記されている
      その種類および価格は、すなわち
      100個　軟膏壺、10ポンド用、藁包25個入り
            45コンドリン／個・・・・・・・・・・・・・・・・・・・・・・・・・45.-.- テール
      100 〃 　同上、8ポンド用、藁包25個入り、42コンドリン・・・・・・・42.-.- テール
      300 〃 　同上、6ポンド用、藁包75個入り
            40コンドリン／個・・・・・・・・・・・・・・・・・・・・・・・120.-.- テール
      500 〃 　同上、4ポンド用、藁包84個入り
            38コンドリン／個・・・・・・・・・・・・・・・・・・・・・・・190.-.- テール
     1000 〃 　同上、8オンス用、藁包34個入り
            5コンドリン／個・・・・・・・・・・・・・・・・・・・・・・・・50.-.- テール
     1000 〃 　軟膏壺、4オンス用、藁包20個入り
            3コンドリン／個・・・・・・・・・・・・・・・・・・・・・・・・30.-.- テール
     1000 〃 　同上、2オンス用、藁包10個入り
            2½ コンドリン／個・・・・・・・・・・・・・・・・・・・・・・25.-.- テール
      100 〃 　角瓶、4ポンド用、藁包17個入り
            35コンドリン／個・・・・・・・・・・・・・・・・・・・・・・・・35.-.- テール
      300 〃 　同上、2ポンド用、藁包30個入り、値段
            23コンドリン／個・・・・・・・・・・・・・・・・・・・・・・・・69.-.- テール
      200 〃 　同上、1ポンド用、藁包11個入り
            20コンドリン／個・・・・・・・・・・・・・・・・・・・・・・・・40.-.- テール
      500 〃 　小型のプレ、½ポンド用、藁包13個入り
            4½ コンドリン／個・・・・・・・・・・・・・・・・・・・・・・22.5.- テール
      800 〃 　同上、4オンス用、藁包16個入り
            3½ コンドリン／個・・・・・・・・・・・・・・・・・・・・・・28.-.- テール
     1000 〃 　同上、2オンス用、藁包15個入り
            2½ コンドリン／個・・・・・・・・・・・・・・・・・・・・・・25.-.- テール
     1000 〃 　同上、1オンス用、藁包 5個入り
            2コンドリン／個・・・・・・・・・・・・・・・・・・・・・・・・20.-.- テール
            目印の木札の費用のために・・・・・・・・・・・・・・・・・・4.8.- テール
     7900個　様々な磁器、値段・・・・・・・・・・・・・・・・・・・・・・・・・・746.3.- テール
```

1690

NFJ 874 [1690]（6998-1-93-6）：磁器が輸出されていない。

1691

J1691-1/2   NFJ 875   6998-1-93-7
Nagasaki 6 November 1691
Gescheept door Opperhoofd Hendrick van Buijtenhem in [de] *Boswijk* naar Batavia

voor de medicinale winkel tot Batavia

6000 p^s divers porceleijnen bestaande en
affgepackt in 323 stroon van differenten
inhoude zoort, en prijsen alle gem^t VOC als
  200 stx salfpotten van 10 lb in 50 stroon van
    4 stx ider gen^t van 369 tot 418 incluijs
    cost 't p^s T. -.4.5 off d' stroo
    T.1.8.- is···T.   90.-.-
  300 ,, van 8 lb in 75 stroon van 4 stx
    ijder gen^t van 419 tot 493 inc^s
    â 't p^s T. -.4.2 off d' stro T.1.6.8······················T. 126.-.-
  500 ,, d^{os} van 2 pont in 31 stroon van
    16 stx ijder daar onder 1 stroo
    van 20 stx gen^t van 494 tot
    524 inc^s cost a 't p^s 1 m^s of
    d'stro van 16 p^s T.1.6.-·······································T.   50.-.-
  800 ,, d^{os} van 1 lb in 32 stroon ijder
    van 25 stx gen^t van 525 tot
    556 inc^s cost 't p^s 68 cond.
    of d' stroo T.2.-.-···T.   64.-.-
  200 ,, vierkante flessen van 4 lb in
    34 stroon van 6 stx ijder daar
    onder 1 stroo van 2 p^s gen^t
    van 557 tot 590 inc^s cost
    't p^s 35 cond. of d' stroo van 6 p^s
    T.2.1.-··T.   70.-.-
  300 ,, d^{os} van 2 lb in 30 stroon van
    10 p^s ijder gen^t van 591 tot
    620 inc^s a 't p^s 23 cond. of
    de stroo T.2.3.-··T.   69.-.-
  400 ,, d^{os} van 1 lb in 22 stroon van
    18 stx ijder daar onder 2 stroon
    van p^s 20 gen^t van 621 tot
    642 inc^s cost 't p^s 2m^s
    of de stroo van 18 stx T.3.6.-····························T.   80.-.-
  500 ,, pulleties van ½ lb in 13 stroon
    van 40 stx ijder daar onder
    1 stro van 20 p^s gen^t van 640
    tot 655 inc^s cost 't p^s 4½ cond.
    of d' stro van 40 p^s T.1.8.-······························T.   22.5.-
  800 ,, d^{os} van ¼ lb in 16 stroon van
    50 stx ijder gen^t van 656 tot
    671 inc^s cost â 't p^s 3½ cond.
    of d' stroo T.1.7.5···T.   28.-.-

1691

J1691-1/2　　　NFJ 875　　　6998-1-93-7

長崎、1691年11月6日
商館長ヘンドリック・ファン・バイテンヘムによってバタヴィア行きのボスヴェイク号で運ばれた

バタヴィアの薬局向け

6000個　様々な磁器
　　　　藁包323個に梱包され、異なる種類および
　　　　価格の内容物からなり、すべてVOCと記されている、すなわち
　　200個　軟膏壺、10ポンド用、各4個入り藁包50個
　　　　　　369 〜 418までの番号がつけられている
　　　　　　金額は、-.4.5テール／個又は
　　　　　　1.8.-テール／藁包・・・・・・・・・・・・・・・・・・・・・・・・・・ 90.-.- テール
　　300〃　8ポンド用、各4個入り藁包75個
　　　　　　419 〜 493までの番号がつけられている
　　　　　　金額は、-.4.2テール／個又は、1.6.8テール／藁包・・・・・・・・ 126.-.- テール
　　500〃　同上の品、2ポンド用、各16個入り藁包31個
　　　　　　そのうち藁包1個は
　　　　　　20個入りで、494 〜 524までの番号がつけられている
　　　　　　金額は、1マース／個又は
　　　　　　1.6.-テール／藁包16個・・・・・・・・・・・・・・・・・・・・・・ 50.-.- テール
　　800〃　同上の品、1ポンド用、各25個入り藁包32個
　　　　　　525 〜 556までの番号がつけられている
　　　　　　金額は、68コンドリン／個
　　　　　　又は、2.-.-テール／藁包・・・・・・・・・・・・・・・・・・・・・ 64.-.- テール
　　200〃　角瓶、4ポンド用
　　　　　　各6個入り藁包34個、そのうち
　　　　　　藁包1個は2個入り
　　　　　　557 〜 590までの番号がつけられている
　　　　　　金額は、35コンドリン／個又は
　　　　　　2.1.-テール／藁包6個・・・・・・・・・・・・・・・・・・・・・・・ 70.-.- テール
　　300〃　同上の品、2ポンド用、各10個入り藁包30個
　　　　　　591 〜 620までの番号がつけられている
　　　　　　金額は、23コンドリン／個又は
　　　　　　2.3.-テール／藁包・・・・・・・・・・・・・・・・・・・・・・・・・ 69.-.- テール
　　400〃　同上の品、1ポンド用、各18個入り藁包22個
　　　　　　そのなかの 藁包2個は
　　　　　　20個入りで、621 〜 642までの番号がつけられている
　　　　　　金額は、2マース／個
　　　　　　又は、3.6.-テール／藁包18個・・・・・・・・・・・・・・・・・・ 80.-.- テール
　　500〃　小型のプレ、½ポンド用、各40個入り藁包13個
　　　　　　そのなかの
　　　　　　藁包1個は20個入りで、640 〜 655までの番号がつけられている
　　　　　　金額は、4½コンドリン／個
　　　　　　又は、1.8.-テール／藁包40個・・・・・・・・・・・・・・・・・・ 22.5.- テール
　　800〃　同上の品、¼ポンド用、各50個入り藁包16個
　　　　　　656 〜 671 までの番号がつけられている
　　　　　　金額は、3½コンドリン／個
　　　　　　又は、1.7.5テール／藁包・・・・・・・・・・・・・・・・・・・・・ 28.-.- テール

1000 pulleties van 2 oncen in 15 stro
 van 70 stx ijder daar onder
 1 stroo van 20 stx gen^t 672
 tot 686 inc^s cost 't p^s 2½ cond.
 of de stroo van 70 stx
 T.1.7.5·· T. 25.-.-
1000 d^{os} van 1 once in 5 stroon
 van 200 stx ijder gen^t v: 687
 tot 691 inc^s cost 't p^s 2 cond
 of de stroo T.4.-.- ·· T. 20.-.-
 voor merkplakjes [sic] tot deselve···················· T. 4.8.-
 6000 p^s porceleijnen in 323 stroon belopen·· T. 649.3.-

- ɸ -

J1691-2/2 NFJ 875 6998-1-93-7
Nagasaki 9 November 1691
Gescheept door Opperhoofd Hendrick van Buijtenhem in [de] *Walenburgh* naar Batavia

     Porceleijnen voor 't huijs van Zijn Edelheijt
1300 stx diverse porceleijnen carbassen en bottels
 bestaande en gepackt in 368 stroobalen
 van differenten inhoude en prijsen als
 50 stx geschilderde carbassen van 8 kan
  gepakt in 50 stroon en gem^t van 1 tot
  50 incl^s a 1 p^s T. 1.5.- ································ T. 75.-.-
 50 ,, witte d^{os} in 50 stroon gen^t van
  51 tot 100 a 't p^s T. 1.3.- ····························· T. 65.-.-
 100 ,, geschilderde d^{os} halve van 4 kan
  in 50 van 2 p^s ijder gen^t
  van 101 tot 150 inc^s a 't p^s
  6 m^s of d' stroo ... T. 1.2.- ···························· T. 60.-.-
 100 ,, witte d^{os} in 50 stroon van
  2 p^s ijd^r gen^t van 151 tot 200
  Inc^s cost 't p^s 4 m^s of de
  stroo 8 m^s·· T. 40.-.-
 500 ,, ordinarie geschilderde bottels
  in 84 stroon van 6 stx
  ijder daar onder een stroo
  van 2 p^s gen^t van 201 tot
  284 incl^s cost 't p^s 3 m^s of
  d' stroo van 6 p^s ... T. 1.8.- ··························· T. 150.-.-
 500 ,, witte d^{os} in 84 stroon van 6 p^s
  ijder daar onder 1 stro van
  2 stx gen^t van 285 tot 388
  Inc^s cost 't p^s 2 m^s of de
  stroo van 6 p^s ... T.1.2.- ······························ T. 100.-.-
  van merkplankjes tot deselve························· T. 4.8.-
 1300 stx porceleijnen die kosten ···T. 494.8.-

1000	小型のプレ、2オンス用、各70個入り藁包15個 そのなかに 20個入り藁包1個を含む、672 〜 686 までの番号がつけられている、金額は、2½ コンドリン／個 又は 1.7.5テール／藁包70個・・・・・・・・・・・・・・・・・・・・・・・・・・・・・25.-.-	テール
1000	同上の品、1オンス用、各200個入り 藁包5個 687 〜 691までの番号がつけられている 金額は、2コンドリン／個 又は、4.-.-テール／藁包・・・・・・・・・・・・・・・・・・・・・・・・・・・・・20.-.-	テール
	上記のための目印の木札に・・・・・・・・・・・・・・・・・・・・・・・・・・・・・・・・4.8.-	テール
6000個	磁器、藁包323個入り、合計金額・・・・・・・・・・・・・・・・・・・・・・・・・・・・・649.3.-	テール

— Φ —

J1691-2/2　　NFJ 875　　　6998-1-93-7

長崎、1691年11月9日

商館長ヘンドリック・ファン・バイテンヘムによってバタヴィア行きのワーレンブルフ号で運ばれた

[総督] 閣下の邸のための磁器

1300個	様々な磁器製の瓢箪瓶およびボトル 368 俵に梱包され、 それぞれの内容物および価格は、すなわち	
50個	絵付けをほどこした瓢箪瓶、8リットル入り 藁包50個に梱包され、1 〜 50までの番号がつけられている 金額は、1.5.-テール／個・・・・・・・・・・・・・・・・・・・・・・・・・・・・75.-.-	テール
50〃	白い同上の品、藁包50個入り 51 〜 100が入っている、1.3.-テール／個・・・・・・・・・・・・・・・・65.-.-	テール
100〃	絵付けをほどこした同上の品、ハーフサイズの4リットル入り 各2個入り[藁包]50個に梱包され、 101 〜 150までの番号がつけられている 金額は、6マース／個又は、1.2.-テール／藁包・・・・・・・・・・・・・・60.-.-	テール
100〃	白い同上、2個入りの藁包50個に梱包され、 151 〜 200までの番号がつけられている 金額は、4マース／個又は 8マース／藁包・・・・・・・・・・・・・・・・・・・・・・・・・・・・・・・・・・40.-.-	テール
500〃	通常の絵付けをほどこしたボトル 各6個入り藁包84個 そのうち、藁包1個は2個入り 201 〜 284までの番号がつけられている 金額は、3マース／個又は、 1.8.-テール／藁包6個・・・・・・・・・・・・・・・・・・・・・・・・・・・・150.-.-	テール
500〃	白い同上の品、各6 個入り藁包84個 そのうち藁包1個は2個入り 285 〜 388までの番号がつけられている 金額は、2マース／個又は 、 1.2.-テール／藁包6個・・・・・・・・・・・・・・・・・・・・・・・・・・・・100.-.-	テール
	上記の品のための目印の木札に・・・・・・・・・・・・・・・・・・・・・・・4.8.-	テール
1300個	磁器、値段・・・・・・・・・・・・・・・・・・・・・・・・・・・・・・・・・・・・・・494.8.-	テール

"Porceleijnen" in de negotiejournalen van het comptoir Nagasaki

1692

J1692-1/1   NFJ 876   6998-1-93-8
Nagasaki 27 October 1692
Gescheept door Opperhoofd Cornelis van Outhoorn in [de] *Oosthuijsen* naar Batavia

      voor de Medecinale winckel tot Batavia
2000 p^s porcelijne salfpottjes afgepackt in 19 stroon,
 alle gem^t VOC en met haar inhout besz: zijnde van soort en prijsen als
 1000 p^s d^{os} van 2 oncen in 10 stroon van 100 p^s ider en
   genomb^t van 1 tot N° 10 incluijs â 4 cond^n ider············ T. 40.-.-
 1000 ,, d^o van 1 oncen in 9 stroon van 120 p^s ider excepto
   1 stro van 40 p^s van N° 11 tot 19 incl^s â 3 condr 't p^s··· T. 30.-.-
   voor merckplankjes································· T. -.2.-
 2000 p^s salfpottjes belopen·· T. 70.2.-

1693

J1693-1/1   NFJ 877   6998-1-93-9
Nagasaki 16 October 1693
Gescheept door Opperhoofd Hendrick van Buijtenhem in [de] *Itershem* naar Batavia

      voor de Medicinale winkel tot Batavia
7600 stx diverse porcelijnen affgepakt in 274 stroon van
 differenten inhout, zoort en prijsen gem^t VOC
 te weten
 400 p^s viercante porcelijne flessen van 4
   lb in 67 stroon van 6 p^s yder
   excepto een van 4 p^s gem^t van
   N° 1 67 incluijs a t p^s 35 condrijn····················· T. 140.-.-.-
 400 ,, d^{os} van 2 lb in 40 stroon yder van
   10 p^s gem^t van N° 68 tot 107 inc^s
   a t p^s ··················· 23 cond^n················ T. 92.-.-.-
 400 ,, d^{os} van 1 lb in 20 stroon van 20 p^s
   yder gem^t van 108 tot 127 inc^s 20 condrijn·········· T. 80.-.-.-
 800 ,, d^{os} zeg salfpotten van 2 lb in 40 str:
   van 20 p^s yder gem^t van N° 128
   tot 167 inc^{ls} â t p^s ············ 14 cond.·············· T. 112.-.-.-
 800 ,, d^{os} van 1 lb in 32 str: van 25 p^s
   yd^r gem^t van N° 168 tot 199 inc^s
   a t p^s ················· 9 cond^n·················· T. 72.-.-.-
 1000 ,, d^{os} van 4 oncen in 20 str: van
   50 p^s gem^t van 200 tot 219 inc^s
   a t p^s ················· 4½ con:················ T. 45.-.-.-
 800 ,, pulletjes van 8 oncen in 20 stroon
   van 40 p^s gem^t van 220 tot 239
   inc^s a t p^s ················· 5½ con:················ T. 44.-.-.-

1692

J1692-1/1　　　NFJ 876　　　6998-1-93-8
長崎、692年10月27日
商館長コルネリス・ファン・アウトホールンによってバタヴィア行きのオーストハイゼン号で運ばれた

　　　　　　　　　　　　　　バタヴィアの薬局向け
　2000個　磁器製軟膏用小壺、梱包された、藁包19個入り
　　　　すべてVOCと記され、その内容物の種類および価格が記されている、すなわち
　　1000個　同上の品、2オンス用、各100個入り藁包10個、1 ～ N° 10
　　　　　　までの番号がつけられている、金額は、各4コンドリン・・・・・・・・ 40.-.- テール
　　1000〃　同上、1オンス用、各120個入り藁包9個、うち藁包1個は40個入り、
　　　　　　N° 11～ 19までの番号がつけられている、金額は3コンドリン／個・・・・・ 30.-.- テール
　　　　目印の木札のために・・・・・・・・・・・・・・・・・・・・・・・・・・・・・・・・・・ -.2.- テール
　2000個　軟膏用小壺、合計金額・・・・・・・・・・・・・・・・・・・・・・・・・・・・・・・・ 70.2.- テール

1693

J1693-1/1　　　NFJ 877　　　6998-1-93-9
長崎、1693年10月16日
商館長ヘンドリック・ファン・バイテンヘムによってバタヴィア行きのイテルスヘム号で運ばれた

　　　　　　　　　　　　　　バタヴィアの薬局向け
　7600個　様々な磁器、274藁包に梱包された内容物、種類および価格は
　　　　それぞれ異なり、VOCと記されている
　　　　すなわち
　　400個　磁器製角瓶、4ポンド用、
　　　　　各6個入り藁包67個、うち1木箱は
　　　　　4個入り、N° 1[～] 67までの番号がつけられている
　　　　　金額は35コンドリン／個・・・・・・・・・・・・・・・・・・・・・・・・・ 140.-.-.- テール
　　400〃　同上の品、2ポンド用、各10個入り藁包40個
　　　　　N° 68～ 107までの番号がつけられている
　　　　　　　　　　　23 コンドリン／個・・・・・・・・・・・・・・・ 92.-.-.- テール
　　400〃　同上の品、1ポンド用、各20個入り藁包20個
　　　　　108 ～ 127が入っている、金額は20コンドリン・・・・・・・・・ 80.-.-.- テール
　　800〃　同上の[磁器製]軟膏壺、2 ポンド用、各20個入り藁包40個
　　　　　N° 128～ 167までの番号がつけられている
　　　　　金額は、・・・・・・　　　14 コンドリン／個・・・・・・・・・ 112.-.-.- テール
　　800〃　同上の品、1ポンド用、各25個入り藁包32個
　　　　　N° 168～ 199までの番号がつけられている
　　　　　金額は、・・・・・・　　　 9 コンドリン／個・・・・・・・・・ 72.-.-.- テール
　　1000〃　同上の品、4オンス用、各50個入り藁包20個
　　　　　200 ～ 219までの番号がつけられている
　　　　　金額は、・・・・・・　　　4½ コンドリン／個・・・・・・・・・ 45.-.-.- テール
　　800〃　小型のプレ、8オンス用、40個入り藁包20個
　　　　　220 ～ 239までの番号がつけられている
　　　　　金額は、・・・・・・　　　5½ コンドリン／個・・・・・・・・・ 44.-.-.- テール

"Porceleijnen" in de negotiejournalen van het comptoir Nagasaki

```
1000 ,, d^os van 4 oncen in 20 str: van 50 p^s
      gem^t van 240 tot 259 incluij^s
      â 4½ cond: t p^s·············································· T.   45.-.-.-
1000 ,, d^os van 2 oncen in 10 str: van 100 p^s
      gem^t van 260 tot 269 incluij^s
      a t p^s ·························· 3½ cond: ················· T.   35.-.-.-
1000 ,, d^os van 1 once in 5 str: van 200 p^s
      gem^t van 270 tot 274 inc^s â 2½ con························· T.   25.-.-.-
      voor merkplankjes tot deselve································ T.    3.3.-.-
7600 p^s diverse porcelijnen met 274 str. belopen······················································ T.693.3.-.-
```

1694

J1694-1/1   NFJ 878   6998-1-93-2
Nagasaki 3 November 1694
Gescheept door Opperhoofd Gerrit de Heere in [de] *Langewijk* naar Batavia

```
                          Voor Batavia
                      voor de medicinale winckel
 2800 stx diverse salffpotten en pulletjes in 197 stroon
      alle met haar inhout beschreven en gem^t
      VOC namentl^k
       500 stx salfpotten in 4 lb in 84 stroon
           â 26 condreijn t p^s································· T.  130.-.-
       800 ,, d^os van 2 lb in 54 stroon â 14 condreijn········· T.  112.-.-
       500 ,, viercante vlessjes van 2 lb in 50 stroon
           â 23 condrijn ider································· T.  115.-.-
       250 ,, pulletjes van 4 oncen in 3 stroon â t p^s 4½ cond^r········· T.   11.2.5
       250 ,, d^os van 3 oncen in 2 stroon â 4 condrijn················· T.   10.-.-
       250 ,, d^os ···· 2 ,, ···· 2 ,, ······· 3½ d°·················· T.    8.7.5
       250 ,, d^os ···· 1 ,, ····· 1 ,, ······· 2½ d°················· T.    6.2.5
           voor merkplanckjes op de stroon································ T.    2.3.7
 2800 stx diverse porcelijnen belopen··················································· T.   395.6.2
```

1000〃	同上の品、4オンス用、50個入り藁包20個 240 ～ 259までの番号がつけられている、 金額は、・・・・・・・・・ 4½ コンドリン／個・・・・・・・・・・・・・ 45.−.−.− テール	
1000〃	同上の品、2オンス用、100 個入り藁包10個 260 ～ 269までの番号がつけられている 金額は、・・・・・・・・・ 3½ コンドリン／個・・・・・・・・・・・・・ 35.−.−.− テール	
1000〃	同上の品、1オンス用、200 個入り藁包5個 270 ～ 274までの番号がつけられている、金額は2½ コンドリン／個・・・ 25.−.−.− テール 上記の品のための目印の木札のために・・・・・・・・・・・・・・・・ 3.3.−.− テール	
7600個	様々な磁器、274藁包入り、合計金額・・・・・・・・・・・・・・・・・・・・・・・ 693.3.−.− テール	

1694

J1694-1/1　　NFJ 878　　6998-1-93-2

長崎、1694年11月3日

商館長ヘリット・ド・ヘーレによってバタヴィア行きのランゲヴェイク号で運ばれた

バタヴィア向け
薬局向け

2800個	様々な軟膏壺と小型のプレ、すべて内容物が書かれ、 VOCと記された藁包197個に入っている すなわち	
500個	軟膏壺、・・4 ポンド用、 84 藁包入り 26コンドリン／個・・・・・・・・・・・・・・ 130.−.− テール	
800〃	同上の品、　 2 ポンド用、 54 藁包入り、 14 コンドリン ・・・・・・ 112.−.− テール	
500〃	角瓶、・・・ 2 ポンド用、 50 藁包入り、 各23コンドリン・・・・・・・・・・・・・・・ 115.−.− テール	
250〃	小型のプレ、 4 オンス用、 3 藁包入り、 4½ コンドリン／個 11.2.5 テール	
250〃	同上、・・・ 3 オンス用、 2 藁包入り、 4 コンドリン 10.−.− テール	
250〃	同上、・・・ 2 〃 　　2 〃 　　3½ コンドリン 8.7.5 テール	
250〃	同上、・・・ 1 〃 　　1 〃 　　2½ コンドリン 6.2.5 テール	
	藁包につける目印の木札のために・・・・・・・・・・・・・・・ 2.3.7 テール	
2800個	様々な磁器、合計金額・・・・・・・・・・・・・・・・・・・・・・・・・・ 395.6.2 テール	

"Porceleijnen" in de negotiejournalen van het comptoir Nagasaki

1695

J1695-1/1   NFJ 879   6998-1-93-3
Nagasaki 22 October 1695
Gescheept door Opperhoofd Hendrik Dijkman in [de] *Princelant* naar Batavia

Porceleinen

7900 p^s diverse ditos in 308 stroon alle met haar inhout beschreven
  en gem^t VOC te weten
  4900 p^s salvpotten, vlessen en pulletjes in 128 stroon voor de
    medicinale winkel als

100 p^s	vlessen van	4 lb	in 17 str	â T. -.3.5.-	T.	35.-.-
300 ,,	salvpotten ,,	4 lb	,,50 ,,	T. -.3.-.-	T.	90.-.-
500 ,,	d^{os} ······,,	1	,,20 ,,	T. -.-.9.-	T.	45.-.-
500 ,,	d^{os} ······,,	½	,,10 ,,	T. -.-.6.-	T.	30.-.-
500 ,,	d^{os} ······,,	¼	,, 7 ,,	T. -.-.4.5	T.	22.5.-
500 ,,	d^{os} oncen	2	,, 5 ,,	T. -.-.3.5	T.	17.5.-
500 ,,	d^{os} ······,,	1	,, 4 ,,	T. -.-.2.5	T.	12.5.-
1000 ,,	pulletjes·,,	2 ,,	,,10 ,,	T. -.-.3.5	T.	35.-.-
1000 ,,	d^{os} ······,,	1 ,,	,, 5 ,,	T. -.-.2.5	T.	25.-.-

  4900 p^s porceleijnen voor d'medicinale winkel················· T. 312.5.-
1000 tafelschotels in 2 soorten in 113 stroon als
  500 p^s d^{os} 1^e s^t in 63 stroon a t p^s T. -.3.6.-   T. 180.-.-
  500 ,, ,, 2^e·,,·,,,, · 50 ···,, ···,, ·· T. -.2.8.-   T. 140.-.-
  1000 p^s schotels in 113 stroon costen······················· T. 320.-.-
2000 tafelpirings in 67 stroon a t p^s·················T.   -.-.8 T. 160.-.-
  voor merk inct en plankjes································ T.   3.7.-
7900 p^s diverse porcelijnen en belopen··· T.   796.2.-

1696

J1696-1/1   NFJ 880   6998-1-93-4
Nagasaki 15 October 1696
Gescheept door Opperhoofd Cornelis van Outhoorn in [de] *Jerusalem* naar Batavia

voor Batavia porceleinen

8720 diverse porceleijnen in 579 stroon alle met haar inhout
  besz: en gem^t VOC als
  2600 p^s salfpotten, pulleties en vlessen in 125 stroon
    voor de medicinale winkel te weten
    500 stx vlessen van 2 lb   in 50 stroon
                  â t p^s T. -.2.3.-   T. 115.-.-
    500 ,, d^{os} ,, 1 ,, ··,, 28 d^{os} T. -.2.-.-   T. 100.-.-
    500 ,, pulleties ,, 8 oncen,, 13 d^{os} T. -.-.6.5   T. 32.5.-
    500 ,, d^{os} ,, 4 ,, ··,, 10 d^{os} T. -.-.4.5   T. 22.5.-
    600 ,, salfpotten ,, 1 lb ··,, 24 d^{os} T. -.-.9.-   T. 54.-.-
  2600 p^s porceleine voor d' medicinale winkel costen············ T. 324.-.-.-

1695

J1695-1/1　　　NFJ 879　　　6998-1-93-3
長崎、1695年10月22日
商館長ヘンドリック・ダイクマンによってバタヴィア行きのプリンスラント号で運ばれた

磁器

7900　個　様々な同上の品、藁包308個入り、すべてその内容物が明記され、
　　　　　そしてVOCと記されている、すなわち
　　　4900個　軟膏壺、瓶と小型のプレ、藁包128個
　　　　　　薬局向け、すなわち
　　　　　　100個　瓶、　　　4ポンド用、藁包17個 -.3.5.-　　　35.-.- テール
　　　　　　300〃　軟膏壺、4ポンド用、　〃 50〃 -.3.-.-　　　90.-.- テール
　　　　　　500〃　同上、　　1　〃　　　〃 20〃 -.-.9.-　　　45.-.- テール
　　　　　　500〃　同上、　　½　〃　　　〃 10〃 -.-.6.-　　　30.-.- テール
　　　　　　500〃　同上、　　¼　〃　　　〃 7〃 -.-.4.5　　 22.5.- テール
　　　　　　500〃　同上、　　2オンス用、　〃 5〃 -.-.3.5　　 17.5.- テール
　　　　　　500〃　同上、　　1　〃　　　〃 4〃 -.-.2.5　　 12.5.- テール
　　　　　　1000〃 小型のプレ、2 〃　　"10〃 -.-.3.5　　　　35.-.- テール
　　　　　　1000〃 同上、　　1　〃　　　〃 5〃 -.-.2.5　　 25.-.- テール
　　　　　　4900個　磁器、薬局向け・・・・・・・・・・・・・・・・312.5.- テール
　　　1000　食卓用深皿、種類、藁包113個、すなわち
　　　　　　500個　同上の品 第1の種類　藁包 63個各個 -.3.6.-　180.-.- テール
　　　　　　500〃　〃　　　第2の種類　〃　50個〃 -.2.8.-　　 140.-.- テール
　　　　　　1000個　深皿、　　　　藁包113個、値段・・・・・・・320.-.- テール
　　　2000　食卓用平皿、藁包67個、各個・・・・・・・・-.-.8　160.-.- テール
　　　　　　目印のインクと木札のために・・・・・・・・・・・・・・3.7.- テール
　　　7900個　様々な磁器と合計金額・・・・・・・・・・・・・・・・・・796.2.- テール

1696

J1696-1/1　　　NFJ 880　　　6998-1-93-4
長崎、1696年10月15日
商館長コルネリス・ファン・アウトホールンによってバタヴィア行きのイェルサレム号で運ばれた

バタヴィア向け磁器

8720　　様々な磁器、藁包579個、すべてその内容物が明記され、
　　　　そしてVOCと記されている、すなわち
　　2600個　軟膏壺、小型のプレと瓶、　藁包125個
　　　　　薬局向け、すなわち
　　　　　500個　瓶、　2ポンド用、　藁包50個
　　　　　　　　各個　　　　　　　　　　　　　-.2.3.-　　115.-.- テール
　　　　　500〃　同上、　1　〃　　　藁包28個　-.2.-.-　　100.-.- テール
　　　　　500〃　小型のプレ、8オンス用、藁包13個 -.-.6.5　32.5.- テール
　　　　　500〃　同上、　4　〃　　　藁包10個　-.-.4.5　　22.5.- テール
　　　　　600〃　軟膏壺　1ポンド用、藁包24個　-.-.9.-　　54.-.- テール
　　　　2600個　薬局向けの磁器、値段・・・・・・・・・・・・324.-.-.- テール

2000 p^s tafelschotels in 2 soorten en 225 stroon te weten
  1000 p^s ditos 1^e s^t in 125 stroon â p^s T.-.3.5.- T. 350.-.-.-
  1000 ,, ,, 2^e ,, ,, 100 d^{os} ,, T.-.2.7.- T. 270.-.-.-
  2000 p^s schotels in 125 [sic] stroon costen················· T. 620.-.-.-
2000 ,, tafelpierings   in 67 stroon a t p^s T. -.-.8.- T. 160.-.-.-
2000 ,, grote commen   ,, 167 d^{os} ,, ,, ,, T. -.1.1.- T. 220.-.-.-
 20 ,, witte halve calbassen ,, 10 d^{os} ,, ,, ,, T. -.6.-.- T. 12.-.-.-
 100 ,, clene geschilderde flessies ,, 5 d^{os} ,, ,, ,, T. -.3.-.- T. 30.-.-.-
  voor merkplankjes, pencelen, inct &^{a} T. 7.5.-.-
8720 diverse porceleijnen als vooren costen·································· T.1373.5.-.-

1697

J1697-1/2   NFJ 881   6998-1-93-5
Nagasaki 31 October 1697
Gescheept door Opperhoofd Hendrik Dijkman in [de] *Etershem* **naar Malacca**

              Porcelijnen
2028 stx diverse porcelijnen in 124 stoon [sic] alle met haer inhoudt besz:
en gem^t VOC als
 528 p^s taaffel schootels in 3 soorten en 48 stroon te weten
  128 p^s d^{os} in 16 stroon van N° 530 tot 544
      incluijs â 't p^s 35 cond^r············· T. 44.8.-
  160 ,, ,, in 16 stroon van N° 545 tot 560
      incluijs â 't p^s 27 cond^r············· T. 43.2.-
  240 ,, ,, in 16 stroon van N° 561 tot 576
      incluijs â 't p^s 2 ms·············· T. 48.-.-
 528 p^s in 48 stroon als boven···························· T. 136.-.-
1000 ,, taaffel pierings in 34 stroon van 30 p^s excepto
 1 van 10 p^s van N° 577 tot 610 incluijs
 â 't p·· T. -.-.8 T. 80.-.-
 500 ,, groote kommen in 42 stroon·············· T. -.1.1 T. 55.-.-
  voor merkplankies &^{a}···························· T. 2.3.-
2028 p^s als boven·· T. 273.3.-

         - φ -

2000個		食卓用深皿、2種類および藁包225個、すなわち			
	1000個	同上の品、第1の種類、藁包125個、各個　-.3.5.-	350.-.-.-	テール	
	1000〃	〃　　第2の種類、藁包100個、各個　-.2.7.-	270.-.-.-	テール	
	2000個	深皿、藁包125個入り、値段・・・・・・・・・620.-.-.-	テール		
2000〃		食卓用平皿、　　　藁包 67 個、各個・・・-.-.8.-	160.-.-.-	テール	
2000〃		大型の鉢、　　　　藁包167 個、〃・・・・・-.1.1.-	220.-.-.-	テール	
20〃		白いハーフサイズ瓢箪瓶、藁包 10 個、〃・・・-.6.-.-	12.-.-.-	テール	
100〃		絵付けを施した小瓶、　藁包 5 個、〃・・・・・-.3.-.-	30.-.-.-	テール	
		目印の木札、筆、インクなどのために	7.5.-.-	テール	
8720		前述の様々な磁器、値段・・・・・・・・・・・・・・・・・1373.5.-.-	テール		

1697

J1697-1/2　　NFJ 881　　　6998-1-93-5

長崎、1697年10月31日
商館長ヘンドリック・ダイクマンによってマラッカ行きのエステルスヘム号で運ばれた

磁器

2028個		様々な磁器、藁包124 個[ママ]、すべてその内容物が明記され、		
		そしてVOCと記されている、すなわち		
528個		食卓用深皿、3 種類および藁包48個、すなわち		
	128個	同上、藁包16個、N° 530 ～ 544まで		
		金額は、35コンドリン／個・・・・・・・・・44.8.-	テール	
	160〃	〃　藁包16個、N° 545 ～ 560まで		
		金額は、27コンドリン／個・・・・・・・・・43.2.-	テール	
	240〃	〃　藁包16個、N° 561 ～ 576まで		
		金額は、2マース／個・・・・・・・・・・・・・48.-.-	テール	
	528個	藁包48個、上記の通り、・・・・・・・・・・・136.-.-	テール	
1000〃		食卓用平皿、30個入り藁包34個		
		うち1個は10 個入り、N° 577 ～ 610まで		
		各個・・・・・・・・・・・・・・・・・・-.-.8 テール 80.-.-	テール	
500〃		大型の鉢、藁包42個・・・・・・・・・-.1.1 テール 55.-.-	テール	
		目印の木札等のために・・・・・・・・・・・・2.3.-	テール	
2028個		上記の通り・・・・・・・・・・・・・・・・・・・・・273.3.-	テール	

- φ -

"Porceleijnen" in de negotiejournalen van het comptoir Nagasaki

J1697-2/2   NFJ 881   6998-1-93-5
Nagasaki 1 November 1697
Gescheept door Opperhoofd Hendrik Dijkman in *de Voetboogh* naar Batavia

porcelijnen voor Batavia

10020 stx diverse porcelijnen in 528 stroon alle gem^t haer inhoud besz: en gemerkt
VOC als
3900 p^s salv potten en pulletjes in 55 stroon v: d' medicinale winckel als

500 p^s salvpotten v: 8 oncen in	13 stroon				
	â p^s		6½ cond^r	T.	32.5.-
200 ,, ...d^{os}.....,, 6	3 ,,	5	T.	10.-.-
300 ,, ...d^{os}.....,, 4	3 ,,	4½	T.	13.5.-
300 ,, ...d^{os}.....,, 2	3 ,,	3½	T.	10.5.-
1000 ,, ...d^{os}.....,, 1 tot 2 onc:,, 8 ,,	2½	T.	25.-.-
800 ,, ...d^{os}.....,, 4 ....16 ,,	4½	T.	36.-.-
400 ,, ...d^{os}.....,, 2 .... 5 ,,	3½	T.	14.-.-
400 ,, ...d^{os}.....,, 1 .... 4 ,,	2½	T.	10.-.-

3900 p^s porcelijnen voor de medicinale winckel costen·········· T. 151.5.-
2000 p^s tafelschootels in 2 soorten en 225 stroon te weten
   1000 p^s eerste soort in 125 stroon a t p^s 35 condr T. 350.-.-
   1000 p^s tweede soort in 100 stroon a t p^s 27 condr T. 270.-.-
2000 p^s tafelschootels als vooren belopen······················ T. 624.-.-
2000 p^s tafelpierings   in 67 stroon a t p^s 8 condr··········· T. 160.-.-
2000 ,, groote kommen········,, 167···,, ······,, 11 ,, ············ T. 220.-.-
  20 ,, witte halve carb: ···,, 10···,, ······,, 60 ,, ············ T. 12.-.-
 100 ,, vierkante olit^t vless:,, 4···,, ······,, 3 m^s·············· T. 30.-.-
   voor merkplankjes, pencelen &^{a}································ T.   8.9.6

T. 1202.4.6

1698–1701

The journals for 1698–1701 are missing.

J1697-2/2　　NFJ 881　　　6998-1-93-5
長崎、1697年11月1日
商館長ヘンドリック・ダイクマン　によってバタヴィア行きのフートボーフ号で運ばれた

バタヴィア向けの磁器

10020個　様々な磁器、藁包528個、すべてその内容物が明記され、
　　　　そしてVOCと記されている、すなわち
　3900個　軟膏壺と小型のプレ、藁包55個、薬局向け、
　　　　　すなわち
　　　500個　軟膏壺、8 オンス入り 13 藁包
　　　　　　　　　　　　　　　各個　　　6½ コンドリン　32.5.- テール
　　　　200 〃　同上、　6 〃　　3 〃　　5 ‥‥‥10.-.- テール
　　　　300 〃　同上、　4 〃　　3 〃　　4½‥‥‥13.5.- テール
　　　　300 〃　同上、　2 〃　　3 〃　　3½‥‥‥10.5.- テール
　　　1000 〃　同上、　1～2オンス用 8 〃　2½‥‥‥25.-.- テール
　　　　800 〃　同上、　4 〃　　16 〃　　4½‥‥‥36.-.- テール
　　　　400 〃　同上、　2 〃　　5 〃　　3½‥‥‥14.-.- テール
　　　　400 〃　同上、　1 〃　　4 〃　　2½‥‥‥10.-.- テール
　　3900個　薬局向けの磁器、値段‥‥‥‥‥‥‥‥‥‥‥151.5.- テール
　2000個　食卓用深皿、2種類そして藁包225個、すなわち
　　　1000個　第1の種類、藁包125個、各個35コンドリン　350.-.- テール
　　　1000個　第2の種類、藁包100個、各個27コンドリン　270.-.- テール
　　2000個　前述の食卓用深皿、合計金額‥‥‥‥‥‥‥‥624.-.- テール
　2000個　食卓用平皿、　　　藁包 67 個、 8 コンドリン／個‥‥‥160.-.- テール
　2000 〃　大型の鉢、　　　　 〃 167 個、11 　〃 ‥‥‥220.-.- テール
　　20 〃　ハーフサイズの白い瓢箪瓶、 〃 10 個、60 　〃 ‥‥‥12.-.- テール
　　100 〃　油用角瓶、　〃 　　　　　　4 個、 3 マース‥‥‥30.-.- テール
　　　　目印の木札、筆等のために‥‥‥‥‥‥‥‥‥‥‥‥‥8.9.6 テール
　　　　　　　　　　　　　　　　　　　　　　　　　　　1202.4.6 テール

1698-1701

1698～1701年の日本発の送り荷の仕訳帳は不明である。

"Porceleijnen" in de negotiejournalen van het comptoir Nagasaki

1702

J1702-1/1   NFJ 882   6998-1-93-10
Nagasaki 9 November 1702
Gescheept door Opperhoofd Abram Douglas in [de] *Berkenroode* naar Batavia

2500 diverse porceleijnen in 85 stroon met den inhoud besz: en gem^t VOC zijnde
    gen^t van N° 1 tot 85 als -
    1600 stx salfpotten in 69 stroon te weten
        500 p^s d^{os} van 2 lb ijder in 41 stroon van 12 p^s ider en 1 van 8 p^s â 23 cond^r
            van N° 1 tot 42 incluijs······················ T. 115.-.-.-
        400 ,, ,, van 1 lb ijder in 20 stroon van 20 p^s ijder
            â 9 cond^r van N° 43 tot 62 incluijs··········· T. 36.-.-.-
        500 ,, ,, van 4 oncen in 5 stroon van 100 p^s ijder
            â 4½ cond^r van N° 63 tot 67···················· T. 22.5.-.-
        200 ,, ,, van 2 oncen in 5 stroon van 100 p^s ijder a 3½
            cond^r van 68 tot 69·························· T.   7.-.-.-
                                                      T. 180.5.-.-
    100 ,, vierkante flessjes in 6 stroon van 16 p^s ijder en een van 4 p^s â 2 m^s
        van N° 70 tot 76 incluijs······························· T. 20.-.-.-
    800 ,, pulletjes in 9 stroon als
        400 stx d^{os} van 2 oncen in 5 stroon van 80 p^s ijder a 3½ cond:
            van N° 77 tot 81 incluijs······················ T. 14.-.-.-
        400 ,, ,, van 1 once in 4 stroon van 100 p^s gen^t
            van N° 82 tot 85 incluijs â 2½ cond: ijder··· T. 10.-.-.-
                                                      T. 24.-.-.-
                                                      T. 224.5.-.-
        voor merkplankjes, pencelen, inct &^{a} ························ T.   3.2.9.-
                                                                       T.228.2.9.-

1702

J1702-1/1　　NFJ 882　　　6998-1-93-10

長崎、1702年11月9日

商館長アブラハム・ダグラスによってバタヴィア行きのベルケンローデ号で運ばれた

2500	様々な磁器、藁包85個入り、その木箱は内容物が明記され、VOC と記され、	
	N° 1～85の番号がつけられている、すなわち	
1600個	軟膏壺、69藁包69個入り、すなわち	
500個	同上、各2ポンド用、各12個入り藁包41個、うち1個は8個入り、23コンドリン	
	N° 1～42まで・・・・・・・・・・・・・・・・・115.-.-.-　テール	
400〃	〃 、各1ポンド用、各20個入り藁包20個	
	9コンドリン 、N° 43～62まで・・・・・・・・・・36.-.-.-　テール	
500〃	〃 、 4オンス用、各100個入り藁包5個	
	4½ コンドリン、N° 63～67・・・・・・・・・・・22.5.-.-　テール	
200〃	〃 、 2オンス用、各100個入り藁包5個	
	3½ コンドリン、68～69・・・・・・・・・・・・・7.-.-.-　テール	
	180.5.-.-　テール	
100〃	小型の角瓶、各16個入り藁包6個、2マース／4個	
	N° 70～76が入っている・・・・・・・・・・・・・20.-.-.-　テール	
800〃	小型のプレ、藁包9個入り、すなわち	
400個	同上、2オンス用、各80個入り藁包5個、3½ コンドリン	
	N° 77～81まで・・・・・・・・・・・・・・・・・14.-.-.-　テール	
400〃	〃 1オンス用、100個入り藁包4個、N° 82～85までの	
	番号がつけられている、各2½ コンドリン・・・・10.-.-.-　テール	
	24.-.-.-　テール	
	224.5.-.-　テール	
目印の木札、筆、インク等のために・・・・・・・・・・・・3.2.9.-　テール		
	228.2.9.-　テール	

1703

J1703-1/1   NFJ 883   6998-1-93-11
Nagasaki 28 October 1703
Gescheept door Opperhoofd Ferdinand de Groot in [de] *Brandenburgh* naar Batavia

          voor Batavia
         voor d'medicinale winkel
3150 stx diverse porcelijnen in 113 stroon met den inhoud besz: en gem^t VOC
  en genomb^t van 1 tot N° 113 als
   750 p^s salvpotten in 65 stroon te weten
    150 p^s d^{os} van 10 lb ider in 37 stroon van 4 stx en
    1 van 2 stx a 4 m^s ider gen^t van 1 tot N° 38
    incluijs···T. 60.-.-.-
    100 ,, d^{os} van 6 lb ider in 16 stroon van
    6 p^s en 1 van 4 p^s a 3½ m^s ider
    gen^t van N° 39 tot 55···T. 35.-.-.-
    500 ,, d° van ¼ lb in 10 stroon van 50 p^s â
    4½ cond: ider gen^t van N° 56 tot 65························T. 22.5.-.-
   2400 p^s pulletjes in 23 stroon, als
    1000 p^s d^{os} van 2 oncen in 12 stroon van
    80 p^s ider en 1 van 40 p^s a 3½ cond:
    ider gen^t N° 66 tot 78···T. 35.-.-.-
    1000 ,, d^{os} van 1 once in 10 stroon van 100 p^s
    â 2½ cond: ider gen^t van 79 tot N° 88························T. 25.-.-.-
    400 ,, vlesjes van 1 lb in 25 stroon van 6 p^s â
    2 m^s ider, van N° 89 tot 113 incluijs······························T. 80.-.-.-
                           T. 257.5.-.-
   Voor merkplankjes, pencelen &^{a}···T. 5.3.5.-
                             T.262.8.5.-.-

1704

J1704-1/1   NFJ 884   6998-1-93-12
Nagasaki 18 October 1704
Gescheept door Opperhoofd Gideon Tant in [de] *Cattendijk* naar Batavia

          [voor Batavia]
6600 stx diverse porcelijnen in 163 stroon alle met den inhoud
  beschreven, gem^t VOC en genombert van 1 tot 163 als
  3200 stx salvpotten in 98 stroon te weten
    50 p^s d^{os} van 10 lb in 12 stroon
    van 4 stx en een van 2 p^s
    â 4 m^s yd^r van N° 1 tot 13·····················T. 20.-.-.-.-.-
    50 d^{os} van 6 lb in 8 stroon van
    6 en 1 van 2 p^s â 3½ m^s yder
    van N° 14 tot 22·····················T. 17.5.-.-.-.-

1703

J1703-1/1　　　NFJ 883　　　6998-1-93-11

長崎、1703年10月28日

商館長フェルディナント・ド・フロートによってバタヴィア行きのブランデンブルフ号で運ばれた

バタヴィア向け
薬局向け

3150個　様々な磁器、藁包113個入り、内容物が明記され、そしてVOCと記されている
　　　　そして1〜N° 113の番号がつけられている、すなわち
　　750個　軟膏壺、藁包65個入り、すなわち
　　　　150個　同上、各10ポンド用、4個入り藁包37個、そして
　　　　　　　［藁包］1個は2個入り、各4マース、1〜N° 38
　　　　　　　までの番号がつけられている・・・・・・・・・・・・・・・・・・・60.-.-.- テール
　　　　100〃　同上、各6ポンド用、6個入り藁包16個
　　　　　　　［藁包］1個は4個入り、各3½ マース
　　　　　　　N° 39〜55の番号がつけられている・・・・・・・・・・・・・・・35.-.-.- テール
　　　　500〃　同上、¼ ポンド用、50個入り藁包10個
　　　　　　　4½ コンドリン、それぞれにN° 56〜65の番号がつけられている　22.5.-.- テール
　　2400個　小型のプレ、藁包23個、すなわち
　　　　1000個　同上、2オンス用、各80個入り藁包12個
　　　　　　　［藁包］1個は40個入り、3½ コンドリン
　　　　　　　それぞれに、N° 66〜78の番号がつけられている・・・・・・・35.-.-.- テール
　　　　1000〃　同上、1オンス用、100個入り藁包10個
　　　　　　　各2½ コンドリン、それぞれに79〜N° 88の番号がつけられている　25.-.-.- テール
　　　　400〃　小瓶、1ポンド用、6個入り藁包25個
　　　　　　　各2マース、N° 89〜113まで・・・・・・・・・・・・・・・・・80.-.-.- テール
　　　　　　　　　　　　　　　　　　　　　　　　　　　　　　　　　　　　257.5.-.- テール
　　　　　　目印の木札、筆等のために・・・・・・・・・・・・・・・・・・・・5.3.5.- テール

262.8.5.-.- テール

1704

J1704-1/1　　　NFJ 884　　　6998-1-93-12

長崎、1704年10月18日

商館長ヒデオン・タントによってバタヴィア行きのカッテンダイク号で運ばれた

［バタヴィア向け］

6600個　様々な磁器、藁包163個入り、すべて内容物が明記され、
　　　　VOCと記されている、そして1〜163の番号がつけられている、すなわち
　　3200個　軟膏壺、藁包98個入り、すなわち
　　　　50個　同上、10 ポンド用、4個入り、藁包12個
　　　　　　　うち［藁包］1個は2個入り
　　　　　　　各4マース、N° 1〜13・・・・・・・・・・・・・・・・・・・・20.-.-.-.- テール
　　　　50　　同上、6 ポンド用、6個入り、藁包8個
　　　　　　　うち［藁包］1個は2個入り、各3½ マース
　　　　　　　N° 14〜22・・・・・・・・・・・・・・・・・・・・・・・・・17.5.-.-.- テール

100 d^{os} van 4 lb in 8 stroon van
    12 p^s en 1 van 4 p^s â 3 m^s
    yder van N° 23 tot 31·························T. 30.-.-.-.-.-
200 d^{os} van 2 lb in 12 stroon van 16
    en 1 van 8 p^s a 23 cond: yder
    van N° 32 tot 44·····························T. 46.-.-.-.-.-
300 d^{os} van 1 lb in 15 stroon van
    20 p^s â 12 cond yder van N°
    45 tot 59····································T. 36.-.-.-.-.-
500 d^{os} van 8 oncen in 12 stroon
    van 40 en 1 van 20 p^s â 6½
    cond: yder van N° 60 tot 72·················T. 32.5.-.-.-.-
500 d^{os} van 4 oncen in 10 stroon
    van 50 p^s â 4½ cond: van
    N° 73 tot 82·································T. 22.5.-.-.-.-
500 d^{os} van 2 oncen in 6 stroon
    van 80 p^s en een van 20 â 3½
    cond yder van N° 83 tot 89··················T. 17.5.-.-.-.-
500 d^{os} van 1 once in 4 stroon
    van 125 p^s â 2½ cond: van
    N° 90 tot 93 incluijs························T. 12.5.-.-.-.-
500 d^{os} van 1 once in 5 stroon
    van 160 p^s-yder â 2½ cond
    van 94 tot N° 98 incluijs····················T. 12.5.-.-.-.-
3200 stx Porcelijnen die transporteeren·······················T. 247.-.-.-.-.-

3000 ,, pulletjes in 42 stroon als
    500 stx van 8 oncen in 12 stroon
    van 40 p^s en 1 van 20 â 6
    cond ijd^r van N° 99 tot 111················T. 30.-.-.-.-.-
    500 van 4 oncen in 10 stroon van
    50 p^s yder â 4½ cond ijder van
    N° 112 tot N° 121····························T. 22.5.-.-.-.-
    1000 van 2 oncen in 10 stroon van
    1000 p^s ijder â 3½ cond van
    N° 122 tot 131·······························T. 35.-.-.-.-.-
    1000 van 1 once in 8 stroon van
    120 p^s ijder en 1 van 40 p^s â 2½
    cond van N° 132 tot 140······················T. 25.-.-.-.-.-
                                                T. 112.5.-.-.-.-

400 ,, flesjens in 23 stroon te weten
    200 p^s van 2 lb in 12 stroon
    van 16 en 1 van 8 p^s â 4 m^s
    ijder van N° 141 tot 153·····················T. 80.-.-.-.-.-
    200 ,, van 1 lb in 10 stroon van
    20 p^s ijder â 2 maes van N°
    154 tot 163 incluijs··························T. 40.-.-.-.-.-
                                                T. 120.-.-.-.-.-
    voor de pencelen, merkplankjes &^{a}··········T.   8.9.9.-.-
6600 stx porcelijnen kosten····································T.488.4.9.-

100	同上、4 ポンド用、12個入り、藁包8個	
	うち［藁包］1個は4個入り、各3マース	
	23 ～ 31・・・・・・・・・・・・・・・・・・・	30.-.-.-.-.- テール
200	同上、2 ポンド用、16個入り、藁包12個	
	うち［藁包］1個は8個入り、23コンドリン	
	それぞれN° 32 ～ 44・・・・・・・・・・・・・	46.-.-.-.-.- テール
300	同上、1 ポンド用、20個入り、藁包15個	
	各12コンドリン	
	N° 45 ～ 59・・・・・・・・・・・・・・・・・	36.-.-.-.-.- テール
500	同上、8 オンス用、40個入り、藁包12個	
	うち［藁包］1個は20個入り、6½ コンドリン	
	それぞれN° 60～72・・・・・・・・・・・・・	32.5.-.-.-.- テール
500	同上、4 オンス用、50個入り、藁包10個	
	4½ コンドリン	
	N° 73 ～ 82・・・・・・・・・・・・・・・・・	22.5.-.-.-.- テール
500	同上、2 オンス用、80個入り、藁包6個	
	うち［藁包］1個は20個入り、各3½ コンドリン	
	N° 83 ～ 89・・・・・・・・・・・・・・・・・	17.5.-.-.-.- テール
500	同上、1 オンス用、125個入り、藁包4個	
	2½ コンドリン	
	N° 90 ～ 93まで・・・・・・・・・・・・・・	12.5.-.-.-.- テール
500	同上、1 オンス用、各160個入り、藁包5個	
	2½ コンドリン	
	94 ～ N° 98 まで・・・・・・・・・・・・・・	12.5.-.-.-.- テール
3200個	磁器、繰越・・・・・・・・・・・・・・・・・・・・・・・・・・・・・	247.-.-.-.-.- テール
3000〃	小型のプレ、42藁包入り、すなわち	
500個	8オンス用、40個入り、藁包12個	
	うち［藁包］1個は20個入り、各6コンドリン	
	N° 99 ～ 111・・・・・・・・・・・・・・・・	30.-.-.-.-.- テール
500	4オンス用、各50個入り、藁包10個	
	4½ コンドリン	
	N° 112 ～ N° 121・・・・・・・・・・・・・・	22.5.-.-.-.- テール
1000	2オンス用、各1000個入り、藁包10個	
	3½ コンドリン	
	N° 122 ～ 131・・・・・・・・・・・・・・・	35.-.-.-.-.- テール
1000	1オンス用、120個入り、藁包8個	
	うち［藁包］1個は40個入り、2½ コンドリン	
	N° 132 ～ 140・・・・・・・・・・・・・・・	25.-.-.-.-.- テール
		112.5.-.-.-.- テール
400〃	小瓶、23藁包入り、すなわち	
200個	2ポンド用、16個入り、藁包12個入り	
	そして、そのうち1個は 8個入り、各4マース	
	N° 141 ～ 153・・・・・・・・・・・・・・・	80.-.-.-.-.- テール
200〃	1ポンド用、各20個入り、藁包10個	
	2マース	
	N° 154 ～ 163まで・・・・・・・・・・・・・	40.-.-.-.-.- テール
		120.-.-.-.-.- テール
	筆、目印の木札等のために・・・・・・・・・・・・・・・・・・・・・・	8.9.9.-.-.- テール
6600個	磁器、値段・・・・・・・・・・・・・・・・・・・・・・・・・・・・・・	488.4.9.- テール

"Porceleijnen" in de negotiejournalen van het comptoir Nagasaki

1705

J1705-1/2   NFJ 885   6998-1-93-13
Nagasaki 5 November 1705
Gescheept door Opperhoofd Ferdinand de Groot in [de] *Nieuwburg* naar Batavia

[voor Batavia]

14818 p^s diverse porcelijnen in 672 stroon gemerkt VOC namentl:
   266 stx d^{os} in 17 stroon voor 't huijs van Zijn Edelh^t den
      Edelen heere Joan van Hoorn gouverneur generael als
      50 stx schotels in 5 stroon van
         10 p^s id^r â T.-.5.5 tp^s·················T.   27.5.-.-
      48 schootels in 6 stroon van 8 p^s
         id^r â T.-.6.8.7.5 tp^s·················T.   33.-.-.-
      150 tafelpierings in 5 stroon
         van 30 p^s ider â T.-.1.8.3.3 id^r·······T.   27.4.9.5
      18 int stroon waarin 6 p^s
         olij en 6 azijn kannetjes
         en 6 p^s mostartpotjes
         â 't p^s T.-.2.- id^{er}···············T.   3.6.-.-
                                                       T.   91.5.9.5.-

                    voor de kleene winkel
8652 d^{os} in 494 stroon te weeten
   1552 stx schootels in 194 stroon van 8 p^s
      ider a T.-.3.5 id^{er}···············T. 543.2.-.-
   800 in 80 stroon van 10 p^s ider
      a T.-.2.7 ider························T. 216.-.-.-
   6000 pierings in 200 stroon van
      30 p^s a T.-.-.8 id^{er}·················T. 480.-.-.-
   300 kommen in 20 stroon van
      15 p^s ider··························T.   30.-.-.-
                                                      T. 1269.2.-.-.-.-

                    voor d'medicinale winkel
5900 stx porcelijne in soort in 161 stroon te weet:
   3800 stx zalvpotten diverse in 137 stroon
      gemerkt VOC te weten
      100 stx van 10 lb in 25 stroon
         van 4 p^s ider a T.-.4 tp^s············T.   40.-.-.-
      100 van 6 lb in 17 stroon
         a T.-.3.5 ider························T.   35.-.-.-
      200 van 4 lb in 22 stroon
         a T.-.3 ider··························T.   60.-.-.-
      200 stx van 2 lb in 17 stroon
         a T.-.2.3 ider························T.   46.-.-.-
      200 stx van 1 lb in 10 stroon
         a T.-.1.2 ider························T.   24.-.-.-
      500 stx van ½ lb in 13 stroon
         a T.-.-.6.5 ider······················T.   32.5.-.-

1705

J1705-1/2　　NFJ 885　　　6998-1-93-13

長崎、1705年11月5日
商館長フェルディナント・ド・フロートによってバタヴィア行きのニューブルフ号で運ばれた

[バタヴィア向け]

14818個　様々な磁器、藁包672個、VOCと記されている、すなわち
　　266個　同上、17藁包、ヨアン・ファン・ホールン総督閣下の
　　　　　邸のために、すなわち
　　　　50個　深皿、各10個入り 藁包5個入り、
　　　　　　　-.5.5テール／個・・・・・・・・・・・・・・・・・27.5.-.-　テール
　　　　48　　深皿、8個入り藁包6個入り、
　　　　　　　各-.6.8.7.5テール／個・・・・・・・・・・・・・33.-.-.-　テール
　　　　150　食卓用平皿、各30個入り藁包5個入り、
　　　　　　　各-.1.8.3.3テール・・・・・・・・・・・・・・・・27.4.9.5　テール
　　　　18　　個入りの藁包、その中には油用の[水注]6個
　　　　　　　および酢用水注6個、
　　　　　　　そして、マスタード用小壺6個
　　　　　　　各-.2.-テール／個・・・・・・・・・・・・・・・・3.6.-.-　テール
　　　　　　　　　　　　　　　　　　　　　　　　　　　　　91.5.9.5.-　テール

雑貨部向け

8652　　同上、藁包494個入り、すなわち
　　1552個　深皿、各8個入り藁包194個
　　　　　　各-.3.5テール・・・・・・・・・・・・・・・・・・・543.2.-.-　テール
　　800　　各10個入り藁包80個
　　　　　　各-.2.7・・・・・・・・・・・・・・・・・・・・・・・216.-.-.-　テール
　　6000　　平皿、
　　　　　　30個入り藁包200個、各-.-.8テール・・・・・・480.-.-.-　テール
　　300　　鉢、各15個入り
　　　　　　藁包20個・・・・・・・・・・・・・・・・・・・・・・30.-.-.-　テール
　　　　　　　　　　　　　　　　　　　　　　　　　　　　1269.2.-.-.-　テール

薬局向け

5900個　各種取り合わせた磁器、藁包161個入り、すなわち
　　3800個　様々な軟膏壺、藁包137個入り
　　　　　　VOCと記されている、すなわち
　　　　100個　10ポンド用、各4個入り藁包25個
　　　　　　　-.4テール／個・・・・・・・・・・・・・・・・・40.-.-.-　テール
　　　　100　　6ポンド用、藁包17個入り、
　　　　　　　各-.3.5テール・・・・・・・・・・・・・・・・・35.-.-.-　テール
　　　　200　　4ポンド用、藁包22個入り、
　　　　　　　各-.3テール・・・・・・・・・・・・・・・・・・60.-.-.-　テール
　　　　200個　2ポンド用、藁包17個入り、
　　　　　　　各-.2.3テール・・・・・・・・・・・・・・・・・46.-.-.-　テール
　　　　200個　1ポンド用、藁包10個入り、
　　　　　　　各-.1.2テール・・・・・・・・・・・・・・・・・24.-.-.-　テール
　　　　500個　½ポンド用、藁包13個入り、
　　　　　　　各-.-.6.5テール・・・・・・・・・・・・・・・・32.5.-.-　テール

```
              500 stx van ¼ lb in 10 stroon
                  a T.-.-.4.5 ider·······················T.   22.5.-.-
             1000 stx van ¹/₁₆ lb in 10 stroon
                  a 2½ cond ider······················T.   25.-.-.-
             1000 stx van ¹/₁₆ lb in 13 stroon
                  a 3½ cond ider······················T.   35.-.-.-

             2000 pˢ pulletjes in soort in 24 stroon
                  te weten
             1000 stx van 1 ons in 9 stroon
                  a T.-.-.2.5 ider·······················T.   25.-.-.-
             1000 van 2 ons in 10 stroon a
                  T.-.-.3.5 ider···························T.   35.-.-.-
              100 geschilderde flesjes van ¾ lb in
                  5 stroon a T.-.4························T.   40.-.-.-
             5900 stx beloopen···········································T.  420.-.-.-.-.-
           14818 stx porcelijnen beloopen tsamen···························T.1780.7.9.5.-.-
```

— φ —

J1705-2/2   NFJ 885   6998-1-93-13
Nagasaki 6 November 1705
Gescheept door Opperhoofd Ferdinant de Groot in *de Prins Eugenius* naar Batavia

```
                           voor Cheijlon
  1232 stx diverse porcelijnen in 113 stroon gemᵗ VOC te weeten
        200 stx zalvpotten in soort als
             50 stx dᵒˢ van 4 lb in 6 stroon
                  â 3 mˢ ider·······························T.   15.-.-.-
             50 ,, van 2 lb in 4 stroon
                  â 2 mˢ 3 cond idʳ·······················T.   11.5.-.-
             50 ,, van ¼ lb in 1 stroo â
                  4½ cond·································T.    2.2.5.-
             50 ,, van 1/8 lb in 1 stroo 3½ cond··········T.    1.7.5.-
        100 ,, flesjes in soort namentl:
             50 stx van 4 lb in 8 stroo a 4 mˢ·············T.   20.-.-.-
             50 ,,    2 ,, ,, 4  ,, ,, 2 ,, ···············T.   10.-.-.-
        432 ,, schootels in 72 stroon van 6 pˢ
                  ider a 42 cond 't pˢ·····················T.  181.4.4.-
        500 ,, tafelpierings in 17 stroon a 8
                  cond 't pˢ·····································T.   40.-.-.-
       1232 stx als boven kosten tesamen·······························T.  281.9.4.-.-.-
             voor merkplankjes, inct pencelen
             en &cᵃ···················································T.    1.6.2.-.-.-
                                                                       T. 283.5.6.-.-.-
```

```
        500個   ¼ ポンド用、藁包10個入り、
                 各-.-.4.5テール・・・・・・・・・・・・・  22.5.-.- テール
       1000個   1/16 ポンド用、藁包10個入り、
                 各2½ コンドリン・・・・・・・・・・・・  25.-.-.- テール
       1000個   1/16 ポンド用、藁包13個入り、
                 各3½ コンドリン・・・・・・・・・・・・  35.-.-.- テール

       2000個  各種取り合わせた小型のプレ、藁包24個入り、
                すなわち
       1000個   1オンス用、藁包9個入り、
                 各-.-.2.5テール・・・・・・・・・・・・  25.-.-.- テール
       1000    2オンス用、藁包10個入り、
                 各-.-.3.5テール・・・・・・・・・・・・  35.-.-.- テール
        100    絵付けをほどこした小瓶、¾ ポンド用
                藁包5個入り、-.4テール・・・・・・・・  40.-.-.- テール
       5900個   総額・・・・・・・・・・・・・・・・・・・・ 420.-.-.-.- テール
      14818個   磁器、総額・・・・・・・・・・・・・・・・・・・・・・1780.7.9.5.-.- 
                                                              テール

                              - Φ -

J1705-2/2    NFJ 885       6998-1-93-13
長崎、1705年11月6日
商館長フェルディナント・ド・フロートによってバタヴィア行きのプリンス・エイヘニウス号で運ばれた

                        セイロン向け
   1232個  様々な磁器、藁包113個入り、VOCと記されている、すなわち
      200個  各種取り合わせた軟膏壺、すなわち
        50個  同上、4ポンド用、藁包6個入り、
               各3マース・・・・・・・・・・・・・・  15.-.-.- テール
        50〃   2ポンド用、 藁包 4個入り、
               各2マース3コンドリン・・・・・・・・・・  11.5.-.- テール
        50〃   ¼ ポンド用、藁包 1個入り、
               4½ コンドリン・・・・・・・・・・・・・  2.2.5.- テール
        50〃   1/8 ポンド用、藁包 1個入り、3½ コンドリン・・・・ 1.7.5.- テール
       100〃   各種取り合わせた小瓶、つまり
        50個   4ポンド用、藁包 8個入り、4 マース・・・・・・  20.-.-.- テール
        50〃   2  〃     〃  4     2  〃      10.-.-.- テール
       432〃  深皿、各6個入り  藁包72個入り、
               42コンドリン／個・・・・・・・・・・・・  181.4.4.- テール
       500〃  食卓用平皿、   藁包17個入り、
               8コンドリン／個・・・・・・・・・・・・・  40.-.-.- テール
      1232個  上記の通り、値段合計・・・・・・・・・・・・ 281.9.4.-.-.- テール
              目印の木札、インク、筆
              等のために・・・・・・・・・・・・・・・・・・・  1.6.2.-.-.- テール
                                                    283.5.6.-.-.-
                                                              テール
```

"Porceleijnen" in de negotiejournalen van het comptoir Nagasaki

1706

J1706-1/2   NFJ 886   6998-1-93-14
Nagasaki 22 October 1706
Gescheept door Opperhoofd Hermanus Menssing in [de] *Bredehof* naar Malacca

2268 stx in 166 stroon diversse porcelijnen alle gem^t VOC en
met den inhout beschreven als
                    voor Ceylon
  68 schotels in 11 stroon te weten
    54 stx in 9 van 6 p^s en
    14 ,, ,, 2 ,, 7 " ider
    68 stx als boven a 42 condr 't p^s·························· T. 28.5.6.-.-
500 schotels in 62 stroon als
    464 stx in 58 a 8 p^s ider en
    36 ,, ,, 4 ,, 9
    500 stx in 62 stroon a 35 cond^n 't p^s··················· T. 175.-.-.-.-
500 schotels in 50 stroon van 10 p^s ider a 27 cond············ T. 135.-.-.-.-
1000 ,,   in 33 stroon van 30 p^s ider tafel
pierings waaronder een van 40 p^s a
8 condrijn 't p^s·· T. 80.-.-.-.-
200 kommen in 10 stroon van 20 p^s ider a 1 m^s············· T. 20.-.-.-.-
2268 stx diversse porcelijnen kosten te samen··············· T. 438.5.6.-.-
voor merckplankjes inct, pencelen &^{a}························ T. 2.7.-.-.-
                                                                  T.441.2.6.-.-

— φ —

J1706-2/2   NFJ 886   6998-1-93-14
Nagasaki 24 October 1706
Gescheept door Opperhoofd Hermanus Menssing in [de] *Bellevliet* naar Batavia

17948 stx diversse porcelijnen in 640 stroon van differenten inhout
Alle gem^t VOC en met den inhoud besz: als
                  voor 't Huijs van sijn Edelhijt
                  den Heere Joan van Hoorn
100 stx schotels in 11 stroon te weten
  50 stx in 6 stroon als
    32 in 4 d^{os} van 8 p^s ijder en
    18 ,, 2 ,, ,, 9
    50 stx in 6 stroon a T.-.3.7.5 't p^s········ T. 18.7.5.-.-
  50 stx in 5 stroon van 10 p^s a 3 ms············· T. 15.-.-.-.-
                                      T. 33.7.5.-.-

                voor de kleene winckel
3248 in 243 stroon te weten
  448 stx schotels in 56 stroon van
    8 p^s a 35 cond^r 't p^s························ T. 156.8.-.-.-
  200 d^o in 20 stroon van 10 p^s
    a 27 cond 't p^s······························· T. 54.-.-.-.-
  600 in 100 stroon van 6 p^s ider
    a 42 cond 't p^s······························· T. 252.-.-.-.-

長崎商館の仕訳帳における「磁器」

1706

J1706-1/2　　　NFJ 886　　　6998-1-93-14

長崎、1706年10月22日

商館長ヘルマヌス・メンシングによってマラッカ行きのブレーデホフ号で運ばれた

2268個　藁包166個入り、様々な磁器、すべてVOCと記され、そして
　　　　内容物が明記されている、すなわち
　　　　　　　　　　　　　　　セイロン向け
　　68　　深皿、藁包11個入り、すなわち
　　　　　54個　6個入り、　　藁包9個入り、
　　　　　14〃　各7個入り、　藁包2個入り
　　　　　68個　上記の通り、42コンドリン／個・・・・・・・・・・・・28.5.6.-.- テール
　　500　　深皿、藁包62個入り、すなわち
　　　　　464個　各 8 個入り、藁包 58個、そして
　　　　　 36〃　 〃9 〃　　　 4
　　　　　500個　藁包62個、35コンドリン／個・・・・・・・・・・・175.-.-.-.- テール
　　500　　深皿、各10個入り、藁包50個、27コンドリン・・・・・・135.-.-.-.- テール
　1000　　 〃　各30個入り藁包33個
　　　　　そのうち1個は、食卓用平皿、40個入り、
　　　　　8コンドリン／個・・・・・・・・・・・・・・・・・・・・・80.-.-.-.- テール
　　200　　鉢、各20個入り藁包10個、1マース・・・・・・・・・・・20.-.-.-.- テール
　2268個　様々な磁器、値段合計・・・・・・・・・・・・・・・・・・438.5.6.-.- テール
　　　　　目印の木札、インク、筆等のために・・・・・・・・・・・・・2.7.-.-.- テール
　　　　　　　　　　　　　　　　　　　　　　　　　　　　　　　　441.2.6.-.-
　　　　　　　　　　　　　　　　　　　　　　　　　　　　　　　　　　テール

　　　　　　　　　　　　　　　－ φ －

J1706-2/2　　　NFJ 886　　　6998-1-93-14

長崎、1706年10月24日

商館長ヘルマヌス・メンシングによってバタヴィア行きのベルフリート号で運ばれた

17948個　様々な磁器、藁包640個入り、様々な内容物から成り、
　　　　すべてVOCと記され、そして内容物が明記されている、すなわち
　　　　　　　　　　　　　ヨアン・ファン・ホールン[総督]閣下の
　　　　　　　　　　　　　　　邸のために
　　100個　深皿、藁包11個入り、すなわち
　　　　　50個　藁包6個入り、すなわち
　　　　　　　　32　　各8個入り、同上[藁包]4個、そして
　　　　　　　　18　　〃9〃　　　　　　〃 2個
　　　　　50個　藁包6個入り、-.3.7.5テール／個・・・・18.7.5.-.- テール
　　　　　50個　10個入り藁包5個、3マース・・・・・・・・・・・15.-.-.-.- テール
　　　　　　　　　　　　　　　　　　　　　　　　　　　　33.7.5.-.- テール
　　　　　　　　　　　　　　　雑貨部向け
　3248個　243藁包入り、すなわち
　　　　448個　深皿、8個入り藁包56個
　　　　　　　35コンドリン／個・・・・・・・・・・・・・・156.8.-.-.- テール
　　　　200個　同上、10個入り藁包20個
　　　　　　　27コンドリン／個・・・・・・・・・・・・・・・54.-.-.-.- テール
　　　　600個　各6個入り藁包100個
　　　　　　　42コンドリン／個・・・・・・・・・・・・・・252.-.-.-.- テール

"Porceleijnen" in de negotiejournalen van het comptoir Nagasaki

```
        2000 piringen in 67 stroon als
            1980 stx in 66 stroon van 30 pˢ
              20 ,,    ,, 1 d° ,, 20 pˢ
            2000 stx a   8 cond ijder·················· T. 160.-.-.- .-
                                                                        T.  622.8.-.-.-
                        voor de medicinale winkel
14600 ,, in 386 stroon namenlijk
    4600 stx zalvpotten in 226 stroon als
        200 stx van 10 lb in 50 stroo
            van 4 pˢ ider a 4 mˢ 't pˢ················ T.  80.-.-.-
        200 ,, van 6 lb in 33 stroo
            van 6 waaronder 2
            van 7 pˢ a 35 cond······················· T.  70.-.-.-
        400 ,, van 4 lb in 44 stroon
            van 9 pˢ waaronder 4
            van 10 a 3 mˢ ider······················· T. 120.-.-.-
        400 ,, van 2 lb in 33 stroon
            van 12 pˢ waaronder 4
            van 13 " a 23 cond······················· T.  92.-.-.-
        400 ,, van 1 lb in 20 stroon
            van 20 pˢ a 15 cond······················ T.  60.-.-.-
        600 ,, van ½ lb in 15 stroon
            van 40 pˢ a 6½ cond······················ T.  39.-.-.-
        400 ,, van ¼ lb in 8 stroon
            van 50 pˢ a 4½ cond······················ T.  18.-.-.-
       1000 ,, van ⅛ lb in 13 stroon
            van 80 pˢ waaronder 1
            van 40 a 3½ cond························ T.  35.-.-.-
       1000 ,, van 1/16 lb in 10 stroon
            van 100 pˢ a 2½ cond····················· T.  25.-.-.-
    8000 pulleties in 77 stroon als
       1000 stx van ½ lb in 25 stroon
            van 40 pˢ a 9 cond······················· T.  90.-.-.-
       2000 ,, van ¼ lb in 20 stroon
            van 100 pˢ a 4½ cond····················· T.  90.-.-.-
       2000 ,, van ⅛ lb in 17 stroon
            van 120 pˢ waaronder 1
            van 80 a 3½ cond························ T.  70.-.-.-
       3000 ,, van 1/16 lb in 15 stroon
            van 200 pˢ a 2½ cond····················· T.  75.-.-.-
    2000 ,, flesjens in 83 stroon als
       1000 stx van 2 lb in 50 stroo
            van 20 pˢ a 22 cond······················ T. 220.-.-.-
       1000 ,, van 1 lb in 33 stroon
            van 30 waaronder 1 van
            40 pˢ a 12 cond·························· T. 120.-.-.-
    14600 stx als voren kosten tesamen·······························T. 1204.-.-.-
            voor inct, penceelen, merckplank: &ᵃ······················T.   14.3.-.-
 17948 stx porcelijnen belopen tsamen··········································T.1874.8.5.-
```

```
  2000個   平皿、藁包67個、すなわち
     1980個  30個入り藁包66個
       20 〃  20個  〃  同上 1個
     2000個  各8コンドリン・・・・・・・・・・・・・・・ 160.-.-.-  .- テール
                                              622.8.-.-.- テール
                        薬局向け
14600 〃  藁包386個、つまり
     4600個  軟膏壺、藁包226個、すなわち
       200個  10ポンド用、各4個、藁包50個
              4マース／個・・・・・・・・・・・・・・ 80.-.-.- テール
       200 〃  6ポンド用、6個入り藁包33個
              そのうち[藁包] 2個は7個入り
              35コンドリン・・・・・・・・・・・・・・ 70.-.-.- テール
       400 〃  4ポンド用、9個入り藁包44個
              そのうち[藁包] 4個は
              10個入り、各3マース・・・・・・・・・ 120.-.-.- テール
       400 〃  2ポンド用、12個入り藁包33個
              そのうち[藁包] 4個は
              13個入り、23コンドリン・・・・・・・・・ 92.-.-.- テール
       400 〃  1ポンド用、20個入り藁包20個
              15コンドリン・・・・・・・・・・・・・・ 60.-.-.- テール
       600 〃  ½ポンド用、40個入り藁包15個
              6½コンドリン・・・・・・・・・・・・・ 39.-.-.- テール
       400 〃  ¼ポンド用、50個入り藁包8個
              4½コンドリン・・・・・・・・・・・・・ 18.-.-.- テール
      1000 〃  ⅛ポンド用、80個入り藁包13個
              そのうち[藁包] 1個は
              40個入り、3½コンドリン・・・・・・・・・ 35.-.-.- テール
      1000 〃  1/16ポンド用、100個入り藁包10個
              2½コンドリン・・・・・・・・・・・・・ 25.-.-.- テール
     8000   小型のプレ、藁包77個、すなわち
      1000個  ½ポンド用、40個入り藁包25個
              9コンドリン・・・・・・・・・・・・・・ 90.-.-.- テール
      2000 〃  ¼ポンド用、100個入り藁包20個
              4½コンドリン・・・・・・・・・・・・・ 90.-.-.- テール
      2000 〃  ⅛ポンド用、120個入り藁包17個
              そのうち[藁包] 1個は
              80個入り、3½コンドリン・・・・・・・・・ 70.-.-.- テール
      3000 〃  1/16ポンド用、200個入り藁包15個
              2½コンドリン・・・・・・・・・・・・・ 75.-.-.- テール
     2000 〃  小瓶、藁包83個、すなわち
      1000個  2ポンド用、20個入り藁包50個
              22コンドリン・・・・・・・・・・・・・ 220.-.-.- テール
      1000 〃  1ポンド用、30個入り藁包33個
              そのうち1個は
              40個入り、12コンドリン・・・・・・・・ 120.-.-.- テール
    14600個  前述の通り、値段合計・・・・・・・・・・・・・・・・・ 1204.-.-.- テール
           インク、筆、目印の木札等のために・・・・・・・・・・・・・ 14.3.-.- テール
17948個  磁器、総額・・・・・・・・・・・・・・・・・・・・・・・・・・・・・・・・・・ 1874.8.5.- テール
```

1707

J1707-1/2   NFJ 887   6998-1-93-15
Nagasaki 12 October 1707
Gescheept door Opperhoofd Ferdinand de Groot in [de] *Venhuijsen* naar Malacca

```
1230 stx in 36 stroon diversz: porceleijn voor Bengalen
     alle gemt VOC als
      114 stx schotels in 19 stroon v:  6 ps a 42 cond tps  T.  47.8.8.-
      136  ,,       ,,     17  ,,  ,,  8  ,, ,,35    ,,  ,,  T.  47.6.-.-
      150  ,,       ,,     15  ,,  ,, 10  ,, ,,27    ,,  ,,  T.  40.5.-.-
      600 pieringen  ,,    20  ,,  ,, 30  ,, ,, 8    ,,  ,,  T.  48.-.-.-
       30 kommen met dexels in 10 stroon
            van 3 ps ider â T.1.- ider·······················T.  30.-.-.-
      200 stx coffy copjes met voetjes in 5
            stroon van 40 ps ider â T -.1.8.-················T.  36.-.-.-
                                                                              T. 249.9.8.-
            voor penceelen, merkplankjes &a······································T.   1.5.-.-
                                                                                          T. 251.4.8.-
```

- ɸ -

J1707-2/2   NFJ 887   6998-1-93-15
Nagasaki 15 October 1707
Gescheept door Opperhoofd Ferdinand de Groot in [de] *Zuijderburgh* naar Batavia

```
8198 stx in 416 stroon diverse porcelijnen met den
     inhout besz: en gemt VOC namentlijk
4260 stx in 250 stroon voor de kleene winckel tot
       Batavia als
         60 schotels in 10 stroon van 6 ps
              ider â 't ps······················T.-.4.2.-    T.  25.2.-.-
        800 do in 100 ,, van 8 ps
              ider â 't ps······················T.-.3.5.-    T. 280.-.-.-
        400 do in 40 ,, van 10 ps············T.-.2.7.-    T. 108.-.-.-
       3000 tafelpierings in 100 stroon van
             30 ps ider â 't ps················T.-.-.8.-    T. 240.-.-.-
                                                                    T. 653.2.-.-
```

1707

J1707-1/2　　　NFJ 887　　　6998-1-93-15
長崎、1707年10月12日
商館長フェルディナント・ド・フロートによってマラッカ行きのフェンハイセン号で運ばれた

```
1230個  藁包36個に入った、ベンガル向けの様々な磁器
         すべてVOCと記されている、すなわち
    114個  深皿、藁包19個、  6個入り、   42 コンドリン／個      47.8.8.- テール
    136    〃     〃 17 〃      8 〃      35         〃         47.6.-.- テール
    150    〃     〃 15 〃     10 〃      27         〃         40.5.-.- テール
    600   平皿、  〃 20 〃     30 〃       8         〃         48.-.-.- テール
     30   蓋付鉢、3個入り、藁包10個
              各1.-テール・・・・・・・・・・・・・・・・・・・・・・・30.-.-.- テール
    200個 脚付のコーヒーカップ
              40個入り、藁包5個、各-.1.8.-テール・・・・・・・・36.-.-.- テール
                                                          249.9.8.- テール
         筆、目印の木札等のために・・・・・・・・・・・・・・・・・・1.5.-.- テール
                                                          251.4.8.- テール
```

－ φ －

J1707-2/2　　　NFJ 887　　　6998-1-93-15
長崎、1707年10月15日
商館長フェルディナント・ド・フロートによってバタヴィア行きのザイデルブルフ号で運ばれた

```
8198個  藁包416に入った、様々な磁器
         内容物が明記され、そしてVOCと記されている、すなわち
    4260個 藁包250個、バタヴィアの雑貨部向け
         すなわち
         60    深皿、各6個入り藁包 10個
                  ／個・・・・・・・・・・・・・-.4.2.-      25.2.-.- テール
        800    同上、各8個入り 〃 100個
                  ／個・・・・・・・・・・・・・-.3.5.-     280.-.-.- テール
        400    同上、 10個入り 〃 40個    -.2.7.-     108.-.-.- テール
       3000    食卓用平皿、各30個入り藁包100個
                  ／個・・・・・・・・・・・・・-.8.-      240.-.-.- テール
                                                    653.2.-.- テール
```

"Porceleijnen" in de negotiejournalen van het comptoir Nagasaki

```
3400 in 116 stroon voor de medicinale winckel
     tot Batavia als
  1600 stx zalvpotten diversz namentlijk
     400 stx van 2 pond in 33 stroon
         van 12 pˢ waaronder
         4 van 13 pˢ â tpˢ·············T.-.2.3.-    T.  9.-.-.-
     400 ,, van 1 lb in 20 stroon
         van 20 pˢ a 't pˢ a···········T.-.1.5.-    T. 60.-.-.-
     400 ,, van ½ lb in 10 stroon
         van 40 pˢ ider â 't pˢ a······T.-.-.6.5    T. 26.-.-.-
     400 ,, van ¼ lb in 8 stroon
         van 50 pˢ idʳ â··············T.-.-.4.5    T. 18.-.-.-
  600 flesjes in zoort als
     400 stx van 2 lb in 20 stroon
         van 20 pˢ idʳ a 't pˢ·········T.-.2.2.-    T. 88.-.-.-
     200 ,, van 1 lb in 7 stroon
         van 30 pˢ waaronder
         1 van 20 pˢ a 't pˢ············T.-.1.2.-    T. 24.-.-.-
  1200 pulletjes namentlijck
     400 stx van ½ lb in 10 stroon
         van 40 pˢ ider â 't pˢ········T.-.-.9.-    T. 36.-.-.-
     400 ,, van ¼ lb in 4 stroon
         van 100 pˢ idʳ â 't pˢ········T.-.-.4.5    T. 18.-.-.-
     400 ,, van ⅛ lb in 4 stroon
         van 120 pˢ idʳ a 't pˢ········T.-.-.3.5    T. 14.-.-.-
                                                              T.  376.-.-.-.-
                                                              T.1029.2.-.-.-.-

358 in 50 stroon voor 't huijs van Zijn Edelheyt den
    Edˡᵉ Heer Joan van Hoorn te weeten
  64 stx schotels in 16 stroon van 4 pˢ
         't pˢ························T.2.-.-.-    T. 128.-.-.-
  96 ,, d° ,, 12 stroon
         8 pˢ ider â stroo·············T.2.5.-.-    T.  30.-.-.-
  100 ,, d° ,, 10 stroon van
         10 pˢ ider â stroo············T.2.5.-.-    T.  25.-.-.-
  150 ,, pierings ,, 5 stroon van
         30 pˢ â stroo·················T.2.5.-.-    T.  12.5.-.-
  72 ,, aachaarpottjes in 3 stroon
         van 24 pˢ ider················T.-.3.-.-    T.  21.6.-.-
  56 stx boter kopjens in 4 stroon van
         14 idʳ â······················T.-.3.-.-    T.  16.8.-.-
                                                              T. 233.9.-.-.-
     voor inckt, penceelen, merckplankjes &ᵃ                   T.  12.-.-.-.-
                                                              T.245.9.-.-.-.-
```

```
3400    116藁包入り、薬局向け
        バタヴィアの、すなわち
   1600個   様々な軟膏壺、すなわち
      400個   2ポンド用、12個入り藁包33個
              そのうち
              [藁包]4個は13個入り、／個 -.2.3.-      9.-.-.- テール
      400 〃  1ポンド用、20個入り藁包20個
              ／個・・・・・・・・・・・-.1.5.-     60.-.-.- テール
      400 〃  ½ポンド用、各40個入り藁包10個
              ／個・・・・・・・・・・・-.-.6.5    26.-.-.- テール
      400 〃  ¼ポンド用、各50個入り藁包8個
              ・・・・・・・・・・・・・-.-.4.5    18.-.-.- テール
    600     各種取り合わせた小瓶、すなわち
      400個   2ポンド用、20個入り藁包20個
              ／個・・・・・・・・・ -.2.2.-      88.-.-.- テール
      200 〃  1ポンド用、30個入り藁包7個
              そのうち
              [藁包]1個は20個入り、／個 -.1.2.-    24.-.-.- テール
   1200     小型のプレ、つまり
      400個   ½ポンド用、各40個入り藁包10個
              ／個・・・・・・・・・・・-.-.9.-     36.-.-.- テール
      400 〃  ¼ポンド用、各100個入り藁包4個
              ／個・・・・・・・・・・・-.-.4.5    18.-.-.- テール
      400 〃  ⅛ポンド用、各120個入り藁包4個
              ／個・・・・・・・・・・・-.-.3.5    14.-.-.- テール
                                            ─────────────
                                               376.-.-.- テール
                                                          1029.2.-.-.-
                                                                 テール

 358    藁包50個入り、ヨアン・ファン・ホールン[総督]閣下の
        邸のために、すなわち
      64個   深皿、4個入り藁包16個
              ／個・・・・・・・・・・ 2.-.-.-     128.-.-.- テール
      96 〃  同上、       〃
              各8個入り藁包12個、／藁包・・・ 2.5.-.-   30.-.-.- テール
     100 〃  同上、       〃
              各10個入り藁包10個、／藁包・・・2.5.-.-   25.-.-.- テール
     150 〃  平皿、       〃
              30個入り藁包5個、／藁包・・・・2.5.-.-   12.5.-.- テール
      72 〃  アチャー用壺
              各24個入り藁包3個・・・・・・・.3.-.-    21.6.-.- テール
      56個   バター用カップ
              各14入り藁包4個・・・・・・・・・.3.-.-   16.8.-.- テール
                                            ─────────────
                                               233.9.-.-.- テール
        インク、筆、目印の木札等のために         12.-.-.-.- テール
                                               245.9.-.-.-
                                                      テール
```

1708

J1708-1/2   NFJ 888   6998-1-93-16
Nagasaki 31 October 1708
Gescheept door Opperhoofd Hermanus Menssing in [de] *Zoelen* naar Batavia

5000 stx porcelijnen in 261 stroon voor Batavia met den inhoud besz: en gem^t VOC namentlijk			
4000 stx Zalvpotten als			
500 stx van 1 once in 5 stroon van 100 p^s in 't stroo a 't p^s	T.	-.-.2.5	T. 12.5.-
500 ,, van 2 once in 7 stroon van 80 p^s waaronder 1 van 20 p^s a	T.	-.-.3.5	T. 17.5.-
500 ,, van 4 oncen in 10 stroon van 50 p^s in 't stroo	T.	-.-.4.5	T. 22.5.-
500 ,, van 8 oncen in 13 stroon van 40 p^s waaronder 1 van 20 p^s	T.	-.-.6.5	T. 32.5.-
500 ,, van 2 lb in 42 stroon van 12 p^s waaronder 1 van 8 p^s	T.	-.2.4.-	T. 120.-.-
500 ,, van 1 lb in 25 stroon van 20 p^s in 't stroo	T.	-.1.5.-	T. 75.-.-
300 ,, van 3 lb in 25 stroon van 12 p^s in 't stroo	T.	-.2.4.-	T. 72.-.-
300 ,, van 4 lb in 33 stroon van 9 p^s waaronder 1 van 12 p^s	T.	-.3.-.-	T. 90.-.-
200 ,, van 6 lb in 33 stroon van 6 p^s waaronder 1 van 8 p^s	T.	-.3.5.-	T. 70.-.-
200 ,, van 10 lb in 50 stroon van 4 p^s in 't stroo	T.	-.4.-.-	T. 80.-.-
1000 ,, pulletjes als			
500 p^s van 8 oncen in 13 stroon van 40 p^s waaronder 1 van 20 p^s	T.	-.-.9.-	T. 45.-.-
500 ,, van 4 once in 5 stroon van 100 p^s in 't stroo	T.	-.-.4.5	T. 22.5.-
5000 stx porcelijnen diverse belopen			T. 659.5.-
voor inct, pencelen, merkplankjes &^{a}			T. 12.-.-
			T. 671.5.-

- ɸ -

1708

J1708-1/2　　　NFJ 888　　　6998-1-93-16

長崎、1708年10月31日

商館長ヘルマヌス・メンシングによってバタヴィア行きのズーレン号で運ばれた

```
5000個  藁包261個に入ったバタヴィア向けの磁器
        内容物が明記され、VOCと記されている、すなわち
   4000個  軟膏壺、すなわち
      500個  1オンス用、100個入り藁包 5個
             /個・・・・・・・・・・・・・・・・・・・-.-.2.5      12.5.- テール
      500〃  2オンス用、 80個入り藁包 7個
             そのうち[藁包] 1個は20個入り・・・・・・・・・・-.-.3.5      17.5.- テール
      500〃  4オンス用、 50個入り藁包10個
             ・・・・・・・・・・・・・・・・・・・・・・・-.-.4.5      22.5.- テール
      500〃  8オンス用、 40個入り藁包13個
             そのうち[藁包] 1個は20個入り・・・・・・・・・・-.-.6.5      32.5.- テール
      500〃  2ポンド用、12個入り藁包42個
             そのうち[藁包] 1個は8個入り・・・・・・・・・・-.2.4.-     120.-.- テール
      500〃  1ポンド用、20個入り藁包25個
             ・・・・・・・・・・・・・・・・・・・・・・・-.1.5.-      75.-.- テール
      300〃  3ポンド用、12個入り藁包25個
             ・・・・・・・・・・・・・・・・・・・・・・・-.2.4.-      72.-.- テール
      300〃  4ポンド用、 9個入り藁包33個
             そのうち[藁包] 1個は12個入り・・・・・・・・・・-.3.-.-      90.-.- テール
      200〃  6ポンド用、 6個入り藁包33個
             そのうち[藁包] 1個は8個入り・・・・・・・・・・-.3.5.-      70.-.- テール
      200〃  10ポンド用、4個入り藁包50個
             ・・・・・・・・・・・・・・・・・・・・・・・-.4.-.-      80.-.- テール
   1000〃  小型のプレ すなわち
      500個  8オンス用、40個入り藁包13個
             そのうち[藁包] 1個は20個入り・・・・・・・・・・-.-.9.-      45.-.- テール
      500〃  4オンス用、100個入り藁包5個
             ・・・・・・・・・・・・・・・・・・・・・・・-.-.4.5      22.5.- テール
   5000個  様々な磁器、合計金額・・・・・・・・・・・・・・・・ 659.5.- テール
           インク、筆、目印の木札等のために・・・・・・・・・・  12.-.- テール
                                                            671.5.- テール
```

− Φ −

"Porceleijnen" in de negotiejournalen van het comptoir Nagasaki

J1708-2/2 NFJ 888 6998-1-93-16
Nagasaki 2 November 1708
Gescheept door Opperhoofd Harmanus Menssing in [de] *Barsande* naar Batavia

7020 stx in 417 stroon diverse porcelijnen als
  6620 stx in 394 stroon voor de kleene winckel te weeten
    60 p^s schootels in 10 stroon van 6 p^s yd^r
      â 't p^s·····························T. -.4.2   T. 25.2.-
    1360 ,, d^{os} in 170 stroon van 8 p^s
      â 't p^s·····························T. -.3.5   T. 476.-.-
    500 ,, in 50 stroon van 10 p^s
      â 't p^s a·····························T. -.2.7   T. 135.-.-
    4500 ,, tafelpieringen in 150 stroon
      van 30 p^s yd^r â't p^s·············T. -.-.8   T. 360.-.-
    200 ,, kommen in 14 stroon van
      15 p^s waaronder 1 van 5 p^s
      a····································T. -.-.8   T. 16.-.-
                                                              T. 1012.2.-.-.-.-

                 voor de medicinale winkel
  400 ,, in 23 stroon diverse flesjes als
    200 p^s d^{os} van 2 lb in 13 stroon
      van 16 p^s waaronder 1 van
      8 p^s â 't p^s·························T. -.2.2.- T. 44.-.-
    200 ,, d^{os} van 1 lb in 10 stroon
      van 20 p^s yd^r a 't p^s············T. -.1.2.- T. 24.-.-
                                                           T. 68.-.-.-.-
  voor inct, pencelen, merkplankjes &^{a}························T. 12.2.-.-.-.-
                                                          T.1092.4.-.-.-.-

1709

J1709-1/2 NFJ 889 6998-1-93-17
Nagasaki 19 October 1709
Gescheept door Opperhoofd Jasper van Mansdale in *de Stantvastighijt* naar Malacca

                      voor Cheijlon
300 p^s diverse salfpotten en flessen in 38 stroon alle gem^t
  VOC en met den inhout besz: als
  200 p^s salfpotten als
    35 p^s d^{os} van 2 lb in 3 stroo van 12 p^s ider waer
      onder 1 van 11 p^s···············â 't p^s·········T. -.2.3.- T. 8.-.5.-
    35 ,, d^{os} van 1 lb in 2 stroo ·····,,···,,·············T. -.1.5.- T. 5.2.4.-
    30 ,, ,, ,, ½ ,, ,, 1 d°·········,, ,, ············T. -.-.6.5 T. 1.9.5.-
    35 ,, ,, ,, 4 ,, ,, 4 d° van 9 p^s ijder
      waeronder 1 van 8 p^s···········â 't p^s·········T. -.3.-.- T. 10.5.-.-
    35 ,, van 6 lb in 6 stroo van 6 p^s ijder
      waeronder 1 van 4 p^s ··········â 't p^s·········T. -.3.5.- T. 12.2.5.-
    30 ,, van 8 lb in 8 stroo van 4 p^s ijder
      waeronder 1 van 2 p^s ··········â 't p^s·········T. -.3.7.- T. 11.1.-.-

J1708-2/2　　NFJ 888　　　6998-1-93-16
長崎、1708年11月2日
商館長ヘルマヌス・メンシングによってバタヴィア行きのバルサンデ号で運ばれた

7020個　藁包417個に入った様々な磁器、すなわち
　　　6620個　藁包394に入った雑貨部向け[の磁器]、すなわち
　　　　　　60個　深皿、各6個入り藁包10個
　　　　　　　　　／個・・・・・・・・・・・・・・.4.2　　　　25.2.-　テール
　　　　　1360〃　同上、8個入り藁包170個、
　　　　　　　　　／個・・・・・・・・・・・・・・.3.5　　　　476.-.-　テール
　　　　　　500〃　10個入り藁包50個、
　　　　　　　　　／個・・・・・・・・・・・・・・.2.7　　　　135.-.-　テール
　　　　　4500〃　食卓用平皿、各30個入り藁包150個
　　　　　　　　　／個・・・・・・・・・・・・・・.-8　　　　360.-.-　テール
　　　　　　200〃　鉢、　15個入り藁包14個
　　　　　　　　　そのうち[藁包]　1個は5個入り
　　　　　　　　　各・・・・・・・・・・・・・・・.-8　　　　 16.-.-　テール
　　　　　　　　　　　　　　　　　　　　　　　　　　　1012.2.-.-.-.-　テール

　　　　　　　　　　　　　　薬局向け
　　　　　400〃　23藁包の様々な小瓶、すなわち
　　　　　　200個　同上、2ポンド用、16個入り藁包13個、
　　　　　　　　　そのうち[藁包]　1個は
　　　　　　　　　8個入り、／個・・・・・・・・.2.2.-　　　　44.-.-　テール
　　　　　　200〃　同上、1ポンド用、各20個入り藁包10個
　　　　　　　　　／個・・・・・・・・・・・・・.1.2.-　　　　24.-.-　テール
　　　　　　　　　　　　　　　　　　　　　　　　　　　　68.-.-.-.-.-　テール
　　　　　　インク、筆、目印の木札等のために・・・・・・・・・・　12.2.-.-.-.-　テール
　　　　　　　　　　　　　　　　　　　　　　　　　　　　1092.4.-.-.-.-
　　　　　　　　　　　　　　　　　　　　　　　　　　　　　　　　　テール

1709

J1709-1/2　　NFJ 889　　　6998-1-93-17
長崎、1709年10月19日
商館長ヤスペル・ファン・マンスダーレによってマラッカ行きのスタントファスタフヘイト号で運ばれた

　　　　　　　　　　　　　　セイロン向け
　300個　様々な軟膏壺と瓶、藁包38個入り、すべてVOCと記されている
　　　　そして内容物が明記されている、すなわち
　　　200個　軟膏壺、すなわち
　　　　　35個　同上、　2ポンド用、藁包3個入り、各12個入り
　　　　　　　　そのうち[藁包]　1個は11個入り／個・・・・・・・　-.2.3.-　　　8.-.5.-　テール
　　　　　35〃　同上、　1ポンド用、藁包2個入り、・・・・・・・　-.1.5.-　　　5.2.4.-　テール
　　　　　30〃　〃　　½　〃　　　1個入り、・・・・・・・　-.-6.5　　　1.9.5.-　テール
　　　　　35〃　〃　　4　〃　　　4個入り、各9個入り
　　　　　　　　そのうち[藁包]　1個は8個入り／個・・・・・・・　-.3.-　　　10.5.-.-　テール
　　　　　35〃　6ポンド用、各6個入り藁包6個
　　　　　　　　そのうち[藁包]　1個は4個入り／個・・・・・・・　-.3.5.-　　12.2.5.-　テール
　　　　　30〃　8ポンド用、各4個入り藁包8個
　　　　　　　　そのうち[藁包]　1個は2個入り／個・・・・・・・　-.3.7.-　　11.1.-.-　テール

"Porceleijnen" in de negotiejournalen van het comptoir Nagasaki

100 p^s flessen als
    50 p^s d^{os} van 4 lb in 9 stroo van 6 p^s ijder
        waeronder 1 van 2 p^s ....â 't p^s......... T. -.4.-.- T. 20.-.-.-
    50 ,, d^{os} van 2 lb in 5 stroo van 12 p^s ijder
        waeronder 1 van 2 p^s ....â 't p^s......... T. -.2.2.- T. 11.-.-.-
    voor inkt, penceele, merkplankjes &^{a} .... T. 1.-.2.-
                                                                                T. 81.1.2.-

- ɸ -

J1709-2/2   NFJ 889   6998-1-93-17
Nagasaki 20 October 1709
Gescheept door Opperhoofd Jasper van Mansdale in *den Bergh* **naar Batavia**

7560 stx in 496 stroon diverse porcelijnen van differente inhout alle gem^t
    VOC en met den inhout besz: te weten
                      voort huijs van Sijn Edelhijt
1000 stx schotels in 148 stroon als
    600 p^s d^{os} van 6 in id^r stroo, sijnde 100 stroo
        a 't p^s.. T. -.4.7.- T. 282.-.-.-.-
    300 ,, ,, van 8 in ider stroo, sijnde 38 stroo
        waeronder 1 van 4 p^s 't p^s...................... T. -.3.9.- T. 117.-.-.-.-
    100 ,, ,, van 10 in ider stroo sijnde 10 stroo 't p^s
        .... T. -.3.-.- T. 30.-.-.-.-
800 p^s pierings van 30 in ider stroo, sijnde 27
    stroo waeronder 1 van 20 p^s a t stroo............ T. 2.5.-.- T. 66.6.6.6.6
160 diversse kopjes en pierings als
    60 p^s confituur pierings in 2 stroo van
        30 p^s ider stroo ....'t p^s.......... T. -.3.-.- T. 18.-.-.-.-
    50 aatchiaer kopjes met dexels in 3
        stroo van 16 p^s ider waervan 1 d^o
        van 18 p^s ....'t p^s.......... T. -.3.-.- T. 15.-.-.-.-
    50 boterkopjes met dexels in 2 stroo
        van 24 p^s ider waarvan een
        van 26 p^s ....'t p^s.......... T. -.4.-.- T. 20.-.-.-.-
                                                                                T.548.6.6.6.6

                      voor de kleene winkel
1300 p^s schootels diversse als
    100 p^s d^{os} van 6 p^s in een stroo, sijnde 17
        stroo waeronder 1 van 4 p^s ....â 't p^s....... T. -.4.2.- T. 42.-.-.-.-
    900 ,, d^{os} van 8 in een stroo, sijnde 113
        stroo waervan 4 p^s in 1 stroo ......'t p^s....... T. -.3.5.- T. 315.-.-.-.-
    300 ,, d^{os} van 10 in een stroo, sijnde 30 stroo... T. -.2.7.- T. 81.-.-.-.-
4000 p^s tafelpierings van 30 p^s ider stroo, sijnde
    134 stroon waer onder 1 van 10 p^s â 't p^s......... T. -.-.8.- T. 320.-.-.-.-
300 p^s kommen van de grootste slagh in 20
    stroon van 15 p^s ider ....â 't p^s...... T. -.-.8.- T. 24.-.-.-.-
    voor inkt, penceelen, merkplankjes &^{a}.................. T. 13.2.8.-.-
                                                                                T.795.2.8.-.-

100個　瓶、すなわち
　　　50個　同上、　4 ポンド用、各6個入り藁包9個
　　　　　　そのうち[藁包] 1個は2個入り・・・／個・・・・・・-.4.-.-　　20.-.-.-　テール
　　　50〃　同上、　2 ポンド用、各12個入り藁包5個
　　　　　　そのうち[藁包] 1個は2個入り・・・／個・・・・・・-.2.2.-　　11.-.-.-　テール
　　　　インク、筆、目印の木札等のために・・・・・・・・・・・・・・・・・・・・・・・1.-.2.-　テール
　　　　　　　　　　　　　　　　　　　　　　　　　　　　　　　　　81.1.2.-　テール

　　　　　　　　　　　　　　　　　- ϕ -

J1709-2/2　　NFJ 889　　　6998-1-93-17
長崎、1709年10月20日
商館長ヤスペル・ファン・マンスダーレによってバタヴィア行きのベルフ号で運ばれた

7560個　藁包496個に入った内容の異なる様々な磁器、すべて VOC と記され、
　　　　そして内容物が明記されている、すなわち
　　　　　　　　　　　　　　　総督官邸のために
　1000個　深皿、藁包148個、すなわち
　　　　600個　同上、各6個入りの藁包、100個
　　　　　　　　／個・・・・・・・・・・・・・・・・・・・・・・・・・・・・・・・-.4.7.-　　282.-.-.-.-　テール
　　　　300〃　　〃　　各8個入りの藁包、38個
　　　　　　　そのうち[藁包] 1個は4個入り、／個・・・・・・・・-.3.9.-　　117.-.-.-　テール
　　　　100〃　　〃　　各10個入りの藁包、10個
　　　　　　　／個・・・・・・・・・・・・・・・・・・・・・・・・・・・・・-.3.-.-　　30.-.-.-.-　テール
　800個　平皿、各30個入りの藁包27個
　　　　　　そのうち[藁包] 1個は20個入り、／藁包・・・・・・・・・2.5.-.-　　66.6.6.6.6　テール
　160　　様々なカップと平皿、すなわち
　　　　60個　ジャム用平皿、各30個入り藁包2個
　　　　　　藁包・・・・・・・・・・／個・・・・・・・・・・・・・・・・-.3.-.-　　18.-.-.-.-　テール
　　　　50　　アチャー用蓋付カップ、各16個入り藁包3個
　　　　　　そのうち[藁包] 1個は
　　　　　　18個入り・・・・・・・／個・・・・・・・・・・・・・・・-.3.-.-　　15.-.-.-.-　テール
　　　　50　　バター用カップ　蓋付、各24個入り藁包2個、
　　　　　　そのうち[藁包] 1個は
　　　　　　26個入り・・・・・・・／個・・・・・・・・・・・・・・・-.4.-.-　　20.-.-.-.-　テール
　　　　　　　　　　　　　　　　　　　　　　　　　　　　　　548.6.6.6.6
　　　　　　　　　　　　　　　　　　　　　　　　　　　　　　　　　テール

　　　　　　　　　　　　　　　雑貨部向け
　1300個　深皿、様々な、すなわち
　　　　100個　同上、藁包1個に6個入った藁包17個
　　　　　　そのうち[藁包] 1個は4個・・・・・／個・・・・・・-.4.2.-　　42.-.-.-.-　テール
　　　　900〃　同上、藁包1個に8個入った藁包113個
　　　　　　そのうち[藁包] 1個は4個入り・・・／個・・・・・・-.3.5.-　　315.-.-.-　テール
　　　　300〃　同上、藁包1個に10個入った藁包30個・・・・・・-.2.7.-　　81.-.-.-　テール
　4000個　食卓用平皿、各藁包30個入り藁包134個
　　　　　　そのうち[藁包] 1個は10個入り、・・・・／個・・・-.-.8.-　　320.-.-.-.-　テール
　300個　最大のタイプの鉢、
　　　　各15個入り藁包20個、・・・・・・・・／個・・・-.-.8.-　　24.-.-.-　テール
　　　　インク、筆、目印の木札等のために・・・・・・・・・・・・・・・・13.2.8.-.-　テール
　　　　　　　　　　　　　　　　　　　　　　　　　　　　　795.2.8.-.-
　　　　　　　　　　　　　　　　　　　　　　　　　　　　　　　　テール

"Porceleijnen" in de negotiejournalen van het comptoir Nagasaki

1710

J1710-1/2   NFJ 890   6998-1-93-18
Nagasaki 10 November 1710
Gescheept door Opperhoofd Harmanus Menssing in [de] *Bon* naar Batavia

```
8890 stx porcelijne diversse voor Batavia in 605 stroon van differenten
     inhout alle gemt VOC en met den inhout besz: te weten
      640 stx dos voor t huijs van sijn Edt als
         500 stx pierings grooter als a° pass° in 17 stroo van 30
             ps waar onder 1 van 20 ps
                  ....................â 't stroo·· T.2.7.-.-     T.  45.-.-.-.-
          40 ,, carbassen in 40 stroon········T.2.-.-.-          T.  80.-.-.-.-
         100 ,, bottels in 17 stroon van 6 ps waar
              onder 1 van 4 ps ····â 't stroo·· T.2.-.-.-        T.  33.3.3.3.3
                                                                                T. 158.3.3.3.3

     7500 stx dos voor de kleene winckel te weten
         2500 stx schootels diversse als
             150 stx dos in 25 stroon van 6 ps
                  ijder ···············â 't ps··· T.-.4.2.-      T.  63.-.-.-.-
             1000 dos in 125 stroon van 8
                  ps ijder ············â 't ps··· T.-.3.5.-      T. 350.-.-.-.-
             1350 stx dos in 135 stroon van
                  10 ps ···············â 't ps··· T.-.2.7.-      T. 364.5.-.-.-
         4000 pierings in 134 stroon van 30
             ps waaronder 1 van 10 ps â 't ps·· T.-.-.8.-         T. 320.-.-.-.-
         1000 kommen in 67 stroon van 15 ps
             waaronder 1 van 10 ps···â 't ps···T.-.-.8.-          T.  80.-.-.-.-

      750 dos voor de medicinale winckel als
         500 ps salfpotten van ½ lb in 13 stroon
             van 10 ps waaronder 1 van 20 ps
                  ....................â 't ps······ T.-.-.6.5    T.  32.5.-.-.-
         100 dos van 10 lb in 25 stroon van
             4 ps ijder a 't ps················T.-.4.-.-         T.  40.-.-.-.-
          50 flessen van 1 lb in 2 stroon van 30 ps
             waaronder 1 van 20 ps â 't ps···· T.-.1.2.-          T.   6.-.-.-.-
         100 ps dos van ¾ lb in 5 stroon
             van 20 ps ijder············,,····· T.-.1.1.-        T.  11.-.-.-.-
                                                                                T.  89.5.-.-.-
              voor inct penceelen en merkplankjes &a·······················  T.  16.-.-.-.-
                                                                                T.1441.3.3.3.3
```

- φ -

434

1710

J1710-1/2 　　NFJ 890 　　6998-1-93-18

長崎、1710年11月10日
商館長ヘルマヌス・メンシングによってバタヴィア行きのボン号で運ばれた

  8890個　バタヴィア向けの様々な磁器、藁包605個入り、異なる内容物からなり、
        すべてVOCと記されている、そして内容物が明記されている、すなわち
    640個　総督官邸のための同上の品、すなわち
      500個　去年よりも大型の平皿、30個入藁包17個
          そのうち[藁包]1個は20個入り
                        ／藁包　2.7.-.-　　　　45.-.-.-.- テール
       40〃　瓢箪瓶、藁包40個・・・・・・・2.-.-.-　　　80.-.-.-.- テール
      100〃　ボトル、6個入り17藁包、そのうち
          [藁包]1個は4個入り、／藁包　2.-.-.-　　33.3.3.3.3 テール
                                           158.3.3.3.3 テール

    7500個　雑貨部のための同上の品、すなわち
      2500個　様々な深皿、すなわち
        150個　同上の品、各6個入り藁包25個
                         ／個・・・-.4.2.-　　　63.-.-.-.- テール
        1000個　同上の品、各8個入り藁包125個
                         ／個・・・-.3.5.-　　　350.-.-.-.- テール
        1350個　同上の品、10個入り藁包135個
                         ／個・・・-.2.7.-　　　364.5.-.-.- テール
      4000　　平皿、30個入り藁包134個、そのうち
          [藁包]1個は10個入り、／個・・-.-.8.-　　320.-.-.-.- テール
      1000　　鉢、15個入り藁包67個、そのうち
          [藁包]1個は10個入り、／個・・・-.-.8.-　　80.-.-.-.- テール

    750同上　薬局向け、すなわち
      500個　軟膏壺、½ポンド用、10個入り藁包13個
          そのうち[藁包]1個は20個入り
                      ／個・・・・-.-.6.5　　　32.5.-.-.- テール
      100　　同上、10ポンド用、各4個入り藁包25個
                      ／個 ・・・-.4.-.-　　　40.-.-.-.- テール
      50　　瓶、1ポンド用、30個入り藁包2個、そのうち
          [藁包]1個は20個入り、／個・・-.-.1.2.-　　6.-.-.-.- テール
      100個　同上、¾ポンド用
          各20個入り藁包5個　　〃・・・-.1.1.-　　　11.-.-.-.- テール
                                                89.5.-.-.- テール
    インク、筆および目印の木札等のために・・・・・・・・・・・・・・・・・・16.-.-.-.- テール
                                                      1441.3.3.3.3
                                                            テール

                         - φ -

"Porceleijnen" in de negotiejournalen van het comptoir Nagasaki

J1710-2/2   NFJ 890   6998-1-93-18
Nagasaki 10 November 1710
Gescheept door Opperhoofd Harmanus Menssing in *de Samson* naar Malacca

2050 stx diversse porcelijnen voor Cheijlon in 107 stroon alle gem^t VOC
     met haar inhout besz: als
    1500 p^s pierings in 50 stroon van 30 p^s ider 't p^s ···· T. -.-.8.-   T. 120.-.-.-.-.-
     200 schootels   ,, 25 d^{os} ···· ,, 8 ,, ,, ,, ······T. -.3.5.-   T. 70.-.-.-.-.-
     150 kommen   ,, 10 d^{os} ···· ,, 15 ,, ,, ,, ······T. -.-.8.-   T. 12.-.-.-.-.-
     200 salfpotten en flessen als
         50 p^s potten van 4 lb in 6 stroon van
            9 p^s ider waar onder 1 van 5 p^s 't p^s ···· T. -.3.-.-   T. 15.-.-.-
         50 ,, potten van 2 lb in 4 stroon van 12
            p^s waar onder 1 van 14 p^s 't p^s ··· T. -.2.3.-   T. 11.5.-.-
         50 ,, flessen van 4 lb in 9 stroon
            van 6 p^s waar onder 1 van 2 p^s 't p^s ·· T. -.4.-.-   T. 20.-.-.-
         50 ,, flessen van 2 lb in 3 stroon van
            20 p^s waaronder 1 van 10 p^s 't p^s T. -.2.2.-   T. 11.-.-.-
                                                                                    T. 57.5.-.-.-.-
         voor inct, penceelen, merkplankjes &^{a} ························· T.   4.5.-.-.-.-
                                                                                    T. 264.-.-.-.-.-

1711

J1711-1/1   NFJ 891   6998-1-94-1
Nagasaki 31 October 1711
Gescheept door Opperhoofd Nicolaas Joan van Hoorn in [de] *Rijnestijn* naar Batavia

9000 stx porcelijnen diversse voor Batavia in 436 stroon van
     differenten inhout alle gem^t VOC met haar inhout besz: als
    6650 p^s voor de kleene winckel, namentlijck
     200 p^s schotels in 33 stroon van
         6 p^s ider waaronder een
         van 8 p^s â 't p^s ················· T.-.4.2.-   T.   84.-.-.-.-.-
     450 ,, d^{os} in 56 stroon van 8 p^s
         ider waaronder een van
         10 p^s â 't p^s ···················· T.-.3.5.-   T.   157.5.-.-.-.-
     700 ,, d^{os} in 70 stroon van 10 p^s
         ider â 't p^s ······················· T.-.2.7.-   T.   189.-.-.-.-.-
    5000 ,, tafelpierings in 167 stroon v:
         30 p^s ider waaronder een
         van 20 p^s â 't p^s ················ T.-.2.4.-   T. 1200.-.-.-.-.-
     300 ,, kommen in 20 stroon van
         15 p^s ider â 't p^s ················ T.-.-.8.-   T.   24.-.-.-.-.-
                                                                   T. 1654.5.-.-.-.-

J1710-2/2　　NFJ 890　　　6998-1-93-18
長崎、1710年11月10日
商館長ヘルマヌス・メンシングによってマラッカ行きのサムソン号で運ばれた

2050個　セイロン向けの様々な磁器、藁包107個入り、すべてVOCと記され、
　　　　内容物が明記されている、すなわち
　　1500個　平皿、藁包50個　各30個／個・・・・・・・・・・・・・・-.-.8.-　　　120.-.-.-.-.- テール
　　 200　　深皿、藁包25個　〃 8 〃　〃・・・・・・・・・・・・・・-.3.5.-　　　 70.-.-.-.-.- テール
　　 150　　鉢、　藁包10個　〃15 〃　〃・・・・・・・・・・・・・・-.-.8.-　　　 12.-.-.-.-.- テール
　　 200　　軟膏壺および瓶、すなわち
　　　　50個　壺、4ポンド用、各9個入り藁包6個、そのうち
　　　　　　[藁包]1個は5個、／個・・・・・・・-.3.-.-　　　15.-.-.- テール
　　　　50〃　壺、2ポンド用、12個入り藁包4個、そのうち
　　　　　　[藁包]1個は14個、／個・・・・・・-.2.3.-　　　11.5.-.- テール
　　　　50〃　瓶、4ポンド用、6個入り藁包9個、そのうち
　　　　　　[藁包]1個は2個入り、／個・・・-.4.-.-　　　20.-.-.- テール
　　　　50〃　瓶、2ポンド用、20個入り藁包3個、そのうち
　　　　　　[藁包]1個は10個入り、／個・・-.2.2.-　　　11.-.-.- テール
　　　　　　　　　　　　　　　　　　　　　　　　　　　　57.5.-.-.-.- テール
　　　　インク、筆、目印の木札等のために・・・・・・・・・・・・　　　　4.5.-.-.-.- テール
　　　　　　　　　　　　　　　　　　　　　　　　　　　　　　　264.-.-.-.-.- テール

1711

J1711-1/1　　NFJ 891　　　6998-1-94-1
長崎、1711年10月31日
商館長ニコラース・ヨアン・ファン・ホールンによってバタヴィア行きのレイネステイン号で運ばれた

9000個　バタヴィア向けの様々な磁器、藁包436個
　　　　異なる内容物からなり、すべてVOCと記され、内容物が明記されている、すなわち
　　6650個　雑貨部向け、つまり
　　　　200個　深皿、各6個入り藁包33個
　　　　　　そのうち[藁包]1個は
　　　　　　8個入り、／個・・・・・・・・・・-.4.2.-　　　84.-.-.-.-.- テール
　　　　450〃　同上、各8個入り藁包56個
　　　　　　そのうち[藁包]1個は
　　　　　　10個入り、／個・・・・・・・・・-.3.5.-　　 157.5.-.-.- テール
　　　　700〃　同上、各10個入り藁包70個
　　　　　　／個・・・・・・・・・・・・・・・-.2.7.-　　 189.-.-.-.- テール
　　　5000〃　食卓用平皿、各30個入り藁包167個
　　　　　　そのうち[藁包]1個は
　　　　　　20個入り、／個・・・・・・・・・-.2.4.-　　1200.-.-.-.-.- テール
　　　　300〃　鉢、
　　　　　　各15個入り藁包20個、／個　　-.-.8.-　　　24.-.-.-.-.- テール
　　　　　　　　　　　　　　　　　　　　　　　　　　　1654.5.-.-.-.- テール

"Porceleijnen" in de negotiejournalen van het comptoir Nagasaki

```
   2350 pˢ voor de medicinale winckel als
      500 pˢ salvpotten van 2 lb in 48 stroon
         van 12 pˢ ider waaronder een
         van 8 pˢ â 't pˢ·················· T.-.2.4.-    T. 120.-.-.-.-.-
      300 ,, dᵒˢ van 1 lb in 15 stroon van
         20 pˢ ider â 't pˢ················ T.-.1.5.-    T.  45.-.-.-.-.-
      500 ,, dᵒˢ van ½ lb in 13 stroon van
         40 pˢ ider waaronder een van
         20 pˢ â 't pˢ···················· T.-.-.6.5    T.  32.5.-.-.-.-
      500 ,, dᵒˢ van ¼ lb in 10 stroon van
         50 pˢ ider â 't pˢ················ T.-.-.4.5    T.  22.5.-.-.-.-
      500 ,, dᵒˢ van 1/8 lb in 7 stroon van
         80 pˢ ider waaronder een van
         20 pˢ â 't pˢ···················· T.-.-.3.5    T.  17.5.-.-.-.-
       50 ,, flessen van 1 lb in 3 stroon van
         20 pˢ ider waaronder een
         van 10 pˢ â 't pˢ················ T.-.8.-.-    T.  40.-.-.-.-.-
                                                        T. 277.5.-.-.-.-
      voor inct, pencelen, merkplankjes &ᵃ ················ T.   8.-.-.-.-.-
                                                        T.1940.-.-.-.-.-
```

1712

NFJ 892 (6998-1-94-2): No porcelain shipped.

1713

The journal for 1713 is missing.

1714

J1714-1/2   NFJ 893   6998-1-94-3
Nagasaki 25 October 1714
Gescheept door Opperhoofd Cornelis Lardijn in [de] *Strijckebolle* **naar Malacca**

```
   1120 stx in 74 stroon diverse porcelijnen alle gemᵗ VOC en met haar inhout
      beschreven te weten
      720 pˢ in 47 stroon voor Ceijlon als
         200 pˢ in 25 str: schotels van 8 pˢ in't
            stro â 't pˢ··················· T.-.-.3.5    T. 70.-.-.-.-
         400 ,, ,, 14 ,, tafel pierings van 30 pˢ
            in't stro â 't pˢ················ T.-.-.8      T. 32.-.-.-.-
         120 ,, ,,  8 ,, kommen van 15 pˢ in't
            stro â 't pˢ··················· T.-.-.8      T.  9.6.-.-.-
                                                         T. 111.6.-.-.-
```

```
    2350個  薬局向け、すなわち
        500個  軟膏、2ポンド用、各12個入り藁包4個
               そのうち[藁包] 1個は
               8個入り、／個‥‥‥‥‥‥  -.2.4.-      120.-.-.-.- テール
        300〃  同上、1ポンド用、各20個入り藁包15個
               ／個‥‥‥‥‥‥‥‥‥‥  -.1.5.-       45.-.-.-.- テール
        500〃  同上、½ポンド用、各40個入り藁包13個
               そのうち[藁包] 1個は
               20個入り、／個‥‥‥‥‥  -.-.6.5       32.5.-.-.- テール
        500〃  同上、¼ポンド用、各50個入り藁包10個
               ／個‥‥‥‥‥‥‥‥‥‥  -.-.4.5       22.5.-.-.- テール
        500〃  同上、⅛ポンド用、各80個入り藁包7個
               そのうち[藁包]1個は
               20個入り、／個‥‥‥‥‥  -.-.3.5       17.5.-.-.- テール
         50〃  瓶、1ポンド用、各20個入り藁包3個
               そのうち[藁包] 1個は
               10個入り、／個‥‥‥‥‥  -.8.-.-        40.-.-.-.- テール
                                                    277.5.-.-.- テール
        インク、筆、目印の木札等のために‥‥‥‥‥‥‥‥‥‥‥‥   8.-.-.-.- テール
                                                    1940.-.-.-.-
                                                              テール
```

1712

NFJ 892(6998-1-94-2)：磁器が輸出されていない。

1713

1713年の仕訳帳は不明である。

1714

J1714-1/2　　NFJ 893　　　6998-1-94-3
長崎、1714年10月25日
商館長コルネリス・ランディンによってマラッカ行きのストレイケボル号で運ばれた

```
  1120個 藁包74個に入った様々な磁器、すべてVOCと記され、そしてその内容物が
         明記されている、すなわち
    720個 藁包47個、セイロン向け、すなわち
      200個 藁包25個、深皿、8個入り藁包
            ／個‥‥‥‥‥‥‥‥‥  -.3.5          70.-.-.- テール
      400〃  〃 14〃  食卓用平皿、30個入り藁包
            ／個‥‥‥‥‥‥‥‥‥  -.-.8          32.-.-.- テール
      120〃  〃  8〃  鉢、15個入り藁包
            ／個‥‥‥‥‥‥‥‥‥  -.-.8           9.6.-.- テール
                                              111.6.-.- テール
```

"Porceleijnen" in de negotiejournalen van het comptoir Nagasaki

```
    400 pˢ in 27 stroon voor Bengalen daarvan
        100 pˢ in 17 str: schotels van 6 pˢ in't stro waaronder een
            van 4 pˢ â 't pˢ················· T.-.4.2      T.  42.-.-.-.-
        300 ,, ,, 10 ,, tafelpierings van 30 pˢ
            in't stro â 't pˢ················· T.-.-.8     T.  24.-.-.-.-
                                                           T.  66.-.-.-.-
        voor inct, pencelen, merkplankjes &ᵃ ················· T.   3.2.-.-.-
                                                                         T.180.8.-.-.-
```

- φ -

J1714-2/2   NFJ 893   6998-1-94-3
Nagasaki 31 October 1714
Gescheept door Opperhoofd Cornelis Lardijn in [de] *Sanderhoef* naar Batavia

```
11826 stx in 552 stroon diverse porcelijnen alle gemᵗ VOC en met haar
        inhout besz: namentlq
    7306 stx in 453 stroon voor d' klene winckel te weten
        426 pˢ in 71 str: schotels van 6 pˢ in't
            stro â 't pˢ···················· T.-.4.2    T. 178.9.2.-.-
        600 ,, ,, 75 str: schotels van 8 pˢ in't stro
            â 't pˢ························ T.-.3.5    T. 210.-.-.-.-
       1150 ,, ,,115 str: schotels van 10 pˢ in't stro
            â 't pˢ························ T.-.2.7    T. 310.5.-.-.-
       4500 ,, ,,150 stro pieringhs van 30 pˢ int stro
            â 't pˢ························ T.-.-.8    T. 360.-.-.-.-
        630 ,, ,, 42 stro kommen van 15 pˢ in't stro
            â 't pˢ························ T.-.-.8    T.  50.4.-.-.-
                                                                T. 1109.8.2.-.-
    4520 ,, in 99 stroon voor d' Medicinale Winckel
        800 stx in 8 str: salfpotten van 1 once van
            100 pˢ in't stro â 't pˢ·········· T.-.-.2.5  T.  20.-.-.-.-
        500 ,, ,, 7 str: dᵒˢ van 2 oncen van 70
            pˢ int stro, waaronder 1 stro
            van 80 pˢ â 't pˢ················· T.-.-.3.5  T.  17.5.-.-.-
        500 ,, ,, 10 str: dᵒˢ van 4 oncen van 50 pˢ
            int stro â 't pˢ·················· T.-.-.4.5  T.  22.5.-.-.-
        500 ,, ,, 13 str: dᵒˢ van 8 oncen a 40 pˢ
            ider waaronder 1 van 20 pˢ
            â 't pˢ··························· T.-.-.6.5  T.  32.5.-.-.-
        420 ,, ,, 35 str: dᵒˢ van 2 lb a 12 pˢ int
            stro â 't pˢ······················ T.-.2.4.-  T. 100.8.-.-.-
        800 ,, ,, 8 stro pullen van 2 oncen van
            100 pˢ in't stroo â 't pˢ········· T.-.-.2.5  T.  20.-.-.-.-
        500 ,, ,, 5 str: dᵒˢ van 4 oncen van 100 pˢ
            ider â 't pˢ······················ T.-.-.4.5  T.  22.5.-.-.-
        500 ,, ,, 13 str: dᵒˢ van 8 oncen a 40 pˢ int
            stro waaronder 1 van 20 pˢ
            â 't pˢ··························· T.-.-.9.-  T.  45.-.-.-.-
                                                                T. 280.8.-.-.-
        voor inct, penceelen, merkplankjes &ᵃ ················ T.  20.-.-.-.-
                                                                     T.1410.6.2.-.-
```

```
    400個  藁包27個入り、ベンガル向け、下記の品からなる
        100個  藁包 17個入り、深皿、6個入り藁包、そのうち
                [藁包]1個は4個入り／個・・・  -.4.2       42.-.-.- テール
        300〃  〃  10 〃  食卓用平皿、30個入り藁包
                ／個・・・・・・・  -.-.8              24.-.-.- テール
                                                    66.-.-.- テール
        インク、筆、目印の木札等のために・・・・・・・・・・・・・・・・・・・・・・・3.2.-.-.- テール
                                                            180.8.-.-.- テール
```

- φ -

J1714-2/2   NFJ 893   6998-1-94-3
長崎、1714年10月31日
商館長コルネリス・ランディンによってバタヴィア行きのサンデルホーフ号で運ばれた

```
11826個  藁包552個に入った様々な磁器、すべてVOCと記され、
        その内容物が明記されている、つまり
    7306個  藁包453個、雑貨部向け、すなわち
        426個  藁包 71個、 深皿、 6個入り藁包
                ／個・・・・・・・  -.4.2         178.9.2.-. テール
        600〃  藁包 75 〃   深皿、 8個入り藁包
                ／個・・・・・・・  -.3.5         210.-.-.- テール
       1150〃  藁包115 〃   深皿、10個入り藁包
                ／個・・・・・・・  -.2.7         310.5.-.- テール
       4500〃  藁包150 〃   平皿、30個入り藁包
                ／個・・・・・・・  -.-.8         360.-.-.- テール
        630〃  藁包 42 〃   鉢、  15個入り藁包
                ／個・・・・・・・  -.-.8         50.4.-.-.- テール
                                              1109.8.2.-.- テール
    4520〃  藁包99個入り、薬局向け
        800個  藁包 8個入り、 軟膏壺、1オンス用、
                100個入り藁包、／個・・・・・  -.-.2.5      20.-.-.-.- テール
        500〃  〃 7 〃   同上、2オンス用、70個入り
                藁包、そのうち藁包1個は
                80個入り、／個・・・・・  -.-.3.5      17.5.-.-.- テール
        500〃  〃 10 〃  同上、4オンス用、50個入り
                藁包、／個・・・・・・・  -.-.4.5      22.5.-.-.- テール
        500〃  〃 13 〃  同上、8オンス用、各40個入り
                そのうち[藁包]1個は20個入り、
                ／個・・・・・・・  -.-.6.5        32.5.-.-.- テール
        420〃  〃 35 〃  同上、2ポンド用、12個入り
                藁包、／個・・・・・  -.2.4.-      100.8.-.-.- テール
        800〃  〃 8 〃   プレ、2オンス用、
                100個藁包み入り、／個・・・・・  -.-.2.5    20.-.-.-.- テール
        500〃  〃 5 〃   同上、4オンス用、各100個入り
                ／個・・・・・・・  -.-.4.5        22.5.-.-.- テール
        500〃  〃 13 〃  同上、8オンス用、40個入り
                藁包、そのうち[藁包]1個は20個入り
                ／個・・・・・・・  -.-.9.-        45.-.-.-.- テール
                                               280.8.-.-.- テール
        インク、筆、目印の木札等のために・・・・・・・・・・・・・・・・・20.-.-.-.- テール
                                                    1410.6.2.-.- テール
```

1715-18

NFJ 894-897(6998-1-94-4 ~ 6998-1-94-7):No porcelain shipped.

1719

No ship came to Japan.

1720

The journal for 1720 is missing.

1721

J1721-1/1   NFJ 898   6998-1-94-8
Nagasaki 8 November 1721
Gescheept door Opperhoofd Roeloff Diodati in [de] *Boukenrode* naar Batavia

```
2648 [stux] in 139 stroon diverse porcelijnen alle gemt VOC en met haar inhout
     bes[chreven] voor de medicinaal winkel, daar van
        200 ps flessen v: 2 lb in 20 stroon a 10 ps a 't ps   T.  -.2.8.6 T.   57.2.-.-.-.-
        200 ,, d° ,,       1 ,, ,, 10 d°      20 ,, ,, ,,    T.  -.1.4.5 T.   29.-.-.-.-.-
        100 ,, potten     2 once    1 d°..................   T.  -.4.5.6 T.    4.5.6.-.-.-
        400 ,, d°         4 d°      5 d°      80 ,, ,, ,,    T.  -.5.8.5 T.   23.4.-.-.-.-
        140 ,, d°         8 d°      3 d°      48 ,, ,, ,,
            waaronder 1 stroo van 44 ps..................    T.  -.8.4.5 T.   11.8.3.-.-.-
        190 ,, d° van 1 lb in 16 stroon van 12 ps ider
            waaronder 1 stroo van 10 ps..................    T.  -.1.9.6 T.   37.2.4.-.-.-
        222 ,, dos van    6 lb in 37 stro a   6 ps ider....  T.  -.4.5.5 T.  101.-.1.-.-.-
        106 ,, dos ,,    10 ,,     27 ,, ,,   4 ,, ,,
            waaronder 1 stro van 2 ps...................     T.  -.5.2.- T.   55.1.2.-.-.-
        440 ,, pullen van 4 once in 7 stro a 70 ps ider
            waaronder 1 stroo van 20 ps..................    T.  -.5.8.5 T.   25.7.4.-.-.-
        650 ,, d° van 8 once in 13 stro a 50 ps ider.......  T.  -.1.1.5 T.   74.7.5.-.-.-
            voor inct, pencelen, merkplankjes &a..........................T.   11.2.5.-.-.-
                                                                         T.  431.1.-.-.-.-
```

1715-18

NFJ 894-897 (6998-1-94-4 ～ 6998-1-94-7)：磁器が輸出されていない。

1719

日本への来航船がない。

1720

1720年の仕訳帳は不明である。

1721

J1721-1/1　　NFJ 898　　　6998-1-94-8
長崎、1721年11月8日
商館長ルーロフ・ディオダティによってバタヴィア行きのボーケンローデ号で運ばれた

2648[個]　藁包139個、様々な磁器、すべてVOCと記されて、その内容物が
　　　　　明記されている、薬局向け、下記の品からなる
　　200個　瓶、　2ポンド用、　　藁包20個10個入り／個・・・・　-.2.8.6　　57.2.-.-.-　テール
　　200〃　同上、1　〃　　　　　藁包10個20〃　〃・・・・　　　-.1.4.5　　29.-.-.-.-　テール
　　100〃　壺、　2オンス用、　　藁包1個・・・・・・・・・・　　-.4.5.6　　4.5.6.-.-.-　テール
　　400〃　同上、4オンス用、　　　　5個80〃　〃・・・・・　　-.5.8.5　　23.4.-.-.-　テール
　　140〃　同上、8オンス用、　　　　3個48〃　〃
　　　　　　そのうち藁包1個は44個入り・・・・・・・・・・・・・　-.8.4.5　　11.8.3.-.-.-　テール
　　190〃　同上、1ポンド用、各12個入り藁包　16個
　　　　　　そのうち藁包1個は10個入り・・・・・・・・・・・・　1.9.6　　37.2.4.-.-.-　テール
　　222〃　同上、6ポンド用、各6個入り藁包　37個・・・・・・　-.4.5.5　　101.-.1.-.-.-　テール
　　106〃　同上、10〃　　〃4〃　〃27〃
　　　　　　そのうち藁包1個は2個入り・・・・・・・・・・・・・　-.5.2.-　　55.1.2.-.-.-　テール
　　440〃　プレ、4オンス用、各70個入り藁包　7個
　　　　　　そのうち藁包1個は20個入り・・・・・・・・・・・・　-.5.8.5　　25.7.4.-.-.-　テール
　　650〃　同上、8オンス用、各50個入り藁包　13個・・・・・・　1.1.5　　74.7.5.-.-.-　テール
　　　　　　インク、筆、目印の木札等のために・・・・・・・・・・・・・・・・　11.2.5.-.-.-　テール
　　　　　　　　　　　　　　　　　　　　　　　　　　　　　　　　　431.1.-.-.-
　　　　　　　　　　　　　　　　　　　　　　　　　　　　　　　　　　　　テール

"Porceleijnen" in de negotiejournalen van het comptoir Nagasaki

1722

J1722-1/1   NFJ 899   6998-1-94-9
Nagasaki 29 October 1722
Gescheept door Opperhoofd Hendrik Durven in *d' Hilgonda* naar Batavia

1850 [p^s] in 108 stroon diverse porcelijnen alle gem^t VOC en
met haar inhout bes[chreven] voor't huijs van Sijn
Hoog Edelheyt, daar van

40 p^s schotels	in 10 str: van	4 p^s idr â 't p^s	······T.	2.8.-.-	T.	112.-.-.-.-
120 ,, d^{os}	,, 30 ,, ,,	6 ,, ,, ,,	·········T.	-.6.2.-	T.	74.4.-.-.-
120 ,, d^{os}	,, 15 ,, ,,	8 ,, ,, ,,	·········T.	-.4.9.-	T.	58.8.-.-.-
120 ,, d^{os}	,, 12 ,, ,,	10 ,, ,, ,,	·········T.	-.4.-.-	T.	48.-.-.-.-
1200 ,, pieringen,,	40 ,, ,,	30 ,, ,, ,,	·········T.	-.1.2.-	T.	144.-.-.-.-
100 ,, boterschoteltjes	in 2 stro	,,50 p^s ider····	T.	-.5.-.-	T.	50.-.-.-.-
50 ,, confituur d^{os}	,, 1 ,,	,,	·········T.	-.3.5.-	T.	17.5.-.-.-
60 ,, commen met dexels	in 4 str:	â 15 p^s	·········T.	1.-.-.-	T.	60.-.-.-.-
40 ,, d^{os}	in 4 ,,	,, 10 ,,	·········T.	1.2.-.-	T.	48.-.-.-.-
voor inct penceelen merkplankjes &^{a}			·························T.			8.8.5.-.-

T.621.5.5.-.-

1723

J1723-1/1   NFJ 900   6998-1-94-10
Nagasaki 17 October 1723
Gescheept door Opperhoofd Hendrik Durven in [de] *Cornelia* naar Batavia

3300 p^s in 218 stroon diverse porcelijnen alle gem^t VOC en met
haar inhout beschreven voor de kleene winkel
te weten

300 p^s schootels	in 50 stroon van	6 p^s in't stro			
1020 ,, d^{os}	,, 102 d^{os}	,, 10 ,,	—— en		
1980 ,, pieringen	,, 66 ,,	,, 30 ,,	——		
3300 p^s porcel: in	218 stroon â tstro	··············T.	3.1.-.-	T.	675.8.-.-.-
voor inct pencelen merkplankjes &^{a}		························T.			17.6.8.-.-

T.693.4.8.-.-

1724-26

NFJ 901-903(6998-1-94-11 ~ 6998-1-94-13):No porcelain shipped.

1722

J1722-1/1　　NFJ 899　　　6998-1-94-9
長崎、1722年10月29日
商館長ヘンドリック・ドルベン によってバタヴィア行きのヒルホンダ号で運ばれた

1850[個]　藁包108個に入った様々な磁器、すべてVOCと記され、そして
　　　　　その内容物が明記されている、総督官邸向け
　　　　　下記の品からなる

40個	深皿、	10 藁包	各 4 個入り、	/個 ………	2.8.-.-	112.-.-.- テール
120〃	同上、	30 〃	〃 6 〃	〃 ………	-.6.2.-	74.4.-.-.- テール
120〃	同上、	15 〃	〃 8 〃	〃 ………	-.4.9.-	58.8.-.-.- テール
120〃	同上、	12 〃	〃 10 〃	〃 ………	-.4.-.-	48.-.-.- テール
1200〃	平皿、	40 〃	〃 30 〃	〃 ………	-.1.2.-	144.-.-.- テール
100〃	バター用小深皿、	各50 個入り藁包2個 ………	-.5.-.-	50.-.-.- テール
50〃	ジャム用同上、	〃 〃 〃 1個 ………	-.3.5.-	17.5.-.-.- テール
60〃	蓋付鉢、	15 個入り藁包4個 ………	1.-.-.-	60.-.-.- テール
40〃	同上、	10 〃 〃 4 〃 ………	1.2.-.-	48.-.-.- テール
	インク、筆、目印の木札等のために ……………………… 8.8.5.-.- テール

　　　　　　　　　　　　　　　　　　　　　　　　　　　　　621.5.5.-.-
　　　　　　　　　　　　　　　　　　　　　　　　　　　　　　　テール

1723

J1723-1/1　　NFJ 900　　　6998-1-94-10
長崎、1723年10月17日
商館長ヘンドリック・ドルベンによってバタヴィア行きのコルネリア号で運ばれた

3300個　藁包218個に入った様々な器、すべてVOCと記され、そして
　　　　その内容物が明記されている、雑貨部向け
　　　　すなわち

300個	深皿、	藁包 50 個、各藁包	6 個入り	
1020〃	同上、	藁包102個、——	10 〃	、そして
1980〃	平皿、	〃 66 個、——	30 〃	
3300個	磁器、藁包 218 個、各藁包 ………… 3.1.-.-	675.8.-.-.- テール
	インク、筆、目印の木札等のために ……………… 17.6.8.-.- テール

　　　　　　　　　　　　　　　　　　　　　　　　　　　　　693.4.8.-.-
　　　　　　　　　　　　　　　　　　　　　　　　　　　　　　　テール

1724-26

NFJ 901-903 (6998-1-94-11 ～ 6998-1-94-13)：磁器が輸出されていない。

"Porceleijnen" in de negotiejournalen van het comptoir Nagasaki

1727

J1727-1/1   NFJ 904   6998-1-94-14
Nagasaki 2 November 1727
Gescheept door Opperhoofd Pieter Boockestijn in [de] *Meerlust* naar Batavia

6457 p^s in 210 stroo diverse porcelijnen alle gem^t
VOC en met haar inhout besz:
namentlijk

410 p^s flessen van	2 lb in 41 stroo van	6 p^s ider a 't p^s	.... T.	2.8.6.-	T.	117.2.6.-
210 ,,	d° ,,	1 ,, ,, 14 ,,	,, 15 ,, ,,	T.	1.9.8.-	T.	41.5.8.-
52 ,,	salfpotten	10 ,, ,, 13 ,,	,, 4 ,, ,,	T.	5.2.-.-	T.	27.-.4.-
201 ,,	d° ,,	6 ,, ,, 23 ,,	als			

                                22 van   9 p^s
                                 1 ,,   3 ,,
                                23 komt a 't p^s········T. 4.5.5.- T. 91.4.5.5

204 ,,	d° van	4 ,, ,, 17 stroo van 12 p^s ider	T.	4.-.-.-	T.	81.6.-.-
320 ,,	d° ,,	2 ,, ,, 20 ,, ,, 16 ,, ,,	T.	3.1.3.-	T.	100.1.6.-
420 ,,	d° ,,	1 ,, ,, 14 ,, ,, 30 ,, ,,	T.	1.9.6.-	T.	82.3.2.-
600 ,,	d° ,,	½ ,, 14 ,, daar van				

                                12 p^s van 42 p^s
                                 2 ,, ,, 48 ,,
                                14 p^s komt a 't p^s······T. -.8.4.5 T. 50.7.-.-

540 ,,	d° ,,	¼ ,, 9 stroo van 60 p^s ider	T.	-.5.8.5	T.	31.5.9.-
500 ,,	d° ,,	⅛ ,, 5 ,, ,, 100 ,, ,,	T.	-.4.5.6	T.	22.8.-.-
600 ,,	d° ,,	1/16 ,, 4 ,, ,, 150 ,, ,,	T.	-.3.2.5	T.	19.5.-.-
680 ,,	pulletjes ,,	½ ,, 17 ,, ,, 40 ,, ,,	T.	1.1.5.-	T.	78.2.-.-
630 ,,	d° ,,	¼ ,, 9 ,, ,, 70 ,, ,,	T.	-.5.8.5	T.	36.8.5.5
700 ,,	d° ,,	⅛ ,, 7 ,, ,, 100 ,, ,,	T.	-.3.5.-	T.	24.5.-.-
390 ,,	d° ,,	1/16 ,, 3 ,, ,, 130 ,, ,,	T.	-.3.2.5	T.	12.6.7.5

6457 p^s voorsz kosten te samen ··· T. 818.2.3.5
        voor inct penceelen merkplankjes &c^a tesamen ················ T. 15.8.8.8

                                                                    T.834.1.2.3

1728-30

The journals for 1728-30 are missing.

1727

J1723-1/1　　NFJ 904　　6998-1-94-14

長崎、1727年11月2日

商館長ピーテル・ブッケスタインによってバタヴィア行きのメーアルスト号で運ばれた

6457個	藁包210個に入った様々な磁器、すべてVOCと記され、							
	そして内容物が明記されている、							
	すなわち							
410個	瓶、	2ポンド用、	藁包41個	各	6個、／個			
					・・・・・・・・・・	2.8.6.-	117.2.6.-	テール
210〃	同上の品、	1〃	〃	14〃	〃15〃〃	1.9.8.-	41.5.8.-	テール
52〃	軟膏壺、	10〃	〃	13〃	〃4〃〃	5.2.-.-	27.-.4.-	テール
201〃	同上の品、	6〃	〃	23〃	すなわち			
				22個	9個入り			
				1〃	3〃〃			
				23個 合計	／個・・・	4.5.5.-	91.4.5.5	テール
204〃	同上の品、	4〃	藁包17個	各	12個入り、	4.-.-.-	81.6.-.-	テール
320〃	同上の品、	2〃	〃	20個	〃16〃〃	3.1.3.-	100.1.6.-	テール
420〃	同上の品、	1〃	〃	14個	〃30〃〃	1.9.6.-	82.3.2.-	テール
600〃	同上の品、	1/2〃	〃	14個	下記の品からなる			
				12個	42個入り			
				2〃	48〃〃			
				14個 合計	／個・・・	-.8.4.5	50.7.-.-	テール
540〃	同上の品、	1/4〃	藁包9個	各	60個入り、	-.5.8.5	31.5.9.-	テール
500〃	同上の品、	1/8〃	〃	5〃	〃100〃〃	-.4.5.6	22.8.-.-	テール
600〃	同上の品、	1/6〃	〃	4〃	〃150〃〃	-.3.2.5	19.5.-.-	テール
680〃	小型のプレ、	1/2〃	〃	17〃	〃40〃〃	1.1.5.-	78.2.-.-	テール
630〃	同上の品、	1/4〃	〃	9〃	〃70〃〃	-.5.8.5	36.8.5.5	テール
700〃	同上の品、	1/8〃	〃	7〃	〃100〃〃	-.3.5.-	24.5.-.-	テール
390〃	同上の品、	1/16〃	〃	3〃	〃130〃〃	-.3.2.5	12.6.7.5	テール
6457個	値段合計・・・・・・・・・・・・・・・・・・・・・・・・・・・・・・・・・・・						818.2.3.5	テール
	インク、筆、目印の木札等のために、合計・・・・・・・・・・・・・・・・・						15.8.8.8	テール

834.1.2.3 テール

1728-30

1728〜30年の仕訳帳は不明である。

"Porceleijnen" in de negotiejournalen van het comptoir Nagasaki

1731

J1731-1/1   NFJ 905   6998-1-94-15
Nagasaki 20 October 1731
Gescheept door Opperhoofd Pieter Boockestijn in [de] *Blijdorp* naar Batavia

         Voor de kleene winckel
4174 stux diverse porcelijnen in 277 stroon alle gem^t VO^{N}C en
met haar inhoud besz. te weten
 216 stx blauwe schotels in 54 stroo van 4 p^s
  ider a 't p^s························· T. 1.2.5.-.- T. 270.-.-.-.-
 306 ,, d° d° in 51 stroon van 6 p^s
  ider a 't p^s························· T. -.8.3.4.- T. 255.2.-.4.-
 272 ,, d° d° in 34 stroo van 8 p^s
  a 't p^s····························· T. -.6.2.5.- T. 170.-.-.-.-
 380 ,, d° d° in 38 stroon van 10 p^s
  a 't p^s····························· T. -.5.-.-.- T. 190.-.-.-.-
 3000 ,, d° d° in 100 stroon v: 30 p^s
  a 't p^s····························· T. -.1.6.6.6 T. 499.8.-.-.-
                  T. 1385.-.-.4.-
 voor penceels, merkplankies, inct &^{a} ······················· T. 4.1.7.-.-
                       T.1389.1.7.4.-

1732

J1732-1/1   NFJ 906   6998-1-94-16
Nagasaki 6 November 1732
Gescheept door Opperhoofd Pieter Boockestijn in *de Landskroon* naar Batavia

         Voor de kleene winckel
320 stroon diverse porcelijnen tafelgoet, als
 16 stroon van 2 groote schotels in ijdere stroo
 11 ,, d° ,, 3 ,,   d° ,,   ,, d°
 31 ,, d° ,, 4 ,,   d° ,,   ,, d°
 63 ,, d° ,, 6 ,,   d° ,,   ,, d°
 73 stroon van 8 groote schotels in ijdere stroo
 56 ,, d° ,, 10 d°   d° ,,   ,, d°
 70 ,, d° ,, 30 tafelborden ,,   ,,
320 stroon alsvoren alle gemerkt en met [haar inhoud]
 beschreven komt ijder stroo â················· T. 5.-.-.- T. 1600.-.-.-.-
 voor penceelen, inkt, merkplankjes &^{a}························· [5.-.9.9.-]
            beloopt Thailen·········· 160[5.-.9.9.-]
 60 ,, boter off laxa kopkens met hun pieringen
  en deksels in 1 kasje gem^t VOC 't p^s··············· T. 1.-.-.- T. 60.-.-.-.-
                     T.1665.-.9.9.-.-

1733-34

NFJ 907 - 908(6998-1-94-17 ~ 6998-1-94-18): The original records are badly damaged and inaccessible.

長崎商館の仕訳帳における「磁器」

1731

J1731-1/1　　　NFJ 905　　　6998-1-94-15
長崎、1731年10月20日
商館長ピーテル・ブッケスタインによってバタヴィア行きのブレイドルプ号で運ばれた

　　　　　　　　　　　　　　　雑貨部向け

4174個　様々な磁器、藁包277個入り、すべてVOCと記され、
　　　その内容物が明記されている、すなわち
　　216個　青い[染付の]深皿、各　4個入り藁包54個
　　　　　／個・・・・・・・・・・・・1.2.5.-.-　　270.-.-.-.-　テール
　　306〃　同上の、同上の品、各　6個入り藁包51個
　　　　　／個・・・・・・・・・・・・-.8.3.4.-　　255.2.-.4.-　テール
　　272〃　同上の、同上の品、各　8個入り藁包34個
　　　　　／個・・・・・・・・・・・・-.6.2.5.-　　170.-.-.-.-　テール
　　380〃　同上の、同上の品、各 10個入り藁包38個
　　　　　／個・・・・・・・・・・・・-.5.-.-.-　　190.-.-.-.-　テール
　　3000〃　同上の、同上の品、各 30個入り藁包100個
　　　　　／個・・・・・・・・・・・・-.1.6.6.6　　499.8.-.-.-　テール
　　　　　　　　　　　　　　　　　　　　　　　1385.-.-.4.-　テール
　　　筆、目印の木札、インク等のために・・・・・・・・・・・・・4.1.7.-.-　テール
　　　　　　　　　　　　　　　　　　　　　　　　1389.1.7.4.-
　　　　　　　　　　　　　　　　　　　　　　　　　　　　　テール

1732

J1732-1/1　　　NFJ 906　　　6998-1-94-16
長崎、1732年11月6日
商館長ピーテル・ブッケスタインによってバタヴィア行きのランドスクローン号で運ばれた

　　　　　　　　　　　　　　　雑貨部向け

320個　の藁包、様々な磁器製の食卓用品、すなわち
　　16個　の藁包、　2個の大型の深皿が、　各藁包に入っている
　　11〃　　〃　　　3個の　〃同上の品が、　〃同上　　〃
　　31〃　　〃　　　4個の　〃同上の品が、　〃同上　　〃
　　63〃　　〃　　　6個の　〃同上の品が、　〃同上　　〃
　　73個　の藁包、　8個の大型の深皿が、　各藁包に入っている
　　56〃　　〃　　 10個の同上の同上の品、　〃同上　　〃
　　70〃　　〃　　 30個の食卓用皿　　　　　〃　　　　〃
　　320個　の藁包、前述のようにすべて記されており、[その内容物が]
　　　　記されている、各藁包につき・・・・・・・・・・・5.-.-.-　1600.-.-.-.-　テール
　　　筆、インク、目印の木札等のために・・・・・・・・・・・・・[5.-.9.9.-] テール
　　　　　　　　　　　　　　　　　　　総計　　160[5.-.9.9.-] テール
　　60〃　バター又は麺用のカップ、平皿と蓋をともない、
　　　　木箱1個に入れられ、VOCと記されている、／個・・・・・1.-.-.-　60.-.-.-.- テール
　　　　　　　　　　　　　　　　　　　　　　　　1665.-.9.9.-.-
　　　　　　　　　　　　　　　　　　　　　　　　　　　　　テール

1733-34

NFJ 907～908 (6998-1-94-17 ～ 6998-1-94-18)：この記録の原本は状態が悪く閲覧不可能である。

"Porceleijnen" in de negotiejournalen van het comptoir Nagasaki

1735

J1735-1/1　　NFJ 909　　6998-1-94-19
Nagasaki 4 November 1735
Gescheept door Opperhoofd David Drinkman in [de] *Popkensburg* naar Batavia

6550 p^s porcelijnen in soort in 350 stroo alle gem^t VOC - als
　　　　　　　　　　voor de kleene winkel
　　250 p^s in soort in 19 strooy te weten
　　　　50 p^s witte bottels groote soort·················· T.　-.4.1.-.-T. 20.5.-.-
　　　　50 ,, kommen met dexsls of boterpotjes··············· T.　-.3.-.-.-T. 15.-.-.-
　　　　100 ,, ——— ——— en pieringen············· T.　-.4.2.-.-T. 42.-.-.-
　　　　50 ,, athiaar potjes — ———··············· T.　-.2.-.-.-T. 10.-.-.-
　　　　250 p^s als boven kosten ···································· T. 87.5.-.-
　　　　　　　　　voor de medicineele Winkel
　　6300 p^s in soort in 331 strooij Namentlijk
　　　　400 potten　　van 1 off　¹⁄₁₆ lb a·················T.　-.3.2.5 T.　13.-.-.-
　　　　400 ,,　　　　van 2 ,,　 ⅛ ,, ,,·················T.　-.4.5.6 T.　18.2.4.-
　　　　800 ,,　　　　van 4 ,,　 ¼ ,, ,,·················T.　-.5.4.5 T.　46.8.-.-
　　　　200 ,,　　　　van 8 ,,　 ½ ,, ,,·················T.　-.8.4.5 T.　16.9.-.-
　　　　600 ,,　　　　van 16 ,,　 1 ,, ,,·················T.　1.9.6.- T.　117.6.-.-
　　　　400 pullen　　van 1 ,,　¹⁄₁₆ ,, ,,················T.　-.3.2.5 T.　13.-.-.-
　　　　200 potten　　van 32 ,,　 2　lb ,,················T.　3.1.3.- T.　250.4.-.-
　　　　600 pullen　　van 2 ,,　 ⅛ lb ,,················T.　-.3.5.- T.　21.-.-.-
　　　　800 ,,　　　　van 4 ,,　 ¼ ,, ,,················T.　-.4.8.5 T.　35.1.-.-
　　　　800 flesjen　van 8 ,,　 ½ ,, ,,················T.　1.1.5.- T.　92.-.-.-
　　　　200 ———　　van 16 ,,　 1 ,, ,,················T.　1.9.8.- T.　39.6.-.-
　　　　400 ———　　van 32 ,,　 2 ,, ,,················T.　2.8.5.- T.　144.4.-.-
　　　　100 ———　　van 64 ,,　 4 ,, ,,················T.　5.5.-.- T.　55.-.-.-
　　6300 p^s als vooren beloopen································ T. 833.-.4.-
　　6550 p^s als vooren bedraagen te samen························ T. 920.5.4.-
　　　voor penceelen merkplankje inckt &^{a}·························· T. 10.5.-.-

1736

The journal for 1736 is missing.

1737

J1737-1/1　　NFJ 910　　6998-1-94-20
Nagasaki 13 October 1737
Gescheept door Opperhoofd Jan van der Cruijsse in [de] *Enckhuijsen* naar Batavia

　100 stux witte kleene bierbotl^s in ten dienste van de huijsheuding
　　　van den Heer Gouvern Generaal in stroo gem^t VOC a 't p^s　　　　T.　　-.4.1　T.　41.-.-.-

1735

J1735-1/1　　　NFJ 909　　　　6998-1-94-19
長崎、1735年11月4日
商館長ダヴィッド・ドリンクマンよってバタヴィア行きのポップケンスブルフ号で運ばれた

　6550個　各種取り合わせた磁器　藁包350個　すべてVOCと記されている、すなわち
　　　　　　　　　　　　　　　　雑貨部向け
　　250個　各種取り合わせ　藁包19個　すなわち
　　　　　50個　白磁のボトル　大型の種類・・・・・・・・　-.4.1.-.-　　　20.5.-.-　テール
　　　　　50〃　蓋付きの鉢又はバター用小壺・・・・・・・　-.3.-.-.-　　　15.-.-.-　テール
　　　　　100〃　――――　ならびに皿・・・・・・・・・　-.4.2.-.-　　　42.-.-.-　テール
　　　　　50〃　アチャー用の小壺 ――――・・・・・・・　-.2.-.-.-　　　10.-.-.-　テール
　　　250個　上記の通り　費用は・・・・・・・・・・・・・・・・・・・・・　87.5.-.-　テール
　　　　　　　　　　　　　　　　薬局向け
　6300個　各種取り合わせ　藁包331個　すなわち
　　　　400　壺　 1　又は　1/16　　1ポンド用　各・・・・・・・　-.3.2.5　　　13.-.-.-　テール
　　　　400　〃　 2　〃 　1/8　　　〃　　〃・・・・・・・　-.4.5.6　　　18.2.4.-　テール
　　　　800　〃　 4　〃 　1/4　　　〃　　〃・・・・・・・　-.5.4.5　　　46.8.-.-　テール
　　　　200　〃　 8　〃 　1/2　　　〃　　〃・・・・・・・　-.8.4.5　　　16.9.-.-　テール
　　　　600　〃　16　〃 　 1　　　 〃　　〃・・・・・・・　 1.9.6.-　　 117.6.-.-　テール
　　　　400　プレ 1　〃 　1/16　　 〃　　〃・・・・・・・　-.3.2.5　　　13.-.-.-　テール
　　　　200　壺　32　〃 　 2　　 1ポンド用　〃・・・・・・・　 3.1.3.-　　 250.4.-.-　テール
　　　　600　プレ 2　〃 　1/8　　1ポンド用　〃・・・・・・・　-.3.5.-　　　21.-.-.-　テール
　　　　800　〃　 4　〃 　1/4　　　　　　　〃・・・・・・・　-.4.8.5　　　35.1.-.-　テール
　　　　800　瓶　 8　〃 　1/2　　　　　　　〃・・・・・・・　 1.1.5.-　　　92.-.-.-　テール
　　　　200　―　16　〃 　 1　　　　　　　〃・・・・・・・　 1.9.8.-　　　39.6.-.-　テール
　　　　400　―　32　〃 　 2　　　　　　　〃・・・・・・・　 2.8.5.-　　 144.4.-.-　テール
　　　　100　―　64　〃 　 4　　　　　　　〃・・・・・・・　 5.5.-.-　　　55.-.-.-　テール
　　6300個　上記の通り　合計金額・・・・・・・・・・・・・・・・・・・・・　833.-.4.-　テール
　　6550個　前記のとおり総額は・・・・・・・・・・・・・・・・・・・・・・　920.5.4.-　テール
　　　　　　筆、木札、インク等のために・・・・・・・・・・・・・・・・・・　10.5.-.-　テール

1736

1736年の仕訳帳は不明である。

1737

J1737-1/1　　　NFJ 910　　　　6998-1-94-20
長崎、1737年10月13日
商館長ヤン・ファン・デル・クライセよってバタヴィア行きのエンクハイゼン号で運ばれた

　100個　白磁の小さいビール用ボトル、総督邸での使用のために
　　　　　藁包に入れられ、VOCと記されている、／個・・・・・・・・　-.4.1　　　41.-.-.-　テール

"Porceleijnen" in de negotiejournalen van het comptoir Nagasaki

1738-39

NFJ 911(6998-1-94-21): No porcelain shipped.

1740

J1740-1/1   NFJ 912   6998-1-95-1
Nagasaki 9 November 1740
Gescheept door Opperhoofd Thomas van Rhee in [de] *Crabbendijk* naar Batavia

1896 [sic] stux Porcelijnen voor de kleene Winkel als,

50 p^s schootels blauste van	2 p^s 't strooij	T.	3.4.5.-	T.	172.5.-.-
48 ,, d°........d°......,,	3 ,, d°	T.	2.3.-.-	T.	110.4.-.-
48 ,, d°........d°......,,	4 ,, d°	T.	1.7.3.-	T.	83.-.4.-
240 ,, d°........d°......,,	8 ,, d°	T.	-.4.8.-	T.	115.2.-.-
250 ,, d°........d°......,,	10 ,, d°	T.	-.4.-.-	T.	100.-.-.-
960 ,, Pierings d°	,, 30 ,, d°	T.	-.1.2.-	T.	115.2.-.-
50 ,, atchiar potjes met dexcels		T.	-.3.-.-	T.	15.-.-.-
50 ,, booter d°		T.	-.4.-.-	T.	20.-.-.-
100 ,, kleene bier bottels		T.	-.4.-.-	T.	40.-.-.-
1895 [sic] p^s porcelijnen als boven kosten te samen				T.	771.3.4.-
voor inkt, penceelen inktpotten &^{a}				T.	15.6.6.-
			te samen	T.	787.-.-.-

1741

J1741-1/1   NFJ 913   6998-1-95-2
Nagasaki 29 October 1741
Gescheept door Opperhoofd Jacob van der Waeijen in [de] *Rijgersdaal* naar Batavia

1940 p^s porceleynen in 174 strootjes voor Batavia, als

50 p^s schotels blaaue van	2 in 't stroo â 't p^s			T. 3.4.5.-	T. 172.5.-
50 ,,	,,	,,	,, 3 ,,	,,	T. 2.3.-.-	T. 115.-.-
50 ,,	,,	,,	,, 4 ,,	,,	T. 1.7.3.-	T. 86.5.-
250 ,,	,,	,,	,, 8 ,,	,,	T. -.4.8.-	T. 120.-.-
250 ,,	,,	,,	,, 10 ,,	,,	T. -.4.-.-	T. 100.-.-
990 ,, pierings	,,	,, 30 ,,	,,	T. -.1.2.-	T. 118.8.-
100 ,, atchiar pottjes met dexsels			T. -.3.-.-	T. 30.-.-
100 ,, boter	,,	,, d°		T. -.4.-.-	T. 40.-.-
100 ,,: bl. bier bott^s groote soort			T. -.4.-.-	T. 40.-.-
1940 p^s belopen te samen					T. 822.8.-
voor inkt penceelen inktpotten et:					T. 15.9.-
					T.838.7.-.-

1738-39

NFJ 911（6998-1-94-21）：磁器が輸出されていない。

1740

J1740-1/1　　NFJ 912　　　6998-1-95-1
長崎、1740年11月9日
商館長トーマス・ファン・レーによってバタヴィア行きのクラーベンデイク号で運ばれた

1896		[ママ：1796]個の雑貨部のための磁器、すなわち、					
	50個	青い[染付の]深皿、	2 個／藁包	・・・・・・・・・・・・	3.4.5.-	172.5.-.-	テール
	48〃	同上・・・・・・・	同上、	3 〃 同上・・・・・・・	2.3.-.-	110.4.-.-	テール
	48〃	同上・・・・・・・	同上、	4 〃 同上・・・・・・・	1.7.3.-	83.-.4.-	テール
	240〃	同上・・・・・・・	同上、	8 〃 同上・・・・・・・	-.4.8.-	115.2.-.-	テール
	250〃	同上・・・・・・・	同上、	10 〃 同上・・・・・・・	-.4.-.-	100.-.-.-	テール
	960〃	平皿	同上	30 〃 同上・・・・・・・	-.1.2.-	115.2.-.-	テール
	50〃	アチャー用小壺、蓋付・・・・・・・・・・・・・			-.3.-.-	15.-.-.-	テール
	50〃	バター用、同上・・・・・・・・・・・・・・・・・・・			-.4.-.-	20.-.-.-	テール
	100〃	小型のビール用、ボトル・・・・・・・・・・・・			-.4.-.-	40.-.-.-	テール
	1895	[ママ：1796]個、磁器、上記の通り、値段合計・・・・・・・・・・・				771.3.4.-	テール
		インク、筆、インク壺等のために・・・・・・・・・・・・・・・・・・				15.6.6.-	テール
					合計・・・・・・・・・・・・・・・・・・・	787.-.-.-	テール

1741

J1741-1/1　　NFJ 913　　　6998-1-95-2
長崎、1741年10月29日
商館長ヤーコブ・ファン・デル・ヴァイエンによってバタヴィア行きのレイヘルスダール号で運ばれた

1940個　磁器、藁小包174個入り、バタヴィア向け、すなわち
　　　　50個　青い[染付]深皿、　2 個入り藁包、／個
　　　　　　・・・・・・・・・・・・・・・・・・・・・・・・・・・　3.4.5.-　　172.5.-　テール

	50〃	〃	〃	3	〃	2.3.-.-	115.-.-	テール
	50〃	〃	〃	4	〃	1.7.3.-	86.5.-	テール
	250〃	〃	〃	8	〃	-.4.8.-	120.-.-	テール
	250〃	〃	〃	10	〃	-.4.-.-	100.-.-	テール
	990〃	〃	平皿、	30	〃	-.1.2.-	118.8.-	テール
	100〃	蓋付のアチャー用、壺				-.3.-.-	30.-.-	テール
	100〃	蓋付のバター用	〃	〃	、	-.4.-.-	40.-.-	テール
	100〃	大型の種類の青い[染付]ビール用ボトル			-.4.-.-	40.-.-	テール
1940個		合計金額・・・・・・・・・・・・・・・・・・・・・・・・・・・・・・・・・・・・・・・					822.8.-	テール
		インク、筆、インク壺等のために・・・・・・・・・・・・・・・・・・・・・・・・					15.9.-	テール
							838.7.-.-	テール

"Porceleijnen" in de negotiejournalen van het comptoir Nagasaki

1742

J1742-1/1   NFJ 914   6998-1-95-3
Nagasaki 17 October 1742
Gescheept door Opperhoofd Thomas van Rhee in [de] *Gunterstein* naar Batavia

1841 p^s porcelynen voor Batavia in 153 strojes als
    50 p^s bl: schotels van 2 p^s in tstroo   T.3.4.5.-   T. 172.5.-.-
    51 ,, ,,   ,,   ,, 3 ,, ,, ,, ,,   T.2.3.-.-   T. 117.3.-.-
    52 ,, ,,   ,,   ,, 4 ,, ,, ,, ,,   T.1.7.3.-   T. 89.9.6.-
    248 ,, ,,   ,,   ,, 8 ,, ,, ,, ,,   T.-.4.8.-   T. 119.-.4.-
    250 ,, ,,   ,,   ,, 10 ,, ,, ,, ,,   T.-.4.-.-   T. 100.-.-.-
    990 ,, ,, pierings ,, 30 ,, ,, ,, ,,   T.-.1.2.-   T. 118.8.-.-
    100 ,, ,, atchair potjes met dexels bl: T.-.3.-.-   T. 30.-.-.-
    100 ,, ,, booter potjes ················   T.-.4.-.-   T. 40.-.-.-
1841 p^s porcelynen in Z^t beloopen te zamen························T. 787.6.-
    voor inkt pencelen inktpotten groove schootels &^{a}··············T. 12.9.-
                                                                             T.800.5.-.-

1743

NFJ 915 (6998-1-95-4): No porcelain shipped.

1744

J1744-1/1   NFJ 916   6998-1-95-5
Nagasaki 2 November 1744
Gescheept door Opperhoofd David Brouwer in *den Heuvel* naar Batavia

15 stroyes porcelijn gem^t VOC voor Batavia
    te weten
    100 p^s ,, atchair potjes ················â 't p^s T. -.3.-   T. 30.-.-.-
    100 ,, ,, boterpotjes··················,, ,, ,,   T. -.4.-   T. 40.-.-.-
                                                                            T. 70.-.-.-

1742

J1742-1/1　　　NFJ 914　　　　6998-1-95-3
長崎、1742年10月17日
商館長トーマス・ファン・レーによってバタヴィア行きのフンテルステイン号で運ばれた

1841個	バタヴィア向けの磁器、藁小包153個入り、すなわち						
	50個	青い[染付の] 深皿、各藁包	2個入り	3.4.5.-	172.5.-.-	テール
	51〃	〃	〃	3 〃	2.3.-.-	117.3.-.-	テール
	52〃	〃	〃	4 〃	1.7.3.-	89.9.6.-	テール
	248〃	〃	〃	8 〃	-.4.8.-	119.-.4.-	テール
	250〃	〃	〃	10 〃	-.4.-.-	100.-.-.-	テール
	990〃	〃	平皿、〃	30 〃	-.1.2.-	118.8.-.-	テール
	100〃	〃アチャー用小壺、青い蓋を伴う		-.3.-.-	30.-.-.-	テール
	100〃	〃バター用小壺		-.4.-.-	40.-.-.-	テール
1841個	各種取り合わせた磁器、総額				787.6.-	テール
	インク、筆、インク壺、粗製の深皿等のために				12.9.-	テール
					800.5.-.-	テール

1743

NFJ 915 (6998-1-95-4)：磁器が輸出されていない。

1744

J1744-1/1　　　NFJ 916　　　　6998-1-95-5
長崎、1744年11月2日
商館長ダヴィッド・ブロウワーによってバタヴィア行きのヒューヴェル号で運ばれた

15	藁包のバタヴィア向けの磁器、VOCと記されている				
	すなわち、				
	100個	〃アチャー用小壺・・・・・・／個	-.3.-	30.-.-.-	テール
	100〃	〃バター用壺・・・・・・・〃 〃	-.4.-	40.-.-.-	テール
				70.-.-.-	テール

"Porceleijnen" in de negotiejournalen van het comptoir Nagasaki

1745

J1745-1/1   NFJ 917   6998-1-95-6
Nagasaki 28 December 1745
Gescheept door Opperhoofd Jacob van der Waeijen in [de] *Cleverskerck* naar Batavia

2702 p^s porcelynen in 227 ½ stroyes alle gemerkt VOC
   namentlijk :

        Voor Batavia
17 stroo of 51 stux blaauwe schotels â 3 in't stro â 'stro
.... T.   6.8.-.- T. 115.6.-.-
38 d° ,, 152 d°   d°   d°   4 ,, ,, T.   6.8.-.- T. 258.4.-.-
20 d° ,, 100 d°   d°   d°   5 ,, ,, T.   5.1.5.- T. 103.-.-.-
26 d° ,, 156 d°   d°   d°   6 ,, ,, T.   3.5.-.- T.   91.-.-.-
31 d° ,, 248 d°   d°   d°   8 ,, ,, T.   3.5.-.- T. 108.5.-.-
20 d° ,, 200 d°   d°   d°   10 ,, ,, T.   3.5.-.- T.   70.-.-.-
50 d° ,, 1500 d° pieringen blaauwe ,, 30 ,, ,, T.   3.5.-.- T. 175.-.-.-
12½ d° ,, 25 stux kommen met haar dexels en
   pierings a 't p^s...................................... T.   2.8.-.- T.   70.-.-.-
                      Tals   T. 991.5.-.-

        Voor Persia
3 stroo ,, 30 p^s holle agtkante schotels â
   3 't stro.. T.   5.-.-.- T.   15.-.-.-
3 d° ,, 30 ,, vlakke   ,,   ,,   ,, 10 ,, d°······T.   3.5.-.- T.   10.5.-.-
7 d° ,, 210 ,, tafel pierings   ,, 30 ,, d°······T.   3.5.-.- T.   24.5.-.-
227½ stro of 2702 stux porcelijnen in zoort belopen··············· T. 1041.5.-.-
   voor inkt, d° potten, pencelen en groove schotels te zamen T.   13.5.-.-
                                  T.1055.-.-.-

1746

J1746-1/1   NFJ 918   6998-1-95-7
Nagasaki 2 November 1746
Gescheept door Opperhoofd Jan Louis de Win in [de] *Westhoven* naar Batavia

     Voor de klene winckel tot Batavia
   in voldoening van de te kort geleverde van Anno passatode
1002 p^s porcelynen in 114 stroyes alle gemerkt VOC Namentlyk :
   80 p^s blaauwe schotels a 2 in't stro a't stro········T.   6.8.-.- T. 272.-.-.-
   30 p^s —————— ——————   ,, 3 ,, — ,, — ·······T.   6.8.-.- T.   68.-.-.-
    8 p^s —————— ——————   ,, 8 ,, — ,, — ·······T.   -.-.-.- T.   3.5.-.-

   voor als boven en en in voldoening van desen jarigen Eyses
   80 p^s blaauwe schotels a 4 in't stro a't stro····· T.   6.8.-.- T. 136.-.-.-
  104 p^s —————— ——————   ,, 8 ,, — ,, — ·······T.   3.5.-.- T.   45.5.-.-
  100 p^s —————— ——————   ,,10 ,, — ,, — ·······T.   3.5.-.- T.   35.-.-.-
  600 p^s —————— pierings ,,30 ,, — ,, — ·······T.   3.5.-.- T.   70.-.-.-
1002 p^s porcelijnen in Zoort voor als boven kosten·············· T. 630.-.-.-
   voor inkt d° potten pencelen en grove schotels te zamen······ ,,   8.3.-.- T.638.3.-.-

456

1745

J1745-1/1　　　NFJ 917　　　6998-1-95-6

長崎、1745年12月28日

商館長ヤーコブ・ファン・デル・ヴァイエンによってバタヴィア行きのクレーフェルスケルケ号で運ばれた

2702個　磁器、藁包227 ½ 個に入り、すべてVOCと記されている
　　　　すなわち

　　　　　　　　　　　　　　　　　　　バタヴィア向け
　　　17個　の藁包又は、　　51個の青い[染付の]深皿、各　3個入り藁包、／藁包
　　　　　　　　　　　　　　　　　　　　　　　　　　　　　　6.8.-.-　　　115.6.-.-　テール
　　　38個　の藁包又は、　 152個の 同上の　　同上の品、　4 〃　6.8.-.-　　　258.4.-.-　テール
　　　20個　の藁包又は、　 100個の 同上　　　同上の品、　5 〃　5.1.5.-　　　103.-.-.-　テール
　　　26個　の藁包又は、　 156個の 同上　　　同上の品、　6 〃　3.5.-.-　　　 91.-.-.-　テール
　　　31個　の藁包又は、　 248個の 同上　　　同上の品、　8 〃　3.5.-.-　　　108.5.-.-　テール
　　　20個　の藁包又は、　 200個の 同上　　　同上の品、 10 〃　3.5.-.-　　　 70.-.-.-　テール
　　　50個　の藁包又は、　1500個の 青い平皿、　　　　　 30 〃　3.5.-.-　　　175.-.-.-　テール
　　12½個　の藁包又は、　　25個の 蓋と平皿をともなう鉢
　　　　　　／個‥‥‥‥‥‥‥‥‥‥‥‥‥‥‥‥‥‥‥‥‥‥‥2.8.-.-　　　 70.-.-.-　テール
　　　　　　　　　　　　　　　　　　　　　　　　　　　合計　　　 991.5.-.-　テール

　　　　　　　　　　　　　　　　　　　ペルシャ向け
　　　 3個　の藁包、又は30個、深い八角の深皿、
　　　　　　3個／藁包‥‥‥‥‥‥‥‥‥‥‥‥‥‥‥‥‥‥‥‥5.-.-.-　　　 15.-.-.-　テール
　　　 3同上　〃　　　30 〃　浅い　〃　　　10個／藁包　3.5.-.-　　　 10.5.-.-　テール
　　　 7同上　〃　　 210 〃　食卓用平皿、　　30個／藁包　3.5.-.-　　　 24.5.-.-　テール
　　227½　　藁包、又は2702個の各種取り合わせた磁器、合計金額‥‥‥‥‥‥1041.5.-.-　テール
　　　　　　インク、同上の壺、筆および粗製の深皿、合計　　　　　　　　　　　　13.5.-.-　テール
　　　　　　　　　　　　　　　　　　　　　　　　　　　　　　　　　　　　　1055.-.-.-　テール

1746

J1746-1/1　　　NFJ 918　　　6998-1-95-7

長崎、1746年11月2日

商館長ヤン・ルイス・ド・ウィンによってバタヴィア行きのヴェストホーヴェン号で運ばれた

　　　　　　　　　　　　　　　　　バタヴィアの雑貨部向け
　　　　　　　　　　　　　　　　　過去の年の不足分を補うために
　1002個　磁器、藁包114個入り、すべてVOCと記されている、すなわち
　　　80個　染付の深皿、　各藁包　2個入り、各藁包‥‥‥‥‥6.8.-.-　　　272.-.-.-　テール
　　　30個　─────　　〃　　3 〃　── 〃　───‥‥‥‥6.8.-.-　　　 68.-.-.-　テール
　　　 8個　─────　　〃　　8 〃　── 〃　───‥‥‥‥-.-.-　　　　3.5.-.-　テール

　　　　　　　　　　　　　　　　上記および今年の注文を満たすために
　　　80個　染付の深皿、　各藁包　4個入り、各藁包‥‥‥‥‥6.8.-.-　　　136.-.-.-　テール
　　 104個　─────　　〃　　8 〃　── 〃　───‥‥‥‥3.5.-.-　　　 45.5.-.-　テール
　　 100個　─────　　〃　 10 〃　── 〃　───‥‥‥‥3.5.-.-　　　 35.-.-.-　テール
　　 600個　─────平皿　〃　 30 〃　── 〃　───‥‥‥‥3.5.-.-　　　 70.-.-.-　テール
　1002個　各種取り合わせた磁器、上記の費用のために‥‥‥‥‥‥‥‥630.-.-.-　テール
　　　　　　インク、その壺、筆と、粗製の深皿の合計金額‥‥‥‥‥‥‥8.3.-.-　　　638.3.-.-　テール

"Porceleijnen" in de negotiejournalen van het comptoir Nagasaki

1747-53

NFJ 919 - 925(6998-1-95-8 ~ 6998-1-95-14):No porcelain shipped.

1754

J1754-1/1   NFJ 926   6998-1-95-15
Nagasaki 4 November 1754
Gescheept door Opperhoofd Hendrik van Homoed in *de Vliedlust* naar Batavia

T. 228.8.-.-

                          Voor de kleene winkel tot Batavia
622 stroo porcelijnen in s^t alle gemerkt VOC
    487 stroo porcelijnen schotels in S^t als
        37 Stroo â   3 p^s in 't stroo
        29 ,, ,,   4 ,, ,, ,, d°
        40 ,, ,,   5 ,, ,, ,, d°
        75 ,, ,,   6 ,, ,, ,, d°
        83 ,, ,,   8 ,, ,, ,, d°
       223 ,, ,, 10 ,, ,, ,, d°
    487 Stro Schotels in S^t drage voort â Stro T 3.2.2.7   T. 1571.5.4.9
    135 ,, tafelborden in zoort daarvan
        25 stroo â 20 in't stroo
      110 d° ,, 30 ,, ,, d°
      135 stroo borden in Z^t â 't stroo T 2.3   T. 310.5.-.-
622 stroo porcelijnen in soort belopen te zamen   T. 1822.-.4.9

1755

J1755-1/1   NFJ 927   6998-1-95-16
Nagasaki 25 October 1755
Gescheept door Opperhoofd David Boelen in *de Amelisweerd* naar Batavia

                          Voor de kleene winkel
395 Stroo Tafel Porseleijnen in Soort alles gem: VOC als
    27 Stroo Schotels van 3 int Stroo
    16 ,, ———,, ,, 4 ,, ,,
    30 ,, ———,, ,, 5 ,, ,,
    48 ,, ———,, ,, 6 ,, ,,
    62 ,, ———,, ,, 8 ,, ,,
  115 ,, ———,, ,, 10 ,, ,,
    57 ,, pierings ,, 20 ,, ,,
    46 ,, ———,, ,, 30 ,, ,,
395 Strootjes in Soort â 't Stroo T 3.-.-.-.is
              Een Kas gem^t VO^{1}C beschreven Porceleynen daarin
  162 p^s boterpotjes en pierings a 't p^s T.   -.9.-.-isT.145.8.-.-
  172 ,, atchiarpotjes ,, ,, ,, ,,   T.   -.2.-.-isT. 35.-.-.-
   16 stroo rijstpierings a 60 p^s in 't stroo â 't
     Stroo   T.   3.-.-.-isT. 48.-.-.-
                                                            T. 228.8.-.-

1747-53

NFJ 919 - 925（6998-1-95-8 ～ 6998-1-95-14）：磁器が輸出されていない。

1754

J1754-1/1　　NFJ 926　　　6998-1-95-15
長崎、1754年11月4日
商館長ヘンドリック・ファン・ホムードによってバタヴィア行きのフリードルスト号で運ばれた

バタヴィアの雑貨部向け

622		藁包、磁器、すべて VOC と記されている		
	487	藁包、各種取り合わせた磁器製深皿、すなわち		
	37	藁包 3 個入り　藁包		
	29	〃　4 〃　藁包		
	40	〃　5 〃　藁包		
	75	〃　6 〃　藁包		
	83	〃　8 〃　藁包		
	223	〃 10 〃　藁包		
	487	藁包、各種取り合わせた深皿、藁包当り3.2.2.7 テール	1571.5.4.9	テール
	135	〃　各種取り合わせた食卓用皿、以下の品からなる		
		25　藁包、各20 個入り藁包		
		110　藁包、各30 〃 〃 藁包		
		135　藁包、各種取合わせた皿、藁包、1個2.3テール　310.5.-.- テール		
	622	藁包、各種取り合わせた磁器、合計金額	1822.-.4.9	テール

1755

J1755-1/1　　NFJ 927　　　6998-1-95-16
長崎、1755年10月25日
商館長ダヴィッド・ボーレンによってバタヴィア行きのアメリスフェールド号で運ばれた

雑貨部向け

395	藁包各種取り合わせた食卓用の磁器、すべて VOC と記されている、すなわち		
27	藁包、深皿、3 の 藁包入り		
16	〃　〃　4 〃　〃		
30	〃　〃　5 〃　〃		
48	〃　〃　6 〃　〃		
62	〃　〃　8 〃　〃		
115	〃　〃 10 〃　〃		
57	〃　平皿、20 〃　〃		
46	〃　〃　30 〃　〃		
395	藁小包、各種取り合わせ、／藁包 3.-.-.- テール	1185.-.-.-	テール

VOC と記された磁器の木箱ひとつ、その中には

162個	バター用壺および平皿、／個	-.9.-.-	145.8.-.- テール
172〃	アチャー用壺 〃 〃 〃	-.2.-.-	35.-.-.- テール
16	藁包、飯用平皿、各藁包60個入り ／藁包	3.-.-.-	48.-.-.- テール
			228.8.-.- テール

"Porceleijnen" in de negotiejournalen van het comptoir Nagasaki

1756

J1755-1/1   NFJ 928   6998-1-95-17
Nagasaki 13 October 1756
Gescheept door Opperhoofd Herbert Vermeulen in *de Keukenhoff* naar Batavia

                        Voor de kleene winkel alle gem. VOC
  66 stroo van 3 p^s in 't stroo
  44 ,, ,, 4 ,, ,, ,, d° ⎫
  57 ,, ,, 5 ,, ,, ,, d° ⎪
  91 ,, ,, 6 ,, ,, ,, d° ⎬ schootels in
135 ,, ,, 8 ,, ,, ,, d° ⎪ soort
260 ,, ,, 10 ,, ,, ,, d° ⎭
126 ,, ,, 20 ,, ,, ,, d° ⎫ borden
144 ,, ,, 30 ,, ,, ,, d° ⎭

923 Stroo porcelijnen in soort â 't stroo T 3.-.- is   T. 2769.-.-

1757

J1757-1/1   NFJ 929   6998-1-95-18
Nagasaki 1 November 1757
Gescheept door Opperhoofd David Boelen in *de Tulpenburg* naar Batavia

44 Stroo Porcelijnen in Zoort gen^{rt} VOC als
  20 Stroo vergulde Schootels van 3 in 't stro
  15 ,,   d°   d°   ,, 4 ,, ,, ,,
   9 ,,   d° borden ,, 20 ,, ,, ,,

44 Strootjes in soort â 't stroo T 9.-.-.- is   T. 396.-.-.-

1756

J1756-1/1　　　NFJ 928　　　　6998-1-95-17

長崎、1756年10月13日
商館長ヘルベルト・ヴェルメーレンによってバタヴィア行きのコーケンホフ号で運ばれた

　　　　　　　　　　　　　　雑貨部向け、すべてVOCと記されている
　　　66　　藁包　3個入り藁包
　　　44　　 〃　 4〃 〃 藁包
　　　57　　 〃　 5〃 〃 藁包
　　　91　　 〃　 6〃 〃 藁包 ｝各種取り合わせた深皿
　　 135　　 〃　 8〃 〃 藁包
　　 260　　 〃　10〃 〃 藁包
　　 126　　 〃　20〃 〃 藁包 ｝皿
　　 144　　 〃　30〃 〃 藁包
　　―――――――――――――――――――――――――――
　　 923　　藁包の各種取り合わせた磁器、／藁包 3.-.- テール　　　　　　　　　2769.-.- テール

1757

J1757-1/1　　　NFJ 929　　　　6998-1-95-18

長崎、1757年11月1日
商館長ダヴィッド・ボーレンによってバタヴィア行きのトゥルペンブルフ号で運ばれた

　　44　　藁包、各種取り合わせた磁器、VOCと記されている、すなわち
　　20　　藁包、金彩がほどこされた深皿、各藁包 3個入り
　　15　　 〃　同上　　　同上　〃　4〃 〃
　　 9　　 〃　同上　　　皿　　〃 20〃 〃
　　――――――――――――――――――――――――――
　　44　　藁小包、各種取り合わせ、／藁包 9.-.-.-テール　　　　　　　　　　396.-.-.- テール

"Porceleijnen" in de facturen van het comptoir Nagasaki
(Porcelain in the Invoices of the Nagasaki Office)

1651

F1651-1/1   NFJ 775   6998-1-113-28
Nagasaki, 18 October 1651
Gescheept door Opperhoofd Pieter Sterthemius in [de]*Campen* over Tayouan naar Tonckyn

176 p diverse sorteringh Japanse porceleijne schotels, pieringhs
en flessen·· T.   8.8.5

1652

F1652-1/1   NFJ 776   6998-1-113-31
Nagasaki, 31 October 1652
Gescheept door Opperhoofd Adriaan van der Burgh in *Den Coningh van Polen* naar Taijouan

1265 stx groote en cleijne medicament potten in 2 cassen
gepackt costen tzamen··· T.   41.-.

1653

F1653-1/1   NFJ 777   6998-1-113-32
Nagasaki, 11 November 1653
Gescheept door Opperhoofd Frederick Coijett in *den Witten Valck* naar Taijouan

2200 stucx: diverse porceleijne fleskens, potjens, zalff en concerff potten voor Batavia volgens
d'overgesonden monsters alhier gemaeckt, bestaende in 54. packjens en costen als volght
1200 stucx cleijne fleskens, en potjens, in 13. Packen
a 4 cond^n jder comt··· T.   48.-.-
1000 stucx zalff en concerff potten, driederhande
sorteringh bestaende in 41 packjens
tot 5 maes de gesorteerde 3. stucx comt······················ T. 166.6.6
T. 214.6.6

長崎商館の送り状における「磁器」

1651

F1651-1/1　　　NFJ 775　　　　6998-1-113-28
長崎、1651年10月18日
商館長ピーテル・ステルテミウスによって台湾経由トンキン行きのカンペン号で運ばれた

　　176個　様々な種類の日本磁器の深皿、平皿、
　　　　　と瓶・・・・・・・・・・・・・・・・・・・・・・・・・・・・・・・・・・8.8.5 テール

1652

F1652-1/1　　　NFJ 776　　　　6998-1-113-31
長崎、1652年10月31日
商館長アドリアーン・ファン・デル・ブルフによって台湾行きのコーニング・ファン・ポーレン号で運ばれた

　　1265個　大小の薬壺、2箱に梱包、
　　　　　合計金額・・・・・・・・・・・・・・・・・・・・・・・・・・・・・41.-.- テール

1653

F1653-1/1　　　NFJ 777　　　　6998-1-113-32
長崎、1653年11月11日
商館長フレデリック・コイエットによって台湾行きのヴィッテ・ファルク号で運ばれた

　　2200個　様々な磁器の瓶、小壺、軟膏用および保存用の壺、バタヴィア向け、以下
　　　　　送付された見本に基づき当地で製作し54の小包に梱包、値段は以下の通り
　　1200個　小瓶および小壺、13包入り、
　　　　　4コンドリン／個　合計・・・・・・・・・・・・・・・・・48.-.- テール
　　1000個　軟膏および保存用の壺、3種類のもの
　　　　　41包入り、
　　　　　各5マース／選別した3個　合計・・・・・・・・・・・・166.6.6 テール
　　　　　　　　　　　　　　　　　　　　　　　　　　　　　　214.6.6 テール

"Porceleijnen" in de facturen van het comptoir Nagasaki

1654

F1654-1/2 NFJ 778 6998-1-113-33
Nagasaki, 25 October 1654
Gescheept door Opperhoofd Gabriel Happert in *de Breda* naar Taijouan

3745 stux: conserfpotten, cleijne fleskens ende potjens voor de Chirurgijns winckel van Batavia
expres van hier gevordert alle bestaende in 35 packjens en gem^t P.P. namentl.
 305 stx salff en conserff potten in 11 packjens, zijnde in 5, 125. ende in 6. packjens der
  zelver 180 stx: gepackt costen a 8. cond^r jder·············· T. 24.4.-
 1640 stx diversche sorteringe, cleijne fleskens ende
  potjens bestaende in 18 packen, costen door een
  2. cond^r yder······································· T. 32.8.-
 1800 stx cleijne fleskens van driederhande sorteringe
  conform de modellen desen Jare p^r 't Calff van Bat^a
  becomen, gemaeckt, bestaende in 6. packen ider -
  inhoudende 300 stx a 15 stx: voor 1. maes zijnde
  gemerckt als boven compt.······························ T. 12.-.-
 3745 stx: potten en fleskens costen t'samen································· T. 69.2.-

- φ -

F1654-2/2 NFJ 778 6998-1-113-33
Nagasaki, 31 October 1654
Gescheept door Opperhoofd Gabriel Happart in *het Calff* naar Taijouan

513 p^s zoo salff als conserff potten voorde Chirurgijns winckel
op Batavia bestaende in 29. packen alle gem^t S.P.
costen 'tsamen·· T. 43.-.4

1655

F1655-1/1 NFJ 779 6998-1-113-35
Nagasaki, 21 October 1655
Gescheept door Opperhoofd Leonard Winninx in *den Angelier* naar Taijouan

3209 stucx: zoo salf ende consert Potjens mitsgaders cleijne Porce-
leijne fleskens te weten -
 502 p^s d° potten eerste soort bestaende in··· 21 packjens
 480 p d° potten tweede soort bestaende in··· 16 packjens } gem^t : P
 504 p d° potten derde soort bestaenden in··· 12 packjens
 1509 p salf ende conserfpotten
  a 8 condreijn 't stucq································· T. 120.7.2
 1700 p cleijne Porceleijne fleskens bestaende in 4 Packjens
  ende gemerckt······a 2: condreijn 't stucq················ T. 34.-.-
 3209 p potten ende : fleskens porceleijn wercq 'tzamen························ T. 154.7.2

1654

F1654-1/2　　　NFJ 778　　　　6998-1-113-33
長崎、1654年10月25日
商館長ガブリエル・ハッパルトによって台湾行きのブレダ号で運ばれた

  3745個　保存用壺、小瓶およびバタヴィアの外科治療所向け小壺、特に当地から送る35個に全て
       分けて梱包し、P.P.と記されている、すなわち
    305個　軟膏用および保存用の壺、合計小箱11個、内訳は、125個入り小箱5個、
        180個入り小箱6個、各1個8コンドリン・・・・・・・・・・・・・・・・・・・24.4.- テール
   1640個　様々な種類の小さな瓶や壺
       18箱に分けて梱包
       各2コンドリン・・・・・・・・・・・・・・・・・・・・・・・・・・・・32.8.- テール
   1800個　今年、カルフ号でバタヴィアから
       到着した3種類からなる
       見本に従って作らせた小瓶
       各々300個ずつを納め6包とする、1マース/15個
       上記のように記されている、合計・・・・・・・・・・・・・・・・・・・12.-.- テール
  3745個　壺および瓶、合計・・・・・・・・・・・・・・・・・・・・・・・・・・・69.2 テール

- φ -

F1654-2/2　　　NFJ 778　　　　6998-1-113-33
長崎、1654年10月31日
商館長ガブリエル・ハッパルトによって台湾行きのカルフ号で運ばれた

  513個　軟膏用および保存用の壺、バタヴィアの外科治療所向け
     29包に梱包、すべてにS.P.と記されている
     値段の合計・・・・・・・・・・・・・・・・・・・・・・・・・・・・・43.-.4 テール

1655

F1655-1/1　　　NFJ 779　　　　6998-1-113-35
長崎、1655年10月21日
商館長レオナルト・ヴィニンクスによって台湾行きのアンゲリール号で運ばれた

  3209個　軟膏用および貯蔵用の小壺、ならびに
    小さな磁器の瓶、すなわち
      502個　同上の壺、第1の種類、21箱入り　⎫
      480個　同上の壺、第2の種類、16箱入り　⎬ 'P と記載すること
      504個　同上の壺、第3の種類、12箱入り　⎭
   1509個　軟膏用および貯蔵用の小壺
      8コンドリン／個・・・・・・・・・・・・・・・・・・・・・・・・120.7.2 テール
   1700個　小さい磁器の瓶、小箱4個入り、そして
      2コンドリン／個、と記されている・・・・・・・・・・・・・・・・34.-.- テール
  3209個　磁器製の壺および瓶、合計・・・・・・・・・・・・・・・・・・・・・154.7.2 テール

"Porceleijnen" in de facturen van het comptoir Nagasaki

1656

F1656-1/2   NFJ 780   6998-1-113-37
Nagasaki, 22 October 1656
Gescheept door Opperhoofd Joan Boucheljon in *de Coninck David* naar Taijouan

2003 stx: Porceleijne groote en cleijne zalf ende conserf potten mitsgaders cleijne
fleskens gepackt in 3 cassen ende gemerckt, voor de chirurgijns
winckel in Taijouan bestaende ende costende als volcht -
    683 stx grove D° a 8: condrijns ijder·······························T.   54.6.4
    230 stx wat cleijnder a 5 condrijn ijder·························T.   11.5.-
    1090 p^s noch cleijnder a.2 condrijn ijder·······················T.   21.8.-
                                                                               T.   87.9.4

- ϕ -

F1656-2/2   NFJ 780   6998-1-113-37
Nagasaki, 2 November 1656
Gescheept door Opperhoofd Joan Boucheljon in [de] *Avondtstar* naar Batavia

2136 stx Porceleijne potten voor de Chirurgijn Winckel costen 'tsamen   T.   99.6.2

1657

F1657-1/2   NFJ 781   6998-1-113-39
Nagasaki, 12 October 1657
Gescheept door Opperhoofd Zacharias Wagenaer in *de Ulisses* naar Batavia

1 cas met diverse monsters van porcelijn voort vaderland waer van
uijt yder zoorteringe eenige hier tot naerrichtinge zijn verbleven,
gem^t N° 2 costende als p^r specificatie···T.   29.5.3
                    ongelden op tvoorstaende.-

- ϕ -

F1657-2/2   NFJ 781   6998-1-113-39
Nagasaki, 25 October 1657
Gescheept door Opperhoofd Zacharias Wagenaer opperhooft in [de] *Domburgh* naar Taijouan

3040 stx: medicament en zalfpotten, bestaende in 61. packen voor de
chirurgijns winckel op Bat^a alle gem^t M.P. te weten.-
1720 stx ordinarij potten in 43 balen
    a 8 cond^r ijder. ··T.   137.6.-
1320 stx cleene d^{os}.: in 18 balen a 5 cond^r ijder. ···············T.   66.-.-
3040 stx: monteeren tzamen. ···T.   203.6.-

1656

F1656-1/2　　　NFJ 780　　　6998-1-113-37
長崎、1656年10月22日
商館長ヨアン・ブーヘリオンによって台湾行きのコーニンク・ダヴィッド号で運ばれた

　2003個　磁器製の大小の軟膏用および貯蔵用壺、ならびに小型の瓶
　　　　　これらを3箱に梱包し、台湾の外科治療所向けと印をつけること
　　　　　状態と値段は下記のとおりである
　　　683個　粗製の上記の壺、各8コンドリン・・・・・・・・・・・・・・・・・・・・・・・54.6.4 テール
　　　230個　やや小さめの壺、各5コンドリン・・・・・・・・・・・・・・・・・・・・・・・11.5.- テール
　　　1090個　さらに小さい壺、各2コンドリン・・・・・・・・・・・・・・・・・・・・・21.8.- テール
　　　　　　　　　　　　　　　　　　　　　　　　　　　　　　　　　87.9.4 テール

- φ -

F1656-2/2　　　NFJ 780　　　6998-1-113-37
長崎、1656年11月2日
商館長ヨアン・ブーヘリオンによってバタヴィア行きのアーヴォントスタル号で運ばれた

　2136個　外科治療所向け磁器の壺、値段合計・・・・・・・・・・・・・・・・・・・・・・99.6.2 テール

1657

F1657-1/2　　　NFJ 781　　　6998-1-113-39
長崎、1657年10月12日
商館長ザハリアス・ワーヘナールによってバタヴィア行きのユリセス号で運ばれた

　　　　祖国向けの様々な磁器の見本の入った箱1個
　　　　各々の取り合わせによっていくつかを当地に見本として役立つように残しておくもの
　　　　N° 2 と記されている、値段は明細の通り・・・・・・・・・・・・・・・・・・・・29.5.3 テール
　　　　　　　　　　　　　前述の経費―

- φ -

F1657-2/2　　　NFJ 781　　　6998-1-113-39
長崎、1657年10月25日
商館長ザハリアス・ワーヘナールによって台湾行きのドムブルフ号で運ばれた

　3040個　薬用および軟膏用壺、61包に入っている
　　　　　バタヴィアの外科治療所向け、各々にM.P.と記載すること、つまり
　　　1720個　普通の壺、　　　　43俵、
　　　　　　　各8コンドリン・・・・・・・・・・・・・・・・・・・・・・・・・・・・・・・137.6.- テール
　　　1320個　小型の同上の品、　18俵、各5コンドリン・・・・・・・・・・・・・66.-.- テール
　　　3040個　総額・・203.6.- テール

"Porceleijnen" in de facturen van het comptoir Nagasaki

1658

F1658-1/2   NFJ 782   6998-1-113-40
Nagasaki, 16 October 1658
Gescheept door Opperhoofd Joan Boucheljon in *de Zeeridder* naar Taijouan

                    'T volgende voor Bengaele . -
457 stucx Japans porceleijn in een cas gemerckt N° 9. VOC.-
    costende met d'ongelden daar opgevallen 't samen·················· T.   27.4.5

                    - ɸ -

F1658-2/2   NFJ 782   6998-1-113-40
Nagasaki, 23 October 1658
Gescheept door Opperhoofd Joan Boucheljon in *de Trouw* naar Batavia

4800 stucx: medicament potten en flesjens van diversse soorte voor de
    Chirurgijns winckel op Batavia gepackt in 9 : vaderlantse
    Cassen en 2 suijckerkisten gemerckt van N° 1: tot N° 11:
    costen 'tzamen·· T.   281.2.-

1659

F1659-1/6   NFJ 783   6998-1-113-42
Nagasaki, 15 October 1659
Gescheept door Opperhoofd Zacharias Wagenaar in *de Vogelensank* naar Batavia

5748 stx diversche soort Porceleijnen voor Bat^a en Nederlant gepakt in
    10 Cassen, en 30 Balen gemerkt als op yd^r ges β: staat, te weten.
    1200 stux in een Casse N° 457. Zijnde
        600 wit kantige thee copiens a T 1.5 tc^{to}··················· T.   9.-.-
        400 d^{os} root en groen a T 1.5 tcent················· T.   6.-.-
        200 groote d^{os} met rode schilderij a T2.- tc^{to}············· T.   4.-.-
                                                                   T.   19.-.-

    496 stux in een Casse N° 397. Daarinne
        200 stx thee copiens met silver
            gebloemt··· T.   5.-.-
        100 groote coppen met silver en rode randen················T.   4.-.-
         42 blaauwe d^{os} buijten vergult binnen wit·············· T.   6.3.-
         54 dubbelde rode overdekte copiens costen·············· T.   3.7.8
        100 stx diversche poppen······························· T.   5.-.-
                                                                  T.   24.-.8

1658

F1658-1/2　　　NFJ 782　　　6998-1-113-40
長崎、1658年10月16日
商館長ヨアン・ブーヘリオンによって台湾行きのゼーリッデル号で運ばれた

　　　　　　　　　　　　　　　　以下はベンガル向けに
　457個　日本磁器、N° 9．VOC と記された箱1個に入っている
　　　　そこでかかる経費込みの値段、合計・・・・・・・・・・・・・・・・・・・・・・・・27.4.5 テール

- φ -

F1658-2/2　　　NFJ 782　　　6998-1-113-40
長崎、1658年10月23日
商館長ヨアン・ブーヘリオンによってバタヴィア行きのトラウ号で運ばれた

4800個　薬壺および瓶、様々な器種
　　　　バタヴィアの外科治療所向け、9つは祖国の箱
　　　　2つは砂糖用の箱につめられ、N° 1 から N° 11 までの番号を記してある
　　　　値段合計・・281.2.- テール

1659

F1659-1/6　　　NFJ 783　　　6998-1-113-42
長崎、1659年10月15日
商館長ザハリアス・ワーヘナールによってバタヴィア行きのフォーヘルザンク号で運ばれた

5748個　バタヴィア及びオランダ向けの様々な種類の磁器
　　　箱10個と30俵に詰められている、それぞれについて記載されているように、すなわち
　1200個　N° 457の箱1個に入っている
　　　600個　白磁で角型のティーカップ、1.5テール／100個・・・・・・・・・・・9.-.- テール
　　　400個　赤と緑の同上の品、1.5テール／100個・・・・・・・・・・・・・・・6.-.- テール
　　　200個　赤で絵付けした大型の同上の品、2.0テール／100個・・・・・・・・・4.-.- テール
　　　　　　　　　　　　　　　　　　　　　　　　　　　　　　　　　　　　　19.-.- テール
　　496個　N° 397の箱1個に入っている、その内訳は
　　　200個　銀で花を表した
　　　　　　ティーカップ・・・・・・・・・・・・・・・・・・・・・・・・・・・5.-.- テール
　　　100個　銀と赤の縁の大型のカップ・・・・・・・・・・・・・・・・・・・・4.-.- テール
　　　　42個　外面に金彩を施し、見込みの白い青の同上の品・・・・・・・・・・・6.3.- テール
　　　　54個　2倍の赤で覆ったカップ、値段は・・・・・・・・・・・・・・・・・3.7.8 テール
　　　100個　様々な人形・・・・・・・・・・・・・・・・・・・・・・・・・・・5.-.- テール
　　　　　　　　　　　　　　　　　　　　　　　　　　　　　　　　　　　　　24.-.8 テール

"Porceleijnen" in de facturen van het comptoir Nagasaki

```
268 stx in een Casse N° 439. als
       5 stx sioubacken met rode schilderijen tsam·················  T.   4.-.-
       3 pˢ Craanvogels jder 7. mˢ. 5 condⁿ······················  T.   2.2.5
     100 groote blaauw geschilderde commen costen················  T.  15.-.-
     100 cleijne dᵒˢ··········································  T.   9.-.-
      60 stx rode en groene dᵒˢ a T 5: tcᵗᵒ······················  T.   3.-.-
                                                                              T.  33.2.5
200 stux in een Casse gemerkt N° 407. Zijnde
     100 witte commen costende································  T.   3.5.-
     100 dᵒˢ met vergulde bloemen····························  T.   9.-.-
                                                                              T.  12.5.-
330 stux in een Casse N° 319 daar in -
     100 witte pierings met silvere bloemen······················  T.  13.-.-
     100 kantige dᵒˢ binnen blaauw····························  T.  20.-.-
     130 dᵒˢ blaauw geschildert tsamen·························  T.  13.5.-
                                                                              T.  46.5.-
460 stux in een Casse N° 203. als
     120 d° pierings als voren geschildert costen················  T.  11.-.-
     340 dᵒˢ geheel wit costen tsamen··························  T.  30.-.-
                                                                              T.  41.-.-
920 stx in een Casse N° 453 als
     200 rood met silver gebloemde thee pierings cost  T.  12.-.-
     300 wit en blaauwe dᵒˢ ································  T.  18.-.-
     100 diepe boter pierings·····························  T.   5.-.-
     100 slechte rood en groen····························  T.   2.-.-
      90 blaauwe root en vergult a T.6 tcᵗᵒ··············  T.   5.4.-
      10 zoutvaten ijder tot 3 mˢ·······················  T.   3.-.-
      10 mostertpotten idem······························  T.   3.-.-
      10 intkokers tstuk 5 mˢ····························  T.   5.-.-
     100 cleijne bladt pierings ·························  T.   1.3.-
                                                                              T.  54.7.-
304 stux in een casse N° 374 zijnde
     160 stx witte pierings costen tzamen··············  T.  14.9.-
     144 rode en groene commen costen··················  T.  14.4.-
                                                                              T.  29.3.-
890 stux in een Cas N° 378 te weten -
      50 stx roodt en groene fleskens tcento tot T 5. Comt········  T.   2.5.-
     140 witte diepe booter pierings a T 5. - tcᵗᵒ················  T.   7.2.-
     400 dᵒˢ met gedraaijde canten a jdem ·····················  T.  20.-.-
     100 vierkante dᵒˢ binnen blaauw ·························  T.   8.5.-
     100 Pierings binnen root en vergult························  T.  10.-.-
     100 Thee copiens met blaau geschildert····················  T.   2.-.-
                                                                              T.  50.2.-
```

268個　N° 439の箱1個に入っている、すなわち
　　　5個　赤で絵付けした重箱、合計・・・・・・・・・・・・・・・・・・・・・・・・・・・・・　 4.-.- テール
　　　3個　鶴、各7マース5コンドリン・・・・・・・・・・・・・・・・・・・・・・・・・・　 2.2.5 テール
　　 100個　染付で絵付けした、大型の鉢、値段は・・・・・・・・・・・・・・・・・　15.-.- テール
　　 100個　小型の同上の品・・・・・・・・・・・・・・・・・・・・・・・・・・・・・・・・・・・・　 9.-.- テール
　　　60個　赤と緑の同上の品、5テール／100個・・・・・・・・・・・・・・・・・　 3.-.- テール
　　　　　　　　　　　　　　　　　　　　　　　　　　　　　　　　　　　　　 33.2.5 テール

200個　N° 407の箱1個に入っている
　　 100個　白磁の鉢、値段は・・・・・・・・・・・・・・・・・・・・・・・・・・・・・・・・・　 3.5.- テール
　　 100個　金彩で花を表した同上の品・・・・・・・・・・・・・・・・・・・・・・・・・　 9.-.- テール
　　　　　　　　　　　　　　　　　　　　　　　　　　　　　　　　　　　　　 12.5.- テール

330個　N° 319の箱1個に入っている、その中には
　　 100個　銀彩で花を表した、白磁の平皿・・・・・・・・・・・・・・・・・・・・・　13.-.- テール
　　 100個　見込みが青い角型の同上の品・・・・・・・・・・・・・・・・・・・・・・・　20.-.- テール
　　 130個　染付で絵付けした同上の品、合計・・・・・・・・・・・・・・・・・・・　13.5.- テール
　　　　　　　　　　　　　　　　　　　　　　　　　　　　　　　　　　　　　 46.5.- テール

460個　N° 203の箱1個に入っている、すなわち
　　 120個　前述のように絵付けした同上の平皿、値段・・・・・・・・・・・・　11.-.- テール
　　 340個　全くの白磁の同上の品、値段合計・・・・・・・・・・・・・・・・・・・　30.-.- テール
　　　　　　　　　　　　　　　　　　　　　　　　　　　　　　　　　　　　　 41.-.- テール

920個　N° 453の箱1個に入っている、すなわち
　　 200個　銀彩で花を表した赤絵のティーソーサー・・・・・・　12.-.- テール
　　 300個　白と青の同上の品・・・・・・・・・・・・・・・・・・・・・・・　18.-.- テール
　　 100個　深いバター皿・・・・・・・・・・・・・・・・・・・・・・・・・・・　 5.-.- テール
　　 100個　粗末な赤と緑・・・・・・・・・・・・・・・・・・・・・・・・・・・　 2.-.- テール
　　　90個　青、赤と金彩、6テール／100個・・・・・・・・・・・・・　 5.4.- テール
　　　10個　塩容れ、各3マース・・・・・・・・・・・・・・・・・・・・・・　 3.-.- テール
　　　10個　マスタード壺、同上・・・・・・・・・・・・・・・・・・・・・・　 3.-.- テール
　　　10個　インク壺、5マース／個・・・・・・・・・・・・・・・・・・・　 5.-.- テール
　　 100個　小さな葉形皿・・・・・・・・・・・・・・・・・・・・・・・・・・・　 1.3.- テール
　　　　　　　　　　　　　　　　　　　　　　　　　　　　　　　　　　　　　 54.7.- テール

304個　N° 374の箱1個に入っている
　　 160個　白[磁]の平皿、値段合計・・・・・・・・・・・・・・・・・・・・・・・・・・・　14.9.- テール
　　 144個　赤と緑の鉢、値段・・・・・・・・・・・・・・・・・・・・・・・・・・・・・・・　14.4.- テール
　　　　　　　　　　　　　　　　　　　　　　　　　　　　　　　　　　　　　 29.3.- テール

890個　N° 378の箱1個に入っている、以下内訳
　　　50個　赤と緑の瓶、5テール／100個、合計・・・・・・・・・・・・・・・・・　 2.5.- テール
　　 140個　白磁の深いバター皿、5テール／100個・・・・・・・・・・・・・・・　 7.2.- テール
　　 400個　縁が反った同上の品、同上・・・・・・・・・・・・・・・・・・・・・・・・・　20.-.- テール
　　 100個　内側が染付で方形の同上の品・・・・・・・・・・・・・・・・・・・・・・・　 8.5.- テール
　　 100個　内側が赤と金の平皿・・・・・・・・・・・・・・・・・・・・・・・・・・・・・　10.-.- テール
　　 100個　染付で絵付けしたティーカップ・・・・・・・・・・・・・・・・・・・・・　 2.-.- テール
　　　　　　　　　　　　　　　　　　　　　　　　　　　　　　　　　　　　　 50.2.- テール

"Porceleijnen" in de facturen van het comptoir Nagasaki

```
380 stux in N° 173 zijnde
    100 pˢ pieringstiens blaau en zilver cantigh············    T.   15.5.-
    100 dᵒˢ ruijts gewijs heel blaauw·························    T.   15.5.-
     50 licht blaauw geschilderde dᵒˢ tcento T 15½···········   T.    7.7.5
     60 bladtpierings binnen blaauw a T 8. tcᵗᵒ···············   T.    4.8.-
     60 wit blaauwe vierkante dᵒˢ a idem······················   T.    4.8.-
     10 sackij keteltgens tzamen······························   T.    8.-.-
                                                                      T.   56.3.5
300 stux Porceleijne schotels drijlingen in 30 stroo Balen
    a T 40.- thondert compt ············································· T.  120.-.-
    Voor d'oncosten van tpacken en stroo touw als anders, op dit
        bovenstaande gevallen bedraagt···························· T.    8.-.-
5748 stux divers Porceleijn cost met d'ongelden······················ T.  494.8.8
```

- ɸ -

F1659-2/6   NFJ 783   6998-1-113-42
Nagasaki, 24 October 1659
Gescheept door Opperhoofd Zacharias Wagenaar in [de] *Brouwershaven* naar Taijouan

```
230 stx diversche Porceleijnen in 3 Jacquans kisten gemerkt VOC als
     50 stx fijne schotels drielingen costen···················· T.   20.-.-
     30 stx dᵒ quarten········································· T.   10.5.-
    100 stx platte pierings costen····························· T.   10.-.-
     50 stx cleene dᵒˢ·········································· T.    2.5.-
        de drie Jacquans kisten costen························· T.    2.-.-
                                                                      T.   45.-.-
```

- ɸ -

F1659-3/6   NFJ 783   6998-1-113-42
Nagasaki, 25 October 1659
Gescheept door Opperhoofd Zacharias Wagenaar in [de] *Breukelen* naar Taijouan

```
508 stux Olij fleskens en salffpotten in een cas gemerkt VOC te weten.
    182 stx Olijfleskens houdende 1. once yder costen
        tsamen················································ T.    3.-.-
     30 stx salffpotten houdende 1½ lb costen··················· T.    2.4.-
     76 stx houdende yder 1 lb costen··························· T.    5.3.2
     76 stx houdende jder ½ lb costen··························· T.    3.-.4
     68 stx dᵒˢ houdende ¼ lb costen···························· T.    2.7.2
     76 stx dᵒˢ cleijne houdende 2. oncen yder costen············ T.    1.5.2
    508 stx olijfleskens en Salffpotten costen······················ T.   18.-.-
```

- ɸ -

```
     380個  N° 173の箱1個に入れた
         100個  青と銀彩の角のある小皿・・・・・・・・・・・・・・・・・・・・・ 15.5.-  テール
         100個  全体が青い菱形の同上の品・・・・・・・・・・・・・・・・・・・ 15.5.-  テール
          50個  水色で絵付けした同上の品、15½テール／100個・・・・・・・・  7.7.5  テール
          60個  内側が染付の葉形皿、8テール／100個・・・・・・・・・・・・・  4.8.-  テール
          60個  白と青の方形で同上の品、同上・・・・・・・・・・・・・・・・・  4.8.-  テール
          10個  酒用水注、合計・・・・・・・・・・・・・・・・・・・・・・・・・  8.-.-  テール
                                                                    56.3.5     〃
     300個  ¾サイズの磁器の深皿、30俵入り
              40テール／100個、合計・・・・・・・・・・・・・・・・・・・・ 120.-.-    〃
            梱包、藁縄、その他の費用のために
              上記の事柄に加えてかかる費用の合計・・・・・・・・・・・・・    8.-.-    〃
    5748個  経費を含めた様々な磁器の値段・・・・・・・・・・・・・・・・・・・ 494.8.8 テール
```

— ф —

F1659-2/6 　　NFJ 783 　　6998-1-113-42
長崎、1659年10月24日
商館長ザハリアス・ワーヘナールによって台湾行きのブロウワースハーフェン号で運ばれた

```
 230個  薬灌の箱に入った様々な磁器、VOCと記されている、すなわち
     50個  ¾サイズの上質な深皿・・・・・・・・・・・・・・・・・・・ 20.-.-  テール
     30個  ¼サイズの同上の品・・・・・・・・・・・・・・・・・・・・ 10.5.-  テール
    100個  平皿、値段・・・・・・・・・・・・・・・・・・・・・・・・ 10.-.-  テール
     50個  小さな同上の品・・・・・・・・・・・・・・・・・・・・・・  2.5.-  テール
           薬灌の箱3個の値段・・・・・・・・・・・・・・・・・・・・・  2.-.-  テール
                                                                45.-.- テール
```

— ф —

F1659-3/6 　　NFJ 783 　　6998-1-113-42
長崎、1659年10月25日
商館長ザハリアス・ワーヘナールによって台湾行きのブリューケレン号で運ばれた

```
 508個  油瓶および軟膏壺、VOCと記した箱1個に入っている、以下内訳
    182個  油瓶 各1オンス入り
           値段合計・・・・・・・・・・・・・・・・・・・・・・・・・・  3.-.-  テール
     30個  軟膏壺、1½ポンド入り、値段・・・・・・・・・・・・・・・・  2.4.-  テール
     76個  1ポンド入り、値段・・・・・・・・・・・・・・・・・・・・  5.3.2  テール
     76個  ½ポンド入り、値段・・・・・・・・・・・・・・・・・・・・  3.-.4  テール
     68個  同上の品、¼ポンド入り、値段・・・・・・・・・・・・・・・  2.7.2  テール
     76個  小型の同上の品、2オンス入り、値段・・・・・・・・・・・・  1.5.2  テール
 508個  油瓶および軟膏壺、値段・・・・・・・・・・・・・・・・・・・・・ 18.-.- テール
```

— ф —

"Porceleijnen" in de facturen van het comptoir Nagasaki

F1659-4/6 NFJ 783 6998-1-113-42
Nagasaki, 30 October 1659
Gescheept door Opperhoofd Zacharias Wagenaar in *den Ulisses* naar Taijouan

1918 stux diversche Porceleijnen voor de Cust en Bengale in 2 Cassen te weten
 1048 stux in een kas gemerkt VOC porceleijnen voor Bengalen als
  250 stx Tafelpieringtiens zijnde
   50 stx blaauwe met vergulde blommen cost···· T. 6.-.-
   50 stx witte d^{os} met zilvre blommen tot······ T. 5.5.-
   150 stx met blaau loffwerk beschildert costen T. 15.-.-
                  T. 26.5.-
  590 stux diversche cleijne pieringtiens als -
   100 stx ronde met rode bloemen cost··········· T. 8.-.-
   100 d^{os} grover binnen met root loffwerk······· T. 4.-.-
   100 d^{os} ronde en blad wijse blaau geschildert T. 8.-.-
   30 stx ronde donker blaau en vergult costen   T. 3.-.-
   50 stx viercante en -.⎫
   40 stx schulps gewijse⎬ pieringties costen T. 7.5.-
   50 ronde met blaau loffwerk ⎫
   50 d^{os} binnen weijnich vergult⎬ tsamen······· T. 6.-.-
   50 stx cleene blad pieringtiens costen -···· T. 1.-.-
   20 stx diepe boter pieringties costen -····· T. 1.4.-
                  T. 38.9.-
  200 stux diversche witte en vergulde thee copiens
   costen tsamen···································T. 5.5.-
   4 stx vierkante Intkokers a 5 m^s ijder ·····················T. 2.-.-
   2 soutvaten en ⎫
   2 mosterpotten ⎬ a 3. m^s yder································T. 1.2.-
  1048 stx Porceleijnen die bedragen dat Transportere············T. 74.1.-

 870 stx Porceleijnen in een Cas gemerkt VOC porceleynen -
  voor Cormandel daar jnne -
   10 stx schotels drijelingen a 4 m^s yder········· T. 4.-.-
   50 stx witte Tafelpierings a 8 cond^n yder······· T. 4.-.-
   70 stx d^{os} met blomwerk blaau
    beschildert a 1. m^s························· T. 7.-.-
   10 stx commen blaauw beschildert costen········· T. 1.3.-
   10 stx cleijnder commen························· T. 1.-.-
   150 stx witte cleijne ronde pieringtiens costen T. 6.7.5
   50 stx d° binnen vergult met root loffwerk tsamen····T. 4.8.-
   50 stx wit met blaauwe randen tsamen············ T. 3.5.-
   70 stx d° pieringtiens met blompotten
    beschild^t cost································ T. 4.9.-
   20 stx d^{os} kantige met vergult rooswerck gestreept···T. 3.-.-
   100 stx blaauwe kantige en vergulde theepieringties···T. 12.-.-
   40 stx ronde pieringties binnen rood en groen   T. 3.6.-
   240 stx blaauwe geschilderde theecopies costen T. 3.1.2
  870 stx Porceleynen voor Cormandel bedragen··················T. 58.9.7
 1918 stux divers Porceleyn voor Cormandel en Bengale cost tzamen············ T. 133.-.7
         - ɸ -

F1659-4/6 NFJ 783 6998-1-113-42
Nagasaki, 30 October 1659
Gescheept door Opperhoofd Zacharias Wagenaar in *den Ulisses* naar Taijouan

F1659-4/6　　NFJ 783　　　6998-1-113-42
長崎、1659年10月30日
商館長ザハリアス・ワーヘナールによって台湾行きのユリセス号で運ばれた

1918個　箱2個に入った沿岸とベンガル向けの様々な磁器、すなわち
　　1048個　VOCと記された箱1個に入ったベンガル向けの磁器、すなわち
　　　　250個　食卓用皿
　　　　　　　50個　青い金彩で花を表し、値段・・・・・・・・・・・6.-.- テール
　　　　　　　50個　銀彩で花を表した白い、同上の品・・・・・・5.5.- テール
　　　　　　　150個　青い葉模様を描いた、値段・・・・・・・・・・15.-.- テール
　　　　　　　　　　　　　　　　　　　　　　　　　　　　　　　　26.5.- テール

　　　　590個　様々な小さい小皿、すなわち
　　　　　　　100個　円形で赤い花を表した、値段・・・・・・・・・8.-.- テール
　　　　　　　100個　粗製で内側に赤い葉模様を描いた同上の品・・4.-.- テール
　　　　　　　100個　円形で葉状の模様を染付で描いた同上の品・・8.-.- テール
　　　　　　　30個　円形で暗い青に金彩をほどこした、値段・・・3.-.- テール
　　　　　　　50個　方形の[小皿]と　　　　　　　　　　　　　
　　　　　　　40個　貝殻のような小皿、}値段・・・・・・・・・・7.5.- テール
　　　　　　　50個　円形で染付の葉模様をあらわした
　　　　　　　50個　内側にわずかに金彩をほどこした}合計・・・6.-.- テール
　　　　　　　50個　小さい葉形小皿、値段・・・・・・・・・・・・1.-.- テール
　　　　　　　20個　深いバター用小皿、値段・・・・・・・・・・・1.4.- テール
　　　　　　　　　　　　　　　　　　　　　　　　　　　　　　　　38.9.- テール

　　　　200個　様々な白磁で金彩をほどこしたティーカップ
　　　　　　　合計金額・・・・・・・・・・・・・・・・・・・・・・・・5.5.- テール
　　　　　4個　方形のインク壺、各5マース・・・・・・・・・・・・・2.-.- テール
　　　　　2個　塩容れ、そして　　　　}
　　　　　2個　マスタード壺　　　各3マース・・・・・・・・・・・1.2.- テール
　　　1048個　磁器の総額、繰越・・・・・・・・・・・・・・・・・・74.1.- テール

　　870個　VOC磁器と記された箱1個に入った磁器
　　　　コロマンデル向け、その中に
　　　　　10個　¾サイズの深皿、各4マース・・・・・・・・・・・・4.-.- テール
　　　　　50個　白い食卓用平皿、各8コンドリン・・・・・・・・・4.-.- テール
　　　　　70個　花模様を染付で施した
　　　　　　　　各1マース・・・・・・・・・・・・・・・・・・・・・7.-.- テール
　　　　　10個　染付で彩色した鉢、値段・・・・・・・・・・・・・1.3.- テール
　　　　　10個　小鉢・・・・・・・・・・・・・・・・・・・・・・・・1.-.- テール
　　　　150個　白磁の円形小皿、値段・・・・・・・・・・・・・・6.7.5 テール
　　　　　50個　内側に金彩を施し赤い葉模様を描いた同上品、合計　4.8.- テール
　　　　　50個　縁に染付で描いた白磁、合計・・・・・・・・・・・3.5.- テール
　　　　　70個　花壺を描いた同上の小皿
　　　　　　　　値段・・・・・・・・・・・・・・・・・・・・・・・・4.9.- テール
　　　　　20個　金彩で薔薇模様を描き線を引いた角型の同上の品・・3.-.- テール
　　　　100個　角があり金彩をほどこした青いティーソーサー・・・12.-.- テール
　　　　　40個　内側が赤と緑の円形の小皿・・・・・・・・・・・・3.6.- テール
　　　　240個　染付で絵付けしたティーカップ、値段・・・・・・・3.1.2 テール
　　　　870個　コロマンデル向け磁器の総額・・・・・・・・・・・・・・58.9.7 テール
1918個　コロマンデルとベンガル向けの様々な磁器の総額・・・・・・・・・・・133.-.7 テール
　　　　　　　　　　　　　　　　- φ -

"Porceleijnen" in de facturen van het comptoir Nagasaki

F1659-5/6   NFJ 783   6998-1-113-42
Nagasaki, 30 October 1659
Gescheept door Opperhoofd Zacharias Wagenaar in [de] *Nieupoort* naar Taijouan

21567 stux diversche porceleijnen voor Mocha in 219. Packen
sijnde gesorteert en genombreert als volgt -
3240 stux copiens met blaauwe bloemen in 27. stroo packen van 120 stx
   yder alle op de houtiens gemerkt N° 1. voor Mocha te weten
     1920 stx in 16 packen a T.2. tcento············· T. 38.4.-
     1320 stx in 11. d^{os}
       a T.- 18 maas tC^{to}···················· T. 23.7.6
                                                   T. 62.1.6
3600 stx copiens in 30. packen van 120 jder alle gemerkt
   N° 2 a T.2. tcento·············· T. 72.-.-
4320 stx witte d^{os} in 36 packen van 120 jd^r gemerkt
   N° 3 a T.13 tC^{to}·············· T. 56.1.6
3105 stx Cauwa copiens met voetgens in 23. packen van -
   135. p^s gemerkt N° 4 a T.3. tcento·········· T. 93.1.5
2970 stx d° copiens in 22. packen van 135 p^s jd^r gemt
   N° 5. a T.3. tC^{to}·············· T. 89.1.-
2835 stx d^{os} buijten geheel blaauw in 21. packen van
   135. stux alle gemerkt N° 6 a T.7 tcento········ T. 198.4.5
 345 stx groote commen in 23. packen van 15 p^s yder a T.16.
   tcento alle gemerkt N° 5·············· T. 55.2.-
 520 stx kleynder commen in 13. packen van 40 p^s gemerkt
   N° 6 a T.12. tcento·············· T. 62.4.-
 570 p^s noch cleijnder d^{os} in 10. packen 7. van 60 en 3 van
   50. p^s gemerkt N° 7 a T.7. tcento········· T. 39.9.-
  25 stx porceleijne flessen met blaau loffwerk beschildert in
   5 packen van 5 p^s ijder gemerkt N° 8 a 5 m^s tp^s -······ T. 12.5.-
  37 stx d° vlessen met rood en groene verff beschildert in 9.
   pack 8 van 4 en 1 van 5 p^s jd^r gemt N° 8 a 6 m^s tp^s -····· T. 22.2.-
21567 stux porceleijnen voor Mocha in 219. packen bedragen stamen   T. 763.2.2
 560 stx Porceleijne voor Suratte in een Cas gem^t VOC voor Suratten daarjnne
   10 schotels, drijlingen a 4 maas yder············ T. 4.-.-
   50 stx blaauwe tafelpierings a 1 m^s yder·········· T. 5.-.-
   50 stx witte d^{os} a 8 condrijn yder············ T. 4.-.-
   10 stx grote commen blaauw beschildert costen········ T. 1.3.-
   10 stx cleynder commen tot··············· T. 1.-.-
   50 stx cleijne witte pieringtiens costen tzamen········ T. 2.2.5
   50 stx cleijne witte d^{os} binnen met silvere rosen costen······ T. 4.8.-
   40 stx schotteltiens binnen meest rood beschildert tot······ T. 3.5.-
   40 stx binnen wit met heel blaauwe randen·········· T. 3.-.-
   50 stx te weten 30 witte en 20 met roodt
     beschilderde thepierings················ T. 3.-.-
   30 stx viercante pieringtiens binnnen vergult die costen····· T. 2.4.-
   20 stx fijne coppen zijnde buijten met goud gebloemt······· T. 1.5.-
   50 stx kleynder copiens wit en vergult a 6 condrijn yder····· T. 3.-.-
  100 stx witte cantige thee copiens costen tzamen········ T. 2.5.-
  560 stux diversche porceleijnen voor Suratten bedragen·············T. 41.2.
                                    - φ -

F1659-5/6　　　NFJ 783　　　　6998-1-113-42
長崎、1659年10月30日
商館長ザハリアス・ワーヘナールによって台湾行きのニューポールト号で運ばれた

21567個　219包のモカ向けの様々な磁器
　　　　　選別され次のように番号をつけられた
　　3240個　染付で花が表されたカップ、各120個入りの藁包27個に入っている
　　　　　　すべて木片にN° 1 モカ向けと記されている、以下内訳
　　　1920個　16包　　2テール／100個・・・・・・・・・・・38.4.-テール
　　　1320個　11包
　　　　　　　18マース／100個・・・・・・・・・・・23.7.6 テール
　　　　　　　　　　　　　　　　　　　　　　　　　　62.1.6 テール
　　3600個　小さいカップ、各120個入り包30個に入っている
　　　　　　すべてはN° 2と記されている、2テール／100個・・・・・72.-.-テール
　　4320個　白磁の同上の品、各120個入り包36個
　　　　　　N° 3と記されている、13テール／100個・・・・・・56.1.6 テール
　　3105個　脚つきのコーヒーカップ、各135個入り包23個
　　　　　　N°.4と記されている、3テール／100個・・・・・・93.1.5 テール
　　2970個　同上のカップ、各135個入り包22個
　　　　　　N° 5と記されている、3テール／100個・・・・・・89.1.-テール
　　2835個　外側全体が青い同上の品、各135個入り包21個
　　　　　　すべて N° 6と記されている、7テール／100個・・・・198.4.5 テール
　　345個　大きな鉢、各15個入り包23個、16テール／100個
　　　　　　すべて N° 5と記されている・・・・・・・・・・・55.2.-テール
　　520個　小さい鉢、40個入りの包13個
　　　　　　N° 6と記されている、12テール／100個・・・・・・62.4.-テール
　　570個　さらに小さい同上の品、60個入り包7個と
　　　　　　50個入り包3個で[合計]10包、N° 7と記されている、7テール／100個・・39.9.-テール
　　25個　染付で葉模様が描かれた磁器の瓶、各5個入り包5個
　　　　　　N° 8と記されている、5マース／個・・・・・・・・12.5.-テール
　　37個　赤と緑の絵具で彩色された瓶、9包
　　　　　　各4個入り包8個と各5個入り包1個、N° 8と記されている、6マース／個・・22.2.-テール
21567個　モカ向けの磁器219包の総額・・・・・・・・・・・・・・・・・763.2.2 テール
　560個　スーラト向け磁器、スーラト向けVOCと記された箱に入っている、その中に
　　10個　¾サイズの深皿、4マース／個・・・・・・・・・・・4.-.-テール
　　50個　青い食卓用平皿、1マース／個・・・・・・・・・・・5.-.-テール
　　50個　白磁の同上の品、8コンドリン／個・・・・・・・・・4.-.-テール
　　10個　青で彩色された大きな鉢、値段・・・・・・・・・・・1.3.-テール
　　10個　小さい鉢・・・・・・・・・・・・・・・・・・・・1.-.-テール
　　50個　小さい白磁の小皿、総額・・・・・・・・・・・・・2.2.5 テール
　　50個　内側に銀の薔薇が描かれた小さい白磁の同上の品、値段・・・・4.8.-テール
　　40個　内側の大部分が赤で彩色された小深皿・・・・・・・・3.5.-テール
　　40個　縁の全体が青く内側が白い・・・・・・・・・・・・3.-.-テール
　　50個　すなわち30個の白、20個の赤で
　　　　　彩色したティーソーサー・・・・・・・・・・・・・3.-.-テール
　　30個　内側に金彩をほどこした方形の小皿、値段・・・・・・2.4.-テール
　　20個　外側に金の花が描かれた上質のカップ・・・・・・・・1.5.-テール
　　50個　白磁で金彩をほどこした小さいカップ、6コンドリン／個・・・・3.-.-テール
　　100個　白磁で角のあるティーカップ、総額・・・・・・・・2.5.-テール
　　560個　スーラト向けの様々な磁器、総額・・・・・・・・・・・・・・・41.2.5 テール
　　　　　　　　　　　　　　－ φ －

"Porceleijnen" in de facturen van het comptoir Nagasaki

F1659-6/6   NFJ 783   6998-1-113-42
Nagasaki, 4 November 1659
Gescheept door Opperhoofd Zacharias Wagenaar in [de] *Hilversum* naar Batavia

108 stux nieuwe porceleijnen tot monsters in een kist gemerkt VOC zijnde
    24 stx pintgens kannetgens a 5 m^s yder····························· T. 12.-.-
    30 stx mostertpotgens a 2½ m^s yder························· T.   7.5.-
    30 stx zoutvaten a 2½ m^s yder······························ T.   7.5.-
    10 stx Intkokers a 4 m^s yder································· T.   4.-.-
    14 stx wijn kannetgens a 5. m^s yder·························· T.   7.-.-
   108 stx Porceleijnen costen tzamen·· T.   38.-.-

3271 stux Salffpotten en fleskens voor de Chirurgijns Winkel op –
    Batavia in 90. packen en gesorteert als volgt
    276 medicament potten   N° 1. in 23 pakjens van 12.p^s ⎤ a 8
    720 stx d° weijnich cleender N° 2. - 36.packen van 20.   ⎬ cond^r
    275 stx d° na tmonster   N° 3. - 11.pack van 25   ⎦ jder
                                                                                                         T. 101.6.8
    210 stx potten na tmonster   N° 4. in   7.packjens v. 30. a 7 C^n T. 14.7.-
    640 stx potten N° 5.- in 8 packiens van 80 p^s a 5 cond. ············ T. 32.-.-
   1150 stx witte fleskens N° 6. in 5 packen a 2 cond^n··············· T. 23.-.-
   3271 stx salffpotten en fleskens in 90. packen costen   T. 171.3.8

F1659-6/6　　NFJ 783　　　6998-1-113-42
長崎、1659年11月4日
商館長ザハリアス・ワーヘナールによってバタヴィア行きのヒルフェルズム号で運ばれた

　108個　見本に従った新しい磁器、VOCと記された箱1個に入っている
　　　24個　1パイントの水注、各5マース・・・・・・・・・・・・・・・・・・・・・・12.-.- テール
　　　30個　マスタード壺、各2½マース・・・・・・・・・・・・・・・・・・・・・・7.5.- テール
　　　30個　塩容れ、各2½マース・・・・・・・・・・・・・・・・・・・・・・・・・7.5.- テール
　　　10個　インク壺、各4マース・・・・・・・・・・・・・・・・・・・・・・・・・4.-.- テール
　　　14個　ワイン用水注、各5マース・・・・・・・・・・・・・・・・・・・・・・・7.-.- テール
　　108個　磁器、総額・・・・・・・・・・・・・・・・・・・・・・・・・・・・・・・・・・・・・38.-.- テール

3271個　軟膏壺と瓶、バタヴィアの外科治療所向け
　　　90包入り、以下の通りに選別されている
　　　276個　薬壺　　　　　　　N°1、各12個入り小包23個　　各8
　　　720個　同上、少しより小型　N°2、各20個入り包36個　　コンド
　　　275個　同上、見本に従って　N°3、各25個入り包11個　　リン
　　　　　　　　　　　　　　　　　　　　　　　　　　　　　101.6.8 テール
　　　210個　壺　　見本に従って　N°4、各30個入り小包7個、7コンドリン・・・・・14.7.- テール
　　　640個　壺　　　　　　　　　N°5、各80個入り包8個、5コンドリン・・・・・・32.-.- テール
　　　1150個　白磁の瓶　　　　　　N°6、包5個、2コンドリン・・・・・・・・・・・23.-.- テール
　　3271個　軟膏壺および瓶、90包、値段・・・・・・・・・・・・・・・・・・・・・・・171.3.8 テール

"Porceleijnen" in de facturen van het comptoir Nagasaki

1660

F1660-1/3   NFJ 784   6998-1-114-2
Nagasaki, 15 October 1660
Gescheept door Opperhoofd Joan Boucheljon in [de] *Venenburch* naar Batavia

11530 stux diversche sorteringh van porceleijnen voor Nederlant gepakt in 12.
Cassen alle gem^t. nevens VOC en gesorteert gelijk volgt namentlijk –
1000 stux in een Casse N° 1. te weten
    200 stx boterpieringjens blaau geschildert
        a 8 m^s d' 10·································· T.   16.-.-
    80 stx met rood en blaauwe schilderij
        a 7 m^s d' 10. stx···························· T.   5.6.-
    40 stx d^{os} waijerswijs met blaau en gout
        a T.1 d' 10. -······························· T.   4.-.-
    80 stx d^{os} met rood en silver geschild^t
        a 6 m^s d' 10. stx···························· T.   4.8.-
    100 stx d^{os} blaau geschildert
        a 85 cond^n d' 10. stux -················· T.   8.5.-
    340 stx d^{os} met roo en groene randen
        a 55.cond^n. d' 10.-························ T.   18.7.-
                                                                                                         T.   64.-.-

1390 stux in een Casse gemerkt N° 2 als
    60 stx boterpierings met blaau en gout
        a 9 m^s d' 10·································· T.   5.4.-
    300 stx met blaau swart en silver geschild^t
        a 8 m^s-······································ T.   24.-.-
    80 stx d^{os} binnen root en silver
        a 55 cond^n. d'10 stx -··················· T.   4.4.-
    60 stx d^{os} met blaau en silver
        a 6 m^s d'10. stx -·························· T.   3.6.-
    40 stx root en groen geschildert
        a 6 m^s d'10 stux····························· T.   2.4.-
    90 stx geriffelde d^{os} met gout
        a 12 m^s d'10 stx -·························· T.   10.8.-
    100 stx bladpierings met silvre bloemen
        a 6 m^s d' 10································ T.   6.-.-
    80 stx root en groene halve commen costen
        d'10 3 m^s····································· T.   2.4.-
    120 stx blad pierings root en blaau geschild^t
        a 3 m^s d' 10································ T.   3.6.-
    40 stx viercante d^{os} root en groen
        a 5 m^s d' 10 -······························ T.   2.-.-
    120 stx ruijtsgewijse met rode schilderij
        a 5 m^s d' 10································ T.   6.-.-
    100 stx blad d^{os} met root blaau en gout
        a 8 m^s d' 10································ T.   8.-.-
    200 stx witt en met silver a 45 cond^n d'10 stx··· T.   9.-.-
                                                                                             T.   87.6.-

1660

F1660-1/3　　NFJ 784　　6998-1-114-2
長崎、1660年10月15日
商館長ヨアン・ブーヘリオンによってバタヴィア行きのフェーネンブルフ号で運ばれた

11530個　オランダ向けの様々な種類の磁器、12箱に梱包され
　　　　すべて次のように選別され、VOCの印とともに 以下のように記された、すなわち
　1000個　N° 1の箱に入っている、すなわち
　　　200個　染付で絵付けしたバター用小皿
　　　　　　8マース／10個‥‥‥‥‥‥‥‥‥‥‥‥‥‥16.-.- テール
　　　　80個　赤と青で絵付けを
　　　　　　ほどしたもの、7マース／10個‥‥‥‥‥‥‥‥ 5.6.- テール
　　　　40個　青と金の扇形の同上の品
　　　　　　1テール／10個‥‥‥‥‥‥‥‥‥‥‥‥‥‥ 4.-.- テール
　　　　80個　赤と銀で絵付けした同上の品
　　　　　　6マース／10個‥‥‥‥‥‥‥‥‥‥‥‥‥‥ 4.8.- テール
　　　100個　青で絵付けした同上の品
　　　　　　85コンドリン／10個‥‥‥‥‥‥‥‥‥‥‥‥ 8.5.- テール
　　　340個　赤と緑の縁の同上の品
　　　　　　55コンドリン／10個‥‥‥‥‥‥‥‥‥‥‥‥18.7.- テール
　　　　　　　　　　　　　　　　　　　　　　　　64.-.- テール

　1390個　N° 2と記された箱に入っている、すなわち
　　　　60個　青と金のバター皿
　　　　　　9マース／10個‥‥‥‥‥‥‥‥‥‥‥‥‥‥ 5.4.- テール
　　　300個　青と黒と銀で絵付けしたもの
　　　　　　8マース‥‥‥‥‥‥‥‥‥‥‥‥‥‥‥‥‥24.-.- テール
　　　　80個　内側が赤と銀の同上の品
　　　　　　55コンドリン／10個‥‥‥‥‥‥‥‥‥‥‥‥ 4.4.- テール
　　　　60個　青と銀の同上の品
　　　　　　6マース／10個‥‥‥‥‥‥‥‥‥‥‥‥‥‥ 3.6.- テール
　　　　40個　赤と緑で絵付けしたもの
　　　　　　6マース／10個‥‥‥‥‥‥‥‥‥‥‥‥‥‥ 2.4.- テール
　　　　90個　金の波［縞］模様の同上の品
　　　　　　12マース／10個‥‥‥‥‥‥‥‥‥‥‥‥‥‥10.8.- テール
　　　100個　銀の花を表した葉形皿
　　　　　　6マース／10個‥‥‥‥‥‥‥‥‥‥‥‥‥‥ 6.-.- テール
　　　　80個　赤と緑のハーフサイズの鉢
　　　　　　値段　3マース／10個‥‥‥‥‥‥‥‥‥‥‥ 2.4.- テール
　　　120個　赤と青で絵付けした葉形皿
　　　　　　3マース／10個‥‥‥‥‥‥‥‥‥‥‥‥‥‥ 3.6.- テール
　　　　40個　赤と緑の方形で同上の品
　　　　　　5マース／10個‥‥‥‥‥‥‥‥‥‥‥‥‥‥ 2.-.- テール
　　　120個　赤で絵付けした菱形のもの
　　　　　　5マース／10個‥‥‥‥‥‥‥‥‥‥‥‥‥‥ 6.-.- テール
　　　100個　赤、青と金の葉形の同上の品
　　　　　　8マース／10個‥‥‥‥‥‥‥‥‥‥‥‥‥‥ 8.-.- テール
　　　200個　銀の白磁、45コンドリン／10個‥‥‥‥‥‥‥ 9.-.- テール
　　　　　　　　　　　　　　　　　　　　　　　　87.6.- テール

"Porceleijnen" in de facturen van het comptoir Nagasaki

1323 stux in een Casse N° 3 sijnde
   140 stx halve pierings met root silver
      en gout geschild. ························· T. 14.-.-
    3 stx sijn 2 osjes en een wierookpotjen
      costen -····································· T.   1.5.-
   200 stx met silver geschilderde thecopies
      a 3 m^s d'10. stx ························· T.   6.-.-
   200 stx pieringtjes met blaau blomwerck
      a 33 cond^n d'10······························ T.   6.6.-
   240 stx rond en viercante a 8 m^s d'10 stux -····· T. 19.2.-
    70 stx d^{os} met blaaue randen a T.1 d'10 stx - T.   7.-.-
   430 stx d^{os} blaau geschildert a 7 m^s d'10 stx - T. 30.1.-
    40 stx d^{os} met groen en silver
      a 55 cond^n d'10 stx························ T.   2.2.-
                                                                                                        T. 86.6.-

1545 in een Casse gemerkt N° 4. namentlijk
    60 stx commen met swart en silver geschild^t
      a 9 m^s d' 10······························· T.   5.4.-
   150 stx coppen met groen en goude blommen
      a 4½ m^s d' 10······························ T.   6.7.5
   100 stx copies buijten met silver geschild^t
      a T.1 d' 10································ T. 10.-.-
   200 stx coppen met roo en silvre bloemen
      a 45 cond^n.································ T.   9.-.-
    50 stx d^{os} met root en silver a 7 m^s d' 10 stx - T.   3.5.-
    70 stx boter dosen a 5. cond^n tstuk -··········· T.   3.5.-
     5 stx wierook potten costen tsamen -··········· T.   3.2.-
    25 stx intkokers a 12 cond^n ijder -············· T.   3.-.-
   800 stx witte theecopiens a 7 cond^n d' 10. stux - T.   5.6.-
    30 stx copiens met dexels a 4 cond^n yder -······ T.   1.2.-
    55 stx ronde flesjens a 12 cond^n yder -········ T.   6.6.-
                                                                                          T. 57.7.5

2180 stux in een Casse N° 5. Zijnde
  1200 stx witte thee copiens a 7 cond^n d' 10. stx T.   8.4.-
   500 stx d^{os} blaau geschildert a 1. m^s de 10 -····· T.   5.-.-
   480 stx d^{os} met blaau blomwerk a 4 m^s d'10 -······ T. 19.2.-
                                                                                           T. 32.6.-

560 stux die in een Casse N° 6. gepakt zijn, als
    50 stx pierings met gout en silver geschild^t
      a 13 m^s d'10································· T.   6.5.-
   100 stx d^{os} blaau geschildert a 8 m^s d'10 stux···· T.   8.-.-
    30 stx achtcantige d^{os} a 18. m^s de 10 stux -····· T.   5.4.-
    85 stx d^{os} met blaauwe schilderij
      a T.1 d' 10 stx -···························· T.   8.5.-
   100 stx croesjens a 4 m^s d'10 stux -············· T.   4.-.-
    80 stx stene popiens a 4 cond^n yder -··········· T.   3.2.-
    75 stx intkokers a 12 cond^n yder -·············· T.   9.-.-
    40 stx commen met swart en silvere bloemen······ T.   3.6.-
                                                                                          T. 48.2.-

1323個　N° 3の箱に入っているのは
　　140個　赤、銀と金で絵付けした
　　　　　　ハーフサイズの平皿・・・・・・・・・・・・・・・・・・・14.-.- テール
　　　3個　牛2個と香料用小壺1個
　　　　　　値段・・・・・・・・・・・・・・・・・・・・・・・・・・・1.5.- テール
　　200個　銀で絵付けしたティーカップ
　　　　　　3マース／10個・・・・・・・・・・・・・・・・・・・6.-.- テール
　　200個　染付で花模様を表した平皿
　　　　　　33コンドリン／10個・・・・・・・・・・・・・・・・6.6.- テール
　　240個　円形で方形の品、8マース／10個・・・・・・・・19.2.- テール
　　　70個　青い縁のある同上の品、1テール／10個・・・・・7.-.- テール
　　430個　染付で絵付けした同上の品、7マース／10個・・・・30.1.- テール
　　　40個　緑と銀の同上の品
　　　　　　55コンドリン／10個・・・・・・・・・・・・・・・・2.2.- テール
　　　　　　　　　　　　　　　　　　　　　　　　　　　86.6.- テール

1545個　N° 4の箱に入っている、すなわち
　　　60個　黒と銀で絵付けした鉢
　　　　　　9マース／10個・・・・・・・・・・・・・・・・・・・5.4.- テール
　　150個　緑と金で花を表したカップ
　　　　　　4½マース／10個・・・・・・・・・・・・・・・・・6.7.5 テール
　　100個　外側に銀で絵付けした.カップ
　　　　　　1テール／10個・・・・・・・・・・・・・・・・・・10.-.- テール
　　200個　赤と銀で花を表したカップ
　　　　　　45コンドリン・・・・・・・・・・・・・・・・・・・・9.-.- テール
　　　50個　赤と銀の同上の品、7マース／10個・・・・・・・3.5.- テール
　　　70個　バター容れ、5コンドリン／個・・・・・・・・・・3.5.- テール
　　　5個　香料壺、総額・・・・・・・・・・・・・・・・・・・・3.2.- テール
　　　25個　インク壺、各12コンドリン・・・・・・・・・・・・3.-.- テール
　　800個　白磁のティーカップ、7コンドリン／10個・・・・・5.6.- テール
　　　30個　蓋付カップ、各4コンドリン・・・・・・・・・・・1.2.- テール
　　　55個　丸い瓶、各12コンドリン・・・・・・・・・・・・・6.6.- テール
　　　　　　　　　　　　　　　　　　　　　　　　　　　57.7.5 テール

2180個　N° 5の箱に入っているのは
　1200個　白磁のティーカップ、7コンドリン／10個・・・・・8.4.- テール
　　500個　染付で絵付けした同上の品、1マース／10個・・・・5.-.- テール
　　480個　染付の花模様の同上の品、4マース／10個・・・・19.2.- テール
　　　　　　　　　　　　　　　　　　　　　　　　　　　32.6.- テール

560個　N° 6の箱に梱包されているのは、すなわち
　　　50個　金と銀で絵付けした平皿
　　　　　　13マース／10個・・・・・・・・・・・・・・・・・・6.5.- テール
　　100個　染付で絵付けした同上の品、8マース／10個・・・・8.-.- テール
　　　30個　八角形の同上の品、18マース／10個・・・・・・・5.4.- テール
　　　85個　染付で絵付けした同上の品
　　　　　　1テール／10個・・・・・・・・・・・・・・・・・・8.5.- テール
　　100個　コップ、4マース／10個・・・・・・・・・・・・・・4.-.- テール
　　　80個　炻器の小型の人形、各4コンドリン・・・・・・・・3.2.- テール
　　　75個　インク壺、各12コンドリン・・・・・・・・・・・・9.-.- テール
　　　40個　黒と銀で花を表した鉢・・・・・・・・・・・・・・3.6.- テール
　　　　　　　　　　　　　　　　　　　　　　　　　　　48.2.- テール

"Porceleijnen" in de facturen van het comptoir Nagasaki

```
430 stx in een Casse N° 7. te weten
    100 stx pierings groen en roodt geschildert
        a 8 mˢ d' 10·································   T.   8.-.-
    330 stx witte dᵒˢ a 8 mˢ de 10 stx ············   T.  26.4.-
                                                                       T.  34.4.-
533 stux in een Casse N° 8. zijnde
    320 stx witte pierings costen tsamen -··········   T.  24.1.-
     13 stx sioebacken a 8 mˢ yder -··················  T.  10.4.-
    200 stx pierings blaau geschildert ··············   T.  16.-.-
                                                                       T.  50.5.-
1060 stux in een Casse N° 9. als
    100 stux blaau geschilderde boter dosen
        a 5 condⁿ jdᵉʳ·······························   T.   5.-.-
    500 stx thecopiens blaau geschildᵗ
        a 2 mˢ d'10 stx -····························   T.  10.-.-
    400 stx dᵒˢ wat cleender a 23 condⁿ de 10 stx -··· T.   9.2.-
     60 stx grote commen a 1 mˢ tstuk················   T.   6.-.-
                                                                       T.  30.2.-
465 stux in een Casse N° 10. namentlijk
    120 stx intkokers tpaar 65 condⁿ comt············   T.  39.-.-
    300 stx boter pierings a 7 mˢ de 10 stx -········   T.  21.-.-
     45 stx blaau geschilderde flesjes
        a 5 condⁿ yder -······························  T.   2.2.5
                                                                       T.  62.2.5
525 stx in een Casse N° 11. Zijnde
    120 grote pierings rood en silver
        a 9 mˢ de 10. stx····························   T.  10.8.-
    100 stx blaau geschilderde dᵒˢ a 5 mˢ de 10 stx -  T.   5.-.-
     50 stx viercante thepierings a 5 mˢ de 10 -······ T.   2.5.-
    100 stx dᵒˢ met groene wijngaart bladen
        a 11 mˢ d' 10································   T.  11.-.-
    100 stx blaauwe theecopies a 23 condⁿ d' 10 stx.-  T.   2.3.-
     55 stx blaau geschilderde flesjens
        a 5 condⁿ. tstx.-····························   T.   2.7.5
                                                                       T.  34.3.5
519 stux in een Casse N° 12. als
     14 stx blaau schoon geschilderde commen
        a 4 mˢ jdᵉ. -································   T.   5.6.-
     20 stx d° fruijtschalen a 25 condⁿ yder -········  T.   5.-.-
     30 stx achtcante pierings a 12 mˢ de 10. stux -   T.   3.6.-
     25 stx wijn cannetges a 3½ mˢ yder ·············   T.   8.7.5
    100 stx blaauwe theepierings a 55 Condⁿ
        de 10 stx···································    T.   5.5.-
    100 stx dᵒˢ met Japanse letters a 8 mˢ de 10 stx - T.   8.-.-
     60 stx viercante dᵒˢ a 10 mˢ d'10 stx ···········  T.   6.-.-
    170 stx ronde dᵒˢ a 10 mˢ d'10 stux -·············  T.  17.-.-
                                                                       T.  59.4.5
11530 stx divers Porceleijn in 12. Cassen bedraagt tsamen················  T. 647.8.-
```

430個　N° 7の箱に入った、以下内訳
　　　100個　緑と赤で絵付けした平皿
　　　　　　　8マース／10個・・・・・・・・・・・・・・・8.-.- テール
　　　330個　白磁の同上の品、8マース／10個・・・・26.4.- テール
　　　　　　　　　　　　　　　　　　　　　　　　34.4.- テール

533個　N° 8の箱に入っているのは
　　　320個　白磁の平皿、値段合計・・・・・・・・・・24.1.- テール
　　　 13個　重箱、各8マース・・・・・・・・・・・・・10.4.- テール
　　　200個　染付で絵付けした平皿・・・・・・・・・・16.-.- テール
　　　　　　　　　　　　　　　　　　　　　　　　50.5.- テール

1060個　N° 9の箱に入っている、すなわち
　　　100個　染付で絵付けしたバター容れ
　　　　　　　各5コンドリン・・・・・・・・・・・・・・5.-.- テール
　　　500個　染付で絵付けしたティーカップ
　　　　　　　2マース／10個・・・・・・・・・・・・・10.-.- テール
　　　400個　やや小さい同上の品、23コンドリン／10個・・9.2.- テール
　　　 60個　大鉢、1マース／個・・・・・・・・・・・・6.-.- テール
　　　　　　　　　　　　　　　　　　　　　　　　30.2.- テール

465個　N° 10の箱に入っている、すなわち
　　　120個　インク壺、65コンドリン／1組、値段・・・・39.-.- テール
　　　300個　バター皿、7マース／10個・・・・・・・・21.-.- テール
　　　 45個　染付で絵付けした小瓶
　　　　　　　各5コンドリン・・・・・・・・・・・・・・2.2.5 テール
　　　　　　　　　　　　　　　　　　　　　　　　62.2.5　〃

525個　N° 11の箱に入っているのは
　　　120個　赤と銀の大型の平皿
　　　　　　　9マース／10個・・・・・・・・・・・・・10.8.- テール
　　　100個　染付で絵付けした同上の品、5マース／10個・・5.-.- テール
　　　 50個　方形のティーソーサー、5マース／10個・・・2.5.- テール
　　　100個　緑の葡萄の葉を表した同上の品
　　　　　　　11マース／10個・・・・・・・・・・・・11.-.- テール
　　　100個　青いティーカップ、23コンドリン／10個・・・2.3.- テール
　　　 55個　染付で絵付けした小瓶
　　　　　　　5コンドリン／個・・・・・・・・・・・・・2.7.5 テール
　　　　　　　　　　　　　　　　　　　　　　　　34.3.5 テール

519個　N° 12の箱に入っているのは、すなわち
　　　 14個　美しい染付の絵付けがほどこされた鉢
　　　　　　　各4マース・・・・・・・・・・・・・・・・5.6.- テール
　　　 20個　果物用盛皿、各25コンドリン・・・・・・・・5.-.- テール
　　　 30個　八角平皿、12マース／10個・・・・・・・・3.6.- テール
　　　 25個　ワイン用水注、各3 1/2マース・・・・・・・8.7.5 テール
　　　100個　青いティーソーサー
　　　　　　　55コンドリン／10個・・・・・・・・・・・5.5.- テール
　　　100個　日本の文字の入った同上の品、8マース／10個・・8.-.- テール
　　　 60個　方形で同上の品、10マース／10個・・・・・・6.-.- テール
　　　170個　円形で同上の品、10マース／10個・・・・・17.-.- テール
　　　　　　　　　　　　　　　　　　　　　　　　59.4.5 テール

11530個　12の箱に入った様々な磁器の総額・・・・・・・・・・・・・・・647.8.- テール

"Porceleijnen" in de facturen van het comptoir Nagasaki

```
 902 stux diverse Porceleijne schotels voor Batavia in 157. packen gesortt als volgt
     882 stux d° schotels soo halve drijlingen als quarten in 147 packen van
         6 stx ijder sijnde boven op de selve gemerkt VOC en op d' aanhangende
         Houties benevens tvorenstaande 6 stux porceleijne schotels
         costen jder 3 stx 14 maas bleloopt tsamen  ················  T.  411.6.-
      20 stux lampeth schotels in 10 packen jder inhoudende 2. stux
         en gemerkt als de vorige costen a 23 mˢ ijder tsamen - ······  T.   46.-.-
     902 stux diversche schotels voor Batavia monteren in 157. Packen ············  T.  457.6.-

3429 stx potten en fleskens als scheerbeckens voor de Chirurgijns winkel op
     Battavia in 82 stroo packen op d'aanhangende bortges neffens
     VOC getekent en costen als volgt.-
     468 stx potten in 39 packen in jder 12.stx getekent alle N° 1
         costen jder 18 condⁿ comt tsamen ················  T.   84.2.4
     510 stx dᵒˢ in 17 packen van 30.stx jdᵉʳ gemᵗ N° 2
         a 9 condⁿ ········································  T.   45.9.-
     630 stx dᵒˢ in 7 dᵒˢ gemerckt N° 3 costen
         a 2½ condⁿ ·······································  T.   15.7.5
     590 stx fleskens in 12.packen getekᵗ N° 4
         a 2½ condⁿ jder ··································  T.   14.7.5
    1200 stx dᵒˢ in 3 dᵒˢ van 400 stx jder gemᵗ N° 5
         a 1 condⁿ ········································  T.   12.-.-
      15 stx witte beckens in 2.packen N° 6
         a 38.condⁿ jder ··································  T.    5.7.-
      16 stx blaau geschilderde dᵒˢ in 2 packen N° 7
         a 7 mˢ jder ······································  T.   11.2.-
    3429 stx potten fleskens en beckens bedragen - ···················  T.  189.5.4
```

- ϕ -

F1660-2/3   NFJ 784   6998-1-114-2
Nagasaki, 15 October 1660
Gescheept door Opperhoofd Joan Boucheljon in [de] *Immenhorn* naar Taijouan

```
[.........] voor Taijouan [........]
      80 gesorteerde porceleijne schotels  - ······················  T.   38.6.-
     100 stx pierings ················································  T.    8.-.-
      50 stx sauciertgens - ···········································  T.    2.5.-
      20 pullen off flessen, - ········································  T.    5.8.-
```

- ϕ -

長崎商館の送り状における「磁器」

```
  902個   バタヴィア向けの様々な磁器の深皿、157包、以下のように選別された
     882個   同上の深皿、ハーフサイズ、3/4サイズと1/4サイズのもの
             各6個入り包147個、それぞれの包み自体と、付属の木札の上、そのほか
             前述の6個の磁器の深皿にもVOCと記されている
             値段は14マース／3個、総額・・・・・・・・・・・・・・・・・411.6.- テール
      20個   洗面用の深皿、各2個入り包10個
             前述のとおり記されている、各23マース／個、合計・・・・・・・46.-.- テール
     902個   バタヴィア向けの様々な深皿、157包、総額・・・・・・・・・・・457.6.- テール

 3429個   壺、瓶やひげ皿、バタヴィアの外科治療所向け
         藁包82個に入っている、VOCと記した木札をつけること
         値段は以下の通り
     468個   壺、12個入り包39個、すべてにN° 1と記載すること
             値段は各18コンリン／個、合計・・・・・・・・・・84.2.4 テール
     510個   同上の品　30個入り包17個、N° 2と記載
             9コンドリン／個・・・・・・・・・・・・・・・・・45.9.- テール
     630個   同上の品、30個入り包7個、N° 3と記載、値段
             2.5コンドリン・・・・・・・・・・・・・・・・・・15.7.5 テール
     590個   瓶、12包、N° 4と記載
             各2.5コンドリン・・・・・・・・・・・・・・・・・14.7.5 テール
    1200個   同上の品、400個入り包3個、各々N° 5と記載
             1コンドリン／個・・・・・・・・・・・・・・・・・12.-.- テール
      15個   白磁の〔ひげ〕皿、2包、N° 6と記載
             各38コンドリン・・・・・・・・・・・・・・・・・・5.7.- テール
      16個   染付で絵付けした同上の品、2包、N° 7と記載
             各7マース・・・・・・・・・・・・・・・・・・・・11.2.- テール
    3429個   壺、瓶および〔ひげ〕皿、総額・・・・・・・・・・・・・189.5.4 テール
```

- φ -

F1660-2/3　　　NFJ 784　　　6998-1-114-2
長崎、1660年10月15日
商館長ヨアン・ブーヘリオンによって台湾行きのインメンホールン号で運ばれた

```
[........] 台湾向け [........]
      80個   選別された磁器の深皿・・・・・・・・・・・・・・・38.6.- テール
     100個   平皿・・・・・・・・・・・・・・・・・・・・・・・8.-.- テール
      50個   ソース容れ・・・・・・・・・・・・・・・・・・・・2.5.- テール
      20個   プレ又は瓶・・・・・・・・・・・・・・・・・・・・5.8.- テール
```

- φ -

"Porceleijnen" in de facturen van het comptoir Nagasaki

F1660-3/3   NFJ 784   6998-1-114-2
Nagasaki, 24 October 1660
Gescheept door Opperhoofd Joan Boucheljon in *d'Oijevaar* naar Malacca

57173 stux divers Porceleijn in 768 bossen waar aff van yder soort alhier een
       monster uijtgehouden is, zijnde gesorteert genomb^t en costen als volgt
       12840 stx Copiens sonder voetiens in 107 bossen jder inhoudende 120 stx
               gemerkt VOC N° 1 a 19 condrijn de 10 stx ·················· T. 243.9.6
       12000 stx d° copiens in 100 bos van 120 stx jder gemerkt VOC N° 2
               a 19 cond^n de 10 stux ································ T. 228.-.-
         540 stx d^{os} in 45. bos van 120 stx jder
               a 12 cond^n d'10 gem^t VOC N° .3······················ T.   64.8.-
        2025 stx copiens met votiens in 15 bossen jder inhoudende 135 stx
               gemerkt VOC N° 4 a 25 cond^n de 10 stux ················ T.   50.6.2
        2025 stx d^{os} mede gesorteert als voren
               a 25 cond^n d'10 gem^t N° 5 ·························· T.   50.6.2
        2160 stx copiens met voten in 16 bos van 135 jder gemerkt VOC N° 6
               a 50 condrijn de 10 stux ································ T. 108.-.-
        1600 stx grote commen in 80 bossen jder 20 stux inhoudende
               getekent VOC N° 7 a 1 maas tstuk ························· T. 160.-.-
        1600 stx middelbare d^{os} in 40 bossen van 40 stx jder getek^t VOC N° 8
               a 8 condrijn tstuk ······································· T. 128.-.-
        2100 stx cleender d^{os} in 35 bos van 60 stx getek^t VOC N°.9
               a 5 cond^n jd^r. ······································ T. 105.-.-
          60 stx flessen in 15 bos a 4 stx tbos gem^t VOC N° 10
               a 5 m^s yder ·· T.   30.-.-
          20 stx d^{os} in 5 bos jder 4 inhoudende getek^t VOC N° 11
               a 5 maas jder ·· T.. 10.-.-
         191 stx grote schotels waar van een hout 2 de rest 3 stx in 64 bossen
               gemerkt VOC N° 12 a 8 maas tstuk ························· T. 152.8.-
         282 stx middelbare d^{os} in 47 bos jder van
               6 stux gem^t VOC N° 13 a 6 m^s······················· T. 169.2.-
         224 stx cleender d^{os} in 28 bos van 8 stx jder gem^t
               VOC N° 14 a 4 m^s jd^r································ T.   89.6.-
         126 stx a 10 m^s de 3. stx in 27 bos gem^t VOC 15··········· T.   42.-.-
         200 stx d^{os} in 20 bossen a 2 m^s tstuk gemerkt VOC N° 16 -········ T.   40.-.-
        2760 stx heel blaauwe copiens in 23 bossen jder houdende 120 stx
               a 5 m^s de 10 stux gemerkt VOC N° 17. ·················· T. 138.-.-
        1560 stx blaau geschilderde copiens in 13 bos jder 120 stx gemerkt
               VOC N° 18 costen a 3 maas de 10 stux ····················· T.   46.8.-
        9000 stx achtcantige d^{os} in 60. bos jder 150 stx costen a 9 cond^n
               de 10 stx gemerkt VOC N° 19. ····························· T.   81.-.-
        1000 stx blaau geschilderde Tafelborden in 33 bossen jd^{er} 30 en een
               40 stx inhoudende a 4 m^s de 10 stx gem^t VOC N° 20 -········ T.   40.-.-
       57173 stx Porceleijnen bedragen tsamen··· T. 1978.4.-

F1660-3/3　　NFJ 784　　　6998-1-114-2
長崎、1660年10月24日
商館長ヨアン・ブーヘリオンによってマラッカ行き（註7）のオーイエファール号で運ばれた

57173個	様々な磁器、768束に入り、そこから各種類につき1つ見本を当地に保管している	
	それらは選別され番号が記されている、合計金額は以下のどおり	
12840個	脚のないカップ、各120個入り107束	
	VOC N° 1と記されている、19コンドリン／10個・・・・・・・・・・・・	243.9.6 テール
12000個	同上のカップ、各120個入り100束、各々VOC N° 2と記されている	
	19コンドリン／10個・・・・・・・・・・・・・・・・・・・・・・・・・・・・	228.-.- テール
540個	同上の品、各120個入り45束	
	VOC N° 3と記されている、12コンドリン／10個・・・・・・・・・・・・	64.8.- テール
2025個	脚付きのカップ、各135個入り15束	
	VOC N° 4と記されている、25コンドリン／10個・・・・・・・・・・・・	50.6.2 テール
2025個	同上の品、前記と同様に選別されている	
	N° 5と記されている、25コンドリン／10個・・・・・・・・・・・・・・	50.6.2 テール
2160個	脚付きのカップ、各135個入り16束、VOC N°6と記されている	
	50コンドリン／10個・・・・・・・・・・・・・・・・・・・・・・・・・・・	108.-.- テール
1600個	大鉢、各20個入り80束	
	VOC N° 7と記されている、1マース／個・・・・・・・・・・・・・・・・	160.-.- テール
1600個	中位の同上の品、各40個入り40束、VOC N° 8と記された	
	8コンドリン／個・・・・・・・・・・・・・・・・・・・・・・・・・・・・・・	128.-.- テール
2100個	より小さい同上の品、60個入り35束、VOC N° 9と記された	
	各5コンドリン・・・・・・・・・・・・・・・・・・・・・・・・・・・・・・・	105.-.- テール
60個	瓶、4個入り15束、束はVOC N° 10と記されている	
	各5マース・・・・・・・・・・・・・・・・・・・・・・・・・・・・・・・・・	30.-.- テール
20個	同上の品、各4個入り5束、VOC N° 11と印された	
	各5マース・・・・・・・・・・・・・・・・・・・・・・・・・・・・・・・・・	10.-.- テール
191個	大きな深皿、1束だけ2個入り、残りは3個入りとして64束	
	VOC N° 12と記されている、8マース／個・・・・・・・・・・・・・・・	152.8.- テール
282個	中位の同上の品、各6個入り47束	
	VOC N° 13と記されている、各6マース・・・・・・・・・・・・・・・・	169.2.- テール
224個	より小さい同上の品、各8個入り28束	
	VOC N° 14と記されている、各4マース・・・・・・・・・・・・・・・・	89.6.- テール
126個	10マース／3個、27束、VOC 15と記されている・・・・・・・・・・・・	42.-.- テール
200個	同上の品、20束、2マース／個、VOC N° 16と記されている・・・・・	40.-.- テール
2760個	全体が青いカップ、各120個入り23束	
	5マース／10個、VOC N° 17と記されている・・・・・・・・・・・・・・	138.-.- テール
1560個	染付で絵付けしたカップ、各120個入り13束	
	VOC N° 18と記されている、値段は3マース／10個・・・・・・・・・・	46.8.- テール
9000個	八角の同上の品、各150個入り60束、値段は9コンドリン／10個	
	VOC N° 19と記されている・・・・・・・・・・・・・・・・・・・・・・・	81.-.- テール
1000個	染付で絵付けした食卓用皿、各30個入りで1つは40個入り33束	
	4マース／10個、VOC N° 20と記されている・・・・・・・・・・・・・	40.-.- テール
57173個	磁器、総額・・・	1978.4.- テール

"Porceleijnen" in de facturen van het comptoir Nagasaki

1661

F1661-1/2　　NFJ 785　　6998-1-114-4
Nagasaki, 10 November 1661
Gescheept door Opperhoofd Hendrick Indijck in [de] *Buienskerck* naar Malacca

38995 stx: divers[e] porceleijnen voor Mocha bestaande in 500 stroo balen alle op de
houtjes de nombers gem[t] VOC costen als volght –
9000 stx Theecopjes gem[t] N° 1 : in 60 stroopacken van 150 stx: ijder costen a 18 condrijn d' 10. stx······································ T.	162.-.-
15000 stx. d[os] N° 2, 100 packen a 17 condrijn d'10···················· T.	255.-.-
2640 stx N° 3 in 22 balen a 11 condrijn de 10······················ T.	29.-.4
2430 stx copjes met voetjes N° 4 in 18 packen a 23 condr: d'10····· T.	55.8.9
2295 d[os] N° 5. in 17. packen a 23 condrijn de 10·················· T.	52.7.8
2295 d° N° 6 in 17d[os] a 4 condrijn ijder bos······················· T.	91.8.-
1580 d[os] Commen in 79 packen N° 7 a 1 m[s]······················· T.	158.-.-
1560 d[os] in 39 Packen N° 8. a 7 condrijn ijder···················· T.	109.2.-
1500 cleene d[os] in 25 packen N° 9 a 4 cond······················· T.	60.-.-
64 stucx groote vlessen N° 10 in 16 balen a 5 m[s]················ T.	32.-.-
52 stx N° 11 in 13 packen a 4½ m[s] ijder························· T.	23.4.-
48 stx commen N° 12 in 16 d[os] a 7½ m[s] ider···················· T.	36.-.-
105 stx d[os] N° 13 en 14 in 35 bossen a 8 m[s] ider················ T.	84.-.-
216 stx wat cleender in 27 bossen N° 15,[1]6, 17. a 5 m[s]········· T.	108.-.-
210 stx d[os] in 21 packen N° 18, 19, 2[0] a 3½ m[s] ider············ T.	73.5.-
D'oncosten bedragen op tselve···································· T.	2.5.-

T. 1333.1.1

– ɸ –

F1661-2/2　　NFJ 785　　6998-1-114-4
Nagasaki, 11 November 1661
Gescheept door Opperhoofd Hendrik Indijck in [de] *Vollenhove* naar Batavia

9218 stucx divers[e] gesorteerde Porceleijne gepact in 11. laken cassen sijn [de] gesorteert
en costen gelijcq de specificatie daer af hiernevensgaande u[ij]wijst
bedraagt tsamen ·· T. 547.9.7
D' oncosten van't spijckeren packen vande cassen coelijsloon
als andersints op 't selve bedraagt···························· T. 17.2.4

T. 565.2.1

4394 stucx salf potten, en fleskens voorde Chirurgijns winckel op Battavia
gepact in 112 stroo packen, en 1 cas gemerct sijnde van soort
en costen als volgt.
1000 stx in 10 packen van 100 ider a 3. condrijn d'10············· T.	30.-.-
540 stx in 18 d[os] van 30 ider a 7 condrijn d'10················ T.	37.8.-
580 stx in 29 d[os] van 20 ider a 8 condrijn tstucq············· T.	46.4.-
561 stx in 43 d[os] van 12 ider 1 m[s] 'tstucq················ T.	51.6.-
510 stx in 2 d[os] van 255 ider a 2 condrijn 'tstucq··········· T.	10.2.-
1200 stx in 10 d[os] van 120 ider a 5 maes 't P[s]················ T.	60.-.-
48 stx scheerbeckens in 1 cas a 8 m[s] ider···················· T.	38.4.-
4394 stx porceleinen voor Batavias Winckel bedragen················· T.	274.4.-

1661

F1661-1/2　　　NFJ 785　　　6998-1-114-4

長崎、1661年11月10日

商館長ヘンドリック・インダイクによってマラッカ行きのバイエンスケルケ号で運ばれた

38995個	モカ向けの様々な磁器、俵500個からなる、すべては番号の木札にVOCと記されている、値段は以下のとおり	
9000個	ティーカップ、N° 1と記されている、各150個入り藁包60個 値段は18コンドリン／10個	162.-.- テール
15000個	同上の品、N° 2と記されている、100包、17コンドリン／10個	255.-.- テール
2640個	N° 3、22俵、11コンドリン／10個	29.-.4 テール
2430個	小脚付きカップ、N° 4、18包、23コンドリン／10個	55.8.9 テール
2295個	同上の品、N° 5、17包、23コンドリン／10個	52.7.8 テール
2295個	同上の品、N° 6、17包、各束4コンドリン	91.8.- テール
1580個	同上の鉢、79包、N° 7、1マース	158.-.- テール
1560個	同上の品、39包、N° 8、各7コンドリン	109.2.- テール
1500個	小さい同上の品、25包、N° 9、4コンドリン	60.-.- テール
64個	大きい瓶、N° 10、16俵、5マース	32.-.- テール
52個	N° 11、13包、各4½マース	23.4.- テール
48個	鉢、N° 12 16包、各7½マース	36.-.- テール
105個	同上の品、N° 13と14、35束、各8マース	84.-.- テール
216個	少し小さめの品、27束、N° 15、[1]6、17、5マース	108.-.- テール
210個	同上の品、21包、N° 18、19、2[0]、各3½マース	73.5.- テール
	それ自体にかかる費用の総額	2.5.- テール
		1333.1.1 テール

— φ —

F1661-2/2　　　NFJ 785　　　6998-1-114-4

長崎、1661年11月11日

商館長ヘンドリック・インダイクによってバタヴィア行きのフォーレンホーフェ号で運ばれた

9218個	様々な選別された磁器、羅紗の箱11個に入り、選別されている、値段は、これに添付して送ったこれらの明細のとおりに示す 合計金額	547.9.7 テール
	これ自体に別の方法でかかる梱包を釘付けする費用および箱の運搬者の賃金の総額	17.2.4 テール
		565.2.1 テール
4394個	軟膏壺および瓶、バタヴィアの外科治療所向け 藁の包112個に梱包し、1つの箱に種類が記されている 値段は以下の通りである	
1000個	100個入り　10包、3コンドリン／10個	30.-.- テール
540個	30個入り　18包、7コンドリン／10個	37.8.- テール
580個	20個入り　29包、8コンドリン／個	46.4.- テール
561個	12個入り　43包、1マース／個	51.6.- テール
510個	255個入り　2包、2コンドリン／個	10.2.- テール
1200個	120個入り　10包、5マース／個	60.-.- テール
48個	ひげ皿、1箱、各8マース	38.4.- テール
4394個	バタヴィアの［外科］治療所向けの磁器の総額	274.4.- テール

"Porceleijnen" in de facturen van het comptoir Nagasaki

1662

F1662-1/4   NFJ 786   6998-1-114-5
Nagasaki, 4 November 1662
Gescheept door Opperhoofd Hendrik Indijck in [de] *Vollenhove* naar Battavia

101 Stroo pakken inhoudende 3359. p^s porceleynen voor de Generaele Apotheecq des casteels batavia, benevens vier picol aluijn te samen als hier aanvolght, bedragende met vier picol aluijn daer onder begreepen·· T.   261.6.5

- ϕ -

F1662-2/4   NFJ 786   6998-1-114-5
Nagasaki, 4 November 1662
Gescheept door Opperhoofd Hendrick Indijck in [de] *Buienskerke* naer Battavia

33 kassen met porcelynen, bestaande in 38150. p^s in 33 Cassen van N° 1 tot 33 incluys costen volgens de anexe memorie met T·····aan ongelden························· T.   3968.-.5

      Lijste van de Porcelijnen voor't vaderlant met 't fluijt schip -
      Buijenskercke naar batavia gesonden, sijnde affgepackt in 33:-
      Cassen genomb^t. en gesorteert, als hier aanvolgende aanhale
      Namentlycq. -

1015 stucx in een cas N° 1 als.
 120 stx boter pierings ···· a 13 masen de 10 ·················· T.   15.6.-
 120 d° pieringties ········ a 8 maes de 10 ·················· T.   9.6.-
  70 d^{os} ···················· a 8 maes························ T.   5.6.-
  30 groote pierings ········ a 25 maes de 10 ·················· T.   7.5.-
  80 d^{os} cleene d^{os} ········ a 9 maes de 10 ·················· T.   7.2.-
 285 Thee copiens ··········· a 7 maes.. de 10 ················· T.   19.9.5
 100 stx holle pieringties   a 8½ maes de 10 ·················· T.   8.5.-
 100 stx langwerpige d^{os} ····· a 7½ maes de 10 ·················· T.   7.5.-
 110 stx d^{os} ·············· a 10 maes de 10 ·················· T.   11.-.-
                                          T.   92.4.5
210 stucx in een Cas N° 2. als. -
  40 stx halve commen a 35 maes. de 10···························· T.   14.-.-
  40 stx. pierings a 25 maes de 10································· T.   10.-.-
 100 stx. holle pieringties a 9 maes de 10························ T.   9.-.-
  30 stx. seskante dittos a 8½ maes de 10························· T.   2.5.5
                                          T.   35.5.5

1662

F1662-1/3　　　NFJ 786　　　6998-1-114-5
長崎、1662年11月4日
商館長ヘンドリック・インダイクによってバタヴィア行きのフォーレンホーフェ号で運ばれた

 101個　バタヴィア城内の一般製剤薬局向けの3359個の磁器が入った藁の包
   さらに明礬4ピコルもここに示されたように一緒にする
   4ピコルの明礬の代金を含む総額‥‥‥‥‥‥‥‥‥‥‥‥‥‥‥‥‥261.6.5 テール

- φ -

F1662-2/3　　　NFJ 786　　　6998-1-114-5
長崎、1662年11月4日
商館長ヘンドリック・インダイクによってバタヴィア行きのバイエンスケルケ号で運ばれた

 33箱　磁器、38150個からなる、N° 1から33までの33箱
   付属の覚書によれば[　　]テールの経費を含めて‥‥‥‥‥‥‥‥ 3968.-.5 テール

祖国向けの磁器のリスト、フライト船バイエンスケルケ号で
バタヴィアへ発送された、番号をつけられ選別された33箱に
梱包される、これより以下は引用である
すなわち

 1015個　N° 1の箱に入っている、すなわち
   120個　バター皿、　　　　　13　マース／10個‥‥‥‥‥‥‥‥‥ 15.6.- テール
   120個　小平皿、　　　　　　8　マース／10個‥‥‥‥‥‥‥‥‥‥9.6.- テール
    70個　同上の品、　　　　　　8　マース‥‥‥‥‥‥‥‥‥‥‥‥‥‥5.6.- テール
    30個　大型の平皿、　　　　25　マース／10個‥‥‥‥‥‥‥‥‥‥7.5.- テール
    80個　小型で同上の品、　　　9　マース／10個‥‥‥‥‥‥‥‥‥‥7.2.- テール
   285個　ティーカップ、　　　　7　マース／10個‥‥‥‥‥‥‥‥‥19.9.5 テール
   100個　くぼんだ小平皿、　　8½ マース／10個‥‥‥‥‥‥‥‥‥‥8.5.- テール
   100個　長方形の同上の品、　7½ マース／10個‥‥‥‥‥‥‥‥‥‥7.5.- テール
   110個　同上の品、　　　　　10　マース／10個‥‥‥‥‥‥‥‥‥‥11.-.- テール
92.4.5 テール

 210個　N° 2の箱に入っている、すなわち
    40個　ハーフサイズの鉢、　35　マース／10個‥‥‥‥‥‥‥‥‥‥14.-.- テール
    40個　平皿、　　　　　　　25　マース／10個‥‥‥‥‥‥‥‥‥‥10.-.- テール
   100個　くぼんだ小平皿、　　　9　マース／10個‥‥‥‥‥‥‥‥‥‥9.-.- テール
    30個　六角形の同上の品、　8½ マース／10個‥‥‥‥‥‥‥‥‥‥2.5.5 テール
35.5.5 テール

"Porceleijnen" in de facturen van het comptoir Nagasaki

```
 250 stx in een d°  N° 3 te weten.
     130 stx ronde pierings     a 15 maes de 10·························· T.  19.5.-
     100 stx cleene dos·····    a  7½ maes de 10·························· T.   7.5.-
     100 stx················    a  8 maes. de 10·························· T.   8.-.-
     100 stx················    a  9 maes. de 10·························· T.   9.-.-
      80 stx dittos ········    a  8½ maes de 10·························· T.   6.8.-
     300 stx thee copiens···    a 35 condryn de 10······················· T.  10.5.-
     340 stx dos ············   a  4 maes de 10··························· T.  13.6.-
     100 stx cantige pierings a  9½ maes de 10··························· T.   9.5.-
                                                                                       T.  84.4.-
 620 stx dos in N° 4. als.-
      50 stx gorgeletten···   a  5 mˢ yder···························· T.  25.-.-
      80 stx cleene pierings a 10 mˢ································· T.   8.-.-
     400 stx cleene doosies  a  4½ mˢ de 10························· T.  18.-.-
      50 stx pierings·······  a 14½ maes de 10························ T.   7.2.5
      40 stx dos············ a 15 masen de 10························· T.   6.-.-
                                                                                       T.  64.2.5
2851 stx in een cas N° 5. te weten. -
    2120 stx blauw geschilderde calabasiens   a 46. Condrijns. de 10   T.  97.5.2
     120 stx pierings a 16 mˢ de 10································· T.  19.2.-
     150 stx. schulpen a 22. maes de 10······························ T.   3.7.5
      61 stx wieroock vatiens a 3 mˢ jder···························· T.  18.3.-
     200 stx cleene doosiens a 6 mˢ de 10····························· T.  12.-.-
     200 stx wat cleender a 5 maassen································ T.  10.-.-
                                                                                       T. 160.7.7
 240 stux. in een cas N° 6. als. -
      80 stx inct cookers met groen en roode schilderij a 2½ maes···· T.  20.-.-
     150 dos  inct cokers met blaeu geschildert a 2½ mas jder········· T.  37.5.-
      10 stx dos  met gout en silver, a 4 masen jder·················· T.   4.-.-
                                                                                       T.  61.5.-
 292 stucx. in een cas N° 7 te weten.
      53 stx inct koockers met gout en silver a 4 masen ider·········· T.  21.2.-
     239 stx dos  slegt blauw······· a 2½ maes······················· T.  59.7.5
                                                                                       T.  80.9.5
 243 stx. in een cas N° 8 te weten jnct kookers met gout en zilver
         a 4 maessen ider·········································    ,,  97.2.-
 346 stucx in een cas N° 9. synde
     173 stx mostert potten, blau geschildert a 2 mˢ ider············· T.  34.6.-
     173 stx sout vaten············································· T.  34.6.-
                                                                                       T.  69.2.-
  90 stucx blauwe bier kannen, in N° 10 a 2 maes ider················· T.  18.-.-
 168 stx dos jn een cas N° 11. kosten als voren······················ T.  33.6.-
 127 stx dos in een cas N° 12. als.
      14 stucx biercannen blau geschildert a 2 maessen ider·········· T.   2.8.-
      74 stx met gout en silver dittos a 3 masen ider················ T.  22.2.-
      39 stx witte scheerbeckens a 3½ masen ider···················· T.  12.6.5
                                                                                       T.  38.6.5
```

250個	N° 3 の箱に入っている、以下内訳				
	130個	丸形の平皿、	15 マース／10個············	19.5.-	テール
	100個	小型の同上の品、	7½ マース／10個············	7.5.-	テール
	100個		8 マース／10個············	8.-.-	テール
	100個		9 マース／10個············	9.-.-	テール
	80個	同上の品、	8½ マース／10個············	6.8.-	テール
	300個	ティーカップ、	35 コンドリン／10個········	10.5.-	テール
	340個	同上の品、	4 マース／10個············	13.6.-	テール
	100個	角のある平皿、	9½マース／10個············	9.5.-	テール
				84.4.-	テール
620個	N° 4 の箱に入っている、すなわち				
	50個	うがい杯、 各	5 マース···················	25.-.-	テール
	80個	小型の平皿、	10 マース···················	8.-.-	テール
	400個	小型の蓋付容器、	4½ マース／10個············	18.-.-	テール
	50個	平皿、	14½ マース／10個············	7.2.5	テール
	40個	同上の品、	15 マース／10個············	6.-.-	テール
				64.2.5	テール
2851個	N° 5 の箱に入っている、以下内訳				
	2120個	染付で絵付けした瓢箪瓶、	46 コンドリン／10個········	97.5.2	テール
	120個	平皿、16マース／10個············		19.2.-	テール
	150個	貝殻、22マース／10個············		3.7.5	テール
	61個	香料容れ、各3マース············		18.3.-	テール
	200個	小型の蓋付容器、6マース／10個···		12.-.-	テール
	200個	少しより小さなもの、5マース······		10.-.-	テール
				160.7.7	テール
240個	N° 6 の箱に入っている、すなわち				
	80個	緑と赤で絵付けしたインク壺、	2½マース············	20.-.-	テール
	150個	染付で絵付けした同上のインク壺、	各2½マース········	37.5.-	テール
	10個	金と銀で絵付けした同上の品、	各4マース············	4.-.-	テール
				61.5.-	テール
292個	N° 7 の箱に入っている、以下内訳				
	53個	金と銀のインク壺、	各4マース············	21.2.-	テール
	239個	粗末な青の同上の品、	2½ マース············	59.7.5	テール
				80.9.5	テール
243個	N° 8 の箱に入っている、すなわち金と銀のインク壺				
	各 4 マース···························			97.2.-	テール
346個	N° 9 の箱に入っているのは				
	173個	染付で絵付けしたマスタード壺、	各2マース············	34.6.-	テール
	173個	塩容れ····························		34.6.-	テール
				69.2.-	テール
90個	青いビール用水注、N° 10.[の箱]に入っている、各 2 マース········			18.-.-	テール
168個	同上の品、N° 11 の箱に入っている、値段は前記の通り········			33.6.-	テール
127個	同上の品、N° 12 の箱に入っている、すなわち				
	14個	染付で絵付けしたビール用水注、	各 2 マース············	2.8.-	テール
	74個	金と銀の同上の品、	各3マース············	22.2.-	テール
	39個	白磁のひげ皿、	各3½マース············	12.6.5	テール
				38.6.5	テール

"Porceleijnen" in de facturen van het comptoir Nagasaki

60 stucx in een cas N° 13 te weten			
20 stx scheerbeckens root geschildert, a 3½ masen ider	T.	7.-.-	
40 stucx witte d^{os} costen als boven	T.	14.-.-	
			T. 21.-.-
103 stucx blauw en root geschildert dittos, 1 a 3½ masen ider in N° 14	T.		36.-.5
56 stucx d^{os} root en blauw in N° 15	T.		19.6.-
632 stucx in een Cas N° 16 te weten .-			
90 stx coppen met dexel, a 15 Condryn ider	T.	13.5.-	
90 stx wat cleender, a 1 maes ider	T.	9.-.-	
200 stx cleene doosies a 6 condryn ider	T.	12.-.-	
200 stx wat hooger, a 7 condryn ider	T.	14.-.-	
32 stx wat grooter, a 2 maessen ider	T.	6.4.-	
20 stx backiens synde 3 op maelcander a 35 condrijn ider	T.	7.-.-	
			T. 61.9.-
2927 stux in een Cas N° 17 zynde.-			
90 stx cleene coppen met dexels a 6 condryn ider	T.	5.4.-	
128 wat cleender a een maes ider	T.	12.8.-	
24 stx blauw wieroock vaatiens a 12 condryn ider	T.	2.8.8	
94 stx met gout en silver geschildert a 2 maes ider	T.	18.8.-	
900 stx cleene cantige pierings a 2 maes de 10 stx	T.	18.-.-	
67 uijtgewerckte copies, a 1 m^s ider	T.	6.7.-	
1530 stx cleene schulp copies, a 8 condrijn de 10 stx	T.	12.2.4	
94 stx cleene flessies, a 5 condryn ider	T.	3.7.6	
			T. 80.5.8
601 stux in een Cas N° 18 - als. -			
10 stx lange doosen a 5 maes yder	T.	5.-.-	
30 stx middelbare commen a 2 tayl d'10	T.	6.-.-	
30 stx groote calabasflessies a 1 maes jder	T.	3.-.-	
61 stx blauw geschildert bekers a 5 m^s jder	T.	30.5.-	
102 stx met gout en silver geschilderde flessies, a 5 condrijn	T.	5.1.-	
50 stx wierook vaties a 1 m^s ider	T.	5.-.-	
78 stx met gout en silver geschilderde cleene doosies, a 7 condrijn	T.	5.4.6	
200 stx geschildert blauw, d^{os} a 5 Condrijn	T.	10.-.-	
40 stx copies met dexels, a 15 condrijn	T.	6.-.-	
			T. 76.-.6
1703 stx cleene vogelties in Een cas N° 19 a 5 condryn ider	T.		85.1.5
1440 stx theepierings in een cas N° 20 a 9 m^s de 10 stucx	T.		129.6.-
1410 stx dittos tot deselve prijs, in een cas N° 21	T.		126.9.-
1310 stx d^{os} in een cas N° 22	T.		117.9.-
3370 stx calabas flessies in een cas N° 23, a 13 Condryn ider	T.		438.1.-
1210 stx pierings als de voorstaande in N° 24 a 9 m^s de 10	T.		108.9.-
1120 stx d^{os} in N° 25 costende als boven	T.		100.8.-
1120 stx d^{os} in N° 26	T.		100.8.-

60個	N°.13の箱に入っている、以下内訳		
	20個 赤で絵付けしたひげ皿、各3½マース······	7.-.-	テール
	40個 白磁の同上の品、値段は上記のように······	14.-.-	テール
		21.-.-	テール
103個	青と赤で絵付けした同上の品、各1から3½マース、N° 14 [の箱]に入っている······	36.-.5	テール
56個	赤と青で絵付けした同上の品、N° 15[の箱]に入っている······	19.6.-	テール
632個	N° 16 の箱に入っている、以下内訳		
	90個 蓋付のカップ、各15コンドリン······	13.5.-	テール
	90個 少しより小さいもの、各1マース······	9.-.-	テール
	200個 小型の蓋付容器、各6コンドリン······	12.-.-	テール
	200個 少しより縦長のもの、各7コンドリン······	14.-.-	テール
	32個 少しより大きいもの、各2マース······	6.4.-	テール
	20個 三重の重箱、各35コンドリン······	7.-.-	テール
		61.9.-	テール
2927個	N° 17 の箱に入っているのは		
	90個 小型の蓋付のカップ、各6コンドリン······	5.4.-	テール
	128個 少しより小さいもの、各1マース······	12.8.-	テール
	24個 青い香料容れ、各12コンドリン······	2.8.8	テール
	94個 金と銀で絵付けしたもの、各2マース······	18.8.-	テール
	900個 小型の角のある平皿、2マース／10個······	18.-.-	テール
	67個 透かし彫りのカップ、各1マース······	6.7.-	テール
	1530個 小型の貝殻形のカップ、8コンドリン／10個······	12.2.4	テール
	94個 小型の瓶、各5コンドリン······	3.7.6	テール
		80.5.8	テール
601個	N° 18 の箱に入っている、すなわち		
	10個 長い蓋付容器、各5マース······	5.-.-	テール
	30個 中位の鉢、2テール／10個······	6.-.-	テール
	30個 大型の瓢箪瓶、各1マース······	3.-.-	テール
	61個 染付で絵付けしたコップ、各5マース······	30.5.-	テール
	102個 金と銀で絵付けした瓶、5コンドリン······	5.1.-	テール
	50個 香料容れ、各1マース······	5.-.-	テール
	78個 金と銀で絵付けした小型の蓋付容器		
	7コンドリン······	5.4.6	テール
	200個 染付で絵付けされた同上の品、5コンドリン······	10.-.-	テール
	40個 蓋付のカップ、15コンドリン······	6.-.-	テール
		76.-.6	テール
1703個	小さな鳥、N° 19 の箱に入っている、各5コンドリン······	85.1.5	テール
1440個	ティーソーサー、N° 20 の箱に入っている、9マース／10個······	129.6.-	テール
1410個	同上の品、同じ価格まで、N° 21 の箱に入っている······	126.9.-	テール
1310個	同上の品、N° 22 の箱に入っている······	117.9.-	テール
3370個	瓢箪瓶、N° 23 の箱に入っている、各13コンドリン······	438.1.-	テール
1210個	平皿、前述のように、N° 24 の箱に入っている、9マース／10個······	108.9.-	テール
1120個	同上の品、N° 25 の箱に入っている、値段は前記のとおり······	100.8.-	テール
1120個	同上の品、N° 26 の箱に入っている······	100.8.-	テール

"Porceleijnen" in de facturen van het comptoir Nagasaki

989 stucx in een Cas N° 27 als. -			
92 stx lange doosen a 6 masen ider	T.	55.2.-	
250 stx hooge copies a 2½ mˢ ider	T.	62.5.-	
170 stx lange cantige doosen. a 7 mˢ ider	T.	119.-.-	
53 stx hooge gedekte doosiens, a 1 mˢ ider	T.	5.3.-	
116 stx wierook potiens, a 2 mˢ ider	T.	23.2.-	
102 stx focsockiens, a 5 mˢ yder	T.	51.-.-	
52 stx cantige sioebacken a 11 mˢ ider	T.	57.2.-	
154 stx dᵒˢ van drij op een, a 5 mˢ ider	T.	77.-.-	
			T. 450.4.-
2227 stucx, in een cas N° 28. te weten.			
134 stx langwerpige doosies, a 8 mˢ yder	T.	107.2.-	
13 dᵒˢ backies. 3 op malcanderen, a 11 mˢ ider	T.	14.3.-	
300 dᵒˢ ronde doosies, a 20 condryn ider	T.	60.-.-	
1780 dᵒˢ calabas flessies, a 13 condryn ider	T.	231.4.-	
			T. 412.9.-
1620 stucx. in een cas N° 29. zynde.			
1020 stucx blauw pieringties a 9 mˢ de 10	T.	91.8.-	
600 dᵒˢ thee copiens a 55 condrijn de 10	T.	33.-.-	
			T. 124.8.-
1800 stucx thee copies in N° 30 a 55 condryn de 10	T.	99.-.-	
3000 dᵒˢ in een cas N° 31. a 55 Condryn	T.	165.-.-	
2600 dᵒˢ wat grooter in N° 32 costen	T.	143.-.-	
1400 stucx in een cas N° 33 als			
1150 stx thee Copies, a 55 condrijn de 10	T.	63.2.5	
250 stx wierook vaties na't gesonden monster a 6 mˢ ider	T.	150.-.-	
			T. 213.2.5
38150 Stucx Porcelijnen in 33. cassen bedragen			T. 3948.2.1

- ɸ -

F1662-3/4   NFJ 786   6998-1-114-5
Nagasaki, 4 November 1662
Gescheept door Opperhoofd Hendrik Indijck in *den Vogelsangh* naar Malacca

301 stroo packen met porceleijn zynde gemerct en costen met alle ongelden,
volgens de annexe memorie · · · · · · · · · · · · · T. 895.9.2

Lijste v[an] de Volg[e]nde Porcelynen Coptiens, op de bekome
monsters [ex]pres [d]oen maken, en in de fluyt de Vogelsangh
voor Souratta gelade[n]. namentlyk. -

N° 1 4800 stucx thee copiens met roode, geel, en groene schilderij, a 3 mˢ de 10 stux.
synde gepakt in 32 packen van 150 stux jder · · · · · T. 144.-.-
2 13200 stux witte dᵒˢ in 88 stroo packen synde in yder mede
150 stx a 11 Condryn de 10 stux · · · · · T. 145.2.-
3 5400 stux dᵒˢ met roode schilderij, in 36 stroo dᵒˢ houdende
als vooren, a 2 mˢ de 10 stx · · · · · T. 108.-.-
4 5550 stux dᵒˢ als boven, in 37 packen, yder inhoudende
150 stux a 2 mˢ de 10 stux · · · · · T. 111.-.-

989個	N° 27の箱に入っている、すなわち			
	92個	長い蓋付容器、各6マース・・・・・・・・・・・・・・・	55.2.-	テール
	250個	縦長のカップ、各2½マース・・・・・・・・・・・・・	62.5.-	テール
	170個	長い角のある蓋付容器、各7マース・・・・・・・	119.-.-	テール
	53個	背の高い蓋付容器、各1マース・・・・・・・・・・	5.3.-	テール
	116個	香料壺、各2マース・・・・・・・・・・・・・・・・・・・	23.2.-	テール
	102個	focsockiens（註8）、各5マース・・・・・・・・・	51.-.-	テール
	52個	角のある重箱、各11マース・・・・・・・・・・・・・	57.2.-	テール
	154個	三重の同上の品、各5マース・・・・・・・・・・・・	77.-.-	テール
			450.4.-	テール
2227個	N° 28の箱に入っている、以下内訳			
	134個	細長い蓋付小容器、各8マース・・・・・・・・・・	107.2.-	テール
	13個	三重の小さいトレー、各11マース・・・・・・・・	14.3.-	テール
	300個	円形蓋付容器、各20コンドリン・・・・・・・・・・	60.-.-	テール
	1780個	瓢箪瓶、各13コンドリン・・・・・・・・・・・・・・・	231.4.-	テール
			412.9.-	テール
1620個	N° 29の箱に入っているのは			
	1020個	青い小平皿、9マース／10個・・・・・・・・・・・・	91.8.-	テール
	600個	同上のティーカップ、55コンドリン／10個・・	33.-.-	テール
			124.8.-	テール
1800個	ティーカップ、N° 30［の箱］に入っている、55コンドリン／10個・・・・・・・・		99.-.-	テール
3000個	同上、N° 31の箱に入っている、55コンドリン・・・・・・・・・・・・・・・・・・・		165.-.-	テール
2600個	同上、少しより大型の品、N° 32［の箱］に入っている、値段・・・・・・・・・		143.-.-	テール
1400個	N° 33の箱に入っている、すなわち			
	1150個	ティーカップ、55コンドリン／10個・・・・・・・	63.2.5	テール
	250個	香料容れ、送った見本に基づいた、各6マース・・・・・・・・	150.-.-	テール
			213.2.5	テール
38150個	磁器、33箱入り、総額・・・・・・・・・・・・・・・・・・・・・・・・・・・・・・・・・・・・		3948.2.1	テール

- φ -

F1662-3/3　　NFJ 786　　　6998-1-114-5
長崎、1662年11月4日
商館長ヘンドリック・インダイクによってマラッカ行きのフォーヘルザンク号で運ばれた

301個	磁器が入った藁包には印がつけられ、値段はすべての経費を含んでいる			
	付属の覚書によれば・・・・・・・・・・・・・・・・・・・・・・・・・・・・・・・・・・		895.9.2	テール

以下の磁器のカップのリスト、受け取った見本に基いて
特別に作らせ、スーラト行きのフライト船フォーヘルザンク号に
積み込まれた、すなわち

N° 1	4800個	ティーカップ、赤と黄、緑の絵付けのある、3マース／10個		
		各150個入り32包に梱包された・・・・・・・・・・・・	144.-.-	テール
2	13200個	白磁の同上の品、各150個入りの藁包88個		
		11コンドリン／10個・・・・・・・・・・・・・・・・・・・・・	145.2.-	テール
3	5400個	赤い絵付けのある同上の品、前述のような藁包36個		
		2マース／10個・・・・・・・・・・・・・・・・・・・・・・・・・	108.-.-	テール
4	5550個	上記のような同上の品		
		各150個入37包、2マース／10個・・・・・・・・・	111.-.-	テール

"Porceleijnen" in de facturen van het comptoir Nagasaki

5	5700 stux d^{os} als de voorige in 38 packen, a 2 m^s d'10 stux	T.	114.-.-
6	4590 stux d^{os} buyten blauw en rood, in 31 packen, synde 29 packen daer in 150 stx yder, en 2 d^{os} van 120 stux yder, a 28 Condryns	T.	128.5.2
7	1980 stux d^{os} met voetjes als boven geschildert, alwaer 10 packen, ider inhoudende 150 stux en 4 d^{os} yder 120 stux a 4 m^s de 10 stux	T.	79.2.-
8	3300 stux d^{os} in 25 stroo pakken, daeraf 10 pakken inhoudende ider 150 en 15 d^{os} ider 120 stux yder costen a 2 m^s de 10 stux	T.	66.-.-
	44500 stux porcelynen bedragen 't samen in 301 Packen	T.	895.9.2
	[sic]		

- ϕ -

F1662-4/4   NFJ 786   6998-1-114-5
Nagasaki, 4 November 1662
Gescheept door Opperhoofd Hendrik Indijck in [de] *Loosduijnen* naar Malacca

Provisien voor Bangala

[.........]
  100 p^s groote schotels van porceleijn a 4. Maas·············· T. 40.-.-
  100 p^s middelbare ditos a T.3.5.- de 10 p^s················ T. 35.-.-
  100 p^s cleene a 26 maas de 10 stucx·························· T. 26.-.-
[.........]

1663-64

The invoices for 1663-64 are missing.

1665

F1665-1/7   NFJ 787   6998-1-114-6
Nagasaki, 31 October 1665
Gescheept door Opperhoofd Jacob Gruijs in *de Meerman* naar Hocsieu

  120 p^s Porceleijne Pierings in 4 pacjens a T.3.6. - de 30 p^s comt.·············· T. 14.4.-

- ϕ -

F1665-2/7   NFJ 787   6998-1-114-6
Nagasaki, 31 October 1665
Gescheept door Opperhoofd Jacob Gruijs in *de Meerman* naar Batavia

  2821 p^s salfpotten naer de becomen monsters gemaect gepact in 117 stroo
       packen gemerct VOC costen gesamentlik··························· T. 368.1.6

- ϕ -

5	5700個	前述のような同上の品、38包、2マース／10個‥‥‥‥‥‥‥‥‥‥‥‥‥‥‥	114.-.-	テール
6	4590個	外側が青と赤の同上の品、31包、各150個入り29包		
		各120個入り2包、28コンドリン‥‥‥‥‥‥‥‥‥‥‥‥‥‥‥‥‥‥‥	128.5.2	テール
7	1980個	小さい脚付きの同上の品、上記のように絵付けされた、そのうち		
		各150個入り10包、各120個入り		
		4包、4マース／10個‥‥‥‥‥‥‥‥‥‥‥‥‥‥‥‥‥‥‥‥‥‥‥‥	79.2.-	テール
8	3300個	同上の品、藁包25個、そのうち各150個入り10包		
		各120個入り15包、値段は2マース／10個‥‥‥‥‥‥‥‥‥‥‥‥‥‥	66.-.-	テール
	44500個	磁器、301包の総額は‥‥‥‥‥‥‥‥‥‥‥‥‥‥‥‥‥‥‥‥‥‥‥‥	895.9.2	テール
	[ママ：44520]			

- ϕ -

F1662-4/4　　NFJ 786　　　6998-1-114-5
長崎、1662年11月4日
商館長ヘンドリック・インダイクによってマラッカ行きのロースダイネン号で運ばれた

　　　　　　　　　　ベンガルのための貯蔵品
[‥‥‥‥]
　100個　磁器製の大型深皿　各4マース‥‥‥‥‥‥‥　　40.-.-　テール
　100個　中位の同上の品　3.5.-テール／10個‥‥‥‥‥　35.-.-　テール
　100個　小さい品　26マース／10個‥‥‥‥‥‥‥‥‥　26.-.-　テール
[‥‥‥‥]

1663-64

1663～64年の送り状は不明である。

1665

F1665-1/7　　NFJ 787　　　6998-1-114-6
長崎、1665年10月31日
商館長ヤーコブ・フライスによって福州行きのメールマン号で運ばれた

　120個　磁器の平皿、4包、3.6.-テール／30個、合計‥‥‥‥‥‥‥‥‥‥‥‥‥‥　14.4.-　テール

- ϕ -

F1665-2/7　　NFJ 787　　　6998-1-114-6
長崎、1665年10月31日
商館長ヤーコブ・フライスによってバタヴィア行きのメールマン号で運ばれた

　2821個　受取った見本に倣って製作された軟膏壺、藁包117個に梱包され
　　　　　VOCと記されている、合計金額‥‥‥‥‥‥‥‥‥‥‥‥‥‥‥‥‥‥‥　368.1.6　テール

- ϕ -

"Porceleijnen" in de facturen van het comptoir Nagasaki

F1665-3/7   NFJ 787   6998-1-114-6
Nagasaki, 31 October 1665
Gescheept door Opperhoofd Jacob Gruijs in *de Spreeu* naar Toncquien

De monsters van de hier ondergespecificeerde
porceleijnen
5000 rijskoppen costen als volgt
    N° 1. 2200 stux in 55 packen a 65 cond^n d'10 stux················ T.   143.-.-
    N° 2. 1750 stux in 25 packen a 45 cond^n d'10 stux················ T.   78.7.5
    N° 3. 1050 stux in 15 packen a 4 maes 't bos···················· T.   42.-.-
                                                                                                                           T.   263.7.5

3660 fijne pierings costen als volgt
    N° 4.   60 p^s in een pak a 13 maes 't bos······················· T.   7.8.-
    N° 5. 1080 p^s in 18 packen a 8 m^s 't bos······················· T.   86.4.-
    N° 6. 280 p^s in   4 packen a 7 m^s 't bos······················· T.   19.6.-
    N° 7. 540 p^s in   9 packen a 9 m^s 't bos······················· T.   48.6.-
    N° 8. 120 p^s in   3 packen a 12 m^s 't bos······················· T.   14.4.-
    N° 9. 320 p^s in   5 packen a 8 m^s 't bos······················· T.   25.6.-
    N° 10. 300 p^s in   5 packen a 8 m^s 't bos······················· T.   24.-.-
    N° 11. 960 p^s in 16 packen a 8 m^s 't bos······················· T.   76.8.-
       3660 p^s in 60 packen monteren··· T.   303.2.-

- ϕ -

F1665-4/7   NFJ 787   6998-1-114-6
Nagasaki, 31 October 1665
Gescheept door Opperhoofd Jacob Gruijs in [de] *Alphen* naar Malacka

420 tafel pierings moij geschildert in 14 stroobalen afgepact inhoudende ijder
    30 p^s costende a T. 3. 6. - de bael comt································· T.   50.4.-

- ϕ -

F1665-5/7   NFJ 787   6998-1-114-6
Nagasaki, 31 October 1665
Gescheept door Opperhoofd Jacob Gruijs in [de] *Sparendam* naar Malacka

6234 p^s gesorteerde schafschotels bestaende in 1039 stroopacken ijder
    jnhoudende 6 p^s gemerct met aengebondene houtgens VOC 6 p^s schotels
    voor Zouratta costen T.3.-.4 't pak comt.······························ T.   3158.5.6
12000 p^s Tafelpierings in 400 bos van 30 p^s ijder a T. 3. 6. - 'tp^k
    gemerct als vooren, comt··· T.   1440.-.-
    voor de plancjens die aen de porceleijn balen gebonden sijn
         comt··· T.   5.5.-
                                                                                                            T.   4604.-.6

- ϕ -

F1665-3/7　　　NFJ 787　　　6998-1-114-6
長崎、1665年10月31日
商館長ヤーコブ・フライスによってトンキン行きのスプレーウ号で運ばれた

　　　　　　　　　　　　　当地より明細に述べられた
　　　　　　　　　　　　　　磁器の見本

　　5000個　飯茶碗、値段は以下の通り
　　　　　Nº　1.　2200個、55包、65コンドリン／10個・・・・・・・・・・・・・・・143.-.- テール
　　　　　Nº　2.　1750個、25包、45コンドリン／10個・・・・・・・・・・・・・・・ 78.7.5 テール
　　　　　Nº　3.　1050個、15包、4マース／束・・・・・・・・・・・・・・・・・・・ 42.-.- テール
　　　　　　　　　　　　　　　　　　　　　　　　　　　　　　　　　　　　　263.7.5 テール

　　3660個　上質の平皿、値段は以下の通り
　　　　　Nº　4.　　60 個　 1包　13マース／束・・・・・・・・・・・・・・・・・・・ 7.8.- テール
　　　　　Nº　5.　1080 個　18包　 8マース／束・・・・・・・・・・・・・・・・・・・ 86.4.- テール
　　　　　Nº　6.　 280 個　 4包　 7マース／束・・・・・・・・・・・・・・・・・・・ 19.6.- テール
　　　　　Nº　7.　 540 個　 9包　 9マース／束・・・・・・・・・・・・・・・・・・・ 48.6.- テール
　　　　　Nº　8.　 120 個　 3包　12マース／束・・・・・・・・・・・・・・・・・・・ 14.4.- テール
　　　　　Nº　9.　 320 個　 5包　 8マース／束・・・・・・・・・・・・・・・・・・・ 25.6.- テール
　　　　　Nº　10.　 300 個　 5包　 8マース／束・・・・・・・・・・・・・・・・・・・ 24.-.- テール
　　　　　Nº　11.　 960 個　16包　 8マース／束・・・・・・・・・・・・・・・・・・・ 76.8.- テール
　　　　　　3660 個　60包の総額・・・・・・・・・・・・・・・・・・・・・・・・・・ 303.2.- テール

　　　　　　　　　　　　　　　　　－ φ －

F1665-4/7　　　NFJ 787　　　6998-1-114-6
長崎、1665年10月31日
商館長ヤーコブ・フライスによってマラッカ行きのアルフェン号で運ばれた

　420 個　食卓用平皿、美しく絵付けがほどこされた
　　　　　各30個入り俵14個に梱包されている、3.6.- テール／俵、合計・・・・・・・・・・・・・・・・・・ 50.4.- テール

　　　　　　　　　　　　　　　　　－ φ －

F1665-5/7　　　NFJ 787　　　6998-1-114-6
長崎、1665年10月31日
商館長ヤーコブ・フライスによってマラッカ行きのスパレンダム号で運ばれた

　6234個　選別された食事用深皿、各6個入りの藁の包1039個からなる
　　　　　固定された木札に、VOC 6個深皿スーラト向けと記されている
　　　　　値段は3.-.4 テール／包、合計・・・・・・・・・・・・・・・・・・・・・・・ 3158.5.6 テール
　12000個　食卓用平皿、各30個入り 400束、3.6.- テール／個
　　　　　前述のとおり記されている、合計・・・・・・・・・・・・・・・・・・・・・ 1440.-.- テール
　　　　　磁器の俵に結び付けられた木札のために
　　　　　　合計・・・・・・・・・・・・・・・・・・・・・・・・・・・・・・・・・・・   5.-.- テール
　　　　　　　　　　　　　　　　　　　　　　　　　　　　　　　　　　　　　4604.-.6 テール

　　　　　　　　　　　　　　　　　－ φ －

"Porceleijnen" in de facturen van het comptoir Nagasaki

F1665-6/7   NFJ 787   6998-1-114-6
Nagasaki, 31 October 1665
Gescheept door Opperhoofd Jacob Gruijs in [de] *Hasenberg* naar Malacka

  1002 p^s gesorteerde schafschotels bestaende in 167 stroijen jnhoudende 6 p^s ijder
      gemerct op de aengebondene houtgens VOC 6 p^s schotels voor Zouratta
      costen T 3.-.4 t pak comt·· T.   507.6.8
   600 Tafel pierings in 20 packen van 30 p^s ijder a T.3.6.- 't pak en als
      voren gemerct voor Zuratta comt··· T.   72.-.-

- ϕ -

F1665-7/7   NFJ 787   6998-1-114-6
Nagasaki, 31 October 1665
Gescheept door Opperhoofd Jacob Gruijs in [de] *Claveskercken* naar Malacka

   90 stux bestaende in 15 balen gesorteerde schafschotels costende
      de 6 p^s ··· T.   3.-.4
      comt·· T.   45.6.-
   960 stux Tafelpierings in 32 balen gepact van 30 p^s ijder costen
      de 30 p^s ·· T.   3.6.-
      bedraegt·· T.   115.2.-

1666

F1666-1/3   NFJ 788   6998-1-114-7
Nagasaki, 18 October 1666
Gescheept door Opperhoofd Wilhem Volger in [de] *Hilversum* naar Siam

   179 bossen porceleijnen commen van 10 p^s ijd^r bos gem^t VOC a 14 m^s d'10 p^s············ T.   250.6.-

- ϕ -

F1665-6/7　　　NFJ 787　　　　6998-1-114-6
長崎、1665年10月31日
商館長ヤーコブ・フライスによってマラッカ行きのハーゼンベルフ号で運ばれた

 1002 個　選別された食事用深皿、各6個入り藁束167個からなる
    固定された木札に VOC　6個深皿スーラト向けと記されている
    値段は 3.-.4 テール／包、合計 ･････････････････････････････････ 507.6.8 テール
 600 個　食卓用平皿、各30個入り20包、3.6.- テール／包
    前述のように記されている、スーラト向け、合計 ･･････････････････ 72.-.- テール

- ɸ -

F1665-7/7　　　NFJ 787　　　　6998-1-114-6
長崎、1665年10月31日
商館長ヤーコブ・フライスによってマラッカ行きのクラーフェルスケルケ号で運ばれた

 90 個　15俵からなる選別された食事用深皿、値段は
    ／6 個 ･･･ 3.-.4 テール
    合計 ･･ 45.6.- テール
 960 個　食卓用平皿、各30個入り32俵に梱包されている、値段は
    ／30 個 ･･ 3.6.- テール
    総額は ･･ 115.2.- テール

1666

F1666-1/3　　　NFJ 788　　　　6998-1-114-7
長崎、1666年10月18日
商館長ウィルヘム・フォルヘルによってシャム行きのヒルフェルズム号で運ばれた

 179 束　磁器の鉢、各束10個入り、VOC と記されている、14マース／10個 ･････････････ 250.6.- テール

- ɸ -

"Porceleijnen" in de facturen van het comptoir Nagasaki

F1666-2/3   NFJ 788   6998-1-114-7
Nagasaki, 18 October 1666
Gescheept door Opperhoofd Wilhem Volger in *de Spreeuw* naar Malacca

                        Voor Malacca 't volgende, -
197 bossen ofte 2545 p^s gesoorteerde porceleijnen schootels daervan -
    91 bossen groote d^{os} j^{er} inhoudende 10 p^s
    97 bossen een weijnigh kleijnder d^o 15 p^s
    9 bossen kleijne d^{os} -
    197 bossen gesorteerde porceleijnen schotels costen door den -
      anderen 40 maas 't bos comt·· T. 788.-.-

[.....]

                      'T volgende voor Bengaale, -
1 cas gemerckt N° 6: daer in 't volgende, -
    300 p^s thee kopies a 3 m^s d'10 p^s comt························· T.   9.-.-
    300 p^s d^{os} fijne pierings a 5½ m^s d^o jdem ····················· T.   16.5.-
    180 p^s fijne taffelborden a 14 m^s d'10 p^s ···················· T.   25.2.-
                                                                          T.   50.7.-

1 cas gem^t N° 7: daer in -
    270 p^s fijne taffelborden costen door den anderen
      T.14 't cento······································· T.   37.8.-
    100 p^s cleijne commen a 8 maas d'10 p^s ···················· T.   8.-.-
                                                                        T.   45.8.-

1 cas gemerckt N° 8: daer jn 't volgende, -
    20 bos taffelborden a 14 maas d'10 p^s························· T.   28.-.-
    20 mostert potten a 25 Condrijn tp^s························· T.   5.-.-
    20 soutvaten adjdem·· T.   5.-.-
                                                                          T.   38.-.-

500 stx schootels van de deerde soort a 3 m^s j^{dr}···················· T.   150.-.-

                                             - φ -

F1666-3/3   NFJ 788   6998-1-114-7
Nagasaki, 18 October 1666
Gescheept door Opperhoofd Wilhem Volger in [de] *Claverskercke* naar Malacca

                 'T volgende porceleijnen voor Malacca
 414 p^s groote salfpotten in 46 packen i^{dr} inhoudende 9 p^s
    a 25 cond^n y^{dr} comt······································ T.   103.5.-
 576 p^s weynigh kleynd^r in ·· 48 d^{os} a   12 p^s i^{dr} 17cond^n tp^s·········· T.   97.9.2
1200 p^s noch kleijnde^r in ··· 60 d^{os} van 20 p^s j^{dr} 12 d^{os} tp^s············ T.   144.-.-
 624 p^s nog al kleijnd^r in ·· 13 d^{os} van 48 p^s a 7 cond^n tp^s·········· T.   43.6.8
 450 p^s noch al kleijndr in ··5 d^o van 90 p^s a 4 d^o jdem············ T.   18.-.-
1200 p^s heel kleijn d^{os} in ····6 d^o van 200 p^s a 2 d^{os} j^{dr}············ T.   24.-.-
1500 p^s Croesen in··········· 25 P^k van 60 p^s a 4 d^{o}j^{dr} P^s············ T.   60.-.-
  72 p^s scheerbeecken in······ 9 d^o van   8 p^s a 7 maas j^{dr}·········· T.   50.4.-
 600 p^s olijteijtsvlessen in 3 d^o van 200 p^s a 2 cond^n tp^s············ T.   12.-.-
 528 p^s jdem ············· in 44 d^o j^{dr} inhoudende 12 p^s a 3 m^s tp^s········ T.   158.4.-
                                                                              T.   711.9.-

F1666-2/3　　NFJ 788　　　6998-1-114-7
長崎、1666年10月18日
商館長ウィルヘム・フォルヘルによってマラッカ行きのスプレーウ号で運ばれた

マラッカ向けの次のもの

197束	又は2545個の選別された磁器の深皿、下記からなる	
91束	大きい同上の品、各10個入り	
97束	少しより小さい同上の品、各15個入り	
9束	小さい同上の品	
197束	選別された磁器の深皿、値段の平均は	
	40マース／束、合計・・・・・・・・・・・・・・・・・・・・・・・788.-.- テール

[.....]

次のものはベンガル向け

1箱	N°6と記されている、その中にあるものは以下	
300個	ティーカップ、3マース／10個、合計・・・・・・9.-.- テール
300個	同上の上質の皿、5½マース／各10個・・・・・16.5.- テール
180個	上質の食卓用皿、14マース／10個・・・・・・25.2.- テール
		50.7.- 〃

1箱	N°7と記されている、その中には	
270個	上質の食卓用皿、値段の平均は	
	14テール／100個・・・・・・・・・・・37.8.- テール
100個	小鉢、8マース／10個・・・・・・・・・・・8.-.- テール
		45.8.- テール

1個	N°8と記されている、その中にあるものは以下	
20束	食卓用皿、14マース／10個・・・・・・・・28.-.- テール
20個	マスタード壺、25コンドリン／個・・・・・・5.-.- テール
20個	塩容れ、同じ価格で・・・・・・・・・・・・5.-.- テール
		38.-.- テール
500個	3級品の深皿、各3マース・・・・・・・・・・150.-.- テール

- φ -

F1666-3/3　　NFJ 788　　　6998-1-114-7
長崎、1666年10月18日
商館長ウィルヘム・フォルヘルによってマラッカ行きのクラーフェルスケルケ号で運ばれた

次の磁器はマラッカ向け

414個	大きな軟膏壺、　　各9個入り46包、	
	各25コンドリン、合計・・・・・・・・・・・103.5.- テール
576個	少しより小さい品、　各12個入り48包、　17コンドリン／個・・・・97.9.2 テール
1200個	さらに小さい品、　　各20個入り60包、　12コンドリン／個・・・・144.-.- テール
624個	さらに小さい品、　　　48個入り13包、　 7コンドリン／個・・・・43.6.8 テール
450個	さらに小さい品、　　　90個入り 5包、　各4コンドリン・・・・・18.-.- テール
1200個	かなり小さい同上の品、200個入り 6包、　各2コンドリン・・・・・24.-.- テール
1500個	コップ、　　　　　　　60個入り25包、　各4コンドリン・・・・・60.-.- テール
72個	ひげ皿、　　　　　　　 8個入り 9包、　各7マース・・・・・・・50.4.- テール
600個	油用瓶、　　　　　　 200個入り 3包、　 2コンドリン／個・・・・12.-.- テール
528個	同上、・・・・・・・　各12個入り44包、　 3マース／個・・・・・158.4.- テール
		711.9.- テール

訳　註

（仕訳帳・送り状共通）

1. 取引通貨について：オランダ東インド会社の日本貿易における商品価格は、当時のアジアで使用された通貨 taijl テール（T.）とオランダで使用される通貨 gulden グルデン（表記：f.）を併記している（1 gulden＝20 stuijver, 1 stuijver＝16 penning）。さらに、テールの下の通貨単位はマース maes で、1 テール（丁銀10匁）＝10 マース。マースの下の通貨単位はコンドリン condrijn で、1 マース＝10 コンドリンである。両通貨の換算は、1636年以降の場合、1 テール＝2 グルデン 17 ストイフェル（912 ペニング）。（行武和博、加藤榮一訳「オランダ商館の仕訳帳　1638年度1639年度　訳文編」『平戸市史海外史料編Ⅱ』平戸市、2000年 403頁）／両通貨の換算は、1666年以降の場合、1 テール＝3.5 グルデン（70 ストイフェル）とされる。（鈴木康子『近世日蘭貿易史の研究』思文閣出版 2004年 p.373）
2. プレ "pulle" は、ドイツのライン炻器製の瓶の器形名称であるドイツ語の "Pulle"（プレ）と同義であると思われる。ドイツの陶磁用語としては、"Pulle" は一般的な器形名称であり、胴が球形で頸が細く短い瓶の器形をさす。例えば、展覧会図録『古伊万里の道』（九州陶磁文化館、2000年）掲載の図版151のようなフォルムの、球形で把手のある器形である。
3. ムーチェ（"mutsken"、"mutsje" も同じ）とは容量の単位で、およそ150cl.を意味する。
4. "purgatie croeskens" が原語であり、医療用品の名称である。"purgatie" は "purge" すなわち、体内を清めること、あるいは嘔吐か下痢によって排泄すること、そして "croeskens" は小さめのカップを意味する。そのため、本書では「浣腸用のカップ」と翻訳した。イサベル・田中・ファンダーレン氏のご教示による。
5. マズラ "Madura" とは、インド半島の南端近くにあった王国。
6. ハンティング "ganting" とは、液体や乾量を計る単位である。"Het VOC-gossarium"（Instituut voor Nederlandse Geshiedenis, 2000, p.46）によれば、台湾商館日記第4巻（"De dagregisters van het Zeelandia, Taiwan 1629-1662", deel 4, uitgegeven door J.L. Blussé, M.E. van Opstall en Ts'ao Yung-Ho（Grote Serie 195, 229, 233 en 241）に基づき、約3リットルとされる。
7. この送り状に記された商品の仕向け先は中継貿易地としての港のあるマラッカであり、それ以降の送り先が明記されていない。しかし、この荷に該当する仕訳帳（J1660-3/3）には、この荷がスーラト向けであることが明記されている。これらの荷の最終目的地は恐らくスーラトである。
8. 山脇悌二郎氏は、論文「貿易篇」（『有田町史　商業編Ⅰ』有田町、1988年 p.314）にてこの語を "focfockiens" と翻刻し、「ホクホク」と翻訳し、「ほくほく、にこにこえみ笑っている恵比寿の置物ではあるまいか。」と推測した。確かに、布袋の置物であれば有田で作例があるが、山脇氏の "focfockiens" という翻刻が、果たして正確であるかどうか疑問である。本書では、"focsockiens" と翻刻した。となると、山脇氏の「ほくほく」という音に基づく推論は難しいだろう。一方、フィアレ氏はオランダ語の言葉から "focsockiens" という語を理解することは難しいというご指摘である。この語の意味は今まだ不明である。

凡　例

(仕訳帳・送り状共通)

1. 本史料は、オランダ東インド会社日本商館文書の一部である仕訳帳および送り状から抽出した、日本磁器に関連する部分の翻刻および翻訳である。

2. 仕訳帳および送り状の翻刻に際しては、基本的にオランダ・ハーグの国立文書館に所蔵される原本を複製した東京大学史料編纂所所蔵のマイクロフィルムを利用した。ただし、フィルムから確認できない不鮮明な文字がある場合は、ハーグの国立文書館にある原本も参照して確認をした。

3. 日本商館文書は、ルーシンク氏の目録で付与されたNFJ番号で管理されている（M.P.H.Roessingh, "Het Archief van de Nederlandse Factorij in Japan 1609-1860", 's-Gravenhage, 1964.）。翻刻および翻訳した各史料には、冒頭に該当する史料のNFJ番号および東京大学史料編纂所所蔵のマイクロフィルム番号（例：6998-1-92-2等）を明記した。

4. 仕訳帳および送り状の各史料の商品に関する記載は、それを舶載する船ごとに掲載されている。各船の舶載品一覧の冒頭には、その船の名称や商館長の氏名、行き先、経由地や日付などが明記された部分がある。この部分より、史料の日付や発行地、船、商館長などの基礎情報を要約して、各史料の冒頭に見出しとして掲げた。見出しは、原文はArial体、翻訳はゴシック体とし、見出しの次に続く商品項目より抽出した磁器に関する記載部分は、原文はCourier New体、翻訳は明朝体とすることにより、区別して表示した。

5. 本書に仕訳帳および送り状の翻刻及び翻訳を掲載する目的は、あくまでも「日本磁器」（すべて肥前磁器からなる）と記載された商品の品目、数量、販売先、値段、梱包などを、肥前磁器研究のための研究資料として紹介することである。従って、仕訳帳と送り状のうち上記の内容を反映した一部のみを抜粋して掲載した。陶磁史研究を目的とした資料であるため、会計帳簿資料としての完全性の追求は、本資料の課題の範囲外である。

6. 値段や大きさ、数量などの単位の項目に「ditto 同上」という記載がある場合、その翻訳文は、「同上」と直訳せず意味される単位や数量を記載した。ただし、品名の項目や商品の説明として用いられる場合の「同上」は、そのまま「同上の品」や「同上」と翻訳した。

7. 原本の綴りが正確でない場合も、本書の原文編は原本の表記通りとした。ただし、その綴りが本来の綴りと著しく隔たり、理解の妨げとなると思われる場合は、その原文記載の右

側に[sic]（ママの意）と併記した。さらに、必要性が認められる場合には、正しい綴りの語や数字を該当箇所右に設けた[　　]形カッコ内に記した。

8. 原本上、本来記載されるべき意味内容が省略されており、なお且つそれを補足する場合においては、その該当箇所に[　　]形のカッコを設け補足内容を記した。

9. [損傷、穴]や[損傷]とは、その箇所の文字が損傷や穴による欠失のため解読不能であることを示す。

10. 数量や数量単位又は貨幣単位を表す数字の末尾に慣例的に打たれた意味的機能のないピリオドやコロンは省略した。

11. 原本のページ区切りの冒頭及び末尾に位置するリストに付された、ページ符号のための値段合計は、翻刻中に転記せず省略した。

12. 仕訳帳および送り状には、最も右端の列に会計上のグルデン単位の金額記載が記載されているが、本翻刻には転記せず、省略した。

13. 単位を表す単語には、d^{os}.や m^s. など、多岐にわたる上付文字を用いた略称の形式があるが、本書では、略称の主となる文字および上付文字のみを転記し、二重下線や点などの上付文字の付属記号は省略した。stx.や ps.といった省略記号の場合も、略号直後のピリオドは省略した。

14. 仕訳帳・送り状の翻訳には、文末に翻訳者による訳注をつけた。

15. 改行位置は、可能な範囲で原本と一致させ、可能な限り忠実に原本のレイアウト構成を再現した。しかし、行数調整などの編集の都合上必要が認められる場合には、改行位置の変更をおこなった。

16. 「blaauw（青）」という語は、文脈から絵付けを意味していると推測できる場合は「染付」と翻訳し、それが明確でない場合には釉薬の色である可能性があるため「青」と翻訳した。

17. 本書掲載の仕訳帳および送り状の翻刻は、櫻庭美咲とシンシア・フィアレ Cynthia Viallé が共同で作成した。同仕訳帳および送り状の翻訳は、櫻庭美咲が行った。レイアウト構成は、平田由紀が行った。

資料篇2
オランダ東インド会社文書
Archival Sources : Part 2 -The VOC Records-
比較一覧 | Comperative List

オランダ東インド会社公式貿易による肥前磁器輸出の記録　比較一覧
Comparative List of the Official Export of Hizen Porcelain by the VOC

平田由紀・櫻庭美咲編（翻訳　櫻庭美咲）
Compiled by Yuki HIRATA & Miki SAKURABA (Translated by Miki SAKURABA)

西暦 Year (和暦)	仕訳帳 Journals (櫻庭・フィアレ編/ Compiled by Sakuraba & Viallé) 輸出量 Export q'ty (個 pcs)	内訳 Items (個 pcs)	目的地/発行日/船名 Destination/Date/ship （　）内最終目的地 Final destination in (　)	送り状 Invoices (櫻庭・フィアレ編/ Compiled by Sakuraba & Viallé) 輸出量 Export q'ty (個 pcs)	内訳 Items (個 pcs)	目的地/発行日/船名 Destination/Date/ship （　）内最終目的地 Final destination in (　)
1650 (慶安3)	145	145	トンキン Tonkin/10.15/Witte Valck	不明 unknown	不明 unknown	本年の送り状は不明である。The invoices for this year are missing.
1651 (慶安4)	不明 unknown	不明 unknown	本年の仕訳帳は不明である。The journal for this year is missing.	176	176	トンキン Tonkin/10.18/Campen
1652 (承応元)	1,265	1,265	台湾 Formosa/11.04/Coninck van Poolen	1,265	1,265	台湾 Formosa/10.31/Coningh van Polen
1653 (承応2)	2,200	2,200	台湾 Formosa/11.10/Witte Valck	2,200	2,200	台湾 Formosa/11.11/Witte Valck （バタヴィア向け for Batavia）
1654 (承応3)	4,258	3,745	台湾 Formosa/10.25/Breda	4,258	3,745	台湾 Formosa/10.25/Breda （バタヴィアの外科治療所向け for the surgeon's shop of Batavia）
		513	台湾 Formosa/10.31/Kalf		513	台湾 Formosa/10.31/Calff （バタヴィアの外科治療所向け for the surgeon's shop of Batavia）
1655 (明暦元)	3,209	3,209	台湾 Formosa/10.20/Angelier	3,209	3,209	台湾 Formosa/10.21/Angelier
1656 (明暦2)	4,139	2,003	台湾 Formosa/10.22/Coninck David	4,139	2,003	台湾 Formosa/10.22/Coninck David （台湾の外科治療所向け for the surgeon's shop of Formosa）
		2,136	バタヴィア Batavia/10.29/Avondtstar （バタヴィアの外科治療所向け for the surgeon's shop of Batavia）		2,136	バタヴィア Batavia/11.02/Avondtstar （外科治療所向け for the surgeon's shop）
1657 (明暦3)	3,040	3,040	台湾 Formosa/10.26/Domburgh	箱1個 及び 3,040個	箱1個	バタヴィア Batavia/10.12/Ulisses （オランダ向け for the Netherlands）
					3,040	台湾 Formosa/10.25/Domburgh （バタヴィアの外科治療所向け for the surgeon's shop of Batavia）
1658 (万治元)	5,257	457	台湾 Formosa/10.16/Zeeridder （ベンガル向け for Bengal）	5,257	457	台湾 Formosa/10.16/Zeeridder （ベンガル向け for Bengal）
		4,800	バタヴィア Batavia/10.22/Trouw （バタヴィアの外科治療所向け for the surgeon's shop of Batavia）		4,800	バタヴィア Batavia/10.23/Trouw （バタヴィアの外科治療所およびオランダ向け for the surgeon's shop of Batavia and the Netherlands）

オランダ東インド会社公式貿易による肥前磁器輸出の記録　比較一覧

内訳 Items (個 pcs)	山脇悌二郎『有田町史』 "Arita-cho-shi" by Yamawaki 目的地別内訳概略 Outline of items for each destination （仕訳帳・送り状原文との不一致点下線明記）	記載資料 Reference	T. フォルカー『磁器とオランダ東インド会社』『1683年以降のオランダ東インド会社の日本磁器貿易』"Porcelain and the Dutch East India Comp.", "The Porcelain trade of the Dutch East India Comp. after 1683" by T. Volker 概略 Outline （仕訳帳・送り状原文との不一致点下線明記）	西暦 Year
145	10月、蘭船ウイッテン・ファルク号がトンキン（ハノイ）のオランダ商館に届ける「種々の粗製磁器145個」を積んで長崎を出帆する。145p of coarse porcelain shipped on the Witte Valck for Tonkin. 器種内訳無。 Items not mentioned. （註1）p.265	仕訳帳 Journal	日本発磁器輸出に関する情報なし。 No information concerning the porcelain export from Japan. （註2）	1650
176	2月、「かなりな量の粗製磁器」を積んだトンキン華僑の船がトンキンへ向けて長崎を出帆する。Numerous coarse porcelain is shipped for Tonkin. （註1）p.266 カンペンCampen号「176個の日本製の磁器平鉢、皿、瓶」トンキン商館に積送。176p porcelain for the Tonkin factory. 器種内訳無。 Items not mentioned. （註1）p.266	送り状 Invoices	日本発磁器輸出に関する情報なし。 No information concerning the porcelain export from Japan. （註2）	1651
1,265	目的地/器種内訳無。 No mention of destination & items. （註1）p.345、372	仕訳帳 Journal	日本発磁器輸出に関する情報なし。 No information concerning the porcelain export from Japan. （註2）	1652
2,200	目的地/器種内訳無。 No mention of destination & items. （註1）p.372	仕訳帳 Journal	11月20[12]日に出島から台湾に送られた書状に「「ウィッテ・ファルクWitte Valck号」がバタヴィアBataviaの薬局用に2,200個の磁器のガリポットを積んでトンキン経由でバタヴィアBataviaに向った。」と記している。（註2）p.125/(26)p.59	1653
4,258	目的地/器種内訳無。 No mention of destination & items. （註1）p.372	仕訳帳 Journal	10月24日に「ブレダBreda号」に、10月30日に「カルフKalff号」に船積みされたが、その合計は3,745個で、ガリポットと保存用の蓋付き壺などであった。（註2）p.125/(26)p.59	1654
3,209	目的地/器種内訳無。 No mention of destination & items. （註1）p.372	仕訳帳 Journal	10月22[21]日付の出島から台湾FormosaとバタヴィアBataviaに向う「アンゲリエAngelier号」の船荷証券には「軟膏入れと、小さな保存用の瓶、それに小さな磁器 porcelainの薬壺の計3,209点、これは軟膏入れが525個、2番目の保存用の小瓶が480本、それに3番目の薬壺が504個の計1,509点、それに小さな磁器の薬壺1,700個、以上合計3,209点で、金額にして440フロリン」、平均単価約0.13フロリン、と記されている。（註2）p.126/(26)p.60	1655
4,139	目的地/器種内訳無。 No mention of destination & items. （註1）p.345、372	仕訳帳 Journal	東インド会社所属の船のいずれもが日本に磁器を輸入したとか、あるいは日本から磁器を輸出したという事実はない。（註2）p.126/(26)p.60	1656
3,040	蘭船による日本磁器3,040個と各種の磁器の見本一箱が輸出される。目的地/器種内訳無。 No mention of destination & items. （註1）p.345	仕訳帳 Journal	バタヴィアBataviaの外科医の注文の磁器の薬瓶と小さな薬壺について、ワグナーがバタヴィアBataviaに送った10月12日付の書状では「…われわれは船積みに間に合うよう契約したが、それらが多量なので、未だ受渡しは行われていない」と書いている。彼は84フロリン相当の磁器の見本を入れた一箱を「ユリセスUlisses号」でバタヴィアBataviaに送っている。これらの見本はその翌年の1月16日にオランダに送られた。（註2）p.127/(26)p.60	1657
5,257	5,257個の磁器（バタビアの病院用にfor surgeon's shop of Batavia 4,800個、457個はベンガル本店商館for factory of Bengal向け）が輸出される。一部器種内訳有。 Partial mention of items. （註1）p.285	仕訳帳 Journal	10月16日に「ジリターZeeridder号」がベンガル向けfor Bengalに1ケースに457点の[日本の]磁器を積んで台湾Formosaに出航している。[中略] 10月16日にベンガル向けfor Bengalの1ケース分の磁器の船積みは、見本であったのでこれは考慮するに価しない。バタヴィア向け for Bataviaのガリポットの特別注文も同様である。（註2）p.128/(27)p.64	1658

オランダ東インド会社公式貿易による肥前磁器輸出の記録　比較一覧

西暦 Year (和暦)	仕訳帳 Journals (櫻庭・フィアレ編/ Compiled by Sakuraba & Viallé)			送り状 Invoices (櫻庭・フィアレ編/ Compiled by Sakuraba & Viallé)		
	輸出量 Export q'ty (個 pcs)	内訳 Items (個 pcs)	目的地/発行日/船名 Destination/Date/ship (　)内最終目的地 Final destination in (　)	輸出量 Export q'ty (個 pcs)	内訳 Items (個 pcs)	目的地/発行日/船名 Destination/Date/ship (　)内最終目的地 Final destination in (　)
1663 (寛文3)	不明 unknown	不明 unknown	本年の仕訳帳は不明である。 The journal for this year is missing.	不明 unknown	不明 unknown	本年の送り状は不明である。 The invoices for this year are missing.
1664 (寛文4)	不明 unknown	不明 unknown	本年の仕訳帳は不明である。 The journal for this year is missing.	不明 unknown	不明 unknown	本年の送り状は不明である。 The invoices for this year are missing.
1665 (寛文5)	32,907	1,602	マラッカ Malacca/10.18/Hasenbergh	32,907	120	福州 Hocsieu/10.31/Meerman
		1,050	マラッカ Malacca/10.28/Claverskercke		2,821	バタヴィア Batavia/10.31/Meerman
		18,234	マラッカ Malacca/10.28/Sparendam		8,660	トンキン Tonkin/10.31/Spreeu
		420	マラッカ Malacca/10.28/Alphen		420	マラッカ Malacca/10.31/Alphen
		8,660	トンキン Tonkin/10.28/Spreeuw		18,234	マラッカ Malacca/10.31/Sparendam （スーラト向け for Surat）
		120	福州 Hocsieu/10.28/Meerman・Mars		1,602	マラッカ Malacca/10.31/Hasenberg （スーラト向け for Surat）
		2,821	バタヴィア Batavia/10.28/Meerman （バタヴィア城の一般製薬局向け for general pharmacy in Batavia Castle）		1,050	マラッカ Malacca/10.31/Claveskercken
1666 (寛文6)	13,389	2,545	マラッカ Malacca/10.18/Spreeuw （マラッカ向け for Malacca）	13,389	1,790	シャム Siam/10.18/Hilversum
		1,890	マラッカ Malacca/10.18/Spreeuw （ベンガル向け for Bengal）		2,545	マラッカ Malacca/10.18/Spreeuw （マラッカ向け for Malacca）
		7,164	マラッカ Malacca/10.18/Claverskerke （マラッカ向け for Malacca）		1,890	マラッカ Malacca/10.18/Spreeuw （ベンガル向け for Bengal）
		1,790	シャム Siam/10.18/Hilversum		7,164	マラッカ Malacca/10.18/Claverskercke （マラッカ向け for Malacca）
1667 (寛文7)	不明 unknown	不明 unknown	現存する1667年の仕訳帳（NFJ 861）は9月7日までである。よって1667年の仕訳帳の磁器輸出に関する情報は不明である。 The pages of the journal are missing after 07 September.	不明 unknown	不明 unknown	本年の送り状は不明である。 The invoices for this year are missing.

オランダ東インド会社公式貿易による肥前磁器輸出の記録　比較一覧

山脇悌二郎『有田町史』 "Arita-cho-shi" by Yamawaki			T.フォルカー『磁器とオランダ東インド会社』『1683年以降のオランダ東インド会社の日本磁器貿易』"Porcelain and the Dutch East India Comp.", "The Porcelain trade of the Dutch East India Comp. after 1683" by T. Volker		西暦 Year
内訳 Items (個 pcs)	目的地別内訳概略 Outline of items for each destination (仕訳帳・送り状原文との不一致点下線明記)	記載資料 Reference	概略 Outline (仕訳帳・送り状原文との不一致点下線明記)		
55,874	55,874個の磁器が輸出される（バタビアの政庁所属薬局向けfor general pharmacy of Batavia 6,896個、オランダ本国向けfor the Netherllands 44,943個、トンキン王向けfor King of Tonkin 1,100個、スラッテ商館用for the Surat factory 2,935個）。一部器種内訳有。Partial mention of items.（註1）p.315	バタヴィア城日誌 Dagh-Register Bat.	7月18日に「クラヴェルスケルケClaverskercke号」と「カルフKalff号」が日本での在庫をつくるために一年間、日本からの磁器の輸入を延期するむねの指令をたずさえて、バタヴィアBataviaから日本に向けて出航した。（註2）p.147/(30)p.67		1663
^	^	^	10月23日に六艘のオランダ船が「さまざまな磁器を大量に舶載して出島からバタヴィアBatavia、トンキンTonkinそれにマラッカMalaccaに向った。それらのうちの一艘の「フェーネンブルクVeenenburgh号」は12月9日に「オランダ向けfor the Netherlandsの日本製の磁器3,543個、さまざまな種類の磁器41,400個、それにバタヴィアBataviaの薬種店向けの磁器6,896個」を積んでバタヴィアBataviaに入港した。（註2）p.147/(30)p.67		^
68,682	68,682個の磁器が輸出される（スパレンダムSparendam号・アルフェンAlphen号により45,757[45,752?]個、アメロンヘンAmerongen号が22,930個を舶載）。一部器種内訳有。Partial mention of items.（註1）p.316	船荷証券 Bill of Lading （出典/ref:Volker, 1954）	10月22日、「スパレンダムSparendam号」と「アルフェンAlphen号」はバタヴィアBataviaに向けて出航し、「フォゲルサンクVogelsanck号」は直接マラッカMalaccaに、「ビュイエンスケルケBuyenskercke号」はシャムSiamを経由してマラッカMalaccaに、それに「スプリレウSpreeuw号」はトンキンTonkinに向った。これらの船の貨物には「大量のさまざまな種類のの磁器」が含まれていた。（註2）p.150/(30)p.69、70		1664
^	^	^	11月の27日と30日に「アルフェンAlphen号」と「スパレンダムSparendam号」が相次いでバタヴィアBataviaに到着した。これら両船の合同船荷証券には45,752個の磁器が記されている。12月29日に「アメロヘンAmerongen号」が22,930個の日本製磁器を積んで日本から到着した。これら三艘の船が積んできた磁器の総計は68,682個を数える。（註2）p.151/(30)p.70 これらの船の積荷のうちオランダ向けの磁器についてのみ、器種内訳の明記あり。（註2）p.151、152/(31)p.56		^
32,787	32,787個の磁器が輸出される（マラッカ商館向けfor the Malacca factory 21,306個、トンキン商館向けfor the Tonkin factory 8,660個、バタビアの政庁薬局向けfor general pharmacy of Batavia 2,821個）。この年から私貿易が公認される。器種内訳有。Items mentioned.（註1）p.318、343	仕訳帳 Journal	日本発磁器輸出に関する情報なし。 No information concerning the porcelain export from Japan.（註2）		1665
13,389	13,389個の磁器が輸出される（長崎からシャムへfor Siam 1,790個が直送される）。一部器種内訳有。Partial mention of items.（註1）p.319、343	仕訳帳 Journal	日本発磁器輸出に関する情報なし。 No information concerning the porcelain export from Japan.（註2）		1666
不明 unknown	8艘の蘭船が長崎に来航（輸出の記述散逸につき磁器の個数不明）。8 Dutch ships came to Nagasaki, but quantity of porcelain is unknown.（註1）p.320、322、323	―	7月20日付でバタヴィアBataviaはセイロン向けfor Ceylonに400～1,000枚のプレートとマラバール向けfor Malabarに50枚の中皿と150枚の小皿、600枚のプレートと150個の大小の鉢を注文している。（註2）p.155/(31)p.60		1667
^	^	^	11月9日から10日にかけて四艘の船が出島からマラッカMalaccaに向けて磁器を運んで行ったが、その数量は7月20日の注文に見る以外に台帳には記されていない。（註2）p.155/(31)p.60		^

オランダ東インド会社公式貿易による肥前磁器輸出の記録　比較一覧

西暦 Year （和暦）	仕訳帳 Journals（櫻庭・フィアレ編／Compiled by Sakuraba & Viallé）			送り状 Invoices（櫻庭・フィアレ編／Compiled by Sakuraba & Viallé）		
	輸出量 Export q'ty （個 pcs）	内訳 Items （個 pcs）	目的地／発行日／船名 Destination/Date/ship （　）内最終目的地 Final destination in（　）	輸出量 Export q'ty （個 pcs）	内訳 Items （個 pcs）	目的地／発行日／船名 Destination/Date/ship （　）内最終目的地 Final destination in（　）
1668 （寛文8）	40,329	675	トンキン Tonkin/10.25/Overveen	不明 unknown	不明 unknown	本年の送り状は不明である。 The invoices for this year are missing.
		41	マラッカ Malacca/10.25/Rammekens （ベンガル向け for Bengal）			
		800	マラッカ Malacca/10.25/Rammekens （マラッカの外科治療所向け for the surgeon's shop of Malacca）			
		15,000	マラッカ Malacca/10.25/Victoria			
		6,333	バタヴィア Batavia/10.25/Buijenskerke			
		17,480	バタヴィア Batavia/10.25/Buijenskerke （バタヴィア城の薬局向け for the medicine shop in Batavia Castle）			
1669 （寛文9）	25,542	600	バタヴィア Batavia/10.05/Eendracht （バタヴィア城の薬局向け for the medicine shop in Batavia Castle）	不明 unknown	不明 unknown	本年の送り状は不明である。 The invoices for this year are missing.
		164	バタヴィア Batavia/10.05/Eendracht （トンキン商館向け for Tonkin factory）			
		990	マラッカ Malacca/10.14/Goude Leeuw （コロマンデル向け for Coromandel）			
		2,100	マラッカ Malacca/10.14/Hilversum （マラッカ向け for Malacca）			
		19,980	マラッカ Malacca/10.14/Goijlant （スーラト向け for Surat）			
		1,708	マラッカ Malacca/10.14/Overveen （ベンガル向け for Bengal）			
1670 （寛文10）	48,536	30	バタヴィア Batavia/10.19/Schermer （トンキン向け for Tonkin）	不明 unknown	不明 unknown	本年の送り状は不明である。 The invoices for this year are missing.
		9,150	バタヴィア Batavia/10.19/Schermer （バタヴィアの薬局向け for the medicine shop of Batavia）			
		20,010	マラッカ Malacca/11.02/Pouloron （スーラト向け for Surat）			
		1,447	マラッカ Malacca/11.02/Buijenskercke （ベンガル向け for Bengal）			
		15,997	マラッカ Malacca/11.02/Noortwijck （ペルシア向け for Persia）			
		1,377	マラッカ Malacca/11.02/Noortwijck （セイロン向け for Ceylon）			
		453	マラッカ Malacca/11.02/Noortwijck （マラバール向け for Malabar）			
		72	マラッカ Malacca/11.02/Noortwijck （セイロンおよびマラバール向け for Ceylon and Malabar）			

オランダ東インド会社公式貿易による肥前磁器輸出の記録　比較一覧

	山脇悌二郎『有田町史』 "Arita-cho-shi" by Yamawaki		T. フォルカー『磁器とオランダ東インド会社』『1683年以降のオランダ東インド会社の日本磁器貿易』 "Porcelain and the Dutch East India Comp.", "The Porcelain trade of the Dutch East India Comp. after 1683" by T. Volker	西暦 Year
内訳 Items (個 pcs)	目的地別内訳概略 Outline of items for each destination （仕訳帳・送り状原文との不一致点下線明記）	記載 資料 Reference	概略 Outline （仕訳帳・送り状原文との不一致点下線明記）	
40,329	40,329個（内17,849個は会社用、17,480個は長崎商館長ランストの個人買い、5,000個はバタビア政庁の法務局職員の私貿易品）の磁器が輸出される。17,849個の送り先はマラッカ商館へ for the Malacca factory 15,000個、マラッカの病院へ for the surgeon's shop of Malacca 800個、バタビア本店へ for Batavia 1,333個、トンキン商館へ for the Tonkin factory 675個、ベンガル商館へ for the Bengal factory 41個。この年から私貿易が公認される。器種内訳有。Items mentioned.（註1）p.323、344	仕訳帳 Journal	11月30日、「ビュイエンスケルケBuyenskercke号」が日本から磁器905梱 905 case of porcelainを積んでバタヴィアBataviaに入港した。（註2）p.156/(32)p.66	1668
25,542	25,542個の磁器が輸出される（スラッテ商館向けfor the Surat factory 19,980個、マラッカ商館向けfor the Malacca factory 2,100個、ベンガル商館向けfor the Bengal factory 1,708個、コロマンデル商館向けfor the Coromandel factory 990個、トンキン商館向けfor Tonkin factory 164個、バタビアの会社の薬剤局向けfor the medicine shop of the Company in Batavia (600個)。器種内訳無。Items not mentioned.（註1）p.323、344	仕訳帳 Journal	この年のオランダへの帰国船には磁器を積んでいなかった。「エンドラフトEendracht号」でバタヴィアBataviaの薬種店向けに600個の磁器が船積みされている。（註2）p.157/(32)p.67	1669
48,536	48,536個の磁器が輸出される（トンキン王へfor King of Tonkin瓶30個、バタビアの会社の薬剤局向けfor the medicine shop of the Company in Batavia 9,150個、セイロン商館向けfor the Ceylon factory 1,449個、マラバール商館向けfor the Malabar factory 453個、スラッテ商館向けfor the Surat factory 20,010個、ベンガル商館向けfor the Bengal factory 1,447個、ペルシャ商館向けfor the Persia factory 15,997個）。器種内訳有。Items mentioned.（註1）p.324、344	仕訳帳 Journal	この年、故国への帰国船は磁器を運んでいない。「ベティクト・シェルマーBedyckte Schermer号」は薬種店用の30個のフラスコと9,150個のさまざまな磁器をバタヴィアBataviaに運んだ。（註2）p.158/(32)p.68	1670

オランダ東インド会社公式貿易による肥前磁器輸出の記録　比較一覧

西暦 Year （和暦）	仕訳帳 Journals（櫻庭・フィアレ編／ Compiled by Sakuraba & Viallé）			送り状 Invoices（櫻庭・フィアレ編／ Compiled by Sakuraba & Viallé）		
	輸出量 Export q'ty （個 pcs）	内訳 Items （個 pcs）	目的地／発行日／船名 Destination/Date/ship （　）内最終目的地 Final destination in（　）	輸出量 Export q'ty （個 pcs）	内訳 Items （個 pcs）	目的地／発行日／船名 Destination/Date/ship （　）内最終目的地 Final destination in（　）
1671 （寛文11）	84,490	40,684	マラッカ Malacca/10.18/Hasenberg （スーラト向け for Surat）	不明 unknown	不明 unknown	本年の送り状は不明である。 The invoices for this year are missing.
		14,737	マラッカ Malacca/10.18/Hasenberg （ペルシア向け for Persia）			
		1,943	マラッカ Malacca/10.18/Hasenberg （セイロン向け for Ceylon）			
		492	マラッカ Malacca/10.18/Hasenberg （コチン向け for Coutchin）			
		1,418	マラッカ Malacca/10.19/Goude Leeuw （ベンガル向け for Bengal）			
		5,090	マラッカ Malacca/10.19/Papenburgh （マラッカ向け for Malacca）			
		1,776	バタヴィア Batavia/10.21/Pauw （バタヴィア Batavia、アンボイナ Amboina、バンダ Banda 向け）：ただし、原本記載の合計数は 2,776。1,776 は各器種別個数の合計。			
		150	バタヴィア Batavia/10.21/Pauw （シャム向け for Siam）			
		18,200	バタヴィア Batavia/10.21/Pauw （バタヴィア城の薬局向け for the medicine shop in Batavia Castle）			
1672 （寛文12）	17,231	1,515	バタヴィア Batavia/10.23/Starmeer	不明 unknown	不明 unknown	本年の送り状は不明である。 The invoices for this year are missing.
		2,204	マラッカ Malacca/11.12/Beemster （セイロン向け for Ceylon）			
		608	マラッカ Malacca/11.12/Beemster （コチン向け for Coutchin）			
		11,051	マラッカ Malacca/11.12/Beemster （ペルシア向け for Persia）			
		1,853	マラッカ Malacca/11.12/Buijren （ベンガル向け for Bengal）			
1673 （延宝元）	11,498	5,802	バタヴィア Batavia/10.29/Laren （バタヴィア向け for Batavia）	不明 unknown	不明 unknown	本年の送り状は不明である。 The invoices for this year are missing.
		4,890	バタヴィア Batavia/10.29/Laren （オランダ向け for the Netherlands）			
		606	バタヴィア Batavia/10.29/Bemster[Beemster] （セイロン向け for Ceylon）			
		200	バタヴィア Batavia/10.29/Bemster[Beemster] （ベンガル向け for Bengal）			
1674 （延宝2）	不明 unknown	不明 unknown	本年の仕訳帳は不明である。 The journal for this year is missing.	不明 unknown	不明 unknown	本年の送り状は不明である。 The invoices for this year are missing.
1675 （延宝3）	不明 unknown	不明 unknown	本年の仕訳帳は不明である。 The journal for this year is missing.	不明 unknown	不明 unknown	本年の送り状は不明である。 The invoices for this year are missing.
1676 （延宝4）	不明 unknown	不明 unknown	本年の仕訳帳は不明である。 The journal for this year is missing.	不明 unknown	不明 unknown	本年の送り状は不明である。 The invoices for this year are missing.

オランダ東インド会社公式貿易による肥前磁器輸出の記録　比較一覧

	山脇悌二郎『有田町史』"Arita-cho-shi" by Yamawaki		T.フォルカー『磁器とオランダ東インド会社』『1683年以降のオランダ東インド会社の日本磁器貿易』"Porcelain and the Dutch East India Comp.", "The Porcelain trade of the Dutch East India Comp. after 1683" by T. Volker	西暦 Year
内訳 Items (個 pcs)	目的地別内訳概略 Outline of items for each destination (仕訳帳・送り状原文との不一致点下線明記)	記載資料 Reference	概略 Outline (仕訳帳・送り状原文との不一致点下線明記)	
85,493	85,493個の磁器が輸出される（スラッテ向けfor Surat 40,684個、ペルシアfor Persia 14,737個、バタビアの会社薬剤局for medicine shop of the Company 18,200個、マラッカfor Malacca 5,090個、ベンガル向けfor Bengal 1,418個、セイロン向けfor Ceylon 1,943個、バタビア・アンホイナ・バンダ向けfor Batavia, Amboina, Banda 2,776個、コチン向けfor Coutchin 492個、シャム向けfor Siam 153個）。器種内訳有。Items mentioned.（註1）p.327、344	仕訳帳 Journal	1月16日付の出島から台湾Formosaに宛てた手紙には、船積貨物の中に磁器を積んだ四艘の船がマラッカMalaccaに向け、一艘はバタヴィアBataviaに向けて出港したと記されている。「パウPauw号」は2,776個の磁器とガリポットや薬瓶など18,200個をバタヴィアBataviaに運んでいる。（註2）p.158/(32)p.68 この年度オランダへの帰国船には磁器は積まれていなかった。（註2）p.159/(32)p.69	1671
17,231	17,231個の磁器が輸出される（ペルシャ向けfor Persia 11,051個、セイロン向けfor Ceylon 2,204個、ベンガル向けfor Bengal 1,853個、バタビア本店向けfor the Head office of Batavia 1,485個、コチン向けfor Coutchin 608個、会社の薬剤局向けfor the medicine shop of the Company in Batavia 30個）。器種内訳無。Items not mentioned.（註1）p.332、335	仕訳帳 Journal	この年、バタヴィアBataviaからオランダへの帰国船には一点もの磁器も積まれていなかった。日本からバタヴィアに向けて出船した「ブーレンBuren号」「ビームステルBeemster」「ステルマールStermeer号」は、磁器をそれぞれ、1,853個、13,255個、1,515個を積んでいた。（註2）p.160/(32)p.69	1672
11,498	11,498個の磁器が輸出される（オランダ本国向けfor the Netherlands 4,890個、セイロン向けfor Ceylon 606個、ベンガル向けfor Bengal 200個、バタビア本店向けfor Batavia 5,802個）。一部器種内訳有。Partial mention of items.（註1）p.335	仕訳帳 Journal	11月27日に「ビューレンBuren号」が606枚のさまざまな色絵と金彩のついた皿と200個の大振りのフラスコを積んでバタヴィアBataviaに入港した。これらの皿は顕かにマデューラ王のためfor Madurese Prince注文したものであった。（註2）p.162/(33)p.61 また、「ラーレンLaaren号」はオランダ向けfor the Netherlandsの磁器4,890個を積んで入港した。（註2）p.162/(33)p.61	1673
36,375	36,375個（20,375個はバタビアの会社の薬剤局の膏薬壺・薬用瓶）の磁器がハーゼンベルフHasenbergh号によって長崎から運ばれる。20,375 porcelain pieces shipped for the medicine shop of the Company in Batavia. 器種内訳無。Items not mentioned.（註1）p.337、338	バタヴィア城日誌 Dagh-Register Bat.	10月29日に六艘の船がそれぞれの船積貨物の中に磁器を積んで出島から出航した。（註2）p.162/(33)p.61 11月17日に出航した七艘の帰国船団にはオランダ向けfor the Netherlandsの磁器は一点もなかった。しかし、「ハッセンベルクHasenbergh号」は15,000点の磁器（上質の食器9,000個と取り合せ皿6,000枚）と、1,617束の磁器、それに薬店向けにfor the medicine shop 20,375個の磁器をバタヴィアに運んでいた。transported to Batavia.（註2）p.163/(33)p.61	1674
6,007	目的地/器種内訳無。No mention of destination & items.（註1）p.338	バタヴィア城日誌 Dagh-Register Bat.	オランダへの帰国船団には磁器は積まれていなかったが、「パウPauw号」と「ホイラントGoylandt号」は7,152個の磁器をバタヴィアBataviaに運んだ。（註2）p.163/(33)p.62	1675
37,527	目的地/器種内訳無。No mention of destination & items.（註1）p.338	バタヴィア城日誌 Dagh-Register Bat.	オランダへの帰国船団には一点の磁器も積まれていなかったが、「ヘト・ハイス・テル・スペイク't Huys ter Spyck号」は37,527個の磁器をバタヴィアBataviaに運んだ。（註2）p.164/(33)p.63	1676

オランダ東インド会社公式貿易による肥前磁器輸出の記録　比較一覧

西暦 Year (和暦)	仕訳帳 Journals (櫻庭・フィアレ編/ Compiled by Sakuraba & Viallé) 輸出量 Export q'ty (個 pcs)	内訳 Items (個 pcs)	目的地/発行日/船名 Destination/Date/ship （　）内最終目的地 Final destination in (　)	送り状 Invoices (櫻庭・フィアレ編/ Compiled by Sakuraba & Viallé) 輸出量 Export q'ty (個 pcs)	内訳 Items (個 pcs)	目的地/発行日/船名 Destination/Date/ship （　）内最終目的地 Final destination in (　)
1677 (延宝5)	50,404	3,730	マラッカ Malacca/10.16/Huijs te Spijck （マラッカ向け for Malacca）	不明 unknown	不明 unknown	本年の送り状は不明である。 The invoices for this year are missing.
		600	マラッカ Malacca/10.16/Huijs te Spijck （コロマンデル向け for Coromandel）			
		761	マラッカ Malacca/10.16/Huijs te Spijck （ベンガル向け for Bengal）			
		30,000	マラッカ Malacca/10.16/Wapen van Middelburch （ペルシア向け for Persia）			
		2,022	マラッカ Malacca/10.16/Wapen van Middelburch （セイロン向け for Ceylon）			
		4,013	バタヴィア Batavia/10.16/Schielant （バタヴィア向け for Batavia）			
		8,960	バタヴィア Batavia/10.16/Schielant （オランダ向け for the Netherlands）			
		318	バタヴィア Batavia/10.16/Schielant （シャム向け for Siam）			
1678 (延宝6)	不明 unknown	不明 unknown	本年の仕訳帳は不明である。 The journal for this year is missing.	不明 unknown	不明 unknown	本年の送り状は不明である。 The invoices for this year are missing.
1679 (延宝7)	53,261	2,111	マラッカ Malacca/10.24/Huijs te Spijck （ベンガル向け for Bengal）	不明 unknown	不明 unknown	本年の送り状は不明である。 The invoices for this year are missing.
		4,529	バタヴィア Batavia/10.24/Huijs te Merwe			
		2,242	バタヴィア Batavia/10.24/Huijs te Merwe （薬局向け for the medicine shop）			
		11,379	バタヴィア Batavia/10.24/Huijs te Merwe （オランダ向け for the Netherlands）			
		3,000	バタヴィア Batavia/10.24/Huijs te Merwe （トンキン向け for Tonkin）			
		30,000	マラッカ Malacca/10.24/Huijs te Cronenb[urg] （ペルシア向け for Persia）			
1680 (延宝8)	不明 unknown	不明 unknown	本年の仕訳帳は不明である。 The journal for this year is missing.	不明 unknown	不明 unknown	本年の送り状は不明である。 The invoices for this year are missing.
1681 (天和元)	不明 unknown	不明 unknown	本年の仕訳帳は不明である。 The journal for this year is missing.	不明 unknown	不明 unknown	本年の送り状は不明である。 The invoices for this year are missing.
1682 (天和2)	不明 unknown	不明 unknown	本年の仕訳帳は不明である。 The journal for this year is missing.	不明 unknown	不明 unknown	本年の送り状は不明である。 The invoices for this year are missing.
1683 (天和3)	不明 unknown	不明 unknown	本年の仕訳帳は不明である。 The journal for this year is missing.	不明 unknown	不明 unknown	本年の送り状は不明である。 The invoices for this year are missing.
1684 (貞享元)	不明 unknown	不明 unknown	本年の仕訳帳は不明である。 The journal for this year is missing.	不明 unknown	不明 unknown	本年の送り状は不明である。 The invoices for this year are missing.

オランダ東インド会社公式貿易による肥前磁器輸出の記録　比較一覧

内訳 Items (個 pcs)	山脇悌二郎『有田町史』"Arita-cho-shi" by Yamawaki 目的地別内訳概略 Outline of items for each destination (仕訳帳・送り状原文との不一致点下線明記)	記載 資料 Reference	T.フォルカー『磁器とオランダ東インド会社』『1683年以降のオランダ東インド会社の日本磁器貿易』"Porcelain and the Dutch East India Comp.", "The Porcelain trade of the Dutch East India Comp. after 1683" by T. Volker 概略 Outline (仕訳帳・送り状原文との不一致点下線明記)	西暦 Year
50,404	50,404個（ペルシャ向け for Persia 30,000個、オランダ本国 for the Netherlands 8,960個、バタビア本店 for Batavia 4,013個、マラッカ商館 for the Malacca factory 3,730個、セイロン for Ceylon 2,022個、ベンガル for Bengal 761個、コロマンデル for Coromandel 600個、シャム for Siam 318個）の磁器が輸出される。 一部器種内訳有。 Partial mention of items. （註1）p.335（註1）p.338	仕訳帳 Journal	この年の帰国船もオランダには一点の磁器も運ばなかった。しかし「ヤンケルスケ Janskercke号」は4,013個の磁器をバタヴィア Bataviaへ、上質の磁器8,960個をオランダに運んでいた。これらの磁器は日本から送り出され、マラッカ Malaccaで積みかえられたが、この年の帰国船団には間に合わなかったのである。（註2）p.165/(33)p.63	1677
不明 unknown	『バタビア城日誌』12月14日条に「かなりな量の磁器」を長崎から舶載と記すが数量は不明。Numerous pieces of porcelain mentioned in Dagh-Register Batavia dated 14 December. （註1）p.341、382	バタヴィア城日誌 Dagh-Register Bat.	10月29日「フォアシフティハイト Voorsightigheyt号」の船荷の一部に多量の磁器を積んでいる。 （註2）p.166/(34)p.68	1678
50,561	50,561個（ペルシャ向け for Persia for Persia30,000個、オランダ本国11,379個、バタビア（本店用）4,529個、会社の薬剤局2,242個、ベンガル Bengal2,111個、トンキンTonkin300個）の磁器が輸出される。 一部器種内訳有。 Partial mention of items. （註1）p.341	仕訳帳 Journal	出島台帳の10月2日の項には「今朝からオランダ向け for the Netherlandsの磁器の分類をはじめている」とあり、また10月23日の項には「メルヴェイデMerwede号」が船荷の一部にオランダ向け for the Netherlandsの磁器の入った多数の箱を積んだ、とある［中略］この年オランダへの帰国船には磁器は積まれていなかった。上述の「メルヴェイデMerwede号」船積の磁器は1680年になってオランダへ運ばれたようである。 （註2）p.167/(34)p.68、69	1679
不明 unknown	『バタビア城日誌』12月18日条に「かなりな量の磁器」を長崎から舶載と記すが数量は不明。Numerous pieces of porcelain mentioned in Dagh-Register Batavia dated 18 December. （註1）p.342、382	バタヴィア城日誌 Dagh-Register Bat.	日本発磁器輸出に関する情報なし。 No information concerning the porcelain export from Japan.（註2）	1680
33,694	目的地無/器種内訳無。 No mention of destination & items.（註1）p.342、373	バタヴィア城日誌 Dagh-Register Bat.	日本発磁器輸出に関する情報なし。 No information concerning the porcelain export from Japan.（註2）	1681
不明 unknown	長崎商館の仕訳帳、送り状ともに欠失。 The Journal and invoices for this year are missing. （註1）p.342	—	6月28日付のバタヴィアから出島宛の手紙には「ヘレプツスライス Hellevoetsluys号」で3,964個の磁器と、ペルシャ向け for Persiaの30,000個の珈琲カップCoffee-cupsがバタヴィアBataviaに到着した、とある。（註2）p.170/(35)p.64 「ハウデスライン Goudesteyn号」が21,534個の磁器をバタヴィア for Bataviaに運んでいる。この数字はバタヴィアで記されている数字とは必ずしも一致しない。しかし、この年には一点の磁器もオランダへは送られていない。（註2）p.171/(35)p.65	1682
不明 unknown	長崎商館の仕訳帳、送り状ともに欠失。 The Journal and invoices for this year are missing. （註1）p.342	—	12月2日に出島はバタヴィアへ、バタヴィアおよびベンガル向けに「ペルシャ向けの立ち上がった縁付のカップ 2,000個を含む including 2000 cups with rising rims for Persia」磁器を送ったporcelain sent to Batavia and Bengalことを連絡。これらのカップは出島に送られた見本に基づいて製作された。（中略）磁器2,197個がベンガルthrough Bengalへ搬送され、そこからさらにコロマンデルfor Coromandelへ搬送された。（註4）p.14	1683
不明 unknown	長崎商館の仕訳帳、送り状ともに欠失。 The Journal and invoices for this year are missing. （註1）p.342	—	日本発磁器輸出に関する情報なし。 No information concerning the porcelain export from Japan.（註4）p.14-15	1684

オランダ東インド会社公式貿易による肥前磁器輸出の記録　比較一覧

西暦 Year (和暦)	仕訳帳 Journals (櫻庭・フィアレ編/ Compiled by Sakuraba & Viallé) 輸出量 Export q'ty (個 pcs)	内訳 Items (個 pcs)	目的地/発行日/船名 Destination/Date/ship （　）内最終目的地 Final destination in (　)	送り状 Invoices (櫻庭・フィアレ編/ Compiled by Sakuraba & Viallé) 輸出量 Export q'ty (個 pcs)	内訳 Items (個 pcs)	目的地/発行日/船名 Destination/Date/ship （　）内最終目的地 Final destination in (　)
1685 (貞享2)	不明 unknown	不明 unknown	本年の仕訳帳は不明である。 The journal for this year is missing.	不明 unknown	不明 unknown	本年の送り状は不明である。 The invoices for this year are missing.
1686 (貞享3)	7,930	4,630	バタヴィア Batavia/11.02/Pijlswaart （バタヴィア向け for Batavia）	不明 unknown	不明 unknown	本年の送り状は不明である。 The invoices for this year are missing.
		3,000	バタヴィア Batavia/11.02/Pijlswaart （薬局向け for the medicine shop）			
		300	マラッカ Malacca/11.04/Waalstroom （セイロン向け for Ceylon）			
1687 (貞享4)	16,618	2,562	マラッカ Malacca/10.21/Huijs te Spijk （セイロン向け for Ceylon）	不明 unknown	不明 unknown	本年の送り状は不明である。 The invoices for this year are missing.
		1,226	マラッカ Malacca/10.22/Mastenbosch （ベンガル向け for Bengal）			
		7,030	バタヴィア Batavia/10.25/Moercapel （バタヴィア向け for Batavia）			
		5,800	バタヴィア Batavia/10.25/Moercapel （薬局向け for the medicine shop）			
1688 (元禄元)	17,420	3,549	マラッカ Malacca/10.09/Leck （セイロン向け for Ceylon）	不明 unknown	不明 unknown	本年の送り状は不明である。 The invoices for this year are missing.
		771	マラッカ Malacca/10.10/Boswijck （ベンガル向け for Bengal）			
		6,000	バタヴィア Batavia/10.13/Oost Souburgh （バタヴィア向け for Batavia）			
		7,100	バタヴィア Batavia/10.13/Oost Souburgh （薬局向け for the medicine shop）			
1689 (元禄2)	21,337	1,571	マラッカ Malacca/10.28/Wijck op Zee （ベンガル向け for Bengal）	不明 unknown	不明 unknown	本年の送り状は不明である。 The invoices for this year are missing.
		1,530	マラッカ Malacca/10.29/Montfoort （コロマンデル向け for Coromandel）			
		5,536	マラッカ Malacca/10.30/Castricum （セイロン向け for Ceylon）			
		4,800	マラッカ Malacca/10.30/Castricum （マラッカ向け for Malacca）			
		7,900	バタヴィア Batavia/11.01/Princeland （バタヴィアの薬局向け for the medicine shop of Batavia）			
1690 (元禄3)	0	0	磁器の輸出なし。 No porcelain shipped.	不明 unknown	不明 unknown	本年の送り状は不明である。 The invoices for this year are missing.
1691 (元禄4)	7,300	6,000	バタヴィア Batavia/11.06/Boswijk （バタヴィアの薬局向け for the medicine shop of Batavia）	不明 unknown	不明 unknown	本年の送り状は不明である。 The invoices for this year are missing.
		1,300	バタヴィア Batavia/11.09/Walenburgh （総督邸用 for the House of the Governor General）			
1692 (元禄5)	2,000	2,000	バタヴィア Batavia/10.27/Oosthuijsen （バタヴィアの薬局向け for the medicine shop of Batavia）	不明 unknown	不明 unknown	本年の送り状は不明である。 The invoices for this year are missing.
1693 (元禄6)	7,600	7,600	バタヴィア Batavia/10.16/Itershem （バタヴィアの薬局向け for the medicine shop of Batavia）	不明 unknown	不明 unknown	本年の送り状は不明である。 The invoices for this year are missing.
1694 (元禄7)	2,800	2,800	バタヴィア Batavia/11.03/Langewijk （バタヴィアの薬局向け for the medicine shop of Batavia）	不明 unknown	不明 unknown	本年の送り状は不明である。 The invoices for this year are missing.
1695 (元禄8)	7,900	4,900	バタヴィア Batavia/10.22/Princelant （薬局向け for the medicine shop）	不明 unknown	不明 unknown	本年の送り状は不明である。 The invoices for this year are missing.
		3,000	バタヴィア Batavia/10.22/Princelant			

オランダ東インド会社公式貿易による肥前磁器輸出の記録 比較一覧

山脇悌二郎『有田町史』 *"Arita-cho-shi" by Yamawaki*			T.フォルカー『磁器とオランダ東インド会社』『1683年以降のオランダ東インド会社の日本磁器貿易』 *"Porcelain and the Dutch East India Comp.", "The Porcelain trade of the Dutch East India Comp. after 1683" by T. Volker*	西暦 Year
内訳 Items (個 pcs)	目的地別内訳概略 Outline of items for each destination (仕訳帳・送り状原文との不一致点下線明記)	記載 資料 Reference	概略 Outline (仕訳帳・送り状原文との不一致点下線明記)	
15,848	目的地無/器種内訳無。 No mention of destination & items. （註1）p.353、374、382	一般政務報告 General Missive	バタヴィアからオランダへの12月11日付の報告では、出島は2,460個の磁器をマラッカ Malaccaへ送り、このほかにも、Castricum号により13,388個の様々な磁器がバタヴィアBataviaに到着した。彼らは日本磁器をオランダへ送らなかった。(註4)p.16	1685
7,930	目的地無/器種内訳無。 No mention of destination & items.（註1）p.353、374	仕訳帳 Journal	バタヴィア向け for Batavia/11.02/Pylswaart/磁器7610個/器種内訳有。Items mentioned.(註4)p.17 上記の内訳として以下の製品含む/薬局向けfor the medicine shop/ガリポット1,100個と小水注1,000個(註4)p.17 マラッカ経由セイロン向けfor Ceylon via Malacca/11.02/Waalstroom/食卓用鉢300個(註4)p.17	1686
16,618	目的地無/器種内訳無。 No mention of destination & items.（註1）p.353、374	仕訳帳 Journal	セイロン向けfor Ceylon/10.22/Huys te Spyk/磁器2,562個/器種内訳有。Items mentioned.(註4)p.17-18 ベンガル向けfor Bengal/10.22/Mastenbosch/磁器1,226個/器種内訳有。Items mentioned.(註4)p.18 バタヴィア向け for Batavia/10.25/Moercapel/磁器7,030個/器種内訳有。Items mentioned.(註4)p.18 バタヴィアの薬局向け for the medicine shop of Batavia /10.25/Moercapel/磁器5,800個（ガリポット含む）/器種内訳有。Items mentioned.(註4)p.18	1687
17,420	目的地無/器種内訳無。 No mention of destination & items.（註1）p.353、374	仕訳帳 Journal	セイロン向けfor Ceylon/10.08/D' Leck/磁器3,549個/器種内訳有。Items mentioned.(註4)p.18 ベンガル向けfor Bengal/10.10/Boswyck/磁器771個/器種内訳有。Items mentioned.(註4)p.18 バタヴィア向け for Batavia/10.13/Oost Souburgh号/磁器6,000個/器種内訳有。Items mentioned.(註4)p.18-19 バタヴィアの薬局向け for the medicine shop of Batavia /10.13/Oost Sonburgh/磁器7,100個（ガリポット含む）/器種内訳有。Items mentioned.(註4)p.18-19	1688
21,337	目的地無/器種内訳無。 No mention of destination & items.（註1）p.353、374	仕訳帳 Journal	ベンガル向けfor Bengal/10.28/Wyck op Zee/磁器1,571個/器種内訳有。Items mentioned.(註4)p.20 コロマンデル向けfor Coromandel/10.28/Montfoort/磁器1,530個/器種内訳有。Items mentioned.(註4)p.20 セイロン向けfor Ceylon/10.30/Castricum/磁器5,536個/器種内訳有。Items mentioned.(註4)p.20 マラッカ向け for Malacca/10.30/Castricum/磁器4,800個/器種内訳有。Items mentioned.(註4)p.20 バタヴィア向け for Batavia/11.01/Princeland/磁器7,900個/器種内訳有。Items mentioned.(註4)p.21	1689
0	東インド会社による磁器の輸出なし。 No porcelain shipped.（註1）p.374	仕訳帳 Journal	日本発磁器輸出に関する情報なし。 No information concerning the porcelain export from Japan.(註4)p.22-23	1690
6,000	目的地無/器種内訳無。 No mention of destination & items.（註1）p.374	仕訳帳 Journal	バタヴィアの薬局向けfor the medicine shop of Batavia/11.06/Boswijk/磁器6,000個（ガリポット含む）/器種内訳有。Items mentioned.(註4)p.24 バタヴィアの総督世帯向けfor the household of the Governor General of Batavia/11.09/Walenburgh/磁器1,300個/器種内訳有。Items mentioned.(註4)p.24	1691
2,000	目的地無/器種内訳無。 No mention of destination & items.（註1）p.374	仕訳帳 Journal	バタヴィアの薬局向けfor the medicine shop of Batavia/10.27/Oosthuysen/ガリポット2,000個(註4)p.25	1692
7,600	目的地無/器種内訳無。 No mention of destination & items.（註1）p.374	仕訳帳 Journal	バタヴィアの薬局向けfor the medicine shop of Batavia/10.19/Etershem/磁器7,600個（ガリポット含む）/器種内訳有。Items mentioned.(註4)p.25	1693
2,800	目的地無/器種内訳無。 No mention of destination & items.（註1）p.374	仕訳帳 Journal	バタヴィア薬局向けfor the medicine shop of Batavia/11.03/Langewyk/磁器2,800個（ガリポット含む）/器種内訳有。Items mentioned.(註4)p.25	1694
7,900	目的地無/器種内訳無。 No mention of destination & items.（註1）p.374	仕訳帳 Journal	バタヴィア向け for Batavia/10.22/Princelandt/磁器7,900個（薬局向けガリポット含む including gallipots for the medicine shop）/器種内訳有。Items mentioned./出典Princelandt船積証券(註4)p.26	1695

オランダ東インド会社公式貿易による肥前磁器輸出の記録　比較一覧

西暦 Year (和暦)	仕訳帳 Journals (櫻庭・フィアレ編/ Compiled by Sakuraba & Viallé) 輸出量 Export q'ty (個 pcs)	内訳 Items (個 pcs)	目的地/発行日/船名 Destination/Date/ship (　) 内最終目的地 Final destination in (　)	送り状 Invoices (櫻庭・フィアレ編/ Compiled by Sakuraba & Viallé) 輸出量 Export q'ty (個 pcs)	内訳 Items (個 pcs)	目的地/発行日/船名 Destination/Date/ship (　) 内最終目的地 Final destination in (　)
1696 (元禄9)	8,720	2,600	バタヴィア Batavia/10.15/Jerusalem （薬局向け for the medicine shop）	不明 unknown	不明 unknown	本年の送り状は不明である。 The invoices for this year are missing.
		6,120	バタヴィア Batavia/10.15/Jerusalem （バタヴィア向け for Batavia）			
1697 (元禄10)	12,048	2,028	マラッカ Malacca/10.31/Etershem	不明 unknown	不明 unknown	本年の送り状は不明である。 The invoices for this year are missing.
		3,900	バタヴィア Batavia/11.01/Voetboogh （薬局向け for the medicine shop）			
		6,120	バタヴィア Batavia/11.01/Voetboogh （バタヴィア向け for Batavia）			
1698 (元禄11)	不明 unknown	不明 unknown	本年の仕訳帳は不明である。 The journal for this year is missing.	不明 unknown	不明 unknown	本年の送り状は不明である。 The invoices for this year are missing.
1699 (元禄12)	不明 unknown	不明 unknown	本年の仕訳帳は不明である。 The journal for this year is missing.	不明 unknown	不明 unknown	本年の送り状は不明である。 The invoices for this year are missing.
1700 (元禄13)	不明 unknown	不明 unknown	本年の仕訳帳は不明である。 The journal for this year is missing.	不明 unknown	不明 unknown	本年の送り状は不明である。 The invoices for this year are missing.
1701 (元禄14)	不明 unknown	不明 unknown	本年の仕訳帳は不明である。 The journal for this year is missing.	不明 unknown	不明 unknown	本年の送り状は不明である。 The invoices for this year are missing.
1702 (元禄15)	2,500	2,500	バタヴィア Batavia/11.09/Berkenroode	不明 unknown	不明 unknown	本年の送り状は不明である。 The invoices for this year are missing.
1703 (元禄16)	3,150	3,150	バタヴィア Batavia/10.28/Brandenburgh （バタヴィアの薬局向け for the medicine shop of Batavia）	不明 unknown	不明 unknown	本年の送り状は不明である。 The invoices for this year are missing.
1704 (宝永元)	6,600	6,600	バタヴィア Batavia/10.18/Cattendijk （バタヴィア向け for Batavia）	不明 unknown	不明 unknown	本年の送り状は不明である。 The invoices for this year are missing.
1705 (宝永2)	16,050	266	バタヴィア Batavia/11.05/Nieuwburg （総督邸向け for the House of the Governor General）	不明 unknown	不明 unknown	本年の送り状は不明である。 The invoices for this year are missing.
		8,652	バタヴィア Batavia/11.05/Nieuwburg （雑貨部向け for the petty shop）			
		5,900	バタヴィア Batavia/11.05/Nieuwburg （薬局向け for the medicine shop）			
		1,232	バタヴィア Batavia/11.06/Prins Eugenius （セイロン向け for Ceylon）			
1706 (宝永3)	20,216	2,268	マラッカ Malacca/10.22/Bredehof （セイロン向け for Ceylon）	不明 unknown	不明 unknown	本年の送り状は不明である。 The invoices for this year are missing.
		100	バタヴィア Batavia/10.24/Bellevliet （総督邸向け for the House of the Governor General）			
		3,248	バタヴィア Batavia/10.24/Bellevliet （雑貨部向け for the petty shop）			
		14,600	バタヴィア Batavia/10.24/Bellevliet （薬局向け for the medicine shop）			

オランダ東インド会社公式貿易による肥前磁器輸出の記録　比較一覧

山脇悌二郎『有田町史』"Arita-cho-shi" by Yamawaki			T. フォルカー『磁器とオランダ東インド会社』『1683年以降のオランダ東インド会社の日本磁器貿易』"Porcelain and the Dutch East India Comp.", "The Porcelain trade of the Dutch East India Comp. after 1683" by T. Volker		西暦 Year
内訳 Items (個 pcs)	目的地別内訳概略 Outline of items for each destination (仕訳帳・送り状原文との不一致点下線明記)	記載資料 Reference	概略 Outline (仕訳帳・送り状原文との不一致点下線明記)		
8,720	目的地無/器種内訳無。No mention of destination & items.（註1）p.374	仕訳帳 Journal	バタヴィア向け for Batavia/10.15/Jerusalem/磁器8,720個（薬局向けガリポット含む including gallipots for the medicine shop）/器種内訳有。Items mentioned.（註4）p.26			1696
12,048	目的地無/器種内訳無。No mention of destination & items.（註1）p.374	仕訳帳 Journal	セイロン・コロマンデル・スーラト・ベンガル向けfor Ceylon, Coromandel, Surat and Bengal/11.06/Etershem/磁器2,028個/器種内訳有。Items mentioned.（註4）p.26			1697
^	^	^	バタヴィア向け for Batavia/Voetboogh/磁器10,020個（ガリポット含む）/器種内訳有。Items mentioned.（註4）p.26-27			^
8,454	目的地無/器種内訳無。No mention of destination & items.（註1）p.374	商館日記 Dagh-Register	10.21/Dieren号に磁器を船積みした（註4）p.27			1698
^	^	^	10.22/薬局向けに注文された食卓皿、皿、ガリポットと薬瓶をに送った（註4）p.27			^
^	^	^	10.22/コロマンデル向けfor Coromandelに少数の磁器を送り、ベンガル向けfor Bengalに食物用平皿2,000個、蓋付鉢と碗200個、薔薇香水用瓶又はアラキ酒の瓶50個を送ったと出島より連絡（註4）p.27			^
^	^	^	11.16/出島よりバタヴィアに405束の磁器 405 bunles of porcelain sent for Batavia を船送した旨連絡（註4）p.27			^
8,510	目的地無/器種内訳無。No mention of destination & items.（註1）p.374	商館日記 Dagh-Register	10.11/Voetboog号で薬局向けfor the medicine shop の磁器の深皿と食卓平皿、白磁水注、ガリポットを送った旨、出島よりバタヴィアBataviaへ連絡（註4）p.27-28			1699
6,640	目的地無/器種内訳無。No mention of destination & items.（註1）p.375	商館日記 Dagh-Register	10.30/Donkervliet号で磁器の食卓平皿、ガリポット、小薬瓶と小型角瓶を送ったと出島よりバタヴィアBataviaへ連絡（註4）p.28			1700
^	^	^	11.01日記によれば、Donkervliet号は5,620個の様々な磁器を、Zion号は1,020個の磁器を運搬した（註4）p.28			^
2,866	目的地無/器種内訳無。No mention of destination & items.（註1）p.375	商館日記 Dagh-Register	10.21/Brandenburg号はバタヴィアBataviaへ2,664個の様々な磁器を積載して、Ellemeet号はマラッカ Malaccaへ磁器202個を積載して出港した／器種内訳無。Items not mentioned.（註4）p.29			1701
2,500	目的地無/器種内訳無。No mention of destination & items.（註1）p.375	仕訳帳 Journal	バタヴィアの薬局向けfor the medicine shop of Batavia /11.08/Berkenroode/磁器2,500個（ガリポット含む）/器種内訳有。Items mentioned.（註4）p.29			1702
3,150	目的地無/器種内訳無。No mention of destination & items.（註1）p.375	仕訳帳 Journal	バタヴィアの薬局向けfor the medicine shop of Batavia/10.28/Brandenburg/磁器3,150個（ガリポット含む）/器種内訳有。Items mentioned.（註4）p.29			1703
6,600	目的地無/器種内訳無。No mention of destination & items.（註1）p.353、375	仕訳帳 Journal	バタヴィア向け for Batavia/10.18/Cattendyk/磁器6,600個（ガリポット含む）/器種内訳有。Items mentioned.（註4）p.30			1704
16,050	目的地無/器種内訳無。No mention of destination & items.（註1）p.353、375	仕訳帳 Journal	バタヴィアの総督世帯向けfor the household of the Governor General of Batavia/11.05/Nieuwburgh/磁器266個/器種内訳有。Items mentioned.（註4）p.30			1705
^	^	^	バタヴィアの雑貨部向けfor the petty shop of Batavia/11.05/Nieuwburg/磁器8,652個/器種内訳有。Items mentioned.（註4）p.30			^
^	^	^	バタヴィアの薬局向けfor the medicine shop of Batavia/11.05/Nieuwburgh/磁器5,900個（ガリポット含む）/器種内訳有。Items mentioned.（註4）p.30			^
^	^	^	セイロン向けfor Ceylon/11.06/Prins Eugenius/磁器1,232個（ガリポット含む）/器種内訳有。Items mentioned.（註4）p.30			^
20,216	目的地無/器種内訳無。No mention of destination & items.（註1）p.353、375	仕訳帳 Journal	セイロン向けfor Ceylon/10.26/Bredenhof/磁器2,268個/器種内訳有。Items mentioned.（註4）p.31			1706
^	^	^	バタヴィアの総督世帯向けfor the household of the Governor General of Batavia/Bellevliet/磁器100個/器種内訳有。Items mentioned.（註4）p.31			^
^	^	^	バタヴィアの雑貨部向けfor the petty shop of Batavia/Bellevliet/磁器3,248個/器種内訳有。Items mentioned.（註4）p.31			^
^	^	^	バタヴィアの薬局向けfor the medicine shop of Batavia/Bellevliet/磁器14,700個（ガリポット含む）/器種内訳有。Items mentioned.（註4）p.31			^

オランダ東インド会社公式貿易による肥前磁器輸出の記録　比較一覧

西暦 Year (和暦)	仕訳帳 Journals (櫻庭・フィアレ編/ Compiled by Sakuraba & Viallé)			送り状 Invoices (櫻庭・フィアレ編/ Compiled by Sakuraba & Viallé)		
	輸出量 Export q'ty (個 pcs)	内訳 Items (個 pcs)	目的地/発行日/船名 Destination/Date/ship ( ) 内最終目的地 Final destination in ( )	輸出量 Export q'ty (個 pcs)	内訳 Items (個 pcs)	目的地/発行日/船名 Destination/Date/ship ( ) 内最終目的地 Final destination in ( )
1707 (宝永4)	9,248	1,230	マラッカ Malacca/10.12/Venhuijsen (ベンガル向け for Bengal)	不明 unknown	不明 unknown	本年の送り状は不明である。 The invoices for this year are missing.
		4,260	バタヴィア Batavia/10.15/Zuijderburgh (バタヴィアの雑貨部向け for the petty shop of Batavia)			
		3,400	バタヴィア Batavia/10.15/Zuijderburgh (バタヴィアの薬局向け for the medicine shop of Batavia)			
		358	バタヴィア Batavia/10.15/Zuijderburgh (総督邸向け for the House of the Governor General)			
1708 (宝永5)	12,020	5,000	バタヴィア Batavia/10.31/Zoelen (バタヴィア向け for Batavia)	不明 unknown	不明 unknown	本年の送り状は不明である。 The invoices for this year are missing.
		6,620	バタヴィア Batavia/11.02/Barsande (雑貨部向け for the petty shop)			
		400	バタヴィア Batavia/11.02/Barsande (薬局向け for the medicine shop)			
1709 (宝永6)	7,860	300	マラッカ Malacca/10.19/Stantvastighijt (セイロン向け for Ceylon)	不明 unknown	不明 unknown	本年の送り状は不明である。 The invoices for this year are missing.
		1,960	バタヴィア Batavia/10.20/Bergh (総督邸向け for the House of the Governor General)			
		5,600	バタヴィア Batavia/10.20/Bergh (雑貨部向け for the petty shop)			
1710 (宝永7)	10,940	640	バタヴィア Batavia/11.10/Bon (総督邸向け for the House of the Governor General)	不明 unknown	不明 unknown	本年の送り状は不明である。 The invoices for this year are missing.
		7,500	バタヴィア Batavia/11.10/Bon (雑貨部向け for the petty shop)			
		750	バタヴィア Batavia/11.10/Bon (薬局向け for the medicine shop)			
		2,050	マラッカ Malacca/11.10/Samson (セイロン向け for Ceylon)			
1711 (正徳元)	9,000	6,650	バタヴィア Batavia/10.31/Rijnestijn (雑貨部向け for the petty shop)	不明 unknown	不明 unknown	本年の送り状は不明である。 The invoices for this year are missing.
		2,350	バタヴィア Batavia/10.31/Rijnestijn (薬局向け for the medicine shop)			
1712 (正徳2)	0	0	磁器の輸出なし。 No porcelain shipped.	不明 unknown	不明 unknown	本年の送り状は不明である。 The invoices for this year are missing.
1713 (正徳3)	不明 unknown	不明 unknown	本年の仕訳帳は不明である。 The journal for this year is missing	不明 unknown	不明 unknown	本年の送り状は不明である。 The invoices for this year are missing.
1714 (正徳4)	12,946	720	マラッカ Malacca/10.25/Strijckebolle (セイロン向け for Ceylon)	不明 unknown	不明 unknown	本年の送り状は不明である。 The invoices for this year are missing.
		400	マラッカ Malacca/10.25/Strijckebolle (ベンガル向け for Bengal)			
		7,306	バタヴィア Batavia/10.31/Sanderhoef (雑貨部向け for the petty shop)			
		4,520	バタヴィア Batavia/10.31/Sanderhoef (薬局向け for the medicine shop)			
1715 (正徳5)	0	0	磁器の輸出なし。 No porcelain shipped.	不明 unknown	不明 unknown	本年の送り状は不明である。 The invoices for this year are missing.

オランダ東インド会社公式貿易による肥前磁器輸出の記録　比較一覧

山脇悌二郎『有田町史』 "Arita-cho-shi" by Yamawaki			T. フォルカー『磁器とオランダ東インド会社』『1683年以降のオランダ東インド会社の日本磁器貿易』 "Porcelain and the Dutch East India Comp.", "The Porcelain trade of the Dutch East India Comp. after 1683" by T. Volker		西暦 Year
内訳 Items (個 pcs)	目的地別内訳概略 Outline of items for each destination （仕訳帳・送り状原文との不一致点下線明記）	記載資料 Reference	概略 Outline （仕訳帳・送り状原文との不一致点下線明記）		
9,428	目的地無/器種内訳無。 No mention of destination & items.（註1）p.353、375	仕訳帳 Journal	ベンガル向けfor Bengal/10.15/Venhuysen/磁器1,230個/器種内訳有。Items mentioned.(註4)p.31		1707
^	^	^	バタヴィアの雑貨部向けfor the petty shop of Batavia/Zuyderburgh/磁器4,260個/器種内訳有。Items mentioned.(註4)p.31		^
^	^	^	バタヴィアの薬局向けfor the medicine shop of Batavia/Zuyderburgh/磁器3,400個（ガリポット含む）/器種内訳有。Items mentioned.(註4)p.32		^
^	^	^	バタヴィアの総督世帯向けfor the household of the Governor General of Batavia/10.15/Zuyderburgh/磁器358個/器種内訳有。Items mentioned.(註4)p.32		^
12,020	目的地無/器種内訳無。 No mention of destination & items.（註1）p.353、375	仕訳帳 Journal	バタヴィア向け for Batavia/10.31/Zoelen/磁器5,000個（ガリポット含む）/器種内訳有。Items mentioned.(註4)p.32		1708
^	^	^	バタヴィアの雑貨部向けfor the petty shop of Batavia/11.02/Barzande/磁器6,620個/器種内訳有。Items mentioned.(註4)p.32		^
^	^	^	バタヴィアの薬局向けfor the medicine shop of Batavia/11.02/Barzande/磁器400個/器種内訳有。Items mentioned.(註4)p.32		^
7,860	目的地無/器種内訳無。 No mention of destination & items.（註1）p.353、375	仕訳帳 Journal	セイロン向けfor Ceylon/10.19/Stantvastighyt/磁器300個（ガリポット含む）/器種内訳有。Items mentioned.(註4)p.32		1709
^	^	^	バタヴィアの総督世帯向けfor the household of the Governor General of Batavia/10.20/Bergh/磁器1,960個/器種内訳有。Items mentioned.(註4)p.32-33		^
^	^	^	バタヴィアの雑貨部向けfor the petty shop of Batavia/10.20/Bergh/磁器7,560個/器種内訳有。Items mentioned.(註4)p.33		^
10,940	目的地無/器種内訳無。 No mention of destination & items.（註1）p.353、375	仕訳帳 Journal	バタヴィアの総督の大邸宅向けfor the Mansion of the Governor General of Batavia/11.10/Bon/磁器640個/器種内訳有。Items mentioned.(註4)p.33		1710
^	^	^	バタヴィアの雑貨部向けfor the petty shop of Batavia/11.10/Bon/磁器7,500個/器種内訳有。Items mentioned.(註4)p.33		^
^	^	^	バタヴィアの薬局向けfor the medicine shop of Batavia/11.10/Bon/磁器750個（ガリポット含む）/器種内訳有。Items mentioned.(註4)p.33		^
^	^	^	セイロン向けfor Ceylon/Samson/磁器2,050個/器種内訳有。Items mentioned.(註4)p.33		^
9,000	目的地無/器種内訳無。 No mention of destination & items..（註1）p.375	仕訳帳 Journal	バタヴィアの雑貨部向けfor the petty shop of Batavia/10.30/Reynesteyn/磁器6,650個/器種内訳無。Items not mentioned.(註4)p.33-34		1711
^	^	^	バタヴィアの薬局向けfor the medicine shop of Batavia/10.30/Reynesteyn/磁器2,350個（ガリポット含む）/器種内訳無。Items not mentioned.(註4)p.34		^
0	東インド会社による磁器の輸出なし。 No porcelain shipped.（註1）p.375	仕訳帳 Journal	磁器の輸出なし。No porcelain shipped.(註4)p.35		1712
不明 unknown	『商館日記』11月3日の条に磁器402俵とあるが数量は不明。402 bundles of porcelain mentioned on Dagh-Register dated 03 November.（註1）p.382	商館日記 Dagh-Register	11.03/402束の磁器 402 bundles of porcelain が、Ter Leede号で搬送された。(註4)p.37		1713
12,946	目的地無/器種内訳無。 No mention of destination & items..（註1）p.375	仕訳帳 Journal	セイロン向けfor Ceylon/Stryckebolle/磁器720個/器種内訳無。Items not mentioned.(註4)p.39		1714
^	^	^	ベンガル向けfor Bengal/Stryckebolle/磁器400個/器種内訳無。Items not mentioned.(註4)p.39		^
^	^	^	バタヴィアの雑貨部向けバタヴィアの雑貨部向けfor the petty shop of Batavia/10.26/Sanderhoeff/磁器7,306個/器種内訳無。Items not mentioned.(註4)p.39		^
^	^	^	バタヴィアの薬局向けfor the medicine shop of Batavia/10.26/Sanderhoeff/磁器4,520個（ガリポット含む）/器種内訳無。Items not mentioned.(註4)p.39		^
0	東インド会社による磁器の輸出なし。 No porcelain shipped.（註1）p.375	仕訳帳 Journal	磁器の輸出なし。No porcelain shipped.(註4)p.41		1715

オランダ東インド会社公式貿易による肥前磁器輸出の記録　比較一覧

西暦 Year (和暦)	仕訳帳 Journals （櫻庭・フィアレ編／Compiled by Sakuraba & Viallé）			送り状 Invoices （櫻庭・フィアレ編／Compiled by Sakuraba & Viallé）		
	輸出量 Export q'ty (個 pcs)	内訳 Items (個 pcs)	目的地/発行日/船名 Destination/Date/ship （　）内最終目的地 Final destination in （　）	輸出量 Export q'ty (個 pcs)	内訳 Items (個 pcs)	目的地/発行日/船名 Destination/Date/ship （　）内最終目的地 Final destination in （　）
1716（享保元）	0	0	磁器の輸出なし。No porcelain shipped.	不明 unknown	不明 unknown	本年の送り状は不明である。The invoices for this year are missing.
1717（享保2）	0	0	磁器の輸出なし。No porcelain shipped.	不明 unknown	不明 unknown	本年の送り状は不明である。The invoices for this year are missing.
1718（享保3）	0	0	磁器の輸出なし。No porcelain shipped.	不明 unknown	不明 unknown	本年の送り状は不明である。The invoices for this year are missing.
1719（享保4）	0	0	日本への来航船がない。No ship came.	不明 unknown	不明 unknown	本年の送り状は不明である。The invoices for this year are missing.
1720（享保5）	不明 unknown	不明 unknown	本年の仕訳帳は不明である。The journal for this year is missing	不明 unknown	不明 unknown	本年の送り状は不明である。The invoices for this year are missing.
1721（享保6）	2,648	2,648	バタヴィア Batavia/11.08/Boukenrode（薬局向け for the medicine shop）	不明 unknown	不明 unknown	本年の送り状は不明である。The invoices for this year are missing.
1722（享保7）	1,850	1,850	バタヴィア Batavia/10.29/Hilgonda（総督邸向け for the House of the Governor	不明 unknown	不明 unknown	本年の送り状は不明である。The invoices for this year are missing.
1723（享保8）	3,300	3,300	バタヴィア Batavia/10.17/Cornelia（雑貨部向け for the petty shop）	不明 unknown	不明 unknown	本年の送り状は不明である。The invoices for this year are missing.
1724（享保9）	0	0	磁器の輸出なし。No porcelain shipped.	不明 unknown	不明 unknown	本年の送り状は不明である。The invoices for this year are missing.
1725（享保10）	0	0	磁器の輸出なし。No porcelain shipped.	不明 unknown	不明 unknown	本年の送り状は不明である。The invoices for this year are missing.
1726（享保11）	0	0	磁器の輸出なし。No porcelain shipped.	不明 unknown	不明 unknown	本年の送り状は不明である。The invoices for this year are missing.
1727（享保12）	6,457	6,457	バタヴィア Batavia/11.02/Meerlust	不明 unknown	不明 unknown	本年の送り状は不明である。The invoices for this year are missing.
1728（享保13）	不明 unknown	不明 unknown	本年の仕訳帳は不明である。The journal for this year is missing.	不明 unknown	不明 unknown	本年の送り状は不明である。The invoices for this year are missing.
1729（享保14）	不明 unknown	不明 unknown	本年の仕訳帳は不明である。The journal for this year is missing.	不明 unknown	不明 unknown	本年の送り状は不明である。The invoices for this year are missing.
1730（享保15）	不明 unknown	不明 unknown	本年の仕訳帳は不明である。The journal for this year is missing.	不明 unknown	不明 unknown	本年の送り状は不明である。The invoices for this year are missing.
1731（享保16）	4,174	4,174	バタヴィア Batavia/10.20/Blijdorp（雑貨部向け for the petty shop）	不明 unknown	不明 unknown	本年の送り状は不明である。The invoices for this year are missing.
1732（享保17）	3,871	3,871	バタヴィア Batavia/11.06/Landskroon（雑貨部向け for the petty shop）	不明 unknown	不明 unknown	本年の送り状は不明である。The invoices for this year are missing.
1733（享保18）	不明 unknown	不明 unknown	本仕訳帳原本（NFJ 907）は状態が悪いため閲覧できない。Data not available : The original journal is damaged. (NFJ 907)	不明 unknown	不明 unknown	本年の送り状は不明である。The invoices for this year are missing.
1734（享保19）	不明 unknown	不明 unknown	本仕訳帳原本（NFJ908）は状態が悪いため閲覧できない。Data not available : The original journal is damaged. (NFJ908)	不明 unknown	不明 unknown	本年の送り状は不明である。The invoices for this year are missing.
1735（享保20）	6,550	250	バタヴィア Batavia/11.04/Popkensburg（雑貨部向け for the petty shop）	不明 unknown	不明 unknown	本年の送り状は不明である。The invoices for this year are missing.
		6,300	バタヴィア Batavia/11.04/Popkensburg（薬局向け for the medicine shop）			
1736（元文元）	不明 unknown	不明 unknown	本年の仕訳帳は不明である。The journal for this year is missing.	不明 unknown	不明 unknown	本年の送り状は不明である。The invoices for this year are missing.
1737（元文2）	100	100	バタヴィア Batavia/10.13/Enckhuijsen（総督邸向け for the House of the Governor General）	不明 unknown	不明 unknown	本年の送り状は不明である。The invoices for this year are missing.

オランダ東インド会社公式貿易による肥前磁器輸出の記録　比較一覧

内訳 Items (個 pcs)	山脇悌二郎『有田町史』"Arita-cho-shi" by Yamawaki 目的地別内訳概略 Outline of items for each destination (仕訳帳・送り状原文との不一致点下線明記)	記載 資料 Reference	T. フォルカー『磁器とオランダ東インド会社』『1683年以降のオランダ東インド会社の日本磁器貿易』"Porcelain and the Dutch East India Comp.", "The Porcelain trade of the Dutch East India Comp. after 1683" by T. Volker 概略 Outline (仕訳帳・送り状原文との不一致点下線明記)	西暦 Year
0	東インド会社による磁器の輸出なし。 No porcelain shipped. （註1）p.376	仕訳帳 Journal	磁器の輸出なし。 No porcelain shipped.(註4)p.41	1716
0	東インド会社による磁器の輸出なし。 No porcelain shipped. （註1）p.376	仕訳帳 Journal	磁器の輸出なし。 No porcelain shipped.(註4)p.41	1717
0	東インド会社による磁器の輸出なし。 No porcelain shipped. （註1）p.376	仕訳帳 Journal	磁器の輸出なし。 No porcelain shipped.(註4)p.42	1718
0	東インド会社の来航船なし。 No porcelain shipped.（註1）p.376	仕訳帳 Journal	磁器の輸出なし。 No porcelain is delivered.（註4）p.45	1719
22,150	1719.02.12/ 1,750個：バタヴィアの総督邸向け for the House of the Governor General （註1）p.366-368、376 1719.02.12/ 10,200個：バタヴィアの雑貨部向け for the petty shop） （註1）p.366-368、376 1719.02.12/ 10,200個：バタヴィアの薬局向け for the medicine shop of Batavia （註1）p.366-368、376	商館 日記 Dagh- Register	10.21/ガリポットや瓶などの磁器354束をNoordwaddingsveen号がバタヴィアBataviaへ搬送した(註4)p.46	1720
2,648	目的地無/器種内訳無。 No mention of destination & items. （註1）p.376	仕訳帳 Journal	バタヴィアの薬局向けfor the medicine shop of Batavia/11.08/Bouckenrode/磁器2,648個/器種内訳無。 Items not mentioned.(註4)p.47	1721
1,850	目的地無/器種内訳無。 No mention of destination & items. （註1）p.376	仕訳帳 Journal	バタヴィアの総督向けfor the Governor General of Batavia/10.29/Hilgonda/磁器1,850個/器種内訳無。 Items not mentioned.(註4)p.50	1722
3,300	目的地無/器種内訳無。 No mention of destination & items. （註1）p.376	仕訳帳 Journal	バタヴィアの雑貨部向けfor the petty shop of Batavia/10.17/Cornelia/磁器3,300個/器種内訳有。 Items mentioned.(註4)p.51	1723
0	東インド会社による磁器の輸出なし。 No porcelain shipped. （註1）p.376	仕訳帳 Journal	日本発磁器輸出に関する情報なし。 No information concerning the porcelain export from Japan.(註4)p.52	1724
0	東インド会社による磁器の輸出なし。 No porcelain shipped. （註1）p.376	仕訳帳 Journal	磁器の輸出なし。 No porcelain shipped.(註4)p.52	1725
0	東インド会社による磁器の輸出なし。 No porcelain shipped. （註1）p.376	仕訳帳 Journal	磁器の輸出なし。 No porcelain shipped.(註4)p.52	1726
6,457	目的地無/器種内訳無。 No mention of destination & items. （註1）p.376	仕訳帳 Journal	バタヴィアの薬局向けfor the medicine shop of Batavia/Meerlust/磁器6,457個（ガリポット含む）/器種内訳有。 Items mentioned.(註4)p.53	1727
0	東インド会社による磁器の輸出なし。 No porcelain shipped. （註1）p.376	商館日記 Dagh-Register	磁器の輸出なし。 No porcelain shipped.(註4)p.54	1728
0	東インド会社による磁器の輸出なし。 No porcelain shipped. （註1）p.376	商館日記 Dagh-Register	磁器の輸出なし。 No porcelain shipped.(註4)p.54	1729
0	東インド会社による磁器の輸出なし。 No porcelain shipped. （註1）p.376	商館日記 Dagh-Register	磁器の輸出なし。 No porcelain shipped.(註4)p.54	1730
4,174	目的地無/器種内訳無。 No mention of destination & items. （註1）p.376	仕訳帳 Journal	バタヴィアの雑貨部向けfor the petty shop of Batavia/10.20/Blydorp/磁器4,174個/器種内訳有。 Items mentioned.(註4)p.54	1731
3,871	目的地無/器種内訳無。 No mention of destination & items. （註1）p.376	仕訳帳 Journal	11.03日記によれば/バタヴィアの雑貨部向けfor the petty shop of Batavia/Landscroon/磁器3,871個/器種内訳有。 Items mentioned.(註4)p.54	1732
0	東インド会社による磁器の輸出なし。 No porcelain shipped. （註1）p.377	仕訳帳 Journal	磁器の輸出なし。 No porcelain shipped.(註4)p.55	1733
0	東インド会社による磁器の輸出なし。 No porcelain shipped. （註1）p.377	仕訳帳 Journal	磁器の輸出なし。 No porcelain shipped.(註4)p.56	1734
6,550	目的地無/器種内訳無。 No mention of destination & items. （註1）p.377	仕訳帳 Journal	バタヴィアの雑貨部向けfor the petty shop of Batavia/11.04/Popkensburg/1,000個以下の皿 less than 1000 dishes (註4)p.57	1735
0	東インド会社による磁器の輸出なし。 No porcelain shipped. （註1）p.377	仕訳帳 Journal	磁器の輸出なし。 No porcelain shipped.(註4)p.58	1736
100	目的地無/器種内訳無。 No mention of destination & items. （註1）p.377	仕訳帳 Journal	バタヴィアの総督世帯向けfor the household of the Governor General of Batavia/10.13/Enckhuysen/白磁の小型ビール瓶100個(註4)p.59	1737

オランダ東インド会社公式貿易による肥前磁器輸出の記録 比較一覧

西暦 Year (和暦)	仕訳帳 Journals (櫻庭・フィアレ編/ Compiled by Sakuraba & Viallé) 輸出量 Export q'ty (個 pcs)	内訳 Items (個 pcs)	目的地/発行日/船名 Destination/Date/ship (　) 内最終目的地 Final destination in (　)	送り状 Invoices (櫻庭・フィアレ編/ Compiled by Sakuraba & Viallé) 輸出量 Export q'ty (個 pcs)	内訳 Items (個 pcs)	目的地/発行日/船名 Destination/Date/ship (　) 内最終目的地 Final destination in (　)
1738 (元文3)	0	0	磁器の輸出なし。No porcelain shipped.	不明 unknown	不明 unknown	本年の送り状は不明である。The invoices for this year are missing.
1739 (元文4)	0	0	磁器の輸出なし。No porcelain shipped.	不明 unknown	不明 unknown	本年の送り状は不明である。The invoices for this year are missing.
1740 (元文5)	1,796	1,796	バタヴィア Batavia/11.09/Crabbendijk (雑貨部向け for the petty shop)	不明 unknown	不明 unknown	本年の送り状は不明である。The invoices for this year are missing.
1741 (寛保元)	1,940	1,940	バタヴィア Batavia/10.29/Rijgersdaal (バタヴィア向け for Batavia)	不明 unknown	不明 unknown	本年の送り状は不明である。The invoices for this year are missing.
1742 (寛保2)	1,841	1,841	バタヴィア Batavia/10.17/Gunterstein (バタヴィア向け for Batavia)	不明 unknown	不明 unknown	本年の送り状は不明である。The invoices for this year are missing.
1743 (寛保3)	0	0	磁器の輸出なし。No porcelain shipped.	不明 unknown	不明 unknown	本年の送り状は不明である。The invoices for this year are missing.
1744 (延享元)	200	200	バタヴィア Batavia/11.02/Heuvel (バタヴィア向け for Batavia)	不明 unknown	不明 unknown	本年の送り状は不明である。The invoices for this year are missing.
1745 (延享2)	2,702	2,432	バタヴィア Batavia/12.28/Cleverskerck (バタヴィア向け for Batavia)	不明 unknown	不明 unknown	本年の送り状は不明である。The invoices for this year are missing.
		270	バタヴィア Batavia/12.28/Cleverskerck (ペルシア向け for Persia)			
1746 (延享3)	1,002	1,002	バタヴィア Batavia/11.02/Westhoven (バタヴィアの雑貨部向け for the petty shop of Batavia)	不明 unknown	不明 unknown	本年の送り状は不明である。The invoices for this year are missing.
1747 (延享4)	0	0	磁器の輸出なし。No porcelain shipped.	不明 unknown	不明 unknown	本年の送り状は不明である。The invoices for this year are missing.
1748 (寛延元)	0	0	磁器の輸出なし。No porcelain shipped.	不明 unknown	不明 unknown	本年の送り状は不明である。The invoices for this year are missing.
1749 (寛延2)	0	0	磁器の輸出なし。No porcelain shipped.	不明 unknown	不明 unknown	本年の送り状は不明である。The invoices for this year are missing.
1750 (寛延3)	0	0	磁器の輸出なし。No porcelain shipped.	不明 unknown	不明 unknown	本年の送り状は不明である。The invoices for this year are missing.
1751 (宝暦元)	0	0	磁器の輸出なし。No porcelain shipped.	不明 unknown	不明 unknown	本年の送り状は不明である。The invoices for this year are missing.
1752 (宝暦2)	0	0	磁器の輸出なし。No porcelain shipped.	不明 unknown	不明 unknown	本年の送り状は不明である。The invoices for this year are missing.
1753 (宝暦3)	0	0	磁器の輸出なし。No porcelain shipped.	不明 unknown	不明 unknown	本年の送り状は不明である。The invoices for this year are missing.
1754 (宝暦4)	7,571	7,571	バタヴィア Batavia/11.04/Vliedlust (バタヴィアの雑貨部向け for the petty shop of Batavia)	不明 unknown	不明 unknown	本年の送り状は不明である。The invoices for this year are missing.
1755 (宝暦5)	6,043	6,043	バタヴィア Batavia/10.25/Amelisweerd (雑貨部向け for the petty shop)	不明 unknown	不明 unknown	本年の送り状は不明である。The invoices for this year are missing.
1756 (宝暦6)	11,725	11,725	バタヴィア Batavia/10.13/Keukenhoff (雑貨部向け for the petty shop)	不明 unknown	不明 unknown	本年の送り状は不明である。The invoices for this year are missing.
1757 (宝暦7)	300	300	バタヴィア Batavia/11.01/Tulpenburg	不明 unknown	不明 unknown	本年の送り状は不明である。The invoices for this year are missing.
合計	794,567	794,567		312,930	315,970	
合計	933,679個 (pcs)：仕訳帳と送り状の合計輸出数量 Grand total of pieces of export porcelain in the Journals and invoices （重複する数量を除く。Duplicated data is removed.)					

オランダ東インド会社公式貿易による肥前磁器輸出の記録　比較一覧

内訳 Items (個 pcs)	目的地別内訳概略 Outline of items for each destination (仕訳帳・送り状原文との不一致点下線明記)	記載資料 Reference	概略 Outline (仕訳帳・送り状原文との不一致点下線明記)	西暦 Year
山脇悌二郎『有田町史』"Arita-cho-shi" by Yamawaki			T.フォルカー『磁器とオランダ東インド会社』『1683年以降のオランダ東インド会社の日本磁器貿易』"Porcelain and the Dutch East India Comp.", "The Porcelain trade of the Dutch East India Comp. after 1683" by T. Volker	
0	東インド会社による磁器の輸出なし。 No porcelain shipped. （註1）p.377	商館日記 Dagh-Register	磁器の輸出なし。 No porcelain shipped.(註4)p.60	1738
0	東インド会社による磁器の輸出なし。 No porcelain shipped. （註1）p.377	商館日記 Dagh-Register	磁器の輸出なし。 No porcelain shipped.(註4)p.60	1739
1,796	目的地/器種内訳無。 No mention of destination & items. （註1）p.377	仕訳帳 Journal	バタヴィアの雑貨部向け for the petty shop of Batavia/11.09/Crabbendyke/磁器1,896個/器種内訳有。 Items mentioned.(註4)p.60	1740
1,940	目的地/器種内訳無。 No mention of destination & items. （註1）p.377	仕訳帳 Journal	バタヴィア向け for Batavia/10.29/Reygersdaal/磁器1,940個/器種内訳有。 Items mentioned.(註4)p.61	1741
1,841	目的地/器種内訳無。 No mention of destination & items. （註1）p.377	仕訳帳 Journal	バタヴィア向け for Batavia/10.16/Guntersteyn/磁器1,841個/器種内訳無。 Items not mentioned.(註4)p.61	1742
0	東インド会社による磁器の輸出なし。 No porcelain shipped. （註1）p.377	仕訳帳 Journal	磁器の輸出なし。 No porcelain shipped.(註4)p.62	1743
200	目的地無/器種内訳無。 No mention of destination & items. （註1）p.377	仕訳帳 Journal	バタヴィア向け for Batavia/Heuvel/磁器200個/器種内訳有。 Items mentioned.(註4)p.63	1744
2,702	目的地無/器種内訳無。 No mention of destination & items. （註1）p.377	仕訳帳 Journal	バタヴィア向け for Batavia/12.28/Cleverskerck/磁器2,432個/器種内訳無。 Items not mentioned.(註4)p.64　ペルシア向け for Persia/12.02/Cleverskerck/磁器279個/器種内訳有。 Items mentioned.(註4)p.64	1745
1,002	目的地無/器種内訳無。 No mention of destination & items. （註1）p.377	仕訳帳 Journal	バタヴィア向け for Batavia/11.02/Westhoven/磁器1,002個/器種内訳有。 Items mentioned.(註4)p.64	1746
0	東インド会社による磁器の輸出なし。 No porcelain shipped. （註1）p.377	仕訳帳 Journal	磁器の輸出なし。 No porcelain shipped.(註4)p.64	1747
0	東インド会社による磁器の輸出なし。 No porcelain shipped. （註1）p.377	仕訳帳 Journal	磁器の輸出なし。 No porcelain shipped.(註4)p.65	1748
0	東インド会社による磁器の輸出なし。 No porcelain shipped. （註1）p.377	仕訳帳 Journal	磁器の輸出なし。 No porcelain shipped.(註4)p.65	1749
0	東インド会社による磁器の輸出なし。 No porcelain shipped. （註1）p.378	仕訳帳 Journal	日本発磁器輸出に関する情報なし。 No information concerning the porcelain export from Japan.(註4)p.65	1750
0	東インド会社による磁器の輸出なし。 No porcelain shipped. （註1）p.378	仕訳帳 Journal	日本発磁器輸出に関する情報なし。 No information concerning the porcelain export from Japan.(註4)p.65	1751
0	東インド会社による磁器の輸出なし。 No porcelain shipped. （註1）p.378	仕訳帳 Journal	日本発磁器輸出に関する情報なし。 No information concerning the porcelain export from Japan.(註4)p.65	1752
0	東インド会社による磁器の輸出なし。 No porcelain shipped. （註1）p.378	仕訳帳 Journal	日本発磁器輸出に関する情報なし。 No information concerning the porcelain export from Japan.(註4)p.65	1753
7,435	目的地無/器種内訳無。 No mention of destination & items.（註1）p.378	仕訳帳 Journal	バタヴィアの雑貨部向け for the petty shop of Batavia/11.04/Vliedlust/磁器7,571個/器種内訳有。 Items mentioned.(註4)p.65	1754
6,028	目的地無/器種内訳無。 No mention of destination & items.（註1）p.378	仕訳帳 Journal	バタヴィアの雑貨部向け for the petty shop of Batavia/10.25/Amelisweerd/磁器5,068個と16束の飯用皿/器種内訳有。 Items mentioned.(註4)p.65-66	1755
11,725	目的地無/器種内訳無。 No mention of destination & items.（註1）p.378	仕訳帳 Journal	バタヴィアの雑貨部向け for the petty shop of Batavia/10.13/Keukenhoff/磁器11,725個/器種内訳有。 Items mentioned.(註4)p.66	1756
300	長崎商館からの磁器輸出はこれが最終となる。 This is the last shipment of porcelain from Nagasaki （註1）p.378	仕訳帳 Journal	バタヴィア向け for Batavia/11.01/Tulpenberg/磁器300個/器種内訳有。 Items mentioned.(註4)p.66	1757
1,233,418	山脇による輸出数量総計。Grand total of export porcelain by Yamawaki.（註1）p.378		796,063個(pcs)：フォルカー文献に掲載された輸出数量の合計。 Grand total of export porcelain by Volker's Research.	合計

凡　例

1. 「仕訳帳」および「送り状」の輸出数量について
   数値は、各年の全ての磁器の合計を示す。原本の数量が計算間違い等の理由で誤っていると考えられる場合は、表中には正しい数値を記載した（原文記載の数字は翻刻および翻訳に併記してある）。原本が欠失などの理由で不明の場合、数量は「不明」と表記した。東インド会社による磁器の輸出がない場合は「0」と表記した。
2. 「仕訳帳」および「送り状」の内訳について
   内訳は、目的地および発行日別に積算した磁器の数量を示し、目的地および発行日が同じでも船名が異なる場合は、それぞれ別に数量を記載した。内訳は原本に記された順序のとおりに、原本記載どおりの数量や目的地等を記載した。したがって、輸出数量が同じでも、「仕訳帳」と「送り状」で内訳の記載順序や目的地等が異なる場合がある。
3. 「仕訳帳」および「送り状」の目的地/発行日/船名について
   目的地とは、原本に記載された日本から出帆した船の到着地を示す。（　　　）内に記載した地名は、各荷物の最終目的地である。発行日とは、原本に記載された日付とし、「仕訳帳」と「送り状」で異なる場合もある。船名は、原本に記載された原文の綴りに従った。
4. 山脇悌二郎氏の資料の引用方法について
   長崎からの肥前磁器の出荷に直接関係する情報のみを抽出した。輸出量が記載されていても、目的地や内訳に関する記載がない場合は「目的地/器種内訳記載無」とした。「東インド会社による磁器の輸出なし」と記載されている年度の輸出量は「0」と表記した。「仕訳帳」および「送り状」が欠失していると記載されている場合や、具体的な輸出量が記載されていない場合は「不明」と表記した。
5. T.フォルカー氏の資料の引用方法について
   長崎からの肥前磁器の出荷に直接関係する情報のみを抽出した。註2文献は、日本国内では邦訳版の普及率が高いと思われるため、本比較表は前田正明氏の邦訳版より引用することとした。註4文献は、同書の英語版より日本語に翻訳して掲載した。双方とも、英語版の原書があるため、英訳併記は紙面の都合上磁器の仕向地や船名などの重要な情報に限定することとした。欧文固有名詞は原書記載に基づく。

註

1. 山脇悌二郎「貿易篇」『有田町史』商業編Ⅰ　有田町　1988年
2. T. Volker, "*Porcelain and the Dutch East India Company as recorded in the DAGH-REGISTERS of Batavia Castle, those of Hirado and Deshima and other contemporary papers 1602-1682*", Mededelingen van het Rijksmuseum voor Volkenkunde, Leiden, 1954.　本書は中国磁器貿易史を主体とするオランダ東インド会社文書研究書で、その一部の章として、オランダ東インド会社文書に基づく肥前磁器貿易の推移が詳述されている。わが国では、前田正明氏による同書の日本語版が広く活用されている。前田正明訳 「東洋の磁器とオランダ連合東インド会社」（『陶説』日本陶磁協会、1979～84年）。
3. オランダを最終送先とする判断はフィアレの研究に基づく。Cynthia Viallé, 'CHRONOLOGY OF SHIPMENTS OF JAPANESE PORCELAIN EXPORTED TO THE　NETHERLANDS BY THE DUTCH EAST INDIA COMPANY'（シンシア・フィアレ、河島綾乃訳 「オランダ東インド会社によってオランダへ輸出された日本磁器輸送の年代記」、展覧会図録『古伊万里の道』九州陶磁文化館、2000年、p.185）
4. T. Volker, "*The Japanese porcelain trade of the Dutch East India Company after 1683*", Mededelingen van het Rijksmuseum voor Volkenkunde, Leiden, 1959.

資料篇3
イギリス東インド会社文書
Archival Sources : Part 3 -The EIC Records-

資料篇3　イギリス東インド会社によりロンドンで販売された日本磁器の器種別集計　Japanese porcelain items sold in the sale by EIC in London

磁器の器種名称（英語名称は原典記載、[　]内は現代の綴り）

船名 Ship	イギリスへの帰国年 Year of arrival in England	「日本磁器」の年別合計数量 Total Quantity of 'Japan Ware'	カップ又は蓋付カップ Cup or cup with cover	チョコレートカップ Chocolate Cup	蓋付チョコレートカップ Chocolate cup with cover	ソーサー Saucer	砂糖容れ又は蓋受皿付砂糖容れ Sugar dish or sugar dish with cover and saucer	平皿又は輪花平皿 Plate or scol. [scalloped] Plate	深皿又は輪花深皿 Dish or scol. Dish	鉢又は輪花鉢 Bowl or scol. Bowl	蓋付鉢又は蓋受皿付深皿 Bowl with Cover or Ditto with Dish	ティーポット Tea pot	カスタードカップ Custard Cup
トルンバル・ガレー号 Trumball Gally	1699	795	395			400							
ナッソウ号 Nassaw	1699	175						6	4	164			
ドリル号 Dorrill	1701	9,246	6,594			2,570				82			
ノーサンバーランド号 Northumberland	1702	1,030	417			381			110			6	
ダッシュウッド号 Dashwood	1702	23,097	8,856	834	428	5,427	1,820	1,321	763	1,861		1	245
フリート・フリゲート号 Fleet Frigat	1703	37,906	13,695	949	926	9,041	4,473	207	574	4,575	137	82	
ユニオン号 Union	1704	844				37							
アウレングゼップ号 Aurengzeb	1704	4,254	2,380			428			30	12	224	12	
チャンバー・フリゲート号 Chamber Frigat	1705	13,058	5,559	30		3,549	43		1,351	972	259		
ケント号 Kent	1705	3,120	823			906	463	20	88	702	101		
シドニー号 Sidney	1705	4,818	1,333			1,150		738	145	159			
アンナ号 Anna	1705	43				25							
タヴィストック号 Tavistock	1706	945	441			501			1	2			
シーフォード号 Seaford	1706	67	20		3	25	3		1	1			
モンテギュー号 Montague	1706	2										2	
ソマース号 Somers	1707	13				5						3	
トディントン号 Toddington	1707	47							12	26			
ロイヤル・コーク号 Loyal Cooke	1707	267	100	5		114	9	2	6	23		4	
ロイヤル・マーチャント号 Loyal Merchant	1708	226	118			106							
ハリファックス号 Hallifax	1708	89	56			30					3		
タンカーヴィル号 Tankerville	1708	65	38			27							
ロイヤル・ブリス号 Loyal Bliss	1708	712				49	32	132	422	64	7		
カナーヴォン号 Caernarvon	1721	450	220			175		50					
ブリッジウォーター号 Bridgewater	1721	6,149	2,907		90	2,990	17		145				
合計（個）　Total (piece)		107,418	43,952	1,818	1,447	27,869	6,927	2,476	3,652	8,643	731	110	245
割合　percentage			41	2	1	26	6	2	3	8	1	0	0

Types (as recorded in original documents) of porcelain items											アジアにおける主要寄港地 Main ports of call in Asia	原典(大英図書館所蔵 Oriental and India Office Collection所収資料番号)/ Source (Number of archive in the Oriental and India Office Collection of British Library)
芥子容れ Mustard Pot	蓋受皿付粥鉢 Caudle Cup with Cover & Plate	洗面用深皿 Bason [Basin]	壺 Jar	蓋付壺 Jar with cover	瓶 Flask	痰壺 Spitting Pot	植木用鉢 Garden Pot	喇叭形瓶 Beaker	鬚皿 Barber's Bason [Basin]	その他 Others		
											China	B43
		1									China	B43
											Batavia, Amoy	B43, B44
110										6	China	B44
		68	15	100	1,210	98				50	Amoy	B44, B46, H/13
		106	312	171	1,638		343	362	301	14	Batavia, Whampoa	B44, B46, H/10, H/11, H/12, H/13
	208		102		384			6		107	Amoy, Batavia	B44, H/12, H/13
			922					246			China	B44, B46, H/12, H/13
		11	40		1,244						China, Amoy	B46, H/13
										17	China	B48
			1		1,229		39		24		Madras, Batavia, Macao, Whampoa, Malacca	B46, B48, H/13
			9							9	Benkulen	B48
											Madras, Bengal, Acheh	B48
			14								Batavia, Macao, Whampoa	B48
											Amoy, Malacca, Batavia	B48
			5								Bengal, Balasore, Madras	B46, B48
			1	2						6	Batavia	B48
			2					2			Batavia, Amoy, Malacca	B48
			2								Benkulen	B46
											Madras	B49
											Madras, Bengal	B49
			6								Benkulen, Batavia, China	B49
			3					2			Canton, Batavia	H/14
											Batavia, Canton, Malacca	H/14
110	208	186	1,434	273	5,705	98	382	618	325	209		
0	0	0	1	0	5	0	0	1	0	0		

文献と略号
References

— 欧文献 —

Alcock 1863 :
Rutherford Alcock, *The Capital of the Tycoon : A narrative of a three years' residence in Japan*, vol. 1, Bradley Company, New York, 1863

Allen 2004 :
Robert C. Allen, *Mr. Lockyer meets the Index Number Problem: the standard of living in Canton and London in 1704*, 2004 (Online publication: http://www.econ.ucdavis.edu/faculty/gclark/ecn110a/readings/Lockyer.pdf)

Alm 2002 :
Göran Alm, *Kina slott*, Byggförlaget / Kultur, Stockholm, 2002

Altenburg 1998 :
Ostasiatische Porzellan im Altenburger Schloss Bestandskatalog – Sammlung Bernhard August von Lindenau Sibillenkabinett, Schloss- und Spielkartenmuseum, Altenburg, 1998

Alvensleben 1929 :
Udo von Alvensleben, *Herrenhausen*, Berlin, 1929

Alvensleben / Reuthe 1966 :
Udo von Alvensleben und Hans Reuther, *Herrenhausen Die Sommer-Residenz Der Welfen*, Heinr. Feesche Verlag, Hannover, 1966

Arapova 2000 :
Tatiana B. Arapova, 'Chinese and Japanese Porcelain in St. Petersburg's Palaces in the 18th and the 19th centuries collections and their collectors', In : *The International Ceramics Fair and Seminar*, Haughton, The International Ceramics Fair and Seminar, London, 2000, pp. 11-18

Audsley / Bowes 1880 :
George A. Audsley and James L. Bowes, *Keramic Art of Japan*, Henry Sotheran & Co., 1880

Ayers 1972 :
John Ayers, 'Early Collections of Japanese Porcelain in Europe', In : *International Symposium on Japanese Ceramics*, Seattle Art Museum, Seattle 1972

Ayers / Impey / Mallet 1990 :
John Ayers, Oliver Impey, J. V. G. Mallet (eds.) ; with contributions by Anthony du Boulay and Lawrence Smith, *Porcelain for Palaces: The Fashion for Japan in Europe 1650-1750*, Exhibition catalogue, Oriental Ceramic Society, London, 1990

Bad Homburg 2001 :
Schloss und Schlossgarten Weilburg / Lahn, Broschüre 10, Staatliche Schlösser und Gärten Hessen, Bad Homburg, 2001

Bauer 1991 :
Hermann Bauer, *Fernöstlicher Glanz Pagoden in Nymphenburg, Pilnitz und Sanssouci*, Bayerische Vereinsbank, 1991

Bauer 1993 :
Volker Bauer, *Die höfische Gesellschaft in Deutschland von der Mitte des 17. bis zum Ausgang des 18. Jahrhunderts – Versuch einer Typologie* (=Frühe Neuzeit Bd. 12). Tübingen, 1993

Bastian 1983 :
Jacques Bastian, 'Drei AR-Vasen und ihre Bemalung nach Vorlagen von Johann Wilhelm Weinmann', In : *Keramos*. (Zeitschrift der Gesellschaft der Keramikfreunde e.V.) Düsseldorf, Heft 100, 1983, pp. 67-82

Bilbassoff 1891 :
B.v. Bilbassoff, *Geschichte Katharina II: 1. abth. Katharina bis zu ihrer Thronbesteigung, 1729-1762*, Norddeutsches Verlags-Institut, Berlin, 1891

Bing 1902 :
Collection Hayashi, Paris, dans les Galleries de MM. Durand-Ruel, du 27 janvier au 1er février, 1902 (auction catalogue, Commissaire-Priseur : P. Chevallier, Expert: S. Bing)

Bischoff 2002 :
Cordula Bischoff, 'Porzellansammlungspolitik im Hause Brandenburg', In : *Aspekte der Kunst und Architektur in Berlin um 1700*, Stiftung Preussische Schlösser und Gärten Berlin-Brandenburg, Potsdam, 2002, pp. 15-23

Bischoff 2004 :
Cordula Bischoff, 'Spiegel-, Lack- oder Porzellankabinett ? Der chinoise Sammlungsraum und seine Aufdifferenzierung', In : *Kritische Berichte / Zeitschrift für Kunst- und Kulturwissenschaften Mitteilungsorgan des Ulmer Vereins – Verband für Kunst- und Kulturwissenschaften e.V.*, Heft 2 Jahrgang 32, 2/2004, pp. 15-26

Bischoff 2008 :
Cordula Bischoff (ed.), *Goldener Drache - weißer Adler. Kunst im Dienste der Macht am Kaiserhof von China und am sächsisch-polnischen Hof (1644-1795)*, Ausstellungskatalog, Staatliche Kunstsammlungen Dresden, Hirmer Verlag, 2008

Black 1968 :
John R. Black, *Young Japan. Yokohama and Yedo 1858-79*, vol.2, Tokyo, 1968

Boltz 1980 :
Claus Boltz, 'Hoym, Le Maire und Meissen', In : *Keramos*, (Zeitschrift der Gesellschaft der Keramikfreunde e.V.), Düsseldorf, Heft 88, 1980, pp. 3-101

Brandt 1989 :
Klaus J. Brandt, 'Ostasiatische Keramik und Steatitarbeiten in Schloß Weissenstein, Pommersfelden', In : Hermann Maué (ed.), *Die Grafen von Schönborn. Kirchenfürsten - Sammler Mäzene*, Ausstellungskatalog, Germanisches Nationalmuseum, Nürnberg, 1989, pp. 154-158

Bräutigam 1990 :
Herbert Bräutigam, 'Über ein Porzellanschloß in Dresden und Porzellankabinette in Thüringen', In: Ekkehard Schmidberger / Nora von Achenbach / Lisa Klein / Cornelia Weinberger (eds.), *Porzellan aus China und Japan: Die Porzellangalerie der Landgrafen von Hessen-Kassel, Staatliche Kunstsammlungen Kassel*, Ausstellungskatalog, Staatliche Kunstsammlungen Kassel, Landesmuseum, Reimer, 1990, pp. 74-86

Bressand 1694 (1994) :
Friedrich Christian Bressand, 'Salzthalischer Mayen=Schluß oder Beschreibung der auf den höchsterfreulichen Geburts=Tag der durchleuchtigsten Fürsten und Frauen, Elisabetha Juliana, Herzögin zu Braunschweig und Lüneburg, gebohrner Herzogin zu Schleßwig und Holstein etc.', In: *Salzthal angestellter Lustbarkeiten im Jahr 1694*, Wolfenbüttel 1694, Faksimile hrsg. von Thomas Scheliga, Berlin 1994

Brinkley 1885 :
Description of "The Brinkley Collection" of Antique Japanese, Chinese and Korean Porcelain, Pottery and Faience: auction catalog revised by Captain F. Brinkley, R.A, On exhibition and for sale at the Art Gallery of Edward Greey, New York, 1885

Brinkley 1901-02 :
Captain F. Brinkley, *JAPAN ITS HISTORY, ARTS AND LITERATURE*, vol. 8, J.B. Millet Company, Boston & Tokyo, 1901-02

Carswell 2000 :
John Carswell, *Blue & White Chinese Porcelain around the World*, British Museum, 2000

Cassidy-Geiger 2003 :
Maureen Cassidy-Geiger, ' >>Eine ganz Neue Arth von Porcellain<< Die Produkte der Meißener Manufaktur im Stil von Lack', In: Monika Kopplin und die Staatliche Schlösser und Gärten Baden-Württemberg, *Schwartz Porcelain Die Leidenschaft für Lack und ihre Wirkung auf das europäische Porzellan*, Ausstellungskatalog, Hirmer Verlag, München, 2003, pp. 141-158

Catherine 2006 :
Catherine the Great, (translate) Markus Cruse / Hilde Hoogenboom, *The Memoirs of Catherine the Great*, Modern Library, New York, 2006

Chijs 1886 :
J. A. van der Chijs., *Nederlandsch – Indisch Plakaatboek 1602-1811*. 2e dl II. 'Hage M. Nijhoff, Den Haag, 1886

Chroust / Hantsch / Scherf 1931 :
Anton Chroust / Hugo Hantsch / Andreas Scherf (eds.), *Quellen zur Geschichte des Barocks in Franken unter dem Einfluß des Hauses Schönborn*, 1. Teil, Erster Halbband, Augsburg, 1931

Colenbrander et al. 1887–1931 :
H. T. Colenbrander / J. E. Heeres / J. de Hullu / J. A. van der Chijs / F. de Haan / W. Fruin-Mees (eds.), *Dagh-Register gehouden int Casteel Batavia van't passerende daer ter plaetse als over geheel Nederlands-India*, 1624/29–1682, 31 vols., The Hague, 1887–1931

Coolhaas 1968 :
W. Ph. Coolhaas, *Generale missiven van gouverneurs-generaal en raden aan Heren XVII der Verenigde Oostindische Compagnie*, dl III, 's-Gravenhage : M. Nijhoff, 1968

Däberitz 2000 :
Ute Däberitz, ' "Japanisch Porcellain" in der Sammlung Luise Dorothées von Sachsen-Gotha-Altenburg. Ein Beitrag zur Sammlungsgeschichte ostasiatischer Porzellane im Schloßmuseum Gotha', In : *Gothaisches Museums-Jahrbuch 2001*, Hain Verlag, Rudolstadt, 2000, pp. 179-190

Deutsche Stiftung Denkmalschutz 2002 :
'Restaurierung der Stuckdecke im Spiegelkabinett von Schloß Falkenlust in Brühl', In : *Monumente : Magazin für Denkmalkultur in Deutschland*, Deutsche Stiftung Denkmalschutz, Bonn, 2002

Dohms 1978 :
Peter Dohms (eds), *Die Inventare der Schlösser und Gärten zu Brühl*, Mit einem Quellenhang, Düsseldorf, 1978

Dorgerloh / Scherf 2006 :
Hermut Dorgerloh / Michael Scherf, *Preussische Residenzen : Königliche Schlösser und Gärten in Berlin und Brandenburg*, Deutscher Kunstverlag München / Berlin, 2006

Döry-Jobaháza 1964 :
Ludwig Frhr. v. Döry-Jobaháza, 'Das "Vergulde Zimmer" des Gaibacher Schlosses 1708-1713', In : *Münchner Jahrbuch der Bildenden Kunst*, Bd. 15, 1964, pp. 195-224

Drossaers / Lunsingh Scheurleer 1974 :
Sophie W. A. Drossaers / Theodor H. Lunsingh Scheurleer, *Inventarissen van de inboedels in de verblijven van de Oranjes en daarmede gelijk te stellen stukken 1567-1795. Bd I. Inventarissen Nassau-Oranje 1567-1712*, Den Haag, 1974

Ehmcke / Kaiser 2010 :
Franziska Ehmcke / Barbara Kaiser, *Ōsaka zu byōbu Ein Stellschirm mit Ansichten der Burgstadt Ōsaka in Schloss Eggenberg*, Universalmuseum Joanneum, Graz, 2010

Eikelmann 2009 :
J Renate Eikelmann (ed.), *Die Wittelsbacher und das Reich der Mitte 400 Jahre China und Bayern*, Ausstellungskatalog, Bayerisches Nationalmuseum München und Hirmer Verlag, 2009

Einsingbach 1979 :
Wolfgang Einsingbach, *Weilburg Schloss und Garten*, Amtlicher Führer, Bad Homburg vor der Höhe, 1979

Erkelens 2000 :
A. M. L. D. Erkelens, 'Die Porzellansammlung der Maria von Solms; Aufstellungsweise und Einfluss in Deutschland', In : *Die Niederlande und Deutschland*, Ausstellungskatalog, Kulturstiftung Dessau Wörlitz und der Stiftung Historische Sammlungen des Hauses Oranien-Nassau, Dessau, 2000

Espir 2000 :
Helen Espir, 'What is a Gallipot?', In: *OCS Newsletter No.8*, The Oriental Ceramic Society, January 2000

Farrington 1999 :
Anthony Farrington, *Catalogue of East India Company ships' journals and logs : 1600-1834*, The British Library, London, 1999

Farrington 2002 :
Anthony Farrington, *Trading Places: The East India Company and Asia*, The British Library, 2002

Fitski 2011 :
Menno Fitski, *Kakiemon Porcelain A Handbook*, Leiden University Press / Rijksmuseum Amsterdam, 2011

Flemmer 1697 :
Beschreibung des frstl. Lust-hauses zu. Salzdahlum, von hlv. [?] Flemmer aus Cassel aufgesetzt 1697 [Handschrift im NStA Wf VI HS 17, Nr. 1], fol. 6 v

Fock 1998 :
C. Willemijn Fock, 'Frederik Hendrik en Amalia's appartementen. Vorstelijk vertoon naast de triomf van het porselein', In: Peter van der Ploeg en Carola Vermeeren, *Vorstelijk verzameld. De kunstcollectie van Frederik Hendrik en Amalia*, Den Haag / Zwolle, 1998

Gerkens 1974 :
Gerhard Gerkens, *Das fürstliche Lustschloß Salzdahlum und sein Erbauer Herzog Anton Ulrich von Braunschweig-Wolfenbüttel* (Quellen und Forschungen zur Braunschweigischen Geschichte 22), Braunschweig, 1974

Godden 1979 :
Geoffrey A. Godden, *Oriental Export Market Porcelain and its influence on European Wares*, Granada Publishing, London, 1979

Graesse 1873 :
J. G. Th. Graesse, *Beschreibender Catalog der K.- Porzellan- und Gefäss-sammlung zu Dresden. Ein Leitfaden für Beschauer*, Dresden, 1873

Graf 2002 :
Henriette Graf, 'Die Residenz in München Hofzeremoniell', *Innenräume und Möblierung von Kurfürst Maximilian I. bis Kaiser Karl XII.*, Bayerische Verwaltung der staatlichen Schlösser, Gärten und Seen, München, 2002

Graz 2010 :
Ōsaka zu byōbu Ein Stellschirm mit Ansichten der Burgstadt Ōsaka in Schloss Eggenberg, Universalmuseum Joanneum, Graz, 2010

Grimm 1996 :
Ulrike Grimm, 'Frühe Meißen-Porzellane der Markgräfin Sibylla Augusta in Favorite', In ; *Weltkunst 66*, Berlin, 1996

Grimm 2010 :
Ulrike Grimm, *Favorite Das Porzellanschloss der Sibylla Augusta von Baden-Baden*, Ausstellungskatalog, herausgegeben von den Staatlichen Schlösser und Gärten Baden-Württemberg, Deutscher Kunstverlag, Berlin / München, 2010

Grosse 1998 :
Fritz W. Grosse (ed.), *Die blau-weißen asiatischen Porzellane in Schloß Favorite bei Rastatt*, Staatliche Schlösser und Gärten Baden-Württemberg, Schimper Verlag, Schwetzingen 1998

Grote 1996 :
Hans-Henning Grote, *Das ehemalige fürstliche Lustschloß Salzdahlum*, Museum in Schloß Wolfenbüttel, 1996

Gruber 1992 :
sous la direction de Alain Gruber ; avec la collaboration de Bruno Pons [et al.], *L'art décoratif en Europe .2, Classique et baroque*, Citadelles et Mazenod, Paris, 1992

Hansmann 2002 :
Wilfried Hansmann, *Schloss Falkenlust in Brühl*, Landschaftsverband Rheinland / Wernersche Verlagsgesellschaft, 2002

Hausner 1998 :
Ernst Hausner, *Imperial Schönbrunn*, Edition Hausner, 1998

Heitmann 2009 :
Katja Heitmann, 'Fürstliche Selbstdarstellung und Herrschaftslegitimation', In : Vinzenz Czech (ed.) , *Fürsten ohne Land Höfische Pracht in den sächsischen Sekundogenituren Weißenfels, Merseburg und Zeitz*, Schriften zur Residenzkultur 5, Lukas Verlag, Berlin, 2009, pp. 78-101

Hildebrandt 1928 :
Arnold Hildebrandt, 'Die alten Räume des Schlosses Monbijou in Berlin', In :*Kunst und Künstler*; : illustrierte Monatsschrift für bildende Kunst und Kunstgewerbe, 26. Jg. Berlin, 1928, pp. 301-311

Honour 1961 :
Hugh Honour, *Chinoiserie*, John Murray, London, 1961

Impey 1976 :
Oliver Impey, *Chinoiserie : The Impact of Oriental Styles on Western Art and Decoration*, Charles Scribner's Sons New York, 1976

Impey 1986 :
Oliver Impey, 'Collecting Oriental Porcelain in Britain in the Seventeenth and Eighteenth Centuries', In: *The Burghley Porcelains - An Exhibition from The Burghley House Collection and based on the 1688 Inventory and 1690 Devonshire Schedule*, Japan Society, New York, 1986, pp. 36-43

Impey 1990 :
Oliver Impey, 'Porcelain for Palaces', In: John Ayers, Oliver Impey, J. V. G. Mallet (eds.) ; with contributions by Anthony du Boulay and Lawrence Smith, *Porcelain for Palaces: The Fashion for Japan in Europe 1650-1750*, Oriental Ceramic Society, London, 1990

Impey 2002 :
Oliver Impey, *Japanese export porcelain : Catalogue of the collection of the Ashmolean Museum*, Oxford, Hotei Publishing, Amsterdam, 2002

Impey 2003 :
Edward Impey, *Kensington Palace : The Official Illustrated History*, Historic Royal Palaces & Merrell Publishers Limited, London, 2003

Impey / Macgregor 2001 :
Oliver Impey / Arthur Macgregor (eds.) , *The Origins of Museums - The Cabinet of Curiosities in Sixteenth- and Seventeenth-Century Europe*, House of Stratus, North Yorkshire, (1985) 2001

Impey / Jörg 2005 :
Oliver Impey / Christiaan J. A. Jörg, *Japanese Export Lacquer : 1580-1850*, Hotei Publishing, Amsterdam, 2005

Jenyns 1937-38 :
R. Soame Jenyns, 'The polychrome wares associated with the potters Kakiemon', In : *Transactions of the Oriental Ceramic Society, TOCS*, vol. 15, 1937-1938, pp. 21-32

Jenyns 1965 :
R. Soame Jenyns , *Japanese porcelain*, Faber and Faber, London, 1965

Jörg 1980 :
Christiaan. J. A. Jörg, *Pronk Porcelain*, Exhib. Cat. Groningen, 1980

Jörg 1982 :
Christiaan J. A. Jörg, *Porcelain and the Dutch China Trade*, Martinus Nijhoff, the Hague, 1982

Jörg 2003 :
Christiaan J. A. Jörg, *Fine & Curious: Japanese Export Porcelain in Dutch Collections*, Hotei Publishing, Amsterdam, 2003

Kaiser 2006 :
Barbara Kaiser, *Schloss Eggenberg*, Christian Brandstätter Verlag, Wien, 2006

Kaiser / Naschenweng 2010 :
Barbara Kaiser / Hannes P. Naschenweng, ' "Ein Indianisch spänische Wandt per 25 fl." Zur Geschichte des Ōsaka zu byōbu in Eggenberg', In: *Ōsaka zu byōbu Ein Stellschirm mit Ansichten der Burgstadt Ōsaka in Schloss Eggenberg*, Universalmuseum Joanneum, Graz, 2010, pp. 166-179

Kappel 2009 :
Jutta Kappel, 'Kunstschätze der Sekundogenituren Zeitz, Merseburg und Weißenfels im Grünen Gewölbe zu Dresden', In: Vinzenz Czech (ed.) , *Fürsten ohne Land Höfische Pracht in den sächsischen Sekundogenituren Weißenfels*, Merseburg und Zeitz, Schriften zur Residenzkultur 5, Lukas Verlag, Berlin, 2009, pp. 102-114

Kemper 2005 :
Thomas Kemper, *Schloss Monbijou Von der königlichen Residenz zum Hohenzollern-Museum*, Nicolaische Verlags-Buchhandlung, Berlin, 2005

Kisluk-Grosheide 2003 :
Daniëlle Kisluk-Grosheide, 'Lack und Porzellan in en-suite-Dekorationen ostasiatisch inspirierter Raumensembles', In: Monika Kopplin und die Staatliche Schlösser und Gärten Baden-Württemberg, *Schwartz Porcelain Die Leidenschaft für Lack und ihre Wirkung auf das europäische Porzellan*, Hirmer Verlag, München, 2003, pp. 77-89

König 2006 :
Marieanne von König, *Herrenhausen Die Königlichen Gärten in Hannover*, Wallstein Verlag, Göttingen 2006

Kopplin / Baden-Württemberg 2003 :
Monika Kopplin und die Staatliche Schlösser und Gärten Baden-Württemberg, *Schwartz Porcelain Die Leidenschaft für Lack und ihre Wirkung auf das europäische Porzellan*, Ausstellungskatalog Hirmer Verlag, München, 2003

Kowa 2013 :
Günter Kowa, 'Merseburger Spiegelkabinett Verlorener Kunstschatz', *Mitteldeutsche Zeitung*, Halle, 15. 05, 2013

Kreiner 2011 :
Josef Kreiner (ed.) , *Japanese Collections in European Museums, Reports from the Toyota-Foundation-Symposium Königswinter 2003*, Band I • II, Bier'sche Verlagsanstalt, Bonn, 2011

Kryza-Gersch / Ruck 1986 :
Friedrich Kryza-Gersch / Barbara Ruck, *Aus Ost und West Kostbarkeiten der ehemaligen Eggenbergischen Sammlungen*, Schloß Eggenberg am Landesmuseum Johaneum, 1986

Künzl 1993 :
Uta Künzl, *Der Barockneu- und -ausbau des Altenburger Schlosses 1706-1744 — Beiträge des Schloß- und Spielkartenmuseums Altenburg*, Schloß- und Spielkartenmuseum (Serie / Reihe altenburgica) , Druckerei Schwartz / Weiß Lithos, Altenburg, 1993

Künzl 2011 :
Uta Künzl, 'Putzkabinett', In : Uta Künzl / Tralf Keil, *Das Altenburger Schloss in Wort, Bild und Ton*, Kurier Verlag, Altenburg, 2011

Lack 1979 :
H. Walter Lack, 'Botanische Gärten und Botanische Prachtwerke von den Anfängen bis 1850', In: *Pflanzen auf Porzellan- Ausstellung zum 300jährigen Bestehen des Botanischen Gartens Berlin*, Botanischer Garten und Botanisches Museum Berlin-Dahlem, Berlin, 1979, pp. 11-17

Lademacher 1999 :
Horst Lademacher (ed.) , *Onder den Oranje boom, Textband, Dynastie in der Republik, Das Haus Oranien-Nassau als Vermittler niederländischer Kultur in deutschen Territorien im 17. und 18. Jahrhundert*, Ausstellungskatalog, Hirmer Verlag, München, 1999

Lane 1949-1950 :
Arthur Lane, 'Queen Mary II's porcelain collection at Hampton court', In: *Transactions of the Oriental Ceramic Society, TOCS*, vol. 25, 1949-1950, pp. 21-31

Lang 1986 :
Gordon Lang, 'Oriental Porcelains: A European Enthusiasm', In: *The Burghley Porcelains - An Exhibition from The Burghley House Collection and based on the 1688 Inventory and 1690 Devonshire Schedule*, Japan Society, 1986, pp. 44-51

Lang 2006 :
Frank Thomas Lang (ed.), *Schloss Weikersheim in Renaissance und Barock: Geschichte und Geschichten einer Residenz in Hohenlohe*, Staatsanzeiger-Verlag, Stuttgart 2006

Langer 1995 :
Brigitte Langer (ed.), mit Beiträgen von Hans Ottomeyer, *Die Möbel der Residenz München I / Die französischen Möbel des 18. Jahrhunderts*, Prestel-Verlag, München, New York, und Bayerische Verwaltung der staatlichen Schlösser, Gärten und Seen, München, 1995

Lehfeldt 1891 :
P. Lehfeldt, *Bau- und Kunst-Denkmäler Thüringens*, Heft VIII, Herzogthum Sachsen-Coburg und Gotha, Amtsgerichtsbezirk Gotha, Verlag von Gustav Fischer, Jena, 1891

Linschoten 1663 :
Jan Huygen van Linschoten, *Itinerario, voyage ofte Schipvaert*, Amsterdam, 1663

Lion-Goldschmidt 1984 :
Daisy Lion-Goldschmidt, 'Les porcelains chinoises du palais de Santos', In : *Arts asiatiques*, vol. 39, 1984, pp. 5-72

Lohneis 1985 :
Hans-Dieter Lohneis, *Die deutschen Spiegelkabinette, Studien zu den Räumen des späten 17. und des frühen 18. Jahrhunderts*, Hermann Bauer (ed.), Schriften aus dem Institute für Kunstgeschichte der Universität München, 1985

Loibl 1989 :
Werner Loibl, 'Ideen im Spiegel Die Spiegelkabinette in den fränkischen Schönborn-Schlössern', In : Hermann Maué (ed.), *Die Grafen von Schönborn : Kirchenfürsten - Sammler Mäzene*, Ausstellungskatalog, Germanisches Nationalmuseum, Nürnberg, 1989, pp. 80-90

Lockyer 1711 :
Charles Lockyer, *An account of the trade in India: containing rules for good Government in trade, price courants, and tables: with descriptions of Fort St. George, Acheen, Malacca, Condore, Canton, Anjengo, Muskat, Gombroon, Surat, Goa, Carwar, Telichery, Panola, Calicut, the Cape of Good-Hope, and St. Helena*, London, 1711

Luckhardt 2004 :
Jochen Luckhardt (ed.), *Das Herzog Anton Ulrich-Museum und seine Sammlungen 1578 • 1754 • 2004*, Ausstellungskatalog, Herzog Anton Ulrich-Museum Braunschweig, Hirmer Verlag, München, 2004

Lunsingh Scheurleer 1962 :
Th. H. Lunsingh Scheurleer, 'Documents on the Furnishing of Kensington House', In : *Walpole Society*, vol.38, Glasgow, 1962, pp. 15-58

Lunsingh Scheurleer 1969 :
Th. H. Lunsingh Scheurleer, 'De woonvertrekken in Amalia's Huis in het Bosch', In: *Oud Holland*, vol. 84, The Hague, 1969, pp. 29-66

Lunsingh Scheurleer 1970 :
Th. H. Lunsingh Scheurleer, 'Stadhouderlijke Lakkabinetten', In: *Opstellen voor H. van de Waal*, Amsterdam / Leiden, 1970, pp. 164-173

Lunsingh Scheurleer 1980 :
D. F. Lunsingh Scheurleer, *Chinesisches und japanisches Porzellan in europäischen Fassungen*, Verlag Klinkhardt & Biermann, Braunschweig, 1980

Lunsingh Scheurleer / Fock / Dissel 1986-92 :
Th. H. Lunsingh Scheurleer / C. Willemijn Fock / A. J. van Dissel (eds.), *Het Rapenburg Geschiedenis van een Leidse Gracht*, Leiden, 6 vols, Het Rijck van Pallas, Leiden, 1986-1992

Maar 1993 :
F.E.R. de Maar, *Vijf eeuwen tandheelkunde in de Nederlandse en Vlaamse kunst*, Nieuwegein, 1993

Marot 1892 :
Daniel Marot, *Das Ornamentwerk des Daniel Marot: in 264 Lichtdrucken nachgebildet*, Ernst Wasmuth Verlag, Berlin, 1892

Marth 2004 :
Regine Marth, 'Die Sammlungen von Rudolph August bis Ludwig Rudolph (1666-1735)', In : Jochen Luckhardt, *Das Herzog Anton Ulrich-Museum und seine Sammlungen 1578 • 1754 • 2004*, Herzog Anton Ulrich-Museum Braunschweig, Hirmer Verlag, München, 2004, pp. 44-87

Mathieu 1992 :
Kai R. Mathieu, *Japanisches Porzellan*, Katalog 3, Verwaltung der Staatlichen Schlösser und Gärten Hessen, 1992

Maué 1989 :
Hermann Maué (ed.), *Die Grafen von Schönborn : Kirchenfürsten - Sammler Mäzene*, Ausstellungskatalog, Germanisches Nationalmuseum, Nürnberg, 1989

Menzhausen 1990 :
Ingelore Menzhausen, *Alt-Meißner Porzellan in Dresden*, Henschel Verlag, Berlin, 1990

Morena 2005 :
Francesco Morena, *Dalle Indie orientali alla corte di Toscana – Collezioni di arte cinese e giapponese a Palazzo Pitti*, Ministero per i Beni e le Attività Culturali, 2005

Morse 1940 :
Hosea Ballou Morse, *Britain and the China Trade 1635-1842 / The Chronicles of the East India Company Trading to China 1635-1834 Vol. I*, Oxford University Press, 1940 (First published by Oxford at the Clarendon Press, London,1926)

München 1995 :
'Inventar der Residenz München von 1769', In : Brigitte Langer (ed.), mit Beiträgen von Hans Ottomeyer, *Die Möbel der Residenz München I / Die französischen Möbel des 18. Jahrhunderts*, Prestel-Verlag, München, New York, und Bayerische Verwaltung der staatlichen Schlösser, Gärten und Seen, München, 1995

Murdoch 2006 :
Tessa Murdoch (ed.), *Noble Households, Eighteenth-Century Inventories of Great English Houses, A Tribute to John Cornforth*, Inventories transcribed by Candace Briggs and Laurie Lindey, John Adamson, Cambridge, 2006

Nishida 1974 :
Hiroko Nishida, *Japanese Export Porcelain during the 17th and 18th Century*, Ph. D. diss. [typescript], Oxford University, 1974

Ottenheym / Terlouw / Zoest 1988 :
K.Ottenheym / W. Terlouw / R. van Zoest (eds.), *Daniel Marot, Vormgever van een deftig bestaan*, De Walburg Pers, Zutphen, 1988

Pietsch 1996a :
Ulrich Pietsch, *Meissener Porzellan und seine ostasiatischen Vorbilder*, Edition Leipzig, 1996

Pietsch 1996b :
Ulrich Pietsch, *Johann Gregorius Höroldt 1696-1775 und die Meissener Porzellanmalerei*, Ausstellungskatalog, Staatlichen Kunstsammlungen Dresden - Porzellansammlung, Leipzig, 1996

Pietsch 1997 :
Ulrich Pietsch, *Frühes Meissener Porzellan Kostbarkeiten aus deutschen Privatsammlungen*, Hirmer Verlag, München, 1997

Pietsch / Banz 2010 :
Ulrich Pietsch / Claudia Banz (ed.), *Triumph der blauen Schwerter Meissener Porzellan für Adel und Bürgertum 1710-1815*, Ausstellungskatalog, Staatliche Kunstsammlungen Dresden, Seeman Verlag, 2010

Pij-Ketel 1982 :
C. L. van der Pij-Ketel (ed.), *The ceramic Load of the 'Witte Leeuw' (1613)*, Rijksmuseum Amsterdam, 1982

Pijzel-Dommisse 1987 :
Jet Pijzel-Dommisse, *Het Poppenhuis van Petronella de la Court*, Centraal Museum Utrecht, 1987

Potsdam 2001 :
Schloss Oranienburg Ein Inventar aus dem Jahr 1743, Stiftung Preußische Schlösser und Gärten Berlin-Brandenburg, Potsdam, 2001

Potsdam 2002a :
Schlossmuseum Oranienburg, Stiftung Preußische Schlösser und Gärten Berlin-Brandenburg, Potsdam, 2002

Potsdam 2002b :
Amtliche Führer, Schloss Charlottenburg, Stiftung Preußische Schlösser und Gärten Berlin-Brandenburg, Potsdam, 2002

Put 2000 :
Max Put, *Plunder and pleasure Japanese art in the West 1860-1930*, Hotei, Leiden, 2000

Querfurth 1710/11 :
Kurze Beschreibung des Fürstl. Lust=Schlosses Saltzdahlum, herausgegeben und dem durchl. Fürsten und Herrn, Herrn Anton Ulrich Hertzogen zu Braunschweig und Lüneburg unterhängst gewidmet von Tobias Querfurth, Braunschweig o. J. [1710/11], fol. B2r

Raskin 1978 :
Abraham Raskin, *Petrodvorets (Peterhof)*, Aurora Art Publishers, Leningrad, 1978

Reichel 1980 :
Friedrich Reichel, *Altjapanisches Porzellan aus Arita in der Dresdner Porzellansammlung*, Edition Leipzig, 1980

Reichel 1993 :
Friedrich Reichel, *Die Porzellansammlung Augusts des Starken – Porzellankunst aus China Die Rosa Familie*, Staatliche Kunstsammlungen Dresden, Porzellansammllung, 1993

Reidemeister 1932 :
Leopold Reidemeister, 'Der Große Kurfürst und Friedrich III. als Sammler Ostasiatischer Kunst. Wiederentdeckungen aus der Brandenburgisch-Preußischen Kunstkammer', In: *Ostasiatische Zeitschrift*, 1932, pp. 175-188

Reidemeister 1933 :
Leopold Reidemeister, 'Die Porzellankabinette der brandenburgisch-preußischen Schlösser', Teil 1, In : *Jahrbuch der Preußischen Kunstsammlungen*, vierundfünfzigster Band, G. Grote'sche Verlagsbuchhandlung, Berlin, 1933, pp. 262-272

Reidemeister 1934 :
Leopold Reidemeister, 'Die Porzellankabinette der Brandenburgisch-Preußischen Schlösser' Teil 2, In : *Jahrbuch der Preuszischen Kunstsammlungen*, fünfundfünfzigster Band, G. Grote'sche Verlagsbuchhandlung, Berlin, 1934, pp. 42-56

Riemann-Wöhlbrandt 1990 :
Gabriele Riemann-Wöhlbrandt, 'Der Porzellanbesitz der Landgräfin Maria Amalia', In: Ekkehard Schmidberger / Nora von Achenbach / Lisa Klein / Cornelia Weinberger (eds.), *Porzellan aus China und Japan : Die Porzellangalerie der Landgrafen von Hessen-Kassel*, Staatliche Kunstsammlungen Kassel, Ausstellungskatalog, Staatliche Kunstsammlungen Kassel, Landesmuseum, Reimer, 1990, pp. 51-63

Rinaldi 1989 :
Maura Rinaldi, *Kraak Porcelain : A Moment in the History of Trade*, Bamboo Publishing, London, 1989

Roessingh 1964 :
M. P. H. Roessingh, *Het Archief van de Nederlandse Factorij in Japan 1609-1860*, 's-Gravenhage, 1964

Rückert 1966 :
Rainer Rückert; *Meissener Porzellan 1710-1810*, Ausstellungskatalog, Bayerisches Nationalmuseum, München, 1966

Rückert 1990 :
Rainer Rückert, *Biographische Daten der Meissener Manufakturisten des 18. Jahrhunderts*, Bayerisches Nationalmuseum, München, 1990

Runia 1998 :
Epco Runia, *Sara Ploos van Amstel-Rothé Poppenhuis*, Frans Halsmuseum Haarlem, Waanders Uitgevers, Zwolle, 1998

Sangl 1989 :
Sigrid Sangl, 'Hofhandwerk und Wohnkultur unter Lothar Franz und Friedrich Karl von Schönborn', In : Hermann Maué (ed.), *Die Grafen von Schönborn : Kirchenfürsten - Sammler Mäzene*, Ausstellungskatalog, Germanisches Nationalmuseum, Nürnberg, 1989, pp. 60-71

Savage / Newman 1992 :
G. Savage / H. Newman, *An Illustrated Dictionary of Ceramics*, Thames and Hudson, reprinted 1992

Scheid 2002 :
Helga Scheid, 'Das Neue Palais zu Arnstadt und das Porzellankabinett', In : *Ostasiatisches Porzellan – Das Porzellankabinett im Schlossmuseum Arnstadt*, Schlossmuseum Arnstadt, 2002, pp. 6-36

Schlosser 1908 :
Julius von Schlosser, *Die Kunst- und Wunderkammern der Spätrenaissance – Ein Beitrag zur Geschichte des Sammelwesens*, In: Jean Louis Sponsel, XI. (ed.), *Monographien des Kunstgewerbes*, Verlag von Klinkhardt & Biermann, Leipzig, 1908

Schmidberger 1990 :
Ekkehard Schmidberger, 'Porzellan aus China und Japan in Kassel zur Geschichte der ehemals landgräflichen Sammlung', In: Ekkehard Schmidberger / Nora von Achenbach / Lisa Klein / Cornelia Weinberger (eds.), *Porzellan aus China und Japan: Die Porzellangalerie der Landgrafen von Hessen-Kassel*, Ausstellungskatalog, Staatliche Kunstsammlungen Kassel, Landesmuseum, Reimer, 1990, pp. 11-40

Schmidberger / Achenbach / Klein / Weinberger 1990 :
Ekkehard Schmidberger / Nora von Achenbach / Lisa Klein / Cornelia Weinberger (eds.), *Porzellan aus China und Japan: Die Porzellangalerie der Landgrafen von Hessen-Kassel*, Ausstellungskatalog, Staatliche Kunstsammlungen Kassel, Landesmuseum, Reimer, 1990

Schmincke 1767 :
Friedrich Christoph Schmincke, *Versuch einer genauen und gründlichen Beschreibung der Hochfürstlich-Hessischen Residenz- und Hauptstadt Cassel nebst den nahe gelegenen Lustschlössern Gärten und anderen sehenswürdigen Sachen*, Kassel, 1767

Seipel 2000 :
Wilfried Seipel (ed), *Exotica – Portugals Entdeckungen im Spiegel fürstlicher Kunst- und Wunderkammern der Renaissance*, Ausstellungskatalog, Kunsthistorisches Museum Wien, 2000

Setterwall / Fogelmarck / Gyllensvärd 1972 :
Åke Setterwall / Stig Fogelmarck / Bo Gyllensvärd, *The Chinese Pavilion at Drottningholm*, Allhems Förlag, Malmö, 1972

Shono 1973 :
Masako Shono, *Japanisches Aritaporzellan im sogenannten >> Kakiemonstil << als Vorbild für die Meißener Porzellanmanufaktur*, München, 1973

Sonntag 1995 :
Hans Sonntag, *Die Sprache der Blumen*, Edition Leipzig, 1995

Sotheby's 2005 :
Works of Art from the Royal House of Hanover, Vol. 1-3, Auction catalog, Sotheby's, Schloss Marienburg, 2005

Strien 1998 :
Kees van Strien, *Touring the Low Countries, Accounts of British travellers, 1660-1720*, Amsterdam, 1998

Ströber 2002：
Eva Ströber, *Ostasiatika*, Herzog Anton Ulrich-Museum, Braunschweig, 2002

Ströber 2003：
Eva Ströber, 'Chinesische und japanische Porzellane mit Lackdekoren in der Dresdener Porzellansammlung', In: Monika Kopplin und die Staatliche Schlösser und Gärten Baden-Württemberg, *Schwartz Porcelain Die Leidenschaft für Lack und ihre Wirkung auf das europäische Porzellan*, Ausstellungskatalog, Hirmer Verlag, München, 2003, pp. 27-39

Ströber 2011：
Eva Stöber, 'Japanese Porcelain in the Collection of August the Strong at the Zwinger in Dresden', In: Josef Kreiner（ed.）, *Japanese Collections in European Museums, Reports from the Toyota-Foundation-Symposium Königswinter 2003*, vol.II: Regional Studies, Bonn, 2011, pp. 595-600

Suchomel / Suchomelová 1997：
Filip Suchomel / Marcela Suchomelová, *Masterpieces of Japanese Porcelain*, Prague, 1997

Syndram / Minning 2010：
Dirk Syndram / Martina Minning, *Die kurfürstlich-sächsische Kunstkammer in Dresden – Das Inventar von 1619*, Sandstein Verlag, Dresden, 2010

Uffenbach 1753：
Zacharias Conrad von Uffenbach, *Merkwürdige Reisen durch Niedersachsen Holland und England*, Erster Theil, Frankfurt – Leipzig, 1753

Ulrichs 2005：
Friederike Ulrichs, *Die ostasiatische Porzellansammlung der Wittelsbacher In der Residenz München*, Bayerische Verwaltung der staatlichen Schlösser, Gärten und Seen, München, 2005

Ulrichs 2011：
Friederike Ulrichs, 'Japanese Porcelain in the Munich Residence', In: Josef Kreiner（ed.）, *Japanese Collections in European Museums, Reports from the Toyota-Foundation-Symposium Königswinter 2003*, vol.II: Regional Studies, Bonn, 2011, pp 719-725

Upmark 1900：
Gustav Upmark, 'Ein Besuch in Holland 1687', In：*Oud Holland*, vol. 18, The Hague, 1900

Vec 1998：
Milos Vec, *Zeremonialwissenschaft im Fürstenstaat. Studien zur juristischen und politischen Theorie absolutistischer Herrschaftsrepräsentation*. Diss. Frankfurt / Main, In: Studien zur Europäischen Rechtsgeschichte Heft 106, Sonderhäfte der Ius-commune-Veröffentlichungen des Max-Planck- Instituts für Europäische Rechtsgeschichte, Frankfurt, 1998

Viallé 1992：
Cynthia Viallé, 'De bescheiden van de VOC betreffende de handel in Chinees en Japans porselein tussen 1634 en 1661', In：*Aziatische Kunst 1992*, Mededelingenblad van de Vereniging van Vrienden der Aziatische Kunst, Amsterdam, 1992, pp. 5-34

Viallé 2000a：
Cynthia Viallé, 'Japanese Porcelain for the Netherlands: the records of the Dutch East India Company', In: The *Voyage of Old-Imari Porcelains*, Exhibition catalogue, Saga, 2000, pp. 176-183（邦訳：フィアレ・シンシア〈河島綾乃訳〉「オランダ向け日本磁器：オランダ東インド会社の記録」展覧会図録『古伊万里の道』佐賀県立九州陶磁文化館　2000年　pp. 166-175）

Viallé 2000b：
Cynthia Viallé, 'Chronology of shipments of Japanese Porcelain exported to the Netherlands by the Dutch East India Company', In: *The Voyage of Old-Imari Porcelains*, Exhibition catalogue, Saga, 2000, pp. 197-205（邦訳：シンシア・フィアレ〈河島綾乃訳〉「オランダ東インド会社によってオランダへ輸出された日本磁器輸送の年代記」展覧会図録『古伊万里の道』佐賀県立九州陶磁文化館　2000年　pp. 184-205）

Viallé 2005：
Cynthia Viallé, 'Those headstrong people! Dutch dealings with Japanese Lacquerers', In：Josef Kreiner（ed.）, The Road to Japan：*Social and Economic Aspects of Early European-Japanese Contacts*, Japan Archiv：Schriftenreihe der Forschungsstelle Modernes Japan：Bd. 6, Bayerische Verlagsanstalt, Bonn, 2005, pp. 141-154

Viallé 2007：
Cynthia Viallé, 'Company Trade and Private Trade in Japanese Porcelain in the 17th and 18th century', *Journal of the Kakiemon-style Ceramic Art Research Center*, No. 3, Kyushu Sangyo University, Fukuoka, 2007, pp. 141-152

Viallé 2009：
Cynthia Viallé, 'An Introduction to the Organisation of the VOC and its Archives', In：Miki Sakuraba / Cynthia Viallé（comp.）, *Japanese Porcelain in the Trade Records of the Dutch East India Company*, Kyushu Sangyo University, Fukuoka, 2009, pp. 12-16（邦訳：フィアレ・シンシア〈飯岡直子訳〉「東インド会社の組織とその文書」〈櫻庭美咲 / フィアレ・シンシア編『オランダ東インド会社貿易史料にみる日本磁器』九州産業大学21世紀COEプログラム　2009年〉pp. 8-11）

Viallé / Blussé 2005：
Cynthia Viallé / Leonard Blussé（eds.）, *The Deshima Dagregisters, Vol. XII: 1650-1660*, Intercontinenta 25, Leiden University, 2005

Volker 1954：
T. Volker, *Porcelain and the Dutch East India Company as recorded in the DAGH-REGISTERS of Batavia castle, those of Hirado and Deshima and other contemporary papers 1602-1682*, Mededelingen van het Rijksmuseum voor Volkenkunde, Leiden, 1954

Volker 1959：
T. Volker, *The Japanese porcelain trade of the Dutch East India Company after 1683*, Mededelingen van het Rijksmuseum voor Volkenkunde, Leiden, 1959

Vötsch / Wilhelm 2009：
Jochen Vötsch / Moritz Wilhelm, 'Herzog von Sachsen-Merseburg', In：Institut für Sächsische Geschichte und Volkskunde e.V. （ed.）, *Sächsische Biografie*, Dresden, 2009 （Online-Publication：http://web.isgv.de/index.php?page=743）

Westermann 2001：
Mariët Westermann, *Art and Home：Dutch Interiors in the Age of Rembrandt*, Denver Art Museum and The Newark Museum, Waamders Publishers, Zwolle, 2001

Wien 1888：
Jahrbuch der Kunsthistorischen Sammlungen des allerhöchsten Kaiserhauses, VII. Band, Druck und Verlag von Adolf Holzhausen, Wien, 1888

Wittwer 2001：
Samuel Wittwer, 'Porzellan und Fayence im Schloss Oranienburg 1699 und 1743', In：*Schloss Oranienburg Ein Inventar aus dem Jahr 1743*, Stiftung Preussische Schösser und Gärten Berlin-Brandenburg, Potsdam, 2001, pp. 34-52

Wittwer 2004：
Samuel Wittwer, *Die Galerie der Meißner Tiere – Die Menagerie Augusts des Starken für das Japanische Palais in Dresden*, Gesellschaft der Keramikfreunde e.V. Düsseldorf / Hirmer Verlag, München, 2004

Wittwer 2005：
Samuel Wittwer, 'Ein Spiel zwischen Schein und Sein- Die Porzellankammer von Schloss Charlottenburg im Wandel', In：*Jahrbuch Stiftung Preußische Schlösser und Gärten Berlin-Brandenburg*, Band 7, 2005, pp. 83-93

Yamada 1935：
Chisaburo Yamada, D*ie Chinamode des Spätbarock*, Würfel Verlag, Berlin, 1935

Zimmermann 1911：
Ernst Zimmermann, *Verzeichnis der Sammlungen im Herzogl. Schlosse zu Altenburg*, Druck von Robert Fuchs, Altenburg, 1911

― 和文献 ―

朝日新聞社1993：
西田宏子・大橋康二・朝日新聞社文化企画局編 展覧会図録『ヨーロッパに開花した柿右衛門展』 朝日新聞社　1993年

朝日新聞社1995：
根津美術館/朝日新聞社編　展覧会図録『オランダ陶器：響きあう東と西：エドウィンファンドルヘトコレクション』　朝日新聞社文化企画局東京企画部　1995年

朝日新聞社2008：
展覧会図録『九州古陶磁の清華―田中丸コレクションのすべて』　朝日新聞社事業本部西部企画事業チーム　2008年

アジア文化財協力協会2007：
『バンテン・ティルタヤサ遺跡　ブトン・ウォリオ城跡発掘調査報告書』　NPO法人アジア文化財協力協会　2007年

阿部2007：
阿部百里子「ベトナム出土の貿易陶磁器」(『貿易陶磁研究』No.27　日本貿易陶磁研究会　2007年　pp. 76-81)

荒川2008：
荒川正明「肥前磁器が鑑賞美術となった時代―売立目録の語る近代の古陶磁評価―」(『柿右衛門様式研究―肥前磁器　売立目録と出土資料―』九州産業大学　21世紀COEプログラム柿右衛門様式陶芸研究センター　売立目録研究委員会　2008年　pp. 414-426)

荒野1988：
荒野泰典『近世日本と東アジア』　東京大学出版会　1988年

アラボヴァ2004：
タチアナ・B・アラポヴァ(西田宏子訳)「エルミタージュ美術館の日本の輸出磁器コレクション」(『東洋陶磁』Vol. 33　東洋陶磁学会　2004年　pp. 53-61)

有田ヴイ・オー・シー1993：
展覧会図録『有田ポーセリンパークオープン記念ドイツ・ドレスデン国立美術館所蔵を中心とした「海を渡った古伊万里」展』　有田ヴイ・オー・シー　1993年

有田町史編纂委員会1988：
有田町史編纂委員会『有田町史　古窯編』有田町　1988年

有田町教育委員会2008：
『欧州貴族を魅了した　古伊万里―蒲原コレクション―』　有田町教育委員会　2008年

石井/桜井1999：
石井米雄/桜井由躬雄編『新版世界各国史5　東南アジア史I』　山川出版社　1999年

石田1994：
石田千尋「長崎貿易の精華」(神戸市立博物館編『鎖国・長崎貿易の華』　神戸市立博物館・読売新聞・読売テレビ　1994年　pp. 106-121)

石田2009：
石田千尋『日蘭貿易の構造と展開』　吉川弘文館　2009年

イビー/コラー2007：
エルフリーデ・イビー/アレクサンダー・コラー『シェーンブルン』　クリスティアン・ブランドシュテッター出版　ウィーン　2007年

出光美術館1990：
『出光美術館蔵品図録　日本陶磁』　出光美術館　1990年

出光美術館2008：
展覧会図録『柿右衛門と鍋島』　出光美術館　2008年

今村2006：
今村英明「18世紀の漆器・磁器オランダ貿易について(その二、磁器篇)」(『洋学史研究』第23号　洋学史研究会　2006年　pp. 102-139)

伊万里市史編纂委員会2002：
伊万里市史編纂委員会編『伊万里市史　陶磁器編　古伊万里』　伊万里市　2002年

岩波書店2008：
『岩波西洋人名辞典』　増補版　岩波書店発行・編集　2008年

インピー1994a：
オリヴァー・インピー「宮廷を飾った磁器」(ジョン・エアーズ/オリヴァー・インピー/J.V.G.マレット監修・執筆『宮廷の陶磁器　ヨーロッパを魅了した日本の芸術　1650～1750』英国東洋陶磁学会編　同朋舎出版　1994年　pp. 56-69)

インピー1994b：
オリヴァー・インピー「日本磁器の貿易」(ジョン・エアーズ/オリヴァー・インピー/J.V.G.マレット監修・執筆『宮廷の陶磁器　ヨーロッパを魅了した日本の芸術　1650～1750』英国東洋陶磁学会編　同朋舎出版　1994年　pp. 15-24)

売立目録研究委員会2008：
売立目録研究委員会編『柿右衛門様式研究―肥前磁器売立目録と出土資料―』　九州産業大学21世紀COEプログラム柿右衛門様式陶芸研究センター　2008年

エアーズ/インピー/マレット1994：
ジョン・エアーズ/オリヴァー・インピー/J.V.G.マレット監修・執筆『宮廷の陶磁器　ヨーロッパを魅了した日本の芸術　1650～1750』英国東洋陶磁学会編　同朋舎出版　1994年

大河内1933：
大河内正敏『柿右衛門と色鍋島』　改訂第4版　彩壺会　1933(昭和8)年

大河内記念会1954：
大河内記念会編『大河内正敏、人とその事業』日刊工業新聞社　1954年

大橋1994：
大橋康二『古伊万里の文様―初期肥前磁器を中心に』　理工学社　1994年

大橋1990：
大橋康二「東南アジアに輸出された肥前陶磁」(展覧会図録『海を渡った肥前のやきもの展』　佐賀県立九州陶磁文化館　1990年　pp. 88-176)

大橋2002：
大橋康二「二　海外流通編」(『伊万里市史　陶磁器編　古伊万里』　伊万里市　2002年　pp. 597-827)

大橋2009：
大橋康二執筆作品解説 (大橋康二監修　展覧会図録『パリに咲いた古伊万里の華』　日本経済新聞社　2009年)

大橋/坂井1994：
大橋康二/坂井隆『アジアの海と伊万里』　新人物往来社　1994年

大橋/坂井1999：
大橋康二/坂井隆「インドネシア・バンテン遺跡出土の陶磁器」(『国立歴史民俗博物館研究報告』第82集　1999年　pp. 47-94)

岡野2010：
岡野智彦「サファヴィー朝の台頭」(『海を渡ったペルシア陶器』　中近東文化センター付属博物館　2010年　pp. 6-11)

柿右衛門調査委員会1957：
柿右衛門調査委員会編『柿右衛門』　金華堂　1957年

加藤2002：
加藤寛「海を渡った日本漆器III　(技法と表現)」(『日本の美術』　No.428　至文堂　2002年1月)

角川書店2002：
『角川日本陶磁大辞典』　角川書店　2002年

川口2007：
川口洋平「蔵と沈没船(続編)―移動する陶磁器の比較研究―」(『貿易陶磁研究』No.27　貿易陶磁研究会　2007年　pp. 41-52)

木々1987：
木々庸子『林忠正とその時代』　筑摩書房　1987年

木々2000：
木々庸子「COLLECTION HAYASHIの"売立て"について」(『林忠正コレクション』　第5巻別冊(解説ほか)　木々庸子監修　ゆまに書房　2000年　pp. 103-117)

木々2003：
木々庸子「林忠正　その栄光と苦悩」(『林忠正書簡・資料集』　信山社出版　2003年　pp. 1-16)

菊池2010：
菊池誠一「ベトナム出土の肥前陶磁器」(『世界に輸出された肥前陶磁』　九州近世陶磁学会　2010年　pp. 123-132)

菊地/阿部1997：
菊地誠一/阿部百里子他編『昭和女子大学国際文化研究所紀要』No.4　1997年

菊地/阿部2001：
菊地誠一/阿部百里子他編『海のシルクロードからみたベトナム中部・南部の考古学的研究』 シルクロード学研究センター 2001年

菊地/阿部2003：
菊地誠一/阿部百里子他編『昭和女子大学国際文化研究所紀要』 No.8, 2003年

喜多1925：
喜多貞吉『和田豊治伝』 和田豊治伝編纂所 1925(大正14)年

九州産業大学2009：
九州産業大学柿右衛門様式磁器調査委員会編『柿右衛門様式磁器調査報告書 欧州篇』 九州産業大学柿右衛門様式陶芸研究センター 2009年

九州近世陶磁学会2010：
『世界に輸出された肥前陶磁: 九州近世陶磁学会20周年記念』 九州近世陶磁学会 2010年

九州陶磁文化館1990：
展覧会図録『海を渡った肥前のやきもの展』 佐賀県立九州陶磁文化館 1990年

九州陶磁文化館1995a：
展覧会図録『トプカプ宮殿の名品―スルタンの愛した陶磁器』 佐賀県立九州陶磁文化館 1995年

九州陶磁文化館1995b：
『柴田コレクションIV―古伊万里様式の成立と展開』 佐賀県立九州陶磁文化館 1995年

九州陶磁文化館1999：
展覧会図録『柿右衛門―その様式の全容―』 佐賀県立九州陶磁文化館 (財)佐賀県芸術文化育成基金 1999年

九州陶磁文化館2000：
展覧会図録『古伊万里の道』 佐賀県立九州陶磁文化館 2000年

九州陶磁文化館2003：
『柴田コレクション総目録』 佐賀県立九州陶磁文化館 2003年

九州陶磁文化館/有田町歴史民俗資料館2008：
佐賀県立九州陶磁文化館/有田町歴史民俗資料館編集・執筆『欧州貴族を魅了した古伊万里―蒲原コレクション―』 有田町教育委員会 2008年

京都国立博物館2008：
京都国立博物館編 展覧会図録『japan蒔絵 ―宮殿を飾る 東洋の煌めき―』 読売新聞 2008年

朽木2011：
朽木ゆりこ『ハウス・オブ・ヤマナカ 東洋の至宝を欧米に売った美術商』 新潮社 2011年

クライン1981-82：
ベッティーナ・クライン「新発見の四季草花小禽図屏風について―中世末期狩野派の〈金屏風〉の一例の様式分析及びその図像についての注解―」(『國華』 第1044号 1981年8月 pp. 9-24 / 1045号 1981年9月 pp. 26-41 / 1047号 1981年12月 pp. 32-41 / 1048号 1982年2月 pp. 33-48)

栗田美術館1991：
『栗田美術館蔵伊万里第一輯』 栗田美術館 1991年

栗田1997：
栗田英男『伊万里・鍋島二百選』 栗田美術館 1997年

グルベール2001：
アラン・グルベール総編集『ヨーロッパの装飾芸術』第1巻 ルネサンスとマニエリスム」(木島俊介監訳)、『第2巻 古典主義とバロック』(鈴木杜幾子監訳) 中央公論新社 2001年 (sous la direction de Alain Gruber, *L'art décoratif en Europe,* Paris, 1992の邦訳版)

桑原1967：
桑原住雄「世界一の東洋古美術商 山中商会盛衰記」(『芸術新潮』 第18巻第1号 1967年1月 pp. 153-162)

古伊万里調査委員会1959：
古伊万里調査委員会『古伊萬里』 刊行者代表鍋島直紹 金華堂 1959年

国際日本文化研究センター1993：
国際日本文化研究センター海外日本美術調査プロジェクト編『海外日本美術調査プロジェクト報告2 エルミタージュ美術館所蔵日本美術品図録』 国際日本文化研究センター 1993年

国際日本文化研究センター1994a：
『海外日本美術調査プロジェクト報告3 ナープルステク博物館所蔵日本美術品図録』 国際日本文化研究センター 1994年

国際日本文化研究センター1994b：
『海外日本美術調査プロジェクト報告4 プラハ国立美術館所蔵日本美術品図録』 国際日本文化研究センター 1994年

國華社1916a：
『國華』 第310号 國華社 1916(大正5)年3月

國華社1916b：
『國華』 第311号 國華社 1916(大正5)年4月

國華社1949：
『國華』 第689号 國華社 1949(昭和24)年8月

国立西洋美術館1988：
国立西洋美術館編『ジャポニスム展図録: 19世紀西洋美術への日本の影響』 国立西洋美術館・国際交流基金・日本放送協会・読売新聞社 1988年

コナント1995：
エレン・P.コナント「フランク・ブリンクリー大尉」(オリバー・インピー他『ナセル・D・ハリリ・コレクション―海を渡った日本の美術』 第1巻 同朋舎出版 1995年 pp. 125-151)

彩壺会1916：
彩壺会編纂『柿右衛門と色鍋島』 初版1916(大正5)年

坂井1994：
坂井隆「肥前磁器輸出と鄭氏・バンテン王国」(ハッサン・M・アムバリィ/坂井隆『肥前陶磁の港バンテン―インドネシアのイスラム都市遺跡―』 穂高書店 1994年 pp. 181-184)

坂井2001：
坂井隆「17,18世紀のアジア陶磁貿易―バンテンでの貿易を中心に―」(『東洋陶磁』 vol.30 東洋陶磁学会 2001年 pp. 81-104)

坂井2006：
坂井隆「近世陶磁貿易の担い手―インドネシアと台湾の例から―」(『日本貿易陶磁研究会第27回研究集会資料集「中世末～近世の貿易陶磁流通の諸問題」』 2006年)

坂井2007：
坂井隆「近世陶磁貿易の担い手―インドネシアと台湾の例から―」(『貿易陶磁研究』 No.27 貿易陶磁研究会 2007年 pp. 67-75)

櫻庭1998：
櫻庭美咲『江戸期に舶載されたライン炻器についての考察』(武蔵野美術大学大学院へ提出、受理された修士論文 1998年)

櫻庭1999：
櫻庭美咲「江戸時代に舶載されたライン炻器製酒器についての一試論」(『武蔵野美術大学研究紀要』 No.30 1999年 pp. 101-114)

櫻庭2001：
櫻庭美咲「マイセン窯における花の絵付けの成立と変遷」(『マイセンの華』 日貿出版 2001年, pp. 68-75)

櫻庭2002：
櫻庭美咲「オランダ東インド会社文書における肥前磁器貿易史料の基礎的研究」(『武蔵野美術大学研究紀要』 No.33 2002年 pp. 91-103)

櫻庭2006：
櫻庭美咲「オランダ東インド会社文書におけるオランダ向け肥前磁器の絵付けの記載について」(『九州産業大学柿右衛門様式陶芸研究センター論集』 第2号 2006年 pp. 275-296)

櫻庭2007：
櫻庭美咲「オランダ東インド会社文書にみる17世紀肥前磁器輸出の分析―バタヴィア＝アジア域内の流通を中心に―」(『九州産業大学柿右衛門様式陶芸研究センター論集』 第3号 2007年 pp. 173-188)

櫻庭2008a：
櫻庭美咲「17・18世紀北方ヨーロッパにおける王侯貴族の所蔵品目録にみる東洋磁器の伝世」(『貿易陶磁研究No.28』 日本貿易陶磁研究会 2008年 pp.45-56)

櫻庭2008b：
櫻庭美咲「売立目録研究に基づく柿右衛門様式磁器の流通史―大正期から第二次世界大戦以前を中心に―」(『柿右衛門様式研究―肥前磁器売立目録と出土資料―』 九州産業大学21世紀COEプログラム柿右衛門様式陶芸研究センター 売立目録研究委員会 2008年 pp. 454-471)

櫻庭/菊竹/山本2009：
櫻庭美咲/菊竹淳一/山本紗英子編『柿右衛門様式磁器作品記録集 国内所蔵作品―1―』 九州

産業大学21世紀COE柿右衛門様式陶芸研究センター　2009年

櫻庭 / フィアレ2009：
櫻庭美咲 / フィアレ・シンシア編『オランダ東インド会社貿易史料にみる日本磁器』　九州産業大学21世紀COEプログラム　2009年

櫻庭 / 藤原2002：
櫻庭美咲 / 藤原友子「日蘭貿易における陶磁史料の研究―肥前磁器製医療製品を中心に―」(『鹿島美術研究年報第19号別冊』　鹿島美術財団　2002年　pp. 371-387)

佐野1997：
佐野みどり『風流造形物語―日本美術の構造と様態―』　スカイドア　1997年

座右寶刊行會1955-56：
『世界陶磁全集』第4～6巻「江戸篇」、第7巻「茶器篇」　座右寶刊行會編　河出書房新社　1955・1956年

三省堂1988：
松村明編『大辞林』三省堂　1988年

サントリー美術館2001：
展覧会図録『日本のやきもの千二百年　奈良三彩から伊万里・鍋島、仁清・乾山』　サントリー美術館　2001年

サントリー美術館2008：
サントリー美術館編　展覧会図録『KAZARI 日本美術の情熱』　NHK / NHKプロモーション　2008年

上智大学アジア文化研究所1999：
上智大学アジア文化研究所『十七世紀アジアの海上交流―東南アジア出土のイマリー　東京シンポジウム』資料　1999年

柴柳2008：
柴柳美佐「ボストン美術館の肥前磁器について―コレクション形成の視点から―」(『九州産業大学柿右衛門様式陶芸研究センター論集第4号』　2008年　pp. 141-152)

白谷 / 上野1986：
白谷達也 / 上野武『セラミックロード　海を渡った古伊万里』　朝日新聞社　1986年

新潮社1985：
『新潮世界美術辞典』　新潮社　1985年

鈴木2004：
鈴木康子『近世日蘭貿易史の研究』　思文閣出版　2004年

ストプフェル1995：
ヴォルフガング・E・ストプフェル(天野知香訳)「18世紀ヨーロッパの建築及び室内装飾における東アジア風の諸相」(高階秀爾編『美術史における日本と西洋』　国際美術史学会東京会議1991　中央公論美術出版　1995年　pp.81-90：同書Wolfgang E. Stopfel, 'Aspects of the East Asian in 18th-century European Architecture and Interior Decoration', pp. 63-80の和訳)

静嘉堂文庫美術館2008：
展覧会図録『静嘉堂蔵　古伊万里』静嘉堂文庫美術館　2008年

西武百貨店1987：
展覧会図録『バーリーハウス展』　西武百貨店　1987年

清文堂1967：
『通航一覧』　復刻版　巻本第六　大阪・清文堂　1967年

瀬木1979：
瀬木慎一『ビッグ・コレクター』　新潮社　1979年

田中丸コレクション1980：
展覧会図録『九州の古陶磁』　田中丸コレクション　1980年

手塚 / 永竹1959：
手塚文雄 / 永竹威「古伊万里の交易」(古伊万里調査委員会『古伊萬里』　刊行者代表鍋島直紹　金華堂発行　1959年　pp. 161-232)

東京大学2001：
『日本関係海外史料　オランダ商館長日記　訳文編之九』　東京大学史料編纂所　2001年

東京美術倶楽部2006：
東京美術倶楽部百年史編纂委員会編『美術商の百年―東京美術倶楽部百年史』　株式会社東京美術倶楽部・東京美術商協同組合　2006年

戸栗美術館1997：
『初期伊万里 ―蔵品選集―』　戸栗美術館　1997年

ドレスデン国立美術館 / 佐賀県1975：
展覧会図録『ドイツ民主共和国ドレスデン国立美術館所蔵　古伊万里名品展』　ドレスデン国立美術館・佐賀県主催　1975年

内閣文庫1970：
『唐蠻貨物帳』　内閣文庫影印本　内閣文庫　1970年

中島1998：
中島誠之助「古伊万里赤絵入門(一)　赤絵の発見その一」(『遊楽』　五月号　1998年　pp. 56-61)

長崎県史編集委員会1985：
長崎県史編集委員会編『長崎県史』　吉川弘文館　1985年

長崎県教育委員会2001：
『長崎県文化財調査報告書162集栄町遺跡(旧袋町・市立長崎高等学校跡地)』　長崎県教育委員会　2001年

永積2007：
永積昭『オランダ東インド会社』　講談社　2007年(初版2000年)

永積1979：
永積洋子「オランダ商館の脇荷貿易について―商館長メイランの設立した個人貿易協会(1826～1830年)―」(『日本歴史』　第379号　1979年　pp. 55-90)

永積1987：
永積洋子『唐船輸出入品数量一覧(1637～1833年)―復元唐船貨物改帳・帰帆荷物買渡帳―』　創文社　1987年

中田 / 中村1974：
中田易直 / 中村質校訂『崎陽群談』　近藤出版社　1974年

鍋島藩窯調査委員会1954：
鍋島藩窯調査委員会編『鍋島藩窯の研究』　京都平安堂　1954年

ナホッド1956：
オスカー・ナホッド著・富永牧太訳『十七世紀日蘭交渉史』　天理大学出版部　1956年

西田1974：
西田宏子「メリー二世の陶磁器蒐集にみる日本磁器―ケンシントン・ハウス調度目録の校刊をかねて―」(『東洋陶磁』　vol. 1　東洋陶磁学会　1974年　pp. 59-91)

西田1976a：
西田宏子編・解説『日本陶磁全集 23 古伊万里』中央公論社　1976年

西田1976b：
西田宏子「古伊万里　絢爛たる磁器の世界」(西田宏子編・解説『日本陶磁全集23　古伊万里』　中央公論社　1976年　pp. 45-66)

西田1977：
西田宏子編・解説『日本陶磁全集24　柿右衛門』中央公論社　1977年

西田1979：
西田宏子「柿右衛門様式の展開―輸出磁器の立場から―」(『Museum』　No.335　東京国立博物館美術誌2月号　1979年　pp. 25-34)

西田1981：
西田宏子「17・18世紀の輸出磁器」(『在外日本の至宝　第九巻「陶磁」』　毎日新聞社　1981年　pp. 101-108)

西田1983：
西田宏子「伊万里と柿右衛門―肥前色絵磁器の展開」(『世界陶磁全集9　江戸(四)』　小学館　1983年　pp. 184-201)

西田2008：
西田宏子『東西交流の陶磁史』　中央公論美術出版　2008年

西村1995：
西村貫一『日本のゴルフ史』　雄松堂書店　1995年(文友堂昭和5年刊の複製)

日本経済新聞社2005：
展覧会図録『ニューヨーク・バーク・コレクション展：日本の美三千年の輝き』　日本経済新聞社　2005年

日本経済新聞社2009：
大橋康二監修　展覧会図録『パリに咲いた古伊万里の華』　日本経済新聞社　2009年

農商務省1902：
巴里万国博覧会臨時博覧会事務局/農商務省編『千九百年巴里万国博覧会臨時博覧会事務局報告』 農商務省　1902（明治35）年　上下巻の内　上

野上2005：
野上建紀「ガレオン貿易と肥前磁器：マニラ周辺海域に展開した唐船の活動とともに」（『上智アジア学23』　第3部:アジア・太平洋の海を繋ぐ肥前陶磁〈特集：東南アジアの土器と施釉陶磁器〉2005年　pp. 239-260）

野上2008：
野上建紀「アーフォントステル号発見の有田産アルバレロ形壺」（『金大考古第60号』　金沢大学　2008年　pp. 19-23）

野上2009a：
野上建紀「九州のやきもの　太平洋を渡った有田焼」（『海路 7』『海路』編集委員会 2009年　pp. 116-123）

野上2009b：
野上建紀「世界に輸出された有田焼」（『九州産業大学柿右衛門様式陶芸研究センター論集 No.5』2009年　pp. 339-354）

野上 / Orogo / Cuevas / 田中 / 洪2010：
野上建紀 / Alfredo Bi. Orogo / Nida T. Cuevas / 田中和彦 / 洪曉純「マニラ出土の肥前磁器」（『世界に輸出された肥前磁器―九州近世陶磁学会20周年記念―』 九州近世陶磁学会　2010年　pp. 104-111）

長谷川1997：
長谷川祥子「静嘉堂所蔵の伊万里―ブリンクリー旧蔵品とのかかわりについて―」（『陶説』 528号　1997年3月　pp. 11-15）

長谷川2006：
長谷川祥子「静嘉堂の清朝陶磁」（展覧会図録『静嘉堂蔵 清朝陶磁 景徳鎮官窯の美』 静嘉堂文庫美術館　2006年　pp. 127-132）

長谷川2008：
長谷川祥子「静嘉堂の肥前磁器コレクション」（展覧会図録『静嘉堂蔵　古伊万里』 静嘉堂文庫美術館　2008年　pp.18-23）

長谷川 / 大久保 / 土肥1997：
長谷川輝夫 / 大久保佳子 / 土肥恒之『世界の歴史 17 ヨーロッパ近世の開花』 中央公論社　1997年

羽田2007：
羽田正『興亡の世界史第15巻・東インド会社とアジアの海』 講談社　2007年

パンツァー1998：
ペーター・パンツァー監修　展覧会図録『マリア・テレジア古伊万里コレクション展』 有限会社ササキ企画　1998年

日高2008：
日高薫『異国の表象　近世輸出漆器の創造力』ブリュッケ　2008年

日高2012：
日高薫「東洋風小部屋の装飾における『漆（Japan）』」（『第1回畠山公開シンポジウム「西洋における中国 / 日本 ―17世紀〜19世紀のシノワズリーとジャポニスム―」報告書』 ジャポニスム学会　2012年　pp. 21-30）

弘末2004：
弘末雅士『東南アジアの港市世界　地域社会の形成と世界秩序』 岩波書店　2004年

フォルカー1979-84：
T.フォルカー（前田正明訳）「東洋の磁器とオランダ連合東インド会社」（『陶説』 日本陶磁協会 1979-84年）

藤原2004：
藤原友子「ドイツにおける東洋磁器コレクションの成立について ―十七・十八世紀を中心に―」（『佐賀県立九州陶磁文化館研究紀要　第三号』佐賀県立九州陶磁文化館　2004年　pp. 64-96）

ポウプ1959：
ジョン・アレキサンダー・ポウプ（田上三七雄訳）「西欧人の観た古伊万里」（古伊万里調査委員会編『古伊萬里』 刊行者代表鍋島直紹　金華堂発行1959年　pp. 147-160）

堀内2007：
堀内秀樹「オランダ消費遺跡出土の東洋陶磁器―十七世紀から十九世紀における東洋陶磁器貿易と国内市場―」（『東洋陶磁』 vol. 36　東洋陶磁学会　2007年　pp. 39-59）

ホール1988：
ジェイムズ・ホール著・監修高階秀爾『西洋美術解読事典』 河出書房新社　1988年

ポーロ1981年：
マルコ・ポーロ（愛宕松男訳注）『東方見聞録2』全2巻　平凡社　1980年

毎日新聞社2000：
展覧会図録『日蘭交流400周年記念オランダ王室―知られざるロイヤル・コレクション―』 毎日新聞社　2000年

前田 / 櫻庭2006：
前田正明 / 櫻庭美咲『ヨーロッパ宮廷陶磁の世界』角川学芸出版　2006年

松井2007：
松井洋子『近世日本関係欧文文書群の史料学的研究』（2003〜2006年度科学研究費補助金〈基盤研究B〉研究成果報告書）　東京大学史料編纂所　2007年

三上1982：
三上次男「パサリカン遺跡出土の貿易陶磁」（『貿易陶磁研究』 No.2　貿易陶磁研究会　1982年　pp. 111-125）

水尾2003：
水尾比呂志『名品探索百十年　國華の軌跡』 朝日新聞社　2003年

水町1944：
水町和三郎『伊万里染付大皿の研究』 桑名文星堂　1944（昭和19）年

宮島1989：
宮島新一「図版76解説」（『室町時代の屏風絵』東京国立博物館　國華社　朝日新聞社　1989年 p.246）

文部省1947：
昭和23年度の小学校第1学年前期用『こくご 一』文部省　1947（昭和22）年

八百1988：
八百啓介『近世オランダ貿易と鎖国』 吉川弘文館　1998年

山下1999：
山下好彦「山水楼閣蒔絵花瓶」（『在外日本古美術品修復協力事業　修理報告書　工芸品Ⅰ』 東京国立文化財研究所　1999年　pp. 77-92）

山中1934：
山中定次郎編輯『九谷 鍋島 柿右衛門名品集』山中商會　1934年

山中定次郎翁伝編纂会1939：
『山中定次郎翁伝』 山中定次郎翁伝編纂会1939（昭和14）年

山脇1972：
山脇悌二郎『長崎の唐人貿易』 吉川弘文館 1972年（初版1964年）

山脇1988a：
山脇悌二郎「貿易篇」（『有田町史』 商業編Ⅰ　有田町　1988年　pp. 265-495）

山脇1988b：
山脇悌二郎「脇荷貿易雑考」（『鎖国日本と国際交流　下巻』 吉川弘文館　1988年　pp. 97-124）

行武 / 加藤2000：
行武和博 / 加藤榮一訳「平戸オランダ商館の仕訳帳 1638年度1639年度　訳文編」（平戸市史編纂委員会編『平戸市史海外史料編Ⅱ』 平戸市 2000年）

吉川弘文館1991：
『国史大辞典』 吉川弘文館　1991年

廖1999：
廖赤陽「華商のネットワークと長崎陶磁貿易」（『貿易陶磁研究』 No. 19　貿易陶磁研究会　1999年　pp. 85-96）

若松2006：
若松正志「近世の長崎貿易」（『日本貿易陶磁研究会第27回研究集会資料集「中世末〜近世の貿易陶磁流通の諸問題」』 2006年）

口絵・挿図一覧
List of Color Plates and Monochrome Figures

凡例）資料情報は以下の順に配列した。資料名称、産地、製作者（以上本文記載の欧語名称は原語記載省略）、材質技法（産地が有田の場合全て磁器なため省略）、製作年代、寸法（単位＝cm、陶磁器は原則的に代表的な寸法1種）、所蔵元の資料番号（冒頭に"Inv."を付して明記）、所蔵者、写真のクレジット名（所蔵先所在国の言語表記、冒頭に"©"を付した）、撮影者、転載の場合は転載元の書誌情報（参考文献表の略号）。

口絵　Color Plates

第1章

口絵1-1　色絵貝形鉢　有田　17世紀後期　高さ11.5cm　Inv. PE557　ドレスデン国立美術館磁器コレクション館蔵
©Staatliche Kunstsammlungen Dresden Porzellansammlung

口絵1-2　上：色絵婦人鷹獅子文深皿・下：同平皿　有田　18世紀前半　口径27cm・32cm　銀製マウント：ブリュッセル　1750-1775年　カール・アレクサンダー・フォン・ロートリンゲン公Karl Alexander von Lothringen 旧蔵　ウィーンホーフブルク宮殿内銀器室所在　オーストリア連邦文化財管理局蔵
©Bundesmobilienverwaltung Sammlung: Bundesmobilienverwaltung, Objektstandort: Silberkammer, Hofburg Wien, photo: Tina Haller

口絵1-3　色絵花鳥文蓋付大壺・大瓶　有田　18世紀前半　蓋付壺：総高84.2〜88.4cm　Invs. P/O1261b, P/O1261a, P/O1261、瓶：高さ62.6cm　Invs. P/O1078a, P/O1078　アルンシュタット城美術館蔵（ドイツ）
©Schlossmuseum Arnstadt, photo: Detlef Marschall（Scheid 2002より転載）

口絵1-4　染付大壺（出土遺物）　有田　18世紀前半　最大長約26cm　ブトン島ウォリオ城跡遺跡　スラウェシ島南部文化財保護事務所ウォリオ城跡修復事務所蔵　（アジア文化財協力協会2007掲載・写真提供坂井隆氏）

口絵1-5　染付鳥形合子（出土遺物）　有田　17世紀中期　左：幅7.8cm　右：幅7.9cm　長崎栄町遺跡　寛文三年（1663）大火の焦土層より出土　長崎県教育委員会蔵　©同

口絵1-6　染付雲龍荒磯文碗（出土遺物）　有田　17世紀中期　長崎栄町遺跡　寛文三年（1663）大火の焦土層より出土　長崎県教育委員会蔵　©同

口絵1-7　「ペトロネラ・オールトマンの人形の家Poppenhuis van Petronella Oortman」「豪華な台所 pronk keuken」　1686年頃〜1710年頃　Inv. BK-NM-1010　アムステルダム国立博物館蔵
©Collection Rijksmuseum, Amsterdam

口絵1-8　「ペトロネラ・オールトマンの人形の家」「豪華な台所」内　色絵花鳥文皿　有田　17世紀後半　口径4.5 cm　アムステルダム国立博物館蔵
©Collection Rijksmuseum, Amsterdam

口絵1-9　「ペトロネラ・オールトマンの人形の家」「豪華な台所」内　色絵花卉文皿　有田　17世紀後半　口径3.1〜3.5 cm　アムステルダム国立博物館蔵
©Collection Rijksmuseum, Amsterdam

口絵1-10　色絵牡丹菊文蓋付八角鉢・受皿　有田　18世紀前半　総高10.5cm　碓井コレクション蔵（パリ）　©USUI COLLECTION

口絵1-11　色絵花鳥文大皿　景徳鎮　磁器　18世紀前半　口径38.0cm　州立ヨハネウム美術館エッゲンベルク城蔵（オーストリア・グラーツ）
©UMJ/Schloss Eggenberg

第2章

口絵2-1　サントス宮殿の天井装飾　ポルトガル　木材　17世紀末完成　磁器：景徳鎮　明時代　フランス大使館蔵（リスボン）　撮影筆者

口絵2-2　フローレンス大公（メディチ家）より1590年にザクセン選帝侯へ贈られた磁器　景徳鎮　明時代　（色絵花唐草文鉢2点　Invs. PO3228, PO3229／鯰形水注　Inv. PO3479／青花帆船山水文鉢　Inv. PO3225／青花山水花鳥鉢　Inv. PO3226／鳳凰形水注　Inv. PO3478／人物像付舟形容器　Inv. PO3791／青花藻魚文蓋物　Inv. PO3227）　ドレスデン国立美術館磁器コレクション館蔵　©Staatliche Kunstsammlungen Dresden Porzellansammlung, photo: Jürgen Lösel

口絵2-3　磁器と茶の寓意画（円形天井画）"Allegorie auf die Einführung des Porzellans in Europa" オラニエンブルク城　「磁器の小部屋」内　アウグスティン・テルヴェスティン画　油彩　1697年　Inv. R. 13　プロイセン城郭庭園財団蔵　©Stiftung Preußische Schlösser und Gärten Berlin-Brandenburg, photo: Wolfgang Pfauder

口絵2-4　染付花鳥文蓋付八角壺　有田　17世紀後期　総高59cm　オラニエンブルク城所在　Inv. XII 8003　プロイセン城郭庭園財団蔵　©Stiftung Preußische Schlösser und Gärten Berlin-Brandenburg, photo: Wolfgang Pfauder

口絵2-5　色絵楼閣遊興人物花卉文蓋付大壺　有田　18世紀前期　総高88cm　カプット城所在　Inv. XII 125　プロイセン城郭庭園財団蔵
©Stiftung Preußische Schlösser und Gärten Berlin-Brandenburg, photo: Wolfgang Pfauder

口絵2-6　色絵橋上婦人花卉文蓋付大壺　有田　18世紀前期　総高92cm　カプット城所在　Inv. XII 127　プロイセン城郭庭園財団蔵
©Stiftung Preußische Schlösser und Gärten Berlin-Brandenburg, photo: Wolfgang Pfauder

口絵2-7a　色絵牡丹文瓶　有田　17世紀後期　高さ22.7cm　Inv. PE4767　ドレスデン国立美術館磁器コレクション館蔵
©Staatliche Kunstsammlungen Dresden Porzellansammlung

口絵2-7b　同底面　ヨハネウム番号「N=13□」
©Staatliche Kunstsammlungen Dresden Porzellansammlung

口絵2-8a　色絵鶴松花卉文六角壺　有田　17世紀後期　高さ31.3cm　Inv. PE5663　ドレスデン国立美術館磁器コレクション館蔵
©Staatliche Kunstsammlungen Dresden Porzellansammlung

口絵2-8b　同底面　ヨハネウム番号「N=1□」
©Staatliche Kunstsammlungen Dresden Porzellansammlung

口絵2-9a　色絵鳳凰花卉文蓋付六角壺　有田　17世紀後期　総高31.6cm　Inv. PE5664　ドレスデン国立美術館磁器コレクション館蔵

©Staatliche Kunstsammlungen Dresden Porzellansammlung

口絵2-9b　同底面　ヨハネウム番号「N=2□」
©Staatliche Kunstsammlungen Dresden Porzellansammlung

口絵2-10a　色絵鶴松花卉文角瓶　有田　17世紀後期　高さ28.0cm　Inv. PE353　ドレスデン国立美術館磁器コレクション館蔵
©Staatliche Kunstsammlungen Dresden Porzellansammlung

口絵2-10b　同底面　ヨハネウム番号「N=39-□」
©Staatliche Kunstsammlungen Dresden Porzellansammlung

口絵2-11a　色絵花卉文六角鉢　有田　17世紀後期　口径12.8cm　Inv. PE4770　ドレスデン国立美術館磁器コレクション館蔵
©Staatliche Kunstsammlungen Dresden Porzellansammlung

口絵2-11b　同底面　ヨハネウム番号「N=111-□」
©Staatliche Kunstsammlungen Dresden Porzellansammlung

口絵2-12　左：染付漆装飾牡丹唐草文鳥篭瓶　有田　18世紀前期　高さ54.1cm　Inv. PO3801、右：色絵花卉文鳥篭瓶　マイセン　磁器　1727年　高さ53.1cm　Inv. PE 805　ドレスデン国立美術館磁器コレクション館蔵
©Staatliche Kunstsammlungen Dresden Porzellansammlung, photo: Jürgen Karpinski

口絵2-13　日本宮壁面装飾プラン　マテウス・ダニエル・ペッペルマン考案　1735頃　国立ザクセンドレスデン中央文書館蔵
©Sächsisches Staatsarchiv Hauptarchiv Dresden

口絵2-14　日本宮壁面装飾プラン　マテウス・ダニエル・ペッペルマン考案　1735頃　国立ザクセンドレスデン中央文書館蔵
©Sächsisches Staatsarchiv Hauptarchiv Dresden

口絵2-15　ヘーレンハウゼン城ギャラリー館　外観（ドイツ）　撮影筆者

口絵2-16　ヘーレンハウゼン城ギャラリー館　「鏡の間」　南面－西面　ヘーレンハウゼン庭園管理局蔵
©Herrenhäuser Gärten Verwaltung, photo: Wolfgang Volz

口絵2-17　ヘーレンハウゼン城ギャラリー館　「鏡の間」　天井　磁器陳列室としては1706年完成　ヘーレンハウゼン庭園管理局蔵
©Herrenhäuser Gärten Verwaltung, photo: Wolfgang Volz

口絵2-18　メルセブルク城　「鏡の間」　側面部分　内装製作1712～1715年　Inv. O-1972,240　国立ベルリン工藝美術館蔵
©Kunstgewerbemuseum / Staatliche Museen zu Berlin　撮影筆者

口絵2-19　ヴァイルブルク城　「伯爵夫人の大陳列室」　南－西側面　18世紀初頭完成　国立ヘッセン城郭庭園管理局蔵（ドイツ）
©Verwaltung der Staatlichen Schlösser und Gärten Hessen

口絵2-20　ヴァイルブルク城　「伯爵夫人の大陳列室」　北－東側面　国立ヘッセン城郭庭園管理局蔵
©Verwaltung der Staatlichen Schlösser und Gärten Hessen

口絵2-21　ヴァイルブルク城　「伯爵夫人の大陳列室」　西側面　国立ヘッセン城郭庭園管理局蔵　撮影筆者

口絵2-22　ハイデックスブルク城　「赤い角の陳列室」　1744年完成（ドイツ）
©Thuringer Landesmuseum Heidecksburg Rudolstadt

口絵2-23　色絵桜梅花鶉文蓋付大壺　有田　18世紀前期　総高72cm　ハイデックスブルグ城「赤い角の陳列室」内　テューリンゲン州立美術館ハイデックス・ルドルシュタット蔵　撮影筆者

口絵2-24　色絵四方割菊梅牡丹鳥文蓋付壺　有田　17世紀末～18世紀前期　総高41.5cm　ハイデックスブルク城「赤の広間」内　（表）K328.1(1)　テューリンゲン州立美術館ハイデックスブルク・ルドルシュタット蔵
©Thuringer Landesmuseum Heidecksburg Rudolstadt

口絵2-25　色絵四方割菊梅牡丹鳥文蓋付壺　有田　18世紀前期　総高41.5cm　ハイデックスブルク城「赤の広間」内　（裏）K328.2　テューリンゲン州立美術館ハイデックスブルク・ルドルシュタット蔵
©Thuringer Landesmuseum Heidecksburg Rudolstadt

口絵2-26　ハイデックスブルク城　「鏡の間」　1718年完成　©Thuringer Landesmuseum Heidecksburg Rudolstadt, photo: Alexander Kreher 2011

口絵2-27　ハイデックスブルク城　「鏡の間」　壁面部分　撮影筆者

口絵2-28　色絵四方割菊梅牡丹鳥文蓋付壺　有田　18世紀前期　総高41.5cm　ハイデックスブルク城「鏡の間」内　テューリンゲン州立美術館ハイデックスブルク・ルドルシュタット蔵　撮影筆者

口絵2-29　色絵牡丹唐草鳳凰文蓋付壺　有田　18世紀前期　総高38.0cm　ハイデックスブルク城「鏡の間」内　テューリンゲン州立美術館ハイデックスブルク・ルドルシュタット蔵　撮影筆者

口絵2-30　色絵牡丹唐草鳳凰文蓋付壺　有田　18世紀前期　総高38.0cm　ハイデックスブルク城「鏡の間」内　テューリンゲン州立美術館ハイデックスブルク・ルドルシュタット蔵　撮影筆者

口絵2-31　ヴァイセンシュタイン城　「鏡の間」　1718年完成　（ポメルスフェルデン）　シェーンボルン伯爵美術コレクション蔵（ドイツ）
©Kunstsammlungen Graf von Schönborn, Wiesendheid

口絵2-32　色絵花蝶文婦人像　有田　18世紀前期　左：高さ37cm、右：37.5cm　ヴァイセンシュタイン城「鏡の間」内
シェーンボルン伯爵美術コレクション蔵
©Kunstsammlungen Graf von Schönborn, Wiesendheid　（Maué 1989より転載）

口絵2-33　ヴァイセンシュタイン城　肥前磁器陳列(現在)
シェーンボルン伯爵美術コレクション蔵
©Kunstsammlungen Graf von Schönborn, Wiesendheid

口絵2-34　ヴァイセンシュタイン城　「音楽の間」内壁龕　1715～1720年頃完成　シェーンボルン伯爵美術コレクション蔵
©Kunstsammlungen Graf von Schönborn, Wiesendheid

口絵2-35　ヴァイカースハイム城　「鏡の間」　製作1708～1717年　国立バーデン・ヴュルテンベルク城郭庭園管理局蔵（ドイツ）
©Staatliche Schlösser und Gärten Baden-Württemberg

口絵2-36　色絵波扇花卉文婦人像　有田　17世紀後期　高さ39.5cm　Inv. W33/12-357　ヴァイカースハイム城「鏡の間」内　国立バーデン・ヴュルテンベルク城郭庭園管理局蔵
©Staatliche Schlösser und Gärten Baden-Württemberg

口絵2-37　色絵熨斗扇花卉文婦人像　有田　17世紀後期　高さ39.2cm　Inv. W33/12-218　ヴァイカースハイム城「鏡の間」内　国立バーデン・ヴュルテンベルク城郭庭園管理局蔵
©Staatliche Schlösser und Gärten Baden-Württemberg

口絵2-38a/b　色絵梅牡丹桜花文球形瓶(2側面)　有田　18世紀前期　高さ14.0cm　Inv. W33/12-207　ヴァイカースハイム城「鏡の間」内　国立バーデン・ヴュルテンベルク城郭庭園管理局蔵
©Staatliche Schlösser und Gärten Baden-Württemberg

口絵2-39a/b　色絵梅牡丹桜花文球形瓶(2側面)　有田　18世紀前期　高さ14.0cm　Inv. W33/12-208　ヴァイカースハイム城「鏡の間」内　国立バーデン・ヴュルテンベルク城郭庭園管理局蔵
©Staatliche Schlösser und Gärten Baden-Württemberg

口絵2-40a/b　色絵梅牡丹桜花文球形瓶(2側面)　有田　18世紀前期　高さ11.5cm　Inv. W33/12-205　ヴァイカースハイム城「鏡の間」内　国立バーデン・ヴュルテンベルク城郭庭園管理局蔵
©Staatliche Schlösser und Gärten Baden-Württemberg

口絵2-41a/b　色絵梅牡丹桜花文球形瓶(2側面)　有田　18世紀前期　高さ11.5cm　Inv. W33/12-204　ヴァイカースハイム城「鏡の間」内　国立バーデン・ヴュルテンベルク城郭庭園管理局蔵
©Staatliche Schlösser und Gärten Baden-Württemberg

口絵2-42a/b　色絵牡丹竹梅菊花文瓶(2側面)　有田　18世紀前期　高さ22.8cm　Inv. W33/12-120　ヴァイカースハイム城「鏡の間」内　国立バーデン・ヴュルテンベルク城郭庭園管理局蔵
©Staatliche Schlösser und Gärten Baden-Württemberg

口絵2-43a/b　色絵牡丹竹梅菊花文瓶(2側面)　有田　18世紀前期　高さ22.8cm　Inv. W33/12-79　ヴァイカースハイム城「鏡の間」内　国立バーデン・ヴュルテンベルク城郭庭園管理局蔵
©Staatliche Schlösser und Gärten Baden-Württemberg

口絵2-44　ファヴォリテ城「鏡の間」1725年完成（ラシュタット）　国立バーデン・ヴュルテンベルク城郭庭園管理局蔵（ドイツ）
©Schloss Favorite, Rastatt, Staatliche Schlösser und Gärten Baden-Württemberg　（Grimm 2010より転載）

口絵2-45　ファヴォリテ城「緑の部屋」内装製作1716〜1729年　国立バーデン・ヴュルテンベルク城郭庭園管理局蔵
©Schloss Favorite, Rastatt, Staatliche Schlösser und Gärten Baden-Württemberg　（Grimm 2010より転載）

口絵2-46 a/b　染付山水楼閣文蓋物　a) 蓋、b) 側面　有田　17世紀後半　幅19.8cm　Inv. G2993　ファヴォリテ城　国立バーデン・ヴュルテンベルク城郭庭園管理局蔵　©Schloss Favorite, Rastatt, Staatliche Schlösser und Gärten Baden-Württemberg　（Grosse 1998より転載）

口絵2-47　フリーデンシュタイン城「磁器の間」内装製作1723〜1726年　フリーデンシュタイン・ゴータ城財団蔵（ドイツ）
©Stiftung Schloss Friedenstein Gotha

口絵2-48　フリーデンシュタイン城「祝宴の大広間」左側　肥前・中国磁器の陳列（現在）　フリーデンシュタイン・ゴータ城財団蔵　撮影筆者

口絵2-49　アルテンブルク城「プッツキャビネット」壁龕周辺部分　1735年頃完成　アルテンブルク城・カード美術館蔵（ドイツ）
©Schloss- und Spielkartenmuseum Altenburg

口絵2-50　アルテンブルク城「プッツキャビネット」アルテンブルク城・カード美術館蔵　撮影筆者（パノラマ画像）

口絵2-51　アルテンブルク城「プッツキャビネット」壁龕から右の壁面上部　アルテンブルク城・カード美術館蔵　撮影筆者

口絵2-52　色絵菊花文把手付調味料容れ　有田　18世紀前半　高さ各18.0cm　Invs. SM788a (vl.St.1513)、SM788b (SC88)　アルテンブルク城「プッツキャビネット」内　アルテンブルク城・カード美術館蔵
©Schloss- und Spielkartenmuseum Altenburg, photo: Jens Paul Taubert

口絵2-53　染付鳥形合子　有田　17世紀後半　幅各8.0cm　アルテンブルク城「プッツキャビネット」内　SM827 (SC78)　アルテンブルク城・カード美術館蔵
©Schloss- und Spielkartenmuseum Altenburg, photo: Jens Paul Taubert

口絵2-54　色絵花卉文カップ　有田　17世紀後半　高さ各8.5cm　Inv. SM768 (SC68)　アルテンブルク城「プッツキャビネット」内　アルテンブルク城・カード美術館蔵
©Schloss- und Spielkartenmuseum Altenburg, photo: Jens Paul Taubert

口絵2-55　アルンシュタット新宮殿「磁器の間」1735年頃完成　アルンシュタット城美術館蔵
©Schlossmuseum Arnstadt, photo: Detlef Marschall（Scheid 2002より転載）

口絵2-56　色絵花鳥麒麟文蓋付大壺・瓶　有田　17世紀末〜18世紀前期　壺：総高 64.5cm　Inv. P/O1260　瓶：高さ42.5cm　Inv. P/O342　アルンシュタット新宮殿「磁器の間」内　アルンシュタット城美術館蔵
©Schlossmuseum Arnstadt, photo: Detlef Marschall（Scheid 2002より転載）

口絵2-57　色絵菊葡萄文蓋付大壺　有田　17世紀末〜18世紀前期　総高70cm　Inv. P/O1262　アルンシュタット新宮殿「磁器の間」内　アルンシュタット城美術館蔵
©Schlossmuseum Arnstadt, photo: Detlef Marschall（Scheid 2002より転載）

口絵2-58　アルンシュタット新宮殿「磁器の間」南面左壁面部分　アルンシュタット城美術館蔵　撮影筆者

口絵2-59　アルンシュタット新宮殿「磁器の間」暖炉上壁面部分　アルンシュタット城美術館蔵　撮影筆者

口絵2-60　色絵梅花雲気文瓶　有田　17世紀中期　高さ25.0cm　アルンシュタット新宮殿「磁器の間」内　アルンシュタット城美術館蔵
©Schlossmuseum Arnstadt, photo: Detlef Marschall（Scheid 2002より転載）

口絵2-61　色絵花盆花卉文皿　有田　17世紀後半　直径11.2cm　Inv. P/O 1134　アルンシュタット新宮殿「磁器の間」内　アルンシュタット城美術館蔵
©Schlossmuseum Arnstadt, photo: Detlef Marschall（Scheid 2002より転載）

口絵2-62　色絵松竹梅文八角鉢　有田　17世紀末〜18世紀前期　口径15.2〜16.0cm　Inv. P/O1070　アルンシュタット新宮殿「磁器の間」内　アルンシュタット城美術館蔵　©Schlossmuseum Arnstadt, photo: Detlef Marschall（Scheid 2002より転載）

口絵2-63　色絵花鳥文アーン　有田　17世紀末〜18世紀前期　総高30.0cm　Inv. P/O1224　アルンシュタット新宮殿「磁器の間」内　アルンシュタット城美術館蔵　©Schlossmuseum Arnstadt, photo: Detlef Marschall（Scheid 2002より転載）

口絵2-64　ミュンヘン・レジデンツ「鏡の間」内装デザイン：フランソワ・キュヴィリエ　1732年完成（再建）　国立バイエルン城郭庭園管理局蔵
©Bayerische Verwaltung der staatlichen Schlösser, Gärten und Seen

口絵2-65　色絵象置物　有田　17世紀後期、時計：エティエンヌ・ルノワール (Etienne Le Noir, 1699-1778)、オルモル：パリ、1730年頃、総高44.5cm　ミュンヘン・レジデンツ「鏡の間」内　国立バイエルン城郭庭園管理局蔵
©Bayerische Verwaltung der staatlichen Schlösser, Gärten und Seen

口絵2-66　色絵象置物と文机　ミュンヘン・レジデンツ「鏡の間」内　文机：ミュンヘン　1735〜36年頃　デザイン：フランソワ・キュヴィリエ、ブロンズ：ヴィルヘルム・ド・グロッフ Wilhelm de Groff　高さ123.5cm、幅164.0cm　木製、金鍍金ブロンズ装飾、大理石板　国立バイエルン城郭庭園管理局蔵
©Bayerische Verwaltung der staatlichen Schlösser, Gärten und Seen

口絵2-67　左：色絵菊花文八角瓶　Inv. ResMü.K.III.Mei.240　中央：色絵松竹梅柴垣文瓶　Inv. ResMü.K.III.Mei.243　右：色絵梅花卉文角瓶　Inv. ResMü.K.III.Mei.233　(全て)有田　17世紀後期　高さ各21cm　国立バイエルン城郭庭園管理局蔵
©Bayerische Verwaltung der staatlichen Schlösser, Gärten und Seen

口絵2-68　色絵獅子置物　有田　17世紀後期、オルモル：パリ・18世紀初期　総高各34.5cm　Inv. ResMü.K.V.c. 238-239　ミュンヘン・レジデンツ所在　国立バイエルン城郭庭園管理局蔵
©Bayerische Verwaltung der staatlichen Schlösser, Gärten und Seen

口絵2-69　染付漆装飾桜野馬文蓋付大壺　有田　18世紀前半　総高100cm　Inv. ResMü.K.V.d. 253-254　ミュンヘン・レジデンツ「緑のギャラリー」内　国立バイエルン城郭庭園管理局蔵　撮影筆者

口絵2-70　ミュンヘン・レジデンツ「緑のギャラリー」から北面のサロンを臨む　撮影戦前　彩色写真葉書　国立バイエルン城郭庭園管理局蔵
©Bayerische Verwaltung der staatlichen Schlösser, Gärten und Seen

口絵2-71　シャルロッテンブルク城　「磁器の小部屋」1706年完成（再建・ベルリン）　Inv. R.95　プロイセン城郭庭園財団蔵　©Stiftung Preußische Schlösser und Gärten Berlin-Brandenburg, photo: Jörg P. Anders

口絵2-72　シャルロッテンブルク城　「磁器の小部屋」　南側壁面上部　プロイセン城郭庭園財団蔵　撮影筆者

口絵2-73a/b　色絵布袋唐子像付香炉　a）正面、b）底面　有田　17世紀末～18世紀前期　総高22.5cm　シャルロッテンブルク城旧蔵品　プロイセン城郭庭園財団蔵　撮影筆者

口絵2-74　ハーグ市内個人宅旧蔵の磁器陳列をともなう漆パネル　18世紀初頭　高さ300cm　幅463cm　ハーグ市立美術館蔵（オランダ）　©Gemeentemuseum Den Haag

口絵2-75　「サラ・ローテの人形の家Poppenhuis van Sara Rothé」「磁器の間」1745年頃製作　ハーグ市立美術館蔵　©Gemeentemuseum Den Haag

口絵2-76　シェーンブルン城　「中国の円形の間」 1760年完成　シェーンブルン城文化経営団体蔵（ウィーン）　©Schloss Schönbrunn Kultur- und Betriebsges.B.b.H., photo: Alexander Eugen Koller

口絵2-77　シェーンブルン城　「中国の楕円の間」　柿右衛門様式磁器の角瓶、蒔絵の角瓶周辺の壁面部分　シェーンブルン城文化経営団体蔵　撮影筆者

口絵2-78　色絵麒麟鳳凰花卉文蓋付大壺　有田　18世紀前期　総高（台含まず）114.0cm　一対の内　シェーンブルン城「中国の楕円の間」内　オーストリア連邦文化財管理局蔵（ウィーン）　©Bundesmobilienverwaltung Sammlung: Bundesmobilienverwaltung, Objektstandort: Schloss Schönbrunn, photo: Birgit Müllauer

口絵2-79　色絵婦人菊文蓋付角瓶　有田　17世紀後期　総高22.0cm　9点の内　シェーンブルン城「中国の楕円の間」内　オーストリア連邦文化財管理局蔵　©Bundesmobilienverwaltung Sammlung: Bundesmobilienverwaltung, Objektstandort: Schloss Schönbrunn, photo: Birgit Müllauer

口絵2-80　色絵梅竹文瓶　有田　17世紀末～18世紀前期　高さ23.0cm　2点の内　シェーンブルン城「中国の楕円の間」内　オーストリア連邦文化財管理局蔵　©Bundesmobilienverwaltung Sammlung: Bundesmobilienverwaltung, Objektstandort: Schloss Schönbrunn, photo: Birgit Müllauer

口絵2-81　色絵花卉文蓋付鉢　有田　17世紀末～18世紀前期　総高10.0cm　3点の内　シェーンブルン城「中国の楕円の間」内　オーストリア連邦文化財管理局蔵　©Bundesmobilienverwaltung Sammlung: Bundesmobilienverwaltung, Objektstandort: Schloss Schönbrunn, photo: Birgit Müllauer

口絵2-82　蒔絵山水花蝶楼閣文蓋付角瓶　正面　日本　木胎　17世紀末～18世紀前半　総高15.7cm　10点の内　シェーンブルン城「中国の楕円の間」内　オーストリア連邦文化財管理局蔵　©Bundesmobilienverwaltung Sammlung: Bundesmobilienverwaltung, Objektstandort: Schloss Schönbrunn, photo: Birgit Müllauer

口絵2-83　蒔絵山水花蝶楼閣文蓋付角瓶　側面　日本　木胎　17世紀末～18世紀前半　総高15.7cm　10点の内　シェーンブルン城「中国の楕円の間」内　オーストリア連邦文化財管理局蔵　©Bundesmobilienverwaltung Sammlung: Bundesmobilienverwaltung, Objektstandort: Schloss Schönbrunn, photo: Birgit Müllauer

口絵2-84　エッゲンベルク城　「磁器の間」　内装製作1755～1762年　州立ヨハネウム美術館エッゲンベルク城蔵　©UMJ /Schloss Eggenberg

口絵2-85　エッゲンベルク城　「磁器の間」　東南面　州立ヨハネウム美術館エッゲンベルク城蔵　©UMJ / Schloss Eggenberg

口絵2-86　エッゲンベルク城　「磁器の間」　南面　正面奥中央壁面　州立ヨハネウム美術館エッゲンベルク城蔵　©UMJ / Schloss Eggenberg

口絵2-87　エッゲンベルク城　外観　州立ヨハネウム美術館エッゲンベルク城蔵　©UMJ / Schloss Eggenberg

口絵2-88　エッゲンベルク城　「中国の間」　内装製作1755～1762年　州立ヨハネウム美術館エッゲンベルク城蔵　©UMJ / Schloss Eggenberg

口絵2-89　エッゲンベルク城　「中国の間」内展示台と色絵兎花卉蹴鞠文婦人像　有田　18世紀前半　州立ヨハネウム美術館エッゲンベルク城蔵　©UMJ / Schloss Eggenberg

口絵2-90a/b　色絵兎花卉蹴鞠文婦人像　a）正面、b）側面　有田　18世紀前半　高さ52.0cm　州立ヨハネウム美術館エッゲンベルク城蔵　©UMJ / Schloss Eggenberg

口絵2-91　色絵兎花卉蹴鞠文婦人像　有田　18世紀前半　高さ52.8cm　碓井コレクション蔵　©USUI COLLECTION

口絵2-92　色絵花卉文蓋付鉢・瑠璃釉金彩花鳥文蓋付鉢　有田　18世紀前期　総高44.0～46.0cm　ヘルバーシュタイン城蔵（オーストリア・グラーツ）　©GARTENSCHLOSS Herberstein

口絵2-93　色絵竹梅岩文八角鉢　有田　17世紀後期　口径18.7cm　州立ヨハネウム美術館エッゲンベルク城蔵　©UMJ / Schloss Eggenberg　撮影筆者

口絵2-94　色絵花鳥楼閣文蓋付大壺　有田　18世紀前期　総高62.0cm　州立ヨハネウム美術館エッゲンベルク城蔵　©UMJ / Schloss Eggenberg　撮影筆者

口絵2-95　色絵藤牡丹薄菊石竹文角瓶　有田　18世紀前期　高さ21.5cm　州立ヨハネウム美術館エッゲンベルク城蔵　©UMJ / Schloss Eggenberg

口絵2-96　色絵菊牡丹蝶文蓋付壺　一対の内　有田　18世紀前期　総高45.0cm　州立ヨハネウム美術館エッゲンベルク城蔵　©UMJ / Schloss Eggenberg　撮影筆者

口絵2-97　色絵花卉竹文婦人像　3点　色絵兎花卉蹴鞠文婦人像　1点　有田　18世紀前半　高さ各52cm　ヘルバーシュタイン城蔵　©GARTENSCHLOSS Herberstein

口絵2-98　色絵菊牡丹蝶文瓶　一対　有田　18世紀前期　高さ各26.5cm　州立ヨハネウム美術館エッゲンベルク城蔵　©UMJ / Schloss Eggenberg　撮影筆者

口絵2-99　ドロットニングホルム城　中国の城　「赤の部屋」 1753年完成　スウェーデン王室蔵　©The Royal Court, Sweden

口絵2-100　ドロットニングホルム城「中国の城」　外観　スウェーデン王室蔵　©The Royal Court, Sweden

口絵2-101　色絵布袋像　有田　17世紀後期　高さ24.3cm、24.4cm　Invs. HGK834, 835　白磁婦人像　徳化　17世紀～18世紀前半　高さ44.0cm　Inv. HGK893　ドロットニングホルム城　中国の城「赤の部屋」内　スウェーデン王室蔵　撮影筆者

口絵2-102　色絵七宝繋ぎ花卉文婦人像　有田　17世紀後期　高さ33.0cm　Invs. HGK801, 802　ドロットニングホルム城　中国の城「赤の部屋」内　スウェーデン王室蔵　撮影筆者

口絵2-103　色絵雪輪七宝繋ぎ花卉文婦人坐像　有田　17世紀後期　高さ27.5cm　Invs. HGK803, 804　ドロットニングホルム城　中国の城「赤の部屋」内（他1点収蔵庫所在）　スウェーデン王室蔵　（Setterwall / Fogelmarck / Gyllensvärd 1972より転載）

口絵2-104　色絵七宝繋ぎ花卉文婦人像　有田　17世紀後期　高さ33.0cm　Invs. HGK801, 802　ドロットニングホルム城　中国の城「赤の部屋」内　スウェーデン王室蔵　撮影筆者

口絵2-105　色絵兎花卉蹴鞠文婦人像　5点　有田　18世紀前半　高さ45.0〜53.0cm　Invs. HGK715, 716, 713, 900, 901　ドロットニングホルム城　中国の城　「黄色の部屋」内　スウェーデン王室蔵
©The Royal Court, Sweden, photo: Alexis Daflos

口絵2-106　ドロットニングホルム城　中国の城　「黄色の部屋」　1753年完成　スウェーデン王室蔵　（Setterwall / Fogelmarck / Gyllensvärd 1972より転載）

口絵2-107　色絵鯉滝登り牡丹獅子文蓋付角瓶　有田　18世紀前半　総高40.0cm　碓井コレクション蔵　©USUI COLLECTION

口絵2-108a/b　色絵鯉滝登り牡丹獅子文角瓶（2側面）　有田　18世紀前半　総高46.8cm　オルモル：フランス　1740-1750年頃　ポンパドール侯爵夫人旧蔵　ホーフブルク宮殿内銀器室所在　オーストリア連邦文化財管理局蔵
©Bundesmobilienverwaltung Sammlung: Bundesmobilienverwaltung, Objektstandort:Silberkammer, Hofburg Wien, photo: Tina Haller

口絵2-109　色絵牡丹鷹兎文大壺　有田　18世紀前半　高さ40.5cm　佐賀県立九州陶磁文化館蔵〈柴田夫妻コレクション〉　©同

口絵2-110　染付漆装飾花束菊文蓋付大壺　有田　17世紀末〜18世紀前期　総高91.0cm　碓井コレクション蔵　©USUI COLLECTION

口絵2-111　染付漆装飾牡丹唐草文鳥籠瓶　有田　17世紀末〜18世紀前期　高さ54.1cm　ヨハネウム番号「N:18」　Inv. PE3801　ドレスデン国立美術館磁器コレクション館蔵
©Staatliche Kunstsammlungen Dresden Porzellansammlung

口絵2-112　漆風装飾磁器藤文蓋付大壺・漆風装飾磁器菊桜文蓋付大壺・漆風装飾磁器菊桜文大瓶　磁胎：有田　17世紀末〜18世紀前半　壺（中央）：総高87.0cm、壺（両脇）：総高67.5cm、69.5cm、瓶：高さ61.5cm、62.5cm　Invs. Res. Mü. K.V.d. 240-244　ミュンヘン・レジデンツ所在　国立バイエルン城郭庭園管理局蔵　撮影筆者

口絵2-113　色絵草花文蓋付六角壺　有田　17世紀後期　総高31.7cm　Inv. PE4762　ドレスデン国立美術館磁器コレクション館蔵
©Staatliche Kunstsammlungen Dresden Porzellansammlung

口絵2-114　色絵草花文蓋付六角壺　マイセン　磁器　1730年頃　総高30.9cm　ヨハネウム番号（器）「N:133」、（蓋）「N:138」　Inv. M&LA FRANKS 25　大英博物館蔵〈フランクス氏寄贈〉
© The Trustees of the British Museum c/o DNP art com

口絵2-115　色絵草花文輪花皿　有田　17世紀後期　口径24.3cm　佐賀県立九州陶磁文化館蔵〈柴田夫妻コレクション2-761（国登録有形文化財）〉　©同

口絵2-116　色絵東洋人物花鳥文瓶　「インドの花」（対向面に東洋人物図）　マイセン　磁器　1726年銘　高さ39.7cm　AR銘　Inv. PE666　ドレスデン・レジデンツ「塔の間」旧蔵　ドレスデン国立美術館磁器コレクション館蔵
©Staatliche Kunstsammlungen Dresden Porzellansammlung　（Pietsch 1996bより転載）

口絵2-117　色絵花鳥文壺　「インドの花」　マイセン　磁器　1730年頃　高さ37.5cm　Inv. PE2021　ドレスデン国立美術館磁器コレクション館蔵
©Staatliche Kunstsammlungen Dresden Porzellansammlung　（Pietsch 1996bより転載）

口絵2-118　色絵紋章花卉文鉢　「戴冠のセルヴィス」の内　マイセン　磁器　1734年頃　口径48.0cm　Inv. PE252　ヨハネウム番号「N147w」　ドレスデン国立美術館磁器コレクション館蔵　©Staatliche Kunstsammlungen Dresden Porzellansammlung　（Menzhausen 1990より転載）

口絵2-119a/b　色絵花卉文蓋付鉢　a)正面、b)蓋部分　有田　17世紀後期　口径21.8cm　ヨハネウム番号「N：4／□」　Inv. PE576　ドレスデン国立美術館磁器コレクション館蔵
©Staatliche Kunstsammlungen Dresden Porzellansammlung

第3章
口絵3-1　色絵秋草文八角瓶　有田　17世紀後期　高さ各22.5cm　静嘉堂文庫美術館蔵
©静嘉堂文庫美術館イメージアーカイブ / DNP art com

口絵3-2　色絵秋草文蓋付八角瓶　マイセン　磁器　1735年頃　総高25.3cm　Inv. PE 5026　ドレスデン国立美術館磁器コレクション館蔵
©Staatliche Kunstsammlungen Dresden Porzellansammlung, photo: Jürgen Lösel

口絵3-3　色絵鳳凰唐花文十二角鉢　有田　17世紀末〜18世紀前期　口径24.5cm　静嘉堂文庫美術館蔵
©静嘉堂文庫美術館イメージアーカイブ / DNP art com

口絵3-4　左：色絵鳳凰唐花文十二角鉢　マイセン　1730年頃　口径24.3cm　Inv. PE 5377、右：色絵鳳凰唐花文十二角鉢　有田　17世紀末〜18世紀前期　口径23.8cm　Inv. PO4788　ドレスデン国立美術館磁器コレクション館蔵
©Staatliche Kunstsammlungen Dresden Porzellansammlung, photo: Hans-Peter Klut

挿図　Monochrome Figures

第1章
挿図1-1　染付幾何学文薬壺（出土遺物）　有田　17世紀中頃　高さ6.8cm　アムステルダム考古局蔵　（九州陶磁文化館2000より転載）

挿図1-2　染付欧文字文瓶　a)正面　b)底部　有田　17世紀後期　高さ23.7cm　Inv. 4592　佐賀県立九州陶磁文化館蔵〈山口幸雄・悦子氏寄贈〉　©同　（九州陶磁文化館2000より転載）

挿図1-3　白磁二重口瓶　有田　17世紀後期〜18世紀前期　高さ18.6cm　Inv. 4520　佐賀県立九州陶磁文化館蔵〈柴田夫妻コレクション6-210〉　©同　（九州陶磁文化館2000より転載）

挿図1-4　色絵菊牡丹文鬢皿　有田　17世紀末〜18世紀前期　口径28.0〜24.8cm　Inv. 1303　佐賀県立九州陶磁文化館蔵〈柴田夫妻コレクション1-388〉　©同　（九州陶磁文化館2000より転載）

挿図1-5　色絵幾何文薬壺　オランダ　錫釉陶器　17世紀前半　高さ13.6cm　徳川秀忠墓出土　（朝日新聞社1995より転載）

挿図1-6　鬚徳利　フレッヒェン（ドイツ）　炻器　17世紀前期　高さ18.1cm　オランダ東インド会社ヴィッテ・レーウ号（1613年沈没）からの引揚遺物　アムステルダム国立美術館蔵　©Collection Rijksmuseum, Amsterdam　（Pij-Ketel 1982より転載）

挿図1-7　藍彩人物文把手付瓶(出土遺物)　オランダ　錫釉陶器　17世紀後期　高さ25.1cm　アムステルダム考古局蔵　(九州陶磁文化館2000より転載)

挿図1-8　色絵西洋風景人物文瓶　有田　17世紀中期　(絵付:オランダ　17世紀後期〜18世紀前期)　高さ21.8cm　源右衛門窯古伊万里資料館蔵　(九州陶磁文化館2000より転載)

挿図1-9　スタンドに載せた色絵花篭蛸唐草文深皿　有田　18世紀前半　口径56.4cm　オランダ王室蔵　(ハーグ・毎日新聞社2000より転載)

挿図1-10　「化粧をする婦人」部分　ヘリット・ダウGerrit Dou画　油彩　1667年　ボイマンス・ファン・ベイニンヘン美術館蔵(ロッテルダム)　(Westermann 2001より転載)

挿図1-11　染付花鳥文水注　有田　17世紀後半　高さ27.5cm　碓井コレクション蔵(パリ)　©USUI COLLECTION

挿図1-12　染付風景文水注　有田　17世紀後半　高さ24.0cm　碓井コレクション蔵　©USUI COLLECTION

挿図1-13　色絵花鳥文カップ＆ソーサー　有田　17世紀後期　カップ:高さ4.7cm、ソーサー:口径11.0cm　フローニンヘン博物館蔵　(オランダ・九州陶磁文化館2000より転載)

挿図1-14　人形の道具　有田　17世紀末〜18世紀前期　色絵花卉文唾壺:高さ2.6cm、同塩容れ:高さ4.7cm、同マスタードポット:総高6.7cm、同チャンバーポット:高さ3.7cm　フローニンヘン博物館蔵　(九州陶磁文化館2000より転載)

挿図1-15　染付角瓶入りセラレット　有田　17世紀後期　箱:幅26.0cm、瓶:高さ13.4cm　アムステルダム国立博物館蔵　©Collection Rijksmuseum, Amsterdam　(九州陶磁文化館2000より転載)

挿図1-16　色絵花鳥文蓋付カップ＆ソーサー　有田　18世紀前期　カップ:総高8.8cm　Inv. P/O826、ソーサー:口径15.8cm　Inv. P/O834、蓋　口径8.7cm　P/O829　アルンシュタット城美術館蔵　(ドイツ・Scheid 2002より転載)

挿図1-17　色絵花卉文カップ＆ソーサー　有田　18世紀前期　カップ:高さ4.5cm　Inv. P/O840、ソーサー:口径12.2cm　Inv. P/O846　アルンシュタット城美術館蔵　(Scheid 2002より転載)

挿図1-18　色絵牡丹文インク壺(筆記用具)　有田　18世紀前半　総高8.0cm　フローニンヘン博物館蔵　(九州陶磁文化館2000より転載)

挿図1-19　色絵花車婦人文砂容れ(筆記用具)　有田　18世紀前半　幅10.0cm　プリンセッセホフ美術館蔵　(オランダ・レーワルデン・九州陶磁文化館2000より転載)

挿図1-20　色絵兎花卉蹴鞠文婦人像　有田　18世紀前半　高さ52.8cm　碓井コレクション蔵　©USUI COLLECTION

挿図1-21　「ペトロネラ・オールトマンの人形の家」　1686年頃〜1710年頃　高さ255cm、幅190cm、奥行78cm　Inv. BK-NM-1010　アムステルダム国立博物館蔵　©Collection Rijksmuseum, Amsterdam

挿図1-22　染付楼閣山水文水注(ケンディー)　有田　17世紀末〜18世紀前期　胴径10.2cm　Inv. 4589　佐賀県立九州陶磁文化館蔵〈山口幸雄・悦子氏寄贈〉　©同　(九州陶磁文化館2000より転載)

挿図1-23　色絵岩牡丹鳳凰文蓋付壺　有田　17世紀末〜18世紀前期　総高54.8cm　Inv. 0761　佐賀県立九州陶磁文化館蔵　©同　(九州陶磁文化館2000より転載)

挿図1-24　スタンドに載せた色絵花篭文深皿　有田　18世紀前期　口径上:57cm、下:32cm　メシュエン・コレクション蔵　(イギリス・ウィルドシャー、コーシャム・コート・Ayers / Impey / Mallet 1990より転載)

挿図1-25　色絵松竹梅文鉢　有田　17世紀末〜18世紀前期　高さ27cm　Inv. JK50　トゥヴィッケル城蔵　(オランダ・デルデン・Jörg 2003より転載)

挿図1-26　白磁薬瓶　有田　17世紀中期　高さ16.5cm　ライデン国立民族学博物館蔵　(Volker 1954より転載)

第2章

挿図2-1　金箔銀金具付き青磁碗　中国　10〜14世紀　金箔銀金具およびエナメル1434〜1453年　総高20.6cm　国立カッセル美術館(ヘッセン州立美術館)蔵　(Schmidberger / Achenbach / Klein / Weinberger 1990より転載)

挿図2-2　「神々の午餐」部分　ジョヴァンニ・ベリーニ原画　ティツィアーノ作　油彩　1514年　スミソニアン国立美術館蔵　(ワシントン・Carswell 2000より転載)

挿図2-3　「アマリア・ファン・ソルムス＝ブラウンフェルスの肖像」　ヘラルド・ファン・ホントホルストGerard van Honthorst工房画　油彩　1650年　Inv. SK-A-179　フイヘンス美術館所在　アムステルダム国立博物館蔵　©Collection Rijksmuseum, Amsterdam

挿図2-4　「オランダ風暖炉の新書Nouveaux Livre de Cheminées à la Hollandoise」　ダニエル・マロ画　版画　1703年　(Marot 1892より転載)

挿図2-5　磁器収集の文化を継承したオラニエ＝ナッサウ家出身王妃達　家系略図　作成筆者

挿図2-6　グロテスクの図案　ジャン・ベラン画　版画　1690〜1710年頃　パリ国立図書館蔵　(グルベール2002　第2巻より転載)

挿図2-7　オラニエンブルク城「磁器の小部屋」　撮影1933年　(ベルリン・Potsdam2001より転載)

挿図2-8　オラニエンブルク城「磁器の小部屋」　ジャン・バプティスト・ブレーベ画　版画　1733年　(Potsdam2001より転載)

挿図2-9　ピラミッド状陳列棚　1690年頃　5台の内1台(Inv. IV 2245)と肥前・景徳鎮の磁器　オラニエンブルク城所在　プロイセン城郭庭園財団蔵　©Stiftung Preußische Schlösser und Gärten Berlin-Brandenburg, Photo: Wolfgang Pfauder　(Dorgerloh / Scherf 2006より転載)

挿図2-10　柿右衛門様式の壺を持つプットーの楕円形天井画　アウグスティン・テルヴェスティン画　油彩　1695年　撮影1935年頃　オラニエンブルク城「書斎の間」内(非現存)　プロイセン城郭庭園財団蔵　©Stiftung Preußische Schlösser und Gärten Berlin-Brandenburg　(Potsdam2001より転載)

挿図2-11　色絵唐人物文蓋付大壺　有田　17世紀後期　総高60cm　オラニエンブルク城所在　Inv. XII8002　プロイセン城郭庭園財団蔵　©Stiftung Preußische Schlösser und Gärten Berlin-Brandenburg　(Potsdam2002より転載)

挿図2-12　色絵唐人物文蓋付壺　有田　17世紀後期　総高55.0cm　Inv. PO. 948　ドレスデン国立美術館磁器コレクション館蔵　©Staatliche Kunstsammlungen Dresden Porzellansammlung

挿図2-13　色絵唐人物文蓋付大壺　有田　17世紀後期　総高63.0cm　Inv. PO.4756　ドレスデン国立美術館磁器コレクション館蔵　©Staatliche Kunstsammlungen Dresden Porzellansammlung

挿図2-14　色絵唐人物文蓋付大壺　有田　17世紀後期　総高58.0cm　Inv. PO. 5676　ドレスデン国立美術館磁器コレクション館蔵　©Staatliche Kunstsammlungen Dresden Porzellansammlung

挿図2-15　色絵唐人物文瓶　有田　17世紀後期　高さ　左:46.8cm、中:46.6cm、右:47.5cm　Invs. 4.1.921,922,923　ヴィルヘルムシュタール城所在　国立カッセル美術館蔵　(朝日新聞社1993より転載)

挿図2-16　「磁器の小部屋」の天井画　部分　ジャック・ヴァイラントJacques Vaillant又はその周辺画家画　1680〜1690年代　カプト城　プロイセン城郭庭園財団蔵

©Stiftung Preußische Schlösser und Gärten Berlin-Brandenburg
撮影筆者

挿図2-17　モンビジュー城　「第一ギャラリー(磁器ギャラリー)」　ハインリッヒ・シュリヒティング画　版画　1725年　プロイセン城郭庭園財団蔵
©Stiftung Preußische Schlösser und Gärten Berlin-Brandenburg（Kemper 2005より転載）

挿図2-18　モンビジュー城　「赤の間」　ハインリッヒ・シュリヒティング画　版画　1725年　プロイセン城郭庭園財団蔵
©Stiftung Preußische Schlösser und Gärten Berlin-Brandenburg（Kemper 2005より転載）

挿図2-19　モンビジュー城　「第一のギャラリー(磁器ギャラリー)」　東向き　撮影1940年　プロイセン城郭庭園財団蔵
©Stiftung Preußische Schlösser und Gärten Berlin-Brandenburg（Kemper 2005より転載）

挿図2-20　モンビジュー城　「磁器の小部屋」　東側壁面　撮影1940年　プロイセン城郭庭園財団蔵
©Stiftung Preußische Schlösser und Gärten Berlin-Brandenburg（Kemper 2005より転載）

挿図2-21　モンビジュー城　「(鏡の)大広間」　撮影1940年　プロイセン城郭庭園財団蔵
©Stiftung Preußische Schlösser und Gärten Berlin-Brandenburg（Kemper 2005より転載）

挿図2-22　モンビジュー城　「(鏡の)大広間」　ハインリッヒ・シュリヒティング画　版画　1725年　プロイセン城郭庭園財団蔵
©Stiftung Preußische Schlösser und Gärten Berlin-Brandenburg（Kemper 2005より転載）

挿図2-23　モンビジュー城　「黄色い中国の小部屋」　東向き　撮影1940年　プロイセン城郭庭園財団蔵
©Stiftung Preußische Schlösser und Gärten Berlin-Brandenburg（Kemper 2005より転載）

挿図2-24　「ザルツダールム城庭園からの眺め」　ペーター・シェンクPieter Schenk作　ヨハン・ヤコブ・ミュラーJohann Jacob Müller原画　版画　1710年頃　Inv. Z4299b　ヴォルフェンビュッテル城美術館蔵（ドイツ・Grote 1996より転載）

挿図2-25　染付鹿花唐草文大皿　有田　17世紀末〜18世紀前期　口径39.0cm　Inv. OA Por 14　アントン・ウルリッヒ公爵美術館蔵（ドイツ・Ströber 2002より転載）

挿図2-26　色絵花鳥獅子文大皿　有田　18世紀前期　口径55.6cm　Inv. OA Por 8　アントン・ウルリッヒ公爵美術館蔵（Ströber 2002より転載）

挿図2-27　色絵菊牡丹花篭柘榴文鬚皿　有田　18世紀前期　口径29.3cm　Inv. OA Por 45　アントン・ウルリッヒ公爵美術館蔵（Ströber 2002より転載）

挿図2-28　色絵菊牡丹文鬚皿　有田　18世紀前期　口径26.6cm　Inv. OA Por 46　アントン・ウルリッヒ公爵美術館蔵（Ströber 2002より転載）

挿図2-29　色絵鳳凰唐草文皿　有田　18世紀前期　口径14.0cm　Inv. OA Por 15　アントン・ウルリッヒ公爵美術館蔵（Ströber 2002より転載）

挿図2-30　日本宮　正面ファサード　撮影1945年以前（Wittwer 2004より転載）

挿図2-31　「オランダ宮におけるザクセン皇太子アウグスト二世の結婚式」　版画　1719年（Reichel 1980より転載）

挿図2-32　ドレスデン・レジデンツ　「塔の間」　撮影戦前（Ayers / Impey / Mallet 1990より転載）

挿図2-33　日本宮建築床面プラン　2階部分　1730年（Wittwer 2004より転載）

挿図2-34　日本宮壁面装飾プラン　マテウス・ダニエル・ペッペルマン設計　ザカリアス・ロンゲルーネZacharias Longuelune画　版画　1735年頃　国立ザクセンドレスデン中央文書館蔵
©Sächsisches Staatsarchiv Hauptarchiv Dresden（Reichel 1980より転載）

挿図2-35　日本宮壁面装飾プラン　マテウス・ダニエル・ペッペルマン設計　ザカリアス・ロンゲルーネ画　1735頃　国立ザクセンドレスデン中央文書館蔵
©Sächsisches Staatsarchiv Hauptarchiv Dresden

挿図2-36　色絵楼閣山水文蓋付壺　有田　17世紀後期　総高46.0 cm　Inv. 4.1.900　ヴィルヘルムシュタール城所在　国立カッセル美術館蔵　（朝日新聞社1993より転載）

挿図2-37　色絵亀乗人物像　有田　17世紀後期　（最大）幅19.5 cm　Inv. OP53　国立カッセル美術館(ヘッセン州立美術館)蔵　（朝日新聞社1993より転載）

挿図2-38　色絵三方割松鶴竹雀梅人物文蓋付六角壺　有田　17世紀後期　総高　左：30.0 cm 、右：31.5 cm　Invs. NT313, OP58　国立カッセル美術館(ヘッセン州立美術館)蔵　（朝日新聞社1993より転載）

挿図2-39　ヘーレンハウゼン城ギャラリー館　「鏡の間」　撮影1930年頃以前
©Historisches Museum Hannover, photo：Axel Dieter Mayen

挿図2-40　ヘーレンハウゼン城ギャラリー館　「鏡の間」　撮影1917年（König 2006より転載）

挿図2-41　ヘーレンハウゼン城ギャラリー館　「鏡の間」　撮影1930〜1936年頃
©Historisches Museum Hannover, photo：damaligen Provinzialkonservators

挿図2-42　染付鳳凰文蓋付八角大壺　有田　17世紀後期　総高51cm　ヴェルフェン家旧蔵　（Sotheby's 2005より転載）

挿図2-43　色絵牡丹菊文鉢　有田　17世紀末〜18世紀前期　口径37cm　ヴェルフェン家旧蔵　（Sotheby's 2005より転載）

挿図2-44　色絵花盆獅子牡丹文蓋付大壺　有田　18世紀前期　総高88cm　ヴェルフェン家旧蔵　（Sotheby's 2005より転載）

挿図2-45　色絵楼閣人物文蓋付八角大壺　有田　18世紀前期　総高各61cm　ヴェルフェン家旧蔵　（Sotheby's 2005より転載）

挿図2-46　メルセブルク城　「鏡の間」　撮影1930年代於ドイツ博物館（現国立ベルリン工藝美術館蔵）　©Kunstgewerbemuseum / Staatliche Museen zu Berlin - Preußischer Kulturbesitz

挿図2-47　メルセブルク城　「鏡の間」　Inv. O-1972,240　国立ベルリン工藝美術館蔵　撮影2009年筆者

挿図2-48　メルセブルク城　「鏡の間」　同　国立ベルリン工藝美術館所蔵　ボーデ美術館寄託展示状況(現在)　（Kowa 2013より転載）

挿図2-49　ヴァイルブルク城　「伯爵夫人の大陳列室」　南側面　撮影筆者

挿図2-50　ヴァイルブルク城　「伯爵夫人の大陳列室」西ー北側面　撮影筆者

挿図2-51　色絵牡丹唐草鳳凰文蓋付壺　有田　18世紀前期　総高38.0cm　ハイデックスブルク城「鏡の間」内　テューリンゲン州立美術館ハイデックスブルク・ルドルシュタット蔵　撮影筆者

挿図2-52　「オランダ風暖炉の新書」ダニエル・マロ画　版画　1703年（Marot 1892より転載）

挿図2-53　色絵四方割菊梅牡丹鳥文蓋付壺　有田　18世紀前期　総高41.5cm　Inv. K328.1（1）　ハイデックスブルク城「赤の広間」内　テューリン

挿図2-54　色絵四方割菊梅牡丹鳥文蓋付壺　有田　18世紀前期　総高41.5cm　Inv. K328.1（2）　ハイデックスブルク城「赤の広間」内　（2-53の右側面）　テューリンゲン州立美術館ハイデックスブルク・ルドルシュタット蔵
©Thuringer Landesmuseum Heidecksburg Rudolstadt

挿図2-55　色絵四方割菊梅牡丹鳥文蓋付壺　有田　18世紀前期　総高41.5cm　Inv. K328.1（3）　ハイデックスブルク城「赤の広間」内（2-53の左側面）　テューリンゲン州立美術館ハイデックスブルク・ルドルシュタット蔵
©Thuringer Landesmuseum Heidecksburg Rudolstadt

挿図2-56　ヴァイセンシュタイン城　「鏡の間」　庭園側　ザロモン・クライナー画　版画　1728年　（Maué 1989より転載）

挿図2-57　ヴァイセンシュタイン城　「鏡の間」　入り口則　ザロモン・クライナー画　版画　1728年　（Maué 1989より転載）

挿図2-58　色絵花鳥文大皿　有田　18世紀前半　口径46.0cm　ヴァイセンシュタイン城　シェーンボルン伯爵美術コレクション蔵
©Kunstsammlungen Graf von Schönborn,Wiesendheid
（Maué 1989より転載）

挿図2-59　色絵楼閣人物文蓋付大壺　有田　18世紀前半　総高81.5〜83.0cm　3点の内　ヴァイセンシュタイン城　シェーンボルン伯爵美術コレクション蔵　©Kunstsammlungen Graf von Schönborn, Wiesendheid
（Maué1989より転載）

挿図2-60　色絵楼閣人物文大瓶　有田　18世紀前半　高さ56.5〜57.5cm　2点の内　ヴァイセンシュタイン城　シェーンボルン伯爵美術コレクション蔵
©Kunstsammlungen Graf von Schönborn, Wiesendheid
（Maué 1989より転載）

挿図2-61　漆風装飾磁器菊花文大瓶　磁胎：有田　17世紀末〜18世紀前半　高さ50.0cm　ヴァイセンシュタイン城　シェーンボルン伯爵美術コレクション蔵　©Kunstsammlungen Graf von Schönborn, Wiesendheid
（Maué 1989より転載）

挿図2-62　フリーデンシュタイン城　「磁器の間」　暖炉の上の鏡装飾部分　フリーデンシュタイン・ゴータ城財団蔵
©Stiftung Schloss Friedenstein Gotha

挿図2-63　フリーデンシュタイン城　「磁器の間」　暖炉の上の鏡装飾上部左側　フリーデンシュタイン・ゴータ城財団蔵
©Stiftung Schloss Friedenstein Gotha

挿図2-64　「オランダ風暖炉の新書」　部分　ダニエル・マロ画　版画　1703年　（Marot 1892より転載）

挿図2-65　フリーデンシュタイン城　「磁器の間」　窓側の壁面　フリーデンシュタイン・ゴータ城財団蔵　撮影2010年筆者

挿図2-66　フリーデンシュタイン城　「祝宴の大広間 Festsaal」　左側部分の肥前磁器の陳列(現在)　フリーデンシュタイン・ゴータ城財団蔵　撮影2010年筆者

挿図2-67　フリーデンシュタイン城　「祝宴の大広間」　右側部分の銀器の陳列(現在)　フリーデンシュタイン・ゴータ城財団蔵　撮影2010年筆者

挿図2-68　フリーデンシュタイン城　「祝宴の大広間」
（Bräutigam 1990より転載）

挿図2-69　アルテンブルク城　外観　撮影筆者

挿図2-70　アルテンブルク城　「プッツキャビネット」　撮影1905年以前　アルテンブルク城・カード美術館蔵
©Schloss- und Spielkartenmuseum Altenburg

挿図2-71　染付人物文把手付瓶　有田　17世紀中期　左：高さ20.8cm、Inv. SM821（SC101）, 右：高さ21.2cm, Inv. SM916（SC101.3）　アルテンブルク城「プッツキャビネット」内　アルテンブルク城・カード美術館蔵　（Altenburg 1998より転載）

挿図2-72　染付花卉文把手付瓶　有田　17世紀後半　高さ22.3cm　Inv. SM822（SC101.1）　アルテンブルク城「プッツキャビネット」内　アルテンブルク城・カード美術館蔵　（Altenburg 1998より転載）

挿図2-73　色絵花卉文ティーポット　有田　17世紀後期　総高11.8cm　Inv. SM767（SC135.1）　アルテンブルク城「プッツキャビネット」内　アルテンブルク城・カード美術館蔵　（Altenburg 1998より転載）

挿図2-74　色絵人物鳥松竹文皿　有田　17世紀末〜18世紀前期　口径11.7cm　Inv. SM824（SC150）　アルテンブルク城「プッツキャビネット」内　アルテンブルク城・カード美術館蔵　（Altenburg 1998より転載）

挿図2-75　色絵人物松竹文皿　有田　17世紀末〜18世紀前期　口径11.5cm　Inv. SM823（SC113.3）　アルテンブルク城「プッツキャビネット」内　アルテンブルク城・カード美術館蔵　（Altenburg 1998より転載）

挿図2-76　色絵桜花文鉢　有田　17世紀末〜18世紀前期　口径16.0cm　Inv. P/O1089　アルンシュタット新宮殿「磁器の間」内　アルンシュタット城美術館蔵　（Scheid 2002より転載）

挿図2-77　色絵人物鳥貼付梅牡丹文瓶　有田　17世紀末〜18世紀前期　高さ22.0cm　Inv. P/O1094　アルンシュタット新宮殿「磁器の間」内　アルンシュタット城美術館蔵　（Scheid 2002より転載）

挿図2-78　色絵松竹桜文瓶　一対　有田　17世紀末〜18世紀前期　高さ各23.2cm　Invs. P/O1093、P/O1092　アルンシュタット新宮殿「磁器の間」内　アルンシュタット城美術館蔵　（Scheid 2002より転載）

挿図2-79　ファルケンルスト城　外観　（ドイツ）　撮影筆者

挿図2-80　ファルケンルスト城　「鏡の間」　暖炉周辺部分　18世紀中頃完成　（Hansmann 2002より転載）

挿図2-81　ファルケンルスト城　「鏡の間」　壁面装飾　（Hansmann 2002より転載）

挿図2-82　シャルロッテンブルク城　「磁器の小部屋」の設計図　版画　1703〜1704年、M.メイリアーン Theatrum Europaeum ⅩⅥ and ⅩⅦ　フランクフルト　1717〜1718年出版　（Ayers / Impey / Mallet 1990より転載）

挿図2-83　シャルロッテンブルク城　「磁器の小部屋」　撮影1890〜1943年　Inv. R.: 95　シャルロッテンブルク城　プロイセン城郭庭園財団蔵
©Stiftung Preußische Schlösser und Gärten Berlin-Brandenburg

挿図2-84　ミュンヘン・レジデンツ　「鏡の間」　東面　撮影戦前　国立バイエルン城郭庭園管理局蔵
©Bayerische Verwaltung der staatlichen Schlösser, Gärten und Seen

挿図2-85　色絵梅花卉文角瓶（同壁面に並ぶ肥前磁器製角瓶の類品）　有田　17世紀後期　高さ22cm　Inv. ResMü.K.III.Mei.229　ミュンヘン・レジデンツ所在　国立バイエルン城郭庭園管理局蔵　撮影筆者

挿図2-86　ミュンヘン・レジデンツ　「鏡の間」　西面　撮影戦前　国立バイエルン城郭庭園管理局蔵
©Bayerische Verwaltung der staatlichen Schlösser, Gärten und Seen

挿図2-87　色絵桜竹文瓶(同壁面に並ぶ肥前磁器製角瓶の類品)　有田　17世紀末〜18世紀前期　高さ27cm　Inv. ResMü.K.V.d.269　ミュンヘン・レジデンツ所在　国立バイエルン城郭庭園管理局蔵　撮影筆者

挿図2-88　青磁色絵貝形鉢　有田　17世紀後期　高さ12.0cm　マウント装飾：南ドイツ、18世紀初　Inv. ResMü.K.V.d.192-193　ミュンヘン・レジデンツ所在　国立バイエルン城郭庭園管理局蔵　©Bayerische Verwaltung der staatlichen Schlösser, Gärten und Seen　（Ulrichs 2005より転載）

挿図2-89　色絵花鳥文蓋付六角壺　有田　17世紀後期　総高31.0cm　英国王室蔵　(Ayers / Impey / Mallet 1990より転載)

挿図2-90　色絵花卉文瓶　有田　17世紀後期　高さ47.0cm　英国王室蔵　(Ayers / Impey / Mallet 1990より転載)

挿図2-91　「オランダ風暖炉の新書」　ダニエル・マロ画　版画　1703年　(Marot 1892より転載)

挿図2-92　「広間の新書」　ダニエル・マロ画　版画　1703年　(Marot 1892より転載)

挿図2-93　シェーンブルン城　「中国の楕円の間」　1760年完成　シェーンブルン城文化経営団体蔵　(Hausner 1998より転載)

挿図2-94a　染付花卉文角瓶　有田　17世紀後期　高さ13cm　シェーンブルン城「中国の円形の間」内　オーストリア連邦文化財管理局蔵　©Bundesmobilienverwaltung Sammlung: Bundesmobilienverwaltung, Objektstandort: Schloss Schönbrunn, photo: Birgit Müllauer

挿図2-94b　同　コンソール上の陳列状況　高さ13cm　シェーンブルン城「中国の円形の間」内　オーストリア連邦文化財管理局蔵　撮影筆者

挿図2-95　「理想的な遠近法によるエッゲンベルク城の風景」　P.ヨハネス・マッハース・グラエキウムP. Johannes Machers Graecium編　アンドレアス・トローストAndreas Trost画　版画　1700年以前　州立ヨハネウム美術館エッゲンベルク城蔵　©UMJ/Schloss Eggenberg

挿図2-96　エッゲンベルク城　「日本の間」　内装製作1755〜1762年　州立ヨハネウム美術館エッゲンベルク城蔵　©UMJ/Schloss Eggenberg

挿図2-97　エッゲンベルク城　「磁器の間」　撮影1945年以前　州立ヨハネウム美術館エッゲンベルク城蔵　©UMJ/Schloss Eggenberg

挿図2-98　エッゲンベルク城　「磁器の間」内磁器陳列台　撮影1945年以前　州立ヨハネウム美術館エッゲンベルク城蔵　©UMJ/Schloss Eggenberg

挿図2-99　エッゲンベルク城　「日本の間」　撮影1945年以前　州立ヨハネウム美術館エッゲンベルク城蔵　©UMJ/Schloss Eggenberg

挿図2-100　エッゲンベルク城　「寝室」　撮影1945年以前　州立ヨハネウム美術館エッゲンベルク城蔵　©UMJ/Schloss Eggenberg

挿図2-101　エッゲンベルク城　「寝室」の磁器陳列台　撮影1945年以前　州立ヨハネウム美術館エッゲンベルク城蔵　©UMJ/Schloss Eggenberg

挿図2-102　ペーターホフ宮殿　大宮殿「東の中国の間」　1725年完成　(ロシア・Raskin 1978より転載)

挿図2-103　ペーターホフ宮殿　大宮殿「西の中国の間」　1725年完成　(Raskin 1978より転載)

挿図2-104　色絵鯉滝登り牡丹唐獅子文角瓶　有田　18世紀前期　総高29.5cm　英国王室蔵　(Ayers / Impey / Mallet 1990より転載)

挿図2-105　色絵牡丹鷹兎文蓋付大壺　有田　18世紀中期　総高各64.0cm、高さ39.5cm　Inv. OP106a-c　国立カッセル美術館(ヘッセン州立美術館)蔵　(Schmidberger / Achenbach / Klein / Weinberger 1990より転載)

挿図2-106　「クラニー城におけるモンテスパン夫人」　部分　アンリ・ガスパールHenri Gascard画　油彩　1670〜1680年頃　ピッティー宮殿蔵　(フィレンツェ・Impey / Jörg 2005より転載)

挿図2-107　蒔絵牡丹文大皿　日本　木胎漆器　1680〜1710年頃　口径51.0cm　Inv. H-1194-4　国立歴史民俗博物館蔵　©同

挿図2-108　蒔絵山水楼閣文六角大瓶　日本　木胎漆器　17世紀末〜18世紀初め　高さ65.5cm　Inv.49417　ピルニッツ城所在　ドレスデン国立美術館蔵　©Staatliche Kunstsammlungen Dresden (Kopplin / Baden-Württemberg 2003より転載)

挿図2-109　染付岩牡丹鳳凰柘榴文蓋付八角大壺・大瓶　有田　17世紀後半　壺：総高各50.9cm、瓶：高さ各47.2cm　碓井コレクション蔵　©USUI COLLECTION

挿図2-110　蒔絵花鳥山水文蓋付八角大壺　日本　木胎漆器　17世紀末〜18世紀前半　総高各64.6cm　キンズバルト城蔵　(チェコ・Kopplin / Baden-Württemberg 2003より転載)

挿図2-111　染付漆装飾蓋付大壺・大瓶　有田　17世紀末〜18世紀前期　ドレスデン国立美術館磁器コレクション館蔵　©Staatliche Kunstsammlungen Dresden Porzellansammlung

挿図2-112　染付漆装飾桜野馬文蓋付大壺　有田　18世紀前半　総高100cm　ミュンヘン・レジデンツ「緑のギャラリー」内　国立バイエルン城郭庭園管理局蔵　©Bayerische Verwaltung der staatlichen Schlösser, Gärten und Seen　撮影筆者

挿図2-113　色絵牡丹南天鷺文蓋付大壺　有田　17世紀末〜18世紀前期　(台座含む)総高129.0cm　(Kopplin / Baden-Württemberg 2003より転載)

挿図2-114　色絵山水楼閣花卉文大瓶　有田　17世紀末〜18世紀前期　高さ59.2cm　ヴィルヘルムシュタール城所在　国立カッセル美術館蔵　(Schmidberger / Achenbach / Klein / Weinberger 1990より転載)

挿図2-115　「四季草花図屏風」　左隻部分　紙本　桃山時代　バーク・コレクション蔵　(アメリカ合衆国・日本経済新聞社2005より転載)

挿図2-116　色絵草花鶴文輪花皿　有田　17世紀後期　口径26cm　ドレスデン国立美術館磁器コレクション館蔵　©Staatliche Kunstsammlungen Dresden Porzellansammlung　(ドレスデン国立美術館 / 佐賀県1975より転載)

挿図2-117　色絵昆虫花卉文プット像四脚蓋付スープ鉢「木版植物画の花」　部分　マイセン　磁器　1745〜1750年頃　総高34.3cm　栃木県立美術館蔵　〈持宝院コレクション〉　撮影筆者

挿図2-118　色絵草花鶴文輪花皿　マイセン　磁器　1728〜30年頃　口径22cm　Inv. PE5177　ドレスデン国立美術館磁器コレクション館蔵　©Staatliche Kunstsammlungen Dresden Porzellansammlung　(有田ヴィ・オー・シー1993より転載)

挿図2-119　左：色絵花卉鳳凰文蓋付六角壺　有田　17世紀後期　総高32cm　ヨハネウム番号「N=2-□」　Invs. PO377(器) PO4764(蓋)、右：色絵花卉鳳凰文蓋付六角壺　マイセン　磁器　1728〜30年頃　総高31.2cm　ヨハネウム番号「N=138-W」　Inv. PE6773a, b　ドレスデン国立美術館磁器コレクション館蔵　©Staatliche Kunstsammlungen Dresden Porzellansammlung (Pietsch / Banz 2010より転載)

挿図2-120　左：色絵司馬温公文八角皿　有田　17世紀後期　口径25.9cm　ヨハネウム番号「N=124-□」　Inv. PO4771、右：色絵司馬温公文八角皿　マイセン　磁器　1728〜30年頃　口径19.6cm　ヨハネウム番号「N=35-W」　Inv. PE5224　ドレスデン国立美術館磁器コレクション館蔵　©Staatliche Kunstsammlungen Dresden Porzellansammlung (Pietsch / Banz 2010より転載)

挿図2-121　左：色絵松竹梅鳳凰文瓶　有田　17世紀後期　高さ44.3cm　Inv. PO4759、右：色絵松竹梅鳳凰文瓶　マイセン　磁器　1728〜30年頃　高さ42.2cm　Inv. PE2024　ドレスデン国立美術館磁器コレクション館蔵　©Staatliche Kunstsammlungen Dresden Porzellansammlung (Pietsch / Banz 2010より転載)

挿図2-122　左：色絵鳳凰龍文皿　有田　17世紀末〜18世紀前期　口径25.4cm　Inv. PO4790、右：色絵鳳凰竜文皿　マイセン　磁器　1728〜30年頃　口径22.5cm　ヨハネウム番号「N=138-W」　Inv. PE1177　ドレスデン国立美術館磁器コレクション館蔵　©Staatliche Kunstsammlungen Dresden Porzellansammlung　(Pietsch / Banz 2010より転載)

挿図2-123　左：色絵牡丹文鉢　有田　17世紀末～18世紀前期　口径21.5cm　ヨハネウム番号「N=59-□」 Inv. PO4787、右：色絵牡丹文鉢　マイセン磁器　1728～30年頃　口径22cm　ヨハネウム番号「N=153-W」Inv. PE5381　ドレスデン国立美術館磁器コレクション館蔵　©Staatliche Kunstsammlungen Dresden Porzellansammlung (Pietsch / Banz 2010より転載)

挿図2-124　色絵花卉文ティーポット　「インドの花」　マイセン　磁器　1723～24年　総高13.0cm　Inv. PE5097a, b　ドレスデン国立美術館磁器コレクション館蔵　©Staatliche Kunstsammlungen Dresden Porzellansammlung (Pietsch 1996bより転載)

挿図2-125　色絵花鳥文蓋付鉢　有田　18世紀後期　総高35.7cm　出光美術館蔵　撮影筆者

第3章

挿図3-1　色絵秋草文八角瓶(口絵3-1の裏面)　有田　17世紀後期　高さ各22.5cm　静嘉堂文庫美術館蔵　撮影筆者

挿図3-2　色絵団龍文蓋物　有田　17世紀後期　口径12.3cm　静嘉堂文庫美術館蔵　(静嘉堂文庫美術館2008より転載)

挿図3-3　大正14(1925)年4月7日開催『ダブルユー、ジェー、ロビンソン氏所蔵品入札』色絵団龍文蓋物〈図版300〉　(売立目録研究委員会2008より転載)

挿図3-4　色絵孔雀牡丹文輪違透小鉢　有田　17世紀後期　口径11.9cm　静嘉堂文庫美術館蔵　(静嘉堂文庫美術館2008より転載)

挿図3-5　昭和17(1942)年12月14日開催『安岡百活園蔵品展観』色絵孔雀牡丹文輪違透小鉢〈図版198〉　(売立目録研究委員会2008より転載)

挿図3-6　大正7(1918)年4月22日開催『故林忠正氏遺愛品某家所蔵品入札』柿右衛門菊形鉢〈図版95〉　(売立目録研究委員会2008より転載)

挿図3-7　大正7(1918)年4月22日開催『故林忠正氏遺愛品某家所蔵品入札』柿右衛門花卉鉢〈図版201〉　(売立目録研究委員会2008より転載)

挿図3-8　「今宮来山旧蔵　古今利美人人形」　大正2(1913)年11月24日開催『河内八尾西尾氏所蔵品入札』〈図版317〉　(売立目録研究委員会2008より転載)

挿図3-9　色絵藤花文燭台　有田　17世紀後期　高さ33.1cm　田中丸コレクション蔵　(朝日新聞社2008より転載)

挿図3-10　「色絵柿右衛門周茂淑絵鉢」　大正5(1916)年12月12日開催『某家所蔵品入札』〈図版1〉　(売立目録研究委員会2008より転載)

挿図3-11　色絵周茂叔愛蓮文大皿　有田　17世紀後期　口径31.1cm　出光美術館蔵　撮影筆者

挿図3-12　「柿右衛門見込尾長鳥平鉢」　大正12(1923)年1月22日開催『益田家御所蔵品入札』〈図版3〉　(売立目録研究委員会2008より転載)

挿図3-13　色絵松竹梅牡丹双鳳文大皿　有田　17世紀後期　口径35.2cm　東京国立博物館蔵　(売立目録研究委員会2008より転載)

挿図3-14　色絵菊蝶文輪花鉢(出土遺物)　有田　17世紀後期　東京大学本郷構内の遺跡出土　東京大学埋蔵文化財調査室蔵　撮影筆者

挿図3-15　色絵牡丹梅柘榴椿文五輪花鉢　有田　17世紀後期　口径13.0cm　Inv. OP65　国立カッセル美術館(ヘッセン州立美術館)蔵　(Schmidberger / Achenbach / Klein / Weinberger 1990より転載)

挿図3-16　色絵花鳥流水文蓋物　有田　17世紀後期　蓋口径21.7cm　東京国立博物館蔵　(売立目録研究委員会2008より転載)

挿図3-17　「柿右衛門菊波浮模様蓋物」　大正13(1924)年10月21日開催『ダブルユー、ジェー、ロビンソン氏所蔵品入札』〈図版297〉　(売立目録研究委員会2008より転載)

挿図3-18　色絵花散文蓋物　有田　17世紀後期　蓋口径21.8cm　Inv. PO. 576　ドレスデン国立美術館磁器コレクション館蔵　©Staatliche Kunstsammlungen Dresden Porzellansammlung

挿図3-19　十五番館　竣工1880年頃(神戸市中央区浪花町15番地)撮影筆者

挿図3-20　「柿右衛門色絵碁盤唐子置物」　昭和8(1933)年9月23日開催『日本支那古陶美術展覧会』〈図版316〉　(売立目録研究委員会2008より転載)

挿図3-21　「徳右衛門作梅鳳凰雷雨大鉢」　昭和8(1933)年9月23日開催『日本支那古陶美術展覧会』〈図版224〉　東博蔵品カ(売立目録研究委員会2008より転載)

挿図3-22　「柿右衛門秋草馬見込鳳凰鉢」　昭和8(1933)年9月23日開催『日本支那古陶美術展覧会』〈図版146〉　(売立目録研究委員会2008より転載)

挿図3-23　「柿右衛門紅葉梅形鉢」　昭和8(1933)年9月23日開催『日本支那古陶美術展覧会』〈図版120〉　(売立目録研究委員会2008より転載)

挿図3-24　「柿右衛門椿絵木瓜形皿」　昭和8(1933)年9月23日開催『日本支那古陶美術展覧会』〈図版276〉　(売立目録研究委員会2008より転載)

あとがき

　本書は、2013年1月に学習院大学大学院人文科学研究科美術史学専攻に提出し、2013年6月に博士(美術史)の学位を論文博士(乙)として受けた論文「西洋宮廷美術と日本輸出磁器 ―東西貿易の文化創造―」を一冊の研究書としてまとめたものである。博士論文は、2002年以降に発表してきた論文(初出は末尾に初出一覧として記載)を改訂・増補し、新稿を加えて構成した。本書は、博士論文の内容・構成を基本的に踏襲している。

　筆者がはじめて陶磁史研究を志すようになったのは、ドイツ・フライブルク大学で西洋美術史を学んでいた頃読んだ西田宏子先生の『日本陶磁全集24　柿右衛門』(西田1977)および大橋康二先生の『古伊万里の文様―初期肥前磁器を中心に』(大橋1994)という2冊の研究書から受けた新鮮な驚きと感動が直接の契機であった。ドイツで御世話になった陶磁史家・陶藝家諸氏へ少しでも恩返ししたいという思いから着手したドイツ陶磁研究を経て、筆者はこれまで、肥前磁器を中心とする日本陶磁史、オランダ東インド会社文書を中心とする陶磁貿易史、マイセンや江戸期の外来陶磁を中心とする西洋陶磁史という、3つの研究テーマに取り組んできた。

　今回、本書をまとめるにあたりあらためて出発点に立ち戻るように思われてならない。それは肥前の陶磁史と貿易史を中心に扱いながらも、西洋美術史や陶磁史、文化史など、結果的にはこれまで関わったすべてのテーマを統合して自分のヴィジョンを描くこととなったからである。また、九州産業大学COEプロジェクトの課題として取り組んだ流通史研究にとどまることなく、その後も磁器陳列という新たなテーマを得て拡がりをみせた美術史的視点を加えてひとつにまとめ、一冊の本として残す機会を得たことは何よりの幸いである。

　本書の中心課題は、なにを置いても第2章に提示した西洋宮廷における輸出磁器の受容史だと言いたい。西洋宮廷の自由な発想は、日本の磁器を建築内部装飾のパーツとして扱い、宮廷美術のオルガニズムに組み込んだ。日本や中国の磁器が室内を埋め尽くす磁器陳列室は、異文化の三次元空間で日本工藝を鑑賞させるという斬新なものであった。輸出磁器の魅力と価値は、まさにこうした西洋の美術特有の虚構性、遊戯的なからくりの世界に融合し、西洋の美意識が生みだしたデザインの絢爛たる装飾性・反復性・象徴性の法則に応じた、新たなる美の構築と言えるだろう。工藝は、絵画のように単体で鑑賞されることを前提とした対象ではないことはいうまでもないが、その性質は西洋で受容される工藝の場合いっそう絶対的なものとなる。西洋に輸出された肥前磁器を西洋王侯の社会のなかに明確に位置づけ、数の力が具現化した美的な表現とその流行の範囲を把握することは、江戸期の日本工藝が果たした文化的意義を再検討する試みにほかならない。

　その一方でわが国において、肥前磁器をテーマとした研究が取り組まれるのは、周知のとおり主として考古学の領域であった。文献史学を主軸とする方法も例外的である。日本美術史の専門家のあいだで定評ある陶磁のジャンルが桃山の茶陶や京焼であることはいうまでもなく、肥前磁器においては、古九谷、鍋島が日本美術の例として取り上げられる機会はあるものの、輸出磁器は

どうであっただろうか。

　同じ時期に西洋へ輸出された漆器を見ると、蒔絵や南蛮漆器は、肥前の輸出磁器を上まわる評価を受けていることがわかる。漆器は基本的に注文生産品で、精緻な装飾がほどこされ精彩な素材が醸す豪奢な趣、その稀少性が格別な価値を生み出すことも首肯されよう。ところが筆者がここに本題として掲げた磁器陳列の事例は、輸出向けに大量生産された磁器がその対象である。筆者には、これまで肥前の輸出磁器がその真価に相応しい認識を得られていないように思われてならなかった。そのため、その西洋宮廷における受容例を「空間藝術の構成要素」として捉え、新たなる美の創出として提示することにより、江戸期に海を越えた日本文化である磁器にこれまでとは別の角度から光を当て再生させることに貢献したいと、切に願うのである。

　加えて本研究は、こうした宮廷美術で受容された磁器が、いつ、どのようにその場に到来したのか、という点についても具体的な事実確認が必要であるという理念から、肥前陶磁の貿易と流通史に関わる文献研究にも重きを置いた。一次史料に基づく工藝の流通に関する実態把握は、輸出工藝の王侯貴族社会におけるコレクション形成史とその過程を検討する上で欠かせない基盤であり、それなくして輸出磁器の本質を理解することはできない。とはいえ現実的には、筆者の研究はいまだ流通史研究と受容史研究が独立傾向にあり、相互を有機的に連関させるには至っておらず、本来の目標に達しない結果となったことを反省している。その改善は今後の課題として温めていきたいと思う。

　本書を上梓することができたのは、多角化した筆者の研究の理解者、指南役であり主査として学位を審査くださった荒川正明先生、論文の構成から執筆まで心を砕いて御指導くださり副査をつとめてくださった佐野みどり先生、筆者の拙い日蘭貿易史料研究を軌道に乗せるため真摯に助言し副査として審査くださった松井洋子先生の御理解、御助力の賜物である。心からの深謝を申し上げたい。

　この研究成果は、私を教え導いてくださった多くの先生、先輩、友人の協力なしに完成させることはできなかった。とりわけ、海外調査の機会を与え輸出磁器研究を実現化するとともにこれからの時代の輸出工藝史研究に必要な物の見方を授けてくださった日高薫先生、国立歴史民俗博物館に在職以来の上司として学位取得を勧め激励してくださった久留島浩先生、トップレベルの世界史研究会の末席に加わることをゆるし世界規模に広がる「磁器の道」の背景を学ぶ機会を与えてくださった羽田正先生、困難な課題実現のために何度も力を貸していただき御指導くださった大橋康二先生からは、本書の研究内容に直接的に係わる御力を賜った。厚く感謝申し上げる。貴重な助言を与え御導きくださった玉蟲敏子先生、大久保純一先生にも深く御礼申し上げる。

　そして何よりも、陶磁研究の道を拓いてくださった前田正明先生、西洋での陶磁史研究の学術的方法論を教えてくださった故エッカルト・クリンゲ先生、研究上の良き相談相手として信頼を寄せる先輩藤原友子氏、日蘭貿易史料の解読法を手ほどきし、数えきれない程多くの執拗な質問にも常に快く答えてくださるシンシア・フィアレ氏、オランダ語解読を助けてくださったイザベル・ファンダーレン氏の、長年にわたる温かい御配慮と御指導に感謝を捧げたい。また、貴重な知見をお寄せくださった方々については、註にて具体的な項目ごとに御名前を記させていただいた。ここに記して深謝申し上げる。

なお、本書は下記に記した助成金による研究成果の一部であり、本書の刊行に際しては、日本学術振興科学研究費補助金(研究成果公開促進費・2013年度)学術図書の助成をいただいた。

助成金一覧

鹿島美術財団研究助成共同研究「日蘭陶磁史料の研究」(研究代表者・櫻庭美咲)　2001年度

日本学術振興会研究拠点形成費等補助金21世紀COE「柿右衛門様式陶芸研究プログラム」(研究代表者・下村耕史)　2005〜2008年度

日本学術振興会科学研究費補助金(基盤研究S)「ユーラシアの近代と新しい世界史叙述」(研究代表者・羽田正)　2009〜2013年度

日本学術振興会科学研究費補助金(基盤研究B)「シノワズリの中の日本　17〜19世紀の西洋における日本文化受容と中国」(研究代表者・日高薫)　2009〜2012年度

人間文化研究機構主催　共同研究日本関連在外資料調査研究事業　「研究課題A：シーボルト父子関係資料をはじめとする前近代(19世紀)に日本で収集された資料についての基本的調査研究」(研究代表者・久留島浩)　2011〜2013年度

日本学術振興会科学研究費補助金(基盤研究B)「東西貿易と東洋趣味コレクション―17〜19世紀の日本美術コレクションが担った役割」(研究代表者・日高薫)　2013年度

最後に、公刊を引き受けてくださり豊富な図版で海外作品の魅力を鮮明に伝えることを重視してくださった藝華書院の岸本健二氏、実務を担ってくださった竹見洋一郎氏に厚く御礼申し上げる。さらに、万全の誠実さをもって苦労の多い編集を御手伝いくださった平田由紀氏、美しい装丁を提供してくださった宮崎若菜氏、校正に御協力くださった西澤美穂子氏、前田麻衣子氏、松島仁氏には大変御世話になった。心からの御礼を申し添えたい。

2014年2月

櫻庭美咲

初　出　一　覧

序章　失われた磁器の歴史　…新稿

第1章　江戸期の東西陶磁貿易

　第1節　オランダ東インド会社公式貿易による肥前磁器輸出

　　1、2項：「オランダ東インド会社文書における肥前磁器貿易史料の基礎的研究」（『武蔵野美術大学研究紀要』No.33　2002年）の一部を加筆訂正。一部新稿。

　　3項：「オランダ東インド会社の公式貿易による肥前磁器の輸出」（『オランダ東インド会社貿易史料にみる日本磁器』九州産業大学21世紀COE柿右衛門様式陶芸研究センター　2009年）を加筆訂正。

　　4項：「オランダ東インド会社文書におけるオランダ向け肥前磁器の絵付けの記載について」（『九州産業大学柿右衛門様式陶芸研究センター論集第2号』2006年）を加筆訂正。

　第2節　オランダ東インド会社従業員の個人貿易

　　「オランダ東インド会社従業員による個人貿易 ―西洋向け肥前磁器輸出の考察―」『東洋陶磁』vol. 44　東洋陶磁学会　2014年。

　第3節　唐船貿易によるバタヴィアへの輸出

　　1、2、4項：「オランダ東インド会社文書にみる17世紀肥前磁器輸出の史料分析―バタヴィア＝アジア域内の流通を中心に―」（『九州産業大学柿右衛門様式陶芸研究センター論集第3号』2007年）を加筆訂正。

　　3項：'The Chinese Junks' Intermediate Trade Network In Japanese porcelain for the West', *Chinese and Japanese porcelain for the Netherlands in the 17th century*, Rijksmuseum Amsterdam, 2014 の一部を和訳。

　第4節　イギリス東インド会社による肥前磁器輸出

　　'The Chinese Junks' Intermediate Trade Network In Japanese porcelain for the West', *Chinese and Japanese porcelain for the Netherlands in the 17th century*, Rijksmuseum Amsterdam, 2014 の一部の和訳に加筆。

　補論　オランダ東インド会社の医療製品取引に関する史料研究の再考―フォルカー研究の影響力と訳語の問題―

　　「オランダ東インド会社日本商館文書における肥前磁器貿易史料―1650～70年代の医療製品取引に関する史料研究の再考―」（『東京大学史料編纂所研究紀要第16号』2006年）の一部を加筆訂正。

第2章　西洋宮廷美術における受容

　第1節　磁器陳列室成立前史とオランダの磁器収集

　　「オランダにおける磁器陳列室の誕生とオラニエ家の女性」（『陶説』六十周年記念論文優秀賞受賞として『陶説』2014年8月号に掲載予定）を加筆訂正。

　第2節　ドイツにおける磁器陳列室の流行　…新稿

　第3節　西洋における磁器陳列室

　　1項：「17・18世紀北方ヨーロッパにおける王侯貴族の所蔵品目録にみる東洋磁器の伝世」（『貿易陶磁研究』No.28　日本貿易陶磁研究会　2008年）を加筆訂正。

　　2、3項：　…新稿

　第4節　東洋趣味とシノワズリ様式　…新稿

　補論　輸出磁器の受容と変容

　　1項：「『ジャパン』漆黒を表象する輸出磁器」（『民族藝術』Vol. 27　民族藝術学会　2011年）を加筆訂正。

　　2項：「マイセンの『インドの花』―柿右衛門様式が与えた影響と『奇想様式』の花のイメージの成立―」（『京都造形芸術大学比較芸術学研究センター紀要Aube』第2号　芳賀徹・高階秀爾監修　淡交社　2007年）を加筆訂正。

第3章　近代における古美術としての流出

　第1節　明治期における肥前磁器の取引―外国人の収集と美術商の関与―

　　「明治期における柿右衛門様式磁器の流通―外国人の収集と海外輸出を中心に―」（『九州産業大学柿右衛門様式陶芸研究センター論集第5号』2009年）を加筆訂正。

　第2節　売立目録研究と文献史料からみる大正～昭和初期の肥前磁器流通

　　「売立目録研究に基づく柿右衛門様式磁器の流通史」（『柿右衛門様式研究―肥前磁器 売立目録と出土資料―』九州産業大学21世紀COE柿右衛門様式陶芸研究センター売立目録研究委員会　2008年）を加筆訂正。

索 引

【ア】

アウグスト強王(フリードリッヒ・アウグスト一世)　11, 15, 25, 161, 171-173, 183, 186, 202, 213, 254, 257, 260, 264-265, 269-270, 281, 304, 317

アウグスト三世(ポーランド王)　172-173, 267

アウデ・ホーフ　147, 152, 180, 272-273

アウトホールン、ウィレム・ファン　80, 86

アチェー　94, 100, 102, 105-106, 108

アッバース一世　144

アドルフ・フレドリック(スウェーデン王)　245-246, 249, 251

アマリア
　→ソルムス=ブラウンフェルス、アマリア・ファン(オラニエ公妃)

アマリエ・エリザベス
　→ハナウ=ミュンツェンベルク、アマリエ・エリザベス・フォン

厦門　87, 98, 102, 104, 108, 111-113, 115-117, 120-121, 124-126, 128, 135-136

有田　25, 29, 70

アルデビル・コレクション　144

アルデビル廟　144

アルテンブルク城　179, 195, 197-200, 210-211, 215-216, 252, 258-259, 270, 273, 318

アルテンブルク城「プッツキャビネット」　179, 197-199

アルンシュタット新宮殿　179, 199-200, 210-211, 216, 274, 317

アルンシュタット新宮殿「磁器の間」　179, 199-200, 317

アントン・ウルリッヒ　168-170, 212, 317

アンナ・ゾフィー　186

アンハルト=ツェルプスト、マグダレーナ・アウグステ・フォン(ザクセン=ゴータ=アルテンブルク公爵夫人)　195-197, 199

アンブラス城の美術品収集室　144

【イ】

イギリス東インド会社　7, 9, 22-23, 28, 70, 87, 92, 98, 106-111, 124-131, 135-136, 181

伊万里　25

医療用製品　32-35, 40-41, 43, 47, 50, 52, 68, 132-134, 135

色絵秋草文八角瓶　219, 280-281, 305

色絵花鳥流水文蓋物　304

色絵橋上婦人花卉文蓋付大壺　165

色絵孔雀牡丹文輪違透小鉢　281

色絵鯉滝登り牡丹獅子文(蓋付)角瓶　252, 254, 258

色絵象置物　206-208

色絵団龍文蓋物　281

色絵唐人物文蓋付大壺　161, 205, 212

色絵鳳凰唐花文十二角鉢　280

色絵牡丹鷹兎文大瓶　252, 270

色絵牡丹鷹兎文蓋付大壺　252, 258, 270

色絵楼閣山水文蓋付壺　176

色絵楼閣遊興人物花卉文蓋付大壺　165

岩崎、彌之助　279, 282, 292

インドの花　252, 260-269

【ウ】

ヴァイカースハイム城　155, 179, 186, 192, 210-211

ヴァイカースハイム城「鏡の間」　179, 192

ヴァイセンシュタイン城　140, 155, 170-171, 179, 188-191, 200, 210-211, 214, 259, 274, 317

ヴァイセンシュタイン城「鏡の間」　179, 188-191, 317

ヴァイルブルク城　20, 140, 176, 179, 184-186, 210-211, 214, 223, 273

ヴァイルブルク城「伯爵夫人の大陳列室」　179, 184-186

ヴァインマン、ヨハン・ウィルヘルム　263

ヴァルテンベルク、ヨハン・カシミール・コルベ・フォン　164, 212, 317

ヴィッテルスバッハ家　13, 201, 209, 259

ヴィルヘルム八世(ヘッセン=カッセル方伯)　176-178, 317

ウィレム三世(イングランド国王)　149, 218-219, 234, 237

植木用鉢　112, 116, 119, 124, 127-128, 182

ヴェッティン家　172, 182, 186, 210

ヴェルフェン家　168-169, 179, 181-182, 214

売立と取引に関する研究(日本の売立目録)　295-297

売立目録　9, 23-24, 276, 278, 282-285, 291-293, 295-306, 308-314

漆の間　141, 148, 151, 153-154, 158, 178, 247, 260

【エ】

エオザンダー、ヨハン・フリードリッヒ・フォン　164-165, 203

エカテリーナ二世　247, 249, 251

エッゲンベルク、ハンス・ウルリッヒ・フォン　226

エッゲンベルク、ヨハン・クリスチャン一世・フォン　227, 234

エッゲンベルク家　226-228, 233-234

エッゲンベルク城　226-235, 245, 272-273, 318

エッゲンベルク城「磁器の間」　226-233

エリザベス・フリーデリケ・ゾフィー　192

【オ】

大河内、正敏　14, 302, 306-307, 312-313

奥田、誠一　280, 310

送り状　8-9, 28, 30-45, 48-53, 55, 63-66, 68, 79, 82-83, 88, 92, 105, 109, 135, 281

オラニエ=ナッサウ、アルベルティーネ・アグネス・ファン　148-150

オラニエ=ナッサウ、カタリーナ・ベルジカ・ファン　150, 176

オラニエ=ナッサウ、ヘンリエッテ・カタリーナ・ファン　149-150

オラニエ=ナッサウ、マリア・ファン　149-150

オラニエ=ナッサウ、ルイーゼ・ヘンリエッテ・ファン　149-150, 157-159, 162, 204, 272

オラニエ=ナッサウ家　20, 139, 141, 147, 149-150, 152, 158, 176, 183, 191, 204, 209, 223, 233, 237, 272, 318

オラニエ=ナッサウ家出身王妃達家系略図　150

オラニエンブルク城　19-20, 140, 157-163,

178, 180, 183, 203, 205, 211-212, 214, 272-274, 317
オラニエンブルク城「磁器ギャラリー」 157, 162
オラニエンブルク城「磁器の小部屋」 157-161, 317
オラニエンブルク城「古い磁器の小部屋」 157-158, 181, 214
オランダにおける磁器販売の損益(オランダ東インド会社) 61
オランダ東インド会社の取引通貨(テール、グルデン、マース、コンドリン) 69
オランダ東インド会社文書 8-9, 15, 23, 70, 84, 104-105, 277-278
オランダへ輸出された肥前磁器(オランダ東インド会社) 30, 43, 52, 319
オランダ向け肥前磁器の絵付けの記載(オランダ東インド会社) 53
オルドリッチ、ルーシー・T. 288, 310

【カ】
カール(ヘッセン=カッセル方伯) 177, 213
カール・ルードヴィッヒ(ホーヘンローエ伯爵) 192
ガイバッハ城 20, 157, 170-171, 189, 191, 210, 213-214, 274, 317
ガイバッハ城「円形の磁器又はアルコーブの寝室」 171
ガイバッハ城「グロテスクの部屋」 157, 170-171, 317
鏡の間 19-20, 140-141, 147, 150-151, 153-155, 157, 170, 176, 178-184, 186-194, 201-203, 205-209, 211, 214, 216, 273, 317
柿右衛門様式 10-11, 13-15, 17, 25, 53, 57, 60, 66-67, 70, 84, 127, 135-136, 161, 172-173, 176-177, 191-192, 199-200, 202, 205-208, 216, 218-219, 225-226, 232-233, 235, 245-246, 252, 255-256, 260-270, 273, 278-282, 285, 288-293, 295, 298-306, 308-312, 318
カブット城 19, 157, 159, 162-163, 165, 205, 211, 273
カブット城「磁器の小部屋」 157, 159, 162
カブラル、ペドロ・アルヴァレス 143
カムファイス、ヨハネス 57, 65, 67
ガリポット 37-39, 106, 132-134
広東 87, 89, 101-102, 104-105, 108-109, 111, 118, 124-128, 135-136
カンバン貿易 71

【キ】
黄色い獅子のセルヴィス 267
奇想(ビザール)様式 189, 252, 260-261, 266, 268-269
キャッチポール、アレン 98, 106, 108, 125
キャビネ・ド・キュリオシテ 144
キュヴィリエ、フランソワ 154, 201, 205, 210
キュリオシティー 22, 73, 223, 317
ギュンター一世 199-200, 317
驚異の部屋 144-145
金襴手様式 12, 15, 25, 53, 70, 84, 124, 127-128, 131, 135-136, 162, 172-173, 186-187, 191-192, 195, 198, 200, 204, 206, 215, 225-226, 230, 232, 235, 245, 247, 254, 257, 265, 277, 279, 282, 285, 289, 295, 298, 302, 304

【ク】
クヴェアフルト、トビアス 169
クールランド、マリア・アマリア・フォン(ヘッセン=カッセル方伯妃) 176-178, 246
薬壺 32, 35-39, 41-42, 47, 69, 132-134, 135
クライナー、ザロモン 189-190
クレメンス・アウグスト一世(選帝侯兼ケルン大司教) 201-202, 317
グロテスク 151-152, 154, 157, 170-171, 176, 183-184, 186, 189, 192, 197-198, 201, 209-210, 213-214

【ケ】
ゲオルグ二世アウグスト
　→ジョージ二世(英国王)
ケッペル、アーノルド・ヨースト・フォン 218, 222, 234
ケンジントン宮殿 19, 21, 140, 149, 218-222, 233, 237, 272-273
ケンジントン宮殿「磁器の間」 218-222
ケンジントン宮殿家財目録 21, 218-222
ケンディー 98, 106, 241

【コ】
公式貿易 7, 9, 23, 28-33, 41-43, 47, 51-53, 55-56, 67-72, 79-81, 83-84, 86, 88, 92, 103-104, 110-111, 129, 135-136, 277, 319
コジモ一世(メディチ家) 143
個人貿易 7, 15, 23, 28-29, 31, 34, 53, 55-56, 67, 70-74, 76-87, 104, 110-111, 116-117, 123-124, 129, 135-136, 254, 276-278, 319
コチン 30, 43, 48, 50
國華 301, 306-308, 312-313
コロマンデル 30, 43, 48, 50, 57, 69

【サ】
彩壺会 14, 26, 293, 300, 302, 306-308, 311-314
ザクセン=ゴータ=アルテンブルク公爵家 186, 195, 197
ザクセン=マイニンゲン、ルイーゼ・ドロテー・フォン 196
ザクセン=メルセブルク、クリスチャン一世・フォン 182
ザクセン=メルセブルク、モーリッツ・ヴィルヘルム・フォン 182-184, 317
ザクセン=ラウエンブルク、フランチスカ・ジビラ・アウグスタ・フォン(バーデン=バーデン辺境伯夫人) 193-194
サラ・ローテの「人形の家」 224, 250
ザルツダールム城 157, 168-170, 178, 184, 274, 317
ザルツダールム城「磁器の間」 157, 168-170, 184, 317
サントス宮殿 143-144, 153

【シ】
シェーンブルン城 224-226, 233-234, 254, 272-273, 318
シェーンブルン城「中国の円形の間」 224-226, 233-234
シェーンブルン城「中国の楕円の間」 224-226, 233-234, 273, 318
シェーンボルン、ローター・フランツ・フォン 170-171, 189, 191, 214, 259, 317
磁器陳列室 6, 11, 19-24, 52-53, 138-142, 145-159, 162-163, 168, 170-173, 176-181, 183, 186-189, 191-193, 195-201, 203, 205-206, 209-212, 215, 218-219, 221-224,

233, 236, 246-247, 249-250, 272-274, 316-320
磁器の間　139, 141, 153, 157 158, 162-163, 168-170, 178-181, 184-186, 195-196, 199-200, 209, 211, 215-216, 224, 226, 228-230, 232, 235, 317
ジッヒェル、フィリップ　277, 284, 293
シノワズリ　11, 139, 141, 145-146, 148, 151, 153-154, 163, 165, 168, 176, 180, 187, 193-194, 204, 209, 211, 220, 228-229, 236, 238, 245-247, 249-251, 253, 260, 264, 266, 270, 318
ジャーメイン、エリザベス　237
ジャーメイン、ジョン　237
ジャパン　252-255, 260
シャム　30, 43, 47-48, 69, 88, 94
シャルロッテンブルク城　20, 140, 160-163, 168-169, 172, 180, 183, 200, 202-205, 211-212, 216, 246, 273
シャルロッテンブルク城「磁器の小部屋」202-205
シュヴァルツブルク＝ゾンダースハウゼン侯爵家　199
シュタットラー、ヨハン・エーレンフリート　266-268
シュリヒティング、ハインリッヒ　164-165, 167
商館長日記　30, 32-34, 68, 71, 85
ジョージ一世（英国王）　181
ジョージ二世（英国王）　181
ジョン・モンタギュー二世　238
仕訳帳　8, 9, 28, 30-35, 40, 42-45, 47-53, 55, 59-60, 65, 68-69, 79-80, 82-83, 86, 88, 92, 105, 109, 135, 281

【ス】
スーラト　30, 43, 48, 107, 111
スチュワート、エリザベス　179
ステンゲル、フリードリッヒ・ヨアヒム　195
ズルコウスキー・セルヴィス　267
スワン・セルヴィス　267

【セ】
セイロン　30, 42-43, 50, 57
セルヴィス　169, 178, 201, 224, 228, 242, 260, 267, 271
洗面用深皿　48-52, 79, 98, 104, 114-115, 118, 123, 127-128

【ソ】
ゾフィー（ハノーファー選帝侯妃）
　→ハノーファー、ゾフィー・フォン
ゾフィー・シャルロッテ（プロイセン王妃）
　→ハノーファー、ゾフィー・シャルロッテ・フォン
ゾフィー・ドロテア
　→ハノーファー、ゾフィー・ドロテア・フォン
染付漆装飾桜野馬文蓋付大壺　258
染付漆装飾花束菊文蓋付大壺　256-257
ソルムス＝ブラウンフェルス、アマリア・ファン（オラニエ公妃）　147, 152, 272-273

【タ】
戴冠のセルヴィス　267
タイワン　30, 32-36, 41, 43-44, 52, 69, 92, 105, 107-108
タルマン、ウィリアム　237

【チ】
チャイニーズ・イマリ　110, 128, 131, 173, 187, 198, 200, 230

【ツ】
ツィンマーマン、エルンスト　199, 216

【テ】
デ・ハース、ディルク　57, 65
テッシン、ニコデムス　147

【ト】
唐船貿易　7, 9, 23, 28, 31, 70, 79, 87, 99-100, 110, 135-136, 215, 253-254, 277-278, 319
唐蛮貨物帳　15, 71, 80-84, 86, 105, 124-126, 135, 277
東洋趣味　11-13, 22, 52, 73, 104, 135, 139, 141, 145, 147, 151-152, 154, 158, 168, 176, 178, 183, 193, 201, 204, 209, 216, 224, 230, 236, 239, 244, 246, 249-250, 253, 272

トプカプ宮殿　26, 101, 144
鳥篭瓶　173, 176, 213, 257
ドレイトン・ハウス　218, 237-239, 249-250
ドレイトン・ハウスの目録　237-239
ドレスデン「オランダ宮」　157, 171-176, 183, 210
ドレスデン「日本宮」　11, 20, 140, 157, 161, 171-176, 183-184, 193, 210, 213, 255-258, 264-266, 270, 274, 317
ドレスデン・レジデンツ「塔の間」　157, 173-174, 183, 266-268
ドロットニングホルム城　232, 245-246, 249-251, 318
ドロットニングホルム城「中国の城」　245-246, 249-251
トンキン　30, 43, 47-48, 52, 73, 80, 87-88, 103, 105, 107-108, 253

【ナ】
ナッサウ＝ヴァイルブルク、ヨハン・エルンスト・フォン（ナッサウ＝ヴァイルブルク伯爵）184-185

【ニ】
蜷川、式胤　279, 282-283
日本商館文書　28, 31, 33, 68-69, 132
人形　44, 51-52, 74, 80-84, 135, 301
人形の家　53, 81, 85, 92-93, 98, 106, 224, 250
人形の道具　74-75, 78, 80-82, 84-85, 92, 135
寧波　87, 98, 108, 112, 124-125, 128, 136

【ノ】
ノーフォーク、メリー・モードゥント（公爵夫人）237

【ハ】
バーデン＝バーデン、ルードヴィッヒ・ゲオルグ・フォン　193
ハイス・テン・ボス　147, 273
ハイデックスブルク城　179, 186-188, 210-211, 214, 273
ハイデックスブルク城「鏡の間」　179, 186-188

バタヴィア　28-30, 32-41, 43-47, 51, 54-59, 65-66, 68-70, 72-74, 76, 78-80, 83-90, 92-96, 98-102, 104-106, 108, 111-113, 115-116, 118, 120-124, 135-136, 253, 277, 319
バタヴィア城日誌　8, 30, 32-34, 54, 68, 87-90, 92-96, 98-102, 104-106, 132, 135, 319
バタヴィアの外科治療所　32, 34-41, 44-45, 68
ハナウ＝ミュンツェンベルク、アマリエ・エリザベス・フォン　149, 176, 178
ハノーファー、ゾフィー・シャルロッテ・フォン（プロイセン王妃）　162-163, 179-180, 203, 216, 246
ハノーファー、ゾフィー・ドロテア・フォン　164, 167, 246
ハノーファー、ゾフィー・フォン（ハノーファー選帝侯妃）　179-181, 204, 212-214, 216
ハプスブルク家　14, 22, 152, 173, 252, 258
林、忠正　277, 289-294, 309
バルザック、オノレ・ド　146
バロック　13, 139, 141, 146, 148, 151-154, 168, 176, 180, 184-185, 187, 189, 195, 197, 211, 214, 221, 226, 236, 263, 267
バンテン　29, 36-37, 47, 92, 99-102, 105-108, 111, 125
ハンプトン・コート宮殿　26, 218-219, 222, 280

【ヒ】
鬚皿　33-36, 45-46, 48, 52, 69, 74, 78, 97, 100, 116, 170
火消し壺　51-52, 60, 65, 240-241, 243-244
鬚徳利　36-37
美術品収集室　144-145, 234
肥前磁器　6-7, 10, 25, 29, 297-303
ピョートル大帝（ピョートル一世）　247, 251
瓶（薬用）　32-33, 35-41, 47, 69, 132-134, 136
ビング、ジークフリート　282, 289-291, 293

【フ】
ファヴォリテ城　13, 179, 193-194, 211, 215, 273, 318
ファヴォリテ城「鏡の間」　179, 193-194
ファルケンルスト城　151, 179, 201-202, 210-211, 216, 274, 317
ファルケンルスト城「鏡の間」　179, 201-202, 317
フェノロサ、エルネスト・フランシスコ　285
フェリペ二世（スペイン王）　143
フェルディナンド・マリア（バイエルン選帝侯）　206
フェルディナント二世（オーストリア大公）　144, 227, 234
フェルブルフ、ニコラース　223
フォルカー、タイス　8-10, 15, 19, 25, 28-29, 31-33, 37-39, 66, 68, 87, 110, 132-134, 277
婦人室（ブドワール）　318, 320
婦人像　83, 189, 191-192, 215, 232, 245-247, 301
芙蓉手　25, 70, 101, 103, 143, 204
ブライスヴェイク、エーフェラルド・ディルクス・ファン　223
フリーア、チャールズ・ラング　288
フリーデンシュタイン城　179, 195-197, 199, 209-211, 215, 273
フリーデンシュタイン城「磁器の間（ブッツ＝キャビネット）」　179, 195-196
フリードリッヒ・アウグスト一世
→アウグスト強王
フリードリッヒ・ヴィルヘルム（ブランデンブルク選帝侯）　157-158, 162, 213
フリードリッヒ・ヴィルヘルム一世（プロイセン王）　246
フリードリッヒ一世（ザクセン＝ゴータ＝アルテンブルク公爵）　186, 195
フリードリッヒ一世（スウェーデン王）　177, 246
フリードリッヒ一世（プロイセン王）　158-160, 162-164, 172, 180-181, 317
フリードリッヒ五世（プファルツ選帝侯兼ボヘミア王）　179, 213
フリードリッヒ大王（フリードリッヒ二世）　160-161, 212, 246, 249, 251
フリードリッヒ二世（ザクセン＝ゴータ＝アルテンブルク公爵）　187, 195, 197
フリードリッヒ二世（ヘッセン＝カッセル方伯）　176-178, 187
プリッツナー、フェルディナント　170, 189
ブリンクリー、フランシス　277-279, 302
ブリンクリー・コレクション　278-280, 283, 292-293
ブレーベ、ジャン・バプティスト　160
フレデリック・ヘンドリック（オラニエ公）　147, 152, 158, 176, 272
317
プロイセン、ロヴィサ・ウルリーカ・フォン（スウェーデン王妃）　245-246, 250
フローレンス大公（メディチ家）　145, 172

【ヘ】
ペーターホフ宮殿大宮殿「中国の間」　247-250
ペーツ、ウィレム　240
ペーツ、ウィレム・ヤコブス　240
ペーツ、ヤコブ　240
ヘーベル、ヨーゼフ　228
ヘーレンハウゼン城　140, 170, 179-182, 211, 273
ヘーレンハウゼン城ギャラリー館「鏡の間」　179-182
壁龕（ニッチ）　144, 165, 185, 187, 191, 196-198, 212, 215, 224, 232, 247
ヘッセン＝カッセル方伯家　142, 150, 161, 176, 213, 246, 257
ペッペルマン、マテウス・ダニエル　154, 171, 175
ベティー夫人
→ジャーメイン、エリザベス
ベラン、ジャン　151-152, 154, 186, 189, 209
ベラン式の文様　151, 154-155, 192
ベリーニ、ジョヴァンニ　142-143
ベルヴュー城「磁器ギャラリー」　157, 176-178, 317
ペルシャ　30, 42-43, 49, 73, 107, 277
ヘルバーシュタイン、ヨハン・レオポルド・フォン　228, 230, 234
ヘロルト、ヨハン・グレゴリウス　264, 266, 268
ベンガル　30, 43, 48, 52, 69, 79-80

【ホ】
ホーエンツォレルン家　141, 157-159, 161, 164, 178, 204-205, 211, 216
ホーヘンローエ家　192
ホールン、ヨアン・ファン　80, 85-86
ポーロ、マルコ　6-7
ホワイトホールの家財目録　238, 244
ホンセラールスダイク城　147-148, 222

【マ】

マーツイケル、ヨアン　71, 81

マイル、ハインリッヒ・クリストフ　186, 199, 216

マイル、ヨハン・クリストフ　197

蒔絵山水楼閣文六角大瓶　255-256

マキシミリアン二世エマヌエル（バイエルン選帝侯）　201, 205-206, 317

マグダレーナ・アウグステ（ザクセン＝ゴータ＝アルテンブルク公爵夫人）
　→アンハルト＝ツェルブスト、マグダレーナ・アウグステ・フォン

マニュエル一世（ポルトガル王）　7, 143

マラッカ　30, 32, 34-35, 43, 47-48, 57-59, 69, 94, 251

マラバール　30, 43, 48, 50

マリア・アマリア（ヘッセン＝カッセル方伯妃）
　→クールランド、マリア・アマリア・フォン

マリア・エレオノーラ　227-230

マリア・テレジア　26, 224, 226, 228, 230, 232-234

マリア・ポリクセニア
　→ライニンゲン＝ハルテンブルク、マリア・ポリクセニア・フォン

マロ、ダニエル　147-149, 171, 180, 187-188, 195-196, 209, 219, 221-222

【ミ】

水町、和三郎　304, 308, 313

ミュンヘン・レジデンツ　66, 140, 151, 201-202, 205-211, 216, 258-259, 273-274, 304, 317

ミュンヘン・レジデンツ「鏡の間」　203, 205-209, 273, 317

【メ】

メアリー二世（イングランド女王）　15, 19, 21, 140, 147-149, 218-219, 221-222, 233-234, 280

メイラン、ヘルマン・フェリックス　72

メルセブルク城　179, 182-184, 210-211, 274, 317

メルセブルク城「鏡の間」　179, 182-184, 317

【モ】

モカ　30, 43, 51

モンタギュー・ハウス、ホワイトホール　237-239, 249

モンビジュー城　19, 157, 164-168, 246, 249, 273, 317

モンビジュー城「黄色い中国の小部屋」　165, 167

モンビジュー城「磁器の小部屋」　157, 164-168

モンビジュー城「第一のギャラリー（磁器ギャラリー）」　157, 164-168

【ヤ】

薬局　34-35, 37, 44-47, 69, 132

山中、吉郎兵衛　285, 301, 308-310, 312-313

山中、定次郎　284-285, 289, 293-294, 299, 308-313

山中商会　277, 284-288, 293, 301, 308-310, 312-314, 316

【ヨ】

ヨハネウム番号　172-173, 213, 255, 264-265, 268-269, 304

ヨハン・ゲオルグ一世　182

ヨハン・レオポルドの遺産目録（エッゲンベルク城）　228, 234

【ラ】

ラーベンブルフ19番地　240-244

ラーベンブルフ19番地ペーツ夫妻の家財目録　240-244, 250

ライデマイスター、レオポルド　19, 140, 160-164, 212

ライニンゲン＝ハルテンブルク、マリア・ポリクセニア・フォン　184-185

ライプニッツ、ゴットフリード・ヴィルヘルム　168, 179-180, 204

【リ】

リーツェンブルク城　157, 159, 162-164, 203, 273

リーツェンブルク城「小さい鏡と磁器の間」　157, 162-164

竜騎兵の壺　173

リンネ、カール　263

【ル】

ルイーゼ・ヘンリエッテ
　→オラニエ＝ナッサウ、ルイーゼ・ヘンリエッテ・ファン

ルードヴィッヒ、ゲオルグ
　→ジョージ一世（英国王）

ルードヴィッヒ・フリードリッヒ一世（ザクセン＝ゴータ＝アルテンブルク公爵）　186

ルノワール、エティエンヌ　207

ルメーア、ルドルフ　264-265

【レ】

レーワルデンの総督宮殿　148

【ロ】

ロヴィサ・ウルリーカ（スウェーデン王妃）
　→プロイセン、ロヴィサ・ウルリーカ・フォン

ロールワーヘン／ロールワゴン　83, 119, 123, 220

ロカイユ　154, 200-201, 205, 216, 224, 272

ロココ　13, 104, 146, 151, 153-154, 168, 197-198, 200-201, 205-207, 210, 214, 224, 228, 236, 249, 265, 272

ロックヤー、チャールズ　124, 127, 129, 318

ロビンソン、ウィリアム・ジョン　280-281, 285, 299-300, 303-306, 310, 312-314

ロレンツォ一世（メディチ家）　143

【ワ】

脇荷　70-72, 85

謝　辞

本書刊行にあたり貴重な知見、資料の提供をはじめさまざまな御支援を賜りました。御協力くださいました機関および関係各位に、心より篤く御礼申し上げます。

Acknowledgement

I wish to express my deepest gratitude to the following persons and institutions for their kind help with my research or generosity in providing illustrations.

出光美術館
九州産業大学
国立歴史民俗博物館
佐賀県立九州陶磁文化館
静嘉堂文庫美術館
東京文化財研究所
長崎県教育委員会

Ambassade de France à Lisbonne
Bundesmobilienverwaltung, Wien
Gartenschloss Herberstein
Gemeentemuseum Den Haag
Historisches Museum Hannover
Kunstsammlungen Graf von Schönborn
Rijksmuseum, Amsterdam

Bayerische Verwaltung der Staatlichen Schlösser, Gärten und Seen
Schloss Eggenberg, Universalmuseum Joanneum
Schlossmuseum Arnstadt
Schloß Schönbrunn Kultur- und Betriebsges.B.b.H.
Schloss- und Spielkartenmuseum Altenburg
Staatliche Kunstsammlungen Dresden
Staatliche Museen zu Berlin – Preußische Kulturbesitz
Staatliche Schlösser und Gärten Baden-Württemberg
Stiftung Schloss Friedenstein Gotha
Stiftung Preußische Schlösser und Gärten Berlin-Brandenburg
The Royal Court, Sweden
Thüringer Landesmuseum Heidecksburg Rudolstadt
Verwaltung der Staatlichen Schlösser und Gärten Hessen
Wallstein Verlag GmbH

荒川正明
今泉今右衛門
碓井文夫
大久保純一
大橋康二
片多雅樹
川合加容子
川口洋平
久留島浩
坂井　隆

佐野みどり
篠塚千恵子
平　竜次
玉蟲敏子
西澤美穂子
野上建紀
長谷川祥子
羽田　正
日高　薫
平田由紀

藤原友子
堀内秀樹
本多康子
前田正明
前田麻衣子
松井洋子
松島　仁
三笠恵子
水井万里子
宮崎若菜

Dr. Friedl Brunckhorst
Dr. Cordula Bischoff
Dr. Jan van Campen
Ms. Ute Däberitz
Dr. Jorinde Ebert
Ms. Dorothee Feldmann
Mr. Thomas Fuchs
Dr. Hans-Henning Grote
Dr. Elfriede Iby
Ms. Ann-Christine Jernberg
Dr. Barbara Kaiser

Ms. Uta Künzl
Prof. Dr. Merit Laine
Dr. Lothar Lambacher
Ms. Suzanne Lambooy
Ms. Jeanette Lauterbach
Dr. Wolf-Dieter Mechler
Mr. Richard Morel
Ms. Birgit Müllauer
Dr. Patricia Peschel
Prof. Dr. Ulrich Pietsch
Dr. Thomas Rainer

Ms. Dinah Rottschäfer
Ms. Helga Scheid
Mr. Paul Schuster
Prof. Dr. Filip Suchomel
Ms. Isabel Tanaka-van Daalen
Dr. Friederike Ulrichs
Ms. Cynthia Viallé
Dr. Michaela Völkel
Mr. Wolfgang Volz
Dr. Wolfgang Wiese

西洋宮廷と日本輸出磁器
—— 東西貿易の文化創造 ——

2014年5月30日　初版第1刷発行

著　者：　櫻庭美咲

発行者：　岸本健治
発　行：　株式会社　藝華書院
　　　　　〒113-0033 東京都文京区本郷1丁目35番地27号
　　　　　Tel. 03-5842-3815　　Fax. 03-5842-3816
　　　　　http:// www.geika.co.jp　e-mail. info@geika.co.jp
組版・印刷・製本：ニューカラー写真印刷株式会社

ⓒ2014 Miki Sakuraba
Printed in Japan

乱丁・落丁本は小社宛にお送りください。
送料小社負担にてお取替いたします。無断転載複写禁止

定価:本体30,000円＋税
ISBN: 978-4-904706-05-3 C3072